Mit diesen beiden Bildnissen zweier äußerst verschiedener Königinnen, deren Leben jedoch auf gleiche Weise endete, hat Stefan Zweig große ›biographies romancées‹ geschrieben, bewundernswert intuitiv und zugleich weitgehend objektiv.

Marie Antoinette, die Tochter der Kaiserin Maria Theresia und Gemahlin König Ludwigs XVI. von Frankreich, war ein mittlerer Charakter, der, ganz Kind seiner Zeit – des Rokokos –, zunächst verspielt, dann immer bewußter den Weg von Schloß Schönbrunn über das Trianon gradlinig zur Place de la Concorde, zur Guillotine ging.

Maria Stuart, die Königin von Frankreich und Schottland, war eine anziehende, leidenschaftliche, kluge und stolze Frau, aber wohl weniger eine Herrscherin, als die sie sich dennoch gefühlt hat.

Stefan Zweig wurde am 28. November 1881 in Wien geboren, lebte von 1919 bis 1934 in Salzburg, emigrierte danach nach England und 1940 über die USA nach Brasilien. Früh als Übersetzer Verlaines, Baudelaires und vor allem Verhaerens hervorgetreten, veröffentlichte er 1901 seine ersten Gedichte unter dem Titel ›Silberne Saiten‹. Sein episches Werk machte ihn ebenso berühmt wie seine historischen Miniaturen und die biographischen Arbeiten. Im Februar 1942 schied er in Petropolis, Brasilien, freiwillig aus dem Leben. Seine Erinnerungen, das von einer vergangenen Zeit erzählende Werk ›Die Welt von Gestern‹ erschien postum 1944.

Stefan Zweig

Marie Antoinette

Bildnis eines mittleren Charakters

Maria Stuart

Fischer
Taschenbuch
Verlag

Limitierte Sonderausgabe
Veröffentlicht im Fischer Taschenbuch Verlag GmbH,
Frankfurt am Main, April 1997

Lizenzausgabe mit Genehmigung
des S. Fischer Verlags GmbH, Frankfurt am Main
Marie Antoinette:
Die Erstausgabe erschien 1932 im Insel-Verlag zu Leipzig
Erweiterte Neuausgabe:

Maria Stuart:
Die Erstausgabe erschien 1935 im Insel-Verlag zu Leipzig

Druck und Bindung: Clausen & Bosse, Leck
Printed in Germany
ISBN 3-596-13546-X

Marie Antoinette

Bildnis eines
mittleren Charakters

Einleitung

Die Geschichte der Königin Marie Antoinette schreiben, heißt einen mehr als hundertjährigen Prozeß aufnehmen, in dem Ankläger und Verteidiger auf das heftigste gegeneinander sprechen. Den leidenschaftlichen Ton der Diskussion verschuldeten die Ankläger. Um das Königtum zu treffen, mußte die Revolution die Königin angreifen, und in der Königin die Frau. Nun wohnen Wahrhaftigkeit und Politik selten unter einem Dach, und wo zu demagogischem Zweck eine Gestalt gezeichnet werden soll, ist von den gefälligen Handlangern der öffentlichen Meinung wenig Gerechtigkeit zu erwarten. Kein Mittel, keine Verleumdung gegen Marie Antoinette wurde gespart, um sie auf die Guillotine zu bringen, jedes Laster, jede moralische Verworfenheit, jede Art der Perversität in Zeitungen, Broschüren und Büchern der »louve autrichienne« unbedenklich zugeschrieben; selbst im eigenen Haus der Gerechtigkeit, im Gerichtssaal, verglich der öffentliche Ankläger die »Witwe Capet« pathetisch mit den berühmtesten Lasterfrauen der Geschichte, mit Messalina, Agrippina und Fredegundis. Um so entschiedener erfolgte dann der Umschwung, als 1815 abermals ein Bourbone den französischen Thron bestieg; um der Dynastie zu schmeicheln, wird das dämonisierte Bild mit den öligsten Farben übermalt: keine Darstellung Marie Antoinettes aus dieser Zeit ohne Weihrauchwolke und Heiligenschein. Preislied folgt auf Preislied, Marie Antoinettes unberührbare Tugend wird ingrimmig verteidigt, ihr Opfermut, ihre Güte, ihr makelloses Heldentum in Vers und Prosa gefeiert; und reichlich mit Tränen genetzte Anekdotenschleier, meist von aristokratischen Händen geklöppelt, umhüllen das verklärte Antlitz der »reine martyre«, der Märtyrerkönigin.

Die seelische Wahrheit liegt hier, wie meist, in der Nähe der Mitte. Marie Antoinette war weder die große Heilige des Royalismus noch die Dirne, die »grue« der Revolution, sondern ein mittlerer Charakter, eine eigentlich gewöhnliche Frau, nicht sonderlich klug, nicht sonderlich töricht, nicht Feuer und nicht Eis, ohne besondere Kraft zum Guten und ohne den geringsten Willen zum Bösen, die Durchschnittsfrau von gestern, heute und morgen, ohne Neigung zum Dämonischen, ohne Willen zum Heroischen und scheinbar darum kaum Gegenstand einer Tragödie. Aber die Geschichte, dieser große Demiurg, bedarf gar nicht eines heroischen Charakters als Hauptperson, um ein erschütterndes Drama emporzusteigern. Tragische Spannung, sie ergibt sich nicht nur aus dem Übermaß einer Gestalt, sondern jederzeit aus dem Mißverhältnis eines Menschen zu seinem Schicksal. Sie kann dramatisch in Erscheinung treten, wenn ein übermächtiger Mensch, ein Held, ein Genius in Widerstreit gerät zur Umwelt, die sich zu eng, zu feindselig erweist für seine ihm eingeborene Aufgabe – ein Napoleon etwa, erstikkend im winzigen Geviert von St. Helena, ein Beethoven, eingekerkert in seine Taubheit –, immer und überall bei jeder großen Gestalt, die nicht ihr Maß und ihren Ausstrom findet. Aber ebenso ergibt sich Tragik, wenn eine mittlere oder gar schwächliche Natur in ein ungeheures Schicksal gerät, in persönliche Verantwortungen, die sie erdrücken und zermalmen, und diese Form des Tragischen will mir sogar als die menschlich ergreifendere erscheinen. Denn der außerordentliche Mensch sucht unbewußt ein außerordentliches Schicksal; seiner überdimensionalen Natur ist es organisch gemäß, heroisch oder, nach Nietzsches Wort, »gefährlich« zu leben; er fordert die Welt durch den ihm innewohnenden gewaltigen Anspruch gewaltsam heraus. So ist der geniale Charakter im letzten nicht unschuldig an seinem Leiden, weil die Sendung in ihm diese Feuerprobe mystisch begehrt zur Auslösung einer letzten Kraft; wie der Sturm die Möwe, so trägt ihn sein starkes Schicksal stärker und höher empor. Der mittlere Charakter dagegen ist von Natur aus auf friedliche Lebensform gestellt, er will, er benötigt gar nicht größere Spannung, er möchte lieber ruhig und im Schatten leben, in Windstille und gemäßigten Schicksalstemperaturen; darum wehrt er sich, darum ängstigt er sich, darum flüchtet er, wenn ihn eine unsichtbare Hand in Erschütterung stößt. Er will keine welthistorischen Verantwortungen, im Gegenteil, er fürchtet sich vor ihnen; er sucht das Leiden nicht, sondern es wird ihm aufgenötigt; von außen, nicht von innen wird er gezwungen, größer zu sein als sein eigentliches Maß. Dieses Leiden des Nicht-Helden, des mittleren Menschen, sehe ich, weil ihm der sichtliche Sinn fehlt, nicht als geringer an als das pathetische des wahrhaften Helden und vielleicht noch als erschütternder; denn der Jedermannsmensch muß es allein für sich austragen und hat nicht wie der Künstler die selige Rettung, seine Qual in Werk und überdauernde Form zu verwandlen.

Wie einen solchen mittleren Menschen aber manchmal das Schicksal aufzupflügen vermag und durch seine gebietende Faust über seine eigene Mittelmäßigkeit gewaltsam hinauszutreiben, dafür ist das Leben Marie Antoinettes vielleicht das einleuchtendste Beispiel der Geschichte. Die ersten dreißig ihrer achtunddreißig Jahre geht diese Frau gleichgültigen Weg, allerdings in einer auffälligen Sphäre; nie überschreitet sie im Guten, nie im Bösen das durchschnittliche Maß: eine laue Seele, ein mittlerer Charakter und, historisch gesehen, anfangs nur Statistenfigur.

Ohne den Einbruch der Revolution in ihre heiter unbefangene Spielwelt hätte diese an sich unbedeutende Habsburgerin gelassen weitergelebt wie hundert Millionen Frauen aller Zeiten; sie hätte getanzt, geplaudert, geliebt, gelacht, sich aufgeputzt, Besuche gemacht und Almosen gegeben; sie hätte Kinder geboren und sich schließlich still in ein Bett gelegt, um zu sterben, ohne wahrhaft dem Weltgeist gelebt zu haben. Man hätte sie als Königin feierlich aufgebahrt, Hoftrauer getragen, aber dann wäre sie ebenso dem Gedächtnis der Menschheit entschwunden wie alle die unzähligen anderen Prinzessinnen, die Marie-Adelaiden und Adelaide-Marien und die Anna-Katharinen und Katharina-Annen, deren Grabsteine mit lieblosen kalten Lettern ungelesen im Gotha stehen. Nie hätte ein lebendiger Mensch das Verlangen gefühlt, ihrer Gestalt, ihrer erloschenen Seele nachzufragen, niemand hätte gewußt, wer sie wirklich war, und – dies das Wesentlichste – nie hätte sie selber, Marie Antoinette, Königin von Frankreich, ohne ihre Prüfung gewußt und erfahren, wer sie gewesen. Denn es gehört zum Glück oder Unglück des mittleren Menschen, daß er von selbst keinen Zwang fühlt, sich auszumessen, daß er nicht Neugierde fühlt, nach sich selber zu fragen, ehe ihn das Schicksal fragt: ungenützt läßt er seine Möglichkeiten in sich schlafen, seine eigentlichen Anlagen verkümmern, seine Kräfte wie Muskeln, die nie geübt werden, verweichlichen, bevor sie nicht Not zu wirklicher Abwehr spannt. Ein mittlerer Charakter muß erst herausgetrieben werden aus sich selber, um alles zu sein, was er sein könnte, und vielleicht mehr, als er selber früher ahnte und wußte; dafür hat das Schicksal keine andere Peitsche als das Unglück. Und so, wie sich ein Künstler manchmal mit Absicht einen äußerlich kleinen Vorwurf sucht, statt eines pathetisch weltumspannenden, um seine schöpferische Kraft zu erweisen, so sucht sich das Schicksal von

Zeit zu Zeit den unbedeutenden Helden, um darzutun, daß es auch aus brüchigem Stoff die höchste Spannung, aus einer schwachen und unwilligen Seele eine große Tragödie zu entwickeln vermag. Eine solche Tragödie und eine der schönsten dieses ungewollten Heldentums heißt Marie Antoinette.

Denn mit welcher Kunst, mit welcher Erfindungskraft an Episoden, in wie ungeheuren historischen Spannungsdimensionen baut hier die Geschichte diesen mittleren Menschen in ihr Drama ein, wie wissend kontrapunktiert sie die Grundsätze um diese ursprünglich wenig ergiebige Hauptfigur! Mit diabolischer List verwöhnt sie erst diese Frau. Als Kind schon schenkt sie ihr einen Kaiserhof als Haus, der Halbwüchsigen eine Krone, der jungen Frau häuft sie verschwenderisch alle Gaben der Anmut, des Reichtums zu und gibt ihr überdies ein leichtes Herz, das nicht fragt nach Preis und Wert dieser Gaben. Jahrelang verwöhnt sie, verzärtelt sie dieses unbedachte Herz, bis ihm die Sinne schwinden und es immer sorgloser wird. Aber so rasch und leicht das Schicksal diese Frau auf die höchsten Höhen des Glücks emporreißt: um so raffiniert grausamer, um so langsamer läßt es sie dann fallen. Mit melodramatischer Kraßheit stellt dieses Drama die äußersten Gegensätze Stirn an Stirn; es stößt sie aus einem hundertzimmerigen Kaiserhause in ein erbärmliches Gefängnisgelaß, vom Königsthron auf das Schafott, aus der gläsern-goldenen Karosse auf den Schinderkarren, aus dem Luxus in die Entbehrung, aus Weltbeliebtheit in den Haß, aus Triumph in die Verleumdung, immer tiefer und tiefer und unerbittlich bis in die letzte Tiefe hinab. Und dieser kleine, dieser mittlere Mensch, plötzlich inmitten seiner Verwöhntheit überfallen, dieses unverständige Herz, es begreift nicht, was die fremde Macht mit ihm vorhat, es spürt nur eine harte Faust an sich kneten, eine glühende Kralle im gemarterten Fleisch; dieser ahnungslose Mensch, unwillig und ungewohnt alles Leidens, wehrt sich und will nicht, er stöhnt, er flüchtet, er sucht zu entkommen. Aber mit der Unerbittlichkeit eines Künstlers, der nicht abläßt, ehe er nicht seinem Stoff die höchste Spannung, die letzte Möglichkeit entrungen, läßt die wissende Hand des Unglücks nicht von Marie Antoinette, ehe sie diese weiche und unkräftige Seele nicht zu Härte und Haltung gehämmert, ehe sie nicht alles, was von Eltern und Urahnen an Größe in ihrer Seele verschüttet lag, plastisch herausgezwungen hat. Aufschreckend in ihrer Qual erkennt endlich die geprüfte Frau, die nie nach sich gefragt, die Verwandlung; sie spürt, gerade da ihre äußere Macht zu Ende geht, daß in ihr innen etwas Neues und Großes beginnt, das ohne jene Prüfung nicht möglich gewesen wäre. »Erst im Unglück weiß man wahrhaft, wer man ist«, diese halb stolzen, halb erschütternden Worte springen ihr plötzlich vom staunenden Munde: eine Ahnung überkommt sie, daß eben durch dieses Leiden ihr kleines mittleres Leben als Beispiel für die Nachwelt lebt. Und an diesem Bewußtsein höherer Verpflichtung wächst ihr Charakter über sich selber hinaus. Kurz bevor die sterbliche Form zerbricht, ist das Kunstwerk, das überdauernde, gelungen, denn in der letzten, der allerletzten Lebensstunde erreicht Marie Antoinette, der mittlere Mensch, endlich tragödisches Maß und wird so groß wie ein Schicksal.

Ein Kind wird verheiratet

Jahrhundertelang haben Habsburg und Bourbon auf Dutzenden deutscher, italienischer, flandrischer Schlachtfelder um die Vorherrschaft in Europa gerungen; endlich sind sie müde, alle beide. In zwölfter Stunde erkennen die alten Rivalen, daß ihre unersättliche Eifersucht nur andern Herrscherhäusern den Weg freigekämpft hat; schon greift von der englischen Insel ein Ketzervolk nach dem Imperium der Welt, schon wächst die protestantische Mark Brandenburg zu mächtigem Königtum, schon bereitet sich das halbheidnische Rußland vor, seine Machtsphäre ins Unermeßliche auszudehnen; wäre es nicht besser, so beginnen sich – wie immer zu spät – die Herrscher und ihre Diplomaten zu fragen, man hielte miteinander Frieden, statt abermals und abermals zugunsten ungläubiger Emporkömmlinge das verhängnisvolle Kriegsspiel zu erneuern? Choiseul am Hofe Ludwigs XV., Kaunitz als Berater Maria Theresias schmieden ein Bündnis, und damit es sich dauerhaft und nicht bloß als Atempause zwischen zwei Kriegen bewähre, schlagen sie vor, die beiden Dynastien Habsburg und Bourbon sollen sich durch Blut binden. An heiratsfähigen Prinzessinnen hat es im Hause Habsburg zu keiner Zeit gefehlt; auch diesmal steht eine reichhaltige Auswahl aller Alterslagen bereit. Zuerst erwägen die Minister, Ludwig XV. trotz seines großväterlichen Standes und seiner mehr als zweifelhaften Sitten mit einer habsburgischen Prinzessin zu vermählen, aber der Allerchristlichste König flüchtet rasch aus dem Bett der Pompadour in das einer anderen Favoritin, der Dubarry. Auch Kaiser Joseph, zum zweitenmal verwitwet, zeigt keine rechte Neigung, sich mit einer der drei altbackenen Töchter Ludwigs XV. verkuppeln zu lassen – so bleibt als natürlichste Verknüpfung die dritte, den heranwachsenden Dauphin, den Enkel Ludwigs XV. und zukünftigen Träger der französischen Krone, mit einer Tochter Maria Theresias zu verloben. 1766 kann die damals elfjährige Marie Antoinette bereits als ernstlich vorgeschlagen gelten; ausdrücklich schreibt der österreichische Botschafter am 24. Mai an die Kaiserin: »Der König hat sich in einer Art und Weise ausgesprochen, daß Eure Majestät das Projekt schon als gesichert und entschieden betrachten können.« Aber Diplomaten wären nicht Diplomaten, setzten sie nicht ihren Stolz daran, einfache Dinge schwierig zu machen und, vor allem, jede wichtige Angelegenheit kunstvoll zu verzögern. Intrigen von Hof zu Hof werden eingeschaltet, ein Jahr, ein zweites, ein drittes, und Maria Theresia, nicht mit Unrecht argwöhnisch, fürchtet, ihr ungemütlicher Nachbar, Friedrich von Preußen, »le monstre«, wie sie ihn in herzhafter Erbitterung nennt, werde schließlich auch noch diesen für Österreichs Machtstellung so entscheidenden Plan mit einer seiner machiavellistischen Teufeleien durchkreuzen; so wendet sie alle Liebenswürdigkeit, Leidenschaft und List an, um den französischen Hof aus dem halben Versprechen nicht mehr herauszulassen. Mit der Unermüdlichkeit einer berufsmäßigen Heiratsvermittlerin, mit der zähen und unnachgiebigen Geduld ihrer Diplomatie läßt sie immer wieder die Vorzüge der Prinzessin nach Paris melden; sie überschüttet die Gesandten mit Höflichkeiten und Geschenken, damit sie endlich aus Versailles ein bindendes Eheangebot heimholen; mehr Kaiserin als Mutter, mehr auf die Mehrung der »Hausmacht« bedacht als auf das Glück ihres Kindes, läßt sie sich auch durch die warnende Mitteilung ihres Gesandten nicht abhalten, die Natur habe dem Dauphin alle Gaben versagt: er sei von sehr beschränktem Verstand, höchst ungeschlacht und völlig gefühllos. Aber wozu braucht eine Erzherzogin glücklich zu werden, wenn sie nur Königin wird? Je hitziger Maria Theresia auf Pakt und Brief drängt, desto überlegener hält der weltkluge König Ludwig XV. zurück; drei Jahre lang läßt er sich Bilder und Berichte über die kleine Erzherzogin schicken und erklärt sich grundsätzlich dem Heiratsplan geneigt. Aber er spricht nicht das erlösende Werbungswort, er bindet sich nicht.

Das ahnungslose Unterpfand dieses wichtigen Staatsgeschäftes, die elfjährige, die zwölfjährige, die dreizehnjährige Toinette, zart gewachsen, anmutig, schlank und unbezweifelbar hübsch, tollt und spielt unterdessen mit Schwestern und Brüdern und Freundinnen temperamentvoll in den Zimmern und Gärten von Schönbrunn; mit Studien, Büchern und Bildung befaßt sie sich wenig. Ihre Gouvernanten und die Abbés, die sie erziehen sollen, versteht sie mit ihrer natürlichen Liebenswürdigkeit und quecksilbernen Munterkeit so geschickt um den Finger zu wickeln, daß sie allen Schulstunden entwischen kann. Mit Schrecken bemerkt eines Tages Maria Theresia, die sich bei der Fülle der Staatsgeschäfte nie um ein einzelnes Stück ihrer Kinderherde sorgfältig bekümmern konnte, daß die zukünftige Königin von Frankreich mit dreizehn Jahren weder Deutsch noch Französisch richtig zu schreiben versteht und nicht einmal mit den oberflächlichsten Kenntnissen in Geschichte und allgemeiner Bildung behaftet ist; mit den musikalischen Leistungen steht es nicht viel besser, obwohl kein Geringerer als Gluck ihr Klavierunterricht gab. In zwölfter Stunde soll jetzt das Versäumte nachgeholt, die verspielte und faule Toinette zur gebildeten Dame herangezogen werden. Wichtig für eine zukünftige Königin von Frankreich ist vor allem, daß sie anständig tanzt und mit gutem Akzent Französisch spricht; zu diesem Zweck engagiert Maria Theresia eiligst den großen Tanzmeister Noverre und zwei Schauspieler einer in Wien gastierenden französischen Truppe, den einen für die Aussprache, den anderen für Gesang. Aber kaum meldet dies der französische Gesandte dem bourbonischen Hof, als schon ein entrüsteter Wink aus Versailles kommt: eine zukünftige Königin von Frankreich dürfe nicht von Komödiantenpack unterrichtet werden. Hastig werden neue diplomatische Verhandlungen eingeleitet, denn Versailles betrachtet die Erziehung der vorgeschlagenen Braut des Dauphins bereits als eigene Angelegenheit, und nach langem Hin und Her wird auf Empfehlung des Bischofs von Orléans ein Abbé Vermond als Erzieher nach Wien gesandt; von ihm besitzen wir die ersten verläßlichen Berichte über die dreizehnjährige Erzherzogin. Er findet sie reizend und sympathisch: »Mit einem entzückenden Antlitz vereint sie alle erdenkbare Anmut der Haltung, und wenn sie, wie man hoffen darf, etwas wächst, wird sie alle Reize haben, die man für eine hohe Prinzessin wünschen kann. Ihr Charakter und ihr Gemüt sind ausgezeichnet.« Bedeutend vorsichtiger äußert sich jedoch der brave Abbé über die tatsächlichen Kenntnisse und die Lernfreude seiner Schülerin. Verspielt, unaufmerksam, ausgelassen, von einer quecksilberigen Munterkeit, hat die kleine Marie Antoinette trotz leichtester Auffassung nie die geringste Neigung gezeigt, sich mit irgendeinem ernsten Gegenstand zu beschäftigen. »Sie hat mehr Verstand, als man lange bei ihr vermutet hat, doch leider ist dieser Verstand bis zum zwölften Jahr an keine Konzentration gewöhnt worden. Ein wenig Faulheit und viel Leichtfertigkeit haben mir den Unterricht bei ihr noch erschwert. Ich begann während sechs Wochen mit den Grundzügen der schönen Literatur, sie faßte gut auf, urteilte richtig, aber ich konnte sie nicht dazu bringen, tiefer in die Gegenstände einzudringen, obwohl ich fühlte, daß sie die Fähigkeiten dazu hätte. So sah ich schließlich ein, daß man sie nur erziehen kann, indem man sie gleichzeitig unterhält.«

Fast wörtlich werden noch zehn, noch zwanzig Jahre später alle Staatsmänner über diese Denkunwilligkeit bei großem Verstand über dieses gelangweilte Davonhuschen aus jedem gründlichen Gespräch klagen; schon in der Dreizehnjährigen liegt die ganze Gefahr dieses Charakters, der alles könnte und nichts wahrhaft will, völlig zutage. Aber am französischen Hofe wird seit der Mätressenwirtschaft die Haltung einer Frau mehr geschätzt als ihr Gehalt; Marie Antoinette ist hübsch, sie ist repräsentativ und anständigen Charakters – das genügt, und so geht denn endlich 1769 das lang ersehnte Schreiben Ludwigs XV. an Maria Theresia ab, in dem der König feierlich um die Hand der jungen Prinzessin für seinen Enkel, den zukünftigen Ludwig XVI., wirbt und als Termin der Heirat die Ostertage des nächsten Jahres vorschlägt. Beglückt stimmt Maria Theresia zu; nach vielen sorgenvollen Jahren erlebt die tragisch resignierte Frau noch einmal eine helle Stunde. Gesichert scheint ihr jetzt der Frieden des Reiches und damit Europas; mit Stafetten und Kurieren wird allen Höfen feierlich verkündet, daß Habsburg und Bourbon für ewige Zeiten aus Feinden Blutsverbündete geworden sind. »Bella gerant alii, tu, felix Austria, nube« ; noch einmal hat sich der alte Hausspruch der Habsburger bewährt.

Die Aufgabe der Diplomaten, sie ist glücklich beendet. Aber nun erst erkennt man: dies war der Arbeit leichterer Teil. Denn Habsburg und Bourbon zu einer Verständigung zu überreden, Ludwig XV. und Maria Theresia zu versöhnen, welch ein Kinderspiel dies im Vergleich zu der ungeahnten Schwierigkeit, das französische und österreichische Hof- und Hauszeremoniell bei einer so repräsentativen Festlichkeit unter einen Hut zu bringen. Zwar haben die beiderseitigen Obersthofmeister und sonstigen Ordnungsfanatiker ein ganzes Jahr lang Zeit, das ungeheuer wichtige Protokoll der Hochzeitsfestivitäten in allen Paragraphen auszuarbeiten, aber was bedeutet ein flüchtiges, nur zwölfmonatiges Jahr für derart verzwickte Chinesen der Etikette. Ein Thronfolger von Frankreich heiratet eine österreichische Erzherzogin – welche welterschütternden Taktfragen löst solcher Anlaß aus, wie tiefsinnig muß hier jede Einzelheit durchdacht werden, wieviel unwiderrufliche Fauxpas heißt es da durch Studium jahrhundertealter Dokumente vermeiden! Tag und Nacht sinnen die heiligen Hüter der Sitten und Gebräuche in Versailles und Schönbrunn mit dampfenden Köpfen; Tag und Nacht verhandeln die Gesandten wegen jeder einzelnen Einladung, Eilkuriere mit Vorschlägen und Gegenvorschlägen sausen hin und her, denn man bedenke, welche unübersehbare Katastrophe (ärger als sieben Kriege) könnte hereinbrechen, würde bei diesem erhabenen Anlaß die Rangeitelkeit eines der hohen Häuser verletzt! In zahllosen Dissertationen rechtsüber, linksüber den Rhein erwägt und erörtert man heikle Doktorfragen, etwa diese, wessen Name an erster Stelle im Heiratskontrakt genannt sein solle, derjenige der Kaiserin von Österreich oder des Königs von Frankreich, wer zuerst unterzeichnen dürfe, welche Geschenke gegeben, welche Mitgift vereinbart werden solle, wer die Braut zu begleiten, wer sie zu empfangen habe, wieviel Kavaliere, Ehrendamen, Militärs, Gardereiter, Ober- und Unterkammerfrauen, Friseure, Beichtiger, Ärzte, Schreiber, Hofsekretäre und Waschfrauen dem Hochzeitszug einer Erzherzogin von Österreich bis zur Grenze gebühren und wie viele dann der französischen Thronfolgerin von der Grenze bis nach Versailles. Während aber die beiderseitigen Perükken über die Grundlinien der Grundfragen noch lange nicht einig sind, streiten ihrerseits schon, als gälte es den Schlüssel des Paradieses, an beiden Höfen die Kavaliere und ihre Damen untereinander, gegeneinander, übereinander um die Ehre, den Hochzeitszug sei es begleiten, sei es empfangen zu dürfen, jeder einzelne verteidigt seine Ansprüche mit einem ganzen Kodex von Pergamenten; und obwohl die Zeremonienmeister wie die Galeerensträflinge arbeiten, kommen sie doch innerhalb eines ganzen Jahres mit diesen weltwichtigsten Fragen des Vortritts und der Hofzulässigkeit nicht völlig zu Rand: im letzten Augenblick wird zum Beispiel die Vorstellung des elsässischen Adels aus dem Programm gestrichen, um »die langwierigen Etikettefragen auszuschalten, die zu regeln keine Zeit mehr bleibt«. Und hätte königlicher Befehl das Datum nicht auf einen ganz bestimmten Tag festgesetzt, die österreichischen und französischen Zeremonienhüter wären bis zum heutigen Tag über die »richtige« Form der Hochzeit noch nicht einig, und es hätte keine Königin Marie Antoinette und vielleicht keine Französische Revolution gegeben.

Auf beiden Seiten wird, obwohl Frankreich wie Österreich Sparsamkeit bitter nötig hätten, die Hochzeit auf höchsten Pomp und Prunk gestellt. Habsburg will hinter Bourbon und Bourbon hinter Habsburg nicht zurückbleiben. Das Palais der französischen Gesandtschaft in Wien erweist sich als zu klein für die fünfzehnhundert Gäste; Hunderte von Arbeitern errichten in fliegender Eile Anbauten, während gleichzeitig ein eigener Opernsaal in Versailles für die Hochzeitsfeier vorbereitet wird. Für die Hoflieferanten, für die Hofschneider, Juweliere, Karossenbauer kommt hüben und drüben gesegnete Zeit. Allein für die Einholung der Prinzessin bestellt Ludwig XV. bei dem Hoffournisseur Francien in Paris zwei Reisewagen von noch nie dagewesener Pracht: köstliches

Holz und schimmernde Gläser, innen mit Samt ausgeschlagen, außen mit Malereien verschwenderisch geschmückt, von Kronen umwölbt und trotz dieses Prunks herrlich federnd und schon bei leichtestem Zug fortrollend. Für den Dauphin und den königlichen Hof werden neue Paraderöcke angeschafft und mit kostbaren Juwelen durchstickt, der große Pitt, der herrlichste Diamant jener Zeit, schmückt den Hochzeitshut Ludwigs XV., und mit gleichem Luxus bereitet Maria Theresia den Trousseau ihrer Tochter: Spitzenwerk, eigens in Mecheln geklöppelt, zartestes Leinen, Seide und Juwelen. Endlich trifft der Gesandte Durfort als Brautwerber in Wien ein, herrliches Schauspiel für die leidenschaftlich schaulustigen Wiener: achtundvierzig sechsspännige Karossen, darunter die beiden gläsernen Wunderwerke, rollen langsam und gravitätisch durch die bekränzten Straßen zur Hofburg, hundertsiebentausend Dukaten haben allein die neuen Livreen der hundertsiebzehn Leibgarden und Lakaien gekostet, die den Brautwerber begleiten, der ganze Einzug nicht weniger als dreihundertfünfzigtausend. Von dieser Stunde an reiht sich Fest an Fest: öffentliche Werbung, feierlicher Verzicht Marie Antoinettes auf ihre österreichischen Rechte vor Evangelium, Kruzifix und brennenden Kerzen, Gratulationen des Hofes, der Universität, Parade der Armee, Théâtre paré, Empfang und Ball im Belvedere für dreitausend Personen, Gegenempfang und Souper für fünfzehnhundert Gäste im Liechtensteinpalais, endlich am 19. April die Eheschließung per procurationem in der Augustinerkirche, bei der Erzherzog Ferdinand den Dauphin vertritt. Dann noch ein zärtliches Familiensouper und am 21. feierlicher Abschied, letzte Umarmung. Und durch ein ehrfürchtiges Spalier fährt in der Karosse des französischen Königs die gewesene Erzherzogin von Österreich, Marie Antoinette, ihrem Schicksal entgegen.

Der Abschied von ihrer Tochter war Maria Theresia schwer geworden. Jahre um Jahre hat die alternde, abgemüdete Frau diese Heirat um der Mehrung der habsburgischen »Hausmacht« willen als das höchste Glück erstrebt, und doch macht in letzter Stunde das Schicksal ihr Sorge, das sie selbst ihrem Kinde bestimmt. Blickt man tiefer in ihre Briefe, in ihr Leben, so erkennt man: diese tragische Herrscherin, der einzige große Monarch des österreichischen Hauses, trägt die Krone längst nur noch als Bürde. Mit unendlicher Mühe, in immerwährenden Kriegen hat sie das zusammengeheiratete und in gewissem Sinne künstliche Reich gegen Preußen und Türken, gegen Osten und Westen als Einheit behauptet, aber gerade jetzt, da es äußerlich gesichert erscheint, sinkt ihr der Mut. Eine merkwürdige Ahnung bedrängt die ehrwürdige Frau, dieses Reich, dem sie ihre ganze Kraft und Leidenschaft gegeben, werde unter ihren Nachfolgern verfallen und zerfallen, sie weiß, hellsichtige und fast seherische Politikerin, wie locker dieses Gemisch zufällig gekoppelter Nationen gefügt ist und mit wieviel Vorsicht und Zurückhaltung, mit wieviel kluger Passivität einzig sein Bestand verlängert werden kann. Wer aber soll fortführen, was sie so sorglich begonnen hat? Tiefe Enttäuschungen an ihren Kindern haben einen Kassandrageist in ihr erweckt, bei ihnen allen vermißt sie, was die ureigenste Kraft ihres Wesens war, die große Geduld, das langsame sichere Planen und Beharren, das Verzichtenkönnen und das weise Sich-selbst-Beschränken. Aber von dem lothringischen Blut ihres Mannes muß eine heiße Unruhewelle in die Adern ihrer Kinder geströmt sein; alle sind sie bereit, für die Lust eines Augenblicks unabsehbare Möglichkeiten zu zerstören: ein kleines Geschlecht, unernst, ungläubig und nur um vergänglichen Erfolg bemüht. Ihr Sohn und Mitregent Joseph II. umschmeichelt voll Kronprinzengeduld Friedrich den Großen, der sie ein Leben lang verfolgt und verhöhnt hat; er buhlt um Voltaire, den sie, die fromme Katholikin, als den Antichrist haßt; ihr anderes Kind, das sie gleichfalls für einen Thron bestimmt hat, die Erzherzogin Maria Amalia, hält, kaum nach Parma verheiratet, ganz Europa mit ihrer Leichtfertigkeit in Atem. In zwei Monaten zerrüttet sie die Finanzen, desorganisiert sie das Land, vergnügt sich mit Liebhabern. Und auch die andere Tochter in Neapel macht ihr wenig Ehre; keine von den Töchtern zeigt Ernst und sittliche Strenge, und das ungeheure Werk aufopfernder und pflichthafter Bemühungen, dem die große Kaiserin ihr ganzes persönliches und privates Leben, jede Freude, jeden leichten Genuß unerbittlich aufgeopfert hatte, erscheint ihr sinnlos vollbracht. Am liebsten würde sie in ein Kloster flüchten, und nur aus Angst, aus dem richtigen Vorgefühl, der eilfertige Sohn werde mit unbedachtem Experimentieren sofort alles zerstören, was sie erbaut, hält die alte Kämpferin das Zepter fest, dessen ihre Hand längst müde geworden ist.

Auch über ihr Nesthäkchen Marie Antoinette gibt sich die starke Charakterkennerin keiner Täuschung hin; sie weiß um die Vorzüge – die große Gutmütigkeit und Herzlichkeit, die frische muntere Klugheit, das unverstellte humane Wesen – dieser ihrer jüngsten Tochter, sie kennt aber auch die Gefahren, ihre Unausgereiftheit, ihre Leichtfertigkeit, Verspieltheit, Zerfahrenheit. Um ihr näherzukommen, um noch in letzter Stunde eine Königin aus diesem temperamentvollen Wildfang zu formen, läßt sie Marie Antoinette die letzten zwei Monate vor der Abreise in ihrem eigenen Zimmer schlafen: sie sucht sie in langen Gesprächen auf ihre große Stellung vorzubereiten; und um die Hilfe des Himmels zu gewinnen, nimmt sie das Kind zu einer Wallfahrt nach Mariazell mit. Je näher indes die Stunde des Abschieds kommt, um so unruhiger wird die Kaiserin. Irgendeine finstere Ahnung verstört ihr das Herz. Ahnung kommenden Unheils, und sie setzt alle Kraft ein, die dunklen Mächte zu bannen. Vor der Abreise gibt sie Marie Antoinette eine ausführliche Verhaltungsvorschrift mit und nimmt dem achtlosen Kinde den Eid ab, sie jeden Monat sorgfältig zu überlesen. Sie schreibt außer dem offiziellen Brief noch einen privaten an Ludwig XV., in welchem die alte Frau den alten Mann beschwört, Nachsicht mit dem kindischen Unernst der Vierzehnjährigen zu haben. Aber noch immer ist ihre innere Unruhe nicht beschwichtigt. Noch kann Marie Antoinette nicht in Versailles angelangt sein, und schon wiederholt sie die Mahnung, jene Denkschrift zu Rate zu ziehen. »Ich erinnere Dich, meine geliebte Tochter, an jedem 21. des Monats jenes Blatt nachzulesen. Sei verläßlich im Hinblick auf diesen meinen Wunsch, ich bitte Dich darum; ich fürchte ja bei Dir nichts als Deine Nachlässigkeit im Beten und in der Lektüre und die daraus folgende Unachtsamkeit und Trägheit. Kämpfe gegen sie an... und vergiß nicht Deine Mutter, die, wenn auch entfernt, nicht aufhören wird, bis zum letzten Atemzug um Dich besorgt zu sein.« Mitten im Jubel der Welt über den Triumph ihrer Tochter geht die alte Frau in die Kirche und betet zu Gott, er möge ein Unheil wenden, das sie allein von allen vorausfühlt.

Während die riesige Kavalkade – dreihundertvierzig Pferde, die an jeder Poststation gewechselt werden müssen – langsam durch Oberösterreich, Bayern zieht und sich nach zahllosen Festen und Empfängen der Grenze nähert, hämmern Zimmerleute und Tapezierer auf der Rheininsel zwischen Kehl und Straßburg an einem sonderbaren Bau. Hier haben die Obersthofmeister von Versailles und Schönbrunn ihren großen Trumpf ausgespielt; nach endlosem Beraten, ob die feierliche Übergabe der Braut noch auf österreichischem Hoheitsgebiet oder erst auf französischem erfolgen solle, erfand ein Schlaukopf unter ihnen die salomonische Lösung, auf einer der kleinen unbewohnten Sandinseln im Rhein, zwischen Frankreich und Deutschland, im Niemandsland also, einen eigenen Holzpavillon für die festliche Übergabe zu erbauen, ein Wunder der Neutralität, zwei Vorzimmer auf der rechtsrheinischen Seite, die Marie Antoinette noch als Erzherzogin betritt, zwei Vorzimmer auf der linksrheinischen Seite, die sie nach der Zeremonie als Dauphine von Frankreich verläßt, und in der Mitte den großen Saal der feierlichen Übergabe, in dem sich die Erzherzogin endgültig in die Thronfolgerin Frankreichs verwandelt. Kostbare Tapisserien aus dem erzbischöflichen Palais verdecken die rasch aufgezimmerten hölzernen Wände, die Universität von Straßburg leiht einen Baldachin, die reiche Straßburger Bürgerschaft ihr schönstes Mobiliar. In dieses Heiligtum fürstlicher Pracht einzudringen ist bürgerlichem Blick selbstverständlich verwehrt; ein paar Silberstücke jedoch machen Wächter allorts nachsichtig, und so schleichen einige Tage vor Marie Antoinettes Ankunft einige junge deutsche Studenten in die halbfertigen Räume, um ihrer Neugier Genüge zu tun. Und einer besonders, hochgewachsen, freien leidenschaftlichen Blicks, die Aura des Genius über der männlichen Stirn, kann sich nicht satt sehen an den köstlichen Gobelins, die nach Raffaels Kartons gefertigt sind; sie erregen in dem Jüngling, dem sich eben erst am Straßburger Münster der Geist der Gotik offenbart hatte, stürmische Lust, mit gleicher Liebe klassische Kunst zu begreifen. Begeistert erklärt er den weniger beredten Kameraden diese ihm unvermutet erschlossene Schönheitswelt italienischer Meister, aber plötzlich hält er inne, wird unmutig, die starke dunkle Braue wölkt sich fast zornig über dem eben noch befeuerten Blick. Denn jetzt erst ist er gewahr geworden, was diese Wandteppiche darstellen, in der Tat eine für ein Hochzeitsfest denkbar unpassende Legende, die Geschichte von Jason, Medea und Kreusa, das Erzbeispiel einer verhängnisvollen Eheschließung. »Was«, ruft der genialische Jüngling, ohne auf das Erstaunen der Umstehenden achtzugeben, mit lauter Stimme aus, »ist es erlaubt, einer jungen Königin das Beispiel der gräßlichsten Hochzeit, die vielleicht jemals vollzogen wurde, bei ihrem ersten Eintritt so unbesonnen vor Augen zu führen? Gibt es denn unter den französischen Architekten, Dekorateuren und Tapezierern gar keinen Menschen, der begreift, daß Bilder etwas vorstellen, daß Bilder auf Sinn und Gefühl wirken, daß sie Eindrücke machen, daß sie Ahnungen erregen? Ist es doch nicht anders, als hätte man dieser schönen und, wie man hört, lebenslustigen Dame das abscheulichste Gespenst bis an die Grenze entgegengeschickt.«

Mit Mühe gelingt es den Freunden, den Leidenschaftlichen zu beschwichtigen, beinahe mit Gewalt führen sie Goethe – denn kein anderer ist dieser junge Student – aus dem bretternen Haus. Bald aber naht jener »gewaltige Hof- und Prachtstrom« des Hochzeitszuges und überschwemmt mit heiterem Gespräch und froher Gesinnung den geschmückten Raum, nicht ahnend, daß wenige Stunden zuvor das seherische Auge eines Dichters in diesem bunten Gewebe schon den schwarzen Faden des Verhängnisses erblickte.

Die Übergabe Marie Antoinettes soll Abschied von allen und allem veranschaulichen, was sie mit dem Hause Österreich verbindet; auch hierfür haben die Zeremonienmeister ein besonderes Symbol ersonnen: nicht nur darf niemand ihres heimatlichen Gefolges sie über die unsichtbare Grenzlinie begleiten, die Etikette heischt sogar, daß sie keinen Faden heimatlicher Erzeugung, keinen Schuh, keinen Strumpf, kein Hemd, kein Band auf dem nackten Leib behalten dürfe. Von dem Augenblicke an, da Marie Antoinette Dauphine von Frankreich wird, darf nur Stoff französischer Herkunft sie umhüllen. So muß sich im österreichischen Vorzimmer die Vierzehnjährige vor dem ganzen österreichischen Gefolge bis auf die Haut entkleiden; splitternackt leuchtet für einen Augenblick der zarte, noch unaufgeblühte Mädchenleib in dem dunklen Raum; dann wird ihr ein Hemd aus französischer Seide übergeworfen, Jupons aus Paris, Strümpfe aus Lyon, Schuhe aus Hofkordonniers, Spitzen und Maschen; nichts darf sie als liebes Andenken zurückbehalten, nicht einen Ring, nicht ein Kreuz – würde die Welt der Etikette denn nicht einstürzen, bewahrte sie eine einzige Spange oder ein vertrautes Band? –, nicht ein einziges von den seit Jahren gewohnten Gesichtern darf sie von jetzt an um sich sehen. Ist es ein Wunder, wenn in diesem Gefühl so jäh ins Fremde-gestoßen-Seins das kleine, von all diesem Pomp und Getue erschreckte Mädchen ganz kindhaft in Tränen ausbricht? Aber sofort heißt es wieder Haltung bewahren, denn Aufwallungen des Gefühls sind bei einer politischen Hochzeit nicht statthaft; drüben, im andern Zimmer, wartet schon die französische Suite, und es wäre beschämend, mit feuchten Augen, verweint und furchtsam diesem neuen Gefolge entgegenzutreten. Der Brautführer, Graf Starhemberg, reicht ihr zum entscheidenden Gang die Hand, und, französisch gekleidet, zum letztenmal gefolgt von ihrer österreichischen Suite, betritt sie, zwei letzte Minuten noch Österreicherin, den Saal der Übergabe, wo in hohem Staat und Prunk die bourbonische Abordnung sie erwartet. Der Brautwerber Ludwigs XV. hält eine feierliche Ansprache, das Protokoll wird verlesen, dann kommt – alle halten den Atem an – die große Zeremonie. Sie ist Schritt für Schritt errechnet wie ein Menuett, voraus geprobt und eingelernt. Der Tisch in der Mitte des Raumes stellt symbolisch die Grenze dar.

Vor ihm stehen die Österreicher, hinter ihm die Franzosen. Zuerst läßt der österreichische Brautführer Graf Starhemberg die Hand Marie Antoinettes los; statt seiner ergreift sie der französische Brautführer und geleitet langsam, mit feierlichem Schritt, das zitternde Mädchen um die Flanke des Tisches herum. Während dieser genau ausgesparten Minuten zieht sich, langsam rückwärts gehend, im selben Takt, wie die französische Suite der künftigen Königin entgegenschreitet, die österreichische Begleitung gegen die Eingangstür zurück, so daß genau in demselben Augenblick, da Marie Antoinette inmitten ihres neuen französischen Hofstaates steht, der österreichische bereits den Raum verlassen hat. Lautlos, musterhaft, gespenstig-großartig vollzieht sich diese Orgie der Etikette; nur im letzten Augenblick hält das kleine verschüchterte Mädchen dieser kalten Feierlichkeit nicht mehr stand. Und statt kühlgelassen den devoten Hofknicks ihrer neuen Gesellschaftsdame, der Komtesse de Noailles, entgegenzunehmen, wirft sie sich ihr schluchzend und wie hilfesuchend in die Arme, eine schöne und rührende Geste der Verlassenheit, die vorzuschreiben alle Großkophtas der Repräsentation hüben und drüben vergaßen. Aber Gefühl ist nicht eingerechnet in die Logarithmen der höfischen Regeln, schon wartet draußen die gläserne Karosse, schon dröhnen vom Straßburger Münster die Glocken, schon donnern die Artilleriesalven, und, von Jubel umbrandet, verläßt Marie Antoinette für immer die sorglosen Gestade der Kindheit; ihr Frauenschicksal beginnt.

Der Einzug Marie Antoinettes wird eine unvergeßliche Feststunde für das mit Festen schon lange nicht mehr verwöhnte französische Volk. Seit Jahrzehnten hat Straßburg keine künftige Königin gesehen und vielleicht noch nie eine derart bezaubernde wie dieses junge Mädchen.

Aschblonden Haars, schlanken Wuchses, lacht und lächelt das Kind mit blauen, übermütigen Augen aus der gläsernen Karosse den unermeßlichen Scharen zu, die, in schmucker elsässischer Landestracht aus allen Dörfern und Städten herangeströmt, den prunkvollen Zug umjubeln. Hunderte weißgekleideter Kinder schreiten Blumen streuend dem Wagen vorauf, ein Triumphbogen ist aufgerichtet, die Tore sind bekränzt, auf dem Stadtplatz fließt Wein aus dem Brunnen, ganze Ochsen werden auf Spießen gebraten, Brot aus riesigen Körben an die Armen verteilt. Abends werden alle Häuser illuminiert, feurige Lichtschlangen züngeln den Münsterturm empor, durchsichtig erglüht das rötliche Spitzenwerk der göttlichen Kathedrale. Auf dem Rhein gleiten, Lampions wie glühende Orangen tragend, zahllose Schiffe und Barken mit farbigen Fackeln, in den Bäumen schimmern, von Lichtern angestrahlt, bunte Glaskugeln, und von der Insel her flammt, allen sichtbar, als Abschluß eines grandiosen Feuerwerks, inmitten mythologischer Figuren das verschlungene Monogramm des Dauphins und der Dauphine. Bis tief in die Nacht zieht das schaulustige Volk die Ufer und Straßen entlang. Musik dudelt und dröhnt, an hundert Stellen schwingen Männer und Mädchen sich munter im Tanz; ein goldenes Zeitalter des Glücks scheint mit dieser blonden Botin aus Österreich gekommen, und noch einmal hebt das verbitterte, verärgerte Volk Frankreichs sein Herz heiterer Hoffnung entgegen.

Aber auch dieses großartige Gemälde birgt einen kleinen versteckten Riß, auch hier hat ebenso wie in die Gobelins des Empfangssaales das Schicksal symbolisch ein Unheilszeichen eingewoben. Als am nächsten Tage Marie Antoinette vor der Abfahrt noch die Messe hören will, begrüßt sie am Portal der Kathedrale statt des ehrwürdigen Bischofs dessen Neffe und Koadjutor an der Spitze der Geistlichkeit. In seinem flutenden violetten

Gewande etwas weibisch aussehend, hält der mondäne Priester eine galant-pathetische Ansprache – nicht umsonst hat ihn die Akademie in ihre Reihen gewählt –, die in den höfischen Sätzen gipfelt: »Sie sind für uns das lebende Bildnis der verehrten Kaiserin, welche seit langem Europa ebenso bewundert, wie die Nachwelt sie verehren wird. Die Seele Maria Theresias vereint sich nun mit der Seele der Bourbonen.« Ehrfürchtig ordnet sich nach der Begrüßung der Zug in den blauschimmernden Dom, der junge Priester geleitet die junge Prinzessin zum Altar und hebt mit feiner, beringter Liebhaberhand die Monstranz. Es ist Louis Prinz Rohan, der als erster in Frankreich ihr Willkommen bietet, der spätere tragikomische Held der Halsbandaffäre, ihr gefährlichster Gegner, ihr verhängnisvollster Feind. Und die Hand, die jetzt segnend über ihrem Haupte schwebt, ist dieselbe, die ihr Krone und Ehre später in Schmutz und Verachtung schleudern wird.

Nicht lange darf Marie Antoinette in Straßburg, im halbheimatlichen Elsaß, bleiben: wenn ein König von Frankreich wartet, wäre jedes Zögern Verstoß. An brausenden Ufern des Jubels vorbei, durch Triumphpforten und bekränzte Tore, steuert die Brautfahrt endlich dem ersten Ziele entgegen, dem Walde von Compiègne, wo mit riesiger Wagenburg die königliche Familie ihr neues Mitglied erwartet. Hofherren, Hofdamen, Offiziere, die Leibgarden, Trommler, Trompeter und Bläser, alle in neuen schimmernden Kleidern, stehen in bunter Rangordnung geschart; der ganze mailichte Wald leuchtet von diesem flackernden Farbenspiel. Kaum künden Fanfaren beider Gefolge das Nahen des Hochzeitszuges, so verläßt Ludwig XV. seine Karosse, um die Frau seines Enkels zu empfangen. Aber schon eilt mit ihrem vielbewunderten leichten Schritt Marie Antoinette ihm entgegen und kniet mit anmutigstem Knicks (nicht umsonst Schülerin des großen Tanzmeisters Noverre) vor dem Großvater ihres zukünftigen Gatten nieder. Der König, von seinem Hirschpark her ein guter Kenner frischen Mädchenfleisches und höchst empfänglich für graziöse Anmut, biegt sich zärtlich-zufrieden hinab zu dem jungen, blonden, appetitlichen Ding, hebt die Enkelsbraut empor und küßt sie auf beide Wangen. Dann erst stellt er ihr den zukünftigen Gemahl vor, der, fünf Fuß zehn Zoll hoch, steifleinen und tölpelig-verlegen zur Seite steht, jetzt endlich die verschlafenen kurzsichtigen Augen hebt und ohne sonderliche Beflissenheit seine Braut, der Etikette gemäß, formell auf die Wange küßt. In der Karosse sitzt Marie Antoinette zwischen Großvater und Enkel, zwischen Ludwig XV. und dem zukünftigen Ludwig XVI. Der alte Herr scheint eher die Rolle des Bräutigams zu spielen, angeregt plaudert er und macht ihr sogar ein wenig den Hof, indes der zukünftige Gatte sich gelangweilt und stumm in seine Ecke drückt. Abends, da die Verlobten und per procurationem bereits Vermählten in ihren abgesonderten Zimmern schlafen gehen, hat der triste Liebhaber noch kein einziges zärtliches Wort zu diesem entzükkenden Backfisch gesprochen, und in sein Tagebuch schreibt er als Resümee des entscheidenden Tages einzig die dürre Zeile: »Entrevue avec Madame la Dauphine.«

Sechsunddreißig Jahre später wird in ebendemselben Wald von Compiègne ein anderer Herrscher Frankreichs, Napoleon, eine andere österreichische Erzherzogin, Marie Louise, als Gattin erwarten. Sie wird nicht so hübsch, nicht so knusperig wie Marie Antoinette sein, die rundliche, langweilig sanfte Marie Louise. Aber doch ergreift der energische Mann und Werber von der ihm zubestimmten Braut sofort zärtlich und stürmisch Besitz. Noch am selben Abend fragt er den Bischof, ob ihm die Wiener Heirat schon eheliche Rechte gäbe, und ohne die Antwort abzuwarten, zieht er die Folgerungen: am nächsten Morgen frühstücken die beiden schon gemeinsam im Bett. Marie Antoinette aber ist im Wald von Compiègne keinem Liebhaber und keinem Mann begegnet: nur einem Staatsbräutigam.

Die zweite, die eigentliche Hochzeitsfeier, findet am 16. Mai zu Versailles in der Kapelle Ludwigs XIV. statt. Ein solcher Hof- und Staatsakt des Allerchristlichsten Herrscherhauses bedeutet eine zu intime, zu familiäre, wie auch zu erlauchte und souveräne Angelegenheit, als daß man dem Volk erlaubte, dabei Zuschauer zu sein oder auch nur Spalier vor den Türen zu bilden. Nur adeliges Blut – mindestens hundertästiger Stammbaum – berechtigt, den Kirchenraum zu betreten, der, strahlende Frühlingssonne hinter den bunten Gläsern, den gestickten Brokat, die schillernde Seide, die unermeßlich ausgebreitete Pracht der erwählten Geschlechter wie ein letztes Fanal der Alten Welt noch einmal überwältigend aufleuchten läßt. Der Erzbischof von Reims vollzieht die Trauung. Er segnet die dreizehn Goldstücke und den Hochzeitsring; der Dauphin steckt Marie Antoinette den Ring an den vierten Finger, überreicht ihr die Goldstücke, darauf knien beide hin, den Segen zu empfangen. Mit Orgelklang setzt die Messe ein, beim Paternoster wird ein silberner Baldachin über die Häupter des jungen Paares gehalten, dann erst unterzeichnet der König und in sorglicher Rangabstufung die gesamte Blutsverwandschaft den Hochzeitspakt. Es wird ein ungeheuer langes, vielgefaltetes Dokument; noch heute sieht man auf dem verblichenen Pergament die stolprig und ungeschickt hingesetzten vier Worte: Marie Antoinette Josepha Jeanne, von der Kinderhand der Fünfzehnjährigen mühsam hingekritzelt, und daneben – abermals raunen alle: ein böses Omen – einen mächtigen Tintenklecks, der ihr und einzig ihr allein von allen Unterzeichneten aus der widerstrebenden Feder spritzt.

Nun, nach beendeter Zeremonie, wird gnädig auch dem Volk gestattet, sich am Feste der Monarchen mitzufreuen. Unzählbare Menschenmengen – halb Paris ist entvölkert – ergießen sich in die Gärten von Versailles, die heute auch dem profanum vulgus ihre Wasserkünste und Kaskaden, ihre Schattengänge und Wiesenflächen offenbaren; das Hauptgaudium soll das abendliche Feuerwerk sein, das großartigste, das man je an einem Königshofe gesehen hat. Doch der Himmel macht Feuerwerk auf eigene Rechnung. Finster, unglückverheißend türmen sich nachmittags Wolken auf, ein Gewitter zuckt nieder, ungeheuer schüttet sich ein Platzregen aus, und in wildem Aufruhr strömt das Volk, um sein Schauspiel betrogen, nach Paris zurück. Indes schlotternd vor Kälteschauern Zehntausende über die Straßen flüchten, sturmgejagt, tumultuarisch und naß, und die Bäume, regengeschüttelt, im Park sich biegen, beginnt hinter den von vielen tausend Kerzen erhellten Fenstern des neuerbauten »salle de spectacle« in vorbildlichem, durch keinen Orkan und kein Weltbeben zu erschütterndem Zeremoniell das große Hochzeitsmahl: zum erstenmal und letztenmal versucht Ludwig XV. die Pracht seines großen Vorgängers Ludwig XIV. zu übertreffen. Sechstausend erlesene Adelsgäste haben mit Mühe Eintrittskarten erkämpft, freilich nicht, um mitzuspeisen, sondern einzig, um ehrfürchtig von der Galerie zusehen zu dürfen, wie die zweiundzwanzig Angehörigen des Königshauses Messer und Gabel zum Munde führen. Alle sechstausend halten den Atem an, um die Erhabenheit dieses großen Schauspiels nicht zu stören; nur zart und gedämpft begleitet von den marmornen Arkaden ein Orchester von achtzig Musikern das fürstliche Mahl. Dann schreitet unter dem Salut der französischen Garden die ganze königliche Familie durch das demütig gebeugte Spalier des Adels: die offizielle Feier ist zu Ende, und der königliche Bräutigam hat jetzt keine andere Pflicht als die jedes andern Ehemanns zu erfüllen. Zur rechten Hand die Dauphine, zur linken den Dauphin, führt der König das kindliche Paar (zusammen zählt es kaum dreißig Jahre) in das Schlafgemach. Noch bis in die Brautstube drängt sich die Etikette ein, denn wer anders könnte dem Thronfolger das Nachthemd überreichen als der König von Frankreich in Person, und wer anders der Dauphine das ihre als die jüngst verheiratete Dame höchsten Ranges, in diesem Fall die Herzogin von Chartres? Dem Bette selbst aber darf nur ein einziger außer den Brautleuten nahen: der Erzbischof von Reims, der es segnet und mit Weihwasser besprengt.

Endlich verläßt der Hof den intimen Raum; Ludwig und Marie Antoinette bleiben zum erstenmal ehelich allein, und der Baldachin des Himmelbettes rauscht über ihnen nieder, brokatener Vorhang einer unsichtbaren Tragödie.

Geheimnis des Alkovens

In jenem Bette geschieht nun zunächst – nichts. Und es gibt einen höchst fatalen Doppelsinn, wenn der junge Ehemann am nächsten Morgen in sein Tagebuch schreibt: »Rien.« Weder die höfischen Zeremonien noch die erzbischöfliche Segnung des bräutlichen Bettes haben Gewalt gehabt über eine peinliche Hemmung der Natur des Dauphin, matrimonium non consummatum est, die Hochzeit wurde im eigentlichen Sinne nicht vollzogen, nicht heute, nicht morgen und nicht in den nächsten Jahren. Marie Antoinette hat einen »nonchalant mari«, einen nachlässigen Gatten, gefunden, und zunächst meint man, es sei nur Schüchternheit, Unerfahrenheit oder eine

»nature tardive« (wir würden heute sagen: eine infantile Zurückgebliebenheit), die den Sechzehnjährigen bei diesem bezaubernden jungen Mädchen unfähig macht. Nur nicht drängen und den seelisch Gehemmten beunruhigen, denkt die erfahrene Mutter und mahnt Antoinette, die eheliche Enttäuschung nicht schwer zu nehmen – »point d'humeur làdessus« schreibt sie im Mai 1771 und empfiehlt ihrer Tochter »caresses, cajolis«, Zärtlichkeiten, Liebkosungen, aber andererseits wieder nicht zuviel davon: »Trop d'empressement gâterait le tout.« Als aber dieser Zustand schon ein Jahr, zwei Jahre andauert, beginnt die Kaiserin über diese »conduite si étrange« des jungen Gatten unruhig zu werden. An seinem guten Willen ist nicht zu zweifeln, denn von Monat zu Monat zeigt sich der Dauphin seiner anmutigen Gattin immer zärtlicher zugetan, er erneuert unablässig seine nächtlichen Besuche, seine untauglichen Versuche, aber an der letzten entscheidenden Zärtlichkeit hemmt ihn irgendein »maudit charme«, eine geheimnisvolle fatale Störung. Die unbelehrte Antoinette meint, dies sei nur »maladresse et jeunesse«, nur Ungeschicklichkeit und Jugend; in ihrer Unerfahrenheit stellt sie, die Arme, sogar selbst die »üblen Gerüchte, die hierzulande über seine Unfähigkeit umgehen«, in entschiedene Abrede. Aber nun steckt sich die Mutter hinter die Sache. Sie läßt ihren Hofarzt van Swieten kommen und berät sich mit ihm über die »froideur extraordinaire du Dauphin«. Der zuckt die Achseln. Wenn es einem jungen Mädchen von solchem Liebreiz nicht gelinge, den Dauphin zu erhitzen, sei jedes medizinische Heilmittel ohne Wirkung. Brief auf Brief schreibt Maria Theresia nach Paris; schließlich nimmt König Ludwig XV., wohlerfahren und allzu geübt auf diesem Gebiete, seinen Enkel ins Gebet; der französische Hofarzt Lassone wird eingeweiht, der traurige Liebesheld untersucht, und nun stellt sich heraus, daß diese Impotenz des

Dauphin keine seelisch bedingte, sondern auf einem unbedeutenden organischen Defekt (einer Phimosis) beruhe: »Quien dice que el frenillo sujeta tanto et prepucio que no cede a la introduccion y causa un dolor vivo en el, por el qual se retrahe S. M. del impulso que conviniera. Quien supone que el dicho prepucio esta tan cerrado que no puede explayarse para la dilatacion de la punta o cabeza de la parte, en virtud de lo que no llegua la ereccion al punto de elasticidad neccessaria.« (Geheimbericht des spanischen Gesandten.) Jetzt folgt Konsilium auf Konsilium, ob der Chirurg mit dem Operationsmesser eingreifen solle – »pour lui rendre la voix«, wie man in den Vorzimmern zynisch flüstert. Auch Marie Antoinette, von ihren erfahrenen Freundinnen inzwischen aufgeklärt, tut das möglichste, ihren Gatten zur chirurgischen Kur zu veranlassen. (»Je travaille à le déterminer à la petite opération, dont on a déjà parlé et que je crois nécessaire«; 1775 an ihre Mutter.) Aber Ludwig XVI. – der Dauphin ist inzwischen zwar schon König geworden, doch nach fünf Jahren noch immer kein Ehemann – kann sich, seinem schwankenden Charakter gemäß, zu keiner energischen Tat entschließen. Er zaudert und zögert, versucht und versucht, und diese gräßliche, widerliche, lächerliche Situation des ewigen Versuchens und ewigen Versagens zieht sich zur Schmach Marie Antoinettes, zum Hohn des ganzen Hofes, zur Wut Maria Theresias, zur Erniedrigung Ludwigs XVI. noch zwei weitere Jahre hin, im ganzen also sieben entsetzliche Jahre, bis schließlich Kaiser Joseph eigens nach Paris reist, um seinen nicht sehr mutigen Schwager zur Operation zu überreden. Dann erst gelingt es diesem traurigen Cäsar der Liebe, den Rubikon glücklich zu überschreiten. Aber das seelische Reich, das er endlich erobert, ist schon verwüstet durch diese sieben Jahre lächerlichen Kampfes, durch diese zweitausend Nächte, in denen Marie Antoinette als Frau und Gattin die äußerste Erniedrigung ihres Geschlechts erlitten hat.

Wäre es nicht zu vermeiden gewesen (fragt vielleicht manches empfindsame Gemüt), an dies heikle und heiligste Geheimnis des Alkovens zu rühren? Hätte es nicht genügt, die Tatsache des königlichen Versagens bis zur Unkenntlichkeit zu verschatten, zaghaft an der Tragödie des Ehebetts vorbeizuschleichen, bestenfalls verblümt vom »fehlenden Glück der Mütterlichkeit« munkeln? Ist wirklich die Betonung solch intimster Einzelheiten unentbehrlich für eine charakterologische Darstellung? Jawohl, sie ist unentbehrlich, denn all die Spannungen, Abhängigkeiten, Hörigkeiten und Feindseligkeiten, die sich allmählich zwischen dem König und der Königin, den Thronanwärtern und dem Hof herausbilden und weit bis ins Weltgeschichtliche hinüberreichen, sie bleiben unverständlich, wenn man nicht offenherzig an ihren eigentlichen Ursprung herangeht. Mehr weltgeschichtliche Folgeerscheinungen, als man gemeinhin zuzugeben gewillt ist, haben im Alkoven und hinter den Baldachinen der Königsbetten ihren Anfang genommen; kaum in irgendeinem andern Falle aber liegt die logische Kette zwischen privatestem Anlaß und politisch-welthistorischer Auswirkung so eindeutig offen wie bei dieser intimen Tragikomödie, und jede charakterologische Darstellung bleibt unehrlich, die ein Geschehnis in den Schatten drückt, das Marie Antoinette selbst den »article essentiel«, den Hauptpunkt ihrer Sorgen und Erwartungen, genannt hat.

Und dann: deckt man wirklich ein Geheimnis auf, wenn man frei und ehrlich von der langjährigen ehelichen Unfähigkeit Ludwigs XVI. spricht? Durchaus nicht. Nur das neunzehnte Jahrhundert mit seiner krankhaften moralischen Sexualprüderie hat ein Nolimetangere aus jeder unbefangenen Erörterung physiologischer Verhältnisse gemacht. Im achtzehnten Jahrhundert aber, wie in allen früheren, galt Ehefähigkeit oder Eheunfähigkeit eines Königs, Fruchtbarkeit oder Unfruchtbarkeit einer Königin nicht als private, sondern als politische und Staatsangelegenheit, weil sie die »Erbfolge« und damit das Schicksal des ganzen Landes entschied; das Bett gehörte so offenkundig mit zum menschlichen Dasein wie das Taufbecken oder der Sarg. In dem Briefwechsel Maria Theresias und Marie Antoinettes, der immerhin durch die Hand des Staatsarchivars und des Kopisten ging, sprachen damals eine Kaiserin von Österreich und eine Königin von Frankreich in voller Freiheit über alle Einzelheiten und Mißgeschicke dieses sonderbaren Ehestandes. Beredt schildert Maria Theresia der Tochter die Vorteile des gemeinsamen Bettes und gibt kleine weibliche Winke, jede Gelegenheit zu intimer Vereinigung geschickt auszunutzen; die Tochter wiederum berichtet das Eintreffen oder Nichteintreffen des monatlichen Unwohlseins, das Versagen des Gatten, jedes »un petit mieux« und schließlich triumphierend die Schwangerschaft. Einmal wird sogar der Komponist der Iphigenie, wird sogar Gluck, weil er früher abreist als der Kurier, mit der Übermittlung solcher intimer Neuigkeiten betraut: im achtzehnten Jahrhundert nimmt man natürliche Dinge noch vollkommen natürlich.

Aber wäre es nur die Mutter allein, die damals um jenes heimliche Versagen weiß! In Wirklichkeit schwatzen alle Kammerfrauen davon, alle Hofdamen, Kavaliere und Offiziere; die Diener wissen es und die Wäscherinnen am Hofe von Versailles, sogar an seinem eigenen Tisch muß der König manchen derben Scherz erdulden. Außerdem befassen sich, da die Zeugungsunfähigkeit eines Bourbonen in Anbetracht der Erbfolge eine hochpolitische Angelegenheit darstellt, alle auswärtigen Höfe auf das eindringlichste mit dieser Frage. In den Berichten des preußischen, des sächsischen, des sardischen Gesandten finden sich ausführliche Erörterungen der heiklen Angelegenheit; der eifrigste unter ihnen, Graf Aranda, der spanische Gesandte, läßt sogar die Laken des königlichen Bettes durch bestochene Dienstleute untersuchen, um jenem physiologischen Ereignis nur möglichst genau auf die Spur zu kommen. Überall in ganz Europa lachen und spotten Fürsten und Könige brieflich und mündlich über ihren ungeschickten Standesgenossen; nicht nur in Versailles, sondern in ganz Paris und Frankreich ist die eheliche Blamage des Königs das Geheimnis Polichinells. Sie wird in allen Straßen besprochen, sie flattert als Libell von Hand zu Hand, und bei der Ernennung des Ministers Maurepas zirkuliert zur allgemeinen Erheiterung das muntere Couplet:

Maurepas était impuissant
Le Roi l'a rendu plus puissant,
Le Ministre reconnaissant
Dit: Pour vous, Sire,
Ce que je désire,
D'en faire autant.

Aber was spaßhaft klingt, hat in Wahrheit schicksalhafte und gefährliche Bedeutung. Denn diese sieben Jahre des Versagens bestimmen seelisch den Charakter des Königs und der Königin und führen zu politischen Folgerungen, die ohne Kenntnis dieses Faktums unverständlich wären: das Schicksal einer Ehe verbindet sich hier dem Weltgeschick.

Unverständlich bliebe vor allem die seelische Einstellung Ludwigs XVI. ohne Kenntnis jenes intimen Defekts. Denn mit geradezu klinischer Deutlichkeit zeigt sein menschlicher Habitus alle typischen Merkmale eines aus männlicher Schwäche stammenden Minderwertigkeitsgefühls. Weil im privaten, so fehlt diesem Gehemmten auch im öffentlichen Leben jede Kraft zu schöpferischer Tat. Er versteht nicht aufzutreten, er weiß keinen Willen zu zeigen und noch weniger ihn durchzusetzen; linkisch und scheu flüchtet der heimlich Beschämte vor jeder höfischen Geselligkeit und besonders vor dem Umgang mit Frauen, denn er weiß, dieser im Grunde biedere, rechtschaffene Mann, daß sein Mißgeschick jedem am Hofe bekannt ist, und das ironische Lächeln der Eingeweihten verschreckt sein ganzes Gehabe. Manchmal versucht er, sich gewaltsam eine gewisse Autorität zu geben, einen Schein von Männlichkeit. Aber dann greift er immer eine Stufe zu hoch, wird grob, brüsk und brutal, typische Flucht in eine Geste der Kraftmeierei, die ihm niemand glaubt. Nie aber gelingt ihm ein freies, natürliches, selbstbewußtes Auftreten, und am wenigsten das majestätische. Weil er im Schlafgemach nicht den Mann, versteht er vor den anderen nicht den König zu spielen.

Daß dabei seine persönlichen Neigungen die allermännlichsten sind, die Jagd und körperliche Schwerarbeit – er hat sich eine eigene Schmiedewerkstätte eingerichtet, seine Drehbank ist noch heute zu sehen –, widerspricht keineswegs dem klinischen Bild, sondern bestätigt es nur. Denn gerade, wer nicht Mann ist, liebt unbewußt den Männlichen zu spielen, gerade der heimlich Schwache trumpft gern vor den Menschen mit Stärke auf. Wenn er auf dampfendem Pferd stundenlang dem Eber nachjagt und durch die Wälder reitet, wenn er am Amboß seine Muskeln bis zur Müdigkeit erschöpft, so kompensiert da ein Kraftbewußtsein der rein körperhaften Stärke wohltuend die heimliche Schwäche: als Hephaistos fühlt sich wohl, wer den Dienst der Venus schlecht versieht. Aber kaum zieht Ludwig die Galauniform an und tritt unter die Höflinge, da spürt er, daß diese Kraft nur eine der

Muskeln, nicht eine des Herzens ist, und sofort wird er verlegen. Selten sieht man ihn lachen, selten ihn wirklich glücklich und vergnügt.

Am gefährlichsten aber wirkt sich dieses geheime Schwächegefühl charakterologisch im seelischen Verhältnis zu seiner Frau aus. Vieles an ihrem Verhalten widerstrebt seinem persönlichen Geschmack. Er mag ihre Gesellschaften nicht, ihn ärgern der ständige laute Vergnügungstrubel, ihre Verschwendung, ihre unköniglichen Frivolitäten. Ein wirklicher Mann wüßte da schleunigst Abhilfe zu schaffen. Aber wie kann ein Mann vor einer Frau, die ihn allnächtlich beschämt, hilflos und als lächerlichen Versager erlebt, bei Tage den Herrn spielen? Weil männlich machtlos, bleibt Ludwig XVI. gegen seine Frau völlig wehrlos; im Gegenteil, je länger sein beschämender Zustand dauert, um so kläglicher gerät er in völlige Abhängigkeit, ja Hörigkeit. Sie kann von ihm verlangen, was sie will, immer wieder kauft er sich mit völlig schrankenloser Nachgiebigkeit von seinem geheimen Schuldgefühl los. Herrisch in ihr Leben einzugreifen, ihre offensichtlichen Torheiten zu verhindern, dazu fehlt ihm die Willenskraft, die im letzten nichts anderes darstellt als den seelischen Ausdruck der körperlichen Potenz. Verzweifelt sehen die Minister, sieht die kaiserliche Mutter, sieht der ganze Hof, wie durch diese tragische Ohnmacht alle Macht in die Hände einer jungen wirbligen Frau gerät, die sie leichtfertig verzettelt. Aber ein Kräfteparallelogramm, in einer Ehe einmal bestimmt, bleibt erfahrungsgemäß als seelische Konstellation unabänderlich. Selbst als Ludwig XVI. wirklicher Gatte und Vater von Kindern wird, ist er, der Herr Frankreichs sein sollte, weiterhin der willenlose Knecht Marie Antoinettes, einzig weil er nicht rechtzeitig ihr Mann gewesen ist.

Nicht minder verhängnisvoll beeinflußt das sexuelle Versagen Ludwigs XVI. die seelische Entwicklung Marie Antoinettes. Gemäß der Gegensätzlichkeit der Geschlechter bringt ein und dieselbe Störung im männlichen und weiblichen Charakter genau gegensätzliche Erscheinungen hervor. Wo bei einem Mann die sexuelle Schlagkraft Störungen unterliegt, entsteht Gehemmtheit und Unsicherheit; wo der Frau die passive Hingabebereitschaft nichts hilft, muß zwanghaft Überreiztheit und Hemmungslosigkeit, eine flackrige Überlebendigkeit zutage treten. Von Natur aus ist Marie Antoinette eigentlich vollkommen normal, eine weibliche, eine zärtliche Frau, zu vielfacher Mutterschaft bestimmt, wahrscheinlich nur darauf wartend, sich einem wirklichen Manne zu fügen. Aber das Verhängnis will, daß gerade sie, die Empfindunsfähige und Empfindungswillige, in eine abnorme Ehe, daß sie an einen Nicht-Mann gerät. Allerdings, sie ist erst fünfzehnjährig zur Zeit der Eheschließung; an und für sich müßte da das ärgerliche Versagen ihres Mannes sich noch nicht als seelische Belastung äußern; denn wer dürfte diese Tatsache schon physiologisch unnatürlich nennen, daß ein Mädchen bis zum zweiundzwanzigsten Jahre jungfräulich bleibt! Was aber in diesem besonderen Falle die Erschütterung und gefährliche Überhitzung ihres Nervenzustandes verursacht, ist, daß der von Staats wegen ihr zugeteilte Gatte sie diese sieben pseudoehelichen Jahre nicht im Zustande unbefangener und unberührter Keuschheit verbringen läßt, sondern daß in zweitausend Nächten sich an ihrem jungen Körper ein tölpischer und gehemmter Mann unablässig abmüht. Jahre hindurch wird ihre Sexualität fruchtlos in dieser unbefriedigenden, beschämenden und erniedrigenden Weise ohne eine einzige Erfüllung gereizt und gereizt. So bedarf es keines Nervenarztes, um festzustellen, daß ihre so verhängnisvolle Überlebendigkeit, dieses ewige Hin und Her und

Niezufriedensein, dieses fahrige Jagen von Vergnügung zu Vergnügung, geradezu klinisch-typische Folgen jener ständigen sexuellen Aufreizung und sexuellen Unbefriedigtheit durch ihren Gatten darstellen. Weil nicht im tiefsten bewegt und beruhigt, muß die nach sieben Ehejahren noch immer nicht eroberte Frau ständig Bewegung und Unruhe um sich haben, und allmählich wird, was anfangs bloß kindisch muntere Verspieltheit gewesen, zu einer krampfigen, krankhaften und vom ganzen Hof als skandalös empfundenen Vergnügungswut, gegen die Maria Theresia und alle Freunde vergebens anzukämpfen suchen. Wie sich beim König die unerlöste Männlichkeit in grobe Schmiedearbeit und Jagdleidenschaft, in dumpfe und ermüdende Muskelanstrengung umsetzt, so flüchtet bei ihr die falsch eingesetzte und unverwertete Gefühlskraft in zärtliche Freundschaft zu Frauen, in Koketterien mit jungen Kavalieren, in Putzsucht und ähnliche unzulängliche Temperamentsbefriedigungen. Nächte um Nächte meidet sie das eheliche Bett, den traurigen Ort ihrer weiblichen Erniedrigung, und treibt sich, während ihr Gatte und Nicht-Gatte seine Jagdmüdigkeit breit ausschläft, bis vier Uhr, fünf Uhr morgens auf Opernredouten, in Spielsälen, bei Soupers und in zweifelhafter Gesellschaft herum, sich wärmend an fremden Feuern, unwürdige Königin, weil an einen unwerten Gatten geraten. Daß aber diese Frivolität eigentlich freudlos ist, ein bloßes Übertanzen und Überamüsieren einer inneren Enttäuschtheit, das verrät mancher Augenblick zorniger Melancholie und am stärksten einmal ihr Schrei, als ihre Verwandte, die Herzogin von Chartres, zuerst ein totes Kind zur Welt bringt. Da schreibt sie an ihre Mutter: »So furchtbar das auch sein muß, ich wollte, ich hielte wenigstens so weit.« Lieber ein totes Kind, aber nur ein Kind! Nur endlich aus diesem zerstörenden, unwürdigen Zustand heraus, nur endlich wirklich normale Frau ihres

Mannes sein und nicht immer noch Jungfrau nach siebenjähriger Ehe. Wer nicht die weibliche Verzweiflung hinter der Vergnügungswut dieser Frau versteht, kann die merkwürdige Wandlung weder erklären noch begreifen, die dann einsetzt, als Marie Antoinette endlich Frau und Mutter wird. Mit einemmal werden die Nerven merklich ruhiger, eine andere, zweite Marie Antoinette entsteht, jene beherrschte und willenskräftige, kühne, die sie im zweiten Teil ihres Lebens wird. Aber diese Wandlung kommt schon zu spät. Wie in jeder Kindheit, sind auch in jeder Ehe die ersten Erlebnisse die entscheidenden. Und Jahrzehnte können nicht wettmachen, was im feinsten und überempfindlichen Stoff der Seele eine winzige Störung verschuldet. Gerade diese innersten, die unsichtbaren Verwundungen des Gefühls kennen kein volles Gesunden.

All dies wäre aber nur private Tragödie, ein Mißgeschick, wie es sich auch heute tagtäglich hinter geschlossenen Türen abspielt. In diesem Fall jedoch reichen die verhängnisvollen Folgen einer solchen ehelichen Peinlichkeit weit über das private Leben hinaus. Denn Mann und Frau sind hier König und Königin, sie stehen unentrinnbar im verzerrenden Hohlspiegel der öffentlichen Aufmerksamkeit; was bei anderen vertraulich bleibt, nährt bei ihnen Schwatz und Kritik. Ein so mokanter Hof wie der französische begnügt sich natürlich nicht mit der bedauernden Feststellung des Mißgeschicks, sondern schnuppert unablässig um die Frage herum, in welcher Weise sich Marie Antoinette für das Versagen ihres Mannes schadlos halte. Sie sehen eine reizende junge Frau, selbstbewußt und kokett, ein temperamentvolles Geschöpf, in dem das junge Blut braust, und wissen, an welche jämmerliche Schlafhaube diese himmlische Liebhaberin geraten ist: nun beschäftigt das ganze müßige Türhüterpack nur eine Frage, mit wem sie den Gatten betrüge. Gerade weil es tatsächlich nichts zu berichten gibt, gerät die Ehre der Königin in frivoles Gerede. Ein Ausritt mit irgendeinem Kavalier, einem Lauzun oder Coigny, und schon haben ihn die müßigen Schwätzer zu ihrem Geliebten ernannt; eine morgendliche Promenade im Park mit den Hofdamen und Kavalieren, und sofort erzählt man von den unglaublichsten Orgien. Unablässig beschäftigt der Gedanke an das Liebesleben der enttäuschten Königin den ganzen Hof; aus dem Geschwätz werden Chansons und Libelle und Pamphlete und pornographische Gedichte. Erst stecken sich, hinter dem Fächer verborgen, die Hofdamen diese kantharidischen Verslein zu, dann summen sie frech aus dem Haus, werden gedruckt und geraten unter das Volk. Als dann die revolutionäre Propaganda beginnt, brauchen die jakobinischen Journalisten nicht lange nach Argumenten zu suchen, um Marie Antoinette als den Ausbund aller Ausschweifung, als schamlose Verbrecherin hinzustellen, und der öffentliche Ankläger braucht nur einen Griff in diese Pandorabüchse galanter Verleumdungen zu tun, um das schmale Haupt unter die Guillotine zu drücken.

Über eigenes Geschick, Ungeschick, Mißgeschick reichen hier also die Folgen einer ehelichen Störung bis in das Weltgeschichtliche hinein: die Zerstörung der königlichen Autorität hat in Wahrheit nicht mit der Bastille, sondern in Versailles begonnen. Denn daß diese Nachricht von dem Versagen des Königs und die boshaften Lügen von der sexuellen Unersättlichkeit der Königin so rasch und so weit aus dem Schlosse zu Versailles zur Kenntnis der ganzen Nation kamen, war kein Zufall, sondern hat geheime familienpolitische Hintergründe. Es leben nämlich in diesem Palast vier oder fünf Personen, und zwar die nächsten Verwandten, die an der ehelichen

Enttäuschung Marie Antoinettes persönliches Interesse haben. Vor allem sind es die beiden Brüder des Königs, denen es außerordentlich willkommen ist, daß durch diesen lächerlichen physiologischen Defekt und die Furcht Ludwigs XVI. vor dem Chirurgen nicht nur das normale Eheleben, sondern auch die normale Erbfolge zerstört wird, denn sie erblicken darin eine unerwartete Chance, selbst auf den Thron zu gelangen. Der nächstälteste Bruder Ludwigs XVI., der Graf von Provence und tatsächlich später Ludwig XVIII. – er hat sein Ziel erreicht, und Gott allein weiß, auf welchen krummen Wegen –, hat es nie verwinden können, als zweiter zeitlebens hinter dem Thron stehen zu sollen, statt selber das Zepter zu halten; das Ausbleiben eines Thronerben würde ihn zum Regenten, wenn nicht zum Erben des Königs einsetzen, und seine Ungeduld ist kaum zu zügeln; da er aber gleichfalls ein zweifelhafter Gatte und kinderlos ist, hat auch der zweite Bruder, der Graf von Artois, Vorteil von der Zeugungsunfähigkeit seiner älteren Brüder, denn sie macht seine Söhne zu legitimen Thronerben. So genießen sie beide als Glücksfall, was das Unglück Marie Antoinettes ist, und je länger der grauenhafte Zustand dauert, um so sicherer fühlte sich ihre voreilige Anwartschaft. Darum dieser maßlose, dieser hemmungslose Haß, als im siebenten Jahr Marie Antoinette das Wunder plötzlicher Vermännlichung bei ihrem Gatten endlich zustande bringt und die eheliche Beziehung zwischen König und Königin völlig normal wird. Diesen furchtbaren Hieb, der alle seine Erwartungen niederschlägt, hat der Graf von Provence Marie Antoinette niemals verziehen; und was ihm nicht auf geraden Wegen zufallen wollte, hat er versucht, auf krummen zu erreichen; seit Ludwig XVI. Vater geworden war, wurden sein Bruder und seine Verwandten seine gefährlichsten Gegner. Die Revolution hat gute Helfer bei Hof gehabt, prinzliche und fürstliche Hände haben ihr die Türen aufgetan und die besten Waffen in die Hand gedrückt; diese eine Alkovenepisode hat stärker als alle äußeren Ereignisse die Autorität von innen her zersetzt und zum Zerfall gebracht. Fast immer ist es ja ein geheimes Schicksal, welches das äußerlich sichtbare und öffentliche heranzieht, fast jedes Weltgeschehnis Spiegelung inneren persönlichen Konflikts. Ständig gehört es zu den großen Kunstgeheimnissen der Geschichte, aus mikrobischem Anlaß unabsehbare Folgerungen zu entwikkeln, und es sollte nicht das letztemal sein, daß durch die vorübergehende sexuelle Störung eines einzelnen Mannes der ganze Kosmos in Unruhe geriet: die Impotenz Alexanders von Serbien, seine erotische Hörigkeit an seine Befreierin Draga Maschin, die Ermordung der beiden, die Berufung der Karageorgevitsch, die Verfeindung mit Österreich und der Weltkrieg sind eine ebenso unerbittlich logische Lawinenfolge. Denn aus Spinnweben flicht die Geschichte das unentrinnbare Netz des Schicksals; in ihrem wundervoll verkoppelten Triebwerk löst das kleinste Antriebsrad die ungeheuerlichsten Kräfte aus; so wird auch im Dasein Marie Antoinettes das Nichtige zum Gewaltigen, das scheinbar lächerliche Erlebnis der ersten Nächte und Ehejahre nicht nur formgebend für ihren Charakter, sondern für die Gestaltung der Welt.

Aber wie weit noch in der Ferne ballt sich dieses drohende Gewölk! Wie ferne sind noch alle diese Folgerungen und Verstrickungen von dem kindischen Sinn dieser Fünfzehnjährigen, die mit ihrem ungeschickten Kameraden arglos spaßt, die mit einem kleinen, munter klopfenden Herzen und hell-neugierigen Augen lächelnd meint, die Stufen eines Thrones emporzusteigen – und am Ende steht das Schafott. Aber wem sie das schwarze Los von Anbeginn zugeteilt, dem geben die Götter keine Zeichen und Winke. Ahnungslos unbefangen lassen sie ihn seinen Weg schreiten, und von innen wächst ihm das Schicksal entgegen.

Debüt in Versailles

Noch heute wirkt Versailles als die großartigste und herausforderndste Geste der Autokratie; ganz ohne sichtlichen Anlaß erhebt sich mitten im Lande abseits von der Hauptstadt auf einem künstlich errichteten Hügel ein riesiges Schloß und blickt mit Hunderten von Fenstern über künstlich geschaffene Kanäle und künstlich geschnittene Gärten ins Leere hinein. Kein Fluß, Handel und Wandel befördernd, strömt hier vorbei, keine Straßen, keine Bahnen treffen zusammen; völlig zufallshaft, die versteinerte Laune eines großen Herrn, hält dieser Palast seine sinnlos riesige Pracht dem verwunderten Blick entgegen.

Dies gerade aber wollte der cäsarische Wille Ludwigs XIV.: seinem eigenen Selbstbewußtsein, seiner Neigung zur Selbstvergöttlichung einen schimmernden Altar errichten. Entschlossener Autokrat, machtherrischer Mensch, hatte er seinen Einheitswillen siegreich dem zerspaltenen Lande aufgezwungen, einem Reiche die Ordnung, einer Gesellschaft die Sitte, einem Hof die Etikette, einem Glauben die Einheit, der Sprache die Reinheit vorgeschrieben. Von seiner Person war dieser Vereinheitlichungswille ausgestrahlt, zu seiner Person sollte darum aller Glanz zurückfluten. »Wo ich bin, da ist der Staat«, wo ich wohne, da ist der Mittelpunkt Frankreichs, der Nabel der Welt: um diese völlige Uneingeschränktheit seiner Stellung zu versinnlichen, verlegt der Roi-soleil seinen Palast mit Absicht weg von Paris. Eben indem er seine Residenz völlig ins Leere stellt, betont er, ein König von Frankreich brauche nicht die Stadt, die Bürger, die Masse als Stütze oder Folie seiner Macht. Genug, daß er den Arm ausstreckt und gebietet, und schon entstehen auch aus Sumpf und Sand Gärten und Wald, Kaskaden und Grotten, der schönste und mächtigste Palast; von diesem astronomischen Punkt, den seine Willkür eigenmächtig gewählt, geht von nun ab die Sonne seines Reiches auf und unter. Versailles ist erbaut, um Frankreich zu zeigen, daß das Volk nichts ist und der König alles.

Aber schöpferische Kraft, sie bleibt immer nur an den Menschen gebunden, den sie erfüllt; nur der Kronreif vererbt sich, nicht die ihm eingeschlossene Macht und Majestät. Enge, gefühlsschwache und genießerische Seelen, nicht mehr gestaltende, erben mit Ludwig XV. und Ludwig XVI. den weiten Palast, das groß gegründete Reich. Äußerlich bleibt unter ihnen alles unverändert: die Grenzen, die Sprache, die Sitte, die Religion, die Armee; zu stark hat jene entschlossene Hand die Formen geprägt, als daß sie in hundert Jahren verlöschen können, aber bald fehlt den Formen der Inhalt, die glühende Materie des schöpferischen Triebes. Als Bild verändert sich Versailles unter Ludwig XV. nicht, nur an Bedeutung: noch immer wimmeln in prachtvollen Livreen dreitausend, viertausend Bediente in den Gängen und Höfen, noch immer stehen zweitausend Pferde in den Ställen, noch immer funktioniert in wohlgeölten Scharnieren der künstliche Apparat der Etikette bei allen Bällen, Empfängen, Redouten und Maskeraden, noch immer paradieren durch die Spiegelsäle und goldschimmernden Gemächer die Kavaliere und Damen in brokatenen, seidenplissierten und edelsteinbesetzten Prunkkleidern, noch immer ist dieser Hof der berühmteste, raffinierteste und kultivierteste des damaligen Europa. Aber was vordem Ausdruck strömender Machtfülle gewesen, ist längst nur noch Leerlauf und seelenloser, sinnloser Betrieb. Wieder ist ein Ludwig König, aber er ist kein Herrscher mehr, sondern ein gleichgültiger Frauenknecht; auch er versammelt Erzbischöfe, Minister, Feldherren, Architekten, Dichter, Musiker um den Hof, aber so wie er selbst kein Ludwig XIV., so sind jene keine Bossuets mehr, keine Turennes, Richelieus, keine Mansarts, Colberts, Racines und Corneilles, sondern ein stellengieriges, geschmeidiges, ränkesüchtiges Geschlecht, das bloß genießen will, statt zu gestalten, nur am Geschaffenen schmarotzen, statt es mit Willen und Geist zu durchbluten. In diesem marmornen Treibhaus entfalten sich keine kühnen Pläne mehr, keine entschlossenen Neuerungen, keine dichterischen Werke, nur die Sumpfpflanzen der Intrige und Galanterie schießen hier üppig auf. Nicht die Leistung entscheidet mehr, sondern die Kabale, nicht das Verdienst, sondern die Protektion; wer am tiefsten beim Lever vor der Pompadour oder Dubarry den Rücken bückt, kommt am höchsten hinauf; statt der Tat gilt das Wort, statt des Wesens der Schein. Nur füreinander spielen sich diese Menschen in ewiger Inzucht ihre Rollen als König, als Staatsmann, als Priester, als Feldherr mit sehr viel Grazie völlig zwecklos vor; Frankreich, die Wirklichkeit, haben sie alle vergessen, nur an sich denken sie, an ihre Karriere, ihr Vergnügen, Versailles, von Ludwig XIV. als Forum Maximum Europas gedacht, sinkt unter Ludwig XV. herab zu einem Gesellschaftstheater adeliger Amateure, allerdings dem künstlichsten und kostspieligsten, das jemals die Welt gekannt hat.

Auf dieser großartigen Bühne erscheint jetzt mit dem zaudernden Schritt der Debütantin zum erstenmal ein fünfzehnjähriges Mädchen. Sie spielt zunächst nur eine kleine Proberolle: die der Dauphine, der Thronfolgerin. Aber die hochadelige Zuschauerschaft weiß, dieser kleinen blonden Erzherzogin aus Österreich ist für später die Hauptrolle in Versailles zugedacht, die Rolle der Königin, deshalb richten sich sofort nach ihrer Ankunft alle Blicke neugierig auf sie. Der erste Eindruck ist vortrefflich: seit langem hat man kein so reizvolles Mädchen hier auftreten sehen, das bezaubernd schlanke Figürchen wie aus Sèvres-Biskuit, der Teint wie bemaltes Porzellan, muntere blaue Augen, ein behender, übermütiger Mund, der auf das kindlichste zu lachen, auf anmutigste Weise zu schmollen versteht. Tadellos die Haltung: ein beschwingter graziöser Schritt, entzückend im Tanz, aber doch – man ist nicht umsonst Tochter einer Kaiserin – eine sichere Art, aufrecht und stolz durch die Spiegelgalerie zu schreiten und nach rechts und links ohne Befangenheit zu grüßen. Mit schlecht verhehltem Ärger erkennen die Damen, die in Abwesenheit einer Primadonna noch die erste Rolle spielen dürfen, in diesem schmalschulterigen und noch nicht ausgewachsenen Mädchen die siegreiche Rivalin. Nur einen Haltungsfehler muß die strenge Hofgesellschaft allerdings einmütig vermerken: dieses fünfzehnjährige Kind hat den merkwürdigen Wunsch, statt steif sich kindlich unbefangen in diesen heiligen Hallen zu bewegen; ein Wildfang von Natur, saust die kleine Marie Antoinette fliegenden Rocks im Spiel mit den jüngeren Brüdern ihres Gatten herum; noch kann sie sich nicht an die öde Abgemessenheit, an die gefrorene Zurückhaltung gewöhnen, die hier von der Gemahlin eines königlichen Prinzen unablässig gefordert wird. Bei großen Gelegenheiten weiß sie sich tadellos zu benehmen, da sie ja selbst in einer ebenso pompösen, der spanisch-habsburgischen Etikette aufgewachsen ist. Aber in der Hofburg und in Schönbrunn gebärdete man sich nur bei feierlichen Anlässen so feierlich, man holte zu Empfängen das Zeremoniell wie ein Galakleid hervor, um es aufatmend abzulegen, sobald die Heiducken die Tür hinter den Gästen geschlossen hatten. Dann lockerte man sich auf, wurde gemütlich und familiär, die Kinder durften munter tollen und lustig sein; man bediente sich zwar in Schönbrunn der Etikette, aber man diente ihr nicht sklavisch wie einem Gott. Hier jedoch, an diesem preziösen und überalterten Hof, lebt man nicht, um zu leben, sondern einzig, um zu repräsentieren, und je höher einer im Rang steht, um so mehr Vorschriften. Also um Himmelswillen nie eine spontane Geste, nur um keinen Preis sich natürlich geben, das wäre ein nicht wiedergutzumachender Verstoß gegen die Sitte. Von früh bis nachts, von nachts bis früh immer nur Haltung, Haltung, Haltung, sonst murrt das unerbittliche Schranzenpublikum, dessen Daseinszweck sich darin erschöpft, in diesem Theater und für dieses Theater zu leben.

Für diesen gräßlichen gravitätischen Ernst, für diese Zeremonienheiligkeit von Versailles hat Marie Antoinette weder als Kind noch als Königin je Verständnis gehabt; sie begreift die fürchterliche Wichtigkeit nicht, die hier alle Menschen einem Kopfnicken, einem Voranschreiten beimessen, und wird sie niemals verstehen. Von Natur aus eigenwillig, trotzig und vor allem hemmungslos aufrichtig, haßt sie jede Art Eingeschränktheit; als echte Österreicherin will sie sich gehenlassen, sich leben lassen und nicht ständig diese unerträgliche Wichtigtuerei und Wichtignehmerei erdulden. Wie sie sich zu Hause vor ihren Schulaufgaben gedrückt hat, so sucht sie auch hier bei jeder Gelegenheit ihrer strengen Hofdame, Madame de Noailles – die sie höhnisch »Madame Etikette« nennt –, zu entwischen; unbewußt will dieses von der Politik zu früh verschacherte Kind das einzige, was man ihr inmitten des Luxus ihrer Stellung vorenthält: ein paar Jahre wirklicher Kindheit.

Aber eine Kronprinzessin soll und darf nicht mehr Kind sein: alles verbündet sich, um ihr die Verpflichtung zur unerschütterbaren Würde in Erinnerung zu bringen. Die Haupterziehung fällt neben der frömmlerischen Obersthofmeisterin den drei Tanten zu, den Töchtern Ludwigs XV., drei sitzengebliebenen bigotten und bösartigen Jungfern, deren Tugend auch das böseste Schandmaul nicht zu bezweifeln wagt. Madame Adelaide, Madame Victoire, Madame Sophie, diese drei Parzen, nehmen sich der von ihrem Gatten vernachlässigten Marie Antoinette scheinbar freundschaftlich an; in ihrem versteckten Schmollwinkel wird sie in die ganze Strategie des höfischen Kleinkriegs eingeweiht, sie soll dort die Kunst der médisance, der heimtückischen Bosheiten, der unterirdischen Intrige lernen, die Technik der kleinen Nadelstiche. Anfangs macht diese neue Lehre der kleinen unerfahrenen Marie Antoinette Spaß, arglos plappert sie die gesalzenen Bonmots nach, aber im Grunde widerstrebt ihre eingeborene Aufrichtigkeit solchen Böswilligkeiten. Sich zu verstellen, ihre Gefühle in Haß oder Zuneigung zu verbergen, hat Marie Antoinette zu ihrem Schaden niemals erlernt, und bald macht sie sich auch aus richtigem Instinkt von der Vormundschaft der Tanten frei: alles Unehrliche ist ihrer geraden und hemmungslosen Natur zuwider. Ebensowenig Glück hat die Komtesse de Noailles mit ihrer Schülerin; unablässig empört sich das unbändige Temperament der Fünfzehnjährigen, der Sechzehnjährigen gegen die »mesure«, gegen die abgezirkelte, immer an einen Paragraphen gebundene Tageseinteilung. Aber daran darf nichts geändert werden. Sie schildert selbst ihren Tag: »Ich stehe um neuneinhalb oder um zehn Uhr auf, kleide mich an und sage mein Morgengebet. Dann frühstücke ich und gehe zu den Tanten, wo ich gewöhnlich den König treffe. Das währt bis zehneinhalb Uhr. Hierauf, um elf, gehe ich mich frisieren. Zu Mittag ruft man meinen Hofstaat, und da dürfen alle eintreten, außer Leuten ohne Rang und Namen. Ich lege Rot auf und wasche mir vor den Versammelten die Hände, dann entfernen sich die Männer, die Damen bleiben, und ich kleide mich vor ihnen an. Um zwölf ist Kirchgang. Ist der König in Versailles, so gehe ich mit ihm, meinem Gatten und den Tanten zur Messe. Ist er abwesend, so gehe ich allein mit dem Herrn Dauphin, aber immer zur selben Zeit. Nach der Messe essen wir öffentlich zu Mittag, aber das ist um einhalb zwei Uhr zu Ende, denn wir essen beide sehr rasch. Hierauf gehe ich zum Herrn Dauphin, und wenn er beschäftigt ist, kehre ich in mein Zimmer zurück, ich lese, schreibe oder arbeite, denn ich mache für den König einen Rock, mit dem es nur langsam vorwärtsgeht, aber ich hoffe, daß er mit Gottes Hilfe in einigen Jahren fertig sein wird. Um drei Uhr gehe ich wieder zu den Tanten, bei denen sich der König um diese Zeit einfindet; um vier Uhr kommt der Abbé zu mir, um fünf Uhr der Klavierlehrer oder der Gesangslehrer, bis sechs Uhr. Um einhalb sieben gehe ich fast immer zu den Tanten, wenn ich nicht spazierengehe. Du mußt wissen, daß mein Gatte fast immer mit mir zu den Tanten geht. Von sieben bis neun Uhr spielt man, aber wenn es schön ist, gehe ich spazieren, und dann findet das Spiel nicht bei mir, sondern bei den Tanten statt. Um neun Uhr speisen wir zu Abend, und wenn der König nicht da ist, essen die Tanten bei uns. Aber wenn der König anwesend ist, gehen wir nach dem Nachtessen zu ihnen. Wir erwarten den König, der gewöhnlich um dreiviertel elf Uhr kommt. Ich aber lege mich inzwischen auf ein großes Kanapee und schlafe bis zur Ankunft des Königs, aber wenn er nicht da ist, gehen wir um elf Uhr schlafen. So ist meine Tageseinteilung.«

In diesem Stundenplan bleibt für Amüsements nicht viel Raum, gerade danach aber verlangt ihr ungeduldiges Herz. Das jugendlich moussierende Blut in ihr möchte sich noch austollen, sie möchte spielen, Unfug treiben, aber sofort hebt dann »Madame Etikette« den strengen Finger und mahnt, dies und jenes und eigentlich alles, was Marie Antoinette wolle, sei unmöglich vereinbar mit der Stellung einer Dauphine. Noch schlimmer trifft es der Abbé Vermond mit ihr, der einstige Lehrer; jetzt ihr Beichtvater und Vorleser. Eigentlich hätte Marie Antoinette noch furchtbar viel zu lernen, denn ihre Bildung steht tief unter dem Durchschnitt: mit fünfzehn Jahren hat sie ihr Deutsch schon ziemlich vergessen, das Französische noch nicht völlig gelernt, ihre Schrift ist jämmerlich ungelenk, ihr Stil strotzt von Unmöglichkeiten und orthographischen Fehlern; noch immer muß sie sich die Briefe vom hilfreichen Abbé aufsetzen lassen. Außerdem soll er ihr täglich eine Stunde vorlesen und sie selbst zum Lesen zwingen, denn Maria Theresia fragt fast in jedem Brief nach der Lektüre. Sie glaubt nicht recht dem Bericht, daß ihre Toinette wirklich jeden Nachmittag liest oder schreibt. »Such Dir doch den Kopf mit guter Lektüre auszutapezieren«, mahnt sie, »sie ist für Dich notwendiger als für jeden anderen. Ich warte seit zwei Monaten auf die Liste des Abbé und fürchte, Du hast Dich damit nicht befaßt, und die Esel und Pferde haben die für die Bücher bestimmte Zeit weggetragen. Vernachlässige jetzt im Winter diese Beschäftigung nicht, da Du doch keine andere recht beherrschst, weder Musik noch Zeichnen, Tanz, Malerei oder andere schöne Wissenschaften.« Leider hat Maria Theresia mit ihrem Mißtrauen recht, denn mit einer gleichzeitig naiven und geschickten Art weiß die kleine Toinette den Abbé Vermond – man kann doch eine Dauphine nicht zwingen oder strafen! – so völlig zu umgarnen, daß die Lesestunde immer zur Plauderstunde wird; sie lernt wenig oder nichts und ist durch kein Drängen der Mutter mehr zu einer ernsten Beschäftigung zu bringen. Eine gerade, eine gesunde Entwicklung ist durch die zu früh erzwungene Ehe gestört. Dem Titel nach Frau, in Wirklichkeit noch Kind, soll Marie Antoinette bereits Würde und Rang majestätisch vertreten, anderseits noch auf der Schulbank die untersten Kenntnisse einer Volksschulbildung nachlernen; bald behandelt man sie als große Dame, bald wird sie gerüffelt wie ein kleines, unmündiges Kind; die Hofdame verlangt von ihr Repräsentation, die Tanten Intrigen, die Mutter Bildung; ihr junges Herz aber will nichts als leben und jung sein, und in diesen Widersprüchen des Alters und der Stellung, des eigenen Willens und jenes der andern entsteht in diesem sonst durchaus gerade gewachsenen Charakter jene unbändige Unruhe und Ungeduld nach Freiheit, die später Marie Antoinettes Schicksal so verhängisvoll bestimmt.

Um diese gefährliche und gefährdete Stellung ihrer Tochter an dem fremden Hof weiß Maria Theresia Bescheid, sie weiß auch, daß dieses viel zu junge, unernste und flatterige Geschöpf nie imstande sein wird, aus eigenem Instinkt alle die Fuchsfallen der Intrigen und Fallstricke der Palast-Politik zu umgehen. So hat sie ihr den besten Mann, den sie unter ihren Diplomaten besitzt, den Grafen Mercy, als getreuen Eckart beigegeben. »Ich fürchte«, hatte sie ihm mit wunderbarer Offenheit geschrieben, »das Übermaß an Jugend bei meiner Tochter, das Zuviel an Schmeichelei um sie, ihre Trägheit und ihren mangelnden Sinn für ernste Tätigkeit, und ich beauftrage Sie, da ich Ihnen ganz vertraue, darüber zu wachen, daß sie nicht in schlechte Hände gerate.« Die Kaiserin hätte keine bessere Wahl treffen können. Geborener Belgier, aber ganz der Monarchin ergeben, ein Mensch von Hof, aber kein Höfling, kühl denkend, aber darum nicht kalt, klarsinnig, wenn auch nicht genial, übernimmt dieser reiche, unehrgeizige Junggeselle, der nichts anderes im

Leben will als seiner Monarchin vollendet dienen, diesen Schutzposten mit allem erdenklichen Takt und rührender Treue. Scheinbar der Botschafter der Kaiserin am Hofe von Versailles, ist er in Wahrheit nur das Auge, das Ohr, die hilfreiche Hand der Mutter: wie durch ein Fernrohr kann, dank seiner genauen Berichte, Maria Theresia von Schönbrunn aus ihre Tochter beobachten. Sie weiß jedes Wort, das sie spricht, jedes Buch, das sie liest oder vielmehr nicht liest, sie kennt jedes Kleid, das sie anzieht, sie erfährt, wie Marie Antoinette jeden Tag verbringt oder vertut, mit welchen Menschen sie spricht, welche Fehler sie begeht, denn Mercy hat mit großer Geschicklichkeit das Netz um seinen Schützling ganz eng gezogen. »Ich habe mich dreier Personen aus dem Dienstpersonal der Erzherzogin versichert, ich lasse sie Tag für Tag durch Vermond beobachten, und ich weiß von der Marquise Durfort bis auf das letzte Wort, was sie mit ihren Tanten plaudert. Ich habe noch mehr Mittel und Wege, um zu erfahren, was sich beim König ereignet, wenn die Dauphine sich dort befindet. Dazu füge ich noch meine eigenen Beobachtungen, so daß es keine einzige Stunde des Tages gibt, von der ich nicht Rechnung legen könnte, was sie getan, gesagt oder gehört hat. Und ich dehne meine Nachforschungen immer nur so weit aus, als zur Beruhigung Eurer Majestät notwendig ist.« Was er hört und erspäht, berichtet dieser treuredliche Diener in völlig schonungsloser Wahrhaftigkeit. Besondere Kuriere übermitteln, weil der gegenseitige Postdiebstahl damals die Hauptkunst der Diplomatie darstellte, diese intimen, ausschließlich für Maria Theresia bestimmten Berichte, die dank verschlossener Umschläge mit der Aufschrift »tibi soli« nicht einmal dem Staatssekretär und Kaiser Joseph zugänglich sind. Manchmal allerdings wundert sich die arglose Marie Antoinette, wie rasch und genau man in Schönbrunn über jede Einzelheit ihres Lebens unterrichtet ist, aber nie ahnt sie, daß jener grauhaarige väterlich freundliche Herr der intime Spion ihrer Mutter ist und daß die mahnenden, geheimnisvoll allwissenden Briefe ihrer Mutter von Mercy selbst erbeten und abgestimmt sind. Denn Mercy hat kein anderes Mittel, um das unbändige Mädchen zu beeinflussen, als die mütterliche Autorität. Als Botschafter eines fremden, wenn auch befreundeten Hofes ist es ihm nicht erlaubt, einer Thronfolgerin moralische Verhaltungsmaßregeln zu erteilen, er darf sich nicht anmaßen, die zukünftige Königin von Frankreich zu erziehen oder beeinflussen zu wollen. So bestellt er immer, wenn er etwas erreichen will, einen jener liebevoll strengen Briefe, die Marie Antoinette mit Herzklopfen empfängt und öffnet. Niemandem auf Erden sonst untertan, hat dieses unernste Kind doch eine heilige Scheu, wenn sie die Stimme der Mutter – und sei es nur im geschriebenen Wort – vernimmt; ehrfürchtig beugt sie auch vor dem härtesten Tadel das Haupt.

Dank dieser unablässigen Überwachung ist Marie Antoinette die ersten Jahre vor der äußersten Gefahr bewahrt: vor ihrem eigenen Übermaß. Ein anderer, ein stärkerer Geist, die große und weitblickende Intelligenz ihrer Mutter, denkt für sie, ein entschlossener Ernst wacht über ihre Leichtfertigkeit. Und was die Kaiserin an Marie Antoinette verschuldet, indem sie zu früh dieses junge Leben der Staatsräson hinopferte, sucht die Mutter mit tausend Sorgen wieder zurückzukaufen.

Gutmütig, herzlich und gedankenfaul hat Marie Antoinette, das Kind, eigentlich gegen alle diese Leute um sie herum keine Antipathie. Sie mag den angeheirateten Großpapa Ludwig XV., der sie freundlich tätschelt, recht gern, sie verträgt sich leidlich mit den alten Jungfern und der »Madame Etikette«, sie hegt Vertrauen zu dem guten Beichtiger Vermond und eine kindlich respektvolle Neigung für den stillen, freundlichen Freund ihrer Mutter, den Botschafter Mercy. Aber doch, aber doch, alle die sind alte Leute, alle ernst, gemessen, feierlich, gravitätisch, und sie, die Fünfzehnjährige, möchte gern mit jemand unbefangen befreundet, heiter und zutraulich sein; Spielkameraden möchte sie und nicht nur Lehrer, Aufpasser und Zurechtweiser; ihre Jugend dürstet nach Jugend. Aber mit wem hier heiter sein in diesem grausam feierlichen Haus aus kaltem Marmor, mit wem hier spielen? Der rechte Spielkamerad dem Alter nach wäre ihr eigentlich zugesellt, der eigene Gatte, bloß um ein einziges Jahr älter als sie. Aber muffig, verlegen und aus Verlegenheit oft sogar grob, weicht dieser linkische Geselle jeder Vertraulichkeit mit seiner jungen Frau aus; auch er hat nie das mindeste Verlangen gezeigt, so früh verheiratet zu werden, und es braucht gute Zeit, bis er sich überhaupt entschließt, mit diesem fremden Mädchen halbwegs höflich zu sein. So bleiben nur die jüngeren Brüder des Gatten, die Grafen von Provence und Artois; mit dem Vierzehnjährigen und Dreizehnjährigen treibt Marie Antoinette manchmal kindlichen Spaß, sie borgen sich Kostüme zusammen und spielen heimlich Theater, doch rasch muß alles versteckt werden, sobald »Madame Etikette« naht: eine Dauphine darf sich nicht beim Spiel ertappen lassen! Aber irgend etwas zum Lustigsein, zum Zärtlichsein braucht dieses unbändige Kind; einmal wendet sie sich an den Botschafter, man möchte ihr aus Wien einen Hund, »un chien Mops«, schicken, ein andermal entdeckt die strenge Gouvernante, daß sich die Thronfolgerin von Frankreich – Entsetzen! – die zwei kleinen Kinder einer Aufwartefrau in ihr Zimmer geholt hat und ohne Achtung für die schönen Kleider auf dem Boden mit ihnen herumrutscht und tollt. Von der ersten Stunde bis zur letzten kämpft der freie, natürliche Mensch in Marie Antoinette gegen die Unnatürlichkeit dieser erheirateten

Umwelt, gegen das preziös Pathetische dieser Reifrock- und Schnürbrusthaltung. Immer hat sich diese leichte und lockere Wienerin in dem tausendfenstrigen feierlichen Palast von Versailles als Fremde gefühlt.

Der Kampf um ein Wort

»Menge dich nicht in die Politik, kümmere dich nicht um die Angelegenheit der anderen«, wiederholt von Anfang an Maria Theresia immer wieder ihrer Tochter – eigentlich eine überflüssige Mahnung, denn der jungen Marie Antoinette ist nichts auf Erden wichtig als ihr Vergnügen. Alle Dinge, die gründliches Überlegen oder systematisches Nachdenken erfordern, langweilen unaussprechlich diese junge, in sich selbst verliebte Frau, und es geschieht tatsächlich ganz wider ihren Willen, daß sie gleich in den ersten Jahren in jenen erbärmlichen Kleinkrieg der Intrige hineingewirbelt wird, der am Hofe Ludwigs XV. die großzügige Staatspolitik seines Vorgängers ersetzt. Schon bei ihrer Ankunft findet sie Versailles in zwei Parteien geteilt. Die Königin ist längst gestorben, so gehört rechtsmäßig der erste weibliche Rang und alle Autorität den drei Töchtern des Königs. Aber ungeschickt, einfältig und kleinkrämerisch, verstehen diese drei intriganten und bigotten Damen ihre Stellung nicht anders zu nützen, als daß sie in der ersten Reihe bei der Messe sitzen und den Vortritt bei den Empfängen haben. Langweilig, altjüngferlich verdrossen, üben sie keinen Einfluß aus auf ihren königlichen Vater, der einzig nur sein Vergnügen will, und zwar in sinnlich groben, sogar allergröbsten Formen; da sie aber keine Macht haben, keinen Einfluß, da sie keine Stellungen vergeben, bemüht sich nicht einmal der geringste Höfling um ihre Gunst, und aller Glanz, alle Ehre fällt derjenigen zu, die mit Ehre sehr wenig zu tun hat: der letzten Mätresse des Königs, der Madame Dubarry. Aus der untersten Hefe des Volkes heraufgekommen, dunklen Vorlebens und, wenn man den Gerüchten Glauben schenken will, auf dem Umweg über ein öffentliches Haus in das königliche Schlafgemach gelangt, hat sie sich von ihrem willensschwachen Liebhaber, um einen Schein der Hofzugehörigkeit zu erschleichen, einen adeligen Gatten, den Grafen Dubarry, kaufen lassen, einen höchst gefälligen Eheherrn, der am Tage nach der papierenen Hochzeit für ewig verschwindet. Aber immerhin, sein Name hat das ehemalige Straßenmädchen hoffähig gemacht. Zum zweitenmal hat die lächerliche und erniedrigende Farce vor den Augen ganz Europas stattgefunden, daß sich ein Allerchristlichster König seine ihm wohlbekannte Favoritin förmlich als fremde Dame von Adel vorstellen und bei Hof vorführen läßt. Durch diesen Empfang legitimiert, wohnt die Geliebte des Königs im großen Palais, drei Zimmer weit von den skandalisierten Töchtern und durch eine eigens gebaute Treppe mit den Gemächern des Königs verbunden. Mit ihrem eigenen wohlerprobten Leib und dem noch unerprobten hübscher, gefälliger Mädchen, die sie dem alten Wollüstling zur Aufmunterung bringt, hält sie den senil-erotischen Ludwig XV. völlig im Bann: kein Weg geht zur Gunst des Königs, außer über ihren Salon. Selbstverständlich drängen, weil sie Macht zu vergeben hat, alle Höflinge zu ihr hin, die Gesandten aller Herrscher warten voll Ehrerbietung in ihrem Vorzimmer, Könige und Fürsten schicken ihr Geschenke; sie kann Minister absetzen, Stellen vergeben, kann sich Schlösser bauen lassen, über den königlichen Schatz verfügen; schwere Brillantgehänge umblitzen ihren üppigen Hals, riesige Ringe funkeln an ihren Händen, die von allen Eminenzen und Fürsten und Strebern ehrfürchtig geküßt werden, und unsichtbar blitzt der Kronreif in ihrem vollen, braunen Haar.

Alles Licht der königlichen Gnade fällt breit auf diese illegitime Herrscherin des Bettes, alle Schmeichelei und Ehrfurcht umbuhlt diese verwegene Buhlerin, die sich in Versailles frecher als je eine Königin brüstet. In den Hinterzimmern jedoch sitzen die verdrossenen Töchter des Königs und greinen und zetern über die freche Dirne, die den ganzen Hof in Schande bringt, die ihren Vater lächerlich, die Regierung ohnmächtig und jedes christliche Familienleben unmöglich macht. Mit allem Haß ihrer unfreiwilligen Tugend, diesem ihrem einzigen Besitz – denn sie haben nicht Anmut und Geist und Würde –, hassen diese drei Töchter die babylonische Hure, die an Stelle ihrer Mutter hier Königinnenehre genießt, und von morgens bis abends haben sie keinen anderen Gedanken, als sie zu verspotten, zu verachten und ihr Schaden zu tun.

Da erscheint, willkommener Glücksfall, dieses fremde, erzherzogliche Kind am Hof, Marie Antoinette, fünfzehnjährig erst, aber durch den ihr gebührenden Rang als zukünftige Königin nun von Rechts wegen die erste Frau am Hofe; sie gegen die Dubarry auszuspielen wird für die drei Jungfern willkommene Aufgabe, und vom ersten Augenblick an arbeiten sie daran, dieses unbedachte und ahnungslose Mädchen scharfzumachen. Sie soll vorangehen; während sie selber im Dunkel bleiben, soll sie das unreine Wild erlegen helfen. So ziehen sie zum Scheine zärtlich die kleine Prinzessin in ihren Kreis. Und ohne daß sie es ahnt, steht Marie Antoinette nach wenigen Wochen mitten in erbittertem Kampf.

Bei ihrer Ankunft hat Marie Antoinette weder von dem Dasein noch von der sonderbaren Stellung einer Madame Dubarry gewußt: am sittenstrengen Hof Maria Theresias war der Begriff einer Mätresse völlig unbekannt. Sie sieht nur bei dem ersten Souper unter den anderen Hofdamen eine vollbusige, heiter aufgeputzte Dame mit prachtvollem Schmuck, die neugierig zu ihr herüberschaut, und hört, daß man sie mit »Gräfin« anspricht, Gräfin Dubarry. Aber die Tanten, die sich sofort liebevoll der Unerfahrenen annehmen, klären sie gründlich und absichtsvoll auf, denn wenige Wochen später schreibt Marie Antoinette schon ihrer Mutter über die »sotte et impertinente créature«. Laut und unbedacht plaudert sie all die boshaften und hämischen Bemerkungen nach, welche die lieben Tanten ihr auf die lockere Lippe legen, und nun hat plötzlich der gelangweilte und immer nach solchen Sensationen gierige Hof seinen prächtigen Spaß: denn Marie Antoinette hat es sich in den Kopf gesetzt – oder vielmehr, die Tanten haben es ihr in den Kopf gesetzt –, diesen frechen Eindringling, der sich hier am Königshof wie ein Pfau aufplustert, auf das gründlichste zu schneiden. Nach dem ehernen Gesetz der Etikette darf am Versailler Königshof niemals eine rangniedere Dame an die ranghöhere das Wort richten, sondern sie muß ehrfurchtsvoll warten, bis die ranghöhere sie anspricht. Selbstverständlich ist die Dauphine in Abwesenheit einer Königin die ranghöchste und macht ausgiebig Gebrauch von diesem Recht. Kühl, lächelnd und herausfordernd läßt sie diese Gräfin Dubarry auf eine Ansprache warten und warten; wochenlang, monatelang läßt sie die Ungeduldige hungern nach einem einzigen Wort. Das merken natürlich die Zuträger und Schranzen bald, sie haben an diesem Zweikampf höllischen Spaß, der ganze Hof wärmt sich vergnüglich an dem von den Tanten vorsorglich geheizten Feuer. Alles beobachtet voll Spannung die Dubarry, die in schlecht verhaltener Wut unter allen Damen des Hofes sitzt und zusehen muß, wie dieser kleine, fünfzehnjährige, freche Blondkopf heiter und vielleicht geflissentlich heiter mit allen Damen plaudert und plaudert; nur bei ihr zieht regelmäßig Marie Antoinette die ein wenig vorhängende Habsburger Lippe scharf an, spricht kein Wort und sieht durch die diamantenblitzende Gräfin hindurch wie durch Glas.

Nun ist die Dubarry eigentlich keine bösartige Person. Als echte rechte Frau aus dem Volke hat sie alle Vorzüge des unteren Standes, eine gewisse Emporkömmlingsgutmütigkeit, eine kameradschaftliche Jovialität für jeden, der es mit ihr wohl meint. Aus Eitelkeit ist sie jedem leicht gefällig, der ihr schmeichelt; lässig und nobel gibt sie jedem gern, der sie um etwas bittet; sie ist durchaus keine ungute oder neidische Frau. Aber, weil von unten so verwirrend rasch emporgelangt, hat die Dubarry nicht genug daran, die Macht zu spüren, sie will sie auch sinnlich und sichtbar genießen, sie will sich eitel und üppig in dem ungebührlichen Glanz sonnen, und vor allem, sie will, daß er als gebührlicher gelte. Sie will in der ersten Reihe unter den Hofdamen sitzen, sie will die schönsten Brillanten tragen, die prachtvollsten Kleider besitzen, den schönsten Wagen, die schnellsten Pferde. Alles das erhält sie ohne Mühe von dem willensschwachen, ihr sexuell völlig hörigen Mann, nichts wird ihr verweigert. Aber – Tragikomödie jeder illegitimen Macht, sie ereignet sich selbst an einem Napoleon! – gerade von der legitimen anerkannt zu werden ist ihr letzter, ihr äußerster Ehrgeiz. So hat auch Gräfin Dubarry, obwohl von allen Fürsten umschwärmt, von allen Höflingen verwöhnt, nach all ihren erfüllten Wünschen noch einen: von der ersten Frau des Hofes als vorhanden anerkannt, von der Erzherzogin aus dem Hause Habsburg herzlich und freundlich empfangen zu sein. Aber nicht nur, daß diese »petite rousse« (so nennt sie Marie Antoinette in ihrer ohnmächtigen Wut), daß dieses kleine sechzehnjährige Gänschen, das noch nicht anständig Französisch reden kann, das nicht einmal die lächerliche

Kleinigkeit fertigbringt, ihren eigenen Mann zur wirklichen Eheleistung zu bewegen, nicht nur, daß dieses unfreiwillige Jüngferlein immer die Lippen hochzieht und sie vor dem ganzen Hofe schneidet – es erfrecht sich sogar, sich ganz offen, ganz schamlos über sie lustig zu machen, über sie, die mächtigste Frau am Hofe – und das, nein, das läßt sie sich nicht gefallen!

Das Recht in diesem homerischen Rangstreit ist dem Buchstaben nach unumstößlich auf seiten Marie Antoinettes. Sie ist höheren Ranges, sie braucht mit dieser »Dame«, die als Gräfin tief unterhalb der Thronfolgerin rangiert, nicht zu sprechen, wenn ihr auch für sieben Millionen Diamanten auf dem Busen blitzen. Aber hinter der Dubarry steht die tatsächliche Macht: sie hat den König völlig in ihrer Hand. Schon nahe der untersten Stufe seines moralischen Abstieges, vollkommen gleichgültig gegen den Staat, gegen Familie, Untertanen und Welt, hochmütiger Zyniker – après moi le déluge –, will Ludwig XV. nur noch seine Ruhe haben und sein Vergnügen. Er läßt alles laufen, wie es läuft, er kümmert sich nicht um Zucht und Sitte an seinem Hof, wohl wissend, daß er sonst bei sich selbst anfangen müßte. Lange genug hat er regiert, diese letzten paar Jahre will er leben, nur für sich leben, mag alles rings um ihn und hinter ihm zugrunde gehen. Deshalb stört dieser plötzlich ausgebrochene Weiberkrieg ihm ärgerlich den Frieden! Seinen epikureischen Grundsätzen gemäß möchte er sich am liebsten nicht einmischen. Aber die Dubarry liegt ihm täglich in den Ohren, sie lasse sich nicht erniedrigen von einem solchen jungen Ding, nicht lächerlich vor dem ganzen Hof machen, er müsse sie schützen, ihre Ehre wahren und damit die seine. Schließlich werden dem König diese Szenen und Tränen überlästig, er läßt sich die Obersthofmeisterin Marie Antoinettes, Madame de

Noailles, kommen, damit man endlich wisse, wie der Wind weht. Zuerst äußert er nur Liebenswürdigkeiten über die Gattin seines Enkels. Aber nach und nach flicht er allerhand Bemerkungen ein: er finde, die Dauphine erlaube sich ein bißchen frei zu sprechen über das, was sie sehe, und es wäre gut, sie darauf aufmerksam zu machen, daß ein solches Verhalten schlechte Wirkung im intimen Kreis der Familie hervorrufen müsse. Die Hofdame berichtet sofort (wie es beabsichtigt war) diese Warnung Marie Antoinette, diese erzählt sie den Tanten und Vermond, dieser erzählt sie dem österreichischen Gesandten Mercy, der natürlich furchtbar entsetzt ist – die Allianz, die Allianz! – und durch Eilkurier die ganze Affäre der Kaiserin nach Wien schreibt.

Peinliche Situation für die fromme, die bigotte Maria Theresia! Soll sie, die in Wien mit ihrer berühmten Sittenkommission Damen dieser Art unerbittlich auspeitschen und in die Besserungsanstalt überführen läßt, ihrer eigenen Tochter einer solchen Kreatur gegenüber Höflichkeit vorschreiben? Aber kann sie andererseits Partei gegen den König nehmen? Die Mutter, die strenge Katholikin und die Politikerin in ihr geraten in allerpeinlichsten Widerstreit. Schließlich schlüpft sie als alte gewiegte Diplomatin aus der Affäre, indem sie die ganze Angelegenheit an die Staatskanzlei abschiebt. Nicht sie selbst schreibt ihrer Tochter, sondern läßt ihren Staatsminister Kaunitz an Mercy ein Reskript verfassen mit dem Auftrag, diesen politischen Exkurs Marie Antoinette vorzulegen. Auf diese Weise ist einerseits die sittliche Stellung gewahrt und der Kleinen doch gesagt, wie sie sich verhalten soll, denn Kaunitz erläutert: »Höflichkeit Leuten zu verwehren, die der König in seine Gesellschaft aufgenommen habe, heiße seine Gesellschaft beleidigen, und als solche Personen hätten alle betrachtet zu werden, die der regierende Herr selbst als Vertraute ansehe, und niemand dürfe sich erlauben nachzuprüfen, ob mit Recht oder Unrecht. Die Wahl des Fürsten, des Monarchen selbst müsse wiederspruchslos geachtet werden.«

Das ist deutlich und sogar überdeutlich. Aber Marie Antoinette steht in der Heizkammer der Tanten. Als man ihr den Brief vorliest, sagt sie zu Mercy in ihrer bequemen Art ein lässiges »Ja, ja« und »schon recht«, aber denkt sich innerlich, die alte Perücke Kaunitz solle schwätzen und schwätzen, was sie wolle, in ihre Privatangelegenheiten habe kein Kanzler etwas dreinzureden. Seit sie merkt, wie fürchterlich die dumme Person, die »sotte créature«, sich ärgert, macht die Sache dem kleinen hochmütigen Mädchen erst doppelten Spaß; als sei nichts vorgefallen, beharrt sie boshaft-heiter in ihrem offenkundigen Schweigen. Jeden Tag begegnet sie der Favoritin bei Bällen, bei Festen, am Spieltisch, sogar an der Tafel des Königs und beobachtet, wie sie wartet und schielt und vor Erregung zittert, wenn sie ihr nahe kommt. Aber warte nur, warte bis zum Jüngsten Gericht: immer wieder schürzt sie verächtlich die Lippe, wenn ihr Blick zufällig in die Richtung streift, und eisig geht sie vorbei; das von der Dubarry, vom König, von Kaunitz, von Mercy und heimlich auch von Maria Theresia erwünschte und ersehnte Wort wird nicht gesprochen.

Nun ist der Krieg offen erklärt. Wie um einen Hahnenkampf scharen sich die Höflinge um die beiden Frauen, die sich entschlossen anschweigen, die eine mit Tränen ohnmächtiger Wut in den Augen, die andere ein verächtlich kleines überlegenes Lächeln um die Lippen. Alles will sehen und wissen und wetten, ob die legitime Herrscherin Frankreichs oder die illegitime ihren Willen durchsetzt. Ein amüsanteres Schauspiel hat Versailles seit Jahren und Jahren nicht gehabt.

Jetzt aber wird der König ärgerlich. Gewohnt, daß in diesem Palast alles byzantinisch gehorcht, wenn er nur mit der Wimper zuckt, daß jeder dienernd in die Richtung seines Willens läuft, noch ehe er ihn deutlich kundgegeben, spürt er, der Allerchristlichste König von Frankreich, zum erstenmal einen Widerstand: ein halbwüchsiges Mädchen wagt, seinen Befehl öffentlich zu mißachten. Das einfachste wäre natürlich, diese freche Widerspenstige vor sich zu entbieten und ihr energisch den Kopf zu waschen; aber selbst in diesem entsittlichten und durchaus zynischen Mann regt sich noch eine letzte Scheu; es ist für ihn immerhin peinlich, der erwachsenen Frau seines Enkels zu befehlen, sie möge mit der Mätresse des Herrn Großvaters Konversation machen. So tut Ludwig XV. in seiner Verlegenheit genau dasselbe, was Maria Theresia in der ihren: er macht aus der Privatangelegenheit einen Staatsakt. Zu seiner Überraschung sieht sich der österreichische Botschafter Mercy vom französischen Außenministerium zu einer Besprechung nicht in die Audienzräume gebeten, sondern in die Gemächer der Gräfin Dubarry. Gleich beginnt er allerhand aus dieser sonderbaren Ortswahl zu ahnen, und es geschieht, was er erwartet hat: kaum daß er einige Worte mit dem Minister gesprochen, tritt die Gräfin Dubarry ein, begrüßt ihn herzlich und erzählt ihm nun ausführlich, wie unrecht man ihr tue, wenn man ihr feindselige Gesinnungen gegen die Dauphine unterschiebe; im Gegenteil, sie sei es, die verleumdet, niederträchtig verleumdet werde. Dem guten Botschafter Mercy ist es peinlich, so plötzlich aus dem Vertreter der Kaiserin der Vertraute der Dubarry zu werden, er redet diplomatisch hin und her. Aber da öffnet sich lautlos die geheime Tapetentür, und Ludwig XV. greift höchstselbst in das heikle Gespräch ein. »Bisher sind Sie«, sagt er zu Mercy, »der Botschafter der Kaiserin gewesen, seien Sie nun, bitte, für einige Zeit mein Botschafter.« Dann äußert er sich sehr offen über Marie Antoinette. Er fände sie reizend; aber jung und überlebendig, wie sie sei, und dazu noch an einen Gatten vermählt, der sie nicht zu beherrschen wisse, falle sie allerhand Kabalen anheim und lasse sich von anderen Personen (gemeint sind die Tanten, die eigenen Töchter) schlechte Ratschläge geben. Er bitte darum Mercy, seinen ganzen Einfluß aufzubieten, daß die Dauphine ihre Haltung ändere. Mercy begreift sofort, die Angelegenheit ist Politik geworden, hier ist ein offener klarer Auftrag, der ausgeführt werden muß: der König fordert glatte Kapitulation. Selbstverständlich meldet Mercy die Sachlage schleunigst nach Wien, legt, um das Peinliche seiner Mission zu mildern, etwas freundliche Schminke auf das Porträt der Dubarry, sie sei gar nicht so übel und ihr ganzes Verlangen stände nach der Kleinigkeit, daß die Dauphine ein einziges Mal öffentlich das Wort an sie richte. Gleichzeitig besucht er Marie Antoinette, drängt und drängt und spart nicht mit den schärfsten Mitteln. Er schüchtert sie ein, munkelt etwas von Gift, mit dem am französischen Hof schon allerhand hochgestellte Personen beseitigt worden seien, und ganz besonders beredt schildert er den Zwist, der zwischen Habsburg und Bourbon entstehen könnte. Dies ist sein stärkster Trumpf: er belädt Marie Antoinette allein mit aller Schuld, falls die Allianz, das Lebenswerk ihrer Mutter, durch ihr Verhalten in die Brüche gehen sollte.

Und in der Tat, das schwere Geschütz beginnt zu wirken: Marie Antoinette läßt sich einschüchtern. Mit Tränen des Zornes in den Augen verspricht sie dem Botschafter, an einem bestimmten Tage bei der Spielpartie das Wort an die Dubarry zu richten. Mercy atmet auf. Gott sei Dank! die Allianz ist gerettet.

Ein Galaschauspiel ersten Ranges erwartet nun die Intimen des Hofes. Von Mund zu Mund geht die geheimnisvolle Spielansage weiter: heute abend wird endlich die Dauphine zum erstenmal an die Dubarry das Wort richten! Sorgfältig werden die Kulissen gestellt und im voraus das Stichwort abgekartet. Abends beim Cercle soll, so ist es vereinbart zwischen dem Botschafter und Marie Antoinette, zu Ende der Spielpartie Mercy zur Gräfin Dubarry treten und mit ihr eine kleine Konversation beginnen. Dann soll, ebenfalls wie zufällig, die Dauphine vorbeikommen, sich dem Botschafter nähern, ihn begrüßen und bei dieser Gelegenheit auch der Favoritin ein paar Worte sagen. Vorzüglich ist alles geplant. Aber leider klappt die Abendvorstellung nicht, denn die Tanten mißgönnen der verhaßten Nebenbuhlerin den öffentlichen Erfolg: sie verabreden ihrerseits, vorzeitig den eisernen Vorhang herabzulassen, ehe das Versöhnungsduett an die Reihe kommt. In bester Absicht begibt sich abends Marie Antoinette in die Gesellschaft, die Szene wird gestellt. Mercy übernimmt programmgemäß den Einsatz. Wie zufällig nähert er sich Madame Dubarry und beginnt ein Gespräch. Inzwischen hat, genau im Sinne der Verabredung, Marie Antoinette begonnen, ihren Rundgang zu machen. Sie plaudert mit dieser Dame, jetzt mit der nächsten, jetzt abermals mit der nächsten, verlängert vielleicht aus Angst und Erregtheit und Ärger ein wenig dies letzte Gespräch; nun steht nur noch eine, die letzte Dame zwischen ihr und der Dubarry – zwei Minuten, eine Minute noch, und sie muß bei Mercy und der Favoritin angelangt sein. In diesem entscheidenden Augenblick aber führt Madame Adelaide, die Haupthetzerin unter den Tanten, ihren großen Coup aus. Sie fährt scharf auf Marie Antoinette zu und sagt befehlend: »Es ist Zeit, daß wir gehen. Komm! Wir müssen den König bei meiner Schwester Victoire erwarten.« Marie Antoinette, überrascht, erschreckt, verliert den Mut; verschreckt, wie sie ist, wagt sie nicht, nein zu sagen, und hat andrerseits nicht genug Geistesgegenwart, jetzt noch rasch ein gleichgültiges Wort an die wartende Dubarry zu richten. Sie wird rot, verwirrt sich und läuft mehr, als sie geht, davon, und das Wort, das ersehnte, bestellte, das diplomatisch erkämpfte und zu viert verabredete Wort bleibt ungesprochen. Alles ist starr. Die ganze Szene war vergebens gestellt; statt Versöhnung hat sie eine neue Verhöhnung bewirkt. Die Böswilligen am Hofe reiben sich die Hände, bis hinunter in die Gesindestuben erzählt man sich kichernd, wie die Dubarry vergeblich gewartet hatte. Aber die Dubarry schäumt, und, was bedenklicher ist, Ludwig XV. gerät in redlichen Zorn. »Ich sehe, Herr von Mercy«, sagt er ingrimmig zu dem Botschafter, »Ihre Ratschläge haben leider keinen Einfluß. Es ist nötig, daß ich hier selber eingreife.«

Der König von Frankreich ist zornig und hat gedroht, Madame Dubarry tobt in ihren Zimmern, die ganze österreichisch-französische Allianz schwankt, der Friede Europas schwebt in Gefahr. Sofort meldet der Botschafter die böse Wendung nach Wien. Nun muß die Kaiserin heran, das »siebenmal glühende Licht«. Nun muß Maria Theresia selbst eingreifen, denn nur sie allein von allen Menschen hat Macht über dieses halsstarrige und unbedachte Kind. Maria Theresia ist über diese Vorgänge äußerst erschrocken. Als sie ihre Tochter nach Frankreich sandte, hat sie ehrlich die Absicht gehabt, ihrem Kinde das trübe Gewerbe der Politik zu ersparen, und von vornherein ihrem Botschafter geschrieben: »Ich gestehe offen ein, nicht zu wünschen, daß meine Tochter irgendeinen Einfluß auf die öffentlichen Angelegenheiten gewinne. Ich habe es selbst erfahren, welche drückende Last die Führung eines großen Reiches bedeutet, und überdies kenne ich die Jugend und den Leichtsinn meiner Tochter, verbunden mit ihrer geringen Neigung für irgendein ernstes Streben (und sie hat auch noch gar keine Kenntnisse); das läßt mich für die Regierung einer so herabgekommenen Monarchie wie der französischen nichts Gutes erhoffen. Wenn meiner Tochter eine Besserung dieses Zustandes nicht gelingt oder er sich gar noch verschlechtern würde, wünschte ich lieber, daß man dessen irgendeinen Minister beschuldige als mein Kind. Ich kann mich darum nicht entschließen, zu ihr von Politik und Staatsangelegenheiten zu sprechen.« Aber diesmal – Verhängnis! – muß die tragische alte Frau sich selber untreu werden, denn Maria Theresia hat seit einiger Zeit ernste politische Sorgen. Eine dunkle und nicht eben saubere Sache ist in Wien im Gange. Vor Monaten schon war von Friedrich dem Großen, den sie als den leibhaftigen Sendboten Luzifers auf Erden haßt, und von Katharina von Rußland, welcher sie ebenso gründlich mißtraut, das peinliche Angebot einer Teilung Polens gekommen, und der begeisterte Beifall, den diese Idee bei Kaunitz und ihrem Mitregenten Joseph II. findet, verstört seitdem ihr Gewissen. »Alle Partage ist unbillig in seinem Grund und für uns schädlich. Ich kann diesen Antrag nicht genug bedauern und muß bekennen, daß ich mich sehen zu lassen schäme.« Sofort hat sie diese politische Idee als das erkannt, was sie ist, als moralisches Verbrechen, als Raubzug gegen ein wehrloses und schuldloses Volk. »Mit welchem Recht dürfen wir einen Unschuldigen ausrauben, den zu schützen wir immer uns gerühmt haben?« In ernster und reiner Entrüstung lehnt sie den Vorschlag ab, gleichgültig dagegen, daß man ihre sittlichen Bedenken für Schwäche auslegen könnte. »Gelten wir lieber für schwach als für unehrlich«, sagt sie edel und klug. Aber Maria Theresia ist längst nicht mehr Alleinherrscherin. Joseph II., ihr Sohn und Mitkaiser, träumt einzig von Krieg und Reichsvermehrung und Reformen, während sie, der labilen und künstlichen Staatsreform Österreichs weise bewußt, einzig an Erhalten und Bewahren denkt; um ihrem Einfluß entgegenzutreten, läuft er ängstlich dem militärischen Mann nach, der seiner Mutter erbittertster Feind gewesen, Friedrich dem Großen, und zur tiefsten Bestürzung sieht die alternde Frau ihren getreuesten Diener Kaunitz, den sie groß gemacht hat, sich dem steigenden Stern ihres Sohnes zuneigen. Am liebsten möchte sie, abgearbeitet, müde, in allen ihren Hoffnungen als Mutter wie als Herrscherin enttäuscht, die Staatsmacht niederlegen. Aber die Verantwortung hält sie zurück, sie ahnt mit prophetischer Sicherheit – hier ist die Situation geheimnisvoll ähnlich jener Franz Josephs, der, gleichfalls müde, gleichfalls die Macht nicht aus den Händen ließ –, daß von dem fahrigen unruhigen Geist dieses hastigen Reformers sofort sich Unruhe im ganzen mühsam beherrschten Reich verbreiten werde. So kämpft diese fromme und zutiefst redliche Frau bis zur letzten Stunde um das, was ihr als das Höchste gilt: um die Ehre: »Ich bekenne«, schreibt sie, »daß zeit meines Lebens nicht so beängstiget mich gefunden. Als meine Länder angesprochen wurden, steiffete ich mich auf mein gutes Recht und den Beistand Gottes. Allein im gegenwärtigen Fall, wo nicht allein das Recht auf meiner Seiten nicht vorhanden, sondern Verbindlichkeiten, Recht und Billigkeit wider mich streiten, bleibt mir keine Ruhe, vielmehr Unruhe und Vorwürfe eines Herzens übrig, so niemahlens Jemanden oder sich selbsten zu betäuben oder Duplicität für Aufrichtigkeit gelten zu machen gewohnet ware. Treue und Glauben ist für allezeit verloren, so doch das größte Kleinod und die wahre Stärke eines Monarchen gegen anderen ist.«

Aber Friedrich der Große hat ein robustes Gewissen und spottet in Berlin: »Kaiserin Katharina und ich, wir beide sind zwei alte Briganten, doch wie macht sich das diese Devote mit ihrem Beichtvater aus?« Er drängt, und Joseph II. droht, immer wieder beschwört er die Unvermeidlichkeit eines Krieges herauf, wenn Österreich sich nicht füge. Schließlich, unter Tränen, mit verwundetem Gewissen und weher Seele gibt Kaiserin Maria Theresia nach: »Ich bin nicht stark genug, allein die affaires zu führen, mithin lasse, jedoch nicht ohne meinen größten Gram, selbe ihren Weg gehen«, und unterschreibt mit der Rückendeckung, »weil alle klugen und erfahrenen Männer dazu raten.« Aber im innersten Herzen weiß sie sich mitschuldig und zittert vor dem Tag, da der geheime Traktat und seine Folgen vor der Welt offenbar werden. Was wird Frankreich sagen? Wird es gleichgültig diesen räuberischen Überfall auf Polen in Hinblick auf die Allianz dulden oder einen Anspruch bekämpfen, den sie selber als nicht rechtmäßig empfindet (mit eigener Hand streicht ja Maria Theresia das Wort »rechtmäßig« aus dem Okkupationsdekret). Alles hängt einzig von der herzlichen oder kühlen Gesinnung Ludwigs XV. ab.

Da schneit mitten in diese Sorgen, in diesen brennenden Gewissenskonflikt, der Alarmbrief Mercys herein: der König sei verärgert gegen Marie Antoinette, er habe dem Botschafter offen seinen Unmut bekundet, und das gerade, während man in Wien noch immer den einfältigen Gesandten, Prinz Rohan, so herrlich übertölpelt, daß er über seinen Vergnügungspartien und Jagdritten nichts von Politik merkt. Weil Marie Antoinette nicht mit der Dubarry sprechen will, kann aus der Teilung Polens eine Staatsaffäre entstehen, am Ende sogar ein Krieg – Maria Theresia erschrickt. Nein, wo sie selbst, die Fünfundfünfzigjährige, ein so schmerzliches Gewissensopfer der Staatsräson bringen mußte, da darf ihr eigenes Kind, diese ahnungslose Sechzehnjährige, nicht päpstlicher sein wollen als der Papst, nicht moralischer als ihre Mutter. – Ein Brief wird also geschrieben, energischer als je, um den

Trotz der Kleinen ein für allemal zu brechen. Natürlich kein Wort von Polen, nichts von der Staatsräson, sondern (es muß der alten Kaiserin hart angekommen sein) die ganze Affäre bagatellisieren: »Ach, was für eine Angst und Hemmung, zum König, diesem besten der Väter, zu sprechen! Oder zu jenen Leuten, von denen man Dir rät, es zu tun! Was für eine Angst, nur irgend guten Tag zu sagen! Ein Wort über eine Kleinigkeit kostet Dich so viel Grimassen oder vielleicht mehr? Du hast Dich in eine solche Sklaverei einfangen lassen, daß anscheinend die Vernunft und sogar Deine Pflicht nicht mehr Kraft hat, Dich zu überreden. Ich kann nicht länger schweigen. Nach dem Gespräch mit Mercy und seiner Mitteilung über das, was der König wünscht und was Deine Pflicht erheischt, hast Du gewagt, ihm nicht zu gehorchen! Was für ein vernünftiges Motiv kannst Du mir da nennen? Gar keines. Du hast die Dubarry nicht anders anzusehen als alle übrigen Frauen, die am Hofe zur Gesellschaft des Königs zugelassen sind. Als der erste Untertan des Königs mußt Du Dich dem ganzen Hof so zeigen, daß der Wunsch Deines Gebieters unbedingt ausgeführt werde. Natürlich, wenn man Dir Niedrigkeiten zumutete oder von Dir Intimitäten verlangte, dann würde weder ich noch ein anderer sie Dir anraten, aber irgendein gleichgültiges Wort, nicht um der Dame selbst willen, sondern um des Großvaters willen, Deines Gebieters und Wohltäters!«

Diese Kanonade (nicht ganz ehrliche Argumente) bricht Marie Antoinettes Energie; unbändig, eigenwillig, trotzig, hat sie doch gegen die Autorität ihrer Mutter niemals Widerstand gewagt. Die habsburgische Hausdisziplin bewährt sich hier wie allezeit wieder sieghaft. Noch spreizt sich Marie Antoinette der Form halber ein wenig. »Ich sage nicht nein und nicht, daß ich nie mit ihr sprechen werde. Nur kann ich mich nicht dazu bringen, mit ihr zu einer bestimmten Stunde eines bestimmten Tages zu sprechen, damit sie im voraus ankündigen und triumphieren kann.« Aber in Wirklichkeit ist ihr Widerstand innerlich gebrochen, und diese Worte sind nur ein letztes Rückzugsgefecht: die Kapitulation ist im voraus besiegelt.

Der Neujahrstag 1772 bringt endlich die Entscheidung in diesem heroisch-komischen Frauenkrieg, er bringt Madame Dubarrys Triumph, Marie Antoinettes Unterwerfung. Wieder ist die Szene theatralisch gestellt, abermals der feierlich versammelte Hof als Zeuge und Zuschauer berufen. Die große Glückwunschcour beginnt. Eine nach der anderen defilieren, der Rangstufung gemäß, die Hofdamen an der Dauphine vorbei, darunter die Herzogin von Aiguillon, die Gattin des Ministers, mit Madame Dubarry. Die Dauphine richtet einige Worte an die Herzogin von Aiguillon, dann wendet sie den Kopf ungefähr in die Richtung der Madame Dubarry und sagt, nicht gerade zu ihr, aber doch so, daß man es mit einigem guten Willen als an sie gerichtet gelten lassen kann – alles hält den Atem an, um keine Silbe zu verlieren –, das lang ersehnte, das grimmig umkämpfte, das unerhörte, das schicksalsmächtige Wort, sie sagt zu ihr: »Es sind heute viele Leute in Versailles.« Sieben Worte, sieben genau gezählte Worte hat Marie Antoinette sich abgerungen, aber, ungeheures Ereignis am Hofe, wichtiger als der Gewinn einer Provinz, aufregender als alle längst notwendigen Reformen – die Dauphine hat endlich zur Favoritin gesprochen! Marie Antoinette hat kapituliert, Madame Dubarry hat gesiegt. Nun ist alles wieder gut, der Himmel von Versailles hängt voller Geigen. Der König empfängt die Dauphine mit offenen Armen, er umarmt sie zärtlich wie ein wiedergefundenes Kind, Mercy dankt ihr gerührt, wie ein Pfau schreitet die Dubarry durch die Säle, die verärgerten Tanten toben, der ganze Hof ist erregt, es schwirrt und schwätzt vom First bis in den Keller hinab, und all dies, weil Marie Antoinette zur Dubarry gesagt hat: »Es sind heute viele Leute in Versailles.«

Aber diese sieben banalen Worte tragen tieferen Sinn. Mit diesen sieben Worten ist ein politisches Verbrechen besiegelt, mit ihnen das schweigende Einverständnis Frankreichs zur Teilung Polens erkauft. Nicht nur die Dubarry, sondern auch Friedrich der Große und Katharina haben mit diesen sieben Worten ihren Willen durchgesetzt. Nicht nur Marie Antoinette ist erniedrigt worden, sondern ein ganzes Land.

Marie Antoinette ist besiegt worden, sie weiß es, ihr junger und noch kindisch unbeherrschter Stolz hat einen mörderischen Hieb empfangen. Zum erstenmal hat sie den Nacken gebeugt, aber sie wird ihn nicht ein zweites Mal mehr beugen bis zur Guillotine. Bei diesem Anlaß ist plötzlich sichtbar geworden, daß dieses weichherzige und leichtfertige Geschöpf, daß die »bonne et tendre Antoinette«, sobald es an ihre Ehre geht, eine stolze und unerschütterliche Seele birgt. Erbittert sagt sie zu Mercy: »Einmal habe ich zu ihr gesprochen, aber ich bin entschlossen, es dabei bewenden zu lassen. Diese Frau wird keinen Ton meiner Stimme mehr hören.« Auch ihrer Mutter zeigt sie deutlich, daß nach dieser einmaligen Nachgiebigkeit weitere Opfer nicht zu erwarten sind: »Sie dürfen mir glauben, daß ich immer meine Vorurteile und Widerstände preisgeben werde, aber nur so lange, als man von mir nichts Ostentatives verlangt oder etwas, was gegen meine Ehre ist.« Vergebens, daß daraufhin die Mutter, ganz empört über diese erste selbständige Regung ihres Kükens, sie energisch abtrumpft: »Du machst mich lachen, wenn Du Dir vorstellst, daß ich oder mein Botschafter Dir jemals einen Rat geben würden, der gegen Deine Ehre wäre oder sogar gegen das geringste Gebot der Wohlanständigkeit. Ich bekomme Angst um Dich, wenn ich diese Aufregung sehe um so weniger Worte wegen. Und wenn Du sagst, daß Du es nicht mehr tun willst, so läßt mich dies für Dich zittern.« Vergebens, daß Maria Theresia ihr immer und immer wieder schreibt: »Du mußt zu ihr wie zu jeder andern Frau am Hofe des Königs sprechen; Du schuldest das dem König und mir.« Vergebens, daß Mercy und die andern ohne Unterlaß auf sie einreden, sie solle doch zu der Dubarry sich freundschaftlich stellen und sich dadurch die Gunst des Königs sichern: alles zerschellt an dem neuerlernten Selbstbewußtsein, die schmale Habsburger Lippe Marie Antoinettes, die sich ein einziges Mal widerwillig aufgetan hat, bleibt ehern verschlossen, keine Drohung, keine Lockung können sie mehr entsiegeln. Sieben Worte hat sie der Dubarry gesagt, und nie hat die verhaßte Frau ein achtes gehört.

Dieses eine Mal, am 1. Januar 1772, hat Madame Dubarry über die Erzherzogin von Österreich, über die Dauphine von Frankreich triumphiert, und vermutlich könnte mit so mächtigen Bundesgenossen wie einem König Ludwig und einer Kaiserin Maria Theresia die Hofkokotte ihren Kampf gegen die zukünftige Königin weiterführen. Aber es gibt Schlachten, nach denen der Sieger, die Kraft seines Gegners erkennend, selber über seinen Sieg erschrickt und überlegt, ob man nicht klüger täte, freiwillig das Schlachtfeld zu räumen und Frieden zu schließen. Madame Dubarry wird es nicht sehr behaglich bei ihrem Triumph. Innerlich hat dieses gutmütige, nichtige Geschöpf ja von Anfang an keinerlei Feindschaft gegen Marie Antoinette gehegt; sie wollte, in ihrem Stolz gefährlich verletzt, nichts als diese eine kleine Genugtuung. Nun ist sie zufrieden und mehr noch: sie ist von dem öffentlichen Sieg beschämt und verängstigt. Denn so klug ist sie immerhin, um zu wissen, daß ihre ganze Macht auf unsicheren Füßen steht, auf den gichtigen Beinen eines rasch alternden Mannes. Ein Schlaganfall des Zweiundsechzigjährigen, und schon morgen kann diese »petite rousse« Königin von Frankreich sein; eine »lettre de cachet«, ein solcher fataler Reisebrief in die Bastille, ist rasch unterschrieben. Darum macht Madame Dubarry, kaum daß sie Marie Antoinette besiegt hat, die heftigsten, die redlichsten und aufrichtigsten Versuche, sie zu versöhnen. Sie verzuckert ihre Galle, sie bändigt ihren Stolz; sie erscheint immer und immer wieder bei ihren Gesellschaftsabenden, und obwohl keines Wortes mehr gewürdigt, zeigt sie sich keineswegs verdrossen, sondern läßt die Dauphine durch Zuträger und gelegentliche Boten immer wieder wissen, wie herzlich sie ihr gesinnt sei. Auf hundert Arten trachtet sie, die einstige Gegnerin bei ihrem königlichen Liebhaber zu begönnern, schließlich greift sie sogar zum verwegensten Mittel: da sie Marie Antoinette nicht durch Liebenswürdigkeit gewinnen kann, versucht sie ihre Gunst zu kaufen. Man weiß bei Hofe – und weiß es leider zu gut, wie die berüchtigte Halsbandaffäre später zeigen wird –, daß Marie Antoinette in kostbaren Schmuck hemmungslos vernarrt ist. So denkt die Dubarry – und es ist bezeichnend, daß der Kardinal Rohan ein Jahrzehnt später genau demselben Gedankengange folgt –, vielleicht sei es möglich, sie durch Geschenke zu kirren. Ein großer Juwelier, derselbe Böhmer aus der Halsbandaffäre, besitzt Brillantenohrgehänge, die auf siebenhunderttausend Livres geschätzt werden. Wahrscheinlich hat Marie Antoinette diesen Schmuck schon heimlich oder offen bewundert und die Dubarry von ihrem Gelüst erfahren. Denn eines Tages läßt sie ihr durch eine Hofdame zuflüstern, wenn sie die Brillantohrgehänge wirklich haben wolle, so sei sie mit Freuden bereit, Ludwig XV. zu bereden, er solle sie ihr schenken. Aber Marie Antoinette antwortet auf diesen schamlosen Vorschlag mit keinem Wort, verächtlich wendet sie sich ab und sieht weiterhin an ihrer Gegnerin kühl vorbei; nein, für alle Krongesteine der Erde wird diese Madame Dubarry, die sie einmal öffentlich gedemütigt hat, kein achtes Wort von ihren Lippen hören. Ein neuer Stolz, eine neue Sicherheit hat in der Siebzehnjährigen begonnen: sie braucht keine Juwelen mehr von fremder Gunst und Gnade, denn schon spürt sie auf der Stirn das nahe Diadem der Königin.

Die Eroberung von Paris

An dunklen Abenden sieht man von den Hügeln von Versailles deutlich die leuchtende Lichtkrone von Paris sich in den Himmel wölben, so nahe liegt die Stadt dem Palast; ein gefedertes Kabriolett fährt die Straße in zwei Stunden, ein Fußgänger braucht kaum sechs Stunden – was wäre also natürlicher, als daß die neue Thronfolgerin gleich am zweiten, dritten oder vierten Tag nach der Hochzeit der Hauptstadt ihres zukünftigen Königreiches einen Besuch abstattet? Aber der eigentliche Sinn oder vielmehr Unsinn des Zeremoniells besteht doch gerade darin, das Natürliche in allen Formen des Lebens zu unterdrücken oder zu verzerren. Zwischen Versailles und Paris steht für Marie Antoinette eine unsichtbare Schranke: die Etikette. Denn nur feierlich nach besonderer Ansage und vorher eingeholter Erlaubnis des Königs darf ein Thronfolger von Frankreich mit seiner Gemahlin zum erstenmal die Hauptstadt betreten. Aber gerade diesen feierlichen Einzug, die »joyeuse entrée« Marie Antoinettes, sucht die liebe Verwandtschaft möglichst lange hinauszuschieben. So spinnefeind sie alle sonst untereinander sind, die alten bigotten Tanten, die Dubarry und das ehrgeizige Brüderpaar, die Grafen von Provence und

Artois, an diesem einen Seil drehen sie alle eifrigst zusammen, das Marie Antoinette den Weg nach Paris sperrt; sie gönnen ihr nicht einen Triumph, der zu sichtbar ihren künftigen Rang zeigen würde. Jede Woche, jeden Monat erfindet die Kamarilla ein anderes Hindernis, einen anderen Vorwand, und so vergehen sechs Monate, zwölf Monate, vierundzwanzig Monate, sechsunddreißig Monate, ein Jahr, zwei Jahre, drei Jahre, und noch immer bleibt Marie Antoinette hinter den goldenen Gittern von Versailles eingesperrt. Endlich, im Mai 1773, verliert Marie Antoinette die Geduld und geht zum offenen Angriff über. Da die Zeremonienmeister immer wieder bedenklich die Puderperücken zu ihrem Wunsche schütteln, meldet sie sich bei Ludwig XV. Der findet an solcher Bitte nichts Absonderliches, und schwach gegen alle hübschen Frauen, sagt er der charmanten Gemahlin seines Enkels zum Ärger der ganzen Clique sofort ja und amen. Er stellt ihr sogar frei, den Tag des festlichen Einzugs selbst zu wählen.

Marie Antoinette wählt den 8. Juni. Aber nun, da ihr der König endgültig die Erlaubnis gegeben hat, macht es der Übermütigen Spaß, dem verhaßten Palastreglement, das sie drei Jahre lang von Paris abgesperrt hat, noch heimlich einen Streich zu spielen. Und so wie manchmal verliebte Brautleute, ohne daß die Familie es ahnt, die zärtliche Nacht noch vor dem priesterlichen Segen vorwegnehmen, und dem Genuß den Reiz des Verbotenen hinzuzutun, so überredet Marie Antoinette ihren Gatten und ihren Schwager, knapp vor dem öffentlichen Einzug in Paris einen heimlichen Besuch zu machen. Ein paar Wochen vor der »joyeuse entrée« lassen sie spätabends die Karossen anschirren und fahren verlarvt und verkleidet auf den Opernball in das Mekka Paris, in die verbotene Stadt. Und da sie am nächsten Morgen höchst ordentlich bei der Frühmesse erscheinen, bleibt dieses unerlaubte

Abenteuer völlig unentdeckt. Es gibt kein Ärgernis, und doch hat Marie Antoinette glücklich an der verhaßten Etikette ihre erste Rache genommen.

Um so mächtiger wirkt, nachdem sie an der paradiesischen Frucht Paris schon heimlich genascht hat, der öffentliche feierliche Einzug.

Nach dem König von Frankreich gibt auch der König des Himmels seine feierliche Zustimmung: dieser 8. Juni wird ein wolkenlos strahlender Sommertag, der unübersehbare Volksmengen als Zuschauer heranlockt. Die ganze Straße von Versailles nach Paris verwandelt sich in eine einzige, brausende, hüteschwenkende, von Fahnen und Blumengewinden farbig durchflochtene Menschenhecke. An dem Stadttor erwartet der Marschall von Brissac, der Gouverneur der Stadt, die festliche Karosse, um den friedlichen Eroberern auf silberner Platte die Schlüssel respektvoll zu überreichen. Dann kommen die Frauen der Halle, heute feierlich angetan (wie anders werden sie später Marie Antoinette bewillkommnen!), und bieten die Erstlinge des Jahres, Früchte und Blumen, mit dynastischen Sprüchen dar. Dazu donnern die Kanonen des Invalidenpalastes, des Stadthauses und der Bastille. Langsam fährt die Hofkarosse weiter durch die ganze Stadt, den Kai der Tuilerien entlang bis zu Notre-Dame; überall, im Dom, in den Klöstern, an der Universität, werden sie mit Ansprachen empfangen, sie fahren durch eigens erbaute Triumphbogen und an Wäldern von Fahnen vorbei, aber die herrlichste Begrüßung erwartet die beiden vom Volke. Zu Zehntausenden, zu Hunderttausenden sind aus allen Straßen der riesigen Stadt die Menschen zusammengeströmt, um das junge Paar zu sehen, und der Anblick dieser unverhofft entzückenden Frau erregt namenlosen Enthusiasmus. Man applaudiert, man jauchzt, man schwenkt Tücher und Hüte; Kinder, Frauen, drängen heran, und wie Marie Antoinette vom Balkon der Tuilerien die unübersehbaren Wogen des begeisterten Menschenheeres sieht, erschrickt sie beinahe: »Mein Gott, wie viele Menschen!« Aber da verbeugt sich an ihrer Seite der Marschall von Brissac und antwortet mit echt französischer Galanterie: »Madame, es möge seiner Hoheit dem Dauphin nicht mißfallen, aber Sie sehen hier zweihunderttausend Menschen, die in Sie verliebt sind.«

Der Eindruck dieser ersten Begegnung Marie Antoinettes mit dem Volk ist ungeheuer. Von Natur aus wenig nachdenklich, aber mit rascher Auffassung begabt, begreift sie alle Geschehnisse immer nur vom unmittelbaren persönlichen Eindruck, von der sinnlichen, von der augenfälligen Anschauung her. Erst in diesen Minuten, da, unübersehbar, ein riesiger lebendiger Wald mit Fahnen und Schreien und Hüteschwenken, die namenlose Masse mit warmer Welle zu ihr emporbraust, erahnt sie zum erstenmal Glanz und Größe der Stellung, zu der das Schicksal sie erhoben hat. Bisher hat man sie in Versailles mit »Madame la Dauphine« angesprochen, aber das war nur ein Titel gewesen unter tausend anderen Titeln, eine obere starre Rangstufe innerhalb der unendlichen Adelstreppe, ein leeres Wort, ein kalter Begriff. Nun begreift Marie Antoinette zum erstenmal sinnlich den feurigen Sinn und die stolze Verheißung, die diesem Wort »Thronfolgerin von Frankreich« innewohnt. Erschüttert schreibt sie ihrer Mutter: »Letzten Dienstag habe ich ein Fest erlebt, das ich nie in meinem Leben vergessen werde: unsern Einzug in Paris. An Ehrungen haben wir alle empfangen, die man sich nur ausdenken kann, aber dies war es nicht, was mich am tiefsten ergriffen hat, sondern die Zärtlichkeit und Leidenschaft des armen Volkes, das trotz der Steuern, mit denen es bedrückt ist, von Freude durchdrungen war, uns zu sehen. Im Tuileriengarten war eine so ungeheure Menge, daß wir drei Viertelstunden weder vor- noch rückwärts konnten, und auf dem Rückweg von diesem Spaziergang sind wir dann noch eine halbe Stunde auf einer offenen Terrasse geblieben. Ich kann Dir, meine teure Mutter, nicht die Ausbrüche der Liebe und Freude schildern, die man uns in diesem Augenblick bezeugte. Ehe wir uns zurückzogen, haben wir noch mit der Hand das Volk begrüßt, das darob große Freude hatte. Wie glücklich ist man doch in unserem Stand, daß man die Freundschaft so leicht gewinnen kann. Und doch gibt es nichts Kostbareres, ich habe das wohl gefühlt und werde das nie vergessen.«

Das sind die ersten wahrhaft persönlichen Worte, die man in den Briefen Marie Antoinettes an ihre Mutter vernimmt. Starken Eindrücken ist ihre leicht bewegliche Natur sofort zugänglich, und die schöne Erschütterung über diese durch nichts verdiente und doch so stürmisch andrängende Liebe des Volkes erregt in ihr ein dankbares, ein großmütiges Gefühl. Aber rasch in der Auffassung, ist Marie Antoinette auch rasch im Vergessen. Nach ein paar weiteren Besuchen nimmt sie diesen Jubel schon als selbstverständliche Huldigung, als ein ihrem Rang und ihrer Stellung Zugehöriges, und freut sich daran so kindlich und unbedacht, wie sie alle Geschenke des Lebens hinnimmt. Wunderbar erscheint es ihr, sich von dieser warmen Masse umbrausen, wunderbar, sich von diesem unbekannten Volk lieben zu lassen: fortan genießt sie diese Liebe der zwanzig Millionen als ihr Recht, ohne zu ahnen, daß Recht auch verpflichtet und daß auch die reinste Liebe endlich müde wird, wenn sie sich nicht vergolten fühlt.

Mit ihrer ersten Reise schon hat Marie Antoinette Paris erobert. Aber gleichzeitig erobert auch Paris Marie Antoinette. Von diesem Tage an ist sie dieser Stadt verfallen. Oft, und bald allzuoft, fährt sie in die verlockende, in die an Vergnügen unerschöpfliche Stadt; bald in fürstlichem Aufzug mit all ihren Hofdamen bei Tag, bald wieder nachts mit kleinem intimen Gefolge, um die Theater, die Bälle zu besuchen und sich privat auf verfängliche oder auch unverfängliche Art auszutollen. Jetzt erst, da sie sich losgekoppelt hat von der gleichförmigen Tageseinteilung des Hofkalenders, wird dieses Halbkind, dieses wilde Mädchen gewahr, wie gräßlich langweilig doch der hundertfenstrige Marmor- und Steinkasten von Versailles mit seinen Hofknicksen und Kabalen und seinen steifleinenen Festen, wie mopsig diese mokanten und muffigen Tanten gewesen, mit denen sie morgens bei der Messe und abends beim Strickstrumpf sitzen mußte. Gespenstig mumienhaft und künstlich scheint ihr diese ganze Courhalterei ohne Heiterkeit und Freiheit mit den gräßlich gespreizten Attitüden, dieses ewige Menuett mit den ewig gleichen Figuren, denselben abgezirkelten Bewegungen und dem immer gleichen Entsetzen bei dem geringsten Fauxpas im Vergleich zu der ungezwungenen flutenden Lebensfülle von Paris. Ihr ist, als sei sie aus einem Treibhaus in freie Luft entronnen. Hier, im Gewirr der Riesenstadt, kann man verschwinden und untertauchen, dem unerbittlichen Uhrzeiger der Tageseinteilung entrinnen und mit dem Zufall spielen, hier kann man sich selber leben und genießen, indessen man dort nur für den Spiegel lebt. So rollt jetzt regelmäßig zweimal, dreimal in der Woche eine Karosse mit heiter geschmückten Frauen nachts nach Paris, um erst im Morgengrauen wieder heimzukehren.

Aber was sieht Marie Antoinette von Paris? In den ersten Tagen besichtigt sie aus Neugier noch allerhand Sehenswürdigkeiten, die Museen, die großen Geschäfte, sie besucht ein Volksfest und einmal sogar eine Gemäldeausstellung. Aber damit ist für die nächsten zwanzig Jahre ihr Bildungsbedürfnis innerhalb von Paris vollkommen erschöpft. Sonst widmet sie sich ausschließlich den Stätten der Unterhaltung, sie fährt regelmäßig in die Oper, die französische Comédie, die italienische Commedia, auf Bälle, Redouten, sie besucht die Spielsäle, also genau das »Paris at night, Paris city of pleasure« der reichen Armerikanerinnen von heute. Am meisten verlocken sie die Opernbälle, denn Maskenfreiheit ist die einzige, die ihr, der Gefangenen ihrer Stellung, erlaubt ist. Mit der Larve über den Augen kann sich eine Frau einigen Scherz gestatten, der einer Madame la Dauphine sonst unmöglich wäre. Man kann fremde Kavaliere – der öde, unfähige Gatte schläft zu Hause – für ein paar Minuten zu munterem Gespräch heranholen, man kann einen entzückenden jungen schwedischen Grafen, der Fersen heißt, freimütig ansprechen und mit ihm, von der Larve gedeckt, plaudern, bis die Hofdamen einen wieder in die Loge holen; man kann tanzen, den heißen, geschmeidigen Körper bis zur Müdigkeit entspannen: hier darf man sorglos lachen, ach, man kann sich in Paris so herrlich ausleben! Nie aber betritt sie in all den Jahren ein bürgerliches Haus, nie wohnt sie einer Sitzung des Parlaments oder der Akademie bei, nie besucht sie ein Hospital, einen Markt, nicht ein einziges Mal versucht sie, etwas von dem täglichen Leben ihres Volkes zu erfahren. Immer bleibt Marie Antoinette bei diesen Pariser Seitensprüngen in dem engen glitzernden Kreis des mondänen Vergnügens und meint dem guten Volk, dem »bon peuple«, schon genug getan zu haben, wenn sie ihm lächelnd und lässig seinen begeisterten Gruß erwidert; und siehe, immer wieder steht es entzückt in Scharen Spalier, und ebenso jubeln Adel und reiche Bürgerschaft, wenn sie abends im Theater an die Brüstung der Rampe tritt. Immer und überall fühlt die junge Frau ihren muntern Müßiggang, ihre lauten Lustpartien gebilligt, abends, wenn sie in die Stadt fährt und die Leute gerade müde von der Arbeit kommen, und ebenso morgens um sechs Uhr, wenn das »Volk« wieder an seine Arbeit geht. Was kann an diesem Übermut, an diesem lockern Sichlebenlassen also unrecht sein? Im Ungestüm ihrer törichten Jugend hält Marie Antoinette die ganze Welt für vergnügt und sorglos, weil sie selbst sorglos und glücklich ist. Aber während sie in ihrer Ahnungslosigkeit glaubt, dem Hof abzusagen und sich in Paris mit ihren Lustfahrten volkstümlich zu machen, fährt sie in Wirklichkeit mit ihrer gläsern klingenden, ihrer luxuriösen und gefederten Karosse zwanzig Jahre lang an dem wirklichen Volk und an dem wirklichen Paris vorbei.

Der mächtige Eindruck des Pariser Empfangs hat etwas in Marie Antoinette verwandelt. Immer bestärkt fremde Bewunderung das eigene Selbstgefühl: eine junge Frau, der Tausende bestätigt haben, daß sie schön ist, wird sofort schöner durch dieses Wissen um ihre Schönheit; so auch dieses verschüchterte Mädchen, das sich in Versailles bisher immer als Fremde und Überflüssige fühlte. Jetzt aber löscht ein junger, von sich selbst überraschter Stolz in ihrem Wesen völlig alle Unsicherheit und Scheu aus; verschwunden ist die Fünfzehnjährige, die, begönnert und bevormundet von Botschafter und Beichtiger, von Tanten und Verwandten, durch die Zimmer schlich und sich vor jeder Hofdame duckte. Jetzt erlernt Marie Antoinette die langgeforderte Hoheitshaltung mit einem Ruck, sie strafft sich von innen; aufrecht schreitet sie wie an Untergebenen graziös beschwingten Schrittes an allen Damen des Hofes vorbei. Alles wird anders in ihr, die Persönlichkeit beginnt durchzubrechen, sogar die Schrift verwandelt sich mit einem Schlage: bisher ungelenk, mit riesigen kindischen Lettern, drängt sie sich jetzt frauenhaft nervös in zierliche Billette zusammen. Allerdings, die Ungeduld, die Fahrigkeit, das Abgerissene und Unbedachte ihres Wesens wird sich nie ganz aus ihrer Schrift verlieren, dafür aber beginnt im Ausdruck eine gewisse Selbständigkeit. Jetzt wäre dies brennende, vom Gefühl pulsender Jugend ganz erfüllte Mädchen reif, ein persönliches Leben zu leben, jemand zu lieben. Jedoch die Politik hat sie an diesen plumpen Ehemann, der noch kein Mann ist, geschmiedet, und da Marie Antoinette ihr Herz nicht entdeckt hat und keinen anderen weiß, um ihn zu lieben, ist diese Achtzehnjährige in sich selbst verliebt. Das süße Gift der Schmeichelei strömt ihr heiß in die Adern. Je mehr man sie bewundert, um so mehr will sie sich bewundert sehen, und, noch ehe Herrscherin durch das Gesetz, will sie als Frau durch ihre Anmut sich den Hof, die Stadt und das Reich untertänig machen. Sobald sich eine Kraft einmal selbstbewußt erkannt hat, fühlt sie Verlangen, sich zu erproben.

Die erste Probe der jungen Frau, ob sie andern, ob sie dem Hof und der Stadt ihren Willen aufzwingen kann, gilt glücklicherweise – fast möchte man sagen: ausnahmsweise – einem guten Anlaß. Der Meister Gluck hat seine »Iphigenie« vollendet und möchte sie in Paris uraufgeführt sehen. Für den sehr musikalischen Wiener Hof gilt sein Erfolg als eine Art Ehrensache, und Maria Theresia, Kaunitz, Joseph II. erwarten von der Dauphine, daß sie ihm den Weg ebnen wird. Nun war das Unterscheidungsvermögen Marie Antoinettes bei künstlerischen Werten keineswegs hervorragend, weder in Musik noch in Malerei noch in Literatur. Sie hatte einen gewissen natürlichen Geschmack, aber keinen selbständig prüfenden, sondern nur jenen lässig neugierigen, der gehorsam jede neue Mode mitmacht und sich für alles gesellschaftlich Anerkannte mit kurzem Strohfeuerinteresse begeistert. Zu tieferem Verständnis fehlte Marie Antoinette, die nie ein Buch zu Ende las und jedem eindringlichen Gespräch auszuweichen wußte, die unerläßliche Charaktervorbedingung wirklichen Unterscheidens: Ernst, Ehrfurcht, Mühe und Nachdenklichkeit. Kunst war für sie nie mehr als ein Zierat des Lebens, ein Vergnügen zwischen anderen Vergnügen, sie kannte bloß den mühelosen, also nie den wirklichen Kunstgenuß. Um Musik hatte sie sich, wie um alles, lässig bemüht, die Klavierstunden bei Meister Gluck in Wien hatten sie nicht weit gebracht, sie dilettierte auf dem Clavecin so wie als Schauspielerin auf der Bühne und als Sängerin im intimen Kreise. Das Neue und Grandiose der »Iphigenie« vorahnend zu begreifen, war sie, die ihren Landsmann Mozart in Paris überhaupt nicht bemerkte, selbstverständlich völlig unfähig. Aber Maria Theresia hatte ihr Gluck ans Herz gelegt, und sie empfindet eine wirklich amüsierte Neigung zu diesem scheingrimmigen, breiten und jovialen Mann, außerdem aber will sie, gerade weil sich in Paris die italienische und französische Oper mit den heimtückischsten Kabalen gegen den »Barbaren« wehrt, die Gelegenheit nützen, einmal ihre Macht zu zeigen. Sofort erzwingt sie, daß die Oper, welche die Herren Hofmusiker für »undurchführbar« erklärt hatten, angenommen wird und die Proben unverzüglich angesetzt werden. Leicht macht ihr freilich der ungefüge, cholerische, von der fanatischen Unnachgiebigkeit des großen Künstlers besessene Mann die Protektion nicht. Er rüffelt bei den Proben die verwöhnten Sängerinnen so zornig zusammen, daß sie weinend zu ihren prinzlichen Liebhabern stürzen und sich beschweren; unerbittlich setzt er den an solche Genauigkeit nicht gewöhnten Musikern zu und schaltet im Opernhaus wie ein Tyrann, durch die geschlossenen Türen hört man seine mächtige Stimme streithaft donnern. Dutzende Male droht er alles hinzuwerfen, nach Wien zurückzureisen, und nur die Furcht vor seiner kronprinzlichen Gönnerin verhindert noch einen Skandal. Endlich, für den 13. April 1774, wird die Erstaufführung festgesetzt, der Hof bestellt bereits seine Plätze, seine Karossen. Da erkrankt ein Sänger und soll rasch durch einen andern ersetzt werden. Nein, befiehlt Gluck, die Erstaufführung wird verschoben. Verzweifelt beschwört man ihn, was ihm denn einfalle, der Hof hätte seine Einteilung doch schon getroffen; wegen eines mehr oder minder guten Sänger dürfe ein Komponist und gar ein bürgerlicher und überdies ein ausländischer doch nicht wagen, die hohen Verfügungen des Hofes, die Dispositionen aller durchlauchtigsten Herrschaften umzustoßen. Das sei ihm gleichgültig, poltert der bäuerische Hartschädel, lieber werfe er seine Partitur ins Feuer, als die Oper unzulänglich spielen zu lassen, furios stürzt er zu seiner Gönnerin Marie Antoinette, der dieser wilde Mann Spaß macht. Sie ergreift sofort Partei für den »bon Gluck«, die Hofkarossen werden zum Ärger des Prinzen abbestellt und die Erstaufführung auf den Neunzehnten verschoben. Außerdem läßt Marie Antoinette durch den Polizeileutnant Maßnahmen treffen, um zu verhindern, daß die hohen Herrschaften ihren Ärger über den unhöfischen Musikanten mit Pfeifen äußern: mit allem Nachdruck macht sie öffentlich die Sache ihres Landsmannes zu der ihren.

Tatsächlich wird die Uraufführung der »Iphigenie« ein Triumph, aber mehr einer Marie Antoinettes als Glucks. Die Zeitungen, das Publikum zeigen sich eher frostig gesinnt; sie finden, daß es »einige sehr gute Stellen neben sehr platten« in der Oper gebe, denn wie immer in der Kunst begreift sich das großartige Kühne für ein unbelehrtes Auditorium selten auf den ersten Blick. Doch Marie Antoinette hat den ganzen Hof zur Premiere geschleppt; sogar ihr Gatte, der seine Jagd sonst nicht für die Musik der Sphären opfern würde und dem ein erlegter Hirsch wichtiger ist als alle neun Musen, muß diesmal mithalten. Da sich die rechte Stimmung nicht sogleich einstellen will, applaudiert Marie Antoinette demonstrativ von ihrer Loge nach jeder Arie; schon aus Höflichkeit müssen die Schwäger und Schwägerinnen und der ganze Hof fleißig mitklatschen, und so wird trotz aller Kabalen dieser Abend ein Ereignis der Musikgeschichte. Gluck hat Paris erobert, Marie Antoinette zum erstenmal öffentlich ihren Willen über Stadt und Hof durchgesetzt: es ist der erste Sieg ihrer Persönlichkeit, die erste Kundgebung dieser jungen Frau vor ganz Frankreich. Ein paar Wochen noch, und der Titel der Königin bekräftigt eine Macht, die sie aus eigener Kraft bereits selbstherrlich errungen hat.

Le Roi est mort, vive le Roi!

Am 27. April 1774 befällt den König Ludwig XV. auf der Jagd plötzlich Mattigkeit; mit schweren Kopfschmerzen kehrt er nach seinem Lieblingsschloß Trianon zurück. In der Nacht stellen die Ärzte Fieber fest und holen Madame Dubarry an sein Lager. Am nächsten Morgen verordnen sie bereits beunruhigt die Übersiedlung nach Versailles. Selbst der unerbittliche Tod muß sich den noch unerbittlicheren Gesetzen der Etikette fügen: ein König von Frankreich darf nicht anderswo ernstlich krank sein oder sterben als in dem königlichen Paradebett. »C'ést à Versailles, Sire, qu'il faut être malade.« Dort umstehen sofort sechs Ärzte, fünf Chirurgen, drei Apotheker, im ganzen vierzehn Personen, das Krankenlager, sechsmal in jeder Stunde tastet jeder einzelne den Puls ab. Aber nur Zufall hilft zur Diagnose; als abends ein Diener die Kerze hochhebt, entdeckt einer unter den Umstehenden die berüchtigten roten Flecken im Gesicht, und im Nu weiß der ganze Hof und das ganze Schloß von der Schwelle bis zum First: die Blattern! Ein Windstoß von Schrecken fährt durch das riesige Haus, Angst vor der Ansteckung, die tatsächlich in den nächsten Tagen einige Personen ergreift, und mehr noch vielleicht Angst der Höflinge um ihre Stellung im Falle des Todes. Die Töchter zeigen den Mut der wirklich Frommen, tagsüber halten sie bei dem König die Wache, in der Nacht bleibt Madame Dubarry aufopfernd am Lager des Kranken. Den Thronerben dagegen, dem Dauphin und der Dauphine, verbietet das Hausgesetz, wegen der Ansteckungsgefahr das Zimmer zu betreten: seit drei Tagen ist ihr Leben um vieles kostbarer geworden. Und nun teilt sich mit einem gewaltigen Schnitt der Hof; an dem Krankenbett Ludwigs XV. wacht und zittert die alte Generation, die Macht von gestern, die Tanten und die Dubarry; sie wissen genau, daß ihre Herrlichkeit mit dem letzten Atemzug dieser fiebernden Lippen endet. In den anderen Zimmern versammelt sich die kommende Generation, der zukünftige König Ludwig XVI., die zukünftige Königin Marie Antoinette und der Graf von Provence, der, solange sich sein Bruder Ludwig nicht entschließen kann, Kinder zu zeugen, sich heimlich gleichfalls als künftigen Thronanwärter fühlt. Zwischen diesen beiden Räumen steht das Schicksal. Niemand darf das Krankenzimmer betreten, wo die alte Sonne der Herrschaft untergeht, niemand das andere Zimmer, in dem die neue Sonne der Macht aufsteigt: dazwischen, in dem Œil-de-Bœuf, dem großen Vorraum, wartet ängstlich und schwankend die Masse der Höflinge, unsicher, wohin sie ihre Wünsche wenden sollen, zu dem sterbenden oder zu dem kommenden König, nach Sonnenuntergang oder nach Sonnenaufgang.

Inzwischen durchpflügt mit tödlicher Wucht die Krankheit den abgelebten, verbrauchten und erschöpften Leib des Königs. Gräßlich aufgeschwollen, von Pusteln übersät, geht der lebende Körper, während das Bewußtsein nicht einen Augenblick aussetzt, in grauenhafte Zersetzung über. Die Töchter und Madame Dubarry brauchen reichlich Mut, um durchzuhalten, denn trotz der geöffneten Fenster erfüllt pestilenzartiger Gestank das königliche Gemach. Bald treten die Ärzte zur Seite, sie geben den Körper verloren – nun beginnt der andere Kampf, das Ringen um die sündige Seele. Aber Entsetzen: die Priester weigern sich, an das Krankenbett zu treten, Beichte und Kommunion zu gewähren; erst solle der sterbende König, der so lange unfromm und nur seinen Lüsten gelebt habe, tätig seine Reue erweisen. Erst müsse der Stein des Anstoßes weggeräumt sein, die Buhlerin, die verzweifelt an seinem Lager wacht, das sie so lange unchristlich geteilt hat. Schwer entschließt sich der König gerade jetzt, in dieser fürchterlichen Stunde letzten Alleinseins, den einzigen Menschen wegzuschicken, an dem er innerlich hängt. Aber immer grimmiger würgt ihn die Angst vor dem Höllenfeuer die Kehle. Mit erstickter Stimme nimmt er Abschied von Madame Dubarry, und sofort wird sie unauffällig in einem Wagen in das nahe gelegene Schlößchen Rueil gebracht: dort soll sie warten, um wiederzukehren für den Fall, daß der König sich noch einmal erholt.

Jetzt erst, nach dieser sichtlichen Tat der Reue, sind Beichte und Kommunion möglich. Jetzt erst betritt ein Mann, der achtunddreißig Jahre lang der unbeschäftigtste am ganzen Hofe gewesen, das königliche Schlafgemach: der Beichtiger Seiner Majestät. Hinter ihm schließt sich die Tür, und sehr zu ihrem Leidwesen können die neugierigen Höflinge im Vorgemach das Sündenregister des Hirschparkkönigs (und es wäre so interessant!) nicht mit anhören. Aber, die Uhr in der Hand, zählen sie draußen die Minuten sorgfältig mit, um wenigstens dies in ihrer bösartigen Skandalfreude zu berechnen, wieviel Zeit ein Ludwig XV. benötigte, um seine sämtlichen Sünden und

Ausschweifungen zu bekennen. Endlich, nach genau sechzehn Minuten, öffnet sich neuerdings die Tür, der Beichtiger tritt heraus. Aber schon deuten manche Zeichen darauf hin, daß Ludwig XV. die endgültige Absolution noch nicht gewährt sei, daß die Kirche von einem Monarchen, der achtunddreißig Jahre sein sündiges Herz nicht erleichtert und vor den Augen seiner Kinder in Schande und fleischlicher Lust gelebt hat, noch eine tiefere Demütigung verlange als dieses heimliche Bekenntnis. Gerade weil er der Höchste der Welt gewesen und sich sorglos über dem geistlichen Gesetz stehend gedünkt, verlangt von ihm die Kirche, daß er sich besonders tief vor dem Allerhöchsten beuge. Öffentlich, vor allen und zu allen, müsse der sündige König für seinen unwürdigen Lebenswandel Reue bekunden. Dann erst solle ihm das Abendmahl erteilt werden.

Großartige Szene am nächsten Morgen: der mächtigste UAutokrat der Christenheit muß christliche Buße vor der versammelten Schar seiner eigenen Untertanen tun. Die ganze Treppe des Schlosses entlang stehen die Garden unter Waffen, die Schweizer bilden von der Kapelle bis zum Sterbezimmer hin Spalier, dumpf wirbeln die Trommeln, sobald im feierlichen Zuge unter dem Baldachin die hohe Geistlichkeit mit dem Hostiengefäß eintritt. Jeder eine brennende Kerze in der Hand, schreiten hinter dem Erzbischof und dessen Gefolge der Dauphin und seine beiden Brüder, die Prinzen und Prinzessinnen, um das Allerheiligste bis zur Tür zu begleiten. Bei der Schwelle machen sie halt und sinken in die Knie. Nur die Töchter des Königs und die nicht erbberechtigten Prinzen betreten mit dem hohen Klerus das Sterbegemach.

In der atemlosen Stille hört man den Kardinal eine leise Ansprache halten, man sieht ihn durch die offene Tür das heilige Abendmahl erteilen. Dann tritt er – Augenblick voll Schauer und ehrfürchtiger Überraschung – an die

Schwelle des Vorsaales und spricht mit erhobener Stimme zu dem ganzen versammelten Hof: »Meine Herren, der König beauftragt mich, Ihnen zu sagen, daß er Gott um Verzeihung für die Beleidigungen bittet, die er ihm angetan, und für das schlechte Beispiel, das er seinem Volke gegeben hat. Wenn Gott ihm wieder Gesundheit schenkt, verspricht er, Buße zu tun, den Glauben zu unterstützen und das Schicksal seines Volkes zu erleichtern.« Vom Bett hört man ein leises Stöhnen. Nur für die Nächststehenden deutlich vernehmbar, murmelt der Sterbende: »Ich wollte, ich hätte selbst die Kraft gehabt, es zu sagen.«

Was jetzt kommt, ist nur noch Grauen. Nicht ein Mensch stirbt, sondern ein aufgedunsener, schwarzgefärbter Kadaver zerfällt in sich selbst. Aber riesenhaft wehrt sich, als wäre die Bourbonenkraft all seiner Ahnen in ihm versammelt, der Körper Ludwigs XV. gegen die unaufhaltsame Vernichtung. Furchtbar sind diese Tage für alle. Die Diener werden ohnmächtig vor dem fürchterlichen Geruch, die Töchter wachen mit letzter Kraft, längst haben sich die Ärzte hoffnungslos zurückgezogen, immer ungeduldiger harrt der Hof auf die baldige Beendigung der gräßlichen Tragödie. Unten stehen, seit Tagen angeschirrt, die Karossen bereit, denn um die Ansteckung zu vermeiden, soll der neue Ludwig, ohne eine Minute zu verlieren, mit seinem ganzen Gefolge nach Choisy übersiedeln, sobald der alte König den letzten Atemzug getan hat. Die Reiter haben bereits ihre Sättel zurechtgemacht, die Koffer sind gepackt, Stunde um Stunde warten unten die Diener und Kutscher; alles starrt nur noch auf die kleine brennende Kerze hin, die man ans Fenster des Sterbenden geklebt hat und die – ein vereinbartes Zeichen für alle – im bewußten Augenblick ausgelöscht werden soll. Aber der riesige Körper des alten Bourbonen wehrt sich noch einen ganzen Tag. Endlich, Dienstag, den 10. Mai, um halb vier Uhr nachmittags, verlischt die Kerze. Sofort wird das Murmeln zum Rauschen. Von Zimmer zu Zimmer läuft – eine springende Welle – die Nachricht, der Ruf, der wachsende Wind: »Der König ist tot, es lebe der König!«

Marie Antoinette wartet mit ihrem Gatten in einem kleinen Zimmer. Auf einmal hören sie jenes geheimnisvolle Brausen, immer lauter, näher und näher brandet von Zimmer zu Zimmer eine unverständliche Wortwoge. Jetzt, als ob ein Sturm sie groß aufgerissen hätte, öffnet sich die Tür, Madame de Noailles tritt ein, sinkt auf die Knie und grüßt als erste die Königin. Hinter ihr drängen die anderen, mehr, immer mehr, der ganze Hof, denn jeder will rasch heran, seine Huldigung darzubringen, jeder sich zeigen, unter den ersten Glückwünschenden sich bemerkbar machen. Die Tamboure wirbeln, die Offiziere schwingen die Degen, und von Hunderten von Lippen braust der Ruf: »Der König ist tot, es lebe der König!«

Als Königin schreitet Marie Antoinette aus dem Zimmer, das sie als Dauphine betreten. Und während man im verlassenen Hause mit einem Aufatmen der Erleichterung den blauschwarzen unkenntlichen Leichnam Ludwigs XV. rasch in den längst vorbereiteten Sarg packt, um ihn mit möglichst wenig Aufsehen zu verscharren, rollt die Karosse einen neuen König, eine neue Königin durch die vergoldeten Parktore von Versailles. Und an den Straßen jubelt das Volk ihnen zu, als sei mit dem alten König das alte Elend zu Ende und mit den neuen Herrschern beginne eine neue Welt.

Die alte Schwätzerin Madame Campan erzählt in ihren bald honigsüßen, bald tränennassen Memoiren, Ludwig XVI. und Marie Antoinette seien, als man ihnen die

Kunde vom Tode Ludwigs XV. überbrachte, in die Knie gesunken und hätten schluchzend ausgerufen: »Mein Gott, schütze uns und bewahre uns, wir sind zu jung, viel zu jung, um zu regieren.« Das ist eine sehr rührende Anekdote, und weiß Gott, geeignet für eine Kinderfibel; schade nur, daß sie, wie die meisten Anekdoten um Marie Antoinette, den kleinen Nachteil hat, höchst ungeschickt und unpsychologisch erfunden zu sein. Denn solche bigotte Rührung paßt herzlich schlecht zu dem fischblütigen Ludwig XVI., der gar keinen Grund hatte, über ein Ereignis erschüttert zu sein, das der ganze Hof seit acht Tagen mit der Uhr in der Hand stündlich erwartete, und noch weniger zu Marie Antoinette, die sorglosen Herzens dies Geschenk der Stunde wie jedes andere entgegennahm. Nicht daß sie herrschgierig gewesen wäre oder schon ungeduldig, die Zügel zu fassen; nie hat Marie Antoinette davon geträumt, eine Elisabeth, eine Katharina, eine Maria Theresia zu werden: dazu war ihre seelische Energie zu gering, die Spannweite ihres Geistes zu eng, ihr Wesen zu träge. Ihre Wünsche reichen, wie immer bei einem mittleren Charakter, nicht weit über die eigene Person hinaus; diese junge Frau hat keine politischen Ideen, die sie der Welt aufprägen will, keinerlei Neigung, andere zu unterjochen und zu demütigen; nur ein starker, ein trotziger und oft kindischer Instinkt der Unabhängigkeit ist ihr von Jugend her eigen, sie will nicht herrschen, aber auch von niemand sich beherrschen und beeinflussen lassen. Herrin sein heißt für sie nicht mehr als selbst frei sein. Jetzt erst, nach mehr als drei Jahren Bevormundung und Bewachung, fühlt sie sich zum erstenmal ungehemmt, seit niemand mehr da ist, ihr Halt zu gebieten (denn die strenge Mutter wohnt tausend Meilen weit, und dem unterwürfigen Gemahl lächelte sie seine ängstlichen Proteste verächtlich weg). Um diese eine entscheidende Stufe von der Thronfolgerin zur Königin erhöht, steht sie endlich über allen, niemand untertan als ihrer eigenen kapriziösen Laune. Zu Ende ist es nun mit den Quengeleien der Tanten, zu Ende mit Erlaubnisbitten beim König, ob sie auf den Opernball fahren dürfe oder nicht, vorbei die Anmaßung ihrer verhaßten Gegnerin, der Dubarry; morgen wird die »créature« für immer in die Verbannung gestoßen sein, nie mehr werden ihre Brillanten bei den Soupers blitzen, nie mehr in ihrem Boudoir sich die Fürsten und Könige zum Handkuß drängen. Stolz, und ohne sich ihres Stolzes zu schämen, greift Marie Antoinette nach der ihr zugefallenen Krone: »Obwohl mich Gott schon in jenem Rang zur Welt kommen ließ«, schreibt sie ihrer Mutter, »den ich jetzt bekleide, so kann ich doch nicht umhin, die Güter der Vorsehung zu bewundern, die mich, das jüngste Ihrer Kinder, für das schönste Königreich Europas erwählt hat.« Wer in dieser Ankündigung nicht den Oberton der Freude mitschwingen hört, hat ein hartes Ohr. Gerade weil sie nur die Größe der Stellung fühlt und nicht auch ihre Verantwortung, besteigt Marie Antoinette sorglos und heiteren Hauptes den Thron.

Und kaum hat sie ihn bestiegen, so rauscht ihr aus der Tiefe schon Jubel entgegen. Noch haben sie nichts getan, nichts versprochen und nichts gehalten, und doch begrüßt schon Begeisterung die beiden jungen Herrscher. Wird nicht jetzt ein goldenes Zeitalter anbrechen, träumt das ewig wundergläubige Volk, da die markaussaugende Mätresse in die Verbannung geschickt, der alte gleichgültige Lüstling Ludwig XV. verscharrt ist, da ein junger, einfacher, sparsamer, bescheidener, frommer König, eine entzückende, lieblich-junge und gütige Königin über Frankreich herrschen? In allen Schaufenstern prangen die Bildnisse der neuen, mit noch ganz unverbrauchter Hoffnung geliebten Monarchen; Begeisterung grüßt jede ihrer Handlungen, und auch der in Angst erstarrte Hof beginnt sich zu freuen: jetzt kommen wieder Bälle und Paraden, Heiterkeit und neue Lebenslust, die Herrschaft der Jugend und der Freiheit. Ein Aufatmen begrüßt den Tod des alten Königs, und die Sterbeglocken auf den Türmen ganz Frankreichs klingen so frisch und freudig, als läuteten sie zu einem Fest.

Wahrhaft ergriffen und erschrocken, weil von düsterem Vorgefühl bewegt, ist in ganz Europa nur ein Mensch beim Tode Ludwigs XV.: die Kaiserin Maria Theresia. Als Monarchin kennt sie aus dreißig mühseligen Jahren die Last einer Krone, als Mutter die Schwächen und Fehler ihrer Tochter. Aufrichtig gern hätte sie den Augenblick der Thronbesteigung noch hinausgeschoben gesehen, bis dieses leichtköpfige und hemmungslose Geschöpf ein wenig mehr herangereift und vor den Versuchungen ihrer Verschwendungssucht geschützt gewesen wäre. Das Herz wird ihr schwer, der alten Frau, düstere Vorahnungen scheinen sie zu bedrücken. »Ich bin davon sehr ergriffen«, schreibt sie beim Empfang der Nachricht an den treuen Gesandten, »und noch mehr mit dem Schicksal meiner Tochter beschäftigt, das entweder ganz großartig oder sehr unglücklich werden muß. Die Stellung des Königs, der Minister, des Staates zeigen mir nichts, was mich beruhigen könnte, und sie selbst ist ja so jung! Sie hat niemals ein ernsteres Streben gekannt und wird es auch nie oder kaum jemals haben.« Melancholisch antwortet sie auch der Tochter auf ihre stolzbewußte Ankündigung: »Ich mache Dir keine Komplimente über Deine neue Würde, die teuer erkauft ist und noch teurer sein wird, wenn Du Dich nicht entschließen kannst, dasselbe ruhige und unschuldige Leben zu führen, das Du dank der Güte und der Nachsicht dieses guten Vaters während dieser drei Jahre geführt hast und das Euch beiden die Zustimmung und die Liebe Eurer Nation eingetragen hat. Dies bedeutet einen großen Vorteil für Eure gegenwärtige Stellung; aber nun heißt es, sie zu bewahren wissen und recht anzuwenden zum Wohl des Königs und des Staates. Ihr seid beide noch sehr jung, und die Last ist groß; ich bin deshalb in Sorge, wirklich in Sorge ... Alles, was ich Euch jetzt raten kann, ist, nichts zu übereilen; seht Euch alles mit Euren eigenen Augen an, ändert nichts, laßt alles sich entwickeln, sonst wird das Chaos und die Intrige unendlich sein, und Ihr würdet, meine teuren Kinder, in solche Verwirrungen geraten, daß Ihr Euch kaum mehr würdet heraushelfen können.« Von fern, aus der Höhe ihrer jahrelangen Erfahrung, übersieht die erprobte Regentin mit ihrem Kassandrablick die unsichere Lage Frankreichs viel besser als jene aus der Nähe, eindringlich beschwört sie die beiden, vor allem die Freundschaft mit Österreich und damit den Frieden der Welt zu wahren. »Unsere beiden Monarchien brauchen nur Ruhe, um ihre Angelegenheiten in Ordnung zu bringen. Wenn wir im engen Einvernehmen weiterhandeln, wird niemand unsere Arbeit stören und Europa sich des Glücks und der Ruhe erfreuen. Nicht nur unser Volk wird glücklich sein, sondern auch alle anderen.« Aber am dringendsten warnt sie ihr Kind vor der persönlichen Leichtfertigkeit, vor ihrem Hang zur Vergnügungssucht. »Ich fürchte diesen mehr als alles andere bei Dir. Es ist durchaus notwendig, daß Du Dich mit ernsten Dingen befaßt und vor allem Dich nicht zu außerordentlichen Ausgaben verleiten läßt. Alles hängt davon ab, daß dieser glückliche Anfang, der alle unsere Erwartungen übertrifft, fortdauere und Euch beide glücklich macht, indem Ihr Eure Völker beglückt.«

Marie Antoinette, von der Sorge ihrer Mutter ergriffen, verspricht und verspricht. Sie bekennt ihre Schwäche aller ernsten Betätigung gegenüber und gelobt Besserung. Aber die Sorge der alten Frau, prophetisch bewegt, läßt sich nicht beruhigen. Sie glaubt nicht an das Glück dieser

Krone, nicht an das ihrer Tochter. Und während die ganze Welt Marie Antoinette umjubelt und beneidet, schreibt sie ihrem vertrauten Botschafter den mütterlichen Seufzer: »Ich glaube, ihre schönsten Tage sind vorbei.«

Bildnis eines Königspaares

In den ersten Wochen nach der Thronbesteigung haben immer und überall die Kupferstecher, Maler, Bildhauer und Medaillenpräger alle Hände voll zu tun. Auch in Frankreich wird mit leidenschaftlicher Eile das Bildnis des längst nicht mehr »vielgeliebten« Königs Ludwigs XV. weggeräumt und durch das festlich bekränzte des neuen Herrscherpaares ersetzt: Le roi est mort, vive le roi.

Viel Schmeichelkunst ist für einen geübten Medaillenschneider gar nicht nötig, um dem braven Biedermannsgesicht Ludwigs XVI. etwas Cäsarisches aufzuprägen. Denn abgesehen von dem kurzen festen Nacken kann man den Kopf des neuen Königs keineswegs unedel nennen: eine ebenmäßig zurückfliehende Stirn, ein starker, beinahe kühner Schwung der Nase, eine vollsaftig sinnliche Lippe, ein fleischiges, aber wohlgeformtes Kinn ergeben, rundlich geeint, ein stattliches, ein durchaus sympathisches Profil. Verschönender Nachhilfe bedarf am ehesten der Blick, denn ohne Lorgnette erkennt der außergewöhnlich Kurzsichtige schon drei Schritte weit keinen Menschen; hier muß der Stichel des Graveurs schon ziemlich viel Korn und Tiefe nehmen, um diesen schwerlidrigen, blaßschwimmenden Kuhaugen etwas Autorität zu verleihen. Schlecht steht es bei Ludwig, dem Schwerfälligen, auch mit der Haltung; ihn im Ornat wirklich aufrecht und imposant erscheinen zu lassen, das bereitet allen Hofmalern arge Not, denn frühzeitig verfettet, unbeholfen und durch seine Kurzsichtigkeit bis zur Lächerlichkeit linkisch, macht Ludwig XVI., obwohl fast sechs Fuß hoch und gerade gewachsen, bei allen offiziellen Anlässen unglückliche Figur (la plus mauvaise tournure qu'on pût voir). Er geht über das blanke Parkett von Versailles plump und mit schaukelnden Schultern »wie ein Bauer hinter dem Pflug«, er kann weder tanzen noch Ball spielen; wenn er bloß hastig ausschreitet, stolpert er schon über seinen eigenen Degen. Dieser körperlichen Ungeschicklichkeit ist sich der arme Mann genau bewußt, sie macht ihn verlegen, diese Verlegenheit steigert neuerdings seine Tapsigkeit: so hat jeder zunächst den Eindruck, in dem König von Frankreich einen kläglichen Tölpel vor sich zu sehen.

Aber Ludwig XVI. ist keineswegs dumm und beschränkt; nur wie im Auftreten durch seine Kurzsichtigkeit, ist er geistig durch seine Schüchternheit (die im letzten wahrscheinlich auf seiner sexuellen Unmännlichkeit beruht) arg gehemmt. Eine Unterhaltung zu führen bedeutet für diesen krankhaft scheuen Herrscher jedesmal eine seelische Anstrengung, denn weil er weiß, wie langsam und schwerfällig er denkt, hat Ludwig XVI. eine unsagbare Angst vor klugen, witzigen und gescheiten Leuten, denen das Wort rasch auf die Lippen springt; schamvoll fühlt der ehrliche Mann im Vergleich zu ihnen die eigene Linkischkeit. Läßt man ihm aber Zeit, seine Gedanken zu ordnen, drängt man ihn nicht zu schnellen Entscheidungen und Antworten, so überrascht er selbst skeptische Partner wie Joseph II. oder Pétion durch seinen zwar niemals hervorragenden, aber doch redlichen und geradlinigen gesunden Menschenverstand; sobald seine nervöse Scheu einmal glücklich überwunden ist, wirkt er durchaus normal. Im allgemeinen liest und schreibt er aber lieber, statt zu sprechen, denn Bücher sind still und bedrängen nicht; Ludwig XVI. (man würde es nicht glauben) liest gern und viel, er hat gute Kenntnisse in Geschichte und Geographie, verbessert unablässig sein Englisch und Latein, wobei ihn ein ausgezeichnetes Gedächtnis unterstützt. In seinen Akten und Haushaltungsbüchern hält er tadellose Ordnung; jeden Abend verzeichnet er in seiner klaren, runden, fast kalligraphisch sauberen Schrift die armseligen Nüchternheiten seines Lebens (»sechs Hirsche geschossen«, »mich purgieren lassen«) in ein Tagebuch, das durch ein ahnungsloses Übersehen alles welthistorisch Wichtigen geradezu erschütternd wirkt – im ganzen das Musterbild eines mittelmäßigen, unselbständigen Intellekts, von Natur aus etwa zu einem verläßlichen Zollrevisor oder Kanzleibeamten bestimmt, zu irgendeiner rein mechanischen und subalternen Tätigkeit im Schatten der Geschehnisse – zu allem und allem, nur zu einem nicht: zu einem Herrscher.

Das eigentliche Verhängnis im Naturell Ludwigs XVI. aber ist: er hat Blei im Blut. Etwas Stockiges, Schweres versulzt seine Adern, nichts wird ihm leicht. Immer muß dieser redlich bemühte Mann einen Widerstand der Materie, eine Art Schlaftrunkenheit in sich überwinden, um etwas zu tun, zu denken oder bloß zu fühlen. Seine Nerven können, wie schlaff gewordene Gummibänder, sich nicht straffen, nicht spannen, nicht schwingen, sie sprühen nicht von Elektrizität. Diese angeborene Nervenstumpfheit schaltet Ludwig XVI. von jeder starken Gefühlsleistung aus: Liebe (im geistigen wie im physiologischen Sinn), Freude, Lust, Angst, Schmerz, Furcht, alle diese Elemente des Gefühls dringen bei ihm nicht durch die Elefantenhaut seiner Gleichgültigkeit, und nicht einmal unmittelbare Lebensgefahr kann ihn aus seiner Lethargie aufrütteln. Während die Revolutionäre die Tuilerien stürmen, geht sein Puls nicht eine Sekunde rascher, auch die Nacht vor der Guillotine kann keine der beiden Säulen seines Wohlbehagens, Schlaf und Eßlust, erschüttern. Nie wird dieser Mann, selbst die Pistole vor der Brust, erblassen, nie Zorn aus seinen stumpfen Augen aufleuchten, nichts kann ihn erschrecken, nichts aber auch ihn begeistern. Nur allergröbste Anstrengung, wie Schlosserei und Jagd, bringt wenigstens äußerlich seinen Körper in Bewegung; alles Zarte, Feingeistige, Graziöse, also Kunst, Musik, Tanz, ist dagegen seiner Gefühlswelt überhaupt nicht zugänglich; keine Muse und kein Gott vermögen seine trägen Sinne in Schwingung zu versetzen, selbst Eros nicht. Nie hat in zwanzig Jahren Ludwig XVI. eine andere Frau begehrt als die ihm sein Großvater als Gattin bestimmt hat; er bleibt mit ihr glücklich und zufrieden, wie er mit allem zufrieden ist in seiner geradezu aufreizenden Bedürfnislosigkeit. Darum war es eine teuflische Böswilligkeit des Schicksals, gerade von einer solchen stockigen und stumpf animalischen Natur die historisch wichtigsten Entscheidungen des ganzen Jahrhunderts zu verlangen, einen so durchaus auf das Beschauliche angelegten Menschen vor die fürchterlichste Weltkatastrophe zu stellen. Denn eben dort, wo die Tat beginnt, wo der Muskel des Willens in Zugriff oder Abwehr sich straffen soll, wird dieser körperlich robuste Mann auf die jämmerlichste Weise schwach: jede Entscheidung bedeutet für Ludwig XVI. jedesmal die allerschrecklichste Verlegenheit. Er kann nur nachgeben, nur tun, was andere wollen, weil er selbst nichts will als Ruhe, Ruhe, Ruhe. Bedrängt und überrascht, verspricht er jedem, was er verlangt, und, ebenso schlapp und bereitwillig, dem nächsten das Gegenteil; wer an ihn herankommt, hat ihn schon überwältigt. Durch diese namenlose Schwäche wird Ludwig XVI. immer wieder schuldlos schuldig und bei ehrlichster Absicht unehrlich, Spielball seiner Frau, seiner Minister, ein Bohnenkönig ohne Heiterkeit und Haltung, glücklich, wenn man ihm seinen Frieden läßt, verzweifelt und zum Verzweifeln in den

Stunden, da er wirklich herrschen sollte. Hätte die Revolution diesem arglosen, dumpfen Menschen, statt ihm ein Fallbeil in den kurzen, dicken Hals zu treiben, irgendwo ein kleines Bauernhäuschen mit einem Gärtchen und einer unbedeutenden Pflicht gegönnt, sie hätte ihn glücklicher gemacht als der Erzbischof von Reims mit der Krone Frankreichs, die er ohne Stolz, ohne Lust und ohne Würde zwanzig Jahre hindurch gleichgültig trug.

Einen solchen gutmütig unmännlichen Mann als großen Imperator zu preisen, hat auch der höfischste aller Hofbarden nie gewagt. Die Königin dagegen in allen Formen und Worten zu verherrlichen, in Marmor, Terrakotta, Biskuit, Pastell, in zierlichen Elfenbeinminiaturen und graziösen Gedichten nachzubilden, wetteifern alle Künstler, denn ihr Antlitz, ihr Gehabe spiegelt geradezu vollendet das Zeitideal. Zart, schlank, anmutig, liebreizend, spielerisch und kokett, wird die Neunzehnjährige von der ersten Stunde an die Göttin des Rokoko, der vorbildliche Typus der Mode und des herrschenden Geschmacks; wenn eine Frau als schön und anziehend gelten will, bemüht sie sich, ihr ähnlich zu sein. Dabei hat Marie Antoinette eigentlich weder ein bedeutendes noch ein besonders eindrucksvolles Gesicht; ihr glattes, feingeschnittenes Oval mit kleinen pikanten Unregelmäßigkeiten, wie der habsburgischen starken Unterlippe und einer etwas zu flachen Stirn, bezaubert weder durch geistigen Ausdruck noch durch irgendeinen persönlich-physiognomischen Zug. Etwas Kühles und Leeres wie von glattfarbenem Email geht von diesem unausgeformten, noch auf sich selbst neugierigen Mädchengesicht aus, dem erst die späteren fraulichen Jahre eine gewisse majestätische Fülle und Entschlossenheit hinzutun. Einzig die weichen und im Ausdruck sehr wandelhaften Augen, die leicht in Tränen überströmen, um dann sofort wieder in

Spiel und Spaß aufzufunkeln, deuten auf Belebtheit des Gefühls, und die Kurzsichtigkeit gibt ihrem seichten, nicht sehr tiefen Blau einen schwimmenden und rührenden Charakter; nirgends aber zeichnet Willensstraffheit eine harte Charakterlinie in dies blasse Oval: man spürt nur eine weiche, nachgiebige Natur, die von Stimmung sich führen läßt und, durchaus weiblich, immer nur den Unterströmungen ihres Empfindens folgt. Dieses Zärtlich-Anmutige ist es auch, was alle an Marie Antoinette vor allem bewundern. Wahrhaft schön ist an dieser Frau eigentlich nur das wesentlich Weibliche, das üppige, vom Aschblonden ins Rötliche schimmernde Haar, das Porzellanweiß und die Glätte ihres Teints, die füllige Weichheit der Formen, die vollendeten Linien ihrer elfenbeinglatten und zartrunden Arme, die gepflegte Schönheit ihrer Hände, all das Blühende und Duftende einer erst halb aufgefalteten Mädchenschaft, allerdings ein zu flüchtiger und sublimierter Reiz, als daß er sich aus den Nachbildungen ganz erahnen ließe.

Denn auch die wenigen meisterlichen unter ihren Bildern enthalten uns noch das Allerwesentlichste ihrer Natur vor, das Allerpersönlichste ihrer Wirkung. Bilder vermögen fast immer nur die erzwungene starre Pose eines Menschen festzuhalten, und der eigentlichste Zauber Marie Antoinettes beruhte, darüber ist nur eine Stimme, in der unnachahmlichen Anmut ihrer Bewegungen. Erst in der belebten Haltung enthüllt Marie Antoinette die eingeborene Musikalität ihres Körpers; wenn sie auf feinen Fesseln hoch und schlank durch das Spalier der Spiegelsäle schreitet, wenn sie sich kokett-nachgiebig in einem Sessel zum Plaudern zurücklehnt, wenn sie ungestüm aufspringt und beschwingt über die Stufen läuft, wenn sie mit natürlich anmutiger Geste die blendend weiße Hand zum Kusse darreicht oder zärtlich ihren Arm um die Taille der Freundin legt, wirkt ihre Haltung ohne jede Anstrengung vollendet aus weiblich-körperlicher Intuition. »Wenn sie sich aufrecht hält«, schreibt ganz trunken der sonst kühle Engländer Horace Walpole, »ist sie die Statue der Schönheit, wenn sie sich bewegt, die Grazie in Person.« Und wirklich, sie reitet, sie spielt Ball wie eine Amazone; überall, wo ihr biegsam geformter, talentierter Körper ins Spiel kommt, übertrifft sie die schönsten Frauen ihres Hofes, nicht nur an Geschicklichkeit, sondern auch an sinnlichem Reiz, und energisch weist der entzückte Walpole den Einwand, sie folge im Tanze nicht immer genau dem Rhythmus, mit dem hübschen Worte zurück, dann habe eben die Musik unrecht. Aus wissendem Instinkt – jede Frau kennt das Gesetz ihrer Schönheit – liebt Marie Antoinette darum die Bewegung. Unruhe ist ihr wahres Element; Stillsitzen dagegen, Zuhören, Lesen, Lauschen, Nachdenken und in gewissem Sinne sogar Schlaf sind für sie unerträgliche Geduldproben. Nur auf und ab und hin und her, etwas anfangen, immer etwas anderes und nichts zu Ende tun, immer beschäftigt sein und beschäftigt werden, ohne sich dabei selbst ernstlich anzustrengen; nur immer spüren, daß die Zeit nicht stillsteht, nur ihr nach, sie überholen, sie überrennen! Nicht lang essen, nur rasch ein bißchen Zuckerwerk naschen, nicht lange schlafen, nicht lange denken, nur weiter und weiter in wechselndem Müßiggang! So werden die zwanzig königlichen Jahre Marie Antoinettes ein ewiges, um das eigene Ich kreisendes Bewegtsein, das, keinem äußeren oder inneren Ziel zugewandt, menschlich und politisch einen völligen Leerlauf ergibt.

Diese Haltlosigkeit, dies Nie-bei-sich-selber-Haltmachen, diese Selbstvergeudung einer großen und nur falsch verwerteten Kraft ist es, was ihre Mutter so sehr an Marie Antoinette erbittert: sie weiß genau, die alte Menschenkennerin, dieses von Natur begabte und auch beseelte

Mädchen könnte hundertmal mehr aus sich herausholen. Marie Antoinette brauchte nur sein zu wollen, was sie im Grunde ist, und sie hätte königliche Macht; aber, Verhängnis, sie lebt aus Bequemlichkeit ständig unter ihrem eigenen geistigen Niveau. Als echte Österreicherin hat sie unzweifelhaft viel und zu vielem Talent, leider nur nicht den mindesten Willen, diese eingeborenen Gaben ernsthaft auszunützen oder gar zu vertiefen: leichtfertig zerstreut sie ihre Talente, um sich selbst zu zerstreuen. »Ihre erste Regung«, urteilt Joseph II., »ist immer die richtige, und wenn sie dabei beharrte, ein wenig mehr nachdenken würde, wäre sie vortrefflich.« Aber gerade dieses auch nur ein wenig Nachdenken wird ihrem wirbeligen Temperament schon zur Last; jedes andere Denken als das aus dem Stegreif springende bedeutet für sie Anstrengung, und ihre kapriziös nonchalante Natur haßt jede Art geistiger Anstrengung. Nur Spiel will sie, nur Leichtigkeit in allem und jedem, nur kein Bemühen, keine wirkliche Arbeit. Marie Antoinette plaudert ausschließlich mit dem Mund und nicht mit dem Kopf. Wenn man zu ihr spricht, hört sie sprunghaft-zerstreut zu; in der Konversation, bestechend durch bezaubernde Liebenswürdigkeit und glitzernde Leichtigkeit, läßt sie jeden Gedanken, kaum angesponnen, sofort wieder fallen, nichts spricht sie, nichts denkt sie, nichts liest sie zu Ende, nirgends hakt sie sich fest, um daraus einen Sinn und Sein wirklicher Erfahrung zu saugen. Darum mag sie auch keine Bücher, keine Staatsakte, nichts Ernstes, das Geduld und Aufmerksamkeit fordert, und nur ungern, mit ungeduldig kritzelnder Schrift entledigt sie sich der allernotwendigsten Briefe; selbst denen an die Mutter merkt man das Fertighabenwollen oft deutlich an. Nur nicht sich das Leben beschweren, nur nichts, was den Kopf düster oder dumpf oder melancholisch macht! Wer diese ihre Denkfaulheit am besten überspielt, gilt ihr als der klügste Mann, wer

Anstrengung fordert, als lästiger Pedant, und mit einem Sprung ist sie weg von allen vernünftigen Ratgebern bei ihren Kavalieren und Gesinnungsschwestern. Nur genießen, nur sich nicht stören lassen durch Nachdenken und Rechnen und Sparen, so denkt sie, und so denken sie alle in ihrem Kreise. Nur den Sinnen leben und sich nicht besinnen: Moral eines ganzen Geschlechts, des Dixhuitième, dem das Schicksal sie symbolisch als Königin gesetzt, daß sie sichtbar mit ihm lebe und sichtbar mit ihm sterbe.

Einen krasseren charakterologischen Gegensatz als dieses höchst ungleiche Paar könnte kein Dichter erfinden; bis in den letzten Nerv ihrer Körper, bis in den Rhythmus des Bluts, bis in die äußerste Ausschwingung ihrer Temperamente stellen Marie Antoinette und Ludwig XVI. in allen ihren Eigenschaften und Eigenheiten eine geradezu schulmäßige Antithese dar. Er schwer, sie leicht, er plump, sie biegsam, er stockig, sie moussierend, er nervenstumpf, sie flackerig-nervös. Und weiter ins Seelische: er unentschlossen, sie zu rasch entschlossen, er langsam überlegend, sie spontan in Ja und Nein, er strenggläubig bigott, sie selig weltverliebt, er bescheiden demütig, sie kokett selbstbewußt, er pedantisch, sie fahrig, er sparsam, sie verschwenderisch, er überernst, sie unmäßig verspielt, er Tiefgänger mit schwerem Flutgang, sie Schaum und Wellentanz. Er fühlt sich allein am wohlsten, sie in lauter lärmender Gesellschaft, er liebt mit animalisch dumpfem Behagen viel zu essen und schweren Wein zu trinken, sie rührt Wein nie an, ißt wenig und flink. Sein Element ist der Schlaf, das ihre der Tanz, seine Welt der Tag, die ihre die Nacht; so geht der Stundenzeiger ihrer Lebensuhren ständig wie Sonne und Mond gegeneinander. Um elf Uhr, wenn sich Ludwig XVI. schlafen legt, beginnt Marie Antoinette erst richtig aufzuflackern, heute in den Spielsaal, morgen auf einen Ball, immer anderswohin; wenn er morgens schon stundenlang auf der Jagd herumreitet, fängt sie erst an, sich zu erheben. Nirgends, in keinem Punkt, treffen ihre Gewohnheiten, ihre Neigungen, ihre Zeiteinteilung zusammen; eigentlich machen Marie Antoinette und Ludwig XVI. einen Großteil ihres Lebens vie à part, wie sie (zum Leidwesen Maria Theresias) fast immer lit à part machen.

Eine schlechte, eine zanksüchtige, gereizte, eine mühsam zusammengehaltene Ehe also? Durchaus nicht! Im Gegenteil, eine durchaus gemütliche, zufriedene Ehe – und wäre das anfängliche Versagen der Männlichkeit mit den bekannten peinlichen Auswirkungen nicht, sogar eine völlig glückliche. Denn damit Spannungen entstehen, bedarf es beiderseits einer gewissen Kraft, Wille muß sich gegen Willen stemmen, hart gegen hart. Diese beiden aber, Marie Antoinette und Ludwig XVI., weichen jeder Reibung und Spannung aus, er aus körperlicher, sie aus seelischer Lässigkeit. »Mein Geschmack ist nicht derselbe wie der des Königs«, plaudert Marie Antoinette locker in einem Brief aus, »er interessiert sich für nichts als die Jagd und mechanische Arbeit ... Sie werden mir zugeben, daß meine Stellung in einer Schmiede nicht eben von besonderer Grazie wäre: ich wäre dort nicht Vulkan, und die Rolle der Venus würde meinem Gatten vielleicht noch mehr mißfallen als meine andern Neigungen.« Ludwig XVI. wieder findet die ganze wirbelige, geräuschvolle Art ihrer Vergnügungen gar nicht nach seinem Sinn, aber der schlaffe Mann hat weder Willen noch Kraft, energisch einzuschreiten; gutmütig lächelt er zu ihren Maßlosigkeiten und ist im Grunde stolz, eine so vielbewunderte, charmante Frau zu haben. Soweit sein mattes Gefühl sich einer Schwingung überhaupt fähig erweist, ist dieser biedere Mann auf seine Art – also schwerfällig und redlich – seiner schönen und ihm an Verstand überlegenen Frau völlig willenshörig zugetan, er drückt sich, seiner Minderwertigkeit bewußt, zur Seite, um ihr nicht im Licht zu stehen. Sie wiederum lächelt ein wenig über den bequemen Ehegatten, aber ohne Bosheit, denn auch sie hat ihn in einer gewissen nachsichtigen Weise gern, etwa wie einen großen zottigen Bernhardiner, den man ab und zu krault und streichelt, weil er niemals knurrt und murrt und gehorsam zärtlich dem kleinsten Wink gehorcht: auf die Dauer kann sie dem guten Dickfell nicht böse sein, schon aus Dankbarkeit nicht. Denn er läßt sie schalten und walten nach ihrer Laune, zieht sich zartfühlend zurück, wo er sich nicht erwünscht fühlt, betritt nie unangemeldet ihr Zimmer, ein idealer Gatte, der trotz seiner Sparsamkeit ihre Schulden immer wieder zahlt und ihr alles gestattet, am Ende sogar ihren Liebhaber. Je länger Marie Antoinette mit Ludwig XVI. zusammen lebt, um so mehr gewinnt sie Achtung vor seinem hinter aller Schwäche hochehrenwerten Charakter. Aus der diplomatisch gekuppelten Ehe wird allmählich eine wirkliche Kameradschaft, ein gutes herzliches Beisammensein, ein herzlicheres jedenfalls als in den meisten fürstlichen Ehen jener Zeit.

Nur Liebe, dies große und heilige Wort, läßt man besser bei diesem Anlaß aus dem Spiel. Zu rechter Liebe fehlt diesem unmännlichen Ludwig die Energie des Herzens; Marie Antoinettes Neigung für ihn enthüllt andererseits zuviel Mitleid, zuviel Herablassung, zuviel Nachsicht, als daß dieses laue Gemisch noch Liebe genannt werden dürfte. Körperlich konnte und mußte sich diese Feinnervige und Zarte aus Pflichtgefühl und Staatsräson ihrem Gatten ergeben, aber anzunehmen, daß dieser behäbige, bequeme, gefühlsfaule Mann, dieser Falstaff, in dieser muntern Frau Fluth erotische Spannungen erweckt oder befriedigt hätte, wäre einfach sinnlos. »Liebe hat sie gar keine für ihn«, meldet klipp und klar, in ruhiger sachlicher Feststellung Joseph II. von seinem Pariser Besuch nach Wien, und wenn sie ihrerseits ihrer Mutter schreibt, von den drei Brüdern sei ihr derjenige noch immer der liebste, den ihr Gott als Ehegemahl bescherte, so sagt dieses »noch«, dieses verräterisch in die Zeilen geschlüpfte »noch«, mehr, als sie bewußt ausdrücken wollte, etwa: da ich keinen besseren Mann bekommen konnte, ist dieser anständige, brave Gatte »noch« immer der annehmbarste Ersatz. In diesem einen Wort mißt sich die ganze laue Temperierung ihrer Beziehung. Nun wäre Maria Theresia schließlich – sie hört von ihrer andern Tochter aus Parma viel schlimmere Dinge – mit dieser elastischen Eheauffassung zufrieden, zeigte Marie Antoinette nur etwas Verstellungskunst und seelischen Takt in ihrem Verhalten, verstünde sie bloß besser vor andern zu verbergen, daß sie ihren königlichen Gemahl männlich als Null, als quantité négligeable betrachtet! Aber Marie Antoinette – und dies verzeiht ihr Maria Theresia nicht – vergißt die Form zu wahren und damit die Ehre ihres Gatten; glücklicherweise ist es die Mutter, die rechtzeitig eines dieser leichtfertigen Worte auffängt. Einer ihrer Staatsfreunde, Graf Rosenberg, war nach Versailles zu Besuch gekommen, Marie Antoinette hat den feinen alten galanten Herrn liebgewonnen und so viel Vertrauen zu ihm, daß sie ihm nach Wien einen muntern Plauderbrief schreibt, in dem sie erzählt, wie sie heimlich ihren Mann zum Narren gehalten, als der Herzog von Choiseul bei ihr Audienz erbat. »Sie werden mir gern glauben, daß ich ihn nicht gesehen habe, ohne den König zu verständigen. Aber Sie werden nicht ahnen können, welche Geschicklichkeit ich eingesetzt habe, um nicht den Anschein zu erwecken, eine Erlaubnis zu erbitten. Ich sagte, daß ich Herrn von Choiseul gern sehen möchte und nur mit der Wahl des Tages noch nicht im reinen wäre, und das machte ich so gut, daß der arme Mann (»le pauvre homme«) selbst die bequemste Stunde ausfindig machte, wo ich ihn sehen konnte. Meiner Meinung nach habe ich bei dieser Sache nur mein Recht als Frau weidlich genutzt.« Ganz locker fließt Marie Antoinette das Wort »pauvre homme« aus der Feder, sorglos siegelt sie den Brief, denn sie glaubt doch nur eine lustige Anekdote erzählt zu haben, und die Bezeichnung »pauvre homme« bedeutet in der Sprache ihres Herzens ganz ehrlich gutmütig: der »arme gute Kerl«. Aber in Wien liest man dieses Mischwort aus Sympathie, Mitleid und Verächtlichkeit anders. Maria Theresia erkennt sofort, welche gefährliche Taktlosigkeit darin liegt, wenn die Königin von Frankreich in einem Privatbrief den König von Frankreich, den obersten Herrn der Christenheit, öffentlich einen »pauvre homme« nennt, wenn sie nicht einmal den Monarchen in ihrem Gatten achtet und ehrt. In welchem Ton muß dieser Windkopf sich erst mündlich bei den Gartenfesten und Redouten mit seinen Lamballes und Polignacs, mit den jungen Kavalieren über den Gebieter Frankreichs mokieren! Sofort wird strenge Beratung in Wien gehalten und ein derartig energischer Brief an Marie Antoinette geschrieben, daß jahrzehntelang das kaiserliche Archiv seine Veröffentlichung nicht erlaubte. »Ich kann Dir nicht verschweigen«, rüffelt die alte Kaiserin die pflichtvergessene Tochter, »daß Dein Brief an Grafen Rosenberg mich auf das äußerste bestürzt hat. Was für eine Ausdrucksform, was für ein Leichtsinn! Wo ist das gute, so weiche, so hingebungsvolle Herz der Erzherzogin Marie Antoinette? Ich sehe dort nur Intrigen, kleinlichen Haß, Spott und Hämischkeit; eine Intrige, in der eine Pompadour, eine Dubarry hätte ihre Rolle spielen können, aber nicht eine Prinzessin, und zwar eine große Prinzessin aus dem Hause Habsburg-Lothringen voll Güte und Takt. Immer hat mich Dein rascher Erfolg und alles, was Dich umschmeichelt, seit diesem Winter, in dem Du Dich in die Vergnügen und lächerlichen Moden und Aufmachungen geworfen hast, erzittern lassen. Diese Hetzjagd von Vergnügen zu Vergnügen ohne den König, obwohl Du weißt, daß es ihn nicht freut und daß er nur aus reiner Nachgiebigkeit Dich begleitet oder sie duldet, all das ließ mich in meinen früheren Briefen meine berechtigte Unruhe äußern. Ich sehe sie durch diesen Brief nur bestätigt. Was für eine Sprache! ›Le pauvre homme!‹ Wo ist der Respekt und die Dankbarkeit für all sein Entgegenkommen? Ich überlasse Dich darüber Deinem eigenen Nachdenken und sage nicht mehr, obwohl noch viel zu sagen wäre... Aber wenn ich weiterhin noch derartige Ungehörigkeiten bemerke, werde ich nicht schweigen können, weil ich Dich zu sehr liebe, und ich sehe solche leider noch mehr als jemals voraus, weil ich Dich so leichtfertig, so heftig und so ohne jede Überlegung weiß. Dein Glück kann nur zu rasch enden und Dich durch Dein eigenes Verschulden ins größte Unglück stürzen, und dies alles nur infolge jener furchtbaren Vergnügungssucht, die Dir keine ernste Beschäftigung gönnt. Was für Bücher liest Du denn? Und dann wagst Du Dich in alles einzumengen, in die wichtigsten Affären und in die Wahl der Minister?... Es scheint, daß der Abbé und Mercy Dir unangenehm geworden sind, weil sie nicht diese niedrigen Schmeichler nachahmen und weil sie Dich glücklich machen wollen und nicht bloß amüsieren und von Deiner Schwäche Nutzen ziehen. Eines Tages wirst Du das einsehen, aber zu spät. Ich hoffe, diesen Augenblick nicht erleben zu müssen, und bitte Gott, so rasch als möglich meine Tage zu beschließen, weil ich Dir nicht mehr nützlich sein kann, weil ich es nicht ertragen könnte, mein Kind zu verlieren und unglücklich zu sehen, das ich zärtlich bis zu meinem letzten Augenblick lieben werde.«

Übertreibt sie nicht, malt sie nicht zu früh den Teufel an die Wand wegen dieses einen, doch nur übermütig gemeinten Spaßwortes »pauvre homme?« Aber Maria Theresia geht es in diesem Falle nicht um das zufällige Wort, sondern um ein Symptom. Diese Äußerung hellt ihr blitzartig auf, wie wenig Respekt Ludwig XVI. in der eigenen Ehe genießt und wie wenig im ganzen Hofkreise. Ihre Seele wird unruhig. Wenn in einem Staate Mißachtung des Monarchen bereits die festesten Tragbalken, die eigene Familie, unterhöhlt, wie sollen dann die andern Stützen und Pfeiler im Sturme aufrecht bleiben? Wie soll eine bedrohte Monarchie bestehen ohne Monarchen, ein Thron unter bloßen Statisten, die den Königsgedanken weder im Blute noch im Hirn noch im Herzen fühlen? Ein Schwächling und eine Mondäne, zu zaghaft denken der eine, zu unbedacht die andere, wie sollen diese Leichtfertigen ihre Dynastie behaupten gegen eine drohend gesammelte Zeit? Sie ist in Wahrheit gar nicht zornig gegen ihre Tochter, die alte Kaiserin, sie ist nur besorgt um sie.

Und wirklich, wie auch diesen beiden zürnen, wie sie verurteilen? Selbst dem Konvent, ihrem Ankläger, ist es bitter schwer geworden, diesen »armen Mann« als Tyrannen und Bösewicht anzusprechen; im tiefsten Grunde war kein Gran Bösartigkeit in diesen beiden und, wie meist in mittleren Naturen, keine Härte, keine Grausamkeit, nicht einmal Ehrsucht oder grobe Eitelkeit. Jedoch, leider, auch ihre Vorzüge kommen über bürgerlichen Mittelwuchs nicht hinaus: honette Gutmütigkeit, lockere Nachsicht, temperiertes Wohlwollen. In eine Zeit geraten, so mittelmäßig wie sie selber, hätten sie in Ehren gestanden und leidlich gute Figur gemacht. Aber einer dramatisch gesteigerten Epoche durch innere Mitverwandlung eine gleiche Erhobenheit des Herzens entgegenzuhalten, haben weder Marie Antoinette noch Ludwig gewußt; sie verstanden noch eher, anständig zu sterben, als stark und heroisch zu leben. Jeden erreicht immer nur das Schicksal, dessen er nicht Herr zu werden versteht – in allem Unterliegen ist ein Sinn und eine Schuld. Im Falle Marie Antoinettes und Ludwigs XVI. hat Goethe sie richterlich weise gemessen:

Warum denn wie mit einem Besen
Wird so ein König hinausgekehrt?
Wären's Könige gewesen,
Sie ständen alle noch unversehrt.

Königin des Rokoko

Im Augenblick, da Marie Antoinette, die Tochter seiner alten Gegnerin Maria Theresia, den französischen Thron besteigt, wird Friedrich der Große, der Erbfeind Österreichs, unruhig. Brief auf Brief sendet er an den preußischen Gesandten, er möge sorgfältig ihren politischen Plänen nachspüren. In der Tat, die Gefahr ist für ihn groß. Marie Antoinette brauchte nur zu wollen, sich ein ganz klein wenig zu bemühen, und alle Fäden der französischen Diplomatie liefen einzig durch ihre Hand, Europa wäre von drei Frauen beherrscht, von Maria Theresia, Marie Antoinette und Katharina von Rußland. Aber zum Glück für Preußen, zum Verhängnis für sich selbst, fühlt sich Marie Antoinette nicht im mindesten von der großartigen, der welthistorischen Aufgabe angezogen, sie denkt nicht daran, die Zeit zu verstehen, sondern einzig, sich die Zeit zu vertreiben, lässig greift sie nach der Krone wie nach einem Spielzeug. Statt die ihr zugefallene Macht zu nutzen, will sie sie bloß genießen.

Dies war der verhängnisvolle Fehler Marie Antoinettes von allem Anbeginn: sie wollte als Frau siegen statt als Königin, ihre kleinen weiblichen Triumphe zählten ihr mehr als die großen und weithin reichenden der Weltgeschichte, und weil ihr verspieltes Herz der königlichen

Idee keinen seelischen Inhalt zu geben wußte, sondern nur eine vollendete Form, schrumpfte ihr unter den Händen eine große Aufgabe in ein vergängliches Spiel, ein hohes Amt in eine schauspielerische Rolle, Königin sein heißt für Marie Antoinette fünfzehn leichtsinnige Jahre lang ausschließlich: als die eleganteste, die koketteste, die bestangezogene, verwöhnteste und vor allem die vergnügteste Frau eines Hofes bewundert zu werden, der arbiter elegantiarum, die tonangebende Mondäne jener vornehm überzüchteten Gesellschaftswelt zu sein, die sich selbst für die Welt hält. Zwanzig Jahre spielt sie auf ihrer Privatbühne von Versailles, die wie ein japanischer Blumensteig über einen Abgrund gebaut ist, selbstverliebt die Primadonnenrolle der vollkommenen Rokokokönigin mit Stil und Anmut.

Aber wie arm bleibt das Repertoire dieser Gesellschaftskomödie: ein paar kleine flüchtige Koketterien, ein paar dünne Intrigen, sehr wenig Geist und sehr viel Tanz. Bei diesen Spielen und Spielereien hat sie keinen rechten Partner als König zur Seite, keinen wahrhaften Helden als Gegenspieler und eine immer gleiche, gelangweilt snobistische Zauberschaft, indes außerhalb der vergoldeten Gittertore ein Millionenvolk auf seine Herrscherin harrt. Aber die Verblendete läßt nicht von der Rolle, sie wird nicht müde, immer mit neuen Nichtigkeiten ihr törichtes Herz zu betören; selbst als von Paris her schon der Donner über die Gärten von Versailles drohend heranrollt, läßt sie nicht ab. Erst da sie die Revolution gewaltsam von dieser winzigen Rokokobühne auf die große und tragische der Weltgeschichte reißt, erkennt sie den ungeheueren Irrtum, daß sie zwanzig Jahre eine zu geringe Rolle gewählt, die der Soubrette, die der Salondame, indes das Schicksal ihr Kraft und Seelenstärke für eine heldische verliehen hatte. Spät erkennt sie diesen Irrtum und doch nicht zu spät. Denn gerade in dem Augenblick, da sie die Rolle der Königin nicht mehr zu leben und nur noch zu sterben hat, im tragischen Nachspiel der Schäferkomödie, erreicht sie wirkliches Maß. Erst als das Spiel Ernst wird und man ihr die Krone nimmt, wird Marie Antoinette wirklich vom Herzen her Königin.

Diese Gedanken- oder vielmehr Gedankenlosigkeitsschuld Marie Antoinettes, daß sie fast zwanzig Jahre lang das Wesenhafte dem Nichtigen aufopfert, die Pflicht dem Genuß, das Schwere dem Leichten, Frankreich dem kleinen Versailles, die wirkliche Welt ihrer Spielwelt – diese historische Schuld ist beinahe unfaßbar. Um sie in ihrer Sinnlosigkeit sinnlich zu begreifen, nimmt man am besten zur Probe eine Karte Frankreichs zur Hand und zeichnet sich dort den winzigen Lebensraum nach, innerhalb dessen Marie Antoinette die zwanzig Jahre ihrer Regierung verbrachte. Das Ergebnis ist verblüffend. Denn dieser Kreis ist so klein, daß er auf einer mittleren Karte fast zum Pünktchen wird. Versailles, Trianon, Marly, Fontainebleau, Saint-Cloud, Rambouillet, in sechs Schlössern innerhalb eines lächerlichen Raumes weniger Wegstunden rollt der goldene Kreisel ihrer betriebsamen Langeweile unablässig hin und her. Nicht ein einziges Mal hat, räumlich so wenig wie geistig, Marie Antoinette das Bedürfnis empfunden, dieses Pentagramm zu überschreiten, in dem sie der dümmste aller Teufel, der Vergnügungsteufel, eingeschlossen hielt. Nicht ein einziges Mal in fast einem Fünftel eines Jahrhunderts hat die Herrscherin Frankreichs dem Wunsch Folge geleistet, ihr eigenes Reich kennenzulernen, die Provinzen, deren Königin sie ist, zu sehen, das Meer, das die Küsten umspült, die Berge, Festungen, Städte und Kathedralen, das breite und vielfältige Land. Nicht ein einziges Mal stiehlt sie ihrem Müßiggang eine Stunde Zeit, einen ihrer Untertanen zu besuchen oder auch nur an sie zu denken, nicht ein einziges

Mal betritt sie ein bürgerliches Haus: all diese wahrhafte Welt außerhalb ihres Adelskreises war faktisch für sie nicht vorhanden. Daß sich rund um das Opernhaus von Paris eine riesige Stadt dehnt, dicht gefüllt mit Armut und Unmut, daß hinter den Teichen von Trianon mit den chinesischen Enten und wohlgefütterten Schwänen und Pfauen, hinter dem sauber und schmuck von Hofarchitekten entworfenen Paradedorf, dem Hameau, die wirklichen Bauernhäuser verfallen und die Scheunen leer stehen, daß hinter den vergoldeten Gittern ihrer Parks ein Millionenvolk arbeitet, hungert und hofft, hat Marie Antoinette nie gewußt. Vielleicht konnte dem Rokoko nur jenes Nichtwissen und Nichtwissenwollen um alle Tragik und Trübe der Welt jene bezaubernde Grazie, jene leichte, sorglose Anmut geben; nur wer den Ernst der Welt nicht kennt, kann ja so selig spielen. Aber eine Königin, die ihr Volk vergißt, wagt hohes Spiel. Eine Frage hätte Marie Antoinette die Welt aufgetan, aber sie wollte nicht fragen. Ein Blick in die Zeit, und sie hätte begriffen, aber sie wollte nicht begreifen. Sie wollte in ihrem Abseits heiter, jung und unbehelligt bleiben. Von einem Irrlicht geführt, geht sie unablässig im Kreise und versäumt mit ihren Hofmarionetten und inmitten einer künstlichen Kultur die entscheidenden und nicht wieder einzuholenden Jahre ihres Lebens.

Das ist ihre Schuld, ihre unleugbare: mit einem Leichtsinn ohnegleichen hingetreten zu sein vor die gewaltigste Aufgabe der Geschichte, mit einem weichen Herzen in die härteste Auseinandersetzung des Jahrhunderts. Eine unleugbare Schuld und doch eine läßliche, weil begreiflich durch ein Maß der Versuchung, der auch ein stärkerer Charakter kaum hätte widerstehen können. Aus der Kinderstube ins Ehebett geholt, aus den Hinterzimmern eines Palastes über Nacht zur höchsten Macht gleichsam noch träumend gerufen, noch nicht fertig, noch nicht geistig erweckt, fühlt sich diese arglose, nicht sonderlich starke, nicht sonderlich wache Seele plötzlich sonnenhaft umkreist von einem Planetentanz der Bewunderung; und wie schurkisch gut ist dies Geschlecht des Dixhuitième geübt, eine junge Frau zu verführen! Wie durchtrieben geschult in der Giftmischerei feiner Schmeicheleien, wie erfinderisch in der Fertigkeit, mit Nichtigkeit zu entzükken, wie meisterlich in der hohen Schule der Galanterie und der phäakischen Kunst, das Leben leichtzunehmen! Erfahren und übererfahren in allen Verlockungen und Schwächungen der Seele, ziehen die Höflinge dieses unerfahrene, dieses auf sich selbst noch neugierige Mädchenherz gleich von Anfang an in ihren zauberischen Kreis. Seit dem ersten Tage ihres Königinnentums schwebt Marie Antoinette in einer Weihrauchwolke maßloser Vergötterung. Was sie sagt, gilt als klug, was sie tut, als Gesetz, was sie wünscht, wird erfüllt. Sie hat eine Laune, und morgen schon ist sie Mode. Sie macht eine Torheit, und ein ganzer Hof ahmt sie begeistert nach. Ihre Nähe ist Sonne für diese eitle, ehrgeizige Schar, ihr Blick ist ein Geschenk, ihr Lächeln Beglückung, ihr Kommen ein Fest; wenn sie Empfang hält, machen alle Damen, die ältesten wie die jüngsten, die vornehmsten wie die eben zum Hofe zugelassenen, die krampfhaftesten, die heitersten, die lächerlichsten, die läppischsten Anstrengungen, um Gottes willen nur für eine Sekunde ihre Aufmerksamkeit auf sich zu lenken, eine Artigkeit zu erhaschen, ein Wort, und wenn nicht dies, so doch wenigstens bemerkt und nicht übersehen zu werden. Auf den Straßen wiederum jubelt ihr das Volk, zu Scharen gereiht, gläubig entgegen, im Theater erhebt sich vom ersten Platz bis zum letzten die versammelte Zuhörerschaft, und wenn sie an den Spiegeln vorbeischreitet, sieht sie darin, herrlich gekleidet und vom eigenen Triumph beschwingt, eine junge, hübsche Frau, sorglos und glücklich, so schön wie die schönsten am Hofe und somit auch – sie verwechselt ja diesen Hof mit der Welt – die schönste auf Erden. Wie mit einem kindischen Herzen, wie mit einer mittleren Kraft sich wehren gegen einen so betäubenden Rauschtrunk des Glücks, der aus allen scharfen und süßen Essenzen des Gefühls gemischt ist, aus dem Aufblick der Männer, dem bewundernden Neid der Frauen, der Hingabe des Volkes, aus dem eigenen Stolz? Wie nicht leichtsinnig werden, da alles so leicht ist? Da das Geld herschwebt auf immer neuen papiernen Zetteln und ein Wort, das eine Wort »payez«, flüchtig auf ein Blatt geschrieben, Dukaten tausendweise herrollt und kostbare Steine, Gärten und Schlösser hervorzaubert? Da die linde Luft des Glücks so süß und locker alle Nerven entspannt? Wie nicht sorglos und leichtherzig werden, wenn sich solche Schwingen vom Himmel her an die jungen, leuchtenden Schultern heften? Wie nicht den Boden verlieren unter den Füßen, wenn eine solche Verführung entführt?

Diese Leichtfertigkeit der Lebensauffassung, von dem Aspekt der Geschichte aus gesehen zweifellos ihre Schuld, war zugleich Schuld ihrer ganzen Generation: gerade durch ihr völliges Eingehen auf den Geist ihrer Zeit ist Marie Antoinette die typische Vertreterin des Dixhuitième geworden. Das Rokoko, diese überzüchtete und zarteste Blüte uralter Kultur, das Jahrhundert der feinen und müßigen Hände, des verspielten und verzärtelten Geistes, wollte, ehe es unterging, sich darstellen in einer Gestalt. Kein König, kein Mann hätte nun dies Jahrhundert der Dame im Bilderbuch der Geschichte repräsentieren können – nur in der Figur einer Frau, einer Königin, konnte es sich sinnlich abbilden, und diese Königin des Rokoko ist Marie Antoinette vorbildlich gewesen. Von den Sorglosen die sorgloseste, von den Verschwendern die verschwenderischste, unter den galanten und koketten

Frauen die zierlich galanteste, die bewußt koketteste, hat sie die Sitten und die künstlerische Lebensform des Dix-huitième in ihrer eigenen Person geradezu dokumentarisch deutlich und unvergeßlich zum Ausdruck gebracht. »Es ist unmöglich«, sagte Madame de Staël von ihr, »mehr Grazie und Güte in die Höflichkeit zu legen. Sie besitzt eine gewisse Art der Umgänglichkeit, die ihr nie erlaubt zu vergessen, daß sie Königin ist, und immer so tut, als ob sie es vergäße.« Marie Antoinette spielte mit ihrem Leben wie auf einem sehr zarten und zerbrechlichen Instrument. Statt menschlich groß für alle Zeiten wurde sie so charakteristisch für ihre Zeit; und während sie ihre innere Kraft sinnlos versäumt, hat sie doch einen Sinn erfüllt: in ihr vollendet sich das Dix-huitième, mit ihr geht es zu Ende.

Was ist die erste Sorge einer Rokokokönigin, wenn sie morgens in ihrem Schloß von Versailles erwacht? Die Berichte aus der Stadt, aus dem Staat? Die Briefe der Gesandten, ob die Armeen gesiegt haben, ob man den Krieg an England erklärt? Keineswegs. Marie Antoinette ist wie gewöhnlich erst um vier oder um fünf Uhr morgens heimgekehrt – sie hat nur wenige Stunden geschlafen, ihre Unruhe braucht nicht viel Ruhe; mit wichtiger Zeremonie beginnt jetzt der Tag. Die Oberzofe, der die Garderobe untersteht, tritt mit einigen Hemden, Taschentüchern und Handtüchern zur Morgentoilette ein, ihr zur Seite die erste Kammerfrau. Diese verbeugt sich und reicht einen Folianten zur Ansicht, in dem mit Stecknadeln kleine Stoffmuster aller in der Garderobe vorhandenen Toiletten eingeheftet sind. Marie Antoinette hat sich zu entscheiden, welche Roben sie heute anzuziehen wünscht: welche schwierige, verantwortungsreiche Wahl, denn für jede Saison sind zwölf neue Staatskleider, zwölf Phantasiekleider, zwölf Zeremonienkleider vorgeschrieben, die hundert anderen gar nicht zu zählen, die alljährlich neu angeschafft werden (man erdenke die Schmach, eine Königin der Mode würde etwa dieselben Roben mehrmals tragen!). Dazu die Morgenröcke, die Leibchen, die Spitzentücher und Fichus, die Hauben, Mäntel, Gürtel, Handschuhe, Strümpfe und Unterkleider aus dem unsichtbaren Arsenal, das ein Heer von Schneiderinnen und Garderobenfrauen beschäftigt. Die Wahl dauert gewöhnlich lange: schließlich werden mit Stecknadeln die Proben der Toiletten bezeichnet, welche Marie Antoinette für heute wünscht, das Staatskleid für den Empfang, das Deshabillé für den Nachmittag, das große Kleid für den Abend. Die erste Sorge ist erledigt, und das Buch mit den Stoffproben wird hinaus-, die gewählten Roben werden im Original hereingebracht.

Kein Wunder, daß bei solcher Wichtigkeit der Toilette die oberste Modistin, die göttliche Mademoiselle Bertin, mehr Macht über Marie Antoinette bekommt als alle Staatsminister, diese doch dutzendweise ersetzbar, jene einzig und unvergleichlich. Von Herkunft zwar nur eine gewöhnliche Putzmacherin aus der untersten Volksklasse, derb, selbstbewußt, ellbogenkräftig und eher ordinär als von feinen Manieren, hält diese Meisterin der haute couture die Königin vollkommen in ihrem Bann. Um ihretwillen wird achtzehn Jahre vor der eigentlichen Revolution eine Palastrevolution in Versailles angezettelt: Mademoiselle Bertin sprengt die Vorschrift der Etikette, die einer Bürgerlichen den Eintritt in die petits cabinets der Königin versagt; diese Künstlerin in ihrem Fach erreicht, was Voltaire und allen Dichtern und Malern der Zeit nie gelang: von der Königin allein empfangen zu werden. Wenn sie zweimal in der Woche mit ihren neuen Dessins erscheint, verläßt Marie Antoinette ihre adeligen Hofdamen und begibt sich zu geheimer Beratung mit der verehrten Künstlerin in verschlossene Privatgemächer, um mit ihr eine neue, noch närrischere Mode als die gestrige loszulassen. Selbstverständlich münzt die geschäftstüchtige Modistin einen solchen Triumph weidlich für ihre Kasse aus. Nachdem sie Marie Antoinette selbst zu dem kostspieligsten Aufwand verleitet, brandschatzt sie den ganzen Hof und Adel: mit Riesenlettern läßt sie über ihrem Geschäft in der Rue Saint-Honoré ihren Titel als Hoflieferantin der Königin anbringen und erklärt hochfahrend nachlässig ihren Kunden, die sie warten läßt: »Ich habe eben mit Ihrer Majestät zusammengearbeitet.« Bald steht ihr ein ganzes Regiment von Schneiderinnen und Stickerinnen zu Diensten, denn je eleganter sich die Königin trägt, um so ungestümer bemühen sich die anderen Damen, nicht zurückzustehen. Manche bestechen mit schweren Goldstücken die ungetreue Zauberin, ihnen ein Modell zu schneidern, das die Königin selbst noch nicht getragen hat: wie eine Krankheit greift der Toilettenluxus um sich. Die Unruhen im Lande, die Auseinandersetzungen mit dem Parlament, der Krieg mit England erregen bei weitem nicht so sehr diese eitle Hofgesellschaft wie das neue Flohbraun, das Mademoiselle Bertin in Mode bringt, oder eine besonders kühn geschweifte Turnüre des Reifrockes oder eine in Lyon zum erstenmal erzeugte Seidennuance. Jede Dame, die auf sich hält, fühlt sich verpflichtet, den Affentanz der Übertreibungen Schritt für Schritt mitzumachen, und seufzend klagt ein Gatte: »Niemals haben die Frauen in Frankreich so viel Geld ausgegeben, um sich lächerlich zu machen.«

Aber in dieser Sphäre die Königin zu sein, empfindet Marie Antoinette als ihre ureigene Pflicht. Nach einem Vierteljahr Regierung ist die kleine Prinzessin schon zur Modepuppe der eleganten Welt aufgestiegen, zum Modell aller Kostüme und Frisuren; durch alle Salons, durch alle Höfe rauscht ihr Triumph. Freilich auch bis nach Wien, und von dort kommt unfrohes Echo. Maria Theresia, die für ihr Kind würdigere Aufgaben wollte, schickt dem Botschafter ärgerlich ein Bild zurück, das ihr die Tochter modisch aufgeputzt und in übertriebenem Prunke zeigt, es sei das Bild einer Schauspielerin und nicht einer Königin von Frankreich. Ärgerlich mahnt sie die Tochter, freilich immer vergeblich: »Du weißt, daß ich stets der Meinung war, man müsse die Moden maßvoll befolgen, aber sie niemals übertreiben. Eine junge hübsche Frau, eine Königin voll Anmut hat allen diesen Unsinn nicht nötig, im Gegenteil, Einfachheit der Kleidung steht ihr besser an und ist dem Rang einer Königin würdiger. Da sie den Ton angibt, wird sich die ganze Welt bemühen, ihr selbst auf ihren kleinen Fehltritten zu folgen. Aber ich, die ich meine kleine Königin liebe und sie Schritt für Schritt beobachte, darf nicht zögern, sie auf diese kleine Leichtfertigkeit aufmerksam zu machen.«

Zweite Sorge jedes Morgens: die Frisur. Glücklicherweise ist auch hier ein hoher Künstler zur Stelle, Herr Léonhard, der unerschöpfliche und unübertreffliche Figaro des Rokoko. Als großer Herr fährt er sechsspännig jeden Morgen von Paris nach Versailles, um mit Kamm, Haarwässern und Salben seine edle und täglich neue Kunst an der Königin zu erproben. Wie Mansart, der große Architekt, auf die Häuser die nach ihm benannten kunstvollen Dächer, so baut Herr Léonhard über der Stirn jeder Frau von Rang, die auf sich hält, ganze Türme von Haaren auf und modelliert das hochgesträubte Gebilde zu symbolischen Ornamenten. Mit riesigen Haarnadeln und kräftiger Verschwendung von starrer Pomade werden zunächst die Haare von der Wurzel her über der Stirn kerzengerade aufgebäumt, etwa doppelt so hoch wie eine preußische Grenadiermütze, dann erst im luftigen Raum, einen halben Meter über der Augenhöhe, beginnt das eigentliche plastische Reich des Künstlers. Nicht nur ganze Landschaften und Panoramen mit Früchten, Gärten, Häusern und Schiffen, mit bewegtem Meer, eine farbige Allerweltsschau wird auf diesen »Poufs« oder »Quäsacos« (so heißen sie nach einem Pamphlet von Beaumarchais) mit dem Kamm modelliert, sondern um die Mode recht abwechslungsreich zu machen, bilden diese Plastiken jederzeit das Geschehnis des Tages symbolisch nach. Alles, was diese Kolibrigehirne beschäftigt, was diese meist hohlen Frauenköpfe füllt, muß auf dem Kopfe affichiert werden. Erregt die Oper Glucks Aufsehen, sofort erfindet Léonhard eine Coiffure à la Iphigénie mit schwarzen Trauerbändern und dem Halbmond der Diana. Wird der König gegen die Pocken geimpft, prompt erscheint dieses aufregende Tagesereignis als »Poufs de l'inoculation«. Kommt der amerikanische Aufstand in die Mode, gleich wird die Freiheitscoiffure die Siegerin des Tages, aber noch niederträchtiger und dümmer: als die Bäckerläden von Paris während der Hungersnot geplündert werden, weiß diese frivole Hofgesellschaft nichts Wichtigeres, als das Ereignis in den »Bonnets de la révolte« zur Schau zu tragen. Diese Kunstbauten über leeren Köpfen übersteigern sich immer toller. Allmählich werden die Haartürme, dank massigerer Unterlagen und künstlicher Strähnen, so hoch, daß die Damen damit nicht mehr in ihren Karossen sitzen können, sondern mit aufgehobenen Röcken knien müssen, sonst würde das kostbare Haargebäude an die Wagendecke stoßen; die Türrahmen im Schloß werden höher geschnitten, damit die Damen in großer Toilette sich nicht immer beim Durchschreiten zu bücken brauchen, die Decken in den Theaterlogen werden aufgewölbt. Welch besonderen Peinlichkeiten diese überirdischen Schöpfe gar den Liebhabern dieser Damen bereiten, darüber findet man mancherlei Ergötzliches in den zeitgenössischen Satiren. Aber wenn es einer Mode gilt, sind Frauen bekanntlich zu jedem Opfer bereit, und die Königin ihrerseits bildet sich offenbar ein, nicht wirklich die Königin zu sein, wenn sie nicht alle diese Tollheiten anführte oder überböte.

Und wieder grollt das Echo aus Wien: »Ich kann nicht umhin, einen Punkt zu berühren, den ich in den Zeitungen so oft wiederholt finde, nämlich Deine Frisuren! Man sagt, daß sie von der Wurzel des Haares sechsunddreißig Zoll hoch sind und darüber noch Federn und Bänder haben.« Ausflüchtend antwortet die Tochter der chère Maman, hier in Versailles seien die Augen schon so sehr daran gewöhnt, daß die ganze Welt – mit Welt meint Marie Antoinette immer nur die hundert Edeldamen des Hofes – nichts Auffälliges daran fände. Und Meister Léonhard baut munter weiter und weiter, bis es dem allmächtigen Herrn beliebt, der Mode Einhalt zu gebieten, und im nächsten Jahr werden die Türme abgetragen, freilich nur, um einer noch kostspieligeren Mode, jener der Straußenfedern, Platz zu machen.

Dritte Sorge: kann man immer andersartig angezogen sein, ohne den entsprechenden Schmuck? Nein, eine Königin braucht größere Diamanten, dickere Perlen als alle anderen. Sie braucht mehr Ringe und Reifen und Armbänder und Diademe und Haarketten und Edelsteine, mehr Schuhspangen oder Diamanteinfassungen für die von Fragonard gemalten Fächer als die Frauen der jüngeren Brüder des Königs, als alle anderen Damen des Hofes. Zwar hat sie schon von Wien reichlich Diamanten mitbekommen und von Ludwig XV. zur Hochzeit eine ganze Kassette mit Familienschmuck. Aber wozu wäre man Königin, wenn nicht, um immer neue, schönere und kostbarere Steine zu kaufen? Marie Antoinette, jeder weiß dies in Versailles – und es wird sich bald zeigen, daß es nicht guttut, wenn jeder davon redet und raunt –, ist vernarrt in Schmuck. Nie kann sie widerstehen, wenn diese geschickten und geschmeidigen Juweliere, diese aus Deutschland zugewanderten Juden, Böhmer und Bassenge, ihr auf samtenen Platten ihre neuesten Kunstwerke zeigen, zauberhafte Ohr- und Fingerringe und Schließen. Außerdem machen diese braven Männer ihr den Kauf niemals schwer. Sie wissen eine Königin von Frankreich zu ehren, indem sie ihr zwar doppelte Preise anrechnen, aber Kredit gewähren und ihr allenfalls die alten Diamanten zur Hälfte des Wertes in Abzug bringen; ohne das Herabwürdigende solcher Wuchergeschäfte zu bemerken, macht Marie Antoinette nach allen Seiten hin Schulden – im Notfall, sie weiß es, springt der sparsame Gatte ein.

Jetzt aber kommt schon härter die Mahnung aus Wien: »Alle Nachrichten aus Paris stimmen darin überein, daß Du abermals Dir Braceletts für zweihundertfünfzigtausend Livres gekauft und damit Deine Einkünfte in Unordnung und Dich in Schulden gebracht hast und daß Du sogar, um dem zu steuern, um einen geringen Preis Deine Diamanten verkaufst... Solche Mitteilungen zerreißen mein Herz, insbesondere wenn ich an die Zukunft denke. Wann wirst Du Du selbst werden?« ruft ihr die Mutter verzweifelt zu. »Eine Herrscherin erniedrigt sich, wenn sie sich so herausputzt, und sie erniedrigt sich noch mehr, wenn sie gerade in einer solchen Zeit es bis zu solchen Ausgaben treibt. Ich kenne nur zu sehr diesen Geist der Verschwendung und kann nicht darüber schweigen, weil ich Dich um Deinetwillen liebe und nicht um Dir zu schmeicheln. Gib acht, nicht durch solche Frivolitäten das Ansehn zu verlieren, das Du im Anfang der Regierung gewonnen hast. Man weiß allgemein, daß der König sehr bescheiden ist, so fiele alle Schuld einzig auf Dich. Eine solche Veränderung, einen solchen Umsturz wünsche ich nicht zu erleben.«

Diamanten kosten Geld, Toiletten kosten Geld, und

obwohl gleich nach dem Regierungsantritt der gutmütige Gatte seiner Frau die Apanage verdoppelt hat, diese reich gefüllte Schatulle muß doch irgendein Loch haben, denn immer herrscht dort erschreckende Ebbe.

Wie also Geld beschaffen? Für die Leichtsinnigen hat glücklicherweise der Teufel ein Paradies erfunden: das Spiel. Vor Marie Antoinette galt das Spiel am Königshofe noch als unschuldige Abendunterhaltung, etwa wie Billard oder Tanz: man spielte das ungefährliche Lansquenet mit kleinen Einsätzen. Marie Antoinette entdeckt sich und den anderen das berüchtigte Pharao, das wir von Casanova als das erlesene Jagdfeld aller Gauner und Schwindler kennen. Daß ein ausdrücklich erneuter Befehl des Königs jedes Hasard unter Strafe gesetzt hat, ist ihren Kumpanen gleichgültig: zu den Salons der Königin hat die Polizei keinen Zutritt. Und daß er selbst diese mit Gold beschwerten Spieltische nicht dulden will, kümmert diese frivole Bande keinen Pfifferling: man spielt eben hinter seinem Rücken weiter, und die Türsteher haben Auftrag, falls der König kommt, sofort Alarm zu geben. Dann verschwinden wie weggezaubert die Karten unter dem Tisch, es wird nur noch geplaudert, alles lacht über den braven Biedermann, und die Partie geht weiter. Zur Belebung des Geschäfts und zur Steigerung des Umsatzes gewährt die Königin jedem Beliebigen, der Geld in die Bude bringt, Zutritt zu ihrem grünen Tisch; Schlepper und Schieber drängen sich heran, es dauert nicht lange, und man spricht in der Stadt die Schande herum, daß in der Gesellschaft der Königin falschgespielt werde. Nur eine weiß nichts davon, weil sie, in ihrem Vergnügen verblendet, nichts wissen will: Marie Antoinette. Wo sie einmal in Schwung und Feuer ist, kann niemand sie halten, sie spielt Tag für Tag bis drei, vier, bis fünf Uhr morgens, einmal sogar zum Skandal des Hofs die ganze Nacht vor Allerheiligen durch.

Und wieder das Echo aus Wien: »Das Spiel ist zweifellos eine der allergefährlichsten Vergnügungen, denn es zieht schlechte Gesellschaft und üble Rede heran ... Es fesselt zu sehr durch die Leidenschaft, zu gewinnen, und wenn man richtig rechnet, ist man dabei doch der Genarrte, denn auf die Dauer kann man, wenn man anständig spielt, nicht gewinnen. So bitte ich Dich, meine geliebte Tochter: keine Nachgiebigkeit, man muß sich mit einem Ruck von einer solchen Leidenschaft losreißen.«

Aber Kleider, Putz und Spiel, das beschäftigt nur den halben Tag, die halbe Nacht. Eine andere Sorge macht mit dem Uhrzeiger den doppelten Stundenkreis: wie amüsiert man sich? Man reitet aus, man jagt, uraltes, fürstliches Vergnügen: allerdings begleitet man dabei, er ist ja so sterbenslangweilig, selten den eigenen Gatten, sondern wählt lieber den munteren Schwager d'Artois und andere Kavaliere. Manchmal reitet man auch zum Spaß auf Eseln, das ist zwar nicht so vornehm, aber man kann, wenn ein solcher grauer Bursche bockt, auf die bezauberndste Weise herunterfallen und dem Hof die Spitzendessous und wohlgeformten Beine einer Königin zeigen. Im Winter fährt man, warm eingepackt, im Schlitten spazieren, im Sommer belustigt man sich abends an Feuerwerken und ländlichen Bällen, an kleinen Nachtkonzerten im Park. Ein paar Schritte von der Terrasse hinab, und man ist mit seiner auserlesenen Gesellschaft ganz vom Dunkel geschützt und kann dort munter plaudern und spaßen – in allen Ehren natürlich, aber doch spielen mit der Gefahr wie mit allen anderen Dingen des Lebens. Daß dann irgendein boshafter Höfling eine Broschüre in Versen schreibt über die nächtlichen Abenteuer einer Königin, »Le lever de l'aurore«: was hat das weiter auf sich? – der König, der nachsichtige Gatte, gerät durch derlei Nadelstiche nicht in Harnisch, und man hat sich gut unterhalten. Nur nicht allein sein, nur keinen Abend zu Hause, mit einem Buch, mit dem eigenen Mann, nur immer munteres Treiben und Getriebensein. Wo eine neue Mode in Schwung kommt, ist Marie Antoinette die erste, ihr zu huldigen; kaum bringt der Graf von Artois – seine einzige Leistung für Frankreich – die Pferderennen von England herüber, schon sieht man die Königin auf der Tribüne, von Dutzenden junger anglomaner Gecken umringt, wettend, spielend und von dieser neuartigen Nervenanspannung leidenschaftlich erregt. Gewöhnlich hält allerdings dieses Strohfeuer ihrer Begeisterungen nicht lange an, meist langweilt sie schon morgen, was sie gestern noch entzückte; nur steter Wechsel im Vergnügen kann ihre nervöse Unrast, die, es ist kein Zweifel, durch jenes Geheimnis des Alkovens begründet ist, überspielen. Die liebsten unter hundert wechselnden Unterhaltungen, die einzigen, in die sie dauernd vernarrt bleibt, sind allerdings auch die für ihren Ruf gefährlichsten: die Maskenredouten. Sie werden Marie Antoinettes dauernde Leidenschaft, denn da kann sie doppelt genießen, die Lust, Königin zu sein, und die zweite, dank der dunklen Samtmaske nicht mehr als Königin erkennbar, sich bis an den Rand zärtlicher Abenteuer zu wagen, nicht also nur wie am Spieltisch bloß Geld einzusetzen, sondern sich selber als Frau. Verkleidet als Artemis oder in kokettem Domino, kann man von der eiskalten Höhe der Etikette hinabsteigen in das fremde, warme Menschengewühl, den Atem der Zärtlichkeit, die Nähe der Verführung, das Schon-halb-Hinabgleiten in die Gefahr bis ins Mark schauernd spüren, man kann sich einen eleganten jungen, einen englischen Gentleman unter dem Schutz der Larve für eine halbe Stunde an den Arm nehmen oder dem bezaubernden schwedischen Kavalier, Hans Axel von Fersen, durch ein paar kühne Wörter zeigen, wie sehr er der Frau gefällt, die leider, ach leider, als Königin zur

Tugend gewaltsam gezwungen ist. Daß dann diese kleinen Späße, vom Gerede in Versailles sofort grob erotisiert, sich in allen Salons herumsprechen, daß, als einmal ein Rad der Hofkarosse unterwegs bricht und Marie Antoinette für zwanzig Schritte einen Mietfiaker nimmt, um zum Opernhaus zu fahren, die Berichte in den geheimen Journalen diese Torheiten zu frivolen Abenteuern umlügen, das weiß Marie Antoinette nicht, oder sie will es nicht wissen. Vergebens mahnt die Mutter: »Wäre es noch in der Gesellschaft des Königs, so würde ich schweigen, aber immer ohne ihn und immer mit dem schlechtesten und jüngsten Volk von Paris, und dabei die bezaubernde Königin die Älteste unter der ganzen Bande. Die Zeitungen, die Blätter, die früher mir Wohltat bedeuteten, weil sie die Großmut und Herzensgüte meiner Tochter rühmten, sind mit einmal verwandelt. Man hört nichts als von Pferderennen, Hasardspielen und durchwachten Nächten, so daß ich sie gar nicht mehr sehen will; aber dennoch, ich kann nichts daran ändern, daß alle Welt, die meine Liebe und Zärtlichkeit zu meinen Kindern kennt, davon spricht und erzählt. Oft vermeide ich sogar in Gesellschaft zu gehen, damit ich nichts davon höre.«

Aber alle Vorstellungen haben keine Gewalt über die Unverständige, die schon so weit ist, nicht mehr zu verstehen, daß man sie nicht versteht. Warum nicht das Leben genießen, es hat doch keinen andern Sinn. Und mit erschütternder Offenheit antwortet sie auf die mütterlichen Mahnungen dem Botschafter Mercy: »Was will sie? Ich habe Angst, mich zu langweilen.«

»Ich habe Angst, mich zu langweilen«: mit diesem Wort hat Marie Antoinette das Stichwort der Zeit und ihrer ganzen Gesellschaft ausgesprochen. Das achtzehnte Jahrhundert ist an seinem Ende, es hat seinen Sinn erfüllt. Das Reich ist gegründet, Versailles ist erbaut, die Etikette vollendet, nun hat der Hof eigentlich nichts mehr zu tun; die Marschälle sind, da kein Krieg ist, bloße Haubenstükke in Uniformen geworden, die Bischöfe, da dieses Geschlecht nicht mehr an Gott glaubt, galante Herren in violetten Soutanen, die Königin, da sie keinen wahren König zur Seite und keinen Thronfolger zu erziehen hat, eine muntere Mondäne. Gelangweilt und verständnislos stehen sie alle vor der mächtig anströmenden Zeit; mit neugierigen Händen greifen sie manchmal hinein, sich ein paar glitzernde Steinchen zu holen; lachend wie die Kinder spielen sie, weil es ihnen so leicht um die Finger sprüht, mit dem ungeheuren Element. Aber keiner spürt das rasche und raschere Steigen der Flut; und als sie endlich der Gefahr gewahr werden, ist die Flucht schon vergebens, das Spiel bereits verloren, das Leben vertan.

Trianon

Mit ihrer leichten, tändelnden Hand faßt Marie Antoinette die Krone als ein unvermutetes Geschenk; noch ist sie zu jung, um zu wissen, daß das Leben nichts umsonst gibt und allem, was man vom Schicksal empfängt, geheim ein Preis eingezeichnet ist. Diesen Preis denkt Marie Antoinette nicht zu bezahlen. Sie nimmt nur die Rechte der königlichen Stellung und bleibt die Pflichten schuldig. Sie möchte zwei Dinge vereinigen, die menschlich nicht zu verbinden sind; sie möchte herrschen und dabei genießen. Sie möchte als Königin, daß alles ihren Wünschen dient, und selbst jeder Laune unbehelligt nachgeben; sie will die Machtfülle der Herrscherin und die Freiheit der Frau, doppelt also, zwiefach gesteigert ihr junges, stürmisches Leben genießen.

Aber in Versailles ist Freiheit nicht möglich. Zwischen

diesen erhellten Spiegelgalerien bleibt kein Schritt verborgen. Jede Bewegung wird reglementiert, jedes Wort von verräterischem Wind weitergetragen. Hier gibt es kein Alleinsein und kein Zuzweitsein, kein Ausruhen und kein Entspannen, der König ist Mittelpunkt einer riesigen Stundenuhr, die unerbittlich regelmäßig weiterschreitet, jeder einzelne Lebensakt von der Geburt bis zum Tod, vom Aufstehen bis zum Schlafengehen, die Liebesstunde selbst, verwandelt sich in einen Staatsakt. Der Herrscher, dem alles gehört, gehört hier allen und nicht sich selbst. Marie Antoinette aber haßt jede Kontrolle; so verlangt sie von ihrem immer willfährigen Gatten, kaum daß sie Königin wird, einen Schlupfwinkel, wo sie nicht Königin sein muß. Und Ludwig XVI., halb schwach, halb galant, schenkt ihr als Morgengabe das Sommerschlößchen Trianon, ein zweites winziges, aber ureigenes Reich zu dem mächtigen Reiche Frankreich.

An sich ist es kein großes Geschenk, das Marie Antoinette von ihrem Gatten mit Trianon empfängt, nur ein Spielzeug, das ihre Unbeschäftigtheit mehr als ein Jahrzehnt lang entzücken und festhalten soll. Von seinem Erbauer war dies kleine Schlößchen niemals als ständiger Aufenthaltsort für eine königliche Familie gedacht, sondern nur als maison de plaisir, als buen retiro, als Absteigequartier, und in diesem Sinne eines unbelauschten Liebesnestes hat es Ludwig XV. mit seiner Dubarry und anderen Gelegenheitsdamen reichlich benützt. Ein tüchtiger Mechaniker hatte für die galanten Soupers einen versenkbaren Tisch erfunden, so daß die angerichteten Gedecke höchst diskret aus den unterirdischen Küchenräumen in den Speisesaal emporstiegen und kein Diener die Tafelszenen belauschen konnte: für diese Steigerung der erotischen Behaglichkeit erhielt der treffliche Leporello eine besondere Belohnung von zwölftausend Livres zu den siebenhundertsechsunddreißigtausend, die das ganze Lusthaus die Staatskasse gekostet hatte. Noch schwül von zärtlichen Szenen, wird dies abseitige Schlößchen im Park von Versailles von Marie Antoinette übernommen. Nun hat sie ihr Spielzeug, und zwar eines der bezauberndsten, das französischer Geschmack je erfunden hat, zart in den Linien, vollendet in den Maßen, ein rechtes Schmuckkästchen für eine elegante und junge Königin. In einfacher, leicht antikisierender Architektur gebaut, weiß leuchtend im holden Grün der Gärten, völlig abseits und Versailles doch nah, ist dieses Palais einer Favoritin und nun einer Königin nicht größer als ein Einfamilienhaus von heute und kaum bequemer oder luxuriöser: sieben oder acht Räume im ganzen, ein Vorzimmer, ein Speisezimmer, ein kleiner, ein großer Salon, ein Schlafzimmer, ein Bad, eine Miniaturbibliothek (lucus a non lucendo, denn nach einhelligem Zeugnis hat Marie Antoinette in ihrem ganzen Leben nie ein Buch aufgeschlagen, außer ein paar flüchtig angeblätterten Romanen). Innerhalb dieses kleinen Schlößchens verändert die Königin in all den Jahren nicht viel an der Einrichtung, sie bringt mit sicherem Geschmack nichts Prunkvolles, nichts Pompöses, nichts Grob-Kostbares in diese ganz auf intime Wirkung gestellten Räume; im Gegenteil, sie stellt alles auf das Zarte, Helle und Zurückhaltende ein, auf jenen neuen Stil, den man ebenso zu Unrecht Louis Seize nennt wie Amerika nach Amerigo Vespucci. Nach ihr, nach dieser zarten, beweglichen, eleganten Frau, müßte er genannt werden, Stil Marie Antoinette, denn nichts an diesen fragil anmutenden Formen erinnert an den feisten massiven Mann, Ludwig XVI., und seinen groben Geschmack, sondern alles an die leichte, anmutige Frauengestalt, deren Bildnis noch heute diese Räume schmückt; einheitlich vom Bett bis zur Puderdose, vom Clavecin bis zum Elfenbeinfächer, von der Chaiselongue bis zur Miniatur, nur das erlesenste Material in den unauffälligsten Formen nutzend, scheinbar zerbrechlich und doch dauerhaft, antike Linien und französische Anmut vereinend, kündigt dieser uns heute noch verständliche Stil wie keiner vordem die sieghafte Herrschaft der Dame, der kultivierten, geschmackvollen Frau in Frankreich an und ersetzt das Dramatisch-Pompöse des Louis Quinze und Louis Quatorze durch Intimität und Musikalität. Der Salon, in dem man plaudert und sich locker-zärtlich unterhält, wird damit anstatt der hochmütig hallenden Repräsentationsräume Mittelpunkt des Hauses; geschnitzte und vergoldete Holzverkleidung ersetzt den schroffen Marmor, nachgiebig glitzernde Seide den drückenden Samt, den schweren Brokat. Die blassen und zärtlichen Farben, das matte Creme, das Pfirsichrosa, das Frühlingsblau treten ihre linde Herrschaft an: auf Frauen und Frühling ist diese Kunst gestellt, auf Fêtes galantes und sorgloses Sichzusammenfinden; nicht Großartigkeit ist hier herausfordernd angestrebt, nicht das theatralisch Imposante, sondern das Unaufdringliche und Gedämpfte, nicht die Macht der Königin soll hier betont, sondern die Anmut der jungen Frau von allen Gegenständen, die sie umgeben, zärtlich erwidert werden. Erst innerhalb dieses kostbaren und koketten Rahmens haben die zierlichen Statuetten Clodions, die Gemälde Watteaus und Paters, die silberne Musik Boccherinis und all die anderen erlesenen Schöpfungen des Dix-huitième ihr wahres und richtiges Maß; diese unvergleichliche Spielkunst seliger Sorglosigkeit knapp vor der großen Sorge wirkt nirgends so berechtigt und echt. Für immer bleibt Trianon das feinste, zarteste und doch unzerbrechliche Gefäß dieser hochgezüchteten Blüte: hier hat sich die Kultur des raffinierten Genießens vollkommen als Kunst gebildet in einem Haus, einer Gestalt. Und Zenit und Nadir des Rokoko, gleichzeitig Blüte- und Sterbestunde, sie liest man noch heute am besten von der kleinen Pendeluhr auf dem Marmorkamin in den Räumen Marie Antoinettes ab.

Eine Miniatur- und Spielwelt, dieses Trianon: es wirkt symbolisch, daß man von seinen Fenstern keinen Blick ins Lebendige hinein hat, nicht auf die Stadt, nicht nach Paris, nicht in das Land. In zehn Minuten sind seine wenigen Klafter durchschritten, und doch war dieser winzige Raum Marie Antoinette wichtiger und lebensbedeutsamer als ganz Frankreich mit seinen zwanzig Millionen Untertanen. Denn hier fühlte sie sich niemandem verpflichtet, nicht der Zeremonie, der Etikette und kaum der Sitte. Um deutlich kundzutun, daß auf diesen wenigen Schollen Erde nur sie und niemand anders gebiete, erläßt sie, sehr zum Ärger des Hofs, der das Salische Gesetz streng achtet, statt im Namen ihres Gatten in ihrem eigenen, »de par la reine«, alle Verordnungen; die Bedienten tragen nicht die königliche Livree Rot-Weiß-Blau, sondern die ihre, Rot-Silber. Sogar der eigene Gemahl erscheint hier nur als Gast – ein sehr taktvoller und bequemer übrigens, der nie ungeladen oder zu ungelegener Zeit erscheint, sondern streng das Hausrecht seiner Gattin achtet. Aber der einfache Mann kommt gern, weil es hier gemütlicher zugeht als im großen Schloß: »par ordre de la reine« ist hier jede Strenge und Gespreiztheit aufgehoben, man hält nicht hof, sondern sitzt ohne Hut mit lockern leichten Kleidern im Grünen, die Rangordnungen verschwinden im fröhlichen Beisammensein, alle Steifheit, manchmal allerdings auch die Würde. Hier fühlt sich die Königin wohl, und bald hat sie sich derart an diese aufgelockerte Lebensform gewöhnt, daß es ihr abends immer schwerfällt, nach Versailles zurückzukehren. Immer fremder wird ihr, nachdem sie diese ländliche Freiheit einmal ausgeprobt, der Hof, immer langweiliger werden die Repräsentationspflichten und wahrscheinlich auch die ehelichen, immer häufiger zieht sie sich tagsüber in ihren lustigen Taubenschlag zurück. Am liebsten bliebe sie ständig in ihrem Trianon. Und da Marie Antoinette immer das tut, was sie will, übersiedelt sie tatsächlich ganz in ihr Sommerpalais. Ein Schlafzimmer wird eingerichtet, allerdings eines mit einem einschläfrigen Bett, in dem der umfängliche König kaum Platz gefunden hätte. Wie alles andere unterliegt von nun ab auch die eheliche Intimität nicht mehr dem Wunsch des Königs, sondern wie die Königin von Saba Salomon, so besucht Marie Antoinette gerade nur, wenn es ihr beliebt (und die Mutter zu heftig gegen das »lit à part« zetert) den braven Gemahl. In ihrem Bette ist er nicht ein einziges Mal zu Gast, denn Trianon ist für Marie Antoinette das selig unberührte Reich, einzig Cytheren, einzig dem Vergnügen geweiht, und ihren Vergnügungen hat sie niemals die Pflichten, am wenigsten die ehelichen, beigezählt. Hier will sie unbehindert sich selber leben, nichts als die verwöhnte, verehrte und maßlose junge Frau sein, die über tausend müßigen Geschäftigkeiten alles vergißt, das Reich, den Gatten, den Hof, die Zeit und die Welt und manchmal – es sind vielleicht die seligsten Minuten – sogar sich selbst.

Mit Trianon hat diese unbeschäftigte Seele endlich eine Beschäftigung, ein immer wieder sich erneuerndes Spielzeug. Wie bei der Putzmacherin Kleid auf Kleid, wie beim Hofjuwelier immer andern Schmuck, so hat Marie Antoinette für den Aufputz ihres Reiches immer Neues zu bestellen; neben der Putzmacherin, neben dem Juwelier, dem Ballettmeister, dem Musiklehrer und Tanzmeister füllen jetzt die Architekten, der Gartenkünstler, der Maler, der Dekorateur, alle diese neuen Minister ihres Miniaturkönigreichs, ihr die lange, ach so schrecklich lange Zeit aus und leeren gleichzeitig aufs kräftigste den Säckel des Staates. Die Hauptsorge Marie Antoinettes gilt ihrem

Garten, denn selbstverständlich darf er in nichts dem historischen von Versailles gleichen, er muß der modernste, der modischste, der eigenartigste, der koketteste der ganzen Zeit werden, ein echter und rechter Rokokogarten. Abermals folgt, bewußt oder unbewußt, Marie Antoinette mit diesem Wunsch dem veränderten Geschmacksgefühl ihrer Zeit. Denn man ist müde geworden der von dem Gartengeneral Lenôtre wie mit dem Lineal gezogenen Wiesenflächen, der wie mit dem Rasiermesser geschnittenen Hecken, seiner am Zeichenstift kalt errechneten Ornamente, die prahlerisch zeigen sollten, Ludwig der Sonnenkönig habe nicht nur das Reich, den Adel, die Stände, die Nation in eine von ihm angeforderte Form gezwungen, sondern auch die Landschaft Gottes. Man hat sich satt gesehen an dieser grünen Geometrie, man ist müde dieser »Massakrierung der Natur«; wie für das ganze kulturelle Mißbehagen der Zeit findet auch hier wieder der Außenseiter der »Gesellschaft«, Jean-Jacques Rousseau, das erlösende Wort, indem er in seiner »Neuen Héloïse« einen »Naturpark« fordert.

Nun hat zweifellos Marie Antoinette nie die »Neue Héloïse« gelesen, Jean-Jacques Rousseau kennt sie bestenfalls als Komponisten der musikalischen Bluette »Le devin du village«. Aber die Anschauungen Jean-Jacques Rousseaus schweben damals in der Luft. Marquisen und Herzöge bekommen feuchte Augen, spricht man ihnen von diesem edlen Anwalt der Unschuld (im Privatleben Homo perversissimus). Sie sind ihm dankbar, denn er hat ihnen nach all den vielen aufpeitschenden Mitteln noch glücklich einen letzten Reiz erfunden: das Spiel mit der Naivität, die Perversion der Unschuld, das Maskenkleid der Natürlichkeit. Selbstverständlich will jetzt Marie Antoinette einen »natürlichen« Garten, eine unschuldige Landschaft, und zwar den natürlichsten aller neumodisch natürlichen Gärten. Und so ruft sie die besten, die raffiniertesten Künstler der Zeit zusammen, damit sie ihr auf die allerkünstlichste Weise den allernatürlichsten Garten ausklügeln.

Denn – Mode der Zeit! – man will in diesem »anglochinesischen Garten« nicht nur die Natur, sondern die ganze Natur darstellen, in dem Mikrokosmos von ein paar Quadratkilometern den kompletten Kosmos in spielzeughafter Verkürzung. Alles soll auf diesem winzigen Fleck beisammen sein, französische, indische, afrikanische Bäume, holländische Tulpen, südländische Magnolien, ein Teich und ein Flüßchen, ein Berg und eine Grotte, eine romantische Ruine und ländliche Häuser, griechische Tempel und orientalische Prospekte, holländische Windmühlen, Nord und Süd, West und Ost, das Natürlichste und das Absonderlichste, alles künstlich und alles denkbar echt; sogar einen feuerspeienden Vulkan und eine chinesische Pagode will ursprünglich der Architekt in diese Handbreit Erde hineinstilisieren, glücklicherweise erweist sich sein Vorschlag als zu teuer. Von der Ungeduld der Königin getrieben, beginnen Hunderte von Arbeitern nach den Plänen der Baumeister und Maler eine möglichst malerische, eine bewußt lockere und natürlich aufgemachte Landschaft in die wirkliche rasch hineinzuzaubern. Zunächst wird ein leise und lyrisch murmelndes Bächlein, unentbehrliches Zubehör jeder echten Schäferidylle, zwischen die Wiesen gelegt; zwar muß man das Wasser mit zweitausend Fuß langen Röhren von Marly herüberführen, und es rinnt gleichzeitig viel Geld in diesen Röhren mit, aber: Hauptsache, sein mäandrischer Lauf sieht lieblich und natürlich aus. Leise plätschernd mündet der Bach in den künstlichen Teich mit der künstlich erhobenen Insel, gefällig beugt er sich unter die zierlichen Brücken, anmutig trägt er den schimmernden Flaum der weißen Schwäne. Wie aus anakreontischen Versen stammt der Fels mit seinem künstlichen

Moos, seiner künstlich verdeckten Liebesgrotte und dem romantischen Belvedere; nichts läßt ahnen, daß diese so rührend naive Landschaft auf zahllosen kolorierten Blättern vorgezeichnet war, daß von der ganzen Anlage zwanzig Gipsmodelle hergestellt wurden, in denen der Teich und das Bächlein durch ausgeschnittene Spiegelstücke, die Wiesen und Bäume wie im Krippenspielzeug durch gestopftes und bemaltes Moos ausgespart waren. Aber weiter und weiter! Jedes Jahr hat die Königin ein neues Gelüst, immer ausgesuchtere und natürlichere Anlagen sollen ihr Reich verschönern, sie will nicht warten, bis die alten Rechnungen bezahlt sind; jetzt hat sie ihr Spiel und will es weiterspielen. Wie zufällig hingestreut und doch genau vorausberechnet von ihrem romantischen Architekten, ordnen sich kleine Kostbarkeiten in den Garten ein, um seine Lieblichkeit zu mehren. Ein Tempelchen, dem Gotte jener Zeit geweiht, der Liebestempel, steigt auf einem kleinen Hügel empor, seine offene antike Rotunde zeigt eine der schönsten Plastiken Bouchardons, einen Amor, der aus der Keule des Herkules sich seinen weithin treffenden Bogen schnitzt. Eine Grotte, die Liebesgrotte, wird so geschickt in den Felsen gehauen, daß ein dort tändelndes Paar rechtzeitig die Nahenden bemerken und sich nicht bei seiner Zärtlichkeit ertappen lassen muß. Durch das Wäldchen werden verschlungene Wege geführt, die Wiesen mit seltenen Blumenarten durchstickt, bald leuchtet auch durch das blühende Grün ein kleiner Musikpavillon, weißschimmerndes Oktogon, und all dies so geschmackvoll nebeneinander und ineinander sich lösend, daß man tatsächlich das künstliche Gewollte in dieser Anmut nicht mehr spürt.

Aber die Mode will noch mehr Echtheit. Um die Natur noch durchtriebener zu vernatürlichen, den Kulissen das Raffinierteste an Lebenswahrheit aufzuschminken, werden in diese kostspieligste Schäferkomödie aller Zeiten zur Erhöhung des Echtheitsschwindels richtige Figuranten herangeholt: echte Bauern und echte Bäuerinnen, echte Kuhmägde mit echten Kühen, Kälbern und Schweinen, Kaninchen und Schafen, echte Mäher, Schnitter und Schäfer, Jäger, Wäscher und Käser, damit sie mähen und waschen und düngen und melken, damit das Marionettenspiel sich unablässig munter bewege. Ein neuer, ein tieferer Griff in die Kasse, und auf Marie Antoinettes Befehl wird neben Trianon ein lebensgroßes Puppentheater für diese verspielten Kinder aus der Schachtel geholt, mit Ställen, Schobern und Scheunen, mit Taubenschlägen und Hühnersteigen, das berühmte Hameau. Der große Architekt Mique und der Maler Hubert Robert zeichnen, entwerfen, bauen acht genau den landläufigen nachgebildete Bauernhöfe mit strohgedeckten Dächern, mit Hühnerhof und Düngerhaufen. Damit diese funkelnagelneuen Attrappen inmitten dieser teuer aufgebauten Natur um Himmels willen doch nicht unecht wirken, ahmt man äußerlich sogar die Armut und die Verfallenheit wirklicher Elendshütten nach. Mit dem Hammer werden Sprünge in die Mauer geschlagen, man läßt den Kalk romantisch abbröckeln, reißt ein paar Schindeln wieder ab; Hubert Robert tüncht künstliche Risse in das Holz, damit alles morsch und uralt anmute, die Schornsteine werden schwarz angeraucht. Innen werden dafür manche der scheinbar verfallenen Häuschen mit aller Bequemlichkeit ausgerüstet, mit Spiegeln und Öfen, Billards und behaglichen Kanapees. Denn wenn die Königin sich einmal langweilt und Lust hat, Jean-Jacques Rousseau zu spielen, etwa mit ihren Hofdamen eigenhändig Butter anzufertigen, so darf sie sich keinesfalls dabei die Finger beschmutzen. Wenn sie ihre Kühe Brunette und Blanchette im Stall besucht, wird selbstverständlich von unsichtbarer Hand zuvor der Fußboden wie ein Parkett geputzt, das Fell blütenweiß und mahagonibraun gestriegelt und nicht in groben Bauernkübeln, sondern in eigens von der Fabrik in Sèvres gefertigten und mit ihrem Monogramm versehenen Porzellanvasen die schäumende Milch serviert. Dieses Hameau, heute lieblich durch seinen Verfall, war für Marie Antoinette Theater am lichten Tag, eine leichte, gerade in ihrer Leichtfertigkeit fast aufreizende Comédie champêtre. Denn während in ganz Frankreich sich schon die Bauern zusammenrotten, während das wirkliche, von Steuern erdrückte Landvolk mit maßloser Erregung endlich Besserung der unhaltbaren Lage aufrührerisch verlangt, herrscht in diesem Potemkinschen Kulissendörfchen ein läppisches und lügnerisches Wohlbehagen. Am blauen Bändchen werden Schafe auf die Weide geführt, unter dem von der Hofdame getragenen Sonnenschirm schaut die Königin zu, wie an dem murmelnden Bach die Wäscherinnen das Linnen spülen: ach, sie ist so herrlich, diese Einfachheit, so moralisch und so bequem, alles sauber und reizend in dieser paradiesischen Welt, so hell und klar hier das Leben wie die Milch, die aus den Eutern der Kühe hervorsprudelt. Man zieht Kleider an aus dünnem Musselin, ländlich einfache (und läßt sich darin für ein paar tausend Livres malen); man ergibt sich unschuldigen Vergnügungen, man huldigt dem »goût de la nature« mit der ganzen Frivolität der Übersättigung. Man fischt, man pflückt Blumen, man promeniert – sehr selten allein – durch die verschlungenen Wege, man läuft über Wiesen, man sieht den braven Bauernstatisten bei der Arbeit zu, man spielt Fangball, man tanzt Menuett und Gavotte über Blumen statt auf den glatten Fliesen, man hängt Schaukeln zwischen die Bäume, man baut ein chinesisches Ringspiel auf, man verliert und man begegnet sich zwischen den Häuschen und Schattengängen, man reitet und amüsiert sich und läßt sich Theater vorspielen inmitten dieses natürlichen Theaters, und schließlich spielt man es den andern vor.

Diese Leidenschaft ist die zuletzt von der Königin Marie Antoinette entdeckte. Ursprünglich läßt sie sich ein kleines, heute noch erhaltenes und in seinen zierlichen Verhältnissen entzückendes Privattheater bauen – die Laune kostet nur 141 000 Livres –, um darin die italienischen und französischen Komödianten auftreten zu lassen, dann aber tut sie plötzlich, kühn entschlossen, selbst den Sprung auf die Bühne. Das lustige Völkchen um sie begeistert sich gleichfalls für das Theaterspielen, ihr Schwager, der Graf von Artois, die Polignac und ihre Kavaliere machen gerne mit, ein paarmal kommt sogar der König herüber, um seine Frau als Actrice zu bewundern, und so dauert der fröhliche Karneval in Trianon das ganze Jahr. Feste gibt es bald zu Ehren des Gatten, des Bruders, bald für fremde fürstliche Gäste, denen Marie Antoinette ihr Zauberreich zeigen will, Feste, bei denen tausend kleine versteckte Lichtflammen, von farbigen Gläsern gespiegelt, wie Amethyste, Rubine und Topase aus dem Dunkel flimmern, indes prasselnde Feuergarben den Himmel durchschneiden und Musik von unsichtbarer Nähe sich süß vernehmbar macht. Bankette mit Hunderten von Gedecken werden aufgestellt, Jahrmarktsbuden zu Spaß und Tanz gebaut, die Unschuldslandschaft dient gehorsam dem Luxus als raffinierter Hintergrund. Nein, man langweilt sich nicht in der »Natur«. Marie Antoinette hat sich nicht nach Trianon zurückgezogen, um nachdenklich zu werden, sondern um besser und ungehemmter sich zu unterhalten.

Die abschließende Rechnung für Trianon ist erst am 31. August 1791 vorgelegt worden, sie betrug 1 649 529 Livres und in Wirklichkeit zusammen mit anderen versteckten Einzelposten über 2 Millionen – an sich freilich nur ein Tropfen im Danaidenfaß der königlichen Mißwirtschaft, aber doch eine übermäßige Ausgabe in Anbetracht der zerrütteten Finanzen und des allgemeinen Elends. Vor dem Revolutionstribunal wird die »Witwe Capet« selber zugeben müssen: »Es ist möglich, daß das kleine Trianon riesige Summen gekostet hat und vielleicht mehr, als ich selber wünschte. Man wurde nach und nach in die Ausgaben hineingezogen.« Aber auch im politischen Sinne ist die Königin ihre Laune teuer zu stehen gekommen. Denn indem sie die ganze Höflingsgesellschaft unbeschäftigt in Versailles zurückläßt, nimmt sie dem Hof seinen Lebenssinn. Die Dame, die ihr die Handschuhe zu reichen hat, jene, die ihr den Nachtstuhl ehrfürchtig hinschiebt, die Ehrendamen und Ehrenkavaliere, die tausend Garden, Diener und Schranzen, was sollen sie nun anfangen ohne ihr Amt? Unbeschäftigt sitzen sie tagsüber im Œil-de-Bœuf, und so wie eine Maschine, wenn sie nicht arbeitet, vom Rost angefressen wird, so durchsetzt sich dieser gleichgültig zurückgelassene Hof immer gefährlicher mit Galle und Gift. Bald kommt es so weit, daß die vornehme Gesellschaft in geheimem Einverständnis die Feste bei Hof meidet: möge sich die hochmütige »Österreicherin« in ihrem »petit Schönbrunn«, ihrem »petite Vienne«, allein unterhalten; für bloß flüchtig-kühles Kopfnicken beim Empfang ist sich dieser Adel, der ebenso alt ist wie der habsburgische, doch zu gut. Immer offener wird die Fronde der französischen Hocharistokratie gegen die Königin, seit sie Versailles verlassen hat, und der Herzog von Lévis schildert sehr anschaulich die Situation: »In den Jahren der Unterhaltung und der Leichtfertigkeit, im Rausche der höchsten Macht liebte es die Königin nicht, sich Zwang anzutun. Die Etikette und die Zeremonien waren für sie Anlaß zur Ungeduld und Langeweile. Man bewies ihr, daß in einem so aufgeklärten Jahrhundert, da sich die Menschen von allen Vorurteilen befreiten, auch die Herrscher sich der unbequemen Fesseln entledigen sollten, die der Brauch ihnen auferlegte, kurz, daß es lächerlich sei zu denken, der Gehorsam der Völker hinge von der größeren oder geringeren Anzahl von Stunden ab, welche die königliche Familie im Kreise langweiliger und gelangweilter Höflinge verbrächte ... Außer einigen Begünstigten, die der Laune oder einer Intrige ihre Wahl verdankten, wurde alle Welt vom Hofe ausgeschlossen. Rang, geleistete Dienste, Ansehen, hohe Geburt waren keine Rechtsgründe mehr, um in den vertraulichen Kreis der königlichen Familie einbezogen zu werden. Nur sonntags konnten jene, die vorgestellt worden waren, die Fürstlichkeiten während einiger Augenblicke sehen. Aber die meisten unter ihnen verloren bald den Geschmack an dieser unnötigen Plage, für die man ihnen keinerlei Dank wußte; sie erkannten ihrerseits, daß es töricht war, von so weit her zu kommen, um nicht besser aufgenommen zu werden, und gaben es auf ... Versailles, der Schauplatz der Herrlichkeit Ludwigs XIV., wohin man aus allen Teilen Europas freudig gereist war, um verfeinerte Lebensform und Höflichkeit zu erlernen, war nichts mehr als eine kleine Provinzstadt, in die man sich nur noch mit Widerwillen begab und von der man sich so rasch als möglich wieder entfernte.«

Auch diese Gefahren hat Maria Theresia von ferne rechtzeitig vorausgesehen: »Ich kenne selbst die ganze Langeweile und Leere des Repräsentierens, aber glaube mir, wenn man es unterläßt, so ergeben sich daraus noch viel weiterreichende Unannehmlichkeiten als diese kleinen Lästigkeiten, insbesondere bei Euch, einer so lebhaften Nation.« Doch, wo Marie Antoinette nicht verstehen will, hat es keinen Sinn, mit ihr verständig zu sprechen. Was für Aufhebens wegen der halben Stunde, die sie von Versailles entfernt lebt! In Wirklichkeit aber hat sie durch diese zwei oder drei Meilen sich sowohl vom Hof wie vom Volke auf Lebenszeit entfernt. Wäre Marie Antoinette in Versailles geblieben, inmitten des französischen Adels und der traditionellen Sitte, sie hätte in der Stunde der Gefahr die Prinzen, die Fürsten, die Adelsarmee an ihrer Seite gehabt. Hätte sie andrerseits, wie ihr Bruder Joseph es versuchte, sich demokratisch dem Volke genähert, die Hunderttausende von Paris, die Millionen Frankreichs hätten sie vergöttert. Aber Marie Antoinette, absolute Individualistin, handelt weder den Aristokraten zu Gefallen noch dem Volke, sie denkt nur an sich, und durch diese eine Lieblingslaune Trianon wird sie gleich unbeliebt beim ersten, zweiten und dritten Stand; weil sie allzulange allein sein wollte in ihrem Glück, wird sie einsam in ihrem Unglück und ein kindliches Spielzeug mit einer Krone und einem Leben bezahlen müssen.

Die neue Gesellschaft

Kaum wohnt Marie Antoinette in ihrem muntern Haus, so beginnt schon kräftig der neue Besen zu kehren. Weg zunächst mit den alten Leuten – alte Leute sind langweilig und häßlich. Sie können nicht tanzen, sie können nicht amüsieren, immer predigen sie Vorsicht und Bedacht, und dieses ewige Zurückgehaltenwerden, Ermahntwerden hat die temperamentvolle Frau aus ihrer Kronprinzessinnenzeit gründlich satt. Fort also mit der steifen Erzieherin, der Madame Etikette, Comtesse de Noailles: eine Königin braucht nicht erzogen zu werden, sie darf tun, was sie will! In gebührende Distanz den von der Mutter ihr mitgegebenen Beichtvater und Berater, Abbé Vermond, weg, weit weg mit allen, bei denen man sich geistig anstrengen muß! Ausschließlich Jugend heran, ein munteres Geschlecht, das nicht durch ein törichtes Ernstnehmen des Lebens Spiel und Spaß versäumt! Ob diese Amüsierkameraden von hohem Rang, von erster Familie sind und ehrenfeste untadelige Charaktere, kommt weniger in Betracht, auch sonderlich klug und gebildet brauchen sie nicht zu sein – gebildete Leute sind pedantisch und kluge boshaft –, genug, wenn sie funkelnd geistreich sind, prickelnde Anekdoten zu erzählen wissen und bei Festen eine gute Figur machen. Unterhaltung, Unterhaltung, Unterhaltung, das ist die erste und einzige Forderung Marie Antoinettes an ihren engen Kreis. So umgibt sie sich »avec tout ce qui est du plus mauvais à Paris et de plus jeune«, wie Maria Theresia seufzt, mit einer »soi-disante société«, wie ihr Bruder, Joseph II., ärgerlich murrt, einem scheinbar lässigen, in Wirklichkeit aber höchst selbstsüchtigen Klüngel, der sich den leichten Dienst als maître de plaisir der Königin mit den gewichtigsten Pfründen bezahlen läßt und während des galanten Spiels heimlich die ergiebigsten Pensionen in seine Harlekintaschen schiebt.

Ein einziger langweiliger Herr verunstaltet ab und zu flüchtig die lockere Gesellschaft. Aber man kann ihn nicht ohne Peinlichkeit wegweisen, denn – beinahe hätte man es vergessen – er ist ja der Ehegemahl dieser heitern Frau und außerdem der Herrscher Frankreichs. Rechtschaffen in seine bezaubernde Gattin verliebt, kommt Ludwig der Nachsichtige nach vorher eingeholter Erlaubnis manchmal nach Trianon hinüber, sieht zu, wie sich die jungen Leute amüsieren, versucht manchmal, schüchtern Vorhaltungen zu machen, wenn man die Grenzen der Konvention zu sorglos überwirbelt oder wenn die Ausgaben ins Blaue wachsen; aber dann lacht die Königin, und mit diesem Lachen ist alles abgetan. Auch die muntern Zaungäste haben für den König, der immer brav und gehorsam sein schön geschriebenes »Louis« unter all jene Dekrete setzt, mit denen die Königin ihnen die höchsten Ämter zuschiebt, eine Art herablassende Sympathie. Der Gute stört sie ja niemals lange, er bleibt immer eine Stunde, zwei Stunden, dann trollt er sich nach Versailles zurück zu seinen Büchern oder in seine Schlosserei. Einmal, als er zu lange herumsitzt und die Königin schon ungeduldig ist, mit ihrer muntern Gesellschaft nach Paris zu fahren, stellt sie heimlich die Pendeluhr um eine Stunde vor, und der König geht, den kleinen Betrug nicht merkend, lammfromm statt um elf um zehn ins Bett, und die ganze elegante Kanaille lacht sich die Schultern schief.

Der Begriff der königlichen Würde wird durch solche Späße freilich nicht erhöht. Aber was soll Trianon mit einem so ungeschickten, tölpeligen Mann anfangen? Er kann keine lockeren Anekdoten erzählen, er versteht nicht zu lachen. Geängstigt und scheu, als wenn er Bauchweh hätte, sitzt er inmitten der heitern Gesellschaft und gähnt sich in seinen Schlaf, während die andern erst um Mitternacht richtig munter werden. Er geht auf keine Maskenbälle, er spielt nicht Hasard, er macht keiner Frau die Cour – nein, man kann ihn nicht brauchen, diesen guten langweiligen Mann; in der Gesellschaft von Trianon, im Reich des Rokoko, in diesen arkadischen Gefilden des Leichtsinns und des Übermuts ist er fehl am Ort.

Der König zählt also als Teilnehmer überhaupt nicht mit in der neuen Gesellschaft. Auch sein Bruder, der Graf von Provence, der seinen Ehrgeiz hinter scheinbarer Gleichgültigkeit versteckt, findet es klüger, sich nicht durch den Umgang mit diesen jungen Laffen seine Würde zu verderben. Da jedoch irgendein männliches Mitglied des Hofes die Königin bei ihren Vergnügungen begleiten muß, übernimmt der jüngste Bruder Ludwigs XVI., der Graf von Artois, die Stelle des Schutzheiligen. Leichtköpfig, frivol, frech, aber geschmeidig und geschickt, leidet er an der gleichen Angst wie Marie Antoinette, nämlich sich zu langweilen oder mit ernsten Dingen zu beschäftigen. Frauenjäger, Schuldenmacher, amüsanter Elegant, Prahlhans, mehr frech als mutig, mehr sprühend als wirklich leidenschaftlich führt er die muntere Truppe an, wo es einen neuen Sport, eine neue Mode, ein neues Vergnügen gibt, und hat bald mehr Schulden als der König, die Königin und der ganze Hof zusammen. Aber gerade so, wie er ist, paßt er ausgezeichnet zu Marie Antoinette. Sie achtet diesen frivolen Leichtfuß nicht sehr, und noch weniger liebt sie ihn, obwohl die bösen Zungen dies rasch behaupten; er deckt ihr nur den Rücken. Bruder und Schwester in der Vergnügungswut, bilden die beiden bald ein unzertrennliches Paar.

Der Graf von Artois ist der gewählte Kommandant der Leibgarde, mit der Marie Antoinette ihre täglichen und nächtlichen Streifzüge in alle Provinzen des heiteren Müßiggangs unternimmt; diese Truppe ist eigentlich klein und wechselt unablässig die führenden Chargen. Denn alle Vergehen verzeiht die nachsichtige Königin ihren Trabanten, Schulden und Anmaßung, herausforderndes und allzu kameradschaftliches Betragen, Liebschaften und Skandale – vertan aber hat jeder ihre Gunst, sobald er sie zu langweilen beginnt. Eine Zeitlang hat Baron Besenval die Oberhand, ein fünfzigjähriger Schweizer Edelmann mit der lauten Brüskheit eines alten Soldaten, dann fällt der Vorzug an den Herzog von Coigny, »un des plus constamment favorisés et le plus consultés«. Diesen beiden wird gleichzeitig mit dem ehrgeizigen Herzog von Guines und dem ungarischen Grafen Esterhazy die merkwürdige Aufgabe zugeteilt, die Königin während ihrer Rötelerkrankung zu betreuen, was bei Hofe zu der boshaften Frage Anlaß gibt, welche vier Hofdamen sich der König in der gleichen Situation auswählen würde. Ständig bewahrt seine Stellung der Graf von Vaudreuil, der Liebhaber der Favoritin Marie

Antoinettes, der Gräfin Polignac; etwas mehr im Hintergrund bleibt der Klügste, der Feinste von allen, der Prinz von Ligne, der einzige, der aus seiner Stellung in Trianon keine einträgliche Staatsrente bezieht, der einzige auch, der dem Andenken seiner Königin noch als alter Mann in seinen Lebenserinnerungen Ehrfurcht bewahrt. Schwankende Sterne dieses arkadischen Himmels sind der »schöne« Dillon und der junge feurige Tollkopf, der Herzog von Lauzun, die beide der unfreiwillig jungfräulichen Königin eine Zeitlang recht gefährlich werden. Mit Mühe nur gelingt es den energischen Anstrengungen des Botschafters Mercy, diesen jungen Tollkopf abzudrängen, ehe er mehr erobert hat als ihre bloße Sympathie. Der Graf Adhémar wieder singt hübsch zur Harfe und spielt gut Theater: dies genügt, ihm den Gesandtschaftsposten in Brüssel und dann in London einzubringen. Die andern aber bleiben lieber daheim und fischen sich in dem künstlich aufgesprudelten Wasser die einträglichsten Stellen bei Hofe heraus. Keiner von diesen Kavalieren, der Prinz von Ligne ausgenommen, hat wirklichen geistigen Rang, keiner den Ehrgeiz, die Machtstellung, welche die Freundschaft der Königin bietet, im politischen Sinn großzügig zu nützen, keiner dieser Maskenhelden von Trianon ist ein wirklicher Heros der Geschichte geworden. Keiner von ihnen hat Marie Antoinette auch innerlich wirklich geachtet. Manchem hat die junge kokette Frau mehr gesellschaftliche Vertraulichkeit erlaubt, als der Stellung einer Königin geziemt hätte, aber keinem von diesen, und das ist entscheidend, hat sie sich weder seelisch noch als Frau völlig hingegeben. Der einzige von ihnen allen, er, der der einzige sein soll und wird, der einzige, der jemals und für immer ihr Herz erreicht, steht noch im Schatten verborgen. Und das bunte Treiben der Komparserie dient vielleicht nur, sein Nahen und seine Gegenwart besser zu verbergen.

Gefährlicher als diese unzuverlässigen und wechselnden Kavaliere werden der Königin ihre Freundinnen; hier treten geheimnisvoll vermengte Gefühlskräfte verhängnisvoll mit ins Spiel. Marie Antoinette ist charaktermäßig eine durchaus natürliche, eine sehr weibliche und weiche Frau voll Hingebungsbedürfnis und Zärtlichkeit, ein Bedürfnis, das bei dem schläfrigen, gefühlsstumpfen Gatten in diesen ersten Jahren unerwidert geblieben war. Aufrichtig geartet, möchte sie ihre seelischen Spannungen irgend jemandem anvertrauen, und da es um der Sitte willen ein Mann, ein Freund nicht oder noch nicht sein darf, sucht Marie Antoinette unwillkürlich von Anfang an nach einer Freundin.

Daß ein gewisser zärtlicher Ton in Marie Antoinettes Frauenfreundschaften mitschwingt, ist nur natürlich. Die sechzehnjährige, die siebzehnjährige, die achtzehnjährige Marie Antoinette, obwohl verheiratet oder vielmehr scheinverheiratet, ist seelisch im typischen Alter und in der typischen Disposition der Pensionsfreundschaften. Als Kind früh von der Mutter, von der sehr ehrlich geliebten Erzieherin weggerissen, neben einen ungeschickten, unzärtlichen Mann gestellt, hat sie jenes vertrauensselige Sich-irgend-jemandem-Entgegenspannen, das zur Natur des jungen Mädchens gehört wie der Duft zur Blüte, noch nie ausströmen lassen können. All diese kindlichen Kleinigkeiten, das Hand-in-Hand-Gehen, das Sichunterfassen, das Kichern in den Ecken, das Durch-die-Zimmer-Tollen, das Sich-gegenseitig-Anhimmeln, alle diese naiven Symptome des »Frühlingserwachens« sind noch nicht herausgegoren aus ihrem kindlichen Körper. Mit sechzehn, mit siebzehn, mit achtzehn, mit neunzehn, mit zwanzig Jahren hat Marie Antoinette noch immer nicht redlich jung und kindisch verliebt sein dürfen – es ist gar nicht das Sexuelle, das sich in solchen stürmischen Wallungen auslebt, sondern sein schüchternes Vorgefühl, das Schwärmerische. So mußten auch Marie Antoinettes erste Beziehungen zu Freundinnen auf das zärtlichste gestimmt sein, und dieses unkonventionelle Benehmen einer Königin hat sofort der galante Hof auf das ärgerlichste mißdeutet. Überkultiviert und pervertiert, vermag er das Natürliche nicht zu begreifen, und bald beginnt das Raunen und Reden über sapphische Neigungen der Königin. »Man hat mir in sehr weitgehendem Maße besondere Vorliebe für Frauen und für Liebhaber zugemutet«, schreibt Marie Antoinette aus der Sicherheit ihres Gefühls ganz offen und heiter der Mutter; ihre hochmütige Aufrichtigkeit verachtet den Hof, die öffentliche Meinung, die Welt. Noch weiß sie nicht um die tausendzüngige Macht der Verleumdung, noch gibt sie sich rückhaltslos der unvermuteten Freude hin, endlich einmal lieben und vertrauen zu dürfen, und opfert jede Vorsicht auf, nur um ihren Freundinnen zu beweisen, wie unbedingt sie zu lieben vermag.

Die erste Favoritin der Königin, Madame de Lamballe, war eine verhältnismäßig glückliche Wahl. Einer der ersten Familien Frankreichs angehörig und darum nicht geld- oder machtgierig, eine zarte, sentimentale Natur, nicht sehr klug, aber dafür auch nicht intrigant, nicht sehr bedeutend, aber auch nicht ehrgeizig, erwidert sie die Neigung der Königin mit wirklicher Freundschaft. Ihre Sitten gelten als tadellos, ihr Einfluß beschränkt sich auf den privaten Lebenskreis der Königin, sie bettelt nicht um Protektionen für ihre Freunde, für ihre Familie, sie mischt sich nicht in das Staatswesen oder in die Politik. Sie hält keinen Spielsaal, treibt Marie Antoinette nicht tiefer in den Kreislauf der Vergnügungen hinein, sondern wahrt ihr still und unauffällig die Treue, und ein heroischer Tod prägt schließlich ihrer Freundschaft das Siegel auf. Aber eines Abends erlischt plötzlich ihre Macht wie ein ausgeblasenes Licht. Bei einem Hofball bemerkt im Jahre 1775 die Königin eine junge Frau, die sie noch nicht kennt, rührend in ihrer bescheidenen Anmut, engelhaft rein der blaue Blick, mädchenhaft zart die Figur; auf ihre Frage nennt man ihr den Namen, die Gräfin Jules de Polignac. Diesmal ist es nicht wie bei der Prinzessin von Lamballe eine menschliche Sympathie, sondern ein plötzliches leidenschaftliches Interesse, ein coup de foudre, eine Art hitziger Verliebtheit. Marie Antoinette tritt auf die Fremde zu und fragt sie, warum sie so selten bei Hof erscheine. Sie sei zur Repräsentation nicht vermögend genug, gesteht die Gräfin Polignac ehrlich ein, und diese Offenheit entzückt die Königin, denn eine wie reine Seele muß in dieser bezaubernden Frau sich bergen, daß sie die ärgste Schande der damaligen Zeit, kein Geld zu haben, so rührend unbefangen beim ersten Wort eingesteht! Wird nicht diese für sie die ideale, die lang gesuchte Freundin sein? Sofort zieht Marie Antoinette die Gräfin Polignac an den Hof, überhäuft sie mit derart auffälligen Bevorzugungen, daß sie allgemeinen Neid erregen: sie geht mit ihr öffentlich Arm in Arm, sie läßt sie in Versailles wohnen, sie nimmt sie überall mit und verlegt einmal sogar den ganzen Hofstaat nach Marly, nur um dem Wochenbett der vergötterten Freundin nahe sein zu können. Nach wenigen Monaten ist aus der verarmten Adeligen die Herrin Marie Antoinettes und des ganzen Hofes geworden.

Leider aber, dieser zarte, unschuldsvolle Engel stammt nicht vom Himmel, sondern aus einer schwer verschuldeten Familie, die eifrig solche unerwartete Gunst für sich ausmünzen will; bald wissen die Finanzminister ein Lied davon zu singen. Zunächst werden 400 000 Livres Schulden gezahlt, 800 000 bekommt die Tochter als Mitgift, der Schwiegersohn einen Kapitänsplatz, ein Jahr später dazu einen Gutsbesitz, der siebzigtausend Dukaten Rente trägt, der Vater eine Pension und der gefällige Gatte, den in Wirklichkeit längst ein Liebhaber ersetzt, den Herzogstitel und eine der einträglichsten Pfründen Frankreichs, die Post. Die Schwägerin Diane von Polignac wird trotz ihres elenden Rufes Ehrendame bei Hof, die Gräfin Jules selber Gouvernante der königlichen Kinder, ihr Vater nebst einer Pension noch Gesandter, die ganze Familie schwimmt in Geld und Ehren und schüttet überdies aus vollem Füllhorn Begünstigungen an ihre Freunde aus; schließlich kostet diese eine Laune der Königin, diese eine Familie Polignac, dem Staate jährlich eine halbe Million Livres. »Es gibt kein Beispiel«, schreibt der Botschafter Mercy entsetzt nach Wien, »daß in so kurzer Zeit eine so große Summe einer einzelnen Familie zugeteilt worden wäre.« Selbst die Maintenon, die Pompadour, hat nicht mehr gekostet als diese Favoritin mit den engelhaft niedergeschlagenen Augen, als die so bescheidene, so gütige Polignac.

Die selbst nicht in den Strudel mitgerissen sind, stehen und staunen und begreifen die grenzenlose Nachgiebigkeit der Königin nicht, die ihren Namen, ihre Stellung, ihren Ruf zugunsten dieser unwürdigen, wertlosen und ausbeuterischen Sippe mißbrauchen läßt. Jeder weiß, daß die Königin an natürlicher Intelligenz, an innerer Kraft und an Aufrichtigkeit hundertfach diesen kleinen Kreaturen überlegen ist, die ihren täglichen Umgang bilden. Aber im Spannungsverhältnis zwischen Charakteren entscheidet niemals die Kraft, sondern die Geschicklichkeit, nicht die geistige Überlegenheit, sondern jene des Willens. Marie Antoinette ist lässig und die Polignac streberisch, sie ist sprunghaft und jene zäh, sie steht allein, jene aber haben sich zu einem Klüngel geballt, der die Königin planvoll von dem ganzen übrigen Hofe abschließt; sie halten sie fest, indem sie sie unterhalten. Was hilft es, daß der arme alte Beichtiger Vermond seine ehemalige Schülerin mahnt: »Sie sind zu nachsichtig für die Sitten und den Ruf Ihrer Freunde und Freundinnen geworden«, daß er ihr mit bemerkenswerter Kühnheit vorhält: »Schlechtes Benehmen, üble Sitten, ein angekränkelter oder verlorener Ruf sind geradezu ein Mittel geworden, um in Ihrer Gesellschaft Aufnahme zu finden«; aber was hilft ein Wort gegen dies süße zarte Geplauder bei untergefaßten Armen; was Klugheit gegen diese täglich berechnende List! Die Polignac und ihr Klüngel haben den magischen Schlüssel ihres Herzens, indem sie die Königin amüsieren, indem sie ihre Langeweile füttern, und nach einigen Jahren ist Marie Antoinette dieser kalt berechnenden Bande völlig hörig. Einer unterstützt im Salon der Polignac die Werbungen des andern um Posten und Stellungen, gegenseitig spielen sie sich Pfründen und Pensionen zu, jeder selbst scheinbar nur um das Wohl der andern bemüht, und so fließen unter der Hand der Königin, die nichts merkt, die letzten goldenen Quellen aus den versiegenden Schatzkammern des Staates einigen wenigen zu. Die Minister können diesem Treiben nicht wehren. »Faites parler la Reine« – »Trachten Sie, daß die Königin zu Ihren Gunsten spricht«, antworten sie achselzuckend allen Bittstellern, denn Rang und Titel, Stellung und Pensionen verleiht in Frankreich einzig die Hand der Königin, und diese Hand wieder führt unsichtbar die Frau mit den Veilchenaugen, die schöne, die sanfte Polignac.

Mit diesen ständigen Vergnügungen zieht der Kreis um Marie Antoinette eine unzugängliche Schranke. Die andern bei Hof merken dies bald, sie wissen, hinter dieser Mauer ist das irdische Paradies. Dort blühen die Stellungen, dort strömen die Pensionen, dort pflückt man mit einem Scherz, einem muntern Kompliment eine Gunst, um die sich andere jahrzehntelang mit beharrlicher Leistung bemühten. In jenem seligen Jenseits herrscht ewig Heiterkeit, Sorglosigkeit und Freude, und wer in diese elysäischen Gefilde der königlichen Gunst vorgedrungen, für den sind alle Gnaden der Erde bereit. Kein Wunder, daß alle jene sich immer heftiger erbittern, die diesseits der Mauer verbannt sind, die altadeligen, verdienten Geschlechter, die nicht zugelassen werden nach Trianon, deren gleichfalls gierige Hände nie der goldene Regen netzt. Ist man denn weniger als diese verarmten Polignacs, murren die Orléans, die Rohans, die Noailles, die Marsans? Hat man dazu einen jungen bescheidenen honetten König, endlich einen, der nicht Spielball seiner Mätressen ist, daß man nach der Pompadour, der Dubarry abermals von einer Favoritin, von einer Günstlingsfrau sich erbetteln soll, was einem nach Fug und Recht gehört? Soll man wirklich dieses freche Zur-Seite-geschoben-Werden, dies kühle Übersehenwerden von der jungen Österreicherin dulden, die sich mit fremden Burschen und zweifelhaften Frauen umgibt, statt mit dem angestammten, seit Jahrhunderten eingesessenen Adel? Enger scharen sich die Ausgeschlossenen zusammen, jeder Tag, jedes Jahr mehrt ihre Reihen. Und bald blickt aus den verödeten Fenstern von Versailles hundertäugiger Haß hinüber in die sorglose und ahnungslose Spielwelt der Königin.

Der Bruder besucht seine Schwester

Im Jahre 1776 und im Karneval 1777 erreicht der Vergnügungstaumel Marie Antoinettes den höchsten Punkt der scharf ansteigenden Kurve. Die mondäne Königin fehlt bei keinem Rennen, keinem Opernball, keiner Redoute, nie kommt sie vor Morgengrauen nach Hause, ständig meidet sie das eheliche Bett. Bis vier Uhr früh sitzt sie vor dem Spieltisch, ihre Verluste und Schulden erregen bereits öffentliches Ärgernis. Verzweifelt schmettert der Botschafter Mercy Bericht auf Bericht nach Wien: »Ihre Königliche Majestät vergißt vollkommen ihre äußere Würde«, es sei kaum möglich, sie zu belehren, denn »die verschiedenen Arten des Vergnügens folgen einander mit solcher Geschwindigkeit, daß man nur mit größter Mühe einige Augenblicke findet, mit ihr von ernsten Dingen zu sprechen«. Seit langem habe man Versailles nicht so verlassen gesehen wie in diesem Winter; im Laufe des letzten Monats hätten sich die Beschäftigungen der Königin oder, besser gesagt, ihre Vergnügungen nicht geändert oder vermindert. Es ist, als ob ein Dämon sich dieser jungen Frau bemächtigt habe: nie war ihre Unruhe, ihre Unrast unsinniger als in diesem entscheidenden Jahr.

Dazu tritt nun zum erstenmal eine neue Gefahr. Marie Antoinette ist 1777 nicht mehr das fünfzehnjährige naive Kind, als das sie nach Frankreich gekommen, sondern eine zweiundzwanzigjährige, zu üppiger Schönheit aufgeblühte, eine verlockende und selbst schon verlockte Frau; es wäre eher unnatürlich, bliebe sie völlig teilnahmslos kühl inmitten der erotischen, der überreizt sinnlichen Atmosphäre des Versailler Hofes. Alle ihre gleichaltrigen Verwandten, all ihre Freundinnen haben längst schon Kinder, jede einen wirklichen Mann oder wenigstens Liebhaber; nur sie allein ist durch das Ungeschick ihres unglücklichen Gatten ausgeschlossen, nur sie, schöner als alle, begehrlicher und begehrter als jede in ihrem Kreise, hat noch niemandem ihr Gefühl hingegeben. Vergeblich hat sie ihr starkes Zärtlichkeitsbedürfnis abgelenkt auf ihre Freundinnen, die innere Leere mit unablässigen Gesellschaftlichkeiten überlärmt – es hilft nichts, die Natur will bei jeder, also auch bei dieser durchaus natürlichen und normalen Frau allmählich ihr Recht. Immer mehr verliert im Zusammensein mit den jungen Kavalieren Marie Antoinette die ursprüngliche unbekümmerte Sicherheit. Zwar fürchtet sie sich noch vor dem Gefährlichsten. Aber sie läßt nicht ab, mit der Gefahr zu spielen, und vermag dabei nicht, ihrem Blut zu befehlen, das sie verrät; sie errötet, sie erblaßt, sie beginnt in der Nähe dieser unbewußt begehrten jungen Menschen zu erzittern, sie verwirrt sich, bekommt Tränen in die Augen und fordert doch immer wieder von neuem die galanten Komplimente dieser Kavaliere heraus; die Memoiren Lauzuns mit jener merkwürdigen Szene, da die eben noch zornig irritierte Königin ihn plötzlich in flüchtiger Umarmung umpreßt und, über sich selbst erschrocken, sofort beschämt entflieht, hat durchaus den Akzent der Wahrheit, denn der Bericht des schwedischen Gesandten über ihre offenkundige Passion für den jungen Grafen Fersen spiegelt den gleichen erregten Zustand. Es ist unverkennbar: die gequälte, von ihrem tölpischen Gatten aufgesparte und aufgeopferte zweiundzwanzigjährige Frau steht am Rande ihrer Selbstbeherrschung. Ihre Nerven halten nicht mehr der unsichtbaren Spannung stand, obwohl sich Marie Antoinette verteidigt, und vielleicht eben deshalb. Tatsächlich berichtet, als wollte er das klinische Bild ergänzen, der Botschafter Mercy über plötzlich auftretende »affectations nerveuses«, über sogenannte »vapeurs«. Vorläufig rettet Marie Antoinette noch die ängstliche Rücksicht ihrer eigenen Kavaliere vor einem wirklichen Verstoß gegen die eheliche Ehre – beide, Lauzun und Fersen, verlassen hastig den Hof, sobald sie das allzu offenbare Interesse der Königin für sich merken –; aber es ist kein Zweifel, wenn einer von den jungen Günstlingen, mit denen sie kokett spielt, in günstigem Augenblick kühn zugriffe, könnte er sich leicht dieser innerlich nur noch matt bewahrten Tugend bemächtigen. Bisher ist es Marie Antoinette glücklicherweise gelungen, noch einen

Schritt vor dem Fall sich aufzufangen. Aber mit der inneren Unruhe wächst die Gefahr: immer näher, immer flattriger kreist der Schmetterling um das lockende Licht; ein ungeschickter Flügelschlag, und die Spielende stürzt unrettbar in das zerstörende Element.

Weiß der mütterliche Wächter auch von dieser Gefahr? Man darf es annehmen, denn seine Warnungen vor Lauzun, vor Dillon, vor Esterhazy deuten an, daß der alte erfahrene Junggeselle die gespannte Lage besser in ihrer letzten Ursache erfaßt als die Königin, die nicht ahnt, wie verräterisch ihre springende Erregtheit, ihre wilde und unstillbare Fahrigkeit ist. Er begreift im ganzen Ausmaß die Katastrophe, die es bedeuten würde, wenn die Königin von Frankreich, ehe sie ihrem Gatten einen echten Erben geboren, irgendeinem fremden Liebhaber zur Beute fiele; das muß verhindert werden, um jeden Preis. So sendet er Brief um Brief nach Wien, Kaiser Joseph möge endlich nach Versailles kommen, um nach dem Rechten zu sehen. Denn er weiß, der stille, ruhige Beobachter: es ist höchste Zeit, die Königin vor sich selbst zu retten.

Die Reise Josephs II. nach Paris hat einen dreifachen Zweck. Er soll, Mann zu Mann, mit dem König, seinem Schwager, über die heikle Angelegenheit der noch immer nicht vollzogenen ehelichen Pflichten reden. Er soll mit der Autorität des älteren Bruders seiner vergnügungssüchtigen Schwester den Kopf waschen, ihr die politischen und menschlichen Gefahren ihrer Vergnügungssucht vor Augen halten. Drittens soll er das staatliche Bündnis zwischen dem französischen und österreichischen Herrscherhaus menschlich festigen.

Zu diesen drei ihm vorgesetzten Aufgaben fügt Joseph II. freiwillig noch eine vierte hinzu: er will die Gelegenheit dieses auffälligen Besuches wahrnehmen, ihn noch auffälliger zu machen, und für seine eigene Person möglichst viel Bewunderung einheimsen. Dieser im Innersten ehrenhafte, nicht unkluge, wenn auch nicht übermäßig begabte und vor allem eitle Mann leidet seit Jahren an der typischen Kronprinzenkrankheit; es verärgert ihn, als erwachsener Mann noch immer nicht frei und unbeschränkt herrschen zu dürfen, sondern im Schatten seiner berühmten, gefeierten Mutter auf der politischen Bühne bloß die zweite Rolle zu spielen oder, wie er sich ärgerlich ausdrückt, »das fünfte Rad am Wagen zu sein«. Gerade weil er weiß, daß er die große Kaiserin, die ihm im Lichte steht, weder an Klugheit noch an moralischer Autorität übertreffen kann, sucht er sich für diese Nebenrolle eine besonders hervorstechende Nuance. Wenn sie vor Europa schon die heroische Auffassung des Herrschertums versinnlicht, will er für seinen Teil den Volkskaiser spielen, den modernen, philanthropischen, vorurteilsfreien, aufgeklärten Landesvater. Er geht als Arbeitsmann hinter dem Pflug, er mischt sich im schlichten Bürgerrock unter die Menge, er schläft im einfachen Soldatenbett, er läßt sich zur Probe auf dem Spielberg einsperren, sorgt aber gleichzeitig dafür, daß die Welt diese ostentative Bescheidenheit im weitesten Maße erfährt. Bisher konnte Joseph II. diese Rolle des leutseligen Kalifen aber nur vor seinen eigenen Untertanen verkörpern; diese Reise nach Paris bietet ihm endlich Gelegenheit, auf der großen Weltbühne aufzutreten. Und schon viele Wochen vorher studiert der Kaiser seine Bescheidenheitsrolle mit allen nur denkbaren Einzelheiten ein.

Zur Hälfte ist Kaiser Joseph diese Absicht gelungen. Zwar hat er die Geschichte nicht zu täuschen vermocht, sie verzeichnet in seinem Schuldbuch Fehler über Fehler, verfrühte, ungeschickt eingeführte Reformen, verhängnisvolle Voreiligkeiten, und vielleicht nur sein frühzeitiger Tod hat Österreich vor dem schon damals drohenden Zerfall bewahrt; aber die Legende, gutgläubiger als die

Geschichte, sie hat er sich gewonnen. Lange wurde noch das Lied von dem gütigen Volkskaiser gesungen, unzählige Kolportageromane schildern, wie ein edler Unbekannter, in schlichten Mantel gehüllt, Wohltaten mit linder Hand übt und die Mädchen aus dem Volke liebt; berühmt ist von diesen Romanen der immer wiederkehrende Schluß: der Unbekannte schlägt den Mantel auf, man erblickt staunend eine prunkvolle Uniform, und der edle Mann wendet sich weiter mit den tiefsinnigen Worten: »Meinen Namen werdet ihr nie erfahren, ich bin der Kaiser Joseph.«

Ein törichtes Scherzwort, aber doch, es ist aus Instinkt klüger, als man denkt; in fast genialer Weise karikiert es jene historische Eigenheit Kaiser Josephs, einerseits den bescheidenen Mann zu spielen und gleichzeitig alles zu tun, daß diese Bescheidenheit auch gehörig bewundert werde. Seine Reise nach Paris gibt davon eine bezeichnende Probe. Denn Kaiser Joseph II. reist selbstverständlich nicht als Kaiser nach Paris, er will kein Aufsehen, sondern als Graf Falkenstein, und stärkstes Gewicht wird darauf gelegt, daß niemand von diesem Inkognito erfahre. In langen Schriftstücken wird festgelegt, daß niemand ihn anders als »Monsieur« ansprechen darf, auch der König von Frankreich nicht, daß er nicht in Schlössern wohnen und nur schlichte Mietwagen benutzen will. Selbstverständlich wissen aber alle Höfe Europas auf Tag und Stunde genau sein Eintreffen; gleich in Stuttgart spielt ihm der Herzog von Württemberg einen schlimmen Streich und befiehlt, sämtliche Schilder von den Gasthäusern zu entfernen, so daß dem Volkskaiser nichts anderes übrigbleibt, als doch im Palais des Herzogs zu schlafen. Aber mit pedantischer Starrheit hält der neue Harun al Raschid bis zum letzten Augenblick an seinem längst weltbekannten Inkognito fest. Im einfachen Fiaker fährt er in Paris ein, steigt im Hotel de Tréville, dem heutigen

Hotel Foyot, als unbekannter Graf Falkenstein ab; in Versailles nimmt er ein Zimmer in einem minderen Haus, schläft dort, als wäre er im Biwak, auf einem Feldbett, bloß mit dem Mantel bedeckt. Und er hat richtig gerechnet. Für das Pariser Volk, das seine Könige nur in Luxus kennt, ist ein solcher Herrscher Sensation, ein Kaiser, der in den Hospitälern die Armensuppen kostet, der den Sitzungen der Akademien, den Verhandlungen im Parlament beiwohnt oder die Schiffer, die Kaufleute, die Taubstummenanstalt, den botanischen Garten, die Seifenfabrik, die Handwerker besucht; Joseph sieht viel in Paris und freut sich zugleich, gesehen zu werden; er entzückt alle durch seine Leutseligkeit und ist selber noch mehr entzückt über den begeisterten Beifall, den er dafür findet. Mitten in solcher Doppelrolle zwischen Echt und Unecht bleibt dieser geheimnisvolle Charakter sich seines Zwiespaltes ständig bewußt, und vor seinem Abschied schreibt er an seinen Bruder: »Du bist mehr wert als ich, aber ich bin mehr Scharlatan, und in diesem Lande muß man es sein. In bin mit Vorbedacht und aus Bescheidenheit einfach, aber ich übertreibe das mit Absicht; ich habe hier einen Enthusiasmus erregt, der mir wirklich schon peinlich wird. Ich verlasse dieses Königreich sehr zufrieden, aber ohne Bedauern, denn ich habe schon genug von meiner Rolle.«

Neben diesem persönlichen Erfolg erreicht Joseph auch die vorgezeichneten politischen Ziele; vor allem geht die Aussprache mit seinem Schwager über die bewußte heikle Angelegenheit überraschend leicht vonstatten. Ludwig XVI., ehrlich und jovial, empfängt seinen Schwager mit vollem Vertrauen. Es hat Friedrich dem Großen nichts geholfen, daß er seinem Gesandten, Baron Goltz, Anweisung gab, in ganz Paris zu verbreiten, daß Kaiser Joseph zu ihm gesagt habe: »Ich habe drei Schwäger, und alle drei sind jämmerlich: der eine in Versailles ist ein Schwachsinniger, der in Neapel ein Narr und der in Parma ein Dummkopf.« In diesem Falle hatte der »schlimme Nachbar« den Kessel vergebens geheizt, denn Ludwig XVI. ist im Punkt der Eitelkeit nicht kitzlig, der Pfeil prallt ab an seiner biederen Gutmütigkeit. Die beiden Schwäger sprechen frei und ehrlich miteinander, und Ludwig XVI. nötigt bei näherer Bekanntschaft auch Joseph II. eine gewisse menschliche Achtung ab: »Dieser Mann ist ein Schwächling, aber kein Dummkopf. Er hat Kenntnisse und Urteil, aber er ist körperlich wie geistig apathisch. Er führt vernünftige Gespräche, hat aber keine rechte Lust, sich tiefer zu bilden, und keine rechte Neugier; das fiat lux ist bei ihm noch nicht gekommen, die Materie noch im Urzustand.« Nach einigen Tagen hat Joseph II. den König ganz in der Hand, sie verstehen sich in allen politischen Fragen, und man kann kaum zweifeln, daß es ihm ohne Mühe gelungen ist, seinen Schwager zu jener diskreten Operation zu bewegen.

Schwieriger, weil verantwortlicher, wird Josephs Stellung zu Marie Antoinette. Mit gemischten Gefühlen hat die Schwester den Besuch des Bruders erwartet, glücklich, sich endlich einmal mit einem Blutsverwandten, und zwar dem vertrautesten, ehrlich aussprechen zu können, aber auch voll Angst vor der schroffen lehrhaften Art, die der Kaiser der jüngeren Schwester gegenüber anzunehmen liebt. Erst vor kurzem hat er sie gerüffelt wie ein Schulmädchen: »In was mengst Du Dich ein«, hatte er ihr geschrieben. »Du läßt Minister absetzen, einen andern auf seine Güter verbannen, Du schaffst neue kostspielige Ämter bei Hof! Hast Du Dich schon einmal gefragt, mit welchem Rechte Du Dich in die Angelegenheiten des Hofes und der französischen Monarchie mengst? Was für Kenntnisse hast Du Dir erworben, um zu wagen, Dich einzumengen und Dir einzubilden, Deine Meinung könnte in irgendeiner Hinsicht wichtig sein und besonders in jener des Staates, die doch ganz besondere vertiefte Kenntnisse erfordert? Du, eine liebenswürdige junge Person, die den ganzen Tag an nichts als an Frivolitäten, ihre Toiletten und Vergnügungen denkt, die nichts liest, nicht eine Viertelstunde im Monat in vernünftigem Gespräch verbringt oder zuhört, die nicht nachdenkt, nichts zu Ende und nie, ich bin dessen sicher, an die Folgen dessen denkt, was sie sagt oder tut...« Einen solchen bittern Schulmeisterton ist die verwöhnte, verhätschelte Frau von ihren Höflingen in Trianon nicht gewöhnt, und man versteht ihr Herzklopfen, als plötzlich der Hofmarschall meldet, der Graf von Falkenstein sei in Paris eingetroffen und werde morgen in Versailles erscheinen.

Aber es kommt besser, als sie es erwartet hat. Joseph II. ist Diplomat genug, um nicht sofort mit dem Donner ins Haus zu fallen; im Gegenteil, er sagt ihr Artiges über ihr reizendes Aussehen, versichert, wenn er noch einmal heiraten sollte, müßte seine Frau ihr ähnlich sein, er spielt eher den Galan. Maria Theresia hat wieder einmal richtig prophezeit, als sie im voraus ihrem Botschafter ankündigte: »Ich fürchte eigentlich nicht, daß er ein zu strenger Beurteiler ihres Verhaltens sein wird, ich glaube eher, daß, hübsch und anreizend, wie sie ist, und mit ihrer Geschicklichkeit, Geist und gute Haltung im Gespräch zu vermengen, sie seinen Beifall finden wird, was wiederum ihm schmeicheln wird.« In der Tat, die Liebenswürdigkeit der entzückend hübschen Schwester, ihre aufrichtige Freude, ihn wiederzusehen, die Achtung, mit der sie ihm zuhört, andrerseits die familiäre Gutmütigkeit des Schwagers und der große Triumph, den er mit seiner Bescheidenheitskomödie in Paris erringt, machen den gefürchteten Pedanten stumm; der strenge Brummbär läßt sich beruhigen, seit man ihm so reichlich Honig gibt. Sein erster Eindruck ist eher freundlich: »Sie ist eine liebenswürdige und anständige Frau, noch etwas jung und zu wenig nachdenkend, aber sie hat doch einen guten Fond von Anständigkeit und Tugend und dazu noch eine gewisse richtige Gabe der Auffassung, die mich oft überrascht hat. Die erste Regung ist immer richtig, und würde sie sich ihr hingeben und ein bißchen mehr nachdenken, statt der Legion Zubläser, die sie umringen, nachzugeben, so wäre sie vollendet. Die Vergnügungslust ist bei ihr sehr mächtig, und da man diese Schwäche kennt, hält man sich daran, und sie hört immer wieder am meisten auf jene, die ihr darin zu dienen wissen.«

Während sich Joseph II. aber scheinbar lässig bei all den Festen vergnügt, die ihm seine Schwester darbietet, beobachtet dieser merkwürdige Zwielichtgeist gleichzeitig scharf und genau. Vor allem muß er feststellen, daß Marie Antoinette »gar keine Liebe für ihren Gatten empfindet«, daß sie ihn nachlässig, gleichgültig und mit einem ungebührlichen Vonobenherab behandelt. Er hat ferner nicht viel Mühe, die üble Gesellschaft des »Windkopfs«, vor allem jene der Polignacs, zu durchschauen. Nur in einer Hinsicht scheint er beruhigt. Joseph II. atmet sichtlich erleichtert auf – wahrscheinlich hat er Ärgeres befürchtet –, daß trotz aller Koketterien mit jungen Kavalieren die Tugend seiner Schwester bisher standgehalten hat, daß – sorgfältig fügt er die Klausel bei »wenigstens bis jetzt« – inmitten dieser verluderten Moral ihr Verhalten in sittlicher Hinsicht besser sei als ihr Ruf. Allerdings: sehr sicher für die Zukunft scheint ihn, was er in dieser Beziehung gehört und gesehen, nicht gemacht zu haben; ein paar kräftige Warnungen scheinen ihm nicht überflüssig. Einige Male nimmt er sich seine junge Schwester vor, es kommt zu heftigen Zusammenstößen, zum Beispiel, als er ihr vor Zeugen grob vorhält, daß sie »ihrem Mann zu nichts gut sei«, oder das Spielzimmer ihrer Freundin, der Herzogin von Guémenée, »un vrai tripot«, eine wahre

Gaunerhöhle, nennt. Solche öffentlichen Vorhalte erbittern Marie Antoinette: es geht manchmal hart auf hart bei diesen Unterredungen zwischen den Geschwistern. Der kindische Trotz der jungen Frau wehrt sich gegen die angemaßte Bevormundung; aber gleichzeitig spürt ihre innere Aufrichtigkeit, wie sehr ihr Bruder mit allen seinen Vorwürfen im Recht ist, wie notwendig ihrer eigenen Charakterschwäche ein solcher Wächter an ihrer Seite wäre.

Zu einer endgültig zusammenfassenden Aussprache scheint es zwischen den beiden nicht gekommen zu sein. Zwar erinnert später in einem Brief Joseph II. mahnend Marie Antoinette an ein gewisses Gespräch auf einer Steinbank, aber das Eigentlichste und Wichtigste will er ihr offenbar nicht in gelegentlichen Gesprächen anvertrauen. In zwei Monaten hat Joseph II. ganz Frankreich gesehen, er weiß mehr von diesem Land als der eigene König und mehr von den Gefahren seiner Schwester als sie selbst. Aber auch dies hat er erkannt, daß bei dieser flüchtigen Person jedes gesprochene Wort sich verflüchtigt, daß sie in der nächsten Stunde alles vergißt, besonders das, was sie vergessen will. So verfaßt er in aller Stille eine Instruktion, die alle seine Beobachtungen und Bedenken vereinigt, und übergibt ihr dieses dreißigseitige Dokument absichtlich in der allerletzten Stunde, mit der Bitte, es erst nach seiner Abreise zu lesen. Scripta manent, die geschriebene Mahnung soll ihr in seiner Abwesenheit zur Seite stehen.

Diese »instruction« ist das für den Charakter Marie Antoinettes vielleicht aufschlußreichste Dokument, das wir besitzen, denn Joseph II. schreibt es guten Willens und in völliger Unbestechlichkeit. Ein wenig schwülstig in der Form, für unsern Geschmack etwas zu pathetisch in seinem Moralismus, zeigt es gleichzeitig eine große diplomatische Geschicklichkeit, denn mit Takt vermeidet der

Kaiser von Österreich, einer Königin von Frankreich direkte Verhaltensmaßregeln für ihr Betragen zu erteilen. Er reiht nur Frage an Frage, eine Art Katechismus, um die Gedankenfaule zum Nachdenken, zur Selbsterkenntnis und Selbstbeantwortung anzuregen; aber ohne es zu wollen, werden die Fragen zur Anklage, ihr scheinbar lockeres Hintereinander zu einem vollständigen Register der Verfehlungen Marie Antoinettes. Joseph II. erinnert seine Schwester vor allem, wieviel Zeit schon unnütz vertan sei. »Du schreitest im Alter vor, Du hast also nicht mehr die Entschuldigung, ein Kind zu sein. Was soll geschehen, was aus Dir werden, wenn Du länger zögerst?« Und er antwortet mit erschreckender Hellsicht selbst: »Eine unglückliche Frau und eine noch unglücklichere Königin.« Einzeln zählt er in Frageform alle ihre Nachlässigkeiten auf: ein scharfes kaltes Blitzlicht fällt vor allem auf ihr Verhalten zum König. »Suchst Du wirklich alle Gelegenheiten? Erwiderst Du die Gefühle, die er Dir offenbart? Bist Du nicht kalt und zerstreut, wenn er mit Dir spricht? Scheinst Du nicht manchmal gelangweilt oder abgestoßen? Wie willst Du bei einem solchen Verhalten, daß ein von Natur aus kühler Mann sich Dir nähert und Dich wirklich liebt?« Unbarmherzig hält er ihr – immer scheinbar nur fragend, in Wahrheit aber scharf anklagend – vor, daß sie, statt sich dem König unterzuordnen, seine Ungeschicklichkeit und Schwäche ausnütze, um statt seiner alle Erfolge und Aufmerksamkeit auf sich zu ziehen. »Verstehst Du, Dich ihm wirklich notwendig zu machen?« fragt er strenger. »Überzeugst Du ihn, daß niemand ihn aufrichtiger liebt und mehr seinen Ruhm und sein Glück im Herzen hegt als Du? Unterdrückst Du jemals Deinen Wunsch, auf seine Rechnung zu glänzen? Beschäftigst Du Dich mit den Dingen, die er vernachlässigt, um den Anschein zu vermeiden, Du hättest Verdienste auf seine Kosten? Bringst Du ihm Opfer?

– Und bewahrst Du undurchdringliches Schweigen über seine Fehler und Schwächen? Entschuldigst Du sie, und befiehlst Du sofort denjenigen Schweigen, die wagen, darüber Andeutungen zu machen?«

Blatt um Blatt rollt Kaiser Joseph dann das ganze Register der Vergnügungswut auf: »Hast Du schon einmal darüber nachgedacht, welche schlechte Wirkung Deine gesellschaftlichen Bindungen, Deine Freundschaften, wenn sie sich nicht auf in jeder Hinsicht untadelige Personen erstrecken, auf die öffentliche Meinung haben können und müssen, weil dadurch doch unwillkürlich der Verdacht entsteht, daß Du diese schlechten Sitten entweder billigst oder sogar an ihnen teilnimmst? Hast Du einmal die furchtbaren Folgen ausgewogen, die das Hasardspiel mit sich bringen kann durch die schlechte Gesellschaft und den Ton, den es nach sich zieht? Erinnere Dich doch an die Dinge, die vor Deinen eigenen Augen vor sich gegangen sind, erinnere Dich, daß der König selbst nicht spielt und daß es aufreizend wirkt, wenn Du sozusagen als einzige der ganzen Familie diesen schlechten Brauch unterstützest. Ebenso denke auch wenigstens einen Augenblick an alle die Peinlichkeiten, die sich an die Opernbälle knüpfen, an alle die üblen Abenteuer, die Du mir ja selbst in dieser Hinsicht erzählt hast. Ich kann Dir nicht verschweigen, daß von allen Vergnügungen dieses zweifellos das ungehörigste ist und besonders durch die Art, wie Du auf jene Bälle gehst, denn daß Dich Dein Schwager dorthin begleitet, macht nichts aus. Was hat es für einen Sinn, dort unbekannt zu sein, eine Fremde, Maske spielen zu wollen, siehst Du denn nicht ein, daß man Dich trotzdem kennt und manche Dinge zu Dir sagt, von denen es sich nicht paßt, daß Du sie hörst, die man aber mit Absicht sagt, um Dich zu amüsieren und Dich glauben zu machen, man habe sie in aller Unschuld gesagt? Schon der Ort hat einen sehr schlechten Ruf. Was suchst Du denn dort? Die Maske verhindert ein anständiges Gespräch, auch tanzen kannst Du dort nicht, wozu also diese Abenteuer, diese Ungehörigkeiten, wozu sich also mit diesem Pack von zügellosen Burschen und Dirnen und Fremden gemein machen, zweideutige Reden hören und vielleicht welche halten, die ihnen ähnlich sind? Nein, das gehört sich nicht. Ich gestehe Dir, daß das der Punkt ist, über den ich alle Leute, die Dich lieben und die anständig denken, am meisten empört gesehen habe: der König wird ganze Nächte lang in Versailles allein gelassen, und Du bist in Gesellschaft der ganzen Kanaille in Paris!« Dringend wiederholt ihr Joseph die alten Lehren ihrer Mutter, sie solle endlich anfangen, sich ein wenig mit Lektüre zu befassen, zwei Stunden täglich seien nicht viel und würden sie klüger und vernünftiger machen für die übrigen zweiundzwanzig. Und plötzlich springt mitten in der langen Predigt ein seherisches Wort auf, das man nicht ohne Schauer lesen kann. Wenn sie ihm nicht folge in dieser Hinsicht, sagt Joseph II., so sehe er arge Dinge voraus, und wörtlich schreibt er hin: »Ich zittere jetzt für Dich, denn so kann es nicht weitergehen; la révolution sera cruelle si vous ne la préparez.« – »Die Revolution wird grausam sein« – das unheimliche Wort, hier ist es zum erstenmal hingeschrieben. Obwohl in einem andern Sinn gemeint, ist es doch prophetisch gesprochen. Aber erst ein ganzes Jahrzehnt später wird Marie Antoinette den Sinn dieses Wortes begreifen.

Mutterschaft

Dieser Besuch Kaiser Josephs II. scheint, historisch gesehen, eine belanglose Episode im Leben Marie Antoinettes; in Wahrheit bewirkt er die entscheidende Umstellung.

Denn schon einige Wochen später zeigen sich die Früchte der Zwiesprache des Kaisers mit Ludwig XVI. über das heikle Thema des Alkovens. Mit neuem Mut macht sich der Gekräftigte an seine ehelichen Pflichten. Noch am 19. August 1777 meldet Marie Antoinette nach Wien bloß »un petit mieux«: ihr (jungfräulicher) »Zustand sei unverändert«, der große Angriff nicht gelungen, »aber ich zweifle dennoch nicht daran, denn eine kleine Besserung ist zu verzeichnen, nämlich, der König wird zärtlicher als vordem, und das bedeutet viel bei ihm«. Am 30. August ertönt endlich, endlich die Siegesfanfare; zum erstenmal nach ungezählten Niederlagen in diesem siebenjährigen Kriege des Eros hat der »nonchalant mari« die gar nicht verteidigte Festung erstürmt. »Ich befinde mich im größten Glück für mein ganzes Leben«, eilt Marie Antoinette, der Mutter zu berichten: »jetzt sind es schon acht Tage her, daß meine Ehe vollkommen vollzogen ist; der Versuch wurde erneuert und gestern noch vollständiger als das erste Mal. Ich dachte zuerst, sofort einen Kurier an meine teure Mutter abzusenden, aber ich bekam dann Angst, das würde zuviel Aufsehen und Geschwätz verursachen, auch wünschte ich, meiner Sache erst vollkommen sicher zu sein. Ich glaube noch nicht schwanger zu sein, aber ich habe jetzt wenigstens die Hoffnung, es von einem Augenblick zum andern werden zu können.« Lange bleibt diese glorreiche Wendung übrigens kein Geheimnis: der spanische Botschafter, der bestinformierte von allen, weiß seiner Regierung sogar das Datum des schicksalwendenden Tages (25. August) zu melden und fügt bei: »Da ein solches Ereignis interessant und von öffentlicher Wichtigkeit ist, habe ich mit den Ministern Maurepas und Vergennes einzeln darüber gesprochen, und beide haben mir die gleichen Umstände bestätigt. Übrigens ist sicher, daß der König die Sache einer seiner Tanten erzählte und mit viel Freimut sagte: ›Ich liebe sehr diese Art des Vergnügens und bedaure, sie so lange nicht gekannt zu haben.‹ Seine Majestät ist jetzt viel heiterer als früher, und die Königin hat jetzt öfter, als man es bisher beobachtet hatte, umränderte Augen.« Der erste Jubel der jungen Frau über ihren tüchtigen Ehemann erweist sich übrigens noch als verfrüht, denn diesem »neuen Vergnügen« geht Ludwig XVI. bei weitem nicht so eifrig nach wie der Jagd, und schon zehn Tage später muß Marie Antoinette der Mutter wieder klagen: »Der König liebt es nicht, zu zweit zu schlafen. Ich suche ihn zu bewegen, wenigstens nicht gänzlich auf diese Gemeinschaft Verzicht zu leisten. Manchmal verbringt er die Nacht bei mir, und ich glaube ihn nicht quälen zu dürfen, es öfter zu tun.« Die Mutter hört dies mit wenig Freude, weil sie diesen Punkt als sehr »essentiell« betrachtet, aber sie stimmt der taktvollen Tochter bei, ihren Gatten nicht zu bedrängen; nur solle sie sich auch ihrerseits mehr als bisher den Bettstunden ihres Gatten anpassen. Die in Wien brennend ersehnte Nachricht der eingetretenen Schwangerschaft läßt in dieser unleidenschaftlichen Ehe also noch immer auf sich warten, erst im April glaubt die ungeduldige Frau, ihren innigsten Wunsch erfüllt zu fühlen. Schon bei den ersten Anzeichen will Marie Antoinette rasch an ihre Mutter einen Eilkurier abschicken, aber der Hofarzt, obwohl privatim bereit, tausend Louis zu wetten, daß die Königin recht habe, rät zunächst ab. Am 5. Mai meldet der vorsichtige Mercy die Gewißheit an, am 4. August wird die Schwangerschaft am Hof amtlich verkündet, nachdem die Königin am 31. Juli um halb elf Uhr abends die ersten Bewegungen des Kindes gespürt hat. »Seitdem«, schreibt sie an Maria Theresia, »bewegt es sich oft, und das macht mir große Freude.« Ihrer guten Laune bereitet es besonderen Spaß, auf urwüchsige Weise dem spät erprobten Gatten seine Vaterschaft mitzuteilen. Sie tritt vor ihn hin, zieht ein finsteres Gesicht, stellt sich beleidigt: »Sire, ich muß mich über einen Ihrer Untertanen beschweren, der so kühn gewesen ist, mir mit den Füßen in den Bauch zu stoßen.« Der brave König versteht nicht gleich, dann lacht er stolz behäbig und umarmt, von seiner eigenen unerwarteten Tüchtigkeit ganz verblüfft, seine Frau.

Sofort beginnen jetzt die vielfältigsten öffentlichen Zeremonien. In den Kirchen werden Tedeums gesungen, das Parlament sendet seine Glückwünsche, der Erzbischof von Paris ordnet Bittgebete für den glücklichen Verlauf der Schwangerschaft an; mit ungeheurer Sorgfalt wird für das kommende Königskind die Amme ausgesucht, für die Armen werden hunderttausend Livres bereitgehalten. Alle Welt ist auf das große Ereignis gespannt, nicht am wenigsten der Geburtshelfer, denn im Falle eines Thronerben winken ihm vierzigtausend Livres Pension und nur zehntausend im Falle einer Prinzessin. Geradezu aufgeregt aber wartet der Hof auf das lang versagte Schauspiel, denn nach jahrhundertelang geheiligtem Brauch stellt die Entbindung einer Königin von Frankreich keineswegs nur ein privates Familienereignis dar; ihre schwere Stunde muß nach den uralten Regeln angesichts aller Prinzen, Prinzessinnen und unter Kontrolle des ganzen Hofes vor sich gehen. Jedes Mitglied der königlichen Familie sowie eine Reihe der höchsten Würdenträger haben das Recht, während des Geburtsaktes im Zimmer der Wöchnerin anwesend zu sein, und keiner denkt natürlich im entferntesten daran, auf dieses barbarische und gesundheitsstörende Privileg zu verzichten. Aus allen Provinzen, von den entlegensten Schlössern kommen die Neugierigen herausgefahren, die kleinste Mansarde in der winzigen Stadt Versailles ist bewohnt, und der riesige Menschenzudrang treibt die Lebensmittelpreise auf das Dreifache hinauf. Aber die Königin läßt die ungewünschten Gäste lange auf das Schauspiel warten. Endlich, am 18. Dezember, schellt nachts die Glocke durch das Haus, die Wehen haben begonnen. Als erste stürzt Madame de Lamballe in das Zimmer der Wöchnerin, hinter ihr aufgeregt alle Ehrendamen. Um drei Uhr werden der König, die Prinzen und Prinzessinnen geweckt, Pagen und Garden setzen sich aufs Pferd und rasen in gestrecktem Galopp nach Paris und Saint-Cloud, um alles, was königlichen Geblüts oder prinzlichen Ranges ist, als Zeugen rechtzeitig heranzuholen: es fehlt nur noch, daß man Sturmglocken läutet oder Alarmkanonen abschießt.

Ein paar Minuten, nachdem der Hofarzt mit lauter Stimme angekündigt hat, die schwere Stunde der Königin sei gekommen, poltert die ganze adelige Rotte herein, dicht gedrängt im engen Zimmer setzen sich die Zuschauer auf nach der Rangordnung gestellte Fauteuils rings um das Bett. Die in den Vorderreihen nicht mehr Platz gefunden haben, steigen sogar auf Sessel und Bänke, damit ihnen um Gottes willen nur keine Bewegung, kein Stöhnen der gequälten Frau entgehe. Die Luft wird in dem verschlossenen Raum immer dicker und schwüler vom Atmen der etwa fünfzig Menschen, von dem scharfen Geruch des Essigs und der Essenzen. Aber niemand öffnet ein Fenster, keiner verläßt seinen Platz, und sieben volle Stunden dauert die öffentliche Folterszene, bis endlich um halb zwölf Uhr mittags Marie Antoinette einem Kind das Leben gibt – hélas! – eine Tochter. Ehrfurchtsvoll trägt man den Königssprossen in ein nachbarliches Kabinett, um ihn zu baden und dann sofort der Obhut der Gouvernante zu übergeben; von Stolz bewegt folgt der König, um die späte Leistung seiner Lenden zu bewundern, hinter ihm drängt neugierig wie immer der ganze Hof – da plötzlich tönt ein geller Befehl des Geburtshelfers: »Luft und heißes Wasser! Ein Aderlaß ist notwendig.« Der Königin ist plötzlich das Blut zu Kopf gestiegen; in Ohnmacht gefallen, halb erstickt von der verpesteten Luft und vielleicht auch von der Anstrengung angesichts der fünfzig neugierigen Zuschauer, ihre Schmerzen zu unterdrücken, liegt sie regungslos und röchelnd in den Kissen. Ein allgemeiner Schreck entsteht, der König reißt eigenhändig die Fenster auf, alles läuft entsetzt durcheinander. Aber das heiße Wasser kommt und kommt nicht. An sämtliche mittelalterlichen Zeremonien haben die Schranzen bei dieser Geburt gedacht, nur nicht an die natürlichste Maßnahme in solchem Falle: heißes Wasser bereitzuhalten. So wagt der Chirurg den Aderlaß ohne weitere Vorbereitung. Ein Blutstrahl spritzt aus der angeschlagenen Ader des Fußes, und siehe: die Königin schlägt die Augen auf, sie ist gerettet. Jetzt erst bricht ungehemmt der Jubel los, man umarmt sich, man weint vor Freude, und die Glocken dröhnen die frohe Botschaft ins Land.

Die Qual der Frau ist zu Ende, das Glück der Mutter beginnt. Wenn auch die Freude nicht vollkommen ist, die Kanone nur einundzwanzigmal zu Ehren einer Prinzessin erdröhnt, statt hunderteinmal, um einen neugeborenen Thronfolger zu begrüßen, so jubeln doch Versailles und Paris. Stafetten werden abgeschickt, in alle Länder Europas, Almosen verteilt im ganzen Land, Gefangene aus Schuldhaft und Kerkern befreit, hundert junge Verlobte auf Kosten des Königs neu gekleidet, vermählt und mit einer Mitgift beschenkt. Als die Königin, von ihrem Wochenbett aufgestanden, nach Notre-Dame kommt, erwarten sie in glückseliger Reihe dort die hundert Paare – der Polizeiminister hat mit Absicht besonders hübsche ausgesucht – und begrüßen begeistert ihre Wohltäterin. Für das Volk von Paris gibt es Feuerwerk, Festbeleuchtung, Wein aus sprudelnden Brunnen, Brot- und Wurstverteilung, freien Zutritt in die Comédie Française, den Kohlenbrennern wird die Loge des Königs, den Fischweibern die der Königin zugewiesen: auch die Armen sollen einmal Feste feiern dürfen. Alles scheint jetzt glücklich und gut, nun könnte Ludwig XVI. ein heiterer, selbstsicherer Mann werden, seit er Vater, und Marie Antoinette eine glückliche, ernste, gewissenhafte Frau, seit sie Mutter ist; das große Hemmnis ist beseitigt, die Ehe gesichert und gestärkt. Eltern, Hof und das ganze Land, sie dürfen sich freuen, und sie freuen sich tatsächlich ausgiebig mit Feiern und Vergnügungen.

Eine einzige nur ist nicht ganz zufrieden: Maria Theresia. Durch diese Enkelin scheint ihr die Stellung ihres Lieblingskindes zwar verbessert, aber noch nicht genug gefestigt. Als Kaiserin, als Politikerin denkt sie über das private Familienglück hinaus unaufhörlich vor allem an die Erhaltung der Dynastie. »Wir brauchen unbedingt einen Dauphin, einen Thronfolger.« Wie eine Litanei wiederholt sie die Mahnung an die Tochter, nur nicht jetzt »lit à part« zu machen, keiner Leichtfertigkeit sich hinzugeben. Als neuerdings Monat um Monat ohne Schwangerschaft vergeht, wird sie geradezu zornig, wie schlecht Marie Antoinette ihre ehelichen Nächte nützt. »Der König zieht sich zu früher Stunde zurück, er steht früh auf, die Königin tut das Gegenteil, wie kann man da etwas Gutes erwarten? Wenn man sich nur so im Vorübergehen sieht, ist kein wirklicher Erfolg zu erhoffen.« Immer lebhafter wird ihre Dringlichkeit. »Bisher war ich diskret, aber nun werde ich zudringlich werden; es wäre ein Verbrechen, nicht mehr Kinder dieses Blutes zu zeugen.« Nur dies eine will sie noch erleben: »Ich habe Ungeduld – in meinem Alter kann man nicht mehr lange warten.«

Aber diese letzte Freude, einen zukünftigen König von Frankreich aus ihrem habsburgischen Blute zu sehen, ist ihr nicht mehr vergönnt. Die nächste Schwangerschaft Marie Antoinettes bleibt fruchtlos; eine heftige Bewegung, um das Fenster der Karosse zu schließen, verschuldet eine Fehlgeburt, und ehe der lang ersehnte, der so ungeduldig herbeigewünschte Enkel geboren oder auch zu erwarten ist, erliegt am 29. November 1780 Maria Theresia einer Lungenentzündung. Zwei Wünsche hatte die alte, vom Leben längst enttäuschte Frau noch an das Dasein gerichtet. Den ersten: von ihrer Tochter geboren, einen Enkel für den französischen Thron zu sehen – ihn hat ihr das Schicksal versagt. Aber den andern: nicht mehr erleben zu müssen, wie ihr eigenes, geliebtes Kind durch Torheit und Unverstand ins Unglück gerät, ihn hat Gott der frommen Frau erfüllt.

Erst ein Jahr nach Maria Theresias Hinscheiden bringt Marie Antoinette den ersehnten Sohn zur Welt: im Hinblick auf die aufregenden Vorfälle bei der ersten Geburt war diesmal die große Schaustellung in der Wochenstube abgesagt worden; nur allernächste Familienmitglieder hatten Zutritt erhalten. Diesmal geht die Geburt leicht vonstatten. Doch als man das neugeborene Kind hinausträgt, hat die Königin nicht mehr die Kraft zu fragen, ob es ein Knabe oder wieder nur ein Mädchen sei. Aber da tritt der König an ihr Bett, Tränen fließen dem sonst schwer erregbaren Mann die Wangen hinab und mit seiner schallenden Stimme kündigt er an: »Der Kronprinz wünscht einzutreten.« Nun bricht allgemeiner Jubel los, beide Türen werden feierlich geöffnet, unter Beifallsrufen des versammelten Hofes wird das gewaschene und gewindelte Kind – der Herzog der Normandie – der beglückten Mutter wiedergebracht. Jetzt kann sich das große Kronprinzen-Geburtszeremoniell endlich ausleben. Abermals ist es der schicksalsbestimmte Gegenspieler Marie Antoinettes, Kardinal Rohan, er, der immer in entscheidender Stunde ihren Weg kreuzen soll, welcher die Taufe vornimmt; eine prächtige Amme wird besorgt, die erheiternderweise Madame »Poitrine« heißt, die Kanonen erdröhnen, bald weiß Paris von dem Ereignis. Und neuerdings beginnt, bedeutend großartiger als bei der Geburt der Prinzessin, der Reigen der Feste. Alle Zünfte senden, von Musikanten begleitet, Abordnungen nach Versailles, neun Tage dauert der farbenprächtige Aufmarsch der Gilden, denn jeder Stand will den neugeborenen zukünftigen König in seiner besonderen Art begrüßen. Die Rauchfangkehrer schleppen im Triumph einen ganzen Schornstein herbei, auf dessen Höhe kleine Schornsteinfeger sitzen und lustige Lieder singen; Fleischer treiben einen dicken Ochsen heran, Sänftenträger bringen eine vergoldete Sänfte, in der eine Amme und ein kleiner Dauphin als Puppen sitzen, Schuhmacher kleine Kinderschuhe, Schneider eine Miniaturuniform seines künftigen Regimentes, die Schmiede einen Amboß, den sie in musikalischem Takt schlagen. Die Schlossermeister aber, die in dem König einen kollegialen Liebhaber ihres Handwerks wissen, haben sich besonders bemüht, sie spenden ein kunstvolles Geheimschloß, und als es Ludwig XVI. mit der Neugier des Fachmannes öffnet, springt ein kleiner Dauphin heraus, wunderbar aus Stahl gearbeitet. Die Damen der Halle wiederum, dieselben, die ein paar Jahre später die Königin mit ordinärsten Zoten verhöhnen werden, kleiden sich nobel in schwarze Seidenkleider und sagen Ansprachen von La Harpe auf. In den Kirchen werden Gottesdienste gehalten, im Stadthaus von Paris veranstalten die Kaufleute ein großes Bankett; der Krieg mit England, die Not, alles Unangenehme ist vergessen. Einen Augenblick gibt es keinen Unfrieden und keine Unzufriedenen mehr, sogar die zukünftigen Revolutionäre und Republikaner schwelgen in geräuschvollstem Erzroyalismus. Der spätere Präsident der Jakobiner, Collot d'Herbois, damals noch schlichter Schauspieler in Lyon, verfaßt ein eigenes Stück zu Ehren »der hohen Fürstin, deren Tugenden alle Herzen erobert haben«, er, der spätere Unterfertiger des Todesurteils für Louis Capet, bittet ehrfürchtig den Himmel:

Pour le bonheur des Français,
Notre bon Louis seize
S'est allié pour jamais
Au sang de Thérèse.
De cette heureuse union
Il sort un beau rejeton.
Pour répandre en notre cœur
Félicité parfaite,
Conserve, o ciel protecteur,
Les jours d'Antoinette.

Noch ist das Volk seinen Herrschern verbunden, noch dieses Kind dem ganzen Lande geboren und seine Ankunft ein allgemeines Fest. An den Straßenecken erscheinen Geiger und Trompeter, man spielt, man fiedelt, man dudelt, man trommelt und singt und tanzt in allen Städten und Dörfern. Alles liebt, alles lobt den König und die Königin, die endlich so tapfer ihre Pflicht getan.

Nun ist der verhängnisvolle Bann endlich gebrochen. Noch zweimal wird Marie Antoinette Mutter, 1785 bringt sie einen zweiten Sohn, den zukünftigen Ludwig XVII., zur Welt, ein kräftiges, gesundes Kind, »einen richtigen Bauernjungen«, im Jahre 1786 ihr viertes und letztes, Sophie Beatrix, das jedoch nur ein Alter von elf Monaten erreicht. Mit der Mutterschaft beginnt die erste Verwandlung in Marie Antoinette, noch nicht die entscheidende, aber der Anfang einer Entscheidung. Die Schwangerschaften gebieten an sich schon immer mehrmonatige Enthaltung von ihren unsinnigen Amüsements, das zärtliche Spiel mit den Kindern wird ihr bald reizvoller als das frivole des grünen Tisches, ihr starkes, bisher an nichtige Gefallsüchtigkeiten verzetteltes Zärtlichkeitsbedürfnis hat endlich einen normalen Ausstrom gefunden. Der Weg zur Selbstbesinnung, er steht jetzt offen. Nur ein paar stille, ein paar glückliche Jahre noch, und sie wird selbst still werden, diese schöne Frau mit den zärtlichen Augen, sie wird, rückflüchtig aus dem Getümmel der Nichtigkeiten, zufrieden ihren Kindern zusehen, wie sie langsam ins Leben hineinwachsen. Aber diese Frist ist ihr vom Schicksal nicht mehr gegeben; gerade da die Unruhe in Marie Antoinette endet, beginnt sie in der Welt.

Die Königin wird unbeliebt

Die Geburtsstunde des Dauphin hatte den Höhepunkt der Macht Marie Antoinettes bedeutet. Indem sie dem Reich einen Thronerben schenkte, war sie gleichsam ein zweites Mal Königin geworden. Noch einmal hatte ihr der rauschende Jubel der Menge gezeigt, welches unerschöpfliche Kapital an Liebe und Vertrauen im französischen Volke trotz aller Enttäuschungen dem angestammten Königshause bereitstand, mit wie wenig Mühe ein Herrscher diese Nation hätte an sich fesseln können. Jetzt müßte sie nur den einen entscheidenden Schritt tun, aus Trianon nach Versailles, nach Paris zurück, aus der Rokokowelt in die wirkliche, aus ihrer flattrigen Gesellschaft zum Adel, zum Volk, und alles wäre gewonnen. Aber noch einmal geht sie aus ihrer schweren Stunde unbesorgt in die leichten und vergnüglichen zurück; nach den Festen des Volkes beginnen abermals die kostspielig-verhängnisvollen in Trianon. Doch nun ist die große Geduld an ihrem Ende, die Wasserscheide des Glücks erreicht. Von nun an fließen die Wasser abwärts, der Tiefe entgegen.

Nichts Sichtliches, nichts Auffälliges ereignet sich zunächst. Es wird nur stiller und stiller in Versailles, immer weniger Herren und Damen erscheinen bei den großen Empfängen, und diese wenigen zeigen eine gewisse sachliche Kühle im Gruß. Noch wahren sie die Formen, aber um der Form und nicht um der Königin willen. Noch beugen sie das Knie, noch küssen sie höfisch die königliche Hand, aber sie eifern nicht mehr um die Gunst eines Gesprächs, die Blicke bleiben finster und fremd. Wenn Marie Antoinette das Theater betritt, erheben sich nicht mehr wie vordem stürmisch das Parterre und die Logen, in den Straßen verstummt das längst vertraute »Vive la Reine!« Noch regt sich allerdings keine offene Feindseligkeit, nur jene Wärme ist dahin, die vordem den schuldigen Respekt wohltuend beseelte; man gehorcht noch der Herrscherin, aber man huldigt nicht mehr der Frau. Man dient achtungsvoll der Gattin des Königs, aber man bemüht sich nicht mehr um sie. Man widerspricht ihren Wünschen nicht offen, sondern schweigt; es ist das harte, böse, zurückhaltende Schweigen einer Verschwörung.

Das Hauptquartier dieser heimlichen Verschwörung ist auf die vier oder fünf Schlösser der königlichen Familien verteilt; auf das Luxembourg, das Palais Royal, das Schloß Bellevue und auf Versailles selbst, sie alle sind verbündet gegen Trianon, die Residenz der Königin.

Den Chor der Gehässigkeit führen die drei alten Tanten. Sie haben noch immer nicht vergessen, daß das junge Mädchen ihnen aus der Schule der Bosheit entwischt und als Königin über den Kopf gewachsen ist; verdrossen, weil sie keine Rolle mehr spielen, haben sie sich nach dem Schloß Bellevue zurückgezogen. Dort sitzen sie in den ersten Triumphjahren Marie Antoinettes recht verlassen und gelangweilt in ihren Zimmern; niemand kümmert sich um sie, denn alle Beflissenheit flirrt und flittert um die junge bezaubernde Herrscherin, die alle Macht in ihren leichten weißen Händen trägt. Je mehr aber Marie Antoinette unbeliebt wird, um so häufiger gehen im Schloß Bellevue die Türen. All die Damen, die nicht nach Trianon geladen wurden, die entlassene »Madame Etikette«, die abgesägten Minister, die häßlichen und darum sittsam gebliebenen Frauen, die zurückgesetzten Kavaliere, die ausgebooteten Stellungspiraten, die den »neuen Kurs« verabscheuen und der altfranzösischen Tradition, der Kirchenfrömmigkeit und den »guten« Sitten wehmütig nachtrauern, sie geben sich in diesem Salon der Zurückgesetzten regelmäßiges Stelldichein. Das Zimmer der Tanten in Bellevue wird zur geheimen Giftapotheke, in welcher der ganze gehässige Hofklatsch, die neuesten Tollheiten der »Österreicherin«, die »Ondits« ihrer Galanterien Tropfen um Tropfen destilliert und auf Flaschen gezogen werden; hier etabliert sich das Großarsenal aller boshaften Zubringereien, das berüchtigte »atelier des calomnies«; hier werden die kleinen bissigen Couplets gedichtet und vorgelesen und beflügelt, die dann munter durch Versailles schwirren; hier sammelt sich, heimtückischen, hinterhältigen Gehabens, alles, was das Rad der Zeit noch einmal zurückdrehen möchte, alle die lebenden Leichname der Enttäuschten, der Entthronten, der Erledigten, die Larven und Mumien einer vergangenen Welt, das ganze abgetane alte Geschlecht, um Rache zu nehmen dafür, daß es alt und abgetan ist. Aber das Gift des gespeicherten Hasses gilt nicht dem »armen, guten König«, den sie scheinheilig bedauern, sondern einzig Marie Antoinette, der jungen, der strahlenden, der glücklichen Königin.

Gefährlicher, als diese zahnlosen Gestrigen und Vorgestrigen, die nicht mehr beißen, sondern nur Geifer spritzen können, ist das neue Geschlecht, das noch niemals zur Macht gelangt ist und nicht länger im Dunkel bleiben will. Versailles hat sich durch seine exklusive und lässige Haltung derart ahnungslos von dem wirklichen Frankreich abgeschnürt, daß es der neuen Strömungen, die das Land bewegen, überhaupt nicht gewahr wird. Eine intelligente Bürgerschaft ist erwacht, sie hat sich an den Werken Jean-Jacques Rousseaus über die Rechte belehrt, sie sieht im nachbarlichen England eine demokratische Regierungsform; die Heimkehrer aus dem amerikanischen Unabhängigkeitskrieg bringen ihnen Botschaft aus einem fremden Lande, wo der Unterschied der Kasten und Stände durch die Idee der Gleichheit und Freiheit aufgehoben ist. In Frankreich aber sehen sie nur Starre und Niedergang durch die völlige Unfähigkeit des Hofes. Einmütig hatte das Volk bei dem Tode Ludwigs XV. gehofft, jetzt sei endlich die Schmach der Mätressenwirtschaft, der Unfug der unsauberen Protektionen zu Ende; statt dessen regieren neuerdings die Frauen, Marie Antoinette und hinter ihr die Polignac. Die aufgeklärte Bürgerschaft erkennt mit steigender Erbitterung, wie die politische Machtstellung Frankreichs verfällt, wie die Schulden steigen, das Heer, die Flotte verdorrt, die Kolonien verlorengehen, während ringsum alle anderen Staaten sich energisch entfalten; und in weiten Kreisen wächst der Wille, dieser indolenten Mißwirtschaft ein Ende zu bereiten.

Dieser zusammengeballte Unmut der aufrichtig patriotisch und national Empfindenden wendet sich – und nicht mit Unrecht – vor allem gegen Marie Antoinette. Unfähig und unwillig zu wirklichem Entschluß, zählt der König – dies weiß das ganze Land – überhaupt als Herrscher nicht mit, einzig der Einfluß der Königin ist allmächtig. Nun hätte Marie Antoinette zwei Möglichkeiten gehabt: sich entweder ernst, tätig, energisch wie ihre Mutter der Regierungsgeschäfte anzunehmen oder gänzlich davon zu lassen. Sie in die Politik zu drängen, versucht unablässig die österreichische Gruppe, aber vergeblich, denn, um zu regieren oder mitzuregieren, müßte man regelmäßig täglich ein paar Stunden Akten lesen, aber die Königin liest nicht gern. Man müßte Vorträge der Minister anhören und überdenken, aber Marie Antoinette denkt nicht gern. Schon das bloße Zuhörenmüssen bedeutete für ihren flattrigen Sinn eine arge Anstrengung. »Sie hört kaum hin, wenn man etwas sagt«, klagt der Botschafter Mercy nach Wien, »und es besteht fast nie die Möglichkeit, mit ihr eine wichtige und ernsthafte Sache zu besprechen oder ihre Aufmerksamkeit auf einen bedeutsamen Gegenstand zu sammeln. Die Vergnügungssucht hat über sie zu geheimnisvolle Gewalt.« Bestenfalls antwortet sie ihm ab und zu, wenn er im Auftrag ihrer Mutter oder ihres Bruders sie allzu heftig bedrängt: »Sagen Sie mir, was ich tun soll, und ich werde es auch tun«, und geht dann auch tatsächlich zum König. Aber am nächsten Tag hat ihr Unbestand alles wieder vergessen, ihre Einmischung geht über »gewisse ungeduldige Impulse« nicht hinaus, und schließlich resigniert Kaunitz am Wiener Hof. »Zählen wir niemals auf sie und in nichts. Begnügen wir uns, aus ihr, wie aus einem schlechten Zahler, wenigstens das herauszuholen, was zu holen ist.« Man müsse sich bescheiden, schreibt er Mercy, daß eben auch an anderen Höfen Frauen sich nicht in die Politik mengen.

Aber ließe sie nur wirklich vom Staatsruder die Hand! Dann bliebe sie wenigstens ohne Schuld und Verantwortlichkeit! Aber von ihrem Polignac-Klüngel getrieben, mengt sie sich, sobald es eine Neubesetzung eines Ministerpostens, eine Staatsstellung gilt, ununterbrochen ein; sie tut das Gefährlichste, was man in der Politik tun kann, sie redet, ohne nur im entferntesten die Materie zu kennen, überall mit, sie dilettiert und beschließt aus dem Handgelenk in den wichtigsten Fragen, sie verzettelt ihre ungeheure Macht über den König ausschließlich zum Vorteil ihrer Günstlinge. »Wenn es sich um ernste Dinge handelt«, klagt Mercy, »wird sie sofort ängstlich und unsicher in ihren Bemühungen; wird sie aber von ihrer perfiden und intriganten Gesellschaft bedrängt, so tut sie alles, um deren Wünsche durchzusetzen.« – »Nichts hat der Königin mehr Haß eingebracht«, vermerkt der Staatsminister Saint-Priest, »als diese sprunghaften Einmengungen, diese ungerechtfertigten Protektionsernennungen.« Denn da sie in den Augen der Bürgerschaft die Staatsgeschäfte führt, da alle diese von ihr durchgesetzten Generale und Gesandten und Minister sich nicht bewähren, das System dieser eigenwilligen Autokratie völlig Schiffbruch leidet und Frankreich mit immer größerer Stromschnelle dem wirtschaftlichen Bankrott entgegentreibt, fällt alle Schuld auf die ihrer Verantwortung völlig unbewußte Königin (ach, sie hat doch nur ein paar reizenden netten Leuten zu guten Posten verholfen!). Alles, was in Frankreich Fortschritt, Neuordnung, Gerechtigkeit und schöpferische Tat will, redet und murrt und droht gegen die verschwenderisch sorglose, gegen die ewig muntere Schloßherrin von Trianon, welche die Liebe und den Wohlstand von zwanzig Millionen Menschen töricht und gedankenlos einem hochmütigen Klüngel von zwanzig Damen und Kavalieren aufopfert.

Diese große Unzufriedenheit all derer, die ein neues System, eine bessere Ordnung, eine sinnvollere Verteilung der Verantwortung verlangen, hat lange eines Sammelpunktes entbehrt. Endlich finden sie ihn in einem Haus, in einem Menschen. Auch dieser erbitterte Widersacher trägt königliches Blut in den Adern: wie die Reaktion im Schlosse der Tanten zu Bellevue, so sammelt sich die Revolution im Palais Royal des Herzogs von Orléans: von zwei Fronten aus wird gleichzeitig in ganz gegensätzlichem Sinn der Kampf gegen Marie Antoinette eröffnet. Von Natur aus eher dem Genuß als dem Ehrgeiz zubestimmt, Frauenfreund, Spieler, Prasser und Elegant, durchaus nicht klug und eigentlich auch nicht bösartig, hat dieser völlig durchschnittliche Aristokrat die übliche Schwäche unschöpferischer Naturen: eine nur auf das Äußerliche gerichtete Eitelkeit. Und die Eitelkeit hat Marie Antoinette persönlich gekränkt, indem sie sich, locker spaßend – »frotzelnd«, wie man auf österreichisch sagt und meint –, über die kriegerischen Leistungen ihres Vetters geäußert und verhindert hat, daß ihm der Großadmiralsstab von Frankreich zugeteilt werde. Der Herzog von Orléans, schwer beleidigt, nimmt den Handschuh auf; als Abkömmling einer gleich alten Linie des Königshauses, als schwerreicher, unabhängiger Mann, scheut er sich nicht, dem König im Parlament trotzigen Widerstand zu leisten und die Königin offen als seine Feindin zu behandeln. Mit seiner Person hat die Unzufriedenheit endlich den ersehnten Führer gewonnen. Wer sich gegen Habsburg und die herrschende Linie der Bourbonen auflehnen will, wer die unbeschränkte Königsautokratie als veraltet und drückend betrachtet, wer vernünftige und demokratische Neuordnung in Frankreich fordert, begibt sich von nun ab unter den Schutz des Herzogs von Orléans. Im Palais Royal, dem eigentlichen ersten, noch fürstlich protegierten Klub der Revolution, sammeln sich alle Neuerer, Liberalen, Konstitutionellen, Voltairianer, Philanthropisten, Freimaurer; dazu mengen sich alle Elemente der Unzufriedenheit, die Verschuldeten, die zurückgesetzten Aristokraten, die gebildeten Bürger, die zu keiner Stellung kommen, die unbeschäftigten Advokaten, Demagogen und Journalisten, alle jene gärenden und überlebendigen Kräfte, die später zusammengefaßt die Sturmgarde der Revolution bilden werden. Unter einem schwachen, eitlen Führer steht die mächtigste geistige Armee, mit der Frankreich sich die Freiheit erobern wird, geschlossen bereit. Noch ist das Zeichen zum Angriff nicht gegeben. Aber jeder kennt die Richtung, weiß die Parole: gegen den König! und vor allem gegen die Königin!

Zwischen diesen beiden Gruppen der Gegner, der revolutionären und der reaktionären, steht als einzelner Mann der vielleicht gefährlichste und verhängnisvollste Feind der Königin, der eigene Bruder ihres Mannes, »Monsieur«, Franz Xavier Graf von Provence, der spätere König Ludwig XVIII. Leisetreter und Schattengänger, intrigant und vorsichtig, schließt er sich, um sich nicht voreilig zu kompromittieren, keiner dieser Gruppen an, er pendelt abwartend nach rechts und links, bis das Schicksal ihm die rechte Zeigerstunde offenbaren wird. Er sieht nicht ungern die wachsenden Schwierigkeiten, aber er hütet sich, sie öffentlich zu bekritteln; ein schwarzer, stummer Maulwurf, gräbt er unterirdisch seine Minengänge und wartet, bis die Stellung seines Bruders genug erschüttert ist. Denn nur wenn Ludwig XVI. und Ludwig XVII. erledigt sind, kann Graf Franz Xavier von Provence endlich König werden, endlich Ludwig XVIII. – seit der Kindheit heimlich verschlossenes Ziel seines Ehrgeizes. Schon einmal hatte er sich berechtigter Hoffnung hingegeben, der Vertreter, der »Regent« und rechtliche Nachfolger seines Bruders zu werden; die sieben tragischen Jahre, da die Ehe Ludwigs XVI. infolge des ominösen Hemmnisses unfruchtbar blieb, waren für seinen ungeduldigen Ehrgeiz die sieben fetten Jahre der Bibel. Aber dann kam der grimmige Stoß gegen seine erbschleicherischen Hoffnungen; als Marie Antoinette von einer Tochter entbunden wird, entringt sich ihm in einem Brief an den König von Schweden das schmerzliche Bekenntnis: »Ich verberge mir selbst nicht, daß mich der Umstand empfindlich berührt hat … Nach außen hin bin ich rasch wieder Herr meiner selbst geworden und habe das gleiche Betragen wie vordem gezeigt, allerdings ohne eine Freude zu betonen, die man für Falschheit genommen hätte, was ja auch schließlich wahr gewesen wäre … Innerlich war es mir schwerer, siegreich zu bleiben. Manchmal lehnte sich das Gefühl noch auf, aber ich hoffe, es in Schach zu halten, wenn es schon nicht gänzlich besiegt werden kann.«

Die Geburt des Dauphin knickt dann gänzlich seine letzten Träume der Thronfolgerschaft; nun ist der gerade Weg versperrt, und er muß jene gewundenen und heuchlerischen gehn, die schließlich – allerdings erst nach dreißig Jahren – an das ersehnte Ziel geführt haben. Die Gegnerschaft des Grafen von Provence ist nicht wie jene des Herzogs von Orléans, eine offene Haßflamme, sondern ein unter der Asche der Verstellung schwelendes Neidfeuer; solange Marie Antoinette und Ludwig XVI. die Macht unbestritten in Händen bewahren, verhält sich der heimliche Kronprätendent, ohne im geringsten einen Anspruch öffentlich anzukündigen, kühl und still; erst mit der Revolution beginnt sein verdächtiges Hinüber und Herüber, die merkwürdigen Konferenzen im Luxembourg-Palais. Aber kaum glücklich über die Grenze gerettet, schaufelt er durch seine herausfordernden Proklamationen wacker mit an dem Grab seines Bruders, seiner Schwägerin, seines Neffen, in der – tatsächlich erfüllten – Hoffnung, in ihrem Sarg die ersehnte Krone zu finden.

Hat der Graf von Provence noch mehr getan? War seine Rolle noch mephistophelischer, wie so viele behaupten? Ist sein Prätendentenehrgeiz wirklich so weit gegangen, daß er selbst die Broschüren gegen die Ehre seiner Schwägerin drucken und verbreiten ließ? Hat er tatsächlich jenes unglückliche Kind, Ludwig XVII., das man heimlich aus dem Temple gerettet, wieder durch Dokumentendiebstahl in ein dunkles und heute noch nicht völlig erhelltes Schicksal zurückgeschleudert? Vieles in seinem Verhalten gibt dem äußersten Verdachte Raum. Denn sofort nach seiner Thronbesteigung hat der König Ludwig XVIII. für schweres Geld oder mit grober Gewalt viele Briefe an sich gezogen oder sonst vernichten lassen, die einstmals der Graf von Provence geschrieben hatte. Und daß er nicht wagte, den Leichnam jenes im Temple gestorbenen Kindes als Ludwig XVII. beisetzen zu lassen, wie wäre dies anders zu deuten, als daß Ludwig XVIII. selbst nicht an den Tod Ludwigs XVII., sondern an die tatsächliche Unterschiebung eines fremden Kindes geglaubt hat? Aber dieser hartnäckige Schattengänger hat gut zu schweigen und sich zu verbergen verstanden; heute sind jene unterirdischen Stollen, mit denen er sich an den französischen Thron heranminiert, längst verschüttet. Nur das weiß man: selbst unter ihren erbittertsten Gegnern hatte Marie Antoinette keinen gefährlicheren Feind als diesen hintergründigen und undurchdringlichen Mann.

Nach zehn verspielten, vergeudeten Regierungsjahren ist Marie Antoinette bereits von allen Seiten umstellt, 1785 steht der Haß schon in hohem Halm. Alle der Königin feindlichen Gruppen – sie umfassen beinahe den ganzen Adel und die halbe Bürgerschaft – haben ihre Positionen bezogen und warten nur auf ein Zeichen zum Angriff. Noch aber ist die Autorität der ererbten Macht zu stark, noch wird kein einzelner entschlossener Plan gehegt. Nur ein leises Reden und Raunen, ein Surren und Schwirren von feingefiederten Pfeilen geht durch Versailles; jeder einzelne trägt an seiner Spitze einen Tropfen aretinischen Giftes, und alle zielen sie an dem König vorbei nach der Königin. Kleine bedruckte oder beschriebene Blättchen wandern unter dem Tisch von Hand zu Hand und werden rasch unter den Rock geschoben, wenn ein fremder Schritt naht. In den Buchläden des Palais Royal lassen sich sehr vornehme Adelsherren mit dem Ludwigskreuz und diamantenen Schuhschnallen in die Hinterstube von dem Verkäufer führen, der, nachdem er sorgfältig die Tür verriegelt hat, aus irgendeinem staubigen Versteck zwischen alten Schmökern das neueste Libell gegen die Königin herausholt; angeblich aus London oder Amsterdam geschmuggelt, in Wirklichkeit ist der Druck noch merkwürdig frisch, ja noch feucht, vielleicht ist es in demselben Haus gedruckt, im Palais Royal, das dem Herzog von Orléans gehört, oder im Luxembourg. Ohne Zögern zahlen die vornehmen Kunden oft mehr Goldstücke, als diese Broschüren Blätter haben; manchmal sind es deren nicht mehr als zehn oder zwanzig, aber dafür reichlich mit lasziven Kupfern geschmückt und mit boshaften Späßchen gepfeffert. Solch ein saftiges Pasquill gilt nun als das beliebteste Präsent an eine Geliebte von Adel, eine von jenen, der Marie Antoinette nicht die Ehre erwies, sie nach Trianon zu laden; so ein perfides Geschenk erfreut mehr als ein kostbarer Ring oder Fächer. Von unbekannten Verfassern gedichtet, von geheimen Händen gedruckt, von unfaßbaren Händen verbreitet, flattern diese ehrabschneiderischen Schriften gegen die Königin fledermausflügelnd durch die Parktore von Versailles in die Boudoirs der Damen und in die Schlösser der Provinz; wenn aber der Polizeileutnant ihnen nachjagen will, fühlt er sich plötzlich von unsichtbaren Mächten gehemmt. Überallhin schlüpfen diese Blätter; die Königin findet sie bei Tisch unter der Serviette, der König auf seinem Schreibtisch mitten unter den Akten; in der Loge der Königin steckt vor ihrem Sitz, mit einer Nähnadel in den Samt gedrückt, ein boshaftes Gedicht, und wenn sie sich nachts aus ihrem Fenster beugt, hört sie das höhnende Bänkellied, das seit langem in aller Munde ist und mit der Frage beginnt:

Chacun se demande tous bas:
Le Roi peut-il? Ne peut-il pas?
La triste Reine en désespère . . .

und nach den erotischen Einzelheiten mit der Drohung endet:

Petite Reine de vingt ans
Quit traitez aussi mal les gens
Vous repasserez en Bavière.

Diese Pamphlete und »Polissonnerien« der ersten Zeit sind im Vergleich zu den späteren allerdings noch zurückhaltend, eher boshaft als bösartig. Noch sind die Pfeilspitzen nur in Lauge getaucht und nicht in Gift, mehr zugeschnitten, um zu ärgern, als um tödlich zu treffen. Erst von der Stunde an, da die Königin schwanger wird und dieses unerwartete Ereignis die verschiedenen Erbschleicher bei Hofe im tiefsten verärgert, verschärft sich merklich der Ton. Gerade jetzt, da es nicht mehr wahr ist, beginnen alle absichtlich laut den König als impotent, die Königin als Ehebrecherin zu verspotten, um damit gleich von vornherein – man ahnt in wessen Interesse – die allfälligen Nachkommen als Bastarde hinzustellen. Insbesondere seit der Geburt des Dauphin, des unbestreitbar rechtmäßigen Thronerben, wird aus jenen gedeckten und verdeckten Unterständen auf Marie Antoinette mit »roten Kugeln« geschossen. Ihre Freundinnen Lamballe und Polignac werden als geübte Meisterinnen lesbischen Liebesdienstes an den Pranger gestellt. Marie Antoinette als unersättliche und perverse Erotomanin, der König als armer Gehörnter, der Dauphin als Bastard; zur Probe diene der Spruch, der damals munter über alle Lippen sprang:

Louis, si tu veux voir
Bâtard, cocu, putain,
Regarde to miroir,
La Reine et le Dauphin.

1785 ist das Verleumdungskonzert schon in vollem Gang, der Takt gegeben, der Text geliefert. Die Revolution braucht dann nur laut über die Straße zu schreien, was in den Salons erreimt und ersonnen wurde, um Marie Antoinette vor ihr Tribunal zu fordern. Die eigentlichen Stichworte der Anklage hat der Hof souffliert. Und die Hacke des Hasses, welche die Königin fällt, sie ist von feinen, schmalen, beringten Aristokratenhänden dem Henker in die Hand gedrückt worden.

Wer verfaßt diese rufmörderischen Schriften? Das ist eigentlich nebensächliche Frage, denn die Poetaster, die jene Verslein dichten, besorgen ihr Geschäft meist völlig ahnungs- und absichtslos. Sie arbeiten für fremde Zwecke und für fremdes Geld. Wenn zur Zeit der Renaissance vornehme Herren sich eines Unbequemen entledigen wollten, kauften sie sich für ein Felleisen voll Gold einen sicheren Dolch, oder sie bestellten Gift. Das achtzehnte Jahrhundert, philanthropisch geworden, bedient sich feinerer Methoden. Man mietet gegen politische Gegner nicht mehr Dolche, sondern eine Feder, man läßt seine politischen Feinde nicht mehr körperlich, sondern moralisch erledigen: man tötet durch Lächerlichkeit. Glücklicherweise bekommt man gerade um 1780 für gutes Geld die allerbesten Federn geliehen. Herr Beaumarchais, Verfasser unsterblicher Komödien, Brissot, der zukünftige Tribun, Mirabeau, der Genius der Freiheit, Choderlos de Laclos, diese großen Männer sind alle, weil zurückgestoßen, trotz ihres Genies zu billigen Preisen käuflich. Und hinter diesen genialen Pasquillanten warten hundert andere gröbere und gemeinere mit schmutzigen Nägeln und leerem Magen, jederzeit bereit, alles zu schreiben, was man von ihnen verlangt, Honig oder Gift, Hochzeitsgedichte oder Schmähschrift, Hymnus oder Phamphlet, lang oder kurz, scharf oder zart, politisch oder unpolitisch, ganz wie der gnädige Herr es bestellt. Hat man außerdem noch Verwegenheit und Geschick, so verdient man bei solchen Geschäften doppelt und dreifach. Erstlich läßt man sich für das gelieferte Pasquill gegen die Pompadour, gegen die Dubarry oder jetzt gegen Marie Antoinette von dem ungenannten Besteller bezahlen; dann meldet man heimlich dem Hof, eine solche Schandschrift liege in Amsterdam oder London druckfertig bereit, und erhält dafür, daß man die Auflage unterdrücken hilft, Geld vom Hofkassierer oder Polizeileutnant. Und drittens verdient der dreifach Kluge – so hat es Beaumarchais gehalten –, wenn er trotz Eid und Ehrenwort von der angeblich völlig eingestampften Auflage dennoch ein oder zwei Exemplare zurückbehält und diese, verändert oder unverändert, neu zu drucken droht – ein munterer Spaß, der seinem genialen Erfinder in Wien bei Maria Theresia vierzehn Tage Gefängnis, aber dann im ängstlichen Versailles tausend Goldgulden Entschädigung und noch siebzigtausend Livres einbringt. Bald spricht sich unter den Sudlern die Nachricht herum: Pamphlete gegen Marie Antoinette seien zur Zeit das einträglichste Geschäft und zudem nicht einmal sehr gefährlich; so verbreitet sich die verhängnisvolle Mode munter weiter. Schweigen und Schwatz, Geschäft und Gemeinheit, Haß und Habsucht arbeiten gut und treu in Bestellung und Verbreitung dieser Schriften zusammen. Und bald ist ihren vereinten Bemühungen die gewünschte Absicht gelungen: Marie Antoinette als Frau, als Königin in ganz Frankreich endgültig verhaßt zu machen.

Marie Antoinette spürt deutlich diese bösartigen Machenschaften hinter ihrem Rücken, sie weiß von den Spottschriften und ahnt auch deren Urheber. Aber ihre desinvoltura, ihr eingeborener und unbelehrbarer Habsburgerstolz halten es für mutiger, Gefahren zu verachten, als ihnen klug oder vorsichtig zu begegnen. Verächtlich streift sie diese Schmutzspritzer vom Kleid. »Wir befinden uns in einer Epoche satirischer Chansons«, schreibt sie rascher Hand ihrer Mutter, »man macht solche über alle Personen bei Hof, Männer und Frauen, und die französische Leichtfertigkeit hat nicht einmal vor dem König haltgemacht. Was mich betrifft, so bin ich auch nicht verschont worden.« Das ist alles, anscheinend ihr ganzer Ärger, ihr ganzer Groll. Wie kann es ihr schaden, wenn ein paar Schmeißfliegen sich auf ihr Kleid setzen! Gepanzert in ihrer königlichen Würde, meint sie sich unverwundbar von papiernen Pfeilen. Aber sie vergißt, daß ein einziger Tropfen solchen teuflischen Verleumdungsgifts, einmal in den Blutkreislauf der öffentlichen Meinung eingedrungen, ein Fieber erzeugen kann, dem später selbst die weisesten Ärzte ohnmächtig gegenüberstehen. Lächelnd und leicht geht Marie Antoinette an der Gefahr vorbei. Worte sind für sie bloß Spreu im Wind. Es muß erst ein Sturm kommen, um sie zu erwecken.

Der Blitzschlag ins Rokokotheater

Die ersten Augustwochen von 1785 finden die Königin ungemein beschäftigt, aber nicht etwa, weil die politische Situation besonders schwierig geworden ist und der Aufstand der Niederlande die französisch-österreichische Allianz auf die gefährlichste Probe stellt: immer noch erscheint Marie Antoinette ihr Rokokotheaterchen in Trianon wichtiger als die dramatische Bühne der Welt. Ihre ungestüme Aufregung gilt diesmal ausschließlich einer neuen Premiere. Man ist schon ungeduldig, den »Barbier von Sevilla«, die Komödie des Herrn von Beaumarchais, im Schloßtheater aufzuführen, und welche erlesene Besetzung heiligt die profanen Rollen! Der Graf von Artois in höchsteigener Person soll den Figaro, Vaudreuil den Grafen und die Königin das muntere Mädchen Rosina spielen.

Des Herrn von Beaumarchais? Doch nicht desselben, des polizeibekannten Herrn Caron, der vor zehn Jahren jenes niederträchtige Pamphlet »Avis important à la branche espagnole sur ses droits à la couronne de France«, das die Impotenz Ludwigs XVI. in die Welt hinausbrüllte, angeblich aufgestöbert, in Wirklichkeit aber selbst geschrieben und der erbitterten Kaiserin Maria Theresia überbracht hat? Den die kaiserliche Mutter einen »fripon«, einen Lumpen, Ludwig XVI. einen Narren und ein »mauvais sujet« genannt hat? Der in Wien auf kaiserlichen Befehl als frecher Erpresser in Haft gesetzt wurde, der im Gefängnis von Saint-Lazare die damals übliche Tracht von Rutenstreichen zum Empfang bekam? Jawohl, ebenderselbe! Sobald es ihr Vergnügen gilt, hat Marie Antoinette ein schrecklich kurzes Gedächtnis, und Kaunitz in Wien übertreibt nicht, wenn er sagt, ihre Torheiten täten nichts »als wachsen und immer schöner werden« (croître et embellir). Denn nicht nur, daß dieser betriebsame und gleichzeitig geniale Abenteurer sie selber verhöhnt und ihre Mutter erbittert hat, knüpft sich außerdem die furchtbarste Blamage der königlichen Autorität an den Namen dieses Komödiendichters. Die Literaturgeschichte, auch die Weltgeschichte, sie wissen nach hundertundfünfzig Jahren noch von dieser kläglichen Niederlage eines Königs durch einen Dichter; nur die eigene Frau hat sie nach vier Jahren schon völlig vergessen. 1781 hatte die Zensur mit klugen Nüstern gewittert, daß die neue Komödie dieses Dichters, die »Hochzeit des Figaro«, bedenklich nach Pulver riecht und, an der feurigen Laune eines skandalisierten Theaterabends entzündet, das ganze alte Regime in die Luft sprengen könnte; einstimmig verbot der Ministerrat die Aufführung. Aber Beaumarchais, immer unvergleichlich rührig, wenn es um seinen Ruhm oder gar um sein Geld geht, findet hundert Wege, sein Stück immer wieder vorzubringen, schließlich erreicht er, daß es zu letzter und endgültiger Entscheidung dem König selbst vorgelesen wird. So dumpf dieser brave Mann sonst sein mochte, er ist doch nicht beschränkt genug, um das Aufrührerische dieser göttlichen Komödie zu verkennen. »Dieser Mann macht sich über alle Dinge lustig, die man in einem Staat achten muß«, schimpft er verdrossen. »Das Stück wird also wirklich nicht gespielt werden?« fragt enttäuscht die Königin, der eine interessante Premiere wichtiger ist als das Staatswohl. »Nein, ganz bestimmt nicht«, antwortet Ludwig XVI., »da kannst du sicher sein.«

Damit scheint dem Stück das Urteil gesprochen; der Allerchristlichste König, der unumschränkte Herrscher von Frankreich, wünscht die »Hochzeit des Figaro« nicht in seinem Theater gespielt zu sehen: Da gibt es keinen Widerspruch. Die Angelegenheit ist für den König erledigt. Aber keineswegs für Beaumarchais. Der denkt nicht daran, die Segel zu streichen; ihm ist zu wohl bekannt, daß der königliche Kopf nur auf den Münzen und Amtspapieren gebietet, aber über den Herrscher herrscht doch in Wirklichkeit die Königin, über die Königin wieder die Polignacs. Also heran an diese höchste Instanz! Beaumarchais liest das Stück – durch das Verbot ist es in Mode gekommen – eifrigst in allen Salons vor, und mit jenem geheimnisvollen Trieb zur Selbstzerstörung, der für die entartete Gesellschaft jener Zeit so charakteristisch ist, begönnert der ganze Adel begeistert die Komödie, erstens weil sie ihn selbst verhöhnt, zweitens weil Ludwig XVI. sie unpassend gefunden hat. Vaudreuil, der Geliebte der Polignac, erfrecht sich, das vom König verbotene Stück in seinem Gunsttheater aufführen zu lassen; aber nicht genug daran: der König muß öffentlich unrecht behalten und Beaumarchais öffentlich recht, die Komödie muß im eigenen Hause des Königs gespielt werden, der sie verboten hat, und gerade weil er sie verboten hat. Heimlich, und wahrscheinlich mit Wissen der Königin, der ein Lächeln der Polignac wichtiger ist als das Ansehen ihres Gatten, erhalten die Schauspieler Auftrag, ihre Rollen einzustudieren; schon werden Billetts verteilt, schon drängen sich die Wagen vor der Tür des Theaters – da besinnt sich der König im letzten Augenblick doch noch auf seine bedrohte Würde. Er hat verboten, das Stück zu spielen; jetzt geht es um seine Autorität. Eine Stunde vor Beginn untersagt Ludwig XVI. die Aufführung durch eine Lettre de cachet. Die Lichter werden verlöscht, die Equipagen müssen nach Hause fahren.

Abermals scheint die Angelegenheit erledigt. Aber dem frechen Klüngel der Königin macht es Spaß, jetzt erst recht zu beweisen, daß ihre vereinte Macht größer sei als die eines gekrönten Schwächlings. Der Graf von Artois und Marie Antoinette werden vorausgeschickt, den König zu bedrängen; wie immer knickt der willenlose Mann ein, sobald seine Frau etwas von ihm fordert. Er verlangt nur, um seine Niederlage zu decken, Änderungen der herausforderndsten Stellen, also jener, die in Wirklichkeit jeder längst auswendig weiß. Für den 17. April 1784 wird im Théâtre Français die »Hochzeit des Figaro« angesetzt: Beaumarchais hat über Ludwig XVI. triumphiert. Daß der König die Aufführung verbieten wollte und die Hoffnung aussprach, das Stück werde durchfallen, macht den frondierenden Edelleuten den Abend zur Sensation. Der Andrang wird so groß, daß die Türen eingedrückt, die Eisenstangen zerbrochen werden; mit rasendem Beifall empfängt die alte Gesellschaft das Stück, das ihr moralisch den Genickfang gibt, und dieser Beifall ist, sie ahnen es nicht, die erste öffentliche Geste der Auflehnung, das Wetterleuchten der Revolution.

Das geringste Maß von Anstand, von Takt, von Vernunft, müßte Marie Antoinette bei solchem Sachverhalt gebieten, sich bei einer Komödie dieses Herrn von Beaumarchais abseits zu halten. Gerade dieser eine Herr von Beaumarchais, der frech ihre Ehre mit Tinte beschmutzt und den König vor ganz Paris lächerlich gemacht hat, dürfte sich nicht rühmen können, eine seiner Theaterfiguren von der Tochter Maria Theresias, von der Gattin Ludwigs XVI., die ihn beide als Lumpen einsperren ließen, persönlich verkörpert zu sehen. Aber – summa lex, höchste Instanz für die mondäne Königin – Herr Beaumarchais gilt seit seinem Sieg über den König als große Mode in Paris; und die Königin gehorcht der Mode. Was zählen da Ehre und Anstand, man spielt doch nur Theater. Und dann, welche entzückende Rolle, dieses schalkhafte Mädchen! Wie heißt es nur im Text? »Stellen Sie sich das hübscheste Schätzchen vor, sanft, zärtlich, zuspringig, frisch und appetitlich, mit fliehenden Füßchen, schnurgerader schwingender Taille, mit rundlichen Armen, taufrischem Mund! Was für Hände! Welche Zähne! Welche Augen!« Darf wirklich eine andere – wer hat so weiße Hände, so weiche Arme? – diese bezaubernde Rolle spielen als die Königin von Frankreich und Navarra? Also unter den Tisch alle Bedenken und Rücksichtnahmen! Den vortrefflichen Dazincourt von der Comédie Française her, damit er den vornehmen Dilettanten die recht graziöse Haltung beibringe und die anmutigsten Kostüme der Mademoiselle Bertin bestellt! Man will sich doch wieder einmal amüsieren, nicht ewig an die Gehässigkeiten des Hofes, an die Bosheiten der lieben Verwandten, an die dummen Widrigkeiten der Politik denken. Tag für Tag ist jetzt Marie Antoinette mit dieser Komödie in ihrem entzückenden weißgoldenen Theaterchen beschäftigt, ahnungslos, daß sich bereits über einer anderen Komödie der Vorhang hebt, in der sie ohne Wissen und Willen ausersehen ist, die Hauptrolle zu spielen.

Die Proben des »Barbier von Sevilla« gehen zu Ende. Marie Antoinette ist noch immer äußerst beunruhigt und beschäftigt. Wird sie auch wirklich jung genug, hübsch genug aussehen als Rosinchen, wird ihr nicht wieder das anspruchsvoll verwöhnte Parterre der eingeladenen Freunde zum Vorwurf machen, sie sei zu wenig behend und unbefangen und doch mehr Dilettantin als Schauspielerin? Wahrhaftig, sie macht sich Sorgen – sonderbare Sorgen einer Königin! Und warum kommt denn Madame Campan heute noch immer nicht, mit der sie die Rolle durchproben soll? Endlich, endlich erscheint sie, aber, was geht denn da vor? Sie tut so merkwürdig aufgeregt. Gestern sei der Hofjuwelier Böhmer ganz verstört bei ihr erschienen, um sofort Audienz bei der Königin zu erbitten, stottert sie schließlich heraus. Eine ganz tolle und konfuse Geschichte habe dieser sächsische Jude erzählt; die Königin hätte bei ihm vor einigen Monaten das berühmte kostbare Diamantenhalsband heimlich kaufen lassen, und damals hätte man Ratenzahlungen ausgemacht. Aber der Termin für die erste Rate sei längst vorbei und nicht ein Dukaten bezahlt. Seine Gläubiger drängten ihn, er brauche sofort sein Geld.

Wie? Was? Welche Diamanten? Welches Halsband? Welches Geld? Was für Raten? Die Königin versteht zuerst nicht. Das große kostbare Kollier am Ende, das diese beiden Juweliere, Böhmer und Bassenge, so kunstvoll angefertigt haben, natürlich kennt sie das. Sie haben es ihr doch einmal, zweimal, dreimal für eine Million sechsmal hunderttausend Livres angeboten; selbstverständlich hätte sie dieses Prachtstück gern gehabt, aber die Minister geben doch kein Geld her, immer schwatzen sie vom Defizit. Wie können dann diese Schwindler behaupten, sie hätte es erstanden, auf Raten sogar und heimlich, und sei ihnen dafür Geld schuldig? Da muß eine tolle Verwechslung vorliegen. Allerdings, jetzt erinnert sie sich auch, vor einer Woche etwa, ist da nicht schon von diesen Juwelieren so ein sonderbarer Brief gekommen, in dem sie sich für irgend etwas bedankten und von einem kostbaren Schmuck redeten? Wo ist der Brief? Ach richtig, verbrannt. Sie pflegt Briefe ja nie gründlich zu lesen, und auch damals hat sie dieses ehrerbietige unverständliche Geschwätz sofort vernichtet. Aber was will man eigentlich von ihr? Sofort läßt Marie Antoinette von ihrem Sekretär ein Billett an Böhmer schreiben. Allerdings bestellt sie ihn nicht gleich für morgen, sondern für den 9. August; mein Gott, die Angelegenheit mit dem Narren hat doch keine solche Eile, und man braucht seinen Kopf für die Proben zum »Barbier von Sevilla«.

Am 9. August, aufgeregt, blaß, erscheint Böhmer, der Juwelier. Die Geschichte, die er erzählt, ist vollkommen unverständlich. Zuerst glaubt die Königin, einen Irrsinnigen vor sich zu haben. Eine Gräfin Valois, die intime Freundin der Königin – »Wie? Meine Freundin? Ich habe ja nie eine Dame dieses Namens vorgelassen!« –, hätte bei ihm jenen Schmuck besichtigt und erklärt, die Königin wünsche ihn heimlich zu kaufen. Und seine Eminenz, der Herr Kardinal von Rohan – »Was, dieser widerliche Kerl, mit dem ich nie ein Wort gesprochen habe?« –, hätte ihn im Auftrag Ihrer Majestät empfangen und übernommen.

So toll sich das alles anhört, etwas muß an der Sache doch wahr sein, denn der Schweiß steht diesem armen Menschen auf der Stirn, er zittert an Händen und Füßen. Auch die Königin bebt vor Wut über den niederträchtigen Mißbrauch ihres Namens durch fremde Lumpen. Sie befiehlt dem Juwelier, unverzüglich eine genaue, schriftliche Darstellung des ganzen Falles zu verfassen. Am zwölften August hat sie dieses noch heute in den Archiven befindliche phantastische Dokument in Händen. Marie Antoinette glaubt zu träumen. Sie liest und liest, ihre Wut, ihr Zorn steigern sich von Zeile zu Zeile: ein solcher

Betrug ist ohne Beispiel. Hier muß ein warnendes Exempel aufgestellt werden. Vorläufig verständigt sie noch nicht die Minister und berät sich mit keinem ihrer Freunde; ausschließlich dem König vertraut sie die ganze Affäre am 14. August an und fordert von ihm, er möge ihre Ehre verteidigen.

Später wird Marie Antoinette wissen: sie hätte besser getan, eine dermaßen verwirrte und hintergründige Angelegenheit sorgfältig zu überlegen. Aber gründliches Nachdenken, prüfende Besonnenheit hat nie zu den Vorzügen dieser herrisch ungeduldigen Natur gehört und am wenigsten, wenn der entscheidende Nerv ihres Wesens schon erregt war: ihr impulsiv losfahrender Stolz.

In ihrer Unbeherrschtheit liest und sieht die Königin in dieser Anklageschrift zuerst und immer nur einen Namen, jenen des Kardinals Louis von Rohan, den sie mit der ganzen Heftigkeit ihres unbändigen Herzens seit Jahren haßt, und dem sie jede Leichtfertigkeit und Niedertracht unbedenklich zutraut. An und für sich hat ihr dieser weltliche Priesteredelmann niemals Böses getan, er war es sogar, der sie beim Einzug in Frankreich am Tor des Straßburger Münsters in überschwenglicher Weise willkommen hieß. Er hat ihre Kinder aus der Taufe gehoben und jede Gelegenheit gesucht, sich ihr freundschaftlich zu nähern. Im tiefsten besteht zwischen ihren Naturen durchaus kein Gegensatz; im Gegenteil, dieser Kardinal von Rohan ist eigentlich ein männliches Spiegelbild Marie Antoinettes, genauso leichtfertig, genauso oberflächlich und verschwenderisch und ebenso lässig gegenüber seinen geistlichen Pflichten wie sie gegenüber ihren königlichen, ein mondäner Priester, wie sie eine mondäne Herrscherin, Bischof des Rokoko, wie sie Königin des Rokoko. Er hätte ausgezeichnet nach Trianon gepaßt mit seinen gepflegten Manieren, seiner geistreichen Langeweile, seiner grenzenlosen Großzügigkeit, und sie hätten sich wahrscheinlich vortrefflich verstanden, der elegante, schöne, leichtfertige, angenehm frivole Kardinal und die gefallsüchtige, hübsche, spielfreudige, lebenslustige Königin. Nur ein Zufall hat die beiden zu Gegnern gemacht. Aber oft werden gerade die, die einander im Grunde am ähnlichsten sind, die erbittertsten Feinde.

Den eigentlichen Keil hat Maria Theresia zwischen Rohan und Marie Antoinette getrieben; der Haß der Königin ist ein mütterlich ererbter, ein übernommener, ein eingeredeter Haß. Bevor Kardinal von Straßburg, war Louis von Rohan in Wien Gesandter gewesen: dort verstand er es, den maßlosen Zorn der alten Kaiserin auf sich zu ziehen. Sie erwartete einen Diplomaten und fand einen anmaßenden Schwätzer. Seine geistige Minderwertigkeit hätte Maria Theresia nun willig in Kauf genommen, denn ein einfältiger Gesandter einer fremden Macht bedeutet einen Glücksfall für die eigene Politik. Auch seinen Prunk hätte sie ihm noch verziehen, obwohl es sie arg verdroß, daß dieser eitle Diener Jesu in zwei Staatskarossen, deren jede vierzigtausend Dukaten kostete, mit einem Marstall von Pferden, mit Kammerjunkern und Kammerdienern, Heiducken und Lektoren, Hofmeistern und Haushofmeistern, mit einem bunten Wald von Federbüschen und betreßten Dienern in grüner Seide, mit einem Aufwand, der frech den kaiserlichen Hof in den Schatten stellte, in Wien eingezogen war. Aber in zwei Punkten bleibt die alte Kaiserin unerbittlich: wo es um die Religion geht oder an die Sittsamkeit, da läßt sie nicht mit sich spaßen. Der Anblick eines Gottesdieners, der das heilige Kleid ablegt, um, von bezauberten Damen umringt, im braunen Rock an einem einzigen Tag 130 Stück Wild abzuknallen, erregt in der bigotten Frau maßlose Entrüstung, die sich zur ehrlichen Wut steigert, sobald sie sieht, wie das lockere, verschwenderische, frivole Betragen, statt zu empören, in Wien allgemeinen Beifall findet, in ihrem Wien der Jesuiten und Sittenkommissionen. Der ganze Adel, dem die sparsam strenge Art des Schönbrunner Hofes die Halskrause drückt, atmet in der Gesellschaft dieses noblen, eleganten Luftikus auf; vor allem drängen sich die Damen, denen die Sittenstrenge der puritanischen Witwe das Leben sauer macht, zu seinen heiteren Soupers. »Unsere Frauen«, muß die Verärgerte bekennen, »ob jung oder alt, schön oder häßlich, sind von ihm bezaubert. Er ist ihr Abgott, sie sind rein toll auf ihn, so daß er sich hier ausnehmend wohl fühlt und versichert, sogar nach dem Tode seines Onkels, des Bischofs von Straßburg, hier bleiben zu wollen.« Aber mehr noch, die gekränkte Kaiserin muß sogar sehen, wie ihr getreuer Vertrauensmann Kaunitz Rohan seinen lieben Freund nennt und ihr eigener Sohn Joseph, dem es immer Spaß macht, »ja« zu sagen, wo die Mutter »nein« sagt, dem Bischofskavalier sich anfreundet; sie muß miterleben, wie dieser Elegant die Familie, den ganzen Hof, die ganze Stadt zu seiner lockeren Lebenskunst verführt. Aber Maria Theresia will aus ihrem streng katholischen Wien kein frivoles Versailles, kein Trianon machen, bei ihrem Adel nicht Ehebruch und Buhlerei einreißen lassen: diese Pest darf sich in Wien nicht festsetzen, und darum muß Rohan fort. Brief auf Brief geht an Marie Antoinette, alles daranzusetzen, daß dieses »verwerfliche Individuum«, dieser »vilain évêque«, dieser »unverbesserliche Geist«, dieses »volume farci de bien de mauvais propos«, dieses »mauvais sujet«, dieses »vrai panier percé« aus ihrer Nähe komme – man sieht, zu welchen grimmigen Worten der Zorn die besonnene Frau verleitet. Sie stöhnt, sie schreit geradezu verzweifelt, man möge sie doch endlich von diesem Sendboten des Antichrist »befreien«. Und kaum wird Marie Antoinette Königin, so setzt sie tatsächlich, gehorsam ihrer Mutter, die Rückberufung Louis Rohan vom Wiener Gesandtschaftsposten durch.

Aber wenn ein Rohan fällt, so fällt er nach oben. Für den verlorenen Gesandtenposten erhebt man ihn zum Bischof und kurz darauf zum Großalmosenier, dem obersten geistlichen Würdenträger bei Hof, aus dessen Händen alle wohltätigen Gaben des Königs verteilt werden. Unermeßlich sind seine Einkünfte; denn er wird Bischof von Straßburg und zudem Landgraf des Elsaß, Abt der sehr einträglichen Abtei von Saint-Vaast, Obervorsteher des Königlichen Spitals, Provisor der Sorbonne und überdies noch – man weiß nicht, für welche Leistung – Mitglied der Französischen Akademie. Aber so gewaltig auch seine Einnahmen sich häufen, immer werden sie noch von den Ausgaben übertroffen, denn Rohan streut, gutmütig, leichtherzig und verschwenderisch, das Geld mit vollen Händen aus. Er baut für Millionen den Palast der Bischöfe in Straßburg neu, gibt die luxuriösesten Feste, er spart nicht bei Frauen, vor allem jedoch gehört Herr Cagliostro zu seinen Liebhabereien, der allein mehr kostet als sieben Mätressen. Bald bleibt es kein Geheimnis, daß die Finanzen des Bischofs äußerst traurig sind, man begegnet dem Diener Christi öfter bei jüdischen Geldverleihern als im Gotteshaus und häufiger in Damengesellschaft als in jener gelehrter Theologen. Eben hat sich auch das Parlament mit der Schuldenwirtschaft in dem von Rohan geleiteten Spital beschäftigt: ist es da ein Wunder, wenn die Königin auf den ersten Anschein überzeugt ist, dieser Bruder Leichtfuß habe den ganzen Schwindel angezettelt, um sich auf ihren Namen Kredit zu verschaffen? »Der Kardinal hat meinen Namen mißbraucht«, schreibt sie im ersten hellen Zorn an ihren Bruder, »wie ein niedriger, ungeschickter Falschmünzer. Wahrscheinlich hat er in seiner dringenden Geldbedrängnis gehofft, die Juweliere bis zum festgesetzten Termin bezahlen zu können, ohne daß etwas ans Licht käme.« Man versteht ihren Irrtum, man versteht ihre Erbitterung, daß sie gerade diesem *einen* Mann nicht verzeihen will. Denn während fünfzehn Jahren, seit jener ersten Begegnung vor dem Straßburger Münster, hat Marie Antoinette getreu dem Befehl ihrer Mutter nicht ein einziges Mal das Wort an diesen Mann gerichtet, sondern ihn offen vor dem ganzen Hof brüskiert. So muß sie es als niederträchtigen Racheakt empfinden, daß gerade dieser Mann ihren Namen in ein betrügerisches Geschäft mengt; von allen Herausforderungen gegen ihre Ehre, die sie von dem französischen Hochadel erlitten, scheint ihr diese die frechste und hinterlistigste. Und mit leidenschaftlichen Worten, mit Tränen in den Augen befiehlt sie dem König, mitleidlos und exemplarisch diesen Betrüger – dafür hält sie irrigerweise den selber Betrogenen – vor der ganzen Öffentlichkeit zu bestrafen.

Der König, willenlos hörig seiner Frau, denkt nicht weiter nach, wenn die Königin etwas fordert, die selbst bei allen ihren Handlungen und Wünschen niemals die Folgen erwägt. Ohne die Anschuldigung zu überprüfen, Akten zu fordern, ohne den Juwelier oder den Kardinal zu befragen, macht er sich sklavisch gehorsam zum Handlanger eines unbedachten Frauenzorns. Am 15. August überrascht der König seinen Ministerrat mit der Absicht, den Kardinal sofort verhaften zu lassen. Den Kardinal? Den Kardinal Rohan? Die Minister staunen auf, erschrekken, blicken einander verblüfft an. Endlich wagt einer vorsichtig zu fragen, ob das doch nicht zu peinlich wirken werde, wenn man einen so hohen und gar einen geistlichen Würdenträger öffentlich festnehmen ließe wie einen gemeinen Verbrecher. Aber gerade dies, gerade die öffentliche Schmach, fordert Marie Antoinette als Züchtigung. Ein weithin sichtbares Exempel soll endlich statuiert werden, daß der Name der Königin nicht zu jeder Niedertracht feil sei. Unerschütterlich besteht sie deshalb auf der öffentlichen Prozedur. Sehr ungern, sehr beunruhigt und mit üblen Vorgefühlen geben die Minister endlich nach. Wenige Stunden später entrollt sich das unerwartete Schauspiel. Da Mariä Himmelfahrt gleichzeitig der Namenstag der Königin ist, erscheint der ganze Hof in Versailles zur Gratulationscour; das Œil-de-Bœuf und die Galerien stehen vollgedrängt mit Höflingen und hohen Würdenträgern. Auch der ahnungslose Hauptdarsteller Rohan, dem die Aufgabe zufällt, das heilige Pontifikalamt an diesem festlichen Tage zu zelebrieren, wartet in seiner scharlachenen Soutane, das Chorhemd bereits umgetan, in dem für die hohen Herrschaften, die »grandes entrées«, bestimmten Raum vor dem Zimmer des Königs.

Aber statt daß Ludwig XVI. feierlich erscheint, um mit seiner Gemahlin zur Messe zu gehen, nähert sich Rohan ein Diener. Der König lasse ihn in sein Privatzimmer bitten. Dort steht, die Lippen verbissen, mit abgewandtem Blick die Königin, ohne seinen Gruß zu erwidern, und ebenfalls förmlich, eiskalt und unhöflich, der Minister Baron Breteuil, sein persönlicher Feind. Ehe Rohan recht überlegen kann, was man eigentlich von ihm wünsche, beginnt der König gerade und grob: »Lieber Vetter, welche Bewandtnis hat es mit dem diamantenen Halsband, das Sie im Namen der Königin gekauft haben?« –

Rohan wird blaß. Darauf war er nicht gefaßt. »Sire, ich sehe, ich bin betrogen worden, aber ich selber habe nicht betrogen«, stammelt er.

»Wenn sich dies so verhält, lieber Vetter, dann haben Sie keine Sorge. Aber bitte, klären Sie all das auf.«

Rohan vermag nicht zu antworten. Er sieht stumm und drohend Marie Antoinette sich gegenüber. Das Wort versagt ihm. Seine Verwirrung erregt beim König Mitleid, er sucht einen Ausweg. »Schreiben Sie nieder, was

Sie mir zu berichten haben«, sagt der König und verläßt mit Marie Antoinette und Breteuil das Zimmer. Der Kardinal, allein geblieben, bringt etwa fünfzehn Zeilen zu Papier und überreicht dem wiedereintretenden König seine Erklärung. Eine Frau namens Valois habe ihn bestimmt, dieses Halsband für die Königin zu erwerben. Er sehe jetzt ein, daß er von dieser Person betrogen worden sei.

»Wo ist diese Frau?« fragte der König.

»Sire, ich weiß es nicht.«

»Haben Sie das Halsband?«

»Es ist in den Händen dieser Frau.«

Der König läßt nun die Königin, Breteuil und den Großsiegelbewahrer rufen und die Eingabe der beiden Juweliere verlesen. Er fragt nach den Vollmachten, die angeblich von der Hand der Königin gefertigt sein sollen.

Ganz zerschmettert muß der Kardinal zugeben: »Sire, sie befinden sich in meinem Besitz. Sie sind offenbar gefälscht.«

»Das sind sie allerdings«, antwortet der König. Und obwohl der Kardinal jetzt anbietet, das Halsband zu bezahlen, schließt er streng: »Mein Herr, unter den vorliegenden Verhältnissen kann ich nicht davon abstehen, an Ihrem Haus die Siegel anbringen zu lassen und auf Ihre Person Beschlag zu legen. Der Name der Königin ist mir teuer. Er wurde kompromittiert, ich darf mich keines Versäumnisses schuldig machen.«

Rohan ersucht inständig, ihm solche Schmach zu ersparen, und besonders zu einer Stunde, da er vor das Antlitz Gottes treten und die Pontifikalmesse für den ganzen Hof lesen soll. Der König, weich und gutmütig, wird unsicher vor der offenkundigen Verzweiflung des selbst betrogenen Mannes. Aber jetzt kann sich Marie Antoinette nicht länger halten, mit Tränen des Zorns in den Augen fährt sie Rohan an, wie er habe glauben dürfen, daß sie, die acht

Jahre lang ihn keines Wortes gewürdigt, ihn als Vermittler ausersehen würde, um hinter dem Rücken des Königs heimliche Geschäfte abzuschließen. Auf diesen Vorwurf findet der Kardinal keine Antwort: er versteht jetzt selbst nicht mehr, wie er sich in dieses Narrenabenteuer sinnlos verstricken lassen konnte. Der König bedauert, aber er beschließt: »Ich wünsche, daß Sie sich zu rechtfertigen vermögen! Aber ich muß tun, wozu ich als König und Gatte verpflichtet bin.«

Die Unterredung ist zu Ende. Draußen wartet in dem überfüllten Empfangszimmer schon ungeduldig und neugierig der ganze Adel. Die Messe hätte doch längst beginnen sollen, warum zögert man so lange, was geht da vor? Leise klirren die Fenster, so heftig und ungeduldig gehen einige auf und ab; andere haben sich niedergesetzt und tuscheln: man spürt, irgendein Gewitter hängt in der Luft.

Plötzlich wird die Flügeltür zum Zimmer des Königs aufgerissen. Als erster erscheint der Kardinal Rohan in seiner purpurroten Soutane, blaß und die Lippen verklemmt, hinter ihm Breteuil, der alte Soldat, rot das grobe Weinbauerngesicht, seine Augen funkeln vor Erregung. In der Mitte des Zimmers brüllt er plötzlich dem Hauptmann der Leibgarde absichtlich laut zu: »Verhaften Sie den Herrn Kardinal!«

Alles zuckt zusammen. Alles ist starr. Ein Kardinal verhaftet! Ein Rohan! Und im Vorgemach des Königs! Ist der alte Haudegen Breteuil betrunken? Aber nein, Rohan wehrt sich nicht, empört sich nicht, mit gesenkten Augen geht er gehorsam der Wache entgegen. Schaudernd treten die Höflinge zur Seite, und durch diesen Spießrutengang forschender, beschämender, erbitterter Blicke schreitet von Saal zu Saal bis zur Treppe hinab der Prinz von Rohan, Großalmosenier des Königs, Kardinal der alleinseligmachenden Kirche, Reichsfürst des Elsaß, Mitglied der Akademie und Träger ungezählter Würden, und, wie hinter einem Galeerensträfling, der harte Soldat als Wächter. Während man Rohan in einem abseitigen Zimmer der Hofwache übergibt, benützt der aus der Betäubung Erwachte die allgemeine Verblüffung, um rasch mit Bleistift ein paar Zeilen auf ein Blatt Papier zu werfen, die seinen Hausabbé anweisen, alle in einer roten Brieftasche befindlichen Schriftstücke rasch zu verbrennen – es sind, wie man später im Prozeß erfährt, die gefälschten Briefe der Königin. Unten wirft sich einer der Heiducken Rohans rasch auf das Pferd, jagt mit dem Zettel in das Hôtel de Strasbourg, ehe die langsameren Polizeileute nachrücken, um die Papiere zu versiegeln, und ehe – beispiellose Schmach – der Großalmosenier von Frankreich in dem Augenblick, da er die Messe vor dem König und dem ganzen Hof lesen sollte, in die Bastille gebracht wird. Gleichzeitig ergeht Befehl, alle seine Helfershelfer in der noch dunklen Angelegenheit festzunehmen. An diesem Tage wird in Versailles keine Messe mehr gelesen, und wozu auch? Niemand hätte mehr Andacht, ihr zuzuhören; der ganze Hof, die ganze Stadt, das ganze Land stehen betäubt unter dieser Nachricht wie vor einem Blitz aus heiterem Himmel.

Hinter der verschlossenen Tür bleibt die Königin erregt zurück, ihr beben noch die Nerven vor Zorn; die Szene hat sie selber fürchterlich erregt – aber endlich ist zumindest einer gestellt von den Verleumdern, von den hinterhältigen Meuchlern ihrer Ehre. Werden jetzt nicht alle Wohlgesinnten zu ihr eilen, sie beglückwünschen zur Festnahme dieses Schurken? Wird nicht der ganze Hof die Energie des so lange schwach vermeinten Königs rühmen, der mit festem Griff diesen unwürdigsten aller Priester dingfest gemacht? Aber sonderbar: niemand kommt. Mit verlegenen Blicken weichen selbst ihre

Freundinnen aus, es bleibt sehr still heute in Trianon und in Versailles. Der Adel gibt sich keine Mühe, seine Entrüstung zu verbergen, daß man einen aus seiner privilegierten Klasse derart entehrend angepackt, und den Kardinal von Rohan, dem der König Nachsicht angeboten, falls er sich seinem persönlichen Rechtsspruch unterwerfe, lehnt, von seinem ersten Schrecken erholt, kühl die Gnade ab und wählt das Parlament als seinen Richter. Ein Unbehagen überkommt die Eilfertige. Marie Antoinette wird ihres Erfolges nicht froh: am Abend finden sie ihre Kammerfrauen in Tränen.

Aber bald bricht der alte Leichtsinn durch. »Was mich betrifft«, schreibt sie in törichter Selbsttäuschung ihrem Bruder Joseph, »so bin ich entzückt, daß wir nichts von dieser widerlichen Affäre mehr hören werden.« Man schreibt ja August, und der Prozeß vor dem Parlament wird bestenfalls erst im Dezember stattfinden, vielleicht sogar erst im nächsten Jahr – wozu sich jetzt weiter mit solchem Ballast den Kopf beschweren? Mögen die Leute schwätzen oder murren, was liegt daran! Also rasch den Schminktopf her und die neuen Kostüme, man wird doch nicht eine so entzückende Komödie absagen wegen einer solchen Nichtigkeit. Die Proben gehen weiter ihren Gang, die Königin studiert (statt der Akten der Polizei über jenen großen Prozeß, der vielleicht noch aufzuhalten wäre) die Rolle des muntern Rosinchens im »Barbier von Sevilla«. Aber es scheint, auch diese Rolle hat sie zu lässig geprobt. Denn sonst hätte sie doch stutzen und nachdenken müssen bei den Worten ihres Partners Basilio, der so prophetisch die Macht der Verleumdung schildert. »Die Verleumdung! Sie ahnen nicht, wen Sie in ihr verachten! Ich habe die ehrlichsten Leute ihr unterliegen sehen. Glauben Sie mir, es gibt keine noch so platte Bösartigkeit, keine Niedertracht, keine absurde Geschichte, die man nicht den Müßigen einer großen Stadt einimpfen könnte, wenn man es richtig anpackt, und wir haben hierzulande Leute von einer Geschicklichkeit ...! Erst ist es nur ein leiser Laut, der vorbeistreift wie die Schwalbe vor dem Sturm, pianissimo, nur murmelt und schwindet, aber im Flug seinen vergifteten Samen aussät. Ein Mund fängt ihn auf und flüstert ihn piano, piano geschicktestens ins Ohr. Jetzt ist das Unheil da, es wächst, es reckt sich noch, es macht sich auf den Weg rinforzando von Mund zu Mund, es rennt wie der Teufel. Und plötzlich, weiß Gott wie, richtet die Verleumdung sich auf, pfeift und schwillt zusehends, schwingt sich hoch, wirbelt, kreist, reißt mit, bricht als Donner aus und wird dank dem Himmel ein allgemeiner Schrei, ein öffentliches Crescendo, ein Generalchorus des Hasses und der Ächtung. Welcher Teufel könnte ihr widerstehn?«

Aber Marie Antoinette hat wie immer schlecht auf ihre Partner gehört. Sonst hätte sie begreifen müssen: hier plaudert ein scheinbar lockeres Spiel ihr eigenes Schicksal aus. Die Rokoko-Komödie, sie ist mit dieser letzten Vorstellung am 19. August 1785 endgültig zu Ende: incipit tragoedia.

Die Halsbandaffäre

Was ist in Wirklichkeit geschehen? Das glaubhaft darzustellen fällt nicht leicht, denn so, wie sich die Halsbandaffäre tatsächlich ereignet hat, ist sie die unwahrscheinlichste aller Unwahrscheinlichkeiten, wie man sie in einem Roman nicht glauben würde. Hat die Wirklichkeit aber einmal einen sublimen Einfall und zugleich einen dichterischen Tag, dann übertrifft sie an Phantasie, an Verwicklungskunst den erfindungsreichsten Poeten. Dann tun aber auch alle Dichter besser, die Hand von ihrem Spiel zu lassen und nicht ihre geniale Kombinationskunst noch überkombinieren zu wollen: selbst Goethe, der im »Großkophta« versucht, die Halsbandgeschichte zu dramatisieren, verhärtet zu einem ledernen Spaß, was in Wirklichkeit eine der frechsten, flirrendsten und erregendsten Farcen der Geschichte gewesen ist. In allen Komödien Molières zusammengenommen, findet man nicht ein so farbig und logisch-lustig verflochtenes Bukett von Gaunern, Schwindlern und Beschwindelten, von Narren und köstlich Genarrten wie in diesem munteren Ollapodrida, in dem eine diebische Elster, ein mit allen Salben der Scharlatanerie geschmierter Fuchs und ein plump gutgläubiger Bär die tollste Affenkomödie der Weltgeschichte zusammenbrauen.

Im Mittelpunkt einer echten und rechten Komödie steht immer eine Frau. Die in der Halsbandaffäre wächst als Tochter eines verkrachten Edelmannes und einer verlotterten Dienstmagd als schmutziges verwahrlostes Bettelkind auf, das sich barfuß Kartoffeln aus dem Felde stiehlt und für ein Stück Brot den Bauern die Kühe hütet. Nach dem Tode des Vaters legt sich die Mutter auf die Hurerei, die Kleine auf das Streunen; die Siebenjährige wäre verkommen ohne den Glückszufall, auf der Straße gerade die Marquise von Boulainvilliers mit dem verblüffenden Jammerruf anzubetteln: »Barmherzigkeit für eine arme Waise aus dem Blute der Valois!« Wie? Ein solches verlaustes, halbverhungertes Kind Nachfahre königlichen Blutes? Des heiligen Blutes des frommen Ludwig? Unmöglich, denkt die Marquise. Aber immerhin, sie läßt ihre Karosse halten und fragt die kleine Bettlerin aus.

In der Halsbandaffäre muß man sich von Anfang an gewöhnen, das Unwahrscheinlichste als das Wahre zu nehmen; das Verblüffendste wird in ihr zur Tatsache. Diese Jeanne ist wirklich eine eheliche Tochter von Jacques de Saint-Rémy, seines Zeichens Wilddieb, Säufer und Bauernschreck, aber nichtsdestoweniger ein gerader und unmittelbarer Nachkomme der Valois, die den Bourbonen an Rang und Alter nichts nachgeben. Die Marquise Boulainvilliers, von solch phantastischem Sturz eines Königssprosses in solches Elend gerührt, nimmt sofort das Mädchen samt der jüngeren Schwester mit und läßt beide auf ihre Kosten in einem Pensionat erziehen. Vierzehnjährig kommt Jeanne zu einer Schneiderin in die Lehre, wird Wäscherin, Büglerin, Wasserträgerin, Weißnäherin und wird endlich in einem Kloster für adelige Mädchen untergebracht.

Aber zur Nonne, das wird sich bald erweisen, hat die kleine Jeanne wenig Talent. Das väterliche Vagantenblut brodelt in ihren Adern, mit zweiundzwanzig Jahren klettert sie mit ihrer Schwester entschlossen über den Klosterzaun. Ohne Geld in der Tasche, den Kopf voll Abenteuer, tauchen sie in Bar-sur-Aube auf. Dort findet Jeanne, hübsch wie sie ist, einen kleinadeligen Gendarmerieoffizier, Nicolas de La Motte, der sie bald darauf heiratet, und zwar in zwölfter Stunde, denn der priesterliche Segen überholt nur um einen Monat ein bereits heranrückendes Zwillingspaar. Mit einem derart moralisch weitmaschigen Mann – er ist niemals eifersüchtig gewesen – könnte Madame de La Motte eigentlich gemächlich ein bescheidenes Kleinbürgerleben führen. Aber »das Blut der Valois« heischt seine Rechte; von allem Anfang an kennt diese kleine Jeanne nur einen Gedanken: hinauf! gleichgültig, wie und auf welchen Wegen. Zunächst rückt sie ihrer Wohltäterin, der Marquise de Boulainvilliers, auf den Hals und hat das Glück, von ihr gerade zu Zabern im Schloß des Kardinals Rohan empfangen zu werden. Hübsch und geschickt wie sie ist, nützt sie sofort die liebenswürdige Schwäche des galanten und gutmütigen Kardinals aus. Durch seine Vermittlung erhält ihr Mann – wahrscheinlich um den Preis eines unsichtbaren Geweihs – sofort das Rittmeisterpatent in einem Dragonerregiment und auch die Bezahlung der bisher aufgelaufenen Schulden.

Wieder könnte Jeanne jetzt zufrieden sein. Aber auch diesen schönen Ruck nach oben betrachtet sie nur als Stufe. Ihr La Motte ist vom König zum Rittmeister ernannt, nun ernennt er sich noch aus eigener Machtvollkommenheit taxfrei zum Grafen. Soll man wirklich, wenn man sich mit einem derart sonoren Namen wie »Gräfin Valois de La Motte« aufplustern kann, in der Provinz verkommen, mit einer Gnadenpension und einem bescheidenen Offiziersgehalt? Unsinn! Ein solcher Name ist hunderttausend Livres im Jahre für eine hübsche, skrupellose Frau wert, die entschlossen ist, alle Eitlen und Dummköpfe gründlich zu rupfen. Zu diesem Zwecke mieten die beiden Spießgesellen sich in Paris ein ganzes Haus in der Rue Neuve-Saint-Gilles, schwatzen den Wucherern von riesigen Gütern, auf welche die Gräfin als Nachfahrin der Valois Ansprüche habe, und mit den geliehenen Sachen wird große Gesellschaft gespielt – das Silbergeschirr ist immer nur für drei Stunden aus dem nahe gelegenen Laden geborgt. Als dann endlich in Paris ihr die Gläubiger zu hart an den Hals rücken, erklärt die Gräfin Valois de La Motte, sie begebe sich nach Versailles, um dort bei Hof ihre Ansprüche zu stellen.

Selbstverständlich kennt sie bei Hof keinen Menschen, und sie könnte sich ihre hübschen Beine wochenlang müde stehen, ohne auch nur im Vorgemach der Königin empfangen zu werden. Aber die gerissene Hochstaplerin hat sich bereits ihren Coup ausgedacht. Sie stellt sich mit den andern Bittstellern im Vorzimmer der Madame Elisabeth auf und fällt plötzlich in Ohnmacht. Alles stürzt herbei, ihr Mann nennt den hochtrabenden Namen und erzählt mit Tränen in den Augen, jahrelanger Hunger und die daraus entstandene Entkräftung seien die Ursache der Ohnmacht. Voll Mitleid wird die höchst gesunde Kranke auf einer Bahre nach Hause gebracht, zweihundert Livres werden ihr nachgeschickt und die Pension von achthundert auf fünfzehnhundert Livres erhöht. Aber ist das nicht ein Bettel für eine Valois? Also kräftig weiter hineingeschlagen in die Kerbe: ein zweiter Ohnmachtsanfall im Vorzimmer der Gräfin Artois, ein dritter in der Spiegelgalerie, welche die Königin durchschreiten muß. Leider erfährt Marie Antoinette, auf deren Großmut die Gewaltbettlerin besonders gehofft hat, nichts von diesem Vorfall, und eine vierte Ohnmacht in Versailles wäre verdächtig; so kehren die beiden nur mit geringer Beute nach Paris zurück. Sie haben lange nicht das erreicht, was sie wollten. Selbstverständlich hüten sie sich aber sehr, das auszuplaudern, im Gegenteil, sie blasen munter die Bakken auf, wie gnädig, wie herzlich die Königin sie als liebe Verwandte empfangen habe. Und da es reichlich Leute gibt, denen eine in der Gesellschaft der Königin hochgeehrte Gräfin Valois als wichtige Bekanntschaft erscheint, kommen bald etliche fette Schafe zur Schur, der Kredit ist für einige Zeit wiederhergestellt. Die beiden verschuldeten Bettler schaffen sich – mundus vult decipi – einen ganzen Hofstaat an, geführt von einem sogenannten Sekretär, der Rétaux de Vilette heißt und in Wirklichkeit nicht nur die Gaunereien, sondern auch das Bett der edlen Gräfin unbedenklich teilt, ein zweiter Sekretär, Loth, ist sogar geistlichen Standes. Dazu werden Kutscher, Lakaien, Stubenkätzchen engagiert, bald geht es in der Rue Neuve-Saint-Gilles sehr vergnüglich zu. Es gibt dort amüsante Spielpartien, wenig einträglich zwar für die Gimpel, die sich auf den Leim locken lassen, aber doch erheiternd durch zweideutige Damenwelt. Leider mengen sich neuerdings jene zudringlichen Leute ein, ihres Zeichens Gläubiger und Gerichtsvollzieher, und stellen den ungebührlichen Anspruch, nach Wochen und Monaten endlich einmal bezahlt zu werden. Abermals ist das ehrenwerte Paar zu Ende mit seinem Latein, die kleinen Künste verfangen nicht mehr. Es wird bald Zeit, zu einem großen Streich auszuholen.

Für einen Gaunerstreich von Format sind immer zwei Dinge notwendig: ein großer Gauner und ein großer Narr. Glücklicherweise ist dieser Narr schon zur Hand: und es ist kein anderer als das erlauchte Mitglied der französischen Akademie, Seine Eminenz der Bischof von Straßburg, der Großalmosenier von Frankreich, der Kardinal Rohan. Völlig Mann seiner Zeit, nicht klüger, nicht dümmer als die andern, leidet dieser äußerlich bezaubernde Kirchenfürst auch an der Krankheit seines Jahrhunderts, an der Leichtgläubigkeit. Die Menschheit vermag nie dauernd zu leben, ohne einen Glauben; und da der Abgott des Jahrhunderts, Voltaire, den Kirchenglauben aus der Mode gebracht hat, schleicht sich an seiner Stelle der Aberglaube in die Salons des Dix-huitième ein. Für Alchimisten, Kabbalisten, Rosenkreuzer, Scharlatane, Nekromanten und Wunderärzte hebt ein goldenes Zeitalter an. Kein Mann von Adel, keine Dame von Welt wird versäumen, bei Cagliostro in seiner Loge, mit dem Grafen von Saint-Germain zu Tisch, bei Mesmers magnetischem Zauber gewesen zu sein. Gerade weil so hellgeistig, so witzig frivol, gerade weil die Generale ihren Dienst, die Königin ihre Würde, die Priester ihren Gott nicht mehr ernst nehmen, brauchen die »aufgeklärten« Lebeleute gegen ihre entsetzliche Leere irgendein Spiel mit dem Metaphysischen, Mystischen, Übersinnlichen und Unbegreiflichen und gehen trotz aller Wachheit, allen Witzes den plumpsten Betrügern auf die allerdümmste Art ins Garn. Unter diesen geistig Armen ist nun der Allergutgläubigste, Seine Eminenz, der Kardinal Rohan, just an den allergerissensten der Blendmeister, an den Papst aller Schwindler geraten, an den »göttlichen« Cagliostro. Der hat sich eingenistet im Zaberner Schloß und zaubert sich meisterlich Geld und Verstand seines Gastgebers in die Tasche. Nun erkennen Auguren und Gauner einander immer gleich beim ersten Augenwink, so hier Cagliostro und die La Motte; durch ihn, den Mitwisser aller Geheimwünsche des Kardinals, erfährt sie den allergeheimsten Wunsch Rohans, erster Minister von Frankreich zu werden, und sie kriegt auch das einzige Hemmnis heraus, das er fürchtet: die bekannte, aber ihm selber unerklärliche Abneigung der Königin Marie Antoinette gegen seine Person. Die Schwäche eines Mannes kennen, das heißt für eine gerissene Frau immer so viel, als ihn schon in Händen haben; flugs spinnt die Gaunerin ein Seil, um den bischöflichen Bären so lange tanzen zu lassen, bis er Gold schwitzt. Im April 1784 beginnt die La Motte ab und zu eine kleine Bemerkung einzustreuen, wie zärtlich ihre »liebe Freundin«, die Königin, sich ihr anvertraue; immer phantasievoller erfindet sie Episoden, die in dem arglosen Kardinal die Meinung erwecken, diese kleine hübsche Frau könnte eigentlich eine ideale Fürsprecherin für ihn bei der Königin werden. Jawohl, es kränke ihn, gibt er offen zu, daß seit Jahren Ihre Majestät ihn nicht eines Blickes würdigt, da er doch kein höheres Glück kenne, als ihr ehrfürchtig dienen zu dürfen. Ach, wenn doch jemand endlich die Königin über seine wahre Gesinnung aufklären würde! Teilnehmend und gerührt verheißt die »intime« Freundin, zu seinen Gunsten bei Marie Antoinette zu sprechen, und welches Gewicht, Rohan staunt, muß ihre Fürsprache gehabt haben, denn im Mai kündigt sie ihm bereits an, die Königin sei umgestimmt und werde dem Kardinal demnächst ein diskretes Zeichen ihrer geänderten Gesinnung geben, allerdings noch kein offenbares: sie werde bei der nächsten Hofcour ihm auf eine bestimmte Weise heimlich zunicken. Wenn man etwas glauben will, so glaubt man es gern. Wenn man etwas sehen will, so sieht man es leicht. Tatsächlich meint der gute Kardinal, bei der nächsten Vorstellung eine gewisse »Nuance« des Kopfnickens beim Empfang bemerkt zu haben und zahlt der rührenden Vermittlerin gute Dukaten.

Aber der La Motte ist die goldene Ader lange nicht ausgiebig genug angeschlagen. Um den Kardinal noch fester einzunähen in den Narrensack, muß man ihm irgend etwas Handgreifliches königlicher Gunst vorzeigen. Wie wäre es wohl mit Briefen? Wozu hält man sich denn einen skrupellosen Sekretär in Haus und Bett? Rétaux fertigt tatsächlich ohne Zögern Briefe von der Hand Marie Antoinettes an ihre Freundin Valois an. Und da sie der Narr als echt bestaunt, warum nicht weiter einen Schritt tun auf dieser einträglichen Bahn? Warum nicht gleich einen geheimen Briefwechsel zwischen Rohan und der Königin inszenieren, damit man seiner Kasse bis auf den Grund komme? Auf den Rat der La Motte verfaßt der verblendete Kardinal eine ausführliche Rechtfertigung seines bisherigen Verhaltens, korrigiert Tage daran und übergibt endlich die Reinschrift dieser im wahrsten Sinne des Wortes unbezahlbaren Frau. Und siehe – ist sie nicht wirklich eine Zauberin und die vertrauteste Freundin der Königin? Wenige Tage später bringt die La Motte schon ein Brieflein kleinen Formats mit Goldschnitt auf weißem geripptem Papier, in einer Ecke die französische Lilie. Die sonst unzugängliche, abwehrende, die stolze Königin aus dem Hause Habsburg schreibt dem bisher Mißachteten: »Ich freue mich sehr, Sie nicht mehr als schuldig ansehen zu müssen; noch kann ich Ihnen die erbetene Audienz nicht bewilligen. Sobald die Verhältnisse eine solche gestatten, werde ich Sie benachrichtigen. Seien Sie verschwiegen!« Der Geprellte vermag sich vor Freude kaum zu fassen, er dankt, auf den Rat der La Motte, der Königin, empfängt abermals und schreibt abermals Briefe, und je mehr sich ihm das Herz mit Stolz und Sehnsucht füllt, bei Marie Antoinette in höchster Gunst zu stehen, um so mehr erleichtert ihm die La Motte die Taschen. Das verwegene Spiel ist in vollem Gange.

Schade nur, daß eine wichtige Person sich noch immer nicht bereit gefunden hat, in dieser Komödie wirklich mitzuspielen, und gerade die Hauptfigur: die Königin. Lange aber ist diese gefährliche Partie nicht zu halten ohne ihr Eingreifen, denn ewig kann man selbst dem Leichtgläubigsten nicht vorschwindeln, die Königin habe ihn gegrüßt, wenn sie in Wirklichkeit starr an dem verhaßten Mann vorbeiblickt und ihn niemals anspricht. Immer größer wird die Gefahr, daß der arme Narr endlich Lunte riecht. So muß ein ganz verwegener Schachzug ausgeklügelt werden. Da es selbstverständlich ausgeschlossen ist, daß die Königin jemals persönlich mit dem Kardinal sprechen werde – genügt es nicht, den Tölpel glauben zu lassen, er habe mit der Königin gesprochen? Wie wäre es, wenn man die Lieblingszeit aller Gaunerstreiche, das Dunkel und den rechten Ort, irgendeine verschattete Allee im Park von Versailles, wählte und Rohan statt der Königin eine Doppelgängerin, der man ein paar Worte einlernt, brächte? In der Nacht sind alle Katzen grau, und aufgeregt und vernarrt, wie er ist, wird sich der gute Kardinal auf diese Weise nicht minder narren lassen als durch die Flunkereien Cagliostros und die Goldschnittbriefe von der Hand eines ungebildeten Schreibers.

Wo aber in aller Eile eine Figurantin, ein »Double«, wie man heute im Film sagt, finden? Nun, dort, wo sehr gefällige Damen und Dämchen aller Sorten und Größe, schlanke und rundliche, schmale und feiste, blonde und brünette allstündlich zu Geschäftszwecken promenieren; im Garten des Palais Royal, dem Prostitutionsparadies von Paris. Der »Graf« de La Motte übernimmt die heikle

Besorgung; er braucht nicht lange, und schon hat er die Doppelgängerin für die Königin ausfindig gemacht, eine junge Dame namens Nicole – später Baronin d'Oliva genannt –, angeblich Modistin, in Wirklichkeit mehr mit Herrendienst beschäftigt als mit Damenkundschaft. Es kostet nicht viel Mühe, sie zu der leichten Rolle zu überreden, »denn«, so motiviert Frau de La Motte vor ihren Richtern, »sie war sehr dumm«. Am 11. August bringt man die willige Liebesdienerin nach Versailles in eine Mietwohnung, höchst eigenhändig kleidet sie die Gräfin Valois in eine weißgetupfte Musselinrobe, genau derjenigen nachgeahmt, welche die Königin auf dem Porträt der Madame Vigée-Lebrun trägt. Nun noch einen breitkrempigen Hut, der das Gesicht umschattet, ihr auf das sorgsam gepuderte Haar gedrückt, und dann flink und frech los, mit der leicht verängstigten Kleinen, die für zehn Minuten die Königin von Frankreich vor dem Großalmosenier des Königtums spielen soll, in den abendlich dunklen Park! Das verwegenste Gaunerstück aller Zeiten ist im Gange.

Ganz leise schleicht das Paar mit seiner verkleideten Pseudokönigin über die Terrassen von Versailles. Der Himmel will ihnen, wie immer den Gaunern, wohl und strömt mondlose Dunkelheit nieder. Sie steigen hinab zum Venusboskett, das, dicht überschattet von Tannen, Zedern und Fichten, von einer Gestalt kaum mehr als den Umriß erkennen läßt, zauberisch geeignet also zum Liebes- und noch mehr für dieses phantastische Narrenspiel. Das arme kleine Hürchen beginnt zu zittern. In welches Abenteuer hat sie sich hier von fremden Leuten schleppen lassen? Am liebsten liefe sie weg. Voll Angst hält sie in ihrer Hand die Rose und das Billett, das sie vorschriftsmäßig einem vornehmen Herrn übergeben soll, der sie hier ansprechen wird. Da knirscht schon der Kies. Der Umriß eines Mannes taucht auf, es ist Rétaux, der Sekretär, der in der Rolle eines königlichen Dieners Rohan heranführt. Mit einemmal fühlt sich Nicole energisch vorgestoßen – wie vom Dunkel weggeschwemmt, verschwinden die beiden Kuppler an ihrer Seite. Sie steht allein oder vielmehr nicht mehr allein, denn hoch und schlank, den Hut tief in die Stirn gedrückt, kommt ihr jetzt ein fremder Mann entgegen: es ist der Kardinal.

Sonderbar, wie närrisch sich dieser Fremde benimmt. Er verneigt sich ehrfürchtig bis zur Erde, er küßt der kleinen Dirne den Saum ihres Gewandes. Jetzt sollte Nicole ihm die Rose übergeben und den bereitgehaltenen Brief. Aber in ihrer Verwirrung läßt sie die Rose fallen und vergißt den Brief. So stammelt sie nur mit erstickter Stimme die paar Worte, die man ihr mühsam eingetrichtert hat. »Sie dürfen hoffen, daß alles Vergangene vergessen ist.« Und diese Worte scheinen den fremden Kavalier maßlos zu entzücken, abermals und abermals verneigt er sich, stottert in offensichtlicher Beglückung alleruntertänigsten Dank, sie weiß nicht wofür, die arme kleine Modistin. Sie hat nur Angst, tödliche Angst, irgend etwas zu sprechen und sich damit zu verraten. Aber Gott sei Dank, da knirscht neuerdings im Kies ein hastiger Schritt, jemand ruft leise und aufgeregt: »Schnell, schnell weg! Madame und die Gräfin von Artois sind ganz in der Nähe.« Das Stichwort wirkt, der Kardinal erschrickt und entfernt sich eiligst in Begleitung der La Motte, indes der edle Gatte die kleine Nicole zurückführt; mit pochendem Herzen schleicht die Pseudokönigin dieser Komödie am Schlosse vorbei, wo hinter nachtschwarz verdunkelten Scheiben die wirkliche Königin ahnungslos schläft.

Der aristophanische Streich ist glorreich gelungen. Jetzt hat der arme Ochse, der Kardinal, einen Hieb auf dem Schädel, der ihm gänzlich alle Sinne raubt. Bisher mußte man sein Mißtrauen immer wieder chloroformieren, das vermeinte Kopfnicken war doch nur halber Beweis, ebenso die Briefe; nun aber, da der Geprellte leibhaftig mit der Königin gesprochen zu haben glaubt und aus ihrem Munde vernommen hat, daß sie ihm verziehen, wird für ihn jedes Wort der Gräfin de La Motte wahrhaftiger als das Evangelium. Jetzt geht er ihr am Gängelband, durch dick und dünn. An diesem Abend gibt es keinen glücklicheren Menschen in Frankreich. Schon sieht sich Rohan als erster Minister, als Günstling der Königin.

Einige Tage später meldet die La Motte dem Kardinal bereits abermaligen Beweis der Gunst der Königin. Ihre Majestät – Rohan kenne ja ihr wohltätiges Herz – habe den Wunsch, einer in Not geratenen adeligen Familie fünfzigtausend Livres zukommen zu lassen, sei aber im Augenblick an der Zahlung behindert. Ob nicht der Kardinal diesen milden Dienst für sie übernehmen wolle. Rohan, hochbeglückt, wundert sich keinen Augenblick, daß die Königin trotz ihrer riesigen Einkünfte schwach bei Kasse sei. Ganz Paris weiß doch, sie steckt ständig in Schulden. Sofort läßt er einen elsässischen Juden namens Cerf-Beer kommen, borgt ihm die fünfzigtausend ab, zwei Tage später klirrt das Gold auf den Tisch der La Motte. Jetzt haben sie endlich den Faden in der Hand, um den Hampelmann springen zu lassen. Drei Monate später ziehen sie schon schärfer an; abermals wünscht die Königin Geld, und Rohan verpfändet beflissen Möbel und Silberzeug, nur um rasch und ausgiebig seiner Gönnerin gefällig zu sein.

Nun kommen für Graf und Gräfin de La Motte himmlische Zeiten. Der Kardinal sitzt weit im Elsaß, aber sein Geld klimpert lustig in ihren Taschen. Jetzt brauchen sie keine Sorgen mehr zu haben, ein Narr und Zahler ist gefunden. Man wird ihm von Zeit zu Zeit einen Brief schreiben im Namen der Königin, und er wird neue Dukaten schwitzen. Bis dahin herrlich und in Freuden drauflosgelebt und nicht an das Morgen gedacht! Nicht nur die Herrscher, die Fürsten, die Kardinäle sind in diesen lockeren Zeiten leichtsinnig, sondern auch die Gauner. Ein Landhaus in Bar-sur-Aube mit einem prächtigen Garten und einem reichen Wirtschaftshof wird eiligst gekauft, aus goldenen Schüsseln gegessen, aus glitzerndem Kristall getrunken, man spielt und musiziert in diesem noblen Palais, die beste Gesellschaft drängt sich um die Ehre, bei der Gräfin Valois de La Motte verkehren zu dürfen. Wie schön ist die Welt, in der es solche Gimpel gibt!

Wer dreimal im Spiel die höchste Karte gezogen, wird unbedenklich auch zum viertenmal allerverwegensten Einsatz wagen. Ein unvermuteter Zufall schiebt der La Motte das Trumpfas in die Hand. Bei einer ihrer Gesellschaften erzählt jemand, die armen Hofjuweliere Böhmer und Bassenge säßen in dicken Sorgen. Sie hätten ihr ganzes Kapital und ein gutes Stück Schulden in das herrlichste Diamantenhalsband gesteckt, das man auf Erden gesehen. Eigentlich sei es für die Dubarry bestimmt gewesen, die hätte es gewiß gekauft, wenn nicht unglücklicherweise die Blattern Ludwig XV. heimgeholt hätten; nachher hätten sie es dem spanischen Hof angeboten und dreimal der Königin Marie Antoinette, die doch in Schmuck vernarrt sei und sonst so locker kaufe, ohne viel nach dem Preis zu fragen. Aber Ludwig, der lästige Sparmeister, habe nicht mit der Million sechsmal hunderttausend Livres herausrücken wollen; jetzt stünde den Juwelieren das Wasser bis zum Hals, die Zinsen knabberten an den schönen Diamanten; wahrscheinlich müßten sie das wunderbare Kollier wieder zerkrümeln und damit ihr ganzes Geld. Ob nicht sie, die Gräfin Valois, die doch mit der Königin Marie Antoinette auf so vertrautem Fuß stünde, ihre königliche Freundin überreden könnte, das

Schmuckstück zu kaufen, auf Raten natürlich, unter den besten Bedingungen – es sei dabei ein saftiger Happen Geld zu verdienen. Die La Motte, eifrig bedacht, die Legende ihres Einflusses in Schwung zu halten, sagt gütigst ihre Fürsprache zu, und am 29. Dezember bringen die beiden Juweliere den köstlichen Schrein zur Ansicht in die Rue Neuve-Saint-Gilles.

Welch ein Anblick! Der La Motte stockt der Herzschlag. Wie diese Diamanten im Sonnenlicht, so funkeln und flitzen ihr freche Gedanken durch den klugen Kopf: wie, wenn man den Erzesel von Kardinal auch dazu bringen könnte, heimlich das Halsband für die Königin zu kaufen. Kaum ist er aus dem Elsaß zurückgekehrt, so nimmt die La Motte ihn scharf in die Presse. Eine neue Gunst winke ihm. Die Königin wünschte, natürlich ohne Wissen ihres Gatten, einen kostbaren Schmuck zu kaufen, dazu brauche sie einen verschwiegenen Vermittler; diese heimliche und ehrenvolle Aufgabe habe sie Rohan als Zeichen ihres Vertrauens zugedacht. Tatsächlich, schon wenige Tage später kann die La Motte triumphierend dem beglückten Böhmer mitteilen, ein Käufer sei gefunden: der Kardinal von Rohan. Am 29. Januar wird im Palais des Kardinals, im Hôtel de Strasbourg, der Kauf abgeschlossen: eine Million sechshunderttausend Livres, zahlbar innerhalb zweier Jahre in vier sechsmonatlichen Raten. Der Schmuck solle am 1. Februar geliefert werden, die erste Ratenzahlung am 1. August 1785 erfolgen. Der Kardinal paraphiert die Bedingungen mit eigener Hand und übergibt sie der La Motte, damit diese den Vertrag ihrer »Freundin«, der Königin, unterbreite; umgehend, am 30. Januar, bringt die Betrügerin die Antwort, Ihre Majestät sei mit allem einverstanden.

Aber – einen Schritt vor der Stalltür bockt der bisher so gutmütige Esel. Schließlich, es geht um eine Million sechsmal hunderttausend Livres, selbst für den verschwenderischsten Fürsten kein Pappenstiel! Bei einer so riesigen Bürgschaft muß man doch um Lebens oder Sterbens willen wenigstens etwas wie einen Schuldschein, ein von der Königin unterzeichnetes Dokument in Händen haben. Etwas Geschriebenes? Aber gern! Wozu hält man sich einen Sekretär? Am nächsten Tag bringt die La Motte neuerdings den Vertrag, und siehe, bei jeder Klausel steht am Rande manu propria das Wort »genehmigt!« und am Schluß des Vertrages die »eigenhändige« Unterschrift: »Marie Antoinette de France.« Mit etwas Grütze im Kopf müßte zwar ein Großalmosenier des Hofes, Mitglied der Akademie, ein ehemaliger Gesandter und in seinen Träumen schon zukünftiger Staatsminister, sofort beanstanden, daß in Frankreich eine Königin ein Dokument nie anders als mit ihrem Vornamen unterzeichnet, daß also ein Signum »Marie Antoinette de France« auf den ersten Blick nicht einen geschickten, sondern einen sehr ungebildeten Fälscher letzter Klasse entlarvt. Aber wie zweifeln, da die Königin ihn persönlich im Venusboskett heimlich empfangen hat? Hoch und heilig schwört der Verblendete der Schwindlerin zu, niemals diesen Schuldschein aus den Händen zu lassen und ihn niemandem zu zeigen. Am nächsten Morgen, am 1. Februar, überbringt der Juwelier den Schmuck dem Kardinal, der ihn abends eigenhändig zur La Motte trägt, um sich persönlich zu überzeugen, daß er zu treuen Händen der Königin übernommen werde. Er braucht in der Rue Neuve-Saint-Gilles nicht lange zu warten, schon hört man die Treppe herauf einen männlichen Schritt kommen. Die La Motte ersucht den Kardinal, in ein Nebenzimmer einzutreten, von dem aus er durch die Glastür die ordnungsgemäße Übergabe beobachten und bestätigen könne. Tatsächlich, ein junger Mann, ganz in Schwarz gekleidet, ist erschienen – natürlich wieder Rétaux, der wackere Sekretär – und meldet sich mit den Worten an: »Im Auftrage der

Königin.« Welch wunderbare Frau, diese Gräfin Valois de La Motte, muß der Kardinal denken, wie diskret und treu und geschickt sie alles ihrer Freundin vermittelt! Beruhigt übergibt er die Kassette der La Motte, diese händigt sie dem geheimnisvollen Boten ein; er verschwindet mit der guten Last rasch, wie er gekommen, und mit ihm das Kollier bis zum Jüngsten Gericht. Gerührt verabschiedet sich der Kardinal: jetzt, nach solchem Freundschaftsdienst, kann es nicht mehr lange währen, und er, der geheime Helfer der Königin, muß bald der erste Diener des Königs, der Staatsminister von Frankreich, sein!

Wenige Tage später erscheint ein jüdischer Juwelier bei der Pariser Polizei, um sich im Namen seiner geschädigten Standesgenossen zu beschweren, ein gewisser Rétaux de Villette biete Diamanten kostbarster Art zu so niedrigen Preisen an, daß man auf Diebstahl schließen müsse. Der Polizeiminister holt sich Rétaux. Der erklärt, er habe die Diamanten von einer Verwandten des Königs, von der Gräfin Valois de La Motte, zum Verkauf erhalten. Gräfin Valois, dieser noble Name wirkt auf den Beamten sofort wie ein Laxativ, schleunigst läßt er den zu Tode erschrockenen Rétaux laufen. Aber immerhin: die Gräfin hat jetzt gemerkt, wie halsbrecherisch es wäre, weiterhin die einzeln herausgebrochenen Steine – sie haben sofort das kostbare, lang gejagte Wild ausgeweidet und zerstükkelt – in Paris selbst loszuschlagen: so stopft sie dem wackeren Gatten die Taschen mit Brillanten voll und schickt ihn nach London – die Juweliere von New Bond Street und Piccadilly haben bald über reichliches und billiges Angebot nicht zu klagen.

Hussah, jetzt ist mit einemmal Geld da, tausendmal mehr, als selbst diese allerkühnste Gaunerin zu träumen wagte. Schamlos verwegen, wie sie der tolle Erfolg gemacht hat, zögert sie nicht, diesen neuen Reichtum protzig zu zeigen. Wagen mit vier englischen Stuten werden angeschafft, Lakaien mit prachtvollen Uniformen, ein Neger, vom Scheitel bis zur Sohle in Silber galoniert, Teppiche, Gobelins, Bronzen und Federhüte, ein Bett aus scharlachrotem Samt. Als dann das würdige Paar in seine erlauchte Residenz nach Bar-sur-Aube übersiedelt, sind nicht weniger als zweiundvierzig Fuhren nötig, um die vielen rasch zusammengekauften Kostbarkeiten zu verfrachten. Bar-sur-Aube erlebt ein unvergeßliches Fest aus Tausendundeiner Nacht. Prunkvolle Kuriere reiten dem Zug des neuen Großmoguls voran, dann kommt die englische, perlgrau lackierte Berline, mit weißem Tuch ausgeschlagen. Die Atlasdecken, die dem Paar die Beine wärmen (mit denen sie lieber rasch ins Ausland fliehen sollten), tragen das Wappen der Valois: »Rege ab avo sanguinem, nomen et lilia« – »Vom König, meinem Ahnherrn, habe ich das Blut, den Namen und die Lilien.« Der ehemalige Gendarmerieoffizier hat sich prächtig herausgeputzt: an sämtlichen Fingern trägt er Ringe, an den Schuhen diamantene Schnallen, drei oder vier Uhrketten glitzern vor der Heldenbrust, und das Inventar seiner Garderobe – man kann es im späteren Gerichtsakt nachprüfen – verzeichnet nicht weniger als achtzehn seidene oder brokatene funkelnagelneue Anzüge, garniert mit Mechelner Spitzen, mit Knöpfen aus ziseliertem Gold und kostbarsten Verschnürungen. Die Gattin an seiner Seite gibt ihm an Luxus nichts nach; wie ein indisches Götzenbild blitzt und blinkt sie von Juwelen. Solcher Reichtum ward in dem kleinen Bar-sur-Aube noch nie gesehen, bald übt er seine magnetische Kraft. Der ganze Adel der Umgebung strömt ins Haus und letzt sich an lukullischen Festen, die hier gegeben werden, Scharen von Lakaien servieren auf kostbarem Silbergeschirr die erlesensten Speisen, Musikanten machen Tafelmusik, als neuer Krösus schreitet der Graf durch seine fürstlichen Räume und streut mit vollen Händen Geld unter die Leute.

Wiederum wird an diesem Punkt die Halsbandgeschichte so absurd und phantastisch, daß sie unwahrscheinlich wirkt. Muß denn nicht der Betrug in drei, fünf, in acht, in zehn Wochen spätestens auffliegen? Wie können da – so fragt unwillkürlich die normale Vernunft – diese beiden Gauner so sorglos frech mit ihrem Reichtum prunken, als gäbe es keine Polizei? Aber die La Motte rechnet eigentlich vollkommen richtig, sie denkt: wenn wirklich ein böser Stoß kommen sollte, so haben wir einen guten Vordermann. Knallt die Sache auf, je nun, er wird sie schon ordnen, der Herr Kardinal von Rohan! Er wird sich hüten, eine Affäre hochsausen zu lassen, der Großalmosenier von Frankreich, die ihn unsterblich lächerlich macht. Lieber wird er ganz still und ohne mit der Wimper zu zucken das Halsband aus der eigenen Tasche bezahlen. Wozu also sich ängstigen: mit einem solchen Kompagnon im Geschäft kann man getrost in seinem damastenen Bette schlafen. Und sie sorgen sich wahrhaft nicht, die wackere La Motte, ihr ehrenwerter Gemahl, der schreibgewandte Sekretär, sondern genießen mit vollen Zügen den Zins, den sie mit geschickter Hand aus dem unerschöpflichen Kapital der menschlichen Dummheit gezogen haben.

Eine Kleinigkeit wird unterdessen dem guten Kardinal Rohan doch merkwürdig. Er hat erwartet, beim nächsten offiziellen Empfang die Königin schon mit dem kostbaren Kollier geschmückt zu sehen, wahrscheinlich auch auf ein Wort oder ein vertrauliches Kopfnicken gehofft, auf eine für alle andern undurchsichtige und nur ihm verständliche Geste der Erkenntlichkeit. Aber nichts! Kühl wie immer sieht Marie Antoinette an ihm vorüber, das Kollier leuchtet nicht auf ihrem weißen Nacken. »Warum trägt die Königin meinen Schmuck nicht?« fragt er schließlich ganz verwundert die La Motte. Die Listige ist um eine Antwort niemals verlegen: es widerstrebe der Königin, das Halsband anzulegen, solange es nicht völlig bezahlt sei. Erst dann wolle sie ihren Gatten damit überraschen. Wieder steckt der geduldige Esel den Kopf in das Heu und gibt sich zufrieden. Aber aus April ist langsam Mai, aus Mai Juni geworden, immer näher rückt der 1. August, der verhängnisvolle Termin der ersten vierhunderttausend. Um Aufschub zu erlangen, erfindet die Schwindlerin einen neuen Trick. Die Königin habe sich die Sache überlegt, erzählt sie, der Preis sei ihr doch zu hoch; wenn nicht die Juweliere einen Nachlaß von zweihunderttausend Livres gewähren wollten, sei sie entschlossen, den Schmuck zurückzuschicken. Die Verschlagene rechnet damit, die Juweliere würden sich aufs Parlamentieren legen, und damit würde die Zeit vergehen. Aber sie irrt. Die Juweliere, die den Preis viel zu hoch angesetzt hatten und denen schon das Feuer unter den Nägeln brennt, erklären sich ohne weiteres einverstanden. Bassenge entwirft ein Schreiben, das der Königin ihre Zustimmung melden soll, und Böhmer übergibt es mit Rohans Bewilligung am 12. Juli, einem Tag, an dem er ohnehin Marie Antoinette ein anderes Schmuckstück einzuhändigen hat. Dieser Brief lautet: »Majestät, wir sind aufs höchste beglückt, annehmen zu dürfen, daß die letzten Zahlungsbedingungen, die uns vorgeschlagen wurden und denen wir uns mit aller Beflissenheit und Ehrerbietung unterwerfen, als neuer Beweis unserer Ergebenheit und unseres Gehorsams den Befehlen Eurer Majestät gegenüber angesehen werden. Es gereicht uns zur wahren Genugtuung, zu denken, daß der schönste Diamantschmuck, der existiert, der erhabensten und besten der Königinnen zu Diensten sein darf.«

Dieser Brief ist durch seine gewundene Form für eine Ahnungslose auf den ersten Blick unverständlich. Aber dennoch, wenn sie ihn aufmerksam lesen und ein wenig nachdenken würde, müßte die Königin erstaunt fragen: welche Zahlungsbedingungen? Welcher Diamantschmuck? Aber man weiß es von hundert anderen Gelegenheiten: Marie Antoinette liest selten etwas Geschriebenes oder Gedrucktes aufmerksam zu Ende, es langweilt sie zu sehr; ernstliches Nachdenken war niemals ihre Sache. So öffnet sie den Brief überhaupt erst, als Böhmer sich bereits empfohlen hat. Da sie – gänzlich ahnungslos über die wirklichen Vorgänge – den Sinn dieser devot gewundenen Phrasen nicht versteht, befiehlt sie der Kammerfrau, Böhmer zur Aufklärung zurückzuholen. Aber schade, der Juwelier hat bereits das Schloß verlassen. Nun, es wird sich bald klären, was dieser Narr von Böhmer meint! Das nächste Mal also, denkt die Königin, und wirft das Billett sofort ins Feuer.

Auch dies Vernichten des Briefes, dieses Nicht-weiter-Nachfragen seitens der Königin wirkt – wie alles in der Halsbandaffäre – auf den ersten Blick unwahrscheinlich, und selbst so redliche Geschichtsschreiber wie Louis Blanc haben in diesem raschen Beiseiteschaffen ein Verdachtsmoment sehen wollen, als ob die Königin doch irgend etwas von der trüben Sache gewußt hätte. In Wirklichkeit bedeutet dies hastige Verbrennen nichts Auffälliges bei einer Frau, die zeitlebens jede an sie gerichtete Zeile aus Angst vor ihrer eigenen Unachtsamkeit und der Spionage des Hofes immer sofort vernichtete: selbst nach dem Sturme auf die Tuilerien fand sich in ihrem Schreibtisch nicht ein einziges für sie bestimmtes Schriftstück. Nur – was sonst der Vorsicht diente, wurde in diesem Falle zur Unvorsichtigkeit.

Eine Kette von Zufällen mußte also zusammenlaufen, damit der Betrug nicht früher an den Tag kam. Aber jetzt hilft alle Taschenspielerei nicht mehr weiter, der 1. August rückt heran, und Böhmer will sein Geld. Noch einen letzten Abwehrstreich versucht die La Motte: sie deckt plötzlich vor den Juwelieren die Karten auf und erklärt frech: »Sie sind betrogen worden. Die Bürgschaft, die der Kardinal besitzt, trägt eine falsche Unterschrift. Aber der Prinz ist reich, er kann selber zahlen.« Damit hofft sie, den Hieb abzulenken, sie hofft – eigentlich ganz logisch rechnend –, die Juweliere würden jetzt zornig zum Kardinal stürzen, ihm alles berichten und er aus Furcht, sich vor dem ganzen Hof und der Gesellschaft unsterblich lächerlich zu machen, beschämt den Mund halten und lieber still eine Million sechsmal hunderttausend Livres berappen. Aber Böhmer und Bassenge denken nicht logisch und psychologisch, sie zittern einzig um ihr Geld. Sie wollen mit dem verschuldeten Kardinal nichts mehr zu tun haben. Die Königin – noch sind beide der Meinung, Marie Antoinette sei mit im Spiel, sie hat ja stillgeschwiegen zu jenem Brief – stellt für sie einen zahlungskräftigeren Schuldner dar als dieser Windbeutel von Kardinal. Und dann: im schlimmsten Fall – so meinen sie abermals irrig – besitzt sie doch das Halsband, das kostbare Pfand.

Jetzt ist der Punkt erreicht, wo das Narrenseil nicht mehr straffer gespannt werden kann. Und mit einem einzigen schmetternden Ruck stürzt dieser babylonische Turmbau von Lügen und gegenseitiger Irreführung zusammen, als Böhmer nach Versailles kommt und Audienz bei der Königin verlangt. Nach einer Minute wissen die Juweliere und weiß die Königin, daß hier schändlich betrogen worden ist; wer aber der eigentliche Betrüger gewesen, soll nun der Prozeß erweisen.

Nach all den Akten und Aussagen, die über diesen verwickeltesten aller Prozesse vorliegen, ist heue eines unumstößlich gewiß: Marie Antoinette hat nicht die leiseste Ahnung gehabt von dem niederträchtigen Spiel, das mit ihrem Namen, ihrer Person, ihrer Ehre getrieben wurde. Sie war im juristischen Sinne so unschuldig wie nur denkbar, ausschließlich Opfer und nicht Mitwisserin, geschweige denn Mittäterin in diesem verwegensten Gaunerstreich der Weltgeschichte. Sie hat niemals den Kardinal empfangen, sie hat niemals die Schwindlerin La Motte gekannt, sie hat nie einen Stein des Halsbandes in Händen gehalten. Nur entschlossen böswillige Gehässigkeit, nur bewußte Verleumdung konnten Marie Antoinette ein Einverständnis mit dieser Hochstaplerin, mit diesem schwachköpfigen Kardinal unterschieben; nochmals und nochmals, die Königin ist völlig ahnungslos von einer Bande von Gaunern, Fälschern, Dieben und Narren in die ehrabschneiderische Affäre hineingezogen worden.

Und trotzdem – im moralischen Sinne ist Marie Antoinette nicht völlig freizusprechen. Denn dieser ganze Betrug konnte nur angezettelt werden, weil ihr stadtbekannt schlechter Leumund den Betrügern Mut machte, weil den Betrogenen jedwede Unbesonnenheit auf seiten der Königin von vornherein glaubhaft war. Ohne die jahrelangen Leichtsinnigkeiten und Torheiten von Trianon hätte dieser Lügenkomödie jede Voraussetzung gefehlt. Kein Mensch mit geraden Sinnen hätte gewagt, einer Maria Theresia, einer wirklichen Monarchin, heimliche Korrespondenz hinter dem Rücken ihres Mannes oder gar ein Stelldichein in dunklen Parkbosketten zuzumuten. Nie wäre ein Rohan, nie die beiden Juweliere auf den plumpen Schwindel hereingefallen, die Königin sei knapp bei Geld und wolle hinterrücks, ohne Wissen ihres Gemahls, kostbare Diamantengarnituren auf Raten und durch Zwischenleute kaufen, wäre nicht zuvor schon in ganz Versailles gemunkelt worden von nächtlichen Spaziergängen im Park, von zurückgetauschten Juwelen, von unbezahlten Schulden. Nie hätte die La Motte ein solches Lügengebäude aufrichten können, hätte der Leichtsinn der Königin nicht selbst den Grundstein gelegt, und ihr schlechter

Ruf dabei die Leiter gehalten. Nochmals und nochmals: an den ganzen phantastischen Schiebungen der Halsbandaffäre war Marie Antoinette so unschuldig wie nur denkbar; daß aber ein solcher Betrug unter ihrem Namen überhaupt gewagt und glaubhaft werden konnte, war und bleibt ihre historische Schuld.

Prozeß und Urteil

Mit seinem Falkenblick hat Napoleon den entscheidenden Denkfehler Marie-Antoinettes im Halsbandprozeß festgestellt. »Die Königin war unschuldig, und um ihre Unschuld öffentlich bekanntzugeben, wollte sie, das Parlament sollte Richter sein. Das Ergebnis war, daß man die Königin für schuldig hielt.« In der Tat: bei dieser Gelegenheit hat zum erstenmal Marie Antoinette ihre Selbstsicherheit verloren. Während sie sonst, ohne den Blick zu wenden, verächtlich an dem übelriechenden Schlamm von Schwätzereien und Verleumdungen vorbeischritt, suchte sie diesmal Zuflucht bei einer Instanz, die sie bisher mißachtet hatte: bei der öffentlichen Meinung! Jahrelang hatte sie so getan, als hörte und merkte sie nichts von dem Surren der vergifteten Pfeile. Indem sie jetzt in plötzlichem, fast hysterischem Zornausbruch Gericht fordert, verrät sie, wie lange und wie heftig ihr Stolz schon gereizt war; nun soll dieser Kardinal Rohan, der sich am weitesten vorgewagt hat, als der Sichtbarste für alle büßen. Aber verhängnisvollerweise ist sie die einzige, die noch an eine feindselige Absicht des armen Narren glaubt. Sogar in Wien schüttelt Joseph II. zweifelnd den Kopf, als seine Schwester ihm Rohan als Erzverbrecher schildert: »Ich habe den Großalmosenier als den denkbar leichtfertigsten und verschwenderischsten Menschen erkannt, aber ich gestehe, daß ich ihn niemals einer Gaunerei oder einer derart schwarzen Niedertracht für fähig gehalten hätte wie jener, deren man ihn jetzt beschuldigt.« Noch weniger glaubt Versailles an Rohans Schuld, und bald entsteht ein merkwürdiges Munkeln, mit dieser brutalen Verhaftung wolle die Königin bloß einen unbequemen Mitwisser abschütteln. Der von ihrer Mutter eingeimpfte Haß hatte Marie Antoinette zu unbedacht losfahren lassen. Und bei der ungeschickten heftigen Bewegung fällt ihr der schützende Herrschermantel von der Schulter; sie entblößt sich selber dem allgemeinen Haß.

Denn jetzt endlich können sich alle heimlichen Gegner um eine gemeinsame Sache sammeln. Marie Antoinette hat vorwitzig in ein ganzes Schlangennest gekränkter Eitelkeiten gegriffen. Louis Kardinal von Rohan ist – wie konnte sie es vergessen! – Träger eines der ältesten und ruhmvollsten Namen Frankreichs und mit andern Feudalgeschlechtern, vor allem den Soubises, den Marsans, den Condés durch gemeinsames Blut verbunden; alle diese Familien fühlen sich selbstverständlich tödlich beleidigt, daß einer der Ihren wie ein gemeiner Taschendieb im Palast des Königs verhaftet wurde. Entrüstet ist ferner die hohe Geistlichkeit. Einen Kardinal, eine Eminenz, wenige Minuten, bevor er die Messe vor dem Antlitz des Herrn lesen soll, im großen Ornat der Kirche durch einen groben Haudegen festnehmen zu lassen! Bis nach Rom wird Beschwerde geführt: sowohl der Adel als die Geistlichkeit empfinden sich in ihrem ganzen Stande beschimpft. Kampfentschlossen tritt ferner die mächtige Gruppe der Freimaurerei in die Arena, denn nicht nur ihren Gönner, den Kardinal, sondern auch den Gott der Gottlosen, ihr Oberhaupt, den Meister vom Stuhl, Cagliostro, haben die Gendarmen in die Bastille geholt; jetzt winkt endlich Gelegenheit, der Allherrlichkeit von Thron und Altar ein paar kräftige Steine in die Fenster zu werfen.

Begeistert dagegen von der ganzen Affäre ist das von allen Festen und pikanten Skandalen der höfischen Welt sonst ausgeschlossene Volk. Endlich einmal wird ihm ein großes Schauspiel beschert: ein leibhaftiger Kardinal als öffentlich Angeklagter und im purpurnen Schatten der Bischofstoga eine wahre Mustersammlung von Gaunern, Schwindlern, Zutreibern, Fälschern und überdies im Hintergrunde – ein Hauptspaß! – die stolze, die hochmütige Österreicherin! Ein amüsanteres Sujet konnte allen Glücksrittern der Feder und des Stifts, den Pamphletschreibern, den Karikaturenzeichnern, den Zeitungsausrufern, nicht geschenkt werden als der Skandal der »schönen Eminenz«. Selbst der Aufstieg Montgolfiers, der einer ganzen Menschheit eine neue Sphäre erobert, hat in Paris, nein, in der ganzen Welt kein solches Aufsehen erregt wie dieser Prozeß einer Königin, der langsam zum Prozeß gegen die Königin wird. Da schon vor der Verhandlung die Verteidigungsreden nach dem Gesetz zensurfrei in Druck erscheinen dürfen, werden die Buchläden gestürmt, die Polizei muß einschreiten. Nicht Voltaires, nicht Jean-Jacques Rousseaus, nicht Beaumarchais' unsterbliche Werke erleben in Jahrzehnten solche Riesenauflagen wie diese Plädoyers in einer einzigen Woche. Siebentausend, zehntausend, zwanzigtausend Exemplare werden den Kolporteuren noch druckfeucht aus den Händen gerissen, in den ausländischen Botschaften haben die Gesandten den ganzen Tag Pakete zu schnüren, um ohne Zeitverlust die neuesten Spottschriften über den Versailler Hofskandal ihren kameradschaftlich neugierigen Fürsten zu schicken. Alles will alles lesen und gelesen haben, wochenlang gibt es kein anderes Gespräch, die tollsten Vermutungen werden blindlings geglaubt. Zum Prozeß selbst kommen ganze Karawanen aus der Provinz. Edelleute, Bürger, Advokaten; in Paris lassen die Handwerker ihre Verkaufsläden stundenlang im Stich. Unbewußt spürt der untrügliche Instinkt des Volkes: hier wird nicht nur Gericht gehalten werden über eine einzige Verfehlung, sondern aus diesem kleinen schmutzigen Knäuel rollen sich selbsttätig alle Fäden auf, die nach Versailles führen, der Unfug der Lettres de cachet, dieser eigenwilligen Haftbefehle, die Verschwendung des Hofes, die Mißwirtschaft in den Finanzen, alles kann jetzt aufs Korn genommen werden, zum erstenmal kann die ganze Nation durch eine zufällig aufgerissene Latte in die Geheimwelt der Unnahbaren blicken. Es geht um mehr in diesem Prozeß als um ein Halsband, es geht um das bestehende Regierungssystem, denn diese Anklage kann, wenn geschickt gewendet, zurückprellen gegen die ganze herrschende Klasse, gegen die Königin und damit gegen das Königtum. »Welch ein großes und vielverheißendes Ereignis!« ruft einer der heimlichen Frondeure im Parlament aus.

»Ein Kardinal als Gauner entlarvt! Die Königin in einen Skandalprozeß verwickelt! Welcher Schmutz an dem Bischofsstab und dem Zepter! Welch ein Triumph für die Idee der Freiheit!«

Noch ahnt die Königin nicht, welches Unheil sie mit einer einzigen übereilten Geste entfesselt hat. Aber wo ein Gebäude morsch und längst unterhöhlt ist, genügt es, einen einzigen Nagel aus der Wand zu ziehen, und das ganze Haus bricht zusammen.

Vor Gericht wird die geheimnisvolle Büchse der Pandora sachte aufgetan. Ihr Inhalt verbreitet einen nicht eben rosigen Geruch. Als vorteilhaft für die Diebin erweist sich einzig der Umstand, daß der edle Gatte La Motte rechtzeitig mit den Resten des Halsbands Reißaus nach London nehmen konnte; damit fehlt das optische Beweisstück, und einer kann den Diebstahl und Besitz des unsichtbaren Objekts auf den andern abschieben und dabei unterirdisch immer die Möglichkeit durchscheinen lassen, vielleicht befinde sich sogar noch das Halsband in den Händen der Königin. Die La Motte, welche ahnt, daß die vornehmen Herren die Sache auf ihrem Rücken austragen werden, hat, um Rohan lächerlich zu machen und den Verdacht von sich abzulenken, den ganz unschuldigen Cagliostro des Diebstahls beschuldigt und in den Prozeß gewaltsam hineingezerrt. Vor keinem Mittel scheut sie zurück. Ihren plötzlichen Reichtum erklärt sie frech und schamlos damit, daß sie die Geliebte Seiner Eminenz gewesen sei – und jeder kenne doch die Freigebigkeit dieses zärtlichen Priesters! Schon wird die Angelegenheit zumindest peinlich für den Kardinal, da gelingt es endlich, Hand auf die Helfershelfer Rétaux und die »Baronin d'Oliva«, die kleine Modistin, zu legen, und durch ihre Aussagen wird alles klar.

Über einen Namen aber wird in Angriff oder Verteidigung immer ängstlich hinweggehuscht: über den der Königin. Sorgfältig hütet sich jeder Angeklagte, Marie Antoinette auch nur im geringsten zu belasten, selbst die La Motte – sie wird später anders sprechen – weist Gedanken, die Königin habe das Halsband erhalten, als verbrecherische Lästerung zurück. Gerade aber dieser Umstand, daß sie alle wie auf Vereinbarung mit so tiefen Verbeugungen und so verehrungsvoll von der Königin reden, wirkt auf die mißtrauische Öffentlichkeit im Gegensinn; immer mehr verbreitet sich das Gerücht, es sei Parole ausgegeben, die Königin zu »schonen«. Bereits munkelt man, der Kardinal habe großmütig die Schuld auf sich genommen; und die Briefe, die er so hastig und diskret habe verbrennen lassen – ob die wirklich alle Fälschungen gewesen seien? Oder nicht doch etwas, man weiß zwar nicht, was –, aber doch etwas, etwas, etwas brenzlig in dieser Angelegenheit für die Königin sei?

Es hilft nichts, daß sich die Tatsachen völlig klären,

semper aliquid haeret; gerade weil vor Gericht ihr Name nicht genannt wird, steht Marie Antoinette unsichtbar mit vor Gericht.

Am 31. Mai soll endlich das Urteil gefällt werden. Seit fünf Uhr morgens staut sich die Menge unübersehbar vor dem Justizpalast, das linke Ufer allein vermag sie nicht zu fassen, auch der Pont-Neuf und das rechte Seineufer starren von ungeduldigen Menschen; mit Mühe hält berittene Polizei die Ordnung aufrecht. Schon unterwegs fühlen die vierundsechzig Richter an den aufgeregten Blicken, an den leidenschaftlichen Zurufen der Zuschauer die Wichtigkeit ihres Spruchs für ganz Frankreich; aber die entscheidende Mahnung erwartet sie im Vorzimmer des großen Beratungssaales, der »grande chambre«. Dort stehen in Trauerkleidung neunzehn Vertreter der Familien Rohan, Soubise und Lothringen bei ihrem Kommen Spalier und verneigen sich vor den vorbeischreitenden Richtern. Keiner sagt ein Wort, keiner tritt vor. Ihr Gewand, ihre Haltung sprechen alles aus. Und diese stumme Beschwörung, das Gericht möge mit seinem Spruch der Familie Rohan die bedrohte Ehre wiedergeben, wirkt gewaltig auf die Ratsherren, die selbst zum Großteil dem Hochadel Frankreichs angehören; ehe sie die Beratung beginnen, wissen sie schon: Volk und Adel, das ganze Land wartet auf einen Freispruch des Kardinals.

Aber doch, sechzehn Stunden lang dauert die Beratung, siebzehn Stunden müssen die Rohans und die Zehntausende auf der Straße warten, von sechs Uhr morgens bis zehn Uhr abends. Denn die Richter stehen vor einer weittragenden Entscheidung. Über die Betrügerin ist der Spruch von vornherein gefällt, ebenso über ihre Helfershelfer, und die kleine Modistin, die lassen sie gerne laufen, weil sie so hübsch und ahnungslos in das Venusboskett hineingetölpelt ist. Die wirkliche Entscheidung geht ausschließlich um den Kardinal. Ihn freizusprechen, weil er erwiesenermaßen selbst betrogen wurde und kein Betrüger ist, sind alle einig; Meinungsverschiedenheit herrscht bloß über die Form dieses Freispruchs, denn daran hängt eine große politische Sache. Die Hofpartei verlangt – und nicht mit Unrecht –, dieser Freispruch müsse verbunden sein mit einer Rüge für »sträfliche Vermessenheit«, denn nichts anderes sei es seitens des Kardinals gewesen, zu glauben, eine Königin von Frankreich werde sich heimlich mit ihm ein Stelldichein in einem dunklen Boskett geben. Für diesen Mangel an Ehrerbietung vor der geheiligten Person der Königin fordert der Vertreter der Anklage seine demütige und öffentliche Entschuldigung vor der Grande chambre sowie Niederlegung seiner Ämter. Die Gegenpartei, die Antiköniginpartei, dagegen wünscht Einstellung des Verfahrens. Der Kardinal sei betrogen worden, also ohne Makel und Schuld. Ein solcher völliger Freispruch trägt einen Giftpfeil im Köcher. Denn wenn man dem Kardinal zubilligt, er habe aus dem allbekannten Verhalten der Königin solche Heimlichkeiten und Selbständigkeiten für denkbar halten können, so ist damit der Leichtsinn der Königin öffentlich angeprangert. Ein schweres Gewicht liegt in der Waagschale: betrachtet man das Verhalten Rohans zumindest als Respektlosigkeit gegen die Monarchin, so ist Marie Antoinette für den erlittenen Mißbrauch ihres Namens entschädigt; spricht man ihn völlig frei, so verurteilt man gleichzeitig moralisch die Königin.

Das wissen die Richter des Parlaments, das wissen beide Parteien, das weiß das gierig ungeduldige Volk: diese Entscheidung entscheidet über mehr als über einen einzelnen unbeträchtlichen Fall. Hier kommt keine private Angelegenheit zum Austrag, sondern die zeitpolitische, ob das Parlament Frankreichs die Person der Königin noch als »geheiligt«, als unantastbar betrachte oder als eine den Gesetzen ganz genauso wie jeder andere französische Bürger unterstellte; zum erstenmal wirft die kommende Revolution einen morgenrötlichen Lichtschein in die Fenster jenes Gebäudes, das auch die Conciergerie enthält, jenes schaurige Gefängnis, aus dem Marie Antoinette zum Schafott geführt werden wird. Im gleichen Hause hebt an, was im gleichen endet. Im selben Saal wie die La Motte wird später die Königin sich zu verantworten haben.

Sechzehn Stunden beraten die Richter, erbittert streiten die Meinungen und nicht minder die Interessen. Denn beide Parteien, die königliche und die antikönigliche, haben alle Minen springen lassen, nicht zuletzt die goldenen; seit Wochen sind alle Parlamentsmitglieder beeinflußt, bedroht, bearbeitet, bestochen und gekauft, und schon singt man in den Straßen:

Si cet arrêt du cardinal
Vous paraissait trop illégal
Sachez que la finance
Eh bien
Dirige tout en France,
Vous m'entendez bien!

Schließlich rächt sich die langjährige Gleichgültigkeit des Königs und der Königin gegen das Parlament, zu viele sind unter den Richtern, die meinen, es sei Zeit, der Autokratie einmal eine gründliche und unüberhörbare Lektion zu erteilen. Mit sechsundzwanzig Stimmen gegen zweiundzwanzig – die Partie geht knapp aus – wird der Kardinal »ohne jeden Tadel« freigesprochen, ebenso sein Freund Cagliostro und die kleine Palais-Royal-Modistin. Auch gegen die Helfershelfer zeigt man Milde, sie kommen mit bloßer Landesverweisung davon. Die Zeche zahlt die La Motte, mit Stimmeneinheit verurteilt, vom Henker mit Ruten gezüchtigt, mit einem »V« (»voleuse«)

gebrandmarkt zu werden, um dann auf Lebenszeit in der Salpêtrière zu verschwinden.

Aber auch eine, die nicht auf der Anklagebank saß, wird mit dem Freispruch des Kardinals verurteilt, und zwar gleichfalls auf Lebenszeit: Marie Antoinette. Von dieser Stunde an ist sie der Verleumdung und dem hemmungslosen Haß ihrer Gegner schutzlos preisgegeben.

Ein erster stürmt mit dem Urteil aus dem Gerichtssaal, Hunderte folgen und rufen ekstatisch den Freispruch auf die Gasse. So stark schwillt der Jubel an, daß sein Brausen zum andern Ufer hinüberdringt. »Es lebe das Parlament« – ein neuer Ruf statt des gewohnten: »Es lebe der König!« – durchdonnert die Stadt. Die Richter haben Mühe, sich gegen die dankbare Begeisterung zu wehren. Man umarmt sie, die Frauen der Halle küssen sie, Blumen werden auf ihren Weg gestreut; großartig beginnt der Siegeszug der Freigesprochenen. Zehntausend Menschen folgen wie einem triumphierenden Feldherrn dem nun wieder in Purpur gekleideten Kardinal in die Bastille, wo er diese Nacht noch verbringen soll; bis zum Morgengrauen warten und jubeln dort immer erneute Scharen. Nicht minder wird Cagliostro vergöttert, und nur polizeilicher Befehl kann verhindern, daß die Stadt zu seinen Ehren illuminiert. So feiert – bedenkliches Zeichen – ein ganzes Volk zwei Männer, die nichts anderes für Frankreich getan und geleistet haben, als das Ansehen der Königin und des Königtums auf tödliche Weise zu schädigen.

Vergebens bemüht sich die Königin, ihre Verzweiflung zu verbergen; dieser Peitschenhieb mitten ins Gesicht ist zu scharf, zu öffentlich niedergesaust. Ihre Kammerfrau findet sie in Tränen aufgelöst, Mercy meldet nach Wien, ihr Schmerz sei »größer, als der Anlaß vernünftigerweise zu begründen scheint«. Immer stärker im Instinkt als im bewußten Nachdenken, hat Marie Antoinette sofort das Nicht-wieder-Gutzumachende dieser Niederlage erkannt; zum erstenmal, seit sie die Krone trägt, ist ihr eine Macht stärker als ihr Wille entgegengetreten.

Aber noch hält der König die letzte Entscheidung in Händen. Noch könnte er durch eine energische Maßnahme die beleidigte Ehre seiner Frau retten und den dumpfen Widerstand rechtzeitig einschüchtern. Ein starker König, eine entschlossene Königin müßten ein dermaßen meuterisches Parlament nach Hause jagen; so hätte Ludwig XIV. gehandelt und vielleicht noch Ludwig XV. Aber Ludwig XVI. hat nur matten Mut. Er wagt sich nicht an das Parlament, sondern schickt nur, um seiner Gattin eine Art Genugtuung zu geben, den Kardinal in die Verbannung und Cagliostro außer Landes – eine halbe Maßregel, die das Parlament verärgert, ohne es wirklich zu treffen, und die Justiz beleidigt, ohne die Ehre seiner Frau wiederherzustellen. Unentschlossen wie immer tut er das Mittlere, das sich in der Politik jederzeit als das Fehlerhafteste erweist. Damit ist die schiefe Bahn betreten, und bald erfüllt sich in dem verbündeten Geschick der beiden Gatten der alte Habsburgerfluch, den Grillparzer so unvergeßlich in den Versen gestaltet:

Das ist der Fluch von unserem edlen Haus,
Auf halben Wegen und zu halber Tat
Mit halben Mitteln zauderhaft zu streben.

Eine große Entscheidung ist für den König unwiederbringlich versäumt. Eine neue Epoche hat mit dem Urteil des Parlaments gegen die Königin begonnen.

Auch gegen die La Motte wendet der Hof das gleiche verhängnisvolle Verfahren der Halbheit an. Auch hier bestand zwiefache Möglichkeit: entweder großmütig der Verbrecherin die grausame Strafe zu ersparen – das hätte vortrefflich Eindruck gemacht – oder andernfalls die Züchtigung möglichst öffentlich vollziehen zu lassen.

Aber wiederum flüchtet sich die innere Verlegenheit in eine mittlere Maßregel. Zwar stellt man feierlich die Gerüste auf und verheißt damit dem ganzen Volk das barbarische Schauspiel der öffentlichen Brandmarkung, schon werden die Fenster der umliegenden Häuser zu phantastischen Preisen vermietet; jedoch im letzten Augenblick erschrickt der Hof vor seinem eigenen Mut. Um fünf Uhr morgens, also absichtlich zu einer Stunde, da Zeugen nicht zu befürchten sind, schleppen vierzehn Henker die gellend Schreiende und wütend um sich Schlagende zur Treppe des Justizpalastes, wo ihr das Urteil, gestäupt und gebrandmarkt zu werden, verlesen wird. Aber man hat eine rasende Löwin gepackt, die hysterische Frau stößt ein schrilles Heulen aus, ihre Lästerungen gegen den König, den Kardinal, das Parlament wecken die Schläfer im ganzen Umkreis, sie schnappt, sie beißt, sie stößt mit den Füßen, schließlich ist man gezwungen, ihr die Kleider vom Leib zu reißen, um das Brandzeichen aufprägen zu können. In der Sekunde aber, da der feurige Stempel ihre Schulter berührt, wirft sich die Gefolterte konvulsivisch empor, ihre ganze Nacktheit zum Gaudium der Zuschauer entblößend, und das brennende »V« fährt statt auf die Schulter auf ihren Busen. Aufheulend beißt das rasende Tier dem Henker mitten durch sein Wams, dann bricht die Gepeinigte ohnmächtig zusammen. Wie einen Kadaver schleppt man die Besinnungslose in die Salpêtrière, wo sie gemäß dem Urteil lebenslang in sackgrauer Leinwand und Holzpantinen arbeiten soll, einzig von schwarzem Brot und Linsen genährt.

Kaum werden die grauenhaften Einzelheiten dieser Züchtigung bekannt, so wendet sich alle Sympathie mit einem Ruck der La Motte zu. Während fünfzig Jahre vorher – man lese es bei Casanova nach – der ganze Adel mit seinen Damen bei der Folterung des schwachsinnigen

Damiens, der Ludwig XV. mit einem winzigen Federmesser geritzt hat, vier Stunden zusah und sich ergötzte, wie dieses unglückliche Stück Mensch mit glühenden Zangen gezwickt, mit siedendem Öl verbrüht und nach einer endlosen Agonie, indes sich ihm die Haare, plötzlich weiß geworden, auf dem Kopfe sträuben, auf das Rad geflochten wurde, ist ebendieselbe im Zeichen der Morde philanthropisch gewordene Gesellschaft mit einemmal voll rührender Teilnahme für die »unschuldige« La Motte. Denn man hat jetzt glücklich eine neue und gar nicht gefährliche Form gefunden, gegen die Königin zu frondieren: indem man offensichtliche Sympathie für das »Opfer«, für die »arme Unglückselige« zur Schau trägt. Der Herzog von Orlèans veranstaltet eine öffentliche Sammlung, der ganze Adel sendet in das Zuchthaus Geschenke, Tag für Tag fahren vornehme Karossen vor der Salpêtrière auf. Besuch bei der abgestraften Diebin gilt als der »dernier cri« der Pariser Gesellschaft. Mit Staunen aber erkennt die Äbtissin eines Tages unter den gerührten Besucherinnen eine der besten Freundinnen der Königin, die Prinzessin von Lamballe. Ist sie aus eigenem Antrieb gekommen oder, wie sofort die Leute tuscheln, im geheimen Auftrag Marie Antoinettes? Jedenfalls wirft dieses unangebrachte Mitleid auf die Sache der Königin einen peinlichen Schatten: was bedeutet diese auffällige Teilnahme? fragen alle. Drückt die Königin das Gewissen? Sucht sie heimlich Verständigung mit ihrem »Opfer«? Das Raunen wird nicht still. Und als wenige Wochen später auf geheimnisvolle Weise – unbekannte Hände haben ihr nächtlich die Gefängnistüren aufgetan – die La Motte nach England flüchtet, herrscht nur eine Stimme in ganz Paris: die Königin hat ihre »Freundin« gerettet aus Dank dafür, daß sie vor Gericht ihre Schuld oder Mitschuld in der Halsbandaffäre großmütig verschwiegen.

In Wirklichkeit war die Ermöglichung der Flucht der La Motte der perfideste Streich, den die verschworene Sippe aus dem Hinterhalt führen konnte. Denn jetzt ist nicht nur dem geheimnisvollen Gerede vom Einverständnis der Königin mit der Diebin Tür und Tor aufgetan, sondern ihrerseits kann die gezüchtigte La Motte sich von London aus als Anklägerin aufspielen, die schamlosesten Lügen und Verleumdungen drucken lassen, und mehr sogar, sie kann, da Unzählige in Frankreich und Europa auf »Enthüllungen« solcher Art lauern, endlich wieder viel Geld verdienen. Gleich am Tag ihrer Ankunft bietet ihr ein Londoner Drucker große Summen; vergebens sucht der Hof, der jetzt die Tragweite von Verleumdungen erkannt hat, den vergifteten Pfeil abzufangen; die Favoritin der Königin, die Polignac, wird abgesandt, um das Schweigen der Diebin gegen zweimal hunderttausend Livres zu erkaufen; aber die gerissene Gaunerin betrügt noch ein zweites Mal den Hof, sie nimmt das Geld, läßt aber ohne Zögern dann einmal, zweimal, dreimal, in immer veränderten Formen und mit immer neuen sensationellen Zudichtungen, ihre »Memoiren« erscheinen. In diesen Memoiren steht alles, was ein skandalsüchtiges Publikum zu hören hofft, und noch mehr: der Prozeß vor dem Parlament sei eitle Spiegelfechterei gewesen, man habe die arme La Motte auf das niederträchtigste preisgegeben. Selbstverständlich habe niemand anders als die Königin das Halsband bestellt und von Rohan empfangen, sie aber, die reine Unschuld, habe nur aus Freundschaft das Verbrechen auf sich genommen, um die verunglimpfte Ehre der Königin zu schützen. Auf welche Weise sie mit Marie Antoinette so befreundet geworden sei, auch dies erklärt die unverfrorene Lügnerin genauso, wie es die lüsterne Bande erklärt wissen will: more lesbico, Intimität aus dem Bett. Es hilft nichts, daß jedem unbefangenen Blick sich die meisten dieser Lügen schon durch ihre plumpe Aufmachung entlarven, die La Motte behauptet, Marie Antoinette habe mit dem Kardinal Rohan schon als Erzherzogin zur Zeit seiner Gesandtschaft ein Liebesverhältnis gehabt – denn jeder Gutwillige kann sich an den Fingern abzählen, daß Marie Antoinette zur Zeit der Wiener Gesandtschaft Rohans längst Dauphine in Versailles war. Aber die Gutwilligen sind spärlich geworden. Das große Publikum hingegen liest entzückt die Dutzende nach Moschus duftenden Liebesbriefe der Königin an Rohan, welche die La Motte in ihre Memoiren einfälscht, und je mehr Perversitäten sie von ihr zu erzählen weiß, um so mehr will man erfahren. Schmähschrift folgt jetzt auf Schmähschrift, eine übertrifft die andere an Laszivität und Gemeinheit; bald erscheint eine öffentliche »Liste all jener Personen, mit denen die Königin in ausschweifenden Beziehungen gestanden habe«; sie enthält nicht weniger als vierunddreißig Namen beiderlei Geschlechts, Herzöge, Schauspieler, Lakaien, den Bruder des Königs neben seinem Kammerdiener, die Polignac, die Lamballe und endlich kurz und bündig »toutes les tribades de Paris«, einschließlich der ausgepeitschten Straßendirnen. Aber diese vierunddreißig erschöpfen bei weitem nicht alle Liebespartner, welche die künstlich aufgeregte Meinung der Salons und der Gasse Marie Antoinette zuschreibt; hat sich die erotisch schweifende Phantasie einer ganzen Stadt, einer ganzen Nation erst einmal einer Frau, sei sie Kaiserin oder Filmdiva, Königin oder Opernsängerin, bemächtigt, so dichtet sie ihr heute wie damals lawinenhaft alle erdenkbaren Exzesse und Perversionen zu, um in anonymem Orgasmus und mit scheinbarer Entrüstung ihre erträumten Lüste mitzugenießen. Ein anderes Libell, »La vie scandaleuse de Marie Antoinette«, weiß von einem kräftigen Panduren zu berichten, der bereits am österreichischen Kaiserhof die unstillbaren »fureurs utérines« (dies der geschmackvolle Titel eines dritten Pamphlets) der Dreizehnjährigen beschwichtigt habe; ausführlich wird das »Bordel Royal« (ein anderer Pamphlettitel) mit seinen »mignons et mignonnes« der entzückten Leserschaft an Hand von zahlreichen pornographischen Kupferstichen geschildert, welche die Königin mit den verschiedenen Partnern in aretinischen Liebesposen entblößen. Immer höher spritzt die Jauche, immer gehässiger werden die Lügen, und jede wird geglaubt, weil man alles von dieser »Verbrecherin« glauben will. Zwei, drei Jahre nach dem Halsbandprozeß ist Marie Antoinette bereits unrettbar als die laszivste, verworfenste, hinterhältigste, tyrannischste Frau in ganz Frankreich berüchtigt; die abgefeimte und gebrandmarkte La Motte dagegen gilt als unschuldiges Opfer. Und kaum setzt die Revolution ein, so versuchen die Klubs, die geflüchtete La Motte unter ihrem Schutz wieder nach Paris zu bringen, um den ganzen Halsbandprozeß künstlich noch einmal aufzurollen, diesmal aber vor ihrem Revolutionstribunal, mit der La Motte als Anklägerin und Marie Antoinette auf dem Armesünderstuhl: nur der plötzliche Tod der La Motte – sie stürzt sich in einem Anfall von Verfolgungswahn 1791 aus dem Fenster – hat verhindert, daß diese großartige Schwindlerin im Triumph durch Paris getragen und ihr das Dekret verliehen wurde, »sie habe sich um die Republik verdient gemacht«. Ohne diesen Eingriff des Schicksals hätte die Welt eine noch viel groteskere Justizkomödie miterlebt als den Halsbandprozeß: die La Motte als umjubelte Zuschauerin bei der Hinrichtung der von ihr verleumdeten Königin.

Das Volk erwacht, die Königin erwacht

Die welthistorische Bedeutung des Halsbandprozesses liegt darin, daß er den Scheinwerfer der Öffentlichkeit scharf und grell auf die Person der Königin und die Fenster von Versailles einstellt; in aufgewühlten Zeiten aber ist Sichtbarkeit immer gefährlich. Denn um wehrhaft zu werden, um sich in Tat umzusetzen, braucht Unzufriedenheit – an sich ein noch passiver Zustand – immer eine menschliche Gestalt, sei es als Fahnenträger einer Idee, sei es als Zielscheibe für den aufgesparten Haß: den biblischen Sündenbock. Dem geheimnisvollen Wesen »Volk« ist es nur gegeben, anthropomorph, einzig vom Menschen her, zu denken; Begriffe werden seiner Fassungsenergie niemals völlig deutlich, sondern nur Gestalten; immer darum, wo es eine Schuld fühlt, will es einen Schuldigen sehen. Das französische Volk spürt nun seit langem schon dumpf ein Unrecht, das ihm von irgendwoher geschieht. Lange hat es sich gehorsam geduckt und auf bessere Zeiten gläubig gehofft, bei jedem neuen Ludwig hat es immer wieder begeistert die Fahnen geschwungen, immer fromm dem Feudalherrn und der Kirche Zins und Fron geleistet, aber je mehr es sich beugte, um so härter wurde der Druck, immer gieriger saugen die Steuern an seinem Blut. Im reichen Frankreich liegen die Scheunen leer, die Pächter verarmen, auf der üppigen Erde, unter dem schönsten Himmel Europas mangelt das Brot. Irgendwer muß da Schuld tragen; wenn die einen zuwenig Brot haben, so muß es sein, weil andere zuviel fressen; wenn die einen erdrosselt werden von ihren Pflichten, so müssen andere sein, die zuviel Rechte an sich gerissen haben. Jene dumpfe Unruhe entsteht allmählich im ganzen Lande, die jedem klaren Denken und Suchen immer schöpferisch vorausgeht. Die Bürgerschaft, der ein Voltaire, ein Jean-Jacques Rousseau die Augen geöffnet, beginnt selbständig zu urteilen, zu tadeln, zu lesen, zu schreiben, sich zu verständigen; manchmal zuckt schon ein Wetterleuchten dem großen Gewitter voraus. Gehöfte werden geplündert und die Feudalherren bedroht. Eine große Unzufriedenheit lastet wie eine schwarze Wolke seit langem über dem ganzen Land.

Da fahren hintereinander zwei grelle Blitze nieder und erhellen dem Volk die gesamte Lage: der Halsbandprozeß ist der eine, die Enthüllungen Calonnes über das Defizit der andere. Gehemmt in seinen Reformen, vielleicht auch aus geheimer Feindseligkeit gegen den Hof, hat der Finanzminister zum erstenmal klare Zahlen genannt. Jetzt weiß man das lang Verschwiegene: in zwölf Jahren der Regierung Ludwigs XVI. hat man eine Milliarde zweihundertfünfzig Millionen geborgt. Blaß steht das ganze Volk unter diesem Blitz. Eine Milliarde zweihundertfünfzig Millionen, astronomische Zahl, verbraucht, und wofür und durch wen? Der Halsbandprozeß gibt die Antwort; hier erfahren die armen Teufel, die für ein paar Sous zehn Stunden roboten, daß Diamanten im Wert von anderthalb Millionen in gewissen Kreisen als gelegentliche Liebesgeschenke gelten, daß Schlösser gekauft werden für zehn und zwanzig Millionen, während das Volk darbt. Und da jeder den König, diesen bescheidenen Tropf, diesen geistigen Kleinbürger, an diesem phantastischen Verbrauch unbeteiligt weiß, strömt kataraktisch der ganze Unwille gegen die blendende, die verschwenderische, die leichtfertige Königin. Die Schuldige für die Staatsschuld ist gefunden. Jetzt weiß man, warum die Papierzettel von Tag zu Tag wertloser werden und das Brot immer teurer und die Steuern immer höher: weil dieses Hurenweib verschwenderisch in ihrem Trianon ein ganzes Zimmer mit Brillanten auskleiden läßt, weil sie ihrem Bruder Joseph hundert Goldmillionen für seinen

Krieg heimlich nach Österreich schickt, weil sie ihre Bettgänger und Liebeskätzchen mit Pensionen und Ämtern und Pfründen überschüttet. Das Unglück hat plötzlich eine Ursache, der Bankrott seinen Urheber, die Königin einen neuen Namen. »Madame Defizit« nennt man sie von einem Ende Frankreichs bis zum andern: das Wort brennt wie eine Brandmarkung auf ihrem Rücken.

Jetzt ist die düstere Wolke geplatzt: ein Hagel von Broschüren, Kampfschriften, ein Schwall von Schriften, Vorschlägen, Petitionen saust nieder, noch nie ist so viel in Frankreich geredet, geschrieben und gepredigt worden; das Volk beginnt zu erwachen. Die Freiwilligen und Soldaten aus dem amerikanischen Krieg erzählen bis in die dümmsten Dörfer von einem demokratischen Land, in dem es weder Hof noch König noch Adel, sondern nur Bürger und Bürger gibt, vollkommene Gleichheit und Freiheit. Und steht nicht schon deutlich im »Contrat social« Jean-Jacques Rousseaus und, feiner, verborgener, in den Schriften Voltaires und Diderots, daß die königliche Ordnung keineswegs die einzig gottgewollte und die beste aller bestehenden Welten sei? Die alte, stumm gebeugte Ehrfurcht hebt zum erstenmal neugierig das Haupt, und damit überkommt Adel, Volk und Bürgerschaft eine neue Sicherheit; das leise Raunen in den Freimaurerlogen, in den Landesversammlungen steigert sich allmählich zu einem weithin vernehmbaren Murren und Donnerrollen, elektrische Spannung schwelt in der Luft, feuerträchtige Sphäre: »Was das Übel in ungeheuren Proportionen anschwellen läßt«, berichtet Botschafter Mercy nach Wien, »ist die sich steigernde Erregung der Geister. Man kann sagen, daß nach und nach die Agitation alle Klassen der Gesellschaft gewonnen hat, und diese fieberhafte Unruhe gibt dem Parlament die Kraft, in seiner Gegnerschaft zu verharren. Man würde es nicht glauben, mit welcher Kühnheit man sich selbst an öffentlichen Orten über den König, die Prinzen und die Minister äußert; man kritisiert ihre Ausgaben, man malt in schwärzesten Farben die Verschwendung des Hofes und unterstreicht die Notwendigkeit der Einberufung der Generalstände, als ob das Land ohne Regierung wäre. Es ist schon unmöglich, mit Strafmaßnahmen diese Freiheit der Rede zu unterdrücken, denn das Fieber ist so allgemein geworden, daß selbst, wenn man die Leute zu Tausenden ins Gefängnis werfen würde, man nicht mehr dem Übel beikäme, sondern nur den Zorn des Volkes zu einem solchen Grade brächte, daß ein Aufstand unvermeidlich wäre.«

Jetzt braucht der allgemeine Unwille keine Maske und Vorsicht mehr, offen tritt er vor und sagt, was er sagen will: selbst die äußeren Formen der Ehrfurcht werden nicht mehr gewahrt. Als die Königin, kurze Zeit nach dem Halsbandprozeß, zum erstenmal wieder ihre Loge betritt, wird sie mit so heftigem Zischen empfangen, daß sie fortan das Theater meidet. Als Madame Vigée-Lebrun ihr Bildnis Marie Antoinettes im »Salon« öffentlich ausstellen will, ist die Wahrscheinlichkeit einer Anpöbelung der gemalten »Madame Defizit« bereits so groß, daß man vorzieht, das Porträt der Königin eiligst wegzuschaffen. In den Boudoirs, in den Spiegelsälen von Versailles, überall spürt Marie Antoinette die kalte Gehässigkeit nicht mehr nur im Rücken, sondern offen Blick zu Blick, Stirn gegen Stirn. Schließlich erlebt sie noch die letzte Schmach: der Polizeileutnant meldet in gewundener Weise, es wäre ratsam, wenn die Königin zur Zeit Paris nicht besuchte, man könne für ihren Schutz gegen ärgerliche Zwischenfälle nicht mehr einstehen. Die ganze aufgestaute Erregung eines gesamten Landes schmettert jetzt wildgelöst nieder auf einen einzigen Menschen; und, plötzlich emporfahrend aus ihrer Sorglosigkeit, stöhnt die Königin, von diesen Spießruten des Hasses wachgepeitscht und geschlagen, verzweifelt zu ihren letzten Getreuen: »Was wollen sie von mir ...? Was habe ich ihnen getan?«

Ein Donnerschlag mußte niederknattern, um Marie Antoinette aus ihrem hochmütig indifferenten »laisser-aller« aufzuschrecken. Jetzt ist sie wach, jetzt beginnt die schlecht Beratene und jedem rechtzeitigen Rat Verschlossene zu begreifen, was sie versäumt hat, und mit der ihr eigenen nervösen Plötzlichkeit beeilt sie sich, die aufreizendsten ihrer Fehler sichtlich gutzumachen. Mit einem Federstrich schränkt sie zunächst ihre kostspielige Lebenshaltung ein. Mademoiselle Bertin wird fortgeschickt, in der Garderobe, dem Haushalt, den Stallungen werden Einschränkungen vorgenommen, die mehr als eine Million im Jahr ersparen, die Hasardspiele verschwinden mit den Bankhaltern aus den Salons, die Neubauten im Schlosse Saint-Cloud werden unterbrochen, andere Schlösser möglichst rasch verkauft, eine Reihe unnötiger Stellungen kassiert, in erster Linie die ihrer Günstlinge aus Trianon. Zum erstenmal lebt Marie Antoinette mit offenem Ohr, zum erstenmal gehorcht sie nicht mehr der alten Macht, der Gesellschaftsmode, sondern der neuen: der öffentlichen Meinung. Bereits diesem ersten Versuch dankt sie allerhand Aufklärung über die wirkliche Gefühlseinstellung ihrer bisherigen Freunde, welche sie zum Schaden ihres eigenen Rufs jahrzehntelang mit Wohltaten überschüttet hat, denn diese Ausbeuter zeigen wenig Verständnis für Reformen im Staate auf ihre Kosten. Es sei unerträglich, murrt in aller Öffentlichkeit einer dieser unverschämten Schranzen, in einem Land zu leben, in dem man nicht sicher sei, das morgen noch zu besitzen, was man gestern gehabt habe. Aber Marie Antoinette bleibt fest. Seit sie mit wachen Augen sieht, erkennt sie mancherlei besser. Merklich zieht sie sich aus der verhängnisvollen Gesellschaft der Polignacs zurück und nähert sich wieder den alten Beratern, Mercy und dem längst schon verabschiedeten Vermond: es ist, als wollte ihre späte Erkenntnis nachträglich Maria Theresia recht geben für ihre vergeblichen Mahnungen.

Aber »zu spät« – dieses verhängnisvolle Wort wird jetzt die Antwort auf jede ihrer Bemühungen sein. Alle diese kleinen Verzichtleistungen bleiben unbemerkt im allgemeinen Tumult, die hastigen Einsparungen versickern als Tropfen in dem ungeheuren Danaidenfaß des Defizits. Mit einzelnen gelegentlichen Maßnahmen, das erkennt jetzt erschrocken der Hof, kann nichts mehr gerettet werden, ein Herkules ist nötig, der den riesigen Stein des Defizits endlich wegwälzt. Ein Helfer, ein Minister nach dem andern wird ans Werk der Finanzierung berufen, aber alle wenden sie nur jene für den Augenblick berechneten Mittel an, die uns selbst von gestern und heute in guter Erinnerung sind (immer wiederholt sich die Geschichte): riesige Anleihen, welche die früheren scheinbar verschwinden machen, rücksichtslose Besteuerung und Übersteuerung, Assignatendruck und Umschmelzung des Goldgeldes in entwertender Form, also verdeckte Inflation. Da aber die Krankheit in Wahrheit tiefer steckt, in einer fehlerhaften Zirkulation, in einer ungesunden nationalökonomischen Verteilung der Substanz durch Aufhäufung des ganzen Reichtums in den Händen von ein paar Dutzend Feudalgeschlechtern, und da die Finanzärzte nicht wagen, hier den notwendigen chirurgischen Eingriff vorzunehmen, bleibt die Entkräftung des Staatsschatzes chronisch. »Wenn die Verschwendung und die Leichtfertigkeit den königlichen Schatz erschöpft haben«, schreibt Mercy, »erhebt sich ein Schrei der Verzweiflung und der Angst. Dann wenden die Finanzminister immer mörderischere Mittel an, so wie letzthin die Umschmelzung des Goldgeldes unter betrügerischen Formen oder die Schaffung neuer Steuern. Diese momentanen Hilfsmittel besänftigen für den Augenblick die Schwierigkeiten, und man geht sofort mit einer unfaßbaren Leichtigkeit von der Verzweiflung zur größten Sorglosigkeit über. In letzter Linie ist sicher, daß die gegenwärtige Regierung an Unordnung und Ausbeutung die frühere Regierung übertrifft und daß es moralisch unmöglich ist, dieser Stand der Dinge könne noch länger andauern, ohne eine Katastrophe zur Folge zu haben.« Je rascher man aber den Zusammenbruch herannahen fühlt, um so unruhiger wird man bei Hof. Endlich, endlich beginnt man zu begreifen: es genügt nicht, die Minister zu wechseln, sondern man muß das System wechseln: Knapp vor dem Bankrott, fordert man zum erstenmal von dem ersehnten Retter nicht mehr, daß er aus vornehmer Familie sei, sondern vor allem, daß er – neuer Begriff am französischen Hofe – populär sei und diesem unbekannten und gefährlichen Wesen »Volk« Vertrauen einflöße.

Ein solcher Mann ist da, man kennt ihn bei Hof, man hat sich sogar in der Not schon von ihm beraten lassen, obwohl er bürgerlicher Herkunft war, ein Ausländer, ein Schweizer und tausendmal ärger noch: ein leibhaftiger Ketzer, ein Calvinist. Aber die Minister waren nicht sehr entzückt gewesen von diesem Außenseiter und hatten ihn, weil er in seinem »Compte rendu« die Nation allzusehr in eine Hexenküche blicken ließ, schleunigst abgehalftert. Auf einem beleidigend kleinen viereckigen Briefpapier hatte damals der Verärgerte dem König seine Demission geschickt; diese unhöfische Respektlosigkeit konnte ihm Ludwig XVI. nicht vergessen, und ausdrücklich erklärt er lange Zeit – oder schwört er sogar –, niemals wieder Necker zu berufen.

Aber jetzt oder nie ist Necker der Mann der Stunde; die Königin begreift endlich, wie notwendig gerade für sie ein Minister wäre, der dieses wilde, brüllende Tier: öffentliche Meinung, zu besänftigen vermöchte. Auch sie muß einen inneren Widerstand überwinden, seine Wahl durchzusetzen, denn auch der vorhergehende, so rasch unbeliebt gewordene Minister Loménie de Brienne war einzig durch ihren Einfluß berufen worden. Soll sie sich im Falle eines abermaligen Mißlingens neuerdings verantwortlich machen lassen? Aber da sie ihren ewig unentschlossenen Gatten noch immer zögern sieht, greift sie entschlossen zu diesem gefährlichen Manne wie zu einem Gift. Im August 1785 beruft sie Necker in ihr Privatkabinett und setzt ihre ganze Überredungskunst ein, den Verärgerten zu gewinnen. Necker erlebt in dieser Minute doppelten Triumph: von einer Königin nicht berufen, sondern erbeten und gleichzeitig von einem ganzen Volk gefordert zu sein. »Es lebe Necker!« – »Es lebe der König!« donnert es an diesem Abend durch die Galerien von Versailles, durch die Straßen von Paris, sobald seine Einsetzung bekannt wird.

Nur die Königin hat nicht den Mut mitzujubeln; zu schwer beängstigt sie die Verantwortung, mit ihren unerfahrenen Händen in das Rad des Schicksals eingegriffen zu haben. Und dann: ein unerklärliches Vorgefühl bewegt sie düster bei diesem Namen, sie weiß nicht, warum, und abermals zeigt sich ihr Instinkt stärker als ihr Verstand. »Ich zittere bei dem Gedanken«, schreibt sie am gleichen Tage an Mercy, »daß ich es war, die ihn wiederkommen ließ. Mein Schicksal ist es, Unglück zu bringen, und wenn ihn abermals teuflische Machenschaften scheitern lassen oder er die Autorität des Königs zurückdrängt, wird man mich noch mehr hassen als bisher.«

»Ich zittere bei dem Gedanken« – »Verzeihen Sie mir diese Schwäche« – »Mein Schicksal ist es, Unglück zu bringen« – »Ich habe es sehr nötig, daß ein so guter und treuer Freund wie Sie mich in diesem Augenblick unterstützt« – solche Worte hat man von der früheren Marie Antoinette nie gelesen, nie gehört. Das ist ein neuer Ton, die Stimme eines erschütterten, in seinen Tiefen aufgewühlten Menschen, nicht mehr die leichte und von Lachen beflügelte der verwöhnten jungen Frau. Marie Antoinette hat vom bittern Apfel der Erkenntnis gekostet, jetzt ist ihre traumwandlerische Sicherheit dahin, denn furchtlos ist immer nur, wer die Gefahr nicht erkennt. Nun beginnt sie den gewaltigen Preis zu verstehen, mit dem große Stellung belastet ist: Verantwortlichkeit, zum erstenmal drückt sie die Krone, die sie bisher leicht wie einen Modehut der Mademoiselle Bertin getragen hat. Wie zaghaft wird jetzt ihr Schritt, seit sie das dumpfe vulkanische Grollen unter der brüchigen Erde spürt: nur nicht weiter jetzt, lieber zurück! Lieber abseits bleiben von allen Entscheidungen, für immer weg von der Politik und ihren trüben Geschäften, nicht mehr sich einmengen in die so leicht vermeinten und jetzt als so gefährlich erkannten Entschließungen. Eine völlige Verwandlung in Marie Antoinettes Haltung setzt ein. Die bisher glücklich gewesen in Lärm und Gewühl, sucht jetzt Stille und Abseitigkeit. Sie meidet Theater, Redouten und Maskeraden, sie will nicht mehr in den Staatsrat des Königs; nur im Kreis ihrer Kinder kann sie noch atmen. In dieses von Lachen erfüllte Zimmer dringt nicht die Pestilenz von Haß und Neid. Als Mutter weiß sie sich sicherer denn als Königin. Auch ein anderes Geheimnis hat die enttäuschte Frau sich spät entdeckt: zum erstenmal bewegt, beruhigt, beglückt ein Mann, ein wirklicher Freund und Seelenfreund, ihr Gefühl. Jetzt könnte noch alles gut werden; nur still jetzt leben und im engsten natürlichsten Kreis, nicht mehr das Schicksal herausfordern, diesen geheimnisvollen Gegner, dessen Gewalt und Tücke sie zum erstenmal begreift.

Aber gerade jetzt, da alles in ihrem Herzen Stille begehrt, stellt sich das Barometer der Zeit auf Sturm. Eben in der Stunde, da Marie Antoinette ihrer Fehler gewahr wird und zurücktreten will, um sich unsichtbar zu machen, stößt sie ein unbarmherziger Wille vorwärts in die aufregendsten Geschehnisse der Geschichte.

Der Sommer der Entscheidung

Necker, der Mann, den die Königin in bitterster Seenot an das Steuerruder des Staates gestellt, nimmt geradewegs eine entschlossene Richtung gegen den Sturm. Er zieht nicht ängstlich die Segel ein, er laviert nicht lange, halbe Maßregeln helfen nicht mehr, sondern nur die eine entscheidende und gewaltige: die völlige Umschaltung des Vertrauens. In diesen letzten Jahren ist der Schwerpunkt der nationalen Zuversicht von Versailles abgerückt. Die Nation glaubt nicht mehr den Versprechungen des Königs, nicht seinen Schuldscheinen und Assignaten, sie erhofft nichts mehr vom Adelsparlament und der Notabelnversammlung; eine neue Autorität muß – wenigstens zeitweilig – geschaffen werden, um den Kredit zu festigen und die Anarchie einzudämmen, denn ein harter Winter hat auch die Fäuste des Volkes hart gemacht; jeden Augenblick kann sich die Verzweiflung der vom Land geflüchteten und jetzt in den Städten hungernden Rotten entladen. So beschließt der König nach üblichem Zögern in zwölfter Stunde, die Nationalstände einzuberufen, seit zwei Jahrhunderten wirklich das ganze Volk. Um denjenigen, in deren Händen noch die Rechte und der Reichtum sind, dem ersten und dem zweiten Stand, dem Adel und der Geistlichkeit, von vornherein das Übergewicht zu nehmen, hat der König auf Neckers Rat den dritten Stand in der Zahl verdoppelt. So halten sich beide Kräfte die Waage, und dem Monarchen ist dadurch die letzte Entscheidungsgewalt gewahrt. Die Einberufung der Nationalversammlung wird die Verantwortung des Königs mindern und seine Autorität stärken: so denkt der Hof.

Aber das Volk denkt anders; zum erstenmal fühlt es sich berufen und weiß: nur in Verzweiflung und niemals aus Güte fordern Könige ihr Volk zum Rat. Eine ungeheure Aufgabe ist damit der Nation gegeben, aber auch eine nicht wiederkehrende Gelegenheit; das Volk ist entschlossen, sie zu nutzen. Ein Rausch von Begeisterung brandet von Stadt zu Dorf, die Wahlen werden zum Fest, die Versammlungen zu Stätten nationalreligiöser Erhebung – wie immer vor großen Orkanen schafft die Natur die farbigsten und täuschendsten Morgenröten. Endlich kann das Werk beginnen: am 5. Mai 1789, dem Tag der Eröffnung der Ständeversammlung, ist Versailles zum erstenmal nicht bloß Residenz eines Königs, sondern Hauptstadt, Hirn, Herz und Seele des ganzen französischen Reiches.

Nie hat die kleine Stadt Versailles so viele Menschen beisammen gesehen wie in diesen schimmernden Frühlingstagen des Jahres 1789. Viertausend Personen umfaßt wie immer der königliche Hofstaat, beinahe zweitausend Abgeordnete hat Frankreich gesandt, dazu kommen die zahllosen Neugierigen aus Paris und hundert andern Orten, die dem welthistorischen Schauspiel beiwohnen wollen. Mit dicken Säckeln Goldes kauft man mühsam ein Zimmer, mit einer Handvoll Dukaten einen Strohsack, Hunderte, die kein Quartier gefunden haben, schlafen unter Torbogen und Haustoren, viele stellen sich schon nachts, trotz des strömenden Regens, im Spalier auf, um nur nicht das große Schauspiel zu versäumen. Die Lebensmittelpreise steigen um das Drei- und Vierfache, allmählich wird der Menschenzudrang unerträglich. Schon jetzt zeigt sich symbolisch: diese enge Provinzstadt hat Raum nur für *einen* Herrscher von Frankreich, nicht für zwei. Auf die Dauer wird einer den Platz räumen müssen: das Königtum oder die Nationalversammlung. Aber die erste Stunde soll nicht dem Streit gelten, sondern der großen Versöhnung zwischen König und Volk. Am vierten Mai läuten seit dem frühen Morgen die Glocken: ehe die Menschen beraten, soll an heiligem Ort der Segen Gottes für das hohe Werk herabbeschworen werden. Ganz Paris ist nach Versailles gepilgert, um Kindern und Kindeskindern von diesem Tage berichten zu können, mit dem ein neues Zeitalter anhebt. An den Fenstern, von denen kostbare Tapisserien herabhängen, drängt sich Kopf an Kopf, an den Schornsteinen kleben, gleichgültig gegen die Lebensgefahr, dicke Menschentrauben, niemand will eine Einzelheit der großen Prozession versäumen. Und tatsächlich, sie wird großartig, diese Schaustellung der Stände; zum letztenmal entfaltet der Hof von Versailles seine ganze Pracht, um sich eindrucksvoll vor dem Volk als die wahre Majestät, als der eingeborene und beschworene Gebieter zu bekunden. Um zehn Uhr morgens verläßt der königliche Zug den Palast, voran reiten die Pagen in ihren flammenden Livreen, die Falkner, den Falken auf der steil erhobenen Faust, dann rollt, von wundervoll angeschirrten Pferden gezogen, auf deren Häuptern farbige Federbüsche schwanken, der goldengläserne Prunkwagen des Königs majestätisch langsam heran. Zu seiner Rechten sitzt ein älterer, auf dem Bock sein jüngerer Bruder, auf dem Rücksitz die jungen Herzöge von Angoulême, Berry und Bourbon. Jubelrufe: »Es lebe der König!« grüßen stürmisch die erste Karosse und schaffen einen peinlichen Gegensatz zu dem harten und verbissenen Schweigen, inmitten dessen die zweite Karosse mit der Königin und den Prinzessinnen vorbeifährt. Deutlich zieht schon in dieser Morgenstunde das öffentliche Urteil eine scharfe Scheidelinie zwischen dem König und der Königin. Gleiches Schweigen empfängt die folgenden Wagen, in denen die übrigen Mitglieder der

Familie im langsamen und feierlichen Paßgang zur Kirche Notre-Dame rollen, wo die drei Stände, zweitausend Männer, jeder eine brennende Kerze in der Hand, den Hof erwarten um in gemeinsamer Prozession die Stadt zu durchschreiten.

Die Karossen halten vor der Kirche. Der König, die Königin und der Hof steigen sämtlich aus, ein ungewohnter Anblick steht ihnen bevor. Die Vertreter der Adelsstände, diese allerdings, sie sind ihnen vertraut von Festen und Bällen, prunkvoll in ihren seidenen goldverschnürten Mänteln, die Hüte mit den weißen Federn kühn aufgebogen, und ebenso die farbige Pracht der Geistlichkeit, das flammende Rot der Kardinäle, die violetten Soutanen der Bischöfe: diese beiden Stände, der erste und der zweite, sie umstehen seit hundert Jahren getreu den Thron, sie schmücken seit je seine Feste. Wer aber ist jene dunkle Masse, in absichtsvoll schlichten schwarzen Röcken, über denen nur die Halstücher weiß leuchten, wer sind diese fremden Menschen mit ihren gewöhnlichen dreieckigen Hüten, wer diese Unbekannten, namenlos heute noch jeder einzelne, die vor der Kirche als geschlossener Block beisammenstehen? Welche Gedanken bergen diese fremden, nie gesehenen Gesichter mit den kühnen, klaren und sogar strengen Blicken? Der König und die Königin mustern ihre Gegner, die, stark durch ihr Beisammensein, sich weder sklavisch verbeugen noch in begeisterte Jubelrufe ausbrechen, sondern nur männlich stumm warten, um gleichberechtigt mit diesen Stolzen und Geschmückten, mit den Privilegierten und Berühmten, an das Werk der Erneuerung zu gehen. Sehen sie nicht in ihrem düstern Schwarz, in ihrem ernsten, undurchdringlichen Wesen mehr Richtern ähnlich als gehorsamen Beratern? Vielleicht hat schon bei dieser ersten Begegnung den König und die Königin eine Ahnung ihres Schicksals erschauernd angerührt.

Aber diese erste Begegnung gilt keinem Waffengang: vor den unvermeidlichen Kampf soll eine Stunde der Eintracht gestellt sein. In riesiger Prozession, ernst und gelassen, jeder eine brennende Kerze in der Hand, schreiten die zweitausend die kleine Strecke von Kirche zu Kirche, von Notre-Dame de Versailles zur Kathedrale Saint-Louis durch das blitzende Spalier der französischen und Schweizergarden. Über ihnen dröhnen die Glocken, neben ihnen rasseln die Trommeln, flackern die Uniformen, und nur der geistliche Gesang der Priester mildert das militärische Gepräge zu höherer Feierlichkeit.

An der Spitze des langen Zuges marschieren – die Letzten werden die Ersten sein – die Vertreter des dritten Standes, in zwei Parallelreihen, hinter ihnen der Stand des Adels, dann der der Geistlichkeit. Als die letzten Abgeordneten des dritten Standes vorüberkommen, entsteht im Volke eine (nicht zufällige) Bewegung, die Zuschauer brechen in stürmische Jubelrufe aus. Die Begeisterung gilt dem Herzog von Orléans, dem Abtrünnigen des Hofes, der aus demagogischer Berechnung vorgezogen hat, statt inmitten der königlichen Familie zu gehen, sich den Abgeordneten des dritten Standes anzureihen. Nicht einmal der König, der hinter dem Baldachin mit dem Allerheiligsten – der Erzbischof von Paris in diamantenübersätem Meßgewande trägt es – daherschreitet, wird mit ähnlichem Beifall überschüttet wie derjenige, der sich öffentlich vor dem Volke zur Nation und gegen die königliche Autorität bekennt. Um diese geheime Gegnerschaft gegen den Hof zu verdeutlichen, wählen einige den Augenblick, da Marie Antoinette naht, um statt »Vive la Reine!« absichtsvoll den Namen ihres Feindes: »Es lebe der Herzog von Orléans!« laut zu rufen. Marie Antoinette spürt die Beleidigung, verwirrt sich und wird blaß; nur mit Mühe gelingt es ihr, ohne Auffälligkeit ihre Haltung zu meistern und den Weg der Erniedrigung aufrecht zu

Ende zu gehen. Schon am nächsten Tage aber, bei der Eröffnung der Nationalversammlung, erwartet sie eine neue. Indes der König mit lebhaftem Beifall bei seinem Eintritt in den Saal bejubelt wird, regt sich bei ihrem Kommen keine Lippe, keine Hand: ein eisiges, ein offensichtliches Schweigen bläst ihr wie ein scharfer Luftzug entgegen. »Voilà la victime«, murmelt Mirabeau zu einem Nachbarn, und selbst ein ganz Unbeteiligter, der amerikanische Gouverneur Morris, bemüht sich, seine französischen Freunde zu ermutigen, dieses beleidigende Schweigen durch einen Zuruf weniger beleidigend zu gestalten. Aber ohne Erfolg. »Die Königin weinte«, schreibt dieser Sohn einer freien Nation in sein Tagebuch, »und nicht eine einzige Stimme erhob sich für sie. Ich würde meine Hand schon erheben, aber ich habe kein Recht hier, meine Gefühle auszudrücken, und vergebens bat ich meine Nachbarn, es zu tun.« Drei Stunden muß wie auf einer Anklagebank die Königin von Frankreich vor den Vertretern des Volkes ohne jede Begrüßung und Beachtung sitzen bleiben; erst als sie sich nach der endlosen Rede Neckers erhebt, um mit dem König den Saal zu verlassen, raffen sich ein paar Abgeordnete aus Mitleid zu einem schüchternen »Vive la Reine!« auf. Gerührt dankt mit einem Kopfnicken Marie Antoinette diesen wenigen, und an dieser Geste entzündet sich endlich der Beifall der ganzen Zuhörerschaft. Aber Marie Antoinette gibt sich, heimkehrend nach ihrem Schloß, keiner Täuschung hin; zu deutlich fühlt sie den Unterschied zwischen diesem zögernd mitleidigen Gruß und dem großen, warmen, strömenden Brausen der Volksliebe, die einstmals ungerufen ihr das noch kindische Herz bei ihrem ersten Kommen umdröhnte. Schon weiß sie, daß sie ausgeschlossen ist von der Versöhnung und daß ein Kampf auf Tod und Leben beginnt. All den Zuschauern in diesen Tagen fällt das beunruhigte und verstörte Wesen Marie

Antoinettes auf. Sogar bei der Eröffnung der Nationalversammlung, da sie in königlicher Pracht in violettweißsilbernem Kleide, das Haupt mit einer herrlichen Straußenfeder geschmückt, erscheint, majestätisch und schön, bemerkt Madame de Staël einen Ausdruck von Trauer und Gedrücktheit in ihrer Haltung, der ihr an dieser sonst so sorglos heitern und koketten Frau völlig neu und fremd ist. Und tatsächlich, nur mühsam und mit äußerster Willensanstrengung hat sich Marie Antoinette auf diese Estrade gezwungen, ihr Sinn und ihre Sorgen sind in diesen Tagen anderswo. Denn sie weiß, während sie in königlicher Pracht und pflichtgemäßer Majestät vor dem Volke stundenlang paradieren muß, leidet und stirbt in seinem kleinen Bett in Meudon ihr ältester Sohn, der sechsjährige Dauphin. Schon im vorigen Jahr hat sie den Schmerz gehabt, eines ihrer vier Kinder zu verlieren, die erst elfmonatige Prinzessin Sophie-Beatrix, nun schleicht zum zweiten Male der Tod um die Kinderstube nach einem Opfer. Die ersten Anzeichen einer rachitischen Veranlagung hatten sich bei ihrem Erstgeborenen schon 1788 gezeigt. »Mein ältester Sohn macht mir viel Sorge«, schrieb sie damals Joseph II. »Er ist ein wenig verwachsen, eine Hüfte ist höher als die andere, und auf dem Rücken sind die Wirbelknochen etwas verschoben und hervorgetreten. Seit einiger Zeit hat er immer Fieber und ist mager und geschwächt.« Dann kamen wieder trügerische Besserungen, bald aber bleibt der geprüften Mutter keine Hoffnung mehr. Die feierliche Prozession bei der Eröffnung der Generalstände, dieses farbige, fremdartige Schauspiel, wird die letzte Ergötzung des armen kranken Jungen: in Mäntel gehüllt, auf Kissen gebettet, längst zu schwach, um zu gehen, kann er mit seinen matten fiebrigen Augen vom Balkon der königlichen Stallungen noch seinen Vater, seine Mutter und das funkelnde Spalier vorbeiziehen sehen: einen Monat später wird er begraben.

Diesen kommenden, diesen unvermeidlichen Tod ihres Kindes trägt Marie-Antoinette während all dieser Tage in ihren Gedanken mit, ihre ganze Sorge gilt ihrem Kinde: nichts Törichteres darum als die immer wieder aufgewärmte Legende, Marie Antoinette hätte in diesen Wochen ihrer schwersten mütterlichen und menschlichen Sorgen von morgens bis abends hinterhältige Intrigen gegen die Versammlung geführt. In jenen Tagen ist ihr Kampfwille von erlebtem Schmerz, von erlittenem Haß völlig gebrochen; erst später, gänzlich allein und wie eine Verzweifelte um das nackte Leben und das Königtum ihres Mannes und ihres zweiten Sohnes kämpfend, wird sie sich wieder zu einem letzten Widerstand aufraffen. Jetzt aber ist ihre Kraft geschwunden, und gerade in jenen Tagen wäre die eines Gottes nötig, nicht die eines verstörten und unglücklichen Menschen, um das rollende Schicksal aufzuhalten.

Denn die Ereignisse folgen einander nun mit der Schnelle eines Wildbachs. Nach wenigen Tagen stehen schon die beiden privilegierten Stände, der Adel und die Geistlichkeit, mit dem dritten Stande in erbitterter Eifersüchtelei; zurückgestoßen, erklärt sich der dritte Stand eigenmächtig zur Nationalversammlung und leistet im Ballhaus den Eid, sich nicht früher aufzulösen, als bis der Wille des Volkes, die Konstitution, erfüllt ist. Der Hof erschrickt vor dem Dämon Volk, den er sich selber ins Haus geholt; hin und her gerissen zwischen allen seinen berufenen und unberufenen Ratgebern, heute dem dritten Stand recht gebend, morgen dem ersten und zweiten, verhängnisvoll schwankend in eben der Stunde, die äußerste Klarheit und Kraft verlangt, neigt sich der König bald zu den militärischen Bramarbassen, die nach alter Hochmutsweise fordern, man möge den Pöbel mit der blanken Klinge nach Hause jagen, bald zu Necker, der immer wieder zur Nachgiebigkeit mahnt. Heute sperrt er dem dritten Stand den Beratungssaal, dann schrickt er wieder ängstlich zurück, sobald Mirabeau erklärt, »die Nationalversammlung werde nur der Macht der Bajonette weichen«. In gleichem Maße aber wie die Unentschlossenheit bei Hofe wächst die Entschlossenheit in der Nation. Über Nacht hat das stumme Wesen »Volk« durch die Pressefreiheit eine Stimme bekommen, in hundert Broschüren schreit es um sein Recht, in flammenden Zeitungsaufsätzen entlädt es seinen aufrührerischen Zorn. Im Palais Royal versammeln sich unter dem Hausschutz des Herzogs von Orléans täglich zehntausend redende, schreiende, agitierende, einander unablässig aufstachelnde Menschen. Unbekannte, denen der Mund zeitlebens verschlossen war, entdecken plötzlich die Lust an der Rede, am Schreiben, Hunderte von Ehrgeizigen und Unbeschäftigten spüren die günstige Stunde, alles politisiert, agitiert, liest, diskutiert, plädiert. »Jede Stunde«, schreibt der Engländer Arthur Young, »bringt ihre Broschüre hervor, dreizehn sind heute erschienen, sechzehn gestern, zweiundzwanzig die letzte Woche, und neunzehn unter zwanzig sind für die Freiheit« – das heißt für die Beseitigung der Privilegien, auch der monarchischen. Jeder Tag, jede Stunde fast schwemmt ein Stück der königlichen Autorität fort, die Worte »Volk« und »Nation« werden innerhalb von zwei oder drei Wochen Hunderttausenden aus kalten Buchstaben zum religiösen Begriff der Allmacht und höchster Gerechtigkeit. Schon reihen sich die Offiziere, die Soldaten der unwiderstehlichen Bewegung ein, schon merken betroffen die Beamten der Stadt und des Staates, wie ihnen die Zügel bei diesem Aufbäumen der Volkskraft aus den Händen gleiten, selbst die Nationalversammlung gerät ins Kielwasser dieser Strömung, verliert den dynastischen Kurs und beginnt zu schwanken. Immer ängstlicher werden die Ratgeber im königlichen Palast, und wie meist versucht die seelische

Unsicherheit, sich aus ihrer Angst in eine auftrumpfende Geste der Kraft zu retten: der König zieht, um zu drohen, die letzten treugebliebenen und verläßlichen Regimenter heran, läßt in der Bastille Bereitschaft halten und wirft schließlich, um sich selber eine Stärke vorzutäuschen, die ihm innerlich fehlt, der Nation den Fehdehandschuh hin, indem er am 11. Juli den einzig populären Minister, Necker, entläßt und wie einen Verbrecher verbannt.

Die nächsten Tage sind in unvergänglicher Schrift in die Weltgeschichte eingemeißelt; freilich, in einem einzigen Buch darf man sie nicht nachzulesen versuchen, nämlich in dem handschriftlichen Tagebuch des unselig ahnungslosen Königs. Dort steht am 11. Juli nur: »Nichts. Abreise des Herrn Necker«, und am 14. Juli, dem Tage des Bastillesturms, der seine Macht endgültig zertrümmert, abermals dasselbe tragische Wort »Rien« – das heißt: keine Jagd an diesem Tage, kein erlegter Hirsch, also kein bedeutendes Ereignis. In Paris denkt man anders über diesen Tag, den noch heute eine ganze Nation als den Geburtstag ihres Freiheitsbewußtseins feiert. Am frühen Mittag des 12. Juli dringt Kunde von der Entlassung Neckers nach Paris, der Funke fällt ins Pulverfaß. Im Palais Royal springt Camille Desmoulins, einer der Klubfreunde des Herzogs von Orléans, auf einen Sessel, schwingt eine Pistole, schreit, der König bereite eine Bartholomäusnacht vor, ruft zu den Waffen. In einer Minute ist ein Symbol des Aufstandes, die Kokarde, gefunden, das dreifarbige Banner der Republik; wenige Stunden später wird das Militär überall angegriffen, werden Arsenale beraubt, die Straßen gesperrt. Am 14. Juli marschieren zwanzigtausend Menschen vom Palais Royal gegen die verhaßte Zwingburg von Paris, die Bastille, ein paar Stunden später ist sie gestürmt, und das Haupt des Gouverneurs, der sie verteidigen wollte, tanzt fahl auf der Spitze einer Pike: zum erstenmal leuchtet diese blutige Laterne der Revolution. Niemand wagt gegen den elementaren Ausbruch der Volkswut mehr Widerstand, die Truppen, die von Versailles keine klare Ordre erhalten, ziehen sich zurück, am Abend rüstet mit tausend Kerzen Paris zur Siegesfeier.

Zehn Meilen weit von dem Weltgeschehen aber, in Versailles, ist alles ahnungslos. Man hat den unbequemen Minister weggeschickt, nun wird Friede sein, man wird bald wieder auf die Jagd gehen können, hoffentlich schon morgen. Aber da kommt Bote auf Bote aus der Nationalversammlung: in Paris herrsche Unruhe, man plündere die Arsenale, man rücke gegen die Bastille vor. Der König läßt sich Meldung erstatten, aber er faßt keinen rechten Entschluß; schließlich, wozu hat man diese lästige Nationalversammlung? Sie soll Rat schaffen. Wie immer wird auch an diesem Tage die geheiligte Stundeneinteilung nicht geändert, wie immer legt sich der bequeme, phlegmatische und auf nichts neugierige Mann (man wird morgen schon alles rechtzeitig erfahren) um zehn Uhr zu Bett und schläft seinen dicken, dumpfen, durch kein Weltgeschehen zu erschütternden Schlaf! Aber welche freche, verwegene, welche anarchistische Zeit! Sie ist sogar so respektlos geworden, den Schlaf eines Monarchen zu stören. Der Herzog von Liancourt jagt auf schäumendem Pferd nach Versailles, um Botschaft von den Pariser Vorgängen zu bringen. Man erklärt ihm, der König schlafe schon. Er besteht darauf, daß der König geweckt werde; schließlich läßt man ihn in das geheiligte Schlafzimmer! Er meldet: »Die Bastille gestürmt! Der Gouverneur ermordet! Sein Haupt auf einer Pike durch die ganze Stadt getragen!«

»Aber das ist ja eine Revolte«, stammelt erschreckt der unglückliche Herrscher.

Doch unbarmherzig korrigiert der schlimme Bote: »Nein, Sire, das ist eine Revolution.«

Man hat viel gespottet über Ludwig XVI., daß er am 14. Juli 1789, aus dem Schlaf geschreckt, auf die Nachricht vom Fall der Bastille hin nicht sofort dies eben in die Welt getretene Wort »Revolution« in seiner ganzen Tragweite begriffen habe. Aber »es ist allzu leicht«, erinnert Maurice Maeterlinck in dem berühmten Kapitel aus »Weisheit und Schicksal« die nachträglich Klugen, »das einzusehen, was man hätte tun sollen, in einem Zeitpunkt, da man schon von allem Kenntnis hat, was sich ereignete«. Zweifellos, weder der König noch die Königin hat bei den ersten Sturmzeichen auch nur annähernd das Zerstörungsfeld dieses Erdstoßes überblickt, aber, andere Frage: wer von allen Zeitgenossen hat in dieser ersten Stunde schon das Ungeheure gefühlt, das hier seinen Anfang nahm, wer selbst von denen, welche die Revolution entzündeten und entfachten? Alle die Führer der neuen Volksbewegung, Mirabeau, Baily, Lafayette, sie ahnen selber doch nicht im entferntesten, wie weit diese entfesselte Kraft sie über ihr Ziel hinausführen und gegen den eigenen Willen mitreißen wird, denn 1789 sind selbst die grimmigsten der späteren Revolutionäre, Robespierre, Marat, Danton, noch durchaus überzeugte Royalisten. Erst durch die Französische Revolution selbst hat der Begriff »Revolution« jenen weiten, wilden und welthistorischen Begriff bekommen, in dem wir ihn heute sprachlich gebrauchen. Erst die Zahl hat ihn in Blut und Geist geprägt und nicht schon die erste Stunde. Merkwürdiges Paradoxon nun: nicht dies wurde für König Ludwig XVI. so verhängnisvoll, daß er die Revolution nicht verstehen konnte, sondern das Gegenteil: daß dieser mittelbegabte Mann sich in der rührendsten Weise bemühte, sie zu verstehen. Ludwig XVI. las gern Geschichte, und nichts hatte dem schüchternen Knaben einen tieferen Eindruck gemacht, als daß ihm einmal der berühmte Herr David Hume, der Verfasser der »Geschichte Englands«, persönlich vorgestellt wurde, denn dieses Buch war sein Lieblingsbuch. Darin hatte er schon als Dauphin besonders jenes Kapitel mit besonderer Spannung gelesen, das schilderte, wie gegen einen anderen König, den König Karl von England, Revolution gemacht und er schließlich hingerichtet wurde: dieses Beispiel wirkte als mächtige Warnung auf den ängstlichen Thronkandidaten. Und als dann eine ähnliche Unzufriedenheitsbewegung in seinem eigenen Lande begann, meinte Ludwig XVI. sich am besten sicherzustellen, wenn er immer wieder dieses Buch studierte, um aus den Fehlern seines unglücklichen Vorläufers rechtzeitig zu lernen, wie es ein König im Falle eines solchen Aufruhrs *nicht* machen dürfte: wo jener heftig gewesen, wollte er nachgiebig sein, damit hoffte er, dem schlimmsten Ende zu entweichen. Gerade aber dieses Verstehenwollen der Französischen Revolution aus der Analogie einer ganz anders gearteten wurde dem König zum Verhängnis. Denn nicht nach vertrockneten Rezepten, nach immer ungültigen Vorbildern darf ein Herrscher in welthistorischen Sekunden seine Entscheidungen treffen: nur der seherische Augenblick des Genies kann in der Gegenwart das Rettende und Richtige erkennen, nur heroisch vorstoßende Tat kann die wilden und verworren andrängenden Kräfte des Elementaren bändigen. Nie aber wird ein Sturm beschworen, indem man die Segel einzieht; er wütet darum dennoch fort in ungebrochener Kraft, bis er sich selbst erschöpft und beruhigt hat.

Dies die Tragödie Ludwigs XVI.: er wollte das ihm Unverständliche verstehen, indem er nachschlug in der Geschichte wie in einem Schulbuch, und sich vor der Revolution schützen, indem er alles Königliche in seiner Haltung ängstlich preisgab. Anders Marie Antoinette: sie hat nicht Bücher um Rat gefragt und kaum einen Menschen. Zurückdenken und Vorausdenken war selbst in Augenblicken höchster Gefahr nicht ihre Art, jedes Berechnen und Kombinieren lag ihrem spontanen Charakter fern. Ihre menschliche Stärke beruhte einzig auf dem Instinkt. Und dieser Instinkt sagt vom ersten Augenblick an ein schroffes Nein zur Revolution. In einem Königsschlosse geboren, im Gottesgnadentum erzogen, von ihren Herrscherrechten als einer göttlichen Gegebenheit überzeugt, betrachtete sie von vornherein jeden Rechtsanspruch der Nation als eine ungebührliche Auflehnung des Pöbels: immer ist derjenige, der für sich selber alle Freiheiten und jedes Recht beansprucht, am wenigsten geneigt, sie auch andern zuzubilligen. Marie Antoinette läßt sich weder innerlich noch äußerlich auf eine Diskussion ein; wie ihr Bruder Joseph sagt sie: »Mon métier est d'être royaliste«, »Meine Aufgabe ist einzig, den Standpunkt des Königs zu vertreten.« Ihr Platz ist oben, der des Volkes unten; sie will nicht hinab, das Volk darf nicht empor. Vom Sturm der Bastille bis zum Schafott fühlt sie sich jede Sekunde unerschütterlich im Recht. Nicht einen Augenblick paktiert sie innerlich mit der neuen Bewegung: alles Revolutionäre bedeutet ihr nur ein verschönerndes Wort für Rebellion.

Diese hochmütig harte, diese unerschütterlich starre Haltung Marie Antoinettes gegen die Revolution enthält aber (zumindest im Anfang) nicht die geringste Feindseligkeit gegen das Volk. Im gemütlicheren Wien herangewachsen, steht Marie Antoinette das Volk »le bon peuple«, als ein durchaus gutartiges, nicht sehr vernünftiges Wesen an; felsenfest glaubt sie, eines Tages werde die brave Herde sich selbst enttäuscht von diesen Aufhetzern und Wortmachern abwenden und an die gute Krippe, zum angestammten Herrscherhause, zurückfinden. Ihr ganzer Haß geht darum gegen die »factieux«, gegen diese Verschwörer, Aufwiegler, Klubisten, Demagogen, Redner, Streber und Atheisten, die im Namen verworrener Ideologien oder aus ehrgeizigen Interessen dem biederen Volk Ansprüche gegen Thron und Altar einreden wollen. »Un amas de fous, de scélérats«, eine Ansammlung von Narren, Lumpen und Verbrechern, nennt sie die Abgeordneten von zwanzig Millionen Franzosen, und wer jener Rotte Korah nur eine Stunde angehört hat, ist für sie erledigt, wer überhaupt mit diesen Neuerungswütigen spricht, bereits verdächtig. Kein Wort des Dankes hört Lafayette, der dreimal das Leben ihres Gatten und ihrer Kinder unter Einsatz des eigenen rettet: lieber zugrunde gehen als sich von diesem eitlen Buhler um die Volksgunst retten lassen! Niemals, auch nicht im Gefängnis, wird sie ihren Richtern, die sie nicht anerkennt und Henker nennt, nie einem Abgeordneten die Ehre einer Bitte erweisen; mit der ganzen Trotzkraft ihres Charakters beharrt sie bei ihrer unbeugsamen Abwehr gegen jeden Kompromiß. Vom ersten Augenblick bis zum letzten hat Marie Antoinette die Revolution einzig als eine unsaubere, von den niedrigsten und gemeinsten Instinkten der Menschheit aufgewühlte Schlammwelle betrachtet; sie hat nichts von ihrem welthistorischen Recht, von ihrem aufbauenden Willen verstanden, weil sie entschlossen war, nur ihr eigenes Königsrecht zu verstehen und zu behaupten.

Dieses Nichtverstehenwollen war Marie Antoinettes historischer Fehler: man leugne es nicht. Überschau gedanklicher Zusammenhänge, seelischer Tiefblick war dieser durchaus mittleren und politisch engstirnigen Frau weder durch Erziehung noch durch inneren Willen gegeben, immer nur war das Menschliche, das Nahe, das Sinnliche ihr faßbar. Von der Nähe aber, vom Menschlichen aus gesehen, wird jede politische Bewegung trüb, jederzeit verzerrt sich das Bild einer Idee, sobald sie sich irdisch verwirklicht. Marie Antoinette beurteilt – wie könnte sie es anders? – die Revolution nach den Menschen, die sie führen; und wie immer in Umsturzzeiten waren hier die Lautesten nicht die Redlichsten und Besten. Muß es die Königin nicht mißtrauisch machen, daß es gerade die Verschuldeten und Verrufenen unter den Aristokraten sind, die sittlich Verderbtesten, wie Mirabeau und Talleyrand, die als erste ihr Herz für die Freiheit entdecken? Wie soll sich Marie Antoinette die Sache der Revolution als eine ehrliche und ethische denken, wenn sie den geizigen, gierigen, den zu jedem schmutzigen Geschäft bereiten Herzog von Orléans für die neue Brüderlichkeit schwärmen sieht? Wenn die Nationalversammlung als ihren Liebling Mirabeau erwählt, diesen Schüler Aretins sowohl im Sinne der Bestechlichkeit als in jenem der Zotenschreiberei, diesen Abschaum des Adels, der wegen Entführung und anderer dunkler Geschichten in allen Gefängnissen Frankreichs gesessen hat und dann als Spion sein Leben gefristet? Kann eine Sache göttlich sein, die solchen Menschen Altäre aufstellt? Soll sie den trüben Unrat von Fischweibern und Straßendirnen, die als kannibalische Zeichen ihres Sieges abgehackte Köpfe auf blutigen Piken tragen, wahrhaftig als die Vorhut einer neuen Humanität betrachten? Weil sie zunächst nur Gewalt sieht, glaubt Marie Antoinette nicht an die Freiheit, weil sie nur auf den Menschen blickt, ahnt sie nicht die Idee, die unsichtbar hinter dieser wilden und weltaufwühlenden Bewegung steht; sie hat nichts gemerkt und nichts verstanden von den großen humanen Errungenschaften einer Bewegung, welche uns die großartigsten Grundsätze menschlicher Beziehungen überliefert hat: die Glaubensfreiheit, Meinungsfreiheit, Pressefreiheit, Gewerbefreiheit, Versammlungsfreiheit, welche die Gleichheit der Klassen, Rassen und Konfessionen als erste in die Gesetzestafel der Neuzeit eingegraben und die schmachvollen Reste des Mittelalters, Folter, Fron und Sklaverei, aufgehoben hat, niemals hat sie nur das geringste von diesen geistigen Zielen hinter dem brutalen Tumult der Straße verstanden oder zu verstehen gesucht. Nur das Chaos sieht sie in diesem unübersichtlichen Getümmel und nicht den Umriß einer neuen Ordnung, die sich aus diesen gräßlichen Kämpfen und Krämpfen gebären will; vom ersten Tage bis zum letzten hat sie darum Führer und Geführte mit aller Entschlossenheit ihres trotzigen Herzens gehaßt. Und so kam, was kommen mußte. Da Marie Antoinette ungerecht war gegen die Revolution, wurde die Revolution hart und ungerecht gegen sie.

Die Revolution ist der Feind – dies der Standpunkt der Königin. Die Königin ist das Hindernis – dies die Grundüberzeugung der Revolution. Mit ihrem untrüglichen Instinkt spürt die Masse des Volkes in der Königin die einzige elementare Widersacherin, von Anfang an wendet sich die volle Wut des Kampfes gegen ihre Person. Ludwig XVI. zählt nicht im Guten, nicht im Bösen, das weiß schon der letzte Bauer im Dorf, das jüngste Kind auf der Straße. Diesen ängstlichen, scheuen Mann kann man mit ein paar Flintenschüssen so schrecken, daß er zu jeder Forderung ja und amen sagt; man kann ihm die rote Mütze aufsetzen, und er wird sie tragen, und würde man ihm energisch befehlen, er solle rufen: »Nieder mit dem König! Nieder mit dem Tyrannen!« – obwohl König, würde er hampelmännisch Folge leisten. Ein einziger Wille verteidigt in Frankreich den Thron und seine Rechte, und dieser »einzige Mann, den der König hat«, ist nach dem Worte Mirabeaus »seine Frau«. Wer für die Revolution ist, muß also gegen die Königin sein; von Anfang an wird sie der Kugelfang, und um sie als Zielscheibe recht unverkennbar zu machen und reinliche Scheidung zu vollziehen, beginnen alle revolutionären Schriften, Ludwig XVI. als den wahren Vater des Volkes, als guten, tugendhaften, edlen, leider aber nur zu schwachen und »verführten« Mann hinzustellen. Wenn es nach diesem Menschenfreunde ginge, bestünde herrlichster Friede zwischen König und Nation. Aber diese Fremde, diese Österreicherin, hörig ihrem Bruder, verstrickt in den Kreis ihrer Liebhaber und Liebhaberinnen, herrschwütig und tyrannisch, sie allein will dieses Einvernehmen nicht, immer neue Komplotte ersinnt sie, um das freie Paris mit herbeigerufenen ausländischen Kriegstruppen in Trümmer zu legen. Mit infernalistischer List umgarnt sie Offiziere, sie sollten Kanonen auf das wehrlose Volk richten, voll Blutgier spornt sie die Soldaten durch Wein und Geschenke zu einer Bartholomäusnacht an; wahrhaftig, es wäre Zeit, dem armen unglücklichen König die Augen über sie zu öffnen! Im Grunde haben beide Parteien dieselbe Denkrichtung: für Marie Antoinette ist das Volk gut, aber von den »factieux« verführt. Für das Volk ist der König gut und nur von seiner Frau verhetzt und verblendet. So geht der Kampf eigentlich nur zwischen den Revolutionären und der Königin. Aber je mehr Haß sich gegen sie wendet, je ungerechter, verleumderischer die Beschimpfungen werden, um so mehr strafft sich in Marie Antoinette der Trotz. Wer eine große Bewegung entschlossen führt oder entschlossen bekämpft, wächst am Widerstand über sein eigenes Maß; seit eine ganze Welt sie befeindet, wird Marie Antoinettes kindischer Hochmut zu Stolz, und ihre zerstreute Kraft schließt sich zu wirklichem Charakter zusammen.

Die späte Kraft Marie Antoinettes aber kann sich nur in der Verteidigung bewähren; mit einem Bleigewicht am Fuße kann man dem Gegner nicht entgegentreten. Und dieses Bleigewicht ist der arme, zaghafte König. Auf die rechte Backe getroffen durch die Eroberung seiner Bastille, hält er am nächsten Morgen noch demütig-christlich die linke hin; statt zu zürnen, statt zu tadeln und zu züchtigen, verspricht er in der Nationalversammlung, seine Truppen, die vielleicht noch bereit gewesen wären, für ihn zu kämpfen, aus Paris zurückzuziehen, und verleugnet damit die Verteidiger, die für ihn gefallen sind. Dadurch, daß er kein hartes Wort gegen die Mörder des Gouverneurs der Bastille wagt, erkennt er den Terror als berechtigte Macht in Frankreich an, er legalisiert mit seinem Zurückweichen den Aufstand. Als Dank für eine solche Erniedrigung findet Paris sich gern bereit, diesen gefälligen Herrscher zu bekränzen und ihm – aber nur auf kurze Frist – den Titel »Restaurateur de la liberté française« zu verleihen. An den Stadttoren empfängt ihn der Bürgermeister mit den zweideutigen Worten, die Nation habe sich ihren König zurückerobert; gehorsam nimmt Ludwig XVI. die Kokarde, die das Volk zum Sturmabzeichen gegen seine Autorität gewählt, und merkt nicht, daß in Wahrheit die Menge gar nicht ihn bejubelt, sondern die eigene Kraft, die ihren Herrscher so unterwürfig gemacht hat. Am 14. Juli hat Ludwig XVI. die Bastille verloren, am 17. wirft er ihr noch seine Würde nach und verbeugt sich vor seinem Gegner so tief, daß die Krone von seinem Haupte rollt.

Da der König sein Opfer gebracht hat, kann Marie Antoinette das ihre nicht weigern. Auch sie muß einen Beweis guten Willens erbringen, indem sie sich öffentlich lossagt von jenen, welche der neue Herr, die Nation, am berechtigtsten haßt, von ihren Spielfreunden, den Polignacs und dem Grafen von Artois: für immer sollen sie als Geächtete Frankreich meiden. An und für sich fiele der Königin der Abschied kaum schwer, wäre er nicht ein erzwungener, denn innerlich hat sie sich längst von diesem lockeren Schwarm zurückgezogen. Nur jetzt, in der Abschiedsstunde, regt sich noch einmal die längst erkaltete Freundschaft zu diesen Gefährten ihrer schönsten, sorglosesten Jahre. Sie waren töricht gewesen mit ihren Torheiten, die Polignac hat all ihre Geheimnisse geteilt, sie hat ihre Kinder aufgezogen und werden und wachsen sehen. Nun soll sie fort: wie nicht erkennen, daß dieser Abschied gleichzeitig einer von der eigenen unbekümmerten Jugend ist? Denn jetzt wird es für immer vorbei sein mit sorglosen Stunden; zerklirrt von den Fäusten der Revolution ist die porzellanhelle und alabasterglatte Welt des Dix-huitième, vorbei für immer die Lust an den feinen und zarten Genüssen. Eine vielleicht große, aber grobe, eine mächtige, aber mörderische Zeit rückt heran. Die silberne Spieluhr des Rokoko hat ihre Melodie ausgeklungen, vorbei sind die Tage von Trianon. Mit Tränen kämpfend, kann Marie Antoinette sich nicht entschließen, ihre einstigen Freunde auf diesem letzten Gang zu begleiten: sie bleibt in ihrem Zimmer, so sehr fürchtet sie sich vor der eigenen Ergriffenheit. Aber abends dann, als unten im Hofe schon die Wagen für den Grafen von Artois und seine Kinder, für den Herzog von Condé, den Herzog von Bourbon, für die Polignac, die Minister und den Abbé von Vermond warten, für alle jene Menschen, die ihre Jugend umringten, da reißt sie noch rasch ein Briefblatt vom Tisch und schreibt an die Polignac die erschütternden Worte: »Adieu, teuerste Freundin! Das Wort ist furchtbar, aber es muß sein. Hier der Befehl für die Pferde. Ich habe nur noch die Kraft, Sie zu umarmen.«

Dieser sonore Unterton schwingt von nun ab in jedem Briefe der Königin mit: eine vorausahnende Melancholie beginnt alle ihre Worte zu umfloren: »Ich kann Ihnen nicht mein ganzes Bedauern ausdrücken«, schreibt sie in den nächsten Tagen an Frau von Polignac, »von Ihnen getrennt zu sein, und hoffe nur, daß Sie im gleichen Sinne fühlen. Meine Gesundheit ist ziemlich gut, obwohl ein wenig geschwächt durch die fortgesetzten Erschütterungen, denen sie ausgesetzt ist. Wir sind nur von Not und Unglück und von Unglücklichen umringt – diejenigen nicht mitzuzählen, die fort sind. Alle Welt flieht, und ich bin noch glücklich, zu denken, daß diejenigen, die mir nahestanden, jetzt von mir entfernt sind.« Doch als wollte sie sich selbst von der bewährten Freundin nicht bei einer Schwäche ertappen lassen, als wüßte sie, daß nur eines noch ihr geblieben ist von der einstigen Macht als Königin: die königliche Haltung, fügt sie rasch bei: »Aber rechnen Sie darauf, daß diese Widerwärtigkeiten weder meine Kraft noch meinen Mut erschüttern werden; davon werde ich nichts preisgeben, im Gegenteil, diese Widerwärtigkeiten werden mich nur mehr Vorsicht lehren. Gerade in Augenblicken wie diesen lernt man die Menschen kennen und lernt unterscheiden, welche einem wahrhaft zugetan sind und welche nicht.«

Nun wird es still um die Königin, die gern und allzugern im Lärm gelebt. Die große Flucht hat begonnen. Wo sind die Freunde von einst? Alle verschwunden wie der Schnee vom vergangenen Jahr. Die sonst wie gierige Kinder um den Tisch der Gaben lärmten, Lauzun, Esterhazy, Vaudreuil, wo sind sie, die Partner vom Kartentisch, die Tänzer und Kavaliere? Zu Pferd und zu Wagen – »sauve qui peut« – haben sie verkleidet Versailles verlassen, aber diesmal nicht maskiert für einen Ball, sondern vermummt, um nicht vom Volke gelyncht zu werden. Jeden Abend rollt ein anderer Wagen durch die vergoldeten Gittertore, um nicht wiederzukehren, immer stiller wird es in den allzu weit gewordenen Sälen; kein Theater, keine Bälle mehr, keine Aufzüge und Empfänge, nur die Messe noch am Morgen, und dann in dem kleinen Kabinett die langen vergeblichen Besprechungen mit den Ministern, die selbst nicht zu raten wissen. Versailles ist zum Eskorial geworden: wer klug ist, zieht sich zurück.

Gerade aber jetzt, da alle die Königin verlassen, die vor der Welt als ihre nächsten Freunde gegolten, tritt derjenige aus dem Dunkel, der es wahrhaft gewesen: Hans Axel von Fersen. Solange es Glanz brachte, als Günstling Marie Antoinettes zu gelten, hat dieser vorbildlich Liebende, um die Ehre der geliebten Frau zu schonen, sich scheu verborgengehalten und damit das tiefste Geheimnis ihres Lebens vor Neugier und Schwatz bewahrt. Jetzt aber, da Freund der Verfemten zu sein nicht Vorteil, nicht Ehre, nicht Achtung, nicht Neid einbringt, sondern Mut fordert und restlosen Opferwillen, jetzt tritt frei und entschlossen dieser einzig Liebende und einzig Geliebte an Marie Antoinettes Seite und damit in die Geschichte.

Der Freund erscheint

Der Name und die Gestalt Hans Axel von Fersen waren lange von Geheimnis umhüllt gewesen. Er ist nicht erwähnt in jener öffentlich gedruckten Liebhaberliste, nicht in den Briefen der Gesandten, in den Berichten der Zeitgenossen, Fersen gehört nicht zu den bekannten Gästen des Salons der Polignac; überall, wo Helligkeit und Lichtschein ist, fehlt seine hohe, ernste Gestalt. Dank dieser klugen und berechneten Zurückhaltung entgeht er dem böswilligen Gerede des Hofklüngels, aber auch die Geschichte übersieht ihn lange, und vielleicht wäre das tiefste Lebensgeheimnis der Königin Marie Antoinette für immer im Dunkel geblieben; da verbreitet sich im zweiten Teil des vorigen Jahrhunderts mit einem Mal ein romantisches Gerücht. Auf einem schwedischen Schlosse, unnahbar und versiegelt, lägen ganze Stöße intimer Briefe Marie Antoinettes aufbewahrt. Niemand schenkt zuerst diesem unwahrscheinlichen Gerede Glauben, bis dann plötzlich eine Ausgabe jener Geheimkorrespondenz erscheint, die – trotz grausamster Kastrierung aller intimer Einzelheiten – mit einem Schlag diesen unbekannten nordischen Adeligen an die erste, die bevorzugte Stelle unter allen Freunden Marie Antoinettes rückt. Diese Veröffentlichung verschiebt von Grund auf das ganze Charakterbild der bisher als leichtfertig geltenden Frau; ein Seelendrama wird offenbar, großartig und gefahrvoll, ein Idyll halb im Schatten des Königshofs, halb schon in dem der Guillotine, einer jener erschütternden Romane, wie sie derart unwahrscheinlich nur die Geschichte selbst zu erdichten wagt: zwei Menschen in brennender Liebe einander ergeben, durch Pflicht und Vorsicht gezwungen, ihr Geheimnis aufs ängstlichste zu verbergen, immer wieder auseinandergerissen und immer wieder zueinanderstrebend aus ihren gestirnweiten Welten, die eine Königin von Frankreich, der andere ein kleiner fremder Junker aus Nordland. Und hinter diesem Zweimenschenschicksal eine stürzende Welt, apokalyptische Zeit – ein flammendes Blatt Geschichte, und um so erregender, weil man sich aus halbverwischten und verstümmelten Chiffren und Zeichen nur allmählich die ganze Wahrheit der Geschehnisse enträtseln kann.

Dieses große historische Liebesdrama beginnt gar nicht pompös, sondern ganz und gar im Rokokostil der Zeit; sein Vorspiel wirkt wie abgeschrieben aus dem Faublas. Ein junger Schwede, Sohn eines Senators, Erbe hochadeligen Namens, wird fünfzehnjährig in Begleitung eines Hauslehrers für drei Jahre auf Reisen geschickt – um weltmännisch zu werden. Hans Axel studiert in Deutschland die hohe Schule und das Kriegshandwerk, in Italien Medizin und Musik, in Genf macht er den damals unerläßlichen Besuch bei der Pythia aller Weisheit, bei Herrn Voltaire, der ihn, den vertrockneten federleichten Leib in gestickten Schlafrock gewickelt, gütig empfängt. Damit hat Fersen das geistige Bakkulaureat erobert. Jetzt fehlt dem Achtzehnjährigen nur noch der letzte Schliff: Paris, der feine Konversationston, die Kunst der guten Manieren, dann ist der typische Bildungsgang eines jungen Adeligen aus dem Dix-huitième vollendet. Nun kann der perfekte Kavalier Gesandter werden, Minister oder General, die obere Welt steht ihm offen.

Zu Adel, persönlichem Anstand, einer gemessenen sachlichen Klugheit, zu einem großen Vermögen und dem Nimbus des Ausländers bringt der junge Axel von Fersen noch einen besonderen Kreditbrief mit: er ist ein bildschöner Mann. Aufrecht, breitschultrig, stark gemuskelt, wirkt er, wie meist die Skandinavier, männlich, ohne darum gleich plump-massiv zu sein; mit uneingeschränkter Sympathie betrachtet man auf den Bildern sein offenes, regelmäßiges Gesicht mit den klaren, festen Augen, über die sich, rund wie Türkensäbel, zwei auffallend schwarze Augenbrauen wölben. Eine freie Stirn, ein warmer, sinnlicher Mund, der, wie wunderbar bewiesen, tadellos zu schweigen versteht: man kann nach den Bildern begreifen, daß eine wirkliche Frau solch einen Mann liebt, und mehr noch, daß sie sich menschlich auf ihn verläßt. Als Causeur, als »homme d'esprit«, als besonders amüsanten Gesellschafter rühmen allerdings Fersen die wenigsten, aber mit seiner etwas hausbackenen Intelligenz verbindet sich menschliche Offenheit und ein natürlicher Takt; schon 1774 kann der Botschafter an König Gustav stolz berichten: »Von allen Schweden, die zu meiner Zeit sich hier aufgehalten haben, war er es, der in der großen Welt am besten aufgenommen wurde.«

Dabei ist dieser junge Kavalier kein Griesgram und Kostverächter, die Damen rühmen ihm ein »cœur de feu« unter einer Hülle von Eis nach, er vergißt in Frankreich nicht, sich zu amüsieren, und besucht in Paris fleißig alle Bälle des Hofes und der großen Gesellschaft. Da begegnet ihm nun ein erstaunliches Abenteuer. Eines Abends, am 20. Januar 1774, auf dem Opernball, dem Treffpunkt der eleganten und auch der zweifelhaften Welt, steuert eine auffallend vornehm gekleidete schlanke junge Frau mit schmaler Taille und ungemein beschwingtem Gang auf ihn zu und beginnt, von der Samtmaske geschützt, ein galantes Gespräch. Fersen, geschmeichelt von der Auszeichnung, geht vergnügt auf den munteren Ton ein, findet seine aggressive Partnerin pikant und amüsant, vielleicht macht er sich bereits allerhand Hoffnungen für die Nacht. Da fällt ihm aber auf, daß allmählich einige andere Herren und Damen sich, neugierig wispernd, im Kreis um sie beide scharen, er sieht sich selber und jene maskierte Dame Mittelpunkt einer immer lebhafteren Aufmerksamkeit werden. Endlich, die Situation ist bereits peinlich geworden, nimmt die galante Intrigantin die Maske ab: es ist Marie Antoinette – unerhörter Fall in den Annalen des Hofes –, die Thronfolgerin Frankreichs, die wieder einmal, dem tristen Ehebett ihres schläfrigen Gemahls entwichen, auf die Opernredoute gefahren war und sich einen fremden Kavalier zum Plaudern geholt hat. Die Hofdamen verhüten allzu großes Aufsehen. Sofort umringen sie die extravagante Ausreißerin und führen sie in ihre Loge zurück. Aber was bleibt in diesem geschwätzigen Versailles Geheimnis? Jeder raunt und staunt über die etikettewidrige Gunst der Dauphine, morgen schon wird wahrscheinlich verärgert der Botschafter Mercy bei Maria Theresia Klage führen, und von Schönbrunn wird mit Eilkurieren einer jener bitteren Briefe an den »tête à vent«, den Windkopf Tochter, geschickt werden, sie solle doch endlich diese unpassenden »dissipations« lassen und sich nicht mit Krethi und Plethi auf diesen verdammten Redouten ins Gerede bringen. Aber Marie Antoinette hat ihren Willen durchgesetzt, der junge Mann hat ihr gefallen, sie hat es ihm gezeigt. Seit jenem Abend wird der dem

Rang und der Stellung nach gar nicht sonderlich hervorragende junge Kavalier mit besonderer Freundlichkeit bei den Bällen von Versailles empfangen. Hat sich schon damals, nach so vielverheißendem Anfang, eine gewisse Neigung zwischen beiden entwickelt? Man weiß es nicht. Jedenfalls unterbricht bald ein großes Ereignis diesen – zweifellos unschuldigen – Flirt, denn die kleine Prinzessin wird über Nacht durch den Tod Ludwigs XV. Königin von Frankreich. Zwei Tage später – hat man ihm einen Wink gegeben? – reist Hans Axel von Fersen nach Schweden zurück.

Der erste Akt ist zu Ende. Er war nicht mehr als eine galante Einleitung, ein Vorspiel des eigentlichen Spieles. Zwei Achtzehnjährige sind einander begegnet und haben aneinander Gefallen gefunden, voilà tout – ins Gegenwärtige übersetzt: eine Tanzstundenfreundschaft, eine Gymnasiastenliebelei. Noch ist nichts Wesentliches geschehen, noch die Tiefe des Gefühls nicht berührt.

Zweiter Akt: nach vier Jahren, 1778, reist Fersen neuerdings nach Frankreich: der Vater hat den Zweiundzwanzigjährigen ausgeschickt, sich eine reiche Gattin zu ködern, entweder ein Fräulein von Reyel in London oder Fräulein Necker, die Tochter des Genfer Bankiers, als Madame de Staël später weltberühmt. Aber Axel von Fersen zeigt keine sonderliche Neigung zum Ehestand, und bald begreift man, weshalb. Kaum angekommen, stellt sich der junge Edelmann im Galakleid bei Hofe vor. Kennt man ihn noch? Wird sich noch jemand seiner erinnern? Mürrisch nickt der König, gleichgültig blicken die andern auf den unbedeutenden Ausländer, niemand wendet an ihn ein höfliches Wort. Nur die Königin, kaum daß sie seiner ansichtig wird, ruft ungestüm: »Ah, c'est une vieille connaissance«, »Ah, wir kennen einander doch schon lange.« Nein, sie hat ihn nicht vergessen, ihren schönen nordischen Kavalier, sofort flammt – es war doch kein Strohfeuer! – ihr Interesse wieder auf. Sie lädt Fersen zu ihren Gesellschaften, sie überhäuft ihn mit Liebenswürdigkeiten; genau wie zu Beginn ihrer Bekanntschaft auf dem Opernball ist es Marie Antoinette, die den ersten Schritt tut. Bald kann Fersen seinem Vater berichten: »Die Königin, die liebenswürdigste Fürstin, die ich kenne, hatte die Güte, sich nach mir zu erkundigen. Sie hat Creutz gefragt, warum ich nicht zu ihrer sonntäglichen Spielpartie käme, und als sie hörte, daß ich an einem Tage abgesagten Empfangs gekommen war, hat sie sich gewissermaßen bei mir entschuldigt.« – »Furchtbare Gunst dem Knaben«, ist man versucht, mit Goethe zu sprechen, wenn diese Hochmütige, die selbst Herzoginnen den Gruß nicht erwidert, die sieben Jahre einem Kardinal von Rohan und vier Jahre einer Dubarry kein Kopfnicken gewährt, sich bei einem kleinen zugereisten Edelmann entschuldigt, weil er sich einmal vergebens nach Versailles bemüht hat. »Jedesmal, wenn ich meine Aufwartung bei ihrer Spielgesellschaft mache, spricht sie mich an«, meldet wenige Tage später der junge Kavalier seinem Vater. Gegen alle Etikette bittet die »liebenswürdigste Fürstin« den jungen Schweden, er möge doch einmal in seiner heimatlichen Uniform nach Versailles kommen, sie wolle unbedingt – Laune einer Verliebten! – sehen, wie diese fremde Tracht ihn kleide. Selbstverständlich erfüllt der »beau Axel« diesen Wunsch. Das alte Spiel hat wieder neu begonnen.

Nur: diesmal ist es ein schon gefährliches Spiel für eine Königin, die der Hof mit tausend Argusaugen überwacht. Marie Antoinette müßte jetzt vorsichtiger sein, denn sie ist nicht mehr die kleine achtzehnjährige Prinzessin von einst, entschuldigt durch Kindlichkeit und Jugend, sondern Königin von Frankreich. Aber ihr Blut ist wach geworden. Endlich, nach sieben entsetzlichen Jahren, ist dem ungeschickten Ehemann Ludwig XVI. die eheliche Leistung gelungen, er hat die Königin wirklich zur Gattin gemacht. Aber doch, was muß diese feinfühlige Frau empfinden, wenn sie, aufgeblüht zu voller und fast üppiger Schönheit, diesen Dickbauch mit ihrem jungen strahlenden Liebling vergleicht! Ohne daß es ihr selbst bewußt wird, beginnt die zum erstenmal leidenschaftlich Verliebte durch gehäufte Artigkeiten und mehr noch durch eine gewisse errötende Verwirrung ihr Gefühl für Fersen vor allen Neugierigen zu verraten. Wieder, wie so oft, wird Marie Antoinette ihre menschlich sympathischste Eigenschaft gefährlich: daß sie in Neigung oder Abneigung sich nicht verstellen kann. Eine Hofdame behauptet, deutlich bemerkt zu haben, daß, als einmal Fersen unvermutet eintrat, die Königin in süßem Erschrecken zu zittern begonnen habe; ein andermal, als sie, am Klavier sitzend, die Arie der Dido singt, geschieht es ihr, daß sie vor dem ganzen Hof bei den Worten »Ah, que je fus bien inspirée, quand je vous reçus dans ma cour« die sonst so kühlen blauen Augen schwärmerisch-zärtlich auf den heimlich (und nun nicht mehr heimlich) Erwählten ihres Herzens richtet; schon regt sich das Geschwätz. Bald verfolgt die ganze Hofgesellschaft, für die königliche Intimitäten das wichtigste Weltereignis sind, mit leidenschaftlicher Lüsternheit die Lage: wird sie ihn zum Liebhaber nehmen, und wie und wann? Denn schon hat sich ihr Gefühl zu offenkundig eingelassen, als daß nicht jeder merkte, was einzig sie selber nicht bewußt weiß, nämlich daß Fersen jede Gunst, auch die letzte, der jungen Königin gewinnen könnte, wenn er den Mut oder Leichtsinn hätte, nach seiner Beute zu greifen.

Aber Fersen ist Schwede, ein ganzer Mann und Charakter: bei Nordländern kann eine starke romantische Anlage ungehindert Hand in Hand gehen mit einem ruhigen und beinahe nüchternen Verstand. Er übersieht sofort das

Unhaltbare der Situation. Die Königin hat für ihn ein Faible, niemand weiß dies besser als er, aber so sehr er seinerseits diese junge reizende Frau liebt und verehrt, es widerstrebt seiner Rechtschaffenheit, eine solche sinnliche Schwäche frivol zu mißbrauchen und die Königin unnütz ins Gerede zu bringen. Offene Liebschaft würde einen beispiellosen Skandal hervorrufen: schon durch ihre platonischen Gunstbezeigungen hat sich Marie Antoinette genug kompromittiert. Anderseits, eine Josephsrolle zu spielen, die Gunstbezeigungen einer jungen, schönen, geliebten Frau keusch und kühl abzulehnen, dazu fühlt sich Fersen doch wieder zu heiß und jung. So tut dieser prachtvolle Mann das Nobelste, was ein Mann in einer solchen heiklen Lage tun kann – er stellt tausend Meilen zwischen sich und die gefährdete Frau, er meldet sich rasch zur Armee nach Amerika als Adjutant Lafayettes. Er zerschneidet den Faden, ehe er sich unlösbar und tragisch verwickelt.

Über diesen Abschied der Liebenden besitzen wir ein unanzweifelbares Dokument, jenes offizielle Schreiben des schwedischen Gesandten an König Gustav, das die leidenschaftliche Neigung der Königin zu Fersen historisch bezeugt. Der Botschafter schreibt: »Ich muß Eurer Majestät mitteilen, daß der junge Fersen von der Königin so wohl gesehen war, daß dies bei einigen Personen Verdacht erregte. Ich muß gestehen, ich glaube selbst, daß sie eine Neigung für ihn hat; ich habe zu deutliche Anzeichen davon wahrgenommen, als daß ich zweifeln könnte. Der junge Graf Fersen hat bei dieser Gelegenheit musterhafte Haltung bewiesen durch seine Bescheidenheit, seine Zurückhaltung und vor allem dadurch, daß er sich entschlossen hat, nach Amerika zu gehen. Dadurch, daß er abgereist ist, hat er alle Gefahren ausgeschaltet; einer solchen Versuchung aber zu widerstehen bedingte zweifellos Entschlossenheit über sein Alter. Während der letzten Tage konnte die Königin nicht die Augen von ihm wenden, und wenn sie ihn anblickte, waren sie mit Tränen gefüllt. Ich bitte Eure Majestät, dies Geheimnis für sich und den Senator Fersen allein zu behalten. Als die Günstlinge am Hof von der Abfahrt des Grafen hörten, waren sie alle entzückt, und die Herzogin von Fitz-James sagte ihm: ›Wie, mein Herr, Sie lassen Ihre Eroberung im Stich?‹ – ›Hätte ich eine gemacht, so würde ich sie nicht im Stich lassen. Ich reise frei ab und ohne Bedauern.‹ Majestät werden zugeben, daß diese Antwort von einer Klugheit und Zurückhaltung über seine Jahre war. Übrigens zeigt jetzt die Königin viel mehr Beherrschung und Klugheit als früher.«

Dieses Dokument schwenken die Verteidiger der »Tugend« Marie Antoinettes seitdem unentwegt als Fahne ihrer blütenweißen Unschuld. Fersen hat sich im letzten Augenblick einer ehebrecherischen Neigung entzogen, in bewundernswertem Verzicht haben die beiden Liebenden einander entsagt, die große Leidenschaft ist »rein« geblieben, so argumentieren sie. Aber dieser Beweis beweist gar nichts Endgültiges, sondern nur das vorläufige Faktum, daß es damals, 1779, zwischen Marie Antoinette und Fersen noch nicht zu letzten Vertraulichkeiten kam. Erst die nächsten Jahre werden die entscheidend gefährlichen dieser Leidenschaft. Wir sind erst am Ende des zweiten Aktes und noch weit von ihrer tiefsten Verstrickung.

Dritter Akt: abermalige Wiederkehr Fersens. Geradeaus von Brest, wo er nach vierjährigem, freiwilligem Exil im Juni 1783 mit dem amerikanischen Hilfskorps landet, eilt er nach Versailles. Brieflich war er mit der Königin von Amerika aus in Verbindung geblieben, doch Liebe will lebendige Gegenwart. Nur jetzt sich nicht mehr wieder trennen müssen, endlich sich nah verwurzeln, keine Ferne mehr zwischen Blick und Blick! Offenbar auf Wunsch der

Königin bewirbt sich Fersen sofort um ein französisches Regimentskommando; weshalb: dies Rätsel kann der alte sparsame Vater Senator in Schweden sich nicht lösen. Warum will Hans Axel durchaus in Frankreich bleiben? Als erprobtem Soldaten, als Erben altadeligen Namens, als dem Liebling des romantischen Königs Gustav steht ihm doch daheim jede beliebige Stellung zur Wahl. Warum durchaus in Frankreich, fragt immer wieder ärgerlich der enttäuschte Senator. Um eine reiche Erbin zu heiraten, das Fräulein Necker mit ihren Schweizer Millionen, schwindelt eilig der Sohn dem ungläubigen Vater vor. Aber daß er in Wahrheit an alles, nur nicht an eine Heirat denkt, verrät sein gleichzeitiger intimer Brief an die Schwester, in den er ganz blank den Schlüssel seines Herzens legt. »Ich habe den Entschluß gefaßt, niemals ein eheliches Bündnis einzugehen, es wäre unnatürlich ... Der einzigen, der ich angehören möchte und die mich liebt, kann ich nicht angehören. So will ich niemandem gehören.«

Ist das deutlich genug? Muß man noch fragen, wer diese »einzige« war, die ihn liebt und der er ehelich nie angehören kann – sie, »elle«, wie er kurz die Königin in seinen Tagebüchern nennt? Entscheidende Dinge müssen geschehen sein, daß er sich selbst, daß er der Schwester die Zuneigung Marie Antoinettes so sicher, so offen zu bekennen wagt. Und wenn er dem Vater von »tausend persönlichen Gründen, die er dem Papier nicht anvertrauen könne« schreibt, die ihn in Frankreich zurückhielten, so steht hinter den tausend Gründen nur dieser einzige, den er nicht mitteilen will, nämlich der Wunsch oder Befehl Marie Antoinettes, den erwählten Freund dauernd nahe zu haben. Denn kaum daß Fersen jetzt um sein Regimentskommando einkommt, wer hat schon wieder »die Gnade, sich in die Angelegenheit einzumengen«? – Marie Antoinette, die sich sonst nie mit militärischen

Ernennungen befaßte. Und wer meldet – entgegen allem Brauch – die bald durchgesetzte Verleihung der Charge dem König von Schweden? Nicht der oberste Kriegsherr, die einzig zuständige Stelle, sondern in einem handschriftlichen Brief seine Frau, die Königin.

In diese oder die folgenden Jahre ist mit äußerster Wahrscheinlichkeit der Beginn jener innigen oder vielmehr innigsten Beziehung zwischen Marie Antoinette und Fersen anzusetzen. Zwei Jahre freilich muß Fersen noch ›sehr widerwillig‹ – König Gustav auf seinen Reisen als Adjutant begleiten, dann aber, 1785, bleibt er endgültig in Frankreich. Und diese Jahre haben Marie Antoinette entscheidend verwandelt. Die Halsbandaffäre hat die allzu Weltgläubige vereinsamt und ihr den Sinn für das Wesenhafte aufgetan. Sie hat sich zurückgezogen aus dem wirbeligen Kreis der Geistreich-Unverläßlichen, der Amüsant-Verräterischen, der Galant-Verspielten, statt der vielen Wertlosen sieht ihr bisher enttäuschtes Herz jetzt einen wirklichen Freund. Unter dem allgemeinen Haß ist ihr Bedürfnis nach Zärtlichkeit, nach Verläßlichkeit, nach Liebe unermeßlich gewachsen; nun ist sie reif, sich nicht länger eitel und töricht an den Spiegelschein allgemeiner Bewunderung zu verschwenden, sondern sich einem Menschen mit aufgeschlossener und entschlossener Seele hinzugeben. Und Fersen wieder, herrlich ritterliche Natur, liebt diese Frau eigentlich erst ganz mit der Fülle seines Gefühls, seit er sie verleumdet, verunglimpft, verfolgt und bedroht weiß; er, der zurückscheute vor ihrer Gunst, solange sie von der Welt vergöttert, von tausend Schmeichlern umringt war, wagt erst, sie zu lieben, seit sie hilfsbedürftig und einsam geworden ist. »Sie ist sehr unglücklich«, schreibt er seiner Schwester, »und ihr Mut, der über alles bewundernswert ist, macht sie noch anziehender. Meine einzige Kränkung ist, sie nicht ganz für alle ihre Leiden zu entschädigen und sie nicht so glücklich machen zu können, wie sie es verdiente.« Je unglücklicher sie wird, je verlassener, verstörter, um so mächtiger wächst sein männlicher Wille, durch Liebe ihr alles zu entgelten, »elle pleure souvent avec moi, jugez, si je dois l'aimer«. Und je näher die Katastrophe rückt, um so stürmischer, tragischer drängen die beiden zusammen, sie, um noch einmal für unermeßlich viel Enttäuschung ein letztes Glück bei ihm zu finden, er, um durch seine ritterliche Liebe, durch seine restlose Aufopferung ihr ein verlorenes Königtum zu ersetzen.

Nun diese einstmals oberflächliche Neigung eine seelische geworden ist, die Liebelei zur Liebe, machen beide alle denkbare Anstrengung, ihre Beziehung vor der Welt verborgen zu halten. Um jeden Verdacht zu zerstreuen, läßt Marie Antoinette dem jungen Offizier nicht etwa Paris als Garnison zuweisen, sondern das nahe der Grenze gelegene Valenciennes. Und wenn »man« (so heißt es zurückhaltend in Fersens Tagebuch) ihn in das Schloß beruft, so verbirgt er mit allen Künsten dies wirkliche Reiseziel vor allen Freunden, damit man sich aus seiner Anwesenheit in Trianon keinen billigen Reim machen könne. »Sage niemandem, daß ich Dir von hier schreibe«, ermahnt er seine Schwester aus Versailles, »denn ich datiere alle anderen Briefe aus Paris. Leb wohl, ich muß jetzt zur Königin.« Nie besucht Fersen die Gesellschaft der Polignacs, nie läßt er sich im intimen Kreise von Trianon blicken, nie tut er mit bei den Schlittenfahrten, Bällen, Spielpartien: dort sollen die Scheingünstlinge der Königin weiterhin möglichst auffällig paradieren, denn gerade mit ihren Galanterien helfen sie ahnungslos mit, das wirkliche Geheimnis vor dem Hof zu verschatten. Sie herrschen bei Tag, Fersens Reich ist die Nacht. Sie huldigen und reden, Fersen wird geliebt und schweigt. Saint-Priest, der Wohleingeweihte, der alles wußte, nur nicht, daß seine eigene Frau in Fersen vernarrt war und

Marie Antoinette
Ölgemälde von unbekanntem Meister, gemalt um 1770

Marie Antoinette
Ölgemälde von Elisabeth Vigée le Brun

Marie Antoinette mit ihren Kindern
Ölgemälde von Elisabeth Vigée le Brun

Marie Antoinette
Ölgemälde von Elisabeth Vigée le Brun

Graf Axel von Fersen
Miniatur von Peter Adolf Hall (1783)

Marie Antoinette
Zeichnung von Henri Grevedon

Ludwig XVI.
Kupferstich

Marie Antoinette in der Conciergerie
Ölgemälde von Alexander Kucharski

ihm glühende Liebesbriefe schrieb, berichtet mit jener Sicherheit, die seine Behauptungen gültiger macht als die aller andern: »Fersen begab sich drei- oder viermal jede Woche nach Trianon. Die Königin, ohne jedes Gefolge, tat das gleiche, und diese Rendezvous verursachten öffentliches Gerede ungeachtet der Bescheidenheit und Zurückhaltung des Günstlings, der äußerlich nie seine Stellung betonte und von allen Freunden der Königin der diskreteste war.« Allerdings, es sind innerhalb von fünf Jahren immer nur abgestohlene, knappe, flüchtige Stunden des Zusammenseins, die den Liebenden allein gegönnt sind, denn trotz persönlichen Muts und der Verläßlichkeit ihrer Kammerfrauen darf Marie Antoinette nicht zuviel wagen; erst 1790, kurz vor dem Abschied, kann Fersen in verliebter Seligkeit berichten, er habe endlich einen ganzen Tag »mit ihr«, »avec elle«, sein dürfen. Nur zwischen Nacht und Morgen, im Schatten des Parks, vielleicht in einem der unübersichtlich in Trianon verstreuten kleinen Dorfhäuschen des Hameau kann die Königin ihren Cherubin erwarten; die Gartenszene aus »Figaro« mit ihrer zärtlich romantischen Musik, sie spielt sich in den Bosketten von Versailles und den mäandrischen Wegen Trianons geheimnisvoll zu Ende. Aber schon dröhnt, großartig präludiert mit den harten Schlägen der Don-Juan-Musik, vor der Tür der steinerne, zermalmende Schritt des Komturs: der dritte Akt geht aus der Rokokozärtlichkeit in den großen Stil der Revolutionstragödie über. Erst der letzte, vom Schauer des Bluts und der Gewalt mächtig emporgestufte, wird das Krescendo bringen, Verzweiflung des Abschieds, Ekstase des Untergangs.

Jetzt erst, in äußerster Gefahr, da alle anderen sich verflüchtigen, tritt der vor, der sich in den Zeiten des Glücks vornehm verborgen, der wirkliche, der einzige Freund, bereit, mit ihr und für sie zu sterben; prachtvoll männlich konturiert sich jetzt Fersens bisher verschattete

Gestalt vor dem fahlen Gewitterhimmel der Zeit. Je mehr die Geliebte bedroht ist, um so mehr wächst seine Entschlossenheit; unbekümmert setzen beide sich über die konventionellen Grenzen hinweg, die zwischen einer habsburgischen Prinzessin, einer Königin von Frankreich, und einem fremden schwedischen Edeljunker, bisher gesetzt waren. Jeden Tag erscheint Fersen im Schloß, alle Briefe gehen durch seine Hand, jeder Entschluß wird mit ihm erwogen, die schwierigsten Aufgaben, die gefährlichsten Geheimnisse ihm anvertraut, er kennt als einziger alle Absichten Marie Antoinettes, alle ihre Sorgen und Hoffnungen, er allein auch die Tränen, ihre Verzagtheiten und ihre erbitterte Trauer. Gerade im Augenblick, da alles sie verläßt, da sie alles verliert, findet die Königin, was sie ein ganzes Leben lang vergeblich gesucht: den ehrlichen, den aufrechten, den männlichmutigen Freund.

War er es, war er es nicht?

(Eine Zwischenfrage)

Dies weiß man nun und weiß es unwiderleglich, daß Hans Axel von Fersen nicht, wie man endlos lange vermeinte, Nebengestalt, sondern die Hauptfigur im Seelenroman Marie Antoinettes gewesen ist; man weiß, seine Beziehung zur Königin war durchaus nicht nur galante Tändelei, romantischer Flirt, eine chevalereske Troubadourallüre, sondern eine in zwanzig Jahren gehärtete und bewährte Liebe mit allen Insignien ihrer Macht, dem feuerfarbenen Mantel der Leidenschaft, der zepterlichen Hoheit des Muts, der verschwenderischen Größe des Gefühls. Eine letzte Unsicherheit umschwebt nur noch die Form dieser Liebe. War sie – wie man im vorigen Jahrhundert literarisch zu sagen beliebte – eine »reine« Liebe, womit niederträchtigerweise immer jene gemeint war, bei der eine leidenschaftlich liebende und leidenschaftlich geliebte Frau dem liebenden und geliebten Mann die letzte Hingabe prüde verweigert? Oder war sie eine in jenem Sinn »sträfliche«, das heißt: in unserem Sinne eine ganze, freie, großzügige und kühn sich schenkende, alles schenkende Liebe? War Hans Axel von Fersen bloß der »cavaliere servente«, der romantische Anbeter Marie Antoinettes oder wirklich und körperlich ihr Geliebter – war er es, war er es nicht?

»Nein!«, »Keinesfalls!« schreien sofort – mit einer merkwürdigen Gereiztheit und verdächtigen Voreiligkeit – gewisse royalistisch-reaktionäre Biographen, die um jeden Preis die Königin, »ihre« Königin, »rein« und vor jeder »Herabwürdigung« geschützt wissen wollen. »Er liebte die Königin leidenschaftlich«, behauptet Werner von Heidenstam mit beneidenswerter Sicherheit, »ohne daß je ein fleischlicher Gedanke diese Liebe verunreinigt hätte, die der Troubadoure und Ritter der Tafelrunde würdig gewesen wäre. Marie Antoinette hat ihn geliebt, ohne einen Augenblick ihre Pflichten als Gattin, ihre Würde als Königin zu vergessen.« Für diese Art Ehrfurchtsfanatiker ist es undenkbar – das heißt: sie protestieren, daß jemand es denke –, die letzte Königin von Frankreich könne das »dépôt d'honneur« verraten haben, das alle oder fast alle Mütter unserer Könige ihr vermachten. Um Gottes willen also keine Nachforschungen, überhaupt keine Diskussion über diese »affreuse calomnie« (Goncourt), kein »acharnement sournois ou cynique« zur Aufdeckung des wahrhaften Tatbestands! Sofort geben die unbedingten Verteidiger der »Reinheit« Marie Antoinettes nervös das Klingelzeichen, wenn man sich der Frage auch nur nähert.

Muß man sich wirklich diesem Befehl fügen und mit schweigender Lippe an der Frage vorübergehen, ob Fersen Marie Antoinette zeitlebens nur »mit der Aureole auf der Stirn« gesehen oder auch mit männlich-menschlichem Blick? Geht nicht vielmehr, wer dieser Frage keusch ausweicht, an dem eigentlichen Problem vorbei? Denn man kennt einen Menschen nicht, solange man nicht sein letztes Geheimnis weiß, und am wenigsten den Charakter einer Frau, solange man nicht die Wesensform ihrer Liebe verstanden hat. In einer welthistorischen Beziehung wie dieser, wo jahrelang niedergehaltene Leidenschaft nicht etwa bloß zufällig an ein Leben streift, sondern schicksalhaft den seelischen Raum füllt und überfüllt, ist die Frage nach der Grenzform dieser Liebe nicht müßig und nicht zynisch, sondern entscheidend für das seelische Bildnis einer Frau. Um richtig zu zeichnen, muß man richtig die Augen auftun. Also: treten wir heran, überprüfen wir die Situation und die Dokumente. Untersuchen wir, vielleicht gibt die Frage doch Antwort.

Erste Frage: vorausgesetzt, man betrachtet es im Sinn der bürgerlichen Moral als Schuld, hätte Marie Antoinette sich rückhaltlos Fersen hingegeben – wer beschuldigt sie dieser restlosen Hingabe? Von den Zeitgenossen nur drei, allerdings drei Männer größten Zuschnitts, keine Hintertreppenhorcher, sondern Eingeweihte, denen man unbedingte Kenntnis der Situation zutrauen darf: Napoleon, Talleyrand und der Minister Ludwigs XVI., Saint-Priest, dieser tägliche Augenzeuge aller Geschehnisse. Alle drei behaupten ohne Rückhalt, Marie Antoinette sei die Geliebte Fersens gewesen, und sie tun es in einer Weise, die ihrerseits jeden Zweifel ausschließt. Saint-Priest, als der am meisten mit der Situation Vertraute, ist in den Einzelheiten am genauesten. Ohne Feindseligkeit gegen die Königin, vollkommen sachlich, erzählt er von den geheimen nächtlichen Besuchen Fersens in Trianon, in Saint-Cloud und in den Tuilerien, zu denen Lafayette ihm als einzigem geheimen Zugang gestattet hatte. Er berichtet über die Mitwisserschaft der Polignac, die sehr einverstanden schien, daß die Gunst der Königin gerade auf einen Ausländer gefallen war, der keinerlei Vorteile aus seiner Günstlingsstellung ziehen wollte. Drei solche Aussagen beiseite zu schieben, wie es die rabiaten Tugendverteidiger tun, Napoleon, Talleyrand Verleumder zu nennen, erfordert eigentlich mehr Mut als eine unbefangene Untersuchung. Aber zweite Frage: welche von den Zeitgenossen oder Augenzeugen erklären die Anschuldigung, Fersen sei der Geliebte Marie Antoinettes gewesen, als Verleumdung? Kein einziger. Und es fällt auf, daß gerade die Intimen mit einer merkwürdigen Einhelligkeit vermeiden, Fersens Namen überhaupt auszusprechen: Mercy, der doch jede Nadel dreimal betrachtet, die sich die Königin ins Haar steckt, erwähnt nicht ein einziges Mal seinen Namen in seinen offiziellen Depeschen; immer schreiben die Getreuen bei Hof bloß von »einer gewissen Person«, der man Briefe übergeben habe. Aber niemand spricht seinen Namen aus; ein Jahrhundert lang herrscht eine verdächtige Verschwörung des Schweigens, und die ersten offiziellen Biographien vergessen geflissentlich, ihn überhaupt zu erwähnen. Man kann sich also des Eindrucks nicht erwehren, es sei nachträglich ein »mot d'ordre« ausgegeben worden, diesen Störenfried der romantischen Tugendlegende möglichst gründlich vergessen zu lassen.

So stand die historische Forschung lange Zeit vor einer schwierigen Frage. Überall begegnete sie dringlichen Verdachtsmomenten, und überall war der entscheidende dokumentarische Beweis von beflissenen Händen weggeskamotiert. Auf Grund des vorhandenen Materials – das nicht mehr vorhandene enthielt die eigentlichen Belastungsbeweise – konnte sie ein wirkliches In-flagranti nicht feststellen. Forse che si, forse che no, vielleicht, vielleicht auch nicht, sagte, solange noch die letzten schlüssigen Beweise fehlten, die historische Wissenschaft im Falle Fersen und klappte das Aktenbündel zu mit dem Seufzer: wir haben nichts Geschriebenes, nichts Gedrucktes, also nicht den einzig in unserer Sphäre endgültigen Beweis.

Wo aber die an den Augenschein streng gebundene Forschung endet, beginnt die freie und beschwingte Kunst der Seelenschau; wo die Paläographie versagt, muß die Psychologie sich bewähren, deren logisch eroberte Wahrscheinlichkeiten oft wahrer sind als die nackte Wahrheit der Akten und Fakten. Hätten wir nichts als Dokumente der Geschichte, wie eng, wie arm, wie lükkenhaft wäre sie! Das Eindeutige, das Offenbare, ist die Domäne der Wissenschaft, das Vieldeutige, das erst zu Deutende und zu Klärende, die zugeborene Zone der Seelenkunst; wo das Material nicht ausreicht für papiernen Beweis, bleiben noch unermeßliche Möglichkeiten für den Psychologen. Das Gefühl weiß von einem Menschen immer mehr als alle Dokumente.

Aber prüfen wir zuerst noch einmal die Dokumente. Hans Axel von Fersen, obgleich romantischen Herzens, war ein Mann der Ordnung. Mit pedantischer Genauigkeit führt er Tagebuch, jeden Morgen notiert er säuberlich das Wetter, den Luftdruck und neben den atmosphärischen die politischen und persönlichen Ereignisse. Er hält ferner – höchst ordentlicher Mann – ein Postbuch, in dem er die eingegangenen und abgesandten Briefe unter ihrem Datum verzeichnet. Er macht sich außerdem Notizen für seine Aufzeichnungen, bewahrt seine Korrespondenz methodisch auf – ein idealer Mann also für Geschichtsforscher; denn als er 1810 stirbt, hinterläßt er eine tadellos geordnete Registratur seines ganzen Lebens, einen dokumentarischen Schatz ohnegleichen.

Was geschieht nun mit diesem Schatz? Nichts. Schon dies mutet sonderbar an. Sein Vorhandensein wird von den Erben sorgfältig – oder sagen wir besser: ängstlich – verschwiegen, niemand erhält Zutritt zu den Archiven, niemand erfährt von ihrem Vorhandensein. Endlich, ein halbes Jahrhundert nach Fersens Tod, gibt ein Nachfahre, ein Baron Klinkowström, die Korrespondenz und einen Teil der Tagebücher heraus. Aber merkwürdig – sie sind nicht mehr vollständig. Eine Reihe von Briefen Marie Antoinettes, die das Postbuch als Briefe »Josephinens« vermerkt, sind verschwunden, ebenso das Tagebuch Fersens aus den entscheidenden Jahren, und – am allermerkwürdigsten – in den Briefen sind wiederum ganze Zeilen durch punktierte Stellen ersetzt. Irgendeine Hand hat da gewaltsam im Nachlaß geschaltet. Und immer, wo ein vorhandenes, einstmals vollständiges Briefmaterial von Nachfahren verstümmelt oder vernichtet wird, dort werden wir den Verdacht nicht los, es sollten zum Zweck blasser Idealisierung Tatsachen verdunkelt werden. Aber hüten wir uns vor gefaßten Meinungen. Bleiben wir kühl und gerecht.

Es fehlen also Stellen in den Briefen, und sie sind durch Punkte ersetzt. Warum? Sie sind im Original unleserlich gemacht, behauptet Klinkowström. Von wem? Wahrscheinlich von Fersen selbst. »Wahrscheinlich!« Aber weshalb? Darauf antwortet Klinkowström (in einem Briefe) recht verlegen, wahrscheinlich hätten jene Zeilen politische Geheimnisse enthalten oder mißliebige Bemerkungen Marie Antoinettes über König Gustav von Schweden. Und da Fersen diese Briefe alle – alle? – dem König zeigte, habe er wahrscheinlich – wahrscheinlich! – jene Stellen daraus getilgt. Sonderbar! Die Briefe waren zum großen Teil chiffriert, so konnte Fersen doch nur Abschriften dem König vorlegen. Wozu da die Originale verstümmeln und unleserlich machen? Schon dies wirkt verdächtig. Aber wie gesagt, keine Voreingenommenheit.

Untersuchen wir! Sehen wir uns einmal die unleserlich gemachten und durch Punkte ersetzten Stellen näher an. Was fällt auf? Zunächst dies: die verdächtigen Punkte erscheinen beinahe immer nur dort, wo der Brief beginnt oder endet, bei der Anrede oder nach dem Worte »Adieu«. – »Je vais finir«, heißt es zum Beispiel, also: ich bin mit dem Geschäftlich-Politischen zu Ende, jetzt kommt... nein, nichts kommt jetzt in der verstümmelten Ausgabe als Punkte, Punkte, Punkte. Sind aber die Auslassungen in der Mitte eines Briefes, so findet man sie merkwürdigerweise immer an jenen Stellen, die mit Politik nichts zu tun haben. Abermals ein Beispiel: »Comment va votre santé? Je parie que vous ne vous soignez pas et vous avez tort... pour moi je me soutiens mieux que je ne devrais« – wird irgendein Mensch mit geraden Sinnen da ein Politikum dazwischendichten können? Oder wenn die Königin von ihren Kindern schreibt: »Cette occupation fait mon seul bonheur... et quand je suis bien triste, je prends mon petit garçon«, so würden hier von tausend Menschen neunhundertneunundneunzig als selbstverständlich in die Lücke einsetzen: »seit du von hier fort bist«, und nicht eine ironische Bemerkung über den Schwedenkönig. Die verlegenen Behauptungen Klinkowströms sind also nicht ernst zu nehmen; hier ist etwas ganz anderes unterdrückt als politische Geheimnisse: ein menschliches Geheimnis. Dieses aufzudecken, gibt es glücklicherweise ein Mittel: die Mikrofotografie kann mit Leichtigkeit solche überschmierte Briefzeilen wieder sichtbar machen. Also her mit den Originalen!

Aber – Überraschung! Die Originale sind nicht mehr

vorhanden: bis etwa 1900, also mehr als ein Jahrhundert, lagen die Briefe wohlerhalten und geordnet im Erbschlosse Fersens. Plötzlich sind sie fort und vernichtet. Denn die technische Möglichkeit, seine übertünchten Stellen aufzudecken, muß für den sittsamen Baron Klinkowström ein Angsttraum gewesen sein; so hat er kurzerhand die Briefe Marie Antoinettes an Fersen vor seinem Tode verbrannt – ein herostratischer Akt ohnegleichen, unsinnig und, wie man sehen wird, überdies sinnlos. Aber Klinkowström wollte um jeden Preis im Falle Fersen das Zwielicht statt des Lichts erhalten, die Legende statt der klaren und unwidersprechlichen Wahrheit. Nun, meinte er, könne er beruhigt sterben, denn die »Ehre« Fersens, die Ehre der Königin seien durch die Wegschaffung der Briefbeweise gerettet.

Aber dies Autodafé war nach dem alten Wort mehr als Verbrechen: es war eine Dummheit. Erstlich bildet Vernichtung von Beweisen in sich selbst schon einen Beweis für Schuldgefühl, und dann: ein unheimliches Gesetz der Kriminologie will, daß bei jedem hastigen Wegschaffen von Beweismaterial doch immer ein Beweis übrigbleibt. Und so hat Alma Sjöderhelm, die ausgezeichnete Forscherin, bei der Durchsicht der übriggebliebenen Papiere eine eigenhändige Abschrift Fersens eines jener Briefe Marie Antoinettes gefunden, den die Herausgeber seinerzeit übersehen hatten, weil er eben nur in Abschrift Fersens vorlag (und die »unbekannte Hand« wahrscheinlich das Original verbrannte). Dank dieses Fundes haben wir zum erstenmal ein intimes Billett der Königin in extenso und damit den Schlüssel oder vielmehr die erotische Stimmgabel aller anderen Briefe in unserer Hand. Jetzt können wir ahnen, was der zimperliche Herausgeber in den anderen wegpunktierte. Denn auch in diesem Briefe steht am Ende ein »Adieu«, ein Lebewohl; aber dann kommen nicht Rasuren und punktierte Stellen, sondern es heißt: »Adieu, le puis aimant et le plus aimé des hommes«, zu deutsch also: »Leb wohl, liebendster und geliebtester aller Männer.«

Wie anders wirkt dies Zeichen auf uns ein! Versteht man nun, warum die Klinkowströms, die Heidenstams und alle die anderen Eidesleister der »Reinheit«, die wahrscheinlich mehr Dokumente dieser Art in Händen gehabt haben, als die Nachwelt je erfahren wird, so auffällig nervös wurden und werden, sobald man den Fall Fersen vorurteilslos untersuchen will? Denn für den, der sich auf Herztöne versteht, kann kein Zweifel sein, daß eine Königin, die einen Mann so mutig und über alle Konventionen erhaben anspricht, ihm den letzten Beweis der Zärtlichkeit längst gegeben hat: diese eine gerettete Zeile ersetzt alle anderen vernichteten. Wäre das Vernichten in sich selbst schon Beweis – mit diesem einen geretteten Wort ist er dem Einsichtigen erbracht.

Aber weiter und mehr! Es gibt neben diesem geretteten Brief auch im Leben Fersens eine Szene, die charakterologisch entscheidend wirkt. Sie spielt sechs Jahre nach dem Tode der Königin. Fersen soll auf dem Kongreß von Rastatt die schwedische Regierung vertreten. Da erklärt Bonaparte brüsk dem Baron Edelsheim, er verhandle nicht mit Fersen, dessen royalistische Gesinnung er kenne und der überdies mit der Königin geschlafen habe. Er sagt nicht: in Beziehungen gestanden sei. Sondern er sagt herausfordernd das beinahe unflätige Wort »mit der Königin geschlafen habe«. Baron Edelsheim fällt es nicht ein, Fersen zu verteidigen; auch ihm scheint die Tatsache völlig selbstverständlich. So antwortet er nur lachend, er habe geglaubt, diese Geschichten aus dem »ancien régime« seien längst abgetan, das habe doch nichts mit Politik zu schaffen. Und dann geht er hin und erzählt Fersen die ganze Unterhaltung. Und Fersen, was tut er?

Oder vielmehr, was müßte er tun, wenn das Wort Bonapartes eine Unwahrheit gewesen wäre? Müßte er nicht die tote Königin sofort gegen die Beschuldigung (falls sie eine ungerechte wäre) verteidigen? Nicht aufschreien: Verleumdung? Nicht diesen neugebackenen kleinen korsischen General, der für seine Anschuldigung noch das grobsachlichste Wort wählt, sofort vor die Klinge fordern? Darf ein ehrenhafter, aufrechter Charakter eine Frau beschuldigen lassen, seine Geliebte gewesen zu sein, wenn sie es nicht wirklich war? Jetzt oder nie hat Fersen Gelegenheit und sogar die Pflicht, eine Behauptung, die längst heimlich umgeht, mit der blanken Klinge niederzuschlagen, ein für allemal das Gerücht zu zerstreuen.

Aber was tut Fersen? O weh, er schweigt. Er nimmt die Feder und trägt die ganze Unterhaltung Edelheims mit Bonaparte einschließlich der Anschuldigung, daß er mit der Königin »geschlafen« habe, säuberlich in sein Tagebuch ein. Mit keinem Wort entkräftet er selbst in der tiefsten Intimität mit sich selbst die Behauptung, die nach der Meinung seiner Biographen »infame und zynische« Beschuldigung. Er senkt den Kopf und sagt damit: ja. Als einige Tage später die englischen Gazetten sich über diesen Zwischenfall verbreiten und »dabei über ihn und die unglückliche Königin sprachen«, fügt er bei »ce qui me choqua«, zu deutsch »was mir ärgerlich war«. Das ist Fersens ganzer Protest oder vielmehr Nichtprotest. Abermals sagt ein Schweigen mehr als alle Worte.

Man sieht also: was ängstliche Nachfahren so krampfhaft zu verstecken suchten, nämlich, daß Fersen der Geliebte Marie Antoinettes gewesen, hat der Liebende selbst nie geleugnet. Zu Dutzenden ergeben sich aus einer Fülle von Tatsachen und Dokumenten weitere beweisende Einzelheiten: daß seine Schwester ihn beschwört, als er in

Brüssel sich mit einer anderen Geliebten öffentlich zeigt, er möge doch dafür sorgen, daß sie (»elle«) nichts davon erfahre, sie würde sich kränken (mit welchem Recht, muß man fragen, wäre sie nicht seine Geliebte gewesen); daß im Tagebuch die Stelle ausgetilgt ist, wo Fersen vermerkt, die Nacht in den Tuilerien in den Gemächern der Königin verbracht zu haben; daß vor dem Revolutionstribunal ein Kammermädchen aussagt, jemand habe öfters nachts das Zimmer der Königin heimlich verlassen. Das sind Einzelheiten, schwerwiegend allerdings nur dadurch, daß sie alle so unheimlich einhellig zusammenstimmen – dennoch wäre der Beweis unter so auseinanderliegenden Elementen nicht überzeugend, fehlte ihm die letzte, die entscheidende Bindung mit dem Charakter. Nur aus der Gesamtheit einer Individualität wird immer eine Handlungsweise erklärbar, denn jeder einzelne Willensakt eines Menschen liegt in der geschlossenen Ursächlichkeit seiner Natur. Die Frage der Wahrscheinlichkeit einer leidenschaftlich-intimen oder einer bloß respektvoll-konventionellen Beziehung zwischen Fersen und Marie Antoinette ist darum im letzten in der seelischen Gesamthaltung der Frau beschlossen, und man muß nach allen belastenden Einzelheiten vor allem fragen: welches Verhalten, das frei hingebungsvolle oder das ängstlich sich versagende, entsprach logisch und charakterologisch dem Charakter der Königin? Wer aus dieser Perspektive sieht, der zögert nicht lange. Denn allen ihren Schwächen steht bei Marie Antoinette eine große Kraft gegenüber, ihr hemmungsloser, unbedenklicher, ihr wahrhaft souveräner Mut. Aufrichtig im Tiefsten, jeder Verstellung unfähig, hat diese Frau Hunderte Male bei viel unwichtigeren Anlässen sich über alle Schranken der Konvention hinweggesetzt, gleichgültig gegen das Gerede hinter ihrem Rücken. Wenn sie wirkliche Größe auch nur in den entscheidenden Steigerungsaugenblicken ihres Schicksals erreicht, nie ist Marie Antoinette jemals kleinlich, nie ängstlich gewesen, nie hat sie eine andere Form der Ehre und Sittlichkeit, der gesellschaftlichen oder höfischen Moral über ihren eigenen Willen gestellt. Und gerade bei dem einzigen, den sie wahrhaft liebt, sollte diese tapfere Frau plötzlich die Prüde gespielt haben, die ängstliche, die ehrsame Gattin ihres Ludwigs, dem sie doch nur durch Staatsräson und niemals durch Liebe verbunden war? Sie sollte gesellschaftlichem Vorteil eine Leidenschaft geopfert haben mitten in einer apokalyptischen Zeit, da alle Bande der Zucht und Ordnung sich lösen, in der rauschhaft wilden Verzückung der Todesnähe, inmitten aller Schauer des Untergangs? Sie sollte, sie, die niemand hemmen und bändigen konnte, sich selbst zurückgezwungen haben von der natürlichsten, weiblichsten Form des Gefühls um eines Phantoms willen, einer Ehe, die immer nur Hohnbild einer wirklichen war, um eines Mannes willen, den sie nie als Mann empfunden, um einer Sitte willen, die sie mit allem Freiheitsinstinkt ihrer unbeherrschten Natur von je gehaßt? Wer dies Unglaubhafte glauben will, dem kann es nicht versagt werden. Aber nicht die verunstalten ihr Bild, die Marie Antoinette Kühnheit und Unbedenklichkeit in ihrem einzigen leidenschaftlichen Liebeserlebnis voll und frei zusprechen, sondern jene, die dieser furchtlosen Frau eine matte, eine feige, eine von Rücksicht und Vorsicht verängstigte Seele zumuten wollen, eine, die das Letzte nicht wagt und das Natürliche in sich niederzwingt. Jedem aber, der einen Charakter nur als Einheit zu begreifen vermag, ist es völlig unbezweifelbar, daß Marie Antoinette wie mit ihrer ganzen enttäuschten Seele auch mit ihrem lange mißbrauchten und enttäuschten Leib die Geliebte Hans Axel von Fersens gewesen ist.

Aber der König? Bei jedem Ehebruch bildet der betrogene Dritte die heikle, die peinliche, die lächerliche Figur, und im Interesse Ludwigs XVI. mag ein gutes Teil der nachträglichen Abdunkelungen jener Dreiecksbeziehung erfolgt sein. In Wirklichkeit war Ludwig XVI. keineswegs der lächerliche Hahnrei, denn er hat von dieser intimen Beziehung Fersens zu seiner Frau zweifellos gewußt. Saint-Priest sagt ausdrücklich: »Sie hatte Mittel und Wege gefunden, ihn dahin zu bringen, daß er ihre Beziehung mit dem Grafen zur Kenntnis nahm.«

Diese Auffassung fügt sich vollkommen in das Bild der Situation. Nichts war Marie Antoinette fremder als Heuchelei und Verstellung; ein hinterhältiger Betrug an ihrem Gatten entspricht nicht ihrer seelischen Haltung, und auch die so häufig übliche unsaubere Vermischung, diese häßliche gleichzeitige Gemeinschaft zwischen Gatten und Liebhaber, kommt bei ihrem Charakter nicht in Frage. Es ist zweifellos, daß, sobald – verhältnismäßig spät, wahrscheinlich erst zwischen dem fünfzehnten und zwanzigsten Ehejahre – endlich ihre intime Beziehung zu Fersen einsetzte, Marie Antoinette die körperliche zu ihrem Gatten gelöst hat; diese bloß charakterologische Vermutung wird überraschend ergänzt durch einen Brief ihres kaiserlichen Bruders, der in Wien irgendwie vernommen hat, daß seine Schwester nach der Geburt des vierten Kindes sich von Ludwig XVI. zurückziehen wolle: der Zeitpunkt stimmt genau überein mit dem Beginn intimerer Beziehungen zu Fersen. Wer klar zu sehen liebt, sieht also die Situation klar. Marie Antoinette, durch Staatsräson verheiratet mit einem völlig ungeliebten und keineswegs einnehmenden Mann, unterdrückt jahrelang ihr seelisches Liebesbedürfnis zugunsten des ehelichen Zwanges. Aber sobald sie zwei Söhne geboren hat, also Thronfolger unzweifelhaft bourbonischen Blutes der Dynastie gegeben, fühlt sie ihre moralische Pflicht an den

Staat, an das Gesetz, an ihre Familie als beendet und sich endlich frei. Nach zwanzig der Politik aufgeopferten Jahren nimmt in letzter und tragisch erschütterter Stunde die vielgeprüfte Frau sich ihr reines und natürliches Recht zurück, sich dem lange schon geliebten Manne nicht länger zu versagen, der ihr alles in einem ist, Freund und Geliebter, Vertrauter und Gefährte, mutig wie sie selbst und bereit, an Opfermut den ihren zu entgelten. Wie arm sind all die künstlichen Hypothesen von der süßlich tugendhaften Königin gegenüber der klaren Wirklichkeit ihres Verhaltens, und wie sehr setzen eben jene, die unbedingt die königliche »Ehre« dieser Frau verteidigen wollen, ihren menschlichen Mut und ihre seelische Würde herab! Denn nie ist eine Frau ehrlicher und edler, als wenn sie ganz frei ihren untrüglichen, jahrelang geprüften Gefühlen folgt, nie eine Königin königlicher, als wenn sie am menschlichsten handelt.

Die letzte Nacht in Versailles

Nie ist im tausendjährigen Frankreich so rasch die Saat gereift wie in diesem Sommer 1789. Hoch schießt das Korn in die Halme, aber rascher noch, nachdem einmal mit Blut gedüngt, die ungeduldige Saat der Revolution. Versäumnisse von Jahrzehnten, Ungerechtigkeiten von Jahrhunderten tilgt ein einziger Federstrich, nun wird die andere unsichtbare Bastille niedergerissen, in der die Rechte des französischen Volkes von ihren Königen eingekerkert waren. Am 4. August stürzt unter endlosem Jubel die uralte Zwingburg des Feudalismus ein, die Adeligen verzichten auf Fron und Zehnten, die Kirchenfürsten auf Zins und Salzsteuer, frei werden die Bauern, frei die Bürger, frei die Presse erklärt, die Menschenrechte werden verkündet; alle Träume Jean-Jacques Rousseaus hat dieser Sommer wahrgemacht. Die Fenster klirren bald vom Jubel, bald vom Streit in diesem Saal der »Menus plaisirs« (von den Königen für ihre Vergnügungen, vom Volke nun für sein Recht bestimmt): hundert Schritte entfernt hört man schon das unaufhörliche Surren dieses menschlichen Bienenschwarms. Doch tausend Schritte weiter, im großen Palast von Versailles, herrscht betroffene Stille. Erschreckt blickt der Hof aus den Fenstern hinüber auf diesen lärmenden Gast, der, obwohl nur zur Beratung entboten, sich bereits anschickt, den Herrn des Herrschers zu spielen. Wie diesen Zauberlehrling wieder heimschicken? Ratlos berät sich der König mit seinen Räten, die einer dem anderen widersprechen; am besten, man wartet ab, denken die Königin und der König, bis dieser Sturm sich ausgetobt hat. Nur stillhalten jetzt und sich im Hintergrund halten. Nur Zeit gewinnen, dann ist alles gewonnen.

Aber die Revolution will vorwärts, sie muß vorwärts, wenn sie nicht versanden soll, denn Revolution ist flutende Bewegung: Stehenbleiben wäre für sie Verhängnis, Rücklauf ihr Ende, sie muß verlangen, immer mehr verlangen, um sich zu behaupten, sie muß erobern, um nicht besiegt zu werden. Die Trommeln für diesen ruhelosen Vormarsch schlagen die Zeitungen; diese Kinder, diese Gassenbuben der Revolution laufen lärmend und zügellos der eigentlichen Armee voraus. Ein einziger Federstrich hat dem geschriebenen, dem gesprochenen Wort die Freiheit gegeben, jene, die in ihrem ersten Überschwang immer zu Wildheit und Maßlosigkeit wird. Zehn, zwanzig, dreißig, fünfzig Zeitungen entstehen. Mirabeau gründet eine, Desmoulins, Brissot, Loustalot, Marat, und da jede sich Leser herantrommeln und eine die andere an Bürgerpatriotismus überbieten will, so prasseln sie ohne Rücksicht los; im ganzen Land hört man nur sie. Nur recht laut, nur recht wild, je lauter, um so besser, und allen Haß auf den Hof gehäuft! Der König plane Verrat, die Regierung hindere die Kornzufuhr, fremde Regimenter rückten schon heran, die Versammlungen zu sprengen, es drohe eine neue Bartholomäusnacht. Wacht auf, Bürger! Wacht auf, Patrioten! Rataplan, rataplan, rataplan! trommeln die Zeitungen Tag und Nacht Angst, Mißtrauen, Wut, Erbitterung in Millionen Herzen hinein. Und hinter den Trommlern steht schon, mit Piken und Säbeln und vor allem mit einem unermeßlichen Zorn bewehrt, die bisher noch unsichtbare Armee des französischen Volkes.

Dem König geht es zu schnell, der Revolution zu langsam, der vorsichtige beleibte Mann kann nicht Schritt halten mit dem leidenschaftlichen Vormarsch so junger Ideen. Versailles zögert und verzögert: also vorwärts, Paris! Mach ein Ende mit diesem langwierigen Parlamentieren, mit diesem unerträglichen Kuhhandel zwischen König und Volk, so trommeln die Zeitungen. Du hast hunderttausend, zweihunderttausend Fäuste, und in den Arsenalen liegen die Flinten, warten die Kanonen: hol sie heraus und hol dir den König, die Königin aus Versailles, nimm sie und damit dein Schicksal fest in die Hand! Im Hauptquartier der Revolution, im Palais des Herzogs von Orléans, dem Palais Royal, wird die Parole ausgegeben: schon ist alles gerüstet, und einer der Überläufer vom Hofe, der Marquis de Huruge, manövriert bereits heimlich die Expedition ein.

Aber zwischen dem Schloß und der Stadt laufen dunkle unterirdische Gänge. Die Patrioten in den Klubs wissen durch bestochene Dienstleute alles, was im Schloß geschieht, das Schloß wieder erfährt durch Agenten von dem geplanten Angriff. Man beschließt in Versailles zu handeln und bestellt, da die französischen Soldaten gegen ihre Mitbürger nicht mehr verläßlich genug sind, ein flandrisches Regiment zum Schutz des Palastes. Am ersten Oktober marschieren die Truppen von ihren Standquartieren nach Versailles, und um sie warm zu machen, bereitet der Hof ihnen einen feierlichen Empfang. Der große Opernsaal wird für ein Bankett ausgeräumt und ohne Rücksicht darauf, daß in Paris grimmige Lebensmittelnot herrscht, mit Wein und guten Speisen nicht gespart: auch die Treue geht, wie die Liebe, oft durch den Magen. Um die Truppen für ihren König noch besonders zu begeistern, begeben sich – bisher nie dagewesene Ehre – der König und die Königin mit dem Dauphin auf dem Arm in den Festsaal.

Marie Antoinette hat niemals die nützliche Kunst verstanden, durch bewußte Klugheit, durch Berechnung oder Schmeichelei Menschen zu gewinnen. Aber von Natur her ist ihrem Körper, ihrer Seele eine gewisse Hoheit eingeprägt, die auf jeden, der ihr zum erstenmal begegnet, gewinnend wirkt: weder ein einzelner noch die Masse konnte sich jemals dieser merkwürdigen Magie des ersten Eindrucks (sie verflüchtigt sich dann nach näherer Bekanntschaft) entziehen. Auch diesmal springen bei dem hoheitsvollen und gleichzeitig liebenswürdigen Eintreten dieser schönen jungen Frau die Offiziere, die Soldaten von ihren Sitzen, begeistert fliegen die Degen aus den Scheiden, brausend wird ein »Vivat« auf den Herrscher und die Herrscherin ausgebracht und dabei wahrscheinlich jenes vorgeschriebene auf die Nation vergessen. Die Königin geht durch die Reihen. Sie kann bezaubernd lächeln, auf eine wunderbar unverbindliche Art freundlich sein, sie weiß, wie ihre autokratische Mutter, wie ihre Brüder, wie fast alle Habsburger (und diese Kunst hat sich in der österreichischen Aristokratie weitervererbt), bei innerlich unerschütterlichem Hochmut gerade mit den geringsten

Leuten auf die natürlichste Weise höflich und zutunlich zu sein, ohne deshalb herablassend zu wirken. Mit einem ehrlich beglückten Lächeln, denn wie lange hat sie dies »Vive la Reine!« nicht mehr gehört, umschreitet sie mit ihren Kindern den Bankettisch, und der Anblick dieser gütig huldvollen, dieser wahrhaft königlichen Frau, die zu ihnen, den groben Soldaten, als Gast kommt, versetzt Offiziere und Mannschaften in eine Ekstase der Königstreue: in dieser Stunde ist jeder bereit, für Marie Antoinette zu sterben. Aber auch die Königin ist beseligt, da sie diese lärmende Runde verläßt; mit dem dargebotenen Willkommenstrunk hat sie auch den goldenen Wein der Zuversicht in sich getrunken: es gibt noch Treue, noch Sicherheit für den Thron in Frankreich.

Aber am nächsten Tage rasseln schon die Trommeln der patriotischen Journale, rataplan, rataplan, rataplan, die Königin und der Hof haben Mörder gegen das Volk gedungen. Man hat die Soldaten mit rotem Wein berauscht, damit sie das rote Blut ihrer Mitbürger gehorsam vergießen, sklavische Offiziere haben die dreifarbige Kokarde zu Boden getreten und verhöhnt, man hat knechtische Lieder gesungen – und all dies unter dem herausfordernden Lächeln der Königin. Merkt ihr es noch immer nicht, Patrioten? – Man will Paris überfallen, die Regimenter marschieren schon. Also auf jetzt, Bürger, auf zum letzten Kampf, auf zur Entscheidung! Sammelt euch, Patrioten – rataplan, rataplan, rataplan...

Zwei Tage später, am 5. Oktober, entsteht Tumult in Paris. Er entsteht, und dies gehört zu den vielen undurchdringlichen Geheimnissen der Französischen Revolution: wie er eigentlich entstanden ist. Denn dieser Tumult, scheinbar elementar, erweist sich als wunderbar weitgedacht und organisiert, als politisch unübertrefflich eingesetzt, der Schuß geht so gerade und genau von einer richtigen Stelle aufs richtige Ziel los, daß sehr kluge, sehr wissende, sehr geschickte und geübte Hände ihn abgefeuert haben müssen. Schon dies war ein Meistergedanke – würdig eines Psychologen wie Choderlos de Laclos, der ja im Palais Royal für den Herzog von Orléans den Feldzug um die Krone leitet –, nicht mit einer Männerarmee, sondern mit einem Trupp von Frauen den König gewaltsam aus Versailles zu holen. Männer kann man Aufständische und Rebellen nennen; auf Männer schießt gehorsam ein gut kommandierter Soldat. Frauen aber wirken bei Volksaufständen immer bloß als Verzweifelte, vor ihrer weichen Brust zuckt das schärfste Bajonett zurück, und überdies, die Anstifter wissen es, ein so ängstlicher und sentimentaler Mann wie der König wird niemals Befehl geben, Kanonen auf Frauen zu richten. Also erst die Erregung hoch gespannt, indem – wieder weiß man nicht, durch wessen Hände und welche Machenschaften – die Brotzufuhr nach Paris zwei Tage künstlich zurückgehalten wird, damit Hunger entstehe, diese einzigartige Triebfeder des Volkszornes. Und dann, sobald der Wirbel in Gang kommt, die Frauen rasch heran, die Frauen nach vorn in die erste Reihe!

Tatsächlich ist es eine junge Frau, und man behauptet, sie hätte reich beringte Hände gehabt, die am Morgen des 5. Oktober in ein Wachlokal einbricht und eine Trommel ergreift. Hinter ihr sammelt sich im Nu ein Zug rasch anströmender Weiber, die laut nach Brot schreien. Der Tumult ist da, bald mengen sich verkleidete Männer in den Schwarm und geben dem brausenden Strom die vorbestimmte Richtung gegen das Stadthaus. Eine halbe Stunde später ist es gestürmt. Pistolen und Piken und sogar zwei Kanonen sind geraubt, und plötzlich – wer hat ihn bestellt und beeinflußt? – ist ein Führer da, namens Maillard, der diese ordnungslos quirlende Masse zur Armee ordnet und sie aufreizt, nach Versailles zu marschieren, angeblich um Brot, in Wirklichkeit, um den König nach Paris zu holen. Zu spät, wie immer – es ist das Verhängnis dieses edelgläubigen und ehrlich ungeschickten Mannes, immer eine Stunde hinter den Ereignissen zu sein –, kommt Lafayette, der Befehlshaber der Nationalgarde, heran auf seinem weißen Pferd. Seine Aufgabe wäre natürlich – und er möchte sie redlich durchsetzen –, den Abmarsch zu verhindern, aber seine Soldaten folgen ihm nicht. So bleibt ihm nur übrig, mit seiner Nationalgarde der Weiberarmee nachzumarschieren, um die offene Revolte nachträglich mit einem Schein von Gesetzlichkeit zu bemänteln. Kein edles Amt, er weiß es, der alte Freiheitsschwärmer, und ist seiner Aufgabe nicht froh. Auf seinem berühmten Schimmel trabt Lafayette düster hinter der Revolutionsarmee der Weiber her, Sinnbild der kühlen, logisch berechnenden, machtlos menschlichen Vernunft, die sich vergebens bemüht, die herrlich unlogische Leidenschaft der Elemente einzuholen.

Der Hof von Versailles ahnt bis Mittag nichts von der tausendköpfigen anmarschierenden Gefahr. Wie tagtäglich hat der König sein Jagdpferd satteln lassen und ist in die Wälder von Meudon geritten; die Königin wiederum ist am frühen Morgen allein zu Fuß nach Trianon gegangen. Was soll sie in Versailles, dem riesigen Schloß, aus dem der Hof und die besten Freunde längst geflohen sind und wo nebenan in der Nationalversammlung jeden Tag die »factieux« neue gehässige Anträge gegen sie stellen? Ach, sie ist müde all dieser Erbitterungen, dieses Kämpfens ins Leere, müde der Menschen, müde selbst ihres Königinseins. Nur rasten jetzt, nur ein paar Stunden stillsitzen, ohne Menschen, weit weg von aller Politik, im herbstlichen Park, dem Oktobersonne die Blätter verkupfert! Nur still die letzten Blumen in den Beeten pflücken, ehe der Winter kommt, der furchtbare, und vielleicht noch die Hühner füttern und die chinesischen Goldfische im kleinen Teich. Und dann ausruhen, endlich ausruhen von all den Aufregungen und Verstörungen; nichts tun, nichts wollen als mit gelösten Händen da in der Grotte im einfachen Morgenkleid sitzen, ein aufgeschlagenes Buch auf der Bank, ohne es zu lesen, die große Müdigkeit der Natur nachfühlen und den Herbst im eigenen Herzen.

So sitzt die Königin in der Grotte auf der Felsenbank – längst hat sie vergessen, daß man sie einst die »Liebesgrotte« nannte –, da sieht sie auf dem Weg einen Pagen kommen, einen Brief in der Hand. Sie steht auf und geht ihm entgegen. Der Brief ist vom Minister Saint-Priest und meldet, der Pöbel marschiere nach Versailles, die Königin möge unverzüglich zurück ins Schloß kommen. Rasch rafft sie ihren Hut, ihren Mantel zusammen und eilt hinüber mit ihrem jung und beschwingt gebliebenen Schritt, so rasch wahrscheinlich, daß sie gar keinen Blick mehr zurückwendet auf das kleine geliebte Schloß und die mit so viel spielerischer Mühe künstlich erbaute Landschaft. Denn wie kann sie ahnen, daß sie diese weichen Wiesen, diesen zärtlichen Hügel mit dem Liebestempel und dem herbstlichen Teich, daß sie ihr Hameau, ihr Trianon zum letztenmal im Leben gesehen hat, daß dies schon der Abschied für immer gewesen!

Im Schlosse findet Marie Antoinette Adelsherren und Minister in ratloser Erregung. Nur ungewisse Gerüchte vom Anmarsch aus Paris sind von einem vorausgeeilten Diener hergebracht worden, alle späteren Boten haben die Weiber unterwegs festgehalten. Da, endlich, jagt ein Reiter heran, springt vom schäumenden Pferd und hastig die Marmortreppe hinauf: Fersen. Beim Anzeichen der Gefahr hat sich der immer sich Aufopfernde in den Sattel geschwungen und ist der Weiberarmee, den »achttausend Judiths«, wie sie Camille Desmoulins pathetisch nennt, in scharfem Galopp vorausgeprescht, um im Augenblicke der Gefahr an der Seite der Königin zu sein. Endlich taucht auch der König im Rate auf. Man hat ihn im Walde bei der Porte de Châtillon aufgefunden und bei seinem liebsten Vergnügen stören müssen. Ärgerlich wird sein Tagebuch abends ein erbärmliches Jagdresultat verzeichnen mit dem Vermerk: »Unterbrochen durch die Ereignisse.«

Nun steht er da, bestürzt, mit seinen ängstlichen Augen, und jetzt, da schon alles versäumt ist, da man in der allgemeinen Verwirrung vergessen hat, der Avantgarde der Rebellion bei Sèvres die Brücke zu sperren, beginnt man zu beraten. Noch bleiben zwei Stunden, noch wäre reichlich Zeit zu energischem Entschluß. Ein Minister schlägt vor, der König sollte sich zu Pferd setzen und an der Spitze der Dragoner und der flandrischen Regimenter der undisziplinierten Masse entgegensprengen: sein bloßes Erscheinen würde die Weiberhorde zum Rückzug nötigen. Die Vorsichtigeren wiederum raten, der König und die Königin sollten sofort das Schloß verlassen und sich nach Rambouillet begeben, damit ginge der heimtükkisch geplante Stoß gegen den Thron ins Leere. Aber Ludwig, ewiger Zauderer, zögert. Abermals läßt er die Ereignisse aus Entschlußunfähigkeit an sich herankommen, statt ihnen entgegenzutreten.

Die Königin steht, die Lippen verbissen, inmitten dieser ratlosen Männer, von denen keiner ein wirklicher Mann ist. Aus dem Instinkt heraus weiß sie, daß alle Gewalttätigkeiten gelingen müssen, weil seit dem ersten vergossenen Blut alle sich vor allen fürchten: »Toute cette révolution n'est qu'une suite de la peur.« Aber wie soll sie allein Verantwortung übernehmen für alles und alle! Unten im Hof stehen angeschirrt die Karossen, in einer Stunde kann die königliche Familie mit den Ministern und der Nationalversammlung, die geschworen hat, dem König überallhin zu folgen, in Rambouillet sein. Aber noch immer gibt der König nicht das Zeichen zum Aufbruch. Heftiger und heftiger drängen die Minister, Saint-Priest vor allem: »Wenn man Sie morgen nach Paris führt, Sire, ist die Krone verloren.« Necker wiederum, dem mehr an seiner Popularität liegt als an der Erhaltung aller Königreiche, widerspricht, und zwischen zwei Meinungen bleibt der König, wie jederzeit, ein willenlos schwankendes Pendel. Es wird allmählich Abend, und noch immer scharren die Pferde ungeduldig unten im unterdessen losgebrochenen Unwetter, seit Stunden warten die Lakaien am Wagenschlag, und noch immer wird beraten.

Doch da dröhnt schon ein wirrer hundertstimmiger Lärm die Avenue de Paris herauf. Sie sind da. Die Kittel zum Schutz gegen den strömenden Regen über den Kopf geschlagen, tausendköpfige Masse im Dunkel der Nacht, stapfen sie heran, die Amazonen der Halle. Die Garde der Revolution steht vor Versailles. Es ist zu spät.

Naß bis auf die Knochen, hungernd und frierend, die Schuhe gefüllt mit dem aufgeweichten Lehm der Straße, marschieren jetzt die Weiber heran. Diese sechs Stunden waren keine Vergnügungspromenade, auch wenn man unterwegs den Branntweinschenken gewaltsam Besuch gemacht und sich den knurrenden Magen ein wenig gewärmt hat. Die Stimmen der Weiber grölen rauh und heiser, und was sie rufen, klingt wenig freundlich für die Königin. Ihr erster Besuch gilt der Nationalversammlung. Die tagt seit früh am Morgen, und manchen darin, den Wegbereitern des Herzogs von Orléans, kommt dieser Amazonenmarsch nicht ganz unerwartet.

Zunächst verlangen die Weiber nur Brot von der Nationalversammlung: programmgemäß vorerst kein Wort von einer Einholung des Königs nach Paris! So wird beschlossen, eine Deputation von Frauen ins Schloß zu schicken, begleitet vom Präsidenten de Mounier und einigen Abgeordneten. Die sechs ausgewählten Frauen begeben sich ins Schloß, Lakaien öffnen diesen Putzmacherinnen, Fischweibern und Nymphen der Gasse höflich die Türen; mit allen Ehren wird die sonderbare Abordnung die große Marmortreppe empor in Räume geführt, die sonst nur blaublütiger, siebenfach gesiebter Adel betreten durfte. Unter den Abgeordneten, die den Präsidenten der Nationalversammlung begleiten, ist auch ein stattlicher, beleibter, jovial aussehender Herr, der nicht besonders auffällt. Aber sein Name gibt dieser ersten Begegnung mit dem König ein symbolisches Gewicht. Denn mit Dr. Guillotin, Abgeordnetem von Paris, hat am 5. Oktober die Guillotine ihren Antrittsbesuch bei Hof gemacht.

Der gutmütige Ludwig empfängt die Damen so freundlich, daß die Sprecherin, ein junges Mädchen, das den Habitués des Palais Royal Blumen und wahrscheinlich auch mehr anbietet, vor Verlegenheit in Ohnmacht fällt. Sorgsam wird sie gelabt, der gütige Landesvater umarmt das erschreckte Mädchen, verspricht den begeisterten Frauen Brot und alles, was sie nur wollen, stellt ihnen sogar für die Rückfahrt seine eigenen Karossen zur Verfügung. Alles scheint glänzend abgelaufen, doch unten, aufgereizt von den geheimen Agenten, empfängt mit Wutschreien die Weiberschar ihre eigene Deputation, sie hätte sich mit Geld bestechen, mit Lügen abfinden lassen. Nicht dazu sei man sechs Stunden von Paris im Wolkenbruch gestapft, um mit knurrendem Magen und leeren Versprechungen wieder heimzutrotten. Nein, man bleibe hier und gehe nicht früher, als bis man den König und die Königin und die ganze Bande mitgenommen habe, nach Paris, wo man ihnen die Hinterlist und Hinhalterei schon abgewöhnen werde. Rücksichtslos dringen die Frauen in die Nationalversammlung ein, um dort zu schlafen, während besonders die Professionellen unter ihnen, vor allem Théroigne de Méricourt, sich die Soldaten des flandrischen Regiments willfährig machen. Schlimme Nachzügler haben die Aufständischen noch vermehrt, gefährliche Gestalten umschleichen im unsicheren kleinen Licht der Öllaternen die Gitter.

Oben hat sich der Hof noch immer nicht entschieden. Ob man lieber nicht doch noch fliehen sollte? Aber wie durch diese aufgeregte Menge sich mit den schweren Karossen wagen? Es ist zu spät. Endlich, endlich um Mitternacht hört man Trommeln in der Ferne: Lafayette rückt heran. Seinen ersten Besuch macht er bei der Nationalversammlung, seinen zweiten beim König. Obwohl er sich mit ehrlicher Ergebenheit verbeugt und sagt: »Sire, ich bin gekommen und will mein Leben in die Schanze schlagen, um das Eurer Majestät zu retten«, dankt ihm niemand, am wenigsten Marie Antoinette. Der König erklärt, er habe nicht mehr die Absicht, abzureisen oder sich von der Nationalversammlung zu entfernen. Nun scheint alles geordnet. Der König hat sein Versprechen gegeben, Lafayette und die bewaffnete Volksmacht sind zur Stelle, um ihn zu schützen, so gehen die Abgeordneten nach Hause, die Nationalgarden und Insurgenten suchen vor dem markerweichenden Regen Schutz in den Kasernen und Kirchen, sogar unter Torbogen und auf überwölbten Stufen. Allmählich erlöschen die letzten Lichter, und nachdem er alle Posten noch einmal visitiert, legt sich Lafayette, obwohl er versprochen hat, über die Sicherheit des Königs zu wachen, im Hôtel de Noailles um vier Uhr morgens zu Bett. Auch die Königin und der König ziehen sich in ihre Gemächer zurück; sie ahnen nicht, daß sie zum letztenmal im Palast von Versailles zur Ruhe gegangen sind.

Der Leichenwagen der Monarchie

Die alte Macht, das Königtum und seine Hüter, die Aristokraten, sind schlafen gegangen. Aber die Revolution ist jung, sie hat heißes, unbändiges Blut, sie braucht keine Rast, ungeduldig wartet sie auf den Tag und die Tat. Um die Lagerfeuer, mitten in den Straßen, scharen sich die Soldaten des Pariser Aufstandes, die keine Unterkunft gefunden haben: niemand kann erklären, warum sie eigentlich noch in Versailles und nicht zu Hause in ihren Betten sind, da doch der König alles gehorsam zugesagt und versprochen hat. Aber ein unterirdischer Wille hält und beherrscht diesen unruhigen Schwarm. Hinüber und herüber aus den Türen schatten Gestalten, die geheime Aufträge geben, und um fünf Uhr morgens, noch liegt der Palast in Dunkel und Schlaf, schleichen einzelne Gruppen, von wissender Hand geführt, auf Umwegen durch den Hof der Kapelle bis unter die Fenster des Schlosses. Was wollen sie? Und wer führt diese zweifelhaften Gestalten, wer treibt sie heran, wer schiebt sie vor zu einem noch nicht erkennbaren, aber wohlerzogenen Zweck? Die Treiber, sie bleiben im Dunkel; der Herzog von Orléans und der Bruder des Königs, der Graf von Provence, sie haben vorgezogen, und wissen vielleicht, warum, in dieser Nacht nicht im Palais bei ihrem rechtmäßigen König zu sein. Jedenfalls: plötzlich kracht ein Schuß, einer jener provokatorischen Schüsse, die immer notwendig sind für einen gewollten Zusammenstoß. Sofort strömen von allen Seiten Aufständische heran, Dutzende, Hunderte, Tausende, bewaffnet mit Piken und Hacken und Flinten, die Regimenter der Frauen und der als Frauen verkleideten Männer. Der Vorstoß hat kerzengerade Richtung: zu den Gemächern der Königin! Doch wieso finden die Fischweiber von Paris, die Frauen der Halle, die Versailles nie betreten haben, so merkwürdig sicher in diesem völlig unübersichtlichen Schlosse mit seinen Dutzenden von Stiegen und Hunderten von Zimmern sofort den richtigen Aufgang? Mit einem Stoß schwemmt die Welle der Weiber und verkleideten Männer die Treppe zu den Gemächern der Königin empor. Ein paar Leibgarden versuchen, den Eintritt zu wehren, zwei werden herabgerissen, barbarisch ermordet, ein großer bärtiger Mann hackt auf dem offenen Platz den Leichen die Köpfe ab, die wenige Minuten später bluttropfend an riesigen Piken tanzen.

Aber die Geopferten haben ihre Pflicht erfüllt. Ihr schriller Todesschrei hat rechtzeitig den Palast geweckt. Einer der drei Leibgardisten hat sich losgerissen, er stürmt verwundet die Treppe hinauf und schreit gell in die hohe Marmormuschel des Hauses: »Rettet die Königin!«

Dieser Schrei rettet sie tatsächlich. Eine Kammerfrau schrickt auf, stürzt ins Gemach, die Königin zu warnen. Schon dröhnen draußen die von den Leibgarden rasch verriegelten Türen unter Hacken und Beilen. Es bleibt keine Zeit mehr, Strümpfe und Schuhe anzuziehen, nur einen Rock wirft sich Marie Antoinette über das Hemd, einen Schal über die Schultern. So, nacktfüßig, die Strümpfe in der Hand, läuft sie klopfenden Herzens durch den Gang, der zum Œil-de-Bœuf und durch diesen weitläufigen Raum zu den Gemächern des Königs führt. Aber Entsetzen! Die Tür ist versperrt. Die Königin und ihre Kammerfrauen hämmern verzweifelt mit ihren Fäusten, hämmern und hämmern, aber die unerbittliche Tür bleibt verschlossen. Fünf Minuten lang, fünf fürchterlich lange Minuten, während nebenan jene gedungenen Mörder schon die Zimmer aufbrechen, Betten und Schränke durchwühlen, muß die Königin warten, bis endlich ein Diener jenseits der Tür das Klopfen hört und sie erlöst; jetzt erst kann Marie Antoinette in die Gemächer ihres Gemahls hinüberflüchten, gleichzeitig bringt die Gouvernante den Dauphin und die Tochter der Königin. Die Familie ist vereinigt, das Leben gerettet. Aber nicht mehr als das Leben.

Endlich ist auch der Schläfer erwacht, der Morpheus nicht hätte opfern dürfen in dieser Nacht und dem deshalb verächtlich seit dieser Stunde der Spottname »Général Morphée« anhängt: Lafayette; er sieht, was seine leichtfertige Gutgläubigkeit verschuldet. Nur noch mit Bitten und Beschwörungen, nicht mehr mit der Autorität des Befehlenden, kann er die gefangenen Leibgarden vor der Abschlachtung retten, nur mit äußerster Mühe den Pöbel aus den Gemächern wieder hinausdrängen. Jetzt, sobald die Gefahr vorbei ist, erscheinen auch, wohl rasiert und gepudert, der Graf von Provence, der Bruder des Königs, und der Herzog von Orléans; merkwürdigerweise, sehr merkwürdigerweise gönnt beiden die aufgeregte Menge respektvoll Raum. Nun kann der Kronrat beginnen. Doch was ist noch zu beraten? Die Menge der Zehntausend hält das Schloß wie eine kleine, dünne, zerbrechliche Nußschale in ihrer schwarzen und blutbefleckten Faust, aus dieser Umklammerung gibt es kein Entfliehen mehr, kein Entrinnen. Zu Ende ist das Verhandeln und Paktieren des Siegers mit dem Besiegten; mit tausendstimmigem Schrei donnert vor den Fenstern die Masse die Forderung, die ihr gestern und heute von den Agenten des Klubs heimlich zugeflüstert wurde: »Der König nach Paris! Der König nach Paris!« Die Scheiben dröhnen von diesem Anprall der drohenden Stimmen, und die Bilder der königlichen Ahnen schüttern erschreckt an den Wänden des alten Palastes.

Bei diesem befehlshaberischen Ruf richtet der König einen fragenden Blick auf Lafayette. Soll er gehorchen, oder vielmehr: muß er schon gehorchen? Lafayette schlägt die Augen nieder. Seit gestern weiß dieser Gott des Volkes um seine eigene Entgötterung. Noch hofft der König zu verzögern: um diese tobende Menge hinzuhalten, diesem rasenden Hunger nach Triumph wenigstens einen Brocken hinzuwerfen, beschließt er, auf den Balkon hinauszutreten. Kaum daß der brave Mann erscheint, bricht die Menge in lebhaften Beifall aus: immer bejubelt sie den König, wenn sie ihn besiegt hat. Und warum nicht jubeln, wenn ein Herrscher baren Hauptes vor sie hintritt und freundlich hinabnickt in den Hof, wo man eben zwei seiner Verteidiger wie geschlachteten Kälbern den Kopf abgeschlagen und auf Piken gespießt hat? Aber dem phlegmatischen, auch im Punkt der Ehre nicht hitzigen Mann fällt kein moralisches Opfer wirklich schwer; und wäre nach dieser seiner Selbstdemütigung das Volk ruhig nach Hause gegangen, so hätte er sich wahrscheinlich eine Stunde später auf das Pferd gesetzt und gemächlich Jagd abgehalten, um nachzuholen, was er gestern durch die »Ereignisse« versäumen mußte. Jedoch das Volk hat an diesem einen Triumph nicht genug, es will im Rausch seines Selbstgefühls noch heißeren, noch feurigeren Wein. Auch sie, die Königin, die Stolze, die Harte, die Freche, die unbeugsame Österreicherin soll hinaus! Auch sie und gerade sie, die Anmaßende, soll ihr Haupt beugen unter das unsichtbare Joch. Immer wilder werden die Schreie, immer toller stampfen die Füße, immer heiserer gellt der Ruf: »Die Königin, die Königin auf den Balkon!«

Marie Antoinette, bleich vor Zorn, die Lippen verbissen, rührt keinen Fuß. Was ihr den Schritt lähmt und die Wangen entfärbt, ist keineswegs die Furcht vor den vielleicht schon zielbereiten Flinten, vor Steinen und Schimpfreden, sondern Stolz, das ererbte, unzerstörbare Hoheitsgefühl dieses Hauptes, dieses Nackens, die sich niemals und vor niemand noch gebeugt haben. Verlegen blicken sie alle an. Endlich, die Fenster klirren schon vom Toben, gleich werden Steine sausen, tritt Lafayette auf sie zu: »Madame, es ist notwendig, um das Volk zu beruhigen.« – »Dann zögere ich nicht«, antwortet Marie Antoinette und nimmt ihre beiden Kinder rechts und links an die Hand. Aufrecht, den Kopf erhoben, die Lippen scharf angezogen, tritt sie hinaus auf den Balkon. Aber nicht wie eine Bittstellerin, die Gnade will, sondern wie ein Soldat, der zum Angriff marschiert mit dem entschlossenen Willen, gut und ohne Wimpernzucken zu sterben. Sie zeigt sich, aber sie beugt sich nicht. Doch gerade diese aufrechte Art ihrer Haltung wirkt bezwingend. Zwei Ströme von Kraft begegnen einander in diesen beiden Blicken, jenem der Königin und jenem des Volkes, und so stark schwingt diese Spannung, daß eine Minute lang auf dem riesigen Platz völlige Totenstille herrscht. Niemand weiß, wie sie sich lösen wird, diese erste zum Zerreißen gespannte Stille des Staunens und Erschreckens; ob in einem Wutgeheul, einem Flintenschuß oder einem Hagel von Steinen. Da tritt Lafayette, immer kühn in großen Augenblicken, an ihre Seite, mit ritterlicher Gebärde beugt er sich vor der Königin und küßt ihre Hand.

Diese Geste zerreißt mit einem Ruck die Spannung. Das Überraschendste geschieht: »Es lebe die Königin! Es lebe die Königin!« braust es mit tausend Stimmen über den Platz. Unwillkürlich bejubelt dasselbe Volk, das sich noch an der Schwäche des Königs entzückte, den Stolz, den unnachgiebigen Trotz dieser Frau, die gezeigt hat, daß sie mit keinem erzwungenen Lächeln, keinem feigen Gruß um seine Gunst wirbt.

Im Zimmer umringen alle Marie Antoinette, die vom Balkon zurücktritt, und beglückwünschen sie, als sei sie aus Todesgefahr entronnen. Aber die einmal Enttäuschte läßt sich durch diesen verspäteten Jubelruf des Volkes: »Es lebe die Königin!« nicht täuschen. Tränen stehen in ihren Augen, als sie zu Madame Necker sagt: »Ich weiß, sie werden uns zwingen, den König und mich, nach Paris zu gehen, und sie werden die Köpfe unserer Leibgarden auf ihren Piken vorantragen.«

Marie Antoinette hat recht gefühlt. Mit einer Verbeugung gibt sich das Volk nicht mehr zufrieden. Eher wird es Stein für Stein und Glas um Glas dieses Haus zertrümmern, als von seinem Willen abstehen. Nicht umsonst haben die Klubs diese riesige Maschine in Bewegung gesetzt, nicht umsonst sind sie, diese Tausende, sechs Stunden durch den Regen marschiert. Schon schwillt neuerdings das Murren gefährlich an, schon zeigt sich die zum Schutz angerückte Nationalgarde redlich geneigt, gemeinsam mit den Massen das Schloß zu stürmen. Da gibt der Hof endlich nach. Man wirft vom Balkon und aus den Fenstern beschriebene Zettel hinunter, der König sei entschlossen, mit seiner Familie nach Paris zu übersiedeln. Mehr hat das Volk nicht gewollt. Jetzt stellen die Soldaten ihre Gewehre weg, die Offiziere mischen sich unter das Volk, man umarmt einander, man jubelt, man schreit, Fahnen tanzen über die Menge, eilig schickt man die Piken mit den blutigen Köpfen voraus nach Paris. Diese Drohung ist nicht mehr nötig.

Um zwei Uhr nachmittags werden die großen vergoldeten Gittertore des Schlosses aufgetan. Eine riesige Kalesche mit sechs Pferden schleppt den König, die Königin und die ganze Familie über das holprige Pflaster für immer aus Versailles fort. Ein Kapitel der Weltgeschichte, ein Jahrtausend königlicher Autokratie ist in Frankreich zu Ende.

Bei strömendem Regen, vom Wind umstürmt, war die Revolution am 5. Oktober zum Kampf aufgebrochen, um sich ihren König zu holen. Ihren Sieg am 6. Oktober grüßt ein strahlender Tag. Herbstlich klar ist die Luft, blauseiden der Himmel, kein Wind rührt die golden gefärbten

Blätter an den Bäumen; es ist, als hielte die Natur neugierig den Atem an, um dieses in Jahrhunderten einzige Schauspiel zu betrachten, wie ein Volk seinen König entführt. Denn welch ein Schauspiel, diese Heimkehr Ludwig XVI. und Marie Antoinettes in ihre Hauptstadt! Halb Leichenzug, halb Fastnachtsschwank, Begräbnis der Monarchie und Karneval des Volkes. Und vor allem, welche neue, modisch sonderbare Etikette! Nicht galonierte Läufer rennen wie sonst dem Wagen des Königs voraus, nicht die Falkoniere auf ihren Eisenschimmeln und die Leibgarde mit den verschnürten Röcken sprengen zur Rechten und Linken, nicht der Adel umringt in Prunkgewändern die festliche Karosse, sondern ein schmutziger, unordentlicher Strom schwemmt in seiner Mitte die triste Kalesche wie ein gescheitertes Wrack mit. Voran die Nationalgarde in verlotterten Uniformen, nicht in Reih und Glied, sondern Arm in Arm, die Pfeife im Mund, lachend und singend, jeder einen Laib Brot auf die Spitze seines Bajonetts gespießt. Zwischendurch die Frauen, rittlings auf Kanonen sitzend, den Sattel mit gefälligen Dragonern teilend oder zu Fuß marschierend, Arm in Arm mit Arbeitern und Soldaten, als ginge es zum Tanz. Hinter ihnen rasseln die Wagen mit Mehl aus den königlichen Vorräten, bewacht von Dragonern, und unablässig sprengt die Kavalkade vor und zurück, mit hellem Mund die Schaulustigen anjubelnd, säbelschwingend und fanatisch die Führerin der Amazonen, Théroigne de Méricourt. Inmitten dieses aufschäumenden Gelärms schwimmt staubgrau die armselige düstere Karosse, in der, eng zusammengepreßt, Ludwig XVI., der schwachmütige Nachfahre Ludwigs XV., und Marie Antoinette, tragische Tochter Maria Theresias, ihre Kinder und die Gouvernante bei halb niedergelassenen Vorhängen sitzen. Ihnen folgen im gleichen Trauertrott die Karossen mit den königlichen Prinzen, dem Hof, den

Deputierten und wenigen treugebliebenen Freunden, die alte Macht Frankreichs, mitgerissen von der neuen, die heute ihre Unwiderstehlichkeit zum ersten Male erprobt.

Sechs Stunden lang dauert dieser Leichenzug von Versailles nach Paris. Aus allen Häusern drängen unterwegs Menschen heraus. Aber nicht ehrfürchtig lüften die Zuschauer den Hut vor so schmählich Besiegten, nur neugierig reihen sie sich stumm, jeder will den König und die Königin in ihrer Erniedrigung gesehen haben. Mit Triumphrufen zeigen die Frauen ihre Beute: »Wir bringen sie zurück, den Bäcker, die Bäckerin und den kleinen Bäckerbuben. Jetzt ist es mit dem Hunger zu Ende.« Marie Antoinette hört all diese Rufe des Hasses und des Hohnes und drückt sich tief in die Wölbung des Wagens, um nichts zu sehen und nicht gesehen zu werden. Ihre Augen sind verhangen. Vielleicht erinnert sie sich bei dieser langen sechsstündig-unendlichen Fahrt der unzähligen anderen, der frohmütigen und leichten Fahrten auf dieser gleichen Straße, zu zweit mit der Polignac im Kabriolett zum Maskenball, zur Oper, zu Soupers und zurück im grauenden Morgen. Vielleicht sucht sie auch mit den Blicken unter den Garden den einen, der verkleidet zu Pferde den Zug begleitet, Fersen, den einzigen wirklichen Freund. Vielleicht denkt sie gar nichts und ist nur müde, nur erschöpft, denn langsam, langsam rollen die Räder und unabänderlich, sie weiß es, dem Verhängnis entgegen.

Endlich hält der Leichenwagen der Monarchie an den Toren vor Paris: hier wartet des politisch Toten noch die feierliche Einsegnung. Bei flackernden Fackeln empfängt der Bürgermeister Bailly den König und die Königin und preist diesen 6. Oktober, der Ludwig für immer zum Untertanen seiner Untertanen macht, als einen »schönen Tag«. »Welch schöner Tag«, sagt er emphatisch, »da die

Pariser in ihrer Stadt Ihre Majestät und die königliche Familie besitzen dürfen.« Selbst der unempfindliche König fühlt diesen Stachel durch seine Elefantenhaut, er wehrt kurz ab: »Ich hoffe, mein Herr, daß mein Aufenthalt den Frieden, die Eintracht und die Unterwerfung unter die Gesetze bringt.« Aber noch immer läßt man die tödlich Erschöpften nicht zur Ruhe kommen. Noch müssen sie ins Stadthaus, damit ganz Paris seine Beute betrachten könne. Bailly übermittelt die Worte des Königs: »Immer sehe ich mich mit Vergnügen und Vertrauen in der Mitte der Bewohner meiner guten Stadt Paris«, aber dabei vergißt er das Wort »Vertrauen« zu wiederholen. Mit überraschender Geistesgegenwart merkt die Königin das Versäumnis. Sie erkennt, wie wichtig es ist, mit diesem Wort »Vertrauen« dem aufständischen Volk eine Verpflichtung aufzuerlegen. Laut erinnert sie daran, daß der König auch sein Vertrauen ausgesprochen habe. »Sie hören, meine Herren«, sagt Bailly, rasch gefaßt, »es ist noch besser, als wenn ich selbst es gesagt hätte.«

Zum Schluß holt man die Heimgezwungenen an die Fenster. Fackeln werden von rechts und links nahe an ihre Gesichter gehalten, damit sich das Volk vergewissern könne, daß es keine verkleideten Puppen, sondern wirklich der König und die Königin seien, die man aus Versailles geholt hat. Und das Volk ist von seinem unerwarteten Sieg ganz begeistert, ganz trunken; warum jetzt nicht großmütig sein? Der lange verschollene Ruf: »Es lebe der König, es lebe die Königin!« donnert wieder und wieder über den Grèveplatz, und zur Belohnung dürfen Ludwig XVI. und Marie Antoinette jetzt ohne militärischen Schutz in die Tuilerien fahren, um endlich auszuruhen von diesem furchtbaren Tage und um zu ermessen, in welche Tiefe er sie hinabgestürzt hat.

Die staubüberdeckten, glühenden Wagen halten vor einem dunklen, verwahrlosten Schloß. Seit Ludwig XIV., seit hundertfünfzig Jahren, hat der Hof die alte Residenz der Könige, die Tuilerien, nicht mehr bewohnt; öde sind die Zimmer, die Möbel weggeschafft, es fehlen Betten und Lichter, die Türen schließen nicht, kalt fährt die Luft durch die zerbrochenen Fensterscheiben. In Eile versucht man bei geborgten Kerzen ein Nachtlager für die wie ein Meteor aus dem Himmel hereingestürzte königliche Familie halbwegs zu improvisieren. »Wie häßlich hier alles ist, Mama«, sagt beim Eintreten der viereinhalbjährige Dauphin, aufgewachsen im Glanz von Versailles und Trianon, gewohnt an leuchtende Kandelaber und schillernde Spiegel, an Reichtum und Pracht. »Mein Kind«, antwortet die Königin, »hier wohnte Ludwig XIV. und befand sich wohl. Wir dürfen nicht anspruchsvoller sein als er.« Ohne jede Klage aber findet sich Ludwig der Gleichgültige in sein unbequemes Nachtlager. Er gähnt und sagt träge zu den anderen: »Jeder bringe sich unter, wie er gerade kann. Was mich betrifft, ich bin zufrieden.«

Marie Antoinette jedoch ist nicht zufrieden. Nie wird sie dieses Haus, das sie nicht frei gewählt hat, anders denn als Gefängnis betrachten, nie vergessen, auf welche erniedrigende Weise man sie hierhergeschleppt hat. »Niemals wird man glauben können«, schreibt sie mit fliegender Hand an den getreuen Mercy, »was in den letzten vierundzwanzig Stunden vorgefallen ist. Was immer man auch sagt, nichts wird übertrieben sein und, im Gegenteil, weit unter dem, was wir gesehen und erlitten haben.«

1789 ist sich die Revolution ihrer eigenen Kraft gar nicht bewußt, noch erschrickt sie manchmal über ihren eigenen Mut: so auch diesmal; die Nationalversammlung, die Stadtverordneten von Paris, die ganze Bürgerschaft, im Herzen noch redlich königstreu, sind alle eher entsetzt über den Handstreich der Amazonenhorde, die den König wehrlos in ihre Hände liefert. Aus Scham tun sie alles Denkbare, um das Ungesetzliche dieses brutalen Gewaltaktes zu verwischen, einhellig bemühen sie sich, die Entführung der königlichen Familie nachträglich in eine »freiwillige« Übersiedlung umzulügen. Rührend wetteifern sie, die schönsten Rosen auf das Grab der königlichen Autorität zu streuen, in der heimlichen Hoffnung, sie würden verbergen, daß die Monarchie in Wirklichkeit seit dem 6. Oktober für immer tot und eingesargt ist. Abordnung folgt auf Abordnung, um den König tiefer Treue zu versichern. Das Parlament entsendet dreißig Mitglieder, der Magistrat von Paris macht seine respektvolle Aufwartung, der Bürgermeister verbeugt sich vor Marie Antoinette mit den Worten: »Die Stadt ist glücklich, Sie im Palast Ihrer Könige zu sehen, und wünscht, daß der König und Ihre Majestät ihr die Gnade erweisen mögen, sie zur ständigen Residenz zu erwählen.« Ebenso ehrerbietig erscheint die Große Kammer, die Universität, der Rechnungsrat, der Kronrat, schließlich, am 20. Oktober, die ganze Nationalversammlung, vor den Fenstern drängen sich tagtäglich große Volksmassen und rufen: »Es lebe der König! Es lebe die Königin!« Alles tut alles, um dem Monarchen seine Freude über die »freiwillige Übersiedlung« kundzutun.

Aber Marie Antoinette, immer unfähig, sich zu verstellen, und der ihr gehorsame König wehren sich mit einer menschlich zwar begreiflichen, politisch aber vollkommen törichten Hartnäckigkeit gegen diese rosige Verschminkung der Tatsachen. »Wir dürften ziemlich zufrieden sein, wenn wir vergessen könnten, auf welche Weise wir hergekommen sind!« schreibt die Königin an den Botschafter Mercy. Aber in Wirklichkeit kann und will sie es gar nicht vergessen. Zuviel Schmach hat sie erlitten, man hat sie mit Gewalt nach Paris geschleppt, ihr Versailler Schloß gestürmt, ihre Leibgarden ermordet, ohne daß die Nationalversammlung, ohne daß die Nationalgarde eine Hand gerührt hätte. Man hat sie gewaltsam in die Tuilerien gesperrt, die ganze Welt soll diese Schändung der geheiligten Rechte eines Monarchen erfahren. Ununterbrochen unterstreichen beide mit Absicht die eigene Niederlage: der König verzichtet auf seine Jagd, die Königin besucht kein Theater, sie zeigen sich nicht in den Straßen, sie fahren nicht aus und versäumen damit die wichtige Möglichkeit, sich in Paris wieder volkstümlich zu machen. Dieses trotzige Sichselbsteinschließen aber schafft ein gefährliches Präjudiz. Denn indem sich der Hof für vergewaltigt erklärt, überzeugt er das Volk von seiner Gewalt; indem der König ständig kundtut, daß er der Schwächere sei, wird er es wirklich. Nicht das Volk, nicht die Nationalversammlung, sondern der König und die Königin haben den unsichtbaren Festungsgraben um die Tuilerien gezogen, sie selbst verwandeln aus einem törichten Trotz die ihnen noch nicht bestrittene Freiheit in Gefangenschaft.

Wenn aber der Hof die Tuilerien so pathetisch als Gefängnis betrachtet, soll es immerhin doch ein königliches sein. Schon in den nächsten Tagen karren riesige Wagen die Möbel aus Versailles herein, Schreiner und Tapezierer hämmern bis zur späten Nacht in den Zimmern. Bald sammeln sich in der neuen Residenz die alten Hofbeamten, soweit sie nicht vorgezogen haben auszuwandern, der ganze Troß der Kämmerer, Lakaien, Kutscher, Köche füllt die Dienergelasse. Die alten Livreen leuchten neuerdings in den Gängen, alles spiegelt Versailles wider, und auch das Zeremoniell ist unversehrt herübergebracht; als einzigen Unterschied bemerkt man höchstens, daß vor den Türen statt der entlassenen adeligen Leibgarden nun die Bürgerkompanien Lafayettes Wache halten.

Von der riesigen Zimmerflucht der Tuilerien und des Louvre bewohnt die königliche Familie nur ganz wenige Räume, denn man will keine Feste mehr, keine Bälle und keine Redouten, kein Aufsehen und keinen unnötigen Glanz. Ausschließlich der gegen den Garten gerichtete (im Jahre 1870 während der Kommune niedergebrannte und nicht wieder aufgebaute) Teil der Tuilerien wird für die königliche Familie instand gesetzt: im oberen Stockwerk das Schlafzimmer und Empfangszimmer des Königs, ein Schlafzimmer für seine Schwester, je eines für die Kinder und ein kleiner Salon. Zu ebener Erde das Schlafzimmer Marie Antoinettes mit einem Empfangsraum und einem Toilettenraum, ein Billardzimmer und der Speisesaal. Außer durch die eigentliche Stiege sind die beiden Stockwerke noch durch eine kleine, neu eingebaute Treppe verbunden. Sie führt aus den ebenerdigen Gemächern der Königin zum Zimmer des Dauphins und des Königs hinauf; und ausschließlich die Königin und die Gouvernante der Kinder besitzen für diese Verbindungstür den Schlüssel.

Betrachtet man den Plan dieser Einteilung, so fällt eines auf: die zweifellos von ihr selbst angeordnete Isolierung Marie Antoinettes von der übrigen Familie. Sie schläft und wohnt allein, und ihr Schlafzimmer, ihr Empfangszimmer ist so gelegen, daß die Königin jederzeit ungesehen Besuche empfangen kann, ohne daß diese die öffentliche Treppe und den Haupteingang benützen müßten. Bald wird sich der beabsichtigte Sinn dieser Maßnahmen zeigen, und ebenso der Vorteil, daß die Königin sich jederzeit ins obere Stockwerk hinaufbegeben kann, während sie selbst ihrerseits vor jeder Überraschung durch Dienstleute, Spione und Nationalgarden (und vielleicht sogar durch den König) geschützt ist. Selbst in der Gefangenschaft wird ihre »desinvoltura« den letzten Rest persönlicher Freiheit bis zum letzten Atemzug verteidigen.

Das alte Schloß mit seinen finsteren Korridoren, die Tag und Nacht durch rußige Öllampen mühsam erhellt sind, mit seinen gewundenen Schneckenstiegen, seinen überfüllten Dienerräumen und vor allem mit den ständigen Zeugen der Volksallmacht, den bewachenden Nationalgardisten, ist an sich kein angenehmer Aufenthalt; und doch führt, vom Schicksal zusammengedrängt, die königliche Familie hier ein stilleres, intimeres und vielleicht sogar bequemeres Leben als in dem pompösen Steinkasten von Versailles. Nach dem Frühstück läßt die Königin die Kinder zu sich herunterbringen, dann geht sie in die Messe und bleibt in ihrem Zimmer allein bis zum gemeinsamen Mittagessen. Nachher spielt sie mit dem Gatten eine Partie Billard, für ihn ein schwacher gymnastischer Ersatz der ungern entbehrten Jagd. Dann zieht sich Marie Antoinette, während der König liest oder schläft, abermals in ihre Räume zurück, um mit vertrauten Freunden, mit Fersen, der Prinzessin Lamballe oder anderen, Rat zu halten. Nach dem Abendessen versammelt sich im großen Salon die ganze Familie: der Bruder des Königs, der Graf von Provence mit seiner Frau, die das Luxembourgpalais bewohnen, die alten Tanten und einige wenige Getreue. Um elf erlöschen die Lichter, der König und die Königin begeben sich in ihre Schlafgemächer. Diese stille, geregelte kleinbürgerliche Tageseinteilung kennt keine Abwechslung, keine Feste und keinerlei Pomp. Mademoiselle Bertin, die Putzkünstlerin, wird fast nie mehr befohlen, die Zeit der Juweliere ist vorüber, denn Ludwig XVI. muß sein Geld jetzt zusammenhalten für wichtigere Zwecke, für Bestechung und geheimen politischen Dienst. Von den Fenstern geht der Blick in den Garten und zeigt Herbst und frühen Blätterfall: nun läuft sie hastig, die Zeit, die früher der Königin zu langsam ging. Nun ist endlich die Stille um sie, die sie bisher gefürchtet, nun zum erstenmal Gelegenheit zu ernstem und klarem Besinnen.

Ruhe ist ein schöpferisches Element. Sie sammelt, sie reinigt, sie ordnet die inneren Kräfte, sie faßt wieder zusammen, was die wilde Bewegung verstreut. Wie in einer geschüttelten Flasche, setzt man sie zu Boden, das Schwere sich vom Leichten scheidet, so kristallisieren in einer gemengten Natur Stille und Nachdenklichkeit den Charakter deutlicher heraus. Brutal auf sich selbst zurückgeworfen, beginnt Marie Antoinette sich zu finden. Nun erst wird erkenntlich, daß nichts dieser leichtblütigen, leichtfertigen, leichtsinnigen Natur so verhängnisvoll gewesen war wie die Leichtigkeit, mit der ihr vom Schicksal alles gegeben wurde; gerade diese unverdienten Geschenke des Lebens haben sie innerlich verarmt. Zu früh und üppig hatte das Geschick sie verwöhnt, eine hohe Geburt und eine noch höhere Stellung waren ihr ohne Anstrengung zugefallen; so meinte sie, sich nicht anstrengen zu müssen, sie brauchte sich nur leben zu lassen, wie sie wollte, und alles schien recht. Die Minister dachten, das Volk arbeitete, die Bankleute zahlten für ihre Bequemlichkeit, und die Verwöhnte nahm alles hin ohne Gedanken und ohne Dank. Jetzt erst, herausgefordert von dem ungeheuren Anspruch, dies alles, ihre Krone, ihre Kinder, ihr eigenes Leben, gegen den großartigsten Aufruhr der Geschichte verteidigen zu müssen, sucht sie in sich selbst nach Kräften des Widerstands und holt plötzlich unausgenutzte Reserven der Intelligenz, der Tatkraft aus sich heraus. Der Durchbruch ist endlich erfolgt. »Erst im Unglück weiß man, wer man ist«, dieses schöne, dieses erschütterte und erschütternde Wort blitzt jetzt plötzlich in einem ihrer Briefe auf. Die Mahner, die Mutter, die Freunde haben jahrzehntelang keine Macht gehabt über diese trotzige Seele. Es war zu früh für die Unbelehrbare. Das Leid ist der erste wirkliche Lehrer Marie Antoinettes, der einzige, von dem die Unbelehrbare gelernt hat.

Eine neue Epoche beginnt mit dem Unglück im inneren Leben dieser seltsamen Frau. Aber Unglück verwandelt eigentlich niemals einen Charakter, es preßt keine neuen Elemente in ihn hinein; es bildet nur längst vorhandene Anlagen aus. Marie Antoinette wird nicht – dies wäre falsch gesehen – plötzlich intelligent, tätig, energisch und vital in diesen Jahren des letzten Kampfes; all das war sie der Anlage nach von je, sie hatte nur aus einer geheimnisvollen Trägheit der Seele, aus einer kindischen Verspieltheit der Sinne diese Wesenshälfte ihrer Persönlichkeit nicht zum Einsatz gebracht; sie hatte bisher mit dem Leben nur gespielt – das fordert keine Kraft – und nie mit ihm gekämpft; jetzt erst, seit der großen Herausforderung, schleifen sich alle diese Energien zur Waffe. Marie Antoinette denkt und überlegt erst, seit sie denken muß. Sie arbeitet, weil sie gezwungen ist zu arbeiten. Sie erhöht sich, weil sie vom Schicksal genötigt ist, groß zu sein, um nicht von der Übermacht erbärmlich erdrückt zu werden. Eine völlige Umstellung ihres äußeren und inneren Lebens beginnt nun in den Tuilerien. Dieselbe Frau, die zwanzig Jahre lang keinen Vortrag eines Gesandten aufmerksam bis zu Ende anhören konnte, die keinen Brief anders als hastig und niemals ein Buch las, die sich um nichts bekümmerte als um Spiel, Sport, Mode und ähnliche Unwichtigkeiten, verwandelt ihren Schreibtisch in eine Staatskanzlei, ihr Zimmer in ein diplomatisches

Kabinett. Sie verhandelt – an Stelle ihres Gatten, den jetzt alle ärgerlich als unheilbaren Fall von Schwäche zur Seite schieben – mit allen Ministern und Gesandten, sie überwacht ihre Maßnahmen, sie redigiert ihre Briefe. Sie lernt chiffrieren und ersinnt die sonderbarsten Techniken geheimer Verständigung, um auf diplomatischem Wege sich mit ihren Freunden im Ausland beraten zu können; bald wird mit sympathetischer Tinte geschrieben, bald werden die Nachrichten mit einem Zahlensystem in Zeitschriften und Schokoladenbüchsen durch die Überwachung geschmuggelt; jedes Wort muß sorgfältigst ausgeklügelt werden, um den Eingeweihten klar und den Unberufenen unverständlich zu sein. Und all dies allein, mit keinem Helfer, keinem Sekretär an der Seite, Spione an der Tür und im eigenen Zimmer: ein einziger aufgefangener Brief, und ihr Mann, ihre Kinder wären verloren. Bis zur körperlichen Erschöpfung arbeitet die an solche Arbeit nie gewöhnte Frau: »Ich bin schon ganz ermüdet von den Schreibereien«, stöhnt sie einmal in einem Brief, und ein andermal: »Ich sehe nicht mehr, was ich schreibe.«

Und weitere, sehr bedeutsame seelische Umstellung: Marie Antoinette lernt endlich die Wirklichkeit redlicher Ratgeber erkennen, sie gibt die törichte Anmaßung preis, selbständig aus nervösem Handgelenk, auf den ersten Blick über politische Angelegenheiten zu entscheiden. Während sie früher immer mit verhaltenem Gähnen den stillen, grauhaarigen Gesandten Mercy empfing und sichtlich aufatmete, wenn der lästige Pedant die Tür hinter sich schloß, wirbt sie jetzt verschämt um diesen allzulange verkannten, redlichen und vielerfahrenen Mann: »Je unglücklicher ich bin, um so mehr fühle ich mich meinen wirklichen Freunden auf das innigste verpflichtet«, in diesem menschlichen Tonfall schreibt sie jetzt dem alten Freunde ihrer Mutter, oder: »Ich bin schon ungeduldig, einen Augenblick zu finden, da ich Sie wieder frei sprechen und sehen und Sie all der Empfindungen versichern kann, die ich Ihnen mit so viel Recht für mein ganzes Leben gewidmet habe.« In ihrem fünfunddreißigsten Jahre ist sie endlich gewahr geworden, wozu sie von einem besonderen Schicksal ausersehen war: nicht andern hübschen, koketten, geistig mittleren Frauen die kurzlebigen Triumphe der Mode streitig zu machen, sondern sich von dem dauernden und überdauernden, vor dem unbeugsamen Blick der Nachwelt zu bewähren und zwiefach zu bewähren: als eine Königin und als Tochter Maria Theresias. Ihr Stolz, bisher nur der kleinliche Kinderstolz eines verwöhnten Mädchens, wendet sich jetzt entschlossen der Aufgabe zu, in einer großen Zeit groß und kühn vor der Welt zu erscheinen. Nicht mehr um das Persönliche kämpft sie, nicht um Macht oder privates Glück: »Was unsere Personen betrifft, so weiß ich, daß jeder Gedanke an Glück vorbei ist, was auch immer geschehe. Doch dies ist die Pflicht eines Königs, für die andern zu leiden, und wir erfüllen sie gut. Möge es eines Tages erkannt werden.« Spät, jedoch bis ins Innerste der Seele hat Marie Antoinette begriffen, daß sie eine historische Gestalt zu werden bestimmt ist, und dieser überzeitliche Anspruch steigert großartig ihre Kräfte. Denn wenn ein Mensch sich einer eigenen Tiefe nähert, wenn er das Innerste seiner Persönlichkeit aufzugraben entschlossen ist, rührt er im eigenen Blut die schattenhaften Mächte all seiner Ahnen auf. Daß sie eine Habsburgerin ist, Enkelin und Erbin uralter Kaiserehre, eine Tochter Maria Theresias, das hebt diese schwache, unsichere Frau mit einmal magisch über sich selbst hinaus. Sie fühlt sich verpflichtet, »digne de Marie Thérèse« zu sein, würdig ihrer Mutter, und dieses Wort »Mut« wird als Leitmotiv ihrer Todessymphonie. Immer wiederholt sie, daß »nichts ihren Mut brechen könne«; und als sie aus Wien die Nachricht vernimmt, ihr Bruder Joseph habe in seiner furchtbaren Agonie männlich entschlossen seine Haltung bis zum letzten Augenblick bewahrt, da fühlt sie sich gleichsam selbst prophetisch angerufen und antwortet mit dem selbstbewußtesten Wort ihres Lebens: »Ich wage zu sagen, daß er meiner würdig gestorben ist.«

Dieser wie eine Fahne vor der Welt hochgetragene Stolz kostet allerdings Marie Antoinette mehr, als die andern ahnen dürfen. Denn im innersten Grunde ist diese Frau weder hochmütig noch stark, keine Heroine, sondern eine sehr weibliche Frau, für Hingabe und Zärtlichkeit und nicht für den Kampf geboren. Der Mut, den sie zeigt, soll nur den andern Mut machen; sie selbst glaubt zutiefst an bessere Tage nicht mehr. Kaum kehrt sie zurück in ihr Zimmer, so sinken ihr die Arme müde herab, mit denen sie die Fahne des Stolzes vor der Welt trägt, fast immer findet Fersen sie in Tränen; diese Liebesstunden mit dem unendlich geliebten und endlich gefundenen Freund, sie ähneln in nichts galanten Spielen, sondern alle Kraft muß dieser selbst ergriffene Mann aufbieten, um die geliebte Frau ihren Müdigkeiten und Melancholien zu entziehen, und gerade dies, ihr Unglück, erregt in dem Liebenden das tiefste Gefühl. »Sie weint oft«, schreibt er der Schwester, »und ist sehr unglücklich. Wie muß ich sie lieben!« Die letzten Jahre waren zu hart für dieses leichtgläubige Herz. »Wir haben zuviel Grauenhaftes und zuviel Blut gesehen, um jemals noch glücklich sein zu können.« Aber immer wieder hebt sich gegen die Wehrlose der Haß, und sie hat keinen Verteidiger mehr als ihr Gewissen. »Ich fordere die ganz Welt heraus, mir irgendein wirkliches Unrecht nachzuweisen«, schreibt sie, oder »Das gerechte Urteil erwarte ich von der Zukunft, und das hilft mir, alle meine Leiden zu ertragen. Jene, die es mir verweigern, verachte ich zu sehr, um mich mit ihnen zu befassen.«

Und doch stöhnt sie auf: »Wie leben mit einem solchen Herzen in einer solchen Welt!« und man spürt: in manchen Stunden hat die Verzweifelte nur noch den Wunsch, es möge bald zu Ende gehen. »Könnte eines Tages, was wir jetzt tun und leiden, wenigstens unsere Kinder glücklich machen! Dies ist noch der einzige Wunsch, den ich mir erlaube.« Dieser Gedanke an ihre Kinder, er ist der einzige, den Marie Antoinette noch mit dem Worte »Glück« zu verbinden wagt. »Wenn ich überhaupt noch glücklich sein könnte, so wäre ich es durch meine beiden Kinder«, seufzt sie einmal, und ein andermal: »Wenn ich sehr traurig bin, nehme ich meinen kleinen Jungen her«, und wieder ein andermal: »Ich bin den ganzen Tag allein, und meine Kinder sind mein einziger Trost. Ich habe sie soviel als möglich um mich.« Zwei von den vieren, denen sie das Leben gegeben hat, sind ihr weggestorben, nun drängt die zurückgetriebene, die einst der ganzen Welt leichtsinnig aufgetane Liebe diesen beiden übriggebliebenen verzweifelt-leidenschaftlich zu. Insbesondere der Dauphin macht ihr viel Freude, weil er kräftig gewachsen, munter, klug und zärtlich ist, ein »chou d' amour«, wie sie verliebt von ihm sagt; aber wie alle ihre Gefühle sind auch die Neigungen und Zärtlichkeiten bei der Vielgeprüften nach und nach hellsichtig geworden. Obwohl sie den Knaben vergöttert, verzieht sie ihn nicht. »Unsere Zärtlichkeit für dieses Kind muß streng sein«, schreibt sie an seine Gouvernante. »Wir dürfen nicht vergessen, daß wir in ihm einen König heranbilden.« Und als sie an Stelle der Madame Polignac ihren Sohn einer neuen Erzieherin, der Madame de Tourzel, übergibt, verfaßt sie zu deren Anleitung eine psychologische Beschreibung, in der sich mit einemmal blendend alle ihre bisher verborgenen Fähigkeiten der Menschenbeurteilung und des seelischen Instinkts zeigen. »Mein Sohn ist vier Jahre vier Monate weniger zwei Tage alt«, schreibt sie. »Ich spreche nicht von seinem Wuchs und seinem Äußern, das sehen Sie selbst. Seine Gesundheit ist immer gut gewesen, aber schon in der Wiege fiel auf, daß seine Nerven außerordentlich empfindlich waren und daß das kleinste besondere Geräusch auf ihn eine Wirkung ausübte. Seine ersten Zähne sind spät gekommen, aber ohne Krankheit und Zwischenfälle, erst bei dem letzten, ich glaube beim sechsten, hat er einen Krampf gehabt. Seitdem sind solche Krämpfe nur zweimal aufgetreten, einer im Winter 1787 auf 1788, der andere bei seiner Impfung; aber der zweite war sehr geringfügig. Die feine Empfindlichkeit seiner Nerven bewirkt, daß jedes Geräusch, an das er nicht gewöhnt ist, ihm Angst macht; so hat er zum Beispiel Furcht vor Hunden, weil er sie in seiner Nähe bellen gehört hat. Ich habe ihn nie gezwungen, Hunde anzuschauen, weil ich glaube, daß in dem Maße, wie seine Vernunft sich entwickeln wird, seine Furcht sich von selbst geben wird. Wie alle kräftigen und robusten Kinder ist er sehr übermütig und sehr heftig in seinen plötzlichen Zornausbrüchen; dennoch ist er ein gutes, zartes und zärtliches Kind, wenn ihn sein Trotz nicht packt. Er hat ein sehr großes Selbstgefühl, das, wenn man es gut leitet, eines Tages zu seinem Vorteil gewendet werden kann. Ehe er zu jemandem Zutrauen gefaßt hat, weiß er sich im Zaum zu halten und selbst seine Ungeduld und seinen Zorn zu verbergen, um sanft und liebenswürdig zu erscheinen. Er ist von großer Verläßlichkeit, wenn er etwas versprochen hat, aber er ist schwatzhaft, wiederholt gern, was er sprechen gehört, und fügt oft, ohne lügen zu wollen, etwas dazu, was seine Einbildungskraft ihn hat glauben machen. Das ist sein größter Fehler und der Punkt, in dem man ihn unbedingt bessern muß. Sonst ist er, wie ich wiederhole, ein gutes Kind, und mit Zartgefühl und gleichzeitiger Energie wird man ihn, ohne allzu streng zu sein, leicht leiten können und immer alles von ihm erreichen. Strenge würde ihn aufbringen, weil er für sein Alter viel Charakter hat. Ich will nur ein Beispiel geben: seit seiner frühesten Kindheit hat ihn das Wort ›Verzeihung‹ immer aufgebracht. Er wird alles tun und sagen, was man von ihm verlangt, sobald er Unrecht hat, aber die Worte ›Ich bitte um Verzeihung‹ wird er nur unter Tränen und mit unglaublicher Qual aussprechen. Man hat von Anfang an meine Kinder erzogen, großes Zutrauen in mich zu setzen, und wenn sie ein Unrecht begangen haben, es mir zu sagen. Das kommt davon, daß selbst, wenn ich sie auszanke, ich niemals so tue, als ob ich erzürnt, sondern immer nur, als ob ich gekränkt wäre und betroffen über das, was sie angestellt haben. Ich habe sie daran gewöhnt, daß alles, was ich einmal ausgesprochen habe, daß jedes Ja oder Nein unwiderruflich ist; aber ich gebe ihnen für meine Entscheidungen immer eine Ursache an, die ihnen und ihrem Alter verständlich ist, damit sie nicht glauben können, es sei meinerseits bloß eine Laune. Mein Sohn kann noch nicht lesen und lernt sehr schlecht; er ist zu zerstreut, um sich anzustrengen. Er hat gar keine Ahnung von seiner hohen Stellung, und ich wünsche sehr, daß dies so bleibe. Unsere Kinder werden schon früh genug lernen, wer sie sind. Er liebt seine Schwester sehr und von ganzem Herzen; immer wenn ihm etwas Vergnügen macht, sei es irgendwohin zu gehen, oder wenn er ein Geschenk erhält, ist es sein erstes, das gleiche auch für seine Schwester zu verlangen. Von Natur aus ist er heiter, und für seine Gesundheit ist es nötig, viel an der Luft zu sein . . .«

Legt man dieses Dokument der Mutter neben die früheren Briefe der Frau, man würde kaum glauben, ein und dieselbe Hand hätte sie geschrieben, so fern ist die neue Marie Antoinette von der anderen, so fern wie Unglück von Glück, Verzweiflung von Übermut. In die weichen Seelen, in die unfertigen und nachgiebigen, prägt am deutlichsten das Unglück seinen Stempel: in klarem Umriß entsteht jetzt ein Charakter, der bisher wie fließendes Wasser unruhig und verschwommen war. »Wann wirst du endlich du selbst werden«, hatte immer verzweifelt die Mutter geklagt. Nun, mit den ersten weißen Haaren an den Schläfen, ist Marie Antoinette endlich sie selber geworden.

Diese völlige Verwandlung bezeugt auch ein Bild, das einzige und letzte, das die Königin in den Tuilerien anfertigen ließ. Kucharski, ein polnischer Maler, hat es in losen Umrissen gezeichnet, die Flucht nach Varennes hat ihn verhindert, es zu vollenden; dennoch ist es das vollendetste, das wir besitzen. Die Paradebilder Wertmüllers, die Salonbilder der Madame Vigée-Lebrun sind unablässig bemüht, den Betrachter durch kostbare Kostüme und Dekorationen zu erinnern, daß diese Frau die Königin von Frankreich sei. Im prunkvollen Hut mit herrlichen Straußenfedern auf ihrem Haupt, diamentenumblitzt das brokatene Gewand, tritt sie vor ihren samtenen Thronsessel, und selbst die sie in einem mythologischen oder ländlichen Gewand abbilden, haben immer irgendwo ein sichtliches Zeichen, das zu wissen gibt, diese Dame ist eine hohe Frau, nein, die höchste des Landes, die Königin. Dieses Bild Kucharskis läßt alle diese auffälligen Drapierungen beiseite: eine üppig schöne Frau hat sich hingesetzt auf einen Sessel und sieht träumerisch vor sich hin. Ein wenig müde scheint sie und ermattet. Sie hat keine große Toilette angezogen, kein Schmuck, kein Edelstein blitzt auf ihrem Nacken, sie hat sich nicht zurechtgemacht – vorbei sind die komödiantischen Kniffe, dafür ist jetzt keine Zeit; das Werbende ist dem Ruhenden gewichen, die Eitelkeit der Einfachheit. Locker und natürlich fällt das Haar, kunstvoll geordnet, in dem schon die ersten silbernen Strähnen glänzen, mühelos gleitet das Kleid von den noch immer fülligen und leuchtenden Schultern, aber nichts in der Haltung ist auf gefallsüchtigen Eindruck berechnet. Der Mund lächelt nicht mehr, die Augen werben nicht mehr; in einer Art herbstlichen Lichts, noch schön, aber schon von einer milderen, mütterlichen Schönheit, im Zwielicht zwischen Verlangen und Verzicht, als femme entre deux âges, nicht mehr jung und doch nicht alt, nicht mehr begehrend und doch noch begehrbar, so träumt diese Frau vor sich hin. Während man bei allen andern Bildern den Eindruck hat, als hätte eine in ihre Schönheit verliebte Frau mitten im Lauf, im Tanz, im Lachen sich bloß rasch einen Augenblick dem Maler zugewandt, um gleich wieder weiterzutollen, spürt man hier: diese Frau ist still geworden und liebt die Stille. Nach den tausend Götzenbildern in kostbaren Rahmen aus Marmor und Elfenbein zeigt dieses eine halbfertige Blatt endlich den Menschen; als einziges von allen läßt es zum erstenmal ahnen, daß diese Königin auch etwas wie eine Seele hat.

Mirabeau

In dem zermürbenden Kampf gegen die Revolution hatte bisher die Königin nur zu einem einzigen Bundesgenossen Zuflucht genommen: zur Zeit. »Nur Nachgiebigkeit und Geduld können uns helfen.« Aber die Zeit ist ein unverläßlicher, opportunistischer Bundesgenosse, sie stellt sich regelmäßig auf die Seite des Starken und läßt verächtlich jeden im Stich, der untätig auf sie vertraut. Die Revolution marschiert weiter, jede Woche wirbt ihr tausend neue Rekruten in der Stadt, bei der Bauernschaft, in der Armee; und der neugegründete Klub der Jakobiner setzt jeden Tag den Hebel fester an, um endlich die

Monarchie aus den Angeln zu stemmen. Endlich begreifen die Königin und der König die Gefahr ihrer einsamen Zurückgezogenheit und beginnen nach Bundesgenossen Ausschau zu halten.

Ein wichtiger Bundesgenosse hat sich wohl – dieses kostbare Geheimnis ist undurchsichtig im engsten Kreise bewahrt – mehrmals dem Hofe mit verschleierten Worten angeboten. Seit den Septembertagen weiß man in den Tuilerien, daß der Führer der Nationalversammlung, der vielgefürchtete, vielbewunderte Graf Mirabeau, dieser Löwe der Revolution, bereit ist, goldenes Futter aus der Hand des Königs zu nehmen. »Sorgen Sie dafür«, hat er damals zu einem Zwischenträger gesagt, »daß man im Schlosse erfahre, ich stände mehr auf ihrer Seite als gegen sie.« Aber solange er sicher in Versailles saß, fühlte der Hof sich zu fest im Sattel, noch hatte die Königin nicht die Wichtigkeit dieses Mannes erkannt, der wie keiner befähigt war, die Revolution zu führen, weil er selbst Genius der Revolte war, leibhaftig gewordene Verkörperung des Freiheitswillens, menschgewordene Umsturzkraft, atmende Anarchie. Die andern in der Nationalversammlung, brave, wohlmeinende Gelehrte, scharfsinnige Juristen, ehrliche Demokraten, sie träumten idealistisch von Ordnung und Neuordnung; nur für diesen einen wird das Chaos im Staate Selbstrettung vor dem eigenen inneren Chaos. Seine vulkanische Kraft, stolz nennt er sie einmal die Kraft von zehn Männern, braucht einen Weltsturm, um sich im richtigen Ausmaß zu entfalten; selber zerrüttet in seinen sittlichen, materiellen und familiären Verhältnissen, braucht er einen zerrütteten Staat, um über den Trümmern emporzusteigen. Alle die bisherigen Ausbrüche seiner elementaren Natur, die kleinen Pamphlete, die Weiberverführungen, die Duelle und Skandale, waren nur unzulängliche Ventile für sein überschüssiges Temperament, das alle Gefängnisse Frankreichs nicht bändigen konnten. Weiteren Raum braucht diese wilde Seele, mächtigere Aufgaben dieser gewaltige Geist: wie ein rasender Stier, allzulange in einem engen Stall verschlossen, stürmt er, von den brennenden Banderillaspitzen der Verachtung zur Tollwut gereizt, in die Arena der Revolution und schmettert gleich mit erstem Stoß die morsche Barriere der Stände nieder. Die Nationalversammlung erschrickt, als diese donnernde Stimme sich zum erstenmal erhebt, aber sie beugt sich unter ihr gebieterisches Joch; starker Geist ebenso wie großer Schriftsteller, schweißt Mirabeau, dieser mächtige Schmied, in wenigen Minuten die schwierigsten Gesetze, die verwegensten Formulierungen in erzene Tafeln. Mit seinem lodernden Pathos reißt er der ganzen Versammlung den Willen weg, und wäre nicht das Mißtrauen gegen seine anrüchige Vergangenheit, nicht die unbewußte Selbstwehr des Ordnungsgedankens gegen diesen Boten des Chaos: die französische Nationalversammlung hätte statt zwölfhundert Köpfen vom ersten Tage an ein einziges Haupt, einen einzigen unumschränkten Gebieter.

Aber dieser Stentor der Freiheit ist selber nicht frei: Schulden beugen ihm den Rücken, ein Netz schmutziger Prozesse bindet ihm die Hände. Ein Mirabeau kann nur leben, nur wirken, wenn er sich verschwendet. Er braucht Sorglosigkeit, Prunk, gefüllte Taschen, klirrendes Gold, offene Tafel, Sekretäre, Frauen, Helfer und Diener: nur aus dem vollen kann er seine Fülle entfalten. Um in diesem seinem einzigen Sinn frei zu sein, bietet sich der von allen Gläubigerhunden Gehetzte jedem an: Necker, dem Herzog von Orléans, dem Bruder des Königs und schließlich dem Hofe selbst. Doch Marie Antoinette, die niemanden mehr haßt als Überläufer des Adels, meint sich in Versailles noch stark genug, um auf die käufliche Gunst dieses »monstre« zu verzichten. »Ich hoffe«, antwortet sie dem Vermittler, dem Grafen de La Marck, »wir werden nie so unglücklich sein, um auf diese letzte Peinlichkeit zurückgreifen zu müssen, bei einem Mirabeau Hilfe zu suchen.«

Nun sind sie soweit. Fünf Monate später – unendlicher Zeitraum innerhalb einer Revolution – erhält der Graf de La Marck durch den Botschafter Mercy Nachricht, die Königin sei bereit, mit Mirabeau zu verhandeln, das heißt: ihn zu kaufen. Glücklicherweise ist es noch nicht zu spät: auf das erste Angebot hin schnappt Mirabeau nach dem goldenen Köder. Gierig hört er, daß Ludwig XVI. vier eigenhändig unterschriebene Schuldscheine zu je zweihundertfünfzigtausend Livres, zusammen eine Million, bereithalte, die ihm nach beendigter Tagung der Nationalversammlung ausgezahlt werden soll – »vorausgesetzt, daß er mir gute Dienste leistet«, wie der sparsame König vorsichtig beifügt. Und kaum sieht der Tribun, daß seine Schulden mit einem einzigen Federstrich getilgt werden und er sechstausend Livres im Monat zu erwarten hat, so bricht der jahrelang von Gerichtsvollziehern und Bütteln gehetzte Mann in einen »trunkenen Jubel aus, dessen Übermaß mich zuerst überraschte« (Graf de La Marck). Mit der gleichen bewährten Leidenschaft, mit der er immer alle andern überredet, redet er sich selber ein, er allein könne und wolle den König und die Revolution und das Land zugleich retten. Mit einem Mal, seit das Geld in seinen Taschen rollt, erinnert sich Mirabeau, daß er, der brüllende Löwe der Revolution, eigentlich immer glühender Royalist gewesen ist. Am 10. Mai unterschreibt er die Quittung für den Selbstverkauf mit den Worten: er verpflichte sich, dem König »mit Loyalität, Eifer und Mut« zu dienen... »Ich habe meine monarchischen Grundsätze bereits bekannt, selbst als ich beim Hof nur Schwäche sah und in Unkenntnis der Seele und der Gedanken der Tochter Maria Theresias war und als ich noch nicht auf eine so hohe Verbündete rechnen konnte. Ich habe sogar dem Monarchen gedient, als ich glaubte, von einem zwar gerechten, aber irregeführten König weder Recht noch Belohnung erfahren zu können. Was aber werde ich erst leisten können, da die Zuversicht meinen Mut stärkt und die Dankbarkeit für die Annahme meiner Grundsätze mich mit Kraft erfüllt. Ich werde immer sein, der ich gewesen bin: Verteidiger der monarchischen Gewalt in dem Sinne, wie sie vom Gesetz bestimmt ist, und der Apostel der Freiheit, soweit sie von der königlichen Gewalt bestätigt ist. Mein Herz wird der Bahn folgen, die schon die Vernunft ihm vorgezeichnet hat.«

Trotz dieser Emphase wissen beide Teile genau: dieser Vertrag ist keine sehr ehrenwerte, vielmehr eine lichtscheue Angelegenheit. Darum wird vereinbart, daß Mirabeau niemals persönlich im Schlosse erscheinen dürfe, sondern nur auf schriftlichem Wege seine Ratschläge dem König zu übermitteln habe. Für die Straße hat Mirabeau Revolutionär zu sein, in der Nationalversammlung für die Sache des Königs zu arbeiten – ein trübes Geschäft, bei dem keiner gewinnt und keiner dem andern traut. Mirabeau setzt sofort ein, schreibt Brief auf Brief mit Ratschlägen an den Monarchen: der wahre Adressat aber ist die Königin. Seine Hoffnung ist – der König zählt nicht, das weiß er bald –, von Marie Antoinette verstanden zu werden. »Der König«, schreibt er gleich in seiner zweiten Note, »verfügt nur über *einen* Mann, und der ist seine Frau. Für sie gibt es keine Sicherheit, solange nicht die königliche Autorität wiederhergestellt ist. Ich vermute, daß sie ohne die Krone nicht leben möchte, aber ich bin ganz sicher, daß sie ihr Leben nicht bewahren kann, wenn sie nicht auch den Thron bewahrt. Der Augenblick wird kommen, und wahrscheinlich bald, da man wird zeigen müssen, was eine Frau und ein Kind zu Pferde vermögen. Dies ist in ihrer Familie erprobt, aber bis dahin muß man alles vorbereiten und nicht glauben, daß man, sei es mit

Hilfe des Zufalls oder mit kleinen Kombinationen, aus einer ungewöhnlichen Krise mit gewöhnlichen Männern und Mitteln herauskommt.« Als diesen ungewöhnlichen, als diesen außergewöhnlichen Mann bietet sich Mirabeau äußerst durchsichtig selber an. Mit dem Dreizack des Wortes hofft er die aufgepeitschten Wogen ebenso leicht beschwichtigen zu können, wie er sie aufgewühlt hat; in seinem Selbstüberschwang, in seinem überhitzten Selbstgefühl sieht er sich einerseits bereits als Präsidenten der Nationalversammlung und andererseits als ersten Minister des Königs und der Königin. Aber Mirabeau täuscht sich. Nicht einen Augenblick denkt Marie Antoinette daran, diesem »mauvais sujet« wirkliche Macht zu geben. Immer ist der dämonische Mensch dem mittleren Menschen instinktiv verdächtig, und Marie Antoinette begreift keineswegs die großartige Amoralität dieses Genies, des ersten und letzten, dem sie in ihrem Leben begegnet. Sie spürt nur Unbehagen vor den verwegenen Wendungen seines Charakters, dieser titanisch Leidenschaftliche erschreckt sie mehr, als er sie gewinnt. Ihr allergeheimster Gedanke ist darum, diesen wilden, gewalttätigen, übermäßigen, unberechenbaren Menschen, sobald man ihn nicht mehr braucht, rasch auszuzahlen und wegzuschicken. Man hat ihn gekauft, zunächst soll er noch tüchtig arbeiten für das teure Geld, soll Ratschläge geben, denn er ist ja klug und geschickt. Man wird sie lesen, sich davon aneignen, was nicht exzentrisch und zu kühn gedacht ist, und damit Schluß. Man wird diesen guten Agitator bei der Abstimmung, als Auskundschafter, als Friedensvermittler für die »gute Sache« in der Nationalversammlung brauchen, man wird ihn, den Bestochenen, allenfalls auch benutzen, um andere zu bestechen. Der Löwe soll in der Nationalversammlung brüllen und sich gleichzeitig vom Hof am Gängelbande führen lassen. So denkt Marie Antoinette von diesem überdimensionalen Geist, aber nicht ein Gran wirklichen Vertrauens gibt sie dem Menschen, dessen Brauchbarkeit sie zuwenig achtet, dessen »Moralität« sie immer verachtet und dessen Genialität sie von der ersten bis zur letzten Sekunde völlig verkennt.

Bald ist der Honigmond der ersten Begeisterung vorüber. Mirabeau merkt, daß seine Briefe nur den königlichen Papierkorb füttern, statt ein geistiges Feuer zu entfachen. Aber sei es Eitelkeit, sei es Gier nach der versprochenen Million, Mirabeau läßt nicht ab, den Hof zu bestürmen. Und da er sieht, daß seine schriftlichen Vorschläge nichts fruchten, versucht er die letzte Anstrengung. Er weiß, aus Erfahrung in der Politik, aus zahllosen Abenteuern mit Frauen, daß seine stärkste, seine eigentliche Kraft nicht im Schreiben, sondern im Reden liegt, daß seine elektrisierende Macht am gewaltigsten und unmittelbarsten von seiner Person ausgeht. So bestürmt er unaufhörlich den Vermittler, den Grafen de La Marck, er solle ihm endlich Gelegenheit zu einer Aussprache mit der Königin geben. Eine Stunde Gespräch, und ihr Mißtrauen wird, wie bei hundert andern Frauen, sich sofort in Bewunderung verwandeln. Eine Audienz nur, eine einzige! Denn sein Selbstgefühl berauscht sich bei dem Gedanken, es werde nicht die letzte sein. Wer ihn einmal gekannt, der kann sich ihm nicht mehr entziehen.

Marie Antoinette wehrt sich lange, schließlich gibt sie nach und erklärt sich bereit, Mirabeau am 3. Juli im Schlosse Saint-Cloud zu empfangen.

Selbstverständlich muß diese Begegnung eine vollkommen verschwiegene sein; in einer seltsamen Ironie des Schicksals wird Mirabeau zuteil, was der Kardinal von Rohan als betrogener Narr geträumt – eine Gartenszene im Schutz eines Boskettes. Der Park von Saint-Cloud, dies erfährt auch Hans Axel von Fersen im nämlichen

Sommer, hat allerlei heimliche Verstecke. »Ich habe eines ausfindig gemacht«, schreibt die Königin an Mercy, »das zwar nicht bequem, aber hinlänglich geeignet ist, ihn dort zu treffen und alles Unerwünschte von Haus und Garten fernzuhalten.«

Als Zeitpunkt wird der Sonntagmorgen acht Uhr bestimmt, eine Stunde, da der Hof noch schläft und die Garden Besuche nicht vermuten. Mirabeau verbringt, zweifellos erregt, die Nacht im Hause seiner Schwester in Passy. Ein Wagen fährt ihn frühmorgens nach Saint-Cloud, als Kutscher dient ihm sein Neffe, der sich verkleidet hat. An einer versteckten Stelle läßt er den Wagen warten, dann drückt Mirabeau den Hut tief ins Gesicht, schlägt den Mantel hoch wie ein Verschwörer und betritt durch eine vorher bezeichnete und mit Absicht nicht verschlossene Seitentür den königlichen Park.

Bald hört er leichte Schritte auf dem Kies. Die Königin erscheint ohne jede Begleitung. Mirabeau will sich verbeugen, aber im Augenblick, da sie das von Leidenschaft zerstörte, von Pocken zerfressene, von wirrem Haar umflatterte, gewalttätige und doch gewaltige Gesicht dieses plebejischen Aristokraten sieht, überläuft ihre Gestalt unwillkürlich ein Schauer. Mirabeau bemerkt dieses Erschrecken, er kennt es seit langem. Immer waren alle Frauen, er weiß es, auch die sanfte Sophie Voland, so zurückgeschreckt, wenn sie ihn zum erstenmal erblickten. Aber die medusische Kraft seiner Häßlichkeit, die Entsetzen erweckt, sie vermag auch festzuhalten; immer war es ihm gelungen, dieses erste Erschrecken in Staunen, in Bewunderung und, wie oft sogar!, in hingerissene Leidenschaft zu verwandeln.

Was die Königin mit Mirabeau in dieser Stunde besprochen, bleibt Geheimnis. Da sie ohne Zeugen waren, sind alle Berichte, wie jener der allwissend sein wollenden Kammerfrau Madame Campan, bloß Fabel und Vermutung. Nur dies weiß man, daß Mirabeau nicht die Königin, sondern die Königin Mirabeau ihrem Willen unterwarf. Ihrer ererbten Hoheit, verstärkt durch den ewig wirksamen Nimbus des Königstums, die natürliche Würde und der jähe Verstand, der Marie Antoinette im ersten Gespräch immer klüger, energischer und entschlossener erscheinen ließ, als die Unbeständige in Wirklichkeit war, wirken mit unbezwinglichem Zauber auf Mirabeaus rasch entzündbare und großartige Natur. Wo er Mut fühlt, fühlt er Sympathie. Noch ganz erregt faßt er, als er den Park verläßt, den Arm seines Neffen und sagt mit der ihm eigenen Leidenschaftlichkeit: »Sie ist schon eine wunderbare Frau, sehr vornehm und sehr unglücklich. Aber ich werde sie retten.« In einer einzigen Stunde hat Marie Antoinette aus dem bestechlich Schwankenden einen Entschlossenen gemacht. »Nichts wird mich aufhalten, ich werde eher sterben, als mein Versprechen nicht halten«, schreibt Mirabeau an den Unterhändler de La Marck.

Von der Königin hat man keinen Bericht über diese Begegnung. Kein Wort der Dankbarkeit oder des Vertrauens ist je über ihre Habsburger Lippe gekommen. Nie hat sie Mirabeau wiedersehen wollen, nie eine Zeile an ihn gerichtet. Auch bei jener Begegnung hat sie keinen Bund mit ihm geschlossen, nur die Versicherung seiner Ergebenheit entgegengenommen. Sie hat ihm nur erlaubt, sich für sie aufzuopfern.

Mirabeau hat ein Versprechen gegeben, oder vielmehr: er hat zwei gegeben. Er hat dem König Treue geschworen und der Nation: mitten im Kampf ist er gleichzeitig Generalstabschef der einen und der anderen Partei. Nie hat ein Politiker eine gefährlichere Aufgabe übernommen als solche Doppelrolle, nie hat sie jemand genialer (Wallenstein war ein Stümper dagegen) bis zu Ende gespielt.

Schon rein körperlich ist Mirabeaus Leistung in jenen dramatischen Wochen und Monaten unvergleichlich. Er hält Reden in der Versammlung und in den Klubs, er agitiert, er parlamentiert, empfängt Besuche, liest, arbeitet, verfaßt mittags die Berichte und Anträge für die Versammlung und abends die Geheimberichte für den König. Drei, vier Sekretäre arbeiten gleichzeitig und kommen kaum der fliegenden Hast seiner Rede nach, aber seiner unerschöpflichen Kraft ist alles dies noch nicht genug. Noch mehr Arbeit will er, noch mehr Gefahr, noch mehr Verantwortung, und gleichzeitig außerdem leben und genießen. Wie ein Seiltänzer sucht er das Gleichgewicht zu erhalten, bald nach rechts und bald nach links, beide Grundkräfte seiner außerordentlichen Natur stellt er ganz in den Dienst beider Sachen, seinen hellsichtigen politischen Geist, seine heißblütige unwiderstehliche Leidenschaft, und so blitzschnell wechseln bei ihm Hieb und Parade, so rasch läßt er die Klinge kreisen, daß niemand weiß, gegen wen er zielt, gegen den König oder gegen das Volk, gegen die neue Macht oder gegen die alte, und vielleicht weiß er es selber nicht in den Augenblicken der Selbstbegeisterung. Aber auf die Dauer kann sich ein solcher Widerspruch nicht halten. Schon rührt sich der Verdacht. Marat nennt ihn gekauft, Fréron droht ihm mit der Laterne. »Mehr Tugend und weniger Talent«, ruft man ihm in der Nationalversammlung zu, aber er, ein wahrhaft Berauschter, kennt keine Angst, keine Furcht, sorglos streut er, dessen Schulden ganz Paris kennt, seinen neuen Reichtum aus. Was kümmert es ihn, daß alle Leute staunen, raunen und fragen, aus welchen Mitteln er sich plötzlich ein fürstliches Haus halten, großartige Gastmähler geben, die Bibliothek Buffons kaufen, Opernsängerinnen und Dirnen mit Diamanten behängen kann; er schreitet furchtlos wie Zeus durch das Gewitter, weil er sich Herr aller Stürme weiß. Greift jemand ihn an, so schlägt er mit der Keule seines Zorns, mit dem Blitz seines Spottworts, ein anderer Simson, die Philister zusammen. Unter sich den Abgrund, rings um sich Argwohn, hinter sich tödliche Gefahr, fühlt sich seine Riesenkraft endlich im wahren und ihm gemäßen Element; eine einzige ungeheure Flamme, knapp vor dem Erlöschen riesenhaft emporschlagend, brennt sich seine unvergleichbare Zehnmännerkraft in diesen Tagen der Entscheidung aus. Endlich ist diesem unwahrscheinlichen Mann ein Maß gegeben, das seinem Genie entspricht: das Unvermeidliche aufzuhalten, dem Schicksal Halt zu gebieten; mit der ganzen Wucht seines Wesens wirft er sich in die Ereignisse hinein und versucht, ein einzelner gegen Millionen, das ungeheure Rad der Revolution zurückzudrehen, das er selber ins Rollen gebracht hat.

Das wunderbar Verwegene dieses Kampfes nach zwei Seiten, das Grandiose dieser Doppelstellung zu begreifen geht über die politische Fassungskraft einer so gradlinigen Natur wie derjenigen Marie Antoinettes. Je kühner die Denkschriften werden, die er vorlegt, je diabolischer die Ratschläge, die er erteilt, um so heftiger erschrickt ihr im Grunde nüchterner Verstand. Mirabeaus Gedanke ist: er will den Teufel durch Beelzebub austreiben, die Revolution vernichten durch ihr Übermaß, die Anarchie. Da man die Verhältnisse nicht bessern kann, so muß man sie – seine berüchtigte »politique du pire« – möglichst rasch verschlechtern, im Sinne eines Arztes, der durch Reizmittel die Krise herausfordert, um damit die Genesung zu beschleunigen. Nicht die Volksbewegung zurückstoßen, sondern sich ihrer bemächtigen, nicht von oben her die Nationalversammlung bekämpfen, sondern das Volk auf geheime Weise aufreizen, daß es selber die Nationalversammlung zum Teufel schicke, nicht auf Ruhe hoffen und auf Frieden, sondern im Gegenteil: das Unrecht und den

Unfrieden im Lande bis zur höchsten Erhitzung steigern und damit ein starkes Bedürfnis nach Ordnung, nach der alten Ordnung herausfordern, vor nichts zurückschrekken, auch nicht vor dem Bürgerkrieg – das sind die amoralischen, aber politisch hellsichtigen Vorschläge Mirabeaus. Aber bei solcher Kühnheit, die schmetternd wie eine Fanfare verkündet: »Vier Feinde rücken im Eilschritt heran, die Steuern, der Bankrott, die Armee und der Winter; man muß einen Entschluß fassen und sich auf die Ereignisse vorbereiten, indem man sie in die Hand nimmt. Kurzum, der Bürgerkrieg ist sicher und vielleicht notwendig« – bei solchen verwegenen Ankündigungen zittert der Königin das Herz. »Wie kann Mirabeau oder irgendein denkendes Wesen glauben, daß jemals und schon gar jetzt der Augenblick gekommen sei, einen Bürgerkrieg heraufzubeschwören«, erwidert sie erschreckt und nennt diesen Plan »toll von einem Ende bis zum andern«. Ihr Mißtrauen gegen den Immoralisten, der zu jedem und auch dem fürchterlichsten Mittel zu greifen bereit ist, wird allmählich unüberwindbar. Vergeblich sucht Mirabeau »mit Donnerschlägen diese schreckliche Lethargie aufzurütteln«, man hört nicht auf ihn, und allmählich mengt sich in seinen Zorn über diese seelische Lässigkeit der königlichen Familie eine gewisse Verachtung für das »royal bétail«, für diese königliche Schafsnatur, die geduldig wartet, bis der Schlächter kommt. Längst weiß er, daß er für diesen zum Guten nur lässig bereiten, zur wirklichen Tat aber unfähigen Hof vergeblich kämpft. Aber Kampf ist sein Element. Selbst ein verlorener Mann, kämpft er für eine verlorene Sache, und schon herabgerissen von der schwarzen Woge, ruft er noch einmal den beiden die verzweifelte Prophezeiung zu: »Guter, aber schwacher König! Unglückliche Königin! Seht doch den furchtbaren Abgrund, dem das Schwanken zwischen einem zu blinden Vertrauen und einem zu übertriebenen Mißtrauen euch zutreibt! Eine Kraftanstrengung bleibt noch beiden Teilen vorbehalten, aber es wird die letzte sein. Verzichtet man auf sie, oder mißlingt sie, dann wird ein Trauerschleier dieses Reich bedecken. Was wird mit ihm geschehen? Wohin wird das Schiff treiben, vom Blitz getroffen und vom Sturm herumgeschleudert? Ich weiß es nicht. Aber wenn ich selbst dem öffentlichen Schiffbruch entrinne, so werde ich immer mit Stolz in meiner Zurückgezogenheit mir sagen: ich habe mich meinem eigenen Untergang ausgesetzt, um sie alle zu retten. Aber sie haben es nicht gewollt.«

Sie haben es nicht gewollt; schon die Bibel verbietet, den Ochsen und das Pferd vor den gleichen Pflug zu spannen. Die schwerfällige, konservative Denkform des Hofes kann nicht Schritt halten mit dem feurig fortstürmenden, ingrimmig an Zaum und Zügel rüttelnden Temperament des großen Tribunen. Eine Frau der alten Welt, versteht Marie Antoinette nicht die revolutionäre Natur in Mirabeau, sie begreift nur das Gradlinige, nicht das verwegene Vabanque dieses genialen Glücksritters der Politik. Bis zur letzten Stunde aber kämpft Mirabeau weiter aus Freude an der Kampflust, aus Stolz über seine maßlose Verwegenheit. Einer gegen alle, verdächtig dem Volk, verdächtig dem Hof, verdächtig der Nationalversammlung, spielt er mit allen und gegen alle zugleich. Mit verwüstetem Leib, mit fieberndem Blut schleppt er sich immer wieder in die Arena, um noch einmal den Zwölfhundert den Willen aufzuzwingen, dann im März 1791 – acht Monate hat er gleichzeitig dem König und der Revolution gedient – wirft sich der Tod über ihn. Noch hält er seine Rede, noch diktiert er bis zum letzten Augenblick seinen Sekretären, noch schläft er mit zwei Opernsängerinnen die letzte Nacht, dann erst bricht diesem Übergewaltigen die Kraft. In Scharen stehen die

Menschen vor seinem Haus, um zu horchen, ob das Herz der Revolution noch schlage, und dem Sarge des Toten folgen dreihunderttausend Menschen. Zum erstenmal öffnet das Pantheon seine Tore, damit der Sarg dort in Ewigkeit ruhe.

Aber wie kläglich ist das Wort »Ewigkeit« in solcher fortstürmenden Zeit! Zwei Jahre später, nachdem Mirabeaus Verbindung mit dem König aufgedeckt ist, reißt ein anderes Dekret den noch nicht zerfallenen Leib aus der Gruft und wirft ihn auf den Schindanger.

Einzig der Hof schweigt bei Mirabeaus Tod und weiß, warum er schweigt. Getrost darf man die törichte Anekdote der Madame Campan beiseite schieben, man hätte eine Träne bei der Nachricht im Auge Marie Antoinettes blinken gesehen. Nichts ist unglaubhafter, denn mit einem Seufzer der Erleichterung hat wahrscheinlich die Königin die Lösung solcher Partnerschaft begrüßt: dieser Mann war zu groß, um zu dienen, zu kühn, um gehorsam zu sein; der Hof hat den Lebendigen gefürchtet, er fürchtet sogar den Toten. Noch während Mirabeau röchelnd in seinem Bette ringt, schickt man aus dem Schlosse einen vertrauten Agenten ins Haus, damit er rasch die verdächtigen Briefe aus dem Schreibtisch räume und so jenes Bündnis geheim bleibe, dessen beide sich schämten, Mirabeau, weil er dem Hofe diente, und die Königin, weil sie sich seiner bediente. Mit ihm aber fällt der letzte Mann, der vielleicht hätte vermitteln können zwischen der Monarchie und dem Volk. Nun stehen sie Stirn an Stirn einander gegenüber, Marie Antoinette und die Revolution.

Die Flucht wird vorbereitet

Mit Mirabeau ist der einzige Sekundant im Kampf gegen die Revolution vom Königtum hinweggestorben. Wieder steht der Hof allein. Zwei Möglichkeiten bestehen: die Revolution zu bekämpfen oder vor ihr zu kapitulieren. Wie immer wählt der Hof zwischen zwei Entscheidungen den unglücklichsten, den mittleren Weg: die Flucht.

Schon Mirabeau hat den Gedanken erwogen, der König solle sich zur Wiederherstellung seiner Autorität der ihm in Paris aufgezwungenen Wehrlosigkeit entziehen, denn Gefangene vermögen nicht Krieg zu führen. Um gut kämpfen zu können, muß man freie Arme und festen Boden unter den Füßen haben. Nur hatte Mirabeau gefordert, der König solle sich nicht heimlich aus dem Staube machen, das widerspräche seiner Würde. »Ein König flieht nicht vor seinem Volk«, sagte er, und noch dringlicher: »Ein König darf nur am hellichten Tage fortgehen und nur, um damit wirklich König zu werden.« Er hatte vorgeschlagen, Ludwig XVI. möge mit seiner Karosse eine Ausfahrt in die Umgebung machen, dort solle ihn ein treugebliebenes Reiterregiment erwarten, und in seiner Mitte, hoch zu Pferd, im Licht des Tages, solle er sich zu seiner Armee begeben und als freier Mann mit der Nationalversammlung verhandeln. Allerdings, zu einem solchen Verhalten gehört ein Mann, und nie hat ein Ruf zur Kühnheit einen Unentschlosseneren getroffen als Ludwig XVI. Er spielt zwar mit dem Gedanken, berät hin und her, aber schließlich liebt er doch seine Bequemlichkeit mehr als sein Leben. Nun jedoch, da Mirabeau tot ist, nimmt Marie Antoinette, müde der täglichen Erniedrigungen, den Gedanken energisch auf. Sie erschreckt nicht die Gefahr der Flucht, sondern bloß das Würdelose, das sich mit dem Begriff des Entweichens für eine Königin verbindet. Aber die täglich schlechtere Lage duldet keine

Wahl: »Es gibt nur noch zweierlei«, schreibt sie an Mercy, »entweder unter dem Schwert der Aufständischen zugrunde zu gehen, wenn sie siegen, und infolgedessen überhaupt nichts mehr zu bedeuten, oder an den Despotismus von Leuten gekettet zu bleiben, die behaupten, unser Bestes zu wollen, aber in Wahrheit uns immer nur Böses getan haben und es immer tun werden. Das ist unsere Zukunft, und vielleicht ist der Augenblick, der uns erwartet, näher, als man denkt, falls wir nicht selbst einen Entschluß fassen und durch unsere eigene Kraft und Haltung die öffentliche Meinung leiten. Glauben Sie mir, daß das, was ich Ihnen sage, nicht aus einem exaltierten Denken entspringt, oder aus dem Abscheu vor unserer Lage oder aus der Ungeduld zu handeln, ich kenne genau die Gefahr und die verschiedenen Möglichkeiten, die sich für uns in diesem Augenblicke eröffnen; aber ich sehe von allen Seiten nur so schreckliche Dinge vor uns, daß es immer noch besser ist, zugrunde zu gehen, indem man ein Mittel sucht, sich zu retten, als sich völlig untätig vernichten zu lassen.« Und da Mercy, der Nüchterne und Vorsichtige, von Brüssel her immer wieder seine Bedenken äußert, schreibt sie noch heftiger und hellsichtiger einen Brief, der zeigt, wie unerbittlich die früher leichtgläubige Frau den eigenen Sturz erkennt: »Unsere Lage ist furchtbar, und dies in einem Grade, daß niemand, der keine unmittelbare Gelegenheit hat, sie zu sehen, sich von ihr eine Vorstellung machen kann. Es gibt nur noch eine Wahl für uns: entweder das zu tun, was die ›factieux‹ verlangen, oder unter dem Schwert zugrunde zu gehen, das ständig über unseren Häuptern hängt. Glauben Sie mir, daß ich die Gefahr nicht übertreibe. Sie wissen, mein Grundsatz war immer, soweit es möglich war, Nachgiebigkeit, Hoffnung auf die Zeit und den Wandel der öffentlichen Meinung. Aber heute ist alles verändert; wir müssen zugrunde gehen oder den einzigen Weg beschreiten, der uns noch bleibt. Wir sind durchaus nicht so verblendet, zu glauben, daß dieser Weg gefahrlos sei, aber wenn wir schon zugrunde gehen sollen, so möge es wenigstens mit Ruhm geschehen und indem wir alles für Ehre und Religion getan haben, was unsere Pflicht gebietet... Ich glaube, daß die Provinz weniger verderbt ist als die Hauptstadt, aber es ist Paris, das für das ganze Königreich den Ton angibt. Die Klubs und die geheimen Gesellschaften führen das ganze Land; die anständigen Leute und die Unzufriedenen, obwohl in großer Zahl, fliehen aus dem Lande oder verbergen sich, weil sie nicht die Stärkeren sind oder weil es ihnen an Zusammenschluß fehlt. Erst wenn sich der König frei in einer befestigten Stadt wird zeigen können, wird man erstaunt sein, wieviel Unzufriedene zum Vorschein kommen werden, die bisher schweigen und stöhnen. Aber je länger man zögert, um so weniger Unterstützung wird man finden, denn der republikanische Geist macht jeden Tag neue Fortschritte in allen Klassen, die Truppen sind mehr als je bedrängt, und man könnte nicht mehr auf sie zählen, wenn man noch länger zögerte.«

Außer von der Revolution aber droht noch eine zweite Gefahr. Die französischen Prinzen, der Graf von Artois, der Prinz von Condé und die anderen Emigranten, schlechte Helden, aber laute Bramarbasse, lärmen mit Säbeln, die sie vorsichtigerweise in der Scheide führen, an der Grenze herum. Sie intrigieren an allen Höfen, sie wollen, um das Peinliche ihres Davongelaufenseins zu maskieren, durchaus Helden spielen, solange es nicht gefährlich ist; sie reisen von Hof zu Hof, suchen Kaiser und Könige gegen Frankreich aufzuhetzen, ohne zu bedenken und ohne sich damit zu beschweren, daß sie die Lebensgefahr des Königs und der Königin durch diese hohlen Demonstrationen erhöhen. »Er (d'Artois) kümmert sich wenig um seinen Bruder und meine Schwester«, schreibt Kaiser Leopold II., »gli importa un frutto, so drückt er sich aus, wenn er vom König spricht, und denkt nicht daran, wie sehr er den König und meine Schwester durch seine Pläne und Versuche gefährdet.« Die großen Helden sitzen in Koblenz und Turin, halten üppige Tafel und behaupten dabei, nach Jakobinerblut durstig zu sein; die Königin hat größte Mühe, sie wenigstens an den gröbsten Torheiten zu hindern. Auch ihnen muß der Wind aus den Segeln genommen werden. Der König muß frei sein, um beide niederzuhalten, die Ultrarevolutionäre und die Ultrareaktionäre, die Unmäßigen innerhalb von Paris und diejenigen an den Grenzen. Der König muß frei sein, und zu diesem Ziel muß selbst der peinlichste Umweg gewählt werden: die Flucht.

Die Ausführung der Flucht liegt in den Händen der Königin, und so erklärt es sich, daß sie die praktischen Vorbereitungen selbstverständlich jenem anvertraut, vor dem sie nichts zu verbergen hat und dem sie unbedenklich vertraut: Fersen. Ihm, der gesagt hat: »Ich lebe nur, um Ihnen zu dienen«, ihm, »dem« Freunde, überläßt sie eine Tat, die nur mit restlosem Einsatz aller Kräfte und mehr noch, nur mit Einsatz des eigenen Lebens geleistet werden kann. Die Schwierigkeiten sind unermeßlich. Um aus dem von Nationalgardisten überwachten Palais hinauszukommen, wo fast jeder Diener ein Spion ist, um die ganze fremde und feindselige Stadt zu durchschreiten, müssen vorsichtig Maßnahmen besonderer Art getroffen werden und für die Fahrt durch das Land selbst Vereinbarungen mit dem einzigen verläßlichen Führer der Truppen, mit dem General Bouillé. Dieser soll, so ist es geplant, den halben Weg bis zur Festung Montmédy, also etwa bis Châlons, einzelne Abteilungen Kavallerie entgegensenden, damit im Falle eines Erkanntwerdens oder einer Verfolgung der Wagen des Königs mit der ganzen königlichen Familie sofort geschützt werden könne. Neue

Schwierigkeiten nun: diese auffällige militärische Bewegung im Grenzgebiet zu rechtfertigen, muß ein Vorwand gefunden, es muß von der österreichischen Regierung an der Grenze ein Armeekorps zusammengezogen werden, um dem General Bouillé Anlaß zu geben, seine Truppenbewegungen durchzuführen. Alles dies muß in unzähligen Korrespondenzen heimlich erörtert werden und mit äußerster Vorsicht, weil die meisten Briefe geöffnet werden und, wie Fersen selbst sagt, »alles verloren wäre, wenn man nur die geringsten Maßnahmen bemerken würde«. Außerdem – abermalige Schwierigkeit – erfordert diese Flucht größere Geldsummen, und der König und die Königin selbst sind vollkommen ohne Mittel. Alle Versuche, von ihrem Bruder, von den anderen Fürsten in England, Spanien, Neapel oder vom Hofbankier einige Millionen geliehen zu bekommen, sind gescheitert. Auch dafür, wie für alles andere, muß Fersen, dieser kleine, fremde Edelmann, Vorsorge treffen.

Aber Fersen schöpft Kraft aus seiner Leidenschaft. Er arbeitet gleichsam mit zehn Köpfen, zehn Händen und nur mit einem einzigen hingebungsvollen Herzen. Stundenlang berät er mit der Königin, sich nachts oder nachmittags auf dem geheimen Wege einschleichend, alle Einzelheiten. Er führt die Korrespondenz mit den auswärtigen Fürsten, mit dem General Bouillé, er wählt die verläßlichsten Edelleute, die, als Kuriere verkleidet, die Flucht begleiten sollen, und jene, welche die Briefe hin- und hertragen und wieder an die Grenze bringen. Er bestellt die Karosse auf seinen Namen, er besorgt die falschen Pässe, er schafft Geld, indem er auf sein eigenes Vermögen hin von einer russischen und einer schwedischen Dame je dreihunderttausend Livres leiht und sogar sich schließlich dreitausend von seinem eigenen Hausbesorger borgt. Er bringt Stück für Stück die notwendigen Verkleidungen in die Tuilerien und schmuggelt seinerseits wieder die Diamanten der Königin hinaus. Tag und Nacht, Woche um Woche ist er schreibend, verhandelnd, planend und reisend in unablässiger Anspannung und dabei in ständiger Lebensgefahr, denn eine einzige Masche, die sich in diesem über ganz Frankreich gespannten Netz löst, ein einziger Vertrauensmißbrauch eines Eingeweihten, ein einziges ertapptes Wort, ein aufgefangener Brief, und sein Leben ist verwirkt. Aber kühn und zugleich nüchtern klar, unermüdlich, weil von Leidenschaft bewegt, erfüllt er, ein stiller Held des Hintergrundes, seine Pflicht in einem der großen Dramen der Weltgeschichte.

Noch immer aber zögert man, noch immer hofft der zaudernde König, irgendein gefälliges Ereignis würde ihm die Peinlichkeit und die Anstrengung dieses Entweichens ersparen. Aber vergebens, die Karosse ist bestellt, das nötigste Geld zusammengekratzt, die Verabredung für die Eskorte mit dem General Bouillé beendet. Jetzt fehlt nur noch eins: ein recht offenkundiger Anlaß, eine moralische Rückendeckung für diese trotz allem nicht sehr ritterliche Flucht. Irgendetwas muß doch gefunden werden, um vor der Welt sichtbar zu erweisen, daß der König und die Königin nicht aus bloßer Ängstlichkeit entwichen sind, sondern daß der Terror selber sie dazu gezwungen hat. Um sich diesen Vorwand zu schaffen, kündigt der König der Nationalversammlng und der Stadtverwaltung an, er wolle die Osterwoche in Saint-Cloud verbringen. Und prompt, wie es heimlich gewünscht und berechnet war, hakt die jakobinische Presse ein, der Hof wolle nur nach Saint-Cloud, um dort von einem unvereidigten Priester Messe und Absolution zu empfangen, außerdem läge die Gefahr nahe, daß der König von dort mit seiner Familie entfliehen wolle. Die aufreizenden Artikel tun ihre Wirkung. Am 19. April, als der König die sehr auffällig bereitgestellten Paradewagen besteigen will, stehen dort schon riesige Menschenmassen zusammengerottet, die Armeen Marats und der Klubs, um die Abfahrt mit Gewalt zu verhindern.

Gerade ein solcher öffentlicher Eklat ist es aber, den die Königin und ihre Berater herbeigesehnt haben. Augenfällig soll der ganzen Welt bewiesen werden, daß Ludwig XVI. als einziger in ganz Frankreich nicht mehr so viel Freiheit habe, mit seinem Wagen zehn Meilen weit fahren zu dürfen, um frische Luft zu atmen. Die ganze königliche Familie setzt sich also demonstrativ in den Wagen und wartet, daß die Pferde angeschirrt werden. Aber die Menge, und mit ihr die Nationalgarde, stellt sich vor die Stalltüren. Schließlich kommt der ewige »Retter«, Lafayette, herbei und befiehlt als Kommandant der Nationalgarde, man solle dem König seinen Weg freigeben. Aber niemand gehorcht ihm. Der Bürgermeister, den er auffordert, die rote Fahne der Warnung zu entfalten, lacht ihm ins Gesicht. Lafayette will zum Volk sprechen, man brüllt ihn nieder. Offen bekennt sich die Anarchie zu ihrem Recht an das Unrecht.

Unterdessen sitzen, während der traurige Kommandant seine Truppen vergebens anfleht, ihm zu gehorchen, der König, die Königin und die Prinzessin Elisabeth ruhig im Wagen inmitten der johlenden Menge. Das wilde Lärmen, die großen Schimpfworte, fechten Marie Antoinette nicht an; im Gegenteil, mit stillem Vergnügen sieht sie zu, wie Lafayette, der Apostel der Freiheit, der Liebling des Volkes, zum Schwächling wird vor der aufreizenden Menge. Sie mischt sich nicht in diesen Zwist der beiden Mächte ein, die ihr gleich verhaßt sind; ruhig und unbeirrbar läßt sie diesen Tumult um sich donnern, denn er bringt offenkundig und weltsichtbar den Beweis, daß die Autorität der Nationalgarde nicht mehr vorhanden ist, daß völlige Anarchie in Frankreich herrscht, daß der

Pöbel die königliche Familie ungestraft beleidigen darf und somit der König im moralischen Recht ist, wenn er entflieht. Zweieinviertel Stunden lassen sie dem Volk seinen Willen, dann erst gibt der König den Befehl, die Karossen wieder in die Stallungen zurückzubringen, und erklärt, den Ausflug nach Saint-Cloud aufzugeben. Wie immer, wenn sie triumphiert hat, ist die eben noch tobende, schreiende, wütende Menge mit einemmal begeistert, alles jubelt dem Königspaar zu, und in plötzlicher Sinneswendung verspricht die Nationalgarde der Königin, sie zu beschützen. Aber Marie Antoinette weiß, wie es um diesen Schutz betellt ist, und antwortet laut: »Ja, darauf rechnen wir. Aber ihr werdet jetzt zugeben müssen, daß wir nicht frei sind.« Mit Absicht sagt sie diese Worte laut. Scheinbar sind sie an die Nationalgarde gerichtet, in Wirklichkeit an ganz Europa.

Wäre noch in der Nacht dieses zwanzigsten April dem Vorhaben die Tat gefolgt, Ursache und Wirkung, Beleidigung und Entrüstung, Hieb und Gegenhieb hätten sich in unmittelbar logischem Ablauf ergänzt. Zwei einfache, leichte, unauffällige Wagen, in dem einen der König mit seinem Sohn, im anderen die Königin und ihre Tochter, allenfalls noch Madame Elisabeth, und niemand hätte solch alltägliche Kabrioletts mit zwei Leuten darin beachtet; ohne Aufsehen hätte die königliche Familie die Grenze erreicht: Beweis dafür die gleichzeitige Flucht des Bruders des Königs, des Grafen von Provence, der dank solcher Unauffälligkeit ohne Zwischenfall entkommen ist.

Aber selbst einen Fingerbreit zwischen Leben und Tod will die königliche Familie nicht die heiligen Hausgesetze verletzen, selbst auf allergefährlichster Fahrt muß die unsterbliche Etikette mit. Erster Fehler: man beschließt, daß die fünf Personen zusammen in einem Wagen fahren, also die ganze Familie, Vater, Mutter, Schwester und die beiden Kinder, genauso, wie man sie bis ins letzte Dorf von Frankreich von hundert Kupferstichen her kennt. Aber nicht genug damit: Madame de Tourzel erinnert an ihren Eid, demzufolge sie die königlichen Kinder nicht einen Augenblick verlassen dürfe, folglich muß sie, zweiter Fehler, als sechste Person mit. Durch diese unnötige Belastung wird natürlich das Tempo einer Fahrt verzögert, bei der vielleicht jede Viertelstunde, jede Minute entscheidet. Dritter Fehler: es ist undenkbar, daß eine Königin sich persönlich bedient. Also müssen noch zwei Kammerfrauen mit in einem zweiten Wagen; jetzt hält man schon bei acht Personen. Da aber die Posten des Kutschers, des Vorreiters, des Postillions und der Lakaien mit verläßlichen Leuten besetzt werden müssen, die zwar den Weg nicht kennen, aber von Adel sein sollen, ist man glücklich schon bei zwölf Personen angelangt, und mit Fersen und seinem Kutscher bei vierzehn: eine reichliche Anzahl für ein Geheimnis. Vierter, fünfter, sechster und siebenter Fehler: es müssen Toiletten mitgeführt werden, damit die Königin und der König in Montmédy in Gala erscheinen und nicht etwa im Reiseanzug, es werden also noch ein paar hundert Pfund, in funkelnagelneue Koffer gepackt, dem Wagen aufgetürmt – abermalige Verlangsamung des Tempos, abermalige Erhöhung der Auffälligkeit. Nach und nach wird, was ein heimliches Entweichen sein sollte, zu einer pompösen Expedition.

Der Fehler aller Fehler aber: wenn einmal der König und die Königin vierundzwanzig Stunden fahren sollen, und selbst aus der Hölle, so müssen sie bequem reisen. Also einen neuen Wagen bestellt, besonders breit, besonders gut gefedert, ein Wagen, der nach frischem Lack und Reichtum riecht, der an jeder Umspannstelle jeden Kutscher, jeden Postillion, jeden Postmeister, jeden Fuhrknecht zu besonderer Neugierde herausfordern muß. Aber Fersen – die Liebenden denken niemals weit – will für Marie Antoinette alles so herrlich und schön und luxuriös wie nur möglich. Nach seinen genauen Angaben wird (angeblich für eine Baronin Korff) ein riesiges Ding angefertigt, ein kleines Kriegsschiff auf vier Rädern, das nicht nur die sechs Personen der königlichen Familie und außerdem noch Gouvernante, Kutscher und Diener befördern soll, sondern auch für alle erdenklichen Bequemlichkeiten Platz haben muß, silbernes Tafelgeschirr, Garderobe, Mundvorrat und sogar Leibstühle für kleine, auch bei Königen übliche Bedürfnisse. Ein ganzer Weinkeller wird eingebaut und verstaut, denn man kennt die durstige Kehle des Monarchen; um den Irrwitz noch zu vermehren, wird der Innenraum mit hellem Damast ausgeschlagen, und fast muß man sich wundern, daß man unterlassen hat, auch noch das Lilienwappen recht sichtbar auf dem Wagenschlag anzubringen. Mit dieser schweren Ausrüstung benötigt, um in einem leidlichen Tempo zu fahren, dieser ungeheuerliche Luxuswagen mindestens acht, meist aber zwölf Pferde, das heißt: Während eine leichte Postchaise mit zwei Pferden in fünf Minuten umgespannt ist, fordert hier ein Pferdewechsel regelmäßig eine halbe Stunde, im ganzen also vier bis fünf Stunden Verzögerung auf einer Fahrt, wo jede Viertelstunde zwischen Leben und Tod entscheidet. Um die adeligen Garden zu entschädigen, daß sie vierundzwanzig Stunden lang niedere Dienerkleidung tragen müssen, steckt man sie in blitzblanke, funkelnagelneue und dadurch auffällige Livreen, die merkwürdig kontrastieren zur geplanten, bescheidenen Verkleidung des Königs und der Königin. Diese Auffälligkeit von seiten der königlichen Familie wird überdies noch dadurch verstärkt, daß in jedem dieser kleinen Städtchen am Wege plötzlich mitten im Frieden Dragonerschwadronen einreiten, angeblich um einen »Geldtransport« zu erwarten, und daß als letzte, wahrhaft historische Dummheit der Herzog von Choiseul als Verbindungsoffizier zwischen den einzelnen Truppenteilen den unmöglichsten Menschen, Figaro in Person, aussucht, den Friseur der Königin, den göttlichen Léonard, wohlgeeignet zu frisieren, aber nicht zu diplomatisieren, und der, mehr als dem König, seiner ewigen Figarorolle treu bleibt, eine schon verwickelte Lage noch vollkommener zu verwirren.

Einzige Entschuldigung für all dies: das Staatszeremoniell von Frankreich hatte keinerlei Vorbild in der Geschichte für die Flucht eines Königs. Wie man zur Taufe fährt, wie zur Krönung, wie ins Theater und wie zur Jagd, welches Kleid, welche Schuhe und welche Spangen man nimmt für großen und kleinen Empfang, für die Messe und Jagd und Spiel, auf das ist mit hundert Einzelheiten das Zeremoniell eingespielt. Aber wie ein König und Königin verkleidet aus dem Palast ihrer Ahnen fliehen, dafür gibt es keine Vorschriften; hier müßte kühn und frei eine Lösung aus dem Stegreif einsetzen und den Augenblick erfassen. Weil völlig weltfremd, mußte bei dieser ersten Berührung mit der wirklichen Welt der Hof ohnmächtig unterliegen. In dem Augenblick, da der König von Frankreich die Livree eines Dieners anzog, um zu fliehen, konnte er nicht mehr Herr seines Schicksals werden.

Nach endlosen Verzögerungen ist der 19. Juni zum Tag der Flucht bestimmt; höchste, allerhöchste Zeit, denn ein Geheimnetz, zwischen so viele Hände gespannt, kann jeden Augenblick an irgendeiner Stelle zerreißen. Wie ein Peitschenschlag fährt in dieses leise Tuscheln und Reden plötzlich ein Aufsatz Marats, der ein Komplott zur Entführung des Königs ankündigt. »Man will ihn mit aller Macht in die Niederlande schleppen, unter dem Vorwand, daß seine Sache die aller Könige sei, und ihr seid dumm genug, diese Flucht nicht zu verhindern. Pariser, vernunftverlassene Pariser, ich bin schon müde, es euch immer wieder zu wiederholen, haltet den König und den Dauphin hinter euren Mauern fest und bewahrt sie gut, sperrt die Österreicherin und ihren Schwager ein und den Rest der Familie; der Verlust eines einzigen Tages kann verhängnisvoll für die ganze Nation sein.« Sonderbare Prophezeiung dieses durch die Brille seines krankhaften Mißtrauens merkwürdig scharfsinnigen Mannes: nur daß der »Verlust dieses einen Tages« nicht verhängnisvoll für die Nation wird, sondern für den König und die Königin. Denn nochmals verschiebt in letzter Stunde Marie Antoinette die schon bis in jede Einzelheit festgesetzte Flucht. Vergebens hat Fersen bis zur Erschöpfung gearbeitet, um für den 19. Juni alles bereitzustellen. Tag und Nacht dient seit Wochen und Monaten seine Leidenschaft nur einzig diesem Unternehmen. Eigenhändig schleppt er Nacht für Nacht von seinen Besuchen bei der Königin unter dem Mantel andere Kleidungsstücke heraus, in unzähligen Korrespondenzen hat er mit dem General Bouillé festgesetzt, an welchem Punkt die Dragoner und Husaren die Karosse des Königs zu erwarten haben; mit eigener Hand die Zügel lenkend, probiert er auf der Straße nach Vincennes die von ihm bestellten Postpferde aus. Die Vertrauten sind alle eingeweiht, der Mechanismus bis ins kleinste Räderwerk eingespielt. Aber im letzten Augenblick gibt die Königin Gegenbefehl. Eine ihrer Kammerfrauen, die ein Verhältnis mit einem Revolutionär hat, ist dringend verdächtig. Nun ist es so eingerichtet, daß gerade am nächsten Morgen, am 20. Juni, diese Frau dienstfrei haben soll, und dieser Tag muß abgewartet werden. Also abermals vierundzwanzig Stunden verhängnisvolle Verzögerung. Kontreorder an den General. Absattlungsbefehl an die schon zum Ausrücken bereiten Husaren, neue Nervenspannung für den schon abgehetzten Fersen und für die Königin, die ihre Unruhe kaum mehr bemeistern kann. Doch endlich ist auch dieser letzte Tag vorbei. Um jeden Verdacht zu zerstreuen, fährt die Königin nachmittags ihre Kinder und ihre Schwägerin in einen Vergnügungsgarten nach Tivoli. Bei der Rückkehr gibt sie dem Kommandanten mit gewohnter Hoheit und Sicherheit die Maßnahmen für den nächsten Tag. Nichts von Erregung ist ihr anzumerken und noch weniger dem König, weil dieser nervenlose Mann einer Erregung gar nicht fähig ist. Abends zieht sich Marie Antoinette um acht Uhr in ihre Gemächer zurück und verabschiedet die Frauen. Man legt die Kinder zu Bett und versammelt sich scheinbar sorglos nach dem Abendessen im großen Salon mit der ganzen Familie. Und nur eines könnte ein besonders feiner Beobachter vielleicht wahrnehmen, daß die Königin manchmal aufsteht und auf die Uhr blickt, als wäre sie müde. Aber in Wahrheit war sie nie gespannter, wacher und schicksalsbereiter als in dieser Nacht.

Die Flucht nach Varennes

Am Abend dieses zwanzigsten Juni 1791 könnte auch der mißtrauischste Beobachter nichts Verdächtiges in den Tuilerien feststellen: wie immer stehen die Nationalgarden auf ihren Posten, wie immer haben sich die Kammerfrauen und Diener nach dem Abendessen zurückgezogen, und im großen Salon sitzen wie alltäglich der König, sein Bruder, der Graf von Provence, und die andern Mitglieder der Familie friedlich beim Tricktrack oder im gelassenen Gespräch. Ist es auffällig, daß sich die Königin etwa um zehn Uhr mitten im Gespräch erhebt und für einige Zeit entfernt? Durchaus nicht. Sie hat vielleicht eine kleine Besorgung oder einen Brief zu schreiben, keiner der Bedienten folgt ihr, und als sie auf den Gang tritt, liegt er völlig leer. Aber diesmal bleibt Marie Antoinette gespannt stehen, horcht mit angehaltenem Atem auf den harten Schritt der Garde, dann eilt sie hinauf zur Zimmertür ihrer Tochter und klopft leise. Die kleine Prinzessin wacht auf, ruft erschreckt nach der (zweiten, stellvertretenden) Gouvernante, Frau Brunier; diese kommt, staunt über den unverständlichen Befehl der Königin, das Kind rasch anzuziehn, wagt aber keinen Widerstand. Unterdes hat die Königin auch den Dauphin geweckt, indem sie die Vorhänge des damastenen Baldachins aufschlägt und ihm zärtlich zuflüstert: »Komm, steh auf, wir reisen ab. Wir fahren nach einer Festung, wo es viele Soldaten gibt.« Schlaftrunken lallt der kleine Prinz etwas, verlangt seinen Säbel und seine Uniform, da er doch zu den Soldaten solle. Aber »schnell, schnell, wir fahren ab«, befiehlt Marie Antoinette der ersten Gouvernante, Madame de Tourzel, die längst in das Geheimnis eingeweiht ist, und unter dem Vorwand, es ginge auf einen Maskenball, den Prinzen als Mädchen verkleidet. Beide Kinder werden ohne Geräusch die Treppe hinab ins Zimmer der Königin geführt. Dort erwartet sie eine lustige Überraschung. Denn als die Königin den Wandschrank öffnet, tritt ein Gardeoffizier heraus, ein Herr von Malden, den der unermüdliche Fersen dort vorsorglich untergebracht hat. Alle vier schreiten jetzt zum unbewachten Ausgang.

Der Hof ist fast vollkommen lichtlos. In langer Reihe stehen Wagen angereiht, ein paar Kutscher und Lakaien treiben sich müßig herum oder plaudern mit den Nationalgarden, die ihre schweren Gewehre abgelegt haben und – wie schön ist der laue Sommerabend – weder an Pflicht noch an Gefahr denken. Die Königin öffnet persönlich die Tür und blickt hinaus: ihre Sicherheit verläßt sie in solchen Entscheidungen nicht einen Augenblick. Und schon schleicht aus dem Schatten der Wagen ein Mann heran, als Kutscher verkleidet, und faßt ohne Worte die Hand des Dauphins: Fersen, der Unermüdliche, der seit dem frühen Morgen Übermenschliches leistet. Er hat die Postillione bereitgestellt, die drei Leibgarden als Kuriere verkleidet und jeden an die richtige Stelle postiert. Er hat die Nachtsachen aus dem Palast geschmuggelt, die Kutsche vorbereitet und noch nachmittags die zu Tränen erregte Königin getröstet. Drei-, vier-, fünfmal ist er, einmal verkleidet, sonst in seiner gewöhnlichen Tracht, durch Paris hin und her gejagt, um alles in Ordnung zu bringen. Jetzt wagt er sein Leben, indem er den Dauphin von Frankreich aus dem Palast des Königs führt, und er will keine andere Belohnung als den dankbaren Blick der Geliebten, die ihm und ihm allein ihre Kinder anvertraut.

Die vier Schatten gleiten ins Dunkel zurück, die Königin schließt leise die Tür. Unauffällig, mit leichten sorglosen Schritten tritt sie wieder, als hätte sie bloß einen Brief geholt, in den Salon zurück und plaudert weiter in scheinbarer Gleichgültigkeit, während die Kinder, von Fersen glücklich über den großen Platz geführt, in einem altmodischen Fiaker verstaut werden, wo sie gleich in Schlaf sinken; gleichzeitig werden die beiden Kammermädchen der Königin in einem andern Wagen nach Claye vorausgesandt. Um elf Uhr beginnt dann die kritische Stunde. Der Graf von Provence und seine Frau, die ihrerseits gleichfalls heute fliehen werden, verlassen wie gewöhnlich das Schloß, die Königin und Madame Elisabeth begeben sich in ihre Zimmer. Um keinen Verdacht zu erwecken, läßt sich die Königin von ihrer Kammerfrau auskleiden, bestellt für den nächsten Morgen die Wagen für eine Ausfahrt. Um halb zwölf Uhr, der unvermeidliche Besuch Lafayettes beim König muß jetzt zu Ende sein, gibt sie Befehl, die Lichter zu löschen, und damit das Signal für die Dienerschaft, sich zurückzuziehen. Kaum aber hat sich die Tür hinter den Kammerfrauen geschlossen, so springt die Königin wieder auf, zieht sich rasch an, und zwar nimmt sie eine unauffällige Robe von grauer Seide, einen schwarzen Hut mit violettem Schleier, der ihr Gesicht unkenntlich macht. Jetzt noch leise die kleine Treppe hinunter zur Tür, wo ein Vertrauter sie erwartet, und über den dunklen Place du Carrousel – alles geht vortrefflich. Aber, peinlicher Zufall, gerade jetzt flammen Lichter heran, ein Wagen mit Läufern und Fackelträgern, der Wagen Lafayettes, der sich überzeugt hat, daß alles wie immer herrlich in Ordnung sei. Die Königin drückt sich vor dem Lichtschein hastig ins Dunkel des Torbogens, und so nahe streift Lafayettes Karosse vorbei, daß sie die Räder berühren könnte. Niemand hat sie bemerkt. Ein paar Schritte noch, und sie ist bei dem Mietwagen, der enthält, was sie am meisten auf Erden liebt: Fersen und ihre Kinder.

Schwieriger ist das Entkommen für den König. Zunächst hat er noch den allabendlichen Besuch Lafayettes zu erdulden, und der dauert so lange, daß es diesmal sogar dem dickhäutigen Mann schwerfällt, ruhig zu bleiben. Immer wieder steht er von seinem Sessel auf und tritt zum Fenster, als wolle er den Himmel betrachten. Endlich, um halb zwölf, empfiehlt sich der lästige Gast. Ludwig XVI. begibt sich in sein Schlafzimmer, und hier beginnt der letzte Verzweiflungskampf mit der Etikette, die ihn allzu fürsorglich beschützt. Nach uraltem Brauch muß der Kammerdiener des Königs im gleichen Zimmer schlafen, eine Schnur um das Handgelenk gewickelt, so daß ein Handzug des Monarchen genügt, den Eingeschlafenen sofort zu wecken. Wenn also Ludwig XVI. jetzt entkommen will, muß der Arme zunächst dem eigenen Kammerdiener entfliehen. Ludwig XVI. läßt sich also gemächlich wie gewöhnlich ausziehen, legt sich ins Bett und senkt den Baldachin zu beiden Seiten herab, als wolle er schlafen. In Wahrheit wartet er nur die Minute ab, da der

Diener sich ins Nachbarkabinett begibt, um sich auszuziehen, und nun, in diesem knappen Moment – die Szene wäre eines Beaumarchais' würdig –, schleicht der König rasch hinter dem Baldachin hervor, entwischt mit nackten Füßen im Nachtgewand durch die andere Tür in das verlassene Zimmer seines Sohnes, wo man ihm einen einfachen Anzug, eine grobe Perücke und – neue Schmach! – einen Lakaienhut bereitgelegt hat. In das Schlafzimmer tritt unterdessen ganz, ganz vorsichtig der getreue Diener zurück, preßt ängstlich den Atem, nur um seinen geliebten, hinter dem Baldachin ruhenden König nicht zu wecken, und wickelt sich das Ende der Schnur wie täglich um sein Handgelenk. Auf der Treppe schleicht indes im Hemd Ludwig XVI., Nachfahr und Erbe Ludwigs des Heiligen, König von Frankreich und Navarra, den grauen Rock, die Perücke und den Lakaienhut auf dem Arm, in den Unterstock, und hier erwartet ihn der im Wandschrank versteckte Leibgardist, Herr von Malden, um ihm den Weg zu zeigen. Unkenntlich durch einen flaschengrünen Überrock und den Lakaienhut auf dem erlauchten Haupt, schreitet der König gelassen durch den verödeten Hof seines Palastes; unerkannt lassen ihn die nicht sehr wacheifrigen Nationalgarden durch. Damit scheint das Schwerste geglückt, und um Mitternacht ist die Familie in dem Fiaker versammelt; Fersen, als Kutscher verkleidet, steigt auf den Bock und führt den als Lakaien verkleideten König und seine Familie quer durch Paris.

Quer durch Paris, verhängnisvollerweise quer durch Paris! Denn Fersen, der Edelmann, ist gewöhnt, sich von Kutschern führen zu lassen, nicht selbst zu kutschieren, er kennt nicht das unendliche Labyrinth der verwickelten Stadt. Außerdem will er aus Vorsicht – verhängnisvolle Vorsicht! – statt gleich aus der Stadt heraus, noch einmal in die Rue Matignon, um sich der Abfahrt der großen Karosse zu versichern. Erst um zwei Uhr, statt um Mitternacht, führt er die kostbare Fracht zum Stadttor hinaus – zwei Stunden, zwei unersetzliche Stunden sind verloren.

Hinter der Zollschranke soll die mächtige Karosse warten; erste Überraschung: sie ist nicht da. Wieder geht Zeit verloren, bis man sie endlich, mit vier Pferden bespannt und mit abgeblendeten Lichtern, entdeckt. Nun erst fährt er den Fiaker an den anderen Wagen heran, damit die königliche Familie übersteigen könne, ohne sich – es wäre entsetzlich! – die Schuhe im französischen Straßenkot zu beschmutzen. Halb drei Uhr morgens ist es statt zwölf Uhr nachts, als die Pferde endlich anziehen. Nun spart Fersen die Peitsche nicht, in einer halben Stunde sind sie in Bondy, wo der eine Gardeoffizier schon mit acht neuen, wohlausgeruhten Kurierpferden sie erwartet. Hier heißt es Abschied nehmen. Es wird nicht leicht. Ungern sieht Marie Antoinette den einzigen Verläßlichen sie verlassen, aber ausdrücklich hat der König erklärt, er wünsche nicht, daß Fersen sie weiter begleitet. Aus welchem Grunde, man weiß es nicht. Vielleicht um vor seinen Getreuen nicht gerade mit diesem allzu intimen Freund seiner Frau einzutreffen, vielleicht aus Rücksicht für ihn – jedenfalls Fersen vermerkt »il n'a pas voulu«. Und dann, es ist ja vereinbart, daß Fersen sofort die endgültig Befreiten aufsucht: ein kurzer Abschied also. So reitet Fersen – schon steigt ein leichter Lichtschimmer über den Horizont, einen heißen Sommertag verkündend – noch einmal an den Wagen heran und ruft mit Absicht laut, um die fremden Postillione zu täuschen: »Leben Sie wohl, Madame de Korff!«

Acht Pferde ziehen besser als vier, in munterm Trab schaukelt die mächtige Karosse auf dem grauen Bach der Landstraße. Alles zeigt lustige Laune, die Kinder haben ausgeschlafen, der König ist heiterer als sonst. Man spaßt über die falschen Namen, die man sich zugelegt: Frau de Tourzel gilt als die vornehme Dame Madame de Korff, die Königin als Gouvernante der Kinder und heißt Madame Rochet, der König mit dem Lakaienhut ist ihr Haushofmeister Durand, Madame Elisabeth ihre Kammerfrau, der Dauphin hat sich in ein Mädchen verwandelt. Eigentlich fühlt sich in dem bequemen Wagen die Familie freier beisammen als daheim in ihrem Schloß, umspäht von hundert Lakaien und sechshundert Nationalgarden; bald meldet sich der treue Freund Ludwigs XVI., der ihn nie verläßt, der Appetit. Die üppigen Vorräte werden hervorgeholt, man speist reichlich auf silbernem Service, schon fliegen Hühnerknochen und Weinflaschen aus dem Wagenfenster, und auch die braven Leibgarden werden nicht vergessen. Die Kinder, vom Abenteuer entzückt, spielen im Wagen, die Königin plaudert mit allen, und der König benutzt diese unvermutete Gelegenheit, sein eigenes Reich kennenzulernen: er holt die Landkarte heraus und verfolgt mit bravem Interesse von Dorf zu Dorf, von Weiler zu Weiler den Fortschritt der Fahrt. Allmählich kommt über sie alle ein Gefühl der Sicherheit. Bei der ersten Umspannstelle, um sechs Uhr früh, liegen die Bürger noch in ihren Betten, niemand fragt nach den Pässen der Baronin Korff; jetzt nur glücklich durch die große Stadt Châlons, dann ist alles gewonnen, denn, vier Meilen hinter diesem letzten Hindernis, bei Pont-de-Somme-Vesle, erwartet sie schon der erste vorgeschobene Trupp Kavallerie unter dem Befehl des jungen Herzogs von Choiseul.

Endlich Châlons, vier Uhr nachmittags. Es ist keineswegs Böswilligkeit, daß sich so viele Leute vor der

Posthaltestelle versammeln. Wenn eine Postkutsche eintrifft, will man doch rasch das Neueste aus Paris von den Postillionen hören, allenfalls einen Brief oder ein Päckchen nach der nächsten Station mitgeben, und überhaupt, man plaudert gern in einem kleinen langweiligen Landstädtchen, heute wie damals, man sieht sich gern fremde Leute und einen schönen Wagen an: mein Gott, was hat man anderes und Besseres zu tun an einem heißen Sommertag! Fachmännisch mustern die Kenner die Karosse. Funkelnagelneu, konstatieren sie zunächst mit Ehrerbietung, und ganz ungewöhnlich nobel, ausgeschlagen mit Damast, wunderschön kassettiert, prachtvolles Gepäck, gewiß sind das Adelige, wahrscheinlich Emigranten. Eigentlich wäre man neugierig, sie zu sehen, mit ihnen zu plaudern, aber sonderbar: warum bleiben denn alle sechs Personen an diesem wunderschönen und warmen Tag nach einer so langen Fahrt hartnäckig in der Karosse sitzen, statt sich die eingeklemmten Beine ein bißchen weichzugehen oder ein kühles Glas Wein gesprächig zu trinken? Warum tun diese galonierten Lakaien so unverschämt vornehm, als ob sie etwas Besonderes wären? Sonderbar, sonderbar! Ein leises Murmeln beginnt, jemand tritt auf den Postmeister zu und flüstert ihm etwas ins Ohr. Der scheint betroffen, sehr betroffen. Aber er mengt sich nicht weiter ein und läßt den Wagen ruhig weiterfahren, doch – niemand weiß wieso – nach einer halben Stunde schwätzt und redet die ganze Stadt, der König und die königliche Familie seien durch Châlons gefahren.

Die aber wissen und ahnen nichts, im Gegenteil, sie sind trotz aller Müdigkeit herzhaft vergnügt, denn in der nächsten Station erwartet sie ja schon Choiseul mit seinen Husaren: dann ist es vorbei mit dem Verstellen und Verstecken, man wird den Lakaienhut wegwerfen und die falschen Pässe zerreißen, man wird endlich wieder das

»Vive le Roi! Vive la Reine!« hören, das so lange verstummt war. Voll Ungeduld blickt Madame Elisabeth immer wieder aus dem Fenster, um als erste Choiseul zu begrüßen, die Kuriere erheben vor der sinkenden Sonne die Hand, um von fern schon das Säbelblitzen der Husaren zu sehen. Aber nichts. Nichts. Endlich ein Reiter, aber nur ein einzelner, ein vorausgespengter Gardeoffizier.

»Wo ist Choiseul?« ruft man ihm zu.

»Fort.«

»Und die andern Husaren?«

»Kein Mann ist da.«

Mit einemmal stockt die gute Laune. Irgend etwas stimmt nicht. Und dazu, es wird dunkel, es wird Nacht. Unheimlich, jetzt ins Fremde, ins Ungewisse zu fahren. Aber es gibt kein Zurück und kein Stehenbleiben, ein Flüchtling hat nur einen Weg: weiter und weiter. Die Königin tröstet die andern. Fehlen hier die Husaren, so findet man Dragoner in Sainte-Ménehould, und das liegt nur noch zwei Stunden weit, dann ist man geborgen. Diese zwei Stunden dehnen sich länger als der ganze Tag. Aber – neue Überraschung – auch in Sainte-Ménehould keine Eskorte. Die Reiter haben lange gewartet, haben tagsüber in den Wirtshäusern gesessen und dort aus Langeweile so arg gesoffen und gelärmt, daß die ganze Bevölkerung aufmerksam wurde. Schließlich hat der Kommandant, durch eine verworrene Mitteilung des Hoffriseurs genarrt, es für klüger gehalten, sie aus der Stadt herauszuführen und weiter rückwärts am Wege warten zu lassen, nur er selbst ist zurückgeblieben. Endlich rollt pompös die achtspännige Karosse heran und hinter ihr das zweispännige Kabriolett, für die braven Kleinbürger schon das zweite unerklärliche und geheimnisvolle Geschehnis dieses Tages. Zuerst die Dragoner, die kamen und herumsaßen, man wußte nicht, wozu und warum, jetzt die beiden Wagen mit vornehm livrierten

Postillionen; und seht doch, wie devot, wie ehrerbietig der Kommandant der Dragoner diese merkwürdigen Gäste begrüßt! Nein, nicht nur ehrerbietig, sondern untertänig: die ganze Zeit, während er mit ihnen spricht, hält er die Hand an der Kappe. Der Postmeister Drouet, Mitglied des Jakobinerklubs und wilder Republikaner, blickt scharf hin. Das müssen hohe Aristokraten sein oder Emigranten, denkt er, vornehmes, vornehmstes Pack, da sollte unsereiner eigentlich zugreifen. Jedenfalls gibt er zunächst seinen Postillionen leise den Befehl, sie sollten sich im Tempo nicht allzusehr beeilen mit diesen geheimnisvollen Passagieren, und schläfrig rattert die Karosse mit den schläfrigen Insassen weiter.

Aber kaum ist sie zehn Minuten fort, da verbreitet sich – hat jemand die Nachricht aus Châlons herübergebracht, oder hat der Instinkt des Volkes richtig geraten? – plötzlich das Gerücht, die königliche Familie sei im Wagen gewesen. Alles lärmt und regt sich, der Kommandant der Dragoner fühlt rasch die Gefahr und will seine Soldaten als Eskorte nachsprengen lassen. Aber schon ist es zu spät, die erbitterte Volksmenge erhebt Einspruch, und die Dragoner, gut mit Wein geheizt, verbrüdern sich mit dem Volk und gehorchen nicht mehr. Ein paar Entschlossene lassen den Generalmarsch schlagen, und während alles im Tumult durcheinanderstürmt, faßt ein einziger Mann einen Entschluß: der Postmeister Drouet, ein guter Reiter vom Kriegsdienst her, läßt sich ein Pferd satteln und galoppiert, von einem Kameraden begleitet, auf kürzestem Wege der schwerfälligen Karosse nach Varennes voraus. Dort kann man mit diesen verdächtigen Passagieren noch ausführliche Zwiesprache halten und, wenn es wirklich der König ist, dann gnade ihm Gott und seiner Krone! Wie schon tausendmal, verändert auch diesmal eine einzige energische Handlung eines energischen Menschen die Weltgeschichte.

Inzwischen rollt und rollt der riesige Wagen des Königs die gewundene Straße nach Varennes hinab. Vierundzwanzig Stunden Fahrt unter einem sonnverbrannten Dach, eng aneinandergedrückt, haben die Reisenden müde gemacht, die Kinder schlafen längst, der König hat die Karten zusammengefaltet, die Königin schweigt. Nur noch eine Stunde, eine letzte Stunde, und sie sind unter sicherer Eskorte. Aber neuerdings Überraschung: bei der verabredeten Umspannstelle außerhalb der Stadt Varennes stehen keine Pferde. Man tappt im Dunkel herum, klopft an die Fenster und begegnet unfreundlichen Stimmen. Die beiden Offiziere, die den Auftrag hatten, hier zu warten, hat – man soll Figaro nicht zu seinem Boten wählen – der vorausgeschickte Friseur Léonard mit seinen wirren Reden glauben gemacht, der König käme nicht mehr. Sie haben sich schlafen gelegt, und dieser Schlaf ist dem König ebenso verhängnisvoll wie jener Lafayettes am 6. Oktober. Also weiter mit den abgemüdeten Pferden nach Varennes hinein, vielleicht findet man dort einen Umspann. Aber zweite Überraschung: unter dem Torbogen springen ein paar junge Menschen den Vorreiter an und befehlen: »Halt!« Im Nu sind die beiden Wagen umringt und begleitet von einer Bande junger Burschen. Drouet und die Seinen, zehn Minuten früher angelangt, haben die ganze revolutionäre Jugend von Varennes aus den Betten oder Wirtshäusern geholt. »Die Pässe!« gebietet jemand. »Wir haben Eile, wir müssen bald ankommen«, antwortet aus dem Wagen eine weibliche Stimme. Es ist die der angeblichen »Madame Rochet«, in Wirklichkeit die der Königin, die als einzige in dem gefährlichen Augenblick Energie bewahrt. Aber der Widerstand hilft nichts, sie müssen bis zum nächsten Gasthaus, das – wie boshaft kann die Weltgeschichte sein! – »Zum großen Monarchen« benannt ist, und dort steht schon der Bürgermeister, seines Zeichens ein Krämer, auf den wohlschmeckenden Namen »Sauce« hörend, und will die Pässe sehen. Der kleine Krämer, innerlich dem König ergeben und voll Angst, in eine arge Affäre zu geraten, sieht die Pässe flüchtig durch und sagt: »In Ordnung.« Er für seinen Teil ließe die Wagen ruhig weiterfahren. Aber dieser junge Drouet, der den Fisch an der Angel spürt, schlägt auf den Tisch und schreit laut: »Es ist der König und seine Familie, und wenn Sie ihn in fremdes Land lassen, so sind Sie des Hochverrates schuldig.« So eine Drohung fährt einem braven Familienvater arg in die Knochen, und gleichzeitig donnert die von Drouets Kameraden gezogene Sturmglocke los, die Lichter flammen auf in allen Fenstern, die ganze Stadt ist alarmiert. Um den Wagen sammelt sich eine immer mehr anschwellende Menschenmenge: an Weiterfahren ohne Gewalt ist nicht zu denken, denn die frischen Pferde sind noch nicht eingespannt. Um sich aus der Verlegenheit zu ziehen, schlägt der wackere Krämer-Bürgermeister vor, es sei immerhin schon zu spät für die Weiterreise; Frau Baronin Korff und die Ihren mögen in seinem Haus übernachten. Bis morgen früh, denkt der Schlaue im stillen, muß sich alles geklärt haben, im Guten oder im Bösen, und ich bin die mir auf den Kopf gefallene Verantwortung los. Zögernd, es bleibt nichts Besseres, und dann, die Dragoner werden schon kommen, nimmt der König die Einladung an.

In ein oder zwei Stunden muß Choiseul oder Bouillé hier sein. So tritt Ludwig XVI. ruhig mit seiner falschen Perücke in das Haus, und seine erste Königstat ist, eine Flasche Wein und ein Stückchen Käse zu verlangen. Ist es der König? Ist es die Königin? – so flüstern unruhig und aufgeregt die alten Frauen und die herbeigeeilten Bauern. Denn so meilenfern liegt damals eine kleine französische Stadt vom großen, unerschaubaren Hof, daß nicht ein einziger von all diesen seinen Untertanen jemals das

Antlitz des Königs anders gesehen als auf den Münzen und daß man eigens einen Boten nach einem adeligen Herrn schicken muß, damit man endlich feststellen könne, ob dieser fremde Reisende wirklich nur ein Lakai einer Baronin Korff ist oder Ludwig XVI., der Allerchristlichste König von Frankreich und Navarra.

Die Nacht in Varennes

An diesem 21. Juni 1791 betritt Marie Antoinette, im sechsunddreißigsten Jahre ihres Lebens und im siebzehnten Königin von Frankreich, zum erstenmal das Haus eines französischen Bürgers. Es ist die einzige Unterbrechung zwischen Palast und Palast und Gefängnis und Gefängnis. Der Weg geht zuerst durch die Butike des Krämers, die ranzig nach abgestandenem Öl, nach getrockneter Wurst und scharfen Gewürzen riecht. Eine knarrende Hühnerstiege hinauf schreiten hintereinander der König, oder vielmehr der unbekannte Herr mit der falschen Perücke, und jene Gouvernante der angeblichen Baronin Korff in den obern Stock; zwei Zimmer, ein Wohnzimmer und ein Schlafzimmer, niedrig, arm und schmutzig. Vor die Tür stellen sich sofort, neuartige Garde, höchst unähnlich der schimmernden von Versailles, zwei Bauern mit Heugabeln in den Händen. Alle acht, die Königin, der König, Madame Elisabeth, die beiden Kinder, die Gouvernante und die beiden Kammermädchen, stehen und sitzen in diesem engen Raum. Die Kinder, todmüde, werden in ein Bett gebracht und schlafen sofort ein, von Madame de Tourzel behütet. Die Königin hat sich auf einen Sessel gesetzt und den Schleier über das Gesicht gezogen; niemand soll sich rühmen dürfen, ihren Zorn, ihre Erbitterung gesehen zu haben.

Nur der König beginnt sofort, sich häuslich einzurichten, er setzt sich ruhig zu Tisch und schneidet mit dem Messer mächtige Stücke Käse ab. Keiner spricht ein Wort.

Endlich klappern Hufe auf der Straße, aber gleichzeitig erklingt auch der wild fortspringende Schrei von Hunderten: »Die Husaren! Die Husaren!« Choiseul, gleichfalls durch falsche Nachrichten genarrt, ist endlich gekommen, schlägt sich mit ein paar Säbelhieben den Weg frei und sammelt seine Soldaten um das Haus. Die Ansprache, die er ihnen hält, verstehen die braven deutschen Husaren nicht, sie wissen nicht, um was es geht, sie haben nicht mehr begriffen als die beiden deutschen Worte »der König und die Königin«. Aber immerhin, sie gehorchen und traben die Menge so scharf an, daß der Wagen aus der Menschenumklammerung für einen Augenblick befreit ist.

Hastig klirrt der Herzog von Choiseul die Treppen hinauf und macht seinen Vorschlag. Er ist bereit, sieben Pferde freizugeben. Der König, die Königin und das Gefolge sollen sie besteigen und inmitten seiner Truppen rasch aus dem Ort sprengen, bevor sich die Nationalgarde der Umgebung gesammelt habe. Stramm verbeugt sich der Offizier nach seinem Bericht: »Majestät, ich erwarte Ihre Order.«

Aber Befehle zu geben, rasche Entscheidungen zu treffen war niemals Sache Ludwigs XVI. Ob Choiseul sich verpflichten könne, parlamentiert er herum, daß bei diesem Durchbruch nicht eine Kugel seine Frau, seine Schwester, eines seiner Kinder treffen könne? Ob es nicht doch empfehlenswerter wäre zu warten, bis man auch die andern in den Wirtshäusern zerstreuten Dragoner gesammelt hätte? Mit diesem Hin und Her vergehen Minuten, kostbare Minuten. Auf den Strohsesseln der kleinen düstren Stube sitzt die Familie, sitzt die alte Zeit, und zögert und verhandelt. Aber die Revolution, das junge

Geschlecht, wartet nicht. Aus den Dörfern kommen, von den Sturmglocken wachgeschreckt, die Milizen heran, die Nationalgarde ist vollzählig versammelt, von den Wällen hat man die alte Kanone heruntergeholt und die Straßen verbarrikadiert. Die versprengten Soldaten wiederum, seit vierundzwanzig Stunden sinnlos im Sattel herumgejagt, lassen sich gern Wein reichen und verbrüdern sich mit der Bevölkerung. Immer mehr füllen sich die Straßen mit Menschen. Als ob die gemeinsame Ahnung entscheidender Stunden tief bis in das Unterbewußtsein der Massen hinunterreichte, stehen in der ganzen Umgebung die Bauern, die Häusler, die Schäfer, die Arbeiter vom Schlafe auf und marschieren nach Varennes, uralte Frauen nehmen aus Neugier ihre Krückstöcke, um einmal den König zu sehen, und jetzt, da der König sich offen zu erkennen geben muß, sind sie alle entschlossen, ihn nicht aus ihren Mauern zu lassen. Jeder Versuch, frische Pferde vor den Wagen zu spannen, wird vereitelt. »Nach Paris oder wir schießen, wir erschießen ihn in seinem Wagen«, toben wilde Stimmen dem Postillion entgegen, und mitten in diesem Tumult schlägt abermals die Sturmglocke. Neuer Alarm dieser dramatischen Nacht: ein Wagen ist aus der Richtung Paris gekommen, zwei der Kommissare, welche die Nationalversammlung aufs Geratewohl in alle Richtungen des Landes ausgeschickt hat, um den König zu stellen, haben die Fährte glücklich gefunden. Grenzenloser Jubel begrüßt die Boten der gemeinsamen Macht. Jetzt ist von Varennes die Verantwortung genommen, jetzt brauchen nicht mehr die kleinen Bäcker, Schuster, Schneider und Fleischer dieses armen Städtchens Weltschicksal zu entscheiden: die Sendlinge der Nationalversammlung sind da, der einzigen Autorität, die das Volk als die ihre anerkennt. Im Triumphzug führt man die beiden Boten in das Haus des wackeren Krämers Sauce und die Treppe hinauf zum König.

Unterdes ist die furchtbare Nacht allmählich zu Ende gegangen, es ist halb sieben Uhr früh geworden. Von den beiden Abgesandten ist einer, Romeuf, blaß, befangen und seines Auftrags wenig froh. Als Adjutant Lafayettes hat er oft den Wachdienst in den Tuilerien bei der Königin gehabt, immer war Marie Antoinette, die alle ihre Untergebenen mit ihrer natürlichen gutmütigen Herzlichkeit behandelt, ihm wohlgesinnt gewesen, oft hat sie und auch der König mit ihm fast freundschaftlich gesprochen; im innersten Herzen hat dieser Adjutant Lafayettes nur einen Wunsch: die beiden zu retten. Aber das Verhängnis, das unsichtbar dem König entgegenarbeitet, will, daß man ihm auf seine Mission einen zweiten, sehr ehrgeizigen und durchaus revolutionstreuen Begleiter, namens Bayon, mitgegeben hat. Im geheimen hat Romeuf, kaum daß er die Spur gefunden hatte, versucht, seine Fahrt zu verzögern, um dem König einen Vorsprung zu lassen, aber Bayon, der unerbittliche Späher, sitzt ihm im Nacken, und so steht er jetzt errötend da, voller Furcht, der Königin das verhängnisvolle Dekret der Nationalversammlung zu überbringen, das befiehlt, die königliche Familie anzuhalten. Marie Antoinette kann ihre Überraschung nicht unterdrücken: »Was? Sie, mein Herr? Nein, das hätte ich nicht gedacht!« In seiner Verlegenheit stammelt Romeuf, ganz Paris sei in Aufregung, das Staatsinteresse verlange, daß der König zurückkehre. Die Königin wird ungeduldig und wendet sich ab, sie spürt hinter dem wirren Geschwätz etwas Böses. Endlich verlangt der König das Dekret und liest, daß seine Rechte von der Nationalversammlung aufgehoben seien und jeder Kurier, der die königliche Familie antreffe, alle Maßnahmen zu ergreifen habe, um eine Fortsetzung der Reise zu verhindern. Die Worte: Flucht, Festnahme, Gefangensetzung sind zwar geschickt vermieden. Aber zum erstenmal bekundet mit diesem Dekret die Nationalversammlung, daß der König nicht frei, sondern ihrem Willen untertan ist. Sogar Ludwig der Schwerfällige erfaßt diese welthistorische Umstellung.

Aber er wehrt sich nicht. »Es gibt keinen König von Frankreich mehr«, sagt er mit seiner schläfrigen Stimme, als ginge ihn selbst die Sache nicht viel an, und legt zerstreut das Dekret auf das Bett, in dem die erschöpften Kinder schlafen. Da aber reißt sich Marie Antoinette plötzlich auf. Wenn ihr Stolz berührt, ihre Ehre bedroht ist, dann wächst immer dieser Frau, die in allen Kleinigkeiten kleinlich, in allen Äußerlichkeiten äußerlich war, eine plötzliche Würde zu. Sie zerknüllt das Dekret der Nationalversammlung, das sich anmaßt, über sie und ihre Familie zu verfügen, und schleudert es verächtlich zur Erde: »Ich will nicht, daß dieses Blatt meine Kinder beschmutzt.«

Schauer überläuft die kleinen Beamten bei dieser Herausforderung. Um eine Szene zu vermeiden, hebt Choiseul das Blatt Papier rasch auf. Alle in diesem Zimmer sind gleich betroffen, der König über die Kühnheit seiner Frau, die beiden Abgesandten über ihre peinliche Stellung; bei allen ist die Stimmung unentschieden. Jetzt macht der König einen scheinbar verzichtenden, in Wirklichkeit hinterhältigen Vorschlag. Nur zwei, drei Stunden möchte man ihn hier ausruhen lassen, dann fahre er nach Paris zurück. Sie müßten doch selbst sehen, wie müde die Kinder seien, nach zwei so furchtbaren Tagen und Nächten bedürfe man ein wenig der Ruhe. Romeuf versteht sofort, was der König will. In zwei Stunden wird die ganze Kavallerie Bouillés hier sein, und hinter ihr Infanterie und Kanonen. Da er innerlich den König retten will, erhebt er keinen Einwand: schließlich enthält sein Auftrag nichts anderes als den Befehl, die Reise aufzuhalten. Das hat er getan. Aber der andere Kommissar, Bayon, merkt schnell, was hier gespielt wird, und beschließt, Hinterhältigkeit mit Hinterhältigkeit zu erwidern. Er stimmt scheinbar zu, schlendert lässig die Treppe hinunter, und da ihn die Menge aufgeregt umringt und fragt, was beschlossen sei, seufzt er scheinheilig: »Ach, sie wollen nicht abreisen... Bouillé ist schon nahe, sie warten auf ihn.« Diese paar Worte spritzen Öl ins schon lodernde Feuer. Das darf nicht sein! Nicht mehr sich betrügen lassen! »Nach Paris! Nach Paris!« Die Fenster klirren von dem Getöse, verzweifelt dringen die Magistratspersonen, vor allem der unglückliche Krämer Sauce, auf den König ein, er müsse fort, sonst könnten sie nicht mehr für seine Sicherheit bürgen. Die Husaren sind ohnmächtig eingekeilt in der Masse oder zum Volk übergegangen, im Triumph wird der Wagen vor die Tür geschleppt und eingespannt, um jedes Zögern zu verhindern. Und nun beginnt ein erniedrigendes Spiel, denn es geht doch nur um Viertelstunden. Ganz nahe müssen die Husaren Bouillés schon sein, jede Minute, die man rettet, kann das Königtum retten: also nur jetzt mit allen, auch den unwürdigsten Mitteln die Abreise nach Paris verzögern. Selbst Marie Antoinette muß sich beugen und zum erstenmal in ihrem Leben bitten. Sie wendet sich an die Gattin des Krämers und fleht sie an, ihr zu helfen. Aber diese arme Frau hat Angst um ihren Mann. Tränen in den Augen, klagt sie, es sei ihr furchtbar, einem König, einer Königin von Frankreich das Gastrecht in ihrem Hause verweigern zu müssen, aber sie habe selber Kinder, und ihr Mann werde es mit dem Leben büßen – sie hat ahnungsvoll recht, die arme Frau, denn es hat dem unglücklichen Krämer den Kopf gekostet, daß er in jener Nacht dem König half, ein paar Geheimpapiere zu verbrennen. Immer wieder zögern der König und die Königin mit den unglücklichsten Ausflüchten herum, aber die Zeit rinnt und verrinnt, und die Husaren Bouillés zeigen sich nicht. Schon ist alles bereit, da erklärt Ludwig XVI. –

wie tief ist er gesunken, um solche Komödien spielen zu müssen –, er wünsche noch etwas zu speisen. Kann man einem König eine kleine Mahlzeit verweigern? Nein, aber man beeilt sich, sie ihm zu bringen, nur um keine Verzögerung herbeizuführen. Ludwig XVI. knabbert ein paar Bissen, Marie Antoinette schiebt den Teller verächtlich zur Seite. Jetzt gibt es keine Ausflucht mehr. Da, ein neuer, der letzte Zwischenfall: schon steht die Familie in der Tür, da fällt eine der Kammerfrauen, Madame Neuveville, in simulierten Krämpfen zu Boden. Sofort erklärt Marie Antoinette herrisch, sie ließe ihre Kammerfrau nicht im Stich. Sie ginge nicht, bevor ein Arzt geholt werde. Aber auch der Arzt – ganz Varennes ist ja auf den Beinen – kommt früher als die Truppen Bouillés. Er gibt der Simulantin ein paar beruhigende Tropfen; nun läßt sich das traurige Spiel nicht weiter fortsetzen. Der König seufzt und schreitet als erster die enge Hühnertreppe hinunter. Ihm folgt mit verbissenen Lippen am Arme des Herzogs von Choiseul Marie Antoinette. Sie ahnt, was ihnen allen auf dieser Rückfahrt bevorsteht. Aber mitten in ihren eigenen Sorgen denkt sie noch an den Freund: ihr erstes Wort an Choiseul bei seiner Ankunft war gewesen: »Meinen Sie, daß Fersen sich gerettet hat?« Mit einem wirklichen Mann an der Seite wäre auch diese Höllenreise zu überstehen; es ist nur schwer, unter lauter Schwächlingen und Verzagten allein stark zu bleiben.

Die königliche Familie steigt ein. Noch immer hoffen sie auf Bouillé und seine Husaren. Aber nichts. Nur das dröhnende Getöse der Massen rund um sie her. Endlich setzt sich die große Karawane in Bewegung. Sechstausend Menschen umringen sie, ganz Varennes marschiert mit seiner Beute, und nun lösen sich Wut und Angst in lauten Triumph. Umbraust von den Liedern der Revolution, umlagert von der proletarischen Armee, steuert das

Unglücksschiff der Monarchie von der Klippe weg, an der es gestrandet war.

Aber zwanzig Minuten nur, noch ragt die Staubwolke auf der Landstraße hinter Varennes als Säule in den heißen Himmel hinauf, da jagt es schon vom andern Ende der Stadt in scharfem Galopp heran, Kavallerie, ganze Schwadronen. Endlich sind sie da, die Husaren Bouillés, die vergeblich ersehnten! Eine halbe Stunde lang, wenn der König sich noch gehalten hätte, und sie hätten ihn in die Mitte seiner Armee genommen, bestürzt wären heimgezogen, die jetzt jubeln. Aber als Bouillé hört, der König habe mutlos nachgegeben, zieht er die Truppen zurück. Wozu noch ein nutzloses Blutvergießen? Auch er weiß, das Schicksal der Monarchie ist durch die Schwäche des Monarchen entschieden, Ludwig XVI. nicht mehr König und Marie Antoinette nicht mehr Königin von Frankreich.

Rückfahrt

Ein Schiff fährt schneller bei ruhiger See als bei Sturm. Die Fahrt von Paris nach Varennes hatte die Karosse in zwanzig Stunden zurückgelegt; die Rückfahrt wird drei Tage dauern. Tropfen um Tropfen und bis zum untersten Grund müssen der König und die Königin den bitteren Kelch der Erniedrigung trinken. Todmüde nach den zwei schlaflosen Nächten, mit ungewechselten Kleidern – das Hemd des Königs ist von Schweiß so beschmutzt, daß er sich ein anderes von einem Soldaten borgen muß – sitzen sie zu sechst im glühenden Backofen des Wagens. Mitleidlos stößt die steile Junisonne auf das schon brennheiße Dach, die Luft schmeckt nach feurigem Staub, ingrimmig höhnend umringt eine immer wachsende Eskorte die triste Heimkehr der Blamierten. Jene Sechsstundenfahrt von Versailles nach Paris war paradiesisch gegen diese. Grobe und gröbste Worte poltern herein, jeder will sich an der Schmach der Heimgezwungenen weiden. Lieber also die Fenster schließen und im kochendem Dampf dieses rollenden Kessels schwelen und dursten, als sich von draußen von den höhnischen Blicken antasten, von den Schimpfworten beleidigen lassen. Schon sind die Gesichter der unglückseligen Reisenden wie mit grauem Mehl überstrichen, die Augen von Übernächtigkeit und Staub entzündet, aber man erlaubt nicht, die Gardinen dauernd niederzulassen, denn an jeder Station fühlt sich irgendein kleiner Bürgermeister bemüßigt, an den König eine lehrhafte Ansprache zu halten, und jedesmal muß er versichern, es sei nicht seine Absicht gewesen, Frankreich zu verlassen. In solchen Augenblicken bewahrt von allen die Königin am besten die Haltung. Als man in einer Station ihnen endlich etwas zu essen bringt und sie die Vorhänge herablassen, um ihren Hunger zu stillen, lärmt draußen das Volk und verlangt, man möge die Gardinen hochziehen. Schon will Madame Elisabeth nachgeben, aber die Königin sagt energisch nein. Sie läßt ruhig die Leute lärmen, und erst nach einer Viertelstunde, als es schon nicht mehr den Anschein hat, sie gehorche jenem Befehl, hebt sie selbst die Gardinen, wirft die Hühnerknochen hinaus und sagt fest: »Man muß Haltung bewahren bis zum Ende.«

Endlich ein Hoffnungsschimmer: Rast, abends in Châlons. Dort wartet die Bürgerschaft hinter einem steinernen Triumphbogen, es ist – Ironie der Geschichte – derselbe, der vor einundzwanzig Jahren zu Ehren Marie Antoinettes errichtet wurde, als sie von Österreich her im gläsernen Galawagen, umjubelt vom Volk, ihrem künftigen Gemahl entgegenreiste, und auf seinem steinernen Fries steht eingemeißelt: »Perstet aeterna ut amor«, »Möge dieses Denkmal ewig dauern wie unsere Liebe.« Aber

Liebe ist vergänglicher als guter Marmor und behauener Stein. Wie ein Traum scheint es Marie Antoinette, daß sie unter diesem Bogen einmal der Adel im Festkleid empfangen hatte, daß die Straße mit Lichtern und Menschen besät war und aus den Brunnen Wein floß zu ihren Ehren. Jetzt erwartet sie nur noch kühle, bestenfalls mitleidige Höflichkeit, aber Wohltat noch immer nach dem lauten, frech andringenden Haß. Man kann schlafen, die Kleider wechseln; aber am nächsten Morgen, abermals glüht feindselig die Sonne, müssen sie weiter den Weg ihrer Peinigung. Je mehr sie sich Paris nähern, um so gehässiger wird die Bevölkerung; bittet der König um einen nassen Schwamm, sich den Staub und Schmutz vom Gesicht zu waschen, so höhnt ein Beamter: »Das hat man davon, wenn man reist.« Tritt die Königin nach einer kurzen Rast die Stufen des Wagens zurück, so zischt hinter ihr wie Schlangenbiß die Stimme einer Frau: »Paß auf, meine Kleine, du wirst bald andere Stufen zu sehen bekommen.« Ein Adeliger, der sie begrüßt, wird vom Pferd gerissen, mit Pistolen und Messern niedergeschlagen. Jetzt erst begreifen die Königin und der König, daß nicht Paris allein dem »Irrtum« der Revolution verfallen ist, sondern, daß auf allen Äckern ihres Landes die neue Saat in üppigster Blüte steht; aber sie haben vielleicht nicht mehr Kraft, dies alles durchzufühlen: allmählich macht die Müdigkeit sie völlig empfindungslos. Matt sitzen sie im Wagen, schon gleichgültig gegen das Schicksal; da endlich, endlich, endlich reiten Kuriere heran und melden, drei Mitglieder der Nationalversammlung kämen entgegen, um die Fahrt der königlichen Familie zu beschirmen. Nun ist das Leben gerettet, aber nicht mehr.

Der Wagen hält auf offener Landstraße: die drei Abgeordneten, Maubourg, ein Royalist, Barnave, der bürgerliche Advokat, Pétion, der Jakobiner, kommen ihnen entgegen. Die Königin öffnet persönlich den Wagenschlag: »Ach, meine Herren«, sagt sie erregt, und reicht den dreien rasch die Hand, »sehen Sie darauf, daß kein Unglück geschieht, daß die Leute, die uns begleitet haben, nicht aufgeopfert werden, sondern daß ihr Leben geachtet wird.« Ihr unfehlbares Taktgefühl in großen Augenblikken hat sofort das Richtige gefunden: nicht für sich selber darf eine Königin um Schutz bitten, sondern nur für jene, die ihr treu gedient haben.

Die energische Haltung der Königin entwaffnet von Anfang an die gönnerhafte Haltung der Abgesandten: selbst Pétion, der Jakobiner, muß in seinen Aufzeichnungen widerwillig gestehen, daß die lebhaft gesprochenen Worte auf ihn starken Eindruck machten. Sofort gebietet er den Lärmenden Stille und schlägt dann dem König vor, es wäre besser, wenn zwei von den Abgesandten der Nationalversammlung im Wagen Platz nehmen würden, um durch ihre Gegenwart die königliche Familie vor allen Fährlichkeiten zu schützen. Madame de Tourzel und Madame Elisabeth mögen also in den anderen Wagen steigen. Aber die Königin erwiderte, es ginge auch so, man müsse eben ein wenig zusammenrücken, um Platz zu schaffen. Es wird nun eilig folgende Einteilung getroffen: Barnave sitzt zwischen dem König und der Königin, die ihrerseits den Dauphin auf den Schoß nimmt. Pétion setzt sich zwischen Madame de Tourzel und Madame Elisabeth, wobei Madame de Tourzel die Prinzessin zwischen die Knie drückt. Acht Personen statt sechs, Schenkel an Schenkel klamm gepreßt, sitzen jetzt die Vertreter der Monarchie und die des Volks in dem einen Wagen, und man kann wohl sagen: nie waren die königliche Familie und die Deputierten der Nationalversammlung einander so nahe wie in diesen Stunden.

Was in diesem Wagen sich nun ereignet, ist ebenso unerwartet wie natürlich. Zunächst steht feindseligste Spannung zwischen den beiden Polen, zwischen den fünf Mitgliedern der königlichen Familie und den zwei Vertretern der Nationalversammlung, zwischen den Gefangenen und den Gefängniswärtern. Beide Parteien sind fest entschlossen, gegeneinander ihre Autorität straff zu bewahren. Marie Antoinette, gerade weil von diesen »factieux« beschützt und ihrer Gnade ausgeliefert, blickt beharrlich an den beiden vorbei und öffnet nicht den Mund: sie sollen nicht meinen, daß sie, die Königin, um sie werbe. Die Abgeordneten wiederum wollen um keinen Preis Höflichkeit mit Unterwürfigkeit verwechseln lassen: es gilt auf dieser Fahrt, dem König eine Lektion zu geben, daß Mitglieder der Nationalversammlung als freie und unbestechliche Männer anders die Stirn tragen als sein kriechendes Höflingspack. Also Distanz, Distanz, Distanz!

In dieser Stimmung geht Pétion, der Jakobiner, sogar zum offnen Angriff vor. Gleich von Anfang an will er der Königin als der Stolzesten eine kleine Lehre erteilen, um sie aus der Fassung zu bringen. Er sei genau unterrichtet, erklärt er, daß die königliche Familie in der Nähe des Schlosses in einen gewöhnlichen Fiaker eingestiegen sei, den ein Schwede geführt habe, namens ... ein Schwede namens ... Dann stockt Pétion, als ob er sich des Namens nicht zu erinnern vermöchte, und fragt die Königin, wie dieser Schwede hieße. Es ist ein Stoß mit vergiftetem Dolch, den er gegen die Königin führt, indem er sie in Gegenwart des Königs nach ihrem Liebhaber fragt. Aber Marie Antoinette pariert kraftvoll den Hieb: »Ich pflege mich um die Namen meiner Stallkutscher nicht zu kümmern.« Feindseligkeit und Spannung füllen nach diesem ersten Geplänkel böse den engen Raum.

Dann lockert ein kleiner Zwischenfall die peinliche

Stimmung. Der kleine Prinz ist vom Schoß seiner Mutter heruntergesprungen. Die beiden fremden Herren beschäftigen sehr seine Neugier. Er faßt mit seinen winzigen Fingern einen Messingknopf am Staatskleid Barnaves und buchstabiert mühsam die Inschrift: »Vivre libre ou mourir.« Das erheitert natürlich sehr die beiden Kommissare, daß der zukünftige König von Frankreich gerade auf diese Weise die Grundmaximen der Revolution kennenlernen muß. Allmählich entspinnt sich ein Gespräch. Und nun erfolgt das Sonderbare: Bileam, der ausgezogen war, um zu fluchen, muß sich entschließen zu segnen. Beide Parteien beginnen, einander eigentlich viel netter zu finden, als sie von ferne vermuten konnten. Pétion, der kleine Bürger und Jakobiner, Barnave, der junge Provinzadvokat, hatten sich »Tyrannen« in ihrem Privatleben als unnahbar, aufgeblasen, hochmütig, dumm und frech vorgestellt und gemeint, jene höfische Weihrauchwolke ersticke jede Menschlichkeit. Nun sind sie, der Jakobiner und der bürgerliche Revolutionär, ganz überrascht von den natürlichen Umgangsformen innerhalb der königlichen Familie. Sogar Pétion, der den Cato spielen wollte, muß berichten: »Ich finde bei ihnen eine Art von Einfachheit und Familiarität, die mir gefällt; keine Spur von königlicher Aufmachung, sondern eine Leichtigkeit und häusliche Bonhomie. Die Königin nennt Madame Elisabeth ›Meine kleine Schwester‹, Madame Elisabeth wieder antwortet in gleicher Art. Madame Elisabeth spricht den König mit ›Mein Bruder‹ an. Die Königin läßt den Prinzen auf ihren Knien tanzen, die junge Prinzessin spielt mit ihrem Bruder, und der König sieht allem mit zufriedenen Blicken zu, obwohl wenig bewegt und stumpf.« Die beiden Revolutionäre sehen erstaunt: königliche Kinder spielen genau wie ihre eigenen zu Hause, es beginnt sie sogar peinlich zu berühren, daß sie eigentlich selber viel eleganter angezogen sind als der Herrscher Frankreichs, der sogar schmutzige Wäsche trägt. Immer lockerer wird der anfängliche Widerstand. Wenn der König trinkt, bietet er Pétion höflich sein eigenes Glas an, und als ein Ereignis übernatürlicher Art erscheint es dem verblüfften Jakobiner, daß der König von Frankreich und Navarra seinem Sohn, als der Dauphin ein kleines Bedürfnis äußert, höchst eigenhändig das Höschen aufknöpft und während der Verrichtung ihm die silberne Leibschüssel hält. Diese »Tyrannen« sind doch eigentlich genau solche Menschen wie wir, erkennt erstaunt der grimme Revolutionär. Und ebenso überrascht ist die Königin. Das sind doch eigentlich ganz nette, höfliche Menschen, diese »scélérats«, diese »monstres« der Nationalversammlung! Gar nicht blutgierig, gar nicht ungebildet, und vor allem gar nicht dumm; im Gegenteil, es plaudert sich viel gescheiter mit ihnen als mit dem Grafen von Artois und seinen Kumpanen. Noch sind sie keine drei Wagenstunden mitsammen gefahren, so beginnen beide Parteien, die sich gegenseitig durch Härte und Hochmut imponieren wollten – wunderbare und doch tief menschliche Wandlung –, um einander zu werben. Die Königin bringt politische Probleme auf das Tapet, um den beiden Revolutionären zu beweisen, man sei in ihren Kreisen gar nicht so engstirnig und böswillig, wie das Volk, durch die schlechten Zeitungen verleitet, vermeinte. Die beiden Abgeordneten wieder bemühen sich, der Königin klarzumachen, sie solle die Ziele der Nationalversammlung nicht verwechseln mit dem wüsten Geschrei des Herrn Marat; und als die Rede auf die Republik kommt, weicht sogar Pétion vorsichtig aus. Es zeigt sich bald – uralte Erfahrung –, daß Hofluft selbst die energischsten Revolutionäre verwirrt, und bis zu welchem Grade von Narrheit die Nähe ererbter Majestät einen eitlen Mann bringen kann, ist kaum irgendwo heiterer bewiesen als in Pétions Aufzeichnungen. Nach drei verängstigten Nächten, nach drei Tagen mörderischer, heißer Fahrt im unbequemen Wagen, nach all den seelischen Erregungen und Erniedrigungen sind die Frauen, die Kinder selbstverständlich fürchterlich müde. Unwillkürlich lehnt Madame Elisabeth sich im Einschlafen an ihren Nachbarn Pétion. Dies begeistert sofort den eitlen Dummkopf zu dem Wahn, er habe eine galante Eroberung gemacht, und so schreibt er in seinem Bericht jene Worte, die den armen, von der Hofluft Benebelten für Hunderte von Jahren der Lächerlichkeit überliefern: »Madame Elisabeth richtet ihre zärtlich gewordenen Augen auf mich mit jenem Ausdruck der Hingebung, die der Augenblick verleiht und die so viel Interesse erweckt. Unsere Augen begegneten sich manchmal in einer Art Einverständnis und gegenseitiger Anziehung, die Nacht sank, und das Mondlicht begann eine ähnliche, sanfte Klarheit zu verbreiten. Madame Elisabeth nahm die Prinzessin auf den Schoß, setzte sie zur Hälfte auf meine Knie, zur Hälfte auf das ihre. Die Prinzessin schlief ein, ich streckte einen Arm aus und Madame Elisabeth den ihren über den meinen. Unsere Arme waren somit verschlungen, und der meine berührte sie unter der Achsel. Ich fühlte die Bewegung und eine Wärme, die die Kleider durchdrang. Die Blicke Madame Elisabeths erschienen mir ergreifender, ich bemerkte eine gewisse Hingabe in ihrer Haltung, ihre Augen wurden feucht, und in ihre Melancholie mengte sich eine gewisse Art von Wollust. Ich kann mich täuschen, man verwechselt vielleicht Erscheinungsformen des Unglücks mit denen des Vergnügens, aber ich glaube, wenn wir allein gewesen wären, sie hätte sich in meine Arme gleiten lassen und sich den Trieben der Natur hingegeben.«

Viel ernster als diese lächerliche erotische Phantasie des »schönen Pétion« ist die Wirkung des gefährlichen Zaubers der Majestät auf seinen Begleiter Barnave. Ganz jung, als neugebackener Advokat aus seiner Provinzstadt nach Paris gekommen, fühlt sich dieser idealistische Revolutionär ganz verzaubert, als eine Königin, die Königin von Frankreich, sich bescheiden von ihm die Grundgedanken der Revolution, die Ideen seiner Klubfreunde erklären läßt. Welche Gelegenheit, denkt dieser Marquis Posa unwillkürlich, der Monarchin Ehrfurcht und Achtung vor den heiligen Grundsätzen einzuflößen, sie vielleicht für die konstitutionellen Gedanken zu gewinnen. Der feurige junge Advokat spricht und hört sich reden und siehe – er hätte es nie gedacht –, diese angeblich oberflächliche Frau (weiß Gott, man hat sie verleumdet!) hört voll Anteilnahme, voll Verständnis zu, und wie klug ihre Einwände sind! Mit ihrer österreichischen Liebenswürdigkeit, mit ihrem scheinbar bereitwilligen Eingehen auf seine Anregungen zieht Marie Antoinette den naiv gläubigen Menschen ganz in ihren Bann. Wie hat man diese edle Frau doch ungerecht behandelt, wie ihr unrecht getan, fühlt er überrascht. Sie will doch nur das Beste, und wenn jemand da wäre, ihr die rechten Winke zu geben, so könnte alles gut werden in Frankreich. Die Königin läßt ihm keinen Zweifel, daß sie einen solchen Ratgeber suche, und auch, daß sie ihm dankbar wäre, wollte er in Zukunft ihrer Unerfahrenheit die richtigen Aufklärungen geben. Ja, das wird seine Aufgabe sein, ihr, dieser so unerwartet einsichtigen Frau von nun ab die wahren Wünsche des Volkes zu übermitteln und seinerseits wieder die Nationalversammlung von der Reinheit ihrer demokratischen Gesinnung zu überzeugen. In langen Besprechungen im erzbischöflichen Palais von Meaux, wo sie Rast halten, weiß Marie Antoinette Barnave derart mit Liebenswürdigkeiten zu umstricken, daß er sich ihr zu jedem Dienst zur Verfügung stellt; so bringt ganz im geheimen – niemand hätte eine solche Lösung ahnen können – die Königin von der Fahrt nach Varennes einen ungeheuren politischen Erfolg mit. Und während die anderen nur schwitzen und essen und müde sind und versagen, erringt sie in diesem rollenden Gefängniskarren noch einen letzten Sieg für die königliche Sache.

Der dritte und letzte Tag der Reise wird zum fürchterlichsten. Auch der französische Himmel ist für die Nation und gegen den König. Mitleidlos heizt von morgens bis abends die Sonne den vierrädrigen, dick bestaubten und überfüllten Backofen der Karosse, keine einzige Wolke legt flüchtig mit kühler Hand eine Minute Schatten auf das feurige Dach. Endlich hält der Zug vor den Toren von Paris, aber alle die Hunderttausende, die den auf der Galeere heimtransportierten König sehen wollen, müssen auf ihre Kosten kommen: so dürfen der König und die Königin nicht durch die Pforte St.-Denis heim in ihr Schloß, sondern im riesigen Umweg über die endlosen Boulevards. Kein Ruf erhebt sich auf dem ganzen Weg zu ihren Ehren, kein Wort auch der Beschimpfung, denn Plakate haben jeden der Verachtung preisgegeben, der den König grüßt, und jedem eine Tracht Prügel angedroht, der den Gefangenen der Nation verunglimpft. Unendlicher Jubel aber umstürmt den Wagen, der hinter dem königlichen herzieht, dort zeigt sich eitel der Mann, dem das Volk allein diesen Triumph dankt, Drouet, der Postmeister, der kühne Jäger, der mit List und Ingrimm das königliche Wild zur Strecke gebracht hat.

Der letzte Augenblick dieser Fahrt wird der gefährlichste, die zwei Meter vom Wagen in das Eingangstor des Palastes. Da die königliche Familie von den Deputierten geschützt wird und die Wut durchaus ein Opfer will, stürzt sie sich auf die drei unschuldigen Leibgarden, die den König »entführen« geholfen. Schon sind sie vom Bock gerissen, einen Augenblick hat es den Anschein, als ob die Königin abermals die blutigen Häupter vor dem Eingang ihres Palastes auf Piken schaukeln sehen müßte, da wirft sich die Nationalgarde dazwischen und fegt mit Bajonetten den Türeingang frei. Jetzt erst wird die Tür des Backofens geöffnet; beschmutzt, verschwitzt und müde steigt der König mit seinem schweren Schritt als erster aus dem Wagen. Ihm folgt die Königin. Sofort erhebt sich gefährliches Murmeln gegen die »Autrichienne«, aber mit schnellem Schritt hat sie die kleine Spanne zwischen Wagen und Tür durchmessen, die Kinder folgen; die grausame Reise ist zu Ende.

Innen warten die Lakaien in feierlicher Reihe: genau wie sonst ist der Tisch gedeckt, die Rangordnung gewahrt; die Heimgekehrten könnten glauben, nur geträumt zu haben. Doch in Wirklichkeit haben diese fünf Tage mehr an den Grundfesten des Königtums gerüttelt als die fünf Jahre der Reformen, denn Gefangene sind keine Gekrönten mehr. Abermals ist der König eine Stufe tiefer hinabgeschritten, abermals die Revolution eine Stufe empor.

Aber den ermüdeten Mann scheint das nicht sehr zu bewegen. Gleichgültig gegen alles, ist er auch gleichgültig gegen sein eigenes Geschick. Mit einer unerschütterlichen Hand vermerkt er in sein Tagebuch nichts anderes als: »Abfahrt von Meaux um sechseinhalb Uhr. Ankunft in Paris um acht Uhr, ohne Aufenthalt.« Das ist alles, was ein Ludwig XVI. über die tiefste Schmach seines Lebens zu sagen hat. Und Pétion berichtet gleichfalls: »Er war so ruhig, als ob nichts geschehen wäre. Man konnte glauben, er wäre von einer Jagdpartie zurückgekehrt.«

Marie Antoinette jedoch, sie weiß, daß alles verloren ist. Die ganze Qual dieser vergeblichen Fahrt muß für den Stolz fast tödliche Erschütterung gewesen sein. Aber wirkliche Frau und wahrhaft Liebende, mit der ganzen Hingabe einer späten und unwiderruflichen letzten Leidenschaft, denkt sie auch in dieser Hölle einzig an jenen, der ihr entronnen ist, sie fürchtet, daß Fersen, der Freund, sich zu sehr um sie sorgen könnte. Bestürmt von den entsetzlichen Gefahren, beunruhigt sie am meisten an ihrem Leiden sein Mitleiden, sein Beunruhigtsein. »Seien Sie beruhigt über uns«, schreibt sie rasch hin auf ein Blatt, »wir leben.« Und, am nächsten Morgen, noch eindringlicher, noch liebevoller (die eigentlichen intimen Stellen hat der Nachfahre Fersens getilgt, aber doch fühlt man an der Schwingung der Worte den Atem der Zärtlichkeit): »Ich lebe noch ... aber ich bin besorgt um Sie, und wie beklage ich es, daß Sie darunter leiden, von uns keine Nachricht zu haben! Wolle der Himmel, daß diese Ihnen zukäme, schreiben Sie mir nicht, das hieße, uns einer Gefahr aussetzen, und vor allem, kommen Sie jetzt unter keinem Vorwand. Man weiß, daß Sie es waren, der uns hier herausgeholfen hat. Alles wäre verloren, wenn Sie zurückkämen. Wir sind hier Tag und Nacht bewacht, aber das ist mir gleichgültig ... Seien Sie unbesorgt, es wird mir schon nichts zustoßen. Die Versammlung will uns nachsichtig behandeln. Adieu ... ich werde Ihnen nicht mehr schreiben können ...«

Und doch, sie kann es nicht ertragen, gerade jetzt von Fersen ohne ein Wort zu bleiben. Und abermals am nächsten Tag schreibt sie den glühendsten, zärtlichsten Brief, der Nachricht, Beruhigung, Liebe fordert: »Ich kann Ihnen nur sagen, daß ich Sie liebe und habe selbst dafür kaum Zeit. Es geht mir gut, haben Sie um meinetwillen keine Sorge, ich wüßte nur gern von Ihnen das gleiche. Schreiben Sie mir chiffriert, lassen Sie die Adresse von Ihrem Kammerdiener schreiben ... Und sagen Sie mir, an wen ich meine Briefe an Sie adressieren soll, denn ich kann ohne das nicht mehr leben. Leben Sie wohl, liebendster und geliebtester aller Menschen. Ich umarme Sie von ganzem Herzen.«

»Ich kann ohne das nicht mehr leben«: noch nie hat man einen solchen Aufschrei der Leidenschaft von der Lippe der Königin gehört. Aber Königin, wie wenig ist sie es nun noch, wieviel dieser einstigen Macht ist ihr genommen; nur der Frau ist geblieben, was niemand ihr entreißen kann: ihre Liebe. Und dieses Gefühl gibt ihr Kraft, groß und entschlossen ihr Leben zu verteidigen.

Einer betrügt den anderen

Die Flucht nach Varennes eröffnet einen neuen Abschnitt in der Geschichte der Revolution; mit diesem Tage ist eine neue Partei, die republikanische, geboren. Bis jetzt, bis zum 21. Juli 1791, war die Nationalversammlung einhellig royalistisch gewesen, weil ausschließlich aus Adeligen und Bürgerlichen zusammengesetzt, aber schon drängt für die kommenden Wahlen hinter dem dritten Stand, dem bürgerlichen, der vierte nach vorn, das Proletariat, die große, stürmische elementare Masse, vor der das Bürgertum ebenso erschrickt, wie der König vor dem Bürgertum erschrocken war. Voll Angst und mit verspätetem Bedauern erkennt die ganze breite Klasse der Besitzenden, welche dämonischen Urkräfte sie entfesselt hat, und so möchten sie noch rasch mit einer Konstitution die Macht des Königs und jene des Volkes gegeneinander abgrenzen. Um dafür die Zustimmung Ludwigs XVI. zu gewinnen, tut es not, ihn persönlich zu schonen; so setzen die gemäßigten Parteien durch, daß dem König wegen der Flucht nach Varennes keinerlei Vorwurf gemacht werde; nicht freiwillig, nicht aus eigenem Willen habe er Paris verlassen, machen sie heuchlerisch geltend, sondern er sei »entführt« worden. Und als dann die Jakobiner dagegen auf dem Marsfeld eine Kundgebung zur Absetzung des Königs veranstalten, lassen die Führer des Bürgertums, Bailly und Lafayette, zum erstenmal energisch die Menge durch Kavallerie und Gewehrsalven auseinandertreiben. Aber die Königin, eng umstellt in ihrem eigenen Haus – seit der Flucht nach Varennes darf sie ihre Türen nicht mehr verschließen, und die Nationalgarden bewachen streng jeden Schritt –, täuscht sich innerlich längst nicht mehr über den wirklichen Wert solcher verspäteten Rettungsversuche. Zu oft hört sie vor ihren Fenstern statt des alten »Es lebe der König!« den neuen Ruf »Es lebe die Republik!« Und sie weiß, daß diese Republik nur erstehen kann, wenn zuvor sie, ihr Gatte und ihre Kinder untergehen.

Das eigentliche Verhängnis der Nacht von Varennes – auch dies erkennt die Königin bald – war nicht so sehr das Mißglücken ihrer eigenen Flucht wie das gleichzeitige Gelingen der von Ludwigs jüngerem Bruder, des Grafen von Provence. Kaum in Brüssel angelangt, wirft er die so lange und so mühsam getragene brüderliche Unterordnung ab, erklärt sich als Regenten, als rechtmäßigen Vertreter des Königtums, solange der wirkliche König Ludwig XVI. Gefangener in Paris sei, und tut heimlich alles, um diese Frist möglichst zu verlängern. »In unpassendster Weise hat man hier über die Gefangennahme des Königs Freude geäußert«, berichtet Fersen aus Brüssel, »der Graf von Artois strahlte geradezu.« Jetzt sitzen sie ja endlich aufrecht im Sattel, die lange demütig im Troß ihres Bruders reiten mußten, jetzt können sie mit dem Säbel klirren und ohne Rücksicht zum Krieg herausfordern; gehen bei dieser Gelegenheit Ludwig XVI., Marie Antoinette und hoffentlich auch Ludwig XVII. zugrunde, um so besser, dann sind zwei Stufen zum Thron mit einem Satz übersprungen, dann endlich kann sich »Monsieur«, der Graf von Provence, Ludwig XVIII. nennen.

Verhängnisvollerweise schließen sich auch die auswärtigen Fürsten dieser Anschauung an, es sei für die monarchische Idee völlig gleichgültig, welcher Ludwig auf dem französischen Thron sitze; die Hauptsache bleibt, daß das revolutionäre, das republikanische Gift in Europa ausgerottet, die »französische Epidemie« im Keim erstickt werde. Mit grauenhafter Kühle schreibt Gustav III. von Schweden: »So groß das Interesse auch ist, das ich an dem Geschick der königlichen Familie nehme, so fällt doch die Schwierigkeit der allgemeinen Situation des europäischen Gleichgewichts, der besonderen Interessen Schwedens und der Sache der Souveräne noch mehr in die Waagschale. Alles hängt davon ab, ob man das Königtum in Frankreich wiederherstellen kann, und es kann uns gleichgültig sein, ob jetzt Ludwig XVI., Ludwig XVII. oder Karl X. auf diesem Thron sitzt, vorausgesetzt, daß der Thron selbst wiederhergestellt wird und daß das Ungeheuer der Reitschule (die Nationalversammlung) zerschmettert wird.« Klarer und zynischer kann man sich nicht ausdrücken. Für die Monarchen gibt es nur »die Sache der Monarchen«, das heißt, ihre eigene ungeschmälerte Macht, »es kann ihnen gleichgültig sein«, wie Gustav III. sagt, welcher Ludwig den französischen Thron innehabe. In der Tat, es ist und bleibt ihnen gleichgültig. Und diese Gleichgültigkeit kostet Marie Antoinette und Ludwig XVI. das Leben.

Gegen diese doppelte Gefahr von innen und außen, gegen den Republikanismus im Lande und die Kriegstreiberei der Prinzen an der Grenze, soll nun Marie Antoinette gleichzeitig kämpfen: übermenschliche Aufgabe dies, und völlig unlösbar für eine einzige schwache, verstörte und von allen Freunden verlassene Frau. Hier wäre ein Genius vonnöten, gleichzeitig Odysseus und Achill, verschlagen und kühn, ein neuer Mirabeau; aber nur kleine Helfer sind nahe in dieser großen Not, und an sie wendet sich die Königin. Auf der Rückfahrt von Varennes hat Marie Antoinette mit ihrem schnellen Blick erkannt, wie leicht der kleine Provinzadvokat Barnave, der in der Versammlung das große Wort führt, sich von schmeichlerischen Worten, sobald sie eine Königin spricht, einfangen läßt; diese Schwäche beschließt sie jetzt auszunützen.

So wendet sie sich in einem geheimen Brief unmittelbar an Barnave, seit ihrer Rückkehr von Varennes hätte sie »sehr über die Intelligenz und den Geist desjenigen nachgedacht, mit dem sie viel gesprochen und gefühlt, sie könne nun viel gewinnen, wenn sie eine Art brieflicher Unterhaltung mit ihm führe«. Er könne auf ihre Verschwiegenheit wie auf ihren Charakter rechnen, der, wenn es das allgemeine Wohl gälte, sich immer den Notwendigkeiten zu unterwerfen bereit sei. Nach dieser Einleitung wird sie deutlicher: »Man kann nicht in dem gegenwärtigen Zustand verharren. Es ist gewiß, daß etwas geschehen muß. Aber was? Das weiß ich nicht. Ich wende mich an ihn, um es zu erfahren. Er muß aus unseren Gesprächen ersehen haben, wie sehr ich guter Absicht bin. Ich werde es immer sein. Es ist das einzige Gut, das uns bleibt und das man mir niemals wird entreißen können. Ich glaube bei ihm den Wunsch nach Recht wahrgenommen zu haben, wir hegen ihn gleichfalls und haben ihn, was man auch immer dagegen gesagt hat, jederzeit gehegt. Er möge uns nun in die Lage versetzen, unsere Wünsche gemeinsam zu verwirklichen. Wenn er ein Mittel findet, mir seine Gedanken mitzuteilen, werde ich mit Offenheit antworten, was ich durchsetzen könnte. Ich bin zu jedem Opfer bereit, wenn ich wirklich das allgemeine Wohl sehe.« Barnave zeigt diesen Brief seinen Freunden, die sich gleichzeitig freuen und fürchten, endlich aber beschließen, von nun ab gemeinsam die geheime Beratung der Königin – Ludwig XVI.

zählt überhaupt nicht – zu übernehmen. Als erstes verlangen sie von der Königin, sie solle die Prinzen veranlassen, zurückzukehren, und ihren Bruder, den Kaiser, bewegen, die französische Konstitution anzuerkennen. Scheinbar gefügig, geht die Königin auf alle diese Vorschläge ein. Sie sendet an ihren Bruder Briefe nach dem Diktat ihrer Ratgeber, sie handelt nach ihrem Geheiß; nur »in dem Punkt, wo die Ehre und die Dankbarkeit im Spiele sind«, weigert sie sich nachzugeben. Und schon meinen die neuen politischen Lehrmeister, in Marie Antoinette eine aufmerksame und dankbare Schülerin gefunden zu haben.

Jedoch wie gewaltig täuschen sich diese braven Leute! In Wirklichkeit denkt Marie Antoinette nicht einen Augenblick daran, sich diesen »factieux« auszuliefern, diese ganzen Verhandlungen sollen nur wieder das alte »temporiser«, das Hinausziehen, erleichtern, bis ihr Bruder jenen ersehnten »bewaffneten Kongreß« einberufen hat. Wie Penelope trennt sie nachts das Gespinst auf, das sie am Tage mit ihren neuen Freunden gewoben. Während sie scheinbar gefügig die vordiktierten Briefe an ihren Bruder, den Kaiser Leopold, absendet, läßt sie gleichzeitig Mercy wissen: »Ich habe Ihnen am 29. einen Brief geschrieben, von dem Sie ohne Mühe bemerkt haben werden, daß er nicht meinem Stil entspricht. Aber ich glaubte, dem Verlangen der hiesigen Partei nachkommen zu müssen, die mir selbst den Entwurf dieses Briefes übermittelt hat. Ich habe einen andern solchen Brief gestern an den Kaiser geschrieben und würde mich erniedrigt fühlen, wenn ich nicht hoffte, mein Bruder werde verstehen, daß ich in meiner jetzigen Lage gezwungen bin, alles zu tun und zu schreiben, was man von mir verlangt.« Sie betont, »es sei wichtig, daß der Kaiser überzeugt sei, kein Wort in diesem Briefe sei von ihr und von ihrer Art, die Dinge zu sehen«. So wird jeder Brief zum Uriasbrief. Obgleich sie

»gerechterweise zugeben muß, bei ihren Beratern, obwohl sie immer bei ihren Ansichten beharren, große Aufrichtigkeit gefunden zu haben, und einen großen ehrlichen Willen, die Ordnung und damit das Königtum und die königliche Autorität wiederherzustellen«, lehnt sie doch ab, ihren Helfern ehrlich Gefolgschaft zu leisten, denn »wenn ich auch an ihre gute Absicht glaube, so sind doch ihre Ideen übertrieben und können uns niemals passen«.

Es ist ein unheimliches Doppelspiel, das Marie Antoinette mit dieser Zwiespältigkeit beginnt, und kein für sie sehr ehrenvolles, denn zum erstenmal, seit sie Politik treibt, oder vielmehr, weil sie Politik treibt, ist sie genötigt zu lügen, und sie tut es in der allerverwegensten Weise. Während sie ihren Helfern scheinheilig versichert, kein Hintergedanke begleite ihre Schritte, schreibt sie gleichzeitig an Fersen: »Haben Sie keine Angst, ich lasse mich nicht von den ›Enragés‹ einfangen. Wenn ich einige von ihnen sehe oder Beziehungen zu ihnen habe, so ist es nur, um mich ihrer zu bedienen; aber ich habe zuviel Abscheu vor ihnen allen, um jemals mit ihnen gleiche Sache zu machen.« Im letzten ist ihr die Unwürdigkeit dieses Betrugs an gutgesinnten Leuten, die für sie den Kopf aufs Schafott tragen, vollkommen klar, sie spürt deutlich die moralische Schuld, aber entschlossen schiebt sie die Verantwortung auf die Zeit, auf die Verhältnisse, die sie zu solch erbärmlicher Rolle gezwungen haben. »Manchmal«, schreibt sie verzweifelt an den getreuen Fersen, »verstehe ich mich selber nicht mehr und bin genötigt nachzudenken, ob wirklich ich es bin, die spricht. Aber was wollen Sie? Alles das ist notwendig, und glauben Sie mir, wir wären noch viel tiefer herabgesunken, als wir es schon sind, wenn ich nicht sofort zu diesem Mittel gegriffen hätte. Zumindest werden wir damit Zeit gewinnen, und das ist alles, was wir brauchen.

Welches Glück, wenn ich eines Tages wieder ich selbst werden könnte und all diesen Bettelkerlen (gueux) beweisen dürfte, daß ich mich nicht von ihnen narren ließ.« Nur dies eine träumt und erträumt ihr unbändiger Stolz, wieder frei sein zu können, nicht mehr gezwungen zu politisieren, zu diplomatisieren, zu lügen. Und da sie als gekrönte Königin diese unbeschränkte Freiheit als ihr gottverliehenes Recht fühlt, meint sie sich im Rechte, alle, die ihr diesen Rang einschränken wollen, auf die rücksichtsloseste Art zu betrügen.

Aber es ist nicht die Königin allein, die betrügt, sondern in dieser Krise vor der Entscheidung betrügen alle Partner im großen Spiele einer den andern – selten kann man die Unmoralität aller heimlich geführten Politik plastischer erkennen, als wenn man die endlosen Korrespondenzen der damaligen Regierungen, Fürsten, Gesandten und Minister verfolgt. Alle arbeiten unterirdisch gegen alle und jeder nur für sein privates Interesse. Ludwig XVI. belügt die Nationalversammlung, die ihrerseits wieder nur wartet, bis der republikanische Gedanke genug durchgedrungen ist, um den König abzusetzen. Die Konstitutionellen täuschen Marie Antoinette eine Macht vor, die sie längst nicht mehr besitzen, und werden auf die verächtlichste Weise von ihr genarrt, denn sie verhandelt hinterrücks mit ihrem Bruder Leopold. Der wiederum hält seine Schwester hin, denn er ist innerlich entschlossen, nicht einen Soldaten, nicht einen Taler für ihre Sache einzusetzen, und paktiert unterdes mit Rußland und Preußen über eine zweite Teilung Polens. Während aber der König von Preußen mit ihm den »bewaffneten Kongreß« gegen Frankreich von Berlin aus berät, finanziert gleichzeitig in Paris sein eigener Gesandter die Jakobiner und speist mit Pétion an einem Tisch. Die emigrierten Prinzen wieder hetzen zum Krieg, nicht aber, um ihrem Bruder Ludwig XVI. den Thron zu erhalten, sondern um ihn möglichst bald selber zu besteigen, und mitten in diesen papiernen Turnieren gestikuliert der Don Quichotte des Königtums, Gustav von Schweden, den alles im Grunde nichts angeht und der nur Gustav Adolf, den Retter Europas, spielen möchte. Der Herzog von Braunschweig, der die Armee der Koalition gegen Frankreich führen soll, verhandelt gleichzeitig mit den Jakobinern, die ihm den Thron Frankreichs anbieten, Danton wiederum und Dumouriez spielen doppeltes Spiel. Die Fürsten sind ebensowenig einig wie die Revolutionäre, der Bruder betrügt die Schwester, der König sein Volk, die Nationalversammlung den König, ein Monarch den andern, alle lügen sich gegenseitig an, um nur etwas Zeit zu gewinnen für ihre eigene Sache. Jeder möchte aus der Verwirrung etwas herausholen und steigert durch sein Drohen die allgemeine Unsicherheit. Keiner möchte sich die Finger verbrennen, alle spielen sie mit dem Feuer, alle aber, die Kaiser, die Könige, die Prinzen, die Revolutionäre, schaffen durch dieses ständige Paktieren und Irreführen eine Atmosphäre von Mißtrauen (ähnlich jener, die heute die Welt vergiftet) und reißen schließlich, ohne es eigentlich zu wollen, fünfundzwanzig Millionen Menschen in den Katarakt eines fünfundzwanzigjährigen Krieges.

Unterdessen läuft, unbekümmert um diese kleinen Schliche, die Zeit stürmisch weiter, das Tempo der Revolution fügt sich nicht dem »Temporisieren« der alten Diplomatie. Eine Entscheidung muß getroffen werden. Die Nationalversammlung hat endlich den Entwurf einer Verfassung fertiggestellt und ihn Ludwig XVI. zur Annahme vorgelegt. Nun muß eine Antwort gegeben werden. Marie Antoinette weiß, daß diese »monstrueuse« Konstitution – wie sie an die Kaiserin Katharina von Rußland schreibt – »einen moralischen Tod bedeutet, der tausendmal schlimmer ist als der körperliche Tod, der von allen Übeln befreit«, sie weiß auch, daß man die Annahme in Koblenz und an den Höfen als Selbstpreisgabe, vielleicht sogar als persönliche Freiheit tadeln wird, aber so tief ist schon die königliche Macht gesunken, daß selbst sie, die Stolzeste, zur Unterwerfung raten muß.

»Wir haben durch die Reise zur Genüge bewiesen«, schreibt sie, »daß wir uns nicht scheuen, unsere Person der Gefahr auszusetzen, wenn es das allgemeine Wohl gilt. Aber im Hinblick auf die gegenwärtige Lage kann der König die Annahme nicht länger verweigern. Glauben Sie mir, daß die Sache wahr ist, wenn ich es sage. Sie kennen meinen Charakter gut genug, um zu wissen, daß er mich eher zu einer vornehmen und mutigen Tat treiben würde. Aber es hat keinen Sinn, sich vollkommen wissend einer Gefahr sinnlos auszusetzen.« Während aber die Feder schon bereitgelegt ist, die Kapitulation zu unterzeichnen, teilt Marie Antoinette gleichzeitig ihren Vertrauten mit, daß der König im innersten Herzen gar nicht daran denke – einer betrügt den andern und wird selbst betrogen –, sein Wort gegenüber dem Volke zu halten. »Mit Bezug auf die Annahme halte ich es für unmöglich, daß jedes denkende Wesen nicht etwa einsehe, daß alles, was wir tun, nur geschieht, weil wir nicht frei sind. Wichtig ist allein, daß wir jetzt keinen Verdacht bei den ›monstres‹ erwecken, die uns umringen. Auf jeden Fall können uns nur die auswärtigen Mächte retten, die Armee ist verloren, das Geld existiert nicht mehr, kein Zügel, kein Damm kann den bewaffneten Pöbel zurückhalten. Selbst die Führer der Revolution werden nicht mehr angehört, wenn sie Ordnung predigen: das ist der traurige Zustand, in dem wir uns befinden. Fügen Sie noch dazu, daß wir keinen einzigen Freund haben, daß alle Welt uns verrät, die einen aus Angst, die anderen aus Schwäche oder Ehrgeiz, und daß ich sogar so heruntergekommen bin, den Tag zu fürchten, an dem man uns eine Art Freiheit wieder gewähren wird. Jetzt wenigstens, im Zustand der Machtlosigkeit, in dem wir uns befinden, haben wir uns nichts vorzuwerfen.« Und mit wunderbarer Aufrichtigkeit fährt sie fort: »Sie finden meine ganze Seele in diesem Brief. Vielleicht irre ich mich, aber es ist das einzige Mittel, das ich sehe, um durchzukommen. Ich habe, soviel ich kann, die Leute von beiden Seiten gehört und aus ihren Meinungen die meine geformt; ich weiß nicht, ob sie befolgt wird. Sie kennen die Person, mit der ich zu tun habe; im Augenblick, da man sie zu überreden meint, kann ein Wort oder die Meinung eines andern sie umstimmen, ohne daß sie es selbst bemerkt, und schon deshalb sind tausend Dinge undurchführbar; jedenfalls, was auch geschehe, bewahren Sie mir Ihre Freundschaft und Ihre Anhänglichkeit. Ich habe sie so sehr nötig, und glauben Sie mir, welches Unheil immer über mich kommen möge: es kann sein, daß ich mich den Umständen anpasse, aber niemals, daß ich irgendeiner Maßnahme zustimmen werde, die meiner unwürdig ist. Erst im Unglück fühlt man recht, wer man ist. Mein Blut rollt in den Adern meines Sohnes, und ich hoffe, daß er sich eines Tages würdig erweisen wird, ein Enkel Maria Theresias zu sein.«

Das sind große und ergreifende Worte, aber sie verhüllen die innere Beschämung nicht, welche diese aufrichtig gewillte Frau bei dem aufgezwungenen Täuschespiel empfindet. Im tiefsten Herzen weiß sie, daß sie mit diesem unehrlichen Verhalten unköniglicher handelt, als wenn sie freiwillig auf den Thron verzichtet hätte. Aber es bleibt keine Wahl mehr. »Ablehnen wäre vornehmer gewesen«, schreibt sie an ihren geliebten Fersen, »aber das war unmöglich unter den gegebenen Umständen. Ich hätte gewünscht, daß die Annahme viel knapper gewesen wäre, aber leider ist man ja immer umringt von böswilligen Personen; doch ich versichere Ihnen, es war noch die am wenigsten üble Fassung, die durchgedrungen ist. Auch die Torheit der Prinzen und Emigranten hat unsere Handlungsweise bestimmt. So war es notwendig, in der Annahme, jede Zeile auszuschalten, die dahin hätte gedeutet werden können, als ob wir nicht mit bester Absicht beistimmten.«

Durch diese unehrliche und darum unpolitische Scheinannahme der Konstitution hat die königliche Familie einen Atemzug Zeit gewonnen: das ist der ganze und – es wird sich bald zeigen – grausame Gewinn dieses Doppelspiels. Aufatmend tun alle so, als ob jeder die Lüge des anderen wirklich glaubte. Für eine Sekunde zerreißt das Gewölk, das gewittrige, und verflüchtigt sich. Noch einmal leuchtet trügerisch die Sonne der Volksgunst über den Häuptern der Bourbonen. Sofort nachdem der König am 13. September mitgeteilt hat, er werde am nächsten Tage die Verfassung inmitten der Versammlung beschwören, werden die Garden, die bisher das königliche Schloß bewachten, zurückgezogen, die Tuileriengärten dem Publikum freigegeben. Die Gefangenschaft ist zu Ende und – wie die meisten voreilig glauben – auch die Revolution. Zum erstenmal seit undenklichen Wochen und Monaten, aber auch zum letztenmal hört Marie Antoinette zehntausendstimmig den schon ganz verschollenen Ruf: »Es lebe der König! Es lebe die Königin!«

Doch schon längst hat sich alles, Freund und Feind, diesseits und jenseits der Grenzen verschworen, sie nicht mehr lange am Leben zu lassen.

Der Freund erscheint zum letzten Mal

Die eigentlich tragischen Stunden im Untergang Marie Antoinettes waren niemals jene der großen Gewitter, sondern die der immer dazwischen aufflammenden trügerisch schönen Tage. Wäre die Revolution niedergefahren wie ein Bergsturz, mit einem Ruck die Monarchie zermalmend, hätte sich ihr Fall lawinenhafter vollzogen, ohne Atempausen zum Nachdenken, Hoffen und Widerstand, sie wäre nicht so furchtbar nervenzerstörend für die Königin geworden wie die langsame Agonie. Aber immer kommen zwischen den Stürmen plötzlich Windstillen: fünfmal, zehnmal während der Revolution konnte die königliche Familie glauben, nun sei der Friede endgültig wiederhergestellt, der Kampf ausgekämpft. Aber die Revolution ist ein Naturelement wie das Meer, nicht mit einem Sprung bricht solche Sturmflut ins Land, sondern nach jedem erbitterten Stoß läuft die Welle zurück, scheinbar erschöpft, in Wirklichkeit aber nur, um neu und zu vernichtenderem Anschwung auszuholen. Und niemals wissen die Bedrohten, ob die letzte Welle schon die stärkste, die entscheidende gewesen.

Nach der Annahme der Konstitution scheint die Krise überwunden. Die Revolution ist Gesetz geworden, die Unruhe zu fester Form erstarrt. Einige Tage, einige Wochen trügerischen Wohlbefindens kommen, Wochen einer täuschenden Euphorie; Jubel füllt die Straßen, Begeisterung die Versammlung, die Theater donnern von Beifallsstürmen. Aber Marie Antoinette hat längst die naive, unbefangene Gläubigkeit ihrer Jugend verloren. »Wie schade«, seufzt sie zu der Erzieherin ihrer Kinder, als sie von der festlich beleuchteten Stadt in das Schloß zurückkehrt, »daß etwas so Schönes in unseren Herzen nur ein Gefühl von Trauer und Unruhe auslösen kann.« Nein, zu oft enttäuscht, will sie sich nicht mehr täuschen lassen. »Alles ist für den Augenblick ruhig«, schreibt sie an Fersen, den Freund ihres Herzens, »aber diese Ruhe hängt nur an einem Faden, und das Volk ist genauso, wie es immer war, jeden Augenblick zu allen Schrecken bereit. Man versichert uns, es sei für uns. Ich glaube nichts davon, wenigstens was meine Person betrifft. Ich weiß, wieviel von alledem zu halten ist. In den meisten Fällen ist das bezahlt, und das Volk liebt uns nur, sofern wir tun, was es fordert. Es ist unmöglich, daß dies noch lange so weitergeht. Es besteht noch weniger Sicherheit in Paris als vordem, denn man hat sich daran gewöhnt, uns erniedrigt zu sehen.« In der Tat wird die neugewählte Nationalversammlung zur Enttäuschung, sie ist nach der Ansicht der Königin »tausendmal schlechter als die frühere«, und gleich einer ihrer ersten Beschlüsse beraubt den König der Ansprache »Majestät«. Nach wenigen Wochen ist die Führung an die Girondisten übergegangen, die ihre Sympathien für die Republik ganz offen bekunden, und der heilige Regenbogen der Versöhnung schwindet rasch hinter neuaufsteigenden Wolken. Abermals beginnt der Kampf.

Die schnelle Verschlechterung ihrer Lage haben der König und die Königin nicht der Revolution zuzuschreiben, sondern in erster Linie ihren eigenen Verwandten. Der Graf von Provence und der Graf von Artois haben in Koblenz ihr Hauptquartier aufgeschlagen, von dort führen sie offenen Krieg gegen die Tuilerien. Daß der König in bitterer Not die Konstitution angenommen, dient ihnen vortrefflich, Marie Antoinette und Ludwig XVI. als Feiglinge durch bezahlte Journalisten verhöhnen zu lassen und sich selbst, die im Sicheren sitzen, als die wahren und einzig würdigen Verteidiger des königlichen Gedankens aufzuspielen: daß ihr Bruder für die Kosten dieses Spiels mit seinem Leben einsteht, ist ihnen gleichgültig. Vergeblich bittet und ersucht Ludwig XVI. seine Brüder, ja er befiehlt ihnen sogar, sie möchten zurückkommen und damit das berechtigte Mißtrauen des Volkes beseitigen. Die Erbschleicher behaupten hämisch, dies sei nicht der wirkliche Willensausdruck des gefangenen Königs, sie bleiben in Koblenz fern vom Schuß und spielen ungefährdet die Helden. Marie Antoinette bebt vor Wut über die Feigheit der Emigranten, jener »verächtlichen Rasse, die immer erklärten, uns zugetan zu sein, und uns niemals anderes als Böses getan haben«. Offen beschuldigt sie die Verwandten ihres Mannes, daß nur »ihr Verhalten sie in die Stellung hineingebracht habe, in der sie sich jetzt befänden«. – »Aber«, schreibt sie zornig, »was wollen sie? Sie haben, um sich unseren Wünschen zu entziehen, den Ton und die Art angenommen, zu sagen, daß wir nicht frei seien (was allerdings richtig ist), aber daß wir infolgedessen nicht sagen dürfen, was wir denken, und daß sie immer im Gegensinn zu uns handeln müssen.« Vergeblich fleht sie den Kaiser an, er solle die Prinzen und die anderen Franzosen, die sich außer Landes befinden, zurückhalten, aber der Graf von Provence überholt ihren Gesandten, stellt alle Befehle der Königin als »erzwungene« dar und findet bei den Kriegsparteien überall Zustimmung. Gustav von Schweden schickt Ludwig XVI. den Brief ungeöffnet zurück, in dem dieser die Annahme der Konstitution meldet, noch verächtlicher höhnt Katharina von Rußland Marie Antoinette, es sei traurig, wenn man keine andere Hoffnung mehr hätte als einen Rosenkranz. Der eigene Bruder in Wien läßt Wochen vergehen, ehe er gewundene Antwort gibt; im Grunde warten die Mächte, bis die Gelegenheit für sie günstig wird, aus den anarchischen Verhältnissen Frankreichs irgendeinen Vorteil herauszulocken. Niemand bietet rechte Hilfe, niemand macht einen klaren Vorschlag, und niemand fragt redlich, was die Bedrängten in den Tuilerien wünschen und wollen: immer hitziger spielen alle – auf Kosten der unseligen Gefangenen – ihr doppeltes Spiel.

Was aber will und was wünscht Marie Antoinette selbst, das geschehen möge? Die Französische Revolution, die wie fast jede politische Bewegung bei dem Gegner immer tiefe und geheimnisvolle Pläne vermutet, glaubt, daß Marie Antoinette, daß »comité autrichien« in den Tuilerien einen großartigen Kreuzzug gegen das französische Volk ausarbeite, und manche Geschichtsschreiber haben es nachgesprochen. In Wirklichkeit hat Marie Antoinette, Diplomatin aus Verzweiflung, niemals eine klare Idee, einen wirklichen Plan gehabt. Sie schreibt mit einer bewundernswerten Aufopferung, mit einem für sie überraschenden Fleiß Briefe auf Briefe nach allen Seiten, sie verfaßt und redigiert Memoranden und Vorschläge, sie verhandelt und beratschlagt, aber je mehr sie schreibt, um so weniger wird eigentlich verständlich, welchen politischen Gedanken sie eigentlich hegt. Ihr schwebt ungewiß ein bewaffneter Kongreß der Mächte vor, eine halbe Maßnahme, nicht zu heftig, nicht zu zahm, die einerseits die Revolutionäre durch Drohung einschüchtern, andererseits das französische Nationalgefühl nicht herausfordern soll; aber das Wie und Wann ist ihr selbst unklar, sie handelt, sie denkt nicht logisch, sondern ihre brüsken Bewegungen und Schreie erinnern an die eines Ertrinkenden, der sich immer tiefer in das Wasser hineinarbeitet. Einmal erklärt sie, der einzig gangbare Weg für sie sei, das Vertrauen des Volkes zu gewinnen, und im selben Atem, im selben Brief schreibt sie: »Es gibt keine Möglichkeit der Versöhnung mehr.« Sie will keinen Krieg und sieht sehr richtig und klar voraus: »Einerseits wären wir verpflichtet, gegen sie zu kämpfen, das wäre nicht zu vermeiden, und andererseits wären wir hier doch verdächtig, mit den auswärtigen Truppen im Einverständnis zu sein.«

Und ein paar Tage später wieder schreibt sie, »nur die bewaffnete Macht kann alles wiederherstellen«, und »ohne Hilfe von Außen können wir nichts tun!« Einerseits putscht sie ihren Bruder auf, der Kaiser möge doch endlich die Beleidigung fühlen, die ihm angetan wird. »Man möge sich nicht mehr um unsere Sicherheit kümmern, es ist dieses Land hier, das zum Kriege herausfordert.« Aber dann fällt sie ihm wieder in die Arme. »Ein Angriff von Außen brächte uns unter das Messer.« Schließlich kennt sich niemand mehr in ihren Absichten aus. Die diplomatischen Kanzleien, die nicht daran denken, ihr Geld nur für einen »bewaffneten Kongreß« zu vergeuden, die, wenn sie kostspielige Armeen an die Grenze werfen, schon einen vollblütigen Krieg haben wollen mit Annexionen und Entschädigungen, zucken die Achseln über die Zumutung, sie sollten einzig »pour le roi de France« ihre Soldaten Gewehr bei Fuß stehen lassen. »Was soll man«, schreibt Katharina von Rußland, »von Leuten denken, die ständig auf zwei ganz gegensätzliche Arten verhandeln«, und selbst Fersen, der Getreueste, der doch die innersten Gedanken Marie Antoinettes zu kennen glaubt, begreift schließlich nicht mehr, was die Königin wirklich wollte, ob Krieg, ob Frieden, ob sie sich innerlich ausgesöhnt habe mit der Konstitution oder nur die Konstitutionellen hinhalte, ob sie die Revolution betrüge oder die Fürsten, während die gequälte Frau in Wahrheit nur eines will: leben, leben, leben und nicht länger erniedrigt sein. Im Innern leidet sie mehr, als alle ahnen, unter diesem ihrer geradlinigen Natur unerträglichen Doppelspiel; immer wieder löst sich dieser Ekel vor der ihr aufgenötigten Rolle in einen tief menschlichen Schrei: »Ich weiß selbst nicht mehr, welche Haltung und welchen Ton einnehmen. Die ganze Welt beschuldigt mich der Verstellung, der Falschheit, und niemand kann glauben – und dies mit Recht –, daß mein Bruder so wenig

Interesse für die furchtbare Lage seiner Schwester hat, daß er sie unablässig der Gefahr aussetzt, ohne ihr ein Wort zu sagen. Ja, er setzt mich ihr aus und tausendmal mehr, als wenn er wirklich handeln würde. Der Haß, das Mißtrauen und die Frechheit sind die drei Kräfte, die in diesem Augenblick das Land bewegen. Die Leute sind frech aus einem Übermaß der Furcht und weil sie gleichzeitig glauben, daß man von außen nichts tun werde ... es gibt nichts Schlimmeres, als so zu bleiben, wie wir sind, denn wir haben von der Zeit und vom Innern Frankreichs keine Hilfe mehr zu erwarten.«

Ein einziger begreift schließlich, daß all dies Hin und Her, dieses Befehl- und Gegenbefehlgeben nur Zeichen ratloser Verzweiflung sind und daß diese Frau allein sich nicht retten kann. Er weiß, sie hat niemanden an ihrer Seite, denn Ludwig XVI. zählt nicht infolge seiner Unentschlossenheit. Auch die Schwägerin, Madame Elisabeth, ist nicht so ganz die himmlische, die treue, die gottergebene Gesinnungsgenossin, als die sie die royalistische Legende preist: »Meine Schwester ist so indiskret, so von Intriganten umgeben und vor allem dermaßen von ihren Brüdern draußen beherrscht, daß man gar nicht miteinander sprechen kann, man müßte sonst den ganzen Tag streiten.« Und noch härter, noch wilder aus der untersten Tiefe der Aufrichtigkeit: »Unser Familienleben ist eine Hölle, selbst mit den besten Absichten der Welt kann man nichts anderes sagen.« Immer deutlicher spürt Fersen in der Ferne, daß nur einer ihr jetzt helfen könnte und daß dieser eine, der ihr Vertrauen besitzt, nicht ihr Gatte, nicht ihr Bruder und keiner der Verwandten ist, sondern er selbst. Vor wenigen Wochen hat sie ihm auf geheimem Weg durch den Grafen Esterhazy Botschaft unverbrüchlicher Liebe gesandt: »Wenn Sie ihm schreiben, so sagen Sie ihm, daß alle Meilen und Länder Herzen nicht voneinander trennen können und daß ich diese Wahrheit jeden Tag mehr fühle«, und ein zweitesmal: »Ich weiß nicht, wo er ist. Es ist für mich eine furchtbare Qual, keine Nachrichten zu haben und nicht einmal zu wissen, wo diejenigen sich aufhalten, die man liebt.« Diese letzten brennenden Liebesworte hatte ein Geschenk begleitet, ein kleiner Goldring, auf dessen Vorderseite drei Lilien eingegraben waren mit der Schrift: »Feige, wer sie verläßt.« Diesen Ring hat Marie Antoinette, sie schreibt es an Esterhazy, eigens nach dem Maß ihres Fingers anfertigen lassen, sie hat ihn zwei Tage an der eigenen Hand getragen, ehe sie ihn absandte, gleichsam damit die Wärme des noch lebendigen Bluts in das kalte Gold eindringen sollte. Fersen trägt diesen Ring der Geliebten am Finger, und dieser Ring mit der Inschrift: »Feige, wer sie verläßt« wird zum täglichen Anruf an sein Gewissen, alles für diese Frau zu wagen; da der Ton der Verzweiflung so übermächtig aus ihren Briefen bricht, da er erkennt, welche wilde Verwirrung sich der geliebten Frau zu bemächtigen beginnt, weil sie sich von allen Menschen verlassen sieht, fühlt er sich aufgepeitscht zu wirklich heroischer Tat: er beschließt, da sie beide sich im geschriebenen Wort nicht entscheidend verständigen können, Marie Antoinette in Paris aufzusuchen, in ebendemselben Paris, wo sein Leben geächtet ist und seine Anwesenheit für ihn soviel wie sichern Tod bedeutet. Marie Antoinette erschrickt bei dieser Ankündigung. Nein, ein solches übergroßes und wahrhaft heroisches Opfer will sie von ihrem Freunde nicht. Als wahrhaft Liebende liebt sie sein Leben mehr als das eigene und mehr auch als die unsägliche Beruhigung und Beglückung, die ihr seine Nähe geben könnte. Darum antwortet sie hastig am 7. Dezember: »Es ist völlig unmöglich, daß Sie im gegenwärtigen Augenblick hierherkommen. Dies hieße unser Glück auf das Spiel setzen. Wenn ich das sage, so dürfen Sie es mir glauben, denn ich habe äußerstes Verlangen, Sie zu sehen.« Aber Fersen läßt nicht nach. Er weiß, es ist unbedingt nötig, sie dem gegenwärtigen Zustand zu entreißen. Er hat mit dem König von Schweden einen neuen Fluchtplan ausgearbeitet, er weiß trotz ihrer Abwehr mit der Hellhörigkeit eines aufgerufenen Herzens, wie sehr sie nach ihm verlangt, und wie es die Seele dieser völlig Vereinsamten entlasten müßte, noch einmal nach all den Vorsichts- und Verheimlichungsbriefen, sich wieder frei und ungehemmt aussprechen zu können. Anfang Februar faßt Fersen den Entschluß, nicht länger zu warten und nach Frankreich zu Marie Antoinette zu reisen.

Dieser Entschluß ist eigentlich ein selbstmörderischer. Hundertfache Wahrscheinlichkeit gegen eine spricht dafür, daß er von dieser Fahrt nicht wiederkehren wird, denn kein Kopf steht zur Zeit in Frankreich so hoch im Preis wie der seine. Kein Name ist so viel, so gehässig genannt worden, Fersen ist öffentlich geächtet in Paris, sein Steckbrief in allen Händen, ein einziger, der ihn unterwegs oder in Paris erkennt, und sein Leichnam liegt zerfetzt auf dem Pflaster. Aber Fersen – und dies erhöht noch tausendfach seinen Heroismus – will doch nicht nur nach Paris und dort in einem versteckten Winkel untertauchen, sondern geradewegs in die unzugängliche Höhle des Minotaurus, in die Tuilerien, die Tag und Nacht von zwölfhundert Nationalgardisten bewacht werden, in den Palast, wo jeder Knecht, jede Kammerfrau, jeder Kutscher innerhalb der riesigen Dienerschaft ihn persönlich kennt. Aber diesmal oder nie ist diesem Edelmann Gelegenheit geboten, sein liebendes Gelöbnis zu erhärten. »Ich lebe nur, um Ihnen zu dienen.« Am 11. Februar löst er dies Wort ein und macht sich auf zu einer der kühnsten Unternehmungen der ganzen Revolutionsgeschichte. Fersen reist mit Perücke, mit einem falschen Paß, in dem er verwegen die dafür nötige Unterschrift des Königs von

Schweden fälscht, angeblich in diplomatischer Mission nach Lissabon, einzig von seinem Ordonnanzoffizier begleitet, als dessen Diener er gilt. Durch ein Wunder werden die Papiere und Personen tatsächlich nicht näher untersucht, unbehelligt gelangt er am 13. Februar um halb sechs Uhr nach Paris. Obwohl er dort eine verläßliche Freundin oder vielmehr Geliebte hat, die unter Lebensgefahr bereit ist, ihn zu verstecken, begibt sich Fersen geradewegs vom Postwagen in die Tuilerien. In den Wintermonaten bricht das Dunkel früh ein, sein freundlicher Schutz deckt den Verwegenen. Die geheime Tür, zu der er noch den Schlüssel besitzt, sie ist – erstaunlicher Glücksfall – auch diesmal nicht bewacht. Der treubewahrte Schlüssel tut seine Pflicht, Fersen tritt ein: nach acht Monaten grausamster Entfernung und unsagbaren Geschehens – eine Welt hat sich seitdem verändert – ist der Geliebte wieder bei der Geliebten, Fersen abermals und zum letztenmal bei Marie Antoinette.

Über diesen denkwürdigen Besuch gibt es zweierlei Aufzeichnungen von Fersens Hand, die merklich voneinander abweichen, eine offizielle und eine intime; und gerade ihre Verschiedenheit ist unendlich aufschlußreich für die wirkliche Form der Beziehung, die Fersen und Marie Antoinette verbindet. Denn in dem offiziellen Brief berichtet er seinem Monarchen, er sei am 13. Februar um sechs Uhr abends in Paris eingetroffen und hätte Ihre Majestäten – ausdrücklich die Mehrzahl, also König Ludwig und Marie Antoinette – noch am selben Abend gesehen und gesprochen, und zum zweitenmal am nächsten Abend. Aber dieser Mitteilung, die für den König von Schweden bestimmt war, den Fersen als sehr geschwätzig kennt und dem er die Frauenehre Marie Antoinettes nicht anvertrauen will, widerspricht die vielsagend intime Aufzeichnung seines Tagebuches. Dort heißt es zunächst: »Zu ihr gegangen; meinen gewöhnlichen Weg genommen. Besorgnis wegen der Nationalgarden, ihre Wohnung wundervoll.« Ausdrücklich heißt es also »Zu ihr« und nicht »Zu ihnen« gegangen. Dann folgen im Tagebuch noch zwei Worte, die später von jener berüchtigten zimperlichen Hand mit Tinte unlesbar gemacht wurden. Aber glücklicherweise gelang es, sie wieder abzudecken, und diese zwei inhaltsschweren Worte, sie lauten: »resté là«, zu deutsch »dort geblieben«.

Mit diesen zwei Worten ist die ganze Situation jener Tristansnacht klar: Fersen ist an jenem Abend also nicht von beiden Majestäten empfangen worden, wie er den König von Schweden glauben ließ, sondern von Marie Antoinette allein, und er hat – auch dies unterliegt keinem Zweifel – diese Nacht in den Gemächern der Königin verbracht. Ein nächtliches Weggehen, Wiederkommen und abermaliges Verlassen der Tuilerien hätte unsinnigste Vervielfachung der Gefahr bedeutet, denn in den Gängen patrouillierten Tag und Nacht die Nationalgarden. Die Räume Marie Antoinettes aber, zu ebener Erde, sie enthielten bekanntlich nicht mehr als ein Schlafzimmer und einen winzigen Toilettenraum: es gibt also keine andere Erklärung als die den Tugendverteidigern so peinliche, daß Fersen diese Nacht und den nächsten Tag bis Mitternacht in dem Schlafzimmer der Königin versteckt zugebracht habe, dem einzigen Raum innerhalb des ganzen Schlosses, der vor der Überwachung durch die Nationalgarde und vor dem Blick der Dienerschaft gesichert war.

Über jene Stunden des Alleinseins schweigt Fersen, der stets zu schweigen verstanden hat, selbst in seinem intimen Tagebuch: so ziemt auch jedem andern diese edelste Pflicht. Es kann niemandem versagt werden zu glauben, auch diese Nacht habe ausschließlich romantischem Ritterdienst und politischem Gespräch gegolten. Aber wer vom Herzen her fühlt und von klaren Sinnen, wer an die

Macht des Blutes als an das ewige Gesetz glaubt, dem ist es gewiß: selbst wenn Fersen nicht schon längst der Geliebte Marie Antoinettes gewesen, er wäre es geworden in dieser Schicksalsnacht, in dieser mit dem äußersten menschlichen Einsatz des Mutes erzwungenen, in dieser unwiderruflich letzten Nacht.

Die erste Nacht gehört ganz den Liebenden, erst der nächste Abend der Politik. Um sechs Uhr, also genau vierundzwanzig Stunden nach Fersens Eintreffen, betritt der diskrete Gatte das Zimmer der Königin, um mit dem heroischen Boten Zwiesprache zu halten. Den von Fersen vorgelegten Fluchtplan weist Ludwig XVI. zurück, erstlich, weil er ihn praktisch für unmöglich hält, und dann auch aus Ehrgefühl, denn er hat öffentlich der Nationalversammlung versprochen, in Paris zu bleiben, und will nicht Verräter werden an seinem Wort. (Fersen bemerkt dazu in seinem Tagebuch respektvoll: »Denn er ist ein ehrenhafter Mensch.«) Mann zu Mann mit vollem Vertrauen setzt der König dann dem verläßlichen Freunde seine Lage auseinander. »Wir sind unter uns«, sagt er, »und können sprechen. Ich weiß, daß man mich der Schwäche und Entschlußunfähigkeit beschuldigt, aber noch niemand hat sich jemals in einer Lage befunden wie der meinen. Ich weiß, daß ich den richtigen Augenblick (zur Flucht) versäumt habe, am 14. Juli, und seitdem habe ich ihn nicht wiedergefunden. Die ganze Welt hat mich im Stich gelassen.« Sowohl die Königin als der König haben keine Hoffnung mehr, sich selber zu retten. Die Mächte sollten alles Denkbare versuchen, ohne sich um ihre Personen zu kümmern. Nur sollten sie sich nicht wundern, wenn er hier die Zustimmung gäbe zu manchen Dingen; sie müßten in ihrer jetzigen Lage vielleicht tun, was nicht nach ihrem Herzen wäre. Sie könnten für sich nur Zeit retten, die Rettung selbst müsse von außen kommen.

Bis Mitternacht bleibt Fersen im Palast. Alles ist besprochen, was zu besprechen war. Dann kommt das Schwerste dieser dreißig Stunden, sie müssen Abschied nehmen. Beide wollen sie es nicht wahrhaben, beide ahnen sie untrüglich: Nie mehr! Nie mehr in diesem Leben! Um die Erschütterte zu trösten, verspricht er ihr, wenn es irgend möglich sein sollte, wiederzukommen, und fühlt beglückt, wie sehr er sie beruhigt hat durch seine Gegenwart. Durch den dunklen, glücklicherweise verlassenen Gang begleitet die Königin Fersen bis zur Tür. Noch haben sie einander die letzten Worte nicht gesagt, noch die letzten Umarmungen nicht getauscht, da naht ein fremder Schritt: Todesgefahr! Fersen, in den Mantel gehüllt, die Perücke aufgestülpt, schlüpft hinaus, Marie Antoinette flieht in ihr Zimmer zurück; die Liebenden haben einander zum letztenmal gesehen.

Die Flucht in den Krieg

Uraltes Rezept: wenn Staaten und Regierungen innere Krisen nicht mehr zu bewältigen wissen, suchen sie die Spannung nach außen abzulenken; gemäß diesem ewigen Gesetz verlangen die Wortführer der Revolution, um dem fast unvermeidlichen Bürgerkrieg zu entgehen, seit Monaten den Krieg gegen Österreich. Durch die Annahme der Konstitution hat Ludwig XVI. seinen königlichen Rang zwar vermindert, aber gesichert. Für immer sollte – und die Arglosen wie Lafayette glaubten es auch – die Revolution jetzt zu Ende sein. Die Partei der Girondisten aber, welche die neugewählte Nationalversammlung beherrscht, ist im Herzen republikanisch. Sie will das Königtum beseitigen, und dazu gibt es kein besseres Mittel als einen Krieg, weil er unvermeidlich die königliche Familie in Konflikt mit der Nation bringen muß. Denn die Vorhut der ausländischen Armeen bilden ja die beiden lärmenden Brüder des Königs, und die feindlichen Generalstäbe unterstehen dem Bruder der Königin.

Daß ein offener Krieg ihrer Sache nicht helfen, sondern nur schaden kann, weiß Marie Antoinette. Wie immer die militärische Entscheidung fällt, muß sie zu ihren Ungunsten sein. Siegen die Armeen der Revolution gegen die Emigranten und die Kaiser und Könige, so ist es gewiß, daß Frankreich nicht weiter einen »Tyrannen« dulden wird. Werden wiederum die nationalen Truppen von den Verwandten des Königs und der Königin geschlagen, so wird zweifellos der aufgeregte oder von andern erregte Pariser Pöbel die Gefangenen in den Tuilerien verantwortlich machen. Siegt Frankreich, so verlieren sie den Thron; siegen die auswärtigen Mächte, so verlieren sie ihr Leben. Aus diesem Grunde hat Marie Antoinette in unzähligen Briefen ihren Bruder Leopold und die Emigranten beschworen stillzuhalten, und dieser vorsichtige, zögernde, kühl berechnende und innerlich kriegsfeindliche Herrscher hatte tatsächlich die säbelklirrenden Prinzen und Emigranten von sich abgeschüttelt und alles vermieden, was als Herausforderung gedeutet werden könnte.

Aber der Glücksstern Marie Antoinettes ist längst verdunkelt. Alles, was das Schicksal an Überraschung bereithält, wendet sich gegen sie. Gerade jetzt, am 1. März, rafft eine plötzliche Krankheit ihren Bruder Leopold, den Friedenserhalter, hinweg, und vierzehn Tage später tötet der Pistolenschuß eines Verschwörers den besten Verteidiger des royalistischen Gedankens, den sie unter den Monarchen Europas hat, Gustav von Schweden. Damit ist der Krieg unvermeidlich geworden. Denn der Nachfolger Gustavs denkt nicht mehr daran, die

Sache der Monarchisten zu stützen, und der Nachfolger Leopolds II. kümmert sich nicht um seine Blutsverwandte, sondern erwägt ausschließlich seine eigenen Interessen. Bei diesem vierundzwanzigjährigen, einfältigen, kalten, völlig gefühllosen Kaiser Franz, in dessen Seele kein Funke mehr vom Geist Maria Theresias glüht, findet Marie Antoinette weder Verständnis noch Willen zum Verstehen. Frostig empfängt er ihre Boten, gleichgültig ihre Briefe; ob seine Blutsverwandte in den fürchterlichsten seelischen Zwiespalt gerät, ob ihr Leben durch seine Maßnahmen gefährdet wird, kümmert ihn nicht. Er sieht nur die gute Gelegenheit, seine Macht zu vergrößern, und lehnt alle Wünsche und Forderungen der Nationalversammlung kalt und aufreizend ab.

Nun haben die Girondisten glücklich Oberwasser. Am 20. April wird Ludwig XVI. genötigt, nach langem Widerstand und – wie man behauptet – mit Tränen in den Augen, dem »König von Ungarn« den Krieg zu erklären. Die Armeen setzen sich in Bewegung, und das Schicksal nimmt seinen Lauf.

Auf welcher Seite steht die Königin mit ihrem Herzen in diesem Kriege? Bei ihrem alten oder bei ihrem neuen Vaterland? Bei den französischen oder ausländischen Heeren? Um diese entscheidende Frage haben die royalistischen Darsteller, ihre unbedingten Verteidiger und Lobpreiser, sich ängstlich herumgedrückt, sie haben sogar in die Memoiren und Briefe ganze Absätze hineingefälscht, um die klare und eindeutige Tatsache zu verschatten, daß in diesem Krieg Marie Antoinette mit ganzer Seele den Triumph der verbündeten Herrschertruppen und die Niederlage der französischen ersehnte. Diese Stellungnahme ist unverkennbar; wer sie verschweigt, der fälscht. Wer sie leugnet, der lügt. Denn mehr noch: Marie Antoinette, die sich vor allem als Königin fühlt und dann erst als Königin von Frankreich, steht nicht nur gegen jene, die ihr die Königsmacht eingeschränkt haben, und bei jenen, die sie im dynastischen Sinne stärken wollen, sondern sie tut sogar alles Erlaubte und Unerlaubte, um die Niederlage Frankreichs zu beschleunigen, den Sieg des Auslandes zu fördern. »Gott wolle, daß man einmal alle die Herausforderungen räche, die wir von diesem Land empfangen haben«, schreibt sie an Fersen, und obwohl sie längst ihre Muttersprache vergessen hat und genötigt ist, sich deutsche Briefe übersetzen zu lassen, schreibt sie: »Niemals habe ich größeren Stolz gefühlt denn jetzt, als eine Deutsche geboren zu sein.« Vier Tage, ehe der Krieg erklärt wird, übermittelt sie – oder deutlicher: verrät sie – den Feldzugsplan der Revolutionsarmeen, soweit sie ihn kannte, dem österreichischen Botschafter. Ihre Einstellung ist vollkommen eindeutig: für Marie Antoinette sind die österreichischen, die preußischen Fahnen die befreundeten und die heimische Trikolore das Banner des Feindes.

Zweifellos – man hat sofort das Wort auf den Lippen – ist das offener Landesverrat, und das Gericht eines jeden Landes würde heute ein solches Verhalten Verbrechen nennen. Aber man darf nicht vergessen, daß der Begriff des Nationalen und der Nation im achtzehnten Jahrhundert noch nicht entdeckt war; erst die Französische Revolution geht daran, ihn für Europa zu formen. Das achtzehnte Jahrhundert, in dessen Anschauungen Marie Antoinette unlösbar verankert ist, kennt noch keinen andern als den rein dynastischen Standpunkt, das Land gehört dem König; wo der König steht, dort steht das Recht; wer für den König und das Königtum kämpft, streitet unbedingt für die gerechte Sache. Wer gegen das Königtum steht, der ist Aufständischer und Rebell, auch wenn er das eigene Land verteidigt. Die völlige Unausgeformtheit des patriotischen Gedankens ergibt überraschenderweise in diesem Krieg eine unvaterländische Einstellung des Gefühls auf der Gegenseite: die besten Deutschen, Klopstock, Schiller, Fichte, Hölderlin, ersehnen um der Idee der Freiheit willen die Niederlage der deutschen Truppen, die eben noch nicht Volkstruppen sind, sondern die Armeen der despotischen Sache. Sie freuen sich über den Rückzug der preußischen Streitkräfte, während in Frankreich wieder der König und die Königin die Niederlage ihrer eigenen Truppen als persönlichen Vorteil begrüßen. Hüben und drüben geht der Krieg nicht um die Interessen des Landes, sondern um eine geistige Idee, diejenige der Souveränität oder jene der Freiheit. Und nichts bezeichnet das merkwürdige Zwielicht zwischen der Auffassung des alten und neuen Jahrhunderts besser, als daß der Anführer der vereinigten deutschen Armeen, der Herzog von Braunschweig, einen Monat zuvor ernstlich überlegte, ob er nicht lieber das Kommando der französischen gegen die deutschen übernehmen solle. Man sieht: der Begriff Vaterland und Nation ist 1791 noch nicht geklärt in den Seelen des achtzehnten Jahrhunderts. Erst dieser Krieg, der die Volksheere, das Volksbewußtsein und damit den furchtbaren Bruderkampf ganzer Nationen erschafft, wird die Idee des Nationalpatriotismus hervorbringen und dem nächsten Jahrhundert vererben.

Dafür, daß Marie Antoinette den Sieg der auswärtigen Mächte wünscht, sowie für die Tatsache ihres Landesverrats hat man in Paris keinen Beweis. Aber wenn das Volk als Masse auch niemals logisch und planhaft denkt, so hat es doch eine elementarere, tierhaftere Witterungsfähigkeit als das Einzelwesen; statt mit Überlegung arbeitet es mit Instinkten, und diese Instinkte sind fast immer unfehlbar. Von allem Anfang an fühlt das französische Volk atmosphärisch jene Feindseligkeit in den Tuilerien; ohne äußeren Anhaltspunkt wittert es den tatsächlich geschehenen militärischen Verrat Marie Antoinettes an seiner Armee und seiner Sache; und hundert Schritte von dem königlichen Palast schreit in der Nationalversammlung einer der Girondisten, Vergniaud, die Anschuldigungen offen in den Saal: »Von dieser Tribüne, wo ich zu Ihnen spreche, kann man den Palast erblicken, wo entartete Ratgeber den König verführen und täuschen, der uns die Konstitution gegeben hat, wo sie die Ketten schmieden, in die sie uns schließen wollen, und die Schliche vorbereiten, die uns an das Haus Österreich ausliefern sollen. Ich sehe die Fenster des Palastes, wo man die Gegenrevolution vorbereitet und alle Mittel durchdenkt, um uns zurückzuschleudern in die Schranken der Knechtschaft.« Und damit man ganz deutlich Marie Antoinette als die Anstifterin dieser angeblichen Verschwörung erkenne, fügt er drohend hinzu: »Mögen alle wissen, die diesen Palast bewohnen, daß unsere Verfassung die Unverletzlichkeit ausschließlich dem Könige zubilligt. Mögen sie wissen, daß das Gesetz ohne Ausnahme alle Schuldigen erfassen wird und daß kein einziges Haupt, das der Schuld überwiesen ist, dem Schwerte entgehen soll.« Die Revolution beginnt zu begreifen, daß sie den äußeren Feind nur schlagen kann, wenn sie sich auch des inneren entledigt. Damit sie die große Partie vor der Welt gewinnen kann, muß daheim der König in seinem Einfluß schachmatt gesetzt werden. Energisch drängen jetzt alle wirklichen Revolutionäre zum Konflikt; wieder marschieren die Zeitungen voran und fordern die Absetzung des Königs; neue Auflagen der berüchtigten Schrift: »La vie scandaleuse de Marie-Antoinette« werden in den Straßen verteilt, um den alten Haß mit neuer Tatkraft zu beleben. In der Nationalversammlung werden mit Absicht Anträge gestellt, bei denen man hofft, daß der König von seinem verfassungsmäßigen Recht, ein Veto zu sprechen, Gebrauch machen müsse, vor allem jener, dem Ludwig XVI. als gläubiger Katholik niemals zustimmen kann, nämlich die Priester, die den Eid auf die Verfassung verweigern, mit Gewalt auszuweisen: man sucht, man provoziert den offenen Bruch. Tatsächlich rafft sich der König zum erstenmal zusammen und legt sein Veto ein. Solange er stark war, hat er von keinem seiner Rechte Gebrauch gemacht; jetzt, eine Spanne vor dem Untergang, versucht dieser unselige Mann im unseligsten Augenblick zum erstenmal Mut zu bezeigen. Aber das Volk ist nicht mehr willens, von dieser Wachspuppe Einspruch zu dulden. Dieses Veto soll das letzte Wort des Königs gegen und an sein Volk gewesen sein.

Um dem König und vor allem ihr, dieser unbeugsamen, hochmütigen Österreicherin, eine gründliche Lektion zu erteilen, wählen die Jakobiner, die Stoßtruppe der Revolution, einen symbolischen Tag, den 20. Juni. An diesem Tage haben vor drei Jahren sich im Ballsaal von Versailles zum erstenmal die Abgeordneten des Volkes zu feierlichem Eid zusammengetan, nicht der Macht der Bajonette zu weichen und aus eigener Kraft Frankreich Form und Gesetz zu geben. An diesem Tage ist vor einem Jahr der König, als Lakai verkleidet, durch die kleine Pforte seines Palastes nachts hinausgeschlichen, um dem Diktat des Volkes zu entgehen. An diesem Jahrestag soll er nun für immer erinnert werden, daß er nichts ist und das Volk alles. Wie 1789 der Sturm auf Versailles, wird 1792 der Sturm auf die Tuilerien methodisch vorbereitet. Aber damals mußte man noch unterirdisch und ungesetzmäßig jene Amazonenarmee unter dem Schutz der Dunkelheit ausheben; heute marschieren am hellichten Tage, unter dem Geläut der Sturmglocken, von dem Brauer Santerre befehligt, fünfzehntausend Mann, die Stadtverwaltung steht dabei mit fliegenden Fahnen, die Nationalversammlung öffnet ihnen die Tore, und der Bürgermeister Pétion, der für die Ordnung zu sorgen hätte, stellt sich blind und taub, um das klare Gelingen dieser Demütigung des Königs zu fördern.

Der Aufmarsch der revolutionären Kolonne beginnt als bloßer Festzug vor der Nationalversammlung. In Reih und Glied marschieren die fünfzehntausend Mann mit großen Plakaten »Nieder das Veto!« und »Die Freiheit oder der Tod!« im Takte des »Ça ira« an der Reitschule vorbei, in der die Nationalversammlung tagt; um halb vier Uhr scheint das große Schauspiel zu Ende, der Abmarsch beginnt. Aber jetzt erst setzt die eigentliche Kundgebung ein. Denn statt friedlich abzuziehen, wirft sich, ohne Befehl und doch sichtbar geführt, die ganze riesige Volksmasse gegen den Eingang des Palastes. Dort stehen zwar die Nationalgarden und Gendarmen mit blank vorgestreckten Bajonetten, aber der Hof hat in seiner gewohnten Unschlüssigkeit für diesen doch klar vorauszusehenden Fall keine Befehle erteilt, die Soldaten leisten keinen Widerstand, und mit einem Guß strömen die Massen durch den engen Trichter der Türe. So stark ist der Druck dieser Menge, daß sie gleichsam von selbst die Treppe hinauf bis zum ersten Stock dringt. Und nun ist kein Halten mehr, die Türen werden eingedrückt oder die Schlösser zerschlagen, und ehe man irgendeine Schutzmaßnahme treffen kann, stehen die ersten Eindringlinge vor dem König, den nur unzulänglich eine Gruppe von Nationalgarden vor dem Ärgsten schützt. Nun muß Ludwig XVI. in seinem eigenen Hause die Parade des aufständischen Volkes abnehmen, und nur sein unerschütterlicher phlegmatischer Gleichmut verhindert einen Zusammenstoß. Geduldig gibt er auf alle Herausforderungen höfliche Antworten, gehorsam setzt er die rote Mütze auf, die einer der Sansculotten sich vom Kopf nimmt. Dreieinhalb Stunden duldet er in glühender Hitze ohne Weigerung, ohne Widerstand die Schaulust und den Hohn dieser feindseligen Gäste.

Gleichzeitig ist ein anderer Trupp der Insurgenten in die Gemächer der Königin eingedrungen; die Schrekkensszene des 5. Oktober in Versailles scheint sich wiederholen zu wollen. Da aber die Königin gefährdeter ist als der König, haben die Offiziere rasch Soldaten herbeigerufen, Marie Antoinette in eine Ecke gedrängt und zu ihrem Schutz einen großen Tisch vorgeschoben, damit sie wenigstens vor körperlichen Mißhandlungen gesichert sei; außerdem stehen in dreifacher Reihe die Nationalgarden vor diesem Tische Wache. Die wild hereinstürmenden Frauen und Männer können Marie Antoinette nicht an den Leib, aber doch nahe genug heran, um das »Monstrum« herausfordernd wie ein Schaustück zu betrachten, nahe genug, daß Marie Antoinette jede einzelne Beschimpfung und Drohung hören muß. Santerre, der mit seiner Unternehmung nur eine ausgiebige Demütigung und gründliche Einschüchterung der Königin will, aber wirkliche Gewaltakte zu verhüten bemüht ist, befiehlt den Grenadieren, zur Seite zu treten, damit das Volk seinen Willen habe und sein Opfer, die besiegte Königin, betrachten könne, gleichzeitig sucht er Marie Antoinette zu beruhigen: »Madame, man täuscht Sie, das Volk hat nichts Böses gegen Sie vor. Wenn Sie nur wollten, würde jeder Sie lieben wie dieses Kind« (dabei zeigt er auf den Dauphin, der sich erschreckt und zitternd an seine Mutter preßt). »Übrigens, haben Sie keine Angst, man wird Ihnen nichts tun.« Aber immer, wenn einer der »factieux« der Königin seine Hilfe anbietet, strafft sich ihr Stolz. »Man hat mich weder getäuscht noch irregeführt«, antwortet die Königin hart, »und ich habe keine Furcht. Unter anständigen Leuten braucht man niemals Furcht zu haben.« Kalt und stolz hält die Königin den feindseligen Blicken und den frechsten Ansprachen stand. Nur als man sie zwingen will, ihrem Kind die rote Mütze aufzusetzen, wendet sie sich ab und sagt zu den Offizieren: »Das ist zuviel, das geht über die menschliche Geduld.« Aber sie hält stand, ohne eine Sekunde Angst oder Unsicherheit zu verraten. Erst nachdem sie von den Eindringlingen nicht mehr wirklich bedroht ist, erscheint der Bürgermeister Pétion und ersucht die Menge, nach Hause zu gehen, »um nicht Gelegenheit zu geben, die ehrenwerte Absicht des Volkes zu verdächtigen«. Aber es dauert noch bis spät in den Abend, ehe das Schloß geräumt ist, und jetzt erst spürt die Königin, die gedemütigte Frau, die ganze Qual ihrer Wehrlosigkeit. Jetzt weiß sie, daß alles verloren ist. »Ich lebe noch, aber es ist ein Wunder«, schreibt sie hastig ihrem Vertrauten, Hans Axel von Fersen. »Dieser Tag war furchtbar.«

Die letzten Schreie

Seit sie den Atem des Hasses bis ins Gesicht gespürt, seit sie die Piken der Revolution in ihrem eigenen Zimmer, in den Tuilerien gesehen und die Ohnmacht der Nationalversammlung, die Böswilligkeit des Bürgermeisters erlebt hat, weiß Marie Antoinette, daß sie und ihre Familie rettungslos verloren sind, wenn nicht rasch von außen Hilfe kommt. Nur ein stürmischer Sieg der Preußen, der Österreicher könnte sie noch retten. Zwar bemühen sich jetzt in letzter, in allerletzter Stunde alte und plötzlich neuerworbene Freunde um eine Flucht. Der General Lafayette will persönlich an der Spitze einer Abteilung Kavallerie den König mit seiner Familie am 14. Juli von den Feierlichkeiten am Marsfeld herausholen und mit gezogenem Säbel aus der Stadt bringen. Aber Marie Antoinette, die noch immer in Lafayette den Urheber allen Unheils sieht, will lieber zugrunde gehen als ihre

Kinder, ihren Mann und sich selbst diesem Leichtgläubigen anvertrauen.

Aus einem edleren Grunde weist sie auch einen andern Vorschlag, den der Landgräfin von Hessen-Darmstadt, zurück, sie als die Gefährdetste aus dem Palast zu retten, denn diese Fluchtmöglichkeit ist nur für sie allein ersonnen. »Nein, Prinzessin«, antwortet Marie Antoinette, »obwohl ich den ganzen Wert Ihres Angebots empfinde, kann ich es doch nicht annehmen. Ich habe mein Leben meiner Pflicht geweiht für die mir teuren Personen, deren Unglück ich teile und die, was immer auch man von ihnen sagen möge, allen Anteil durch den Mut verdienen, mit dem sie ihr Schicksal tragen... Möge eines Tages alles, was wir tun und erleiden, wenigstens unsere Kinder glücklicher machen, dies ist der einzige Wunsch, den ich mir erlaube. Leben Sie wohl, Prinzessin! Man hat mir alles genommen außer meinem Herzen, das mir immer bleiben wird, um sie zu lieben, zweifeln Sie nie daran, es wäre das einzige Unglück, das ich nicht ertragen könnte.«

Dies ist einer der ersten Briefe, die Marie Antoinette nicht mehr um ihrer selbst willen, sondern für die Nachwelt schreibt. Im Tiefsten weiß sie schon: ist das Unheil nicht mehr aufzuhalten, so will sie nur noch die letzte Pflicht erfüllen, mit Haltung und erhobenem Haupt unterzugehen. Vielleicht ersehnt sie schon im Unterbewußtsein einen raschen und möglichst heldischen Tod statt dieses langsamen Versinkens im Schlamm, statt dieses stündlich und stündlich tieferen Hinabsteigens. Am 14. Juli, der Volksfeier des Bastillensturms, da sie – zum letztenmal – der großen Zeremonie auf dem Marsfelde beiwohnen muß, weigert sie sich, ein Panzerhemd unter dem Kleid anzuziehn, wie es ihr vorsichtiger Gatte trägt; nachts schläft sie allein, obwohl einmal eine verdächtige Gestalt in ihrem Zimmer auftaucht. Sie verläßt das Haus nicht mehr, denn längst kann sie ihren eigenen Garten nicht mehr betreten, ohne zu hören, wie das Volk singt: »Madame Veto avait promis de faire égorger tout Paris.« Mit dem Schlaf in den Nächten ist es vorbei; immer wenn eine Glocke auf dem Turm anschlägt, so schauern sie schon im Schloß, es könnte die Alarmglocke für den längst geplanten endgültigen Sturm auf die Tuilerien sein. Durch Boten und Spione über die geheimen Klubs und Vorstadtsektionen täglich, ja fast stündlich unterrichtet, weiß der Hof, daß es nur noch um Tage geht, um drei, acht, zehn, vielleicht vierzehn Tage, bis die Jakobiner ein gewaltsames Ende machen werden, und diese Spione verraten gar kein Geheimnis. Denn mit immer gellenderer Stimme fordern die Zeitungen Marats und Héberts bereits die Absetzung. Nur ein Wunder – Marie Antoinette weiß es – könnte sie retten oder ein vernichtender rascher Vormarsch der preußischen, der österreichischen Armeen.

Das Entsetzen, das Grauen, die Angst jener Tage des letzten Wartens und ungeduldigen Harrens spiegeln die Briefe der Königin an ihren getreuesten Freund. Eigentlich sind es keine Briefe mehr, sondern Schreie, wilde, zuckende Angstrufe, gleichzeitig undeutlich und schrill wie die eines Gehetzten und Gewürgten. Nur mit äußerster Vorsicht und verwegenen Mitteln können Nachrichten jetzt überhaupt noch aus den Tuilerien geschmuggelt werden, denn die Dienerschaft ist nicht mehr verläßlich, Spione stehen vor den Fenstern und hinter den Türen. In Schokoladepäckchen versteckt, unter Hutkrempen gerollt, mit sympathetischer Tinte und in Chiffren geschrieben (meist nicht mehr mit eigener Hand), sind die Briefe Marie Antoinettes so abgefaßt, daß sie für den Fall des Aufgefangenwerdens völlig harmlos wirken. Sie sprechen scheinbar nur von allerlei allgemeinen Dingen, von erfundenen Geschäften und Affären; was die Königin wirklich sagen will, ist meist in dritter Person abgefaßt und überdies chiffriert. Schneller, immer schneller folgen einander jetzt diese Rufe in höchster Not; vor dem 20. Juni schreibt die Königin noch: »Ihre Freunde halten die Wiederherstellung für unmöglich oder zumindest für sehr entfernt. Darum beruhigen Sie sie, wenn möglich, sie haben es nötig, ihre Lage wird jeden Tag furchtbarer.« Am 23. Juni wird die Mahnung schon dringender. »Ihr Freund ist in der größten Gefahr, seine Krankheit macht schreckliche Fortschritte, die Ärzte kennen kein Mittel mehr... Wenn Sie ihn noch einmal sehen wollen, eilen Sie, teilen Sie seinen verzweifelten Zustand den Eltern mit.« Immer hitziger steigt das Fieberthermometer (26. Juni): »Rasche Krise ist nötig, um ihm Rettung zu bringen, wir sind verzweifelt, daß sie sich noch nicht zeigt. Teilen Sie seine Lage allen mit, die in Verbindung mit ihm stehen, damit sie ihre Maßnahmen treffen. Die Zeit drängt...« Mitten in ihren Alarmschreien erschrickt manchmal, feinfühlig wie jede wahrhaft Liebende, die verstörte Frau, daß sie den Menschen, der ihr über alles teuer ist, dermaßen beunruhigt; selbst in ihrer höchsten Angst und Not denkt Marie Antoinette statt an ihr eigenes Schicksal zuerst an die seelische Erschütterung, die ihre Angstrufe dem Geliebten verursachen müssen: »Unsere Lage ist furchtbar, aber beunruhigen Sie sich nicht zu sehr, ich fühle Mut und spüre in mir etwas, das mir sagt, wir werden bald glücklich und gerettet sein! Dieser Gedanke allein hält mich aufrecht... Leben Sie wohl! Wann werden wir uns wieder in Ruhe sehen!« (3. Juli.) Und nochmals: »Beunruhigen Sie sich nicht zu sehr um meinetwillen. Glauben Sie mir, daß der Mut sich immer durchsetzt... Leben Sie wohl und trachten Sie nur, wenn möglich, die versprochene Hilfe für unsere Rettung zu beschleunigen... Schonen Sie sich für uns und beunruhigen Sie sich nicht unseretwegen.« Dann aber jagt ein Brief den andern. »Morgen kommen achthundert Mann aus Marseille, und man sagt, daß sie in acht Tagen genug Kräfte haben werden, um ihren Plan durchzuführen.« (21. Juli.) Und drei Tage später: »Sagen Sie Herrn von Mercy, daß das Leben des Königs und der Königin in allergrößter Gefahr ist, daß der Verlust eines einzigen Tages unberechenbares Unheil nach sich ziehen kann... Die Bande der Mörder wächst unablässig, von Tag zu Tag.« Und der letzte Brief vom 1. August, zugleich der allerletzte, den Fersen von der Königin erhält, schildert mit der Hellsichtigkeit äußerster Verzweiflung die ganze Gefahr. »Das Leben des Königs ist, ebenso wie das der Königin, tatsächlich seit langem bedroht. Die Ankunft von etwa sechshundert Marseillern und einer Reihe anderer aus allen Klubs der Jakobiner vermehrt unsere leider allzusehr begründete Unruhe. Man trifft zwar alle Vorkehrungen für die Sicherheit der königlichen Familie, aber die Mörder streifen die ganze Zeit um das Schloß: man wiegelt das Volk auf, in einem Teil der Nationalversammlung herrscht üble Gesinnung, in dem andern Teile Schwäche und Feigheit... Jetzt muß man daran denken, den Dolchen zu entgehen und die Verschwörer um ihr Spiel zu bringen, die schon den Thron umschwärmen, um ihn zu stürzen. Seit langem bemühen sich die ›factieux‹ gar nicht mehr, ihre Absicht, die königliche Familie beiseite zu schaffen, zu verbergen. In den beiden letzten nächtlichen Versammlungen war man nur über die Mittel der Ausführung noch nicht einig. Sie wissen aus meinem früheren Brief, wie wichtig es ist, auch nur vierundzwanzig Stunden zu gewinnen; ich kann es heute nur wiederholen und beifügen, daß, wenn man uns jetzt nicht zu Hilfe kommt, einzig die Vorsehung den König und die Königin retten kann.«

Der Liebende empfängt diese Briefe der Geliebten in Brüssel; man kann sich denken, in welcher Verzweiflung. Von früh bis nachts kämpft er gegen die Trägheit, die Unentschlossenheit der Könige, der Heerführer, der Gesandten, er schreibt Briefe auf Briefe, macht Besuche auf Besuche, er drängt mit aller Kraft aufgepeitschter Ungeduld zu raschem Vormarsch, zu militärischer Aktion. Aber der Armeekommandant, der Herzog von Braunschweig, ist ein Soldat jener alten Kriegsschule, die meinte, einen Vormarsch monatelang voraus auf den Tag auskalkulieren zu müssen. Langsam, sorgsam, systematisch, nach den längst überholten Gesetzen der bei Friedrich dem Großen erlernten Kriegskunst, stellt Braunschweig seine Truppen auf und läßt sich mit urewigem Generalshochmut weder von den Politikern und noch weniger von Außenstehenden bestimmen, auch nur einen Zoll von seinen geschriebenen Mobilmachungsplänen abzugehen. Er erklärt, vor Mitte August die Grenzen nicht überschreiten zu können, dann aber verspricht er, planmäßig – der militärische Spaziergang ist der ewige Lieblingstraum aller Generale – in einem Zuge bis Paris vorzustoßen.

Aber Fersen, dem die Angstschreie aus den Tuilerien die Seele verstören, weiß: so lange bleibt nicht mehr Zeit. Etwas muß geschehen, um die Königin zu retten. Und in der Verwirrung seiner Leidenschaft tut der Liebende gerade das, was die Geliebte vernichten sollte. Denn eben durch die Maßnahme, mit der er den Angriff des Pöbels auf die Tuilerien aufhalten will, beschleunigt er ihn. Seit langem hatte Marie Antoinette ein Manifest von den Verbündeten gefordert.

Ihr – sehr richtiger – Gedankengang war, man solle in diesem Manifest versuchen, die Sache der Republikaner, der Jakobiner sichtbar von der der französischen Nation zu trennen und so den gut gesinnten (das heißt den in ihrem Sinne gut gesinnten) Elementen Frankreichs damit Mut und den »gueux«, den »Bettelkerlen«, Angst zu machen. Vor allem hatte sie gewünscht, man solle sich in diesem Manifest nicht in die inneren Verhältnisse Frankreichs einmengen und »vermeiden, zuviel vom König zu reden sowie allzusehr fühlen zu lassen, daß man ihn eigentlich stützen wolle«. Sie träumte von einer Freundschaftserklärung für das französische Volk und gleichzeitig von einer Drohung gegen die Terroristen. Aber der unglückliche Fersen, den Schrecken in der Seele, wissend, daß es bis zu einer wirklichen militärischen Hilfe von seiten der Verbündeten noch eine Ewigkeit dauern wird, verlangt, daß jenes Manifest in allerhärtestem Ton abgefaßt werde; er schreibt selbst einen Entwurf, läßt ihn durch einen Freund übergeben, und verhängnisvollerweise gelangt gerade dieses Konzept zur Annahme! Das berüchtigte Manifest der verbündeten Truppen an die französischen ist in so gebieterischer Form gehalten, als stünden die Regimenter des Herzogs von Braunschweig schon siegreich vor Paris; es enthält alles, was die Königin, in besserer Kenntnis der Lage, vermeiden wollte. Ständig wird darin von der geheiligten Person des Allerchristlichsten Königs gesprochen, die Nationalversammlung beschuldigt, die Zügel der Verwaltung widerrechtlich an sich gerissen zu haben, die französischen Soldaten werden aufgefordert, sich auf der Stelle dem König, ihrem legitimen Monarchen zu unterwerfen, und die Stadt Paris wird für den Fall, daß das Tuilerienschloß mit Gewalt erobert werden sollte, mit einer »exemplarischen und für alle Ewigkeit denkwürdigen Rache« bedroht, mit militärischen Exekutionen und vollkommener Zerstörung: die Gedanken eines Tamerlan werden vor dem ersten Flintenschuß ausgesprochen, von einem schwachmütigen General.

Der Erfolg dieser papiernen Drohung ist furchtbar.

Selbst die bisher loyal zum König gehalten haben, werden mit einem Schlage Republikaner, sobald sie erfahren, wie teuer ihr König den Feinden Frankreichs ist, seit sie erkennen, daß ein Sieg der fremden Truppen alle Errungenschaften der Revolution vernichten würde, daß dann die Bastille vergeblich gestürmt, der Eid im Ballhaus nutzlos geleistet und, was unzählige Franzosen auf dem Marsfeld geschworen, ungültig wäre. Die Hand Fersens, die Hand des Geliebten, hat mit dieser törichten Drohung eine Bombe ins schwelende Feuer geworfen. Und der Zorn von zwanzig Millionen explodiert bei dieser sinnlosen Herausforderung.

In den letzten Julitagen wird der Text des Braunschweiger Unglücksmanifestes in Paris bekannt. Die Drohung der Verbündeten, Paris dem Erdboden gleichzumachen, wenn das Volk die Tuilerien angreife, wird vom Volk geradezu als Herausforderung zum Angriff betrachtet. Sofort werden Vorbereitungen getroffen, und wenn man nicht sofort einsetzt, so dies nur, weil man noch warten will, bis die Kerntruppe eintrifft, die sechshundert auserlesenen Republikaner aus Marseille. Am sechsten August marschieren sie heran, von südlicher Sonne gebräunte, wilde und entschlossene Gestalten, und zum Takt ihrer Schritte singen sie ein neues Lied, dessen Rhythmus in wenigen Wochen das ganze Land aufreißen wird, die Marseillaise, den in begnadeter Stunde einem gänzlich unbegnadeten Offizier zugestürmten Hymnus der Revolution. Jetzt ist alles zum letzten Stoß gegen die morsche Monarchie bereit. Der Angriff kann beginnen: »Allons, enfants de la patrie...«

Der zehnte August

Die Nacht vom 9. zum 10. August kündigt einen heißen Tag an. Keine Wolke am Himmel, den tausend Sterne durchleuchten, kein Windhauch; vollkommen still liegen die Straßen, die Dächer glitzern im weißen Licht des sommerlichen Mondes. Aber diese Stille täuscht niemanden. Und wenn die Straßen so außergewöhnlich verlassen sind, so bestätigt dies nur, daß etwas Außergewöhnliches und Sonderbares sich vorbereitet. Die Revolution schläft nicht. In den Sektionen, in den Klubs, in ihren Wohnhäusern sitzen die Führer beisammen. Boten mit Befehlen eilen verdächtig lautlos von einem Bezirk zum andern, die Generalstäbler des Aufstands, Danton, Robespierre und die Girondisten, rüsten, selber unsichtbar bleibend, die illegale Armee, das Volk von Paris, zum Angriff.

Aber auch im Schlosse schläft niemand. Seit Tagen erwartet man einen Aufstand. Man weiß: nicht umsonst sind die Marseiller nach Paris gekommen, und die letzten Nachrichten lauten, daß am nächsten Morgen ihr Anmarsch zu erwarten sei. Die Fenster stehen offen in der erstickend heißen Sommernacht, die Königin und Madame Elisabeth lauschen hinaus. Aber noch ist nichts zu hören. Ruhige Stille atmet her vom verschlossenen Tuilerienpark, nur den Schritt der Wachen vernimmt man in den Höfen, und manchmal klirrt ein Säbel oder stampft ein Pferd, denn mehr als zweitausend Soldaten kampieren im Schloß, die Galerien sind voll von Offizieren und bewaffneten Edelleuten.

Endlich, um dreiviertel ein Uhr morgens – alles stürzt zu den Fenstern –, eine Glocke, die fern in der Vorstadt Sturm läutet, jetzt eine zweite, eine dritte, eine vierte. Und weit, weit her Trommelwirbel. Nun gibt es keinen Zweifel mehr, der Aufstand sammelt sich. Ein paar Stunden noch, und die Entscheidung wird fallen. Erregt eilt die Königin immer wieder ans Fenster, um zu lauschen, ob die drohenden Anzeichen sich verstärken. Diese Nacht kennt keinen Schlaf. Endlich, um vier Uhr morgens, erhebt sich blutrot die Sonne aus dem wolkenlosen Himmel. Es wird ein heißer Tag werden.

Im Schlosse ist alles vorbereitet. In letzter Stunde ist, neunhundert Mann stark, das verläßlichste Regiment der Krone eingerückt, die Schweizer, harte, unerschütterliche Männer, in eiserner Zucht erzogen, ehern der Pflicht getreu. Seit sechs Uhr abends bewachen außerdem noch sechzehn ausgewählte Bataillone der Nationalgarde und Kavallerie die Tuilerien, die Zugbrücken sind niedergelassen, die Posten verdreifacht, und ein Dutzend Kanonen sperren mit stumm drohendem Mund den Eingang. Außerdem hat man zweitausend Adeligen Botschaft gesandt, bis Mitternacht die Tore offengelassen, allerdings vergeblich; nur eine kleine Schar von etwa hundertfünfzig ist gekommen, meist ältere, ergraute Edelleute. Für Disziplin sorgt Mandat, ein tapferer, energischer Offizier, entschlossen, vor keiner Drohung zurückzuweichen. Aber das wissen auch die Revolutionäre, und um vier Uhr morgens wird er plötzlich abberufen, er solle in das Rathaus kommen. Unsinnigerweise läßt ihn der König gehen, und obwohl Mandat weiß, was ihm droht und ihn erwartet, folgt er der Ladung. Eine neue revolutionäre Kommune, die sich ohne Auftrag des Stadthauses bemächtigt hat, empfängt ihn und macht kurzen Prozeß; zwei Stunden später schwimmt er, heimtückisch ermordet, als Leichnam, mit zerschmettertem Schädel, in der Seine. Der Führer ist den Schutztruppen genommen, das entschlossene Herz, die energische Hand.

Denn der König ist kein Führer. Unentschlossen stolpert der verstörte Mann im violetten Rock, die Perücke vom Schlaf zerdrückt, mit seinen armen leeren Blicken von einem Zimmer zum anderen und wartet und wartet.

Gestern noch hatte man vereinbart, die Tuilerien bis zum letzten Blutstropfen zu verteidigen, und mit herausfordernder Energie hatte man sie umgestaltet zu einer Festung, zu einem Heerlager. Aber schon jetzt, noch ehe der Feind sich gezeigt hat, beginnt man wieder unsicher zu werden, und diese Unsicherheit geht von Ludwig XVI. aus. Immer, wenn ein Entschluß zu fassen ist, fühlt sich dieser für sich selbst eigentlich nicht feige, aber vor jeder Verantwortung bestürzte Mann wie krank, und wie kann man Mut erwarten von den Soldaten, wenn sie ihren Führer zittern sehen? Das Schweizer Regiment, straff von den Offizieren gehalten, steht fest, aber verdächtige Anzeichen beginnen sich bei den Nationalgarden bemerkbar zu machen, seit sie immer wieder die Frage hören: »Wird man kämpfen? Wird man nicht kämpfen?«

Die Königin kann ihre Erbitterung über die Schwächlichkeit ihres Gatten kaum mehr verhehlen. Marie Antoinette will jetzt eine letzte Entscheidung. Ihre übermüdeten Nerven ertragen nicht länger diese ewige Spannung, ihr Stolz nicht das Immerbedrohtsein und unwürdige Sichducken. In diesen zwei Jahren hat sie zur Genüge erfahren, daß Nachgiebigkeit und Zurückweichen die Forderungen einer Revolution nicht abschwächen, sondern nur ihre Selbstsicherheit stärken. Jetzt aber steht das Königtum auf der letzten, der untersten Stufe, hinter der nur der Abgrund droht; ein Schritt noch, und alles ist verloren, auch die Ehre. Am liebsten ginge die in ihrem Stolz bebende Frau selbst hinunter zu den mutlosen Nationalgarden, um ihnen Entschlossenheit von ihrer Entschlossenheit mitzuteilen und sie zu mahnen, ihre Pflicht zu tun. Unbewußt ist in dieser Stunde in ihr vielleicht die Erinnerung an ihre Mutter erwacht, wie sie in höchster Not, den Thronerben im Arm, vor die gleichfalls zögernden ungarischen Adeligen trat und sie mit dieser einen Geste begeistert zu sich hinüberriß. Aber sie weiß auch, daß in einer solchen Stunde eine Frau nicht ihren Mann, eine Königin nicht den König vertreten darf. So beredet sie Ludwig XVI., noch eine letzte Parade vor dem Kampf abzuhalten und mit einer Ansprache den Wankelmut der Verteidiger zu brechen.

Der Gedanke war richtig: immer ist bei Marie Antoinette der Instinkt unfehlbar. Ein paar feurige Worte, wie sie Napoleon in gefährlichen Augenblicken aus innerster Überzeugung fand, ein Gelöbnis des Königs, mit seinen Soldaten zu sterben, eine energisch zwingende Geste – und diese noch schwankenden Bataillone hätten sich zur ehernen Mauer zusammengeschlossen. Aber da stolpert, kurzsichtig und linkisch, ein schwerfälliger, unkriegerischer Mann, den Hut unter den Arm geschoben, die große Treppe hinunter und stammelt ein paar abgerissene, ungeschickte Worte: »Man sagt, sie kommen ... Meine Sache ist die aller guten Bürger ... nicht wahr, wir werden uns tapfer schlagen? ...« Der schwankende Ton, die verlegene Haltung vermehren die Unsicherheit, statt sie zu mildern. Verächtlich sehen die Nationalgarden diesen Schwächling sich mit unsicheren Schritten ihren Reihen nähern; statt der erwarteten Rufe: »Es lebe der König!« antwortet erst Schweigen, dann zweideutiger Ruf: »Es lebe die Nation!« Und als sich dann der König bis an das Gitter wagt, wo die Truppen sich bereits mit dem Volke verbrüdern, hört er offene Revolterufe: »Nieder das Veto! Nieder das dicke Schwein!« Die eigenen Anhänger und Minister umringen jetzt entsetzt den König und führen ihn wieder in den Palast zurück. »Um Gottes willen, man höhnt den König«, ruft vom ersten Stock der Marineminister, und Marie Antoinette, die mit rotumränderten, von Tränen und Schlaflosigkeit entzündeten Augen auf das jämmerliche Schauspiel niedergestarrt hat, wendet sich mit Erbitterung ab. »Alles ist verloren«, sagt sie erschüttert zu ihrer Kammerfrau. »Der König hat keine Energie gezeigt, und diese Parade hat mehr Böses angerichtet als Gutes.« Ehe der Kampf begonnen hat, ist er schon zu Ende.

An diesem Morgen des endgültigen Entscheidungskampfes zwischen Monarchie und Republik steht unter der Menge vor den Tuilerien auch ein junger Leutnant, ein stellenloser Offizier aus Korsika, Napoleon Bonaparte, der jeden als Narren höhnen würde, der ihm sagte, er würde einmal dieses Schloß als Nachfolger Ludwigs XVI. bewohnen. Er hat gerade keinen Dienst, und so mißt er mit seinem unfehlbaren soldatischen Blick die Aussichten eines Angriffs und die der Verteidiger aus. Ein paar Kanonenschüsse, ein scharfer Vorstoß, und diese Canaille (wie er später auf St. Helena verächtlich die Vorstadttruppen nennt) wäre mit eisernem Besen weggefegt. Hätte der König diesen kleinen Artillerieleutnant zur Stelle, er würde sich gegen ganz Paris behaupten. Aber nicht einer in diesem Schlosse hat das eiserne Herz und den rasch zugreifenden Blick dieses kleinen Leutnants. »Nicht angreifen, gute Haltung, starke Verteidigung«, das ist der ganze Befehl, den man den Soldaten gibt – eine halbe Maßnahme und darum schon die ganze Niederlage. Unterdessen, es wird sieben Uhr früh, ist der Vortrab der Aufständischen herangerückt, ein ungeordneter, schlecht bewaffneter Schwarm, bedrohlich nicht durch seine Kriegstüchtigkeit, sondern nur durch seine unbeugsame Entschlossenheit. Schon sammeln sich einzelne vor der Zugbrücke. Die Entscheidung kann nicht länger hinausgeschoben werden. Roederer, der Generalprokurator, spürt seine Verantwortung. Schon vor einer Stunde hat er dem König geraten, sich hinüber in die Nationalversammlung zu begeben und sich unter ihren Schutz zu stellen. Aber da war Marie Antoinette aufgefahren: »Mein

Herr, wir haben hier Kräfte genug, und es ist endlich Zeit, festzustellen, wer die Oberhand behalten soll, der König oder die Aufständischen, die Konstitution oder die Revolutionäre.« Doch der König selbst findet jetzt kein energisches Wort. Schwer atmend, mit verstörten Blicken sitzt er in seinem Lehnstuhl und wartet und wartet, er weiß nicht, worauf; nur hinausschieben will er noch, nur sich nicht entschließen. Da kommt Roederer noch einmal mit seiner Schärpe, die ihm überall Durchlaß schafft, einige Stadträte begleiten ihn: »Sire«, sagte er energisch zu Ludwig XVI., »Ihre Majestät haben nicht mehr fünf Minuten zu verlieren, es gibt keine andere Sicherheit für Sie als in der Nationalversammlung.« – »Aber ich sehe noch nicht viel Leute auf dem Carrouselplatz«, antwortet Ludwig XVI., der immer nur Zeit gewinnen will, ängstlich. »Sire, eine ungeheure Menge mit zwölf Kanonen rückt von den Vorstädten an.«

Ein Stadtbeamter, er ist Spitzenhändler, und die Königin hat früher bei ihm oft gekauft, schließt sich Roederers Mahnung an. Aber »Schweigen Sie, mein Herr«, duscht ihn Marie Antoinette sofort ab (immer der gleiche Zorn, wenn jemand, den sie nicht achtet, sie retten will), »lassen Sie den Generalprokurator sprechen!« Jetzt wendet sie sich selbst zu Roederer. »Aber mein Herr, wir haben doch eine bewaffnete Macht.« – »Madame, ganz Paris ist im Anmarsch, jeder Widerstand ist unmöglich.«

Marie Antoinette kann ihre Erregung nicht mehr verhalten, das Blut strömt ihr in die Wangen, sie muß sich bezwingen, um in all ihrer Schwäche nicht loszufahren gegen diese Männer, von denen kein einziger mannhaft denkt. Aber die Verantwortung ist ungeheuer; in Gegenwart eines Königs von Frankreich darf eine Frau nicht den Befehl zum Kampf geben. So wartet sie auf die Entscheidung des ewig Unentschiedenen. Der hebt endlich seinen Kopf auf, sieht Roederer einige Sekunden an, dann seufzt er und sagt, glücklich, sich entschlossen zu haben: »Gehen wir!«

Und durch das Spalier der Edelleute, die ihn ohne jede Achtung anblicken, an den Schweizer Soldaten vorbei, denen man vergißt irgendein Wort zu sagen, ob sie kämpfen sollen oder nicht, durch die immer dichtere Menge des Volkes, die den König, seine Frau und die wenigen Getreuen offen verhöhnt und sogar bedroht, begibt sich Ludwig XVI. ohne Kampf, ja ohne Versuch eines Widerstandes aus dem Schlosse, das seine Urahnen gebaut haben und das er nie wieder betreten soll. Sie durchwandern den Garten, voran der König mit Roederer, hinter ihm die Königin am Arm des Marineministers, ihr Knabe an ihrer Seite. Sie eilen mit unwürdiger Hast zur gedeckten Reitschule, wo einst der Hof sich heiter und sorglos an Kavalkaden ergötzt und wo jetzt die Nationalversammlung des Volkes stolz erlebt, daß ihr König, um sein Leben zitternd, kampflos bei ihr Schutz sucht! Es sind etwa zweihundert Schritte. Aber mit diesen zweihundert sind Marie Antoinette und Ludwig XVI. von ihrer Macht unwiederbringlich niedergestiegen. Das Königtum ist zu Ende.

Die Nationalversammlung sieht mit gemischten Gefühlen den einstmaligen Herrn, dem sie noch immer durch Eid und Ehre verbunden ist, bei ihr Gastrecht fordern. In der Großmut der ersten Überraschung erklärt Vergniaud als Präsident: »Sie können, Sire, auf die Entschlossenheit der Nationalversammlung rechnen. Ihre Mitglieder haben geschworen, für die Wahrung der Rechte des Volkes und der eingesetzten Autorität zu sterben.« Das ist ein großes Versprechen, denn noch ist der König gemäß der Konstitution eine der beiden gesetzlich eingesetzten Autoritäten, und inmitten des Chaos tut die Nationalversammlung so, als ob noch gesetzliche Ordnung bestünde.

Sie bezieht sich pedantisch auf den Paragraphen der Konstitution, der dem König während der Beratung der Nationalversammlung die Anwesenheit im Saal verbietet. Da man aber weiter beraten will, wird ihm die anstoßende Loge, in der sonst die Schnellnachschreiber sitzen, als Asyl bestimmt. Diese Loge ist ein niedriger Raum, so niedrig, daß man darin nicht aufrecht stehen kann, vorn ein paar Sessel, rückwärts eine Strohbank; ein eisernes Gitter trennte sie bisher von dem eigentlichen Versammlungsraum. Dieses Gitter wird jetzt unter persönlicher Mithilfe der Abgeordneten mit Feilen und Hämmern hastig beseitigt, denn man rechnet noch immer mit der Möglichkeit, daß der Straßenpöbel versuchen könne, die königliche Familie gewaltsam herauszuholen; für diesen äußersten Fall ist vorgesehen, daß die Abgeordneten alle Verhandlungen unterbrechen und die königliche Familie in ihre Mitte nehmen. In diesem Käfig, der an dem glühenden Augusttage erstickend heiß ist, müssen jetzt Marie Antoinette und Ludwig XVI. achtzehn Stunden lang mit den Kindern verweilen, den neugierigen, böswilligen und mitleidigen Blicken der Versammlung ausgesetzt. Aber was ihre Erniedrigung noch grausamer macht als jede betonte oder laute Gehässigkeit, ist die völlige Gleichgültigkeit, mit der während dieser achtzehn Stunden die Nationalversammlung die Gegenwart der königlichen Familie übersieht. Man beachtet sie so wenig, als ob sie Türsteher wären oder Tribünenzuschauer; kein Abgeordneter steht auf und kommt, sie zu begrüßen, niemand denkt daran, ihnen durch irgendeine Bequemlichkeit den Aufenthalt in diesem Pferch erträglicher zu machen. Sie dürfen nur zuhören, wie man über sie hinwegspricht: gespenstische Szene, wie wenn jemand sein eigenes Begräbnis von einem Fenster aus betrachtete.

Plötzlich geht eine Erregung durch die Versammlung. Einige Abgeordnete springen auf und horchen, die Tür wird aufgerissen, und schon hört man von den Tuilerien nebenan Flintenschüsse und jetzt, die Fenster beben vom dumpfen Schlag: Kanonendonner. Die Aufständischen sind beim Eindringen in das Schloß auf die Schweizergarde gestoßen. In der jämmerlichen Überstürztheit seiner Flucht hatte der König ganz vergessen, einen Auftrag zu geben, oder er hatte, wie immer, nicht die Kraft gehabt, sich zu einem klaren Ja oder Nein aufzuraffen. Getreu dem früheren, nicht widerrufenen Befehl, in der Abwehr zu bleiben, verteidigten die Schweizergarden das leere Gehäuse des Königtums, die Tuilerien, und geben auf Befehl ihrer Offiziere ein paar Salven ab. Schon haben sie den Hof geräumt, die herbeigeschleppten Kanonen erbeutet und damit bewiesen, daß ein entschlossener Herrscher sich in der Mitte seiner Getreuen ehrenvoll hätte verteidigen können. Jetzt aber erinnert sich der König, der kopflose Herrscher – bald wird er wirklich keinen Kopf mehr haben –, an seine Pflicht, nicht von anderen Mut und Blut zu fordern, wo er selbst sich mutlos gezeigt, und sendet Befehl an die Schweizer, jede Verteidigung des Schlosses einzustellen. Aber ewiges Schicksalswort seines Herrschertums: zu spät! Schon hat seine Entschlußlosigkeit oder Vergeßlichkeit mehr als tausend Menschen das Leben gekostet. Ungehindert bricht die erbitterte Masse in das wehrlose Schloß. Wieder leuchtet die blutige Laterne der Revolution: auf Piken werden die Häupter ermordeter Royalisten getragen, erst um elf Uhr vormittags ist die Schlächterei zu Ende. Kein Haupt fällt mehr an diesem Tage, nur eine Krone.

In der dunstigen Loge zusammengedrängt, muß die königliche Familie, ohne ein Wort äußern zu dürfen, alles miterleben, was in dieser Versammlung geschieht. Erst sieht sie ihre getreuen Schweizer, pulvergeschwärzt, blutüberströmt, hereinstürzen, hinter ihnen die siegreichen Aufständischen, die sie mit Gewalt dem Schutz der Versammlung entreißen möchten. Dann werden die aus dem Palast geraubten Gegenstände auf den Präsidententisch gelegt: Silberzeug, Schmuck, Briefe, Kassetten und Assignaten. Marie Antoinette muß mit verschlossenem Mund zuhören, wie die Führer des Aufstands belobt werden. Sie muß zuhören, wehrlos, wortlos, wie jetzt die Abgeordneten der einzelnen Sektionen an die Schranken treten und mit heftigsten Worten die Absetzung des Königs fordern, wie die offenkundigsten Tatsachen in den Berichten umgefälscht werden, etwa, daß auf Befehl des Schlosses die Sturmglocke geläutet worden sei, daß das Schloß die Nation belagert habe und nicht die Nation das Schloß. Und sie kann abermals das ewige und immer wiederkehrende Schauspiel erfahren, daß Politiker immer feige werden, sobald sie den Wind umspringen fühlen. Derselbe Vergniaud, der noch vor zwei Stunden im Namen der Versammlung versprochen, lieber zu sterben, als die Rechte der eingesetzten Autorität antasten zu lassen, kapituliert jetzt eilig und stellt den Antrag auf sofortige Ausschaltung des Trägers der ausübenden Macht, das heißt des Königs, und fordert die Übersiedlung der königlichen Familie in den Luxembourg-Palast »unter dem Schutz der Bürger und des Gesetzes«, das heißt: Gefangenschaft. Um den royalistisch gesinnten Abgeordneten den Übergang etwas linder zu machen, wird zum Schein die Ernennung eines Erziehers für den Kronprinzen gefordert, aber in Wirklichkeit denkt niemand mehr an die Krone oder an einen König. Sein Veto, sein einziges Recht, wird ihm genommen, ebendieselben Gesetze, die er verworfen, setzt die Nationalversammlung selbstherrlich in Kraft, kein einziger Blick fragt um die Zustimmung jenes hilflosen, müde in seinem Sessel sitzenden und schwitzenden Mannes in der Berichterstatterloge, der vielleicht im Innersten froh ist, nicht mehr gefragt zu werden. Von jetzt an braucht Ludwig XVI. keine Entscheidungen mehr zu treffen. Von jetzt an wird über ihn entschieden.

Acht Stunden, zwölf Stunden, vierzehn Stunden dauert die Sitzung. Und die fünf zusammengepferchten Menschen in der Loge, sie haben in dieser Nacht des Grauens nicht geschlafen und seit diesem Morgen eine ganze Ewigkeit durchlebt. Die Kinder, die nichts von alledem verstehen, sind müde eingeschlummert, dem König und der Königin dampft der Schweiß auf der Stirn, immer wieder muß sich Marie Antoinette das Taschentuch mit Wasser netzen lassen, ein- oder zweimal trinkt sie ein Glas Eiswasser, das ihnen eine mitleidige Hand herüberreicht. Mit brennenden Augen, müde und fürchterlich wach zugleich, starrt sie in diesen überhitzten Kesselraum, wo sich die Maschine der Worte seit Stunden und Stunden um ihr Schicksal dreht. Keinen Bissen rührt sie an, sehr im Gegensatz zu ihrem Gatten. Unbekümmert um die Zuschauer, läßt sich Ludwig XVI. mehrere Mahlzeiten bringen und kaut und kaut in dieser Loge mit seinen schweren langsamen Kinnbacken genauso gemächlich wie an der silbergedeckten Tafel in Versailles. Auch die äußerste Gefahr kann in diesem unköniglichen Körper Hunger und Schlafsucht nicht ausschalten; die schweren Liddeckel fallen allmählich nieder, und mitten im Kampfe, der ihn seine Krone kostet, nickt Ludwig XVI. für ein Stündchen ein. Marie Antoinette ist von seiner Seite weggerückt, ins Dunkel hinein. In solchen Stunden schämt sie sich immer der schrecklich unwürdigen Schwäche dieses Mannes, der mehr um seinen Magen besorgt ist als um seine Ehre, der selbst inmitten der fürchterlichsten Erniedrigung gemächlich Speisen hineinstopfen und schlummern kann. Mit heißen Augen blickt sie weg, um ihre Erbitterung nicht zu verraten, auch von der Versammlung wendet sich die Königin ab und möchte am liebsten die Fäuste gegen die Ohren pressen. Sie allein spürt alle Erniedrigung dieses Tages und in der gewürgten Kehle bereits den galligen Geschmack alles dessen, was noch kommen muß; aber nicht einen Augenblick verliert sie die Haltung, immer groß in den Stunden, da sie sich herausgefordert fühlt; keine Träne sollen diese Empörer sehen, keinen Seufzer hören, und nur tiefer drückt sie sich ins Dunkel der Loge zurück.

Endlich, nach achtzehn grausamen Stunden in diesem glühenden Käfig, dürfen der König und die Königin sich in das ehemalige Kloster der Feuillants begeben, wo ihnen in einer der nackten, verlassenen Zellen hastig eine Bettstatt hergerichtet wird. Fremde Frauen borgen der Königin von Frankreich ein Hemd und etwas Wäsche, von einem ihrer eigenen Dienstmädchen muß sie sich, da sie ihr Geld verloren oder im Tumult vergessen hat, ein paar Goldstücke ausleihen. Jetzt endlich, da sie allein ist, nimmt Marie Antoinette einige Bissen zu sich. Vor den vergitterten Fenstern ist es noch nicht still, noch immer ziehen – denn die Stadt fiebert – unablässig Rotten vorbei, und von den Tuilerien her hört man dumpfes Rollen von Wagen. Es sind die Karren, welche die Leichen der tausend Gefallenen wegräumen: häßliche Arbeit der Nacht. Den Kadaver des Königtums wird man am lichten Tage beseitigen.

Am nächsten Morgen und am übernächsten muß die königliche Familie abermals den Verhandlungen der Nationalversammlung in demselben fürchterlichen Pferch beiwohnen; von Stunde zu Stunde können sie spüren, wie ihre Macht in diesem feurigen Ofen schmilzt. Gestern sprach man noch vom König, heute redet Danton schon von den »Volksunterdrückern« und Cloots von den »Könige genannten Individuen«. Gestern wählte man noch das Luxembourg-Schloß als »Aufenthalt« für den Hof und beantragte, einen Erzieher für den Dauphin zu bestellen, heute lautet die Formel schon schärfer: den König unter die »sauve-garde de la nation« zu stellen, ein schöneres Wort für Gefangenschaft; außerdem verweigert die Kommune, die neue revolutionäre Stadtverwaltung, die sich in der Nacht des zehnten August gebildet hat, ihre Zustimmung zum Luxembourg oder zum Justizministerium als zukünftige Residenz und sagt klar den Grund, weil es zu leicht wäre, aus diesen beiden Gebäuden zu entkommen. Nur im »Temple« könnte sie für die Sicherheit der »détenus« – immer nackter formt sich der Begriff für die Gefangenschaft – bürgen. Die Nationalversammlung, heimlich froh, die Entscheidung von sich abzuwälzen, übergibt die Sorge für den König der Kommune. Diese verspricht, die königliche Familie »mit allem Respekt, der dem Unglück gebühre«, in den Temple zu führen; damit ist alles erledigt, und weiter und weiter den ganzen Tag bis zwei Uhr nachts dreht sich die Mühle der Worte, aber kein einziges spricht zugunsten der Gedemütigten, die gebückt im Dunkel der Loge wie im Schatten des Schicksals sitzen.

Endlich, am 13. August, ist der Temple bereit. Ein ungeheurer Weg ist in diesen drei Tagen zurückgelegt. Vom absoluten Königtum bis zur Nationalversammlung hatte es Jahrhunderte gedauert, von der Nationalversammlung zur Konstitution zwei Jahre, von der Konstitution zum Tuileriensturm ein paar Monate, vom Tuileriensturm bis zur Gefangensetzung nur drei Tage. Jetzt sind es nur noch ein paar Wochen Frist bis zum Schafott und dann bloß ein einziger Ruck hinab in den Sarg.

Um sechs Uhr abends, am 13. August, wird die königliche Familie unter Führung Pétions in den Temple gebracht – um sechs Uhr abends, ehe die Dämmerung hereinbricht, und nicht etwa in der Nacht, denn man will, daß das siegreiche Volk seinen einstigen Herrn und vor allem sie, die hochmütige Königin, auf der Fahrt in den Kerker betrachten könne. Zwei Stunden, mit Absicht langsam, läßt man den Wagen durch die halbe Stadt rollen; man macht eigens den Umweg über die Place Vendôme, damit Ludwig XVI. die auf Befehl der Nationalversammlung zerschmetterte und von ihrem Sockel herabgerissene Statue seines Urgroßvaters, Ludwigs XIV., betrachten könne und nicht länger innerlich zweifle, es sei nicht allein seine Herrschaft, sondern auch die seines ganzen Geschlechts zu Ende.

Am gleichen Abend aber, da der bisherige Herr von Frankreich sein Ahnenschloß mit einem Gefängnis tauscht, wechselt auch der neue Herr in Paris seinen Aufenthalt. In derselben Nacht wird die Guillotine aus dem Hof der Conciergerie geholt und drohend auf dem Carrouselplatz aufgestellt. Frankreich soll wissen: seit dem 13. August gebietet nicht mehr Ludwig XVI. über Frankreich, sondern der Terror.

Der Temple

Es ist schon dunkel, als die königliche Familie vor dem ehemaligen Schlosse der Tempelherren, dem »Temple«, anlangt. Die Fenster des Hauptgebäudes – man feiert doch ein Volksfest – sind mit unzähligen Lampions erleuchtet. Marie Antoinette kennt dieses kleine Palais. Hier hat in den seligen leichten Jahren des Rokoko der Bruder des Königs, der Graf von Artois, ihr Tanzfreund und Amüsierkumpan, gewohnt. Mit klirrenden Schellen, in kostbare Pelze gehüllt, war sie vor vierzehn Jahren einmal im Winter mit ihrem reichbemalten Schlitten vorgefahren, um rasch bei ihrem Schwager zu speisen. Heute laden sie weniger liebenswürdige Hausherren, die Mitglieder der

Kommune, zu dauerndem Aufenthalt ein, und statt der Lakaien stehen vor den Türen als vorsorgliche Wächter Nationalgarden und Gendarmen. Den großen Saal, in dem man den Gefangenen das Diner serviert, kennen wir von einem berühmten Bild »Ein Tee bei dem Prinzen von Conti«. Der Knabe und das junge Mädchen, die hier eine illustre Gesellschaft mit einem Konzert unterhalten, sind niemand anderes als der junge achtjährige Wolfgang Amadeus Mozart und seine Schwester: Musik und Heiterkeit haben diese Räume durchklungen, glückliche, genießerische Adelsherren zuletzt in diesem Haus gewohnt.

Aber nicht dieses elegante Palais, in dessen vergoldeten Holzverkleidungen vielleicht noch ganz leise eine Schwingung jener silbernen Mozartleichtigkeit nachklingt, wird Marie Antoinette und Ludwig XVI. von der Kommune zum Aufenthalt bestimmt, sondern nebenan die beiden uralten runden und spitz bedachten Festungstürme. Von den Tempelherren im Mittelalter als uneinnehmbare Burg aus schweren Quadern gebaut, erwecken sie, grau und finster, ähnlich der Bastille zuerst ein gespenstisches Schaudern. Mit ihren wuchtigen, eisenbeschlagenen Türen, ihren niedern Fenstern, ihren düster ummauerten Höfen gemahnen sie an verschollene Balladen vergangener Zeit, an Feme, Inquisition, Hexenkeller und Folterräume. Ungern, mit scheuen Blicken sehen die Pariser zu diesen Überresten einer gewalttätigen Zeit empor, die unbenützt und darum doppelt geheimnisvoll inmitten eines belebten Kleinbürgerviertels stehengeblieben sind: es war ein grausam sprechendes Symbol, dieses alte, unnütz gewordene Gemäuer als Gefängnis für das alte und gleichfalls unnütz gewordene Königtum zu bestimmen.

Die nächsten Wochen gelten der Sicherung dieses weiträumigen Kerkers. Eine Reihe kleiner Häuser rings um die Türme wird abgerissen, alle Bäume im Hof werden niedergelegt, um die Überwachung nach keiner Seite zu behindern, außerdem die beiden glattrasierten, nackten Höfe um die Türme durch eine Steinmauer von den anderen Gebäuden abgeschlossen, so daß man erst drei Festungswälle durchschreiten muß, ehe man an die eigentliche Zitadelle heran kann. Wächterhäuschen werden bei allen Ausgängen errichtet und vor jede Innentür auf den Gängen jedes Stockwerks sorglich eine Schranke eingebaut, die jeden, der aus und ein geht, zwingt, sich bei sieben oder acht verschiedenen Wachen auszuweisen. Als Aufsichtspersonen ernennt der Stadtrat, der für die Gefangenen haftet, jeden Tag durch das Los vier andere Kommissare, die abwechselnd Tag und Nacht alle Räume zu überwachen haben und verpflichtet sind, abends sämtliche Schlüssel aller Türen in Verwaltung zu nehmen. Außer ihnen und den Stadträten darf den ganzen Festungsraum des Temple niemand ohne besondere Erlaubniskarte des Magistrats betreten: kein Fersen und kein gefälliger Freund vermag mehr der königlichen Familie zu nahen, die Möglichkeit der Briefe und die Verständigungen, sie ist – oder sie scheint – unwiderruflich zu Ende.

Schwerer noch trifft eine andere Vorsichtsmaßregel die königliche Familie. In der Nacht des 19. August erscheinen zwei Magistratsbeamte mit dem Befehl, alle Personen, die nicht zur königlichen Familie gehören, abzuführen. Besonders schmerzlich wird der Königin der Abschied von Madame de Lamballe, die, schon in Sicherheit, noch einmal freiwillig aus London zurückgekommen war, um gerade in der Stunde der Gefahr ihre Freundschaft zu bewähren. Beide ahnen sie, daß sie einander nicht wiedersehen werden; bei diesem Abschied, dem kein Zeuge beiwohnte, muß es wohl gewesen sein, daß Marie Antoinette als letztes Liebeszeichen ihrer Freundin jene in einen Ring eingeschlossene helle Haarsträhne mit der tragischen Inschrift »Sie sind weiß geworden durch das Unglück« schenkte, die man später bei der zerstückelten Leiche der ermordeten Prinzessin gefunden hat. Auch die Erzieherin, Madame de Tourzel, und ihre Tochter müssen aus diesem gemeinsamen Gefängnis in ein anderes, in die Force, übersiedeln, ebenso die Begleiter des Königs: nur ein Kammerdiener wird ihm zu seiner persönlichen Bedienung gelassen. Damit ist der letzte Schein und Schimmer eines Hofstaates zerstört, und die königliche Familie: Ludwig XVI., Marie Antoinette, ihre beiden Kinder und Prinzessin Elisabeth, ist mit sich ganz allein.

Die Furcht vor einem Geschehnis ist meist unerträglicher als das Geschehnis selbst. Sosehr die Gefangenschaft für den König und die Königin Erniedrigung bedeutet, ihren Personen bietet sie vorerst eine gewisse Sicherheit. Die dicken Mauern, die sie umschließen, die verbarrikadierten Höfe, die Wachtposten mit den ständig geladenen Flinten, sie verhindern jeden Fluchtversuch, aber sie schützen gleichzeitig auch vor jedem Überfall. Nicht mehr, wie in den Tuilerien, muß die königliche Familie täglich und stündlich auf die Sturmglocken und die Alarmtrommeln lauschen, ob heute oder morgen ein Angriff zu gewärtigen sei; in diesem einsamen Turm bleibt heute wie morgen dieselbe Einteilung, dieselbe gesicherte windstille Abgeschlossenheit und die gleiche Entferntheit von allen Erregungen der Welt. Die Stadtverwaltung tut zunächst alles, um für das rein körperliche Wohlbehagen der gefangenen königlichen Familie zu sorgen: im Kampf rücksichtslos, ist die Revolution dem inneren Willen nach nicht unmenschlich. Nach jedem harten Schlag setzt sie immer wieder einen Augenblick aus, ohne zu ahnen, daß gerade diese Pausen, diese scheinbaren Entspannungen den Besiegten die Niederlage noch fühlbarer machen. Die ersten Tage nach der Überführung in den Temple bemüht sich die Stadtverwaltung, den Gefangenen ihr Gefängnis möglichst annehmlich zu gestalten. Der große Turm wird neu tapeziert, mit Möbeln ausgestattet, ein ganzes Stockwerk mit vier Zimmern dem König, vier Zimmer der Königin, Madame Elisabeth, und den Kindern eingeräumt. Sie dürfen jederzeit den düsteren, muffigen Turm verlassen, im Garten spazierengehen, und vor allem sorgt die Kommune für das, was dem König für sein Wohlbehagen leider am wichtigsten ist, für gutes, reichliches Essen. Nicht weniger als dreizehn Angestellte sind für seinen Tisch tätig. Jeden Mittag gibt es mindestens drei Suppen, vier Vorspeisen, zwei Braten, vier leichte Speisen, Kompotte, Früchte, Malvasierwein, Bordeaux, Champagner, so daß innerhalb von dreieinhalb Monaten die Küchenausgaben nicht weniger als fünfunddreißigtausend Livres betragen. Auch für Wäsche, für Kleidung, für Wohnungsausstattung wird, solange man Ludwig XVI. noch nicht als Verbrecher behandelt, reichlich gesorgt. Er erhält auf seinen Wunsch eine ganze Bibliothek von 257 Büchern – meist lateinischen Klassikern –, um sich die Zeit zu vertreiben: in dieser ersten, sehr kurzen Epoche hat die Festsetzung der königlichen Familie durchaus nicht den Charakter einer Bestrafung, und so könnten, abgesehen von der seelischen Bedrückung, der König und die Königin ein stillgemächliches und beinahe friedsames Leben führen. Morgens läßt Marie Antoinette ihre Kinder kommen und unterrichtet sie oder spielt mit ihnen, mittags wird gemeinsam gegessen, nach Tisch eine Partie Tricktrack oder Schach gespielt. Während dann der König den Dauphin im Garten spazierenführt und mit ihm Drachen steigen läßt, befaßt sich die Königin, die zu stolz ist, um unter Bewachung öffentlich zu promenieren, meist in ihrem Zimmer mit Handarbeiten. Abends bringt sie selbst die Kinder zu Bett, man plaudert noch ein wenig oder spielt Karten, manchmal versucht sie auf dem Clavecin zu spielen, wie in früheren Tagen, oder ein wenig zu singen, aber abgeschnitten von der großen Welt, von ihren Freundinnen, fehlt ihr jene für immer verlorene Leichtigkeit des Herzens. Sie spricht wenig und ist am liebsten bei den Kindern oder allein. Ihr fehlt jener Trost großer Frömmigkeit, der Ludwig XVI. und seiner Schwester, die viel beten und alle Fasttage streng einhalten, eine Gelassenheit des Erduldens gibt. Ihr Lebenswille läßt sich so leicht nicht brechen wie jener dieser Temperamentlosen: noch immer ist ihr Sinn, selbst in diesen verschlossenen Mauern, der Welt zugewandt; noch weigert sich ihre sieggewohnte Seele zu verzichten, noch will sie nicht die Hoffnung aufgeben – nach innen sammelt sich jetzt diese zurückgestaute Kraft. Einzig sie gibt sich nicht gefangen in der Gefangenschaft; die andern spüren sie kaum, und wäre nicht die Bewachung, nicht die ewige Angst vor dem Morgen, so wäre dem Kleinbürger Ludwig XVI. und der Klosterschwester Madame Elisabeth eigentlich die Lebensform erfüllt, nach der sie sich unbewußt seit Jahren und Jahren gesehnt: der gedankenlosen und verantwortungslosen Passivität. Aber die Wachen sind da. Ohne Unterlaß werden die Eingeschlossenen daran erinnert, daß eine andere Macht über ihr Schicksal gebietet. Im Speisezimmer hat die Kommune in Großfolioformat den Text der »Erklärung der Menschenrechte« mit dem für einen König schmerzlichen Druckdatum »Im ersten Jahre der Republik« an die Wand gehängt. Auf den Messingplatten seines Ofens muß er die Inschrift lesen »Freiheit, Gleichheit«, beim Mittagessen erscheint ein Kommissar oder der Kommandant der Besatzung als ungebetener Gast. Jedes Stück Brot wird von fremder Hand vorgeschnitten und untersucht, ob es nicht geheime Verständigung enthalte, keine Zeitung darf in das Geviert des Temple dringen, ebenso wird jeder, der den Turm betritt oder verläßt, von den Wachmannschaften auf das genaueste abgetastet nach mitgenommenen Papieren, und überdies werden die Zimmertüren von außen verschlossen. Keinen Schritt kann der König oder die Königin tun, ohne daß hinter ihnen, das geladene Gewehr im Arm, ein Wächter schattet, kein Gespräch führen ohne Zeugen, nichts Gedrucktes lesen ohne Zensur. Nur in ihren abgesonderten Schlafzimmern kennen sie das Glück und die Gnade des Mit-sich-allein-Seins.

Diese Überwachung aber, war sie wirklich vorbedacht quälerisch? Waren die Wächter und Inspektoren der königlichen Gefangenschaft tatsächlich derart sadistische Folterknechte, wie sie die royalistische Märtyrergeschichte schildert? Hat man wirklich Marie Antoinette und die Ihren unablässig mit unnötigen Trakasserien erniedrigt und besonders rohe Sansculotten für diesen Zweck ausgewählt? Die Berichte der Kommune widersprechen dem, doch auch sie sind Partei. Um in dieser entscheidenden Frage, ob die Revolution den besiegten König wirklich noch bewußt gekränkt und mißhandelt habe, gerecht zu entscheiden, ist äußerste Vorsicht geboten. Denn der Begriff Revolution ist an sich schon ein weites Wort: es reicht in einer Skala unablässiger Übergänge von der höchsten Idealität bis zur tatsächlichen Brutalität, von der Größe zur Grausamkeit, vom Geist bis in sein Gegenspiel, die Gewalt; er schillert und wandelt sich, weil er seine Farbe immer von den Menschen und den Umständen erhält. In der Französischen Revolution – wie in jeder – zeichnen sich deutlich zwei Typen von Revolutionären ab: die Revolutionäre aus Idealität und die aus Ressentiment; die einen, die es besser hatten als die Masse, wollen diese zu sich emporheben, ihre Bildung, ihre Kultur, ihre Freiheit, die Lebensform steigern. Die andern, die es selber lange schlecht gehabt, wollen Rache nehmen an denen, die es besser hatten, sie suchen ihre neue Macht auszutoben an den vormals Mächtigen. Diese Einstellung, weil in der Zwiefalt der menschlichen Natur begründet, gilt für alle Zeiten. In der Französischen Revolution hatte vorerst die Idealität die Oberhand: die Nationalversammlung, die aus Adligen und Bürgern, aus den Angesehenen des Landes bestand, wollte dem Volke helfen, die Massen befreien, aber die befreite Masse, die entfesselte Gewalt wendet sich bald gegen die Befreier: in der zweiten Phase bekommen die radikalen Elemente, die Revolutionäre des Ressentiments, die Oberhand, und denen ist die Macht zu neu, als daß sie der Lust widerstehen könnten, sie ausgiebig zu genießen. Jene Gestalten kleiner Geistigkeit und endlich erlöster Gedrücktheit kommen ans Ruder, deren Ehrgeiz es ist, die Revolution auf ihr eigenes Maß, auf ihre eigene seelische Mittelmäßigkeit hinabzuziehen.

Von diesen Revolutionären aus Ressentiment ist gerade Hébert, dem die Obsorge über die königliche Familie anvertraut wird, die typischste und widerlichste Erscheinung. Die Edelsten, die Geistigsten der Revolution, Robespierre, Camille Desmoulins, Saint-Just, haben sofort diesen schmutzigsten Schmierer, diesen wüstesten Schreier als das erkannt, was er war: eine Schwäre auf der Ehre der Revolution, und Robespierre hat sie – freilich zu spät – mit dem glühenden Eisen ausgebrannt. Verdächtigen Vorlebens, offen der Unterschlagung bei der Theaterkasse beschuldigt, stellenlos und skrupellos, springt er in die Revolution wie ein gehetztes Wild in den Fluß, und die Strömung trägt, weil er, wie Saint-Just sagt, »der Zeitbestimmung und der Gefahr gemäß, geschickt wie ein Reptil die Farbe ändert«; je mehr sich die Republik mit Blut befleckt, um so röter wird seine Feder in dem von ihm geschriebenen oder vielmehr hingedreckten »Père Duchesne«, dem niedrigsten Boulevardblatt der Revolution. Im ordinärsten Tone – »als ob die Seine ein Kanalausguß von Paris wäre«, sagt Camille Desmoulins – schmeichelt er dort den widerlichsten Instinkten der untersten, der alleruntersten Klassen und bringt damit die Revolution im Ausland um alles Ansehen; aber er persönlich verdankt dieser Pöbelpopularität neben reichlichen Einnahmen seinen Sitz im Stadtrat und eine immer größere Macht: ihm wird verhängisvollerweise das Schicksal Marie Antoinettes in die Hand gegeben.

Ein solcher Mensch, als Herr und Wächter über die königliche Familie gesetzt, genießt selbstverständlich mit der ganzen Zufriedenheit einer kleinen Seele die Möglichkeit, eine Erzherzogin von Österreich, eine Königin von Frankreich ducken und überlegen behandeln zu dürfen. Im persönlichen Verkehr mit Absicht kühl-höflich und immer bedacht zu zeigen, er sei der wahre und bestellte Vertreter der neuen Gerechtigkeit, entlädt Hébert mit gemeinen Beschimpfungen im »Père Duchesne« seinen Zorn, daß die Königin jedes Gespräch mit ihm ablehnt; die Stimme des »Père Duchesne« war es, die ununterbrochen den »Hechtsprung« und das »rasoir national« für den »Trunkenbold und seine Hure« forderte, gegen dieselben, die der Herr Stadtprokurator Hébert allwöchentlich auf das höflichste besucht. Sein Mundwerk war zweifellos heftiger als sein Herz, aber schon darin lag unnötige Erniedrigung der Besiegten, daß man gerade diesen Erbärmlichsten und Unwahrhaftigsten unter den Patrioten als Gefängnisoberhaupt bestellte. Denn die Furcht vor Hébert wirkt selbstverständlich auf die Wachsoldaten und Beamten. Sie müssen aus Angst, für unzuverlässig gehalten zu werden, ungeschlachter tun, als sie eigentlich wollen; andererseits aber hat sein Haßgeschrei den Eingeschlossenen in überraschender Art geholfen, denn die biedern und ahnungslosen Handwerker und Kleinbürger, die Hébert zur Bewachung bestellt, sie hatten in seinem »Père Duchesne« immer von dem »blutigen Tyrannen« gelesen und von der hurenhaften, verschwenderischen Österreicherin. Nun zum Wachdienst kommandiert, was sahen sie? Einen arglosen dicken Kleinbürger, der, sein Söhnchen an der Hand, im Garten spazierengeht und mit ihm ausmißt, wieviel Quadratzoll und -fuß der Hof umfaßt; sie sehen ihn viel und gern essen und schlafen und über seinen Büchern sitzen. Bald erkennen sie, daß dieser stumpfe, brave Hausvater keiner Fliege etwas zuleide tun kann; es ist wirklich schwer, einen solchen Tyrannen zu hassen, und wenn Hébert nicht so streng aufpaßte, würden die Wachsoldaten wahrscheinlich mit diesem gemütlichen Herrn wie mit einem Kameraden aus dem Volk geplaudert, gespaßt oder Karten gespielt haben. Mehr Abstand erzwingt natürlich die Königin. Marie Antoinette richtet nicht ein einziges Mal bei Tisch das Wort an einen der Aufseher, und wenn eine Kommission kommt, sie nach ihren etwaigen Wünschen und Beschwerden zu fragen, antwortet sie unentwegt, sie wünsche und begehre nichts. Lieber will sie alles auf sich nehmen, als einen ihrer Kerkerwächter um eine Gefälligkeit bitten. Aber gerade diese Hoheit im Unglück ergreift diese einfachen Menschen, und wie immer erregt eine Frau, die sichtlich leidet, besonderes Mitgefühl. Allmählich geraten die Wächter, die ja eigentlich Mitgefangene ihrer Gefangenen sind, in eine gewisse Neigung zur Königin und zur königlichen Familie, und nur dies allein erklärt die Möglichkeit der verschiedenen Entweichungsversuche; wenn sich also die Wachsoldaten, wie es in den royalistischen Memoiren geschildert ist, äußerlich rauh und betont republikanisch gebärdet haben, wenn sie sich ab und zu auch einen groben Fluch leisteten und lauter sangen oder pfiffen als nötig, so geschah dies eigentlich nur, um ihr innerliches Mitleid vor der Überwachung zu verstecken. Besser als die Ideologen im Konvent hat das einfache Volk verstanden, daß dem Gestürzten Ehrfurcht in seinem Unglück gebühre, und von den angeblich so groben Soldaten des Temple hat die Königin viel weniger Haß und Häßlichkeit erfahren als seinerzeit in den Salons von Versailles.

Aber die Zeit steht nicht still, und wenn man es auch nicht wahrnimmt in diesem ummauerten Geviert, außen schwingt sie mit riesigen Flügeln. Von den Grenzen kommen schlimme Nachrichten, endlich haben die Preußen, die Österreicher sich in Bewegung gesetzt und auf den ersten Stoß die revolutionären Truppen zersprengt. In der Vendée steht die Bauernschaft im Aufstand, der Bürgerkrieg beginnt, die englische Regierung hat ihren Gesandten zurückgezogen, Lafayette verläßt, erbittert über den Radikalismus der von ihm selber herbeibeschworenen Revolution, die Armee; die Lebensmittel werden knapp, das Volk wird unruhig. Das gefährlichste aller Worte, Verrat, springt wie nach jeder Niederlage tausendzüngig auf und verstört die ganze Stadt. In dieser Stunde ergreift Danton, der kräftigste und skrupelloseste Mann der Revolution, die blutige Fahne des Terrors und faßt den furchtbaren Entschluß, in drei Tagen und Nächten des September alle nur irgendwie Verdächtigen in den Gefängnissen hinschlachten zu lassen. Unter diesen Zweitausend fällt auch die Freundin der Königin, die Prinzessin von Lamballe.

Von diesen grauenhaften Geschehnissen weiß die königliche Familie im Temple nichts, abgesperrt lebt sie ja von den lebendigen Stimmen, von dem gedruckten Wort. Sie hören nur plötzlich die Sturmglocken läuten, und Marie Antoinette kennt diese bronzenen Vögel des Unglücks. Sie weiß schon, wenn sie mit ihren flatternden Klängen über die Stadt brausen, dann bricht ein Unwetter los, irgendein Unheil flügelt heran. Erregt flüstern die Eingeschlossenen im Turme. Steht am Ende schon der Herzog von Braunschweig mit seinen Truppen vor den Toren? Ist eine Revolution ausgebrochen gegen die Revolution?

Unten aber am verschlossenen Eingang zum Temple beratschlagen die Wächter und Stadtbeamten in höchster Erregung: sie wissen mehr. Vorausgestürmte Boten haben gemeldet, daß eine ungeheure Menge aus den Vorstädten anrückt, die auf einer Pike den fahlen Kopf der geschlachteten Prinzessin von Lamballe mit flatternden Haaren voranträgt und ihren nackten, zerfetzten, verstümmelten Rumpf nachschleift; es ist kein Zweifel, daß diese entmenschte Mordbande, berauscht von Blut und Wein, sich jetzt den letzten kannibalischen Triumph gönnen will, Marie Antoinette das bleiche Haupt ihrer toten Freundin und den nackten geschändeten Körper zu zeigen, mit dem die Königin nach der allgemeinen Überzeugung so lange Unzucht getrieben. Verzweifelt sendet die Wache zur Kommune um militärische Hilfe, denn sie selbst könne solchen rasenden Mengen nicht standhalten, aber der hinterlistige Pétion bleibt wie immer, wenn es gefährlich wird, unsichtbar; keine Verstärkung kommt, und schon tobt der Trupp mit seiner fürchterlichen Beute vor dem Haupttor. Um die Menge nicht noch rasender zu machen und einen Einbruch zu vermeiden, der zweifellos mörderisch für die königliche Familie ausginge, sucht der Kommandant die Rotte hinzuhalten; er läßt den bacchantischen Zug zunächst in den äußeren Hof des Templegevierts, und gleich einem schmutzigen Sturzbach schäumt die Menge durch das Tor.

Zwei der Kannibalen schleppen den nackten Rumpf an den Beinen, ein anderer hält die blutigen Eingeweide in der Hand hoch, ein dritter hebt auf einer Pike das grünlich-blasse, blutige Haupt der Prinzessin empor. Mit diesen Trophäen wollen sie hinauf in den Turm, um, wie sie ankündigen, die Königin zu zwingen, den Kopf ihrer Hure zu küssen. Gewalt vermag gegen diese Tobenden nichts auszurichten; so versucht es einer der Kommissare der Kommune mit List. Durch die amtliche Schärpe des

Abgeordneten gekennzeichnet, fordert er Stille und hält eine Rede. Um sie zu ködern, belobt er zuerst die Menge für ihre großartige Tat und schlägt vor, doch lieber den Kopf durch ganz Paris zu tragen, damit das gesamte Volk diese »Trophäe« als »ewiges Monument des Sieges« bewundern könne. Glücklicherweise verfängt diese Schmeichelei, mit wildem Grölen ziehen die Betrunkenen ab, um den geschändeten nackten Leib weiter durch die Straßen bis zum Palais Royal zu schleifen.

Inzwischen sind die im Turm Eingeschlossenen ungeduldig geworden. Sie hören unten verworrene Schreie einer wütenden Menge, ohne zu verstehen, was sie will und begehrt. Aber sie kennen das finstere Brausen aus den Tagen des Sturms auf Versailles und die Tuilerien, und sie merken, wie die Wachsoldaten blaß und aufgeregt auf ihre Posten eilen, um irgendeine Gefahr abzuwehren. Beunruhigt erkundigt sich der König bei einem der Nationalgardisten. »Nun, mein Herr«, antwortet dieser heftig, »wenn Sie es schon wissen wollen: man will Ihnen den Kopf der Madame de Lamballe zeigen. Ich kann Ihnen nur raten, am Fenster zu erscheinen, wenn Sie nicht wollen, daß das Volk heraufkommt.«

Bei diesem Worte hört man einen dumpfen Schrei: Marie Antoinette ist ohnmächtig zusammengesunken. »Es war der einzige Augenblick«, sagt ihre Tochter in einem späteren Bericht, »da ihre Energie sie im Stiche ließ.«

Drei Wochen später, am 21. September, dröhnen wiederum die Straßen. Abermals horchen die Gefangenen beunruhigt hinaus. Aber diesmal murrt nicht der Zorn des Volkes, diesmal braust seine Freude; sie hören, wie unten, mit absichtlich lauten Stimmen, die Zeitungsausträger ausrufen, der Konvent habe die Abschaffung des Königtums beschlossen. Am nächsten Tag erscheinen die Abgeordneten, um dem König, der nicht mehr König ist, von seiner Absetzung Mitteilung zu machen. Ludwig der Letzte – so wird er von nun ab genannt, ehe man ihn verächtlich mit Louis Capet bezeichnet – nimmt diese Botschaft so gelassen hin wie Shakespeares König Richard II.

> *Was muß ein König tun? Sich unterwerfen? Der König wird es tun. Muß er entthront sein? Der König fügt sich. Muß der Name König verloren sein? Fahr hin, in Gottes Namen!*

Von einem Schatten kann man kein Licht mehr nehmen, von einem längst schon machtlos Gewordenen keine Macht. Kein Wort des Widerspruchs findet der längst gegen alle Erniedrigung abgestumpfte Mann, keines auch Marie Antoinette; vielleicht fühlen sie sich sogar beide entlastet. Denn von jetzt an haben sie für ihr eigenes Schicksal und das des Staates keine Verantwortung mehr, sie können nichts mehr falsch tun oder versäumen und brauchen für nichts mehr zu sorgen als für das kleine Stück Leben, das man ihnen vielleicht läßt. Am besten jetzt, sich an kleinen menschlichen Dingen zu freuen, der Tochter bei Näharbeiten oder am Clavecin zu helfen, dem Knaben die Schulaufgaben zu verbessern, die er mit seiner großen, steifen, kindischen Schrift schreibt (freilich, sie müssen jetzt immer rasch das Blatt zerreißen, wenn das Kind auf das Papier – wie sollte der sechsjährige Knabe die Geschehnisse verstehen? – noch sein mühsam erlerntes »Louis Charles Dauphin« schreibt). Man löst Rätsel auf aus einem neuen Heft des »Mercure de France«, man geht hinab in den Garten und wieder hinauf, man verfolgt auf dem Kamin den Zeigergang der alten Uhr, der allzu langsamen, man sieht über den fernen Dächern den Rauch sich kräuseln, man sieht, wie die Herbstwolken den Winter bringen. Und vor allem: man versucht zu vergessen, was man einst gewesen, und sucht an das zu denken, was kommt und unvermeidlich kommen muß.

Jetzt wäre, so scheint es, die Revolution am Ziel. Der König ist abgesetzt, er hat ohne Einspruch verzichtet und wohnt still mit Frau und Kind in seinem Turme. Aber jede Revolution ist eine vorwärts rollende Kugel. Wer sie führt und ihr Führer bleiben will, muß nach Art eines Kugelläufers ohne Pause mit ihr weiterrennen, um sich im Gleichgewicht zu erhalten: es gibt kein Stehenbleiben in einer fließenden Entwicklung. Das weiß jede Partei und fürchtet sich darum, hinter den andern zurückzubleiben. Die Rechte fürchtet sich vor den Gemäßigten, die Gemäßigten vor der Linken, die Linke vor ihrem äußersten Flügel, den Girondisten, die Girondisten wieder vor den Maratisten, die Führer vor dem Volk, die Generale vor den Soldaten, der Konvent vor der Kommune, die Kommune vor den Sektionen, und gerade diese ansteckende Angst aller Gruppen voreinander treibt ihre innere Kraft in einen so hitzigen Wettlauf; die Furcht aller, als gemäßigt zu gelten, sie allein hat die Französische Revolution so weit über ihr eigentliches Ziel hinausgetrieben und ihr gleichzeitig jenen sturzbachhaften, sich selber überrennenden Schwung gegeben. Ihr Schicksal ist, alle Ruhepunkte, die sie sich gesetzt hat, umzustoßen, ihre Ziele, sobald sie erreicht sind, noch zu übersteigern. Zuerst meinte die Revolution, mit der Kaltstellung, dann mit der Absetzung des Königs ihre Aufgabe erfüllt zu haben. Aber, abgesetzt und ohne Krone ist dieser unglückselige, ungefährliche Mann noch immer ein Symbol, und wenn die Republik selbst die Gebeine der seit Jahrhunderten toten Könige aus den Gräbern reißt, um, was schon Staub und Asche geworden, noch einmal zu verbrennen, wie darf sie da auch nur den Schatten eines lebendigen Königs dulden? So glauben die Führer, den politischen Tod

Ludwigs XVI. noch körperlich vollziehen zu müssen, um vor jedem Rückfall sicher zu sein. Für einen radikalen Republikaner kann das Gebäude der Republik nur Bestand haben, wenn es mit königlichem Blute gemörtelt ist; bald schließen sich auch die anderen, weniger radikalen, aus Angst, im Wettlauf um die Volksgunst zurückzubleiben, dieser Forderung an, und für den Dezember wird der Prozeß gegen Louis Capet anberaumt.

Im Temple erfährt man von diesem Entschluß durch das plötzliche Erscheinen einer Kommission, die »alle schneidenden Gegenstände«, also Messer, Scheren und Gabeln, abverlangt: der »détenu«, der bloß unter Bewachung Gestellte, ist damit als Angeklagter gekennzeichnet. Ferner wird Ludwig XVI. von seiner Familie getrennt. Obwohl im selben Turm wohnend, nur ein Stockwerk unter den Seinen, was die Grausamkeit dieser Maßregel verschärft, darf er von diesem Tage an weder Frau noch Kinder sehen. In all diesen schicksalhaften Wochen kann die eigene Frau nicht ein einziges Mal mit ihrem Gatten sprechen, sie darf nicht erfahren, wie der Prozeß fortschreitet, wie er sich entscheidet. Keine Zeitung wird ihr zu lesen erlaubt, sie darf die Verteidiger ihres Mannes nicht fragen; in fürchterlicher Ungewißheit und Erregtheit muß die Unglückliche all diese entsetzlich gespannten Stunden allein verbringen. Ein Stockwerk tiefer, nur durch die eine Wand getrennt, hört sie den schweren Schritt ihres Gatten und darf ihn nicht sehen, darf ihn nicht sprechen: unsägliche Qual durch eine völlig unsinnige Maßnahme. Und als am 20. Januar ein Munizipalbeamter bei Marie Antoinette erscheint und mit etwas bedrückter Stimme mitteilt, es sei ihr heut ausnahmsweise gestattet, sich mit ihrer Familie zu ihrem Gatten ins Unterstockwerk zu begeben, versteht sie sofort das Fürchterliche dieser Gnade: Ludwig XVI. ist zum Tode verurteilt, sie und ihre Kinder sehen den Gatten, den Vater zum letztenmal. Aus Rücksicht auf den tragischen Augenblick – wer morgen aufs Schafott kommt, ist nicht mehr gefährlich – lassen die vier Munizipalbeamten bei diesem letzten Beisammensein der Familie Gattin, Gatten, Schwester und Kinder in dem Zimmer zum erstenmal allein; nur durch eine Glastür überwachen sie den Abschied.

Dieser pathetischen Stunde gleichzeitig des Wiedersehens mit dem verurteilten König und schon des Abschiednehmens für immer hat niemand beigewohnt; alle gedruckten Berichte sind freie, romantische Erfindungen und ebenso jene sentimentalisch gestellten Kupferstiche, die im süßlichen Stil der Zeit das Tragische einer solchen Stunde durch weinerliche Rührseligkeit erniedrigen. Daß dieser Abschied von dem Vater ihrer Kinder einer der schmerzlichsten Augenblicke im Leben Marie Antoinettes gewesen, wie dies bezweifeln und wozu dies Erschütternde noch zu übersteigern suchen? Schon dies allein, einen Todgeweihten, einen zum Tod Verurteilten, und sei es auch den Fremdesten, vor seinem letzten Gang zu sehen, ist aufwühlende Qual für einen menschlich empfindenden Menschen; diesen Mann aber, Marie Antoinette hat ihn zwar nie mit Leidenschaft geliebt und ihr Herz längst einem anderen gegeben, aber doch, zwanzig Jahre hat sie mit ihm täglich gelebt, vier Kinder ihm geboren; nie hat sie ihn in dieser bewegten Zeit anders gekannt als gütig und hingebungsvoll für sie. Inniger verbunden als jemals in den hellen Jahren, waren die beiden ursprünglich nur aus politischer Staatsräson für ein Leben Vereinten sich durch das Übermaß gemeinsam erlittenen Unglücks in diesen düsteren Stunden des Turms menschlich nähergekommen. Und außerdem: die Königin weiß, sie wird ihm bald nachfolgen müssen über diese letzte Stufe. Er ist ihr nur um eine kurze Frist voraus.

In dieser äußersten, in dieser letzten Stunde wird, was dem König zeitlebens zum Verhängnis geworden war:

seine völlige Nervenlosigkeit, dem geprüften Menschen zum Gewinn; seine sonst so unerträgliche Unerschütterlichkeit gibt Ludwig XVI. in diesem entscheidenden Augenblick eine gewisse moralische Größe. Er zeigt weder Furcht noch Erregung, die vier Kommissare im Nachbarzimmer hören ihn nicht ein einziges Mal laut und schluchzend die Stimme erheben: bei diesem Abschied von den Seinen erweist dieser beklagenswert schwache Mann, dieser unwürdige König, mehr Kraft und mehr Würde als jemals in seinem ganzen Leben. Ruhig wie an jedem andern Abend erhebt sich der Verurteilte um zehn Uhr und gibt damit der Familie das Zeichen, ihn zu verlassen. Vor seinem deutlich kundgegebenen Willen wagt Marie Antoinette keinen Widerspruch, um so mehr, als er ihr in frommer Täuschungsabsicht sagt, er werde morgen um sieben Uhr noch einmal zu ihr hinaufkommen.

Dann wird es still. Die Königin bleibt allein im oberen Gemach, es kommt eine Nacht, lange und ohne Schlaf. Endlich dämmert der Morgen, und mit ihm erwachen die fürchterlichen Geräusche der Vorbereitungen. Sie hört eine Karosse mit schweren Rädern vorfahren, sie hört, die Stufen auf, die Stufen ab, immer wieder Schritte und Schritte: ist es der Beichtiger erst, sind es die Stadtverordneten oder ist es schon der Henker? Ferne rattert das Trommeln der aufmarschierenden Regimenter her, es wird immer lichter, es wird Tag, immer näher kommt die Stunde, die ihren Kindern den Vater und ihr selbst den ehrenwerten, rücksichtsvoll gütigen Gefährten vieler Jahre nimmt. In ihrem Zimmer gefangen, die unerbittlichen Wächter vor der Tür, darf die geprüfte Frau nicht die wenigen Stufen hinab, sie darf nichts hören, nichts sehen von allem, was vorgeht, und erlebt es innen darum vielleicht tausendfach grauenvoller, als es in Wirklichkeit geschieht. Dann wird es auf einmal im Stockwerk unter ihr entsetzlich still. Der König hat das Haus verlassen, die schwere Karosse rollt ihn der Richtstatt entgegen. Und eine Stunde später hat die Guillotine Marie Antoinette, einstmals Erzherzogin von Österreich, dann Dauphine und schließlich Königin von Frankreich, einen neuen Namen gegeben: Witwe Capet.

Marie Antoinette allein

Dem harten Fall des Beils folgt eine gewisse betretene Stille. Mit der Hinrichtung Ludwigs XVI. wollte der Konvent nur eine blutrote Scheidelinie ziehen zwischen dem Königtum und der Republik. Kein einziger unter den Abgeordneten, von denen die meisten nur mit heimlichem Bedauern diesen schwachen, gutmütigen Mann unter das Fallbeil schoben, denkt zunächst daran, auch Marie Antoinette anzuklagen. Ohne Beratung bewilligt die Kommune der Witwe die angeforderten Trauerkleider, die Überwachung lockert sich merklich, und wenn man die Habsburgerin und ihre Kinder überhaupt noch zurückbehält, so geschieht es in dem Gedanken, mit ihrer Person ein wertvolles Pfand in Händen zu haben, das Österreich fügsam machen soll.

Aber die Rechnung stimmt nicht; der französische Konvent überschätzt das habsburgische Familiengefühl ungeheuer. Kaiser Franz, völlig stumpf und gefühlsunfähig, habgierig und ohne jede innere Größe, denkt nicht daran, aus der kaiserlichen Schatulle, in der neben dem Florentiner noch unzählige andere Kostbarkeiten und Juwelen liegen, auch nur einen einzigen Edelstein zu holen, um seine Blutsverwandte freizukaufen; außerdem setzt die österreichische Militärpartei alle Hebel in Bewegung, um die Unterhandlungen zunichte zu machen. Zwar hat Wien anfangs feierlich erklärt, man beginne diesen Krieg nur um einer Idee und keineswegs um

Eroberungen und Entschädigungen willen, aber – die Französische Revolution wird bald ebenso ihr Wort verleugnen – es liegt im Wesen jedes Krieges, daß er unaufhaltsam zum Annexionskrieg wird. Zu allen Zeiten lassen sich die Generale nicht gern im Kriegführen stören; zu selten für ihren Geschmack erweisen ihnen die Völker diese Gelegenheit, darum je länger, je lieber. Es hilft nichts, daß der alte Mercy, von Fersen immer wieder gedrängt, den Wiener Hof erinnert, Marie Antoinette sei dadurch, daß man ihr den Titel der Königin von Frankreich genommen habe, wieder Erzherzogin von Österreich und Mitglied der kaiserlichen Familie geworden, der Kaiser habe also die moralische Pflicht, sie zurückzufordern. Aber wie belanglos ist eine gefangene Frau in einem Weltkrieg, ein lebendiger Mensch im zynischen Spiel der Politik! Überall bleiben die Herzen kalt und die Türen verschlossen. Jeder der Monarchen behauptet, tief ergriffen zu sein; keiner rührt eine Hand. Marie Antoinette könnte das Wort wiederholen, das Ludwig XVI. zu Fersen gesagt hat: »Die ganze Welt hat mich verlassen.«

Die ganze Welt hat sie verlassen. Marie Antoinette fühlt es bis in ihr einsames verriegeltes Gemach. Aber noch ist der Lebenswille dieser Frau ungebrochen, und aus diesem Willen wächst die Entschlossenheit, sich selber zu helfen. Die Krone hat man ihr nehmen können, aber eines hat diese Frau, obwohl schon müden und gealterten Angesichts, sich bewahrt: die merkwürdige Macht und Magie, Menschen ihrer Umgebung zu gewinnen. Alle Vorsichtsmaßregeln, die Hébert und die anderen Mitglieder der Stadtverwaltung getroffen haben, erweisen sich als wirkungslos gegen die geheimnisvolle magnetische Kraft, die für alle diese kleinbürgerlichen Wächter und Beamten noch immer von der Nähe und dem Nimbus einer wirklichen Königin ausstrahlt. Schon nach wenigen Wochen sind alle oder fast alle die geschworenen Sansculotten, die sie bewachen sollten, aus Wächtern zu heimlichen Helfern geworden, und trotz der strengen Verordnungen der Kommune wird die unsichtbare Wand durchbrochen, die Marie Antoinette von der Welt trennt. Dank der Hilfe der gewonnenen Wächter werden unablässig Botschaften und Nachrichten aus dem Haus und in das Haus geschmuggelt, teils mit Zitronensaft oder mit unsichtbarer Tinte auf kleine Zettel geschrieben, welche dann als Kork der Wasserflasche oder im Luftschacht des Ofens weiterbefördert werden. Eine Hand- und Gebärdensprache wird erfunden, um, den wachsamen Kommissaren zum Trotz, die Königin die täglichen Geschehnisse der Politik und des Krieges wissen zu lassen; außerdem wird vereinbart, daß ein eigens bestellter Kolporteur besonders laut die wichtigsten Nachrichten vor dem Temple ausruft. Allmählich erweitert sich dieser heimliche Kreis der Mithelfer unter den Wächtern. Und nun, da Ludwig XVI., der durch seine ewige Unentschlossenheit jede wirkliche Tat lähmte, nicht mehr an ihrer Seite ist, wagt Marie Antoinette, von allen verlassen, selbst entschlossen den Versuch ihrer Befreiung.

Gefahr ist ein Scheidewasser. Was in mittleren und lauen Lebenszuständen sich undeutlich vermengt – Kühnheit und Feigheit der Menschen –, das sondert sich in dieser Probe. Die Mutlosen der alten Gesellschaft, die Selbstsüchtigen unter dem Adel sind alle, sobald der König nach Paris übergeführt wurde, als Emigranten geflohen. Nur die wirklich Getreuen sind geblieben, und jeder von den Nichtgeflüchteten darf als unbedingt verläßlich gelten, denn für jeden ehemaligen Diener des Königs ist der Aufenthalt in Paris eine tödliche Gefahr. Zu diesen Tapferen gehört in erster Reihe der frühere General Jarjayes, dessen Frau Hofdame Marie Antoinettes gewesen war.

Um der Königin jederzeit zur Seite zu stehen, ist er eigens aus dem sicheren Koblenz zurückgekommen und hat wissen lassen, er sei zu jedem Opfer bereit. Am 2. Februar 1793, vierzehn Tage nach der Hinrichtung des Königs, erscheint nun bei Jarjayes ein völlig fremder Mann und macht ihm den überraschenden Vorschlag, Marie Antoinette aus dem Temple zu befreien. Jarjayes wirft einen mißtrauischen Blick auf den Unbekannten, der aussieht wie ein echter und rechter Sansculotte. Sofort vermutet er einen Spitzel. Aber da überreicht ihm der Fremde ein winziges, unverkennbar von der Hand der Königin geschriebenes Zettelchen: »Sie können Zutrauen zu dem Manne haben, der zu Ihnen in meinem Namen spricht und Ihnen dies Billett übermittelt. Seine Gefühle sind mir bekannt, seit fünf Monaten haben sie sich nicht gewandelt.« Es ist Toulan, einer der ständigen Wächter des Temple, ein merkwürdiger psychologischer Fall. Am 10. August, als es galt, das Königtum zu zerschmettern, war er einer der ersten Freiwilligen bei dem Sturm auf die Tuilerien gewesen; die Belobigungsmedaille für diese Tat schmückt stolz seine Brust. Dieser offen bewiesenen republikanischen Gesinnung dankt es Toulan, daß der Stadtrat ihm, als einem besonders Verläßlichen und Unverführbaren, die Bewachung der Königin anvertraut. Aber aus Saulus wird ein Paulus; gerührt von dem Unglück der Frau, die er bewachen soll, wird Toulan der allerergebenste Freund derjenigen, gegen die er die Waffe zum Sturme getragen, und so viel aufopfernde Hingebung erweist er der Königin, daß Marie Antoinette in ihren geheimen Mitteilungen ihn immer mit dem Decknamen »fidèle«, »der Getreue«, bezeichnet. Von allen denen, die in die Befreiungsverschwörung verwickelt sind, ist dieser sonderbare Toulan der einzige, der nicht aus Geldgier seinen Kopf wagt, sondern aus einer Art humaner Leidenschaft, vielleicht auch aus Lust an verwegenem Abenteuertum: immer lieben ja die Tapferen die Gefahr, und es liegt ganz in der Logik der Tatsachen, daß die anderen, die nur ihren Vorteil suchten, sich, sobald die Sache aufflog, geschickt zu retten wußten, während einzig Toulan seine Tollkühnheit mit dem Leben bezahlt hat.

Jarjayes vertraut dem Fremden, aber er vertraut ihm nicht ganz. Ein Brief kann immerhin gefälscht sein, jede Korrespondenz bedeutet Gefahr. So verlangt Jarjayes von Toulan, er solle ihm ermöglichen, in den Temple einzudringen, um mit der Königin persönlich alles zu besprechen. Das scheint zunächst unausführbar, einen fremden Mann, einen Edelmann, in diesen engumstellten Turm einzuführen. Aber inzwischen hat die Königin unter der Wachmannschaft durch Geldversprechungen bereits neue Helfer gewonnen, und wenige Tage später schon überbringt ihm Toulan ein neues Zettelchen: »Jetzt, da Sie entschlossen sind, hierherzukommen, wäre es besser, wenn es bald geschähe, aber um Gottes willen geben Sie acht, nicht erkannt zu werden, besonders nicht von der Frau, die hier mit uns eingeschlossen ist.« Diese Frau heißt Tison, und der Instinkt der Königin, daß sie eine Spionin ist, ist richtig: an ihrer durchtriebenen Achtsamkeit wird alles mißlingen. Aber zunächst gelingt noch alles: Jarjayes wird in den Temple geschmuggelt, und zwar auf eine Weise, die an eine Detektivkomödie erinnert. Jeden Abend kommt nämlich ein Laternenanzünder in das Geviert des Gefängnisses; auf Befehl des Stadtverordneten muß der ganze Umkreis besonders gut erhellt werden, denn Dunkel könnte eine Flucht begünstigen. Diesem Laternenanzünder nun hat Toulan eingeredet, ein Freund von ihm möchte sich einmal den Temple zum Spaß ansehen, er solle ihm seine Kleider und seine Ausrüstung für einen Abend borgen. Der Laternenanzünder lachte und geht gern mit dem gegebenen Geld Wein trinken. So vermummt, gelangt Jarjayes glücklich bis zur Königin und vereinbart mit ihr einen kühnen Fluchtplan: sie und Madam Elisabeth sollten, als Männer verkleidet, in Uniformen von Stadtverordneten und mit gestohlenen Legitimationen versehen, den Turm verlassen, als ob sie Magistratspersonen wären, die eine Inspektion abgehalten hätten. Schwieriger hält es, die Kinder durchzubringen. Doch da will ein guter Zufall, daß jener Laternenanzünder sich oft auf seinem Gang von seinen halbwüchsigen Kindern begleiten läßt. Man wird also seine Rolle von einem entschlossenen Edelmann spielen lassen, der die beiden Kinder, als ob es die sonst mitgenommenen wären, in ärmlicher Tracht nach dem Lichtanzünden gemächlich durch die Sperre führt. In der Nähe sollen dann drei leichte Wagen warten, der eine für die Königin, ihren Sohn und Jarjayes, der zweite für ihre Tochter und den zweiten Verschworenen, Lepître, der dritte für Madame Elisabeth und Toulan. Mit fünf Stunden Vorsprung vor der Entdeckung hoffen sie in diesen leichten Wagen jeder Verfolgung zu entgehen. Die Königin schreckt die Verwegenheit des Planes nicht. Sie stimmt zu, und Jarjayes erklärt sich bereit, mit dem zweiten Verschworenen, Lepître, in Verbindung zu treten.

Dieser zweite Verschworene, Lepître, ein ehemaliger Schulmeister, geschwätzig, klein und hinkend – die Königin schreibt selber: »Sie werden den neuen Mann sehen, sein Äußeres nimmt nicht für ihn ein, aber er ist unbedingt nötig, und wir müssen ihn gewinnen« –, spielt in dieser Verschwörung eine sonderbare Rolle. Ihn bestimmt nicht Menschlichkeit und noch weniger Abenteuerlust zur Teilnahme, sondern die große Summe, die ihm Jarjayes verspricht – leider ohne sie bereit zu haben, denn mit dem eigentlichen Geldmann der Gegenrevolution in Paris, dem Baron de Batz, hat merkwürdigerweise der Chevalier Jarjayes keine Verbindung, ihre beiden Komplotte laufen beinahe gleichzeitig nebeneinander, ohne sich zu berühren, und keiner weiß vom anderen. So wird Zeit verloren, wichtige Zeit, weil man erst den früheren Bankier der Königin ins Vertrauen ziehen muß. Schließlich, nach langem Hin und Her, ist das Geld beschafft und bereit. Aber inzwischen hat Lepître, der als Mitglied des Stadtrates bereits die gewünschten falschen Pässe besorgt hatte, der Mut verlassen. Ein Gerücht hat sich verbreitet, daß die Schranken von Paris geschlossen und alle Wagen auf das genaueste durchsucht werden sollten: der vorsichtige Mann bekommt Angst. Vielleicht hat er aus irgendeinem Anzeichen auch bemerkt, daß die Spionin Tison auf der Lauer liegt; jedenfalls verweigert er seine Hilfe, und damit ist es unmöglich, alle vier Personen gleichzeitig aus dem Temple herauszubekommen. Einzig die Königin wäre zu retten. Jarjayes und Toulan suchen sie zu überreden. Aber mit wirklicher Vornehmheit weist Marie Antoinette den Vorschlag zurück, sich allein befreien zu lassen. Lieber verzichten, als ihre Kinder verlassen! Mit fühlbarer Bewegtheit begründet sie Jarjayes diesen unumstößlichen Entschluß: »Wir haben einen schönen Traum gehegt, das ist alles. Aber es war ein großer Gewinn, bei diesem Anlaß abermals einen neuen Beweis Ihrer Hingabe an mich zu erfahren. Mein Vertrauen in Sie ist unbeschränkt. Sie werden bei jeder Gelegenheit Charakter und Mut in mir finden, aber das Interesse meines Sohnes ist das einzige, das mich lenken muß, und soviel Glück es auch für mich bedeutet, hier herauszukommen, so kann ich doch nicht zustimmen, mich von ihm zu trennen. Ich erkenne nur zu gut Ihre Anhänglichkeit in dem, was Sie mir gestern sagten, und glauben Sie, daß ich sowohl fühle, wie sehr Ihre Gründe meinem eigenen Vorteil dienen, als auch, daß eine solche Gelegenheit sich niemals mehr bieten wird. Aber ich könnte an nichts Genuß haben, wenn ich meine Kinder hier zurücklassen müßte.«

Jarjayes hat seine ritterliche Pflicht getan; jetzt kann er der Königin nicht weiter behilflich sein. Aber noch einen Dienst vermag der Getreue ihr zu erweisen: durch ihn ergibt sich die sichere Möglichkeit, an die Freunde und Verwandten im Ausland ein letztes Liebes- und Lebenszeichen zu bringen. Kurz vor seiner Hinrichtung hatte Ludwig XVI. seiner Familie einen Siegelring und ein kleines Büschel von Haaren durch seinen Kammerdiener als Andenken übermitteln lassen wollen, die Stadtverordneten aber, die hinter dieser Gabe eines Todgeweihten noch immer ein geheimnisvolles Verschwörungszeichen vermuteten, hatten diese Reliquien beschlagnahmt und versiegeln lassen. Dieses Siegel löst der für die Königin immer tollkühne Toulan und bringt die Andenken Marie Antoinette. Aber sie fühlt, bei ihr sind sie nicht lange mehr sicher geborgen, und da sie nun endlich einen verläßlichen Boten besitzt, übersendet sie den Ring und die Haare an die Brüder des Königs zu sicherer Hut. Dazu schreibt sie an den Grafen von Provence: »Da ich einen treuen Menschen besitze, auf den wir zählen können, nehme ich die Gelegenheit wahr, um Ihnen, meinem Bruder und Freund, dieses Vermächtnis zu senden, das wohl in Ihrer Hand am besten aufbewahrt werden kann. Der Überbringer wird Ihnen sagen, auf welch wunderbare Art wir in den Besitz dieser kostbaren Erinnerungen kommen konnten. Ich behalte mir vor, Ihnen den Namen dessen zu nennen, der uns jetzt so nützlich ist. Die Unmöglichkeit, in der ich mich bisher befunden habe, Ihnen Nachrichten von uns zu geben, und das Übermaß unseres Glücks lassen uns noch stärker die grausame Trennung fühlen. Möge sie nicht mehr lange dauern! Bis dahin umarme ich Sie und liebe Sie, und Sie wissen, es geschieht von ganzem Herzen.« Einen ähnlichen Brief richtete sie an den Grafen von Artois. Jarjayes aber zögert immer noch, Paris zu verlassen, noch immer hofft der Tapfere, durch seine

Gegenwart Marie Antoinette nützlich sein zu können. Endlich jedoch wird sein Bleiben zur sinnlosen Gefahr. Kurz vor der Abreise empfängt er durch Toulan noch ein letztes Schreiben der Königin: »Leben Sie wohl; da Sie jetzt entschlossen sind, abzureisen, halte ich es für besser, daß es sofort geschieht. Mein Gott, wie ich Ihre arme Frau beklage! Und wie glücklich werde ich sein, wenn wir bald vereint sein können. Niemals werde ich Ihnen dankbar genug sein können für alles, was Sie für uns getan haben. Adieu! Wie grausam ist dieses Wort!«

Marie Antoinette, sie ahnt, sie weiß es, dies ist das letztemal, daß sie vertraute Botschaft in die Ferne senden kann, eine einzige, eine allerletzte Gelegenheit ist ihr geboten. Hat sie niemandem anderen noch ein Wort zu sagen, ein Liebeszeichen zu übermitteln als diesen beiden, den Grafen von Provence und Artois, denen sie wenig zu danken hat und die nur das Blut zu Hütern des brüderlichen Vermächtnisses bestimmt? Hat sie wirklich gar keinen Gruß für den, der ihr das Teuerste auf Erden außer ihren Kindern gewesen, für ihn, für Fersen, von dem sie gesagt, daß sie ohne Nachricht von ihm »nicht leben kann«, dem sie noch aus dem Höllenkreis der belagerten Tuilerien jenen Ring gesandt, damit er sich ihrer ewig erinnere? Und nun, bei dieser letzten, allerletzten Gelegenheit sollte sich nicht noch einmal ihr Herz ihm entgegenheben? Aber nein: die Memoiren Goguelats, die jenen Abschied Jarjayes' dokumentarisch genau mit den Nachbildungen der Briefe veröffentlichen, enthalten kein Wort von Fersen, keinen Gruß; unser Gefühl, das hier aus einem inneren Seelenzwang eine letzte Botschaft erwartete, bleibt enttäuscht.

Aber doch, das Gefühl behält immer im letzten recht. Tatsächlich hat Marie Antoinette – wie könnte es anders sein! – den Geliebten auch in der letzten Einsamkeit nicht vergessen, und jene Botschaft der Pflicht an die Brüder war vielleicht nur Vorwand, um die eigentliche zu verdecken, die Jarjayes treulichst ausgeführt hat. Nur hatte 1823, als jene Memoiren erschienen, schon jene Verschwörung des Schweigens um Fersen begonnen, welche die intime Beziehung vor der Nachwelt verbergen sollte. Auch hier war die für uns wichtigste Briefstelle (wie gewöhnlich im Falle Marie Antoinettes) von byzantinischen Herausgebern unterdrückt worden. Erst nach einem Jahrhundert tritt sie zutage, und sie zeigt: niemals war das leidenschaftliche Gefühl der Königin stärker als in diesen Augenblicken vor dem Untergang. Um ständig der tröstenden Erinnerung an den Geliebten im Blute verbunden zu sein, hatte Marie Antoinette sich einen Ring anfertigen lassen, der statt der königlichen Lilienzeichen (einen solchen Ring hatte sie Fersen gesandt) das Wappen Fersens trug: wie er an seinem Finger die Devise der Königin, trug sie an dem ihren in jenen Tagen des Fernseins das Wappen des schwedischen Edelmanns; jeder Blick auf die eigene Hand muß die Königin von Frankreich an den Entfernten erinnern. Und da sich jetzt endlich die Möglichkeit ergibt, ihm noch ein – sie ahnt es, das letzte – Liebeszeichen zu senden, will sie ihm zeigen, daß sie mit diesem Ring auch das Gefühl bewahrt, das sie ihm geweiht. Sie drückt das Wappen mit der Unterschrift in heißes Wachs und sendet den Abdruck durch Jarjayes an Fersen: kein Wort brauchte es mehr, in diesem Zeichen ist alles gesagt: »Den Abdruck, den ich hier beischließe«, schreibt sie an Jarjayes, »wollen Sie, bitte, der bewußten Persönlichkeit übermitteln, die im vergangenen Winter aus Brüssel zu mir kam. Sagen Sie dem Betreffenden, daß diese Devise niemals gültiger war als jetzt.«

Was kündet jene Inschrift auf dem Siegelring, den sich Marie Antoinette eigens hatte anfertigen lassen und die »niemals gültiger war als jetzt«? Jenem Siegelring, in den sich eine Königin von Frankreich das Wappen eines kleinen schwedischen Adeligen hatte einschneiden lassen und den sie sorgsam gehütet als einzigen aus ihrem einstigen Millionenschmuck noch im Gefängnis an ihrem Finger bewahrt?

Fünf italienische Worte formen die Devise, und sie lauten, diese Worte, die zwei Zoll vor dem Tode noch wahrer sind als jemals: »Tutto a te mi guida«, »Alles führt mich zu dir.« Alle Inbrunst des Todes, alle Glut des »Nie wieder« schlägt aus diesem stummen Gruß einer Todgeweihten noch einmal mächtig empor, ehe der lebendige Leib zu Staub zerfällt, und der Entfernte, er weiß, daß dies Herz in Liebe für ihn bis zur letzten Stunde schlägt. In diesem Gruß des Abschieds ist der Gedanke der Ewigkeit angerufen, die Unvergänglichkeit des Gefühls im Vergänglichen neu beschworen. Das letzte Wort dieser großen und unvergleichlichen Liebestragödie im Schatten der Guillotine ist gesagt: nun kann der Vorhang fallen.

Die letzte Einsamkeit

Entlastung: das Letzte ist gesagt, noch einmal konnte frei das Gefühl entströmen. Nun ist es leichter, ruhig und gefaßt das Kommende zu erwarten. Marie Antoinette hat Abschied genommen von der Welt. Sie hofft nichts mehr, sie versucht nichts mehr. Auf den Wiener Hof, auf den Sieg der verbündeten Truppen ist nicht mehr zu zählen, und in der Stadt weiß sie, seit Jarjayes sie verlassen und der treue Toulan auf Befehl der Kommune entfernt ist, keine Retter mehr. Dank der Spionin Tison ist die Stadtverwaltung auf die Wächter aufmerksam geworden; war der Versuch einer Befreiung vordem schon gefahrvoll, nun wäre er unsinnig und selbstmörderisch.

Aber es gibt Naturen, welche gerade die Gefahr geheimnisvoll anzieht, Vabanquespieler des Lebens, die erst dann die Fülle ihrer Kraft fühlen, wenn sie das Unmögliche wagen, und denen das verwegene Abenteuer die einzig gemäßigte Form des Daseins ist. In mittleren Zeiten können solche Menschen nicht atmen; zu langweilig wird ihnen da das Leben, zu eng, zu feige jede Tat, sie brauchen tolle Aufgaben für ihre Tollkühnheit, wilde und wahnwitzige Ziele, und das Unsinnige, das Unmögliche zu versuchen, ist ihre tiefste Leidenschaft. Ein solcher Mann lebt damals in Paris, er heißt Baron de Batz. Solange das Königtum in Glanz und Ehren stand, hat sich dieser reiche Edelmann hochmütig im Hintergrunde gehalten; wozu seinen Nacken beugen um eine Stellung, eine Pfründe? Den Abenteurer in ihm lockt erst die Gefahr heraus. Erst, da alle den verurteilten König als verloren aufgeben, wirft sich dieser Don Quichotte der Königstreue unsinnig-heldisch in den Kampf, um ihn zu retten. Selbstverständlich bleibt dieser Tollkopf während der ganzen Revolution an der allergefährlichsten Stelle: unter Dutzenden von fremden Namen versteckt er sich in Paris, um als einzelne anonyme Person die Revolution zu bekämpfen. Er opfert sein ganzes Vermögen für zahllose Unternehmungen, von denen bisher die tollste gewesen, daß er, als Ludwig XVI. zur Hinrichtung geführt wurde, plötzlich mitten unter den achtzigtausend bewaffneten Menschen vorspringt, den Säbel schwingt und laut ruft: »Zu mir, wer den König retten will!« Aber niemand schließt sich an. In ganz Frankreich besitzt keiner so viel wahnwitzigen Mut, zu versuchen, einer ganzen Stadt, einer ganzen Armee am hellichten Tage einen einzelnen Mann entreißen zu wollen. Und so taucht Baron de Batz, ehe sich die Wachen von ihrer Überraschung erholen können, wieder in die Menge unter. Aber dieser Mißerfolg hat ihn nicht mutlos gemacht, und er rüstet, seine eigene Tat zu übertreffen, indem er nach der Hinrichtung des Königs sofort einen phantastisch kühnen Plan zur Rettung der Königin in Szene setzt.

Baron de Batz hat den schwachen Punkt der Revolution mit kundigem Blick erkannt, ihren innersten, geheimen Giftkeim, den Robespierre mit glühenden Eisen auszubrennen sucht: die beginnende Korruption. Mit der politischen Macht haben die Revolutionäre Staatsstellungen bekommen, und an allen Staatsstellungen klebt Geld, dieses gefährliche Korrosiv, das sich an die Seelen setzt wie Rost an den Stahl. Proletarische Existenzen, kleine Leute, die nie mit größeren Beträgen zu tun hatten, Handwerker, Schreiber und bisher berufslose Agitatoren haben jetzt plötzlich Riesensummen bei der Vergebung von Kriegslieferungen, bei den Requisitionen, beim Verkauf der Emigrantengüter ohne Kontrolle zu verwalten, und nicht allzu viele besitzen die katonische Strenge, dieser ungeheuren Versuchung standzuhalten. Zwischen Gesinnung und Geschäft bilden sich dunkle Verbindungen, nach den Verdiensten um die Republik wollen manche der wildesten Revolutionäre nun ganz wild an ihr verdienen. In diesen Karpfenteich der Korruptionisten, die sich grimmig um ihre Beute balgen, wirft Baron de Batz entschlossen seinen Angelhaken, indem er ein magisches Wort flüstert, das heute nicht minder als damals die Sinne benebelt, das Wort: eine Million. Eine Million für alle jene, welche die Königin aus dem Temple herausholen helfen! Mit einer solchen Summe kann man selbst die dicksten Gefängnismauern sprengen, denn Baron de Batz arbeitet nicht wie Jarjayes mit subalternen Helfern, mit Lampenanzündern und einzelnen Soldaten, er geht kühn und entschlossen auf das Ganze: er kauft nicht die Unterbeamten, sondern die Hauptorgane des Überwachungssystems, vor allem den wichtigsten Mann des Stadtrats, den früheren Limonadenhändler Michonis, dem die Inspektion aller Gefängnisse, also auch des Temple, untersteht. Sein zweiter Stein im Brett ist der militärische Leiter der ganzen Sektion, Cortey. Damit hat dieser von allen Amtsstellen und der Polizei Tag und Nacht steckbrieflich gesuchte Royalist sowohl die Zivilbehörde wie die Militärüberwachung des Temple in seiner Hand und kann, während man im Konvent und Sicherheitsausschuß laut gegen den »infamen Batz« donnert, gut gedeckt an seine Aufgabe gehen.

Mit solch nervenloser Kälte in der Berechnung und Bestechung verbindet dieser Meisterverschwörer Baron de Batz aber gleichzeitig einen flammenden persönlichen Mut. Er, hinter dem Hunderte von Spionen und Agenten verzweifelt im ganzen Lande herjagen – der Sicherheitsausschuß weiß bereits, daß er Plan um Plan für den Untergang der Republik ausheckt –, läßt sich als gewöhnlicher Soldat in der Wachkompanie des Temple unter dem Namen Forguet einreihen, um persönlich das Terrain auszukundschaften. Das Gewehr in der Hand, in dem schmutzigen und verlotterten Kleid eines Nationalgardisten, macht der millionenreiche und verwöhnte Aristokrat mit all den andern Soldaten groben Kommißdienst vor den Türen der Königin. Ob es ihm gelungen ist, bis zu Marie Antoinette selbst vorzudringen, ist nicht bekannt, und dies war für den eigentlichen Plan auch nicht nötig, denn Michonis, der seinen reichlichen Anteil an der Million haben soll, hat zweifellos selbst die Königin verständigt. Gleichzeitig werden dank dem erkauften Einverständnis des Militärkommandanten Cortey unter die Mannschaft der Wachkompanien immer mehr und mehr Helfershelfer des Barons eingeschmuggelt. So ergibt sich schließlich eine der verblüffendsten und unwahrscheinlichsten Situationen der Weltgeschichte: an einem bestimmten Tage wird, 1793, mitten im revolutionären Paris das ganze Geviert des Temple, das kein Unberufener ohne Erlaubnis der Stadtverwaltung betreten darf, und darin Marie Antoinette, die geächtete, gefangene Königin von Frankreich, ausschließlich von Feinden der Republik, von einem Bataillon verkleideter Royalisten bewacht, ihr Führer aber ist der vom Konvent, vom Sicherheitsausschuß mit hundert Dekreten und Steckbriefen verfolgte Baron de Batz: eine tollere, kühnere Umstellung hat nie ein Dichter ersonnen.

Endlich scheint Batz die Stunde reif für den entscheidenden Handstreich. Die Nacht ist gekommen, die, wenn die Tat gelingt, eine der unvergeßlichen und schicksalumformenden der Weltgeschichte werden könnte, denn in ihr soll der neue König von Frankreich, Ludwig XVII., für immer aus dem Machtbereich der Revolution geholt werden. In dieser Nacht spielen Baron de Batz und das Schicksal um Gedeihen oder Verderben der Republik. Es wird Abend, es wird dunkel, alles ist bis ins einzelne vorbereitet. In den Hof marschiert der bestochene Cortey mit seinem Detachement ein, mit ihm der Führer des Komplotts, Baron de Batz. Cortey verteilt die Mannschaft derart, daß gerade die entscheidenden Ausgänge sich ausschließlich in den Händen der von Baron de Batz angeworbenen Royalisten befinden. Gleichzeitig hat der andere Bestochene, hat Michonis den Dienst in den Zimmern übernommen und bereits Marie Antoinette, Madame Elisabeth und die Tochter Marie Antoinettes mit Uniformmänteln versorgt. Um Mitternacht sollen diese drei, Militärmützen übergestülpt, das Gewehr über der Schulter, wie eine gewöhnliche Patrouille mit einigen andern der falschen Nationalgarden unter dem Befehl Corteys aus dem Temple hinausmarschieren, den kleinen Dauphin in ihrer Mitte. Alles scheint gesichert, der Plan klappt bis in die kleinste Einzelheit. Da Cortey als Kommandant der Garde das Recht hat, jederzeit die großen Tore für seine Patrouillen öffnen zu lassen, ist es so gut wie zweifellos, daß der von ihm persönlich geführte

Trupp unbehelligt auf die Straße gelangen wird. Für alles weitere hat der Meisterverschwörer Batz gesorgt, der unter falschem Namen ein eigenes Landhaus in der Nähe von Paris besitzt, in das noch nie Polizei eingedrungen ist: hier wird man zunächst die königliche Familie einige Wochen verstecken und sie bei erster, sicherer Gelegenheit über die Grenze bringen. Außerdem sind ein paar tüchtige, entschlossene junge Royalisten, jeder mit zwei Pistolen in der Tasche, auf der Straße postiert, um im Falle eines Alarms die Verfolger aufzuhalten. So irrwitzig verwegen er anmutet, der Plan ist bis ins kleinste durchdacht und eigentlich schon durchgeführt.

Es ist gegen elf Uhr. Marie Antoinette und die Ihren stehen bereit, jeden Augenblick den Befreiern zu folgen. Unten hören sie mit harten Schritten die Patrouille auf und ab marschieren, aber diese Bewachung schreckt sie nicht, denn sie wissen, unter dieser Sansculottenuniform schlagen befreundete Herzen. Michonis wartet nur auf das Zeichen des Baron de Batz. Da plötzlich – was ist geschehen? ängstlich fahren sie zusammen – hämmert es hart an das Tor des Gefängnisses. Um jeden Verdacht zu vermeiden, läßt man den Ankömmling sofort ein. Es ist der Schuster Simon, der ehrliche, unbestechliche Revolutionär, Mitglied der Stadtverwaltung, der aufgeregt hereinstürzt, um sich zu überzeugen, ob die Königin nicht schon entführt sei. Vor einigen Stunden hat ihm ein Gendarm einen Zettel überbracht, Michonis plane für diese Nacht Verrat, und sofort hatte er die wichtige Nachricht den Stadtverordneten übermittelt. Diese glauben nicht recht an seine so romantische Geschichte; ihnen regnen tagtäglich Hunderte von Denunziationen auf den Tisch. Und dann, wie soll das möglich sein: ist denn nicht der Temple von 280 Mann bewacht und von den verläßlichsten Kommissaren kontrolliert? Aber jedenfalls – was macht es aus? – beauftragen sie Simon, diese Nacht statt Michonis die Kontrolle über die Innenräume des Temple zu übernehmen. Sofort als Cortey ihn kommen sieht, weiß er, daß alles verloren ist. Glücklicherweise vermutet Simon in ihm nicht im entferntesten den Mithelfer. »Da du hier bist, bin ich beruhigt«, sagt er kameradschaftlich zu ihm und geht zu Michonis hinauf, in den Turm.

Baron de Batz, der an diesem einen mißtrauischen Mann seinen ganzen Plan scheitern sieht, überlegt eine Sekunde: soll er Simon nicht noch rasch nacheilen und ihm mit einem Pistolenschuß rechtzeitig den Schädel zerschmettern? Aber das hätte wenig Sinn. Denn der Schuß müßte die ganze übrige Wachmannschaft herbeirufen und dann: es muß ohnehin schon ein Verräter unter ihnen sein. Die Königin ist nicht mehr zu retten: jede Gewalttat würde ihr Leben unnötig gefährden. Jetzt heißt es, wenigstens jene heil aus dem Temple zu bringen, die sich verkleidet hineingeschlichen haben. Rasch formt Cortey, dem es gleichfalls arg schwül geworden ist, aus den Verschworenen eine Patrouille. Diese marschiert, unter ihnen Baron de Batz, ruhig aus dem Hofe des Temple auf die Straße: die Verschworenen sind gerettet, die Königin ist preisgegeben.

Unterdessen hat Simon zornig Michonis zur Rede gestellt; er solle sofort zur Rechenschaft vor die Stadtverwaltung. Michonis, der die Verkleidung rasch beiseite geschafft hat, bleibt unerschütterlich. Ohne Widerspruch folgt er dem gefährlichen Mann vor das gefährliche Tribunal. Aber sonderbar, man fertigt Simon dort ziemlich kühl ab. Man lobt zwar seinen Patriotismus, seinen guten Willen und seine Wachsamkeit, aber man gibt deutlich dem braven Simon zu verstehen, er habe Gespenster gesehen. Anscheinend nimmt der Stadtrat die ganze Verschwörung nicht ernst.

In Wirklichkeit – und dies gewährt tiefen Blick in die Schlangengänge der Politik – haben die Stadtverordneten diesen Fluchtversuch sehr ernst genommen und sich nur gehütet, darüber etwas verlauten zu lassen. Das beweist ein sehr merkwürdiger Akt, in dem der Wohlfahrtsausschuß ausdrücklich den öffentlichen Ankläger im Prozeß Marie Antoinette anweist, alle Einzelheiten des großen, von Simon vereitelten Planes zu unterdrücken, in dem Batz und seine Helfershelfer mitwirkten. Nur über die Tatsache des Fluchtversuches sei zu sprechen, ohne die Einzelheiten zu nennen: der Stadtrat hatte Angst, die Welt wissen zu lassen, wie tief schon die Korruption seine besten Leute vergiftet hatte, und so blieb Jahre und Jahre eine der dramatischsten und unwahrscheinlichsten Episoden der Weltgeschichte verschwiegen.

Aber wenn der Stadtrat, über die Bestechlichkeit seiner scheinbar verläßlichsten Beamten bestürzt, öffentlich den Fluchthelfern keinen Prozeß zu machen wagt, so beschließt er, nunmehr schärfer zuzufassen und der verwegenen Frau, die, statt zu verzichten, mit dem Trotz ihres unbändigen Herzens immer wieder um ihre Freiheit kämpft, solche Versuche unmöglich zu machen. Zunächst werden die verdächtigen Kommissare, in erster Linie Toulan und Lepître, ihrer Stellung enthoben und Marie Antoinette wie eine Verbrecherin überwacht. Nachts um elf Uhr erscheint Hébert, der rücksichtsloseste unter den Stadtverordneten, bei Marie Antoinette und Madame Elisabeth, die ahnungslos längst zu Bett gegangen sind, und macht von einem Befehl der Kommune, »nach Belieben« die Gemächer und Personen zu untersuchen, gründlichsten Gebrauch. Bis vier Uhr morgens wird jeder Raum, jedes Kleid, jede Lade und jedes Möbelstück durchstöbert.

Doch der Ertrag dieser Untersuchung bleibt ärgerlich

gering – eine Brieftasche aus rotem Leder mit ein paar gleichgültigen Adressen, ein Bleistifthalter ohne Bleistift, ein Stück Siegellack, zwei Miniaturporträts und andere Erinnerungszeichen, ein alter Hut Ludwigs XVI. Die Durchforschungen werden erneuert, immer aber ohne belastendes Ergebnis. Marie Antoinette, die während der ganzen Revolutionszeit, um nicht unnötig ihre Freunde und Helfer bloßzustellen, beharrlich jedes Schriftstück sofort verbrannt hat, gibt auch diesmal den Untersuchungsbeamten nicht den geringsten Vorwand für eine Anklage. Verärgert, daß er die geistesgegenwärtige Kämpferin bei keiner beweisbaren Übertretung fassen kann, und doch anderseits überzeugt, daß sie von ihren undurchsichtigen Bemühungen nicht abläßt, entschließt sich der Stadtrat, die Frau dort zu verwunden, wo sie am empfindlichsten ist: in ihrem Muttergefühl. Diesmal trifft der Schlag mitten in ihr Herz. Am 1. Juli, wenige Tage nach der Aufdeckung der Verschwörung, erläßt der Wohlfahrtsausschuß im Auftrage des Stadtrats den Beschluß, daß der junge Dauphin, Louis Capet, von seiner Mutter getrennt und ohne jede Möglichkeit, sich mit ihr zu verständigen, im allersichersten Raum des Temple untergebracht oder, deutlicher und grausamer: der Mutter entzogen werden soll. Die Wahl des Erziehers wird dem Stadtrat vorbehalten, und dieser entscheidet sich, offenkundig aus Dankbarkeit für seine Wachsamkeit, für jenen Schuster Simon als den verläßlichsten und erprobtesten, weder durch Geld noch durch Empfindsamkeit und Gefühlsduselei zu erschütternden Sansculotten. Nun war Simon, ein einfacher, schlichter, grober Mann aus dem Volk, ein echter und rechter Proletarier, keineswegs jener wüste Trunkenbold und mörderische Sadist, zu dem ihn die Royalisten umgelogen haben; aber doch, welch gehässige Wahl eines Erziehers! Denn dieser Mann hat in seinem Leben wahrscheinlich nie ein Buch gelesen, er beherrscht, wie der einzige von ihm bekannte Brief beweist, nicht im entferntesten auch nur die Grundregeln der Orthographie: er ist ehrlicher Sansculotte, und das scheint 1793 schon genügend Eignung für jedes Amt. In scharfer Kurve hat sich die geistige Linie der Revolution seit den sechs Monaten niedergebogen, da man noch Condorcet, den vornehmen großen Schriftsteller, den Verfasser des »Progrès de l'esprit humain«, zum Erzieher des Thronfolgers von Frankreich in der Nationalversammlung in Aussicht nahm. Furchtbar ist dieser Unterschied gegenüber dem Schuster Simon. Aber von den drei Worten »Freiheit, Gleichheit, Brüderlichkeit« hat der Begriff der Freiheit seit dem Überwachungsausschuß, jener der Brüderlichkeit seit der Guillotine beinahe so viel Entwertung erlitten wie die Assignaten; nur der Gedanke der Gleichheit, oder vielmehr der gewaltsamen Gleichmachung, beherrscht die letzte Phase, die radikale und gewalttätige, der Revolution. Bewußt wird damit die Absicht kundgegeben, der junge Dauphin solle nicht zu einem gebildeten, nicht einmal zu einem kultivierten Menschen erzogen werden, sondern geistig in der untersten ungebildetsten Volksklasse bleiben. Er soll völlig verlernen und vergessen, woher er stammt, und es damit den andern leichter machen, ihn zu vergessen.

Von diesem Entschluß des Konvents, das Kind ihrer mütterlichen Obhut zu entreißen, ahnt Marie Antoinette nicht das geringste, als um halb zehn Uhr abends sechs städtische Abgesandte an den Toren des Temple pochen. Die Methode der grausamen, der plötzlichen Überraschungen gehört zu Héberts System der Bestrafung. Immer erfolgen diese seine Inspektionen als plötzliche Überfälle spät nachts und ohne frühere Ansage. Das Kind ist längst zu Bett gebracht, die Königin und Madame Elisabeth sind noch wach. Die Stadtbeamten treten ein, mit Mißtrauen erhebt sich die Königin; noch keiner dieser nächtlichen Besuche hat ihr anderes als Erniedrigung oder schlechte Botschaft gebracht. Diesmal scheinen die Stadtbeamten selber ein wenig betreten. Es ist schwere Pflicht für sie, die meist selbst Familienväter sind, einer Mutter mitzuteilen, daß der Wohlfahrtsausschuß befohlen habe, sie müsse sofort, ohne jeden äußeren Grund und ohne recht von ihm Abschied nehmen zu können, ihren einzigen Sohn für immer fremder Obhut übergeben.

Über die Szenen, die sich zwischen der verzweifelten Mutter und den Magistratsbeamten in jener Nacht abspielten, haben wir keinen andern Bericht als jenen höchst unverläßlichen der einzigen Augenzeugin, der Tochter Marie Antoinettes. Ist es wahr, daß, wie die spätere Herzogin von Angoulême es schildert, Marie Antoinette diese Beamten, die doch nur ihren dienstlichen Auftrag auszuführen hatten, unter Tränen beschworen habe, ihr das Kind zu lassen? Daß sie ihnen zugerufen, sie sollten sie lieber selbst töten, als ihr den Sohn zu entreißen? Daß die Beamten (es klingt unwahrscheinlich, denn dazu hatten sie keinen Befehl) gedroht hätten, das Kind und die kleine Prinzessin bei längerer Weigerung umzubringen, und schließlich nach stundenlangem, handgreiflichem Kampf mit roher Gewalt das schreiende, schluchzende Kind mit sich geschleppt hätten? Der offizielle Bericht weiß nichts davon; ihrerseits melden die schönfärberischen Beamten: »Die Trennung hat sich mit allen Empfindungsausbrüchen vollzogen, die von einem solchen Augenblick zu erwarten waren. Die Vertreter des Volkes haben alle Rücksicht geübt, die sich mit der Strenge ihrer Pflicht in Einklang bringen ließ.« Hier steht also Bericht gegen Bericht, Partei gegen Partei, und wo Partei spricht, redet selten die Wahrheit. Aber eines ist nicht zu bezweifeln: diese gewaltsame und unnötig grausame Trennung von ihrem Sohn ist vielleicht der schwerste Augenblick im

Leben Marie Antoinettes gewesen. An diesem blonden, übermütigen, frühreifen Kind hat die Mutter besonders gehangen; dieser Knabe, in dem sie einen König erziehen wollte, er allein hat ihr mit seiner geschwätzigen Munterkeit, seiner neugierigen Fragelust die Stunden in dem einsamen Turm noch erträglich gemacht. Zweifellos hat er ihrem Herzen nähergestanden als die Tochter, die, ein mürrischer, düsterer, unfreundlicher Charakter, geistig träg und in jeder Beziehung unbedeutend, der ewig lebendigen Zärtlichkeit Marie Antoinettes nicht so viel Ausstrom bot wie dieser schöne, zarte und merkwürdig wache Junge, der auf so unsinnig gehässige und brutale Weise ihr nun für immer entrissen wird. Denn obwohl der Dauphin weiterhin das Geviert des Temple bewohnen darf, nur wenige Meter weit von dem Turm Marie Antoinettes, erlaubt ein unentschuldbarer Formalismus des Stadtrates der Mutter nicht, ein einziges Wort mit ihrem Kinde zu wechseln; selbst wenn sie hört, daß er krank ist, verbietet man ihr den Besuch: wie eine Pestkranke wird sie von jeder Begegnung ferngehalten. Sogar – abermalige sinnlose Grausamkeit – mit seinem sonderbaren Erzieher, dem Schuster Simon, darf sie nicht sprechen, jede Auskunft über ihren Sohn wird ihr verweigert, stumm und hilflos muß die Mutter ihr Kind im gleichen Luftraum nahe wissen, ohne es grüßen zu können, ohne mit ihm andere Fühlung haben zu dürfen als die von keinem Erlaß zu verbietende des inneren Gefühls.

Endlich – kleiner unzulänglicher Trost! – entdeckt Marie Antoinette, daß man durch ein einziges winziges Treppenfenster des Turmes vom dritten Stock in jenen Teil des Hofes hinabspähen kann, in dem der Dauphin manchmal spielt. Und da steht nun stundenlang und unzählige Male vergeblich die geprüfte Frau, die einmal Königin des ganzen Reiches gewesen, und wartet, ob sie nicht verstohlenerweise (die Wächter sind nachsichtig) im

Hofe ihres Gefängnisses ganz flüchtig den Umriß des geliebten hellen Schattens entdecken könnte. Das Kind, das nicht ahnt, daß von einer vergitterten Luke aus, den Blick oft von Tränen getrübt, seine Mutter jeder seiner Bewegungen folgt, spielt munter und unbesorgt (was weiß ein neunjähriges Kind von seinem Schicksal?). Der Knabe hat sich rasch, viel zu rasch in die neue Umwelt gefunden, er hat vergessen in seinem fröhlichen Dahin, wessen Kind er ist und wessen Blut und welchen Namens. Tapfer und laut singt er, ohne den Sinn zu ahnen, die »Charmagnole« und das »Ça ira«, das ihm Simon und dessen Gefährten eingelernt haben; er trägt die rote Mütze der Sansculotten und findet das lustig, er spaßt mit den Soldaten, die seine Mutter bewachen – nicht nur durch die steinerne Mauer, sondern durch eine ganze Welt ist dieses Kind jetzt schon von ihr innerlich abgeschieden. Und trotzdem, das Herz schlägt der Mutter immer wieder stark und hell, wenn sie ihr Kind, das sie nur noch mit den Blicken, nicht mehr mit den Armen umfangen kann, so froh und unbekümmert spielen sieht, denn was wird aus dem Armen werden? Hat nicht Hébert, in dessen erbärmliche Hand der Konvent sie mitleidlos ausliefert, in seinem Schandblatt, dem »Père Duchesne«, schon die drohenden Worte geschrieben: »Arme Nation, dieser kleine Bengel wird dir früher oder später verhängnisvoll werden; je drolliger er jetzt ist, um so gefährlicher. Man sollte diese kleine Schlange und seine Schwester auf einer wüsten Insel aussetzen; man muß ihn um jeden Preis loswerden. Überdies, was zählt ein Kind, wenn es sich um das Wohl der Republik handelt?«

Was zählt ein Kind? Für Hébert nicht viel, die Mutter weiß es. Darum schauert sie jeden Tag, da sie ihren Liebling nicht im Hofe erspäht. Darum zittert sie auch immer vor wehrloser Wut, wenn dieser Feind ihres Herzens bei ihr eintritt, auf dessen Rat ihr das Kind entrissen wurde und der damit das verächtlichste Verbrechen innerhalb der moralischen Welt begangen hat: unnötige Grausamkeit gegen eine Besiegte. Daß die Revolution die Königin gerade Hébert, diesem ihrem Thersites, in die Hände gegeben, ist ein düsteres Blatt ihrer Geschichte, das man besser überschlägt. Denn selbst die reinste Idee wird niedrig und klein, sobald sie kleinen Menschen Macht gibt, in ihrem Namen Unmenschliches zu tun.

Lang sind jetzt die Stunden, und dunkler scheinen die vergitterten Räume im Turm, seit das Lachen des Kindes sie nicht mehr erhellt. Kein Laut, keine Nachricht kommt mehr von außen, die letzten Helfer sind verschwunden, die Freunde in der Ferne unerreichbar weit. Drei einsame Frauen sitzen beisammen, tagaus, tagein: Marie Antoinette, ihre kleine Tochter und Madame Elisabeth; sie haben einander längst nichts mehr zu erzählen, sie haben verlernt, zu hoffen, und vielleicht auch schon, zu fürchten. Sie gehen, obwohl es Frühling und schon Sommer wird, kaum noch in den kleinen Garten hinab, eine große Müdigkeit macht ihnen die Glieder schwer. Etwas erlischt auch in diesen Wochen der äußersten Prüfung in dem Antlitz der Königin. Blickt man jenes letzte Bild Marie Antoinettes an, das irgendein unbekannter Maler in diesem Sommer angefertigt, man würde kaum die einstige Königin der Schäferspiele, die Göttin des Rokoko darin erkennen, kaum auch die stolz und aufrecht kämpfende, majestätische Frau, die Marie Antoinette noch in den Tuilerien gewesen. Die Frau auf diesem ungelenken Bild, den Witwenschleier über dem weiß gewordenen Haar, ist trotz ihrer achtunddreißig Jahre – sie hat zuviel erlitten – schon eine alte Frau. Das Glitzernde und Lebendige der einst so übermütigen Augen ist ausgeglommen, mit lässig niedergefallenen Händen in großer Müdigkeit sitzt sie da, bereit, jedem Ruf, und sei es auch dem zum

Ende, willig und ohne Widerspruch zu folgen. Die einstige Anmut ihres Antlitzes ist einer gelassenen Trauer gewichen, die Unruhe einer großen Gleichgültigkeit. Von fern gesehen, würde man dies letzte Bild Marie Antoinettes für das einer Priorin, einer Äbtissin halten, einer Frau, die keine irdischen Gedanken mehr hat, keine Wünsche mehr an die Welt, die nicht mehr diesem, sondern schon einem andern Leben lebt. Nicht Schönheit fühlt man mehr darin, nicht mehr Mut, nicht mehr Kraft: nichts als eine große, eine still duldende Gleichgültigkeit. Die Königin hat abgedankt, die Frau hat verzichtet; nur eine müde, matte Matrone hebt einen blauen klaren Blick, den nichts mehr erstaunen und erschrecken kann.

Sie erschrickt auch nicht, Marie Antoinette, als wenige Tage später um zwei Uhr morgens wiederum ein harter Schlag an ihrer Tür pocht. Was kann, nachdem man ihr den Mann, das Kind, den Geliebten, die Krone, die Ehre, die Freiheit genommen, die Welt noch gegen sie tun? Ruhig steht sie auf, kleidet sich an und läßt die Kommissare eintreten. Sie verlesen das Dekret des Konvents, das verlangt, die Witwe Capet solle, da Anklage gegen sie erhoben sei, in die Conciergerie eingeliefert werden. Marie Antoinette hört ruhig zu und antwortet nicht. Sie weiß, daß Anklage des Revolutionstribunals gleichbedeutend ist mit Verurteilung und Conciergerie mit dem Totenhaus. Aber sie bittet nicht, sie streitet nicht, sie ersucht nicht um Aufschub. Kein Wort erwidert sie diesen Menschen, die sie wie Mörder mit einer solchen Botschaft mitten in der Nacht überfallen. Gleichmütig läßt sie ihre Kleider durchsuchen und sich alles wegnehmen, was sie bei sich trägt. Nur ein Taschentuch darf sie behalten und ein kleines Fläschchen zur Herzstärkung. Dann muß sie noch einmal – wie oft hat sie es schon getan – Abschied nehmen, diesmal von ihrer Schwägerin und ihrer Tochter. Sie weiß, es ist der letzte. Aber die Welt hat sie an das Abschiednehmen schon gewöhnt.

Ohne sich umzuwenden, aufrecht und fest, schreitet Marie Antoinette zur Tür des Wohngemachs und sehr rasch die Treppe hinab. Jede Hilfe weist sie zurück, überflüssig war es, ihr das Fläschchen mit den starken Essenzen zu lassen für den Fall, daß ihre Kraft versagen sollte: schon ist sie selber von innen stark geworden. Das Schwerste ist längst erduldet: nichts mehr kann ärger sein als das Leben dieser letzten Monate. Jetzt kommt das Leichtere: das Sterben. Fast stürzt sie sich ihm entgegen. So hastig eilt sie fort aus diesem Turm der fürchterlichen Erinnerungen, daß sie – vielleicht umhüllen ihr Tränen die Augen – sich bei der niedern Ausgangspforte zu bücken vergißt und mit der Stirn heftig an den harten Balken stößt. Besorgt springen die Begleiter heran und fragen, ob sie sich wehe getan habe. »Nein«, antwortet sie ruhig, »jetzt kann mir nichts mehr wehe tun.«

Die Conciergerie

Auch eine andere Frau ist in dieser Nacht geweckt worden, Madame Richard, die Frau des Beschließers in der Conciergerie. Spätabends hat man ihr plötzlich Auftrag gebracht, für Marie Antoinette eine Zelle vorzubereiten; nach Herzögen, Fürsten, Grafen, Bischöfen, Bürgern, nach Opfern aller Stände soll nun auch die Königin von Frankreich in das Totenhaus. Madame Richard erschrickt. Denn noch immer schwingt für eine Frau aus dem Volk, wie von einer mächtigen Glocke angeschlagen, das Wort »Königin« Ehrfurcht ins Herz. Eine Königin, die Königin unter ihrem Dach! Sofort sucht Madame Richard aus ihrer Bettwäsche das feinste und weißeste

Linnen; der General Custine, der Eroberer von Mainz, über dem gleichfalls das Beil schwebt, muß die vergitterte Zelle verlassen, die vor unzähligen Jahren als Ratszimmer gedient hat; in Eile wird der düstere Raum für die Königin hergerichtet. Ein aufklappbares Eisenbett, zwei Matratzen, zwei Strohsessel, ein Kopfkissen, eine leichte Decke, dann noch einen Waschkrug und vor die feuchte Wand einen alten Teppich: mehr darf sie der Königin nicht zu geben wagen. Und dann warten sie alle in dem uralten, steinernen und halb unterirdischen Haus.

Um drei Uhr morgens rattern einige Wagen heran. Zuerst treten Gendarmen mit Fackeln in den dunklen Korridor, dann erscheint – der Geschmeidige hat sich glücklich aus der Affäre Batz gerettet und sein Amt als Generalinspektor der Gefängnisse behalten – der Limonadenhändler Michonis, hinter ihm im flackernden Licht die Königin, gefolgt von ihrem kleinen Hunde, der sie als einziges Lebewesen in den Kerker begleiten darf. Wegen der vorgerückten Stunde und dann, es wäre Komödie, so zu tun, als wüßte man nicht in der Conciergerie, wer Marie Antoinette, die Königin von Frankreich, ist, erspart man ihr die übliche Formalität der Kanzleiaufnahme und erlaubt ihr, sich gleich zur Ruhe in ihre Zelle zu begeben. Das Hausmädchen der Beschließerin, ein junges, armes Ding vom Lande, Rosalie Lamorlière, die nicht schreiben kann und der wir doch über die siebenundsiebzig letzten Tage der Königin die wahrhaftigsten und ergreifendsten Berichte verdanken, schleicht der blassen, schwarzgekleideten Frau ganz erschüttert nach und bietet sich an, ihr beim Auskleiden behilflich zu sein. »Ich danke dir, mein Kind«, antwortet die Königin, »seit ich niemanden mehr habe, bediene ich mich selbst.« Erst hängt sie noch ihre Uhr an einen Nagel in der Wand, um die Zeit messen zu können, die kurze ihr zugeteilte und doch unendliche Zeit. Dann entkleidet sie sich und legt sich zu Bett. Ein

Gendarm mit geladenem Gewehr tritt ein, dann schließt sich die Tür. Der letzte Akt der großen Tragödie hat begonnen.

Die Conciergerie ist, man weiß es in Paris und in der Welt, das erlesene Gefängnis für die gefährlichsten unter den politischen Verbrechern; Einzeichnung eines Namens in sein Aufnahmeregister kann getrost als Totenschein gelten. Aus Saint-Lazare, aus den Carmes, aus der Abbaye, aus allen anderen Gefangenenhäusern kehrt man noch einmal zurück in die Welt, aus der Conciergerie niemals, oder nur in ganz ungewöhnlich seltenen Fällen. Marie Antoinette und die Öffentlichkeit müssen (und sollen) also glauben, die Überführung in das Totenhaus sei schon der erste Fiedelstreich für den Totentanz. In Wirklichkeit denkt der Konvent noch gar nicht daran, der Königin, dieser kostbaren Geisel, so voreilig den Prozeß zu machen. Nur ein Peitschenhieb für die sich lässig fortschleppenden Austauschverhandlungen mit Österreich soll diese herausfordernde Überführung in die Conciergerie sein, eine drohende Geste »Beeilt euch«, ein politisches Druckmittel; de facto aber läßt man die im Konvent laut herausposaunte Anklage still ruhen. Nach drei Wochen nach jener pathetischen Überführung ins »Vorzimmer des Todes«, die selbstverständlich in allen ausländischen Journalen (und das wollte der Wohlfahrtsausschuß) mit einem Entsetzensschrei beantwortet wird, ist dem öffentlichen Ankläger des Revolutionstribunals Fouquier-Tinville noch kein einziges Aktenstück eingehändigt, und nach dem großen Posaunenstoß ist in keiner öffentlichen Debatte, weder des Konvents noch der Kommune, von Marie Antoinette mehr die Rede. In seinem »Père Duchesne« zwar kläfft ab und zu Hébert, der schmutzige Köter der Revolution, die »Hure« (grue) solle endlich »die Krawatte Samsons anprobieren« und der Henker »mit dem Kopf der Wölfin Kegel spielen«. Aber der Wohlfahrtsausschuß, der weiter denkt, läßt ihn ruhig fragen, warum man »so viele Flausen mache, um die österreichische Tigerin zu verurteilen, und nach Beweisstücken für ihre Verurteilung suche, während doch, wenn man gerecht gegen sie sein wollte, sie zu Hackfleisch gemacht werden müsse für alles Blut, das sie auf dem Gewissen habe« – all dies wüste Gerede und Geschrei beeinflußt nicht um einen Zoll die geheimen Pläne des Wohlfahrtsausschusses, der einzig auf die Kriegskarte blickt. Wer weiß, wie gut man diese Habsburgertochter noch brauchen kann, vielleicht sogar schon sehr bald, denn die Julitage sind für die französische Armee verhängnisvoll geworden. Jeden Augenblick können die verbündeten Truppen auf Paris marschieren; wozu ein so kostbares Blut unnütz vergeuden! Man läßt also Hébert ruhig schreien und toben, denn das verstärkt den Anschein, als plane man ihre baldige Hinrichtung: in Wirklichkeit hält der Konvent ihr Schicksal in Schwebe. Marie Antoinette wird nicht freigelassen, sie wird nicht verurteilt. Man hält nur sehr sichtbar das Schwert über ihr Haupt, und ab und zu neigt man seine blitzende Schneide, weil man hofft, das Haus Habsburg zu erschrecken und endlich, endlich für Verhandlungen gefügig zu machen.

Verhängnisvollerweise erschreckt aber die Nachricht von der Überführung Marie Antoinettes in die Conciergerie ihre Blutsverwandten nicht im mindesten: Marie Antoinette zählte für Kaunitz als Aktivposten der habsburgischen Politik nur, solange sie Herrscherin von Frankreich war; eine abgesetzte Königin, eine private unglückliche Frau wird Ministern, Generalen, Kaisern völlig gleichgültig, Diplomatie kennt keine Sentimentalität. Einem einzigen nur, einem völlig Machtlosen fährt die Botschaft wie Feuer ins Herz: Fersen. Verzweifelt schreibt er seiner

Schwester: »Meine teure Sophie, meine eine und einzige Freundin, Du weißt wohl schon in diesem Augenblick von dem furchtbaren Unglück der Überführung der Königin ins Gefängnis der Conciergerie und vom Dekret dieses niederträchtigen Konvents, das sie dem Revolutionstribunal überliefert. Seit diesem Augenblick lebe ich nicht mehr, denn das heißt nicht leben, so zu existieren wie ich, und all die Schmerzen zu leiden, die ich empfinde. Wenn ich wenigstens etwas für ihre Befreiung tun könnte, glaube ich, daß ich weniger leiden würde. Aber nichts zu tun als nur herumzubitten, ist furchtbar für mich. Nur Du kannst nachfühlen, was ich leide, alles ist für mich verloren, mein Bedauern wird ewig sein, und nur der Tod wird es mich vergessen lassen. Ich kann mich mit nichts befassen, ich kann an nichts denken als an das Unglück dieser schwergeprüften, würdigen Fürstin. Ich habe nicht einmal die Kraft, das auszudrücken, was ich fühle. Ich würde mein Leben hingeben, um sie zu retten, und kann es doch nicht; mein größtes Glück wäre, für sie zu sterben, um sie zu retten.« Und wenige Tage später: »Ich werfe mir oft die Luft vor, die ich atme, wenn ich mir vergegenwärtige, daß sie in einem fürchterlichen Gefängnis eingeschlossen ist. Dieser Gedanke zerreißt mein Herz, vergiftet mein Leben, und ich bin ohne Unterlaß hin und her gerissen zwischen Schmerz und Wut.« Aber was bedeutet dieser kleine gleichgültige Herr von Fersen für einen allmächtigen Generalstab, was für die weise und erhabene große Politik? Was vermag er anderes zu tun, als seinen Zorn, seine Erbitterung, seine Verzweiflung, das ganze höllische Feuer, das in ihm wütet und seine Seele verbrennt, immer wieder in nutzlosen Bitten zu entladen, die Vorzimmer abzulaufen und die Militärs, die Staatsmänner, die Prinzen, die Emigranten einen nach dem andern zu beschwören, man möge doch nicht so schmachvoll kühl zusehen, wie eine Königin von Frankreich, eine

Prinzessin aus dem Hause Habsburg, erniedrigt und ermordet werde. Aber überall begegnet ihm ausweichend höfliche Gleichgültigkeit, selbst den getreuen Eckart Marie Antoinettes, den Grafen Mercy, findet er »eisig« (»de glace«). Mercy lehnt jede Intervention Fersens respektvoll, aber entschieden ab und läßt unglückseligerweise gerade bei diesem Anlaß seinen persönlichen Groll sich auswirken: Mercy hat Fersen nie verziehen, daß er der Königin näherstand, als die Sitte erlaubte, und gerade von dem Liebhaber der Königin – dem einzigen, der sie und ihr Leben liebt – will er sich keine Vorschriften machen lassen.

Aber Fersen gibt nicht nach. Diese Eiseskälte aller Menschen, die sich so fürchterlich von seiner Glut unterscheidet, bringt ihn zur Raserei. Da Mercy versagt, wendet er sich an den andern treuen Freund der königlichen Familie, den Grafen de la Marck, der seinerzeit die Verhandlungen mit Mirabeau geführt hat. Hier findet er menschlicheres Verständnis. Graf de la Marck begibt sich zu Mercy und erinnert den alten Mann an das Versprechen, das er vor einem Vierteljahrhundert Maria Theresia gegeben hat, ihre Tochter bis zum letzten Augenblick zu schützen. An seinem Tisch verfassen sie einen energischen Brief an den Prinzen von Coburg, den Oberkommandanten der österreichischen Truppen: »Solange die Königin noch nicht unmittelbar bedroht war, konnte man Schweigen bewahren aus Furcht, die Wut der Wilden, die sie umringen, zu erwecken. Heute, da sie einem Blutstribunal ausgeliefert ist, wird jede Maßregel, sie zu retten, Ihnen als Pflicht erscheinen.« Mercy verlangt, von de la Marck angefeuert, unverzüglichen raschen Vormarsch auf Paris, um dort Schrecken zu verbreiten; jede andere militärische Operation müsse hinter dieser allernötigsten zurückbleiben. »Lassen Sie mich«, mahnt Mercy, »von dem Bedauern sprechen, das wir alle eines Tages empfinden müßten, in einem solchen Augenblick untätig gewesen zu sein. Die Nachwelt wird es nicht glauben, daß ein so großes Verbrechen wenige Stunden von den siegreichen Armeen entfernt vollführt werden konnte, ohne daß diese Armeen einen Versuch gemacht hätten, es zu verhindern.«

Diese Aufforderung zur rechtzeitigen Rettung Marie Antoinettes ist leider an einen schwächlichen und vor allem fürchterlich dummen Menschen gerichtet, an ein ödes Kommißgehirn. Die Antwort des Oberbefehlshabers, Prinzen Coburg, fällt dementsprechend aus. Als ob man 1793 noch in den Zeiten des Hexenhammers und der Inquisition lebte, schlägt dieser durch seine »nullité« bekannte Prinz vor, man solle »in dem Falle, daß die mindeste Gewalttätigkeit gegen die Person Ihrer Majestät der Königin geübt werde, sofort die vier jüngst festgenommenen Mitglieder des Konvents bei lebendigem Leibe aufs Rad flechten lassen«. Mercy und de La Marck, beide vornehme, kultivierte Edelleute, sind über diese Dummheit aufrichtig erschrocken und sehen, daß mit einem solchen Schwachkopf Verhandlungen keinen Sinn haben, darum beschwört de La Marck Mercy, unverzüglich an den Wiener Hof zu schreiben: »Senden Sie sofort einen andern Kurier, sorgen Sie, daß man dort die ganze Gefahr erkenne, drücken Sie die äußersten Besorgnisse aus, die ja leider nur zu begründet sind. Es tut not, daß man endlich in Wien begreife, wie peinlich, ja, ich wage zu sagen, wie verhängnisvoll für die kaiserliche Regierung es wäre, wenn die Geschichte eines Tages sagen könnte: vierzig Meilen weit vom gewaltigen und siegreichen Österreich hat die erhabene Tochter Maria Theresias auf dem Schafott geendet, ohne daß man einen Versuch gemacht hätte, sie zu retten. Es wäre ein untilgbarer Flecken auf dem Kronschilde unseres Kaisers.« Und um den etwas schwer beweglichen alten Herrn noch mehr in

Feuer zu bringen, fügt er überdies eine persönliche Mahnung an Mercy bei: »Erlauben Sie mir die Bemerkung, daß das stets ungerechte menschliche Urteil Ihr wahres Gefühl, das alle Freunde achten, nicht richtig einschätzen würde, wenn Sie unter den gegenwärtigen bedauerlichen Umständen nicht von allem Anfang an und mit immer wieder erneuter Anstrengung sich bemühen würden, unseren Hof aus der verhängnisvollen Stumpfheit zu rütteln, in der er sich befindet.«

Von solcher Warnung aufgestört, setzt sich der alte Mercy endlich energisch in Bewegung und schreibt nach Wien: »Ich frage mich, ob es mit der Würde des Kaisers und seinen Interessen zu verbinden ist, daß er bloßer Zuschauer des Schicksals bleibt, von dem seine erlauchte Tante bedroht wird, ohne zu versuchen, sie diesem Schicksal zu entziehen oder sogar zu entreißen ... Hat der Kaiser nicht unter solchen Umständen besondere Pflichten zu erfüllen? ... Man darf nicht vergessen, daß die Haltung unserer Regierung eines Tages von der Nachwelt beurteilt wird; und muß man nicht die Strenge dieses Urteils fürchten, wenn Seine Majestät der Kaiser weder Versuche gemacht noch Opfer gebracht hat, um sie zu retten?«

Dieser für einen Gesandten ziemlich mutige Brief wird kühl in irgendeinem Aktenfaszikel der Hofkanzlei eingeordnet, dort läßt man ihn unbeantwortet verstauben. Kaiser Franz denkt nicht daran, einen Finger zu rühren; ruhig promeniert er in Schönbrunn umher, ruhig wartet Coburg in seinem Winterquartier und läßt seine Soldaten so lange Exerzierübungen machen, bis mehr von ihnen ausreißen, als er in der blutigsten Schlacht verloren hätte. Alle Monarchen bleiben ruhig und gleichgültig und unbesorgt. Denn was zählt im uralten Hause Habsburg noch ein bißchen Ehre mehr oder weniger! Keiner rührt einen Finger für Marie Antoinettes Rettung, und bitter sagt Mercy in plötzlich ausbrechendem Zorn: »Sie hätten sie auch dann nicht gerettet, wenn sie mit eigenen Augen sie die Guillotine hätten hinaufschreiten sehen.«

Auf Coburg, auf Österreich ist nicht zu rechnen, nicht auf die Prinzen, nicht auf die Emigranten und die Verwandten – so versuchen Mercy und Fersen auf eigene Faust das letzte Mittel: Bestechung. Durch den Tanzmeister Noverre, durch einen dunklen Finanzmann wird Geld nach Paris geschickt: niemand weiß, in welchen Händen es versickert. Zuerst versucht man, an Danton heranzukommen, der – Robespierre hat richtig gewittert – allgemein für zugänglich gilt; merkwürdigerweise gehen auch Wege zu Hébert, und obwohl, wie meist bei Bestechungen, der Beweis fehlt, wirkt es erstaunlich, daß auf einmal dieser Hauptschreier, der seit Monaten wie ein Epileptiker tobt, die »grue« müsse endlich »den Hechtsprung machen«, jetzt plötzlich fordert, man solle sie in den Temple zurückführen. Wie weit diese lichtscheuen Verhandlungen Erfolg hatten oder Erfolg gehabt hätten, wer kann es sagen? Jedenfalls sind die goldenen Kugeln zu spät abgeschossen worden. Denn während diese geschickten Freunde sie zu retten suchen, hat ein allzu ungeschickter Marie Antoinette bereits in den Abgrund gestoßen: wie immer in ihrem Leben sind ihre Freunde ihr verhängnisvoller geworden als ihre Feinde.

Der letzte Versuch

Die Conciergerie, dieses »Vorzimmer des Todes«, hat unter allen Gefängnissen der Revolution die allerstrengsten Vorschriften. Uralter, steinerner Bau, mit undurchdringlichen Mauern und faustdicken eisenbeschlagenen Türen, jedes Fenster vergittert, jeder Gang mit einer Sperre bewehrt, von ganzen Wachkompanien umstellt, könnte sie das Dante-Wort in ihren Quadern gemauert tragen: »Laßt alle Hoffnung schwinden ...« Ein seit Jahrhunderten bewährtes, seit den Massenanlieferungen des Terrors siebenfach verschärftes Überwachungssystem macht jede Verbindung mit der Außenwelt unmöglich. Kein Brief kann übermittelt, kein Besuch empfangen werden, denn das Aufsichtspersonal rekrutiert sich hier nicht aus Dilettanten-Wächtern wie im Temple, sondern aus Gefängnisfachleuten, die gegen alle Schliche gefeit sind; überdies werden vorsorglicherweise unter die Angeklagten sogenannte »Moutons«, professionelle Spitzel, eingemengt, die jeden Ausbruchsversuch den Behörden schon im voraus melden würden. Überall, wo ein System jahre- und jahrzehntelang Zeit gehabt hat, sich auszuprobieren, scheint es für einen einzelnen aussichtslos, Widerstand zu leisten.

Aber, geheimnisvoller Trost gegenüber aller kollektivistischen Gewalt: der einzelne Mensch, wenn unbeugsam und entschlossen, erweist sich zuletzt fast immer als stärker denn jedes System. Immer wird das Menschliche, sofern sein Wille ungebrochen bleibt, papierenen Befehl zunichte machen; so im Falle Marie Antoinettes. Schon nach einigen Tagen hat sie auch in der Conciergerie dank jener merkwürdigen Magie, die teils von ihrem Namen ausstrahlt, teils von der persönlichen Hoheitskraft ihrer Haltung, alle jene Menschen, die sie bewachen sollen, zu Freunden, zu Helfern, zu Dienern. Die Frau des Hausbesorgers hätte dienstlich nichts anderes zu tun, als das Zimmer zu fegen und für grobe Kost zu sorgen. Aber sie kocht mit rührender Sorgfalt für die Königin die ausgesuchtesten Speisen; sie bietet ihr an, sie zu frisieren; sie läßt eigens aus einem andern Stadtteil täglich eine Flasche jenes Trinkwassers kommen, das Marie Antoinette bevorzugt. Das Hilfsmädchen der Hausbesorgerin wiederum nützt jeden Augenblick, um rasch zu der Gefangenen hineinzuhuschen, sie ihrerseits zu fragen, ob sie mit etwas dienen könne. Und die strengen Gendarmen mit den aufgezwirbelten Bärten, den breiten, klirrenden Säbeln, den unablässig geladenen Gewehren, sie, die all das eigentlich verbieten sollten, was tun sie? Sie bringen – dies bezeugt das Protokoll eines Verhörs – aus freien Stücken der Königin jeden Tag frische Blumen, die sie auf dem Markt für ihr eigenes Geld kaufen, in ihr trostloses Zimmer. Gerade im niedern Volk, das dem Unglück benachbarter wohnt als die Bürgerlichen, lebt eine rührende Kraft der Teilnahme für die in ihren Glückstagen so verhaßte Fürstin. Wenn in der Nähe der Conciergerie die Marktweiber von Madame Richard erfahren, das Huhn oder Gemüse sei für die Königin bestimmt, suchen sie sorgfältig das beste aus, und mit ärgerlichem Staunen muß Fouquier-Tinville im Prozeß feststellen, die Königin habe in der Conciergerie bedeutend mehr Erleichterungen genossen als im Temple. Gerade dort, wo der Tod am grausamsten herrscht, steigert sich, als unbewußte Gegenwehr, in den Menschen die Menschlichkeit.

Daß sogar bei einer so wichtigen Staatsgefangenen wie Marie Antoinette die Überwachung locker gehandhabt wurde, wirkt in Anbetracht ihrer früheren Fluchtversuche zuerst erstaunlich. Aber man versteht manches, sobald man sich erinnert, daß der oberste Inspektor dieses Gefängnisses niemand anderer ist als der Limonadenhändler Michonis, der schon bei dem Komplott im Temple seine Hände mithelfend im Spiele gehabt hatte. Auch durch die dicken Quadern der Conciergerie lockt und flimmert das Irrlicht der Million des Barons de Batz, noch immer spielt Michonis seine verwegene Doppelrolle. Jeden Tag begibt er sich pflichtgetreu und streng in das Zimmer der Königin, rüttelt an den Eisenstäben, prüft die Türen und meldet mit pedantischer Sorgfalt diese Besuche der Kommune, die sich glücklich preist, einen so verläßlichen Republikaner als Aufseher, als Wächter bestellt zu haben. In Wirklichkeit wartet Michonis aber immer nur, bis die Gendarmen das Zimmer verlassen haben, um mit der Königin beinahe freundschaftlich zu plaudern, ihr die ersehnten Nachrichten von ihren Kindern aus dem Temple zu bringen; ab und zu schmuggelt er sogar, sei es nun aus Geldgier oder Gutmütigkeit, einen Neugierigen mit ein, wenn er Inspektion in der Conciergerie hat, einmal einen Engländer oder eine Engländerin, vielleicht jene spleenige Mrs. Atkins, einmal einen unvereidigten Priester, der der Königin die letzte Beichte abgenommen haben soll, einmal jenen Maler, dem wir das Bild im Musée Carnevalet verdanken. Und schließlich verhängnisvollerweise auch den kühnen Narren, der mit seinem Übereifer dann all diese Freiheiten und Vergünstigungen mit einem Schlage zunichte macht.

Diese berüchtigte »affaire de l'œillet«, dieses Nelken-Komplott, das später Alexander Dumas zu einem großen Roman umfabuliert hat, ist eine dunkle Geschichte; sie ganz zu enträtseln, wird wohl nie mehr gelingen, denn was die gerichtlichen Akten melden, ist unzulänglich; was ihr eigener Held erzählt, schmeckt verdächtig nach Aufschneiderei. Glaubte man dem Stadtrat und dem obersten Inspektor der Gefängnisse, Michonis, so wäre der ganze Vorfall eine völlig belanglose Episode gewesen. Er habe einmal bei einem Abendessen mit Freunden von der Königin erzählt, die er täglich im Gefängnis zu besuchen verpflichtet sei. Da habe dieser fremde Herr, dessen Namen er nicht wisse, sich sehr neugierig gezeigt und gefragt, ob er ihn nicht einmal begleiten dürfe. In guter Laune habe er nicht weiter nachgeforscht und diesen Herrn einmal auf dem Inspektionsgang mitgenommen, selbstverständlich mit der Verpflichtung, kein Wort mit der Königin zu sprechen.

Ist aber Michonis, der Vertraute des Baron de Batz, tatsächlich so naiv, wie er es darstellt? Hat er sich wirklich nicht die Mühe genommen, nachzufragen, wer dieser fremde Herr sei, den er in die Zelle der Königin einschmuggeln sollte? Er hätte dabei erfahren, daß dieser Mann ein guter Bekannter Marie Antoinettes ist, der Chevalier de Rougeville, einer jener Adeligen, die am 20. Juni die Königin mit Einsatz ihres Lebens verteidigt hatten. Aber allem Anschein nach hatte Michonis, der einem Baron de Batz die Leiter gehalten, gute und vor allem gewichtig klingende Gründe, diesen fremden Herrn nicht allzuviel nach seinen Absichten auszufragen; wahrscheinlich war das Komplott viel weiter ausgereift, als heute die verwischten Spuren erkennen lassen.

Jedenfalls, am 28. August klirrt der Schlüsselbund an der Tür der Gefängniszelle. Die Königin und der Gendarm erheben sich. Immer erschrickt sie im ersten Augenblick, wenn die Tür des Kerkers sich öffnet, denn fast jeder unerwartete Besuch der Behörde hat ihr seit Wochen und Monaten schlimme Nachrichten gebracht. Aber nein, es ist nur Michonis, der geheime Freund, diesmal begleitet von irgendeinem fremden Herrn, den die Gefangene gar nicht beachtet. Marie Antoinette atmet auf; sie plaudert mit Michonis und erkundigt sich nach ihren Kindern: immer gilt ihnen die erste und dringlichste Frage der Mutter. Michonis antwortet freundlich, die Königin wird beinahe heiter: diese wenigen Minuten, da die graue Glasglocke des Schweigens durchbrochen wird, da sie vor irgend jemandem die Namen ihrer Kinder aussprechen kann, bedeuten für sie immer eine Art Glück.

Aber plötzlich wird Marie Antoinette totenblaß. Eine Sekunde blaß. Dann steigt ihr plötzlich das Blut in die Wangen. Sie beginnt zu zittern und hat Mühe, sich aufrecht zu halten. Die Überraschung ist zu groß, sie hat Rougeville erkannt, den Mann, der hundertmal an ihrer

Seite im Schlosse gewesen und von dem sie weiß, daß ihm jede Verwegenheit zuzutrauen ist. Was hat es – die Zeit saust zu rasch, um alles durchzudenken –, was hat es zu bedeuten, daß dieser sichere und verläßliche Freund mit einem Male in ihrer Zelle erscheint? Will man sie retten? Will man ihr etwas sagen? Etwas übermitteln? Sie wagt nicht, zu Rougeville zu sprechen, sie wagt nicht einmal, aus Furcht vor den Gendarmen und der Aufwartefrau, ihn zu auffallend anzublicken, und doch merkt sie, er macht ihr immer wieder Zeichen, die sie nicht versteht. Es ist beglückend und qualvoll aufregend zugleich, seit Monaten sich einem Boten nahe zu wissen und seine Botschaft nicht zu verstehen; immer unruhiger wird die aufgestörte Frau, und immer mehr fürchtet sie, sich zu verraten.

Vielleicht merkt Michonis etwas von dieser Verwirrung; jedenfalls, er erinnert sich, noch andere Gefängnisräume besichtigen zu müssen, und verläßt hastig mit dem Fremden die Zelle, erklärt aber ausdrücklich, noch einmal wiederkommen zu wollen.

Marie Antoinette, allein geblieben – die Knie zittern ihr –, setzt sich nieder und sucht sich zu sammeln. Sie beschließt, wenn beide zurückkommen, aufmerksamer und nerven-ruhiger als bei jener ersten Überraschung auf jedes Zeichen und jede Geste zu achten. Und wirklich, sie kommen noch einmal, abermals klirren die Schlüssel, abermals tritt Michonis mit Rougeville ein. Jetzt ist Marie Antoinette wieder ganz Herrin ihrer Kraft. Schärfer, wacher, gefaßter beobachtet sie Rougeville, während sie mit Michonis spricht, und merkt plötzlich an einem raschen Wink, daß Rougeville irgend etwas in die Ecke hinter den Ofen geworfen hat. Das Herz schlägt ihr, sie kann es nicht mehr erwarten, die Botschaft zu lesen; kaum daß Michonis und Rougeville das Zimmer verlassen haben, schickt sie ihnen geistesgegenwärtig unter einem Vorwand den Gendarmen nach. Diese eine unbewachte

Minute benutzt sie, um mit einem Griff das Versteckte zu fassen. Wie? Nichts als eine Nelke? Aber nein, in der Nelke steckt eingefaltet ein Billett. Sie öffnet es und liest: »Meine Gönnerin, ich werde Sie niemals vergessen, ich werde immer alle Mittel suchen, um Ihnen meinen Opferwillen zu beweisen. Wenn Sie drei- oder vierhundert Louisdor für Ihre Umgebung brauchen, bringe ich sie nächsten Freitag.«

Man kann sich das Gefühl dieser unglückseligen Frau vergegenwärtigen, da sie dieses Wunder der Hoffnung erlebt. Noch einmal bricht das dunkle Gewölbe auf wie unter dem Schwert eines Engels. In das Fürchterliche und Unzugängliche des Totenhauses, durch sieben oder acht verriegelte Türen ist, allem Verbot zum Trotz, allen Maßnahmen der Kommune zum Spott, einer der Ihren, ein Ritter des Ludwigsordens, ein vertrauter und verläßlicher Royalist, eingedrungen; nun muß die Rettung nahe sein. Gewiß haben Fersens geliebte Hände diese Fäden gesponnen, gewiß spielen neuerdings mächtige und unbekannte Helfer mit, um ihr Leben noch einen Schritt vor dem Abgrund zu retten. Mit einem Mal hat diese schon ganz resignierte, weißhaarige Frau wieder Mut und Willen zum Leben.

Sie hat Mut und verhängnisvollerweise sogar zuviel Mut. Sie hat Vertrauen und leider zuviel Vertrauen. Die dreihundert oder vierhundert Dukaten, das versteht sie sofort, sollen dazu dienen, den Gendarmen in ihrem Zimmer zu bestechen; nur dies ist ihre Aufgabe, alles andere werden die Freunde dann besorgen. In ihrem zu plötzlich entflammten Optimismus geht sie gleich ans Werk. Sie zerreißt das verräterische Billett in winzige Fetzen und bereitet selbst eine Antwort vor. Man hat ihr Feder, Bleistift, Tinte genommen, nur ein Stückchen Papier hat sie noch. Aber das nimmt sie und sticht – Not macht erfinderisch – die Lettern der Antwort mit ihrer

Nähnadel in das kleine Briefblatt, das heute, freilich durch andere Stiche nachträglich unleserlich gemacht, als Relique erhalten ist. Diesen Zettel übergibt sie mit dem Versprechen hoher Belohnung dem Gendarmen Gilbert, er solle ihn jenem Fremden, wenn er wiederkäme, übergeben.

Nun schattet Dunkel in die Affäre hinein. Es scheint, daß der Gendarm Gilbert innerlich schwankte. Dreihundert Louisdor, vierhundert Louisdor blitzen verführerisch für so einen armen Teufel; aber auch das Beil der Guillotine hat ein unheimliches Blitzen und Blinken. Er hat Mitleid mit der armen Frau, aber er hat auch Angst um seine Stellung. Was tun? Den Auftrag auszuführen, hieße die Republik verraten, den Angeber zu machen, das Vertrauen dieser armen unglücklichen Frau mißbrauchen. So geht dieser brave Gendarm zunächst den Mittelweg, er vertraut sich der Frau des Hausbesorgers, der allmächtigen Madame Richard, an. Und siehe, Madame Richard teilt seine Verlegenheit. Auch sie wagt nicht zu schweigen, auch sie wagt nicht, offen zu sprechen und noch weniger sich in eine derart halsbrecherische Verschwörung einzulassen; wahrscheinlich hat auch schon in ihre Ohren das geheime Geläute der Millionen geklungen.

Schließlich tut Madame Richard dasselbe wie der Gendarm: sie erstattet keine Anzeige, aber sie schweigt auch nicht ganz. Genau wie der Gendarm schiebt sie die Verantwortung weiter und teilt nur vertraulich die Geschichte von dem geheimen Billett ihrem Vorgesetzten Michonis mit, der bei dieser Nachricht erblaßt. Hat Michonis schon früher bemerkt, daß er in Rougeville einen Helfershelfer der Königin mitgebracht hat, oder hat er es erst in diesem Augenblick erfahren? War er eingeweiht in das Komplott, oder hat Rougeville ihn übertölpelt? Jedenfalls, es ist ihm unangenehm, auf einmal zwei

Mitwisser zu haben. Mit dem Anschein großer Strenge nimmt er der guten Frau Richard das verdächtige Papier weg, steckt es in seine Tasche und befiehlt ihr, nicht darüber zu reden. Damit hofft er, die Unbedachtsamkeit der Königin gutgemacht und die peinliche Affäre glücklich erledigt zu haben. Selbstverständlich erstattet er keine weitere Meldung; ebenso wie im ersten Komplott mit de Batz drückt er sich leise von der Sache, sobald sie gefährlich wird.

Alles wäre nun in Ordnung. Aber verhängnisvollerweise läßt die Angelegenheit dem Gendarmen keine Ruhe. Eine Handvoll Goldstücke könnte ihn vielleicht stumm machen, aber Marie Antoinette hat kein Geld, und nach und nach wird ihm bange um seinen Kopf. Nachdem er tapfer fünf Tage lang (dies das Verdächtige und Unergründliche an der Sache) gegenüber seinen Kameraden und Behörden vollkommen geschwiegen, erstattet er schließlich doch am 3. September Bericht an seine Vorgesetzten; zwei Stunden später stürmen schon aufgeregt die Kommissare des Stadtrates in die Conciergerie und fragen alle Beteiligten aus.

Die Königin leugnet zuerst. Sie habe niemanden erkannt, und als man sie fragt, ob sie vor einigen Tagen etwas geschrieben habe, antwortet sie kühl, sie besitze nichts, womit sie schreiben könne. Auch Michonis stellt sich zunächst dumm und hofft auf das Schweigen der wahrscheinlich gleichfalls schon bestochenen Madame Richard. Aber die behauptet, ihm das Blatt gegeben zu haben, nun muß er es vorlegen (aber klugerweise hat er den Text durch neue Nadelstiche zuvor unleserlich gemacht). Bei dem zweiten Verhör am nächsten Tag gibt die Königin den Widerstand auf. Sie erklärt es für richtig, daß sie jenen Mann aus den Tuilerien kenne und ein Billett in der Nelke von ihm empfangen und beantwortet habe, sie leugnet nicht mehr ihre Teilnahme und ihre Schuld.

Aber mit voller Aufopferung schützt sie den Mann, der sich für sie aufopfern wollte, sie nennt nicht den Namen Rougevilles, sondern behauptet, sich nicht mehr zu erinnern, wie dieser Gardeoffizier heiße; sie deckt großmütig Michonis und rettet ihm damit das Leben. Aber vierundzwanzig Stunden später kennen Stadtrat und Sicherheitsausschuß schon den Namen Rougevilles, und vergeblich jagen die Polizisten durch ganz Paris nach dem Manne, der die Königin retten wollte und in Wahrheit nur ihren Untergang besiegelt hat.

Denn diese Verschwörung, ungeschickt begonnen, beschleunigt unheimlich das Geschick der Königin. Die schonende Behandlung, die man ihr bisher stillschweigend zugebilligt hatte, hört mit einem Schlage auf. Alle ihre Habseligkeiten, die letzten Ringe werden ihr abgenommen, sogar die kleine Golduhr, die sie noch aus Österreich als letzte Erinnerung an ihre Mutter mitgebracht hatte, sowie das kleine Medaillon mit den zärtlich bewahrten Haaren ihrer Kinder. Selbstverständlich werden die Nadeln beschlagnahmt, mit denen sie erfinderisch das Billett an Rougeville geschrieben hat, das Licht am Abend wird ihr verboten. Man stellt den nachsichtigen Michonis außer Dienst, ebenso Madame Richard, die durch eine neue Aufseherin, Madame Beault, ersetzt wird. Gleichzeitig verordnet der Magistrat in einem Dekret vom 11. September, dieser rückfälligen Ausbrecherin eine noch gesichertere Gefängniszelle als die bisherige anzuweisen; und da man in der ganzen Conciergerie keine findet, die dem verängstigten Magistrat verläßlich genug erscheint, wird der Raum des Apothekers ausgeräumt und mit doppelten Eisentüren versehen. Das Fenster, das auf den Frauenhof hinausblickt, wird bis zur halben Gitterhöhe vermauert; zwei Schildwachen unter den Fenstern, die Tag und Nacht im Nebenraum einander ablösenden Gendarmen bürgen mit ihrem Leben für die Gefangene. Nach allem irdischen Ermessen kann jetzt kein Unbefugter mehr den Raum betreten, nur jener von Amts wegen Gerufene: der Henker.

Nun steht Marie Antoinette auf der letzten, der untersten Stufe ihrer Einsamkeit. Die neuen Gefängniswärter, obwohl ihr freundlich gesinnt, wagen kein Wort mehr mit dieser gefährlichen Frau zu sprechen, ebensowenig die Gendarmen. Die kleine Uhr ist fort, die mit ihrem dünnen Ticken die unendliche Zeit zerteilte, die Näharbeit ihr genommen, nichts hat man ihr gelassen als den kleinen Hund. Jetzt, nach fünfundzwanzig Jahren, erst in dieser völligen Verlassenheit, besinnt sich Marie Antoinette des Trostes, den ihre Mutter ihr so oft empfohlen: zum erstenmal in ihrem Leben verlangt sie Bücher und liest mit ihren matten, entzündeten Augen eines nach dem andern; nicht genug kann man ihr holen. Keine Romane will sie, keine Theaterstücke, nichts Heiteres, nichts Sentimentales, nichts von Liebe, es könnte zu sehr an vergangene Zeiten erinnern, nur ganz wilde Abenteuer, die Reisen des Kapitän Cook, Geschichten von Schiffbrüchigen und verwegenen Fahrten, Bücher, die packen und wegreißen, erregen und spannen, Bücher, über denen man die Zeit und die Welt vergißt. Erfundene, erträumte Gestalten sind die einzigen Gefährten ihrer Einsamkeit. Niemand kommt mehr, sie zu besuchen, tagelang hört sie nichts als die Glocken von der Sainte-Chapelle nebenan und das Kreischen der Schlüssel im Schloß und dann wieder die Stille, die ewige Stille in dem niedern Raum, der eng ist und feucht und dunkel wie ein Sarg. Der Mangel an Bewegung, an Luft schwächt ihren Körper, schwere Blutungen machen sie müde. Als man sie endlich zu Gericht ruft, ist sie eine alte Frau mit weißen Haaren, die aus dieser langen Nacht unter das entwöhnte Licht des Himmels tritt.

Nun ist die unterste Stufe erreicht, der Weg geht zu Ende. Die äußerste Spannung des Gegensatzes, die das Schicksal erdichten konnte, ist erfüllt. Die in einem kaiserlichen Schloß geboren war und Hunderte von Zimmern in ihrem königlichen Palast zu eigen hatte, bewohnt ein enges, vergittertes, halb unterirdisches, feuchtes und verfinstertes Gelaß. Die den Luxus liebte und die tausendfältigen kunstvollen und künstlerischen Kostbarkeiten des Reichtums rings um ihr Leben, nun hat sie nicht einmal mehr einen Schrank, einen Spiegel, einen Lehnstuhl, nur das äußerst Notwendige, einen Tisch, einen Sessel, ein eisernes Bett. Die zu ihrer Bedienung einen eitlen Troß von ungezählten Angestellten um sich scharte, eine Oberintendantin, eine Ehrendame, die dame d'atours, zwei Kammerfrauen für den Tag, zwei für die Nacht, einen Vorleser, einen Arzt, Chirurgen, Sekretär, Truchsesse, Lakaien, Kämmerer, Friseure, Köche und Pagen, nun strähnt sie sich selber das weiß gewordene Haar. Die dreihundert neue Kleider im Jahr benötigte, nun flickt sie mit halbblinden Augen sich selber den Saum des zerfallenen Kerkergewandes. Die stark gewesen, ist müde geworden, die einst so Schöne und Begehrte blaß und matronenhaft. Die Geselligkeit von Mittag bis lange nach Mitternacht geliebt, nun sinnt sie allein und wartet die ganze schlaflose Nacht, bis der Morgen hinter den vergitterten Fenstern erscheint. Je mehr der Sommer sinkt, desto mehr verschattet die düstere Zelle sich zum Sarg, denn das Dunkel bricht immer früher herein, und seit jener Verschärfung der Vorschriften darf Marie Antoinette kein Licht mehr entzünden; nur vom Gange her fällt durch eine obere Glasluke der dünne, arme Schein einer Ölflamme mitleidig in die völlige Finsternis. Man spürt, daß es Herbst wird, Kälte steigt von den nackten Fliesen auf, von der nahen Seine dringt nebelige Feuchtigkeit durch die Mauern, jedes Holz fühlt sich naß und schwammig an; es riecht nach Moder und Fäulnis, es riecht immer heftiger nach Tod. Die Wäsche zerfällt, die Kleider werden brüchig, bis tief in die Knochen kriecht die nasse Kälte als beißender rheumatischer Schmerz. Immer müder wird die nach innen Einfrierende, die einmal – tausend Jahre ist es her für ihr Gefühl – Königin des Landes gewesen und die lebenslustigste Frau Frankreichs, immer kälter die Stille, immer leerer die Zeit um sie. Sie wird nicht mehr erschrecken, wenn man sie zum Tode ruft, denn durch diese Zelle hat sie das Im-Sarge-Sein lebendig erlebt.

In dieses bewohnte Grab inmitten von Paris dringt kein Laut von dem ungeheuren Sturm, der in jenem Herbst über die Welt fährt. Nie war die Französische Revolution mehr gefährdet als in diesem Augenblick. Zwei ihrer stärksten Festungen, Mainz und Valenciennes, sind gefallen, die Engländer haben sich des wichtigsten Kriegshafens bemächtigt, die zweitgrößte Stadt Frankreichs, Lyon, steht im Aufstand, die Kolonien sind verloren, im Konvent herrscht Streit, in Paris Hunger und Niedergeschlagenheit: die Republik steht zwei Zoll vor dem Untergang. Nur eines vermag sie jetzt zu retten: verzweifelte Kühnheit, selbstmörderische Herausforderung; die Republik kann die Angst nur überwinden, wenn sie selber Angst einflößt. »Setzen wir den Terror auf die Tagesordnung« – dieses furchtbare Wort hallt grausig durch den Saal des Konvents, und rücksichtslos bestätigt die Tat diese Drohung. Die Girondisten werden außerhalb des Gesetzes gestellt, der Herzog von Orléans und zahllose andere dem Revolutionstribunal überwiesen. Das Beil ist schon im Schwunge, da erhebt sich Billaud-Varennes und fordert: »Der Konvent hat soeben ein großes Beispiel der Strenge gegenüber den Verrätern gegeben, die den Untergang ihres Landes vorbereiten. Aber ihm obliegt noch die Pflicht eines wichtigen Beschlusses. Eine Frau, die Schande der Menschheit und ihres Geschlechts, soll endlich ihr Verbrechen auf dem Schafott büßen. Schon redet man überall herum, sie sei wieder in den Temple gebracht worden, man hätte sie heimlich gerichtet und das Revolutionstribunal sie reingewaschen, als ob eine Frau, die das Blut von Tausenden auf dem Gewissen hat, jemals von dem französischen Gericht, von der französischen Jury freigesprochen werden könnte. Ich verlange, daß das Revolutionstribunal noch diese Woche über sie entscheide.«

Obwohl dieser Antrag nicht nur Gericht über Marie Antoinette fordert, sondern schon unverhohlen die Hinrichtung, wird er widerspruchslos angenommen. Aber merkwürdig: Fouquier-Tinville, der öffentliche Ankläger, der sonst Schlag auf Schlag kalt und geschwind arbeitet wie eine Maschine, zögert auch jetzt noch verdächtig. Nicht in dieser Woche, nicht in der nächsten, nicht in der übernächsten stellt er seinen Antrag gegen die Königin; man weiß nicht, hält ihm jemand heimlich die Hand oder hat der Mann mit dem ledernen Herzen, der sonst Papier in Blut und Blut in Papier mit taschenspielerischer Geschwindigkeit verwandelt, wirklich noch kein stichhaltiges Beweisdokument in Händen? Jedenfalls, er zaudert, er zieht immer und immer wieder die Anklage hinaus. Er schreibt an den Sicherheitsausschuß, man möge ihm Material schicken, und merkwürdig, auch der Sicherheitsausschuß entwickelt seinerseits dieselbe auffällige Langsamkeit. Schließlich packt er ein paar unwichtige Papiere zusammen, das Verhör über die Affäre der Nelke, eine Zeugenliste, die Akten über den Prozeß des Königs. Aber noch immer faßt Fouquier-Tinville nicht zu. Irgend etwas fehlt ihm noch, entweder der geheime Befehl, endgültig den Prozeß aufzunehmen, oder ein besonders durchschlagendes Dokument, ein offenkundiger Tatbestand, der seiner Anklageschrift Glanz und Feuer echter republikanischer Entrüstung zu geben vermöchte, irgendeine ganz aufreizende, erregende Verfehlung, sei es der Frau, sei es der Königin. Abermals scheint die pathetisch geforderte Anklage schon im Sand verlaufen zu wollen. Da wird Fouquier-Tinville in letzter Stunde von Hébert, diesem erbittertsten, entschlossensten Feind der Königin, plötzlich ein Dokument in die Hand gedrückt, das furchtbarste und infamste der ganzen Französischen Revolution. Und dieser starke Anstoß entscheidet: mit einem Ruck kommt der Prozeß in Gang.

Was war geschehen? Am 30. September empfängt Hébert unvermutet einen Brief aus dem Temple von dem Schustermeister Simon, dem Erzieher des Dauphins. Der erste Teil ist von fremder Hand geschrieben und lautet in anständig lesbarer Rechtschreibung: »Gruß! Komm rasch, mein Freund, ich habe Dir Dinge zu sagen und hätte Freude, Dich zu sehen; sieh, daß Du noch heute kommen kannst, Du wirst in mir einen aufrichtigen und wackern Republikaner finden.« Der Rest des Briefes hingegen ist von Simons eigener Hand und zeigt mit seiner ungeheuerlich grotesken Orthographie den Bildungsgrad dieses »Erziehers«; »Je te coitte bien le bon jour moi e mon est pousse Jean Brasse tas cher est pousse et mas petiste bon amis la petist e fils cent ou blier ta cher soeur que jan Brasse. Jan tan prie de nes pas manquer a mas demande pout te voir ce las presse mois. Simon, ton amis pour la vis.« Hébert, pflichtgetreu und energisch, eilt ohne Zögern zu Simon. Was er hört, scheint sogar diesem Hartgesottenen dermaßen unheimlich, daß er persönlich nicht weiter eingreifen will, sondern eine Kommission des ganzen Stadtrats unter dem Vorsitz des Bürgermeisters beruft, die sich geschlossen in den Temple begibt, um dort an Ort und Stelle in drei geschriebenen (und noch heute erhaltenen) Verhörprotokollen das entscheidende Anklagematerial gegen die Königin aufzunehmen.

Nun nähern wir uns dem lange Zeit Unglaubhaften, dem seelisch Unfaßbaren, jener Episode in der Geschichte Marie Antoinettes, die nur durch die unheimliche Überreizung der Zeit, durch die jahrelang geübte systematische Vergiftung der öffentlichen Meinung halbwegs begreiflich wird. Der kleine Dauphin, ein sehr frühreifer, übermütiger Junge, hatte sich einige Wochen früher, zur Zeit, als er noch unter der Obhut seiner Mutter stand, beim Spiel mit einem Stock den Hoden verletzt, ein herbeigerufener Chirurg hatte eine Art Bruchband für das Kind angefertigt. Damit schien dieser Vorfall, der noch während des Aufenthalts Marie Antoinettes im Temple vor sich gegangen war, erledigt und vergessen. Aber da entdeckt eines Tages Simon oder seine Frau, daß das frühreife und verzogene Kind gewissen knabenlasterhaften Ungezogenheiten frönt, den bekannten »plaisirs solitaires«. Das ertappte Kind kann nicht leugnen. Gedrängt von Simon, wer ihm diese üble Angewohnheit beigebracht, sagt oder läßt sich der unselige Junge einreden, seine Mutter, seine Tante hätten ihn zu dieser Unart verleitet. Simon, dem von dieser »Tigerin« alles, auch das Teuflischste, glaubhaft scheint, fragt weiter und weiter und bringt, über diese Lasterhaftigkeit einer Mutter redlich empört, den Knaben schließlich so weit, zu behaupten, die beiden Frauen hätten ihn im Temple häufig zu sich ins Bett genommen und seine Mutter mit ihm Inzest getrieben.

Auf eine solche ungeheuerliche Aussage eines noch nicht neunjährigen Knaben hätte selbstverständlich ein vernünftiger Mensch, eine normale Zeit nur mit äußerstem Mißtrauen geantwortet. Aber die Überzeugung von der erotischen Unersättlichkeit Marie Antoinettes ist dank den unzähligen Verleumdungsbroschüren der Revolution so tief ins Blut gedrungen, daß sogar diese irrwitzige Beschuldigung, die eigene Mutter hätte ihren achteinhalbjährigen Sohn geschlechtlich mißbraucht, bei Hébert und Simon keinerlei Zweifel erweckt. Im Gegenteil, diesen fanatischen und verblendeten Sansculotten scheint diese Sache völlig logisch und klar. Marie Antoinette, die babylonische Erzhure, diese verruchte Tribade, ist von ihrem Trianon her gewöhnt, jeden Tag ein paar Männer und ein paar Frauen zu verbrauchen. Was ist also natürlicher, folgern sie, als daß eine solche Wölfin, eingesperrt in den Temple, wo sie keinen Partner für ihre höllische Mannstollheit findet, sich auf ihr eigenes, wehrloses, unschuldiges Kind stürzt. Nicht einen Augenblick bezweifeln Hébert und seine traurigen Freunde, ganz benebelt von ihrem Haß, die Richtigkeit der lügenhaften Beschuldigung des Kindes gegen die eigene Mutter. Jetzt gilt es nur, diese Schande der Königin protokollarisch schwarz auf weiß festzuhalten, damit ganz Frankreich diese äußerste Verworfenheit der schurkischen Österreicherin erfahre, für deren Blutgier und Lasterhaftigkeit die Guillotine dann noch als geringe Strafe gelten könne. So werden drei Verhöre abgehalten mit einem noch nicht neunjährigen Knaben, einem fünfzehnjährigen Mädchen und mit Madame Elisabeth – eine Szene, derart grauenhaft und schamlos, daß man sie für unwirklich halten könnte, lägen nicht noch heute, zwar vergilbt, aber doch deutlich lesbar und mit der krausen Unterschrift der unmündigen Kinder eigenhändig unterfertigt, diese schmählichen Akten im Nationalarchiv von Paris.

Zum ersten Verhör am 6. Oktober erscheinen der Bürgermeister Pache, der Syndikus Chaumette, Hébert und andere Stadtverordnete, bei einem zweitem am 7. Oktober liest man unter den Unterschriften auch den Namen eines berühmten Malers und zugleich eines der gesinnungslosesten Menschen der Revolution, David. Erst wird das achteinhalbjährige Kind als Kronzeuge vorgerufen: man befragt es zunächst über andere Vorgänge im Temple, und der schwatzhafte Junge verrät, ohne die Tragweite seiner Aussagen zu erfassen, die heimlichen Helfer seiner Mutter, vor allem Toulan. Dann kommt die heikle Sache zur Sprache, und hier besagt das Protokoll: »Mehrmals im Bett von Simon und seiner Frau bei unpassenden Gewohnheiten, die seiner Gesundheit schaden, angetroffen, hätte er ihnen gesagt, er sei in diesen gefährlichen Praktiken von seiner Mutter und seiner Tante unterrichtet worden, und sie hätten sich oftmals amüsiert, ihn diese Praktiken vor ihnen ausüben zu sehen. Dies hat oft stattgefunden, wenn sie ihn zwischen sich hätten schlafen lassen. Aus der Art, wie sich das Kind ausdrückte, hat es uns verstehen lassen, daß einmal seine Mutter eine Annäherung an ihn veranlaßte, die zu einer Kopulation führte, daher stamme auch die Schwellung an einem seiner Hoden, weswegen er noch einen Verband trage. Seine Mutter hätte ihm verboten, darüber zu sprechen, und seitdem sei dieser Akt mehrmals wiederholt worden. Außerdem beschuldigt er noch Michonis und einige andere, besonders vertraulich mit seiner Mutter gesprochen zu haben.«

Schwarz auf weiß, mit sieben oder acht Unterschriften, ist diese Ungeheuerlichkeit festgehalten: die Echtheit des Aktes, die Tatsache, daß das verblendete Kind wirklich diese entsetzliche Aussage gemacht habe, ist nicht zu leugnen: man könnte höchstens einwenden, daß gerade jene Stelle, welche die Anschuldigung des Inzests mit dem Achteinhalbjährigen enthält, nicht im Texte selber steht, sondern am Rande nachträglich eingefügt wurde – offenbar haben die Inquisitoren selbst Bedenken gehabt, diese Infamie urkundlich festzulegen. Aber eins ist nicht wegzutilgen: die Unterschrift »Louis Charles Capet« steht unter der Aussage in riesigen, mühsam gezogenen, kindisch ungelenken Lettern. Das eigene Kind hat wirklich vor diesen fremden Menschen die niederträchtigste aller Anschuldigungen gegen seine Mutter erhoben.

Aber nicht genug an diesem Wahnsinn – die Untersuchungsrichter wollen ihre Aufgabe gründlich erledigen. Nach dem noch nicht neunjährigen Knaben wird das fünfzehnjährige Mädchen, seine Schwester, herangeholt. Chaumette fragt sie, »ob, wenn sie mit ihrem Bruder spielte, er sie nicht dort berührt hätte, wo er sie nicht hätte berühren sollen, und ob seine Mutter und seine Tante ihn nicht zwischen sich hätten schlafen lassen«. Sie antwortet »Nein«. Nun werden (grauenhafte Szene) die beiden Kinder, der Neunjährige und die Fünfzehnjährige, einander gegenübergestellt, um angesichts der Inquisitoren über die Ehre ihrer Mutter zu streiten. Der kleine Dauphin bleibt bei seiner Behauptung, die Fünfzehnjährige, eingeschüchtert von der Gegenwart der strengen Männer und verwirrt von diesen unziemlichen Fragen, flüchtet sich immer wieder hinter die Aussage, sie wisse nichts, sie habe von alledem nichts gesehen. Nun wird als dritte Zeugin, Madame Elisabeth, die Schwester des Königs, gerufen: bei diesem neunundzwanzigjährigen energischen Mädchen haben es die Ausfrager nicht mehr so leicht wie bei den arglosen oder verängstigten Kindern. Denn kaum hat man ihr das mit dem Dauphin aufgenommene Protokoll vorgelegt, da fährt Röte in die Wangen des beleidigten Mädchens, verächtlich schleudert sie das Papier weg und sagt, eine solche Schändlichkeit stehe zu tief unter ihr, als daß sie darauf überhaupt antworte. Nun wird ihr – neue Höllenszene – der Knabe gegenübergestellt. Er hält tapfer und frech aufrecht, sie und seine Mutter hätten ihn zu diesen Unzüchtigkeiten verleitet: Madame Elisabeth kann sich nicht länger zurückhalten: »Ah, le monstre«, ruft sie erbittert in berechtigter, ratloser

Wut aus, da dieser frech verlogene Knirps sie solcher Schamlosigkeit bezichtigt. Aber die Kommissare haben bereits alles gehört, was sie hören wollten. Säuberlich wird auch dieses Protokoll unterfertigt, und im Triumph bringt Hébert die drei Akten dem Untersuchungsrichter, in der Hoffnung, jetzt sei die Königin für Mitwelt und Nachwelt, für Zeit und Ewigkeit entlarvt und an den Pranger gestellt. Patriotisch, mit gewölbter Brust, stellt er sich zur Verfügung, mit dieser Anklage als Zeuge für Marie Antoinettes blutschänderische Verworfenheit vor die Schranken des Tribunals zu treten.

Diese Aussage eines Kindes gegen seine eigene Mutter hat, weil vielleicht beispiellos in den Annalen der Geschichte, von jeher für die Biographie Marie Antoinettes zu den großen Rätseln gehört; um an dieser peinlichen Klippe vorbeizukommen, flüchteten die leidenschaftlichen Verteidiger der Königin in die umwegigen Erklärungen und Entstellungen. Hébert und Simon, die sie beständig als eingefleischte Teufel schildern, hätten sich zu diesem Komplott zusammengetan und den armen, ahnungslosen Knaben unter gewalttätigsten Zwang gesetzt, um ihm diese schändliche Anklage abzuzwingen. Sie hätten ihn – erste royalistische Version – teils mit Zuckerbrot, teils mit der Peitsche gefügig gemacht, oder sie hätten das Kind – zweite gleichfalls unpsychologische Version – vorher mit Branntwein berauscht. Seine Aussage sei im Zustande der Trunkenheit abgegeben und darum ungültig. Diesen beiden unbewiesenen Behauptungen widerspricht vor allem die klare, durchaus nicht parteiische Schilderung eines Augenzeugen dieser Szene, des Sekretärs Danjou, von dessen Hand das Protokoll angefertigt ist: »Der junge Prinz, dessen Füße nicht bis zur Erde reichten, saß auf einem Lehnstuhl und schaukelte seine kleinen Beine hin und her. Über die bewußten

Dinge befragt, antwortete er, sie seien richtig ...« Das ganze Verhalten des Dauphins zeigt eher eine herausfordernde, spielerische Frechheit. Ebenso geht aus dem Text der andern beiden Protokolle unzweideutig hervor, daß der Knabe keineswegs unter äußerem Zwang gehandelt hat, sondern daß er im Gegenteil mit einem kindischen Trotz – man spürt sogar eine gewisse Bosheit und Rachlust dabei – die ungeheuerliche Anschuldigung gegen seine Tante aus freien Stücken wiederholt hat.

Wie ist dies zu erklären? Nicht übermäßig schwer für unsere Generation, die, über die Lügenhaftigkeit von Kinderaussagen in sexuellen Dingen viel gründlicher als frühere Zeiten wissenschaftlich und gerichtspsychologisch belehrt, an solche seelischen Abwegigkeiten bei Minderjährigen mit mehr Verständnis heranzutreten gewöhnt ist. Vor allem müssen wir die sentimentale Auffassung aus dem Spiel lassen, als hätte der Dauphin seine Übergabe an den Schuster Simon als furchtbare Erniedrigung empfunden und seiner Mutter besonders nachgetrauert; Kinder gewöhnen sich erstaunlich rasch an fremde Umgebung, und so erschreckend es auf das erste Wort hin klingen mag: wahrscheinlich hat sich der achteinhalbjährige Knabe bei dem rohen, aber gutlaunigen Simon wohler gefühlt als im Turm des Temple bei den beiden unablässig trauernden, verweinten Frauen, die ihm während des ganzen Tages Unterricht erteilten, ihn zum Lesen nötigten und dem Kinde schon, als dem künftigen Roi de France, unablässig Würde und Haltung aufzuzwingen versuchten. Bei dem Schuster Simon aber ist der kleine Dauphin völlig frei, er wird, weiß Gott, mit Lernen nicht viel geplagt; er kann herumspielen, wie er will, ohne sich zu sorgen und sich zu pflegen; es ist sehr wahrscheinlich, daß es für ihn lustiger war, mit den Soldaten die Carmagnole zu singen, als mit der frommen und langweiligen Madame Elisabeth den Rosenkranz zu beten. Denn jedes Kind hat instinktiv in sich den Zug zum Hinab, eine Abwehr gegen die ihm aufgezwungene Kultur und Sitte, es fühlt sich bei unbefangenen, ungebildeten Menschen wohler als im Bildungszwang; wo mehr Freiheit, mehr Unbefangenheit herrscht und weniger Beherrschung gefordert wird, kann sich stärker das eigentlich Anarchische seiner Natur entfalten. Der Wunsch nach sozialem Aufstieg tritt erst mit dem Erwachen der Intelligenz ein – bis zum zehnten, oft bis zum fünfzehnten Jahre aber beneidet eigentlich jedes Kind aus guter Familie seine proletarischen Schulkameraden, denen alles erlaubt ist, was ihm seine wohlbehütete Erziehung verbietet. Mit dieser raschen Umstellung des Gefühls, die Kindern selbstverständlich ist, scheint sich der Dauphin – und dies ganz Natürliche wollten die sentimentalen Biographen um keinen Preis zugeben – sehr bald von jener mütterlichen-melancholischen Sphäre losgelöst und in die zwanglosere, zwar niedrigere, aber für ihn unterhaltsamere des Schusters eingelebt zu haben; die eigene Schwester gesteht zu, daß er ganz laut revolutionäre Lieder gesungen habe; ein anderer unverdächtiger Zeuge gibt eine dermaßen rohe Äußerung des Dauphins über seine Mutter und seine Tante wieder, daß man sie gar nicht zu wiederholen wagt. Für die besondere Prädisposition des Kindes zur Phantasieaussage gibt es aber noch unwiderleglicheres Zeugnis; niemand anders als die eigene Mutter hatte schon über den Viereinhalbjährigen Jahre vorher in jener Anleitung an die Gouvernante geschrieben: »Er ist schwatzhaft, wiederholt gern, was er sprechen gehört hat, und fügt oft, ohne lügen zu wollen, etwas hinzu, was seine Einbildungskraft ihn hat glauben lassen. Das ist sein größter Fehler und der Punkt, in dem man ihn unbedingt bessern muß.«

Durch diese Charakterzeichnung gibt Marie Antoinette den entscheidenden Wink zur Lösung des Rätsels. Und er ergänzt sich folgerichtig durch eine Mitteilung der

Madame Elisabeth. Man weiß: fast immer suchen Kinder, bei einer verbotenen Tat ertappt, die Schuld auf jemand anders abzulenken. Aus einer instinktiven Schutzmaßnahme (weil sie ahnen, daß man ungern Kinder verantwortlich macht) erklären sie sich dann fast immer als von jemandem »verführt«. Im vorliegenden Fall klärt das Protokoll mit Madame Elisabeth völlig die Situation. Sie sagt nämlich aus – und diese Tatsache wurde törichterweise meist unterschlagen –, ihr Neffe habe wirklich diesem Knabenlaster seit langem gefrönt und sie erinnere sich genau, daß sowohl sie selber als seine Mutter ihn deshalb öfter heftig ausgezankt hätten. Hier leuchtet die richtige Spur. Das Kind war also schon früher von seiner Mutter, von seiner Tante ertappt und wahrscheinlich mehr oder minder streng bestraft worden. Von Simon befragt, wer ihm diese schlechte Gewohnheit beigebracht, denkt es in ganz selbstverständlicher Erinnerungsverknüpfung mit der Tat zugleich an die erste Ertappung, es denkt geradzu zwanghaft zuerst an diejenigen, die es dafür gezüchtigt haben. Unbewußt rächt es sich für die Strafe, und ohne die Weiterungen einer solchen Aussage zu ahnen, nennt es die Namen der Züchtiger als jene der Anstifter oder stimmt einer Suggestivfrage in diesem Sinne ohne jedes Zögern, also mit dem Anschein äußerster Wahrhaftigkeit, zu. Und nun verläuft die Bahn ganz klar. Einmal in die Lüge verwickelt, kann das Kind nicht mehr zurück; sobald es aber gar noch, wie im vorliegenden Falle, spürt, daß man ihm seine Behauptung willig, ja sogar freudig, glaubt, fühlt es sich völlig in seiner Lüge gesichert und gibt weiterhin alles fröhlich zu, was die Kommissare fragen. Es hält aus Selbstschutzinstinkt an der Version fest, seit es merkt, daß sie ihm die Strafe erspart. Selbst geschultere Psychologen als diese Schustermeister, Exschauspieler, Anstreicher und Aktenschreiber hätten deshalb Mühe gehabt, angesichts einer so deutlich und unzweideutig niedergelegten Aussage zunächst nicht irre zu werden. In diesem besonderen Falle standen die Untersuchenden aber außerdem noch unter dem Einfluß einer Massensuggestion; für sie, die täglichen Leser des »Père Duchesne«, paßte diese furchtbare Anschuldigung des Kindes vollkommen zum infernalischen Charakter der Mutter, welche die pornographischen Broschüren in ganz Frankreich zum Ausbund aller Laster umgelogen hatten. Kein Verbrechen, auch das absurdeste, kann diese Suggestionierten bei einer Marie Antoinette überraschen. So staunten sie nicht lange, so überlegten sie nicht gründlich, sondern setzten ebenso sorglos wie das neunjährige Kind ihre Unterschriften unter eine der größten Gemeinheiten, die jemals gegen eine Mutter ersonnen wurden.

Marie Antoinette hat die undurchdringliche Absperrung in der Conciergerie glücklicherweise davor geschützt, sofort von dieser ungeheuerlichen Aussage ihres Kindes zu erfahren. Erst am vorletzten Tage ihres Lebens belehrt sie die Anklageschrift über diese äußerste Erniedrigung. Jahrzehntelang hat sie alle Anwürfe gegen ihre Ehre, die allerinfamsten Verleumdungen hingenommen, ohne je die Lippen zu öffnen. Aber dies: sich von ihrem eigenen Kinde so fürchterlich verleumdet zu sehen, diese nicht auszudenkende Qual muß sie in der innersten Tiefe ihrer Seele erschüttert haben. Bis an die Schwelle des Todes begleitet sie dieser marternde Gedanke; noch drei Stunden vor der Guillotine schreibt die sonst völlig Gefaßte an die mitbeschuldigte Madame Elisabeth: »Ich weiß, wie sehr dieses Kind Dir Qual bereitet haben muß, aber verzeih ihm, liebe Schwester, denk an seine große Jugend und wie leicht es ist, einem Kind das in den Mund zu legen, was man daraus wiederhören will, und sogar das, was es selber nicht versteht. Ich hoffe, ein Tag wird kommen, da es um so besser den Wert Deiner Liebe und Zärtlichkeit begreifen wird.«

Es ist Hébert nicht gelungen, was er beabsichtigte: die Königin mit dieser ausposaunten Anschuldigung vor der Welt zu entehren; im Gegenteil, während des Prozesses fährt ihm das gezückte Beil aus der Hand und schlägt in seinen eigenen Nacken. Aber eines ist ihm gelungen: ihr die Seele mörderisch zu verwunden, einer schon dem Tode ausgelieferten Frau noch die allerletzten Stunden zu vergiften.

Der Prozeß beginnt

Nun ist genug Butter in der Pfanne, nun kann der öffentliche Ankläger den Braten gar machen. Am 12. Oktober wird Marie Antoinette zum ersten Verhör in den großen Beratungssaal gerufen. Ihr gegenüber sitzen Fouquier-Tinville, Herman, sein Beisitzer, und ein paar Schreiber, ihr zur Seite niemand. Kein Verteidiger, kein Helfer, nur der Gendarm, der sie bewacht.

Aber in den vielen Wochen des Alleinseins hat Marie Antoinette ihre Kraft gesammelt. Die Gefahr hat sie gelehrt, ihre Gedanken zusammenzufassen, gut zu sprechen und noch besser zu schweigen: jede ihrer Antworten erweist sich als überraschend schlagkräftig und gleichzeitig vorsichtig und klug. Nicht einen Augenblick verläßt sie ihre Ruhe; selbst die törichtsten oder tückischsten Fragen bringen sie nicht aus der Fassung. Jetzt, in der letzten, allerletzten Minute, hat Marie Antoinette die Verantwortlichkeit ihres Namens begriffen, sie weiß: hier, in diesem halbdunklen Verhörzimmer, muß sie die Königin werden, die sie in den Prunksälen von Versailles nicht genug gewesen. Nicht einem kleinen, aus dem Hunger in die Revolution geflüchteten Advokaten, der hier den Ankläger zu spielen meint, antwortet sie hier, oder diesen als Richter verkleideten Wachtmeistern und Schreibern, sondern dem einzig wirklichen und wahrhaften Richter: der Geschichte. »Wann wirst Du endlich werden, wie Du bist«, hatte verzweifelt vor zwanzig Jahren ihre Mutter Maria Theresia geschrieben. Jetzt, eine Spanne vor dem Tod, beginnt Marie Antoinette durch eigene Kraft jene Hoheit zu erringen, die ihr bisher nur äußerlich verliehen war. Auf die formelle Frage, wie sie heiße, antwortet sie laut und klar: »Marie Antoinette von Österreich-Lothringen, achtunddreißig Jahre alt, Witwe des Königs von Frankreich.« Ängstlich bedacht, die Form eines ordentlichen Rechtsverfahrens in allen Äußerlichkeiten zu wahren, hält sich Fouquier-Tinville genau an die Verhörsformalitäten und fragt weiter, als ob er es nicht wüßte, wo sie im Augenblick ihrer Verhaftung gewohnt habe. Ohne Ironie zu zeigen, belehrt Marie Antoinette ihre Ankläger, sie sei niemals verhaftet worden, sondern man habe sie von der Nationalversammlung abgeholt, um sie in den Temple zu überführen. Dann beginnen die eigentlichen Fragen und Anklagen im papierenen Pathos der Zeit; sie hätte vor der Revolution politische Beziehungen zum »König von Böhmen und Ungarn« unterhalten, in einer »fürchterlichen Weise« die Finanzen Frankreichs, die »Frucht des Volksschweißes, für ihre Vergnügungen und Intrigen im Einverständnis mit ruchlosen Ministern verschwendet« und dem Kaiser »Millionen zukommen lassen, damit sie gegen das Volk, das sie ernährte, dienen sollten«.

Sie habe seit der Revolution gegen Frankreich konspiriert, mit fremden Agenten verhandelt, ihren Gemahl, den König, zum Veto veranlaßt. Alle diese Beschuldigungen lehnt Marie Antoinette sachlich und energisch ab. Erst bei einer besonders ungeschickt formulierten Behauptung Hermans belebt sich der Dialog.

»Sie waren es, die Capet die Kunst tiefer Verstellung beigebracht hat, mit der er so lange die guten französischen Bürger getäuscht hat, jenes gute Volk, das nicht ahnte, bis zu welchem Grade man Niedertracht und Perfidie treiben könne.« Auf diese leere Tirade antwortet Marie Antoinette ruhig:

»Jawohl, das Volk ist getäuscht worden, und zwar in grausamster Weise, aber nicht durch meinen Gatten und mich.«

»Von wem ist also das Volk getäuscht worden?«

»Von denen, die daran Interesse hatten. Wir selber hatten nicht das mindeste Interesse, es zu täuschen.« Bei dieser zweideutigen Antwort packt Herman sofort zu. Er hofft, die Königin jetzt in ein Wort hineinzutreiben, das als feindselig gegen die Republik gedeutet werden könnte.

»Wer sind also jene, die nach Ihrer Meinung Interesse hatten, das Volk zu täuschen?«

Aber Marie Antoinette weicht geschickt aus. Das wisse sie nicht. Ihr eigenes Interesse sei gewesen, das Volk aufzuklären und nicht zu täuschen.

Herman spürt das Ironische dieser Antwort und rügt: »Sie haben nicht eindeutig auf meine Frage geantwortet.«

Aber die Königin läßt sich nicht aus ihrer Abwehrstellung herauslocken: »Ich würde ohne Umschweife antworten, wenn ich die Namen der Personen kennte.« Nach diesem ersten Geplänkel wird das Verhör wieder sachlicher. Man fragt sie aus über die Umstände der Flucht nach Varennes; sie antwortet vorsichtig, indem sie alle jene ihrer heimlichen Freunde deckt, die der Ankläger in den Prozeß schleifen will. Erst bei der nächsten einfältigen Anschuldigung Hermans schlägt sie wieder kräftig zurück.

»Sie haben niemals, keinen Augenblick, mit Ihren Versuchen, die Frankreich vernichten sollten, aufgehört. Sie wollten, um welchen Preis immer, regieren und über die Kadaver der Patrioten von neuem auf den Thron steigen.« Auf diesen schwülstigen Galimathias antwortet die Königin stolz und scharf (ach, warum hat man ihr einen solchen Dummkopf als Ausfrager geholt!), sie und ihr Mann hätten es nicht nötig gehabt, auf den Thron zu steigen, weil sie ihn doch schon innehatten und nichts anderes verlangen konnten als das Glück Frankreichs.

Nun wird Herman aggressiver; je mehr er spürt, daß Marie Antoinette aus ihrer vorsichtigen und sichern Haltung sich nicht hervorlocken läßt und kein »Material« für den öffentlichen Prozeß gibt, um so ingrimmiger häuft er die Anklagen: sie hätte die flandrischen Regimenter berauscht, mit auswärtigen Höfen korrespondiert, den Krieg verschuldet und Einfluß auf den Vertrag von Pillnitz genommen. Aber Marie Antoinette berichtigt, den Tatsachen entsprechend, der Nationalkonvent und nicht ihr Gemahl hätte den Krieg beschlossen, sie sei bei dem Bankett nur zweimal durch den Saal geschritten.

Die gefährlichsten Fragen aber hat sich Herman für den Schluß aufgespart, diejenigen, bei denen die Königin entweder ihr eigenes Gefühl verleugnen oder sich in irgendeine Aussage gegen die Republik verfangen soll. Ein Katechismus des Staatsrechts wird ihr abgefordert. »Welches Interesse haben Sie an dem Waffenschicksal der Republik?«

»Das Glück Frankreichs ist es, das ich über alles wünsche.«

»Glauben Sie, daß die Könige nötig sind für das Glück des Volkes?«

»Eine einzelne Person kann nicht über solche Dinge entscheiden.«

»Sie bedauern ohne Zweifel, daß Ihr Sohn einen Thron verloren hat, auf den er hätte steigen können, wenn das Volk, endlich über seine Rechte belehrt, nicht diesen Thron zertrümmert hätte?«

»Ich werde niemals etwas für meinen Sohn bedauern, wenn es seinem Land zum Vorteil gereichen wird.«

Man sieht, der Untersuchungsrichter hat kein Glück. Marie Antoinette hätte sich nicht spitzfindiger und jesuitischer ausdrücken können, als indem sie sagt, sie bedaure nichts für ihren Sohn, wenn es »seinem Land zum Vorteil gereichen« würde, denn mit diesem einen besitzanzeigenden Wort »seinem« hat die Königin, ohne offen die Republik als unzuständig zu erklären, dem Untersuchungsrichter dieser Republik ins Gesicht gesagt, daß sie Frankreich noch immer als ihres Kindes rechtmäßiges Land und Eigentum betrachte, sie hat das ihr Heiligste, das Kronrecht ihres Sohnes, selbst in der Gefahr nicht preisgegeben. Nach diesem letzten Geplänkel geht das Verhör rasch dem Ende zu. Man fragt, ob sie selber für die Hauptverhandlung einen Verteidiger namhaft mache. Marie Antoinette erklärt, keinen Anwalt zu kennen, und stimmt zu, ihr einen oder zwei ihr persönlich unbekannte von Amts wegen beistellen zu lassen. Im Grunde, sie weiß es, ist das gleichgültig, ob Freund oder Fremder, denn so mutig ist jetzt in ganz Frankreich kein Mann mehr, die einstige Königin ernstlich zu verteidigen. Wer nur ein einziges offenes Wort zu ihren Gunsten spräche, rückte sofort vom Platz des Verteidigers auf die Anklagebank. Jetzt – der äußer Schein einer rechtlichen Untersuchung ist gewahrt – kann der bewährte Formalist Fouquier-Tinville an die Arbeit gehen und das Anklagedekret verfassen. Seine Feder läuft rasch und flink über das Papier: wer jeden Tag Anklagen stapelweise zu fabrizieren hat, bekommt eine leichte Hand. Immerhin glaubt sich der Provinzjurist für diesen besonderen Fall zu einem gewissen poetischen Schwung verpflichtet: wenn man eine Königin anschuldigt, muß das in feierlicherem, pathetischerem Ton geschehen, als wenn man irgendein Nähmädchen am Genick faßt, das »Vive le Roi!« gerufen hat. So beginnt sein Schriftstück höchst schwülstig: »Nach Prüfung der vom öffentlichen Ankläger übermittelten Beweisstücke wird festgestellt, daß, ähnlich wie Messalina, Brunhilde, Fredegunde und Katharina von Medici, die man einstmals Königinnen von Frankreich nannte und deren für ewig verächtliche Namen sich aus der Geschichte nicht auslöschen lassen, Marie Antoinette, die Witwe Ludwig Capets, seit ihrem Aufenthalt in Frankreich die Geißel und die Blutsaugerin der Franzosen gewesen ist.« Nach diesem kleinen historischen Schnitzer – denn zur Zeit Fredegundes und Brunhildes gab es noch gar kein Königreich Frankreich – folgen die bekannten Anschuldigungen, Marie Antoinette habe politische Beziehungen zu einem »König von Böhmen und Ungarn« genannten Manne unterhalten, Millionen dem Kaiser übermittelt, bei der »Orgie« des Gardekorps mitgewirkt, den Bürgerkrieg entfesselt, die Niedermetzelung der Patrioten verursacht, dem Ausland die Kriegspläne übermittelt. In etwas verhüllter Form wird die Anklage Héberts übernommen, »daß sie, derart widernatürlich und mit allen Verbrechen vertraut, ihrer Stellung als Mutter und des Gesetzes Natur spottend, nicht davor zurückgeschreckt sei, mit Louis Charles Capet, ihrem Sohne, Unsittlichkeiten zu begehen, die auszudenken oder zu nennen allein schon vor Abscheu erbeben ließen«. Neu und überraschend ist dagegen nur die Anschuldigung, sie hätte die Niedertracht und Verstellung so weit getrieben, Werke drucken und verteilen zu lassen, in denen sie selbst in unvorteilhafter Weise geschildert sei, um den auswärtigen Mächten die Überzeugung beizubringen, wie sehr sie von den Franzosen mißhandelt würde. Marie Antoinette hätte also nach Fouquier-Tinvilles Auffassung selber die tribadischen Pamphlete der La Motte und der unzähligen anderen vorbereitet. Auf Grund all dieser Beschuldigungen wird Marie Antoinette aus dem Zustand der nur Überwachten in den Anklagestand versetzt.

Dieses Dokument, nicht gerade ein Meisterstück forensischer Kunst, wird noch tintenfeucht am 13. Oktober dem Verteidiger Chauveau-Lagarde übermittelt, der sich damit unverzüglich zu Marie Antoinette ins Gefängnis begibt. Gemeinsam lesen die Beschuldigte und ihr Anwalt die Anklageschrift. Aber nur der Advokat ist von dem gehässigen Ton überrascht und erschüttert. Marie Antoinette, die nach ihrem Verhör nichts Besseres erwartet hatte, bleibt vollkommen ruhig. Doch der gewissenhafte Jurist verzweifelt immer von neuem. Nein, es sei nicht möglich, einen solchen Wust von Anklagen und Dokumenten in einer einzigen Nacht durchzuarbeiten, er sei nur dann imstande, wirksam zu verteidigen, wenn er wirklich Einblick in das papierene Chaos nehmen könnte. So drängt er die Königin, sie solle um einen Aufschub von drei Tagen einkommen, damit er seine Verteidigungsrede auf Grund des gesichteten Materials und der überprüfenden Beweisstücke gründlich vorbereiten könne.

»An wen muß ich mich da wenden?« fragte Marie Antoinette.

»An den Konvent.«

»Nein, nein ... das niemals!«

»Aber«, Chauveau-Lagarde drängt, »Sie sollten nicht aus einem hier unnützen Gefühl des Stolzes sich Ihres Vorteils begeben. Sie haben die Verpflichtung, Ihr Leben nicht nur für sich, sondern für Ihre Kinder zu erhalten.« Dem Anruf, es gelte ihre Kinder, gibt die Königin nach. Sie schreibt an den Vorsitzenden der Versammlung: »Bürger Präsident, die Bürger Tronson und Chauveau, die mir das Tribunal zur Verteidigung zugeteilt hat, machen mich darauf aufmerksam, daß ihnen erst heute ihr Amt übertragen wurde. Ich soll morgen abgeurteilt werden, und es ist ihnen unmöglich, innerhalb einer so kurzen Frist die Prozeßakten zu studieren oder auch nur zu lesen. Ich schulde es meinen Kindern, kein Mittel zur völligen Rechtfertigung ihrer Mutter zu verabsäumen. Mein Verteidiger ersucht um drei Tage Aufschub. Ich hoffe, der Konvent wird sie bewilligen.«

Abermals überrascht bei diesem Schriftstück die geistige Wandlung Marie Antoinettes. Die zeitlebens eine schlechte Schreiberin, eine schlechte Diplomatin gewesen, beginnt jetzt königlich zu schreiben und verantwortlich zu denken. Denn selbst in äußerster Lebensgefahr erweist sie dem Konvent, den sie als rechtlich übergeordnete Instanz ansprechen muß, nicht die Ehre einer Bitte. Sie ersucht nicht in eigenem Namen – nein, eher zugrunde gehen! –, sondern sie übermittelt nur das Ansuchen eines Dritten: »Mein Verteidiger ersucht um drei Tage Aufschub«, steht darin, und »Ich hoffe, der Konvent wird sie bewilligen.« Kein »ich bitte darum«.

Der Konvent antwortet nicht. Der Tod der Königin ist längst beschlossen, wozu die Formalitäten vor Gericht noch verlängern? Jedes Zögern wäre Grausamkeit. Am nächsten Morgen um acht beginnt der Prozeß, und jeder weiß im voraus, wie er enden wird.

Die Verhandlung

Die siebzig Tage in der Conciergerie haben Marie Antoinette zu einer alten und kränklichen Frau gemacht. Rot und von Tränen entzündet, brennen jetzt ihre des Tageslichtes völlig entwöhnten Augen, ihre Lippen sind auffallend blaß durch die schweren, unaufhörlichen Blutverluste, die sie in den letzten Wochen erlitten. Oft und oft hat sie jetzt mit Müdigkeit zu kämpfen, mehrmals muß der Arzt ihr Herzstärkungsmittel verordnen. Aber sie weiß, heute beginnt ein historischer Tag, heute darf sie nicht müde sein, niemand im Gerichtssaal soll die Schwäche einer Königin und Kaiserstochter bespötteln dürfen. Noch einmal muß aus dem erschöpften Körper, aus dem längst schon matt gewordenen Gefühl alle Spannkraft emporgezwungen werden, dann kann er lange, dann kann er für immer ruhen. Nur zwei Dinge hat Marie Antoinette noch auf der Erde zu tun: aufrecht sich zu verteidigen und aufrecht zu sterben.

Aber innerlich voll Entschlossenheit, will Marie Antoinette auch äußerlich mit Würde dem Gericht entgegentreten. Das Volk soll spüren, daß die Frau, die heute vor die Schranken tritt, eine Habsburgerin und, trotz aller Absetzungsdekrete, eine Königin ist. Sorgfältiger als sonst scheitelt sie ihr weiß gewordenes Haar. Sie setzt ein gefälteltes, frisch gestärktes weißes Leinenhäubchen auf, von dem zu beiden Seiten der Trauerschleier niederfällt; als Witwe Ludwigs XVI., des letzten Königs von Frankreich, will Marie Antoinette vor dem Gericht der Revolution erscheinen.

Um acht Uhr versammeln sich in dem großen Saal die Richter und Geschworenen, Herman, der Landsmann Robespierres, als Präsident, Fouquier-Tinville als öffentlicher Ankläger. Die Geschworenen sind aus allen Klassen zusammengesetzt, ein früherer Marquis, ein Chirurg, ein Limonadenverkäufer, ein Musiker, ein Buchdrucker, ein Perückenmacher, ein ehemaliger Priester und ein Tischler; neben dem öffentlichen Ankläger haben einige Mitglieder des Sicherheitsausschusses Platz genommen, um den Gang der Verhandlung zu überwachen. Der Saal selbst ist gedrängt voll. Nur einmal im Jahrhundert hat man Gelegenheit, eine Königin auf dem Armsünderstuhl zu sehen.

Marie Antoinette tritt gelassen ein und nimmt ruhig

Platz; ihr ist nicht mehr wie ihrem Gatten ein besonderer Lehnstuhl bewilligt, ein nackter Holzsitz wartet ihrer; auch die Richter sind nicht mehr wie bei der feierlichen öffentlichen Anklage Ludwigs XVI. die gewählten Vertreter der Nationalversammlung, sondern die tagtäglich waltende Jury, die ihre düstere Pflicht tut wie ein Handwerk. Aber vergebens suchen die Zuschauer in ihrem erschöpften, jedoch nicht verstörten Gesicht nach einem sichtlichen Zeichen der Erregung und Angst. In aufrechter, entschlossener Haltung wartet sie auf den Beginn der Verhandlung. Ruhig blickt sie auf die Richter, ruhig in den Saal und sammelt ihre Kraft.

Als erster erhebt sich Fouquier-Tinville und liest die Anklageschrift vor. Die Königin hört kaum zu. Sie kennt jetzt schon alle diese Vorbehalte: gestern hat sie jeden mit ihrem Advokaten geprüft. Nicht ein einziges Mal, auch nicht bei den härtesten Anschuldigungen, hebt sie den Kopf, ihre Finger spielen gleichgültig auf der Armlehne des Sessels, »wie auf einem Klavier«.

Dann beginnt der Aufmarsch der einundvierzig Zeugen, die, ihrem Eid gemäß, »ohne Haß und ohne Furcht die Wahrheit, die ganze Wahrheit« auszusagen haben. Da der Prozeß hastig vorbereitet ist – er hat wahrhaftig viel zu tun in jenen Tagen, der arme Fouquier-Tinville, die Girondisten sind bereits an der Reihe, Madame Roland und hundert andere –, so werden die verschiedensten Anschuldigungen ohne jeden zeitlichen oder logischen Zusammenhang wirr durcheinander vorgebracht. Die Zeugen sprechen bald über die Geschehnisse des 6. Oktober in Versailles, bald vom 10. August in Paris, über die Verbrechen vor oder während der Revolution. Die meisten dieser Aussagen sind bedeutungslos, einige geradezu lächerlich, etwa jene des Dienstmädchens Milot, das gehört zu haben behauptet, wie 1788 der Herzog von Coigny zu irgend jemand sagte, die Königin habe ihrem

Bruder zweihundert Millionen übersenden lassen, oder die noch törichtere, Marie Antoinette habe zwei Pistolen bei sich getragen, um den Herzog von Orléans zu ermorden. Zwei Zeugen allerdings beschwören, Geldanweisungen der Königin gesehen zu haben; aber die Originale dieser entscheidenden Dokumente können nicht vorgelegt werden; ebensowenig ist ein Brief zur Hand, den Marie Antoinette an den Kommandanten der Schweizergarde geschickt haben soll: »Kann man sicher auf Ihre Schweizer zählen, werden sie im gebotenen Fall sich tapfer halten?« Kein einziges geschriebenes Blatt von Marie Antoinette ist zu erbringen, und auch das versiegelte Paket, das ihre Habseligkeiten enthält, die man im Temple beschlagnahmt hat, ergibt nichts Belastendes. Die Haarlocken sind die ihres Mannes und ihrer Kinder, die Miniaturporträts jene der Prinzessin von Lamballe und ihrer Jugendfreundin, der Landgräfin von Hessen-Darmstadt, die notierten Namen in ihrem Notizbuch die ihrer Wäscherin und ihres Arztes: kein einziges Stück erweist sich für die Anklage als brauchbar. So sucht der Ankläger immer wieder auf die allgemeinen Beschuldigungen zurückzukommen, aber die Königin, diesmal vorbereitet, antwortet womöglich noch fester und sicherer als beim Vorverhör. Es entspinnen sich Debatten wie die folgende:

»Woher haben Sie das Geld genommen, mit dem Sie das kleine Trianon ausbauen und möblieren ließen, in dem Sie Feste gaben, bei denen Sie immer die Göttin gewesen sind?«

»Man hatte für diese Ausgaben einen Fonds bestimmt.«

»Dieser Fonds mußte beträchtlich sein, denn das kleine Trianon wird riesige Summen gekostet haben.«

»Es ist möglich, daß das kleine Trianon riesige Summen gekostet hat und wahrscheinlich mehr, als ich selber gewünscht habe. Man wurde nach und nach in die

Ausgaben hineingezogen. Übrigens wünsche ich mehr als jeder andere, daß man über alles aufgeklärt werde.«

»War es nicht im kleinen Trianon, wo Sie zum erstenmal Frau La Motte gesehen haben?«

»Ich habe sie niemals gesehen.«

»War sie nicht Ihr Opfer in der Angelegenheit der berüchtigten Halsbandaffäre?«

»Sie konnte es nicht sein, weil ich sie nicht kannte.«

»Sie bleiben also dabei, zu leugnen, daß Sie sie gekannt haben?«

»Mein System ist nicht die Ableugnung. Ich habe die Wahrheit gesagt und werde fortfahren, sie zu sagen.«

Wenn überhaupt noch Hoffnung bestünde, so dürfte Marie Antoinette sich ihr hingeben, denn die meisten Zeugen haben völlig versagt. Kein einziger von denen, die sie fürchtete, hat sie ernstlich belastet. Immer kräftiger wird ihre Gegenwehr. Als der öffentliche Ankläger behauptet, sie hätte den ehemaligen König durch ihren Einfluß zu allem gebracht, was sie verlangt hätte, antwortete sie: »Es ist etwas ganz anderes, ob man jemanden berät oder etwas ausführen läßt.« Als im Laufe der Verhandlung der Präsident sie darauf hinweist, sie befinde sich mit ihren Aussagen im Widerspruch zu den Erklärungen ihres Sohnes, sagte sie verächtlich: »Es ist leicht, ein achtjähriges Kind alles sagen zu lassen, was man von ihm will.« Bei den wirklich bedrohlichen Fragen deckte sie sich durch ein vorsichtiges: »Ich weiß es nicht, ich erinnere mich nicht.« So kann sie Herman nicht ein einziges Mal triumphierend einer offenen Unwahrhaftigkeit oder eines Widerspruchs überführen, nicht einmal läßt sich während der langen Stunden die gespannt lauschende Zuhörerschaft zu einem zornigen Zwischenruf oder einer gehässigen Regung oder zu patriotischem Applaus entfachen. Leer, langsam, mit vielen sandigen

Stellen läuft die Verhandlung hin. Es ist Zeit, daß eine entscheidende, eine wirklich niederschmetternde Aussage komme, um Schwung in die Anklage zu bringen. Diese Sensation meint endlich Hébert zu bringen mit der furchtbaren Beschuldigung des Inzests.

Er tritt vor. Entschlossen, überzeugt, mit laut vernehmbarer Stimme wiederholt er die ungeheuerliche Anschuldigung. Aber bald wird er gewahr, daß das Unglaubliche dieser Anklage unglaubhaft wirkt, daß niemand im ganzen Saal seinen Abscheu vor dieser verworfenen Mutter, vor dieser entmenschten Frau durch wütende Zwischenrufe kundgibt; stumm sitzt alles, blaß und betroffen. So meint der arme Schächer, noch eine besonders raffinierte psychologisch-politische Auslegung auftischen zu müssen. »Man kann annehmen«, erklärt der Dummkopf, »daß dieser verbrecherische Genuß nicht von dem Bedürfnis nach Vergnügen bestimmt war, sondern durch die politische Absicht, dieses Kind körperlich zu entnerven. Die Witwe Capet hat nämlich gehofft, ihr Sohn würde einmal den Thron einnehmen und sie könnte dann, dank solcher Machenschaften, sich das Recht über seine Handlungsweise sichern.«

Aber seltsam, auch bei dieser welthistorischen Einfältigkeit bleibt die Zuhörerschaft geradezu bestürzend still. Marie Antoinette antwortet nicht und blickt an Hébert verächtlich vorbei. Gleichgültig, als ob dieser ingrimmige Tropf chinesisch gesprochen hätte, und ohne eine Miene zu verziehen, sitzt sie aufrecht und unberührt. Auch der Präsident Herman tut so, als ob er die ganze Anschuldigung überhört hätte. Er vergißt absichtlich zu fragen, was die verleumdete Mutter zu erwidern habe – schon hat er den peinlichen Eindruck dieser Inzestanklage bei allen Zuhörern, insbesondere bei den Frauen, wahrgenommen und läßt darum hastig diese widrige Beschuldigung unter den Tisch fallen. Da hat unglückseligerweise einer der

Geschworenen den Vorwitz, den Präsidenten zu erinnern: »Bürger Präsident, ich fordere Sie auf, zu beachten, daß die Angeklagte in Hinsicht auf die Geschehnisse, von denen der Bürger Hébert behauptet, sie hätten sich zwischen ihr und ihrem Sohn abgespielt, sich nicht geäußert hat.«

Nun kann der Präsident nicht länger ausweichen. Gegen sein inneres Gefühl muß er die Frage an die Angeklagte stellen. Marie Antoinette hebt stolz und mit einem Ruck das Haupt – »hier scheint die Angeklagte lebhaft bewegt«, meldet selbst der sonst so trockene Moniteur – und erwidert laut und mit unsäglicher Verächtlichkeit: »Wenn ich nicht geantwortet habe, so geschah dies, weil die Natur sich weigert, auf eine solche Beschuldigung gegen eine Mutter etwas zu erwidern. Ich wende mich an alle Mütter, die sich hier befinden mögen.«

Und tatsächlich, ein unterirdisches Brausen, eine starke Bewegung geht durch den Saal. Die Frauen aus dem Volk, die Arbeiterinnen, die Fischweiber, die Trikoteusen halten den Atem an, sie fühlen in geheimnisvoller Verbundenheit: man hat mit dieser einen Frau ihr ganzes Geschlecht beleidigt. Der Präsident schweigt, jener neugierige Geschworene senkt den Blick: der Akzent des schmerzlichen Zornes in der Stimme der verleumdeten Frau hat alle getroffen. Wortlos tritt Hébert von der Schranke zurück, nicht eben stolz auf seine Leistung. Alle spüren und vielleicht er selbst, seine Anschuldigung hat der Königin gerade in schwerster Stunde zu einem großen moralischen Triumph verholfen. Was sie erniedrigen sollte, hat sie erhöht.

Robespierre, der am gleichen Abend von dem Zwischenfall erfährt, kann seine Erbitterung über Hébert nicht bemeistern. Er, der einzige politische Geist unter diesen lauten lärmenden Volksagitatoren, begreift sofort, welche rasende Dummheit es gewesen, diese irrwitzige, von Angst oder Schuldbewußtsein eingegebene Anschuldigung eines noch nicht neunjährigen Knaben gegen seine Mutter vor die Öffentlichkeit zu zerren. »Dieser Tölpel von einem Hébert«, sagt er wütend zu seinen Freunden, »muß ihr noch einen Triumph verschaffen.« Längst ist Robespierre dieses wüsten Gesellen müde, der durch seine ordinäre Demagogie, durch sein anarchisches Gehaben die ihm heilige Sache der Revolution schändet; an diesem Tage beschließt er innerlich, diesen Schmutzfleck auszutilgen. Der Stein, den Hébert gegen Marie Antoinette geschleudert, fällt auf ihn selbst mörderisch zurück. Ein paar Monate noch, und er wird im gleichen Karren den gleichen Weg fahren, aber nicht so tapfer wie sie, sondern mit derart mattem Mut, daß sein Kamerad Ronsin ihn anherrschen muß. »Als es zu handeln galt, hast du erbärmlich geschwätzt. Jetzt lerne wenigstens zu sterben.«

Marie Antoinette hat ihren Triumph gespürt. Aber sie hat auch eine Stimme im Zuschauerraum aufstaunen gehört: »Siehst du, wie stolz sie ist!« Und so fragt sie ihren Verteidiger: »Habe ich nicht zuviel Würde in meine Antwort gelegt?« Aber der beruhigt sie: »Madame, bleiben Sie, die Sie sind, und Sie werden vortrefflich sein.« Noch einen zweiten Tag hat Marie Antoinette zu kämpfen, schwer schleppt sich der Prozeß weiter, Zuhörer und Teilnehmer ermüden; aber obwohl sie von ihren Blutungen erschöpft ist und nichts als eine Tasse Suppe in den Pausen zu sich nimmt, bleibt ihre Haltung wie ihr Geist energisch und aufrecht. »Man trachte, sich die ganze Seelenkraft vorzustellen«, schreibt ihr Verteidiger in seinen Erinnerungen, »die für die Königin vonnöten war, um die Anstrengungen einer so langen und furchtbaren Sitzung zu ertragen: auf der Bühne vor einem ganzen Volk, im Kampf gegen blutgierige Gegner sich gegen alle die Fangstricke, die man ihr hinhielt, zu wehren und dabei zugleich die Haltung und das richtige Maß zu bewahren und nicht hinter sich selber zurückzubleiben.« Fünfzehn Stunden hat sie am ersten Tag gekämpft, mehr als zwölf sind schon am zweiten vorüber, als endlich der Präsident das Verhör für beendet erklärt und an die Angeklagte die Frage stellt, ob sie noch etwas zu ihrer Entlastung hinzuzufügen habe. Selbstbewußt antwortet Marie Antoinette: »Gestern kannte ich die Zeugen noch nicht, ich wußte nicht, was sie gegen mich aussagen würden. Nun, kein einziger von ihnen hat eine einzige positive Tatsache gegen mich vorgebracht. Ich habe nichts mehr zu bemerken, als daß ich nur die Frau Ludwigs XVI. war und mich daher allem, was er beschloß, fügen mußte.«

Nun erhebt sich Fouquier-Tinville und begründet zusammenfassend die Anklage. Die beiden zugeteilten Verteidiger erwidern in ziemlich lauer Weise: sie erinnern sich wahrscheinlich, daß der Verteidiger Ludwigs XVI., weil er zu energisch für ihn Partei nahm, für das Schafott angefordert wurde; so ziehen sie es vor, lieber die Milde des Volkes anzurufen, statt die Unschuld der Königin zu behaupten. Ehe der Präsident nun seinerseits den Geschworenen die Schuldfrage vorlegt, wird Marie Antoinette aus dem Saal geführt, das Tribunal und die Geschworenen bleiben unter sich. Jetzt wird nach allen Phrasen der Präsident Herman klar und sachlich: er läßt all die unbestimmten hunderterlei Einzelbeschuldigungen beiseite und faßt alle Fragen zu knapper Formel zusammen. Es sei das französische Volk, das Marie Antoinette anklage, denn alle politischen Geschehnisse, die sich seit fünf Jahren ereignet hätten, legten Zeugenschaft ab gegen sie. Deshalb stelle er vier Fragen an die Geschworenen:

Erstens: Ist es erwiesen, daß es Machenschaften und Verständigungen mit den auswärtigen Mächten und Feinden der Republik gibt, um diesen Geldeshilfe zu vermitteln, ihnen Einlaß auf französischem Boden zu gewähren und den Sieg ihrer Waffen zu unterstützen?

Zweitens: Ist Marie Antoinette von Österreich, Witwe Capet, überführt, an solchen Machenschaften teilgenommen und derartige Verständigungen unterhalten zu haben?

Drittens: Ist es erwiesen, daß ein Komplott und eine Verschwörung bestanden haben, um den Bürgerkrieg im Innern des Landes zu entfachen?

Viertens: Ist Marie Antoinette von Österreich, Witwe Ludwig Capets, überführt, an dieser Verschwörung teilgenommen zu haben?

Schweigend erheben sich die Geschworenen und ziehen sich in ein Nebenzimmer zurück. Mitternacht ist vorbei. Die Kerzen flammen unruhig in dem von Menschen überwärmten Saal, und die Herzen zucken mit ihnen in Spannung und Neugier.

Zwischenfrage: Wie müßten von Rechts wegen die Geschworenen entscheiden? In seinem Schlußantrag hat der Präsident den ganzen politischen Aufputz des Prozesses weggeschoben und die Beschuldigungen eigentlich auf eine einzige zurückgeführt. Die Geschworenen werden nicht befragt, ob sie Marie Antoinette für eine widernatürliche und ehebrecherische, eine blutschänderische, eine verschwenderische Frau halten, sondern einzig, ob die ehemalige Königin schuldig sei, mit dem Ausland in Verbindung gestanden, den Sieg der feindlichen Armeen und einen Aufstand im Innern gewünscht und gefördert zu haben.

Ist nun Marie Antoinette im rechtlichen Sinne dieses Verbrechens schuldig und überführt? Zweischneidige Frage, die nur zwiefach beantwortet werden kann. Zweifellos war Marie Antoinette – und dies ist die Stärke des Prozesses – wirklich schuldig im Sinne der Republik. Sie hat, wir wissen es, mit dem feindlichen Ausland unleugbar ständige Verbindungen unterhalten. Sie hat, ganz im Sinne der Anklage, tatsächlich Hochverrat begangen, indem sie die militärischen Angriffspläne Frankreichs dem österreichischen Gesandten auslieferte, sie hat und hätte jedes gesetzliche und ungesetzliche Mittel, das ihrem Gatten Thron und Freiheit zurückgeben konnte, bedingungslos genutzt und gefördert.

Die Anklage besteht also zu Recht. Aber – hier die Schwäche des Prozesses – sie ist nicht im mindesten bewiesen. Heute sind die Dokumente bekannt und gedruckt, die Marie Antoinette unzweideutig des Hochverrats gegen die Republik überführen; sie liegen im Staatsarchiv in Wien, im Nachlaß Fersens. Aber dieser Prozeß wurde am 16. Oktober 1793 in Paris durchgeführt, und damals war kein einziges dieser Dokumente dem öffentlichen Ankläger zugänglich. Kein einziges wirklich gültiges Zeugnis jenes wirklich begangenen Landesverrats konnte den Geschworenen im ganzen Prozeß vorgelegt werden.

Eine ehrliche, unbeeinflußte Geschworenschaft wäre also in arger Verlegenheit. Folgen sie ihrem Instinkt, so müßten diese zwölf Republikaner Marie Antoinette unbedingt verurteilen, denn keiner von ihnen kann zweifeln: diese Frau ist die Todfeindin der Republik, sie hat, was sie konnte, getan, um ungeschmälert die königliche Macht für ihren Sohn zurückzuerobern. Aber nach dem Buchstaben steht das Recht auf seiten der Königin: es fehlt die tatsächliche Überführung. Als Republikaner dürfen sie die Königin für schuldig erachten, als beeidete Geschworene müßten sie das Gesetz wahren, das keine andere Schuld als die erwiesene kennt. Aber glücklicherweise bleibt den kleinen Bürgern dieser innere Gewissenskonflikt erspart. Denn sie wissen, der Konvent fordert gar keinen gerechten Richtspruch. Er hat sie entsandt, nicht um zu entscheiden, er hat sie heranbefohlen, um eine staatsgefährliche Frau zu verurteilen. Sie haben entweder den Kopf Marie Antoinettes zu liefern oder den eigenen hinzuhalten. So beraten die zwölf in Wirklichkeit nur zum Schein, und wenn sie länger zu überlegen scheinen als eine Minute, so geschieht dies nur, um Beratung noch vorzutäuschen, wo eindeutiger Beschluß schon längst anbefohlen ist.

Um vier Uhr morgens kehren die Geschworenen schweigend in den Saal zurück, Totenstille erwartet ihren Urteilsspruch. Einstimmig erklären sie Marie Antoinette der ihr zugeschriebenen Verbrechen für schuldig. Präsident Herman ermahnt die Zuhörer – es sind jetzt, lange nach Mitternacht, nicht mehr viele, die Ermüdung hat die meisten nach Hause getrieben –, jedes Zeichen der Zustimmung zu vermeiden. Dann wird Marie Antoinette hereingeführt. Sie allein, die den zweiten Tag schon seit acht Uhr früh ununterbrochen kämpft, hat noch kein Recht, müde zu sein. Man liest ihr die Entschließung der Geschworenen vor. Fouquier-Tinville fordert die Todesstrafe; sie wird einstimmig bejaht. Dann fragt der Präsident die Verurteilte, ob sie noch irgendeine Beschwerde erhebe.

Marie Antoinette hat ohne jede Bewegung vollkommen ruhig den Spruch der Geschworenen und das Urteil angehört. Sie gibt nicht das kleinste Zeichen weder von Angst noch von Zorn, noch von Schwäche. Auf die Frage des Präsidenten antwortet sie kein Wort, sie schüttelt nur verneinend das Haupt. Ohne sich umzuwenden, ohne jemanden anzublicken, schreitet sie durch das allgemeine Schweigen aus dem Saal und die Stufen hinab; sie ist müde dieses Lebens, dieser Menschen und zutiefst zufrieden, daß alle diese kleinen Quälereien nun zu Ende sind. Jetzt gilt es nur, fest zu bleiben für die letzte Stunde.

Einen Augenblick versagen ihr im stockdunklen Gang die übermüdeten und geschwächten Augen, der Fuß findet nicht mehr die Stufe, sie zögert und schwankt. Rasch, ehe sie stürzt, bietet ihr der Gendarmerieoffizier, Leutnant de Busne, der einzige, der ihr während der Verhandlung ein Glas Wasser zu reichen den Mut hatte, den Arm, um sie zu stützen. Dafür und weil er den Hut in der Hand gehalten, während er die Todgeweihte begleitet, wird er sofort von einem andern Gendarmen angezeigt und muß sich verteidigen: »Ich habe das nur getan, um einen Sturz zu vermeiden, und alle Menschen von gesunder Vernunft werden darin keinen andern Grund erblicken, denn wenn sie auf der Treppe gefallen wäre, hätte man sofort Verschwörung und Verrat gezetert.« Auch die beiden Verteidiger der Königin werden nach beendeter Sitzung festgenommen; man untersucht sie, ob ihnen die Königin nicht heimlich eine geschriebene Botschaft überreicht hätte; arme Juristenseelen, fürchten die Richter die unzerstörbare Energie dieser Frau noch knapp einen Schritt vor der Grube.

Aber die, welcher all diese Angst und Besorgnis gilt, die arme, ausgeblutete und müde Frau, weiß von all diesen jämmerlichen Scherereien nichts mehr; ruhig und gelassen ist sie in ihr Gefängnis zurückgetreten. Jetzt zählt ihr Leben nur noch nach Stunden.

Im kleinen Zimmer brennen auf dem Tisch zwei Kerzen. Der zum Tode Verurteilten hat man sie als letzte Gunst gewährt, damit sie die Nacht vor der ewigen Nacht nicht im Dunkel verbringen müsse. Auch eine andere Bitte wagt der bisher übervorsichtige Gefängniswärter nicht mehr abzuschlagen: Marie Antoinette verlangt Papier und Tinte für einen Brief; aus ihrer letzten und finstersten Einsamkeit möchte sie noch einmal das Wort an diejenigen richten, die sich um ihretwillen sorgen. Der Wächter bringt Tinte, Feder und ein gefaltetes Blatt, und während das erste Frührot schon durch die vergitterten Fenster blickt, beginnt Marie Antoinette mit der letzten Kraft ihren letzten Brief.

Goethe sagte einmal von den letzten Äußerungen unmittelbar vor dem Tode das herrliche Wort: »Am Ende des Lebens gehen dem gefaßten Geiste Gedanken auf, bisher undenkbar; sie sind wie selige Dämonen, die sich auf den Gipfeln der Vergangenheit glänzend niederlassen.« Solch ein geheimnisvolles Abschiedslicht leuchtet auch über diesem letzten Brief der Todgeweihten; nie hat Marie Antoinette ihre Seele so mächtig und zu solcher entschlossenen Klarheit zusammengefaßt wie in diesem Abschiedsbrief an Madame Elisabeth, die Schwester ihres Gatten und nun auch Hüterin ihrer Kinder. Fester, sicherer, beinahe männlich, sind die Schriftzüge auf diesem Blatt, geschrieben an einem erbärmlichen kleinen Gefängnistisch, als all jene, die wegflatterten von dem vergoldeten Schreibtisch von Trianon; reiner formt sich hier die Sprache, ohne Rückhalt das Gefühl: es ist, als ob der vom Tode aufgewühlte innere Sturm das ganze unruhige Gewölk zerrissen hätte, das dieser tragischen Frau verhängnisvoll lange den Ausblick in die eigene Tiefe verhüllte. Marie Antoinette schreibt:
»Dir, liebe Schwester, schreibe ich zum letztenmal. Ich wurde soeben verurteilt, nicht zu einem schmachvollen Tod, der nur für Verbrecher gilt, sondern dazu, Deinen Bruder wiederzufinden. Unschuldig wie er, hoffe ich ihm in seinen letzten Augenblicken zu gleichen. Ich bin ruhig, wie man es ist, wenn das Gewissen dem Menschen keine Vorwürfe macht. Ich bedaure tief, meine armen Kinder zu verlassen. Du weißt, ich habe nur für sie gelebt und für Dich, meine gute zärtliche Schwester. Du, die Du aus Freundschaft alles geopfert hast, um bei uns zu bleiben – in welcher Lage lasse ich Dich zurück! Durch das Plä-

doyer des Prozesses habe ich erfahren, daß meine Tochter von Dir getrennt worden ist. Ach, die arme Kleine! Ich wage es nicht, ihr zu schreiben, sie würde meinen Brief nicht erhalten – weiß ich doch nicht einmal, ob dieser hier Dich erreichen wird. Empfange für sie beide hierdurch meinen Segen. Ich hoffe, daß sie später einmal, wenn sie größer sind, sich mit Dir vereinigen und ganz Deine zärtliche Sorgfalt genießen können. Mögen sie beide an das denken, was ich sie unablässig gelehrt habe: daß die Grundsätze und die genaue Befolgung der eigenen Pflichten das wichtigste Fundament des Lebens sind, daß die Freundschaft und das Vertrauen, das sie einander entgegenbringen werden, sie glücklich machen wird. Möge meine Tochter, als die ältere, fühlen, daß sie ihrem Bruder immer beistehen müsse mit Ratschlägen, die größere Erfahrung und ihre Freundschaft ihr eingeben werden. Möge mein Sohn hinwieder seiner Schwester alle Fürsorge und alle Dienste erweisen, die sich aus der Freundschaft ergeben. Mögen sie endlich beide fühlen, daß sie in jeder Lage ihres Lebens nur durch ihre Eintracht wirklich glücklich sein werden. Mögen sie sich uns zum Beispiel nehmen! Wieviel Tröstung hat uns unsere Freundschaft in unseren Leiden verschafft! Und das Glück genießt man doppelt, wenn man es mit einem Freunde teilen kann. Wo aber kann man einen zärtlicheren, innigeren Freund finden als in der eigenen Familie? Möge mein Sohn niemals die letzten Worte seines Vaters vergessen, die ich ihm mit Vorbedacht wiederhole: Möge er niemals danach trachten, unseren Tod zu rächen!

Ich muß zu Dir von einer Sache sprechen, die meinem Herzen sehr wehe tut. Ich weiß, wie dieses Kind Dir Qual bereitet haben muß, verzeihe ihm, liebe Schwester, denk an seine große Jugend und wie leicht es ist, ein Kind das sagen zu lassen, was man will, und sogar das, was es selber nicht versteht. Ich hoffe, ein Tag wird kommen, da es um so besser den Wert Deiner Liebe und Zärtlichkeit begreifen wird, die Du beiden entgegenbringst.

Ich muß Dir noch meine letzten Gedanken anvertrauen. Ich hätte sie vom Beginn des Prozesses an niederschreiben mögen, aber abgesehen davon, daß man mir nicht gestattete zu schreiben, verlief er so schnell, daß ich in der Tat keine Zeit dazu gehabt hätte.

Ich sterbe im apostolischen, römisch-katholischen Glauben, der Religion meiner Väter, in der ich erzogen wurde und zu der ich mich immer bekannt habe. Da ich keinerlei geistliche Tröstung zu erwarten habe, da ich nicht weiß, ob es hier noch Priester dieser Religion gibt, und da auch der Ort, an dem ich mich befinde, sie allzu großen Gefahren aussetzen würde, wenn sie zu mir kämen, bitte ich Gott von Herzen um Vergebung für alle meine Sünden, die ich begangen habe, seit ich lebe. Ich hoffe, daß er in seiner Güte meine letzten Gebete erhören wird so wie alle jene, die ich seit langem an ihn richte, damit meine Seele seines Erbarmens und seiner Güte teilhaftig werde.

Ich bitte alle, die ich kenne, und im besonderen Dich, liebe Schwester, um Verzeihung für jedes Leid, das ich ihnen unwissentlich etwa zugefügt habe. Ich verzeihe all meinen Feinden alles Böse, das ich durch sie erlitten habe. Ich sage hiermit den Tanten und all meinen Brüdern und Schwestern Lebewohl. Ich hatte Freunde. Der Gedanke, daß ich von ihnen für immer getrennt bin, und das Bewußtsein ihres Schmerzes gehören zu den größten Leiden, die ich sterbend mit mir nehme. Mögen sie wenigstens wissen, daß ich bis zu meinem letzten Augenblick an sie gedacht habe.

Leb wohl, gute zärtliche Schwester! Möge dieser Brief Dich erreichen! Vergiß mich nicht! Ich umarme Dich von ganzem Herzen sowie die armen lieben Kinder! Mein Gott, wie herzzerreißend ist es doch, sie für immer zu verlassen! Leb wohl, leb wohl! Ich werde mich nun nur noch mit meinen geistlichen Pflichten befassen. Da ich nicht frei in meinen Entschlüssen bin, wird man mir vielleicht einen Priester zuführen. Aber ich erkläre hiermit, daß ich ihm kein einziges Wort sagen und ihn wie einen völlig Fremden behandeln werde.«

Dann bricht der Brief plötzlich ab, ohne Schlußwort, ohne Unterschrift. Wahrscheinlich hat Müdigkeit die Schreibende überwältigt. Auf dem Tisch brennen noch immer die beiden Wachskerzen flackernd weiter, ihre Flamme wird vielleicht den lebenden Menschen überleben.

Dieser Brief aus dem Dunkel hat fast alle jene, an die er gerichtet war, nicht mehr erreicht. Marie Antoinette übergibt ihn, kurz bevor der Henker eintritt, dem Kerkermeister Bault zur Bestellung an ihre Schwägerin; Bault hatte gerade genug Menschlichkeit gehabt, um ihr Schreibpapier und Feder zu gewähren, nicht aber Mut genug, dieses Vermächtnis ohne Erlaubnis zu bestellen (je mehr Köpfe man fallen sieht, um so mehr fürchtet man für den eigenen!). So händigt er den Brief der Königin ordnungsgemäß dem Untersuchungsrichter Fouquier-Tinville aus, der ihn paraphiert, aber gleichfalls nicht weiterbefördert. Und als dann zwei Jahre später Fouquier seinerseits den Karren besteigen muß, den er für so viele andere in die Conciergerie bestellt, ist das Schriftstück verschwunden; niemand in der Welt ahnt und weiß von seinem Vorhandensein als ein einziger höchst unbedeutender Mann namens Courtois. Dieser Deputierte ohne Rang und Geist hatte nach der Verhaftung Robespierres vom Konvent den Auftrag erhalten, dessen nachgelassene Papiere zu ordnen und herauszugeben; bei dieser Gelegenheit war dem ehemaligen Holzschuhanfertiger ein Licht aufgegangen, wieviel Macht jemand in den Händen hält, der sich geheime Staatspapiere aneignet. Denn alle kompromittierten Abgeordneten umschwänzeln jetzt aufs demütigste den kleinen Courtois, den sie vordem kaum gegrüßt hatten; sie machen ihm die tollsten Versprechungen, wenn er ihnen ihre Briefe an Robespierre zurückgäbe. Man tut also gut, merkt der geübte Kaufmann, sich möglichst viel fremde Briefschaften ins Schubfach zu legen; so nützt er das allgemeine Chaos, um die ganzen Akten des Revolutionstribunals zu plündern und damit Handel zu treiben; nur den Brief Marie Antoinettes, der ihm bei dieser Gelegenheit in die Hände fällt, behält der Verschlagene zurück: wer vermag in solchen Zeitläufen zu wissen, wie man ein derart kostbares Geheimdokument einmal brauchen kann, wenn der Wind wieder umspringt. Zwanzig Jahre verbirgt er seinen Raub, und wirklich: der Wind springt um. Abermals wird ein Bourbone, Ludwig XVIII., König von Frankreich, und die einstigen »règicides«, diejenigen, die für die Hinrichtung seines Bruders Ludwig XVI. gestimmt haben, spüren jetzt ein merkliches Jucken am Halse. Um sich in Gunst zu setzen, bietet Courtois (es ist doch gut, Papiere zu stehlen) Ludwig XVIII. in einem heuchlerischen Brief dieses von ihm »gerettete« Schreiben Marie Antoinettes als Geschenk. Der üble Trick hilft ihm nicht, Courtois wird genau wie die andern verbannt. Doch der Brief ist gewonnen. Einundzwanzig Jahre, nachdem ihn die Königin abgesendet, tritt dieses wundervolle Abschiedsschreiben an das Licht. Aber zu spät. Fast alle, die Marie Antoinette aus ihrer Todesstunde grüßen wollte, sind ihr nachgefolgt. Madame Elisabeth auf der Guillotine, ihr Sohn ist entweder wirklich im Temple gestorben oder irrt damals (man weiß bis heute nicht die ganze Wahrheit) unter einem fremden Namen unerkannt und mit seinem eigenen Schicksal unbekannt durch die Welt. Und auch Fersen erreicht nicht mehr der liebende Gruß.

Mit keinem Worte war er in jenem Brief genannt, und doch – wem als ihm galten jene bewegten Zeilen: »Ich hatte Freunde. Der Gedanke, daß ich von ihnen für immer getrennt bin, und das Bewußtsein ihres Schmerzes gehören zu den größten Leiden, die ich sterbend mit mir nehme.« Die Pflicht verbot Marie Antoinette, vor der Welt denjenigen zu nennen, der ihr der Teuerste war. Aber sie hatte gehofft, diese Zeilen würden ihm einmal zu Gesicht kommen und der Geliebte auch im verhaltenen Worte erkennen, daß sie bis zum letzten Atemzug in unveränderlicher Herzenshingabe seiner gedacht. Und – geheimnisvolle Fernwirkung des Gefühls! – als ob er dies Verlangen fühlte, in letzter Stunde um ihn zu sein, antwortet, wie magisch angerufen, sein Tagebuch beim Empfang der Todesnachricht, »es sei der furchtbarste Schmerz in seinen Schmerzen, daß sie allein sein mußte in jenen letzten Augenblicken, ohne die Tröstung, jemanden zu haben, mit dem sie hätte sprechen können«. Wie sie an ihn in äußerster Einsamkeit, so denkt er an sie im gleichen Augenblick. Durch Meilen und Mauern getrennt, unsichtbar und unerreichbar eine der andern, atmen die beiden Seelen in der gleichen Sekunde den gleichen Wunsch: in unfaßbarem Raum, hinweg über die Zeit berühren sich in sphärischer Schwingung sein Gedenken und das ihre wie Lippe und Lippe im Kuß.

Marie Antoinette hat die Feder niedergelegt. Das Schwerste ist überwunden, der Abschied von allem und allen ist genommen. Jetzt noch ein paar Augenblicke ausgestreckt ruhen und die Kräfte sammeln. Es gibt nicht mehr viel zu tun für sie in diesem Leben. Nur eins noch: sterben, und zwar gut zu sterben.

Die letzte Fahrt

Um fünf Uhr morgens, während Marie Antoinette noch an ihrem Brief schreibt, werden bereits in allen achtundvierzig Sektionen von Paris die Trommeln gerührt. Um sieben Uhr steht die ganze bewaffnete Macht auf den Beinen, schußbereite Kanonen sperren die Brücken, die großen Straßenzüge, Wachtposten durchziehen mit aufgepflanztem Bajonett die Stadt, Kavallerie bildet Spalier – ein unermeßliches Aufgebot von Soldaten gegen eine einzelne Frau, die selbst nichts mehr will als das Ende. Oft hat die Gewalt mehr Angst vor ihrem Opfer als das Opfer vor der Gewalt.

Um sieben Uhr schleicht das Küchenmädchen des Gefangenenaufsehers leise in die Kerkerzelle. Auf dem Tisch brennen noch die beiden Wachslichter, in der Ecke sitzt, ein wachsamer Schatten, der Gendarmerieoffizier. Zuerst sieht Rosalie die Königin nicht, dann erst merkt sie erschrocken: Marie Antoinette liegt völlig angekleidet in ihrer schwarzen Witwenrobe auf dem Bett. Sie schläft nicht. Sie ist nur müde, von ihren ständigen Blutverlusten erschöpft.

Das kleine rührende Landmädchen steht zitternd, von zweifachem Mitleid bewegt, vor der zum Tode Verurteilten, vor ihrer Königin. »Madame«, nähert sie sich ergriffen, »Sie haben gestern abend nichts zu sich genommen und fast nichts während des Tages. Was wünschen Sie heute morgen?«

»Mein Kind, ich brauche nichts mehr, für mich ist alles zu Ende«, antwortet die Königin, ohne sich aufzurichten. Aber da ihr das Mädchen noch einmal dringend eine Suppe anbietet, die sie besonders für sie bereitet habe, sagt die Erschöpfte: »Nun, Rosalie, bringen Sie mir die Bouillon.« Sie nimmt einige Löffel, dann beginnt das kleine Mädchen ihr beim Umkleiden zu helfen. Man hat Marie

Antoinette nahegelegt, sie möge nicht in ihrem schwarzen Trauerkleid, das sie vor den Richtern getragen, zum Schafott gehen, die auffallende Witwentracht könnte das Volk aufreizen. Marie Antoinette – was gilt ihr jetzt noch ein Kleid! – leistet keinen Widerstand und entschließt sich, ein leichtes weißes Morgengewand zu nehmen.

Aber auch für diese letzte Mühe ist ihr noch eine letzte Erniedrigung aufgespart. In all diesen Tagen hat die Königin unablässig Blut verloren, all ihre Hemden sind davon beschmutzt. Aus dem natürlichen Verlangen, körperlich rein ihren letzten Weg zu gehen, will sie jetzt ein frisches anlegen und bittet den wachhabenden Gendarmerieoffizier, sich ein wenig zurückzuziehen. Aber der Mann, der strengen Auftrag hat, sie nicht eine Sekunde aus den Augen zu verlieren, erklärt, er dürfe seinen Posten nicht verlassen. So hockt sich die Königin in den schmalen Raum zwischen dem Bett und der Wand nieder, und während sie sich das Hemd überzieht, stellt sich das kleine Küchenmädchen mitfühlend vor sie, um ihre Blöße zu decken. Aber das blutige Hemd, wohin damit? Die Frau schämt sich, das befleckte Linnen angesichts des fremden Mannes und vor den neugierig indiskreten Blicken derjenigen zurückzulassen, die in wenigen Stunden schon kommen werden, ihren Nachlaß aufzuteilen. So rollt sie es rasch zu einem kleinen Knäuel zusammen und stopft es in eine Vertiefung hinter der Ofenwand.

Mit besonderer Sorgfalt kleidet sich dann die Königin an. Seit mehr als einem Jahr hat sie die Straße nicht mehr betreten, nicht freien und weiten Himmel über sich gesehen: gerade dieser letzte Gang soll sie anständig und sauber gekleidet finden; nicht weibliche Eitelkeit ist es mehr, die sie bestimmt, sondern Gefühl für die Würde der historischen Stunde. Sorgfältig streift sie ihr weißes Morgenkleid zurecht, umhüllt den Nacken mit einem Tuch von leichtem Musselin, wählt ihre besten Schuhe; das weiß gewordene Haar versteckt eine zweiflügelige Haube.

Um acht Uhr pocht es an der Tür. Nein, es ist noch nicht der Henker. Es ist nur sein Vorbote, der Priester, aber einer von jenen, die den republikanischen Eid geleistet haben. Die Königin weigert sich höflich, ihm zu beichten, sie erkenne nur unvereidigte Priester als Gottesdiener an, und auf seine Frage, ob er sie auf ihrem letzten Gang begleiten solle, antwortet sie gleichgültig: »Wie Sie wollen.« Diese scheinbare Gleichgültigkeit ist gewissermaßen die Schutzmauer, hinter der Marie Antoinette ihre innere Entschlossenheit für die letzte Fahrt vorbereitet. Als um zehn Uhr der Scharfrichter Samson, ein junger Mensch von riesenhaftem Wuchs, eintritt, um ihr die Haare zu schneiden, läßt sie sich ruhig die Hände auf den Rücken binden und leistet keinen Widerstand. Das Leben, sie weiß es, ist nicht mehr zu retten, einzig die Ehre. Nur jetzt vor niemandem Schwäche zeigen! Nur Festigkeit bewahren und allen, die es zu sehen begehren, zeigen, wie eine Tochter Maria Theresias stirbt.

Gegen elf Uhr werden die Türen der Conciergerie geöffnet. Draußen steht der Schinderkarren, eine Art Leiterwagen, dem ein mächtiges, schwarzes Pferd vorgespannt ist. Ludwig XVI., er war noch in seiner geschlossenen Hofkarosse feierlich und respektvoll zum Tode geführt worden, geschützt durch die gläserne Wand vor der gröbsten Neugierde, dem schmerzhaftesten Haß. Inzwischen ist die Republik in ihrem feurigen Lauf unermeßlich weitergeschritten; sie verlangt Gleichheit auch für die Fahrt zur Guillotine: eine Königin braucht nicht bequemer zu sterben als jeder andere Bürger, ein Leiterwagen ist gut genug für die Witwe Capet. Als Sitz dient einzig ein zwischen die Sprossen geschobenes Brett ohne Polster oder Decke: auch Madame Roland, Danton, Robespierre, Fouquier,

Hébert, alle, die Marie Antoinette in den Tod schicken, werden auf dem gleichen harten Brette die letzte Fahrt machen; nur ein kurzes Stück Weges ist die Gerichtete ihren Richtern voraus.

Zuerst treten Offiziere aus dem düsteren Gang der Conciergerie, hinter ihnen eine ganze Wachkompanie, die Hand am Gewehr, dann kommt ruhig und sicheren Schrittes Marie Antoinette. Der Henker Samson hält sie an dem langen Strick, mit dem man ihr die Hände auf den Rücken gebunden hat, als ob Gefahr bestünde, daß sein Opfer, umringt von Hunderten von Wächtern und Soldaten, ihm noch entlaufen könnte. Unwillkürlich sind die Umstehenden von dieser unvermuteten und unnötigen Erniedrigung überrascht. Keiner der üblichen höhnischen Schreie erhebt sich. Ganz lautlos läßt man die Königin bis zum Karren schreiten. Dort bietet ihr Samson die Hand zum Aufstieg. Neben sie setzt sich der Priester Girard im bürgerlichen Gewand, aufrecht aber bleibt mit unbeweglichem Gesicht der Henker stehen, den Strick in der Hand: wie Charon die Seelen der Verstorbenen, führt er unbewegten Herzens seine Fracht täglich zum andern Ufer des Lebens. Aber diesmal halten sowohl er wie seine Gehilfen während der ganzen Fahrt den Dreispitz unter dem Arm, als wollten sie sich vor der wehrlosen Frau, die sie zum Schafott bringen, für ihr trauriges Amt entschuldigen.

Der erbärmliche Wagen rattert langsam über das Pflaster. Man läßt sich absichtlich Zeit, jeder soll genau das einzigartige Schaustück betrachten können. Auf dem harten Sitz spürt die Königin jedes Holpern des groben Karrens über das schlechte Pflaster bis ins Mark, aber, unbewegt das blasse Gesicht, mit ihren rotgeränderten Augen starr vor sich hin schauend, gibt Marie Antoinette kein Zeichen von Angst oder Schmerz der enggereihten Neugier preis. Alle Seelenkraft strafft sie zusammen, um bis zum Ende stark zu bleiben, und vergebens spähen ihre grimmigsten Feinde, sie bei einem Augenblick des Versagens oder Verzagens zu ertappen. Aber nichts macht Marie Antoinette irre, nicht, daß bei der Kirche Saint-Roche die angesammelten Weiber sie mit den üblichen Hohnrufen empfangen, nicht, daß der Schauspieler Grammont, um Stimmung in die düstere Szene zu bringen, in der Uniform eines Nationalgardisten vor dem Totenkarren einherreitet und, den Säbel schwenkend, ausruft: »Da ist sie, die infame Antoinette! Jetzt wird sie hin, meine Freunde.« Ihr Antlitz bleibt ehern verschlossen, sie scheint nichts zu hören, nichts zu sehen. Die auf den Rücken gebundenen Hände steifen ihr nur den Nakken höher empor, geradeaus blickt sie vor sich hin, und all die bunten und wilden Bilder der Straße dringen nicht mehr ein in ihre Augen, die von innen her überschwemmt sind vom Tod. Kein Zittern regt ihre Lippen, kein Schauer bebt über ihren Leib; ganz Herrin ihrer Kraft sitzt sie da, stolz und verächtlich, und selbst Hébert muß am nächsten Tage in seinem »Père Duchesne« gestehen: »Die Dirne ist übrigens kühn und frech bis zum Ende geblieben.«

An der Ecke der Rue Saint-Honoré, an der Stelle des heutigen Café de la Régence, wartet, den Bleistift gezückt, ein Mann, ein Blatt Papier in der Hand. Es ist Louis David, eine der feigsten Seelen, einer der größten Künstler der Zeit. Während der Revolution unter den Schreiern der lauteste, dient er den Mächtigen, solange sie an der Macht sind, und verläßt sie in der Gefahr. Er malt Marat auf dem Totenbett, am achten Thermidor schwört er pathetisch Robbespierre, »den Kelch mit ihm bis zur Neige zu leeren«, aber am neunten schon, in der verhängnisvollen Sitzung, ist dieser heroische Durst ihm vergangen, der traurige Held zieht vor, sich zu Hause zu verstecken, und entwischt durch diese Feigheit der Guillotine. Erbitterter Feind der Tyrannen während der Revolution, wird er der erste sein, der zum neuen Diktator abschwenkt und dafür, daß er Napoleons Krönung malt, gegen den »Baron« seinen Aristokratenhaß von einst in Tausch gibt. Typus des ewigen Überläufers zur Macht, schmeichlerisch vor den Erfolgreichen, unbarmherzig gegen die Besiegten, malt er die Sieger bei der Krönung und die Unterlegenen am Weg zum Schafott.

Von dem gleichen Schinderkarren herab, der jetzt Marie Antoinette führt, erspäht ihn später auch Danton, der um seine Erbärmlichkeit weiß, und peitscht ihm noch rasch das verächtliche Schimpfwort über: »Lakaienseele!«

Aber wenn auch eine Bedientenseele und ein feiges erbärmliches Herz, so hat dieser Mann ein herrliches Auge, eine fehllose Hand. In einem Riß hält er auf flüchtigem Blatt das Antlitz der Königin unvergänglich fest, wie sie zum Schafott fährt, eine grauenhaft großartige Skizze, mit unheimlicher Kraft ganz heiß aus dem Leben geholt: eine gealterte Frau, nicht mehr schön, nur noch stolz. Den Mund hochmütig verschlossen, wie zu einem Schrei nach innen, die Augen gleichmütig und fremd, sitzt sie mit ihren rückgeschnürten Händen so herausfordernd aufrecht auf ihrem Schinderkarren, als wäre er ein Thronsessel. Eine unsägliche Verächtlichkeit spricht aus jeder Linie des versteinerten Gesichts, eine unerschütterliche Entschlossenheit aus der hochgebäumten Brust; Dulden, das sich in Trotz verwandelt, Leiden, das innen zur Kraft geworden ist, gibt dieser gequälten Gestalt eine neue und furchtbare Majestät. Selbst der Haß kann auf diesem Blatte die Hoheit nicht leugnen, mit der Marie Antoinette die Schmach des Schinderkarrens durch ihre großartige Haltung bezwingt.

Der riesige Revolutionsplatz, die heutige Place de la Concorde, ist schwarz von Menschen. Zehntausende stehen seit frühmorgens auf den Beinen, um das einmalige Schauspiel nicht zu versäumen, wie eine Königin stirbt, die, nach dem groben Worte Héberts, »vom nationalen Rasiermesser balbiert wird«. Stundenlang wartet schon die neugierige Menge. Um sich nicht zu langweilen, plaudert man ein wenig mit einer hübschen Nachbarin, man lacht, man schwätzt, man kauft den Ausrufern Journale oder Karikaturen ab, man durchblättert die neueste aktuelle Broschüre »Les Adieux de la Reine à ses mignons et mignonnes« oder »Grandes fureurs de la ci-devant Reine«. Man rät und munkelt, wessen Kopf morgen und übermorgen hier in den Korb fallen wird, und zwischendurch holt man sich Limonade, Brötchen oder Nüsse von den Straßenhändlern: die große Szene ist schon einige Geduld wert.

Über diesem neugierig wogenden schwarzen Gewühl erheben sich starr, das einzig Leblose im menschenbelebten Raum, zwei Silhouetten: die schlanke Linie der Guillotine, dieser hölzernen Brücke, die vom Diesseits ins Jenseits führt; von ihrem Stirnjoch blitzt in der trüben Oktobersonne der blanke Wegweiser, das frisch geschliffene Beil. Leicht und frei schneidet sie gegen den grauen Himmel, vergessenes Spielzeug eines schaurigen Gottes, und die Vögel, die nicht die finstere Bedeutung dieses grausamen Instrumentes ahnen, spielen in unbekümmertem Flug über sie hin.

Streng aber und ernst erhebt sich daneben, das Tor des Todes stolz überragend, das riesige Standbild der Freiheit auf dem Sockel, der früher das Denkmal Ludwigs XV. getragen. Still sitzt sie da, die unnahbare Göttin, das Haupt gekrönt von der phrygischen Mütze, sinnend das Schwert in der Hand; sie sitzt da, steinern im Stein, die Göttin der Freiheit, und träumt vor sich hin. Ihre weißen Augen starren hinweg über die ewig unruhige Menge zu ihren Füßen und weit hinaus über die nachbarliche Mordmaschine, irgend etwas Fernem und Unsichtbarem entgegen. Sie sieht nicht das Menschliche um sich, nicht das Leben, nicht den Tod, die unbegreifliche und ewig geliebte Göttin mit den träumenden Augen aus Stein. Sie hört nicht die Schreie all derer, die sie anrufen, sie spürt nicht die Kränze, die man um ihre steinernen Knie legt, und nicht das Blut, das die Erde zu ihren Füßen düngt. Ein ewiger Gedanke, fremd unter den Menschen, sitzt sie stumm und starrt in die Ferne, auf ihr unsichtbares Ziel. Sie fragt nicht und weiß nicht, was in ihrem Namen geschieht.

Plötzlich regt sich die Menge, schäumt auf und wird mit einem Male stumm. In dieser Stille hört man jetzt wilde Rufe von der Rue Saint-Honoré her, man sieht die vorausrückende Kavallerie, und jetzt biegt um die Ecke der tragische Karren mit der gefesselten Frau, die einst Herrin von Frankreich war; hinter ihr steht, den Strick stolz in der einen Hand, den Hut demütig in der andern, Samson, der Henker. Völlig still wird es auf dem riesigen Platz. Die Ausrufer rufen nicht mehr, jedes Wort verstummt, so still wird es, daß man das schwere Stapfen des Pferdes und das Ächzen der Räder vernimmt. Die Zehntausende, die eben noch munter schwatzten und lachten, sehen plötzlich beklommen mit einem gebannten Gefühl des Grauens auf die blasse gebundene Frau, die keinen von ihnen anblickt. Sie weiß: nur diese letzte Probe noch! Nur fünf Minuten Sterben noch und dann Unsterblichkeit.

Der Karren hält vor dem Schafott. Ruhig und ohne Hilfe, »mit einem noch steinerneren Gesicht als beim Verlassen des Gefängnisses«, tritt die Königin, jede Hilfe zurückweisend, die bretternen Stufen des Schafotts empor; sie schreitet genauso leicht und beschwingt in ihren schwarzen, hochstöckeligen Atlasschuhen diese letzten Stufen hinauf wie einst die marmornen Treppen von Versailles. Einen verlorenen Blick jetzt noch über das widrige Gewühl hinweg in den Himmel vor ihr! Erkennt sie drüben im herbstlichen Nebel die Tuilerien, in denen sie gewohnt und Unsägliches erlitten hat? Erinnert sie sich noch, in dieser letzten, schon allerletzten Minute, da ebendieselben Massen sie begeistert im gleichen Garten als Thronfolgerin begrüßten? Man weiß es nicht. Niemand kennt die letzten Gedanken einer Sterbenden. Und schon ist es vorbei. Die Henker fassen sie rücklings an, ein rascher Wurf auf das Brett, den Kopf unter die Schneide, ein Riß am Strang, ein Blitz des niedersausenden Messers, ein dumpfer Schlag, und schon packt Samson an den Haaren ein entblutetes Haupt und hebt es sichtbar empor über den Platz. Mit einem Stoß rettet sich jetzt das atemstockende Grauen der Zehntausende in einen wilden Schrei. »Es lebe die Republik!« donnerte es wie aus einer von rasendem Würgen befreiten Kehle. Dann zerstreut sich beinahe hastig die Menge. Parbleu, es ist wirklich schon ein Viertel über zwölf geworden, hohe Zeit zum Mittagbrot; jetzt rasch nach Hause. Wozu noch länger herumstehen! Morgen und alle die nächsten Wochen und Monate kann man doch auf dem gleichen Platz beinahe täglich dasselbe Schauspiel nochmals und nochmals sehen.

Es ist Mittag. Die Menge hat sich zerstreut. In einem kleinen Schubkarren fährt der Nachrichter die Leiche weg, den blutigen Kopf zwischen den Beinen. Ein paar Gendarmen bewachen noch das Schafott. Aber niemand kümmert sich um das langsam in die Erde sickernde Blut. Der Platz wird wieder leer.

Nur die Göttin der Freiheit, in ihren weißen Stein gebannt, ist unbeweglich auf ihrem Platz geblieben und starrt weiter und weiter auf ihr unsichtbares Ziel. Sie hat nichts gesehen, nichts gehört. Streng blickt sie über das wilde und törichte Tun der Menschen hinweg in die ewige Ferne. Sie weiß nicht und will nicht wissen, was in ihrem Namen geschieht.

Die Totenklage

Es ereignet sich in jenen Monaten zuviel in Paris, als daß man lange an einen einzigen Tod denken könnte. Je rascher die Zeit läuft, um so mehr verkürzt sich das Gedächtnis der Menschen. Ein paar Tage, ein paar Wochen, und es ist bereits völlig vergessen in Paris, daß eine Königin Marie Antoinette geköpft und begraben wurde. Gerade am Tage nach der Hinrichtung noch heult Hébert in seinem »Père Duchesne«: »Ich habe den Kopf des weiblichen Veto in einen Sack fallen sehen, und ich wollte, verdammt (›foutre‹), das Vergnügen der Sansculotten schildern können, als die Erztigerin in dem Wagen mit den sechsunddreißig Stangen Paris durchfahren hat... Ihr verfluchter Kopf wurde endlich von ihrem Hurennacken getrennt, und die Luft donnert – verdammt – von den Schreien: Es lebe die Republik!« Aber man hört ihm kaum zu, im Jahre des Terrors hat jeder Angst um das eigene Haupt. Inzwischen bleibt der Sarg auf dem Friedhof unbeerdigt stehen, wegen eines einzigen Menschen gräbt man, es wäre zu kostspielig, kein Grab. Man wartet auf Nachschub von der fleißigen Guillotine, und erst als ein Schock beisammen ist, wird der Sarg Marie Antoinettes mit ungelöschtem Kalk übergossen und zugleich mit den neu eingelieferten in ein Massengrab geworfen. Damit ist alles erledigt. Im Gefängnis läuft und heult noch einige Tage der kleine Hund der Königin unruhig hin und her, schnüffelt von Zimmer zu Zimmer und springt auf alle Matratzen, um seine Herrin zu suchen, dann wird auch er gleichgültig, und der Gefängniswärter nimmt ihn mitleidig zu sich. Ferner: in das Stadtamt kommt ein Totengräber und legt die Rechnung vor: »Sechs Livres für den Sarg der Witwe Capet, fünfzehn Livres fünfunddreißig Sous für das Grab und die Totengräber.« Dann rafft ein Gerichtsdiener noch die paar armseligen Kleidungsstücke der Königin zusammen, legt einen Akt an und sendet sie dann hinüber in ein Hospital; arme alte Weiber tragen sie, ohne zu wissen, ohne zu fragen, wem sie vordem gehört. Damit ist für die Zeitgenossen abgetan, was Marie Antoinette hieß: als wenige Jahre später ein Deutscher nach Paris kommt und nach dem Grab der Königin fragt, findet sich schon in der ganzen Stadt kein einziger Mensch mehr, der Auskunft geben könnte, wo die einstige Königin von Frankreich begraben liegt.

Auch jenseits der Grenzen bewirkt die Hinrichtung Marie Antoinettes – man hat sie ja erwartet – nicht viel Aufregung. Der Herzog von Coburg, zu feige, um sie rechtzeitig zu retten, verkündet im Armeebefehl pathetisch Rache. Der Graf von Provence, der mit dieser Hinrichtung abermals einen kräftigen Schritt auf den späteren Ludwig XVIII. zu gemacht hat – nur der kleine Junge in Temple muß noch versteckt oder beiseite geschafft werden –, läßt scheinbar gerührt fromme Totenmessen lesen. Am Wiener Hofe verordnet Kaiser Franz, der zu lässig gewesen ist, auch nur einen Brief zur Rettung der Königin zu schreiben, strengste Hoftrauer. Die Damen kleiden sich in Schwarz, Seine Kaiserliche Majestät besuchen ein paar Wochen kein Theater, die Zeitungen schreiben, wie anbefohlen, mit der größten Entrüstung über die bösen Jakobiner in Paris. Man ist so gnädig, die Diamanten zu übernehmen, die Marie Antoinette Mercy anvertraut hatte, und später die Tochter im Austausch gegen die gefangenen Kommissare; aber als es dann gilt, die Summen für die Rettungsversuche zurückzuerstatten und Schuldbriefe der Königin einzulösen, bekommt der Wiener Hof plötzlich ein hartes Ohr. Überhaupt, man läßt sich nicht gern an die Hinrichtung der Königin erinnern, etwas bedrückt es sogar das kaiserliche Gewissen, so erbärmlich vor der Welt eine Blutsverwandte preisgegeben zu haben. Noch Jahre später vermerkt Napoleon: »Es war ein im Hause Österreich unbedingt gültiger Grundsatz, über die Königin von Frankreich tiefes Stillschweigen zu bewahren. Bei dem Namen ›Marie Antoinette‹ senken sie die Blicke und geben dem Gespräch eine andere Wendung, als wollten sie einem ungelegenen, peinlichen Thema entgehen. Das ist eine von der ganzen Familie befolgte Regel, die auch ihren auswärtigen Vertretern nahegelegt wird.«

Einen einzigen Menschen trifft die Nachricht mitten ins Herz: Fersen, den Treuesten der Treuen. Täglich hat seine Angst das Entsetzliche erwartet: »Seit langem suche ich mich bereits darauf vorzubereiten, und ich glaube, ich werde deshalb die Nachricht ohne große Erschütterung empfangen.« Aber als dann die Zeitungen in Brüssel eintreffen, fühlt er sich zerschmettert. »Die mir mein ganzes Leben bedeutete«, schreibt er an die Schwester, »und die ich nie aufgehört habe zu lieben, nein, nie, keinen einzigen Augenblick, und der ich alles, alles geopfert hätte, sie, von der ich nun erst wahrhaftig fühle, was sie mir war, und für die ich tausend Leben gegeben hätte, sie ist nicht mehr. Oh, mein Gott, warum mich so strafen, wodurch habe ich deinen Zorn verdient? Sie lebt nicht mehr, mein Schmerz hat seinen Höhepunkt erreicht, und ich begreife nicht, wieso ich selber noch lebe. Ich weiß nicht, wieso ich noch meinen Schmerz ertrage, denn er ist maßlos und wird nie erlöschen können. Ich werde sie immer in meiner Erinnerung gegenwärtig haben, um sie zu beweinen. Meine teure Freundin, ach, warum bin ich nicht an ihrer Seite gestorben, für sie, an jenem 20. Juni, ich wäre glücklicher gewesen, als jetzt mein Leben in ewigem Leid dahinzuschleppen, mit Vorwürfen, die erst mit meinem Leben enden werden, denn nie wird ihr angebetetes Bild in meiner Erinnerung vergehen.« Nur seiner Trauer, spürt er, kann er jetzt noch leben, nur dem

Gedanken an sie: »Der einzige Gegenstand, der mich ausfüllte, der allein für mich alles in sich vereinigte, ist nicht mehr, und jetzt erst erfasse ich, wie sehr ich ihr verfallen war. Ihr Bild hört nicht auf, mich zu beschäftigen, es verfolgt mich und wird mich überallhin ohne Unterlaß verfolgen, ich kann nur von ihr sprechen und mir die schönsten Augenblicke meines Lebens ins Gedächtnis rufen. Ich habe Auftrag gegeben, in Paris alles zu kaufen, was an Erinnerungszeichen von ihr noch aufzutreiben ist; alles von ihr ist heilig, es sind Reliquien, die ewig Gegenstand meiner treuen Bewunderung sein werden.« Nichts kann ihm seinen Verlust ersetzen. Monatelang später noch schreibt er in sein Tagebuch: »Oh, ich fühle jeden Tag, wieviel ich verloren habe und wie sie in jeder Hinsicht vollkommen war. Niemals gab es eine Frau wie sie oder wird es je eine geben.« Jahre und Jahre vermindern nicht seine Erschütterung, alles wird ihm erneuter Anlaß, der Entrissenen zu gedenken. Als er 1796 nach Wien kommt und dort zum erstenmal die Tochter Marie Antoinettes am kaiserlichen Hof sieht, ist der Eindruck so stark, daß ihm die Tränen in die Augen treten: »Meine Knie zitterten unter mir, während ich die Treppen hinabstieg. Ich fühlte sehr viel Schmerz und sehr viel Lust und war tief bewegt.«

Immer wenn er die Tochter sieht, werden ihm im Gedenken an die Mutter die Augen feucht, es zieht ihn hin zu diesem Blut aus ihrem Blute. Aber nicht ein einziges Mal wird es ihr erlaubt, das Wort an Fersen zu richten. Ist es jener geheime Erlaß des Hofs, die Aufgeopferte vergessen zu machen, oder die Strenge des Beichtigers, der vielleicht von der »sträflichen« Beziehung zur Mutter des Mädchens weiß? Ungern sieht der österreichische Hof Fersens Gegenwart, und gerne sieht er ihn wieder abreisen: das Wort »Dank« aber hat der Getreueste nie vom Hause Habsburg gehört.

Nach dem Tode Marie Antoinettes wird Fersen ein unfreundlicher, ein harter Mann. Ungerecht und kalt scheint ihm die Welt, unsinnig das Leben, sein politischer, sein diplomatischer Ehrgeiz ist völlig zu Ende. In den Kriegsjahren durchirrt er Europa als Gesandter, bald ist er in Wien, in Karlsruhe, in Rastatt, in Italien und Schweden; er knüpft Beziehungen zu andern Frauen an, aber all das beschäftigt und beruhigt ihn nicht innerlich; immer wieder taucht in seinem Tagebuch ein Beweis dafür auf, wie sehr der Liebende im letzten nur dem geliebten Schatten lebt. Am 16. Oktober, ihrem Todestag, heißt es noch nach Jahren: »Dieser Tag ist für mich ein Tag der Ehrfurcht. Ich habe niemals vergessen können, was ich verloren habe, mein Bedauern wird so lange leben wie ich selber.« Aber noch ein zweites Datum zeichnet Fersen immer wieder als Schicksalstag seines Lebens ein, den 20. Juni. Nie konnte er es sich verzeihen, an diesem Tage der Flucht nach Varennes dem Befehl Ludwigs XVI. nachgegeben zu haben und Marie Antoinette in der Gefahr allein gelassen zu haben; immer mehr fühlt er diesen Tag als eine persönliche, eine noch nicht eingelöste Schuld. Es wäre besser gewesen und heldenhafter, klagt er sich immer von neuem an, damals vom Volk in Stücke gerissen zu werden als so weiterzuleben und sie zu überleben, das Herz ohne Freude, die Seele von Vorwürfen beschwert. »Warum bin ich damals nicht für sie gestorben, am 20. Juni?« – immer wieder steht dieser mystische Vorwurf anklagend in seinem Tagebuch.

Aber das Schicksal liebt die Analogien des Zufalls und das geheimnisvolle Spiel der Zahlen; nach Jahren erfüllt es ihm seinen romantischen Wunsch. Gerade an diesem Tag, einem 20. Juni, findet Fersen diesen erträumten Tod und findet ihn genauso, wie er ihn für sich gewollt. Fersen ist allmählich, ohne Würden anzustreben, kraft seines Namens in seiner Heimat ein mächtiger Mann geworden: Adelsmarschall und der einflußreichste Ratgeber des Königs, ein mächtiger Mann; aber ein harter, ein strenger Mann, ein Herrenmensch im Sinne des vergangenen Jahrhunderts. Seit jenem Tag von Varennes haßt er das Volk, weil es ihm seine Königin geraubt hat, als einen bösartigen Pöbel, als niederträchtige Canaille, und das Volk haßt diesen Adeligen herzhaft zurück. Heimlich verbreiten seine Feinde, dieser freche Feudalherr wolle, um an Frankreich Rache zu nehmen, selber König von Schweden werden und die Nation in den Krieg zerren. Und als im Juni 1810 der Thronfolger von Schweden plötzlich stirbt, entsteht in ganz Stockholm auf unerklärbare Weise ein Gerücht, ein wildes, gefährliches Gerede, der Adelsmarschall von Fersen habe ihn mit Gift aus dem Wege geräumt, um selber nach der Krone zu greifen. Seit diesem Augenblick ist Fersens Leben vom Volkszorn genauso bedroht wie das Marie Antoinettes während der Revolution. Deshalb warnen am Tage des Begräbnisses wohlmeinende Freunde, die von allerhand Plänen gehört haben, den trotzigen Mann, er solle nicht an der Leichenfeier teilnehmen, sondern lieber vorsichtig zu Hause bleiben. Aber es ist der 20. Juni, Fersens mystischer Schicksalstag: ein dunkler Wille drängt ihn, das vorgeträumte Fatum zu erfüllen. Und genau das geschieht an diesem 20. Juni in Stockholm, was achtzehn Jahre vorher in Paris geschehen wäre, wenn die Menge Fersen als Begleiter Marie Antoinettes im Wagen gefunden hätte; kaum verläßt die Karosse das Schloß, so sprengt ein wütender Pöbel den Kordon der Truppen, reißt mit den Fäusten den grauhaarigen Mann aus dem Wagen und schlägt mit Stöcken und Steinen den Wehrlosen nieder. Das Traumbild des 20. Juni hat sich erfüllt; zerstampft von demselben wilden, unzähmbaren Element, das Marie Antoinette auf das Schafott getragen, liegt vor dem

Stockholmer Rathaus blutend und verstümmelt der Leichnam des »schönen Fersen«, des letzten Paladins der letzten Königin. Das Leben konnte ihn ihr nicht verbinden, so stirbt er wenigstens an ihrem gemeinsamen Schicksalstag für sie symbolischen Tod.

Mit Fersen ist der letzte dahingegangen, der dem Gedächtnis Marie Antoinettes liebend verbunden war. Kein Mensch aber und kein Schatten ist wahrhaft länger lebendig, als solange er von irgendeinem Wesen auf Erden noch wahrhaft geliebt wird. Fersens Totenklage ist das letzte Wort der Treue, dann wird es völlig stumm. Bald sterben die anderen Getreuen ihr nach, Trianon verfällt, seine zierlichen Gärten verwildern, die Bilder, die Möbel, in deren harmonischem Beisammensein sie die eigene Anmut gespiegelt, werden versteigert und verschleudert, damit ist die letzte sichtbare Spur ihres Dagewesenseins endgültig dahin. Und wieder rinnt Zeit in die Zeit, Blut über Blut, die Revolution erlischt im Konsulat, Bonaparte kommt, bald heißt er Napoleon, Kaiser Napoleon und holt sich eine andere Erzherzogin aus dem Hause Habsburg zu neu verhängnisvoller Hochzeit. Aber auch sie, Marie Louise, obwohl durch gleiches Blut verbunden, fragt – unfaßbar dies für unser Gefühl – in ihrer dumpfen Herzensträgheit nicht ein einziges Mal nach, wo die Frau ihren bittern Schlaf schläft, die vor ihr in denselben Räumen derselben Tuilerien gelebt und gelitten hat: nie ist eine noch atemnahe Gestalt, eine Königin so grausamkalt von ihren nächsten Angehörigen und Nachfahren vergessen worden. Endlich kommt die Wende, ein Erinnern aus schlechtem Gewissen. Der Graf von Provence ist über die Leichen von drei Millionen schließlich doch als Ludwig XVIII. den französischen Thron emporgestiegen, endlich, endlich ist der Schattengänger am Ziel. Da sie glücklich beseitigt sind, die seinem Ehrgeiz so lange den Weg gesperrt, Ludwig XVI. und Marie Antoinette und ihr unseliges Kind Ludwig XVII., und da die Toten nicht aufstehen können und Klage erheben – warum ihnen nicht nachträglich ein prunkvolles Mausoleum errichten? Jetzt endlich wird Auftrag gegeben, ihre Grabstätte ausfindig zu machen (der eigene Bruder hat nie nach dem Grabe seines Bruders gefragt). Aber nach zweiundzwanzig Jahren so erbärmlicher Gleichgültigkeit ist das nicht mehr leicht, denn in jenem berüchtigten Klostergarten bei der Madeleine, den der Terror mit tausend Leichen düngte, ließ die Schnellarbeit dem Totengräber keine Zeit, einzelne Gräber zu bezeichnen; sie karrten und scharrten nur rasch nebeneinander, was das unersättliche Beil ihnen täglich heranschob. Nulla crux, nulla corona, kein Kreuz, keine Krone macht die verschollene Stätte kenntlich; nur dies weiß man, daß der Konvent befahl, die Königsleichen mit ungelöschtem Kalk zu überschütten. So gräbt man und gräbt. Endlich klirrt der Spaten auf harte Schicht. Und an einem halbvermoderten Strumpfband erkennt man, daß die Handvoll blassen Staubs, die man schaudernd aus der nassen Erde hebt, die letzte Spur jener hingeschwundenen Gestalt ist, die ihrer Zeit die Göttin der Grazie und des Geschmacks, dann aber die geprüfte und erwählte Königin alles Leidens gewesen ist.

Nachbemerkung

Es ist üblich, am Ende eines historischen Buches die benützten Quellen aufzuzählen; in dem besonderen Falle Marie Antoinettes scheint es mir beinahe wichtiger, festzustellen, welche Quellen *nicht* benützt wurden und aus welchen Gründen. Denn schon die sonst sichersten Dokumente, nämlich die eigenhändigen Briefe, erweisen sich hier als unzuverlässig. Marie Antoinette war, es ist mehrfach in diesem Buche erwähnt worden, ihrem ungeduldigen Charakter gemäß, eine lässige Briefschreiberin; beinahe nie setzte sie sich aus freien Stücken, wenn nicht durch wirklichen Zwang gedrängt, an jenen wundervollen zarten Schreibtisch, der heute noch in Trianon zu sehen ist. So war es keineswegs erstaunlich, daß noch zehn, noch zwanzig Jahre nach ihrem Tode soviel wie gar keine Briefe von ihrer Hand bekannt waren, außer jenen unzähligen Rechnungszetteln mit dem unvermeidlichen »Payez, Marie Antoinette«. Die beiden wirklich ausführlichen Korrespondenzen, die sie geführt hat, die mit ihrer Mutter und dem Wiener Hof, und die andere intime mit dem Grafen von Fersen, lagen damals und noch ein halbes Jahrhundert verschlossen in den Archiven, die wenigen veröffentlichten Briefe an die Gräfin Polignac waren gleichfalls in den Originalen unzugänglich. Um so größer darum die Überraschung, als in den vierziger, in den fünfziger, den sechziger Jahren in beinahe jeder Pariser Autographenauktion handschriftliche Briefe auftauchten, die merkwürdigerweise sogar alle die Unterschrift der Königin trugen, während die Königin in Wirklichkeit nur in ganz seltenen Fällen unterzeichnete. Dann kamen Schlag auf Schlag großzügige Veröffentlichungen, eine des Grafen Hunolstein und die (heute noch umfangreichste) Sammlung ihrer Briefe, die Baron Feuillet de Conches besorgte, und als dritte diejenige Klinkowströms, welche – freilich in keusch verstümmelter Auslese – die Briefe Marie Antoinettes an Fersen enthielt. Die Freude der strengen Historiker über diese großartige Bereicherung des Materials war allerdings keine ungetrübte; schon wenige Monate nach ihrer Herausgabe wird eine ganze Reihe der von Hunolstein und Feuillet de Conches veröffentlichten Briefe angezweifelt, eine langwierige Polemik entspinnt sich, und bald war für die redlich Gesinnten kein Zweifel mehr möglich, daß irgendein sehr geschickter, ja genialer Fälscher Echtes mit Falschem auf die verwegenste Art gemischt und gleichzeitig als Unterlagen sogar die falschen Autographen in den Handel gebracht hatte.

Den Namen jenes großartigen Fälschers, eines der geschicktesten, die man kennt, haben die Gelehrten aus einer merkwürdigen Rücksicht nicht genannt. Zwar ließen Flammermont und Rocheterie, die besten Forscher, zwischen den Zeilen deutlich durchblicken, gegen wen sie Verdacht hegten. Heute besteht kein Grund mehr, jenen Namen zu verschweigen und dadurch der Geschichte der Fälschungskunde einen psychologisch ungemein interessanten Fall vorzuenthalten. Der übereifrige Vermehrer des Briefschatzes Marie Antoinettes war kein anderer als der Herausgeber ihrer Briefe. Baron Feuillet de Conches; höherer Diplomat, ein Mann von außergewöhnlicher Bildung, ein ausgezeichneter, amüsanter Schriftsteller und vortrefflicher Kenner der französischen Kulturgeschichte, hatte er zehn oder zwanzig Jahre lang allen Briefen Marie Antoinettes in allen Archiven und privaten Sammlungen nachgespürt und mit wirklich anerkennenswertem Fleiß und großer Kenntnis jenes Werk zusammengestellt – eine Leistung, die heute noch Respekt verdient.

Aber dieser achtenswerte und fleißige Mann hatte eine Leidenschaft, und Leidenschaften sind immer gefährlich: er sammelte Autographen mit wirklicher Passion, galt als der wissenschaftliche Papst auf diesem Gebiet, und wir verdanken ihm in seinen »Causeries d'un curieux« über dieses Sammeln einen ausgezeichneten Aufsatz. Seine Kollektion oder, wie er stolz sagt, sein »cabinet« war das größte in Frankreich, aber welchem Sammler genügt seine Sammlung? Wahrscheinlich weil seine eigenen Mittel nicht ausreichten, seine Mappen so zu vermehren, wie er wünschte, fertigte er eine Anzahl von Autographen, Lafontaines, Boileaus und Racines eigenhändig an, die sogar noch heute manchmal im Handel auftauchen, und verkaufte sie durch Pariser und englische Händler. Aber seine eigentlichen Meisterstücke bleiben unstreitig die gefälschten Briefe Marie Antoinettes. Hier kannte er wie kein zweiter Lebender die Materie, die Schrift und alle Begleitumstände. So war es für ihn nicht allzu schwer, nach sieben wirklich echten Briefen an die Herzogin von Polignac, deren Originale er als erster eingesehen hatte, noch ebensoviel falsche hinzuzudichten oder kleine Billette der Königin an jene ihrer Verwandten zu verfassen, von denen er wußte, daß sie zu ihr in näherer Beziehung standen. Dank seiner besonderen Kenntnis sowohl der graphischen wie der stilistischen Schreibform der Königin zu diesem sonderbaren Geschäft wie kein zweiter befähigt, war er leider auch entschlossen, Fälschungen zu vollführen, deren Meisterlichkeit tatsächlich verwirrend ist, so genau ist hier der Schriftcharakter, mit solcher Einfühlung der Stil nachgeahmt, mit solcher historischen Kenntnis jede Einzelheit ersonnen. So vermag man mit bestem Willen – gestehen wir es ehrlich ein – bei einzelnen Briefen heute überhaupt nicht mehr zu unterscheiden, ob sie echt oder falsch, ob sie von der Königin Marie Antoinette gedacht und geschrieben oder von Baron Feuillet de Conches ersonnen und gefälscht sind. Um ein Beispiel anzuführen, wüßte ich selber nicht von jenem Brief an den Baron Flachslanden, der sich in der Preußischen Staatsbibliothek befindet, mit Sicherheit auszusagen, ob er Original oder Falsifikat ist. Für die Echtheit würde der Text sprechen, für die Fälschung die etwas ruhige und runde Schrift und vor allem der Umstand, daß der frühere Besitzer ihn von Feuillet de Conches erworben hatte. Aus all diesen Gründen ist um der höheren historischen Sicherheit willen in diesem Buche unbarmherzig jedes Dokument unberücksichtigt gelassen worden, dessen Urniederschrift keine andere Herkunftsangabe hat als die verdächtige aus dem »cabinet« des Baron Feuillet de Conches; lieber weniger und echt als mehr und zweifelhaft war das psychologische Grundgesetz für die Briefverwertungen in diesem Buch.

Nicht viel besser im Hinblick auf Verläßlichkeit als mit den Briefen steht es mit den mündlichen Zeugnissen über Marie Antoinette. Beklagen wir bei andern Zeitläuften das Zuwenig an Memoiren und Augenzeugenberichten, so stöhnt man bei der Epoche der Französischen Revolution eher über ein Zuviel. In zyklonischen Jahrzehnten, wo eine Generation ohne Innehalten von einer politischen Welle in die nächste geschleudert wird, bleibt selten Zeit für Besinnung und Übersicht; innerhalb von fünfundzwanzig Jahren erlebt damals ein einzelnes Geschlecht die unerwartetsten Verwandlungen, es erlebt fast pausenlos die letzte Blüte, die Agonie des Königtums, die ersten seligen Tage der Revolution, die grauenhaften des Terrors, das Direktorium, den Aufstieg Napoleons, sein Konsulat, seine Diktatur, das Kaiserreich, das Weltreich, tausend Siege und die entscheidende Niederlage, wiederum einen König und wieder, hundert Tage lang, Napoleon. Endlich, nach Waterloo, kommt die große Ruhepause, nach einem Vierteljahrhundert hat sich ein Weltsturm ohnegleichen ausgetobt. Nun wachen die Menschen auf aus ihrer Angst und reiben sich die Augen. Sie staunen erst, daß sie überhaupt noch leben, dann darüber, wieviel sie in dieser Zeitspanne erlebt haben – uns selber wird es nicht anders ergehen, wenn die Sturzflut, die seit 1914 uns unablässig aufwühlt, wieder einmal abgeebbt sein wird –, und jetzt am sichern Ufer möchten sie alles ruhig und folgerichtig überblicken, was sie wirr und erregt mit angeschaut und miterlebt haben. Jeder will damals Geschichte in Erinnerungen von Augenzeugen lesen, um sich selber das ungeordnete Erlebnis zu rekonstruieren; so entsteht nach 1815 eine genauso hitzige Konjunktur für Memoiren wie bei uns nach dem Weltkrieg für Kriegsbücher. Das wittern bald die Berufsschreiber und Verleger und fabrizieren rasch, ehe das Interesse abklingt – auch dies haben wir erlebt –, für den plötzlich ausgebrochenen Neugierbedarf serienweise Erinnerungen, Erinnerungen, Erinnerungen an die große Zeit. Von jedem, der einmal den inzwischen historisch gewordenen Personen den Ärmel gestreift, fordert das Publikum, er solle seine Erlebnisse erzählen. Da sich aber die armen kleinen Leute, die meist ganz dumpf durch die großen Geschehnisse gestolpert waren, nur an wenig Einzelheiten erinnern und überdies das, woran sie sich noch erinnern, nicht amüsant darzustellen verstehen, so backen findige Journalisten unter ihrem Namen um diese wenigen Rosinen einen dicken Teig, zuckern ihn mit Süßlichkeit und wälzen ihn so lange in sentimentalen Erfindungen, bis daraus ein Buch wird.

Jeder, der damals in den Tuilerien oder in den Gefängnissen oder im Revolutionstribunal ein Stündchen Weltgeschichte miterlebt, kommt jetzt als Autor an die Reihe: die Schneiderin, die Kammerfrau, die erste, zweite, dritte

Zofe, der Friseur, der Gefängniswärter Marie Antoinettes, die erste, die zweite Gouvernante der Kinder, jeder ihrer Freunde. Last not least muß sogar der Henker, Herr Samson, jetzt Memoiren schreiben oder zumindest seinen Namen für irgendein Buch, das ein anderer zusammenklittert, gegen Geld herborgen.

Selbstverständlich widersprechen diese geschwindelten Berichte einer dem andern in jeder Einzelheit, und gerade über die entscheidendsten Vorgänge am 5. und 6. Oktober 1789, über das Verhalten der Königin beim Tuileriensturm, oder über ihre letzten Stunden besitzen wir sieben, acht, zehn, fünfzehn, zwanzig voneinander weit abweichende Fassungen der sogenannten Augenzeugen. Einhellig sind alle nur in der politischen Gesinnung, nämlich in unbedingter, rührender und unerschütterter Königstreue, und dies versteht man, wenn man sich erinnert, daß sie sämtlich mit bourbonischem Privilegium gedruckt sind. Dieselben Diener und Gefängniswärter, die während der Revolution die entschlossensten Revolutionäre waren, können unter Ludwig XVIII. gar nicht genug versichern, wie sehr sie die gütige, edle, reine und tugendhafte Königin heimlich geehrt und geliebt haben: wäre nur ein Bruchteil dieser nachträglich Getreuen 1792 wirklich so getreu und hingebungsvoll gewesen, wie sie 1820 zu erzählen wissen, nie hätte Marie Antoinette die Conciergerie, nie das Schafott betreten. Neun Zehntel der Memoiren jener Zeit entstammen also grober Sensationsmacherei oder byzantinischem Speichelleckertum; und wer historische Wahrheit sucht, tut (im Gegensatz zu den früheren Darstellungen) am besten, alle diese vorgeschobenen Kammerfrauen, Friseure, Gendarmen, Pagen wegen ihres allzu gefälligen Gedächtnisses von vornherein als unglaubhafte Zeugen von der Schranke zu weisen; dies ist hier grundsätzlich geschehen.

Daraus erklärt sich, warum in dieser meiner Darstellung Marie Antoinettes eine ganze Anzahl von Dokumenten, Briefen und Gesprächen als nicht verwertet erscheint, die in allen früheren Büchern unbedenklich benutzt wurden. Manche Anekdote wird der Leser missen, die ihn in jenen Biographien entzückte oder erheiterte, angefangen von jener ersten, da der kleine Mozart in Schönbrunn Marie Antoinette einen Heiratsantrag machte, und so unentwegt weiter bis zur letzten, da die Königin bei der Hinrichtung, dem Henker versehentlich auf den Fuß tretend, höflich »Pardon Monsieur« gesagt haben soll (zu ausdrücklich geistreich erfunden, um wahr zu sein). Vermissen wird man ferner zahlreiche Briefe, vor allem die rührenden an das »cher cœur«, an die Prinzessin von Lamballe, und zwar höchst einfach deshalb, weil sie von Baron Feuillet de Conches geschwindelt und nicht von Marie Antoinette geschrieben sind, ebenso eine ganze Reihe mündlich überlieferter, gefühlvoller und geistreicher Aussprüche, und dies einzig, weil sie mir gerade als zu geistreich und zu gefühlvoll nicht zu dem mehr durchschnittlichen Charakter Marie Antoinettes gehörig erscheint.

Diesem Verlust im Sinne der Empfindsamkeit, nicht in jenem der historischen Wahrhaftigkeit, steht als Gewinn neues und wesentliches Material gegenüber. Vor allem hat eine genaue Durchsicht im Wiener Staatsarchiv ergeben, daß in dem angeblich vollständig veröffentlichten Briefwechsel zwischen Maria Theresia und Marie Antoinette sehr wichtige Briefstellen, und sogar die wichtigsten, um ihrer Intimität willen unterdrückt wurden. Sie sind hier rückhaltlos ausgewertet, weil die eheliche Beziehung Ludwigs XVI. und Marie Antoinettes psychologisch unverständlich ist ohne Kenntnis des lange verschwiegenen physiologischen Geheimnisses. Äußerst bedeutsam war ferner die endliche Säuberung, welche die ausgezeichnete Forscherin Alma Söderhjelm im Archiv der Nachkommen Fersens vorgenommen hat, wobei zahlreiche moralische Übertünchungen auf das glücklichste abgedeckt wurden: die »pia fraus«, die fromme Legende von der troubadourhaften Liebe Fersens zur unnahbaren Marie Antoinette ist dank dieser durch ihre Verstümmelung nur noch überzeugenderen Dokumente nicht länger aufrechtzuerhalten: auch sonst ließen sich viele dunkle oder verdunkelte Einzelheiten erhellen. Weil freier in unserer Auffassung von dem menschlichen und sittlichen Rechten einer Frau, sei sie zufällig auch Königin, haben wir heute den Weg zur Aufrichtigkeit näher und weniger Furcht vor der seelischen Wahrheit, denn wir glauben nicht mehr, wie das frühere Geschlecht, daß es nötig sei, um Anteil für eine historische Gestalt zu gewinnen, ihren Charakter à tout prix idealisieren, sentimentalisieren oder heroisieren zu müssen, also wichtige Wesenszüge zu verschatten und dafür andere tragödienhaft zu übersteigern. Nicht zu vergöttlichen, sondern zu vermenschlichen ist das oberste Gesetz aller schöpferischen Seelenkunde; nicht zu entschuldigen mit künstlichen Argumenten, sondern zu erklären ihre gebotene Aufgabe. Sie ist hier versucht an einem mittleren Charakter, der seine überzeitliche Wirkung einzig einem unvergleichlichen Schicksal und seine innere Größe nur seinem übermäßigen Unglück dankt und der, ich hoffe es zumindest, auch ohne jede Übersteigerung gerade um seiner irdischen Bedingtheit willen Anteil und Verständnis der Gegenwart zu verdienen vermag.

St. Z. 1932

Zeittafel

1755	2. November:	Geburt Marie Antoinettes.
1769	7. Juni:	Schriftliche Brautwerbung durch Ludwig XV.
1770	19. April:	Hochzeit per procurationem in Wien.
	16. Mai:	Hochzeit in Versailles.
	24. Dezember:	Choiseul fällt in Ungnade.
1772	11. Januar:	Ankunft Rohans in Wien.
	5. August:	Teilung Polens.
1773	8. Juni:	Einzug der Dauphine in Paris.
1774	10. Mai:	Tod Ludwigs XV.
		Das Halsband wird Marie Antoinette zum ersten Male angeboten.
		Fersen zum ersten Male in Versailles.
		Abberufung Rohans aus Wien.
		Beaumarchais verkauft seine Schmähschrift an Maria Theresia.
1777	April/Mai:	Besuch Josephs II. in Versailles.
	August:	Erstes intimes Beisammensein der Gatten.
1778	19. Dezember:	Geburt der Madame Royale, späteren Herzogin von Angoulême.
1779		Erstes Pamphlet gegen Marie Antoinette.
1780	1. August:	Erstes Auftreten auf dem Theater in Trianon.
	29. November:	Tod Maria Theresias.
1781	22. Oktober:	Geburt des ersten Dauphins.
1783	3. September:	Friede von Versailles – Anerkennung

		der Vereinigten Staaten durch England.
1784	27. April:	Erstaufführung des »Figaro« im Théâtre français.
	11. August:	Fingierte Begegnung mit Rohan im Bosquet de Vénus.
1785	29. Januar:	Rohan kauft das Halsband.
	27. März:	Geburt des zweiten Dauphins.
	15. August:	Verhaftung Rohans in Versailles.
	19. August:	Aufführung des »Barbiers« in Trianon, zugleich letzte Theatervorstellung dort.
1786	31. Mai:	Urteilsverkündung in der Halsbandaffäre.
	9. Juli:	Geburt der Prinzessin Sophie-Beatrix.
1788		Beginnende Intimität mit Fersen.
	8. August:	Einberufung der Generalstände für den 1. Mai 1789. Necker abermals Minister.
1789	5. Mai:	Eröffnung der Generalstände.
	3. Juni:	Tod des ersten Dauphins.
1789	17. Juni:	Der 3. Stand konstituiert sich als Nationalversammlung.
	20. Juni:	Schwur im Ballhaus.
	25. Juni:	Pressefreiheit.
	11. Juli:	Necker wird verbannt.
	13. Juli:	Errichtung der Nationalgarde.
	14. Juli:	Erstürmung der Bastille.
	16. Juli:	Beginn der Emigration (Artois, Polignac).
	Ende August:	Fersen in Versailles.
	1. Oktober:	Bankett der Gardes du corps.
	5. Oktober:	Zug des Pariser Volkes nach Versailles.
	6. Oktober:	Fahrt der königlichen Familie nach Paris. – Gründung des Jakobinerklubs in Paris.

1790	20. Februar:	Tod Josephs II.
	4. Juni:	Letzter Sommeraufenthalt in Saint-Cloud.
	3. Juli:	Begegnung mit Mirabeau.
1791	2. April:	Tod Mirabeaus.
	20.–25. Juni:	Flucht nach Varennes. – Barnave und seine Freunde in den Tuilerien.
	14. September:	Eidesleistung des Königs auf die Verfassung.
	1. Oktober:	Assemblée législative.
1792	13.–14. Februar:	Fersen zum letztenmal in den Tuilerien.
	20. Februar:	Marie Antoinette zum letztenmal im Theater.
	1. März:	Tod Leopolds II.
	24. März:	Ministerium Roland.
	29. März:	Tod Gustavs von Schweden.
	20. April:	Kriegserklärung Frankreichs an Österreich.
	13. Juni:	Ministerium Roland entlassen.
	19. Juni:	Veto des Königs.
	20. Juni:	Erster Tuileriensturm.
	10. August:	Erstürmung der Tuilerien. Danton Justizminister.
	13. August:	Suspendierung der königlichen Gewalt. – Überführung der königlichen Familie in den Temple.
	22. August:	Erster Aufstand in der Vendée.
	2. September:	Fall von Verdun.
	2.–5. September:	Septembermorde.
	3. September:	Ermordung der Prinzessin von Lamballe.
	20. September:	Kanonade von Valmy.
	21. September:	Konvent (Convention nationale). – Abschaffung des Königtums, Ausrufung der Republik.
	6. November:	Schlacht bei Jemappes.

	11. Dezember:	Beginn des Prozesses gegen Ludwig XVI.
1793	4. Januar:	Zweite Teilung Polens.
	21. Januar:	Hinrichtung Ludwigs XVI.
	10. März:	Einführung des Revolutionstribunals.
	31. März:	Räumung Belgiens durch die Franzosen.
	4. April:	Dumouriez geht zum Feind über.
	29. Mai:	Aufstand in Lyon.
1793	3. Juli:	Trennung des Dauphins von Marie Antoinette.
	1. August:	Überführung in die Conciergerie.
	3. Oktober:	Anklage gegen die Girondisten.
	9. Oktober:	Fall von Lyon.
	12. Oktober:	Erstes Verhör Marie Antoinettes.
	14. Oktober:	Beginn der Verhandlung gegen Marie Antoinette.
	16. Oktober:	Hinrichtung der Königin.
1795	8. Juni:	Angeblicher Tod des Dauphins (Ludwigs XVII.).
1814		Ludwig XVIII. (vormals Graf von Provence) König von Frankreich.

Maria Stuart

Einleitung

Das Klare und Offenbare erklärt sich selbst, Geheimnis aber wirkt schöpferisch. Immer werden darum jene Gestalten und Geschehnisse der Geschichte nach abermaliger Deutung und Dichtung verlangen, die ein Schleier von Ungewißheit umschattet. Als das geradezu klassische Kronbeispiel für solchen unausschöpfbaren Geheimnisreiz eines historischen Problems darf die Lebenstragödie Maria Stuarts gelten. Kaum eine andere Frau der Weltgeschichte hat so viel Literatur gezeitigt, Dramen, Romane, Biographien und Diskussionen. Durch mehr als drei Jahrhunderte hat sie immer wieder die Dichter verlockt, die Gelehrten beschäftigt, und noch immer erzwingt sich mit unverminderter Kraft ihre Gestalt neue Gestaltung. Denn es ist der Sinn alles Verworrenen, nach der Klarheit sich zu sehnen, und alles Dunklen, nach dem Licht.

Aber auch ebenso gegensätzlich wie häufig ist das Lebengeheimnis Maria Stuarts gestaltet und gedeutet worden: es gibt vielleicht keine Frau, die in so abweichender Form gezeichnet worden wäre, bald als Mörderin, bald als Märtyrerin, bald als törichte Intrigantin, bald als himmlische Heilige. Allein diese Verschiedenheit ihres Bildes ist merkwürdigerweise nicht verschuldet durch Mangel an überliefertem Material, sondern durch seine verwirrende Überfülle. In die Tausende und Abertausende gehen die aufbewahrten Dokumente, Protokolle, Akten, Briefe und Berichte: immer von andern und immer mit neuem Eifer ist seit drei Jahrhunderten von Jahr zu Jahr der Prozeß um ihre Schuld oder Unschuld erneuert worden. Aber je gründlicher man die Dokumente durchforscht, um so schmerzlicher wird man an ihnen der Fragwürdigkeit aller historischen Zeugenschaft (und damit Darstellung) gewahr. Denn wenn auch handschriftlich echt und alt und archivalisch beglaubigt, muß ein Dokument darum durchaus noch nicht verläßlich und menschlich wahr sein. Kaum irgendwo deutlicher als im Falle Maria Stuarts vermag man festzustellen, in wie wilder Abweichung zur selben Stunde ein und dasselbe Geschehnis von zeitgenössischen Beobachtern berichtet werden kann. Gegen jedes dokumentarisch bezeugte Ja steht hier ein dokumentarisch bezeugtes Nein, gegen jede Anschuldigung eine Entschuldigung. Falsches ist Echtem, Erfundenes dem Tatsächlichen so verwirrend beigemengt, daß man eigentlich jede Art der Auffassung auf das glaubwürdigste darzutun imstande ist: wer beweisen will, daß sie an der Ermordung ihres Gatten mitschuldig war, kann Dutzende von Zeugenaussagen beibringen, und ebenso, wer sie als unbeteiligt darzustellen bemüht ist; für jede Ausmalung ihres Charakters sind die Farben im voraus gemischt. Mengt sich dann in solche Wirrnis der vorliegenden Berichte gar noch die Parteilichkeit der Politik oder des Nationalpatriotismus, so muß die Verzerrung des Bildes noch gewaltsamer werden. Ohnedies schon vermag sich die menschliche Natur, sobald zwischen zwei Menschen, zwei Ideen, zwei Weltanschauungen ein Streit um Sein oder Nichtsein geht, kaum der Versuchung zu entziehen, Partei zu nehmen, dem einen recht zu geben und dem andern unrecht, den einen schuldig zu nennen und den andern unschuldig. Gehören aber, wie in dem vorliegenden Falle, die Darsteller meist selbst noch einer der beiden kämpfenden Richtungen, Religionen oder Weltanschauungen an, so ist ihre Einseitigkeit beinahe zwanghaft vorausbestimmt; im allgemeinen haben die protestantischen Autoren alle Schuld restlos auf Maria Stuart, die katholischen auf Elisabeth gehäuft. Bei den englischen Darstellern erscheint sie beinahe immer als Mörderin, bei den schottischen als makelloses Opfer niederträchtiger Verleumdung. Die Kassettenbriefe, das strittigste Diskussionsobjekt, beeiden die einen ebenso unerschütterlich als echt wie die andern als Fälschung, bis in das kleinste Geschehen mengt sich die parteiische Farbgebung aufdringlich ein. Vielleicht hat darum der Nichtengländer und Nichtschotte, er, dem jene blutmäßige Einstellung und Verbundenheit fehlen, eine reinere und vorurteilslosere Möglichkeit zur Objektivität; vielleicht ist es ihm eher gegönnt, an diese Tragödie ausschließlich mit dem zugleich leidenschaftlichen und doch unparteiischen Interesse des Künstlers heranzutreten.

Freilich, auch er wäre verwegen, wollte er vorgeben, die Wahrheit, die ausschließliche Wahrheit über alle Lebensumstände Maria Stuarts zu wissen. Was er erreichen kann, ist nur ein Maximum von Wahrscheinlichkeit, und selbst was er mit bestem Wissen und Gewissen als Objektivität empfindet, wird noch immer subjektiv sein. Denn da die Quellen nicht rein fließen, wird er aus Trübem seine Klarheit zu gewinnen haben. Da die gleichzeitigen Berichte einander widersprechen, wird er bei jeder Einzelheit in diesem Prozeß zwischen Entlastungs- und Belastungszeugnissen wählen müssen. Und so vorsichtig er auch wählen mag, manchmal wird er doch am redlichsten tun, seine Meinung mit einem Fragezeichen zu versehen und einzugestehen, daß die eine oder andere Lebenstatsache Maria Stuarts im Sinne der Wahrheit dunkel geblieben ist und wohl auch für immer bleiben wird.

In dem vorliegenden Versuche ist darum strenge das Prinzip gewahrt, alle jene Aussagen überhaupt nicht zu verwerten, die auf der Folter oder sonst durch Angst oder Zwang abgerungen wurden: erpreßte Geständnisse darf ein wirklicher Wahrheitssucher nie als voll und gültig annehmen. Ebenso wurden die Berichte der Spione und Gesandten (beinahe dasselbe in jener Zeit) nur mit äußerster Vorsicht benützt und jedes Schriftstück von vorneweg angezweifelt; wenn dennoch hier die Ansicht vertreten ist, daß die Sonette und zum Großteil auch die Kassettenbriefe für echt zu halten seien, so geschieht es nach strengster Überprüfung und unter Vorlegung der persönlich überzeugenden Gründe. Überall, wo in den archivalischen Dokumenten gegensätzliche Behauptungen sich kreuzen, wurden beide auf Ursprung und politisches Motiv genau untersucht und, wenn eine Entscheidung zwischen einer und der anderen unvermeidlich war, als letzter Maßstab gesetzt, inwieweit die Einzelhandlung psychologisch mit dem Gesamtcharakter in Einklang zu bringen war.

Denn an sich ist der Charakter Maria Stuarts gar nicht so geheimnisvoll: er ist uneinheitlich nur in seinen äußeren Entwicklungen, innerlich aber vom Anfang bis zum Ende einlinig und klar. Maria Stuart gehört zu jenem sehr seltenen und erregenden Typus von Frauen, deren wirkliche Erlebnisfähigkeit auf eine ganz knappe Frist zusammengedrängt ist, die eine kurze, aber heftige Blüte haben, die sich nicht ausleben in einem ganzen Leben, sondern nur in dem engen und glühenden Raum einer einzigen Leidenschaft. Bis zum dreiundzwanzigsten Jahre atmet ihr Gefühl still und flach, und ebenso wogt es vom fünfundzwanzigsten an nicht ein einziges Mal mehr stark empor, dazwischen aber tobt sich in zwei knappen Jahren ein Ausbruch von elementarer Großartigkeit orkanisch aus, und aus mittlerem Schicksal erhebt sich plötzlich eine Tragödie antikischen Maßes, groß und gewaltig gestuft wie die Orestie. Nur in diesen zwei Jahren ist Maria Stuart wahrhaft eine tragödische Gestalt, nur unter diesem Druck reißt sie sich über sich selbst empor, ihr Leben durch dieses Übermaß zerstörend und zugleich dem Ewigen bewahrend. Und nur dank dieser einen Leidenschaft, die sie menschlich vernichtete, lebt ihr Name noch heute in Dichtung und Deutung fort.

Mit dieser besonders komprimierten Form des inneren Lebenslaufs auf einen einzigen so explosiven Augenblick ist einer jeden Darstellung Maria Stuarts eigentlich von vornherein Form und Rhythmus schon vorgeschrieben; der Nachbildner muß einzig bemüht sein, diese so steil aufschießende und jäh in sich zurückfallende Lebenskurve in ihrer ganzen überraschenden Einmaligkeit in Erscheinung zu bringen. Man empfindet es deshalb nicht als Widerspruch, wenn innerhalb dieses Buches die breiten Zeitspannen ihrer ersten dreiundzwanzig Jahre und wiederum die der fast zwanzig ihrer Gefangenschaft zusammen nicht mehr Raum einnehmen als die zwei Jahre ihrer leidenschaftlichen Tragödie. Denn nur scheinbar ist in der Sphäre eines gelebten Schicksals die äußere und die innere Zeit dieselbe; in Wahrheit bedingt einzig Erfülltheit mit Erlebnis das Maß einer Seele – anders zählt sie von innen den Ablauf der Stunden als der kalte Kalender. Berauscht von Gefühl, selig entspannt und mit Schicksal befruchtet, kann sie unendliche Fülle erfahren in kürzester Frist und abgelöst von der Leidenschaft wiederum endlose Jahre der Leere empfinden, als gleitende Schatten, als taubes Nichts. Darum zählen in einer Lebensgeschichte nur die gespannten, die entscheidenden Augenblicke, darum wird sie nur in ihnen und von ihnen aus gesehen richtig erzählt. Einzig dann, wenn ein Mensch seine ganzen Kräfte ins Spiel bringt, ist er für sich, ist er für die anderen wahrhaft lebendig; immer nur dann, wenn ihm innen die Seele lodert und glüht, wird er auch äußerlich Gestalt.

Dramatis personae

Erster Schauplatz	Schottland	1542–1548
Zweiter Schauplatz	Frankreich	1548–1561
Dritter Schauplatz	Schottland	1561–1568
Vierter Schauplatz	England	1568–1587

Schottland

JAMES V. (1512–1542), Vater Maria Stuarts

MARIE VON GUISE-LOTHRINGEN (1515–1560), seine Gattin, Mutter Maria Stuarts

MARIA STUART (1542–1587)

JAMES STUART, EARL OF MORAY (1533–1570), unehelicher Sohn James' V. mit Margret Douglas, der Tochter des Lord Erskine, Stiefbruder Maria Stuarts, Regent Schottlands vor und nach Maria Stuarts Regierung

HENRY DARNLEY (STUART) (1546–1567), Urenkel Heinrich VII. durch seine Mutter Lady Lennox, die Nichte Heinrichs VIII. Zweiter Gatte Maria Stuarts und als solcher zum Mitkönig von Schottland erhoben

JAMES VI. (1566–1625), Sohn Maria Stuarts und Henry Darnleys. Nach dem Tode Maria Stuarts (1587) rechtmäßiger König von Schottland, nach dem Tode Elisabeths (1603) König von England als James I.

JAMES HEPBURN, EARL OF BOTHWELL (1536–1578), später Duke of Orkney und dritter Gemahl Maria Stuarts

WILLIAM MAITLAND OF LETHINGTON, Staatskanzler Maria Stuarts

JAMES MELVILLE, diplomatischer Vertrauensmann Maria Stuarts

JAMES DOUGLAS, EARL OF MORTON, Regent von Schottland nach Morays Ermordung, hingerichtet 1581

MATHEW STUART, EARL OF LENNOX, Vater Henry Darnleys, Hauptankläger Maria Stuarts nach dessen Ermordung

<table>
<tr><td>ARGYLL
ARRAN
MORTON DOUGLAS
ERSKINE
GORDON
HARRIES
HUNTLY
KIRKCALDY OF GRANGE
LINDSAY
MAR
RUTHVEN</td><td>die Lords, bald Anhänger, bald Widersacher Maria Stuarts, unablässig miteinander und gegeneinander im Bunde, fast ausnahmslos auf gewaltsame Weise endend</td></tr>
</table>

<table>
<tr><td>MARY BEATON
MARY FLEMING
MARY LIVINGSTONE
MARY SETON</td><td>die vier Marys, Jugendgespielinnen Maria Stuarts</td></tr>
</table>

JOHN KNOX (1505–1572), Prediger der »kirk«, Hauptgegner Maria Stuarts

DAVID RIZZIO, Musiker und Sekretär am Hofe Maria Stuarts, ermordet 1566

PIERRE DE CHASTELARD, französischer Dichter am Hofe Maria Stuarts, hingerichtet 1563

GEORGE BUCHANAN, Humanist und Erzieher James' VI., Verfasser der gehässigsten Pamphlete gegen Maria Stuart

Frankreich

HEINRICH II. (1518–1559), seit 1547 König von Frankreich

KATHARINA VON MEDICI (1519–1589), seine Gattin

FRANZ II. (1544–1560), deren ältester Sohn, erster Gatte Maria Stuarts

KARL IX. (1550–1574), jüngerer Bruder Franz' II., nach dessen Tode König von Frankreich

KARDINAL VON LOTHRINGEN CLAUDE DE GUISE FRANÇOIS DE GUISE HENRI DE GUISE	die vier Guisen
RONSARD DU BELLAY BRANTÔME	die Dichter, Verfasser von Werken zu Maria Stuarts Ehren

England

HEINRICH VII. (1457–1509), seit 1485 König von England. Großvater und Urgroßvater Maria Stuarts und Darnleys

HEINRICH VIII. (1491–1547), sein Sohn, seit 1509 König

ANNA BOLEYN (1507–1536), zweite Gemahlin Heinrich VIII., als Ehebrecherin erklärt und hingerichtet

MARIA I. (1516–1558), Tochter Heinrichs VIII. aus der Ehe mit Katharina von Aragonien, nach dem Tode Eduards VI. (1553) Königin von England

ELISABETH (1533–1603), Tochter Heinrichs VIII. und Anna Boleyns, bei Lebzeiten ihres Vaters als Bastard erklärt, aber nach dem Tode ihrer Stiefschwester Maria (1558) Königin von England

EDUARD VI. (1537–1553), Sohn Heinrichs VIII. aus dessen dritter Ehe mit Johanna Seymour, als Kind Maria Stuart verlobt, seit 1547 König

JAMES I., Sohn Maria Stuarts, der Nachfolger Elisabeths

WILLIAM CECIL, LORD BURLEIGH (1520–1598), der allmächtige und getreue Staatskanzler Elisabeths

SIR FRANCIS WALSINGHAM, Staatssekretär und Polizeiminister

WILLIAM DAVISON, zweiter Sekretär

ROBERT DUDLEY, EARL OF LEICESTER (1532–1588), Liebhaber und Vertrauensmann Elisabeths, von ihr als Gatte Maria Stuarts vorgeschlagen

THOMAS HOWARD, DUKE OF NORFOLK, der erste Adelige des Reiches, Bewerber um Maria Stuarts Hand

TALBOT, EARL OF SHREWSBURY, von Elisabeth fünfzehn Jahre lang mit der Überwachung Maria Stuarts betraut

AMYAS POULET, der letzte Kerkermeister Maria Stuarts

DER SCHARFRICHTER VON LONDON

Erstes Kapitel

Königin in der Wiege

1542–1548

Sechs Tage ist Maria Stuart alt, da sie Königin von Schottland wird: bereits im ersten Anfang erfüllt sich ihr Lebensgesetz, alles zu früh und ohne wissende Freude vom Schicksal geschenkt zu erhalten. An dem düsteren Dezembertag 1542, da sie im Schlosse von Linlithgow geboren wird, liegt gleichzeitig in dem nachbarlichen Schlosse zu Falkland ihr Vater, James V., auf dem Sterbebette, erst einunddreißig Jahre alt und doch schon vom Leben zerbrochen, der Krone müde, des Kampfes müde. Er war ein tapferer, ritterlicher Mann gewesen und ursprünglich heiteren Sinns, den Künsten, den Frauen leidenschaftlich freund und dem Volke vertraut; oft war er verkleidet zu den Festlichkeiten in die Dörfer gegangen, hatte getanzt und gescherzt mit den Bauern, und manche der schottischen Lieder und Balladen, die er gedichtet, lebten noch lange im Angedenken der Heimat fort. Aber dieser unselige Erbe eines unseligen Geschlechts war in eine wilde Zeit, in ein unbotmäßiges Land geboren und tragischem Geschick von Anfang an zubestimmt. Ein starkwilliger und rücksichtsloser Nachbar, Heinrich VIII., drängt ihn, die Reformation einzuführen, James V. aber bleibt der Kirche treu, und sofort nutzen die schottischen Adeligen, immer geneigt, ihrem Herrscher Schwierigkeiten zu schaffen, den Zwiespalt und treiben den frohmütigen und friedlichen Mann gegen seinen Willen unablässig in Unruhe und Krieg. Vier Jahre früher schon, als James V. um Marie von Guise als Gattin warb, hatte er klar das Verhängnis geschildert, das es bedeutet, König sein zu müssen gegen diesen halsstarrigen und raubgierigen Clan. »Madame«, hatte er in diesem erschütternd aufrichtigen Werbebrief geschrieben, »ich bin erst siebenundzwanzig Jahre alt, und das Leben bedrückt mich schon so sehr wie meine Krone ... Waise von Kindheit an, bin ich der Gefangene ehrgeiziger Adeliger gewesen; das mächtige Haus der Douglas hat mich lange in Knechtschaft gehalten, und ich hasse diesen Namen und jede Erinnerung daran. Archibald, Graf von Angus, Georg, sein Bruder, und alle seine verbannten Verwandten wühlen unausgesetzt den König von England gegen uns auf, es lebt kein Adeliger in meinem Staate, den er nicht mit seinen Versprechungen verführt oder durch Geld bestochen hätte. Es gibt keine Sicherheit für meine Person, keine Bürgschaft für meinen Willen und für die gerechten Gesetze. Alles das erschreckt mich, Madame, und ich erwarte von Ihnen Kraft und Rat. Ohne Geld, einzig auf die Unterstützungen beschränkt, die ich von Frankreich empfange, oder dank den geringfügigen Spenden meiner reichen Geistlichkeit, versuche ich, meine Schlösser auszuschmücken, meine Festungen zu erhalten und Schiffe zu bauen. Aber meine Barone betrachten einen König, der wirklich König sein will, als unerträglichen Rivalen. Trotz der Freundschaft des Königs von Frankreich und der Unterstützung seiner Truppen und trotz der Anhänglichkeit meines Volkes fürchte ich, den entscheidenden Sieg über meine Barone nicht erringen zu können. Ich würde alle Hindernisse überwinden, um den Weg der Gerechtigkeit und der Ruhe für diese Nation frei zu machen, und ich würde dieses mein Ziel vielleicht erreichen, stünden die Adeligen meines Landes allein. Aber der König von England sät zwischen sie und mich unablässig Zwietracht, und die Ketzereien, die er meinem Staate eingepflanzt hat, fressen verheerend bis in die Kreise der Kirche und des Volkes fort. Nun beruhte von je meine und meiner Ahnen Kraft einzig auf der Bürgerschaft der Städte und auf der Kirche, und ich muß mich fragen: Wird diese Kraft uns noch lange verbleiben?«

Alles Unheil, das der König in diesem Kassandrabrief vorausgesehen, erfüllt sich, und noch Schwereres fällt über ihn. Die beiden Söhne, die ihm Marie von Guise schenkt, sterben in der Wiege, und so sieht, gerade in den besten Mannesjahren, James V. noch immer keinen Erben für die Krone, die ihm von Jahr zu Jahr schmerzhafter die Stirne drückt. Schließlich treiben ihn gegen seinen Willen seine schottischen Barone in den Krieg mit dem übermächtigen England, um ihn dann in entscheidender Stunde verräterisch im Stiche zu lassen. Bei Solway Moss verliert Schottland nicht nur eine Schlacht, sondern auch seine Ehre: ohne recht zu kämpfen, laufen die führerlosen Truppen, verlassen von ihren Clansherren, jämmerlich auseinander; der König selbst aber, dieser sonst so ritterliche Mann, ringt in dieser Entscheidungsstunde längst nicht mehr mit fremden Feinden, sondern mit dem eigenen Tod. Fiebernd und müde liegt er zu Bett in dem Schlosse von Falkland, des sinnlosen Kampfes, des lästigen Lebens satt.

Da, an diesem trüben Wintertag, am 9. Dezember 1542, Nebel verdunkelt das Fenster, pocht ein Bote an die Tür. Er meldet dem Siechen, dem Sterbensmüden, eine Tochter sei ihm geboren, eine Erbin. Aber die ausgeschöpfte Seele James' V. hat nicht mehr Kraft zu Hoffnung und Freude. Warum ist es kein Sohn, kein Erbe? Der Todgeweihte kann in allem nur mehr Unglück erblicken, Tragik und Niedergang. Resigniert antwortet er: »Von einer Frau ist die Krone auf uns gekommen, mit einer Frau wird sie dahingehen.« Diese düstere Prophezeiung ist zugleich sein letztes Wort. Er seufzt nur mehr auf, dreht sich in seinem Bette zur Wand und gibt auf keine Frage mehr Antwort. Wenige Tage später ist er begraben und

Maria Stuart, noch ehe sie recht die Augen ins Leben aufgeschlagen, Erbin seines Königreiches.

Aber es ist zwiefach dunkles Erbe, eine Stuart zu sein und eine Königin von Schottland, denn keinem Stuart ist bisher auf diesem Throne Glück beschieden gewesen oder Dauer. Zwei der Könige, James I. und James III., sind ermordet worden, zwei, James II. und James IV., auf dem Schlachtfeld gefallen, und zweien ihrer Nachfahren, diesem ahnungslosen Kinde und ihres Blutes Enkel, Karl I., hat das Schicksal noch Grausameres vorbehalten: das Schafott. Keinem aus diesem atridischen Geschlecht ist es gegönnt, die Höhe des Lebens zu erreichen, keinem leuchten Glück und Stern. Immer müssen die Stuarts im Kampf sein gegen die Feinde von außen, gegen die Feinde im Lande und gegen sich selbst, immer ist Unruhe um sie, Unruhe in ihnen. Friedlos wie sie selbst ist ihr Land, und die Ungetreuesten sind darin eben jene, die die Getreuesten sein sollten: die Lords und die Barone, dieses finstere und starke, dieses wilde und zügellose, dieses gierige und kriegsfrohe, dieses trotzige und unbeugsame Rittergeschlecht – »un pays barbare et une gent brutelle«, wie Ronsard, der Dichter, in dies nebelige Land verschlagen, unwillig klagt. Selber kleine Könige auf ihren Landsitzen und Schlössern, herrenmäßig und herdenmäßig ihre Bauern und Schäfer als Schlachtvieh mitschleppend auf ihre ewigen Kleinkämpfe und Raubzüge, kennen diese unbeschränkten Gebieter ihrer Clans keine andere Daseinsfreude als den Krieg, Streit ist ihre Lust, Eifersucht ihr Antrieb, Machtgier ihr Lebensgedanke. »Geld und Vorteil«, schreibt der französische Gesandte, »sind die einzigen Sirenen, denen die schottischen Lords lauschen. Ihnen Pflicht gegen ihre Fürsten, Ehre, Gerechtigkeit, Tugend, edle Handlungen predigen zu wollen hieße sie zum Lachen reizen.« Ähnlich den Condottieri Italiens in ihrer amoralischen Rauflust und Raublust, nur unkultivierter und hemmungsloser in ihren Instinkten, wühlen und streiten sie unablässig um den Vorrang, die alten mächtigen Clans der Gordons, der Hamiltons, der Arrans, der Maitlands, der Crawfords, der Lindsays, Lennox und Argylls. Bald scharen sie sich feindlich gegeneinander in jahrelangen Feuds, bald beschwören sie in feierlichen Bonds eine kurzfristige Treue, um sich gegen einen Dritten zusammenzuschließen, immer bilden sie Klüngel und Rotten, aber keiner hält innerlich zu keinem, und jeder, obwohl mit jedem versippt und verschwägert, bleibt des andern unerbittlicher Neidling und Feind. Etwas Heidnisches und Barbarisches lebt in ihren wilden Seelen ungebrochen weiter, gleichgültig, ob sie sich Protestanten oder Katholiken nennen – je wie es der Vorteil will –, in Wahrheit aber Enkelsöhne Macbeths und Macduffs sie alle, der blutigen Thane, wie sie Shakespeare großartig gesehen.

Nur bei einem Anlaß wird diese unzähmbare eifersüchtige Bande sofort einig: immer wenn es gilt, den gemeinsamen Herrn, den eigenen König niederzuhalten, denn ihnen allen ist Gehorsam gleich unerträglich und Treue gleich unbekannt. Wenn dieses »parcel of rascals« – Burns, der Urschotte, hat sie so gebrandmarkt – ein Schattenkönigtum über ihren Burgen und Besitzen überhaupt noch duldet, so geschieht dies einzig aus Eifersucht eines Clans gegen den andern. Die Gordons lassen den Stuarts nur deshalb die Krone, damit sie nicht an die Hamiltons falle, und die Hamiltons aus Eifersucht gegen die Gordons. Aber wehe, wenn ein König von Schottland einmal wirklich wagen will, Herrscher zu sein und Zucht und Ordnung im Lande zu erzwingen, wenn er im ersten Jugendmut dem Hochmut und der Raffgier der Lords entgegenzutreten sucht! Dann ballt sich sofort das feindselige Pack brüderlich zusammen, um seinen Herrscher machtlos zu machen, und gelingt es nicht mit dem Schwert, so besorgt verläßlich der Mörderdolch diesen Dienst.

Es ist ein tragisches, von düsteren Leidenschaften zerrissenes Land, finster und romantisch wie eine Ballade, dieses meerumfangene kleine Inselreich im letzten Norden Europas, und überdies noch ein armes Land. Denn alle Kraft zerstört hier der ewige Krieg. Die paar Städte, die eigentlich keine sind, sondern nur unter dem Schutz einer Festung zusammengekrochene Armeleutehäuser, können, weil immer wieder geplündert und verbrannt, nie zu Reichtum oder bloß zu bürgerlicher Wohlfahrt gelangen. Die Adelsburgen wieder, düster und gewalttätig noch heute in ihren Ruinen aufragend, stellen keine wirklichen Schlösser dar mit Prunk und höfischer Pracht; sie sind dem Krieg als uneinnehmbare Festungen zugedacht und nicht der milden Kunst der Gastlichkeit. Zwischen diesen wenigen großen Sippschaften und ihren Hörigen fehlt vollkommen die nährende, staatserhaltende Kraft eines schöpferischen Mittelstandes. Das einzige dichtbesiedelte Gebiet zwischen Tweed und Firth liegt zu nahe der englischen Grenze und wird immer wieder durch Einfälle zerstört und entvölkert. Im Norden aber kann man stundenlang wandern an verlassenen Seen, durch öde Weiden oder dunkle nordische Wälder, ohne ein Dorf zu sehen oder eine Burg oder eine Stadt. Nicht drängt sich wie in den überfüllten europäischen Ländern Ort an Ort, nicht tragen breite Straßen Verkehr und Handel ins Land, nicht wie in Holland und Spanien und England fahren von den bewimpelten Reeden Schiffe aus, um von fernen Ozeanen Gold und Gewürz heimzuführen; karg bringen sich hier noch mit Schafzucht und Fischfang und Jagd wie in patriarchalischen Zeiten die Leute durchs Leben: in Gesetz und Sitte, an Reichtum und Kultur steht das damalige Schottland hinter England und

Europa zumindest um hundert Jahre zurück. Während in allen Küstenstädten mit dem Anbruch der Neuzeit schon die Banken und Börsen zu blühen beginnen, wird hier wie in biblischen Tagen aller Reichtum noch nach Land und Schafen gemessen; zehntausend besitzt James V., Maria Stuarts Vater, sie sind seine ganze Habe. Ihm eignet kein Kronschatz, er hat keine Armee, keine Leibgarde zur Sicherung seiner Macht, denn er könnte sie nicht bezahlen, und das Parlament, in dem die Lords entscheiden, wird nie seinem König wirkliche Machtmittel bewilligen. Alles, was dieser König über die nackte Notdurft besitzt, wird ihm von seinen reichen Verbündeten, von Frankreich und vom Papst, geliehen oder geschenkt, jeder Teppich, jeder Gobelin, jeder Leuchter in seinen Gemächern und Schlössern ist mit einer Demütigung erkauft.

Diese ewige Armut ist die eiternde Schwäre, die Schottland, diesem schönen edlen Lande, die politische Kraft aus dem Leibe saugt. Denn durch die Bedürftigkeit und Begehrlichkeit seiner Könige, seiner Soldaten, seiner Lords bleibt es ständig ein blutiger Spielball fremder Mächte. Wer gegen den König und für den Protestantismus streitet, erhält seinen Sold von London, wer für den Katholizismus und die Stuarts, von Paris, Madrid und Rom: alle diese auswärtigen Mächte zahlen gern und willig für das schottische Blut. Noch immer schwankt zwischen den beiden großen Nationen, zwischen England und Frankreich, die letzte Entscheidung, darum ist dieser nächste Nachbar Englands für Frankreich ein unersetzlicher Partner im Spiel. Jedesmal, wenn die englischen Armeen in die Normandie vorbrechen, zielt Frankreich schleunig mit diesem Dolch gegen Englands Rücken; sofort stoßen dann die allezeit kriegsfrohen Schotten über die »Border«, gegen ihre »auld enimies« vor, und auch in Friedenszeit bilden sie eine stete Bedrohung. Schottland militärisch zu stärken ist die ewige Sorge der französischen Politik und nichts darum natürlicher, als daß seinerseits England diese Macht durch Aufhetzung der Lords und ständige Rebellionen zu brechen trachtet. So wird dieses unglückselige Land zum blutigen Blachfeld eines hundertjährigen Krieges, und erst im Schicksal dieses noch ahnungslosen Kindes wird er sich endlich endgültig entscheiden.

Es ist ein prachtvoll dramatisches Symbol, daß dieser Kampf tatsächlich schon an Maria Stuarts Wiege beginnt. Noch kann dieses Wickelkind nicht sprechen, nicht denken, nicht fühlen, kaum seine winzigen Händchen im Steckkissen bewegen, und schon greift die Politik nach ihrem unentfalteten Körper, nach ihrer ahnungslosen Seele. Denn das ist Maria Stuarts Verhängnis, ewig gebannt zu sein in dieses rechnerische Spiel. Nie wird ihr gegönnt sein, ihr Ich, ihr Selbst unbekümmert auszuwirken, immer wird sie verstrickt bleiben in Politik, Objekt der Diplomatie, Spielball fremder Wünsche, immer nur Königin, Kronanwärterin, Verbündete oder Feindin sein. Kaum hat der Bote die beiden Nachrichten gemeinsam nach London gebracht, daß James V. gestorben und seine neugeborene Tochter Erbin und Königin von Schottland sei, so beschließt Heinrich VIII. von England, für seinen unmündigen Sohn und Erben Eduard eiligst um diese kostbare Braut zu werben; über einen noch unfertigen Körper, über eine noch schlafende Seele wird wie über eine Ware verfügt. Aber Politik rechnet niemals mit Gefühlen, sondern mit Kronen, Ländern und Erbrechten. Der einzelne Mensch ist für sie nicht vorhanden, er zählt nicht gegenüber den sichtlichen und sachlichen Werten des Weltspiels. In diesem besonderen Falle ist allerdings der Gedanke Heinrichs VIII., die Thronerbin Schottlands mit dem Thronerben Englands zu verloben, ein vernünftiger und sogar ein humaner. Denn längst schon hat dieser unablässige Krieg zwischen den Bruderländern keinen Sinn mehr. Auf derselben Insel im Weltmeer wohnhaft, vom selben Meere umschirmt und umstürmt, verwandter Rasse und ähnlich in den Lebensbedingungen, ist den Völkern Englands und Schottlands zweifellos eine einzige Aufgabe gesetzt: sich zu vereinigen; sinnfällig hat die Natur hier ihren Willen ausgesprochen. Nur die Eifersucht der beiden Dynastien, der Tudors und der Stuarts, steht diesem letzten Ziel noch hemmend entgegen; gelingt es aber nun, durch eine Heirat den Widerstreit der beiden Herrscherhäuser in Bindung zu verwandeln, so können die gemeinsamen Nachkommen der Stuarts und der Tudors zugleich Könige von England und Schottland und Irland sein, ein geeintes Großbritannien kann in den höheren Kampf eintreten: in das Ringen um die Oberherrschaft der Welt.

Aber Verhängnis: immer wenn in der Politik ausnahmsweise eine klare und logische Idee in Erscheinung tritt, wird sie durch törichte Ausführung verdorben. Im Anfang scheint alles trefflich zu glücken. Die Lords, denen rasch Geld in die Taschen geschoben wird, stimmen freudig dem Ehevertrag zu. Doch ein bloßes Pergament genügt dem gewitzten Heinrich VIII. nicht. Zu oft hat er die Heuchelei und Habgier dieser Ehrenmänner erprobt, um nicht zu wissen, daß diese Unzuverlässigen ein Vertrag niemals bindet und daß sie bei höherem Angebot sofort bereit sein werden, die Kindkönigin an den französischen Thronerben zu verschachern. Darum fordert er von den schottischen Unterhändlern als erste Bedingung die sofortige Aushändigung des unmündigen Kindes nach England. Aber wenn die Tudors mißtrauisch gegen die Stuarts, so sind es die Stuarts nicht minder gegen die Tudors, und besonders die Mutter Maria Stuarts wehrt sich gegen diesen Vertrag. Als eine Guise streng katholisch erzogen, will sie ihr Kind nicht ketzerischem Irrglauben ausliefern, und auch sonst hat sie nicht große Mühe, in dem Vertrag eine gefährliche Fußangel zu entdecken. Denn in einem geheimen Artikel haben sich die von Heinrich VIII. bestochenen schottischen Unterhändler verpflichtet, falls das Kind vorzeitig sterben sollte, dahin zu wirken, daß desungeachtet »die ganze Herrschaft und der Besitz des Königreichs« an Heinrich VIII. fallen solle: und dieser Punkt ist bedenklich. Denn von einem Manne, der bereits zweien seiner Frauen das Haupt auf den Block gelegt hat, kann man allenfalls erwarten, daß er, um rascher ein so wichtiges Erbe anzutreten, den Tod dieses Kindes vielleicht etwas vorzeitig und nicht ganz natürlich gestalten könnte; so weist die Königin als sorgliche Mutter die Auslieferung ihrer Tochter nach London ab. Nun wird aus der Brautwerbung beinahe ein Krieg. Heinrich VIII. schickt Truppen aus, um sich mit Gewalt des kostbaren Pfandes zu bemächtigen, und von der nackten Brutalität jenes Jahrhunderts gibt sein Befehl an die Armee ein grausames Bild. »Es ist der Wille Seiner Majestät, daß alles mit Feuer und Schwert ausgetilgt werde. Brennt Edinburgh nieder und macht es der Erde gleich, sobald ihr alles, was ihr könnt, daraus geholt und geplündert habt ... plündert Holyrood und so viele Städte und Dörfer um Edinburgh, als ihr vermögt, plündert und verbrennt und unterwerft Leith und alle anderen Städte, rottet Männer, Frauen und Kinder ohne Schonung aus, wo immer Widerstand geleistet wird.« Wie eine Hunnenschar brechen Heinrichs VIII. bewaffnete Banden über die Grenzen. Aber im letzten Augenblick werden Mutter und Kind auf das feste Schloß von Stirling in Sicherheit gebracht, und Heinrich VIII. muß sich mit einem Vertrag begnügen, in dem sich Schottland verpflichtet, Maria Stuart (immer wird sie wie ein Objekt verhandelt und verkauft) an dem Tage, da sie ihr zehntes Lebensjahr erreicht, nach England auszuliefern.

Abermals scheint alles auf das glücklichste geordnet. Aber Politik ist allezeit die Wissenschaft des Widersinns. Ihr widerstreben die einfachen, die natürlichen, die vernunftmäßigen Lösungen; Schwierigkeiten sind ihre liebste Lust, Zwist ist ihr Element. Bald beginnt die katholische Partei mit verdeckten Machenschaften, ob man das Kind – noch kann es nichts als lallen und lächeln – nicht doch lieber an den französischen Königssohn verschachern solle statt an den englischen, und als Heinrich VIII. stirbt, ist die Neigung, den Vertrag einzuhalten, bereits sehr gering. Jetzt aber fordert für den unmündigen König Eduard der englische Regent Somerset die Auslieferung der Kindbraut nach London, und wie Schottland Widerstand leistet, läßt er eine Armee vorrücken, damit die Lords die einzige Sprache vernehmen, die sie achten: die Gewalt. Am 10. September 1547 wird in der Schlacht – oder vielmehr Schlächterei – von Pinkie Cleugh die schottische Macht zerschmettert, mehr als zehntausend Tote bedecken das Feld. Noch hat Maria Stuart ihr fünftes Lebensjahr nicht erreicht, und schon ist um ihretwillen Blut in Strömen geflossen.

Wehrlos liegt jetzt Schottland den Engländern offen. Aber in dem ausgeplünderten Land ist wenig mehr zu rauben; für die Tudors enthält es eigentlich nur eine einzige Kostbarkeit: dieses Kind, das in sich selbst die Krone und das Kronrecht verkörpert. Doch zur Verzweiflung der englischen Spione ist Maria Stuart plötzlich spurlos aus dem Schlosse von Stirling verschwunden; niemand auch im vertrautesten Kreise weiß, wo die Königinmutter sie versteckt hält. Denn das schützende Nest ist unübertrefflich gut gewählt: bei Nacht und in größter Heimlichkeit hat man durch ganz sichere Diener das Kind in das Kloster Inchmahome bringen lassen, das auf einer kleinen Insel im See von Menteith, »dans le pays des sauvages«, wie der französische Botschafter berichtet, unwegsam verborgen liegt. Kein Steg führt zu dieser romantischen Stätte: mit einem Boot muß man die kostbare Fracht zum Inselufer hinübersetzen, und hier halten Fromme Hut, die selber niemals das Kloster verlassen. Dort, in völliger Verborgenheit, abgeschieden von der aufgeregten und unruhigen Welt, lebt das unwissende Kind im Schatten der Geschehnisse, während über Länder und Meere die Diplomatie geschäftig sein Schicksal webt. Denn Frankreich ist inzwischen drohend auf den Schauplatz getreten, um die völlige Unterjochung Schottlands durch England zu verhindern. Heinrich II., der Sohn Franz' I., sendet eine starke Flotte aus, und in seinem Namen wirbt der Generalleutnant des französischen Hilfskorps um die Hand Maria Stuarts für seinen Sohn und Thronerben Franz. Über Nacht ist das Schicksal dieses Kindes umgesprungen dank des politischen Windes, der scharf und kriegerisch über den Kanal stürmt: statt zur Königin von England ist die kleine Stuartstochter mit einmal zur Königin Frankreichs ausersehen. Kaum ist dieser neue und vorteilhaftere Handel gültig abgeschlossen, so wird am 7. August das kostbare Objekt dieses Schachers, das Kind Maria Stuart, fünf Jahre und acht Monate alt, nach Frankreich verpackt und verschickt, einem andern und ebenso unbekannten Gemahl für Lebenszeit verkauft. Abermals und nicht zum letztenmal formt und verwandelt fremder Wille ihr Schicksal.

Ahnungslosigkeit ist die Gnade der Kindheit. Was weiß ein dreijähriges, ein vierjähriges, ein fünfjähriges Kind von Krieg und Frieden, von Schlachten und Verträgen? Was sind ihm Namen wie Frankreich und England, wie Eduard und François, was all dieser wilde Wahn der Welt? Mit flatternden blonden Haaren läuft und spielt ein schlankbeiniges kleines Mädchen in den finsteren und hellen Räumen eines Schlosses, vier gleichaltrige Freundinnen zur Seite. Denn – ein reizender Gedanke inmitten einer barbarischen Zeit – von Anfang an hat man ihr vier gleichaltrige Gespielinnen mitgegeben, gewählt aus den vornehmsten Familien Schottlands, das Kleeblatt der vier Marys, Mary Fleming, Mary Beaton, Mary Livingstone und Mary Seton. Kinder, sind sie heute des Kindes lustige Gespielinnen, morgen werden sie Kameradinnen in der Fremde sein, damit ihr die Fremde nicht so fremd erscheine, später werden sie ihre Hofdamen werden und in zärtlicher Stimmung den Eid ablegen, nicht früher in den Ehestand zu treten, ehe sie nicht selber einen Gatten gewählt. Und wenn dann die drei andern im Unglück von ihr abfallen, eine wird sie weiter begleiten in das Exil und bis in ihre Todesstunde: ein Glanz seliger Kindheit leuchtet so hinüber bis in ihre dunkelste Stunde. Doch wie weit ist noch diese trübe und verschattete Zeit! Jetzt spielen die fünf Mädchen noch munter tagaus und tagein mitsammen im Schloß von Holyrood oder Stirling und wissen nichts von Hoheit und Würde und Königtum, nichts von seinem Stolz und seinen Gefahren. Dann aber kommt einmal ein Abend, und die kleine Maria wird hinausgetragen aus ihrem Kinderbettchen in die Nacht, ein Boot wartet an einem Teich, man rudert sie hinüber auf eine Insel, wo es still ist und gut – Inchmahome, Ort des Friedens. Fremde Männer grüßen sie dort, anders als andere Männer gekleidet, schwarz und in weiten wallenden Kutten. Aber sie sind freundlich und mild, sie singen schön in dem hohen Raum mit den farbigen Fenstern und das Kind gewöhnt sich ein. Doch abermals holt man sie weg eines Abends (immer wird Maria Stuart so reisen und fliehen müssen, des Nachts, aus einem Schicksal in das andere), und dann steht sie plötzlich auf einem hohen, mit weißen Segeln knatternden Schiff, umringt von fremden

Kriegsleuten und bärtigen Matrosen. Aber warum sollte sie Angst haben, die kleine Maria? Alles ist ja sanft und freundlich und gut, der siebzehnjährige Stiefbruder James – einer der zahlreichen Bastarde, die James V. vor seiner ehelichen Zeit gezeugt – streichelt ihr das blonde Haar, und die vier Marys sind da, die geliebten Gespielinnen. So tollen und lachen unbesorgt zwischen den Kanonen des französischen Kriegsschiffes und den geharnischten Matrosen fünf kleine Mädchen, entzückt und beglückt wie Kinder von jeder unerwarteten Veränderung. Oben allerdings, im Mastkorb, steht ängstlich ein Seemann auf Ausguck: er weiß, die englische Flotte kreuzt im Kanal, um in letzter Stunde noch der englischen Königsbraut habhaft zu werden, ehe sie Braut des französischen Thronerben wird. Aber das Kind sieht nur das Nahe, das Neue, es sieht nur: das Meer ist blau, die Menschen sind freundlich, und stark und atmend wie ein riesiges Tier stößt sich das Schiff durch die Flut.

Am 13. August landet endlich die Galione in Roscoff, einem kleinen Hafen bei Brest. Die Boote fahren zum Ufer. Von dem bunten Abenteuer kindlich begeistert, lachend, übermütig und ahnungslos springt die noch nicht sechsjährige Königin von Schottland auf die französische Erde. Aber damit ist ihre Kindheit zu Ende, Pflicht und Prüfung beginnen.

Zweites Kapitel

Jugend in Frankreich

1548–1559

Der französische Hof ist wohlerfahren in vornehmen Sitten und untadelig in der geheimnisvollen Wissenschaft der Zeremonien. Ein Heinrich II., ein Valois, weiß, was der Braut eines Dauphins an Würde gebührt. Noch vor ihrer Ankunft unterzeichnet er einen Erlaß, daß »la reinette«, daß die kleine Königin von Schottland von allen Städten und Orten auf ihrem Weg mit gleichen Ehren begrüßt werden solle, als ob sie seine eigene Tochter wäre. So erwartet Maria Stuart schon in Nantes eine Fülle bezaubernder Aufmerksamkeiten. Nicht nur sind an allen Straßenecken Galerien mit klassischen Emblemen, Göttinnen, Nymphen und Sirenen errichtet, nicht nur wird die Laune der Begleitmannschaft durch ein paar Fässer köstlichen Weines aufgelockert, nicht nur werden Feuerwerke und Artilleriesalven zu ihren Ehren abgefeuert – auch eine liliputanische Armee, hundertfünfzig kleine Kinder, alle unter acht Jahren, marschieren in ihren weißen Kleidchen, zu einer Art Ehrenregiment zusammengefaßt, mit Pfeifen und Trommeln, mit Miniaturpiken und Hellebarden jubelnd der kleinen Königin voran. Und so geht es von Ort zu Ort: in einer ununterbrochenen Folge von Festen gelangt die Kind-Königin Maria Stuart endlich nach Saint-Germain. Dort erblickt das noch nicht sechsjährige Mädchen zum erstenmal seinen Bräutigam, einen viereinhalbjährigen, schwachen, fahlen und rachitischen Knaben, den das vergiftete Blut von vornherein zu Siechtum und frühem Tode bestimmt und der scheu und schüchtern seine »Braut« begrüßt. Um so herzlicher aber empfangen sie die andern Mitglieder der königlichen Familie, von ihrer kindlichen Anmut entzückt, und Heinrich II. nennt sie in einem Briefe begeistert »la plus parfayt entfant que je vys jamès«.

Der französische Hof stellt in jenen Jahren einen der glänzendsten und großartigsten der Welt dar. Eben ist das Mittelalter mit seiner Verdüsterung dahingegangen, aber noch liegt ein letztes romantisches Leuchten sterbenden Rittertums auf diesem Übergangsgeschlecht. Noch wirken sich Kraft und Mut in der Freude an der Jagd, an Ringelstechen und Turnieren, an Abenteuer und Krieg in alter harter Art männlich aus, doch schon hat sich das Geistige Herrenrecht gewonnen im Kreise der Herrschenden und der Humanismus nach den Klöstern und Universitäten die Königsschlösser erobert. Von Italien her ist die Prunkliebe der Päpste, das geistig-sinnliche Genießertum der Renaissance, die Freude an den schönen Künsten siegreich nach Frankreich vorgedrungen, und so entsteht hier in dieser Weltminute eine fast einzigartige Bindung von Kraft und Schönheit, von Mut mit Sorglosigkeit: die hohe Kunst, den Tod nicht zu fürchten und dennoch das Leben sinnlich zu lieben. Natürlicher und freier als irgendwo gattet sich im französischen Wesen Temperament mit Leichtigkeit, die gallische »Chevalerie« wird wunderbar eins mit der klassischen Kultur der Renaissance. Zugleich wird von einem Edelmann gefordert, bei dem Turnier im Panzerrock den Gegner wuchtig mit der Lanze anzureiten und mit anmutvoller Wendung die künstlichsten Figuren des Tanzes vorbildlich auszuführen, er muß die rauhe Kriegswissenschaft ebenso meistern wie die zarten Gesetze der höfischen Courtoisie; dieselbe Hand, die den pfündigen Zweihänder im Nahkampf führt, muß verstehen, zärtlich die Laute zu schlagen und einer geliebten Frau Sonette zu schreiben: beides in einem zu sein, stark und zart, rauh und kultiviert, kampfgeübt und kunstgebildet, ist das Ideal der Zeit. Tagsüber setzen der König und seine Edelleute mit schäumenden Rüden stundenlang den Hirschen und Ebern nach, Speere werden gebrochen und Lanzen zerspellt, aber abends versammeln sich in den Sälen der großartig erneuerten Schlösser des Louvre oder von Saint-Germain, Blois und Amboise die Edelleute und Edeldamen zu geistiger Unterhaltung. Verse werden vorgelesen, Madrigale gesungen, Musik wird gemacht, in Maskenspielen der Geist der klassischen Literatur erweckt. Die Gegenwart der vielen schönen und geschmückten Frauen, das Werk von Dichtern und Malern wie Ronsard, Du Bellay und Clouet verleiht diesem fürstlichen Hofe eine einzige Farbigkeit und Freudigkeit, die sich in allen Formen der Kunst und des Lebens verschwenderisch ausdrückt. Wie überall in Europa vor dem unglückseligen Glaubenskrieg steht Frankreich damals vor einem Aufschwung zu großer Kultur.

Wer an solchem Hofe leben, und vor allem, wer an solchem Hofe dereinst als Gebieter herrschen soll, muß sich diesen neuen kulturellen Forderungen anpassen. Er muß zur Vollendung streben in allen Künsten und Wissenschaften, er muß seinen Geist ebenso zu schmeidigen wissen wie seinen Körper. Ewig wird es eines der herrlichsten Ruhmesblätter des Humanismus bleiben, daß er gerade jenen, die im obern Kreise des Lebens wirken wollen, Vertrautheit mit allen Künsten zur Pflicht macht. Kaum je zu einer Zeit wurde so eindringlich nicht nur bei den Männern von Stande, sondern auch bei den Edelfrauen – eine neue Epoche hat damit begonnen – auf vollendete Erziehung geachtet. Wie Maria von England und Elisabeth muß Maria Stuart ebenso die klassischen Sprachen studieren, Griechisch und Latein, wie die zeitgenössischen, Italienisch, Englisch und Spanisch. Aber dank eines hellen und geschwinden Geistes und der von ihren

Ahnen ererbten Kulturfreude wird dem begabten Kinde jede Mühe zum Spiel. Bereits mit dreizehn Jahren rezitiert sie, die aus den Colloquien des Erasmus ihr Latein gelernt hat, vor dem ganzen Hof im Saale des Louvre eine selbstverfaßte lateinische Rede, und stolz kann ihr Oheim, der Kardinal von Lothringen, an Maria Stuarts Mutter, Marie von Guise, berichten: »Ihre Tochter ist so gewachsen und wächst jeden Tag so sehr an innerer Größe, Schönheit und Klugheit, daß sie bereits in allen guten und ehrenhaften Dingen so vollendet wie nur möglich ist und in diesem Königreich niemand unter den Töchtern des Adels oder der anderen Stände ihr zu vergleichen wäre. Ich darf melden, daß der König so großen Geschmack an ihr findet, daß er oft mehr als eine Stunde sich nur mit ihr befaßt, und sie weiß ihn mit klugen und vernünftigen Reden so gut zu unterhalten wie sonst eine Frau von fünfundzwanzig Jahren!« In der Tat ist die geistige Entwicklung Maria Stuarts eine ganz ungewöhnlich frühzeitige. Bald beherrscht sie das Französische mit derartiger Sicherheit, daß sie auch dichterischen Ausdruck wagen und die huldigenden Verse eines Ronsard und Du Bellay in würdiger Weise zu erwidern vermag; und nicht nur zu gelegentlichem höfischem Spiel, sondern gerade in den Augenblicken innerer Bedrängnis wird sie von nun ab ihr Gefühl am liebsten Versen anvertrauen, die Dichtung liebend und von allen Dichtern geliebt. Aber auch in allen anderen Kunstformen offenbart sie außerordentlichen Geschmack; sie singt anmutig zur Laute, ihr Tanz wird als bezaubernd gerühmt, ihre Stickereien sind Werke nicht nur einer geschickten, sondern auch besonders begabten Hand, ihre Kleidung bleibt diskret und wirkt nie überladen wie die pompösen Glockenroben, in denen Elisabeth stolziert; im schottischen Kilt wie im seidenen Staatskleide erscheint sie mit ihrer mädchenhaften Anmut gleich natürlich. Takt und Schönheitssinn sind bei Maria

Stuart von Anfang an natürliche Gaben, und diese ihre hohe und doch nicht theatralische Haltung, die ihr für alle Zeiten die Aura des Poetischen verleiht, wird diese Stuartstochter selbst in den schlimmsten Stunden als kostbares Erbe ihres königlichen Bluts und ihrer fürstlichen Erziehung bewahren. Jedoch auch in sportlichen Dingen steht sie hinter den Gewandtesten dieses ritterlichen Hofes kaum zurück, eine unermüdliche Reiterin, eine leidenschaftliche Jägerin, eine geschickte Ballspielerin; ihr hochgewachsener, schlanker Mädchenkörper kennt bei aller Grazie kein Erschöpfen und Ermatten. Hell und heiter, sorglos und selig trinkt sie aus allen Bechern diese reiche und romantische Jugend, ohne zu ahnen, daß sie damit das reinste Glück ihres Lebens schon unbewußt erschöpft: kaum in einer anderen Gestalt hat das Frauenideal der französischen Renaissance so ritterlich-romantischen Ausdruck gefunden wie in diesem frohen und feurigen Königskind.

Nicht nur die Musen aber, sondern auch die Götter segnen diese Kindheit. Zu den erfreulichen geistigen Gaben ist Maria Stuart auch ungewöhnliche körperliche Anmut verliehen. Kaum wird das Kind zum Mädchen, zur Frau, so wetteifern bereits alle Dichter, ihre Schönheit zu preisen. »In ihrem fünfzehnten Jahr begann ihre Schönheit wie das Licht im hellen Mittag zu erscheinen«, verkündet Brantôme und noch leidenschaftlicher Du Bellay:

»En vôtre esprit le ciel s'est surmonté
Nature et art ont en vôtre beauté
Mis tout le beau dont la beauté s'assemble.«

Lope de Vega schwärmt: »Die Sterne entlehnen ihren schönsten Glanz ihrem Auge und ihren Zügen die Farben, die sie so wunderbar machen«, und Ronsard unterlegt

Karl IX. bei dem Tode seines Bruders Franz die folgenden Worte beinahe neidvoller Bewunderung:

»Avoir joui d'une telle beauté
Sein contre sein, valoit ta royauté«

und Du Bellay faßt all das Lob der vielen Beschreibungen und Gedichte in den beseligten Ausruf zusammen:

»Contentez vous mes yeux,
Vous ne verrez jamais une chose pareille.«

Nun sind Dichter immer berufsmäßige Übertreiber, und besonders Hofdichter, sobald es gilt, die Vorzüge ihrer Herrscherin zu rühmen; neugierig blickt man darum die Bilder jener Zeit an, denen die meisterliche Hand Clouets Verläßlichkeit verbürgt, und ist weder enttäuscht noch völlig jener hymnischen Begeisterung gewonnen. Man sieht keine strahlende Schönheit, sondern eher eine pikante: ein zartes anmutiges Oval, dem die etwas spitze Nase jenen Reiz der leichten Unregelmäßigkeit verleiht, der ein Frauenantlitz immer besonders anziehend macht. Ein weiches dunkles Auge blickt Geheimnis und verschleierten Glanz, still und verschwiegen ruht der Mund: man muß zuerkennen, daß für dieses Fürstenkind die Natur tatsächlich ihr kostbarstes Material verwendet hat, eine wundervolle weiße, blanke, schimmernde Haut, aschblondes und üppiges Haar, das sich gefällig mit Perlen durchwirkt, lange, feine, schneehelle Hände, einen hohen, geschmeidigen Körper, »dont le corsage laissait entrevoir la neige de sa poitrine et dont le collet relevé droit decouvrait le pur modelé de ses épaules«. Kein Makel ist in diesem Gesicht zu finden, aber eben weil es so kühl fehllos, so glattwegs schön ist, fehlt ihm noch jeder entscheidende Zug. Man weiß nichts von diesem anmutigen Mädchen, wenn man in ihr Bildnis blickt, und sie selbst weiß noch nichts von ihrem wahren Wesen. Noch ist nicht von innen heraus dieses Antlitz mit Seele und Sinnlichkeit durchdrungen, noch spricht sich hier nicht die Frau in dieser Frau aus: freundlich und angenehm sieht ein hübsches, sanftes Pensionatsmädchen einen an.

Diese Unfertigkeit, diese Unerwachtheit bestätigen trotz ihres redseligen Überschwangs auch alle mündlichen Berichte. Denn gerade dadurch, daß sie immer nur die Tadellosigkeit, die besondere Wohlerzogenheit, den Fleiß und die Korrektheit Maria Stuarts rühmen, sprechen sie von ihr wie von einer Vorzugsschülerin. Man erfährt, daß sie vortrefflich lernt, daß sie liebenswürdig im Gespräche ist, manierlich und fromm, daß sie in allen Künsten und Spielen exzelliert, ohne für irgendeine Kunst eine besondere, eine entscheidende Begabung zu besitzen, daß sie brav und folgsam das einer Königsbraut vorgeschriebene Bildungspensum bewältigt. Aber immer sind es nur die gesellschaftlichen, die höfischen Vorzüge, die alle bewundern, das Unpersönliche in ihr statt des Persönlichen; von dem Menschen, von dem Charakter gibt kein einziger besondere Kunde, und dies bezeugt, daß das Eigentliche, das Wesentliche ihrer Natur vorläufig jedem Blick noch verschlossen blieb, einfach darum, weil es noch nicht aufgeblüht war. Noch jahrelang läßt die Wohlerzogenheit und Weltkultur der Prinzessin die innere Gewalt der Leidenschaft nicht ahnen, welcher die Seele der Frau, einmal im tiefsten berührt und erschlossen, fähig sein wird. Blank und kühl glänzt noch ihre Stirne, freundlich und zart lächelt ihr Mund, dunkel sinnt und sucht das Auge, das nur in die Welt und noch nicht in die eigene Tiefe geblickt: noch wissen die anderen, noch weiß Maria Stuart nichts von dem Erbe in ihrem Blut, noch nichts von ihren eigenen Gefahren. Immer enthüllt erst die Leidenschaft in einer Frau die innerste Seele, immer erst in der Liebe und im Leiden erreicht sie das eigene Maß.

Früher, als eigentlich vorausgesehen, wird, da das Kind sich so verheißungsvoll zur künftigen Fürstin entfaltet, die Hochzeit gerüstet: abermals ist es Maria Stuart zubestimmt, daß ihre Lebensuhr in jedem Sinne geschwinder laufen soll als die ihrer Altersgenossen. Zwar ist der vertragsmäßig ihr zugedachte Dauphin kaum vierzehn Jahre alt und überdies ein besonders schwächlicher, ein fahler, kranker Knabe. Aber die Politik ist hier ungeduldiger als die Natur, sie will und darf nicht warten. Man hat recht verdächtige Eile am französischen Königshofe, das Ehegeschäft abzuschließen, eben weil man um die Schwächlichkeit und die gefährliche Kränklichkeit dieses Erben aus den besorgten Berichten der Ärzte weiß. Und das Wichtigste an dieser Heirat ist für die Valois doch nur, sich die schottische Krone zu sichern; darum zerrt man so hastig die beiden Kinder an den Altar. In dem Ehevertrag, der gemeinsam mit den Abgesandten des schottischen Parlaments abgeschlossen wird, erhält der Dauphin die »matrimonial crown«, die Mitkönigskrone Schottlands, aber gleichzeitig pressen ihre Verwandten, die Guisen, der ihrer Verantwortung gar nicht bewußten fünfzehnjährigen Maria in aller Heimlichkeit noch ein zweites Dokument ab, das dem schottischen Parlament verborgen bleiben soll und in dem sie sich voraus verpflichten muß, im Falle vorzeitigen Todes, oder falls sie ohne Erben sterben sollte, ihr Land – als ob es ihr Privateigentum wäre – und sogar ihre Erbrechte auf England und Irland der französischen Krone zu vermachen.

Dieser Vertrag ist selbstverständlich – schon die Heimlichkeit der Unterzeichnung beweist es – eine Unehrlichkeit. Denn Maria Stuart hat gar kein Recht, willkürlich die Erbfolge zu ändern und ihr Vaterland im Falle ihres Todes einer fremden Dynastie wie einen Mantel oder eine sonstige Habe zu vermachen; aber die Oheime nötigen die noch ahnungslose Hand zur Unterschrift. Tragisches

Symbol: die erste Unterschrift, die Maria Stuart unter dem Fingerdruck ihrer Verwandten auf ein politisches Dokument setzt, stellt zugleich die erste Lüge dieser im tiefsten aufrichtigen, vertrauensvollen und eindeutigen Natur dar. Doch um Königin zu werden, um Königin zu bleiben, wird es ihr von nun ab nie mehr erlaubt sein, völlig wahr zu bleiben: ein Mensch, der sich der Politik verschworen, gehört nicht mehr sich selbst und muß anderen Gesetzen gehorchen als den heiligen seiner Natur.

Großartig aber werden diese geheimen Machenschaften vor der Welt durch das prunkvolle Schauspiel der Hochzeitsfeier verdeckt. Seit mehr als zweihundert Jahren hat kein Dauphin von Frankreich innerhalb seiner Heimat geheiratet; so glaubt es der Hof von Valois sich schuldig zu sein, dem sonst nicht verwöhnten Volke ein Beispiel unerhörter Pracht zu geben. Katharina, die Mediceerin, kennt aus ihrer Heimat die von den ersten Künstlern entworfenen Festzüge der Renaissance und empfindet es als Ehrgeiz, auch die prunkvollsten ihrer Kindheit bei der Hochzeit ihres Kindes zu übertreffen: Paris wird an diesem 24. April 1558 die Feststadt der Welt. Vor Notre-Dame ist ein offener Pavillon mit einen ciel-royal aus blauer Zypernseide, durchwirkt mit goldenen Lilien, errichtet, zu dem ein blauer, gleichfalls mit Lilien bestickter Teppich führt. Musikanten marschieren voran, rot und gelb gewandet, auf mannigfachen Instrumenten spielend, dann folgt, jubelnd begrüßt, in den kostbarsten Kleidern, der königliche Zug. Vor den Augen des Volkes wird die Vermählung vollzogen, tausende und abertausende Blicke grüßen bewundernd die Braut an der Seite des schmächtigen fahlen Knaben, den sein Pomp fast erdrückt. Die Hofpoeten überbieten sich auch bei diesem Anlaß in ekstatischen Schilderungen ihrer Schönheit. »Sie erschien«, schreibt hymnisch Brantôme, der sonst lieber seine galanten Anekdoten erzählt, »hundertmal schöner als eine himmlische Göttin«, und vielleicht hat wirklich in jener Stunde der Glanz ihres Glückes dieser leidenschaftlich ehrgeizigen Frau eine besondere Aura verliehen. Denn in dieser Stunde genießt dies lächelnde, nach allen Seiten beglückt grüßende, dies herrlich junge und blühende Mädchen vielleicht den prunkvollsten Augenblick seines Lebens. Nie mehr wird Maria Stuart dermaßen von Reichtum, Bewunderung und Jubel umbrandet sein wie nun, da sie, an der Seite des ersten Fürstensohnes von ganz Europa, an der Spitze seiner köstlich geschmückten Reiterschar durch die Straßen zieht, die bis zu den Dächern hinauf donnern von Jubel und Begeisterung. Abends wird im Justizpalast öffentliche Tafel gehalten, ganz Paris darf jetzt, begeistert zudrängend, dieses junge Mädchen bewundern, das eine neue Krone zur Krone Frankreichs gebracht. Den ruhmreichen Tag beendet ein Ball, für welchen die Künstler die wunderbarsten Überraschungen ersonnen haben. Sechs ganz mit Gold geschmückte Schiffe, mit Segeln aus Silberstoff, künstlich die Bewegungen stürmischer Fahrt nachahmend, werden von unsichtbaren Maschinisten in den Saal hineingezogen. In jedem sitzt, in Gold gekleidet und mit damastener Maske, ein Prinz, und jeder führt mit galanter Geste eine der Frauen des Hofes in sein Schiff, Katharina von Medici, die Königin, Maria Stuart, die Thronfolgerin, dann die Königin von Navarra und die Prinzessinnen Elisabeth, Margarethe und Claudia. Glückliche Fahrt durchs Leben in Prunk und Pracht soll dieses Spiel symbolisch andeuten. Aber das Schicksal läßt sich durch menschliche Wünsche nicht meistern, und anderen, gefährlicheren Gestaden steuert von diesem einzig sorglosen Augenblick an das Lebensschiff Maria Stuarts zu.

Die erste Gefahr kommt völlig unvermutet. Zur Königin von Schottland ist Maria Stuart längst gesalbt, der Roi Dauphin, der Thronfolger Frankreichs, hat sie zur Gattin erhoben; damit schwebt schon eine zweite, eine noch kostbarere Krone unsichtbar über ihrem Haupte. Da hält ihr das Schicksal als verderbliche Versuchung eine dritte Krone hin, und sie greift in kindischer Art, mit unberatenen, mit verblendeten Händen nach ihrem trügerischen Glanz. Im selben Jahre 1558, da sie die Gattin des französischen Thronfolgers wird, stirbt Maria, die Königin von England, und sofort besteigt ihre Stiefschwester Elisabeth den englischen Thron. Aber ist Elisabeth wahrhaft die erbberechtigte Königin? Heinrich VIII., der frauenreiche Blaubart, hat drei Kinder hinterlassen, Eduard und zwei Töchter, von denen Maria aus seiner Ehe mit Katharina von Aragonien stammt und Elisabeth aus der Ehe mit Anna Boleyn. Nach dem frühen Tode Eduards wird Maria, weil die Ältere und aus unbezweifelbar rechtlicher Ehe geboren, die Erbin des Throns, aber ist es jetzt nach ihrem kinderlosen Tode auch Elisabeth? Ja, sagen die englischen Kronjuristen, denn der Bischof hat die Ehe geschlossen, der Papst sie anerkannt. Nein, sagen die französischen Kronjuristen, denn Heinrich VIII. hat nachträglich seine Ehe mit Anna Boleyn für ungültig erklären lassen und Elisabeth durch Parlamentsbeschluß als Bastard. Ist aber Elisabeth nach dieser – von der ganzen katholischen Welt bekräftigten Auffassung – als Bastard thronunwürdig, so steht jetzt der Anspruch auf den Königsthron von England niemandem andern zu als Maria Stuart, der Urenkelin Heinrichs VII.

Eine ungeheure und welthistorische Entscheidung fällt damit über Nacht in die Hände eines sechzehnjährigen unerfahrenen Mädchens. Maria Stuart hat zwei Möglichkeiten. Sie kann nachgiebig sein und politisch handeln, sie kann ihre Base Elisabeth als berechtigte Königin von

England anerkennen und ihren eigenen Anspruch unterdrücken, der zweifellos nur mit der Waffe durchzufechten ist. Oder aber sie kann kühn und entschlossen Elisabeth eine Kronräuberin nennen und die französische, die schottische Armee aufbieten, um die Usurpatorin vom Throne gewaltsam herunterzustoßen. Verhängnisvollerweise wählen Maria Stuart und ihre Berater den dritten Weg, den unglückseligsten, den es in der Politik gibt: den Mittelweg. Statt eines kräftig entschlossenen Schlages gegen Elisabeth führt der französische Hof bloß einen prahlerischen Lufthieb: auf Befehl Heinrichs II. nimmt das Kronprinzenpaar in sein Wappen auch die englische Königskrone auf und Maria Stuart läßt sich späterhin öffentlich und in allen Urkunden »Regina Franciae, Scotiae, Angliae et Hiberniae« nennen. Man erhebt also den Anspruch, aber man verteidigt ihn nicht. Man bekriegt nicht Elisabeth, man verärgert sie bloß. Statt einer wirklichen Tat mit Eisen und Schwert wählt man die machtlose Geste eines Anspruchs auf bemaltem Holz und beschriebenem Papier; damit ist eine dauernde Zweideutigkeit geschaffen, denn in dieser Form ist der Anspruch Maria Stuarts auf den englischen Thron da und wieder nicht da. Je nach Belieben versteckt man ihn einmal und holt ihn das andere Mal wieder heraus. So antwortet Heinrich II. Elisabeth, als sie gemäß dem Vertrage die Rückgabe von Calais verlangt: »In diesem Falle muß Calais der Gemahlin des Dauphins, der Königin von Schottland, übergeben werden, die wir alle als Königin von England betrachten.« Aber andererseits rührte Heinrich II. keine Hand, um diesen Anspruch seiner Schwiegertochter zu verteidigen, sondern verhandelt weiter mit der angeblichen Thronräuberin wie mit einer gleichberechtigten Monarchin.

Durch diese törichte leere Geste, durch dies kindischeitle aufgemalte Wappen ist für Maria Stuart nichts erreicht und alles verdorben. Im Leben eines jeden Menschen gibt es Fehler, die nicht mehr gutzumachen sind. So hat auch hier durch diese eine im Kindesalter mehr aus Trotz und Eitelkeit als aus bewußter Überlegung begangene politische Ungeschicklichkeit Maria Stuart eigentlich ihr ganzes Leben zerstört, denn mit dieser einen Kränkung macht sie sich die mächtigste Frau Europas zur unversöhnlichen Feindin. Eine wirkliche Herrscherin kann alles erlauben und dulden, nur dies eine nicht, daß ein anderer ihr Herrscherrecht bezweifelt. Nichts ist darum natürlicher und man kann es Elisabeth nicht verdenken, wenn sie von dieser Stunde an Maria Stuart als die gefährlichste Rivalin betrachtet, als den Schatten hinter ihrem Thron. Was immer auch von dieser Stunde zwischen den beiden gesagt und geschrieben wird, muß Tünche sein und trügerische Wortmalerei, um die innere Gegnerschaft zu verdecken, aber darunter bleibt unheilbar der Riß. Immer richten Halbheiten und Unehrlichkeiten in der Politik und im Leben mehr Schaden an als die energischen und scharfen Entschlüsse. Die nur symbolisch hingemalte englische Krone im Wappenschilde Maria Stuarts hat mehr Blut verschuldet als ein wirklicher Krieg um die wirkliche Krone. Denn ein offener Kampf hätte die Sachlage einmal und endgültig entschieden, dieser aber, der hinterhältige, erneut sich immer wieder und verstört beiden Frauen die Herrschaft und das Leben.

Dieses verhängnisvolle Wappenschild mit dem englischen Hoheitsabzeichen wird auch im Juli 1559 stolz und sichtbar dem Roi Dauphin und der Reine Dauphine in Paris bei einem Turnier vorangetragen, das zur Feier des Friedens von Cateau-Cambrésis veranstaltet wird. Der ritterliche König Heinrich II. läßt es sich nicht nehmen, selbst eine Lanze »pour l'amour des dames« zu brechen, und jeder weiß, welche Dame er meint: Diana von

Poitiers, die stolz und schön von ihrer Loge auf ihren königlichen Liebhaber niederblickt. Aber aus dem Spiel wird plötzlich furchtbarer Ernst. In diesem Zweikampf entscheidet sich Weltgeschichte. Denn der Kapitän der schottischen Leibwache Montgomery rennt, nachdem seine Lanze schon abgesplittert ist, mit ihrem Stumpf so ungeschickt heftig den König, seinen Spielgegner, an, daß ein Splitter durch das Visier tief ins Auge dringt und der König ohnmächtig von Pferde stürzt. Erst hält man die Verletzung noch für ungefährlich, aber die Besinnung kehrt nicht mehr wieder, entsetzt umsteht die Familie das Bett des Fiebernden. Einige Tage kämpft noch die kraftvolle Natur des tapferen Valois gegen den Tod; endlich, am 10. Juli, steht das Herz still.

Aber selbst im tiefsten Schmerz ehrt der französische Hof noch die Sitte als den obersten Herrn des Lebens. Wie die königliche Familie das Schloß verläßt, bleibt Katharina von Medici, die Gemahlin Heinrichs II., plötzlich an der Tür stehen. Nicht ihr gebührt seit dieser Stunde, die sie zur Witwe gemacht hat, der Vortritt mehr bei Hofe, sondern der Frau, welche die gleiche Stunde zur Königin erhoben. Mit zagem Schritt, befangen und verwirrt, muß Maria Stuart als Gattin des neuen Königs von Frankreich an der Königin von gestern vorbeischreiten. Und mit diesem einzigen Schritt hat sie, siebzehnjährig, alle Altersgenossinnen überholt und die höchste Stufe der Macht erreicht.

Drittes Kapitel

Königin, Witwe und dennoch Königin

Juli 1560 bis August 1561

Nichts hat die Lebenslinie Maria Stuarts so sehr ins Tragische gewendet, als daß ihr das Schicksal alles an irdischer Macht so trügerisch mühelos in die Hände gibt. Ihr Aufstieg erfolgt in derart raketenhaft geschwinder Kurve – mit sechs Tagen Königin von Schottland, mit sechs Jahren Braut eines der mächtigsten Prinzen Europas, mit siebzehn Jahren Königin von Frankreich –, daß sie das höchste Maß an äußerer Macht schon in Händen hält, noch ehe ihr inneres Leben wahrhaft begonnen hat. Alles fällt ihr aus unsichtbarem Füllhorn scheinbar unerschöpflich zu, und nichts davon ist durch eigenen Willen erworben, durch eigene Kraft erkämpft, nichts Mühe und nichts Verdienst, alles Erbe, Gnade und Geschenk. Wie im Traume, wo alles flughaft-farbig vorüberflieht, erlebt sie sich im Hochzeits-, im Krönungskleide, und ehe sie mit wachen Sinnen diesen verfrühten Frühling begreifen kann, ist er schon verblüht, verwelkt, vorüber, und sie erwacht enttäuscht, geplündert, beraubt, verstört. In einem Alter, da andere erst zu wünschen, zu hoffen, zu begehren beginnen, hat sie bereits alle Möglichkeiten des Triumphes durchschritten, ohne Zeit und Muße gehabt zu haben, ihn auch seelisch zu erfassen. In dieser Vorschnelle ihres Schicksals ist aber auch das Geheimnis ihrer Unruhe und Ungenügsamkeit im Samenkorn verschlossen: wer so früh die Erste eines Landes, einer Welt gewesen, wird sich nie mit kleinem Lebensmaß mehr bescheiden können. Nur schwache Naturen verzichten und vergessen, die starken aber fügen sich nicht und fordern auch das übermächtige Schicksal zum Kampfe heraus.

In der Tat, wie ein Traum geht diese kurze Königszeit in Frankreich dahin, wie ein hastiger, unruhiger, angstvoller, sorgenvoller Traum. Die Kathedrale von Reims, wo der Erzbischof dem blassen kranken Knaben die Krone auf das Haupt drückt und die schöne junge, mit allen Juwelen des Schatzes geschmückte Königin inmitten des Adels wie eine schmale, schlanke, noch nicht voll erblühte Lilie aufleuchtet, schenkt ihr einen einzigen, farbig vorstrahlenden Augenblick, sonst meldet die Chronik keine Feste und Fröhlichkeiten. Das Schicksal läßt Maria Stuart keine Zeit, jenen troubadourischen Hof der Künste und der Dichtung zu schaffen, von dem sie träumte, keine Zeit auch den Malern, das Bild des Monarchen und seiner schönen Gattin in Prunkgemälden festzuhalten, keine Zeit den Chronisten, ihren Charakter zu schildern, keine Zeit dem Volke, seine Herrscher kennen oder gar lieben zu lernen; wie zwei hastige Schatten, von bösem Wind gejagt, fliehen diese beiden Kindergestalten in der langen Reihe der Könige von Frankreich vorüber.

Denn Franz II. ist krank und von Anbeginn zu frühem Tode gezeichnet wie ein Baum im Wald. Ängstlich, mit schweren, müden, wie vom Schlaf aufgeschreckten Augen, blickt aus rundem, gedunsenem Gesicht ein fahler kleiner Knabe den Betrachter an, und ein plötzlich einsetzendes und darum unnatürliches Wachstum schwächt noch mehr seine Widerstandskraft. Ständig wachen die Ärzte um ihn und raten dringend zur Schonung. Jedoch in diesem Knaben pocht ein törichter, kindischer Ehrgeiz, hinter seiner schlanken, sehnigen Gemahlin, die Jagd und Sport leidenschaftlich liebt, nicht zurückzubleiben. Er zwingt sich gewaltsam zu hitzigen Ritten und körperlichen Anstrengungen, um sich Gesundheit und Männlichkeit vorzutäuschen; aber die Natur läßt sich nicht betrügen. Sein Blut bleibt unheilbar matt und vergiftet, schlimmes Erbteil seines Großvaters Franz I., immer wieder fallen Fieber ihn an, bei jedem scharfen Wetter muß er zu Hause sitzen, ungeduldig, ängstlich und müde, ein kläglicher Schatten, von der Sorge vieler Ärzte umringt. Ein solch armer König weckt an seinem Hofe mehr Mitleid als Ehrfurcht, im Volke dagegen gehen bald böse Mären um, er sei leprakrank und bade im Blute frischgeschlachteter Kinder, um zu genesen; finster blicken die Bauern dem kümmerlichen Jungen nach, wenn er fahl und langsam auf seinem Rosse vorbeitrabt, die Höflinge aber beginnen schon vorausdenkend, die Königinmutter, Katharina von Medici, und Karl, den Thronerben, zu umscharen. Mit solchen matten, schwachen Händen vermag man die Zügel der Herrschaft nicht lange straff zu halten; ab und zu malt der Knabe mit steifer, ungelenker Schrift sein »François« unter Dokumente und Dekrete, aber in Wahrheit regieren die Verwandten Maria Stuarts, die Guisen, statt seiner, der nur um eines kämpft: sein bißchen Leben und Kraft möglichst lange festzuhalten.

Eine glückliche Ehe, falls es überhaupt eine wirkliche gewesen, kann man ein solches In-Krankenstuben-Beisammensein, ein solches stetes Sorgen und Behüten kaum nennen. Aber nichts wiederum läßt annehmen, daß diese beiden Halbkinder sich nicht vertragen hätten, denn selbst ein so bösartig geschwätziger Hof, an dem Brantôme jede Liebschaft in seinem »Vie des dames galantes« verzeichnete, findet über Maria Stuarts Verhalten kein Wort des Tadels oder der Verdächtigung. Lange ehe sie die Staatsraison vor dem Altar verbunden, waren Franz und Maria Stuart Kameraden gewesen, kindliche Spielgemeinschaft hatte sie längst vereint und das Erotische darum kaum eine wesentliche Rolle bei diesen Halbkindern gespielt: es wird noch Jahre dauern, ehe in Maria Stuart die Fähigkeit leidenschaftlicher Hingabe erwacht, und Franz, der fiebermatte Knabe, wäre der letzte gewesen, sie in dieser verhaltenen, tief in sich verschlossenen Natur zu erwekken. Gewiß hat gemäß ihrem mitleidigen und gefällig gutmütigen Wesen Maria Stuart ihren Gemahl auf das sorglichste gepflegt, denn wenn schon nicht vom Gefühl, so mußte sie doch vom Verstande her wissen, daß all ihre Macht und Herrlichkeit an den Atem und Herzschlag dieses armen siechen Knaben gebunden war und daß sie ihr eigenes Glück verteidigte, indem sie sein Leben behütete. Aber für wirkliches Glücklichsein war in dieser Spanne Königszeit überhaupt kein Raum; im Lande regt sich hugenottischer Aufruhr, und nach dem berüchtigten Tumult von Amboise, der das Königspaar persönlich bedroht, muß Maria Stuart der Herrscherpflicht einen traurigen Tribut abstatten. Sie muß anwesend sein bei der Hinrichtung der Rebellen, muß zusehen – und der Augenblick wird sich tief in ihre Seele eingraben, vielleicht wird er aufleuchten wie ein magischer Spiegel in einer andern, eigenen Stunde –, wie mit verschnürten Armen ein lebender Mensch auf den Block niedergepreßt wird, wie mit hartem Henkerschlag, mit einem dumpfen, knirschenden und dröhnenden Ton die Axt in den Nacken fährt und ein Haupt blutend in den Sand kollert: ein Bild, grausig genug, jenes glänzende der Krönung von Reims auszulöschen. Und dann jagt eine schlimme Botschaft die andere: ihre Mutter, Marie von Guise, die für sie Schottland verwaltet, ist im Juni 1560 gestorben, das Erbland hinterlassend in religiösem Zwist und Aufruhr, Krieg an den Grenzen, die englischen Truppen tief in den Gemarken, und bereits muß Maria Stuart Trauergewand tragen statt des festlichen, das sie kindisch erträumt. Die Musik, die geliebte, muß schweigen, der Tanz anhalten. Aber schon pocht abermals die knöcherne Hand an Herz und Haus. Franz II. wird schwächer und schwächer, das vergiftete Blut in seinen Adern hämmert unruhig hinter den Schläfen und braust in den Ohren. Er kann nicht mehr gehen, nicht mehr reiten und muß im Bett von einem Ort zum andern getragen werden. Endlich bricht die Entzündung eitrig in seinem Ohre durch, die Ärzte wissen keine Hilfe mehr, und am 6. Dezember 1560 hat der unselige Knabe ausgelitten.

Und abermals wiederholt sich – tragisches Symbol – die Szene zwischen den beiden Frauen Katharina von Medici und Maria Stuart an einem Sterbebett. Kaum hatte Franz II. den letzten Atemzug getan, so weicht Maria Stuart, weil nicht mehr Königin von Frankreich, an der Tür hinter Katharina von Medici zurück, die jüngere Königswitwe muß der älteren den Vortritt lassen. Sie ist nicht mehr die erste Frau des Reiches, sondern schon wieder nur die zweite; in einem einzigen Jahr ist der Traum zu Ende und Maria Stuart nicht mehr Königin von Frankreich und einzig noch, die sie gewesen vom ersten Augenblick an und bleiben wird bis zum letzten: Königin von Schottland.

Vierzig Tage dauert gemäß dem Zeremoniell des französischen Hofes die strengste Trauerzeit einer Königswitwe. Während dieser unerbittlichen Klausur darf sie ihre Gemächer nicht für einen Augenblick verlassen, in den ersten zwei Wochen darf niemand außer dem neuen König und seinen nächsten Verwandten sie in dem künstlichen Grabgewölbe, in dem abgedunkelten und nur mit Kerzen erhellten Raum besuchen. Nicht wie die Frauen des Volks kleidet sich in diesen Tagen die Königswitwe in das düstere Schwarz, die ewig gültige Farbe der Trauer, denn ihr allein ziemt der »Deuil blanc«. Weiß die Haube über dem blassen Gesicht, weißbrokaten das Kleid, weiß die Schuhe, die Strümpfe, nur dunkel der Flor über diesem fremden Geleucht, so trägt sich Maria Stuart in jenen Tagen, so zeigt sie uns Janet in seinem berühmten

Gemälde und so schildert sie Ronsard in seinem Gedicht:

»Un crespe long, subtil et délié
Ply contre ply, retors et replié
Habit de deuil, vous sert de couverture,
Depuis le chef jusques à la ceinture,
Qui s'enfle ainsi qu'un voile quand le vent
Soufle la barque et la cingle en avant,
De tel habit vous étiez accoutrée
Partant, hélas! de la belle contrée
Dont aviez eu le sceptre dans la main,
Lorsque, pensive et baignant votre sein
Du beau cristal de vos larmes coulées
Triste marchiez par les longues allées
Du grand jardin de ce royal château
Qui prend son nom de la beauté des eaux.«

Und in der Tat, kaum in einem andern Bilde hat das Sympathische und Milde dieses jungen Antlitzes sich sieghafter dargetan als hier, da eine ernste Besinnlichkeit das sonst unruhige Auge verklärt und die einförmige schmucklose Farbe die reine Blässe ihrer Haut heller aufleuchten läßt; in der Trauer fühlt man das Edle, das Königliche ihrer Menschlichkeit ungleich deutlicher als bei den Bildern von vordem, die sie in Prunk und Pracht ihrer Würde darstellen, überhäuft mit Juwelen und geschmückt mit allen Insignien der Macht.

Diese edle Melancholie spricht auch aus den Strophen, die sie selbst in diesen Tagen als Totenklage dem verstorbenen Gemahle widmet, Verse, die nicht unwürdig sind ihres Meisters und Lehrers Ronsard. Selbst nicht von königlicher Hand geschrieben würde diese leise Nänie zum Herzen sprechen durch den schlichten Ton ihrer Aufrichtigkeit. Denn keineswegs einer leidenschaftlichen Liebe zum Verstorbenen rühmt sich hier die Zurückgebliebene – nie hat Maria Stuart im Dichterischen gelogen, immer nur in der Politik –, einzig ihre Verlorenheit und Verlassenheit läßt sie sprechen:

»Sans cesse mon cœur sent
Le regret d'un absent
Si parfois vers les cieux
Viens à dresser ma veue
Le doux traict de ses yeux
Je vois dans une nue;
Soudain je vois dans l'eau
Comme dans un tombeau
Si je suis en repos
Sommeillant sur ma couche,
Je le sens qu'il me touche:
En labeur, en recoy
Toujours est près de moy.«

Daß diese Trauer Maria Stuarts um Franz II. mehr als eine poetische Fiktion, daß sie ein ehrliches und aufrichtiges Bedauern gewesen, ist nicht zu bezweifeln. Denn mit Franz II. hat Maria Stuart nicht nur einen wohlgesinnten, nachgiebigen Kameraden, einen zärtlichen Freund verloren, sondern auch ihre europäische Stellung, ihre Macht, ihre Sicherheit. Bald wird die kindliche Witwe den Unterschied spüren, wie viel es bedeutet hat, die Erste an einem Hofe, die Königin gewesen zu sein, und wie wenig, plötzlich die Zweite zu werden, eine Pensionistin von des Nachfolgers Gnaden. Erschwert wird diese an sich schon bedrückende Lage durch die Feindseligkeit, die ihr Katharina von Medici, ihre Schwiegermutter, kaum daß sie wieder die erste Frau am Hofe geworden ist, entgegenbringt; es scheint, daß Maria Stuart einmal diese hochfahrende und heimtückische Mediceerin durch ein törichtes Wort tödlich beleidigt hat, indem sie verächtlich die geringe Herkunft der »Kaufmannstochter« mit ihrer eigenen, von Geschlecht zu Geschlecht ererbten Königswürde verglich. Solche Unbedachtsamkeiten – auch gegen Elisabeth wird sich das unberatene, ungestüme Mädchen ähnliche zuschulden kommen lassen – sind zwischen Frauen verhängnisvoller als offene Beleidigungen. Und kaum gelangt Katharina von Medici, die ihren Ehrgeiz zwei Jahrzehnte lang erst um Diana von Poitiers, dann um Maria Stuarts willen bezähmen mußte, zu politischer Macht, so läßt sie die beiden Gestürzten ihren Haß herrisch und herausfordernd fühlen.

Aber Maria Stuart – deutlich tritt jetzt der entscheidende Zug ihres Charakters ans Licht: ihr unbändiger, unbeugsamer, männlich harter Stolz – wird nirgends bleiben wollen, wo sie nur Zweite ist, nie wird ihr hohes und heftiges Herz sich mit einer kleinen Stellung, mit einem halben Rang begnügen. Lieber wählt sie das Nichts, lieber den Tod. Einen Augenblick denkt sie daran, sich für immer in ein Kloster zurückzuziehen, allen Rang abzuschwören, da sie den höchsten in diesem Lande nicht mehr erreichen kann. Aber noch ist die Verführung des Lebens zu groß, noch wäre für eine Achtzehnjährige ewiger Verzicht wider die innere Natur. Und dann: noch immer kann sie für die verlorene Krone eine andere, eine ebenso kostbare, eintauschen. Schon meldet sich der Gesandte des Königs von Spanien als Werber für Don Carlos, den zukünftigen Herrn zweier Welten, schon sendet der österreichische Hof geheime Unterhändler, die Könige von Schweden und Dänemark bieten ihr Thron und Hand. Und schließlich ist noch immer die Erbkrone ihr eigen, jene von Schottland, und noch immer der Anspruch auf die andere, die nachbarliche, die englische Krone in Schwebe. Immer harren ja noch unermeßliche Möglichkeiten dieser mädchenhaften Königswitwe, dieser eben erst zu voller Schönheit herangeblühten Frau. Nur sind sie nicht mehr wie vordem geschenkt und entgegengetragen vom Schicksal, von jetzt ab muß alles errungen werden, mit Geschick und Geduld zähen Gegnern abgekämpft. Aber mit so viel Mut im Herzen, mit so viel Schönheit im Antlitz, mit so viel Jugend im heißen blühenden Leibe kann man auch höchstes Spiel unbedenklich wagen. Und mit entschlossener Seele tritt Maria Stuart in den Kampf um ihr Erbe.

Freilich: der Abschied von Frankreich wird ihr nicht leicht. Zwölf Jahre hat sie an diesem fürstlichen Hofe gelebt, und das schöne, reiche, sinnlich freudige Land war ihr schon mehr Heimat geworden als das Schottland der versunkenen Kindertage. Hier sind die mütterlichen Verwandten, die sie umhüten, hier die Schlösser, in denen sie glücklich gewesen, hier die Dichter, die sie rühmen und verstehen, hier die leichte, die ritterliche Anmut des Lebens, der sie sich im tiefsten zugeboren weiß. Von Monat zu Monat zögert sie darum, obwohl längst auf das dringlichste berufen, mit der Rückkehr in ihr eigenes Königreich. Sie besucht in Joinville, in Nancy ihre Verwandten, sie wohnt in Reims der Krönung ihres zehnjährigen Schwagers, Karls IX., bei; immer sucht sie, wie von geheimnisvoller Ahnung gewarnt, anderen und anderen Vorwand, um die Reise zu verschieben. Und es ist, als warte sie eigentlich auf irgendeine Schicksalsfügung, welche ihr die Heimfahrt nach Schottland ersparte.

Denn so neu und unerfahren die Achtzehnjährige in Staatsdingen auch sein mag: dies muß Maria Stuart doch schon erfaßt haben, daß in Schottland harte Prüfung ihr bevorsteht. Seit dem Tode ihrer Mutter, die für sie als Regentin das Erbe verwaltete, haben die protestantischen Lords, ihre schlimmsten Gegner, die Oberhand und verbergen kaum ihr Widerstreben, eine gläubige Katholikin, eine Anhängerin der verhaßten Messe, ins Land zu rufen. Offen erklären sie – der englische Gesandte meldet es begeistert nach London –, »man solle die Reise der Königin von Schottland noch um einige Monate verzögern, und wären sie nicht zu Gehorsam verpflichtet, so würde ihnen wenig daran liegen, sie überhaupt zu sehen«. Heimlich haben sie längst schlimmes Spiel getrieben, sie haben versucht, der Königin von England den nächsten Thronberechtigten, den protestantischen Earl of Arran, als Gatten anzubieten und damit widerrechtlich Elisabeth eine Krone in die Hände zu schieben, die unzweideutig Maria Stuart gehört. Ebensowenig kann sie ihrem eigenen Stiefbruder, James Stuart, Earl of Moray, trauen, der im Auftrage des schottischen Parlaments zu ihr nach Frankreich kommt; denn er steht Elisabeth bedenklich nahe und vielleicht sogar besoldet in ihrem Dienst. Einzig ihre schleunige Heimkehr kann alle diese dunklen und dumpfen Intrigen rechtzeitig niedertreten, nur mit dem von ihren Ahnen, den Stuartkönigen, ererbten Mut kann sie ihr Königtum behaupten. Und so entschließt sich endlich, um nicht im selben Jahre die zweite Krone nach der ersten zu verlieren, Maria Stuart schweren Sinnes und düsterer Ahnung, einem Ruf zu folgen, der nicht aus ehrlichem Herzen kommt und den sie selbst nur mit halbem Vertrauen hört.

Aber noch ehe sie das eigene Reich betritt, muß Maria Stuart spüren, daß Schottland an England grenzt und daß eine andere als sie selbst dessen Königin ist. Elisabeth hat keinen Grund und noch weniger Neigung, dieser Rivalin und Kronanwärterin das Leben leicht zu machen, und mit zynischer Offenheit bekräftigt ihr Staatsminister Cecil jedes feindselige Vorgehen: »Je länger die Angelegenheiten der schottischen Königin unsicher bleiben, um so besser für die Sache Ihrer Majestät.« Denn noch ist der Zwist jenes papierenen und gemalten Thronanspruchs nicht ausgetragen. Zwar hatten die schottischen Abgesandten in Edinburgh einen Vertrag mit den englischen abgeschlossen, in dem sie im Namen Maria Stuarts sich verpflichteten, Elisabeth »for all times coming«, also für immerdar, als die rechtmäßige Königin von England anzuerkennen. Aber als dann der Vertrag nach Paris gebracht wurde und es galt, die Unterschrift unter die zweifellos gültige Abmachung zu setzen, waren Maria Stuart und ihr Gatte Franz II. ausgewichen; die Anerkennung will ihr nicht in die Feder, nie wird sie, die einmal mit dem Wappen den Anspruch auf die englische Krone wie eine Fahne vor sich her tragen ließ, diese Fahne senken. Sie ist allenfalls bereit, ihr Recht aus Politik zurückzustellen, aber nie wird sie zu bewegen sein, offen und ehrlich auf ihr Ahnenerbe zu verzichten.

Eine solche Zweideutigkeit des Ja und Nein kann Elisabeth nicht dulden. Die Gesandten der schottischen Königin haben in ihrem Namen den Vertrag von Edinburgh unterschrieben, folglich, erklärt sie, sei Maria Stuart verpflichtet, diese Unterschrift einzulösen. Eine Anerkennung sub rosa, eine heimliche Zusage, kann Elisabeth nicht genügen, denn für sie als Protestantin, deren halbes Reich sich noch immer leidenschaftlich zum Katholizismus bekennt, bedeutet eine katholische Prätendentin nicht nur Throngefahr, sondern Lebensgefahr. Wenn die Gegenkönigin nicht klar auf jede Art des Anspruchs Verzicht leistet, ist Elisabeth nicht wahrhaft Königin.

Elisabeth befindet sich, niemand kann es leugnen, in dieser Streitsache zweifellos im Recht; aber sie setzt sich selber schleunig ins Unrecht, indem sie einen so großen politischen Konflikt in kleinlicher und mesquiner Weise auszutragen sucht. Immer haben Frauen in der Politik die gefährliche Eigenschaft, bloß mit Nadelstichen ihre Rivalen zu verwunden und Gegensätze durch persönliche Bosheiten zu vergiften; auch jetzt begeht die sonst klarsichtige Herrscherin diesen ewigen Fehler der politischen Frauen. Maria Stuart hat für die Reise nach Schottland formell einen »safe conduct« – wir würden heute sagen: ein Durchreisevisum – angesprochen, was man ihrerseits sogar als einen Akt der Courtoisie, der formellen amtlichen Höflichkeit deuten kann, denn der gerade Seeweg in die Heimat steht ihr ohnedies offen: wenn sie über England reisen will, so bietet sie damit ihrer Gegnerin stillschweigend die Möglichkeit freundschaftlicher Aussprache. Elisabeth aber ergreift sofort die Gelegenheit, um ihrer Rivalin einen Stich zu versetzen. Sie erwidert die Höflichkeit mit einer groben Unhöflichkeit und erklärt, sie verweigere insolange Maria Stuart den »safe conduct«, als sie den Vertrag von Edinburgh nicht unterzeichnet habe. Um die Königin zu treffen, beleidigt sie die Frau. Statt der kraftvollen Geste der Kampfandrohung wählt sie die boshafte und kraftlose der persönlichen Kränkung.

Nun ist von dem innerlichen Konflikt dieser beiden Frauen der Schleier abgerissen, mit harten, heißen Augen stoßen Stolz und Stolz gegeneinander. Unverzüglich läßt Maria Stuart den englischen Gesandten zu sich rufen, und leidenschaftlich fährt sie ihn an: »Nichts schmerzt mich mehr, als daß ich mich so sehr vergessen konnte, von Ihrer Gebieterin, der Königin, diese Gunst zu verlangen, die ich gar nicht zu verlangen brauchte. Ich benötige ebensowenig ihre Bewilligung für meine Reise wie sie die meine für ihre Reisen und kann auch ohne ihren Paß und ihre Erlaubnis in mein Königreich zurückkehren. Denn obwohl der verstorbene König alle Hindernisse in Gang setzte, um mich abzufangen, als ich in dieses Land kam, wissen Sie doch, Herr Gesandter, daß ich heil herübergekommen bin, und ebenso würde ich gute Mittel und Wege finden, auf gleiche Art heimzugelangen, wollte ich meine Freunde anrufen ... Sie haben mir offen gesagt, daß Freundschaft zwischen der Königin und mir wünschenswert und für uns beide zum Vorteil wäre. Ich habe jetzt einigen Grund anzunehmen, daß die Königin nicht dieser Meinung ist, denn sonst würde sie mir mein Ansuchen nicht so unfreundlich abgelehnt haben. Es hat den Anschein, daß sie mehr Gewicht auf die Freundschaft der Ungehorsamen unter meinen Untertanen legt als auf die meine, die der Gebieterin, die ich ihr gleich im Range bin, wenn auch geringer an Klugheit und Erfahrung, aber doch ihre nächste Verwandte und ihr nächster Nachbar... Ich verlange von ihr nichts als Freundschaft, ich beunruhige nicht ihren Staat, noch verhandle ich mit ihren Untertanen, und doch weiß ich, daß ihrer genug in ihrem Königreich wären, die meine Angebote gerne vernehmen würden.«

Das ist eine starke Drohung, vielleicht mehr stark als klug. Denn noch bevor Maria Stuart den Fuß nach Schottland gesetzt hat, verrät sie schon ihre geheime Absicht, den Kampf mit Elisabeth notfalls auch nach England hinüberzutragen. Der Botschafter weicht höflich aus. Alle Schwierigkeiten entstammten doch nur dem Umstand, daß Maria Stuart seinerzeit das englische Wappen in das ihre aufgenommen habe. Auf diesen Anwurf hat Maria Stuart rasch eine Antwort bereit: »Herr Gesandter, ich stand damals unter dem Einfluß des Königs Heinrich, meines Schwiegervaters, und des Königs, meines Herrn und Gemahls, und was immer geschehen ist, geschah auf ihren Befehl und ihre Anordnung. Seit ihrem Tode, Sie wissen es, habe ich niemals weder das Wappen noch den Titel einer Königin von England geführt. Ich glaube, diese Handlungsweise müßte die Königin sichermachen. Übrigens wäre es für meine Base, die Königin, keine solche Unehre, wenn ich als Königin gleichfalls das Wappen von England führen würde, denn ich weiß, daß auch andere, die im Range niedriger sind als ich und nicht so nahe verwandt, dieses Wappen führen. Schließlich können Sie doch gar nicht leugnen, daß meine Großmutter eine der beiden Schwestern des Königs, ihres Vaters, war, und zwar die ältere.«

Abermals schimmert unter der freundlichen Form eine gefährliche Mahnung: indem Maria Stuart betont, daß sie von der älteren Linie abstammt, bekräftigt sie neuerdings ihr Anrecht. Und wie nun der Botschafter sie beschwichtigend bittet, zur Bereinigung des unerfreulichen Zwischenfalls doch das gegebene Wort zu halten und den Edinburgher Vertrag zu unterzeichnen, flüchtet, wie immer, wenn der heikle Punkt berührt wird, Maria Stuart hinter Verzögerungen: sie könne das keinesfalls tun, ehe sie sich mit dem schottischen Parlament beraten habe; ebensowenig aber will der Botschafter seinerseits im Namen Elisabeths Zusicherungen geben. Immer wenn die Verhandlungen an die kritische Wende geraten, wo klar und deutlich eine oder die andere Königin etwas von ihren Rechten abgeben soll, beginnt die Unaufrichtigkeit. Jede hält krampfhaft ihren Trumpf in der Hand; so wird sich das Spiel ins Endlose und ins Tragische verlängern. Schroff bricht schließlich Maria Stuart die Verhandlungen über das freie Geleit ab; es ist wie der scharfe Riß, wenn ein Tuch zerschnitten wird: »Wären meine Vorbereitungen nicht so weit gediehen, so hätte vielleicht die Unfreundlichkeit der Königin, Ihrer Gebieterin, meine Reise verhindern können. Jetzt aber bin ich entschlossen, die Sache zu wagen, was immer daraus entsteht. Ich hoffe, der Wind wird so günstig sein, daß ich nicht genötigt bin, die englische Küste zu berühren. Sollte dies aber geschehen, dann bekommt mich die Königin, Ihre Herrin, in die Hände. Sie kann in diesem Falle mit mir tun, was sie will, und wenn sie so harten Herzens ist, meinen Tod zu verlangen, möge sie nach ihrem Gutdünken handeln und mich opfern. Vielleicht wäre diese Lösung für mich besser als zu leben. In dieser Sache sei nur Gottes Wille erfüllt.«

Wiederum klingt in diesen Worten jener gefährliche,

selbstbewußte und entschlossene Ton in Maria Stuart auf. Von Natur eher weich, lässig, leichtsinnig und dem Genuß des Lebens mehr zugetan als dem Kampfe, wird diese Frau sofort eisenhart, trotzig und kühn, sobald es ihre Ehre gilt, sobald an das Recht gerührt wird, das sie als Königin fordert. Lieber zugrunde gehen als sich beugen, lieber eine königliche Torheit als eine kleinliche Schwäche. Bestürzt meldet der Gesandte seinen Mißerfolg nach London hinüber, und hastig gibt nun Elisabeth, die Staatskluge und Geschmeidige, nach. Ein Paß wird ausgefertigt und nach Calais geschickt. Aber er kommt um zwei Tage zu spät. Denn Maria Stuart hat sich unterdes entschlossen, die Fahrt zu wagen, ob auch die englischen Kaperschiffe im Kanal kreuzen; lieber wählt sie frei und kühn den gefährlichen Weg als den sicheren um den Preis einer Demütigung. Eine einzige Gelegenheit, durch Großmut den drohenden Konflikt aus der Welt zu schaffen, als Gast sich zu verpflichten, die sie als Rivalin fürchtet, hat Elisabeth versäumt. Aber Vernunft und Politik gehen selten die gleichen Wege: vielleicht entsteht die dramatische Formung der Weltgeschichte immer nur durch die versäumten Möglichkeiten.

Noch einmal, wie Abendsonnenglanz trügerisch eine Landschaft anglüht und vergoldet, erlebt Maria Stuart in dieser Abschiedsstunde allen Prunk und alle Pracht des französischen Zeremoniells zu ihren Ehren. Denn nicht ungeleitet und unbegleitet soll sie, die als Königsbraut dieses Land betreten, die Stätte ihres verlorenen Herrschertums verlassen; öffentlich soll dargetan sein, daß nicht als arme verlassene Witwe, als schwache hilflose Frau die Königin von Schottland in ihre Heimat zurückkehrt, sondern daß gewappnet die Ehre Frankreichs hinter ihrem Schicksal steht. Von Saint-Germain folgt ihr bis Calais eine großartige Kavalkade. Auf mit reichen Schabracken geschmückten Pferden, verschwenderisch gekleidet in die üppige Pracht der französischen Renaissance, klirrend in Waffen und mit vergoldeten und kunstvoll eingelegten Harnischen reitet mit der Königswitwe die Elite des französischen Adels einher, voran im Prunkwagen ihre drei Oheime, der Herzog von Guise und die Kardinäle von Lothringen und Guise. Sie selbst ist umschart von den vier getreuen Marys, von Edelfrauen und Dienerinnen, von Pagen und Dichtern und Spielleuten, schwere Lasten kostbaren Hausgeräts werden dem farbigen Zuge nachgeführt und in verschlossenem Schrein die Juwelen der Krone. Als Königin, wie sie gekommen, in Ansehen und Ehren, in Glanz und Größe geht Maria Stuart aus ihrer Herzensheimat fort. Nur die Freude fehlt, die einstmals so herrlich unbesorgt die Augen des Kindes erleuchtet. Ein Abschied ist immer Abendsonnenglanz, halb nur mehr Licht und halb schon Dunkelheit.

In Calais bleibt der Großteil des fürstlichen Zuges zurück. Die Edelleute reiten heim. Sie werden morgen im Louvre einer andern Königin dienen, denn Höflingen gilt immer nur die Würde allein und nichts der Mensch, der sie trägt. Alle werden sie Maria Stuart vergessen, sobald der Wind die Segel der Galionen faßt, alle sie mit dem Herzen verlassen, die jetzt mit verzücktem Aufblick vor ihr das Knie beugen und ewige Treue in die Ferne versprechen: eine pathetische Zeremonie wie Krönung oder Begräbnis hat für die Ritter dies Abschiedsgeleit bedeutet und nicht mehr. Wahrhafte Trauer, wirkliche Wehmut empfinden bei Maria Stuarts Fortgang einzig die Dichter, weil mit feineren Sinnen begabt für Ahnung und Mahnung. Sie wissen, daß mit dieser jungen Frau, die einen Hof der Heiterkeit und der Schönheit schaffen wollte, das Musische aus Frankreich dahingeht; nun kommen dunkle Jahre für sie und für alle: politische Zeit, Zank und Zwist, die Hugenottenkämpfe, die Bartholomäusnacht, die Zänker, die Zeloten. Dahin ist das Ritterliche, das Romantische, das Helle und unbesorgt Schöne, der Triumph der Künste mit dieser jugendlichen Gestalt. Das Sternbild der »Pleiade«, das Siebengestirn der Dichtung, bald wird es erbleichen am verdüsterten Himmel des Krieges. Mit Maria Stuart gehe, so klagen sie, die holde, die geistige Freude fort:

»Ce jour le même voile emporta loin de France
Les Muses, qui songoient y faire demeurance.«

Noch einmal rühmt Ronsard, dessen Herz an jeder Jugend, jeder Anmut sich wieder jung entzückte, in seiner Elegie »Au départ« alle Schönheit Maria Stuarts, als wollte er wenigstens im Verse festhalten, was für sein heißes Auge für immer verloren ist, und in der Aufrichtigkeit seiner Trauer formt er wirklich ergreifend beredte Klage:

»Comment pourroient chanter les bouches des poètes,
Quand, par vostre départ les Muses sont muettes?
Tout ce qui est de beau ne se garde longtemps,
Les roses et les lys ne règnent qu'un printemps.
Ainsi votre beauté seulement apparue
Quinze ans en notre France, est soudain disparue,
Comme on voit d'un éclair s'évanouir le trait,
Et d'elle n'a laissé sinon le regret,
Sinon le déplaisir qui me remet sans cesse
Au cœur le souvenir d'une telle princesse.«

Während Hof und Adel und Ritterschaft Frankreichs bald die Abwesende vergessen, bleiben einzig von allen die Dichter weiter im Dienst ihrer Königin; denn für die Dichter ist Unglück nur neuer Adel, und die sie als Herrscherin um ihrer Schönheit willen gerühmt, sie werden sie nun doppelt lieben in ihrer Trauer. Treu bis zum Ende werden sie ihr Leben und ihren Tod besingen und begleiten. Immer, wo ein hoher Mensch sein Leben als Dichtung, als Drama, als Ballade zu Ende lebt, werden Dichter sich finden, um es neu und zu immer neuem Leben zu formen.

Im Hafen von Calais wartet eine prunkvolle, weiß angestrichene Galione; auf dieses Admiralsschiff, das die französische Königsflagge neben der schottischen hißt, geleiten sie die drei fürstlichen Oheime, die erlesensten Ritter des Hofs und die vier Marys, die treuen Gespielinnen; zwei andere Schiffe bilden die Eskorte. Aber noch ist das Schiff aus dem innern Hafen nicht herausgesteuert, noch sind die Segel nicht gesetzt, so begegnet Maria Stuarts erster Blick auf das Ungewisse des Meeres schon einem üblen Vorzeichen: eine hereingelotste Barke zerschellt, ihre Insassen drohen zu ertrinken. Das erste Bild, da Maria Stuart Frankreich verläßt, um ihre Regentschaft anzutreten, wird zum trüben Symbol: ein Schiff, das, schlecht gesteuert, in die Tiefe gerissen wird.

Ist es heimliche Angst um dieses Vorzeichens willen, ist es das Gefühl der verlorenen Heimat, ist es Ahnung des Nichtwiederkehrens: jedenfalls, Maria Stuart kann den von Tränen verschleierten Blick nicht von der Erde wenden, auf der sie jung, unbewußt und darum glücklich gewesen. Ergreifend schildert Brantôme den dumpfen Schmerz ihres Abschieds: »Sobald das Schiff aus dem Hafen gesteuert war und eine Brise sich erhoben hatte, begann man die Segel aufzuziehen. Beide Arme auf dem Heck neben dem Steuerruder, brach sie in gewaltiges Weinen aus, immer wieder mit ihren schönen Augen auf den Hafen und die Stelle, von der sie abgesegelt waren, zurückblickend, und immer von neuem die traurigen Worte wiederholend: ›Lebe wohl, Frankreich‹, bis es begann Nacht zu werden. Man schlug ihr vor, sich zur Ruhe zu begeben und in den Steuerbordraum hinabzusteigen, aber entschlossen wies sie alles zurück. So bereitete man ihr auf dem Verdeck ein Lager. Ausdrücklich schärfte sie dem Untersteuermann ein, sobald es Tag würde, möge er sie, falls man auch nur ferne noch den Horizont Frankreichs gewahren könne, sofort wecken und nicht davor zurückscheuen, sie heftig anzurufen. Und wirklich begünstigte das Glück ihren Wunsch. Denn da sich der Wind gelegt hatte und man zum Rudern seine Zuflucht nehmen mußte, kam man in dieser Nacht nicht viel weiter. Bei Tagesanbruch war tatsächlich die französische Küste noch immer sichtbar. Kaum hatte der Steuermann ihren Auftrag erfüllt, so erhob sie sich von ihrem Lager und blickte hin und hin auf das Land, solange es noch sichtbar blieb, immer und immer wieder die Worte wiederholend: ›Leb wohl, Frankreich, leb wohl, Frankreich! Ich glaube, ich werde dich nie mehr wiedersehen.‹«

Viertes Kapitel

Heimkehr nach Schottland

August 1561

Ein Nebel, so dicht, wie er im Sommer nur selten diese nördlichen Küsten befällt, verhüllt das Gestade, da Maria Stuart am 19. August 1561 in Leith landet. Aber wie anders ist diese Ankunft in Schottland als der Abschied von der douce France. Dort hatte sie im majestätischen Zuge die Blüte des französischen Adels begleitet, Fürsten und Grafen, Dichter und Musiker entboten ihr in höfischer Weise Ehrfurcht und Gruß. Hier hat niemand sie erwartet; erst als die Boote an den Strand stoßen, sammelt sich erstaunt und neugierig das Volk: ein paar Fischer in ihren rauhen Arbeitsgewändern, ein paar lungernde Soldaten, ein paar Krämer und Bauern, die gekommen waren, ihre Schafe in der Stadt zu verkaufen. Mehr scheu als begeistert schauen sie zu, wie, in reichen Kleidern und festlich geschmückt, fürstliche Frauen und Edelleute den Barken entsteigen. Fremdheit und Fremdheit blicken einander an. Es ist ein rauher Willkomm, hart und streng wie die Seele dieses nordischen Landes. Gleich in den ersten Stunden erkennt Maria Stuart schmerzlich die furchtbare Armut ihrer Heimat, und daß sie in diesen fünf Tagen Seefahrt in Wahrheit ein Jahrhundert zurückgefahren ist, aus einer großen, reichen, üppigen, verschwenderischen und selbstgenießerischen Kultur in eine enge, dunkle und tragische Welt. Denn dutzendemal von Engländern und Aufständischen geplündert und niedergebrannt, besitzt diese Stadt keinen Palast, kein einziges adeliges Wohnhaus, das sie würdig empfangen könnte: bei einem gewöhnlichen Kaufmann muß die Königin ihres Landes übernachten, um nur ein Dach über dem Haupte zu haben.

Erste Eindrücke haben große Macht über die Seele, tief und schicksalhaft prägen sie sich ein. Vielleicht weiß die junge Frau selbst nicht, was sie dermaßen ergreift, als sie jetzt wie eine Fremde nach dreizehnjähriger Abwesenheit wieder ihr Reich betritt. Ist es Heimweh, ein unbewußtes Verlangen nach jener Wärme und Süße des Lebens, die sie auf französischer Erde lieben gelernt, ist es der Schatten des grauen fremden Himmels, ist es das Vorgefühl kommender Gefahren? Jedenfalls bricht Maria Stuart, kaum mit sich allein – Brantôme erzählt es –, in Tränen aus. Nicht wie Wilhelm der Eroberer setzt sie stark und selbstbewußt mit rechtem Herrengefühl den Fuß auf die britannische Insel – Befangenheit ist ihr erstes Empfinden, Ahnung und Angst vor dem künftigen Geschehen.

Am nächsten Tag kommen der inzwischen benachrichtigte Regent, ihr Stiefbruder James Stuart – bekannter unter dem Namen Earl of Moray –, und einige andere Edelleute schleunig herangeritten, um ihr ein halbwegs würdiges Geleite nach dem nahen Edinburgh zu bereiten. Aber es wird kein festlicher Zug. Unter dem fadenscheinigen Vorwand, nach Piraten zu fahnden, haben die Engländer eines der Schiffe, auf dem sich die Rosse des Hofes befanden, zurückgehalten, und in der kleinen Stadt Leith ist gerade noch für die Königin ein halbwegs taugliches und erträglich aufgezäumtes Pferd aufzutreiben; ihre Frauen und adeligen Begleiter dagegen müssen sehr verärgert mit groben und bäurischen Schindmähren vorliebnehmen, die man hastig aus den umliegenden Scheunen und Ställen zusammenholt. Tränen kommen bei diesem Anblick Maria Stuart in die Augen, abermals muß sie fühlen, wie viel ihr der Tod ihres Gatten genommen und um wie viel weniger es bedeutet, bloß Königin von Schottland zu sein, als jene von Frankreich, die sie gewesen. In einem derart armen, unwürdigen Aufzug sich ihren Untertanen zu zeigen, verbietet ihr der Stolz. Statt zu einer »joyeuse entreé« durch die Straßen Edinburghs reitet sie darum mit ihrem Gefolge gleich in das Schloß von Holyrood außerhalb der Stadtmauern. Dunkel liegt das von ihrem Vater gebaute Haus mit seinen runden Türmen in der Tiefe der Landschaft, von der sich nur trotzig die Zinne der Festung abhebt; von außen scheint es für den ersten Blick großartig in seinen klaren Formen und mit seiner quadernen Wucht.

Aber wie frostig, wie leer, wie unfestlich grüßen innen die Räume die von Frankreich Verwöhnte! Keine Gobelins und kein Lichterglanz, der aus italienischen Spiegeln von Wand zu Wand sich weitergibt, keine kostbaren Stoffe, kein Schimmer von Silber und Gold. Seit Jahren ist hier nicht hofgehalten worden, kein Lachen nistet in diesen verlassenen Räumen, keine königliche Hand hat dies Haus seit ihres Vaters Tod erneuert und geschmückt: auch hier blickt ihr hohläugig die Armut entgegen, der alte Fluch ihres Königreichs.

Kaum haben die Einwohner von Edinburgh vernommen, daß ihre Königin in Holyrood eingetroffen ist, so ziehen sie alle noch nachts hinaus, ihr Willkommen zu bieten. Daß dieser Gruß für den verfeinerten, verwöhnten Geschmack der französischen Adelsleute etwas rauh und bäuerisch ausfällt, ist nicht zu verwundern; Edinburghs Bürger haben keine ›musiciens de la cour‹, um die Schülerin Ronsards mit zärtlichen Madrigalen und kunstvoll gesetzten Kanzonen zu erfreuen. Sie können die Königin des Landes nur nach althergebrachter Art feiern, indem sie Holzklötze, das einzige, was diese unwirtliche Gegend reichlich gibt, auf den Plätzen zusammenschichten, um sie als »bonfires« hell durch die Nacht lodern zu lassen. Dann versammeln sie sich vor ihren Fenstern und veranstalten mit Dudelsäcken, Pfeifen und ungefügen Instrumenten etwas, was ihnen als Musik, den kultivierten Gästen aber als höllischer Lärm erscheint: dazu singen sie – denn profane Texte sind ihnen von ihren calvinistischen Priestern untersagt – mit rauhen Männerstimmen Psalmen und fromme Lieder; mehr haben sie mit bestem Willen nicht zu bieten. Aber Maria Stuart freut sich über den guten Empfang oder zeigt zumindest Freundlichkeit und Freude. Und wenigstens in jener ersten Ankunftsstunde herrscht seit Jahrzehnten wieder Einklang zwischen einer Fürstin und ihrem Volke.

Daß eine unermeßlich schwierige Aufgabe diese politisch völlig unerfahrene Herrscherin erwartet, darüber geben sich weder die Königin selbst noch ihre Ratgeber einer Täuschung hin. Prophetisch hatte Maitland of Lethington, der klügste Kopf des schottischen Hochadels, von Maria Stuarts Ankunft geschrieben, sie würde unaufhaltsam außerordentliche Tragödien verursachen (»it could not fail to raise wonderful tragedies«). Selbst ein energischer, entschlossener Mann, die Faust mit Eisen bewehrt, könnte auf die Dauer hier nicht Ruhe erzwingen, und wie erst eine neunzehnjährige, dem eigenen Lande entfremdete und im Herrschen so ungeübte Frau! Ein armes Land, ein korrupter Adel, dem jeder Anlaß zu Aufstand und Krieg willkommen ist, eine Unzahl Clans, die in ewigem Streit und Zwist miteinander leben und nur ständig auf einen Anlaß warten, um Haß in Bürgerkrieg zu verwandeln, eine katholische und eine protestantische Geistlichkeit, die grimmig um die Oberherrschaft ringen, eine wachsame und gefährliche Nachbarin, die mit geschickter Hand jeden Anlaß zur Unruhe schürt, und dazu die Feindseligkeit der Weltmächte, welche unbarmherzig Schottland mitreißen wollen in ihr blutiges Spiel: das ist die Lage, die Maria Stuart vorfindet.

Im Augenblick, da sie ihr Land betritt, steht dieser Kampf auf des Messers Schneide. Statt gefüllter Kassen übernimmt sie von ihrer Mutter eine verhängnisvolle Erbschaft, eine wahrhaft »damnosa hereditas«: den religiösen Zwist, der hier erbitterter als irgendwo die Seelen verstört. Während der Jahre, die sie selbst ahnungslos und beglückt in Frankreich verbrachte, war es der Reformation gelungen, siegreich in Schottland vorzudringen. Durch Hof und Haus, durch Dörfer und Städte, durch Sippen und Familien geht nun dieser furchtbare Riß: ein Teil des Adels protestantisch, der andere katholisch, die Städte dem neuen Glauben zugewandt, das flache Land dem alten, Clan gegen Clan, Geschlecht gegen Geschlecht, und beide Parteien ständig in ihrem Haß geschürt von fanatischen Priestern und politisch gestützt von fremden Mächten. Gefährlich für Maria Stuart aber wird vor allem, daß eben der mächtigste und einflußreichste Teil des Adels im gegnerischen, im Lager des Calvinismus steht; die Gelegenheit, sich der reichen Kirchengüter zu bemächtigen, hat zauberisch auf diese machtgierige und rebellische Rotte gewirkt. Endlich haben sie einen herrlichen pseudoethischen Vorwand, als Schirmer der wahren Kirche, als die »Lords of the Congregation«, sich gegen ihre Herrscherin aufzulehnen, und für diesen Widerstand finden sie an England jederzeit einen bereiten Helfer. Mehr als zweihunderttausend Pfund hat die sonst sparsame Elisabeth schon geopfert, um Schottland durch Aufstände und Kriegszüge den katholischen Stuarts zu entreißen, auch jetzt nach feierlich abgeschlossenem Frieden, steht ein Großteil der Untertanen Maria Stuarts heimlich in ihrem Sold. Mit einem Schlage könnte nun Maria Stuart das Gleichgewicht herstellen, nämlich wenn sie selbst zur protestantischen Religion übertreten würde, wozu ein Teil ihrer Berater sie auf das heftigste drängt. Aber Maria Stuart ist eine Guise. Sie stammt aus der

Familie der glühenden Vorkämpfer des Katholizismus und ist selbst, wenn auch nicht zelotisch fromm, so doch treu und leidenschaftlich dem Glauben ihrer Väter und Ahnen ergeben. Nie wird sie von ihrer Überzeugung weichen und selbst in äußerster Gefahr, gemäß ihrer kühnen Natur, lieber ewigen Kampf wählen als eine einmalige feige Handlung gegen ihr Gewissen. Damit aber ist ein unheilbarer Riß zwischen ihr und dem Adel geschaffen; immer wirkt es sich gefährlich aus, wenn ein Herrscher einer anderen Religion angehört als seine Untertanen. Denn zwischen so scharfem Hin und Wider kann die Waage nicht ewig schwanken, einmal muß die Entscheidung fallen; eigentlich bleibt Maria Stuart nur die Wahl, der Reformation Herr zu werden oder ihr zu erliegen. Die unaufhaltsame Auseinandersetzung zwischen Luther, Calvin und Rom wird durch einen merkwürdigen Zufall gerade in ihrem Schicksal dramatisch ausgetragen; der persönliche Kampf zwischen Elisabeth und Maria Stuart, zwischen England und Schottland entscheidet – und darum wird er so bedeutsam – auch zwischen England und Spanien, zwischen Reformation und Gegenreformation.

Erschwert wird diese an sich schon schicksalsträchtige Situation durch den Umstand, daß der religiöse Zwiespalt hier bis in ihre Familie, in ihr Schloß, in ihr Beratungszimmer hineinreicht. Der einflußreichste Mann Schottlands, ihr eigener Stiefbruder James Stuart, Earl of Moray, dem sie die Führung der Staatsgeschäfte anvertrauen muß, ist entschlossener Protestant und Schirmherr jener »kirk«, die sie, die gläubige Katholikin, als Ketzerei verdammen muß. Als erster hat er schon vor vier Jahren seine Unterschrift unter den Eid der Schutzherren, der »Lords of Congregation«, gesetzt, die sich verpflichteten, »die Lehre Satans abzuschwören und ihren Aberglauben und ihren

Bilderdienst und sich von nun ab als ihr offener Gegner zu erklären«. Diese Satansreligion (»Congregation of Satan«), welche sie abschwören, ist nun keine andere als die katholische, also die Religion Maria Stuarts. Damit klafft zwischen der Königin und dem Regenten von allem Anbeginn ein Zwiespalt in der letzten, der wesentlichsten Lebensauffassung, und ein solcher Zustand verspricht keinen Frieden. Denn im innersten Herzen hat die Königin nur einen Gedanken: die Reformation in Schottland zu unterdrücken, und ihr Regent und Bruder nur einen Willen: sie in Schottland zur einzig herrschenden Religion zu erheben. Ein derart schroffer Gegensatz der Überzeugungen muß unaufhaltsam bei erster Gelegenheit zu offenem Konflikt führen.

Dieser James Stuart ist bestimmt, eine der entscheidendsten Gestalten im Drama Maria Stuarts zu verkörpern, eine große Rolle hat ihm das Schicksal zugedacht, und er weiß sie als Meister darzustellen. Sohn desselben Vaters, aber aus dessen langjährigem Liebesverhältnis mit Margaret Erskine, der Tochter einer der edelsten Familien Schottlands, scheint er durch das königliche Blut und nicht minder durch seine eherne Energie von der Natur zum würdigsten Erben der Krone berufen. Allein die politische Schwäche seiner Position hatte James V. seinerzeit gezwungen, auf eine legale Ehe mit der sehr geliebten Lady Erskine zu verzichten und zur Festigung seiner Macht und seiner Finanzen sich mit einer französischen Prinzessin, der Mutter Maria Stuarts, zu vermählen. So lastet auf diesem ehrgeizigen Königssohn der Makel der unehelichen Geburt, der ihm für alle Zeit den Weg zum Throne sperrt. Wenn ihm auch auf die Bitte James' V. der Papst öffentlich nebst fünf anderen Liebeskindern seines Vaters das königliche Blut zuerkennt. Moray bleibt dessenungeachtet Bastard und von jedem Anspruch auf die väterliche Krone ausgeschlossen.

Unzählige Male hat die Geschichte und ihr größter Nachbildner, Shakespeare, die seelische Tragödie des Bastards gestaltet, dieses Sohnes und Doch-nicht-Sohnes, dem ein staatliches, ein geistliches, ein irdisches Gesetz unbarmherzig das Recht nimmt, das Natur ihm in Blut und Antlitz geprägt. Verurteilt durch das Vorurteil – das härteste, das unbeugsamste aller Urteile –, sind diese Unehelichen, diese nicht im Königsbett Gezeugten, hintangesetzt den meist schwächlicheren, weil nicht aus Liebe, sondern aus politischer Berechnung gezeugten Erben, ewig Zurückgestoßene und Ausgestoßene und zu Bettel verdammt, wo sie befehlen und besitzen sollten. Wird aber einem Menschen der Stempel der Minderwertigkeit sichtbarlich aufgedrückt, so muß dieses dauernde Minderwertigkeitsgefühl ihn entweder entscheidend schwächen oder entscheidend stärken; ein solcher Druck kann einen Charakter brechen, oder er kann ihn wundervoll härten. Feige und laue Charaktere werden durch solche Demütigkeit noch kleiner, als sie waren; als Bettler und Schmeichler lassen sie von den anerkannt Legitimen sich beschenken und beamten. In starken Naturen aber steigert Zurücksetzung alle dunklen und gebundenen Kräfte; wo ihnen der gerade Weg zur Macht nicht gutwillig gewährt ist, werden sie lernen, Macht aus sich selbst zu schaffen.

Moray nun ist eine starke Natur. Die wilde Entschlossenheit seiner königlichen Stuartsahnen, ihr Stolz und ihr Herrscherwille wogen stark und finster in seinem Blut; als Mann, als Erscheinung überragt er durch Klugheit und klare Entschlossenheit um Haupteslänge das kleine raffgierige Geschlecht der andern Lords und Barone. Seine Ziele sind weit gesteckt, seine Pläne politisch überdacht; klug wie seine Schwester, ist der Dreißigjährige ihr durch Besonnenheit und männliche Erfahrung unermeßlich überlegen. Wie auf ein spielendes Kind blickt er auf sie herab und läßt sie spielen, solange ihr Spiel nicht seine Kreise stört. Denn als reifer Mann gehorcht er nicht wie seine Schwester heftigen, nervösen romantischen Impulsen, er hat nichts Heldisches als Herrscher, aber er kennt dafür das Geheimnis des Wartens und Sichgeduldens, das den Erfolg sicherer verbürgt als der rasche leidenschaftliche Elan.

Erstes Anzeichen einer wirklichen politischen Begabung bleibt es allezeit, wenn ein Mann von vornherein darauf verzichtet, Unerreichbares für sich zu fordern. Dieses Unerreichbare ist für diesen unehelich Geborenen die Königskrone. Nie wird Moray, dies weiß er, sich James VI. nennen dürfen. So stellt der besonnene Politiker von Anfang an den Anspruch zurück, jemals König von Schottland zu werden, um desto gewisser Schottlands Herrscher zu bleiben – Regent, da er Rex niemals werden kann. Er verzichtet auf die Insignien der Macht, auf den sichtbaren Schein, aber nur, um die wirkliche Macht dann noch fester in Händen zu halten. Schon als junger Mensch rafft er die sinnlichste Form der Macht an sich. Reichtum, er läßt sich von seinem Vater viel vererben und viel von anderen schenken, er nützt die Auflösung der Klostergüter, er nützt den Krieg, bei jedem Fischzug füllt sich sein Netz als das erste. Ohne alle Hemmung nimmt er von Elisabeth Subsidien an, und wie seine Schwester Maria Stuart dann als Königin einzieht, muß sie in ihm bereits den reichsten und mächtigsten Mann des Landes erkennen, stark genug, um von niemandem mehr beiseite geschoben zu werden. Mehr aus Not als aus wirklicher Neigung sucht sie seine Freundschaft; sie gibt ihrem Stiefbruder, um die eigene Herrschaft zu sichern, alles in die Hände, was er begehrt, sie füttert seine unersättliche Gier nach Reichtum und Macht. Diese Hände Morays sind nun – zum Glück für Maria Stuart – wirklich zuverlässig, sie wissen zu halten und wissen nachzugeben.

Ein geborener Staatsmann, bewährt sich Moray als Mann der Mitte: er ist Protestant, aber kein Bilderstürmer, schottischer Patriot und doch in guter Gunst bei Elisabeth, er ist leidlich Freund mit den Lords und weiß doch, ihnen im gegebenen Augenblick die Faust zu zeigen – im ganzen ein kalter, nervenloser Rechner, den der Schein der Macht nicht blendet und nur die Macht selbst befriedigt.

Ein solch außerordentlicher Mann ist ein ungeheurer Gewinn für Maria Stuart, solange er an ihrer Seite steht. Und eine ungeheure Gefahr, sobald er ihr entgegentritt. Als Bruder durch gleiches Blut verbunden, hat auch rein egoistisch Moray alles Interesse, seine Schwester an der Macht zu erhalten, denn ein Hamilton oder ein Gordon an ihrer Stelle würde ihm nie soviel unbeschränkte Gewalt und Freiheit des Regierens gewähren; gerne läßt er sie darum repräsentieren, neidlos sieht er zu, wie man bei feierlichen Anlässen ihr Szepter und Krone voranträgt, sofern er nur die wirkliche Macht in seinen Händen weiß. Aber im Augenblick, da sie versuchen wird, selber zu regieren und seine Autorität zu mindern, stößt eisenhart Stuartstolz gegen Stuartstolz. Und keine Feindschaft ist furchtbarer, als wenn Ähnliches wider Ähnliches aus gleichen Trieben und mit gleicher Kraft gegeneinander kämpft.

Auch Maitland of Lethington, der zweitwichtigste Mann ihres Hofes, Maria Stuarts Staatssekretär, ist Protestant. Aber auch er ist zunächst an ihrer Seite. Maitland, ein feiner Kopf, ein geschmeidiger, kultivierter Geist – »the flower of wits«, wie ihn Elisabeth nannte –, liebt nicht wie Moray herrisch und stolz die Macht. Ihn freut als Diplomat bloß das verworrene und verwirrende Spiel des Politisierens und Intrigierens, die Kunst der Kombination; ihm geht es nicht um starre Prinzipien, um Religion und Vaterland, um Königin und Reich, sondern um die artistische Kunst, überall die Hände im Spiel zu haben und nach eigener Lust Fäden zu knüpfen oder zu lösen. Er ist Maria Stuart, der er persönlich merkwürdig zugetan ist – eine der vier Marys, Mary Fleming, wird seine Gattin –, weder recht treu noch recht untreu. Er wird ihr dienen, solange sie Erfolg hat, und sie verlassen in der Gefahr; an ihm, der farbigen Wetterfahne, kann sie erkennen, ob der Wind günstig weht oder ungünstig. Denn als wahrer Politiker wird er nicht ihr, der Königin, der Freundin, dienen, sondern einzig ihrem Glück.

Zur Rechten und zur Linken, in der Stadt und im eigenen Hause – schlimmes Vorzeichen! – findet also Maria Stuart bei ihrer Ankunft keinen verläßlichen Freund. Aber immerhin, mit einem Moray, mit einem Maitland läßt sich regieren und paktieren – unversöhnlich dagegen, unerbittlich, mit harter, mörderisch gesinnter Gegnerschaft, steht ihr vom ersten Augenblick der mächtigste Volksmann entgegen: John Knox, der Volksprediger von Edinburgh, der Organisator und Herr der schottischen »kirk«, der Meister religiöser Demagogie. Mit ihm hebt ein Kampf an um Sein oder Nichtsein, um Leben oder Tod.

Denn der Calvinismus des John Knox stellt keineswegs eine bloß reformatorische Erneuerung der Kirche dar, sondern ein starres Gottesstaatssystem und damit gewissermaßen einen Superlativ des Protestantismus. Herrisch und als Herrscher tritt er auf, zelotisch heischt er selbst vom Könige sklavische Unterordnung unter sein theokratisches Gebot. Mit einer Hochkirche, mit einer Lutherkirche, mit irgendeiner milderen Form der Reformation hätte Maria Stuart sich gemäß ihrer weichen und nachgiebigen Natur vielleicht verständigen können. Das Selbstherrliche des Calvinismus schaltet dagegen jede Verständigungsmöglichkeit für einen wirklichen Herrscher von vornherein aus, und selbst Elisabeth, welche sich Knoxens politisch bedient, um ihrer Rivalin Widerwärtigkeiten zu schaffen, verabscheut ihn persönlich wegen seiner unerträglichen Anmaßung. Wie sehr erst muß dies finstere Eiferertum der durchaus human und humanistisch gesinnten Maria Stuart zum Ärgernis werden! Nichts konnte ihrer lebensfreudigen, ihrer genießerischen Art, ihrer musischen Neigung unfaßbarer sein als die nüchterne Strenge, die Lebensfeindlichkeit und der bilderstürmerische Kunsthaß, der Freudehaß dieser Genfer Lehre, nichts unerträglicher als der hochmütige Starrsinn, der das Lachen verbietet und die Schönheit als Verbrechen verurteilt, der alles zerstören will, was ihr teuer ist, die frohen Formen der Sitte, Musik, Dichtung und Tanz, und der überdies hier in einer an sich schon düstern Welt noch eine besondere Düsternis annimmt.

Diesen steinharten, alttestamentarischen Charakter prägt in Edinburgh der »kirk« John Knox auf, der eisenköpfigste, zelotischeste, unbarmherzigste aller Kirchengründer und seinen eigenen Lehrer Calvin an Unerbittlichkeit und Unduldsamkeit noch übersteigend. Ursprünglich ein kleiner katholischer Priester niederen Ranges, hatte er sich mit der ganzen Wildheit und Wut seiner rechthaberischen Seele in die Reformation geworfen, ein Schüler George Wisharts, den die Mutter Maria Stuarts als Ketzer lebendig verbrennen ließ. Diese Flamme, in der sein Lehrer unterging, brennt weiter in seiner Seele. Als einer der Führer des Aufstands gegen die Regentin wird er von den französischen Hilfstruppen gefangengenommen und in Frankreich an die Galeere geschmiedet. Dort sitzt er lange in Ketten, aber sein Wille wird bald so eisern wie diese Ketten. Freigelassen, flüchtet er zu Calvin; dort lernt er die Kraft der Rede und den unbarmherzigen puritanischen Haß gegen alles Helle und Hellenische, und kaum nach Schottland zurückgekehrt, zwingt er durch den Genius seiner Gewalttätigkeit in wenigen Jahren die Lords und das Volk in die Reformation.

John Knox ist vielleicht der vollendetste Typus des religiösen Fanatikers, den die Geschichte kennt, härter als Luther, dem doch manchmal innerer Frohmut die Seele bewegte, strenger als Savonarola, weil ohne den Glanz und die mystische Erleuchtung der Rede. Durchaus redlich in seiner Geradlinigkeit, wird er durch dies grauenhafte Scheuklappendenken einer jener engen, strengen Geister, für die nur die eigene Wahrheit wahr ist, nur die eigene Tugend tugendhaft, nur das eigene Christentum christlich. Wer nicht seines Sinnes ist, gilt als Verbrecher, wer nur einen einzigen Buchstaben von seinen Forderungen abweicht, als Satansknecht. Knox hat den finstern Mut des von sich selbst Besessenen, die Leidenschaft des bornierten Ekstatikers und den stinkenden Stolz des Selbstgerechten: in seiner Härte schwelt zugleich eine gefährliche Freude an dem eigenen Hartsein, in seiner Unduldsamkeit eine finstere Lust an der eigenen Unfehlbarkeit. Mit seinem wallenden Bart steht er, ein schottischer Jehova, allsonntags auf der Kanzel von St. Giles und donnert Haß und Fluch gegen alle, die nicht seiner Predigt lauschen; grimmig schleudert er, der »kill joy«, der Freudetöter, Schmähungen gegen das »Satansgeschlecht« der Unbekümmerten, der Sorglosen, die Gott nicht genau nach seinem Buchstaben und seiner persönlichen Auffassung dienen. Denn dieser alte Fanatiker kennt keine andere Freude, als den Triumph der Rechthaberei, keine andere Gerechtigkeit als den Sieg seiner Sache. In ganz naiver Weise jubelt er auf, sobald irgendein Katholik oder ein anderer Gegner beseitigt oder gedemütigt ist; und wenn durch Mörderhand ein Feind der »kirk« aus dem Wege geräumt wird, so war es selbstverständlich Gott, der diese löbliche Tat gewollt und gefördert hat. Knox stimmt auf seiner Kanzel Triumphgesänge an, als dem armen kleinen Jungen Franz II., dem Gatten Maria Stuarts, der Eiter tödlich aus dem Ohre bricht, »das die

Stimme Gottes nicht hören wollte«, und als Marie von Guise, Maria Stuarts Mutter, stirbt, predigt er begeistert: »Möge uns Gott in seiner großen Gnade bald von den andern aus dem Blute der Valois befreien. Amen! Amen!« Nichts von der Milde und der göttlichen Güte des Evangeliums spürt man je in seiner Rede, die er wie eine Zuchtrute drohend schwingt; nur der Rachegott ist sein Gott, der eifersüchtige und unerbittliche, nur das Alte Testament, das blutrünstige und barbarisch strenge, sein eigentliches Bibelbuch. Von Moab, von Amalek, von allen Feindesgestalten des Volkes Israel, die ausgetilgt werden sollen mit Feuer und Schwert, geht unablässig drohend seine Rede und damit gegen die Feinde des wahren – also seines – Glaubens. Und wenn er mit grimmigen Worten die Königin Jezabel der Bibel geißelt, so wissen seine Hörer wohl, welche Königin er in Wahrheit meint. Wie ein Gewitter, dunkel und großartig, das den freien Himmel verdüstert und die Seele mit zuckenden Blitzen und schmetterndem Donner ewig in Angst versetzt, hält der Calvinismus das schottische Land überzogen, und jeden Augenblick kann sich zerstörend die Spannung entladen.

Mit einem derart unbeirrbaren und unbestechlichen Mann, der nur befehlen will und nur gehorsame Gläubigkeit hinnimmt, gibt es keine Kompromisse; alles Werben und Sich-um-ihn-Bemühen wird ihn nur um so härter, höhnischer und anspruchsvoller machen. An dem steinernen Block eines solchen selbstfreudigen Starrsinns zerschellt jeder Versuch der Verständigung. Immer sind, die für Gott zu streiten vorgeben, die unfriedlichsten Menschen auf Erden; weil sie himmlische Botschaft zu vernehmen glauben, sind ihre Ohren taub für jedes Wort der Menschlichkeit.

Noch ist Maria Stuart nicht eine Woche in ihrem Lande, und schon muß sie dieses Fanatikers finstere Gegenwart spüren. Ehe sie die Herrschaft antrat, hatte sie nicht nur volle Glaubensfreiheit allen ihren Untertanen zugesichert – was ihrem toleranten Temperamente kaum ein Opfer bedeutete –, sondern sogar das Gesetz zur Kenntnis genommen, das in Schottland die öffentliche Zelebrierung der Messe verbietet – ein schmerzliches Zugeständnis dies an die Anhänger John Knoxens, dem es nach seinem Wort »lieber wäre, zehntausend Feinde in Schottland landen zu sehen, als eine einzige Messe gelesen zu wissen«. Aber selbstverständlich hat sich die strenggläubige Katholikin, die Nichte der Guisen, vorbehalten, in ihrer eigenen Hauskapelle ihre Religion ungehindert ausüben zu dürfen, und ohne Bedenken hatte das Parlament dieser gerechten Forderung zugestimmt. Jedoch kaum daß am ersten Sonntag in ihrem eigenen Hause, in der Kapelle von Holyrood, zum katholischen Gottesdienst gerüstet wird, drängt eine aufgereizte Menge drohend bis an die Türen; dem Mesner, der geweihte Kerzen zum Altare bringen will, werden sie mit Gewalt entrissen und zerbrochen. Immer lauteres Murren verlangt die Entfernung und sogar die Ermordung des »götzendienerischen Priesters«, immer aufgeregter werden die Rufe gegen den »Satansdienst«, ein Kirchensturm im eigenen Hause der Königin kann jeden Augenblick losbrechen. Glücklicherweise wirft sich Lord Moray, obwohl selbst Vorkämpfer der »kirk«, der fanatischen Masse entgegen und verteidigt den Eingang. Nach angstvoll beendetem Gottesdienst führt er den erschreckten Priester heil in sein Zimmer zurück; ein offenes Unheil ist verhütet, die Autorität der Königin noch mit Mühe gerettet. Aber die heiteren Feste der Ankunft zu ihren Ehren, die »joyousities«, wie sie Knox grimmig verhöhnt, sind zu seiner Freude grob unterbrochen: zum erstenmal spürt die romantische

Königin in ihrem Lande den Widerstand der Wirklichkeit.

Ein Zornausbruch Maria Stuarts erwidert diese Beleidigung. In Tränen und harten Worten schäumt ihre erstickte Erbitterung auf. Und damit fällt abermals schärferes Licht auf ihren bisher noch undeutlichen Charakter. Diese junge, vom Schicksal seit frühester Jugend verwöhnte Frau ist ihrem innersten Wesen nach zart und zärtlich, nachgiebig und umgänglich; von den ersten Edelleuten des Hofes bis zu ihren Zofen und Mägden rühmt jeder ihre freundliche, unstolze und herzliche Art. Jeden weiß sie zu gewinnen, weil sie keinem gegenüber hart und hochmütig auf ihre Hoheit pocht und durch eine natürliche Lockerkeit die Überlegenheit ihrer Stellung vergessen läßt. Aber dieser freigebigen Herzlichkeit liegt ein starkes Selbstbewußtsein zugrunde, unsichtbar so lange, als niemand daran rührt, leidenschaftlich jedoch sofort vorbrechend, sobald jemand gegen sie Widerspruch oder Auflehnung wagt. Oft hat diese merkwürdige Frau persönliche Kränkung zu vergessen gewußt, nie aber den geringsten Verstoß gegen ihr Königsrecht.

Nicht einen Augenblick will sie darum diese erste Beleidigung dulden. Eine solche Anmaßung muß gleich von Anfang an in Grund und Boden gestampft werden. Und sie weiß, an wen sie sich zu halten hat, sie weiß von diesem Langbart in der Ketzerkirche, der das Volk gegen ihren Glauben aufhetzt und auch diese Meute ihr ins Haus getrieben. Sofort beschließt sie, sich ihn gründlich vorzunehmen. Denn Maria Stuart, an die königliche Allmacht von Frankreich, an Gehorsam von Kindheit her gewohnt, im Gottesgnadengefühl aufgewachsen, kann sich Widerspruch eines Untertanen, eines Bürgermenschen gar nicht vorstellen. Auf alles und jedes ist sie eher gefaßt als auf das eine, daß jemand wagte, ihr offen und sogar unhöflich zu widersprechen. Dazu ist aber John Knox bereit und sogar freudig bereit. »Warum sollte das hübsche Gesicht einer Edelfrau mich erschrecken, der ich so vielen zornigen Männern ins Auge geblickt habe und doch niemals ungebührend erschrocken bin?« Mit Begeisterung eilt er in den Palast, denn zu streiten – wie er meint, für Gott zu streiten – ist jedes Fanatikers liebste Lust. Hat Gott den Königen die Krone, so seinen Priestern und Gesandten das feurige Wort verliehen. Über dem König steht für John Knox der Priester der »kirk« als Hüter des göttlichen Rechts. Seine Aufgabe ist, Gottes Reich im Irdischen zu verteidigen, er darf nicht zögern, die Unbotmäßigen mit dem harten Stecken seines Zornes zu züchtigen, wie es weiland Samuel tat und die biblischen Richter. So kommt es zu einer Szene wie im Alten Testament, wo Königsstolz und Priesterhochmut Stirn gegen Stirn aneinanderstoßen; nicht eine einzelne Frau und ein einzelner Mann ringen hier um die Oberhand, sondern zwei uralte Ideen begegnen einander zum tausendsten und abertausendsten Male in erbittertem Kampf. Maria Stuart versucht, milde zu sein. Sie wünscht eine Verständigung, sie verbirgt ihre Erbitterung, denn sie möchte Frieden im Lande; höflich leitet sie die Unterhaltung ein. John Knox aber ist entschlossen, unhöflich zu werden und dieser »idolatress« zu zeigen, daß er vor den Mächtigen dieser Erde sich nicht einen Zoll tief beugt. Stumm und finster, nicht wie ein Angeklagter, sondern wie ein Ankläger, hört er der Königin zu, während sie ihm Vorwürfe macht wegen seines Buches »The first blast of trumpet against the monstrous regiment of women«, in dem er Frauen jedes Königsrecht bestreitet. Aber derselbe Knox, der wegen ebendesselben Buches sich vor der protestantischen Elisabeth nachträglich in demütiger Weise entschuldigte, beharrt vor seiner »papistischen« Landesfürstin mit allerhand zweideutigen Worten auf seiner Meinung. Allmählich wird die Aussprache energischer. Maria Stuart fragt

Knox auf den Kopf zu, ob Untertanen ihrem Herrscher unbedingt zu gehorchen hätten oder nicht. Aber statt dies mit dem »Selbstverständlich« zu beantworten, das Maria Stuart erwartet, schränkt der geschickte Taktiker die Gehorsamspflicht mit einem Gleichnis ein: Wenn ein Vater den Verstand verliere und seine Kinder töten wolle, so hätten die Kinder das Recht, seine Hände zu binden und ihm das Schwert zu entreißen. Wenn Fürsten die Kinder Gottes verfolgen, so hätten diese ein Recht auf Widerstand. Die Königin spürt in dieser Verklausulierung sofort die Auflehnung des Theokraten gegen ihr Herrscherrecht. »Meine Untertanen haben also«, fragt sie, »Ihnen zu gehorchen und nicht mir? Ich bin also Ihnen untertan und Sie nicht mir?«

Dies ist zwar John Knoxens Meinung. Aber er ist zu vorsichtig, sie in Gegenwart Morays völlig deutlich auszusprechen. »Nein«, antwortet er ausweichend, »beide, der Fürst und die Untertanen, sollen Gott gehorchen. Könige sollen die Nährväter der Kirche sein und die Königinnen ihre Ammen.«

»Aber Eure Kirche ist nicht jene, die ich nähren will«, sagt darauf, von seiner Zweideutigkeit erbittert, die Königin. »Ich will die römisch-katholische Kirche pflegen, die ich für die Kirche Gottes halte.«

Jetzt schlägt endlich hart gegen hart. Der Punkt ist erreicht, wo es keine Verständigung gibt zwischen einer gläubigen Katholikin und einem fanatischen Protestanten. Knox wird kräftig unhöflich und nennt die römischkatholische Kirche eine Hure, die nicht Gottes Braut sein dürfe. Und da ihm die Königin solche Worte untersagt, weil sie ihr Gewissen beleidigten, antwortet er herausfordernd: »Gewissen erfordert Kenntnis«, und er fürchte, die Königin entbehre der rechten Kenntnis. Statt einer Versöhnung erreicht dies erste Gespräch nur eine Verhärtung der Gegensätze. Knox weiß nun, daß dieser »Satan stark ist« und er von der jungen Herrscherin Nachgiebigkeit nicht erhoffen kann. »In der Auseinandersetzung mit ihr stieß ich auf eine Entschlossenheit, wie ich sie in diesem Alter bisher noch nicht gesehen habe. Seitdem ist der Hof für mich erledigt und ich für ihn«, schreibt er erbittert. Andererseits hat die junge Frau zum erstenmal die Grenze ihrer Königsmacht gespürt. Aufrechten Hauptes verläßt Knox das Zimmer, selbstzufrieden und stolz, einer Königin Trotz geboten zu haben, verstört bleibt Maria Stuart zurück und bricht, ihrer Ohnmacht bitter gewahr, in heiße Tränen aus. Aber es werden nicht die letzten sein. Bald wird sie erkennen, daß man Macht nicht bloß vom Blute her erbt, sondern unablässig durch Kampf und Demütigungen sich neu erobern muß.

Fünftes Kapitel

Der Stein kommt ins Rollen

1561–1563

Die ersten drei Jahre, welche die junge Königin als Königswitwe in Schottland verbringt, gehen ziemlich windstill und ereignislos dahin: es gehört zur besonderen Form ihres Schicksals, daß alles große Geschehen sich bei ihr immer (und dies hat die Dramatiker so sehr angezogen) in ganz kurze und elementare Episoden zusammenballt. Moray und Maitland regieren, Maria Stuart repräsentiert in jenen Jahren, und diese Teilung der Macht erweist sich als vortrefflich für das ganze Reich. Denn sowohl Moray als auch Maitland regieren klug und vorsichtig, Maria Stuart wiederum repräsentiert ausgezeichnet. Von Natur mit Schönheit und Anmut bedacht, wohlgewandt in allen ritterlichen Künsten, eine männlich kühne Reiterin, eine geschickte Ballspielerin, eine leidenschaftliche Jägerin, gewinnt sie schon durch ihre äußere Erscheinung allgemeine Bewunderung: mit Stolz blickt das Volk von Edinburgh auf die Stuartstochter, wenn sie frühmorgens, den Falken in der erhobenen Faust, inmitten der farbenleuchtenden Kavalkade ausreitet und freundlich-freudig jeden Gruß erwidert: etwas Heiteres, etwas Rührendes und Romantisches, ein Sonnenstrahl von Jugend und Schönheit ist mit dieser mädchenhaften Königin in das strenge und dunkle Land eingezogen, und immer gewinnt Schönheit, immer Jugend eines Herrschers geheimnisvoll die Liebe jeder Nation. Die Lords achten wiederum das Männlich-Kühne ihres Wesens. Tagelang kann diese junge Frau in wildestem Galopp ihrem Gefolge als erste und unermüdlichste voranstürmen; wie unter ihrer herzgewinnenden Freundlichkeit die Seele noch unausgefaltet einen ehernen Stolz, so verbirgt dieser gertenschlanke, zarte, leichte und fraulich-weiche Körper eine ungewöhnliche Kraft. Keine Anstrengung ist ihrem heißen Mute zuviel, und einmal, mitten in der Lust des wilden Hinjagens zu Pferde, sagt sie einem Begleiter, sie möchte gerne ein Mann sein, um auch dies zu kennen, wie es sei, die ganze Nacht im Felde zu verbringen. Als der Regent Moray gegen den aufständischen Clan der Huntlys in den Krieg zieht, reitet sie entschlossen mit, den Degen an der Seite, die Pistolen im Gürtel; wundervoll behagt ihr das heiße Abenteuer mit seinem neuen starken Reiz von Wildheit und Gefahr, denn sich ganz einzusetzen mit ihrer ganzen Kraft, ihrer ganzen Liebe, ihrer ganzen Leidenschaft, ist das innerste Seelengeheimnis dieser entschlossenen Natur. Aber einfach und ausdauernd wie ein Jäger, wie ein Krieger auf diesen Ritten und Fahrten, vermag sie anderseits wieder mit höchster Kunst und Kultur in ihrem Schloß als Herrscherin zu wirken, die Heiterste, die Liebenswürdigste in ihrer kleinen Welt: wahrhaftig vorbildlich vereinigt ihre knappe Jugend das Ideal des Zeitalters, Mut und Leichtigkeit, das Starke und das Milde in ritterlich romantischer Erscheinung. Ein letztes Scheidelicht troubadourischer Chevalerie leuchtet mit ihrer Gestalt in die nebelig kühle Nordwelt, die der Schatten der Reformation schon verdüstert.

Niemals hat das Bild dieser romantischen Mädchenfrau oder Mädchenwitwe strahlender erglänzt als in diesem ihrem zwanzigsten, ihrem einundzwanzigsten Jahr: auch hier kommt ihr Triumph, weil unverstanden und ungenützt, zu früh. Denn immer noch ist ihr inneres Leben nicht voll erwacht, noch weiß die Frau in ihr nicht um den Willen ihres Blutes, noch hat sich ihre Persönlichkeit nicht geformt, nicht entwickelt. Immer nur in der Erregung, in der Gefahr wird die wahre Maria Stuart sich enthüllen, jene ersten Jahre in Schottland aber sind nur eine gleichgültige Wartezeit, ein zielloses spielendes Zeitverbringen, ein Sichbereithalten, ohne daß der innere Wille schon wüßte, wofür und für wen. Es ist wie das Atemholen vor einer großen, einer entscheidenden Anstrengung, ein blasser, ein toter Augenblick. Denn Maria Stuart, die als halbes Kind schon Frankreich zu eigen gehabt, genügt innerlich keineswegs dies karge Königsein in Schottland. Nicht um dieses arme, enge, abseitige Land zu beherrschen, ist sie in ihre Heimat zurückgekehrt; von allem Anbeginn betrachtet sie diese Krone nur als Einsatz, um im Weltspiel eine glänzendere zu gewinnen, und vollkommen irren alle jene, die meinen oder bekunden, Maria Stuart hätte nichts anderes und Höheres gewünscht, als das Erbgut ihres Vaters still und friedlich als brave Erbwalterin der Schottenkrone zu regieren. Wer ihr so engen Ehrgeiz zumißt, verkleinert ihr seelisches Maß, denn in dieser jungen Frau lebt ein unzähmbarer, ein unbändiger Wille zu großer Macht; nie wird, die mit fünfzehn Jahren in der Kathedrale von Notre-Dame einem Königssohn von Frankreich vermählt wurde, die im Louvre prunkvoll als Gebieterin von Millionen gefeiert worden war, sich begnügen, Herrscherin zu sein über zwei Dutzend unbotmäßige und halbbäuerliche Grafen und Barone, Königin über ein paar hunderttausend Schafhirten und Fischer. Nichts ist künstlicher und unwahrhaftiger, als ihr a posteriori ein patriotisches Nationalgefühl anzudichten, das in Wahrheit eine Entdekkung späterer Jahrhunderte ist. Die Fürsten des fünfzehnten, des sechzehnten Jahrhunderts – mit Ausnahme ihrer großen Gegenspielerin Elisabeth – denken an ihren Völkern damals noch völlig vorbei und einzig an die persönliche Macht. Wie Kleider werden Reiche zusammengeschneidert und auseinandergestückelt, Krieg und Heirat formen die Staaten und nicht die innere Bestimmung der

Nation. Man täusche sich also nicht sentimental: Maria Stuart war damals bereit, Schottland gegen den spanischen, den englischen, den französischen und jeden beliebigen Thron einzutauschen, keine Träne hätte sie wahrscheinlich der Abschied von den Wäldern und Seen und romantischen Schlössern ihrer Heimat gekostet; denn niemals hat ihr leidenschaftlicher Ehrgeiz dies ihr kleines Reich anders als ein Sprungbrett zu einem höheren Ziel gewertet. Durch Erbschaft weiß sie sich zur Herrscherin berufen, durch Schönheit und Kultur jeder Krone Europas würdig, und mit der gleichen unklaren Leidenschaft wie andere Frauen ihres Alters von unermeßlicher Liebe, träumt ihr Ehrgeiz einzig von unermeßlicher Macht.

Darum überläßt sie auch zu Anfang Moray und Maitland die Staatsgeschäfte ohne jede Eifersucht und sogar ohne wirklich teilnehmendes Interesse; neidlos – was gilt ihr, der früh Gekrönten, der vom Schicksal zu früh Verwöhnten dies arme enge Land? – läßt sie beide schalten und regieren. Niemals war Verwalten, Vermehren ihres Besitzes, diese höchste politische Kunst, Maria Stuarts Stärke. Sie kann nur verteidigen und nicht bewahren. Erst wenn ihr Recht bedroht, wenn ihr Stolz herausgefordert wird, erst wenn ein fremder Wille nach ihrem Anspruch greift, dann erwacht, wild und stoßhaft, ihre Energie: nur in den großen Augenblicken wird diese Frau groß und tatkräftig, jede mittlere Zeit findet sie mittelmäßig und gleichgültig.

In dieser stillen Zeit wird auch die Gegnerschaft ihrer großen Rivalin still; denn immer wenn das hitzige Herz Maria Stuarts Ruhe hält und sich bescheidet, beruhigt sich Elisabeth. Einer der bedeutendsten politischen Vorzüge dieser großen Realistin war es von je, Tatsachen anzuerkennen und dem Unvermeidlichen nicht eigenwillig zu widerstreben. Mit aller Macht hatte sie sich der Heimkehr

Maria Stuarts nach Schottland entgegengestellt und alles getan, um sie hinauszuschieben; nun, da sie erfolgt ist, kämpft Elisabeth nicht weiter gegen die unumstößliche Tatsache und tut lieber alles, um mit ihrer Rivalin, solange sie sie nicht beseitigen kann, in ein freundliches Verhältnis zu kommen. Elisabeth – dies eine der stärksten positiven Eigenschaften ihres irrlichternden und eigenwilligen Charakters – liebt als kluge Frau nicht den Krieg, sie hat ängstliche Scheu vor gewaltsamen und verantwortlichen Entscheidungen; als berechnende Natur zieht sie lieber aus Verhandlungen und Verträgen ihren Vorteil und sucht die Oberhand durch geschicktes geistiges Spiel. Kaum daß Maria Stuarts Rückkehr nach Schottland gewiß war, hatte Lord Moray Elisabeth in beweglichen Worten gemahnt, mit ihr redliche Freundschaft zu schließen. »Ihr seid beide zwei junge, hervorragende Königinnen, und Euer Geschlecht sollte Euch nicht erlauben, Euren Ruhm durch Krieg und Blutvergießen erhöhen zu wollen. Jede von Euch weiß, von welchem Anlaß das feindliche Gefühl zwischen Euch seinen Ursprung genommen hat, und ich wünschte vor Gott, meine Herrin, die Königin, hätte es niemals auf sich genommen, einen Anspruch oder Titel auf das Reich Eurer Majestät zu erheben. Trotzdem hättet Ihr beide Freunde sein und bleiben müssen. Da sie aber ihrerseits einmal diesen Gedanken geäußert hat, fürchte ich, wird immer zwischen Euch Mißverstehen walten, solange dieser Anstoß nicht aus dem Wege geräumt ist. Eure Majestät kann nicht nachgeben in diesem Punkte, und sie wieder mag es als hart empfinden, da sie England durch ihr Blut so nahesteht, dort als Fremde behandelt zu werden. Wäre hier nicht ein mittlerer Weg möglich?« Elisabeth zeigt sich für einen solchen Vorschlag nicht unempfänglich; als bloße Königin von Schottland und unter der Hut ihres Pensionärs Moray ist Maria Stuart ihr ja vorderhand nicht mehr so gefährlich, wie sie es als Doppelkönigin von Frankreich und Schottland gewesen. Warum nicht ihr Freundschaft bezeigen, ohne sie im innersten Herzen zu empfinden? Bald kommt ein Briefwechsel zwischen Elisabeth und Maria Stuart in Gang, in dem eine der »dear sisters« der andern ihre herzlichsten Gefühle auf geduldigem Papier übermittelt. Maria Stuart sendet Elisabeth als Liebesgabe einen Brillantring, den diese mit einem noch kostbareren erwidert; beide spielen sie vor der Welt und vor sich selbst das erfreuliche Schauspiel verwandtschaftlicher Zuneigung. Maria Stuart versichert, sie »habe kein größeres Verlangen auf Erden, als ihre gute Schwester zu sehen«, sie wolle die Allianz mit Frankreich lösen, denn sie schätze Elisabeths Zuneigung »more than all uncles of the world«, Elisabeth wieder malt in ihrer großen feierlichen Schrift, die sie nur bei bedeutsamen Anlässen anwendet, die überschwenglichsten Versicherungen ihrer Neigung und Treue. Aber sofort, wenn es gilt, wirklich ein Abkommen zu treffen und eine persönliche Zusammenkunft zu bestimmen, weichen beide vorsichtig aus. Denn im Grunde stehen die alten Verhandlungen noch immer auf demselben toten Punkt: Maria Stuart will den Vertrag von Edinburgh mit der Anerkennung Elisabeths erst unterzeichnen, wenn Elisabeth ihr das Nachfolgerecht zuerkannt hat; dies wieder empfindet Elisabeth gleichbedeutend, als ob sie ihr eigenes Todesurteil unterzeichnete. Keine weicht einen Zoll breit von ihrem Recht, und so überdecken im letzten alle diese blumigen Phrasen nur eine unüberbrückbare Kluft. »Es kann«, wie Dschingis Khan, der Welteroberer, entschlossen sagte, »nicht zwei Sonnen am Himmel geben und nicht zwei Khans auf Erden.« Eine von den beiden wird weichen müssen, Elisabeth oder Maria Stuart; beide wissen dies im tiefsten Herzen, und beide warten auf den gegebenen Augenblick. Aber solange die Stunde noch nicht gekommen ist, warum nicht der knappen Pause im Kriege sich freuen? Wo Mißtrauen im tiefsten Herzen untilgbar lebt, wird der Anlaß nicht fehlen, die dunkle Flamme aufschlagen zu lassen zur verzehrenden Glut.

Manchmal bedrücken die junge Königin in jenen Jahren kleine Sorgen, manchmal verdrießt sie die Lästigkeit der Staatsgeschäfte, oft und öfter fühlt sie sich fremd zwischen diesen harten, kriegerischen Adelsleuten, widerlich ist ihr das Gezänke mit den eifernden Pfaffen und heimlichen Intriganten: in solchen Stunden flüchtet sie dann in ihr Frankreich, in die Heimat ihres Herzens zurück. Freilich, Schottland kann sie nicht verlassen, so hat sie sich in ihrem Schlosse in Holyrood selbst ein eigenes Kleinfrankreich gegründet, ein winziges Stück Welt, wo sie ganz unbeachtet und frei ihren liebsten Neigungen leben kann, ihr Trianon. In dem runden Turm von Holyrood errichtet sie nach französischem Geschmack einen chevaleresken, einen romantischen Hofhalt; von Paris hat sie Gobelins gebracht und türkische Teppiche, prunkvolle Betten und Möbel und Bilder, ihre schön gebundenen Bücher, ihren Erasmus, ihren Rabelais, ihren Ariost und Ronsard. Hier wird französisch gesprochen und gelebt, hier bei flackernden Kerzen abends Musik gemacht, Gesellschaftsspiele werden veranstaltet, Verse gelesen, Madrigale gesungen. Zum erstenmal an diesem Miniaturhofhalt werden hier die »Masques«, die kleinen klassischen Gelegenheitsspiele jenseits des Kanals versucht, die später das englische Theater zur höchsten Blüte entfaltet. Bis spät nach Mitternacht wird in Kostümen getanzt, und bei einem dieser Maskentänze, »The purpose«, erscheint die junge Königin sogar als Mann verkleidet, in schwarzen straffen Seidenhosen, während ihr Partner – der junge Dichter Chastelard – als Dame vermummt ist, ein Anblick, der wahrscheinlich John Knoxens bitteres Entsetzen erregt hätte.

Aber Puritanern, Zeloten und ähnlichen Murrköpfen sind vorsichtigerweise diese Stunden des Frohmutes verschlossen, und vergebens entrüstet sich John Knox über diese »souparis« und »dansaris« und donnert von der Kanzel in St. Giles, daß sein Bart wie ein Pendel schwingt: »Fürsten sind geübter, Musik zu machen und sich zu Gastmählern zu setzen, als das heilige Wort Gottes zu lesen und zu hören. Musiker und Schmeichler, die immer die Jugend verderben, gefallen ihnen besser als die alten und weisen Männer« – an wen mag der Selbstgerechte hier denken? –, »die mit ihren heiligen Ermahnungen einen Teil des Stolzes, in dem wir alle geboren sind, niederschlagen wollen.« Aber dieser junge, frohmütige Kreis hat wenig Verlangen nach den »heilkräftigen Ermahnungen« des »kill joy«, des Freudetöters; die vier Marys, ein paar französisch gesinnte Kavaliere sind glücklich, hier im erhellten und warmen Raum der Freundschaft die Düsternis dieses strengen und tragischen Landes zu vergessen, und Maria Stuart vor allem, die kalte Maske der Majestät ablegen zu dürfen und bloß eine heitere junge Frau im Kreise gleichalteriger und gleichgestimmter Gefährten zu sein.

Ein solches Verlangen ist nur natürlich. Aber immer bedeutet es für Maria Stuart Gefahr, ihrer Lässigkeit nachzugeben. Verstellung bedrückt sie, Vorsicht ist ihr auf die Dauer unerträglich, jedoch gerade diese Tugend des »Nicht-sich-verschweigen-Könnens«, dieses »Je ne sais point déguiser mes sentiments« (wie sie einmal schreibt), schafft ihr politisch mehr Unannehmlichkeiten als andern der böswilligste Betrug und die grimmigste Härte. Denn die Ungezwungenheit, mit der sich die Königin unter diesen jungen Leuten bewegt, lächelnd ihre Huldigungen hinnehmend und vielleicht sogar unbewußt sie herausfordernd, erzeugt bei diesen Zügellosen eine unangebrachte Kameraderie, und sie wird für leidenschaftliche Naturen sogar zur Verlockung. Etwas muß in dieser Frau, deren Schönheit auf den Bildern nicht ganz ersichtlich wird, sinnlich aufreizend gewesen sein; vielleicht haben an unmerklichen Zeichen einzelne Männer schon damals vorausgefühlt, daß unter der weichen, umgänglichen und scheinbar völlig selbstsicheren Art dieser mädchenhaften Frau eine ungeheure Leidenschaftsfähigkeit verborgen war wie ein Vulkan unter lieblicher Landschaft; vielleicht haben sie, lange ehe Maria Stuart selbst ihr eigenes Geheimnis erkannte, jene Unbeherrschtheit aus männlichem Instinkt geahnt und gewittert, denn irgendeine Macht war in ihr, die Männer zum Sinnlichen stärker drängte als zu einer romantischen Liebe. Möglich, daß sie, gerade weil selbst in ihren Trieben noch nicht erwacht, kleine körperliche Vertraulichkeiten – eine streichelnde Hand, einen Kuß, einen einladenden Blick – leichter gewährte als eine wissende Frau, welche das Kupplerisch-Gefährliche solcher Ungezwungenheiten kennt: jedenfalls, sie läßt die jungen Menschen um sich manchmal vergessen, daß die Frau in ihr als Königin jedem kühnen Gedanken unnahbar bleiben muß. Schon einmal hatte ein junger schottischer Kapitän, namens Hepburn, sich tölpisch-freche Ungehörigkeiten gegen sie erlaubt, und nur die Flucht bewahrte ihn vor der äußersten Strafe. Aber zu mild geht Maria Stuart über diesen ärgerlichen Zwischenfall hinweg, leichtherzig verzeiht sie ihn als läßliche Sünde und gibt damit einem andern Edelmann aus ihrem kleinen Kreise neuen Mut.

Dieses Abenteuer gestaltet sich durchaus romantisch; wie fast jede Episode in diesem schottischen Land formt es sich zur blutdunklen Ballade. Der erste Bewunderer Maria Stuarts am französischen Königshof, Monsieur Danville, hatte seinen jungen Freund und Begleiter, den Dichter Chastelard, zum Vertrauten seiner Schwärmerei gemacht. Nun muß Monsieur Danville, der Maria Stuart gemeinsam mit den anderen Edelherren auf ihrer Reise nach Schottland begleitet hatte, nach Frankreich zurück, zu seiner Frau, zur Pflicht: der Troubadour Chastelard aber bleibt in Schottland, gleichsam als der Statthalter fremder Neigung. Und es ist nicht ungefährlich, immer zärtliche Verse zu dichten, denn aus dem Spiel wird leicht Wirklichkeit. Maria Stuart nimmt unbedacht die poetischen Huldigungen des jungen, in allen ritterlichen Künsten wohlerfahrenen Hugenotten entgegen, sie erwidert sogar seine Verse mit eigenen Gedichten; welche musisch empfindsame, inmitten einer rauhen und rückständigen Umgebung vereinsamte junge Frau würde nicht geschmeichelt sein, sich in so bewundernden Strophen gefeiert zu hören wie:

»Oh Déesse immortelle
Escoute donc ma voix
Toy qui tiens en tutelle
Mon pouvoir sous tes loix
Afin que si ma vie
Se voie en bref ravie
Ta cruauté
La confesse périe
Par ta seule beauté«

und besonders, wenn sie sich ohne Schuld fühlt? Denn einer wirklichen Gegenliebe für seine Leidenschaft kann sich Chastelard nicht rühmen. Melancholisch muß er eingestehen:

»Et néansmoins la flâme
Qui me brûle et entflâme
De passion
N'émeut jamais ton âme
D'aucune affection.«

Wahrscheinlich bloß als poetische Huldigung inmitten

soviel anderer höfischer und liebedienerischer Schmeicheleien nimmt Maria Stuart, die selbst als Dichterin um das Übertreibliche alles Lyrischen weiß, derartige Strophen ihres hübschen Seladon lächelnd hin, und völlig ohne andere als spielerische Laune duldet sie Galanterien, die an einem romantischen Frauenhofe nichts Befremdliches bedeuten. In ihrer unbefangenen Art scherzt und spaßt sie mit Chastelard genau so arglos wie mit ihren vier Marys. Sie zeichnet ihn aus mit kleinen unverfänglichen Artigkeiten, sie wählt ihn (der dem Range nach ihr kaum nahen dürfte) als Partner zum Tanz, sie lehnt sich während einer Tanzfigur, dem Falking-Dance, einmal sehr nahe an seine Schulter, sie erlaubt ihm eine freiere Rede, als sie in Schottland, drei Straßen von John Knoxens Kanzel, üblich ist, der »such fashions more lyke to the bordell than to the comeliness of honest women« schilt; sie gewährt Chastelard vielleicht sogar einmal beim Masken- oder Pfänderspiel einen flüchtigen Kuß. Aber an sich nicht bedenklich, zeitigen solche Vertraulichkeiten doch die schlimme Wirkung, daß seinerseits der junge Dichter, ähnlich Torquato Tasso, die Grenzen zwischen Königin und Diener, Respekt und Kameradschaftlichkeit, zwischen Galanterie und Schicklichkeit, Ernst und Scherz nicht mehr deutlich wahrnimmt und heißköpfig seinem Gefühle folgt. So ereignet sich unvermutet ein ärgerlicher Zwischenfall: Eines Abends finden die jungen Mädchen, die Maria Stuart bedienen, Chastelard im Schlafzimmer der Königin hinter den Vorhängen versteckt. Sie vermuten zunächst nichts Unziemliches, sondern betrachten diese jugendliche Tollheit als Schabernack; mit muntern und scheinbar erzürnten Reden wird der Übermütige von den Mädchen aus dem Schlafzimmer hinausgetrieben. Auch Maria Stuart nimmt seine Taktlosigkeit mehr mit verzeihender Milde auf als mit wirklicher Entrüstung; der Vorfall wird sorgfältig vor dem Bruder Maria Stuarts verschwiegen, und von einer ernsten Bestrafung für einen so ungeheuerlichen Verstoß gegen jede Sitte ist bald keine Rede mehr. Aber diese Nachsicht war fehl am Ort. Denn entweder fühlt sich der Tollkopf von der leichten Auffassung im Kreise der jungen Frauen eher ermutigt, seinen Spaß zu wiederholen, oder eine wirkliche Leidenschaft zu Maria Stuart beraubt ihn aller Hemmungen – jedenfalls, er folgt heimlich der Königin auf ihrer Reise nach Fife, ohne daß jemand bei Hofe von seiner Anwesenheit eine Ahnung hätte, und erst als Maria Stuart schon halb entkleidet ist, entdeckt man den Unsinnigen abermals in ihrem Schlafgemach. Im ersten Schreck schreit die beleidigte Frau auf, der schrille Ruf hallt durch das Haus, aus dem Nachbarzimmer stürzt Moray, ihr Stiefbruder, herein, und jetzt ist Verzeihen und Verschweigen nicht mehr möglich. Angeblich verlangte damals Maria Stuart (es ist nicht wahrscheinlich), Moray solle sofort den Verwegenen mit dem Dolch niederstoßen. Aber Moray, der bei jeder Handlung, im Gegensatz zu seiner leidenschaftlicheren Schwester, klug und rechnerisch alle Folgen überdenkt, weiß genau, die Ermordung eines jungen Mannes im Schlafzimmer einer Königin würde mit seinem Blute nicht nur den Estrich, sondern auch ihre Ehre beflecken. Öffentlich muß ein solches Vergehen angeklagt, öffentlich auf dem Marktplatz der Stadt muß es gesühnt werden, um die völlige Unschuld der Herrscherin vor dem Volke und vor der Welt darzutun.

Wenige Tage später führt man Chastelard zum Block. Seine freche Verwegenheit ist von den Richtern als Verbrechen, seine Leichtfertigkeit als Böswilligkeit gewertet worden. Einstimmig erkennen sie ihm die härteste Strafe zu: den Tod durch das Beil. Maria Stuart, selbst wenn sie wollte, hat jetzt keine Möglichkeit mehr, den Unsinnigen zu begnadigen; schon haben die Gesandten an alle Höfe von dem Vorfall berichtet, in London, in Paris beobachtet man neugierig ihr Verhalten. Jedes Wort zu seinen Gunsten würde jetzt als Eingeständnis einer Mitschuld gedeutet werden. So muß sie härter erscheinen, als sie wahrscheinlich persönlich gesinnt war, und den Gefährten munterer und gefälliger Stunden in seiner schwersten Stunde ohne Hoffnung und Hilfe lassen.

Chastelard stirbt, wie es sich an dem Hof einer romantischen Königin ziemt, einen tadellosen Tod. Er weist jeden priesterlichen Beistand zurück, nur die Dichtung soll ihn trösten und das Bewußtsein, daß

»Mon malheur déplorable
Soit sur moy immortel«.

Aufrecht schreitet der tapfere Troubadour zur Richtstätte, und statt Psalm und Gebet rezitiert er laut auf dem Wege die berühmte »Epitre à la mort« seines Freundes Ronsard:

»Je te salue, heureuse et profitable Mort
Des extrêmes douleurs médicin et confort.«

Vor dem Block hebt er noch einmal das Haupt zu einem Anruf, der mehr ein Seufzer ist als Anklage: »O cruelle dame«, dann beugt er sich gefaßt nieder, um den mörderischen Hieb zu empfangen. Dieser Romantiker stirbt im Stil einer Ballade, eines Gedichts.

Aber dieser unselige Chastelard ist nur ein einzelner aus einer dunklen Schar, er ist bloß der erste, der für Maria Stuart stirbt, er geht nur den anderen voran. Mit ihm beginnt der gespenstige Totentanz all derer, die für diese Frau zum Richtblock schreiten, von ihrem Schicksal angezogen und sie selbst mitziehend in das eigene Schicksal. Aus allen Ländern kommen sie, wie bei Holbein schleifen sie sich hinter der schwarzen beinernen Trommel willenlos heran, Schritt für Schritt, Jahr für Jahr, Fürsten und Regenten, Grafen und Edelleute, Priester und

Krieger, Jünglinge und Greise, alle sich für sie opfernd, alle für sie geopfert, die unschuldig schuldig ist an ihrem finstern Gang und ihn selber zur Sühne beschließt. Selten hat das Schicksal so viel Todesmagie in eine Frauengestalt getan: wie ein dunkler Magnet zieht sie auf das gefährlichste alle Männer ihrer Umwelt in verhängnisvolle Bahn. Wer ihren Weg kreuzt, gleichgültig ob in Gunst oder Ungunst, ist dem Unheil verfallen und gewaltsamem Tod. Es hat niemandem Glück gebracht, Maria Stuart zu hassen. Und noch schwerer haben jene gebüßt, die es wagten, sie zu lieben.

Nur scheinbar ist darum diese Episode Chastelards ein Zufall, ein bloßer Zwischenfall: zum erstenmal enthüllt sich hier – ohne daß sie es gleich verstünde – das Gesetz ihres Schicksals, daß es ihr nie ungestraft erlaubt sein soll, lässig, leicht und vertrauensvoll zu sein. Von der ersten Stunde an ist ihr Leben so eingestellt, daß sie eine repräsentative Gestalt darstellen muß, Königin, immer und immer nur Königin, öffentlicher Charakter, Spielball im Weltspiel, und was anfangs Gnade schien: ihre frühe Krönung, ihr zugeborener Rang, ist eigentlich Fluch. Denn immer, wenn sie versucht, sich selbst zu gehören, nur ihrer Laune, ihrer Liebe, ihren wahren Neigungen zu leben, wird sie fürchterlich für ihr Versäumnis gestraft. Chastelard ist nur die erste Warnung. Nach einer Kindheit ohne Kindsein hatte sie in der schmalen Zwischenzeit, ehe man zum zweitenmal, zum drittenmal ihren Leib, ihr Leben an irgendeinen fremden Mann gegen irgendeine Krone verhandelt, versucht, ein paar Monate nichts anderes als jung und sorglos zu sein, nur zu atmen, nur zu leben und sich zu freuen: da reißen sie harte Hände aus dem leichten Spiel. Beunruhigt durch den Vorfall, drängen jetzt der Regent, das Parlament, die Lords zu neuer Heirat. Maria Stuart soll einen Gatten wählen: selbstverständlich nicht einen, der ihr gefällt, sondern einen, der die Macht und Sicherheit des Landes mehrt. Die längst eingeleiteten Verhandlungen werden scharf beschleunigt, denn eine Art Angst ist über die Verantwortlichen gekommen, diese unbedachte Frau könnte am Ende mit einer neuerlichen Torheit ihren Ruf und Anwert völlig zerstören. Abermals beginnt der Schacher auf dem Heiratsmarkt: Maria Stuart wird wieder zurückgedrängt in den Bannkreis der Politik, der ihr Schicksal von der ersten bis zur letzten Stunde unerbittlich umschließt. Und immer, wenn sie diesen kalten Ring um ihr warmes wirkliches Leben für einen Atemzug zu zerbrechen sucht, zerbricht sie fremdes und ihr eigenes Geschick.

Sechstes Kapitel

Großer politischer Heiratsmarkt

1563–1565

Zwei junge Frauen sind in diesem Augenblick die umworbensten der Welt: Elisabeth von England und Maria von Schottland. Wer irgend in Europa Kronrecht hat und keine Gattin, der sendet jetzt seine Werber, Habsburg und Bourbon, Philipp II. von Spanien und sein Sohn Don Carlos, der Erzherzog von Österreich, die Könige von Schweden und Dänemark, Greise und Knaben, Männer und Jünglinge: schon lange war der politische Heiratsmarkt nicht so reichlich beschickt. Denn noch immer stellt Vermählung mit einer Fürstin die bequemste Form für einen Herrscher dar, seine Macht zu erweitern. Nicht durch Krieg, sondern durch Heirat sind in den Zeiten des Absolutismus die großen Erbrechte aufgebaut worden, das geeinte Frankreich, das weltumfassende Spanien und die Hausmacht Habsburgs. Jetzt aber locken unvermuteterweise noch die letzten kostbaren Kronjuwele Europas. Elisabeth oder Maria Stuart, England oder Schottland, wer das eine Land oder das andere durch Ehe gewinnt, der hat auch im Weltspiel gewonnen, und gleichzeitig mit dem nationalen Wettlauf entscheidet sich ein anderer, ein geistig-geistlicher Krieg. Denn fällt durch die Heirat mit einer der beiden Herrscherinnen die britannische Insel einem katholischen Mitkönig zu, so hat das Zünglein an der Waage im Kampf zwischen Katholizismus und Protestantismus endgültig zugunsten Roms ausgeschlagen, die ecclesia universalis ist wieder sieghaft auf Erden. Darum bedeutet diese hitzige Brautjagd unermeßlich viel mehr als eine familiäre Angelegenheit; in ihr versinnbildlicht sich eine Weltentscheidung.

Eine Weltentscheidung, aber für diese beiden Frauen, für diese beiden Königinnen auch eine Lebensentscheidung. Denn unlösbar sind ihre Schicksalslinien verstrickt. Wird eine der beiden Rivalinnen durch eine Heirat erhöht, so gerät der andere Thron unaufhaltsam ins Wanken, steigt die eine Schale, so muß die andere sinken. Die Schwebe der Scheinfreundschaft zwischen Maria Stuart und Elisabeth kann nur insolange dauern, als beide unvermählt bleiben, bloß Königin von England die eine, bloß Königin von Schottland die andere; verschieben sich die Gewichte, so muß eine die mächtigere werden, die Siegerin. Aber entschlossen steht Stolz gegen Stolz, keine will und wird der andern weichen. Nur Kampf auf Leben und Tod kann diese furchtbare Verstrickung lösen.

Für das prachtvoll gestufte Schauspiel dieses Schwesternkampfes hat die Geschichte zwei Gegenspielerinnen größten Formats gewählt. Beide, Maria Stuart und Elisabeth, sind Begabungen besonderer und unvergleichlicher Art. Neben ihren energischen Erscheinungen wirken die andern Monarchen der Zeit, der mönchisch starre Philipp II. von Spanien, der knabenhaft launische Karl IX. von Frankreich, der unbedeutende Ferdinand von Österreich, wie flache Nebenrollenspieler; keiner von ihnen erreicht auch nur annähernd die hohe geistige Ebene, auf der diese außerordentlichen Frauen einander entgegentreten. Beide klug – und in ihrer Klugheit nur oft durch weibliche Launen und Leidenschaften gehemmt –, beide ehrgeizig bis zur Unbändigkeit, haben von frühester Jugend an sich für ihren hohen Rang besonders vorbereitet. Beider Haltung im Sinne der äußeren Repräsentation musterhaft, beider Kultur auf der vollen Höhe der humanistischen Zeit. Fließend spricht jede neben ihrer Muttersprache Latein, Französisch, Italienisch, Elisabeth überdies noch

Griechisch, und beider Briefe übertreffen an plastischer Ausdruckskraft weitaus diejenigen ihrer besten Minister, die Elisabeths ungleich farbiger, bildlicher als jene ihres klugen Staatssekretärs Cecil, die Maria Stuarts geschliffener und eigenartiger als die glatt diplomatischen eines Maitland und Moray. Beider Intelligenz, ihr Kunstsinn, ihre fürstliche Art der Lebenshaltung kann vor den strengsten Richtern bestehen, und wenn Elisabeth einem Shakespeare und Ben Jonson, so wird Maria Stuart einem Ronsard und Du Bellay Bewunderung abnötigen. Aber mit dieser gemeinsamen Höhe des kulturellen Niveaus ist auch alle Ähnlichkeit zwischen diesen Frauen erschöpft; um so schärfer prägt sich der innere Gegensatz aus, den die Dichter von Anbeginn schon als typisch dramatischen empfunden und gestaltet haben.

Dieser Gegensatz ist derart vollständig, daß schon die Lebenslinien ihn geradezu geometrisch-anschaulich ausdrücken. Entscheidender Unterschied: Elisabeth hat es im Anfang schwer und Maria Stuart am Ende. Maria Stuarts Glück und Macht steigen leicht, hell und schnell auf wie ein Morgenstern am klaren Himmel; als Königin geboren, wird sie noch als Kind zum zweitenmal zur Königin gesalbt. Aber ebenso steil und jäh vollzieht sich ihr Sturz. In drei oder vier einzelnen Katastrophen ist ihr Schicksal konzentriert, also typisch dramatisch geformt – weshalb sie auch immer wieder als Heldin von Tragödien gewählt wird –, während Elisabeths Aufstieg langsam und beharrlich sich vollzieht (und darum vermag ihr eigentlich nur eine episch breite Darstellung gerecht zu werden). Ihr ist nichts geschenkt und mit leichter Hand von Gott gegeben. Als Kind zum Bastard erklärt, von der eigenen Schwester in den Tower geworfen, mit tödlichem Gerichtsspruch bedroht, hat sie sich mit List und frühreifer Diplomatie erst das nackte Dasein und Geduldetsein erobern müssen. Maria Stuart war durch Erbe von Anbeginn die Würde zuteil, Elisabeth hat sie sich mit dem eigenen Leibe und dem eigenen Leben geschaffen.

Zwei derart verschiedene Lebenslinien müssen notwendigerweise auseinanderstreben. Sie können sich gelegentlich kreuzen und überschneiden, niemals aber wirklich binden. Denn bis tief hinein in jede Schwingung und Tönung des Charakters muß sich der fundamentale Unterschied auswirken, daß die eine mit der Krone geboren ist wie mit dem eigenen Haar, während die andere sich ihre Stellung erkämpft, erlistet, erobert hat, daß die eine von Anfang an legitime Königin gewesen und die andere eine angezweifelte. Jede dieser beiden Frauen entwickelt aus dieser besonderen Schicksalsform eine andere Kraft. Bei Maria Stuart erzeugt die Leichtigkeit, die Mühelosigkeit, mit der sie alles – zu früh! – zugeteilt bekam, eine ganz ungewöhnliche Leichtfertigkeit und Selbstsicherheit, sie schenkt ihr jenen verwegenen Wagemut, der ihre Größe ist und ihr Verhängnis. Gott hat ihr die Krone gegeben, niemand kann sie ihr nehmen. Sie hat zu gebieten, die andern zu gehorchen, und zweifelte auch die ganze Welt an ihrem Recht, sie fühlt ihr Herrentum heiß in ihrem Blut. Leicht und ohne zu prüfen läßt sie sich begeistern, rasch und hitzig wie einen Schwertgriff faßt sie ihre Entschlüsse, und so, wie sie als verwegene Reiterin mit einem Riß am Zügel, einem Ruck, einem Schwung über Hürden und Hindernisse hinwegsetzt, meint sie auch, über alle Schwierigkeiten und Fährnisse der Politik mit dem bloßen beschwingten Mut hinüberstürmen zu können. Bedeutet für Elisabeth Herrschen ein Schachspiel, ein Denkspiel, eine stete gespannte Anstrengung, so für Maria Stuart nur ein starkes Genießen, eine Steigerung der Daseinslust, ein Kampfspiel ritterlicher Art. Sie hat, wie einmal der Papst von ihr sagt, »das Herz eines Mannes im Körper einer Frau«, und gerade dies leichtsinnig Wagende, dies egoistisch Souveräne, das sie für das Gedicht, die Ballade, die Tragödie so anziehend macht, verschuldet ihren frühen Untergang.

Denn Elisabeth, eine durchaus realistische Natur, eine beinahe geniale Kennerin der Wirklichkeit, gewinnt ihren Sieg eigentlich nur durch das kluge Ausnützen der Unüberlegtheiten und Torheiten ihrer ritterlichen Gegnerin. Mit ihren klaren, scharfen Vogelaugen – man blicke in ihr Bildnis – sieht sie mißtrauisch in die Welt, deren Gefahren sie frühzeitig zu fürchten gelernt hat. Schon als Kind hat sie Gelegenheit gehabt, zu beobachten, wie rasch die Kugel der Fortuna auf und nieder rollt und daß es nur ein Schritt weit ist vom Königsthron zum Schafott und ein Schritt wiederum aus dem Tower, diesem Vorhof des Todes, nach Westminster. Ewig wird sie darum Macht als etwas Fließendes empfinden und alles Sichere als gefährdet; vorsichtig und ängstlich, als wären sie aus Glas und könnten jeden Augenblick ihren Händen entgleiten, hält Elisabeth Krone und Zepter fest; eigentlich verbringt sie ihr ganzes Leben in Sorge und Unentschlossenheit. Alle Porträts ergänzen hier überzeugend die überlieferten Schilderungen ihres Wesens: auf keinem blickt sie klar, frei und stolz wie eine wahrhafte Gebieterin, immer ist ihr nervöses Gesicht furchtsam und unruhig angespannt, als lauschte, als wartete sie auf etwas, nie glänzt das Lächeln der Selbstgewißheit froh um ihren Mund. Scheu und eitel zugleich hebt sie ihr blasses Antlitz aus dem pompösen Putz der juwelenüberglitzerten Roben, gleichsam frierend unter dieser überladenen Pracht. Und man fühlt: kaum mit sich allein, kaum ist das Staatskleid von ihren knochigen Schultern abgeglitten, kaum weicht die Schminke von den schmalen Wangen, so fällt auch die Hoheit von ihr ab, und es bleibt eine arme, verstörte, frühgealterte Frau, ein einsamer Mensch zurück, der kaum seine eigene Not und um wieviel weniger eine Welt zu beherrschen weiß. Eine solche zaghafte Haltung mag bei einer Königin nicht sehr heroisch wirken und dies ewige Zaudern und Zögern und Sich-nicht-entschließen-Können gewiß nicht majestätisch; aber Elisabeths staatsmännische Größe lag auf einer anderen Ebene als der romantischen. Ihre Kraft offenbarte sich nicht in verwegenen Plänen und Entschlüssen, sondern in einer zähen und sorgsamen Dauerarbeit des Mehrens und Sicherns, des Sparens und Zusammenraffens, in eigentlich bürgerlichen und haushälterischen Tugenden: gerade ihre Fehler, ihre Ängstlichkeit, ihre Vorsichtigkeit sind im staatsmännischen Sinne produktiv geworden. Denn wenn Maria Stuart nur sich selbst, so lebt Elisabeth ihrem Lande, sie nimmt als Realistin ihr Herrschertum pflichthaft als einen Beruf, Maria Stuart dagegen, die Romantikerin, ihr Königtum als völlig unverpflichtende Berufung. Jede ist stark, jede schwach in einem andern Sinne. Wird Maria Stuart ihre heldisch-törichte Verwegenheit zum Verhängnis, so Elisabeth ihr Zaudern und Zögern schließlich zum Gewinn. Denn immer siegt in der Politik die langsame Zähigkeit über die unbeherrschte Kraft, der durchgearbeitete Plan über den improvisierten Elan, der Realismus über die Romantik.

Aber in diesem Schwesternkampf reicht der Gegensatz noch tiefer. Nicht nur als Königinnen, sondern auch als Frauen stellen Elisabeth und Maria Stuart völlig polare Typen dar, gleichsam als hätte es der Natur gefallen, einmal eine große welthistorische Antithese in zwei großen Gestalten bis in die letzte Einzelheit kontrapunktisch durchzuführen.

Maria Stuart ist als Frau ganz Frau, in erster und letzter Linie Frau, und gerade die wichtigsten Entschließungen ihres Lebens kamen aus dieser untersten Quelle ihres Geschlechts. Nicht daß sie eine ständig leidenschaftliche, eine einzig von ihren Trieben beherrschte Natur gewesen wäre – im Gegenteil, was zuerst an Maria Stuart charakterologisch auffällt, ist ihre lange weibliche Zurückhaltung. Jahre und Jahre hat es gedauert, ehe das Gefühlsleben in ihr überhaupt erwachte. Lange sieht man nur (und die Bilder bestätigen es) eine freundliche, weiche, milde, lässige Frau, ein leichtes Schmachten im Auge, ein fast kindliches Lächeln um den Mund, ein unentschiedenes, unaktives Wesen, eine Mädchenfrau. Sie ist auffallend sensitiv (wie jede wahrhaft weibliche Natur), ihr Gemüt gerät leicht in Schwingung, sie kann beim leichtesten Anlaß erröten, erblassen, und rasch und locker sitzt ihr die Träne. Aber diese eiligen, oberflächlichen Wellen ihres Bluts rühren lange Jahre nicht ihre Tiefe auf; und gerade weil sie eine vollkommen normale, eine echte, eine wirkliche Frau ist, entdeckt Maria Stuart ihre eigentliche, ihre wahre Kraft erst an einer Leidenschaft – im ganzen nur einmal in ihrem Leben. Da aber spürt man, wie ungemein stark sie Frau ist, wie sehr triebhaftes und instinkthaftes Wesen, wie willenlos gekettet an ihr Geschlecht. Denn in diesem großen Moment ihrer Ekstase schwinden plötzlich wie weggerissen die oberen, die kulturellen Kräfte in der bislang kühlen und gemessenen Frau dahin, alle Dämme von Wohlerzogenheit, von Sitte und Würde brechen ein, und vor die Wahl gestellt zwischen ihrer Ehre und ihrer Leidenschaft, bekennt sich Maria Stuart als wirkliche Frau nicht zu ihrem Königtum, sondern zu ihrem Frauentum. Jäh fällt der Kronmantel ab, sie fühlt nur nackt und heiß als eine der Unzähligen, die Liebe nehmen und Liebe geben wollen, und nichts schenkt ihrer Gestalt eine solche Großzügigkeit, als daß sie um einzelner volldurchlebter Daseinsaugenblicke willen Reich und Macht und Würde geradezu verächtlich hingeworfen hat.

Elisabeth dagegen war einer völligen Selbsthingabe solcher Art niemals fähig, und dies aus einem geheimnisvollen Grunde. Denn sie war – wie es Maria Stuart in ihrem berühmten Haßbrief formulierte – körperlich

»nicht wie alle andern Frauen«. Nicht nur die Mutterschaft war ihr versagt, sondern wahrscheinlich auch die natürliche Form der vollen weiblichen Preisgabe. Nicht so freiwillig, wie sie vortäuschte, ist sie zeitlebens »virgin Queen«, die jungfräuliche Königin, und wenn auch gewisse gleichzeitige Nachrichten (wie jene von Ben Jonson überlieferten) über Elisabeths physische Mißbildung anzweifelbar sind, dies bleibt gewiß, daß eine körperliche oder seelische Hemmung sie in den geheimsten Zonen ihres Frauentums verstört hat. Ein solches Mißgeschick muß das Wesen einer Frau entscheidend bestimmen, und in diesem Geheimnis sind alle andern Geheimnisse ihres Charakters gleichsam im Kern enthalten. Jenes Schillernde, Schwankende, Fahrige, Wetterwendische ihrer Nerven, das ihr Wesen ständig in ein zuckendes Licht von Hysterie taucht, das Ungleichgewichtige, Unberechenbare ihrer Entschlüsse, dieses ewige Umschalten von heiß auf kalt, von ja auf nein, all das Komödiantische, das Raffinierte, das Hinterhältige und nicht zumindest jene Koketterie, die ihrer staatsmännischen Würde die schlimmsten Streiche spielte, stammten aus dieser innern Unsicherheit. Eindeutig und natürlich zu fühlen, zu denken, zu handeln war dieser im tiefsten verwundeten Frau versagt, niemand konnte auf sie zählen, und am wenigsten war sie ihrer selbst sicher. Aber wenn auch verstümmelt in ihren geheimsten Bezirken, wenn auch hin und her gerissen in ihren Nerven, wenn auch gefährlich in ihrer Intrigantenklugheit, so war Elisabeth doch niemals grausam, unmenschlich, kalt und hart. Nichts ist falscher, oberflächlicher und banaler erfunden als die schon schematisch gewordene Auffassung (wie sie Schiller in seine Tragödie übernommen hat), als hätte Elisabeth wie eine tückische Katze mit einer sanften und wehrlosen Maria Stuart gespielt. Wer tiefer blickt, spürt in dieser Frau, die einsam friert inmitten ihrer Macht, die sich mit ihren

Halbliebhabern immer nur hysterisch quält, weil sie sich keinem ganz und eindeutig hingeben kann, eine verborgene, verschlagene Wärme und hinter all ihren Schrullen und Heftigkeiten einen ehrlichen Willen, großmütig und gütig zu sein. Ihrer ängstlichen Natur entsprach nicht die Gewalt, sie flüchtete lieber in die kleinen, nervenprickelnden Künste der Diplomatie, das unverantwortliche Hintergrundspiel; bei jeder Kriegserklärung aber zauderte und schauerte sie, jedes Todesurteil lastete wie ein Stein auf ihrem Gewissen, und um ihrem Lande Frieden zu bewahren, setzte sie ihre beste Kraft ein. Wenn sie Maria Stuart bekämpfte, so war es einzig, weil sie sich (nicht mit Unrecht) von ihr bedroht fühlte, und doch wäre sie dem offenen Kampfe lieber ausgewichen, weil sie ihrer Natur nach nur Spielerin und Falschspielerin, nicht aber Kämpferin war. Beide, Maria Stuart aus Lässigkeit, Elisabeth aus Ängstlichkeit, hätten lieber halben und falschen Frieden gehalten. Aber die Konstellation der Stunde erlaubte kein Nebeneinandersein. Gleichgültig gegen den innersten Willen des einzelnen stößt oft der stärkere Wille der Geschichte Menschen und Mächte in ihr mörderisches Spiel.

Denn hinter der inneren Verschiedenheit der Persönlichkeiten erheben sich gebieterisch wie riesenhafte Schatten die großen Gegensätze der Zeit. Man nenne es nicht Zufall, daß Maria Stuart die Vorkämpferin der alten, der katholischen Religion gewesen und Elisabeth Schirmherrin der neuen, der reformatorischen; diese Parteinahme versinnbildlicht nur symbolisch, daß jede dieser beiden Königinnen eine andere Weltanschauung verkörperte, Maria Stuart die absterbende, die mittelalterlich-ritterliche Welt, Elisabeth die werdende, die neuzeitliche. Eine ganze Zeitwende kämpft sich in ihrem Widerstreit zu Ende.

Maria Stuart – und dies macht ihre Figur so romantisch – steht und fällt für eine vergangene, für eine überholte Sache als ein letzter kühner Paladin. Sie gehorcht nur dem gestaltenden Willen der Geschichte, wenn sie, die Rückwärtsgewandte, sich politisch jenen Mächten verbindet, die den Zenit bereits überschritten haben, Spanien und dem Papsttum, während Elisabeth klarsichtig in die fernsten Länder, nach Rußland und Persien, ihre Gesandten schickt und in vorausschauendem Gefühl die Energie ihres Volkes gegen die Ozeane wendet, als ahnte sie, daß in den neuen Kontinenten die Pfeiler des zukünftigen Weltreiches aufgerichtet werden müßten. Maria Stuart beharrt starr im Übernommenen, sie kommt über die dynastische Auffassung des Königtums nicht hinaus. Das Land ist nach ihrer Meinung an den Herrscher gebunden, nicht aber der Herrscher an sein Land; eigentlich ist Maria Stuart all diese Jahre nur Königin über Schottland gewesen und niemals eine Königin für Schottland. Die hundert Briefe, die sie geschrieben, gelten alle nur der Befestigung, der Erweiterung ihres persönlichen Rechtes, aber völlig vermißt man einen einzigen, der sich mit dem Volkswohl, mit der Förderung von Handel, Schiffahrt oder Kriegsmacht befaßte. Wie ihre Sprache in Dichtung und Konversation zeitlebens die französische blieb, so ist auch ihr Denken, ihr Fühlen nie ein schottisches, ein nationales geworden; nicht für Schottland hat sie gelebt und ist sie gestorben, sondern einzig um Königin von Schottland zu bleiben. Im letzten hat Maria Stuart ihrem Lande nichts Schöpferisches gegeben als die Legende ihres Lebens.

Dieses Über-allem-Stehen Maria Stuarts mußte notwendigerweise zu einem Alleinstehen werden. An Mut und Entschlossenheit war sie persönlich Elisabeth unermeßlich überlegen. Aber Elisabeth kämpfte nicht allein gegen sie. Aus dem Gefühl ihrer Unsicherheit hatte sie rechtzeitig verstanden, ihre Position zu stärken, indem sie sich mit ruhigen und klarsehenden Leuten umgab; um sie stand ein ganzer Generalstab in diesem Kriege, lehrte sie Taktik und Praktik und schützte sie bei großen Entscheidungen vor der Sprunghaftigkeit und Fahrigkeit ihres Temperamentes. Elisabeth wußte eine derart vollendete Organisation um sich zu schaffen, daß es heute, nach Jahrhunderten, fast unmöglich ist, ihre persönliche Leistung aus der Kollektivleistung der elisabethanischen Epoche herauszuschälen, und der unermeßliche Ruhm, der sich an ihren Namen bindet, schließt die anonyme Leistung ihrer ausgezeichneten Berater in sich. Während Maria Stuart nur Maria Stuart ist, stellt Elisabeth eigentlich immer Elisabeth plus Cecil, plus Leicester, plus Walsingham, plus die Energie ihres ganzen Volkes dar, und man kann kaum unterscheiden, wer der Genius jenes shakespearischen Jahrhunderts gewesen, England oder Elisabeth, so sehr sind sie zusammengeschmolzen in eine herrliche Einheit. Nichts hat Elisabeth einen solchen Rang unter den Monarchen jener Epoche gegeben, als daß sie nicht Herrin über England sein wollte, sondern bloß Verwalterin des englischen Volkswillens, Dienerin einer nationalen Mission; sie hat den Zug der Zeit verstanden, der vom Autokratischen ins Konstitutionelle führt. Freiwillig erkennt sie die neuen Kräfte an, die aus der Umformung der Stände, aus der Weltraumerweiterung durch die Entdeckungen sich entwickeln, sie fördert alles Neue, die Gilden, die Kaufleute, die Geldleute und selbst die Piraten, weil sie England, ihrem England, die Vorherrschaft über die Meere anbahnen. Unzählige Male bringt sie (was Maria Stuart niemals tut) ihre persönlichen Wünsche dem allgemeinen, dem nationalen Wohl zum Opfer. Denn immer ist es beste Rettung aus innerer Not, wenn sie sich ins Schöpferische wendet; aus ihrem Unglück als Frau hat Elisabeth das Glück ihres Landes gestaltet. Ihren ganzen Egoismus, ihre ganze Machtleidenschaft hat die Kinderlose, die Männerlose ins Nationale umgestaltet; groß vor der Nachwelt zu sein durch Englands Größe war die edelste ihrer Eitelkeiten, und nur diesem kommenden größeren England hat sie wahrhaft gelebt. Keine andere Krone konnte sie locken (während Maria Stuart begeistert die ihre gegen jede bessere tauschen würde), und indes jene in der Gegenwart, in der Stunde großartig aufglühte, hat sie, die Sparsame, die Weitblickende, ihre ganze Kraft der Zukunft ihrer Nation geweiht.

Es war kein Zufall darum, daß sich der Kampf zwischen Maria Stuart und Elisabeth zugunsten der fortschrittlichen und weltgewandten und nicht der rückgewandten und ritterlichen Königin entschied; mit Elisabeth siegte der Wille der Geschichte, der vorwärts drängt, der die abgelebten Formen wie leere Schalen hinter sich schleudert und seine Kraft in immer anderen schöpferisch versucht. In ihrem Leben verkörpert sich die Energie einer Nation, die ihre Stelle im Weltall erobern will, in Maria Stuarts Ende stirbt nur prächtig und heldisch eine ritterliche Vergangenheit. Aber dennoch erfüllt jede in diesem Kampfe vollendet ihren Sinn: Elisabeth, die Realistin, siegt in der Geschichte, Maria Stuart, die Romantikerin, in Dichtung und Legende.

Großartig ist dieser Gegensatz in Raum, Zeit und seinen Gestalten: wäre doch nur die Art nicht so erbärmlich kleinlich, in der er durchfochten wird! Denn trotz ihrem überragenden Format bleiben diese beiden Frauen immerhin Frauen, sie können die Schwäche ihres Geschlechts nicht überwinden, Feindschaften, statt aufrichtig, immer nur mesquin und hinterhältig auszutragen. Ständen statt Maria Stuart und Elisabeth zwei Männer, zwei Könige einander gegenüber, es käme sofort zu scharfer Auseinandersetzung, zu klarem Krieg. Anspruch stellte sich schroff gegen Anspruch, Mut gegen Mut. Der Konflikt Maria Stuarts und Elisabeths dagegen entbehrt dieser hellen männlichen Aufrichtigkeit, er ist ein Katzenkampf, ein Sich-Umschleichen und Belauern mit verdeckten Krallen, ein hinterhältiges und durchaus unredliches Spiel. Durch ein Vierteljahrhundert haben diese Frauen einander unablässig belogen und betrogen (ohne sich aber nur eine Sekunde lang tatsächlich zu täuschen). Nie blicken sie einander frei und gerade ins Auge, nie wird ihr Haß offen, wahr und klar; mit Lächeln und Schmeicheln und Heucheln begrüßen und beschenken und beglückwünschen sie einander, während jede heimlich das Messer hinter dem Rücken hält. Nein, die Chronik des Krieges zwischen Elisabeth und Maria Stuart zeitigt keine iliadischen Schlachten, keine ruhmreichen Situationen, sie ist kein Heldenlied, sondern ein perfides Kapitel aus Machiavelli, psychologisch zwar ungemein erregend, aber moralisch abstoßend, weil eine zwanzigjährige Intrige und nie ein ehrlicher, klingender Kampf.

Dieses unehrliche Spiel setzt sofort mit den Heiratsverhandlungen Maria Stuarts ein, und fürstliche Bewerber sind auf den Plan getreten. Maria Stuart wäre mit jedem einverstanden, denn die Frau in ihr ist noch nicht wach und mengt sich nicht in die Wahl. Sie würde willig den fünfzehnjährigen Knaben Don Carlos nehmen, obwohl das Gerücht ihn als bösartigen, tollwütigen Jungen schildert, und ebenso gern das unmündige Kind Karl IX. Jung, alt, widerwärtig oder anziehend, das ist ihrem Ehrgeiz völlig gleichgültig, sofern die Heirat sie nur über die verhaßte Rivalin erhebt. Persönlich beinahe uninteressiert, überläßt sie die Verhandlungen ihrem Stiefbruder Moray, der sie mit äußerst egoistischem Eifer führt, denn wenn seine Schwester in Paris oder Wien oder Madrid eine Krone trägt, wäre er ihrer ledig und wieder ungekrönter König von Schottland. Sehr bald aber erfährt Elisabeth, durch ihre schottischen Spione tadellos bedient, von diesen überseeischen Freiten und legt sofort ein kräftiges Veto ein. Ganz klar droht sie dem schottischen Gesandten, falls Maria Stuart eine fürstliche Werbung aus Österreich, Frankreich oder Spanien annähme, würde sie dies als feindseligen Akt betrachten, was sie aber keineswegs hindert, gleichzeitig die zärtlichsten Mahnungen an ihre teure Base zu schreiben, sie möchte einzig auf sie vertrauen, »welche Berge von Glückseligkeit und irdischer Pracht ihr auch die andern verspräche«. Oh, sie habe nicht das mindeste einzuwenden gegen einen protestantischen Prinzen, gegen den König von Dänemark oder den Herzog von Ferrara – deutsch übersetzt: gegen ungefährliche, unwertige Werber – am besten aber wäre, Maria Stuart würde »daheim« heiraten, irgendeinen schottischen oder englischen Adeligen. In diesem Falle könne sie ihrer schwesterlichen Liebe, ihrer Hilfe ewig gewiß sein.

Diese Haltung Elisabeths ist selbstverständlich ein klares »foul play«, und jeder durchschaut ihre Absicht: die unfreiwillige »virgin Queen« will nichts anderes als ihrer Rivalin jede gute Chance verderben. Aber mit ebenso wendiger Hand wirft Maria Stuart den Ball zurück. Sie denkt selbstverständlich nicht einen Augenblick daran, Elisabeth eine »overlordship«, ein Einspruchsrecht, in ihren Heiratsangelegenheiten zuzuerkennen. Aber noch ist das große Geschäft nicht abgeschlossen, noch zögert Don Carlos, der Hauptkandidat. So heuchelt Maria Stuart zunächst innigen Dank für das sorgsame Interesse Elisabeths. Sie versichert, nicht »for all uncles of the world« würde sie die kostbare Freundschaft mit der englischen Königin durch eigenwilliges Verhalten in Frage stellen, o nein, oh, keineswegs! – sie sei aufrichtigen Herzens bereit, allen ihren Vorschlägen treulich zu folgen, und Elisabeth möge ihr nur mitteilen, welche Werber als »allowed« zu gelten hätten und welche nicht. Rührend ist diese Gefügigkeit; aber mitten hinein streut Maria Stuart die schüchterne Zwischenfrage, auf welche Art Elisabeth sie dann für ihre Gefügigkeit entschädigen wolle. Gut, sagt sie gewissermaßen, ich gehe auf Deine Wünsche ein, ich heirate keinen Mann so hohen Ranges, daß er Deine Stellung, Du vielgeliebte Schwester, überhöht. Aber nun gib auch Du mir Sicherheit und werde gütigst deutlich: wie steht es mit meinem Nachfolgerecht?

Damit ist der Konflikt glücklich wieder auf dem alten toten Punkte. Sobald Elisabeth ein deutliches Wort über die Nachfolge sagen soll, wird kein Gott ihr eine klare Äußerung abzwingen. Höchst umwegig stammelt sie hin und her, »da ihre eigene Neigung ganz den Interessen ihrer Schwester gehöre«, wolle sie für Maria Stuart sorgen wie für eine eigene Tochter; seitenlang strömen die süßesten Worte, aber das eine, das verpflichtende, das entscheidende, wird nicht ausgesprochen. Wie zwei Levantiner Kaufleute wollen beide das Geschäft nur Zug um Zug machen, keiner öffnet zuerst die Hand. Heirate, den ich Dir vorschlage, sagt Elisabeth, und ich ernenne Dich zu meiner Nachfolgerin. Ernenne mich zu Deiner Nachfolgerin, und ich heirate, wen Du mir vorschlägst, antwortet Maria Stuart. Aber keine traut der anderen, weil jede die andere betrügen will.

Durch zwei Jahre schleppen sich diese Verhandlungen über die Heirat, die Werber, das Nachfolgerecht. Sonderbarerweise aber arbeiten die beiden Falschspielerinnen dabei einander unbewußt in die Hände. Elisabeth will Maria Stuart nur hinhalten, und Maria Stuart hat unglücklicherweise mit dem langsamsten aller Monarchen, dem Cunctator Philipp II., zu tun. Erst als die Verhandlungen mit Spanien auf Sand geraten und eine andere

Entscheidung ins Auge gefaßt werden muß, hält es Maria Stuart für nötig, dem Schielen und Vorbeischauen ein Ende zu machen und der lieben Schwester die Pistole auf die Brust zu setzen. So läßt sie klar und deutlich anfragen, wen denn eigentlich Elisabeth ihr als standesgemäßen Gatten vorschlage.

Nichts Unlieberes kann Elisabeth geschehen, als wenn man von ihr bündige Auskunft fordert, besonders in diesem Falle. Denn längst hat sie durch die Blume zu verstehen gegeben, wen sie für Maria Stuart in Aussicht genommen. Sie hat vieldeutig gemurmelt, sie »wolle ihr jemanden geben, von dem niemand glauben würde, daß sie sich dazu entschließen könnte«. Aber der schottische Hof tut so, als ob er nicht verstünde, und verlangt einen positiven Vorschlag, einen Namen. An die Wand gedrückt, kann Elisabeth nicht mehr weiter hinter Andeutungen zurückweichen. Endlich preßt sie den Namen des Auserkorenen durch die Zähne: Robert Dudley.

Jetzt droht die diplomatische Komödie für einen Augenblick zur Posse zu werden. Denn dieser Vorschlag Elisabeths ist entweder eine ungeheuerliche Beleidigung oder ein ungeheuerlicher Bluff. Schon dies, einer Königin von Schottland, einer Königswitwe von Frankreich zuzumuten, ein »subject«, einen Untertanen ihrer Schwesterkönigin, einen kleinen Adeligen ohne Tropfen ebenbürtigen Blutes zu ehelichen, bedeutet ja nach den Begriffen der damaligen Zeit beinahe Beschimpfung. Aber sie wird noch impertinenter durch die Wahl der vorgeschlagenen Person; in ganz Europa weiß man, daß Robert Dudley seit Jahren der erotische Spielkamerad Elisabeths ist und demnach also die Königin von England wie einen abgetragenen Rock der Königin von Schottland gerade den Mann überlassen will, den sie selber für eine Ehe zu gering erachtet. Allerdings, vor einigen Jahren hat die ewig Unschlüssige noch mit dem Gedanken gespielt, ihn zu heiraten. (Immer spielt sie bloß mit diesem Gedanken). Erst als Dudleys Frau, Amy Robsart, unter sehr merkwürdigen Umständen ermordet aufgefunden wurde, war sie eiligst zurückgetreten, um jeden Verdacht der Mitschuld zu meiden. Diesen Mann nun, der zweimal vor der Welt kompromittiert ist, einmal durch jene dunkle Angelegenheit und dann durch seine erotische Beziehung, jetzt Maria Stuart als Gatten anzubieten war unter den vielen brüsken und verblüffenden Gesten ihrer Regierungszeit vielleicht die verblüffendste.

Was Elisabeth innerlich mit diesem abstrusen Vorschlag bezweckte, wird nie völlig zu ergründen sein: wer kann sich erkühnen, die wirren Wunschgedanken einer hysterischen Natur logisch zu formulieren! Wollte sie als ehrlich Liebende dem Geliebten, den sie selbst nicht zu heiraten wagte, mit der Erbfolge das Kostbarste übermachen, was sie besaß: ihr Königreich? Oder wollte sie sich bloß eines langweilig gewordenen Cicisbeo entledigen? Hoffte sie, mit dem Mann ihres Vertrauens die ehrgeizige Rivalin besser in Schranken zu halten? Wollte sie nur die Treue Dudleys auf die Probe stellen? Träumte sie von einer partie à trois, einem gemeinschaftlichen Liebeshaushalt? Oder erfand sie diesen unsinnigen Vorschlag überhaupt nur, um Maria Stuart mit der selbstverständlichen Ablehnung ins Unrecht zu setzen? Alle diese Möglichkeiten sind gegeben, die nächstliegende aber, daß die launische Frau innerlich selber gar nicht wußte, was sie wollte: sie hat wahrscheinlich nur mit dem Gedanken gespielt, wie sie allezeit mit Menschen und Entschlüssen zu spielen liebte. Niemand kann ausdenken, was geschehen wäre, wenn Maria Stuart ernstlich auf die Zumutng, Elisabeths abgelegten Liebhaber zu nehmen, eingegangen wäre. Vielleicht hätte Elisabeth dann in rascher Umschaltung ihrem Dudley die Heirat verboten und zu dem Hohn des

Antrages noch die Schande der Abweisung auf ihre Rivalin gehäuft.

Maria Stuart empfindet Elisabeths Vorschlag, sie solle jemanden ehelichen, dem nicht königliches Blut in den Adern rollt, wie eine Gotteslästerung. Höhnisch fragt sie den Gesandten im ersten frischen Zorne, ob seine Herrin diesen Vorschlag wahrhaft im Ernst meine, daß sie, eine gesalbte Königin, einen bloßen »Lord Robert« heiraten solle. Aber rasch bemäntelt sie ihren Verdruß und macht freundliche Augen; eine so gefährliche Gegnerin darf nicht vorzeitig durch eine schroffe Ablehnung furios gemacht werden. Hat man einmal den spanischen, den französischen Thronfolger zum Gatten, so wird man gründlich für diese Beleidigung abrechnen. Immer antwortet in diesem Schwesterkampf eine Unehrlichkeit der andern, auf ein tückisches Angebot Elisabeths folgt sofort eine ebenso verlogene Freundlichkeit Maria Stuarts. Keineswegs wird also Dudley als Werber in Edinburgh sofort abgelehnt, nein, o nein, die Königin tut so, als ob sie auf die Posse ernst einginge, und das schafft ihr einen vorzüglichen zweiten Akt. In offiziellem Auftrag wird Sir James Melville nach London gesendet, angeblich um die Verhandlungen wegen Dudley zu eröffnen, in Wirklichkeit aber, um diesen Knäuel von Lüge und Verstellung nur noch gründlicher zu verwickeln.

Melville, der getreueste unter Maria Stuarts Edelleuten, hat eine geschickte diplomatische Hand, die außerdem noch gut zu schreiben und zu beschreiben weiß, und dafür wollen wir ihm besonders dankbar sein. Denn sein Besuch beschenkt die Welt mit der plastischesten und eindruckvollsten Schilderung der privaten Persönlichkeit Elisabeths und gleichzeitig mit einem vortrefflichen historischen Lustspielakt. Elisabeth weiß genau, daß dieser kultivierte Mann lange am französischen und am deutschen Hof gelebt hat; so setzt sie alles daran, gerade ihm als Frau zu imponieren, ahnungslos, daß er mit grausamer Gedächtniskraft jede ihrer Schwächen und Koketterien der Geschichte überliefern wird. Denn weibliche Eitelkeit spielt ihrer königlichen Würde oftmals einen schlimmen Streich: auch diesmal sucht die kokette Frau, statt den Botschafter der Königin von Schottland politisch zu überzeugen, zunächst dem Manne mit ihren privaten Vorzügen zu imponieren. Ein Pfauenrad schlägt sie nach dem andern. Sie wählt aus ihrer riesigen Garderobe – man hat dreitausend Kleider nach ihrem Tode gezählt – die kostbarsten Toiletten, sie zeigt sich bald nach englischer, bald nach italienischer, bald nach französischer Art gekleidet, offenbart großmütig ein ziemlich aufschlußreiches Dekolleté, dazwischen prunkt sie mit ihrem Latein, ihrem Französisch und Italienisch und sammelt mit unersättlichem Eifer die scheinbar maßlose Bewunderung des Gesandten ein. Aber alle Superlative, wie schön, wie klug, wie gebildet sie sei, genügen ihr nicht: sie will durchaus – »Spieglein, Spieglein an der Wand, wer ist die Schönste im ganzen Land?« – gerade dem Gesandten der Königin von Schottland eine Äußerung abzwingen, daß er sie als Frau mehr bewundere als seine eigene Herrin. Sie will hören, daß sie entweder schöner oder klüger oder gebildeter sei als Maria Stuart. Sie zeigt ihm also ihre wunderbar gewellten rotblonden Haare und fragt, ob das Haar Maria Stuarts schöner wäre – peinliche Frage für den Gesandten einer Königin! Melville zieht sich geschickt aus der Affäre, indem er salomonisch erwidert, in England gäbe es keine Frau, die sich Elisabeth vergleichen ließe, und in Schottland keine, die Maria Stuart überträfe. Aber ein solches Halb und Halb genügt der närrisch Eitlen nicht; abermals und abermals paradiert sie mit ihren Reizen, sie spielt auf dem Clavecin und singt zur Laute: schließlich läßt sich Melville, wohlbewußt des Auftrags, sie politisch einzubalbieren, zum Zugeständnis herbei, daß Elisabeths Teint weißer sei, daß sie besser Clavecin spiele und mit mehr Haltung tanze als Maria Stuart. Über dieser eifrigen Selbstausstellung hat Elisabeth zunächst das eigentliche Geschäft vergessen, und als Melville endlich das heikle Thema berührt, holt sie, nun schon ins Komödiantische verstrickt, vorerst ein Miniaturporträt Maria Stuarts aus der Lade und küßt es mit Zärtlichkeit. Mit schwingender Stimme erzählt sie sodann, wie gerne sie Maria Stuart, ihre geliebte Schwester, persönlich kennenlernen möchte (nachdem sie in Wahrheit alles Erdenkliche getan, um eine solche Begegnung immer wieder zu vereiteln), und wer dieser verwegenen Schauspielerin glaubte, müßte überzeugt sein, für Elisabeth gäbe es auf Erden nichts Wichtigeres, als ihre Nachbarkönigin glücklich zu wissen. Aber Melville hat einen kühlen Kopf und einen klaren Blick. Er läßt sich von all den Spiegelfechtereien nicht täuschen, er wird zusammenfassend nach Edinburgh melden, Elisabeth habe weder aufrichtig gesprochen noch gehandelt und nur große Verstellung, Erregung und Furcht gezeigt. Als Elisabeth ihrerseits mit der Frage herausrückt, was Maria Stuart von jener Heirat mit Dudley denke, vermeidet der geübte Diplomat ebenso ein krasses Nein wie ein deutliches Ja. Er redet ausweichend herum, Maria Stuart habe diese Möglichkeit noch nicht recht ins Auge gefaßt. Aber je mehr er zurückweicht, desto schärfer drängt Elisabeth nach. »Lord Robert«, sagt sie, »ist mein bester Freund. Ich liebe ihn wie einen Bruder und würde niemals jemanden andern geheiratet haben, wenn ich mich überhaupt hätte entschließen können, mich zu vermählen. Da ich mich aber in dieser Hinsicht nicht überwinden kann, wünsche ich, daß wenigstens meine Schwester ihn wähle, denn ich weiß niemanden, von dem ich eher wollte, daß sie meine Nachfolge mit ihm teile. Damit ihn meine Schwester nicht geringschätze, werde ich ihn in einigen

Tagen zur Würde eines Grafen von Leicester und Barons von Denbigh erheben.«

Tatsächlich, einige Tage später – dritter Akt der Komödie – vollzieht sich mit prunkvollstem Aufgebot die angekündigte Zeremonie. Lord Robert Dudley kniet angesichts des ganzen Adels nieder vor seiner Fürstin und Herzensfreundin, um sich als Graf Leicester zu erheben. Aber wieder hat die Frau in Elisabeth in diesem pathetischen Augenblick der Königin einen törichten Streich gespielt. Denn während die Herrin dem getreuen Diener die Grafenkrone auf das Haupt drückt, kann sich zärtlicherweise die Liebhaberin nicht enthalten, die Haare ihres Freundes vertraulich zu krauen; aus der pathetischen Zeremonie ist eine Farce geworden, und still kann Melville in seinen Bart lächeln: er wird seiner Herrin in Edinburgh fröhlichen Bericht heimzusenden haben.

Aber Melville ist keineswegs bloß nach London gekommen, um sich als Chronist an einer königlichen Komödie zu erlustigen, er hat selbst eine Sonderrolle in diesem Quidproquo. Seine diplomatische Aktentasche verbirgt einige Geheimfächer, die er Elisabeth durchaus nicht aufzuschließen gedenkt, und das höfische Geplauder über den Grafen Leicester ist nur ein Scheinmanöver, um seine eigentlichen Aufträge in London zu decken. Vor allem soll er energisch bei dem spanischen Gesandten anklopfen, ob Don Carlos endgültig absage oder zusage, Maria Stuart wollte nicht länger mehr warten. Außerdem aber soll er noch diskrete Fühlung nehmen mit einem Kandidaten zweiter Klasse, mit Henry Darnley.

Dieser Henry Darnley steht vorläufig auf einem Nebengeleise; ihn hält sich Maria Stuart in Reserve für den äußersten Fall, daß alle besseren Heiraten sich zerschlagen sollten. Denn Henry Darnley ist weder König noch Fürst und sein Vater, der Earl of Lennox, als Feind der Stuarts aus Schottland verbannt und seiner Güter verlustig erklärt. Aber von mütterlicher Seite her hat dieser achtzehnjährige Junge gutes gültiges Blut, Königsblut, Tudorblut, in den Adern; als Urenkel Heinrichs VII. ist er der erste »Prince de sang« am englischen Königshofe und kann deshalb als ehewürdig für jede Monarchin gelten; außerdem hat er noch den Vorzug, katholisch zu sein. Als drittes, viertes oder fünftes Eisen im Feuer käme also dieser junge Darnley immerhin in Frage, und Melville führt allerhand unverpflichtende Gespräche mit Margarete Lennox, der ehrgeizigen Mutter dieses Notfallskandidaten.

Nun gehört es zum Wesen jeder echten, rechten Komödie, daß sich in ihr alle Mitspieler zwar gegenseitig betrügen, aber doch nie so vollkommen, daß nicht ab und zu einer dem andern für einen Augenblick ein wenig in die Karten schielte. Elisabeth ist nicht so einfältig zu glauben, Melville sei eigens und einzig nach London gekommen, um ihr Komplimente über ihr Haar und ihr Clavecinspiel zu machen: sie weiß, daß der Vorschlag, ihren abgelegten Busenfreund zu wählen, Maria Stuart nicht sonderlich begeistern kann, sie kennt auch den Ehrgeiz und die Geschäftigkeit ihrer lieben Verwandten, der Lady Lennox. Einiges dürften überdies ihre Spione ausgekundschaftet haben. Und als bei der Zeremonie des Ritterschlags Henry Darnley als erster Prinz des Hofes ihr das königliche Schwert voranträgt, wendet sich die Verschlagene mit einem plötzlichen Ausbruch von Aufrichtigkeit zu Melville und sagt ihm glatt ins Gesicht: »Ich weiß genau, dieser junge Fant gefällt Euch besser.« Aber Melville verliert bei diesem brüsken Griff in seine Geheimtasche keineswegs die Kaltblütigkeit. Er wäre ein übler Diplomat, verstünde er nicht die Kunst, in heiklem Augenblicken frech zu lügen. So zieht er nur eine verächtliche Falte in sein kluges Gesicht und antwortet, geringschätzig auf ebendenselben Darnley blickend, dessentwegen er noch gestern hitzig verhandelt hatte: »Eine Frau von Geist wird niemals einen solchen Fant wählen, der so hübsch, schlank und bartlos ist und mehr einer Frau als einem Manne gleicht.«

Läßt Elisabeth sich wirklich durch diese gespielte Geringschätzung täuschen? Hat die geschickte Parade des Diplomaten tatsächlich ihr Mißtrauen eingeschläfert? Oder spielt sie in der ganzen Sache ein noch undurchdringlicheres Doppelspiel? Jedenfalls, das Unwahrscheinliche geschieht; zuerst erhält Lord Lennox, Darnleys Vater, die Erlaubnis, sich wieder nach Schottland zu begeben, und im Januar 1565 sogar Darnley selbst. Elisabeth schickt also – nie wird man wissen, aus welcher Laune oder List – gerade den gefährlichsten Kandidaten Maria Stuart ins Haus. Merkwürdigerweise ist der Fürsprecher dieser Erlaubnis kein anderer als Graf Leicester, der wieder seinerseits ein Doppelspiel treibt, um sich unmerklich aus der Hochzeitsschlinge zu ziehen, die ihm seine Herrin geflochten. Nun könnte der vierte Akt der Farce munter in Schottland weitergehen, aber da überspielt plötzlich der Zufall alle Mitglieder. Mit einmal reißt dieser Faden der künstlichen Verwirrung ab, und die Komödie der Werbungen kommt zu einem verblüffenden und von keinem der Teilnehmer geahnten Ende.

Denn die Politik, diese irdische und künstliche Macht, ist an jenem winterlichen Tag einer ewigen und elementaren begegnet: der Werber, der gekommen, Maria Stuart zu besuchen, er findet unvermuteterweise in der Königin eine Frau. Nach Jahren und Jahren geduldigen, gleichmütigen Wartens ist sie endlich zu sich erwacht. Bisher war sie nur Königstochter, Königsbraut, Königin und Königswitwe gewesen, Spielball fremden Willens, gehorsames Geschöpf der Diplomatie. Jetzt aber bricht zum erstenmal wirkliches Gefühl aus ihr vor, mit einem Ruck wirft sie ihren Ehrgeiz ab wie ein lastendes Kleid, um völlig frei über ihren jungen Leib, über ihr Leben zu verfügen. Zum erstenmal hört sie nicht auf andere mehr, sondern bloß auf das Pulsen ihres Blutes, auf den Wunsch und Willen ihrer Sinne. Und damit beginnt die Geschichte ihres innern Lebens.

Siebentes Kapitel

Die zweite Heirat

1565

Das Unerwartete, das sich in diesem Augenblick ereignet, ist eigentlich das Allergewöhnlichste auf Erden: eine junge Frau verliebt sich in einen jungen Mann. Auf die Dauer läßt sich die Natur nicht unterdrücken: Maria Stuart, eine Frau mit warmem Blut und gesunden Sinnen, steht in dieser Jahres- und Schicksalswende an der Schwelle ihres dreiundzwanzigsten Jahres. Als Witwe hat sie vier Jahre ohne jede ernsthafte erotische Episode in völlig untadeliger Haltung verlebt. Aber alle Zurückhaltung des Gefühls hat ein Ende: auch in einer Königin fordert die Frau einmal ihr heiligstes Recht, das Recht, zu lieben und geliebt zu werden.

Der Gegenstand dieser ersten Neigung Maria Stuarts ist – ein seltener Fall in der Weltgeschichte – kein anderer als der politische Brautwerber, als Darnley, der im Auftrag seiner Mutter anfangs Februar 1565 in Schottland eintrifft. Ganz fremd ist dieser junge Mann Maria Stuart nicht; vor vier Jahren war er als Fünfzehnjähriger nach Frankreich gekommen, um in die verdunkelte Witwenkammer des deuil blanc die Kondolenz seiner Mutter zu überbringen. Aber seitdem ist er mächtig aufgeschossen zu einem langen, kräftigen, strohblonden Burschen mit einem weibisch glatten und bartlosen, aber auch weibisch hübschen Gesicht, aus dem zwei kugelrunde große Kinderaugen etwas unsicher in die Welt schauen: »Il n'est possible de voir un plus beau prince«, beschreibt ihn Mauvissière, und auch die junge Königin erklärt ihn für »the lustiest and bestproportioned long man«, den nettesten und bestgewachsenen langen Jungen, den sie jemals gesehen. Nun gehört es zum feurigen und ungeduldigen Charakter Maria Stuarts, sich leicht zu illusionieren. Wachträumer ihrer romantischen Art sehen Menschen und Dinge selten in ihrem wahren Maß, sondern meistens nur so, wie sie diese zu sehen begehren. Zwischen Überschätzung und Enttäuschung rastlos hin und her geworfen, lassen sich diese Unbelehrbaren nie völlig ernüchtern, aufgeschreckt aus einem Wahn werden sie immer wieder einem neuen zum Opfer fallen, denn der Wahn ist die wahre Welt, nicht die Wirklichkeit. So bemerkt auch Maria Stuart in ihrer rasch entzündeten Sympathie für den glatten Jungen zunächst nicht, daß die hübsche Oberfläche Darnleys wenig Tiefe birgt, daß keine wirkliche Kraft unter den straffen Muskeln, keine seelische Kultur unter seiner höfischen Gewandtheit zu finden ist. Sie sieht nur, wenig verwöhnt von ihrer puritanischen Umgebung, daß dieser prinzliche Junge famos zu Pferde sitzt, geschmeidig tanzt, Musik und heitere Unterhaltung liebt und im Notfall gefällige Verse zu zimmern versteht. Immer macht ein solcher Anflug künstlerischer Neigung auf sie Eindruck; redlich ist sie erfreut, in diesem jungen Prinzen einen angenehmen Kameraden für Tanz und Jagd und alle ihre Künste und Spiele zu finden, seine Gegenwart bringt Abwechslung und das helle Aroma der Jugend an den etwas langweiligen Hof. Aber auch die andern nehmen Darnley, der sich gemäß den Weisungen seiner klügeren Mutter höchst bescheiden gebärdet, freundlich auf; bald ist er überall in Edinburgh ein gern gesehener Gast, »well liked for his personage«, wie Randolph, der Späher Elisabeths, arglos meldet. Geschickter, als ihm zuzutrauen war, spielt er die Rolle des Werbenden nicht nur bei Maria Stuart, sondern nach allen Seiten. Einerseits schließt er Freundschaft mit David Rizzio, dem neuen Geheimsekretär der Königin und Vertrauensmann der Gegenreformation; tagsüber spielen sie gemeinsam Ball, nachts schläft er mit ihm im selben Bett. Aber während er sich so der katholischen Partei nähert, schmeichelt er gleichzeitig den Protestanten. Er begleitet den reformierten Regenten Moray sonntags in die »kirk«, um dort, anscheinend tief ergriffen, der Predigt John Knoxens zu lauschen, mittags speist er, um allen Argwohn von sich abzulenken, bei dem englischen Gesandten und rühmt die Güte Elisabeths, abends tanzt er mit den vier Marys; kurzum, der lange, nicht kluge, aber gut instruierte Junge macht seine Sache gut, und gerade seine persönliche Mittelmäßigkeit schützt ihn vor jedem voreiligen Verdacht.

Aber plötzlich ist der Funke übergesprungen und hat gezündet, plötzlich ist es Maria Stuart, die von Königen und Fürsten Umworbene, die um diesen törichten neunzehnjährigen Knaben wirbt. Mit gestauter, ungeduldiger Gewalt bricht diese Neigung aus ihr, wie immer bei vollen Naturen, die nicht voreilig in kleinen Abenteuern und Liebeleien ihre Gefühlskraft vertändelt und vergeudet haben; an Darnley erlebt Maria Stuart zum erstenmal ihr weibliches Begehren. Denn ihre Kinderehe mit Franz II. war nichts gewesen als eine Art unerlöster Kameraderie, und alle die Jahre seitdem hat die Frau in ihr bloß in einer Art Dämmerung der Gefühle gelebt: nun ist plötzlich ein Mensch, ein Mann da, dem dieser Überschuß aufgetauter und aufgestauter Empfindungen wie ein Wildbach zustürzen kann. Ohne zu denken, ohne zu überlegen, sieht sie, wie oftmals Frauen, in diesem bloß ersten schon den Einzigen, den Endgültigen. Gewiß, es wäre klüger, zu warten, diesen Mann in seinem Werte zu erproben. Aber von der Leidenschaft einer jungen verliebten Frau Logik verlangen zu wollen hieße die Sonne suchen um Mitternacht. Denn es gehört zum Wesen wirklicher Leidenschaft, daß sie unanalysierbar und irrational bleibt. Sie läßt sich nicht errechnen und nicht einmal nachrechnen. Zweifellos ist Maria Stuarts Wahl völlig jenseits ihres sonst hellen Verstandes getroffen. Nichts in dem Wesen des unreifen, eitlen und nur hübschen Knaben macht ihren Überschwang verständlich: gleich unzähligen anderen Männern, die von geistig überlegenen Frauen weit über ihr inneres Maß geliebt wurden, hat Darnley kein anderes Verdienst, keine andere magische Kraft, als zufällig derjenige gewesen zu sein, der in entscheidend gespannter Stunde dem noch unerwachten Liebeswillen einer Frau entgegentrat.

Es hat lange gedauert, überlange, ehe das Blut dieser stolzen Stuartstochter wirklich in Wallung kam. Jetzt aber zuckt und bebt es in Ungeduld. Wenn Maria Stuart einmal etwas will, wird sie nie warten und überlegen. Was gilt ihr noch England, was Frankreich, was Spanien, was die Zukunft über einer geliebten Gegenwart? Nein, sie mag nicht länger mehr das langwierige Narrenspiel mit Elisabeth treiben, nicht weiter harren auf den schläfrigen Brautwerber aus Madrid, und brächte er die Krone zweier Welten: hier hat sie den hellen, den jungen, den weichen und wollüstigen Knaben mit seinem roten sinnlichen Mund, seinen törichten Kinderaugen, seiner eben erst sich versuchenden Zärtlichkeit! Nur rasch jetzt sich binden, nur bald ihm gehören, das ist der einzige Gedanke, der sie in diesem Zustand selig-sinnlicher Unvernunft erfüllt. Von dem ganzen Hofe kennt zunächst nur einer ihre Neigung, ihre süße Not, der neue Geheimsekretär David Rizzio, der alles tut, um geschickt das Schiff der Liebenden in den Hafen von Cythera zu steuern. Dieser päpstliche Vertrauensmann sieht in einer Ehe mit einem Katholiken schon die kommende Oberherrschaft der Kirche in Schottland begründet, und sein eifriger Kuppeldienst gilt wohl weniger dem Glück dieses Paares als den politischen Zwecken der Gegenreformation. Er schreibt, ohne daß die Siegelbewahrer des Reichs, ohne daß Moray und

Maitland die Absicht Maria Stuarts ahnen, bereits an den Papst wegen einer Heiratsdispens, die nötig ist, weil Maria Stuart im vierten Grade mit Darnley verwandt ist. Er fragt, vorsichtig alle Folgen bedenkend, schon bei Philipp II. an, ob Maria Stuart auf seine Hilfe rechnen könne, falls Elisabeth dieser Ehe Schwierigkeiten bereiten würde; ja, Tag und Nacht arbeitet dieser verläßliche Agent, der mit dem Gelingen des Heiratsprojekts seinen eigenen Stern und den Triumph der katholischen Sache in alle Himmel steigen sieht. Aber so emsig er wühlt und wirkt, die Bahn frei zu bekommen, der Ungeduldigen ist alles noch zu langsam, zu behutsam, zu vorsichtig. Sie will nicht warten. Wochen und Wochen, bis die Briefe über Meer und Land schneckenhaft kriechen, sie ist der Dispens vom Heiligen Vater zu gewiß, als daß ein Pergament ihr bestätigen müßte, was ihr Wille schon wahrhaben will. Immer hat Maria Stuart in ihren Entschlüssen diese blinde Unbedingtheit, dieses prachtvolle und törichte Übermaß. Aber auch diesem Wunsch weiß schließlich wie jedem andern seiner Herrin der gewitzte Rizzio Erfüllung zu verschaffen; er bestellt einen katholischen Priester in sein Zimmer, und wenn auch nicht nachweisbar ist, daß tatsächlich eine vorzeitige Eheschließung im Sinne der Kirche stattgefunden habe – man darf in der Geschichte Maria Stuarts Einzelberichten nie voll vertrauen –, irgendeine Art der Verlobung oder Bindung zwischen den beiden muß doch bestanden haben. Denn »Laudato sia Dio«, ruft der wackere Helfer Rizzio aus, niemand könne nunmehr »disturbare le nozze«. Noch ehe die andern bei Hofe in Darnley den Werber ahnen, ist er in Wahrheit schon der Herr ihres Lebens und vielleicht auch ihres Leibes.

Das Geheimnis dieses »matrimonio segreto« bleibt, weil nur den dreien und dem zum Schweigen verpflichteten Priester anvertraut, restlos gewahrt. Aber wie der

Rauch eine unsichtbare Flamme, so läßt immer Zärtlichkeit ein verborgenes Gefühl ahnen; es dauert nicht lange, und man beginnt bei Hofe, die beiden sorgfältiger zu beobachten. Es war aufgefallen, wie ängstlich und beflissen Maria Stuart ihren Verwandten pflegte, als dem armen Jungen plötzlich – seltsame Krankheit für einen Bräutigam – die Masern zu schaffen machten. Tag um Tag hatte sie damals an seinem Bette gesessen, und kaum gesundet, weicht er nicht von ihrer Seite. Der erste, der grimmige Augen macht, ist Moray. Er hatte redlich (und vor allem wohlmeinend für sich selbst) alle Heiratspläne seiner Schwester gefördert, er hatte, obwohl strenggläubiger Protestant, sogar zugestimmt, daß sie dem Oberhort des Katholizismus, dem spanischen Habsburgersohn, sich vermähle, denn Madrid ist weit genug von Holyrood, um ihn nicht zu stören. Dieser Darnley-Plan aber kreuzt messerscharf seine Interessen. Moray ist hellsichtig genug, um zu erkennen, daß, sobald dieser eitle, pflaumenweiche Knabe Darnley Königsgemahl ist, er sofort auch Königsgewalt wird ausüben wollen. Außerdem hat er genug politischen Spürsinn, um zu ahnen, wohin die geheimen Intrigen des italienischen Schreibers und päpstlichen Agenten zielen: auf Wiederherstellung der katholischen Oberherrschaft und Vernichtung der Reformation in Schottland. Persönlicher Ehrgeiz mengt sich in seiner entschlossenen Seele mit religiöser Überzeugung, Machtleidenschaft mit nationaler Besorgnis; er sieht klar, mit einer Darnley-Ehe beginnt in Schottland eine fremde Herrschaft, und die seine geht zu Ende. Mahnend tritt er darum seiner Schwester entgegen und warnt vor einer Heirat, die unermeßliche Konflikte über das kaum befriedete Land heraufbeschwören müsse. Und als er sieht, daß seine Mahnungen ungehört bleiben, verläßt er trotzig den Hof.

Auch Maitland, der andere erprobte Berater, versucht

Widerstand. Auch er sieht seine Stellung und den Frieden Schottlands bedroht, auch er lehnt sich sowohl als Minister wie als Protestant gegen die Einsetzung eines katholischen Prinzgemahls auf, und allmählich sammeln sich um diese beiden die reformierten Adeligen des Landes. Nun beginnen schließlich auch Randolph, dem englischen Gesandten, die Augen aufzugehen. Aus Beschämung, die entscheidenden Stunden verschlafen zu haben, schildert er in seinen Berichten den Einfluß des hübschen Jungen auf die Königin als Zauberei, als »witchcraft«, und trommelt heftig um Hilfe. Aber was bedeutet all das Mißbehagen und Murren dieser kleinen Leute gegen den wilden, den vehementen, den ratlosen Zorn Elisabeths, sobald sie von Maria Stuarts Wahl erfährt! Denn ihr ist wahrhaftig ihre Zweideutigkeit bitter vergolten worden, bei diesem Heiratsspiel hat man sie bis zur Lächerlichkeit geprellt. Unter dem Vorwand, wegen Leicester zu verhandeln, hat man den wirklichen Werber ihr glücklich aus der Hand gelockt und nach Schottland geschmuggelt; nun sitzt sie mit ihrer Überdiplomatie in London und hat das Nachsehen. In der ersten Wut läßt sie Lady Lennox, die Mutter Darnleys, als die Anstifterin der ganzen Werbung in den Tower werfen, drohend befiehlt sie ihrem »Untertanen« Darnley, unverzüglich heimzukehren, sie schreckt den Vater mit der Konfiskation aller Güter, sie beruft einen Kronrat, der auf ihren Wunsch die Heirat als gefährlich für die Freundschaft der beiden Länder erklärt, sie droht also in verdeckten Worten mit dem Kriege. Aber im tiefsten ist die Überspielte so erschreckt und verstört, daß sie sich gleichzeitig auch auf Feilschen und Handeln verlegt. Um sich aus ihrer Blamage zu retten, wirft sie hastig ihren letzten Trumpf auf den Tisch, die Karte, die sie bisher verkrampft zwischen den Fingern gehalten: zum erstenmal bietet sie Maria Stuart offen und bindend (jetzt, da das Spiel für sie verloren ist) die Thronfolge

Englands an, sie schickt sogar – mit einmal ist es ihr eilig geworden – einen eigenen Gesandten mit dem gültigen Versprechen, »if the Queen of Scots would accept Leicester, she would be accounted and allowed next heir to the crown as though she were her own born daughter«. Wunderbare Probe für den ewigen Widersinn alles Diplomatisierens: was Maria Stuart durch Jahre mit größter Klugheit, Eindringlichkeit und List von ihrer Rivalin erlangen wollte, die Anerkennung ihres Kronrechts, kann sie jetzt mit einem Schlage gerade durch die größte Torheit ihres Lebens erreichen.

Aber es gehört zum Wesen der politischen Konzessionen, daß sie immer zu spät kommen. Gestern war Maria Stuart noch Politikerin, heute ist sie nur mehr Frau, nur mehr Liebende. Thronfolgerin von England zu werden, das war bis vor kurzem noch Maria Stuarts heißester Gedanke gewesen, heute ist all dieser königliche Ehrgeiz vergessen über dem geringeren, aber impulsiveren Verlangen der Frau, nur rasch diesen schlanken, hübschen, jungen Buben zu haben, zu besitzen. Es ist zu spät für die Drohungen, die Erbangebote Elisabeths, zu spät auch schon für die Warnungen ehrlicher Freunde, wie die des Herzogs von Lothringen, ihres Oheims, sie solle doch von diesem »joli hutaudeau«, diesem »Hübschling« lassen. Nicht Vernunft, nicht Staatsraison haben mehr Gewalt über ihre so unbändige Ungeduld. Mit Ironie antwortet sie der furiosen Elisabeth, die sich in ihrem eigenen Netz gefangen hat. »Die Unzufriedenheit meiner guten Schwester ist für mich wahrhaft erstaunlich, denn diese Wahl, die sie jetzt tadelt, ist doch ganz nach ihren Wünschen geschehen. Ich habe alle ausländischen Bewerber verworfen, ich habe einen Engländer gewählt, der aus dem königlichen Blut beider Königreiche stammt und in England der erste Prinz ist.« Dagegen kann Elisabeth nichts sagen, denn allzu buchstabengetreu hat Maria Stuart – freilich in anderer Form – ihrem Wunsche stattgegeben. Sie hat einen englischen Adeligen erkoren, und sogar einen, den sie ihr in zweideutiger Absicht ins Haus geschickt. Da sie aber desungeachtet in ihrer fassungslosen Nervosität Maria Stuart mit Angeboten und Drohungen weiterhin bedrängt, wird diese schließlich grob und klar. Man habe sie eben so lange mit schönen Reden hingehalten und in ihren Erwartungen getäuscht, daß sie mit Zustimmung des ganzen Landes nun ihre eigene Wahl getroffen habe. Gleichgültig gegen die süßen oder sauren Briefe aus London, wird in Edinburgh in schärfstem Tempo die Hochzeit gerüstet und noch rasch Darnley zum Herzog von Ross ernannt; der englische Botschafter, der in letzter Minute mit einem Pack von Protesten aus England herübergaloppiert, kommt gerade noch zurecht, um verkünden zu hören, daß Henry Darnley von nun an König genannt und angesprochen werden solle (»namit and stylith«).

Am 29. Juli läuten die Glocken die Vermählung ein. In der kleinen katholischen Hauskapelle von Holyrood segnet ein Priester den Bund. Maria Stuart, immer erfindungsreich, wenn es repräsentative Zeremonien gilt, ist bei diesem Anlaß zur allgemeinen Überraschung in Trauerkleidern erschienen, ebendenselben, die sie beim Begräbnis ihres ersten Gatten, des Königs von Frankreich, getragen; damit soll öffentlich dargetan werden, daß sie keineswegs leichtfertig ihren ersten Mann vergessen habe und nur um dem Wunsche ihres Landes zu genügen, noch einmal vor den Traualtar getreten sei. Erst nachdem sie die Messe gehört und sich in ihr Zimmer zurückgezogen hat, läßt sie sich – die Szene ist ausgezeichnet vorbereitet, und die festlichen Gewande liegen bereits zur Hand – von Darnley durch zärtliche Bitten bewegen, das Kleid der Trauer abzulegen und die Farben des Festes und der Freudigkeit zu wählen. Unten umdrängt die jubelnde Menge das Schloß, Geld wird mit vollen Händen hinabgeworfen, und mit hellem Herzen geben sich die Königin und ihr Volk der Heiterkeit hin. Sehr zum Ärger John Knoxens, der sich zwar eben selbst mit sechsundfünfzig Jahren ein achtzehnjähriges Mädchen als zweite Frau zulegte, dem aber keine Freude verstattet scheint als die eigene, schwingt durch vier Tage und vier Nächte ein Reigen der Feste, als sollte die Düsternis nun für immerdar vorüber sein und das selige Reich der Jugend beginnen.

Die Verzweiflung Elisabeths ist maßlos, als sie, die Unvermählte, die Unvermählbare, erfährt, daß Maria Stuart zum zweitenmal Gattin geworden ist. Denn mit ihren künstlichen Winkelzügen hat sie sich arg in die Hinterhand manövriert. Sie hat der Königin von Schottland ihren Herzensfreund angeboten: vor aller Welt hat man ihn refüsiert. Sie hat gegen Darnley Einspruch erhoben: man hat sich gleichgültig darüber hinweggesetzt. Sie hat einen Gesandten mit einer letzten Warnung geschickt: man hat ihn vor verschlossenen Türen warten lassen, bis die Heirat vollzogen war. Um ihres Ansehens willen müßte sie nun etwas unternehmen. Sie müßte die diplomatischen Beziehungen abbrechen oder Krieg erklären. Aber welchen Vorwand finden? Denn Maria Stuart ist klar und eindeutig im Recht, sie hat dem Wunsche Elisabeths Genüge getan, keinen auswärtigen Fürsten zu wählen, die Heirat ist ohne Makel, Henry Darnley als nächster Thronanwärter Englands, als Urenkel Heinrichs VII., ein kronwürdiger Gemahl. Jeder nachträgliche Protest würde in seiner Machtlosigkeit nur Elisabeths private Verärgerung vor der Welt noch sichtbarer machen.

Aber Zweideutigkeit ist und bleibt lebenslang die eigentümliche Haltung Elisabeths. Auch nach der ersten schlimmen Erfahrung weicht sie nicht von ihrer Methode. Sie erklärt selbstverständlich Maria Stuart nicht den Krieg, sie beruft nicht den Gesandten ab, aber unterirdisch sucht sie diesem allzu glücklichen Paar die grimmigsten Ungelegenheiten zu bereiten. Zu ängstlich, zu vorsichtig, Darnley und Maria Stuart die Herrschaft offen streitig zu machen, wirbt sie im Dunkel gegen sie. Rebellen und Unzufriedene sind in Schottland immer leicht zu finden, wenn es gegen den angestammten Herrn geht, diesmal ist unter ihnen sogar ein Mann, der um Haupteslänge all dieses kleine Gezücht an geschlossener Energie und ehrlicher Haßkraft überragt. Bei der Hochzeit seiner Schwester hat Moray demonstrativ gefehlt, und seine Abwesenheit war von den Eingeweihten als schlimmes Omen vermerkt worden. Denn Moray – und dies macht seine Gestalt ungemein anziehend und geheimnisvoll – hat einen erstaunlichen Instinkt für politische Wetterumschläge, er errät mit einem unglaublich sichern Vorgefühl den Augenblick, da sich die Sachlage zum Gefährlichen wendet, und tut diesen Fällen das Klügste, was ein raffinierter Politiker tun kann: er verschwindet. Er läßt die Hand von der Lenkstange, er wird plötzlich unsichtbar und unauffindbar. So wie das plötzliche Versiegen von Flüssen, das Austrocknen von Wasserläufen in der Natur große Elementarkatastrophen, so kündet jedesmal das Verschwinden Morays – die Geschichte Maria Stuarts wird es erweisen – ein politisches Unheil an. Zunächst verhält sich Moray noch passiv. Er bleibt auf seinem Schlosse, er meidet trotzig den Hof, um zu zeigen, daß er als Regent und Schirmherr des Protestantismus die Wahl Darnleys zum König von Schottland mißbillige. Aber Elisabeth will mehr als einen bloßen Protest gegen das neue Königspaar. Sie will eine Rebellion, und so wirbt sie bei Moray und den gleichfalls unzufriedenen Hamiltons. Mit dem strengen Auftrag, sie selbst nicht zu kompromittieren, »in the most secret way«, betraut sie einen ihrer Agenten damit, die Lords mit Truppen und Geld zu unterstützen, »as if from himself«, als ob es von ihm aus geschähe und sie nichts davon wüßte. Das Geld fällt in die gierigen Hände der Lords wie Tau auf eine verbrannte Wiese, ihr Mut richtet sich auf, und die Versprechungen auf militärische Hilfe zeitigen bald den in England gewünschten Aufstand.

Es ist vielleicht der einzige Fehler, den der sonst kluge und weitdenkende Politiker Moray begeht, daß er sich tatsächlich auf die unverläßlichste aller Regentinnen verläßt und an die Spitze dieses Aufstandes tritt. Zwar nicht sofort schlägt der Vorsichtige los, er sammelt vorläufig nur heimlich Bundesgenossen: eigentlich will er warten, bis Elisabeth sich öffentlich für die Sache der protestantischen Lords erklärt und er nicht als Rebell, sondern als Verteidiger der bedrohten Kirche seiner Schwester entgegentreten kann. Maria Stuart aber, beunruhigt durch ihres Bruders zweideutiges Verhalten und mit Recht nicht gewillt, sein sichtlich feindseliges Sichabseitsstellen zu dulden, läßt ihn feierlich auffordern, zur Rechtfertigung vor dem Parlament zu erscheinen. Moray, nicht minder stolz als seine Schwester, nimmt eine solche Ladung als Angeklagter nicht an, hochmütig verweigert er den Gehorsam; so werden er und seine Anhänger auf dem offenen Marktplatz in die Acht erklärt (»put to the horn«). Wieder einmal müssen die Waffen entscheiden statt der Vernunft.

Immer tritt bei scharfen Entscheidungen der Temperamentsunterschied zwischen Maria Stuart und Elisabeth prachtvoll deutlich zutage. Maria Stuart zeigt sich rasch entschlossen, immer ist ihr Mut ungeduldig, kurzatmig und schnell. Elisabeth aber, ihrer ängstlichen Art gemäß, zögert hinhaltend mit ihrem Entschluß. Noch ehe sie zu

Ende überlegt hat, ob sie Anweisung an den Schatzmeister geben soll, ein Heer auszurüsten und öffentlich die Aufständischen zu unterstützen, hat Maria Stuart schon zugeschlagen. Sie erläßt eine Proklamation, in der sie mit den Rebellen gründlich abrechnet. »Sie sind nicht zufrieden, Reichtümer über Reichtümer und Ehren über Ehren aufzuhäufen, sie möchten Uns und Unser Königreich ganz in Händen haben, um darüber nach ihrem Gefallen zu verfügen und Uns zu nötigen, einzig nach ihrem Rat zu handeln – kurz, sie möchten selber Könige sein und Uns bestenfalls den Titel verstatten, sich aber die Verwaltung des Königtums anmaßen.« Ohne eine Stunde zu verlieren, springt die tapfere Frau in den Sattel. Die Pistolen im Gürtel, ihren jungen Gatten im vergoldeten Harnisch zur Seite und umschart von den getreu gebliebenen Edelleuten, reitet sie an der Spitze ihrer rasch aufgebotenen Armee den Aufständischen entgegen. Über Nacht ist der Brautzug zum Kriegszug geworden. Und diese Entschlossenheit bewährt sich. Denn den meisten der gegnerischen Barone wird es unbehaglich vor dieser neuen Energie, um so mehr, als die versprochene Hilfe aus England sich nicht einstellt und Elisabeth weiterhin verlegene Worte statt eines Heeres schickt. Einer nach dem anderen kehrt gesenkten Hauptes zur rechtmäßigen Herrscherin zurück, nur Moray will und wird sich nicht beugen; aber ehe er, von allen verlassen, eine richtige Armee zusammenbringen kann, ist er schon geschlagen und muß fliehen. Bis zur Grenze folgt ihm in scharfen, verwegenen Ritten das siegreiche Königspaar. Mit Mühe rettet er sich Mitte Oktober auf englisches Gebiet.

Der Sieg ist vollkommen, alle Barone und Lords ihres Reiches stehen jezt geschlossen zu Maria Stuart, zum erstenmal ist Schottland wieder ganz in der Hand eines Königs und einer Königin. Einen Augenlick schwingt das Sicherheitsgefühl in Maria Stuart sogar so stark, daß sie erwägt, ob sie nicht ihrerseits zum Angriff vorgehen und nach England hinüberstoßen solle, wo, wie sie weiß, die katholische Minderheit sie mit Jubel als Befreierin grüßen würde; mit Mühe halten klügere Berater ihre Leidenschaft im Zaum. Aber jedenfalls sind jetzt die Höflichkeiten zu Ende, seit sie ihrer Gegnerin alle Karten, die offenen und verdeckten, aus der Hand geschlagen. Die selbständig beschlossene Heirat war ihr erster Triumph über Elisabeth, die Zerschmetterung der Rebellion der zweite; mit hellem freiem Selbstbewußtsein kann sie nun der »guten Schwester« jenseits der Grenze ins Auge schauen.

War Elisabeths Lage schon vordem nicht beneidenswert, nun, nach der Niederlage der von ihr geförderten und aufgemunterten Rebellen, wird sie geradezu fürchterlich. Zwar galt und gilt es allezeit als internationaler Brauch, Aufständische, die man im Nachbarland heimlich geworben, für den Fall, daß sie besiegt werden, dann nachträglich zu desavouieren. Aber wie sich im Unglück immer schlimmer Zufall an Zufall reiht, ist eine der Geldsendungen Elisabeths an die Lords gerade Bothwell, Morays Todfeind, durch einen kühnen Handstreich in die Hände gefallen, der Beweis ihrer Mitschuld also klar geliefert. Und, zweite Unannehmlichkeit: Moray hat sich auf seiner Flucht selbstverständlich in das Land gerettet, von dem ihm laut und leise Unterstützung zugesichert war, nach England; plötzlich erscheint der Besiegte sogar in London. Abscheuliche Verlegenheit für die sonst bewährte Doppelspielerin! Denn empfängt sie Moray, den Rebellen gegen Maria Stuart, bei Hofe, so gibt sie dem Aufstand eine nachträgliche Billigung. Tut sie wiederum ihrem geheimen Verbündeten die offene Schmach einer Zurückweisung an, wie leicht kann dann der erbitterte Mann allerhand über seine Geldgeberin ausplaudern, was man doch an fremden Höfen lieber nicht erfahren soll –

kaum jemals ist Elisabeth durch ihre Zweideutigkeit in eine üblere Zwickmühle geraten als in diesem Augenblick.

Aber glücklicherweise ist dies Jahrhundert eines der meisterhaften Komödien, und nicht zufällig atmet Elisabeth die gleiche starke und kühne Lebensluft wie ein Shakespeare und Ben Jonson ein. Sie versteht sich, geborene Schauspielerin, wie nur irgendeine Königin auf Theater und große Szenen: nicht schlechtere wurden in Hampton Court und Westminster damals gespielt als im Globe- und im Fortune-Theater. Kaum hat sie erfahren, daß der unbequeme Bundesgenosse angekommen ist, so wird Moray noch am selben Abend in einer Art Generalprobe von Cecil die Rolle eingelernt, die er am nächsten Tage zur Ehrenrettung Elisabeths zu spielen hat.

Es fällt schwer, sich etwas Frecheres auszudenken als diese Komödie am nächsten Morgen. Der französische Gesandte ist zu Besuch und plaudert – wie kann er ahnen, daß er zu einer Farce bestellt ist! – mit Elisabeth über politische Dinge. Plötzlich tritt ein Diener ein und meldet den Earl of Moray. Die Königin runzelt die Stirne. Wie? Hat sie nicht schlecht verstanden? Wirklich Lord Moray? Wie kommt dieser niederträchtige Rebell gegen ihre »gute Schwester« nach London? Und wie kann er wagen – unerhörte Kühnheit! –, sich vor ihr blicken zu lassen, die doch – die Welt weiß es – ein Herz und eine Seele mit ihrer lieben Base ist? Arme Elisabeth! Sie kann sich zunächst gar nicht fassen vor Erstaunen und Empörung! Aber immerhin, sie beschließt nach finsterem Zögern, den »Verwegenen« zu empfangen, aber, Gott behüte, nicht allein! Nein, ausdrücklich behält sie den französischen Botschafter zurück, um einen Zeugen für ihre »ehrliche« Erbitterung zur Stelle zu haben.

Jetzt ist die Schauspielerei an Moray. Und mit strengem Ernst spielt er die eingelernte Szene. Schon sein Auftritt ist bemerkenswert gut auf Schuldbewußtsein stilisiert. Demütig und zaghaft, nicht mit seinem sonstigen so aufrechten und kühnen Schritt, ganz in Schwarz gekleidet, tritt er heran, beugt als Bittsteller das Knie und beginnt in schottischer Sprache zur Königin zu sprechen. Sofort unterbricht Elisabeth und befiehlt ihm, französisch zu reden, damit der Gesandte ihrer Unterhaltung folgen und niemand etwa behaupten könne, sie habe mit einem solchen verworfenen Rebellen irgendwelche Heimlichkeiten gehabt. Moray stammelt scheinbar verlegen herum, aber Elisabeth zieht sofort scharfe Register an: sie verstehe nicht, wie er, ein Flüchtling und Rebell gegen ihre Freundin, wagen könne, unaufgefordert an ihren Hof zu kommen. Gewiß, es hätten manchmal zwischen ihr und Maria Stuart allerhand Mißverständnisse bestanden, aber diese seien keineswegs ernstlicher Art gewesen. Sie betrachte die Königin von Schottland immer als ihre gute Schwester und hoffe, sie werde es allezeit bleiben. Wenn Moray ihr daher nicht den Beweis liefern könne, daß er nur aus Torheit oder im Zustande der Selbstverteidigung sich gegen seine Herrscherin erhoben hätte, werde sie ihn verhaften lassen und für sein rebellisches Betragen zur Verantwortung ziehen. Moray möge sich also verteidigen.

Moray, gut von Cecil in seine Rolle eingespielt, weiß genau, daß er jetzt alles sagen darf, nur eines nicht: die Wahrheit. Er weiß, er muß alle Schuld auf sich, auf sich allein häufen, um Elisabeth vor dem Gesandten zu entlasten und als völlig unbeteiligt an dem befohlenen Aufstand erscheinen zu lassen. Er muß ihr ein Alibi besorgen. Statt sich also über Maria Stuart zu beschweren, rühmt er seine Stiefschwester über den grünen Klee. Sie hätte ihm Länder, Ehren und Belohnungen weit über Verdienst zugeteilt, er habe ihr deshalb allezeit auf das getreueste gedient, und nur die Furcht vor einer Verschwörung gegen seine Person, nur die Besorgnis, ermordet zu werden, hätte ihn zu seiner unsinnigen Handlungsweise veranlaßt. Zu Elisabeth aber sei er nur deshalb gekommen, damit sie ihm in ihrer Güte behilflich sei, von seiner Gebieterin, der Königin von Schottland, wieder Verzeihung zu erlangen.

Das klingt schon herrlich entschuldigend für die eigentliche Anzettlerin des Aufstandes. Aber Elisabeth braucht noch mehr. Denn nicht darum ist diese Komödie aufgezogen worden, daß Moray vor dem Gesandten alle Schuld auf sich nehme, sondern daß er als Kronzeuge erkläre, Elisabeth habe nicht das mindeste mit dieser Sache zu tun gehabt. Eine kräftige Lüge kostet nun niemals einen gerissenen Politiker mehr als einen Atemzug leerer Luft, und so versichert Moray feierlichst vor dem Gesandten, Elisabeth habe »von dieser Verschwörung nicht das mindeste gewußt und niemals ihn oder seine Freunde ermutigt, seiner königlichen Herrscherin den Gehorsam zu verweigern«.

Jetzt hat Elisabeth das gewünschte Alibi. Sie ist völlig reingewaschen. Und mit dem schönsten Theaterpathos kann sie den Mitspieler vor dem Gesandten andonnern: »Jetzt habt Ihr die Wahrheit gesagt! Denn weder ich noch irgend jemand anderer in meinem Namen hat Euch gegen Eure Königin aufgehetzt. Ein solcher niederträchtiger Verrat könnte doch nur ein schlimmes Beispiel geben und meine eigenen Untertanen zur Rebellion gegen mich ermutigen. Darum seht, daß Ihr aus meiner Gegenwart fortkommt, Ihr seid ein unwürdiger Verräter.«

Moray beugt sehr tief das Haupt, vielleicht auch, um zu verbergen, daß seine Lippe leise lächelt. Er hat die vielen tausend Pfund nicht vergessen, die seiner eigenen Frau und den andern Lords im Namen der Königin eingehändigt wurden, nicht die Briefe, die Beschwörungen Randolphs, nicht die Versprechungen der Staatskanzlei.

Aber er weiß, daß, wenn er jetzt den Sündenbock mimt, Elisabeth ihn nicht in die Wüste jagen wird. Auch der französische Botschafter bleibt still und scheinbar respektvoll, als Kulturmensch versteht er eine gute Komödie zu schätzen. Erst zu Hause wird er schmunzeln, wenn er allein vor seinem Pult sitzt und diese Szene nach Paris berichtet. Nicht ganz heiter zumute ist es in diesem Augenblick vielleicht nur Elisabeth; wahrscheinlich glaubt sie selbst nicht, daß ihr jemand geglaubt hat. Aber zumindest hat niemand gewagt, offen zu zweifeln, der Schein ist gewahrt, was gilt da die Wahrheit! Hoheitsvoll und stumm rauscht sie in ihren weiten Gewändern aus dem Raum.

Nichts zeigt stärker die augenblickliche Macht Maria Stuarts, als daß ihre Gegnerin zu solchen kleinen Winkelzügen greifen muß, um sich nach verlorener Schlacht wenigstens einen moralischen Rückzug zu sichern. Stolz kann die Königin von Schottland nun das Haupt erheben, alles ist ihr gelungen nach ihrem Willen. Der Mann, den sie gewählt hat, trägt die Krone. Die Barone, die sich gegen sie erhoben, sind zurückgekehrt oder irren geächtet im Ausland. Alle Sterne stehen günstig, und wenn diesem neuen Bunde nun noch ein Erbe entsprießt, dann ist der letzte, der größte Traum erfüllt: ein Stuart als Königsanwärter des geeinten Schottland und England.

Günstig stehen die Sterne, Stille liegt wie ein seltener Segen über dem Land. Nun könnte Maria Stuart ruhen und endlich geernteten Glückes sich freuen. Aber Unruhe zu erleiden, Unruhe zu schaffen ist das Gesetz ihrer unbändigen Natur. Wem ein wildes Herz zugeteilt ist, dem frommt es nicht viel, wenn die äußere Welt ihm Glück schenken will und Frieden. Denn ungestüm erschafft es sich immer wieder von innen neues Verhängnis und andere Gefahr.

Achtes Kapitel

Die Schicksalsnacht von Holyrood

9. März 1566

Es gehört zum Wesen jedes vollblütigen Gefühls, daß es nicht zählt und spart, nicht zögert und nicht fragt: wenn eine fürstliche Natur liebt, so bedeutet dies volles Hingeben und Verschwenden. In den ersten Wochen der Ehe kann sich Maria Stuart gar nicht genug tun an Gunstbezeigungen für ihren jungen Gatten. Jeden Tag überrascht sie Darnley mit anderen Geschenken, bald ist es ein Pferd, bald ein Kleid, hundert kleine und zärtliche Dinge, nachdem sie ihm alles Große, nachdem sie ihm den Königstitel und ihr unruhiges Herz schon gewährt hat. »Was an Ehre einem Manne von einer Frau zugebilligt werden kann«, berichtet der englische Gesandte nach London, »wurde ihm voll und ganz zuteil. Alles Lob, alle Würden, welche sie zu vergeben hat, sind ihm längst zuerkannt. Keiner gefällt ihr, der ihm nicht zusagt, und was soll ich mehr sagen, als daß sie ihren ganzen Willen ihm unterordnet.« Maria Stuart vermag ihrer vehementen Natur gemäß nichts halb zu tun, sondern alles nur ganz und mehr als ganz: wenn sie sich hingibt, so ist es nicht ein zögerndes, ängstliches, sondern ein besinnungslos wildes und verschwenderisches Schenken ohne Maß. »Sie hat sich völlig unter seinen Willen gestellt«, schreibt Randolph, »und läßt sich lenken und führen, wie es ihm gefällt.« Als leidenschaftlich Liebende löst sie ihr ganzes Leben in Gehorsam und ekstatischer Demut auf. Nur ein ungeheurer Stolz kann bei einer liebenden Frau so großartig in eine ungeheure Hingabe umschlagen.

Jedoch große Geschenke sind dem nur Gnade, der ihrer

würdig ist, jedem andern werden sie Gefahr. Starke Charaktere werden stärker durch plötzlich ihnen zugewachsene Macht (denn Macht ist ihr natürliches Element), schwache Charaktere aber erliegen ihrem unverdienten Glück. Triumph macht sie nicht demütig, sondern hoffärtig, und in kindischer Torheit verwechseln sie ein zugefallenes Geschenk mit eigenem Verdienst. Bald erweist sich die rasche und unbeschränkte Gebelust Maria Stuarts als verhängnisvoll verschwendet an diesen engen, eitlen Jungen, der selbst noch einen Erzieher brauchte, statt sich Herr zu fühlen einer großmütigen, einer großherzigen Königin. Denn kaum bemerkt Darnley, welche Gewalt er gewonnen hat, so wird er anmaßend und frech. Er nimmt Maria Stuarts Geschenke wie einen ihm schuldigen Tribut, die Gnade dieser königlichen Liebe als sein ihm zustehendes Mannesrecht; zum Herrn erhoben, meint er, das Recht zu haben, sie wie eine Untergebene zu behandeln. Innerlich eine armselige Natur, wächsernen Herzens – »heart of wax«, wie später Maria Stuart selbst verächtlich von ihm sagen wird –, verliert der verwöhnte Junge jede Hemmungen, er bläht sich auf und mengt sich herrisch in Staatsgeschäfte. Dahin die Gedichte und die zarten Manieren, sie sind nicht mehr nötig, jetzt trumpft er im Rate auf, spricht rüde und laut, trinkt mit seinen Kumpanen und kanzelt die Königin, als sie ihn einmal aus derart unwürdiger Gesellschaft zu holen sucht, in so beschämender Weise ab, daß die öffentlich Gedemütigte in Tränen ausbricht. Weil ihm Maria Stuart den Titel König geschenkt hat – nur den Titel und nicht mehr –, meint er, jetzt schon wirklich König zu sein, und fordert ungebärdig die Mitherrschaft, die »matrimonial crown«; noch ehe ihm der Bart gesprossen, will der Neunzehnjährige schon als unumschränkter Gebieter Schottland regieren. Aber jeder erkennt: hinter dieser herausfordernden Art steckt kein wirklicher Mut, hinter diesem Prahlen kein entschlossener Wille. Bald wird auch Maria Stuart sich nicht länger der Beschämung entziehen können, ihr erstes und schönstes Liebesgefühl an einen undankbaren Laffen verschwendet zu haben. Zu spät, wie so oft, könnte sie jetzt bereuen, die wohlmeinenden Warnungen ihrer besten Berater mißachtet zu haben.

Nun gibt es im Leben einer Frau keine tiefere Erniedrigung, als sich voreilig einem Manne hingegeben zu haben, der solcher Liebe unwürdig war: nie wird eine wahre Frau solche Schuld sich selber, nie dem Schuldigen verzeihen können. Nach so viel Leidenschaft zwischen zwei Menschen wäre aber bloße Kühle und glatte Höflichkeit widernatürlich: einmal entzündet, muß ein Gefühl weiterbrennen, es kann nur seine Farbe ändern, dunkel schwelen in Haß und Verachtung, statt hell zu lodern als Liebe und Brand. So entzieht Maria Stuart, immer hemmungslos in ihrem Empfinden, sobald sie ihn als unwert erkannt hat, Darnley vielleicht brüsker und plötzlicher, als es eine besonnene, eine berechnende Frau getan hätte, ihre Gunst. Von einem Extrem fällt sie in das andere. Stück für Stück nimmt sie jetzt Darnley wieder weg, was sie im ersten Schwung ihrer Leidenschaft, ohne zu überlegen, ohne zu zählen, ihm zuerkannt. Von einem faktischen Mitkönigtum, von der »matrimonial crown«, die sie seinerzeit dem sechzehnjährigen Franz II. übertragen hatte, ist nun mit einmal keine Rede mehr. Voll Ärger merkt Darnley, daß er zu wichtigen Sitzungen des Staatsrats nicht mehr zugezogen wird und man ihm verweigert, die königlichen Insignien in seinem Wappen zu führen. Zum bloßen Prinzgemahl degradiert, spielt er jetzt plötzlich statt der erträumten Hauptrolle am Hofe nur mehr jene des verärgerten Raisonneurs. Bald färbt die verächtliche Behandlung auf die Höflinge ab; sein Freund David Rizzio zeigt ihm keine Staatsdokumente mehr und siegelt, ohne ihn zu fragen, mit dem »iron stamp«, der Königsunterschrift, alle Briefe, der englische Gesandte verweigert ihm den Titel »Majestät« und kann bereits zu Weihnachten, kaum ein halbes Jahr nach den Flitterwochen, über »strange alterations« am schottischen Königshofe berichten. »Vor kurzem hieß es noch immer: der König und die Königin, jetzt wird bloß vom Gatten der Königin gesprochen. Er hatte sich schon gewöhnt, in allen Edikten als erster genannt zu werden, jetzt kommt er an zweiter Stelle. Jüngst wurden gewisse Münzen mit den Doppelköpfen »Henricus et Maria« geprägt, aber diese wurden alsbald eingezogen und neue ausgegeben. Zwischen den beiden bestehen gewisse Unstimmigkeiten, aber weil es amantium irae oder ›household words‹ sind, wie man im Volke sagt, hätte all das noch nichts zu sagen, vorausgesetzt, daß es nicht noch schlimmer wird.«

Aber es wird schlimmer! Zu den empfindlichen Zurücksetzungen, die der papierene König an seinem eigenen Hofe erleiden muß, kommt noch die geheime und allerempfindlichste des Ehegatten. Seit Jahren hat Maria Stuart, tiefinnerlich eine aufrichtige Natur, lernen müssen, in der Politik zu lügen: wo aber ihr persönliches Gefühl berührt ist, kann sie sich niemals verstellen. Kaum ist sie sich klargeworden, an welchen Nichtigen sie ihre Leidenschaft verschwendet hat, kaum taucht hinter dem Phantasie-Darnley der Brautwochen der törichte, eitle, freche und undankbare Junge auf, so schlägt die physische Verliebtheit brüsk in einen körperlichen Widerwillen um. Völlig unerträglich wird es ihr, diesem Gatten weiterhin ihren Leib zu gewähren, seit ihr Gefühl sich ihm entfremdet hat.

So entzieht sich, sofort wie sie sich schwanger fühlt, die Königin unter allerhand Vorwänden seiner Umarmung. Bald stellt sie sich krank, bald müde, immer findet sie andere Ausflüchte, sich ihm zu verweigern. Und während sie in den ersten Monaten (Darnley selbst enthüllt im

Zorne all diese Einzelheiten) die sinnlich Werbende gewesen war, beschämt sie ihn nun durch häufige Zurückweisung. Auch in dieser intimsten Sphäre, in der er zuerst Macht über diese Frau gewonnen, fühlt sich – tiefste, weil quälendste Kränkung – Darnley plötzlich entrechtet und verstoßen.

Darnley hat nicht die seelische Kraft, seine Niederlage zu verschweigen. Dumm und töricht schwätzt und schreit er seine Zurücksetzung in aller Öffentlichkeit aus, er murrt und droht, er prahlt und kündigt fürchterliche Rache an. Je bombastischer er aber seine Verärgerung ausposaunt, um so lächerlicher wirken seine Faseleien, und nach einigen Monaten gilt er trotz seinem Königstitel nur mehr als lästiger und mißgelaunter Herumsteher, dem jeder gleichgültig den Rücken zeigt. Man beugt sich nicht mehr, sondern man lächelt, wenn dieser Henricus, Rex Scotiae, etwas will oder wünscht oder fordert. Und nicht einmal Haß wird einem Herrscher so verhängnisvoll wie allgemeine Verachtung.

Die fürchterliche Enttäuschung, die Maria Stuart an Darnley erlitten, ist aber nicht nur eine menschliche, sondern auch eine politische. Sie hatte gehofft, an der Seite eines jungen, ihr mit Leib und Seele ergebenen Gatten endlich unabhängig zu werden von der Vormundschaft Morays, Maitlands und der Barone. Aber mit den Honigwochen sind alle Illusionen geschwunden. Um Darnleys willen hatte sie Moray und Maitland zurückgestoßen, und mehr als jemals steht sie allein. Doch eine Natur wie die ihrige kann, wenn auch noch so tief enttäuscht, nicht ohne Vertrauen leben; immer wieder sucht sie nach einem sicheren Menschen, auf den sie sich unbedingt verlassen kann. Lieber wird sie jemanden wählen, der niederem Range entstammt, der nicht die Ansehnlichkeit eines Moray und Maitland besitzt, aber dafür eine Tugend, die ihr notwendiger ist an diesem schottischen Hofe, die kostbarste aller Dienergaben: unbedingte Treue und Verläßlichkeit.

Einen solchen Mann hat der Zufall ins Land gebracht. Als der Gesandte von Savoyen, Marchese Moreta, Schottland besucht, befindet sich in seinem Gefolge ein junger, dunkelhäutiger Piemontese, David Rizzio (»in visage very black«), etwa achtundzwanzig Jahre alt, mit runden wachen Augen und einem frischen Mund, der gut zu singen weiß (»particolarmente era buon musico«). Nun sind Dichter und Musikanten bekanntlich an Maria Stuarts romantischem Hofe immer willkommene Gäste. Von ihrem Vater, von ihrer Mutter trägt sie die leidenschaftliche Neigung zu den schönen Künsten im Blut, nichts entzückt und beglückt sie inmitten der Düsternis ihrer Umgebung so sehr, als sich an schönen Stimmen, an Geigen- und Lautenspiel zu erfreuen. Damals fehlte gerade ein Bassist in ihrem Chor, und da der »Seigneur Davie« (so wird er von nun ab im engeren Kreise genannt) nicht nur gut zu singen, sondern auch Worte und Noten geschickt zu setzen weiß, bittet sie Moreta, er möge ihr den »buon musico« für ihren persönlichen Dienst überlassen. Moreta ist einverstanden und ebenso Rizzio, der mit einem Jahresgehalt von fünfundsechzig Pfund angestellt wird. Daß er in den Rechnungsbüchern als »David le Chantre« unter dem Gesinde als »valet de chambre«, als Kammerdiener, geführt wird, hat an sich nichts Erniedrigendes zu besagen, denn bis zu Beethovens Zeit werden Musiker auch göttlichster Art an den Höfen schlechtweg zum Gesinde gezählt. Noch Wolfgang Amadeus Mozart und der alte weißhaarige Haydn essen, obwohl schon in ganz Europa berühmt, nicht am höfischen Tisch mit Adel und Fürstlichkeit, sondern am ungedeckten mit den Stallmeistern und Kammerzofen.

Nun hat sich Rizzio nebst seiner guten Stimme einen

hellen Kopf mitgebracht, einen frischen beweglichen Verstand und eine gute künstlerische Kultur. Er beherrscht Latein ebenso fließend wie Französisch und Italienisch, er schreibt guten Stil; eines seiner erhaltenen Sonette zeigt dichterischen Geschmack und wirkliches Formgefühl. Bald ergibt sich für ihn erwünschte Gelegenheit, vom Dienertisch aufzurücken. Der Geheimsekretär Maria Stuarts, Raulet, hatte sich nicht sehr widerstandsfähig gezeigt gegen die am schottischen Hofe epidemische Krankheit: gegen die englische Bestechung. Und kurzerhand mußte ihn die Königin aus ihrem Dienst entlassen. An die freie Stelle in ihrem Arbeitskabinett schiebt sich jetzt der wendige Rizzio, und von nun ab geht es rasch aufwärts und aufwärts. Aus einem bloßen Schreiber wird er nach kurzer Frist ihr Berater. Bald diktiert nicht mehr Maria Stuart dem piemontesischen Secretarius die Briefe, sondern er entwirft sie nach eigenem Ermessen; nach wenigen Wochen wird sein persönlicher Einfluß in den schottischen Staatsgeschäften bereits fühlbar. Die rasche Heirat mit dem katholischen Prinzgemahl Darnley war zum guten Teil sein Werk gewesen, und die außerordentliche Festigkeit, mit der die Königin Moray und die andern schottischen Aufständischen zu begnadigen ablehnt, schreiben diese nicht mit Unrecht seinen Machenschaften zu. Daß Rizzio nebenbei auch Agent des Papstes am schottischen Hofe gewesen, ist vielleicht Tatsache, vielleicht bloß Verdacht; aber wenn auch der päpstlichen, der katholischen Sache leidenschaftlich zugetan, dient er doch jedenfalls Maria Stuart hingebungsvoller, als sie es bislang in Schottland erfahren. Bei wem aber Maria Stuart Treue fühlt, den weiß sie würdig zu belohnen; zu wem sie offenen Herzens sprechen kann, dem zeigt sie auch eine offene Hand. Sichtbar, allzu sichtbar, zeichnet sie Rizzio aus, sie beschenkt ihn mit kostbaren Kleidern, sie vertraut ihm das Siegel des Reiches an und alle Staatsgeheimnisse.

Es dauert nicht lange, und der Diener David Rizzio ist ein großer Herr geworden, der an der Tafel der Königin mit ihren Freundinnen speist, er hilft als maître de plaisir wie weiland Chastelard (verhängnisvolle Schicksalsbrüderschaft) herzhaft mit, musikalische Feste und andere Heiterkeiten bei Hofe zu veranstalten, immer mehr wird das Dienstverhältnis zur Freundschaftsbeziehung. Bis tief in die Nacht darf zum Neide des Gesindes dieser niedergeborene Ausländer allein in engster Vertrautheit in den königlichen Gemächern weilen; prinzlich angetan, hochmütig abweisend, übt ein Mann das höchste Staatsamt aus, der erst vor ein paar Jahren völlig arm in abgerissener Lakaientracht mit nichts als ein bißchen Wohllaut in der Kehle an diesen Hof gekommen. Nun geschieht keine Entscheidung im schottischen Königreiche mehr ohne seinen Willen und sein Wissen. Aber wenn auch Herr über alle andern, bleibt Rizzio doch zugleich der treueste Diener seiner Königin.

Und zweiter sicherer Pfeiler ihrer Selbständigkeit: nicht nur die politische, sondern auch die militärische Macht liegt jetzt in verläßlichen Händen. Auch hier steht ein neuer Mann ihr zur Seite, Lord Bothwell, der in seiner Jugend schon für die Sache ihrer Mutter, Marie von Guise, gegen die Lords der protestantischen Kongregation – obwohl selbst Protestant – gekämpft und der vor dem Hasse Morays Schottland verlassen mußte. Nach dem Sturze seines Todfeindes zurückgekehrt, stellt er sich und die Seinen der Königin zur Verfügung, und diese Macht ist nicht gering. Selber ein unbedenklicher, zu jedem Abenteuer bereiter Kriegsmann, eine eiserne Natur, gleich leidenschaftlich in seiner Liebe wie in seinem Haß, hat Bothwell seine Borderers, seine Grenzleute, hinter sich. Und seine Person allein bedeutet schon eine entschlossene Armee: dankbar ernennt ihn Maria Stuart zum Großadmiral und weiß, gegen wen immer es gilt, wird er zur Stelle sein, um sie und ihr Kronrecht zu verteidigen.

Mit diesen beiden ihr persönlich Getreuen hat Maria Stuart, dreiundzwanzigjährig, endlich beide Zügel der Herrschaft straff in der Hand, den politischen und den militärischen. Nun könnte sie es zum erstenmal wagen, allein gegen alle zu regieren, und immer hat diese Unvorsichtige jedes Wagnis gewagt.

Jedesmal aber, wenn in Schottland ein König wirklich herrschen will, wehren sich die Lords. Nichts kann diesen Unbotmäßig-Trotzigen unerträglicher sein als eine Monarchin, die weder um sie wirbt noch sich vor ihnen fürchtet. Von England her drängen Moray und die andern Geächteten auf Rückberufung. Sie lassen alle Minen, auch die silbernen und goldenen, springen, und da Maria Stuart unerwartet fest bleibt, richtet sich der Unmut des Adels in erster Linie gegen ihren Berater Rizzio; bald geht ein heimliches Murren und Munkeln in den Schlössern um. Voll Erbitterung spüren die Protestanten eine feinmaschige Diplomatie machiavellistischer Schule in Holyrood am Werk. Sie ahnen mehr, als sie es wissen können, daß Schottland in den großen Geheimplan der Gegenreformation einbezogen werden soll, vielleicht hat auch wirklich Maria Stuart sich schon der großen katholischen Union verpflichtet. Dafür wird in erster Linie der fremde Eindringling Rizzio verantwortlich gemacht, der zwar das unbeschränkte Vertrauen seiner Herrin, aber sonst keinen Freund an diesem Hofe besitzt. Immer handeln die Klugen am unklügsten. Statt bescheiden seine Macht zu verdecken, trägt Rizzio sie – ewiger Fehler aller Emporkömmlinge – prahlerisch zur Schau. Vor allem aber ist es für den schottischen Adelsstolz unerträglich, zusehen zu müssen, wie ein ehemaliger Diener, ein hergelaufener Wandermusikant zweifelhaftester Abkunft, im Gemach der Königin, dicht neben ihrem Schlafgemach, Stunden und Stunden in vertrauten Gesprächen verbringen darf. Immer grimmiger wird der Verdacht, diese heimlichen Besprechungen hätten die Ausrottung der Reformation und die Einsetzung des Katholizismus zum Ziele. Und um rechtzeitig alle derartigen Pläne zu durchkreuzen, findet sich heimlich eine Reihe protestantischer Lords zu einer Verschwörung zusammen.

Nun kennt der schottische Adel seit Jahrhunderten nur ein und dieselbe Methode, sich mit unbequemen Gegnern auseinanderzusetzen: den Mord. Erst wenn die Spinne, die alle diese heimlichen Fäden zieht, zertreten, erst wenn dieser geschmeidige, undurchdringliche italienische Abenteurer beseitigt ist, erst dann haben sie neuerdings das Heft in der Hand, erst dann wird Maria Stuart wieder gefügiger werden. Dieser Plan, Rizzio durch Mord beiseite zu schaffen, scheint schon sehr früh Anhänger unter dem Adel gewonnen zu haben, denn Monate vor der Tat meldet der englische Gesandte bereits nach London: »Entweder bereitet ihm Gott ein rasches Ende oder ihnen ein unerträgliches Leben.« Aber zu offener Auflehnung finden die Verschworenen lange nicht den rechten Mut. Noch steckt ihnen der Schrecken zu tief in den Knochen, mit welcher Schnelligkeit und Festigkeit Maria Stuart die letzte Rebellion niedergeschlagen hat, sie zeigen wenig Lust, das Schicksal Morays und der anderen Emigranten zu teilen. Nicht minder aber fürchten sie die eiserne Hand Bothwells, der hart zuzuschlagen liebt und den sie zu hochmütig wissen, um sich mit ihnen in Komplotten gemein zu machen. So können sie nur murren und heimlich die Fäuste ballen, bis endlich einer von ihnen – es ist ein teuflisch genialer Gedanke – den Plan faßt, die Ermordung Rizzios aus einem rebellischen Akt zu einer legalen und patriotischen Tat zu machen, indem man Darnley, den König, als Schirmherrn an die Spitze der Verschwörung stellt. Auf den ersten Blick scheint dieser

Gedanke unsinnig. Der Herrscher eines Landes in Verschwörung gegen seine eigene Frau, der König gegen die Königin? Aber die Kombination erweist sich psychologisch als richtig, denn wie bei jedem Schwächling ist bei Darnley die Triebfeder aller seiner Handlungen unbefriedigte Eitelkeit. Und zu viel Macht ist an Rizzio gefallen, als daß der gestürzte Darnley seinem einstigen Freunde nicht neidisch grollen sollte. Dieser hergelaufene Habenichts führt diplomatische Verhandlungen, von denen er, Henricus, Rex Scotiae, nicht verständigt wird, er sitzt in den Zimmern der Königin bis ein und zwei Uhr nachts herum, also die Stunden, welche die Gattin mit ihrem Ehegemahl verbringen sollte, und seine Macht wächst Tag um Tag in dem Grade, als seine eigene vor dem ganzen Hofe sich mindert. Die Weigerung Maria Stuarts, ihm das Mitregentenrecht, die »matrimonial crown«, zu verleihen, führt Darnley – wahrscheinlich mit Recht – auf Rizzios Einfluß zurück, und schon dies wäre genug, einen gekränkten und innerlich unedlen Menschen zum Haß aufzustacheln. Aber die Lords träufeln ein noch brennenderes Gift in die aufgerissene Wunde seiner Eitelkeit, sie reizen Darnley dort, wo er am empfindlichsten verwundet ist, in seiner Mannesehre. Sie erwecken in ihm durch allerhand Andeutungen den Verdacht, Rizzio teile mit der Königin nicht nur den Tisch, sondern auch das Bett. Diese an sich unbeweisbare Vermutung empfängt bei dem verärgerten Darnley besondere Glaubhaftigkeit durch den Umstand, daß sich Maria Stuart immer häufiger ihm selber in letzter Zeit ehelich verweigert hat. Sollte das, grausamer Gedanke, geschehen sein, weil sie diesen schwarzhäutigen Musikanten vorzieht? Gekränkter Ehrgeiz, der keinen Mut zu offener klarer Beschwerde hat, ist stets leicht für Verdächtigung zu gewinnen, eine Natur, die sich selber nicht traut, wird rasch jedem andern mißtrauen. Nicht lange müssen die Lords ihn anstacheln, um ihn wirr und bösartig zu machen. Bald ist Darnley ehern überzeugt, »daß ihm die größte Unehre zugefügt wurde, die einem Manne geschehen könne«. Und so wird das Unglaubliche Ereignis: der König tritt an die Spitze der Verschwörung gegen seine eigene Frau, gegen die Königin.

Daß dieser kleine dunkelhäutige Musikant David Rizzio tatsächlich der Liebhaber Maria Stuarts gewesen sei, ist niemals bewiesen worden noch zu beweisen. Aber gerade die offene Gunst, welche die Königin diesem ihrem Geheimschreiber vor dem ganzen Hofe gewährt, spricht am energischesten gegen einen solchen Verdacht. Selbst zugegeben, daß zwischen geistiger Intimität einer Frau mit einem Manne und körperlicher Hingabe nur eine schmale Grenze liegt, die manchmal eine unruhige Minute, eine gespannte Gebärde plötzlich zu überspringen vermag, so zeigt doch Maria Stuart, die damals schon Schwangere, eine solche Sicherheit und Sorglosigkeit ihrer königlichen Freundschaft zu Rizzio, wie eine wirkliche Ehebrecherin sie nie zur Schau getragen hätte. Wäre sie tatsächlich in unerlaubten Beziehungen zu Rizzio gestanden, ihr Erstes und Natürlichstes wäre gewesen, alles Scheinverdächtige zu meiden; sie hätte nicht bis spätmorgens mit ihm in ihren Gemächern Musik gemacht und Karten gespielt, nicht sich während der Abfassung der diplomatischen Korrespondenz mit ihm in ihr Arbeitskabinett allein zurückgezogen. Aber wie im Falle Chastelards wird ihr auch diesmal gerade ihre sympathischeste Eigenschaft zur Gefahr, ihre Verachtung des »on dit«, ihr souveränes Sich-Hinwegsetzen über jedes Gerede und Geschwätz, ihre natürliche Unbefangenheit. Fast immer gehen Unvorsichtigkeit und Mut in einem Charakter zusammen als Gefahr und Tugend, gleichsam Vorderseite und Rückseite derselben Münze: nur die

Feigen und Unsicheren fürchten sich vor dem Anschein einer Schuld und handeln vorsichtig und berechnend.

Aber so böswillig und widersinnig auch erfunden, ein Gerücht, über eine Frau einmal ausgesprengt, kommt nicht mehr zur Ruhe. Von Mund zu Mund schwingt es sich weiter und nährt sich vom Atem der Neugier. Noch ein halbes Jahrhundert später wird Heinrich IV. die Verleumdung aufnehmen und über James VI. von England, den Sohn, den damals Maria Stuart im Schoße trägt, spotten, er sollte eigentlich Salomon heißen, weil er, wie jener, ein Sohn Davids sei. Zum zweitenmal leidet der Ruf Maria Stuarts schweren Schaden, nicht durch ihre Schuld, sondern durch ihre Unvorsichtigkeit.

Daß die Verschwörer, die Darnley aufstachelten, selbst nicht an ihre eigene Fabel glaubten, beweist außerdem, daß sie zwei Jahre später diesen angeblichen Bastard feierlich als James VI. zum König proklamieren. Und dem ehebrecherischen Sprossen eines zugereisten Musikanten hätten diese Hochmütigen nie den Eid geleistet. Mitten in ihrem Haß haben die Lügner schon damals die Wahrheit gewußt, und die Verleumdung dient ihnen nur, um Darnley in Saft zu bringen. Auf den schon Überreizten, den durch sein Minderwertigkeitsgefühl Verwirrten wirkt aber schon Verdacht elementar: wie Feuer schießt ihm die Wut in die Sinne, wie ein Stier stürzt er auf dies vorgehaltene rote Tuch und rennt damit blindwütig in das aufgezäumte Komplott. Ohne zu überlegen, läßt er sich in die Verschwörung gegen seine eigene Frau einfangen, und nach wenigen Tagen lechzt niemand so heftig nach dem Blute Rizzios wie sein ehemaliger Freund, der mit ihm Tisch und Bett geteilt und dem dieser kleine, von Italien zugereiste Musikant zu einer Krone verholfen.

Ein politischer Mord stellt bei dem schottischen Adel jener Zeit eine feierliche Angelegenheit dar: nicht hitzig und hastig wird im ersten Zorne zugestoßen, sondern die Partner verbinden sich vorsorglich – Ehre und Eid würde ihnen nicht genug Sicherheit bieten, dazu kennen sie einander zu gut – mit Siegel und Brief zu diesem seltsam ritterlichen Geschäft, als ob es ein rechtliches wäre. Bei allen gewalttätigen Unternehmungen wird, wie bei einem Kaufvertrag, sauber und klar auf einem Pergament ein sogenannter »covenant« oder »bond« angelegt, durch den sich die fürstlichen Banditen auf Gedeih und Verderb aneinander binden, denn nur als Gruppe, als Klüngel, als Clan fühlen sie Mut genug, sich gegen ihre Herrscher zu erheben. Diesmal – zum erstenmal in der schottischen Geschichte – haben die Verschwörer die Ehre einer Königsunterschrift auf einem solchen Bond. Zwischen den Lords und Darnley werden zwei Kontrakte ganz bieder und rechtschaffen abgeschlossen, in denen Zug um Zug der abgedrängte König und die ausgeschalteten Barone sich gemeinsam verpflichten, Maria Stuart die Macht aus den Händen zu winden. Darnley verspricht in dem ersten Bond, die Verschwörer auf jeden Fall »shaithless«, straflos, zu halten und sie auch in Gegenwart der Königin persönlich zu schützen und auch zu verteidigen. Er stimmt ferner zu, daß die verbannten Lords zurückberufen und ihnen alle ihre »faults« nachgesehen würden, sobald ihm die Königsgewalt, die von Maria Stuart bisher verweigerte »matrimonial crown«, übertragen worden sei; ferner erklärt er, die »kirk« gegen jede Schmälerung ihrer Rechte zu verteidigen. Dafür versprechen die verschworenen Lords in dem zweiten Bond – dem »Gegenbrief«, wie man geschäftlich sich ausdrücken würde –, Darnley diese »matrimonial crown« zu verleihen und sogar (man wird sehen, daß sie nicht unbedacht diese Möglichkeit ins Auge fassen) im Falle des vorzeitigen Todes der Königin ihm das Königsrecht zu belassen. Aber hinter diesen scheinbar klaren Worten schimmert noch mehr durch, als Darnley begreift – der englische Gesandte hört schon richtig den wahren Text –, nämlich die Absicht, sich Maria Stuarts überhaupt zu entledigen und sie mittels eines »unglücklichen Zufalls« zugleich mit Rizzio unschädlich zu machen.

Kaum sind die Unterschriften unter diesen schmählichen Kuhhandel gesetzt, so galoppieren schon die Boten, um Moray zu verständigen, sich für die Rückkehr bereitzumachen. Und seinerseits sorgt der englische Gesandte, der kräftig an dem Komplotte mitwirkt, daß Elisabeth rechtzeitig die blutige Überraschung erfahre, die ihrer Nachbarkönigin zugedacht wird. »Ich weiß nun gewiß«, hat er schon am 13. Februar, also lange vor dem Morde, nach London geschrieben, »daß die Königin ihre Heirat bereut und sie ihn und seine ganze Sippe haßt. Ich weiß auch, daß er glaubt, einen Teilhaber bei seinem Spiel zu haben (»partaker in play and game«), und daß gewisse Machenschaften zwischen Vater und Sohn im Gange seien, gegen ihren Willen zur Krone zu kommen. Ich weiß, daß, wenn diese gelingen, David mit Zustimmung des Königs in den nächsten zehn Tagen die Kehle durchschnitten haben wird.« Aber auch von den hintergründigeren Absichten der Verschwörer scheint dieser Späher genaue Kundschaft zu besitzen. »Noch ärgere Dinge als diese sind mir zu Ohren gekommen, sogar von Anschlägen gegen ihre eigene Person.« Nach diesem Brief kann kein Zweifel mehr bestehen, daß diese Verschwörung weitere Ziele hat, als man sie dem Schwachkopf Darnley anvertraut, und daß der Stoß, der angeblich nur gegen Rizzio geführt wird, gegen Maria Stuart selbst geht und ihr Leben fast ebenso bedroht wie das seine. Aber der tollgemachte Darnley – immer sind die feigsten Naturen die grausamsten, sobald sie Macht hinter sich spüren – lechzt nach einer besonders raffinierten Rache an dem Manne, der ihm sein Siegel, der ihm das Vertrauen seiner

Frau genommen. Er verlangt, daß, um seine Frau zu erniedrigen, der Mord in ihrer Gegenwart vorgenommen werde – Wahn eines Schwächlings, der hofft, eine starke Natur durch eine »Strafe« zu beugen und eine Frau, die ihn verachtet, durch eine brutale Kraftleistung wieder kirre zu machen. Seinem Wunsche entsprechend wird tatsächlich die Schlächterei in die Gemächer der schwangeren Frau verlegt und der 9. März als der richtige Tag gewählt: die Widrigkeit der Ausführung soll die Niedrigkeit des Anschlags noch übertreffen.

Während Elisabeth und ihre Minister in London seit Wochen um alle Einzelheiten wissen (ohne daß sie schwesterlich die Bedrohte warnte), während Moray an der Grenze seine Pferde gesattelt hält und John Knox bereits den Sermon vorbereitet, um den Mord als eine Tat »most worthy of all praise« zu rühmen, ist Maria Stuart, von allen verraten, völlig ahnungslos. Gerade in den letzten Tagen hat Darnley – immer macht Verstellung einen Verrat besonders widerlich – sich ungewöhnlich gefügig gezeigt, und nichts kann sie vermuten lassen, welche Nacht des Grauens und des noch auf Jahre weiterwirkenden Verhängnisses mit dem sinkenden Abend des 9. März beginnt. Eine Warnung von unbekannter Hand hat dagegen Rizzio erhalten, aber er läßt sie unbeachtet, denn am Nachmittag fordert, um sein Mißtrauen einzuschläfern, Darnley ihn zu einer Partie Schlagball auf; fröhlich und unbesorgt nimmt der Musikus diese Einladung seines ehemaligen guten Freundes an.

Unterdessen wird es Abend. Maria Stuart hat sich wie gewöhnlich das Souper in das Turmzimmer bringen lassen, das im ersten Stock neben ihrem Schlafgemach liegt: es ist ein kleiner Raum, der nur Platz hat für intimste Geselligkeit. Ein engster familiärer Kreis – ein paar Edelleute und Maria Stuarts Stiefschwester – rundet sich um den schweren Eichentisch, den Wachskerzen in silbernen Kandelabern erhellen. Der Königin gegenüber sitzt David Rizzio, angetan wie ein großer Herr, den Hut à la mode de France auf dem Kopf, damasten und pelzverbrämt der Rock; munter erzählt er, und vielleicht wird man nach dem Essen ein wenig Musik machen oder sich sonst auf lässige Weise erheitern. Es wirkt auch nicht ungewöhnlich, daß mit einmal der Vorhang, der zum Schlafgemach der Königin führt, sich beiseite schiebt und Darnley, der König, der Gatte, eintritt; sofort erheben sich alle, man macht dem seltenen Gast an dem gedrängten Tische Platz neben seiner Gemahlin, die er locker umfaßt und mit einem Judaskuß begrüßt. Munter geht das Gespräch weiter, die Teller, die Gläser klirren freundlich gastliche Musik.

Aber da hebt sich zum zweitenmal der Vorhang. Jetzt fahren alle auf, verwundert, verärgert, erschreckt, denn hinter der Tür steht wie ein schwarzer Engel in voller Rüstung der allgemein gefürchtete, als Zauberer verschriene Lord Patrick Ruthven, einer der Verschworenen, das nackte Schwert in der Hand. Sein Antlitz starrt besonders bleich, denn schwerkrank ist der Fiebernde vom Bett aufgestanden, nur um die löbliche Tat nicht zu versäumen, und aus seinen heißen Augen spricht eine harte Entschlossenheit. Die Königin, sogleich Böses ahnend – denn niemand außer ihrem Gemahl darf sich der geheimen Wendeltreppe bedienen, die in ihr Schlafgemach führt –, herrscht Ruthven an, wer ihm erlaubt habe, unangemeldet bei ihr einzudringen. Aber kaltblütig, mit ruhiger Gelassenheit antwortet Ruthven, es sei weder gegen sie noch gegen irgendeinen andern etwas beabsichtigt. Sein Kommen gelte einzig »yonder poltroon David«.

Rizzio erblaßt unter dem prunkvollen Hut und krampft sich mit der Hand an den Tisch. Er hat sofort begriffen, was ihm bevorsteht. Nur seine Herrin, nur Maria Stuart kann ihn jetzt noch schützen, da der König keinerlei Anstalten macht, den Frechen hinauszuweisen, sondern kühl und verlegen dasitzt, als ginge ihn die ganze Sache nichts an. Maria Stuart versucht sofort zu vermitteln. Sie fragt, was man denn Rizzio vorwerfe, welches Verbrechen er begangen habe.

Darauf zuckt Ruthven verächtlich die Schultern und sagt: »Fragen Sie Ihren Mann.« »Ask your husband.«

Maria Stuart wendet sich unwillkürlich Darnley zu. Aber in der entscheidenden Stunde wird der Schwächling, der seit Wochen zu diesem Morde hetzt, feig und klappt in sich zusammen. Er hat nicht den Mut, sich frei und klar hinter seine Spießgesellen zu stellen. »Ich weiß nichts von der ganzen Sache«, lügt er verlegen und wendet den Blick ab.

Doch jetzt hört man neuerdings harte Schritte und Klirren von Waffen hinter dem Vorhang. Die Mitverschworenen sind einer nach dem andern die enge Treppe emporgestiegen und sperren als geharnischte Mauer Rizzio jeden Rückzug. Entkommen ist nicht mehr möglich. So versucht Maria Stuart, ihren treuen Diener wenigstens durch Verhandlungen zu retten. Wenn David etwas vorzuwerfen sei, dann werde sie selbst ihn vor das Parlament des versammelten Adels fordern, jetzt aber, gebietet sie, mögen sich Ruthven und alle anderen aus ihren Gemächern entfernen. Aber Rebellion gehorcht nicht. Bereits hat sich Ruthven dem leichenblassen Rizzio genähert, um ihn zu packen, ein anderer wirft ihm einen Strick um den Leib und beginnt, ihn hinauszuzerren. Ein furchtbarer Tumult entsteht, bei dem der Tisch umgeworfen wird und die Lichter verlöschen. Rizzio, unbewaffnet und schwächlich, kein Krieger und kein Held, klammert sich an das Kleid der Königin, grell schrillt sein Angstschrei durch das Gedränge: »Madonna, io sono morto, giustizia, giustizia!« Aber einer der Verschworenen schlägt die geladene Pistole gegen Maria Stuart an und würde sie im Sinne der Verschwörung abdrücken, wenn ein anderer sie nicht rechtzeitig ablenkte, und Darnley selbst hält mit beiden Armen den schweren Körper der schwangeren Frau fest, bis die andern den wild Aufheulenden und in Todesangst sich Wehrenden aus dem Zimmer geschleift haben. Noch einmal, da sie ihn schon durch das nachbarliche Schlafgemach schleppen, krallt er sich an das Bett der Königin, wehrlos hört sie seine Hilferufe. Aber mit Gewalt schlagen die Mitleidslosen ihm die Finger herunter, zerren ihn weiter und weiter in das Paradezimmer; dort fallen sie gemeinsam wie Rasende über ihn her. Angeblich war es ihre Absicht gewesen, Rizzio nur in Haft zu nehmen und dann am nächsten Tag feierlich auf dem Marktplatz zu hängen. Aber die Erregung macht sie toll. Wie um die Wette stoßen sie mit ihren Dolchen auf den Wehrlosen ein, immer, immer wieder, und vom Blutdunst trunken gemacht, schließlich derartig wildwütig, daß sie einander selber verwunden. Der Boden schwimmt schon naß und rot, und noch immer rasen sie weiter. Erst da sie den letzten Atemzug Leben dem zuckenden, aus mehr als fünfzig Wunden blutenden Leib des Unseligen entrissen haben, lassen sie ab. Und als grauenhaft entstellte Fleischmasse wird die Leiche des treuesten Freundes Maria Stuarts aus dem Fenster in den Hof hinabgeworfen.

Maria Stuart hört voll Erbitterung jeden Todesschrei ihres ergebenen Dieners. Aber unfähig, mit ihrem schwerfälligen schwangeren Leib sich von Darnley loszureißen, der sie eisern in seinen Armen hält, bäumt sie sich doch mit der ganzen Kraft ihrer leidenschaftlichen Seele gegen die unerhörte Erniedrigung auf, die ihr angesichts ihrer Untertanen im eigenen Hause angetan wird. Die Hände kann ihr Darnley zupressen, nicht aber die Lippen;

aufschäumend in unsinniger Wut, speit sie dem Feigling ihre tödliche Verachtung entgegen. Sie nennt ihn Verräter und Sohn eines Verräters, sie klagt sich selbst an, eine solche Nichtigkeit wie ihn auf den Thron erhoben zu haben: was bisher in dieser Frau bloß Abneigung gegen ihren Gatten gewesen, härtet sich in diesen Minuten zu unvergeßbarem, unauslöschlichem Haß. Vergebens sucht Darnley sein Verhalten zu entschuldigen. Er wirft ihr vor, daß sie seit einigen Monaten sich ihm immer wieder körperlich verweigert habe, daß sie mehr ihrer Zeit Rizzio gewährt habe als ihm, ihrem Gemahl. Auch gegen Ruthven, der jetzt in das Zimmer getreten ist und erschöpft von seiner Tat, in einen Stuhl sinkt, spart Maria Stuart nicht mit den fürchterlichsten Drohungen. Könnte Darnley in ihren Blicken lesen, er würde zurückschauern vor dem mörderischen Haß, der ihm unverhohlen entgegenflammt. Und wären seine Sinne wacher und klüger, er müßte das Gefährliche ihrer Ankündigung erfassen, sie betrachte sich nicht länger als seine Frau und werde nicht früher ruhen und rasten, bis sein Herz so von Trauer erfüllt sei wie das ihre in dieser Stunde. Jedoch Darnley, selbst nur kurzer und kleiner Leidenschaften fähig und unkundig, wie tödlich tief er Maria Stuarts Stolz verwundet hat, ahnt nicht, daß sie in diesem Augenblick ihm bereits sein Urteil gesprochen. Er meint, der arme, kleine Verräter, der sich von allen töricht täuschen läßt, nun, da die erschöpfte Frau verstummt und sich scheinbar willenlos in ihr Zimmer führen läßt, sei ihrer Kraft endgültig das Rückgrat gebrochen und sie ihm wieder hörig. Aber bald wird er erfahren, daß ein Haß, der zu schweigen versteht, noch gefährlicher ist als die wildeste Rede und daß, wer diese stolze Frau einmal tödlich beleidigt, sich selber den Tod in den Nacken gesetzt.

Die Hilferufe des weggeschleppten Rizzio, der Waffentumult in den Königsgemächern haben das ganze Schloß geweckt: das Schwert in der Hand, stürzen die getreuen Anhänger der Königin, Bothwell und Huntly, aus ihren Gemächern. Aber die Verschworenen haben auch diese Möglichkeit vorausbedacht: auf allen Seiten ist Holyrood von ihren bewaffneten Knechten umstellt, jeder Zugang gesperrt, damit nicht rechtzeitig aus der Stadt Hilfe für die Königin geholt werden könne. Bothwell und Huntly bleibt, um ihr Leben zu retten und rechtzeitig Entsatz herbeizurufen, kein anderer Weg, als aus den Fenstern zu springen. Auf ihren Alarm, das Leben der Königin sei bedroht, läßt der Stadtprovost sofort die Sturmglocken dröhnen, die Bürgerschaft sammelt sich und zieht vor die Tore nach Holyrood, um die Königin zu sehen und zu sprechen. Aber statt ihrer empfängt sie Darnley, der lügnerisch beruhigt, es sei nichts vorgefallen, man habe im Schloß nur einen ausländischen Spion beseitigt, der spanische Truppen habe ins Land bringen wollen. Ein Königswort wagt selbstverständlich der Provost nicht zu bezweifeln, still kehren die braven Bürger wieder in ihre Häuser zurück, und Maria Stuart, die vergebens sich bemüht hat, Botschaft an ihre Getreuen gelangen zu lassen, bleibt in strengem Gewahrsam in ihre Gemächer versperrt. Ihren Hofdamen, ihren Dienerinnen wird der Eingang verwehrt, alle Türen und Tore im Schlosse sind dreifach besetzt: zum erstenmal in ihrem Leben ist Maria Stuart in dieser Nacht aus einer Königin eine Gefangene geworden. Bis in die letzte Einzelheit ist die Verschwörung gelungen. Im Hofe schwimmt in einer Blutlache die zerfleischte Leiche ihres besten Dieners, an der Spitze ihrer Feinde steht der König von Schottland, denn ihm ist die Krone jetzt zugesprochen, indes sie selbst nicht einmal mehr das Recht besitzt, ihr eigenes Zimmer verlassen zu dürfen. Mit einem Ruck ist sie von der höchsten Stufe herabgestürzt, ohnmächtig, verlassen, ohne Helfer, ohne Freunde, umstellt von Haß und Hohn. Alles scheint für sie verloren in dieser furchtbaren Nacht; aber unter dem Hammer des Schicksals härtet sich ein heißes Herz. Immer findet gerade in den Augenblicken, da es ihre Freiheit, ihre Ehre, ihr Königtum gilt, Maria Stuart mehr Kraft in sich selbst als bei allen ihren Helfern und Dienern.

Neuntes Kapitel

Die verratenen Verräter

März bis Juni 1566

Gefahr ist im menschlichen Sinne für Maria Stuart immer ein Glück. Denn nur in den entscheidenden Augenblikken, da sie zum letzten Einsatz ihres Wesens genötigt ist, wird man gewahr, welche außerordentlichen Fähigkeiten in dieser Frau verborgen sind: eine unbedingte, eherne Entschlossenheit, ein rascher, wacher Überblick, ein wilder und sogar heldischer Mut. Um diese ihre äußersten Kräfte ins Spiel zu bringen, muß jedoch zuvor der unterste, der empfindlichste Grund ihres Wesens hart berührt werden. Erst dann sammeln sich diese sonst spielerisch zerstreuten Seelenkräfte zu wirklicher Energie. Wer sie zu demütigen sucht, der richtet sie in Wahrheit auf; jede Prüfung des Schicksals wird ihr im tieferen Sinn Gewinn und Geschenk.

Diese Nacht der ersten Erniedrigung verwandelt Maria Stuarts Charakter und verwandelt ihn für immer. In der feurigen Schmiede dieser furchtbarsten Erfahrung, da sich ihr allzu fahrlässiges Vertrauen im selben Augenblick von ihrem Gatten, ihrem Bruder, ihren Freunden, ihren Untertanen betrogen sieht, wird alles in dieser sonst weiblichen und weichen Frau hart wie Stahl und zugleich von der biegsamen Geschmeidigkeit eines im Feuer gut gehämmerten Metalls. Aber wie ein rechtes Schwert zweischneidig, so wird ihr Charakter auch zweideutig seit jener einen Nacht, in der alles spätere Unheil seinen Anfang nimmt. Die große blutige Tragödie hat begonnen.

Nur der eine Gedanke an Vergeltung erfüllt jetzt ihre

Sinne, da sie, eingeschlossen in ihrem Zimmer, eine Gefangene verräterischer Untertanen, rastlos auf und nieder geht, immer nur das eine denkend, das eine erwägend: wie diesen Ring ihrer Feinde zersprengen, wie das Blut ihres getreuen Dieners rächen, das noch warm von den Dielen tropft, wie alle jene wieder in die Knie beugen oder vor den Richtblock, die eben unbotmäßig sich aufgereckt und die Hand an sie, die gesalbte Königin, gelegt? Jedes Mittel scheint dieser bislang ritterlichen Kämpferin angesichts des erlittenen Unrechts von nun an erlaubt und gerecht. Eine innere Wandlung geschieht: die bisher unvorsichtig gewesen, wird vorsichtig und hinterhältig, die bisher zu ehrlich empfunden, um irgend jemanden anzulügen, lernt sich verstellen, die bisher fair play mit allen Menschen gespielt, wird nun alle ihre außerordentlichen geistigen Fähigkeiten daransetzen, Verräter mit ihren eigenen Finten zu schlagen. Oft lernt ein Mensch an einem einzigen Tag mehr als sonst in Monaten und Jahren; eine solche entscheidende Lektion hat Maria Stuart jetzt für ihr ganzes Leben empfangen: die Dolche der Verschwörer haben nicht nur vor ihren Augen den treuen Diener Rizzio ermordet, sondern tief innen die sorglose Vertrauensbereitschaft und Unbefangenheit ihres Wesens. Welcher Fehler, leichtgläubig zu sein gegen Verräter, ehrlich zu Lügnern, welche Torheit, offen sein Herz den Herzlosen zu zeigen! Nein, jetzt sich verstellen, sein Gefühl verleugnen, seinen Ingrimm verstecken, freundlich tun zu jenen, denen man feind ist auf immerdar, und mit verdecktem Haß auf die Stunde warten, da man den ermordeten Freund rächen kann, auf die Stunde der Vergeltung! Alle Kraft jetzt einsetzen, um seine wahren Gedanken zu verschleiern, die Feinde einzuwiegen, solange sie noch trunken sind im Triumph ihres Erfolges, lieber vor Schurken einen Tag oder zwei Tage demütig tun, um sie dann endgültig zu demütigen! Einen solchen ungeheuren Verrat kann man nur rächen, indem man noch kühner, noch verwegener, noch zynischer die Verräter verrät.

Mit jener blitzhaften Genialität, wie sie Todesgefahr oft auch matten und lässigen Naturen verleiht, faßt Maria Stuart ihren Plan. Ihre Lage ist, das übersieht sie mit einem einzigen Blick, völlig aussichtslos, solange Darnley und die Verschworenen zusammenhalten. Nur eines kann sie retten: wenn es ihr gelingt, rechtzeitig einen Keil in den Block der Verschworenen zu treiben. Da sie die würgende Kette nicht mit einem Ruck zerreißen kann, muß sie versuchen, sie mit List an der schwächsten Stelle durchzufeilen: sie muß einen der Verräter zum Verräter an den andern machen. Und wer der Seelenschwächste von all diesen harten Betrügern ist, weiß sie verhängnisvoll gut: Darnley, dies »heart of wax«, dies wächserne Herz, das von jedem starken Fingerdruck willig sich formen läßt.

Gleich die erste Maßnahme, die Maria Stuart ersinnt, ist psychologisch meisterhaft. Sie erklärt, von heftigen Kindswehen befallen zu sein. Die Aufregung der vergangenen Nacht, ein brutaler Mord vor den Augen einer im fünften Monat schwangeren Frau muß ja die Möglichkeit einer Frühgeburt tatsächlich glaubhaft machen. Maria Stuart heuchelt furchtbare Krämpfe, legt sich zugleich zu Bett, und nun kann niemand, ohne den Vorwurf brutalster Grausamkeit auf sich zu nehmen, der Schwangeren die Hilfe ihrer Dienerinnen und den Arzt verweigern. Mehr hat Maria Stuart fürs erste nicht gewollt, denn damit ist die strenge Klausur durchbrochen. Jetzt hat sie endlich die Möglichkeit, durch ihre verläßlichen Dienerinnen Botschaft an Bothwell und Huntly zu senden und alles für ihr beabsichtigtes Entkommen vorbereiten zu lassen. Außerdem versetzt sie durch die Drohung einer Frühgeburt die Verschwörer und besonders Darnley in arge moralische Bedrängnis. Denn das Kind, das sie im

Schoße trägt, ist der Thronerbe Schottlands, der Thronerbe Englands; eine ungeheure Verantwortung würde vor den Augen der ganzen Welt auf den eigenen Vater fallen, wenn er durch den Sadismus, die Mordtat vor den Augen einer Schwangeren zu vollbringen, auch das Kind in ihrem Schoße getötet hätte. Voll Besorgnis erscheint Darnley in dem Gemach seiner Gattin.

Und nun beginnt eine Szene shakespearischen Maßes, vergleichbar in ihrer großartigen Unwahrscheinlichkeit vielleicht nur jener, da Richard III. vor dem Sarge des von ihm gemordeten Gatten um die Witwe wirbt und sie gewinnt. Auch hier liegt der Gemordete noch unbegraben über der Erde, auch hier steht der Mörder und Mitmörder vor einem Menschen, an dem er den denkbar tiefsten Verrat begangen, auch hier gewinnt die Kunst der Verstellung dämonische Beredsamkeit. Niemand ist Zeuge jener Szene gewesen; man kennt nur ihren Beginn und ihren Ausgang. Darnley begibt sich in das Zimmer seiner Frau, die er gestern tödlich erniedrigt und die in der ersten und wahrsten Aufrichtigkeit ihrer Entrüstung ihm gleichfalls tödliche Rache angekündigt. Wie Kriemhild an Siegfrieds Leiche hat sie gestern noch die Fäuste gegen den Mörder geballt, aber wie Kriemhild hat sie auch um der Rache willen in dieser einen Nacht gelernt, ihren Haß zu verdekken. Darnley findet nicht die Maria Stuart von gestern mehr, die stolz aufgebäumte Gegnerin und Rächerin, sondern ein armes, geknicktes Weib, sterbensmüde, nachgiebig, krank, eine Frau, die untertänig und zärtlich aufblickt zu ihm, dem starken tyrannischen Manne, der ihr den Herrn gezeigt. Der eitle Narr findet all den Triumph, den er gestern so herrlich erträumte: endlich wirbt wieder Maria Stuart um ihn. Seit sie seine eiserne Hand gefühlt, ist sie kirre geworden, die Stolze, die Hochmütige. Seit er diesen italienischen Schurken zur Seite geschafft, dient sie wieder ihrem wahren Herrn und Meister.

Einem klugen, einem überlegenen Mann müßte eine derart rapide Verwandlung immerhin verdächtig erscheinen. Ihm müßte noch der grelle Schrei in den Ohren nachklingen, mit dem gestern diese Frau, die Augen blitzend wie mörderischer Stahl, ihn Verräter und Sohn eines Verräters genannt. Er müßte sich erinnern, daß diese Stuartstochter für Schmach keine Vergebung kennt und für Beleidigung kein Vergessen. Aber Darnley ist leichtgläubig wie alle Eitlen, wenn man ihnen schmeichelt, und vergeßlich wie alle Dummköpfe. Und dann – merkwürdige Verstrickung – dieser hitzige Knabe ist von allen Männern, denen Maria Stuart je begegnete, derjenige, der sie sinnlich am leidenschaftlichsten geliebt; dieser gierige Junge hängt mit einer hündischen Hörigkeit an ihrem Leib, und nichts hat ihn so sehr gereizt und erbittert, als daß sie in letzter Zeit seinen Umarmungen sich plötzlich verwehrte. Und nun – unverhofftes Wunder – verspricht die Begehrte sich ihm wieder ganz. Er möge doch bei ihr bleiben diese Nacht, drängt die sonst Abwehrende, und sofort schmilzt seine Kraft hin, sofort wird er wieder zärtlich und hörig, ihr Seelensklave, ihr Diener, ihr getreuer Knecht. Niemand weiß, durch welche raffinierte Täuschung Maria Stuart schließlich das Pauluswunder der Umkehr vollbracht. Aber noch nicht vierundzwanzig Stunden nach dem Mord ist Darnley, der eben noch Maria Stuart mit den Lords betrogen, schon willenlos zu allem bereit und wird sein Bestes tun, die Spießgesellen von gestern zu betrügen: noch leichter, als jene ihn an sich gezogen, lockt die Frau den Hörigen wieder zu sich zurück. Er liefert ihr alle Namen der Beteiligten aus, er zeigt sich willig, Maria Stuart die Flucht zu ermöglichen, er gibt sich schwachmütig her, Werkzeug einer Rache zu werden, die ihn als den Hauptverräter der Verräter schließlich selber erreichen muß. Als gefügiges Werkzeug verläßt er das Zimmer, das er als Herr und Gebieter zu betreten glaubte. Mit einem einzigen Riß hat Maria Stuart, wenige Stunden nach der tiefsten Erniedrigung, schon die Kette gesprengt; der wichtigste Mann der Verschwörer ist, ohne daß sie es ahnen, gegen die Verschworenen verschworen, geniale Verstellung hat über die gemeine der andern gesiegt.

Die halbe Arbeit der Befreiung ist bereits geleistet, als Moray mit den andern geächteten Lords in Edinburgh einreitet; gemäß seiner taktisch berechnenden Art war er während des Mordes nicht anwesend und an der Tat nicht nachweisbar beteiligt gewesen – niemals wird es gelingen, diesen Geschickten auf gefährlichem Pfad zu ertappen. Aber wie immer, wenn andere das Peinliche erledigten, ist er jetzt mit reinen, saubern Händen zur Stelle, ruhig, stolz, selbstbewußt, um die Früchte einzuheimsen. Gerade an diesem 11. März hätte er nach den Maßnahmen Maria Stuarts öffentlich im Parlament als Verräter erklärt werden sollen, aber siehe, die gefangene Schwester hat mit einmal allen Haß vergessen. Sie wirft sich, treffliche Schauspielerin aus Verzweiflung, in seine Arme und gibt ihm den gleichen Judaskuß, den sie gestern von ihrem Gatten empfangen. Dringlich und zärtlich erbittet sie von dem Manne, den sie eben noch in die Acht getan, jetzt brüderlichen Ratschlag und Hilfe.

Moray, ein guter Psychologe, übersieht klar die Situation. Er hat, darüber kann kein Zweifel bestehen, die Ermordung Rizzios gewünscht und gebilligt, um die katholische Geheimpolitik Maria Stuarts zu durchkreuzen; für ihn war dieser dunkle Intrigant ein Schädling der protestantischen, der schottischen Sache gewesen und außerdem ein lästiger Hemmschuh für seine eigene Herrschlust. Nun aber, da Rizzio glücklich aus dem Wege geräumt ist, möchte Moray die ganze trübe Angelegenheit rasch bereinigt wissen, und deshalb schlägt er einen

Ausgleich vor: die schmähliche Bewachung der Königin durch die aufständischen Lords solle sofort aufgehoben und Maria Stuart ihre unbeschränkte königliche Würde wiedergegeben werden. Sie dagegen möge ihrerseits alles Geschehene als vergessen betrachten und den patriotischen Mördern verzeihen.

Maria Stuart, die längst schon im Verein mit ihrem verräterischen Gatten die Flucht bis in die kleinste Einzelheit vorbereitet hat, denkt natürlich nicht daran, den Mördern zu vergeben. Aber um die Wachsamkeit der Rebellen einzuschläfern, erklärt sie sich großmütig. Achtundvierzig Stunden nach der Ermordung scheint mit Rizzios zerfleischtem Leib der ganze Vorfall schon in die Erde geschaufelt; man wird tun, als sei nichts geschehen. Ein kleiner Musikant ist umgebracht worden, was weiter? Man wird diesen fremden Habenichts vergessen, und es wird wieder Friede in Schottland sein.

Der mündliche Pakt ist geschlossen. Aber trotzdem wollen sich die Verschworenen nicht recht entschließen, ihre Wachtposten von den Türen vor Maria Stuarts Gemächern zurückzuziehen. Irgendein unbehagliches Gefühl beunruhigt sie. Die Klügsten unter ihnen kennen den Stuartstolz zu gut, um trotz allen schönen Versöhnungsgesten zu glauben, Maria Stuart werde wirklich den niederträchtigen Mord an ihrem Diener gutmütig vergessen und verzeihen. Ihnen scheint es sicherer, diese unbändige Frau dauernd festzuhalten und ihr alle Möglichkeit zur Rache zu nehmen: solange man ihr Freiheit läßt, das spüren sie, wird sie gefährlich bleiben. Und noch etwas gefällt ihnen nicht, nämlich, daß Darnley immer wieder und wieder in ihr Gemach hinaufgeht und dort lange geheime Besprechungen mit der angeblich Kranken abhält. Aus eigener Erfahrung wissen sie, mit wie leichtem Druck man diesen elenden Schwächling weich bekommt.

Offen beginnen sie den Verdacht zu äußern, daß Maria Stuart ihn zu sich hinüberziehen wolle. Ausdrücklich warnen sie Darnley, nur einer ihrer Versprechungen zu trauen, sie beschwören ihn, treu zu ihnen zu halten, denn sonst – prophetisches Wort – würden sie beide die Sache zu bedauern haben. Und obwohl der Lügner ihnen zusichert, alles sei vergeben und vergessen, wollen sie sich nicht bereitfinden, die Wachen von den Gemächern der Königin früher abzuziehen, ehe ihnen Maria Stuart die Zusage der Straflosigkeit nicht schriftlich eingehändigt habe. Wie für den Mord wollen diese sonderbaren Freunde des Rechts auch für die Absolution vom Mord ein geschriebenes Blatt, einen »bond«.

Man sieht, die gelernten und geübten Eidbrecher wissen um die Windigkeit und Wertlosigkeit eines bloß gesprochenen Wortes, sie fordern dokumentarische Sicherheit. Maria Stuart aber ist viel zu stolz und zu vorsichtig, um sich mit ihrer Unterschrift an Mörder zu binden. Niemand von diesen Schurken soll sich rühmen dürfen, einen »bond« von ihrer Hand zu besitzen. Aber eben weil sie entschlossen ist, den Verschwörern den Freibrief nicht zu gewähren, heuchelt sie freudige Bereitschaft – es gilt doch nur, Zeit bis zum Abend zu gewinnen! Darnley, der ganz wieder Wachs in ihren Händen ist, wird mit der schäbigen Aufgabe betraut, seine Spießgesellen von gestern mit falscher Herzlichkeit in Schach zu halten und um die Unterschrift zu prellen. Er erscheint als Treuhänder bei den Rebellen, er arbeitet mit ihnen den feierlichen Freibrief ganz nach ihren Wünschen aus, schließlich fehlt nichts mehr als Maria Stuarts Unterschrift. Ach, die könne er jetzt am späten Abend nicht mehr beibringen, erklärt Darnley, die Königin sei, tief erschöpft, in Schlaf gesunken. Aber er verpflichte sich – was liegt dem Lügner noch an einer Lüge mehr? –, ihnen morgen früh das Schriftstück unterschrieben einzuhändigen. Wenn ein König derart sein Wort verpfändet, wäre weiteres Mißtrauen Beleidigung. So ziehen die Verschworenen, um den Pakt zu besiegeln, die Wachen von den Schlafgemächern Maria Stuarts zurück. Mehr hatte die Königin nicht gewollt. Nun ist der Weg zur Flucht offen.

Kaum ist ihre Tür nicht mehr von Wächtern umstellt, so steht Maria Stuart hastig von ihrem vorgetäuschten Krankenbette auf und trifft mit Energie alle Vorbereitungen. Bothwell und die andern Freunde außerhalb des Schlosses sind längst verständigt, um Mitternacht werden gesattelte Pferde im Schatten der Kirchhofmauer warten. Jetzt gilt es noch, die Wachsamkeit der Verschworenen einzuschläfern, und abermals fällt die schmähliche Rolle, sie dumm und dumpf zu machen durch Wein und Vertraulichkeit, wie alle anderen verächtlichen Geschäfte, Darnley zu. Auf der Königin Befehl lädt er seine Spießgesellen von gestern zu einem mächtigen Abendschmause, es wird kräftig gebechert und die Versöhnung bis zu später Stunde brüderlich gefeiert, und wie endlich die Kumpane mit schweren Köpfen und Füßen sich zur Ruhe begeben, vermeidet es Darnley geflissentlich, um nur keinen Verdacht zu erwecken, sich in das Zimmer Maria Stuarts zu begeben. Aber die Lords fühlen sich zu sicher, um noch vorsichtig zu sein. Die Königin hat ihnen Vergebung versprochen, der König sie gewährleistet, Rizzio liegt unter der Erde und Moray ist wieder im Land: was weiter da denken und spähen? Man wirft sich in sein Bett und schläft nach einem so anstrengenden Tage die Trunkenheit des Weines und des Triumphes gründlich aus.

Um Mitternacht, längst ist es still geworden in den Gängen des schlafenden Schlosses, geht leise oben eine Tür. Durch die Dienergemächer und dann die Treppe herab tastet sich Maria Stuart bis in die Kellergewölbe, von denen ein unterirdischer Gang zu den Katakomben des Kirchhofes führt – ein grausiger Weg im eiskalten, von Nässe tropfenden Gewölbe. Die Fackel wirft zuckendes Licht auf die nachtschwarzen Wände, vorbei an Särgen und aufgehäuften Totengebeinen. Endlich freie, offene Luft, der Ausgang ist gewonnen! Jetzt nur noch quer durch den Kirchhof zur Mauer, wo außen die Freunde warten mit den gesattelten Pferden! Plötzlich stockt Darnley und stolpert beinahe, die Königin tritt zu ihm hin, und mit Schauer erkennen sie, es ist ein frisch aufgeworfener Hügel, das Grab David Rizzios.

Das ist ein letzter Hammerschlag, um das schon eherne Herz dieser beleidigten Frau noch einmal zu härten. Sie weiß, nur zwei Dinge hat sie zu vollbringen: ihre Königsehre zu retten durch diese Flucht und ein Kind der Welt zu schenken, einen Erben der Krone – dann aber Rache an allen, die mitgeholfen, sie zu erniedrigen! Rache auch an dem, der jetzt aus Torheit ihr den Helfer macht! Ohne einen Augenblick zu zögern, schwingt sich die im fünften Monat schwangere Frau in den Männersattel hinter Arthur Erskine, den getreuen Hauptmann der Leibwache: bei diesem Fremden fühlt sie sich sicherer als bei ihrem Gemahl, der auch wirklich, ohne auf sie zu warten, nur um sich selber zu sichern, vorausspren gt. Zu zweit auf einem Pferd, so reiten Erskine und, an ihn geklammert, Maria Stuart in scharfem Galopp einundzwanzig Meilen bis zum Schloß Lord Setons. Dort erhält sie endlich ein eigenes Pferd und eine Eskorte von zweihundert Reitern; aus der Flüchtigen ist mit dem hellen Tag wieder die Gebieterin geworden. Vormittags erreicht sie ihr Schloß Dunbar. Aber statt der Ruhe zu pflegen, statt sich Rast zu gönnen, beginnt sie sofort mit der Arbeit: es genügt nicht, sich Königin zu nennen, in solchen Stunden muß man kämpfen, um es wirklich zu sein. Nach allen Seiten schreibt und diktiert sie Briefe, um die treugebliebenen Adeligen zusammenzurufen, um ein Heer zu sammeln gegen die Rebellen, die Holyrood besetzt halten. Das Leben ist gerettet, jetzt gilt es die Krone, die Ehre! Immer wenn es um ihre Rache geht, immer wenn Leidenschaft ihre Adern anglüht, hat diese Frau alle Schwäche, alle Müdigkeit zu besiegen gewußt; immer erst in diesen großen und entscheidenden Sekunden ist ihr Herz auf der Höhe ihrer Kraft.

Schlimmes Erwachen am nächsten Morgen im Schlosse Holyrood für die Verschworenen: die Zimmer leer, die Königin entflohen, ihr Bondsbruder und Schutzherr Darnley gleichfalls fort. Im ersten Augenblick erfassen sie noch nicht die ganze Tiefe ihres Falls, sie glauben noch immer, im Vertrauen auf Darnleys Königswort, der Generalpardon, den sie gestern abend mit ihm gemeinsam ausgefertigt, bestünde zu Recht. Und in der Tat, es gehört viel dazu, eine solche Verräterei für möglich zu halten. Nein, sie glauben noch nicht an Betrug. Sie schicken demütig einen Abgesandten, Lord Sempill, nach Dunbar, um die Ausfolgung jenes Schriftstückes zu erbitten. Aber drei Tage läßt Maria Stuart den Friedensboten vor dem Tore wie vor Canossa stehen: mit Rebellen verhandelt sie nicht, nun um so weniger, da Bothwell seine Truppen bereits gesammelt hat.

Jetzt fährt den Verrätern die Angst kalt über den Nacken, rasch lichten sich ihre Reihen. Einer nach dem andern schleicht leise heran, um flehentlich Verzeihung zu bitten, die Rädelsführer aber, wie Ruthven, der als erster Rizzio gepackt, und jener Fawdonside, der die Pistole gegen die Königin angeschlagen, wissen, daß für sie ein Pardon nie zu erhoffen sein wird. Eiligst fliehen sie aus dem Land; mit ihnen verschwindet diesmal auch John Knox, der zu früh und zu laut diesen Mord als wohlgefällige Tat gebilligt.

Ihrem starken Rachegefühl gemäß würde jetzt Maria Stuart am liebsten ein Exempel statuieren und der ewig aufrührerischen Adelsbande zeigen, daß man nicht ungestraft gegen sie konspiriert. Aber die Lage ist gefährlich genug gewesen, um sie zu lehren, in Hinkunft besonnener und hinterhältiger zu handeln. Moray, ihr Stiefbruder, hat zwar um die Verschwörung gewußt, das zeigt sein pünktliches Kommen, aber er hat nicht tätig mitgewirkt; Maria Stuart sieht ein, daß es klüger ist, diesen stärksten Mann zu schonen. »Um nicht allzu viele zugleich gegen mich zu haben«, drückt sie lieber ein Auge zu. Denn wolle sie ernstlich zu Gericht gehen, wäre nicht der erste, den sie anklagen müßte, Darnley, ihr eigener Gatte, er, der die Mörder in ihr Gemach geführt, der ihr während des Mordes die Hände gehalten? Aber bereits einmal durch den Skandal mit Chastelard in ihrem Ruf schwer geschädigt, hat Maria Stuart allen Grund, ihren Gatten nicht als argwöhnischen und eifersüchtigen Rächer seiner Ehre erscheinen zu lassen. Semper aliquid haeret; lieber soll der ganze Vorgang jetzt so umgefälscht werden, als hätte er, der Hauptanstifter des ganzen Unheils, an der Ermordung keinerlei Anteil gehabt. Das ist zwar schwer glaubhaft zu machen bei einem, der zwei »bonds« unterzeichnet, der einen regelrechten Kontrakt abgeschlossen, in dem er im voraus den Mördern völlige Straffreiheit zugesichert, der seinen eigenen Dolch – man fand ihn im zerfetzten Leibe Rizzios – einem der Schlächter freundlich geliehen. Aber Marionetten haben keinen Willen und haben keine Ehre, gehorsam tanzt Darnley, sobald Maria Stuart die Fäden zieht. Feierlich läßt er die frechste Lüge des Jahrhunderts »auf Ehre und sein Wort als Prinz« auf dem Marktplatz von Edinburgh verkünden, daß er nie an dieser »treasonable conspiracy«, an dieser verräterischen Verschwörung, teilgehabt, daß es Lüge und Verleumdung sei, ihn zu beschuldigen, er hätte sie »geraten, anbefohlen, ihr zugestimmt oder sie gebilligt«, während doch in Stadt und Land jeder weiß, daß er sie nicht nur »counseled, commanded, consented, assisted«, sondern auch mit Siegel und Brief »approved« hat. Wenn die Erbärmlichkeit, die dieser willensschwache Betrüger während der Mordtat bewiesen, noch zu überbieten war, durch diese Erklärung ist es gelungen; mit diesem Meineid vor Volk und Land auf dem Marktplatz von Edinburgh hat er sich selber gerichtet. Von allen, an denen sie Rache zu nehmen geschworen, hat sich Maria Stuart an keinem furchtbarer gerächt als an Darnley, indem sie ihn, den sie längst heimlich verachtete, dazu nötigt, sich nun auch vor aller Welt für ewig verächtlich zu machen.

Ein schneeweißes Leichentuch von Lüge ist jetzt über den Mord gebreitet. In demonstrativem Triumph und mit lauten Fanfaren zieht das neuerdings wundersam einige Königspaar in Edinburgh ein. Alles scheint beruhigt und beschwichtigt. Um einen kümmerlichen Schein von Justiz zu wahren und doch niemanden zu verängstigen, hängt man ein paar arme Teufel auf, kleine ahnungslose Hörige und Soldaten, die auf Befehl ihrer Clansherren, während diese mit den Dolchen oben zustießen, an den Toren Wache gestanden: die hohen Herren selber gehen straflos aus. Rizzio erhält, dünner Trost für einen Toten, eine anständige Grabstätte auf dem königlichen Kirchhof, sein Bruder rückt im Hofstaat der Königin an seine Stelle; damit soll die ganze tragische Episode vergeben und vergessen sein.

Nun hat Maria Stuart nach all den Fährnissen und Erregungen nur noch eines zu tun, um ihre stark erschütterte Stellung zu festigen: den Thronerben heil und glücklich zur Welt zu bringen. Erst als Mutter eines Königs wird sie unantastbar sein und nicht als Gattin einer solchen jämmerlichen Königspuppe. Unruhig erwartet sie ihre schwere Stunde. Eine merkwürdige Düsternis und Verzagtheit bemächtigt sich ihrer in den letzten Wochen. Schattet noch vom Tode Rizzios ein drückendes Gefühl in ihrer Seele? Spürt sie mit der gesteigerten Kraft der Ahnung nahendes Mißgeschick? Jedenfalls, sie macht ein Testament, in dem sie Darnley den Ring hinterläßt, den er ihr bei der Heirat an den Finger gesteckt, aber auch Josef Rizzio, der Bruder des Ermordeten, Bothwell und die vier Marys werden nicht vergessen; zum erstenmal fürchtet diese sonst sorglose und kühne Frau den Tod oder sonst eine Gefahr. Sie verläßt Holyrood, das, wie jene tragische Nacht gezeigt hat, nicht genug Sicherheit bietet, und begibt sich in das unbequemere, aber hochauftrotzende und uneinnehmbare Kastell von Edinburgh, um dort dem künftigen Erben der schottischen und englischen Krone, selbst um den Preis ihres eigenen Lebens, das Leben zu schenken.

Am Morgen des 9. Juni donnern die Kanonen der Festung frohe Nachricht hinab in die Stadt. Ein Sohn ist geboren, ein Stuart, ein König von Schottland; zu Ende ist in Hinkunft die gefährliche Herrschaft der Frauen. Der sehnlichste Traum der Mutter, der Wunsch des Landes nach einem männlichen Stuartserben ist herrlich erfüllt. Aber kaum hat sie diesem Kinde das Leben gegeben, so fühlt Maria Stuart die Pflicht, ihm auch die Ehre zu sichern. Allzu deutlich muß sie wohl erfahren haben, daß die giftigen Gerüchte, die jene Verschwörer Darnleys ins Ohr geträufelt, daß die Verdächtigungen, sie hätte sich Rizzio ehebrecherisch hingegeben, längst durch die Mauern des Schlosses gesickert sind. Sie weiß, wie froh man in London jedes Vorwands wäre, diesem Erben die rechtmäßige Abkunft bestreiten zu können und vielleicht später damit die Thronfolge; darum will sie rechtzeitig und vor aller Welt diese freche Lüge ein für allemal in

Grund und Boden schlagen. Sie läßt Darnley in die Wochenstube rufen und zeigt ihm vor allen Versammelten das Kind mit den Worten: »Gott hat dir und mir einen Sohn geschenkt, der von niemandem andern als von dir gezeugt ist.«

Darnley ist verlegen, denn gerade er selbst hat durch seine geschwätzige Eifersucht das ehrabschneiderische Gerücht verbreiten geholfen. Was soll er auf eine derart feierliche Erklärung antworten? Um seine Beschämung zu verbergen, beugt er sich über das Kind und küßt es.

Aber Maria Stuart nimmt das Kind in ihre Arme und wiederholt noch einmal laut: »Ich bezeuge vor Gott, als stünde ich hier vor dem Jüngsten Gericht, daß es dein Sohn ist und keines andern Sohn, und ich wünsche, daß alle hier anwesenden Frauen und Männer Zeugen seien, daß er so sehr dein eigener Sohn ist, daß ich beinahe fürchte, es werde später einmal vielleicht für ihn schlimm ausgehen.«

Das ist ein großer Eid und gleichzeitig eine sonderbare Befürchtung: selbst in so feierlicher Stunde kann die gekränkte Frau ihr Mißtrauen gegen Darnley nicht verbergen. Auch jetzt vermag sie nicht zu vergessen, wie tief dieser Mann sie enttäuscht und verwundet hat. Nach diesen schon andeutungsvollen Worten reicht sie das Kind einem der Lords, Sir William Standon: »Dies ist der Sohn, von dem ich hoffe, daß er als erster die beiden Königreiche von Schottland und England vereinigen wird.«

Etwas betroffen antwortete darauf Standon: »Warum denn er, Madame? Warum sollte er Eurer Majestät und seinem Vater zuvorkommen?«

Und abermals vorwurfsvoll sagt Maria Stuart: »Weil sein Vater unsere Verbindung zerstört hat.«

Darnley, vor allen beschämt, versucht die Erregte zu beschwichtigen. Beunruhigt fragt er: »Ist das nicht gegen dein gegebenes Versprechen, alles zu vergeben und zu vergessen?«

»Ich will alles vergeben«, antwortet die Königin, »aber ich werde es nie vergessen. Wenn damals Fawdonside die Pistole abgedrückt hätte, was wäre aus ihm und mir geworden? Weiß Gott, was sie dann mit dir gemacht hätten.«

»Madame«, mahnt jetzt Darnley, »diese Dinge sind doch längst abgetan.«

»Gut, reden wir nicht davon«, antwortet die Königin, und damit ist dieses wetterleuchtende Gespräch zu Ende, das ein aufsteigendes Unwetter gefährlich ankündigt. Maria Stuart hat selbst in ihrer schweren Stunde nur die halbe Wahrheit gesagt, wenn sie erklärte, sie hätte nicht vergessen, aber sie würde vergeben; denn es wird nie mehr Friede sein in diesem Schloß, in diesem Land, solange nicht Blut mit Blut gesühnt ist und Gewalt mit Gewalt vergolten.

Kaum ist die Mutter erlöst, kaum das Kind geboren, um zwölf Uhr mittags, springt Sir James Melville, immer Maria Stuarts verläßlichster Bote, in den Sattel. Abends hat er schon Schottland bis zur Grenze durchritten, die Nacht rastet er in Berwick, am nächsten Morgen geht es weiter in scharfem Galopp. Am 12. Juni abends – großartige sportliche Leistung – reitet er auf überschäumtem Pferde in London ein. Dort erfährt er, daß Elisabeth in ihrem Schloß zu Greenwich einen Ball veranstaltet; also abermals, aller Müdigkeit spottend, auf ein anderes Roß und vorwärts, um die Nachricht noch in dieser Nacht zu überbringen!

Elisabeth hat auf diesem festlichen Balle selbst getanzt, nach langer, lebensgefährlicher Krankheit freut sie sich wieder der rückgewonnenen Kraft. Heiter, animiert, geschminkt und gepudert steht sie in ihrer breiten, pompösen Glockenrobe wie eine exotische Riesentulpe im Kreise ihrer getreuen Kavaliere. Da drängt sich eilig, von James Melville gefolgt, Cecil, ihr Staatssekretär, durch die Reihen der Tanzenden. Er geht auf die Königin zu und flüstert ihr ins Ohr, Maria Stuart sei ein Sohn, ein Erbe geboren.

Elisabeth ist sonst als Staatslenkerin eine diplomatische Natur, Meisterin der Selbstbeherrschung und wohlgeübt in der Kunst, ihre wahren Gefühle zu verbergen. Aber diese Nachricht trifft die Frau in ihr. Mitten ins Menschliche stößt sie wie ein Dolch hinein. Und als Frau empfindet Elisabeth zu leidenschaftlich, um immer Herrin ihrer rebellischen Nerven zu bleiben. So elementar ist die Überraschung, daß ihre zornigen Augen, ihre verpreßten Lippen vergessen, zu lügen. Einen Augenblick wird ihr Ausdruck völlig starr, das Blut weicht unter der Schminke, hart verkrampft sich die Hand. Sofort gebietet sie der Musik, zu schweigen, mit einem Schlage erstarrt der Tanz, und überstürzt verläßt die Königin den Festsaal, weil sie fühlt, daß sie ihre Nerven nicht länger bemeistern kann. Im Schlafgemach aber, umringt von ihren aufgeregten Frauen, verliert sie die harte Haltung. Stöhnend und hingeschmettert von ihrem eigenen Schmerz, wirft sie sich in einen Stuhl und schluchzt auf: »Die Königin von Schottland hat einem Sohn das Leben gegeben, ich aber bin nichts als ein abgestorbener Strunk.«

In keinem Augenblick ihrer siebzig Jahre hat sich die tiefste Tragödie dieser unglücklichen Frau deutlicher geoffenbart als in dieser Sekunde; nie enthüllt sich so sehr ihr Geheimnis, wie schwer diese durch ihre Liebesunfähigkeit verkümmerte, die ihrer Unfruchtbarkeit grausam bewußte Frau gelitten haben muß, als in diesem einen Aufschrei, der aus dem Weiblichsten, dem Tiefsten, dem Ehrlichsten ihres Herzens wie ein Blutsturz vorbricht. Alle Königreiche dieser Erde, man fühlt es, hätte diese

Frau für das ganz einfache, klare, natürliche Glück gegeben, ganz Frau, ganz Liebende und Mutter sein zu dürfen; jede Macht und jeden anderen Erfolg hätte sie Maria Stuart trotz aller Eifersucht vielleicht verzeihen können. Dies eine aber neidet sie ihr tödlich mit einem verzweifelten Aufbäumen des innersten Gefühls, dies eine: Mutter zu sein.

Aber am nächsten Morgen ist Elisabeth schon wieder ganz Königin, ganz politische, diplomatische Frau. Vorbildlich meistert sie die so oft bewährte Kunst, ihren Groll, ihren Unmut, ihr tiefstes Leiden hinter kühlen und majestätischen Worten zu verstecken. Ein freundliches Lächeln trefflich aufgeschminkt, empfängt sie Melville mit großen Ehren, und man müßte nach ihren Worten meinen, selten habe sie freudigere Botschaft erfahren. Sie bittet ihn, ihre herzlichsten Glückwünsche Maria Stuart zu übermitteln, sie erneuert ihr Versprechen, die Patenschaft des Kindes zu übernehmen und womöglich selbst zur Taufe zu kommen. Gerade weil sie ihrer Schicksalsschwester im Innersten ihr Glück mißgönnt, wünscht sie – ewige Schauspielerin der eigenen Größe – vor der Welt als die Gönnerin und Großmütige zu gelten.

Abermals hat sich das Blatt zugunsten der Mutigen gewendet, alle Gefährdungen scheinen überstanden und alle Schwierigkeiten auf das wunderbarste gelöst. Noch einmal hat sich das Gewölk, das von Anbeginn tragisch über Maria Stuarts Schicksal hing, gnädig verzogen; aber den Verwegenen macht überstandene Gefahr niemals weiser, sondern immer nur noch tollkühner. Maria Stuart ist nicht zur Ruhe und nicht für Glück geboren, mächtig treibt sie von innen verhängnisvolle Gewalt. Und niemals erschafft sich nach den Geschehnissen und Zufällen der äußeren Welt ein Schicksal Sinn und Form. Immer sind es die eingeborenen, ureigensten Gesetze, die ein Leben gestalten oder zerstören.

Zehntes Kapitel

Furchtbare Verstrickung

Juli bis Weihnachten 1566

Die Geburt des Kindes bedeutet in der Tragödie Maria Stuarts gleichsam den Abschluß des nur vorbereiteten ersten Aktes. Die Situation hat sich mit einmal dramatisch gestaltet und bebt von inneren Unentschiedenheiten und Spannungen. Nun treten neue Gestalten und Charaktere vor, der Schauplatz verändert sich, die Tragödie wird aus einer politischen zur persönlichen. Bisher hatte Maria Stuart gegen die Rebellen in ihrem Lande, gegen die Feindschaft jenseits der Grenze gekämpft, nun fällt eine neue Macht sie an, gewalttätiger als alle ihre Lords und Barone: die eigenen Sinne geraten in Aufruhr, die Frau in Maria Stuart führt Krieg gegen die Königin. Der Machtwille verliert zum erstenmal die Oberhand gegen den Blutwillen. In Leidenschaft und Leichtsinn zerstört die erwachte Frau, was die Monarchin bisher mit Besonnenheit leidlich bewahrt: wie in einen Abgrund wirft sie sich herrlich selbstverschwenderisch in eine Ekstase der Leidenschaft, wie sie die Weltgeschichte kaum überschwenglicher kennt, alles vergessend, alles mit sich reißend, Ehre, Gesetz und Sitte, ihre Krone, ihr Land – eine andere tragödische Seele, die kaum ahnbar gewesen, weder in der fleißigen, braven Prinzessin noch in der lässig wartenden und verspielten Königswitwe. In einem einzigen Jahr erhöht Maria Stuart ihr Leben zu dramatisch vertausendfachtem Maß, in diesem einen und einzigen Jahr zerstört sie ihr Leben.

Zu Beginn dieses zweiten Aktes tritt wiederum Darnley auf, auch er verändert und ins Tragische verwandelt. Er tritt auf, allein, denn niemand gibt ihm, der alle verraten hat, Vertrauen oder nur ehrlichen Gruß. Eine tiefe Erbitterung, eine ohnmächtige Wut zerwühlt diesem ehrgeizigen Jungen die Seele. Er hat das Äußerste getan, was ein Mann für eine Frau tun konnte, aber er meinte dafür zumindest Dank zu gewinnen, ein wenig Demut, Hingabe und vielleicht sogar Liebe. Statt dessen begegnet Darnley bei Maria Stuart, sobald sie ihn nicht mehr benötigt, einem nur verstärkten Widerwillen. Die Königin bleibt unerbittlich. Um sich an dem Verräter zu rächen, hatten ihr die geflüchteten Lords den von Darnley unterzeichneten Freibrief für Rizzios Mord heimlich zugesteckt, damit sie die Mitschuld ihres Mannes erkenne. Dieser »bond« lehrt Maria Stuart zwar nichts Neues, aber je mehr sie Darnleys verräterische und feige Seite verachtet, um so weniger kann sich die stolze Frau verzeihen, eine solche hohle Hübschheit einmal geliebt zu haben. In ihm haßt sie zugleich den eigenen Irrtum, längst ist der Mann in Darnley ihr widrig wie ein schleimiges, klebriges Geschöpf, wie eine Schlange, eine Schnecke, die man nicht einmal mit der Hand anrühren will, geschweige denn heranlassen an den warmen, lebendigen Leib. Sein Dasein und Vorhandensein drückt ihr wie ein Alp auf der Seele. Und nur ein Gedanke beherrscht ihre Tage und Nächte: wie von ihm loskommen, wie sich von ihm befreien?

Diesem Gedanken schattet vorerst nicht einmal der Wunschtraum einer Gewalttätigkeit bei: was Maria Stuart erlebt, ist kein Einzelfall. Wie Tausende andere Frauen fühlt sie sich nach kurzer Ehe zu schmerzlich enttäuscht, als daß ihr weiterhin Umarmung und Nähe dieses fremd gewordenen Mannes noch erträglich sein könnten. Scheidung ergibt sich in einem solchen Falle als selbstverständlich logische Lösung, und tatsächlich: Maria Stuart bespricht diese Möglichkeit mit Moray und Maitland. Aber einer Scheidung so knapp nach der Geburt des Kindes steht das gefährliche Gerede über ihre angeblichen Beziehungen zu Rizzio im Wege: sofort würde man ihr Kind einen Bastard nennen. Um keinen Makel an den Namen James VI. zu heften, der nur als Sproß einer völlig unantastbaren Ehe auf den Thron Anspruch erheben kann, muß die Königin – entsetzliche Qual – von dieser natürlichsten Lösung abstehen.

Aber es bliebe noch eine andere Möglichkeit: die vertrauliche, die stille Vereinbarung zwischen Mann und Frau, nach außen weiterhin als König und Königin vermählt zu erscheinen, innerlich aber einander die Freiheit zurückzugeben. Damit wäre Maria Stuart von Darnleys verliebtem Andrängen erlöst und vor der Welt der Schein einer Ehe gewahrt. Daß Maria Stuart auch diese Art der Befreiung angestrebt hat, beweist ein überliefertes Gespräch mit Darnley, in dem sie ihm nahelegte, sich eine Maitresse zu nehmen, womöglich Morays, seines Todfeindes, Frau; mit diesem scherzhaft maskierten Vorschlag wollte sie ihm andeuten, wie wenig sie gekränkt wäre, wollte er sich anderweitig schadlos halten. Aber entsetzliche Verstrickung: Darnley will keine andere, er will nur sie und sie allein, dieser klägliche arme Junge hängt mit geheimnisvoller Hörigkeit und Gier gerade an dieser starken stolzen Frau. Nie läßt er sich mit anderen ein, er kann und will keine berühren als diese eine, die sich ihm entzieht. Nur dieser Körper macht ihn gierig und toll, unablässig bettelt er um seine ehelichen Rechte, und je hitziger, je zudringlicher er um sie wirbt, um so heftiger sie ihn zurückstößt, um so tückischer, um so zorniger wird sein Verlangen, um so hündischer kommt er werbend wieder; mit furchtbarer Enttäuschung bezahlt die Frau ihre unselige Eile, diesem Knaben ohne Haltung und

Hoheit eheliche Gewalt gewährt zu haben, denn mit widerstrebenden Sinnen bleibt sie nun rettungslos an ihn gebunden.

In dieser grauenhaften seelischen Situation handelt Maria Stuart wie Menschen meist in derart auswegloser Lage; sie entflüchtet der Entscheidung, sie weicht dem offenen Kampfe aus, indem sie sich ihm entzieht. Merkwürdigerweise haben es fast alle ihre Biographen als unverständlich erklärt, daß Maria Stuart nicht eine gewisse Ruhezeit nach dem Kindbett abwartete, sondern das Schloß und ihr Kind schon nach vier Wochen ohne vorherige Ansage verließ, um sich zu Boot auf eine Lustfahrt nach Alloa zu begeben, einem Gut des Earl of Mar. Nichts ist in Wahrheit erklärlicher als diese Flucht. Denn mit diesen Wochen war die Respektfrist zu Ende, innerhalb welcher sie ihren Körper ohne besonderen Vorwand dem ungeliebten Gatten verweigern konnte; jetzt wird er bald wieder sich nähern, jeden Tag, jede Nacht sie bedrängen, und ihr Körper will, ihre Seele kann einen Liebhaber nicht ertragen, den sie nicht mehr liebt; was natürlicher darum, als daß Maria Stuart aus seiner Nähe flieht, daß sie Raum und Ferne zwischen ihn und sich stellt, daß sie sich äußerlich frei macht, um innerlich frei zu sein! In all den nächsten Wochen und Monaten, den ganzen Sommer lang bis tief in den Herbst, rettet sie sich durch dieses Wandern von Schloß zu Schloß, von Jagd zu Jagd, durch diese Flucht. Und daß sie dabei sich zu erheitern sucht, daß in Alloa und überall Maria Stuart, noch nicht vierundzwanzig Jahre alt, sich fröhlich unterhält, daß die alten Maskenspiele und Tänze und die buntesten Vergnügungen wie zu Chastelards, wie zu Rizzios Tagen der Unbelehrbaren wieder die Zeit vertreiben, bestätigt nur, wie rasch diese gefährlich Sorglose alle schlimmen Erfahrungen vergißt. Einmal macht Darnley den schüchternen Versuch, seine ehelichen Rechte einzufordern. Er reitet nach Alloa hinüber, aber er wird kurz abgefertigt und gar nicht eingeladen, die Nacht im Schlosse zu verbringen; innerlich ist er für Maria Stuart abgetan. Als Strohfeuer war das Gefühl für ihn aufgeschossen, als Strohfeuer ist es zusammengesunken. Ein Irrtum, an den man ungern denkt, eine lästige Erinnerung, die man am liebsten auslöschen möchte – das ist nunmehr für sie Henry Darnley geworden, den ihre verliebte Torheit zum Herrscher Schottlands und zum Herrn ihres Leibes gemacht.

Darnley zählt nicht mehr, aber auch Morays, ihres Bruders, ist sie trotz aller Versöhnung nicht mehr völlig gewiß; den nach längerem Zögern gleichfalls begnadigten Maitland wird sie nie mehr für ganz zuverlässig halten, und doch braucht sie jemanden, dem sie rückhaltlos vertrauen kann, denn alles Halbe und Vorsichtige, alles Zurückhaltende und Zögernde ist dieser impulsiven Natur unmöglich und fremd. Ganz und gar nur kann sie geben, ganz und gar sich verweigern, ganz mißtrauen oder ganz vertrauen. Als Königin und als Frau sucht Maria Stuart zeitlebens bewußt oder unbewußt den Gegenpol ihres unruhigen Wesens, den starken, den harten, den verläßlich beständigen Mann.

So ist Bothwell als einziger seit Rizzios Tod geblieben, auf den sie sich verlassen kann. Rücksichtslos hat das Leben diesen Starken umhergetrieben. Schon als jungen Mann jagt ihn die Meute der Lords aus dem Lande, weil er sich weigerte, mit ihnen Gemeinschaft zu machen; treu bis zum letzten Augenblick hat er Maria von Guise, Maria Stuarts Mutter, gegen die »Lords of the Congregation« verteidigt und noch Widerstand geleistet, als die Sache der katholischen Stuarts schon völlig verloren war. Aber schließlich war die Übermacht zu groß geworden und drückte ihn aus der Heimat. In Frankreich wird der Verbannte sofort Kommandant der schottischen Leibgarde, die ehrenvolle Stellung bei Hofe verfeinert seine Umgangsformen, ohne aber die elementare Urgewalt seines Wesens zu schwächen. Aber Bothwell ist zu sehr Kriegsmann, um sich mit einer Pfründe zu bescheiden, und sofort wie sich Moray, sein Todfeind, gegen die Königin erhebt, segelt er über das Meer und steht für die Stuarttochter im Kampfe. Wann immer jetzt Maria Stuart einen Helfer gegen ihre intriganten Untertanen benötigt, bietet er seine starke und panzerbewehrte Hand freudig dar. In der Nacht von Rizzios Ermordung springt er entschlossen aus dem Fenster des ersten Stockwerkes herab, um Hilfe zu holen, seine Umsicht fördert die verwegene Flucht der Königin, seine militärische Energie flößt den Verschworenen solchen Schrecken ein, daß sie eiligst kapitulieren. Niemand in Schottland hat Maria Stuart bisher besseren Dienst geleistet als der etwa dreißigjährige verwegene Soldat.

Dieser Bothwell ist eine Figur wie aus einem einzigen Block schwarzen Marmors gemeißelt. Gleich dem Colleone, seinem italienischen Condottierebruder, blickt er mit energisch herausfordernder Haltung kühn über die Zeiten, ein ganzer Mann mit aller Härte und Brutalität übersteigerter Männlichkeit. Er trägt den Namen eines uralten Geschlechts, der Hepburns, doch könnte man denken, daß von Wikingern und Normannen, diesen rauhen Kriegern und Räubern, noch ungebändigtes Blut in seinen Adern rollt. Trotz aller angelernten Kultur (er spricht trefflich Französisch und liebt und sammelt Bücher) hat er die elementare Rauflust eines geborenen Rebellen gegen die bürgerlich brave Ordnung bewahrt, die wilde Abenteuerfreude jener »hors la loi«, jener romantischen Korsaren, wie sie Byron liebte. Groß, breitschultrig, von außerordentlicher Körperkraft – er kann mit dem schweren Zweihänder wie mit einem leichten Degen zuschlagen und allein ein Schiff durch den

Sturm steuern –, gewinnt er aus dieser physischen Sicherheit auch eine großartige moralische oder vielmehr unmoralische Verwegenheit. Vor nichts schreckt dieser Gewalttätige zurück, nur die Moral des Starken ist die seine: rücksichtslos nehmen, halten und verteidigen. Aber diese seine naturhafte Rauflust hat nichts gemein mit der niederen Raffsucht und dem rechnerischen Ränkespiel der andern Barone, die er, der Unbedenkliche, verachtet, weil sie sich immer zu ihren Raubzügen vorsichtig zusammenrotten und feige ihre Wege im Dunkel gehen. Er aber schließt keine Bündnisse, er macht sich mit niemandem gemein; allein, hoffärtig und herausfordernd geht er an Gesetz und Sitte vorbei seinen Weg, jedem die gepanzerte Faust ins Gesicht schlagend, der ihm entgegenzutreten wagt. Völlig unbesorgt tut er, was er will, ob erlaubt oder unerlaubt, am offenen Tage. Aber obzwar ein Gewalttäter unbedenklichster Sorte, ein geharnischter Amoralist, hat Bothwell den andern zumindest den Vorzug der Aufrichtigkeit voraus. Inmitten der zweideutigen und zwiespältigen Charaktere all dieser Lords und Barone wirkt er wie ein reißendes und doch königliches Tier, ein Panther, ein Löwe unter all diesen schleicherischen Wölfen und Hyänen, keine moralische, keine menschlich einnehmende Figur, aber immerhin ein Mann, ein ganzer, urmännlich, kriegerischer Mann.

Darum hassen, darum fürchten ihn die anderen Männer, doch unermeßlich hat er durch diese nackte, klare, brutale Kraft über die Frauen Gewalt. Ob dieser Frauenräuber schön gewesen, weiß man nicht; kein zulängliches Bild von ihm ist erhalten (und doch denkt man ihn sich unwillkürlich von Frans Hals gemalt, als einen jener herausfordernden kühnen Krieger, den Hut verwegen ins Gesicht geschoben, das Auge frech und frei jedem Blick entgegen). Manche Berichte nennen ihn geradezu abstoßend häßlich. Aber um Frauen zu gewinnen, bedarf es nicht der Schönheit; schon das starke Arom von Männlichkeit, das von solchen Kraftnaturen ausströmt, das Anmaßend-Wilde, das Rücksichtslos-Gewalttätige, die Aura von Krieg und Sieg wirkt als sinnliche Verführung; keinen Mann lieben Frauen ja leidenschaftlicher, als den sie gleichzeitig fürchten und bewundern, bei dem ein leichtes, rieselndes Gefühl von Grauen und Gefahr die Lust ins Geheimnisvolle steigert. Ist aber ein solcher Gewalttäter nicht nur ein »mâle«, ein stierhaftes wildes Mannstier, sondern ist, wie bei Bothwell, das Nackt-Brutale gleichsam umhüllt von höfischer, von persönlicher Kultur, ist ihm außerdem Klugheit und Gewandtheit zu eigen, so wird seine Gewalt zur Unwiderstehlichkeit. Überall und anscheinend ohne Mühe hat dieser Abenteurer seine Abenteuer. Am französischen Hofe ist seine Beliebtheit berüchtigt, aus dem Kreise Maria Stuarts hat er sich bereits einiger Adelsdamen bemächtigt, in Dänemark hat eine Frau ihm ihren Gatten, Gut und Geld geopfert. Aber trotz all diesen Triumphen ist Bothwell keineswegs ein wirklicher Verführer, ein Don Juan, ein Frauenjäger, denn er jagt ihnen gar nicht ernstlich nach. Siege dieser Art sind seiner Kampfnatur viel zu ungefährlich und zu leicht. Bothwell nimmt die Frauen nach räuberischer Wikingerart nur als gelegentliche Beute, er nimmt sie gewissermaßen zwischendurch, wie er trinkt und spielt oder ein Pferd reitet und kämpft, als lebenssteigernde Kraftprobe, als männlichstes aller männlichen Spiele, er nimmt sie, aber er gibt sich ihnen nicht hin, er verliert sich nicht an sie. Er nimmt sie, weil Nehmen und Mit-Gewalt-Nehmen die natürlichste Lebensform seiner Machtlust ist.

Diesen Mann in Bothwell bemerkt Maria Stuart zunächst gar nicht in ihrem verläßlichen Vasallen. Ebensowenig erblickt Bothwell in der Königin die junge begehrenswerte Frau; mit seiner unbekümmerten Frechheit hatte er sich seinerzeit sogar über ihre private Person ziemlich unverblümt geäußert: »Sie und Elisabeth ergäben zusammen noch keine anständige Frau.« Erotisch sie anzusehen kommt ihm gar nicht in den Sinn, und ebensowenig hat sie eine Neigung für ihn. Ursprünglich wollte sie ihm sogar die Rückkehr verbieten, weil er über sie freche Gerüchte in Frankreich verbreitet hatte, aber sobald sie ihn einmal als Soldaten erprobt hat, bedient sie sich seiner dankbar und treu. Eine Gunst folgt der andern, er wird zum Oberbefehlshaber der Nordmark ernannt, dann zum Großleutnant von Schottland und Oberkommandanten der bewaffneten Macht im Falle von Krieg und Rebellion. Die Güter der geächteten Rebellen werden ihm geschenkt, und als besonderes Zeichen ihrer freundschaftlichen Sorge wählt die Königin – der beste Beweis, wie unerotisch ihre Beziehungen anfangs gewesen – ihm eine junge Frau aus dem reichen Geschlecht der Huntlys.

Einem solchen geborenen Herrenmenschen muß man nur Macht geben, und er reißt sie völlig an sich. Bald ist Bothwell der erste Ratgeber in allen Dingen, der eigentliche Statthalter des Reiches, und ärgerlich meldet der englische Botschafter, »sein Ansehen bei der Königin sei höher als das aller andern«. Aber diesmal hat Maria Stuart richtig gewählt, sie hat endlich einen Machtwalter gefunden, der zu stolz ist, sich von Elisabeth mit Versprechungen und Bestechungen kaufen zu lassen oder mit den Lords wegen eines kleinen Vorteils zu bündeln; mit diesem verwegenen Soldaten als getreuen Diener gewinnt sie zum erstenmal die Oberhand in ihrem eigenen Land. Bald spüren die Lords, wieviel Autorität der Königin durch Bothwells Militärdiktatur zugewachsen ist. Schon beginnen sie zu klagen, »sein Hochmut sei so groß, daß David niemals so verabscheut wurde wie er«, und gerne möchten sie sich seiner entledigen. Aber Bothwell ist kein Rizzio, der sich wehrlos abschlachten, kein Darnley, der sich widerstandslos zur Seite schieben läßt. Er kennt die Praktiken seiner Adelskameraden; ständig umgibt er sich darum mit einer starken Leibgarde, und auf seinen Wink wären seine Borderers bereit, die Waffen zu ergreifen. Ihm ist es gleichgültig, ob diese Intriganten bei Hofe ihn lieben oder hassen. Genug, daß sie ihn fürchten und daß, solange er das Schwert an der Seite trägt, die unruhige und räuberische Bande zähneknirschend der Königin pariert. Auf ausdrücklichen Wunsch Maria Stuarts hat sich sein erbittertster Feind, Moray, mit ihm versöhnen müssen; damit ist der Ring der Macht geschlossen, die Gewichte sind klar verteilt. Maria Stuart, seit von Bothwell gesichert, begnügt sich mit der bloßen Repräsentation, Moray führt weiter die innere Verwaltung, Maitland den diplomatischen Dienst und Bothwell, der Verläßliche, ist »all in all«. Dank seiner eisernen Hand herrscht wieder Ordnung und Friede in Schottland; ein einziger wirklicher Mann hat dieses Wunder bewirkt.

Je mehr Macht aber Bothwell in seine harten Hände bekommt, um so weniger bleibt für denjenigen, dem sie nach Fug und Recht zugehörte, für den König. Und allmählich schrumpft auch dies Wenige zu einem bloßen Namen, zu einem Nichts. Ein Jahr nur, und wie fern ist schon die Zeit, da die schöne junge Herrscherin Darnley leidenschaftlich gewählt, da man ihn zum König ausgerufen und er im goldenen Harnisch gegen die Rebellen geritten! Nun, nach der Geburt des Kindes, nach erledigter Pflicht, sieht der Unselige sich immer mehr beiseite geschoben und mißachtet. Man läßt ihn reden und hört ihm nicht zu, man läßt ihn gehen und begleitet ihn nicht. Er wird nicht mehr dem Staatsrat beigezogen, nicht mehr zu Geselligkeiten, immer irrt er allein herum, und ein kalter Raum von Einsamkeit wandert mit wie sein Schatten. Überall spürt er im Rücken scharfe Zugluft von

Hohn und Haß. Ein Fremder, ein Feind, steht er zwischen Feinden in seinem eigenen Land, in seinem eigenen Haus.

Dieses völlige Fallenlassen Darnleys, diese jähe Umschaltung von heiß auf kalt, mag aus dem seelischen Widerwillen der Frau verständlich sein. Aber ihre Verachtung derart öffentlich kundzutun, war eine staatspolitische Torheit der Königin. Vernunft müßte ihr gebieten, diesem Ehrgeiz-Eitlen wenigstens einen Faden Ansehen zu lassen und ihn nicht so mitleidlos der frechen Beleidigung der Lords auszusetzen. Denn immer hat Beleidigung die schlimme Wirkung, selbst aus dem Schwächsten noch Härte herauszupressen; auch Darnley, bisher bloß weichlich, wird allmählich boshaft und gefährlich. Er hält seine Erbitterung nicht länger im Zaum. Wenn er mit bewaffneten Knechten – er hat seit Rizzios Ermordung Vorsicht gelernt – für Tage wegreitet, hören die Jagdgäste offene Drohungen gegen Moray und manche der Lords. Er schreibt aus eigener Machtvollkommenheit diplomatische Briefe ins Ausland, beschuldigt darin Maria Stuart als »unverläßlich im Glauben« und bietet sich als der wahre Schutzherr des Katholizismus Philipp II. an. Als Urenkel Heinrichs VII. will er sein Recht auf Macht und Mitrede, und so seicht und weich diese Knabenseele auch sein mag, auf ihrem tiefsten Grunde glüht doch ein flackerndes Gefühl für Ehre auf. Nur charakterlos, nicht ehrlos kann man diesen Unglücklichen nennen, und wahrscheinlich hat Darnley sogar seine verächtlichsten Handlungen gerade aus verkehrtem Ehrgeiz, aus einem überreizten Geltungswillen begangen. Schließlich faßt – man hat den Bogen eben überspannt – der Zurückgestoßene einen verzweifelten Entschluß. Ende September reitet er plötzlich von Holyrood nach Glasgow und verschweigt nicht seine Absicht, Schottland zu verlassen und in die Fremde zu gehen. Er spiele nicht mehr mit, erklärt er. Man verweigere ihm die Machtbefugnis, die ihm als König gebühre; gut, aber dann schmeiße er auch den Titel hin. Man gebe ihm keinen würdigen Wirkungskreis im Reich und Haus; gut, dann verlasse er eben das Königsschloß und Schottland. Auf seinen Befehl wird ein Schiff im Hafen ständig unter Segel gehalten und alles zur Abfahrt gerüstet.

Was will Darnley mit dieser überraschenden Drohung? Hat ihn bereits eine Warnung erreicht? Ist ein Wink über ein geplantes Komplott ihm zugekommen und beabsichtigt er – unfähig, gegen die ganze Meute sich zu wehren –, rechtzeitig irgendwohin zu fliehen, wo ihn Gift und Dolch nicht erreichen können? Quält ihn ein Verdacht, jagt ihn eine Angst? Oder war die ganze Ankündigung nur ein bloßes Sichaufplustern, eine diplomatische Trotzgeste, um Maria Stuart zu erschrecken? Alle diese Möglichkeiten sind denkbar und sogar sie alle zugleich – viele Gefühle mengen sich ja immer in einem einzigen Entschluß –, keine kann man mit Entschiedenheit behaupten oder verneinen. Denn hier, da der Weg bereits in die verschattete Unterwelt des Herzens hinabzuführen beginnt, brennen die historischen Lichter trüber: vorsichtig und nur auf Vermutungen gestützt, kann man sich weitertasten in diesem Labyrinth.

Offenkundig aber ist, daß Maria Stuart über Darnleys angekündigte Abreise schwer erschrickt. Welch ein tödlicher Schlag für ihren guten Ruf wäre eine so böswillige Landesflucht des Vaters, unmittelbar vor der festlichen Taufe des Kindes? Und wie gefährlich gerade jetzt, so knapp nach dem Rizzioskandal! Wie, wenn dieser zur Weißglut der Wut aufgereizte dumme Junge am Hofe Katharinas von Medici oder Elisabeths allerhand ausplauderte, das nicht zu ihren Ehren gereichte? Welcher Triumph für die beiden Rivalinnen, welch ein Hohn vor der ganzen Welt, wenn der vielgeliebte Ehegemahl so eilig Reißaus nähme von Tisch und Bett! Sofort ruft

Maria Stuart ihren Staatsrat zusammen, und hastig wird, um Darnley zuvorzukommen, in einem großen diplomatischen Schreiben an Katharina von Medici von vorneweg alles Unrecht auf den Ausreißer gehäuft.

Aber dieser Alarm war zu früh geblasen. Denn Darnley ist gar nicht abgereist. Dieser schwächliche Knabe findet immer gerade noch die Kraft zu männlichen Gesten, nie aber zu einer männlichen Tat. Am 29. September, demselben Tage, da die Lords ihren Warnungsbrief nach Paris sandten, erscheint er unerwartet in Edinburgh vor dem Palast; jedoch er weigert sich einzutreten, solange darin noch mehrere der Lords verbleiben: wiederum ein sonderbares und kaum erklärliches Verhalten! Fürchtet Darnley das Schicksal Rizzios, will er das Schloß aus Vorsicht nicht betreten, solange er seine Todfeinde darin weiß? Oder will der Gekränkte nur öffentlich von Maria Stuart gebeten sein, wieder heimzukehren? Ist er vielleicht nur gekommen, um die Wirkung seiner Drohung auszukosten? Geheimnis, wie alle die anderen, die Darnleys Gestalt und Schicksal umwittern!

Maria Stuart faßt sich schnell. Sie hat jetzt schon eine bestimmte Technik zur Hand, mit diesem Schwächling fertig zu werden, wenn er den Herrn oder Rebellen spielen will. Sie weiß, sie muß ihm jetzt rasch – genau wie in jener Nacht nach der Ermordung Rizzios – den Willen entwinden, ehe er in seinem kindischen Trotz Unheil anstiftet. Also schleunigst fort mit allen moralischen Rücksichten und allen zimperlichen Bedenken! Wieder schauspielert sie Nachgiebigkeit. Um ihn kirre zu kriegen, scheut Maria Stuart auch nicht das äußerste Mittel: sie verabschiedet die Lords, sie geht dem vor dem Tore trotzig wartenden Darnley entgegen und führt ihn nicht nur feierlich in den Palast, sondern wahrscheinlich auch auf Circes Insel, in ihr eigenes Schlafgemach. Und siehe, der Zauber wirkt wie damals und immer auf den mit all seiner sinnlichen Leidenschaft ihr verfallenen Jungen; am nächsten Morgen ist Darnley zahm, Maria Stuart hat ihn wieder am Gängelband.

Unerbittlich muß der Verlockte wie damals nach der Rizzionacht bittern Preis zahlen. Darnley, der sich bereits wieder Herr und Gebieter fühlt, stößt plötzlich im Empfangsgemach auf den französischen Gesandten und die Lords: Maria Stuart hat sich, genau wie Elisabeth für die Moraykomödie, rechtzeitig Zeugen bestellt. Vor ihnen fragt sie nun laut und eindringlich »for God's sake« Darnley, weshalb er Schottland verlassen wolle, und ob sie ihm etwa dazu irgendwelchen Anlaß gegeben habe. Es ist eine harte Überraschung für Darnley, der sich noch ganz als Liebhaber und Geliebter fühlt, wie ein Angeklagter diesen Lords und dem Gesandten vorgeführt zu werden. Finster steht er da, der lange Bursche mit seinem blassen bartlosen Kindergesicht. Wäre er ein wirklicher Mann und aus hartem Holz geschnitzt, jetzt wäre der Augenblick, stark aufzutreten, herrisch seine Beschwerden vorzubringen und statt als Angeklagter sich als Richter und König über diese Frau und vor seine Untertanen zu stellen. Aber mit einem wächsernen Herzen wagt man keinen Widerstand. Wie auf schlimmer Tat ertappt, wie ein Schuljunge, der Angst hat, jeden Augenblick könnten ihm die Tränen ohnmächtiger Wut in die Augen treten, steht Darnley in dem großen Saal, beißt die Lippen zusammen und schweigt und schweigt. Er gibt keine Antwort. Er beschuldigt nicht, aber er entschuldigt sich auch nicht. Allmählich beginnen die Lords, von diesem Schweigen peinlich berührt, ihm höflich zuzureden, wie er »so beautiful a queen and so noble a realm« verlassen könne. Aber vergeblich; Darnley würdigte sie keiner Antwort. Dieses Schweigen voll Trotz und geheimer Drohung wirkt auf die Versammelten immer niederdrükkender, man spürt, daß dieser Unselige sich nur mehr mühsam zurückhält, um nicht loszufahren, und es wäre eine fürchterliche Niederlage für Maria Stuart, wenn er die Kraft aufbrächte, dieses anklägerische starke Schweigen durchzuhalten. Aber Darnley wird schwach. Wie der Gesandte und die Lords ihn immer und immer wieder »avec beaucoup de propos« bedrängen, läßt er sich schließlich mit leiser und unwilliger Stimme das Zugeständnis entringen, nein, seine Frau habe ihm keinen Anlaß zur Abreise geboten. Mehr hat Maria Stuart nicht gewollt als diese Erklärung, die ihn selber ins Unrecht setzt. Jetzt ist ihr guter Ruf vor dem französischen Gesandten gesichert. Nun kann sie wieder ruhig lächeln und mit einer abschließenden Handbewegung feststellen, diese Erklärung Darnleys genüge ihr vollkommen.

Aber Darnley ist nicht zufrieden; Scham würgt ihm das Herz, daß er abermals dieser Delila erlegen, daß er sich aus dem Bollwerk seiner Stummheit herauslocken ließ. Unermeßliche Qual muß der damals Betörte und Genarrte empfinden, wie sie ihm jetzt mit hoheitsvoller Gebärde gewissermaßen »verzeiht«, während er wahrscheinlich mit mehr Recht hätte den Ankläger spielen können. Zu spät findet er etwas Haltung zurück. Er bricht das Gespräch schroff ab. Ohne einen höflichen Gruß gegen die Lords, ohne seine Frau zu umarmen, hart wie ein Herold, der eine Kriegserklärung übergibt, verläßt er das Zimmer. Seine einzigen Abschiedsworte sind: »Madame, Sie werden mich so bald nicht wiedersehen.« Aber die Lords und Maria Stuart lächelten einander nur erleichtert an, da der »proud fool«, der aufbegehren und frech gekommen, mit geducktem Rücken wieder heimschleicht; seine Drohung erschreckt niemanden mehr. Möge er nur fernbleiben, und je weiter, um so besser für ihn und alle.

Aber doch! Den Unbrauchbaren, einmal braucht man ihn noch. Den niemand im Haus will, einmal ruft man ihn noch dringlich heim. Nach langer Verzögerung soll am 16. Dezember im Schlosse von Stirling die feierliche Taufe des jungen Prinzen stattfinden. Großartige Vorbereitungen sind getroffen. Elisabeth, die Patin, ist zwar nicht selbst erschienen – ein Leben lang hat sie jede Gelegenheit vermieden, Maria Stuart zu begegnen –, aber sie hat, ausnahmsweise ihre berüchtigte Sparsamkeit überwindend, ein kostbares Geschenk durch den Earl of Bedford überbringen lassen, ein schwergewichtiges, köstlich getriebenes Taufbecken aus reinem Gold, den Rand mit Juwelen besetzt. Die Gesandten Frankreichs, Spaniens, Savoyens sind zur Stelle, der ganze Adel entboten; wer durch Namen und Ansehen gilt, will bei dieser Feier nicht fehlen. Bei solcher repräsentativer Entfaltung geht es nun mit bestem Willen nicht an, eine an sich zwar unbedeutende Persönlichkeit auszuschalten, nämlich Henry Darnley, den Vater des Kindes, den Herrn des Landes. Aber Darnley, der weiß, daß man ihn zum letztenmal benötigt, läßt sich nicht mehr so leicht einfangen. Er hat genug an den öffentlichen Beschämungen, er weiß, daß der englische Gesandte Auftrag hat, ihm den Titel »Majestät« zu verweigern, und der französische Gesandte, den er in seinem Zimmer aufsuchen will, läßt ihm mit erstaunlicher Anmaßung sagen, er würde bei der einen Tür des Zimmers herausgehen, sobald Darnley bei der andern hereinkäme. Jetzt endlich bäumt sich in dem Getretenen der Stolz – freilich langt seine Kraft nur wieder zu einer infantil schmollenden und boshaften Geste. Aber diesmal ist die Geste wirksam. Darnley bleibt zwar im Schlosse von Stirling, aber er zeigt sich nicht. Er trotzt durch Abwesenheit. Demonstrativ verläßt er seine Gemächer nicht, er nimmt nicht teil an dem Taufakt seines Sohnes, an Ball und Fest und Maskenspiel; statt seiner –

und ein Murmeln des Ärgers geht durch die Reihen – empfängt Bothwell, der verhaßte Günstling, in neuen prächtigen Gewändern die Gäste, und Maria Stuart muß sich in Freundlichkeit und Heiterkeit überbieten, damit niemand an das Skelett im Hause denke, an den Herrn, Vater und Gatten, der eine Treppe höher oben im verriegelten Zimmern sitzt und dem es gelungen ist, seiner Frau und ihren Freunden gründlich die Festfreude zu verderben. Noch einmal hat er bewiesen, daß er da ist, noch da ist; gerade durch sein Nichtdabeisein bringt Darnley sein Dasein zum letztenmal in Erinnerung.

Aber für dieses knabenhaft auftrotzende Benehmen wird schleunig die Zuchtrute zugeschnitten. Ein paar Tage später, am Weihnachtsabend, zuckt sie mit scharfem Hieb nieder. Das Unerwartete tritt ein: Maria Stuart, die sonst Unversöhnliche, entschließt sich auf den Rat Morays und Bothwells, die geächteten Mörder ihres Rizzio zu begnadigen. Damit sind die erbittertsten Todfeinde Darnleys, die Verschwörer, die er damals belogen und betrogen, wieder ins Land zurückgerufen. Darnley, so einfältig er sonst sein mag, erkennt sofort die tödliche Gefahr für seine Person. Wenn dieser Klüngel, Moray, Maitland, Bothwell, Morton, sich zusammenrottet, dann bedeutet das eine Treibjagd, dann ist er endgültig umstellt. Es muß einen Sinn haben, wenn seine Frau sich plötzlich mit seinen bittersten Feinden verständigt, einen Sinn und auch einen Preis, den er nicht gewillt ist zu bezahlen.

Darnley hat die Gefahr begriffen. Er weiß, jetzt geht es gegen sein Leben. Wie ein Wild, das die Bluthunde schon hart auf der Spur weiß, flüchtet Darnley mit einem Sprung weg aus dem Schloß zu seinem Vater nach Glasgow. Noch ist das verhängnisvolle Jahr nicht zu Ende, seit man Rizzio in die Erde gescharrt, und wieder sind die Mörder brüderlich versammelt, nah und immer

Maria Stuart, Königin von Frankreich und Schottland

Franz II., König von Frankreich

Elisabeth, Königin von England

Henry Darnley, König von Schottland

Jean Cnoxe,
né en Ecosse, il fut joindre
Calvin à Geneve, et mourut
en Ecosse en 1572 agé de 67 ans.
Gravé a Paris par E. Desrochers ruë du foin pres la ruë S. Jacques.

John Knox

William Cecil, Lord Burleigh

James VI., König von Schottland

Maria Stuart

näher rückt etwas Unheimliches heran. Die Toten schlafen nicht gern allein in ihrer Tiefe, immer fordern sie jene zu sich, die sie hinabgestoßen, immer senden sie Angst und Grauen als Herolde voraus.

Wirklich, irgend etwas Dunkles und Schweres wie eine Wolke am föhnigen Tag, etwas Drückendes und Fröstelndes hängt über dem Schloß von Holyrood seit einigen Wochen. An jenem Abend der Königstaufe im Schloß von Stirling, als Hunderte von Kerzen den Gästen entgegenglühten, da man den Fremden die Pracht des Hofes zeigen wollte und den Freunden Freundlichkeit, hat noch einmal Maria Stuart, immer für kurze Spannen Zeit Meisterin ihres Willens, alle Kraft zusammengefaßt. Sie hat ihre Augen strahlen lassen von erheucheltem Glück, sie hat die Gäste bezaubert durch funkelnde Laune und gewinnende Herzlichkeit; aber kaum verlöschen die Lichter, so erlischt auch ihre gespielte Freudigkeit, still wird es, grauenhaft still in Holyrood, still, merkwürdig still in ihrer Seele; irgendein geheimnisvoller Kummer, eine undurchsichtige Befangenheit bemächtigt sich der Königin. Eine sonst ganz fremde Melancholie liegt mit einmal wie ein trüber Schatten auf ihrem Antlitz, das innerste Gemüt scheint durch irgend etwas Unerklärliches verstört. Sie tanzt nicht mehr, sie verlangt nicht mehr nach Musik, auch ihre Gesundheit scheint seit jenem Ritt von Jedburgh, nach dem man sie wie tot vom Pferde gehoben, völlig erschüttert. Sie klagt über Schmerzen in der Seite, sie bleibt tagelang im Bett und meidet alle Fröhlichkeit. Nur kurze Zeit aber hält sie es in Holyrood aus, ganze Wochen verbringt sie in abgelegenen Behausungen und anderen Schlössern, aber nirgends lange, eine fürchterliche Unrast treibt sie weiter und weiter. Es ist, als arbeite in ihr ein zerstörendes Element, als horchte sie mit einer grauenhaften Spannung und Neugier auf dieses Schmerzhafte, das in ihr wühlt – etwas Neues, etwas anderes hat in ihr begonnen, etwas Feindseliges und Böses Gewalt bekommen über ihre sonst so helle Seele. Einmal überrascht sie der französische Gesandte auf dem Bett liegend und bitter schluchzend; der alte erfahrene Mann läßt sich nicht täuschen, wie nun die Beschämte beginnt, hastig von Schmerzen in der linken Seite zu erzählen, die sie bis zu Tränen peinigen. Er erkennt sofort, das sind Sorgen der Seele und nicht des Körpers, Sorgen nicht der Königin, sondern die einer unglücklichen Frau. »Die Königin fühlt sich nicht wohl«, meldet er nach Paris, »aber ich glaube, daß die wahre Ursache ihrer Krankheit in einem tiefen Schmerze liegt, für den es kein Vergessen gibt. Immer wiederholt sie: ›Ich möchte sterben.‹«

Auch Moray, Maitland und den Lords entgeht nicht die Verdüsterung ihrer Herrin. Jedoch besser zum Krieg als zur Seelenkunde geschult, sehen sie nur den groben, den äußern, den handgreiflichen Anlaß der ehelichen Enttäuschung. »Für sie ist es unerträglich«, schreibt Maitland, »daß er ihr Gatte ist und sie keinen Ausweg weiß, um von ihm freizukommen.« Aber Du Croc, der alte erfahrene Mann, hat richtiger gesehen, als er von einem »tieferen Schmerze« sprach, »für den es kein Vergessen gibt«. Eine andere, eine innerliche und unsichtbare Wunde in ihrer Seele quält diese unglückliche Frau. Der Schmerz, für den es kein Vergessen gibt, ist, daß sie sich vergessen hat, sich und ihre Ehre, Gesetz und Sitte, daß eine Leidenschaft sie aus dem Dunkel her plötzlich überfallen hat wie ein reißendes Tier und ihren Leib bis in die Eingeweide zerfleischt, eine maßlose, eine unstillbare, unersättliche Leidenschaft, als Verbrechen beginnend und nicht anders zu lösen als durch neues und neues Verbrechen. Und nun kämpft sie, über sich selbst erschreckend, von sich selber beschämt, nun quält sie sich, dies grausige Geheimnis zu verbergen, und fühlt doch und weiß doch, es läßt sich nicht verbergen und verschweigen. Schon ist stärkerer Wille über ihr als ihr wissendes Wollen; schon gehört sie nicht mehr sich selbst, sondern hilflos und ratlos dieser übermächtigen, dieser unsinnigen Leidenschaft.

Elftes Kapitel

Tragödie einer Leidenschaft

1566, 1567

Die Leidenschaft Maria Stuarts zu Bothwell gehört zu den denkwürdigsten der Geschichte; kaum die antiken und sprichwörtlich gewordenen übertreffen sie an Wildheit und Wucht. Wie eine jähe Stichflamme schießt sie empor, bis in die purpurnen Zonen der Ekstase, bis in die nachtdunklen des Verbrechens schleudert sie ihre rasende Glut. Erreichen aber Seelenzustände einmal ein solches Übermaß, so handelte man einfältig, sie nach Logik und Vernunft zu bemessen, denn immer gehört es zum Wesen unzähmbarer Triebe, daß sie widervernünftig sich äußern. Leidenschaften wie Krankheiten kann man weder anklagen noch entschuldigen: man kann sie nur beschreiben mit jenem immer neuen Erstaunen, dem ein leises Grauen sich beimengt vor der Urkraft des Elementaren, das manchmal in der Natur, manchmal in einem Menschen gewitterhaft zum Ausbruch gelangt. Immer sind Leidenschaften dieses äußersten Grades nicht mehr der Willensfähigkeit des Menschen untertan, den sie befallen, sie gehören mit allen ihren Äußerungen und Folgerungen nicht mehr in die Sphäre seines bewußten Lebens, sondern geschehen gleichsam über ihn hinweg und jenseits seiner Verantwortlichkeit. Einen dermaßen von seiner Leidenschaft überwältigten Menschen moralisch beurteilen zu wollen bedeutete gleiche Sinnlosigkeit, als wollte man ein Gewitter zur Rechenschaft ziehen oder einen Vulkan vor Gericht stellen. So kann man auch Maria Stuart während ihres Zustandes sinnlich-seelischer Hörigkeit kaum für ihre Handlungsweise verantwortlich machen, denn ihr unsinniges Handeln in jener Zeit liegt völlig außerhalb ihrer sonstigen normalen und eher gemäßigten Lebensverfassung; alles wird von ihren berauschten Sinnen ohne und sogar gegen ihren Willen getan. Verschlossenen Auges, tauben Ohres geht sie wie eine Traumwandlerin, angezogen von der magnetischen Macht, ihren Weg in Verhängnis und Verbrechen. Kein Rat kann sie erreichen, kein Ruf sie erwecken, und erst sobald die innere Flamme in ihrem Blute sich aufgezehrt hat, wird sie wieder erwachen, aber ausgebrannt und zerstört. Wer einmal durch eine solche Glut gegangen, dem verbrennt sie das Leben.

Denn niemals wiederholt sich eine Leidenschaft solchen Übermaßes in ein und demselben Menschen ein zweites Mal. So wie eine Explosion den ganzen Vorrat an Sprengstoff, verbraucht ein solcher Ausbruch immer und für immer den innern Vorrat des Gefühls. Bei Maria Stuart dauert die Weißglut der Ekstase kaum länger als ein halbes Jahr. Aber in dieser knappen Frist steigert und spannt sich ihre Seele empor zu solchen Feurigkeiten, daß sie später nur mehr Schatten sein kann dieses unmäßig lodernden Lichts. Wie manche Dichter (Rimbaud), manche Musiker (Mascagni) in einem einzigen genialen Werk sich völlig ausgeben und nachher kraftlos und verbraucht in sich zurückstürzen, so gibt es Frauen, die in einem einzigen Anfall von Leidenschaft auf einmal ihre ganze Liebesmöglichkeit verschwenden, statt sie wie die maßvolleren, die bürgerlichen Naturen sparsam auf Jahre und Jahre zu verteilen. In einem Extrakt genießen sie zusammengepreßt die ganze Liebe ihres Lebens, in einem Sturz werfen sich solche Frauen, Genies der Selbstverschwendung, in jene letzte Tiefe der Leidenschaft, aus der es nicht mehr Rettung gibt und Wiederkehr. Für eine solche Art der Liebe, die, weil sie Gefahr und Tod nicht scheut, man wahrhaft die heldische nennen kann, wird Maria Stuart immer ein vollendetes Beispiel sein, sie, die nur einmal eine Leidenschaft zu erleben wußte, diese aber bis zu dem letzten Ende des Gefühls: bis zur Selbstauflösung und Selbstzerstörung.

Auf den ersten Blick mag es befremdlich erscheinen, daß eine derartig elementare Leidenschaft wie jene Maria Stuarts zu Bothwell so rasch ihrer früheren Neigung zu Darnley folgt. Und doch ist gerade diese Entwicklung die einzige logische und natürliche. Denn wie jede andere große Kunst will auch Liebe gelernt, geprobt und erfahren sein. Nie oder beinahe nie findet – genau wie in der Kunst – der erste Griff schon die ganz vollendete Lösung: dieses ewig gültige Gesetz der Seelenkunde, daß fast immer eine Leidenschaft höchsten Grades eine frühere und geringere als Stufe voraussetzt, hat Shakespeare, der beste Seelenwisser, großartig in seiner Dichtung aufgetan. Es ist vielleicht der genialste Griff seiner unsterblichen Liebestragödie, daß er sie nicht (wie es ein geringerer Künstler und Kenner gestaltet hätte) mit der blitzhaften Zündung der Liebe Romeos zu Julia einsetzen läßt, sondern scheinbar paradoxerweise mit Romeos Verliebtheit in irgendeine Rosalinde. Bewußt ist hier ein Irrtum des Herzens vor die heiße Wahrheit gesetzt, ein Vorzustand, ein schülerhafter und halb unbewußter, geht der Meisterschaft voraus; Shakespeare zeigt an seinem herrlichen Beispiel, daß es keine Erkenntnis gibt ohne frühere Ahnung, keine Lust ohne Vorlust und daß ein Gefühl, um seine Flamme bis ins Unendliche zu erheben, schon vordem einmal erregt und entzündet gewesen sein muß. Nur weil Romeo sich innerlich in einem Spannungszustand befindet, weil seine starke und leidenschaftliche Seele sich nach Leidenschaft sehnt, greift der Liebeswille in ihm zunächst töricht und blind nach dem ersten Anlaß, nach der durchaus zufälligen Rosalinde, um dann erst, sehend und wissend geworden, die halbe Liebe rasch gegen die ganze, Rosalinde gegen Julia, zu vertauschen. Genau so war Maria Stuart mit noch blindem Gefühl zunächst Darnley entgegengegangen, nur weil er, jung und hübsch, wie er war, in der rechten Stunde kam. Aber sein matter Atem war zu schwach, ihre innere Glut zu nähren. Er vermochte sie nicht aufschlagen zu lassen in die Himmel der Ekstase, sie konnte sich nicht ausbrennen und nicht auflodern. So schwelte diese Glut dunkel weiter, die Sinne erregend und doch die Seele enttäuschend, ein qualvoller Zustand des Nach-innen-Brennens mit erstickter Flamme. Sobald aber der Richtige kam, er, dem es gegeben war, diese Qual zu erlösen, der dieser in sich selbst erstickten Glut Luft und Nahrung schenkte, so schlug die niedergepreßte Flamme in einer einzigen Lohe bis in alle Himmel und Höllen. Genau wie Romeos Gefühl für Rosalinde sich spurlos auflöst in seiner wahren Leidenschaft für Julia, so vergißt Maria Stuart die sinnliche Neigung für Darnley sofort in der restlosen und ekstatischen für Bothwell. Denn immer ist es Form und Sinn jeder letzten Leidenschaft, daß sie sich an allen früheren nur nährt und steigert. Immer wird alles, was ein Mensch vordem an Leidenschaft sich vortäuschte, erst in einer wirklichen Liebe wahr.

Für die Geschichte der Leidenschaft Maria Stuarts zu Bothwell haben wir zweierlei Urkunden. Die ersten sind die zeitgenössischen Annalen, Chroniken und Dokumente, die anderen eine Reihe überlieferter Briefe und Verse, die ihr zugeschrieben werden; beide Formen, die äußere Projektion der Tatsachen und das innere Zeugnis des seelischen Antriebs, passen haarscharf ineinander. Dennoch weigern sich aber all jene, die meinen, Maria Stuart im Namen einer nachträglichen Moral verteidigen zu müssen gegen eine Leidenschaft, gegen die sie sich selbst nicht zu verteidigen wußte, die Echtheit jener Briefe und Gedichte anzuerkennen. Sie nennen sie glattweg gefälscht und historisch unzuverlässig. Dafür haben sie im prozessualen Sinne zweifellos eine gewisse Handhabe. Denn jene Briefe und Sonette Maria Stuarts sind nur in übersetzten und sogar vielleicht verstümmelten Texten auf uns gekommen. Die Originale fehlen und werden niemals mehr ans Licht kommen, die eigenen Handschriften Maria Stuarts, also das letzte, unwidersprechliche Zeugnis, sind vernichtet, und man weiß auch durch wen. James I., ihr Sohn, hat sofort, nachdem er zur Herrschaft gelangt, diese für die Frauenehre seiner Mutter im bürgerlichen Sinne belastenden Schriftstücke dem Feuer überliefert. Seitdem geht um die Echtheit oder Unechtheit dieser sogenannten »Kassettenbriefe« ein erbitterter Streit mit der ganzen Parteilichkeit, die sich aus religiösen und nationalen Gründen in der Beurteilung Maria Stuarts herausgebildet hat; gerade für den parteilosen Darsteller ist es darum notwendig, Beweis gegen Beweis abzuwägen. Seine Entscheidung wird aber immer eine persönliche, eine individuelle sein müssen, weil der letzte wissenschaftliche oder gerichtsmäßig gültige Beweis, die Vorweisung der Originale, nicht mehr möglich ist und nur logisch, nur psychologisch ihre Echtheit behauptet oder geleugnet werden kann.

Dennoch: wer Maria Stuart wahr sehen und in ihrem innern Wesen darstellen will, muß sich entscheiden, ob er diese Gedichte, diese Briefe für echt hält oder nicht. Er darf nicht mit einem achselzuckenden »Forse che si, forse che no«, mit einem scheuen »Vielleicht, vielleicht auch nicht« an dieser Frage vorbeischleichen, denn hier liegt der seelische Kernpunkt der inneren Entwicklung; er muß mit voller Verantwortlichkeit das Für und Wider abwägen, und wenn er sich für die Echtheit entscheidet und jene Gedichte als gültige Zeugnisse in seiner Darstellung verwertet, so hat er seine Überzeugung offen und klar zu begründen.

»Kassettenbriefe« werden jene Briefe und Sonette genannt, weil sie nach Bothwells überstürzter Flucht in einer verschlossenen silbernen Kassette gefunden wurden. Daß tatsächlich Maria Stuart jene Kassette, die sie von Franz II., ihrem ersten Gemahl, empfangen hatte, Bothwell wie alles andere geschenkt, steht außer Zweifel, und ebenso, daß Bothwell in diesem sicheren Schrein seine geheimsten Dokumente aufbewahrt hatte, darunter selbstverständlich die Briefe Maria Stuarts. Ebensowenig ist fraglich, daß jene Mitteilungen Maria Stuarts an ihren Geliebten unvorsichtige und kompromittierende gewesen sein müssen, denn erstens war Maria Stuart zeitlebens eine wagemutige, unbedenkliche Frau und hat niemals verstanden, in Wort oder Schrift ihre Gefühle zurückzuhalten. Zweitens bezeugt die maßlose Freude ihrer Gegner bei der Auffindung dieser Briefe, daß sie irgend etwas Belastendes oder Beschämendes für Maria Stuart enthalten mußten. Aber die Verteidiger der Fälschungshypothese streiten das Vorhandensein solcher Briefe und Gedichte gar nicht mehr ernstlich ab, sondern behaupten nur, daß die Lords in den wenigen Tagen zwischen der gemeinsamen Überprüfung bis zur Vorlegung im Parlament statt der Originale böswillige Fälschungen eingeschmuggelt hätten, daß also jene veröffentlichten Briefe keineswegs dieselben gewesen seien wie die in dem verschlossenen Schrein ursprünglich vorgefundenen.

Hier nun setzt die Frage ein: Wer von den Zeitgenossen hat diese Anschuldigung erhoben? Und die Antwort lautet belastenderweise: Eigentlich niemand. Die Lords haben gemeinsam am Tage, nachdem die Kassette in Mortons Hände gefallen war, sie eröffnet und die Echtheit beschworen, das versammelte Parlament hat sie noch einmal geprüft (darunter nächste Freunde Maria Stuarts) und keinen Zweifel geäußert, sie wurden ein drittes, ein viertes Mal in York und Hampton Court gezeigt, mit anderen Originalen von der Hand Maria Stuarts verglichen und als echt befunden. Vor allem aber fällt überzeugend ins Gewicht, daß Elisabeth den Druck der Texte an alle Höfe sandte, und so dubios ihr Charakter auch sein mag, eine offene freche Fälschung, welche irgendeiner der Teilnehmer irgendeines Tages hätte aufdecken können, hätte die Königin von England nie patronisiert: diese Politikerin war zu vorsichtig, bei kleinem Betrug sich ertappen zu lassen. Die einzige Person, die damals um ihrer Ehre willen verpflichtet gewesen wäre, die ganze Welt angesichts einer Fälschung zu ihrer Hilfe anzurufen, Maria Stuart, die Hauptbeteiligte, die angeblich schuldlos Verleumdete, hat – man staunt – nur ganz, ganz lau und gar nicht überzeugend protestiert. Zunächst sucht sie durch geheime Verhandlungen zu verhindern, daß die Briefe in York überhaupt vorgelegt werden – warum, muß man fragen, denn eine nachweisbare Fälschung hätte ihre Stellung nur gestärkt! –, und wenn sie schließlich ihren Vertretern Auftrag gibt, im vorhinein alles, was man gegen sie vorbringen könnte, »en bloc« als unwahrhaftig zurückzuweisen, so bedeutet das bei Maria Stuart nicht viel, die sich in politischen Dingen wenig an die Wahrheit gehalten hat und einfach verlangte, daß ihre »parole de prince« mehr zu gelten habe als alle Beweise. Aber selbst dann, als in dem Libell Buchanans die Briefe gedruckt werden und anklägerisch in alle Winde wehen, an allen Höfen begierig gelesen werden, erhebt sie keinerlei wilden Protest, sie beschwert sich mit keiner Silbe über eine Fälschung ihrer Dokumente, sondern nennt Buchanan bloß ganz allgemein einen »abscheulichen Atheisten«. In keinem Briefe, nicht an den Papst, nicht an Frankreichs König, nicht an ihre Verwandten, schreibt sie ein Wort, man hätte Briefe und Gedichte von ihr gefälscht, und ebensowenig hat je der französische Hof, der schon von der ersten Stunde an Kopien der Originale in Händen hatte, in einer so aufsehenerregenden Sache für Maria Stuart Stellung genommen. Niemand der Zeitgenossen hat also einen Augenblick an der Echtheit gezweifelt, keiner der zeitgenössischen Freunde ein so ungeheures Unrecht öffentlich behauptet, wie es die Unterschiebung falscher Dokumente doch dargestellt hätte. Erst hundert, erst zweihundert Jahre später, als die Originale von ihrem Sohne längst vernichtet waren, hat sich die Fälschungshypothese im Zusammenhang mit der Bemühung, diese kühne und unbändige Frau als ahnungsloses und makelloses Opfer einer niederträchtigen Konspiration hinzustellen, allmählich vorgewagt.

Die Haltung der Zeitgenossen, das historische Argument, spricht also unbedingt für die Echtheit und ebenso deutlich meines Erachtens das philologische, das psychologische. Denn – um zuerst die Gedichte ins Auge zu fassen – wer, muß man fragen, im damaligen Schottland wäre fähig gewesen, in so knapper Frist in einer fremden, in französischer Sprache einen Zyklus Sonette zu dichten, die allerintimste Kenntnis der privaten Vorgänge in Maria Stuarts Leben voraussetzen? Zwar kennt die Weltgeschichte zahllose Fälle von untergeschobenen Dokumenten und Briefen, auch in der Literatur sind allerhand apokryphe Dichtungen oft geheimnisvoll aufgetaucht, aber dann handelt es sich wie bei Macphersons Ossian-Gedichten oder bei der Fälschung der Königinhofer Handschrift immer um philologische Rekonstruktionen aus verschollenen jahrhundertweiten Epochen. Niemals aber war versucht worden, einem lebenden Menschen einen ganzen Zyklus Gedichte zu unterschieben. Und wie absurd auch der Gedanke, schottische Landjunker, denen Dichtung das

Fremdeste auf Erden war, würden, um ihre Königin zu kompromittieren, rasch elf Sonette in französischer Sprache dichten! Wer also war der namenlose Zauberer – die Frage hat keiner der Paladine je beantwortet –, der in einer fremden Sprache so vollendet und stilgenau eine Gedichtreihe der Königin unterschieben konnte, die Wort für Wort, Gefühl um Gefühl mit dem Geheimsten dieser Frau in Einklang steht? Selbst ein Ronsard, ein Du Bellay hätten dies nicht so rasch und so seelenwahr vermocht, und wie da erst die Mortons, die Argylls und Hamiltons und Gordons, die allenfalls das Schwert, aber schwerlich ein Tischgespräch in französischer Sprache zu führen wußten!

Ist aber die Echtheit der Gedichte gewiß (und sie wird heute kaum ernstlich mehr geleugnet), so ist man genötigt, sich auch zur Echtheit der Briefe zu bekennen. Zugegeben sei, daß durch die Rückübersetzung ins Lateinische und Schottische (nur zwei Briefe sind in der Originalsprache erhalten) einige Einzelheiten verändert sein mögen, vielleicht ist tatsächlich sogar eine oder die andere Stelle eingefügt. Aber im ganzen sprechen dieselben Argumente überzeugend für die Echtheit der Briefe und ganz besonders ein letztes, ein psychologisches. Denn wenn ein angebliches »Verbrecherkonsortium« aus Haß belastende Briefe hätte fälschen wollen, so wäre es doch selbstverständlich gewesen, daß es eindeutige Geständnisse fabriziert hätte, welche Maria Stuart verächtlich machten und sie als liebeslüsterne, heimtückische, bösartige Frau darstellten. Völlig widersinnig aber wär das Absurdum, daß man, um Maria Stuart zu schaden, Briefe und Gedichte erfunden hätte wie die überlieferten, die sie eher entschuldigen als beschuldigen, weil sie menschlich erschütternd vor allem das Grauen Maria Stuarts vor dem Mitwissen und der Mithilfe am Verbrechen zum Ausdruck bringen. Denn nicht die Lust dieser Leidenschaft, sondern ihre grimmigste Not offenbaren diese Briefe, die wie erstickte Schreie sind eines bei lebendigem Leibe Brennenden und Verbrennenden. Gerade daß sie mit solcher Ungeschicklichkeit, in so wirrer Gedankenflucht, daß sie in so sichtlicher Hast und Verstörung hingeworfen sind von einer Hand, die, man spürt es, im Schreiben vor Erregung zittert, gerade dies entspricht vollkommen jenem überreizten Seelenzustand, den Maria Stuarts Handlungen in jenen Tagen bezeugen; nur ein Seelenwisser genialsten Ranges hätte derart vollendet eine solche psychologische Untermalung zu den offenbaren Tatsachen erdichten können. Moray, Maitland und Buchanan, die abwechselnd aufs Geratewohl von den professionellen Ehrenrettern Maria Stuarts der Fälschung beschuldigt werden, sie aber waren keine Shakespeares, keine Balzacs, keine Dostojewskis, sondern kleine Seelen, wohl fähig kleiner schuftiger Betrügereien, aber nicht fähig, in ihren Tintenstuben ein Gebilde von so erschütternder seelischer Wahrhaftigkeit aufzubauen, wie es diese Briefschaften Maria Stuarts für alle Zeiten sind; der Genius, der diese Briefe erfunden haben sollte, müßte erst gefunden werden. Und so darf der Unbefangene einzig Maria Stuart, welche immer nur die Not und der innerste Druck der Seele zur Dichterin schuf, guten Gewissens als die Verfasserin jener Briefe und Gedichte anerkennen und als sicherste Zeugin ihrer bittersten Stunde anrufen.

Einzig durch den Selbstverrat im Gedicht kennt man vor allem den Beginn dieser unseligen Leidenschaft. Einzig dank jener glühenden Zeilen weiß man, daß nicht langsam und kristallinisch diese Liebe sich gebildet, sondern mit einem Ruck sich über die ahnungslose Frau geworfen und sie für immer an sich gerissen hat. Den unmittelbaren Anlaß bildet ein grober körperlicher Akt, ein Überfall Bothwells, eine halbe oder ganze Vergewaltigung.

Wie ein Blitz erhellen die Verse in ihrem Sonett das Dunkel:

»Pour luy aussi j'ay jette mainte larme,
Premier qu'il fust de ce corps possesseur,
Duquel alors il n'avoit pas le coeur.«

»Für ihn hab' manche Träne ich vergossen,
Zuerst, da er sich meines Leibs bemächtigt,
Des damals er noch nicht das Herz besaß.«

Mit einem Schlage sieht man die ganze Situation. Maria Stuart ist seit Wochen mehr und mehr mit Bothwell zusammen gewesen; er hat sie als erster Berater des Reichs, als der Kommandant ihrer Heermacht auf Reisen und Lustfahrten von Schloß zu Schloß begleitet. Aber keinen Augenblick hat sie, die doch eben selbst für diesen Mann eine schöne adelige Frau gewählt und seiner Hochzeit beigewohnt hat, in diesem jungen Ehegatten einen Werbenden erblickt; doppelt gesichert und unantastbar mußte sie sich durch jene Ehe gegenüber ihrem getreuen Vasallen empfinden. Arglos konnte sie mit ihm reisen, unbedenklich mit ihm beisammen sein. Aber immer wird Maria Stuarts unvorsichtig vertrauendes Sicherheitsgefühl, gerade die wertvollste Eigenschaft ihres Charakters, ihr zur Gefahr. Wahrscheinlich, man glaubt die Szene zu sehen, erlaubt sie sich gelegentlich mit ihm eine jener lässigen Vertraulichkeiten, jener weiblichen koketten Achtlosigkeiten, wie sie ihr schon bei Chastelard, schon bei Rizzio verhängnisvoll geworden sind. Sie bleibt vielleicht lange mit ihm allein in den Gemächern, sie plaudert vertraulicher, als es die Vorsicht gebietet, sie scherzt, sie spielt, sie spaßt mit ihm. Aber dieser Bothwell ist kein Chastelard, kein romantischer Lautenschläger und Troubadour, kein Rizzio, kein schmeichlerischer Emporkömmling: Bothwell ist ein Mann mit heißen Sinnen und harten Muskeln, ein Triebmensch und Instinktmensch, der vor keinerlei Verwegenheit zurückschreckt. Ein solcher Mann läßt sich nicht leichtfertig herausfordern und reizen. Schroff greift er zu, er packt die Frau, die sich längst schon in einem schwankenden und irritierten Seelenzustand befindet, deren Sinne durch die erste törichte Neigung erregt und doch nicht beschwichtigt sind. »Il se fait de ce corps possesseur«, er überrumpelt sie oder vergewaltigt sie. (Wer kann den Unterschied messen in solchen Momenten, da Wollen und Sich-Wehren rauschhaft zusammenfließen?) Man kann kaum zweifeln: auch von seiten Bothwells war dieser Überfall gewiß kein vorbedacht geplanter, nicht Erfüllung einer lange zurückgehaltenen Zärtlichkeit, sondern eine impulsive Lusthandlung ohne jede Seelenbetonung, ein rein körperlicher, ein rein physischer Gewaltakt.

Doch die Wirkung auf Maria Stuart ist blitzhaft hinschmetternd. Etwas völlig Neues bricht wie Sturm in ihr ruhiges Leben: mit ihrem Körper hat Bothwell auch ihr Gefühl vergewaltigt. In beiden Gatten, dem fünfzehnjährigen Kindgemahl Franz II. und dem unbärtigen Darnley, war sie bislang nur halbmännlichen Charakteren begegnet, Weichlingen und Schwächlingen. Schon war es ihr selbstverständlich geworden, die Schenkende, die großmütig Beglückende, die Herrin und Herrscherin auch in dieser geheimsten Sphäre zu sein und niemals die Nehmende, die Genommene, die Überwältigte. In diesem brutalen Gewaltakt aber ist sie plötzlich – und ihre Sinne taumeln betäubt unter dieser Überraschung – einem wirklichen Manne begegnet, endlich einem, der alle ihre weiblichen Kräfte, ihre Scham, ihren Stolz, ihr Sicherheitsgefühl zerschlagen hat, endlich einem, der ihr die eigene, bisher noch nicht bewußte vulkanische Welt lustvoll aufgetan. Noch ehe sie die Gefahr erkannt, noch ehe sie versucht, Widerstand zu leisten, ist sie schon besiegt, die strenge Schale ist zerbrochen, und verzehrend, verbrennend überströmt die innere Glut. Wahrscheinlich ist ihr erstes Gefühl bei dieser Überrumplung nur Zorn, nur Empörung, nur wütender, tödlicher Haß gegen diesen Lustmörder ihres Frauenstolzes. Aber dies bleibt ja allezeit eines der tiefsten Geheimnisse der Natur, daß die Pole der äußersten Empfindung einander berühren. So wie die Haut äußerste Kälte und äußerste Hitze kaum mehr zu unterscheiden vermag, so wie Frost brennen kann, als ob er Feuer wäre, so fließen die entgegengesetzten Gefühle manchmal jäh ineinander. In einem Augenblick kann in der Seele einer Frau Haß überspringen in Liebe und beleidigter Stolz in rasende Demut, kann ihr Körper mit letzter Gier wollen und bejahen, was er vor einer Sekunde noch mit letztem Widerwillen verweigert. Jedenfalls, von dieser Stunde an steht diese bisher leidlich besonnene Frau in Feuer und brennt und verbrennt sich völlig an diesen inneren Flammen. Alle die Pfeiler, die bisher ihr Leben getragen, Ehre, Würde, Anstand, Stolz, Selbstsicherheit und Vernunft, brechen zusammen: einmal niedergeworfen und hingeschleudert, will sie nur immer tiefer sinken und sinken, nur noch fallen und sich verlieren. Eine neue, eine fremde Lust ist über sie gekommen, und sie kostet sie bis zur Selbstauflösung aus, gierig und berauscht: demütig küßt sie die Hand des Mannes, der ihr den Stolz ihres Frauentums vernichtet und sie dafür die neue Ekstase der Hingabe gelehrt.

Unermeßlich reicht diese neue, diese unüberbietbare Leidenschaft über die erste zu Darnley hinaus. An Darnley hatte ihre Hingebelust sich nur entdeckt und versucht, nun erst lebt sie sich aus; mit Darnley wollte sie nur teilen, die Krone, die Macht, das Leben. Bothwell aber will sie nichts Einzelnes mehr geben, nicht dies und das, sondern alles und alles, was sie auf Erden besitzt, sich arm machen, um ihn zu bereichern, sich lustvoll erniedrigen, um ihn zu erhöhen. In einer geheimnisvollen Verzückung schleudert sie alles weg, was sie bindet und einengt, um ihn, den Einen, zu fassen und zu halten. Sie weiß, daß ihre Freunde sie verlassen werden, die Welt sie schmähen und verachten wird, aber gerade dies schenkt ihr für ihren zertretenen Stolz eine neuen Stolz, und begeistert bekundet sie:

»Pour luy depuis j'ay mesprise l'honneur,
Ce qui nous peust seul pourvoir de bonheur.
Pour luy j'ay hazarde grandeur & conscience,
Pour luy tous mes parens J'ay quitte & amis,
Et tous autres respectz sont a part mis.

Pour luy tous mes amis, j'estime moins que rien,
Et de mes ennemis je veux esperer bien.
J'ay hazardé pour luy nom & conscience,
Je veux pour luy au monde renoncer,
Je veux mourir pour le faire avancer.«

»Für ihn hab' ich seitdem der Ehre abgesagt,
Die einzig wahres Glück erschafft im Leben,
Für ihn Gewissen und Gewalt dahingewagt,
Für ihn Verwandtschaft, Freundschaft weggegeben,
Jedwede Rücksicht mußte vor ihm weichen.

Kein Freund zählt mehr, wenn seiner ich gedenke,
Kein Feind, kein Haß macht fürder mich erbeben,
Lust war mir's, all dies für ihn wegzuschenken,
Denn seinetwillen will ich gern der Welt entsagen
Und sterben, daß er höhern Rang erreiche.«

Nichts mehr nun für sich, alles nur für ihn, in dem sie sich zum ersten Male ganz hingegeben empfindet:

»Pour luy je veux rechercher la grandeur,
Et feray tant que de vray congnoistra
Que je n'ay bien, heur, ne contentement,
Qu'a l'obeir & servir loyaument.

Pour luy j'attendz toute bonne fortune,
Pour luy jé veux garder sante & vie,
Pour luy tout vertu de suivre j'ay envie,
Et sans changer me trouvera tout' une.«

»Für ihn will ich den höchsten Preis gewinnen
Und nimmer ruhn, bis endlich er erkenne,
Daß keine andre Lust mein Herz entbrenne,
Denn unablässig und unstillbar ihm zu dienen.

Um seinetwillen mög' das Schicksal mich bewahren,
Für ihn nur Glück, Gesundheit lange sparen,
Daß ich ihm folgen kann und an ihn binden
Und ewig als die Eine, Seine finden.«

Alles, was sie besitzt, alles, was sie ist, ihr Königtum, ihre Ehre, ihren Körper, ihre Seele, schleudert sie hinab in den Abgrund ihrer Leidenschaft, und in der Tiefe ihres Sturzes genießt sie zugleich den ganzen Überschwang ihres Gefühls.

Eine solche rasende Spannung und Überspannung des Empfindens muß eine Seele verwandeln. Unbekannte und einmalige Kräfte reißt das Übermaß der Leidenschaft aus dieser bisher lässigen und zurückhaltenden Frau. Verzehnfacht lebt sich ihr Körper, ihre Seele in diesen Wochen aus, Möglichkeiten und Fähigkeiten brechen aus ihr vor, die sie vordem und nachdem nie wieder erreichte. In diesen Wochen kann Maria Stuart achtzehn Stunden galoppieren und dann noch die Nacht durch ohne Müdigkeit wachen und Briefe schreiben. Sie vermag, sonst nur Dichterin knapper Epigramme und flüchtiger Gelegenheitsverse, in einem Zuge feurigster Inspiration jene elf Sonette hinzuschreiben, in denen sie alle ihre Lust und Qual mit einer nie vordem, nie später wieder gegebenen Wortkraft und Beredsamkeit aussagt. Sie ist fähig, sie, die sonst Unvorsichtige und Sorglose, sich so vollkommen vor den Menschen zu verstellen, daß durch Monate niemand ihre Beziehungen zu Bothwell bemerkt. Sie kann vor den Menschen mit dem Manne, vor dessen leisester Berührung sie glühend erbebt, kühl und kalt wie mit einem Untergebenen sprechen, sie vermag heiter zu tun, während innen die Nerven zucken und brennen und ihr die Seele vor Verzweiflung vergeht. Ein dämonisches, ein Über-Ich ist plötzlich in ihr entstanden und reißt sie weit über ihre eigene Kraft hinaus.

Aber diese Überleistungen des Gefühls, gewaltsam dem Willen abgezwungen, sind bezahlt mit furchtbaren Niederbrüchen. Tagelang liegt sie dann wieder schwach und erschöpft auf ihrem Bette, stundenlang irrt sie in den Zimmern herum mit betäubten Sinnen, schluchzend stöhnt sie auf ihrem Lager: »Ich möchte tot sein« und schreit nach einem Dolche, sich selbst zu morden. Wie sie gekommen, diese Überkraft, so schwindet sie in manchen Stunden wieder geheimnisvoll fort. Denn ihr Körper kann auf die Dauer dieses wütende Sich-selbst-Übersteigern, dieses rasende Aus-sich-heraus-Wollen nicht mehr ertragen, er revoltiert, er rebelliert, die Nerven brennen und beben. Nichts zeigt deutlicher, bis zu welchem äußersten Ende ihr Leib durch den maßlosen Exzeß der Leidenschaft erschüttert ist, als die berühmte Episode von Jedburgh. Am 7. Oktober ist Bothwell im Kampf mit einem Wilddieb lebensgefährlich verwundet worden; die Nachricht erreicht Maria Stuart in Jedburgh, wo sie Landgerichtstag abhält. Um kein Aufsehen zu erregen, sieht sie davon ab, sich sofort in den Sattel zu schwingen und die fünfundzwanzig Meilen nach Hermitage Castle zu jagen. Aber es ist kein Zweifel, daß sie die schlimme Botschaft völlig verstört, denn der unparteiischeste Beobachter in ihrer Umgebung, der Botschafter Du Croc, der damals noch nicht die mindeste Ahnung einer intimeren

Beziehung zu Bothwell haben kann, meldet nach Paris: »Ce ne luy eust esté peu de perte de le perdre.« Auch Maitland merkt ihre Geistesabwesenheit und Verworrenheit, aber gleichfalls in Unkenntnis der wirklichen Ursache meint er, daß »diese trüben Gedanken und dieses Mißvergnügen ihren Grund in der Beziehung zum König hätten«. Erst ein paar Tage später sprengt in wildem Ritt die Königin zu Bothwell hinüber, begleitet von Lord Moray sowie einigen Edelleuten. Zwei Stunden bleibt sie am Bette des Verwundeten und jagt dann ebenso toll zurück, um in dieser rasenden Jagd ihre qualvolle Unruhe zu überrennen. Aber nun sackt ihr von nach innen brennender Leidenschaft unterhöhlter Körper zusammen. Wie man sie vom Sattel hebt, fällt sie ohnmächtig hin und bleibt zwei Stunden liegen. Dann bricht ein Fieber aus, ein typisches Nervenfieber, sie schlägt um sich und deliriert. Hierauf erstarrt plötzlich der Körper, sie sieht, sie fühlt nichts mehr, ratlos umstehen die Edelleute und der Arzt die rätselhaft Kranke. Boten werden nach allen Richtungen gesendet, den König zu holen und den Bischof, damit er ihr für alle Fälle die Letzte Ölung spende. Acht Tage liegt so Maria Stuart zwischen Leben und Tod. Es ist, als ob der geheime Wille, nicht mehr leben zu wollen, in einer furchtbaren Explosion ihre Nerven zerrissen, ihre Kräfte zerstört hätte. Doch – und dies zeigt mit klinischer Deutlichkeit, daß dieser Zusammenbruch im wesentlichen ein seelischer, ein typisch hysterischer gewesen – kaum bringt man auf einem Leiterwagen den genesenden Bothwell heran, fühlt sie sich besser, und – abermaliges Wunder – zwei Wochen später sitzt die schon Totgemeinte neuerdings im Sattel. Von innen her ist die Gefahr gekommen, von innen her hat die Gefährdete sie überwunden.

Aber wenn auch körperlich gesundet, bleibt die Königin doch in den nächsten Wochen verändert und verstört. Sogar die Fremdesten merken, daß sie »eine andere«

geworden ist. Etwas in ihren Zügen, ihrem Wesen hat sich dauernd umgefärbt, die gewohnte Leichtigkeit und Sicherheit ist von ihr abgefallen. Sie geht und lebt und handelt wie nur ein Mensch unter einem schweren Druck. Sie schließt sich ein in ihr Zimmer, und durch die Türen hören die Dienerinnen sie schluchzen und stöhnen. Jedoch sonst vertrauensvoll, vertraut sie sich diesmal niemandem an. Ihre Lippen bleiben versiegelt, und niemand ahnt das furchtbare Geheimnis, das sie durch ihre Tage und Nächte trägt und das ihr allmählich die Seele erdrückt.

Denn ein Furchtbares ist in dieser Leidenschaft, etwas, was sie zugleich so großartig und grauenhaft macht – das unüberbietbar Furchtbare, daß die Königin vom ersten Augenblicke weiß, daß ihre Liebeswahl eine verbrecherische und eine völlig ausweglose ist. Entsetzlich muß das Erwachen schon aus der ersten Umarmung gewesen sein, ein Tristansaugenblick, da sie, vergiftet von dem Liebestrank, aus dem Taumel auffahren und beide sich erinnern, daß sie nicht allein leben in der Unendlichkeit ihres Gefühls, sondern gebunden sind an diese Welt, an Pflicht und Recht. Entsetzliches Erwachen, da die Sinne sich wieder sammeln und grell die Erkenntnis aufblendet, welchem Wahn sie verfallen. Denn sie, die sich hingegeben, ist doch Gattin eines andern Mannes, und er, dem sie sich hingegeben, Gemahl einer anderen Frau. Es ist Ehebruch, doppelter Ehebruch, den ihre rasenden Sinne begangen haben, und wie viele Tage ist es erst her, vierzehn, zwanzig oder dreißig, da hat sie selbst, Maria Stuart, als Königin von Schottland ein Edikt feierlich erlassen und unterzeichnet, das Ehebruch und jede andere Form unerlaubter Lust in ihrem Lande mit dem Tode ahndet. Schon vom ersten Augenblick an ist diese Leidenschaft gebrandmarkt als eine verbrecherische, sie kann sich nur durch neue und neue Verbrechen, wenn sie dauern will, behaupten und betätigen. Um sich beide ewig binden zu können, müssen beide sich erst mit Gewalt lösen, die eine vom Gatten, der andere von der Gattin. Nur vergiftete Frucht kann diese sündige Liebe tragen, und Maria Stuart weiß mit grauenhafter Wachheit von der ersten Stunde an, daß es für sie von nun ab keine Ruhe mehr gibt und keine Rettung. Aber gerade in solchen verzweifelten Augenblicken erwacht in Maria Stuart ein letzter Mut, auch das Unsinnig-Vergebliche zu versuchen und das Schicksal herauszufordern. Nicht feige wird sie zurückweichen und sich verbergen und verstekken, sondern aufrechten Hauptes den Weg zu Ende gehen bis zum Abgrund. Mag alles verloren sein, ihr Glück in dieser Qual ist, daß es um seinetwillen geopfert ist.

»Entre ses mains, & en son plain pouvoir,
Je mets mon fils, mon honneur, & ma vie,
Mon pais, mes subjets, mon ame assubjettie
Est tout à luy, & n'ay autre vouloir
Pour mon objet, que sans le decevoir
Suivre je veux, malgré toute l'envie
Qu'issir en peut.«

»In seine Hände und in sein Ermessen
Lege ich alles, was ich irdisch je besessen,
Mein Kind, mein Land, Leben, Glück und Ehre,
Denn ihm allein und unbedingt sein eigen
Will meine Seele ewig sich erzeigen,
Nur ihm sich bindend, selig seiner Nähe,
Treu bis zum Tod, was immer auch geschehe.«

»Was immer auch geschehe«, sie wird den Weg ins Aussichtslose wagen. Da sie sich ganz, Leib, Seele und Schicksal, an ihn, den unsäglich Geliebten, verloren hat, fürchtet diese maßlos Liebende nur eines mehr auf Erden: ihn zu verlieren.

Aber das Furchtbarste in diesem Furchtbaren, die äußerste Qual in dieser Qual ist für Maria Stuart noch aufgespart. Denn in all ihrer Torheit ist sie zu hellsichtig, um nicht bald zu erkennen, daß sie sich auch diesmal wieder vergebens verschwendet, daß der Mann, dem nun alle ihre Sinne entgegenbrennen, sie gar nicht wirklich liebt. Bothwell hat sie genommen wie viele andere Frauen: sinnlich, rasch und brutal. Doch er ist bereit, sie ebenso gleichgültig zu verlassen, wie er alle die anderen Frauen nach der ersten Abkühlung der Sinne weggeworfen hat. Für ihn ist dieser Gewaltakt ein heißer Augenblick, ein rasches Abenteuer gewesen, und daß dieser geliebte Herr ihrer Sinne keinerlei sonderliche Verehrung für sie empfindet, muß die Unselige sich bald selbst eingestehen:

»Vous m'estimez legiere, que je voy,
Et si n'avez en moy nulle asseurance,
Et soupconnez mon coeur sans apparence,
Vous meffiant a trop grand tort de moy.
Vous ignorez l'amour que je vous porte.
Vous soupconnez qu'autre amour me transporte.
Vous despeignez de cire mon las coeur.
Vous me pensez femme sans jugement;
Et tout cela augmente mon ardeur.«

»Ihr meint mich leichten Sinns und seid
– Ich fühl' es – meines Wesens nicht gewiß.
Ihr glaubt – o weh, wie Ihr mir Unrecht tut! –
Mein Herz von Wachs und ohne Stetigkeit.
Ihr ahnt die Liebe nicht, so ich Euch hege,
Meint, daß auch möglich andre mich bewege,
Ihr glaubt mich schwach und schwank. Allein
All Euer Zweifel mehrt nur meine Glut
Und läßt mich heißer nur verschworen sein.«

Aber statt sich stolz von dem Undankbaren abzuwenden – statt sich zu beherrschen und zu bezähmen, wirft sich diese von ihrer Leidenschaft trunkene Frau vor dem Gleichgültigen in die Knie, um ihn festzuhalten. Unheimlich ist ihr einstiger Hochmut in eine rasende Selbsterniedrigung verwandelt. Sie fleht, sie bettelt, sie preist sich an, wie eine Ware bietet sie sich dem Geliebten dar, der sie nicht lieben will. So vollkommen, so bis zur letzten Demütigung hat sie das Gefühl für Würde verloren, daß sie, die einst so Königliche, ihm wie ein Marktweib feilschend vorrechnet, was sie für ihn hingeopfert, daß sie immer wieder eindringlich – und man muß sogar sagen: zudringlich – ihn der sklavischesten Unterwürfigkeit versichert:

»Car c'est le seul desir de vostre chere amie,
De vous servier, & loyaument aimer,
Et tous malheurs moins que rien estimer,
Et vostre volonte de la mienne suivre
Vous cognoistrez aveques obeissance,
De mon loyal devoir n'obmettant la science,
A quoy J'estudiray pour tousjours vous complaire.
Sans aimer rien que vous, soubs la subjection
De qui je veux san nulle fiction,
Vivre & mourir.«

»Denn Eurer Freundin einzigstes Verlangen
Ist, liebend, dienend treu Euch anzuhangen,
Den eignen Willen völlig Eurem anzugleichen
Und keiner Not um Euretwillen auszuweichen,
Ihr werdet sehn, wie hörig hingegeben,
Mit welchem Eifer, welchem gierigen Streben
Ich lernen will, mich dienend zu erfüllen,
Geliebte und gelöst in Eurem Willen, –
Nur diesem Preis will sterben ich und leben.«

Schauervoll und erschütternd ist diese völlige Vernichtung des Selbstgefühls in dieser aufrechten Frau, die bisher von keinem Herrscher der Welt und keiner irdischen Gefahr Furcht empfunden und nun sich erniedrigt zu den schmählichsten Praktiken einer neidischen und hämischen Eifersucht. An irgendwelchen Anzeichen muß Maria Stuart gemerkt haben, daß Bothwell seiner eigenen jungen Frau, die sie ihm selbst ahnungslos ausgewählt, innerlich mehr zugetan sei als ihr und daß er nicht daran denke, jener um ihretwillen untreu zu werden. Und nun versucht sie – es ist grauenhaft, wie gerade ein großes Gefühl eine Frau kleinlich zu machen vermag – in der unedelsten, kläglichsten, böswilligsten Weise seine Gattin herabzusetzen. Sie trachtet, seine männlich-erotische Eitelkeit aufzureizen, indem sie ihn (offenbar auf Grund intimer Mitteilungen) daran erinnert, daß seine Frau nicht genug Glut in seiner Umarmung bezeige, daß sie sich ihm, statt mit vollster leidenschaftlicher Inbrunst, nur halb zögernd hingebe. Sie vergleicht, sie, die einst ganz Hochmut gewesen, in erbärmlichem Selbstlob, wieviel mehr sie, die Ehebrecherin, für Bothwell opfere und preisgebe als dessen eigene Frau, die doch nur Vorteile und Vergnügen an seiner Größe habe. Nein, bei ihr, bei Maria Stuart, solle er bleiben, bei ihr allein, und sich nicht täuschen lassen von Briefen und Tränen und Beschwörungen dieser »falschen« Frau.

»Et maintenant elle commence à voir,
Qu'elle estoit bien de mauvais jugement,
De n'estimer l'amour d'un tel amant,
Et voudroit bien mon amy decevoir
Par les ecrits tous fardez de scavoir . . .
Et toutes fois ses paroles fardeez,
Ses pleurs, ses plaincts remplis de fictions,
Et ses hautz cris & lamentations,

On tant gaigné, que par vous sont gardeez
Ses lettres, escrites, ausquels vous donnez foy,
Et si l'aimez, & croiez plus que moy.«

»Doch jetzt beginnt sie, ernstlich zu betrachten,
Wie schlecht von sich beraten sie gewesen,
Die Liebe solches Liebsten zu mißachten.
Mit falschen Briefen sucht sie jetzt erschrocken
Den Freund von mir zu sich zurückzulocken,
Und weh, schon sehe ich, gelingt es ihr,
Mit lügnerischen Tränen, Schrei und Klagen
Dich abermals ins alte Netz zu schlagen,
Denn Du bewahrst die falschen Briefe auf bei Dir
Und glaubst geschriebnem Heuchelworte mehr als mir.«

Immer verzweifelter werden ihre Schreie. Er solle doch sie, die einzig Würdige, nicht mit der Unwürdigen verwechseln, er möge jene verstoßen, um sich ihr zu verbinden, denn sie sei bereit, was immer auch geschehe, durch Leben und Tod mit ihm zu gehen. Alles möge er, so fleht sie ihn auf den Knien an, von ihr als Beweis der Treue und ewigen Ergebenheit fordern, alles sei sie bereit zu opfern: Haus, Heim, Habe, Krone, Ehre und ihr Kind. Alles, alles möge er nehmen und nur sie behalten, die ganz an ihn, den Geliebten, verloren ist.

Nun lichtet sich zum erstenmal der Hintergrund dieser tragischen Landschaft. Durch Maria Stuarts überschwengliche Selbstgeständnisse wird die Szene völlig klar. Bothwell hat sie gelegentlich genommen, wie viele andere Frauen, und damit wäre eigentlich für ihn das Abenteuer zu Ende. Aber Maria Stuart, ihm verfallen mit Seele und Sinnen, ganz Feuer und Ekstase, will ihn halten und für ewig halten. Ein bloßes Liebesverhältnis hat aber für den glücklich verheirateten, ehrgeizigen Mann wenig Reiz. Bothwell würde bestenfalls um des Vorteils, um der Bequemlichkeit willen die Beziehung zu einer Frau, die alle Würden und Ehren Schottlands zu vergeben hat, noch einige Zeit fortsetzen, er würde Maria Stuart vielleicht noch neben seiner Frau als Konkubine weiterdulden. Aber dies kann einer Königin mit der Seele einer Königin nicht genug sein und ebensowenig einer Frau, die nicht teilen, die in ihrer Leidenschaft doch diesen Einen für sich allein haben will. Wie aber ihn halten? Wie ihn ewig an sich fesseln, diesen wilden, zügellosen Abenteurer? Versprechungen grenzenloser Treue und Demut können einen Mann solcher Art nur langweilen und wenig lokken, er hat sie zu oft von anderen Frauen gehört. Nur ein einziger Preis kann diesen Gierigen reizen, der höchste Preis, um den so viele geworben und gebuhlt: die Krone. So gleichgültig es Bothwell sein mag, weiterhin der Geliebte einer Frau zu bleiben, die er innerlich nicht liebt – mächtige Verführung geht doch aus von dem Gedanken, daß diese Frau Königin ist und er an ihrer Seite König werden könnte von Schottland.

Zwar: dieser Gedanke scheint auf den ersten Blick unsinnig. Denn Maria Stuarts rechtmäßiger Gemahl, Henry Darnley, lebt noch: für einen zweiten König ist kein Raum. Und doch ist dieser unsinnige Gedanke der einzige, der Maria Stuart und Bothwell von diesem Augenblick an verkettet, denn sie hat, die Unselige, keine andere Lockung, um den Unbändigen festzuhalten. Nichts auf Erden gab es, um dessentwillen dieser freie, unabhängige Machtmensch sich sonst von einer ihm völlig hörigen Frau hätte kaufen und lieben lassen, als die Krone. Und es gibt keinen Preis, den die Trunkene, die Ehre, Ansehen, Würde, Gesetz längst vergessen hat, nicht bereit gewesen wäre zu zahlen. Selbst wenn Maria Stuart mit einem Verbrechen Bothwell diese Krone erkaufen müßte, wird sie, verblendet von ihrer Leidenschaft, dieses Verbrechen nicht scheuen.

Denn sowenig Macbeth eine andere Möglichkeit hat,

König zu werden, um die teuflische Weissagung der Hexen zu erfüllen, als die blutige der gewaltsamen Wegräumung des ganzen Königsgeschlechts, sowenig kann Bothwell je auf ehrliche, auf rechtliche Weise König von Schottland werden. Nur über die Leiche Darnleys geht dieser Weg. Damit Blut und Blut sich einen können, muß Blut vergossen werden.

Daß er von Maria Stuart keinen ernstlichen Widerstand zu erwarten hat, wenn er nach ihrer Befreiung von Darnley ihre Hand und ihre Krone fordert, weiß Bothwell zweifellos mit äußerster Sicherheit. Selbst wenn jenes ausdrückliche, schriftlich gegebene Versprechen, das angeblich in der berühmten Silberkassette gefunden wurde und in dem sie zusagt, ihn auch »gegen jeden Einspruch von seiten ihrer Verwandten und anderer Personen zu ehelichen«, apokryph wäre oder eine Fälschung – auch ohne Brief und Siegel ist er ihrer Hörigkeit gewiß. Zu oft hat sie ihm – wie allen andern – geklagt, wie sehr sie unter dem drückenden Gedanken leide, daß Darnley ihr Gatte sei, zu glühend in den Sonetten und vielleicht noch glühender in manchen Liebesstunden bekundet, wie sehr sie danach verlange, sich ihm, Bothwell, auf immer und ewig zu verbinden, als daß er nicht das Äußerste wagen, nicht das Unsinnigste für sie versuchen dürfte.

Aber auch der – zumindest schweigenden – Zustimmung der Lords hat sich Bothwell zweifelsohne versichert. Er weiß, daß sie alle einig sind in ihrem Haß gegen den unbequemen, unerträglichen Jungen, der sie alle verraten hat, und daß nichts Lieberes ihnen geschehen könnte, als wenn er baldigst auf irgendeine Weise aus Schottland entfernt würde. Selber hat ja Bothwell jener merkwürdigen Besprechung beigewohnt, die im Monat November im Schlosse Craigmillar in Gegenwart Maria Stuarts stattfand und wo gleichsam mit verdeckten Würfeln um Darnleys Schicksal gespielt wurde. Die höchsten Würdenträger des Reiches, Moray, Maitland, Argyll, Huntly und Bothwell, hatten sich damals geeinigt, der Königin ein sonderbares Geschäft vorzuschlagen: wenn sie sich entschließen könnte, die verbannten Adeligen, die Rizzio-Mörder Morton, Lindsay und Ruthven zurückzurufen, so würden sie ihrerseits sich anheischig machen, sie von Darnley zu befreien. Vor der Königin selbst wird zunächst nur von der legalen Form, »to make her quit of him«, gesprochen, von einer Ehescheidung. Aber Maria Stuart stellt die Bedingung, diese Loslösung müsse in einer Form erfolgen, die einerseits gesetzmäßig sei, andrerseits kein Präjudiz für ihren Sohn schaffe. Darauf erwidert nun Maitland in sonderbar dunkler Weise, sie solle die Form und Art nur ihnen überlassen, sie würden die Sache schon so besorgen, daß ihr Sohn keinen Nachteil davon habe, und auch Moray, obwohl als Protestant weniger heikel (scrupulous) in diesen Fragen, würde »durch die Finger sehen«. Sonderbare Ankündigung dies, so sonderbar, daß Maria Stuart nochmals betont, es solle nichts unternommen werden, was »ihrer Ehre oder ihrem Gewissen zur Last fallen könne«. Hinter diesen dunklen Reden birgt sich – und Bothwell wäre der letzte gewesen, es nicht zu bemerken – ein dunkler Sinn. Klar aber ist nur eines, daß schon damals alle, Maria Stuart, Moray, Maitland, Bothwell, die Hauptakteure der Tragödie, einig waren, Darnley fortzuschaffen, und bloß darüber noch nicht einig, auf welche Weise man sich seiner am besten entledigte, ob durch Güte oder Geschicklichkeit oder mit Gewalt.

Bothwell als der ungeduldigste und verwegenste ist für die Gewalt. Er kann und will nicht warten, denn ihm ist es nicht nur, wie den anderen, darum zu tun, den lästigen Jungen abzudrängen, sondern von ihm Krone und Reich zu erben. Er muß, während die andern nur wünschen und warten, entschlossen handeln; es scheint, daß er in irgendeiner verdeckten Weise schon frühzeitig Mittäter und Helfer unter den Lords gesucht hat. Aber hier brennen die historischen Lichter abermals trübe, immer geschieht ja die Vorbereitung eines Verbrechens im Schatten oder Zwielicht. Nie wird man erfahren, wie viele und welche der Lords in sein Vorhaben eingeweiht waren und welche er wirklich zur Mithilfe oder Duldung gewonnen hat. Moray scheint davon gewußt und sich nicht beteiligt zu haben, Maitland sich unvorsichtiger vorgewagt. Verläßlich ist dagegen die Aussage Mortons, die er auf seinem Sterbebette gemacht hat. Ihm, der eben erst aus der Verbannung zurückgekehrt und gegen Darnley, der ihn verraten hat, tödlichen Haß hegt, reitet Bothwell entgegen und schlägt ihm schlank und offen die gemeinsame Ermordung Darnleys vor. Aber Morton ist nach dem letzten Unternehmen, bei dem ihn seine Spießgesellen im Stich gelassen, vorsichtig geworden. Er zögert mit seiner Zusage und verlangt Sicherung. Er erkundigt sich zuerst, ob die Königin mit dem Morde einverstanden sei. Das bejaht, um ihn scharfzumachen, Bothwell mit voller Unbedenklichkeit. Doch Morton weiß seit dem Rizziomord, wie flink post festum mündliche Vereinbarungen abgeleugnet werden, und darum verlangt er, ehe er sich bindet, die schriftliche Zustimmung der Königin schwarz auf weiß zu sehen. Er will nach guter schottischer Sitte einen regelrechten »bond«, den er im Falle unangenehmer Weiterungen zu seiner Entlastung vorzeigen kann. Auch dies verspricht ihm Bothwell. Aber selbstverständlich kann er den »bond« niemals beibringen, denn eine zukünftige Heirat ist nur möglich, wenn Maria Stuart völlig im Hintergrunde bleibt und von den Ereignissen »überrascht« scheinen kann.

So fällt die Tat wieder auf Bothwell, den Ungeduldigsten, den Verwegensten, zurück, und er ist entschlossen genug, sie allein zu vollbringen. Immerhin hat er aber aus der zweideutigen Art, wie Morton, wie Moray, wie Maitland seinen Plan aufnahmen, schon gespürt, daß von den Lords kein offener Widerstand zu erwarten ist. Wenn nicht mit Siegel und Brief, so haben sich doch alle durch verständnisvolles Schweigen und freundliches Beiseitestehen einverstanden erklärt. Und von diesem Tage an, da Maria Stuart und Bothwell und die Lords eines Sinnes sind, trägt Darnley bei lebendigem Leibe sein Totenhemd.

Alles wäre nun bereit. Bothwell hat sich mit einigen seiner verläßlichsten Spießgesellen schon ins Einvernehmen gesetzt, Ort und Art des Mordes sind in geheimen Besprechungen festgelegt. Aber für die Opferung fehlt noch eines: das Opfer. Denn Darnley, so töricht er sein mag, muß irgendwie dumpf geahnt haben, was ihm bevorsteht. Schon Wochen vordem hat er sich geweigert, Holyrood zu betreten, solange die Lords noch gerüstet im Hause waren; auch auf dem Schlosse von Stirling fühlt er sich nicht mehr sicher, seitdem die Mörder Rizzios, die er im Stich gelassen, dank jenes vieldeutigen Gnadenakts Maria Stuarts wieder im Lande sind. Unerschütterlich gegen alle Ladungen und Lockungen bleibt er in Glasgow. Dort ist sein Vater, der Earl of Lennox, dort seine Getreuen, ein festes, verläßliches Haus und im Notfall, wenn seine Feinde mit Gewalt anrücken sollten, ein Schiff im Hafen, auf dem er flüchten kann. Und als ob das Schicksal ihn im gefährlichsten Augenblicke schützen wollte, schickt es ihm noch in den ersten Tagen des Januar die Pocken und damit einen willkommenen Vorwand, Wochen und Wochen in Glasgow zu bleiben, in seinem sicheren Hort und Port.

Diese Krankheit durchkreuzt unerwartet die schon weit gediehenen Pläne Bothwells, der ungeduldig in

Edinburgh auf das Opfer wartet. Aus irgendwelchem Grunde, den wir nicht wissen und nur zu ahnen vermögen, muß Bothwell es eilig gehabt haben mit seiner Tat, sei es, daß ihn die Ungeduld nach der Krone drängte, sei es, daß er mit Recht fürchtete, eine Verschwörung mit so viel unverläßlichen Mitwissern könne bei längerer Dauer verraten werden, sei es, daß seine intimen Beziehungen zu Maria Stuart ihre Folgen zu zeigen begannen – jedenfalls, er will nicht mehr warten. Aber wie den Kranken, den Mißtrauischen an den Mordplatz locken? Wie ihn herausholen aus dem Bett und dem vermauerten Haus? Eine öffentliche Berufung würde Darnley stutzig machen, und weder Moray noch Maitland noch irgendein anderer an diesem Hofe stehen dem Verfemten, dem Verhaßten menschlich nahe genug, um ihn bewegen zu können, freiwillig zurückzukehren. Nur eine, eine einzige hat über diesen Schwächling Gewalt. Zweimal ist es ihr gelungen, diesen Unseligen, der ihr mit Leib und Seele hörig ist, ihrem Willen gefügig zu machen; Maria Stuart, sie allein kann, wenn sie Liebe heuchelt zu dem, der nichts als ihre Liebe will, vielleicht den Mißtrauischen in sein Verhängnis ziehen. Nur sie, und nur sie allein unter allen Menschen der Erde, hat die Möglichkeit zu diesem ungeheuerlichen Betrug. Und da sie wiederum selbst nicht mehr Herrin ihres Willens ist, sondern hörig jedem Gebot ihres Zwingherrn, braucht Bothwell nur zu befehlen, und das Unglaubliche oder vielmehr das, was sich das Gefühl zu glauben weigert, geschieht: am 22. Januar reitet Maria Stuart, die seit Wochen jedes Zusammensein mit Darnley ängstlich vermieden, nach Glasgow, angeblich um ihren kranken Gatten zu besuchen, in Wahrheit aber, um ihn auf Befehl Bothwells heimzulocken in die Stadt Edinburgh, wo der Tod mit geschliffenem Dolche schon seiner ungeduldig wartet.

Zwölftes Kapitel

Der Weg zum Mord

22. Januar bis 9. Februar 1567

Nun hebt die dunkelste Strophe in der Ballade Maria Stuarts an. Diese Reise nach Glasgow, von der sie ihren noch kranken Gatten mitten in eine mörderische Verschwörung zurückführte, ist die umstrittenste Handlung ihres ganzen Lebens. Immer wieder drängt sich die Frage auf: War Maria Stuart wirklich eine atridische Gestalt, war sie eine Klytämnestra, die mit heuchlerischer Sorge ihrem heimgekehrten Gatten Agamemnon das warme Bad rüstet, indes schon Ägisth, der Mörder und Geliebte, im Schatten mit dem geschliffenen Beile sich verbirgt? War sie eine andere Lady Macbeth, die mit mildem und schmeichlerischem Wort König Duncan zum Schlaf geleitet, in dem Macbeth ihn ermorden wird, eine jener dämonischen Verbrecherinnen, wie sie die äußerste Leidenschaft oft gerade aus den mutigsten und hingegebensten Frauen formt? Oder war sie bloß willenloses Geschöpf dieses brutalen Zuhältermannes Bothwell, unbewußt handelnd in der Trance eines unwiderstehlich gegebenen Befehls, gutgläubig-gehorsame Marionette, unwissend all der Vorbereitungen zu dem fürchterlichen Geschehen? Unwillkürlich wehrt sich zunächst das Gefühl, dieses Verbrecherische für wahr zu halten, eine bisher menschlich empfindende Frau einer Mitwisserschaft, einer Mithelferschaft zu beschuldigen. Immer und immer wieder sucht man noch statt dessen nach einer anderen, einer menschlichen milderen Auslegung dieser Reise nach Glasgow. Abermals und abermals legt man alle Aussagen und Dokumente, die Maria Stuart belasten, als unzuverlässig zur Seite und durchprüft mit dem ehrlichen Willen, sich überzeugen zu lassen, alle die entschuldigenden Auslegungen, die ihre Verteidiger gefunden oder erfunden haben. Aber vergebens! Sosehr man ihnen glauben wollte, all diese Advokatenargumente haben keine überzeugende Kraft: fugenlos paßt der Ring der vollumschlossenen Tat in die Kette der Geschehnisse, indes jede entschuldigende Deutung, sobald man sie fester anfaßt, hohl in den Händen zerbricht.

Denn wie annehmen, liebende Sorge habe Maria Stuart an das Krankenlager Darnleys getrieben, um ihn aus seinem sicheren Refugium heimzuholen und daheim besser zu pflegen? Seit Monaten lebt das Ehepaar soviel wie völlig getrennt. Darnley ist ständig aus ihrer Gegenwart verbannt, und sosehr er mit aller Demut bittet, wieder ihr Lager als ihr Gemahl teilen zu dürfen, seine ehelichen Rechte werden ihm schroff verweigert. Die spanischen, die englischen, die französischen Gesandten sprechen längst in ihren Berichten über die Entfremdung als über ein unabänderliches, selbstverständliches Faktum; die Lords haben öffentlich die Scheidung beantragt und heimlich sogar gewaltsamere Form der Lösung erwogen. So gleichgültig leben schon die beiden nebeneinander, daß selbst auf die Nachricht von der lebensgefährlichen Erkrankung Maria Stuarts in Jedburgh der zärtliche Gemahl sich keineswegs beeilt, die schon mit den Sterbesakramenten Versehene zu besuchen. Mit der schärfsten Lupe kann man in dieser Ehe nicht den dünnsten Faden Liebe, kein Atom Zärtlichkeit mehr erkennen: unhaltbar also die Annahme, liebende Besorgnis habe Maria Stuart zu dieser Reise veranlaßt.

Aber – dies das letzte Argument ihrer À-tout-prix-Verteidiger – vielleicht wollte Maria Stuart gerade mit dieser Reise den unglückseligen Zwist aus der Welt schaffen? Am Ende war sie an sein Krankenbett bloß deshalb gereist, um sich mit ihm zu versöhnen? Doch leider, auch diese allerletzte für sie günstige Auslegung macht ein Dokument ihrer eigenen Hand zunichte. Denn noch einen Tag vor der Abreise nach Glasgow äußert sich die Unvorsichtige – nie hat Maria Stuart bedacht, daß ihre Briefe vor der Nachwelt gegen sie zeugen würden – in einem Schreiben an den Erzbischof Beaton in gehässigster, erregtester Weise über Darnley. »Was den König, unseren Gatten, betrifft, so weiß Gott, wie wir uns immer gegen ihn verhalten haben, und nicht minder sind Gott und der Welt seine Treibereien und Ungerechtigkeiten gegen uns bekannt; alle unsere Untertanen haben sie mit angesehen, und ich zweifle nicht, daß sie ihn dafür in ihren Herzen verurteilen.« Spricht so die Herzensstimme der Versöhnlichkeit? Ist dies die Gesinnung einer liebenden Frau, die voll Sorge zu ihrem kranken Gatten eilt? Und zweiter unwiderleglich belastender Umstand – Maria Stuart unternimmt diese Reise nicht etwa bloß, um Darnley zu besuchen und dann wieder heimzukehren, sondern mit der entschlossenen Absicht, ihn sofort nach Edinburgh zurückzubringen: auch dies etwas zu viel Sorge, um ehrlich und überzeugend zu wirken! Denn spottet es nicht aller Gesetze der Medizin und der Vernunft, einen Pockenkranken, einen Fieberkranken, dessen Gesicht noch vollkommen verschwollen ist, mitten im schärfsten Winter, im Januar, aus seinem Bette zu reißen und in einem offenen Wagen zwei Tagereisen weit zu transportieren? Maria Stuart aber hat im vorhinein gleich einen Leiterwagen mitgebracht, um Darnley jede Einspruchsmöglichkeit zu nehmen und ihn so schnell als möglich nach Edinburgh zu befördern, wo die Mordverschwörung gegen ihn in vollem Gange ist.

Aber vielleicht weiß Maria Stuart – immer geht man noch ihren Verteidigern einen Schritt entgegen, denn welche Verantwortung, ungerecht einen Menschen eines

Mordes zu beschuldigen! –, vielleicht weiß sie gar nichts von dieser Verschwörung? Verhängnisvollerweise schließt auch in dieser Hinsicht ein an sie selbst gerichteter Brief Archibald Douglas' jeden Zweifel aus. Denn Archibald Douglas, einer der Hauptverschwörer, suchte auf jener tragischen Reise nach Glasgow sie sogar persönlich auf, um ihre offene Zustimmung zu dem Mordkomplott zu gewinnen. Und wenn sie ihm damals auch keinerlei Zusage gab und jedes Einverständnis ablehnte, wie darf eine Gattin, wenn sie derartige Umtriebe im Gange weiß, zu einem solchen Antrag schweigen? Wie Darnley nicht warnen? Und wie gar, trotz der nun gewissen Überzeugung, gegen ihn sei etwas im Zuge, ihn doch zur Rückkehr in die Mordatmosphäre bereden? In einem solchen Falle ist Schweigen schon mehr als Mitwissen, es ist passive heimliche Mithilfe, denn wer um ein Verbrechen weiß und es nicht zu verhindern bemüht ist, fällt zum mindesten durch seine Gleichgültigkeit in Schuld. Das Günstigste, was man also von Maria Stuart sagen kann, ist, daß sie von dem geplanten Verbrechen nichts wußte, weil sie davon nichts wissen wollte, daß sie die Augen schloß und wegwendete, um dann sagen und beschwören zu können: Ich habe an dieser Tat nicht teilgehabt.

Das Empfinden einer gewissen Mitschuld Maria Stuarts an der Beseitigung ihres Gatten ist also unleugbar für einen unbefangen Forschenden: wer sie entschuldigen will, kann nur die herabgeminderte Willensfreiheit dieser Frau anführen und nicht ihre Ahnungslosigkeit. Denn nicht freudig handelt die Hörige, nicht frech, nicht bewußt, nicht aus freiem Willen, sondern aus einem andern, einem fremden Willen heraus. Nicht kalt, berechnend, tückisch und zynisch ist Maria Stuart nach Glasgow gegangen, um Darnley heimzulocken, sondern im entscheidenden Augenblick – dies bezeugen die Kassettenbriefe – hat sie Widerwillen und Grauen vor ihrer aufgezwungenen Rolle empfunden. Gewiß, sie hat mit Bothwell den Plan der Zurückholung nach Edinburgh besprochen; aber wunderbar wird aus ihrem Brief offenbar, wie im selben Augenblicke, da sie eine Tagesreise von ihrem Auftraggeber entfernt ist und die Hypnose seiner Gegenwart damit schwächer wird, das eingeschläferte Gewissen in dieser magna peccatrix sich regt. Immer scheidet sich am Kreuzweg einer Tat der Mensch, der durch eine geheimnisvolle Macht zum Verbrechen getrieben wird, von dem wirklichen, dem innerlichen Verbrecher, das tückische, vorbedachte Unternehmen von dem spontanen »crime passionnel«, und die Tat Maria Stuarts ist vielleicht eines der vollkommensten Beispiele dieser Art Verbrechen, die nicht von einem Menschen selbst, sondern in seiner Hörigkeit von einem andern, stärkeren Willen getan werden. Denn in dem Augenblicke, da Maria Stuart den besprochenen, den gebilligten Plan wirklich ausführen soll, da sie dem Opfer gegenübersteht, das an die Schlachtbank zu locken ihr befohlen ist, da verlischt in dieser Frau plötzlich aller Haß und jedes Rachegefühl, verzweifelt beginnt das Urmenschliche ihrer Natur einen Kampf mit dem Unmenschlichen ihres Auftrags. Aber zu spät schon und vergebens: Maria Stuart ist in diesem Verbrechen nicht nur die Jägerin, die listig ihr Opfer anschleicht, sie selbst ist eine Gejagte. Hinter sich spürt sie die Peitsche, die sie vorwärts treibt. Sie zittert vor dem Zuhälterzorn ihres Geliebten, falls sie ihm das vereinbarte Opfer nicht heranschleppt, und zittert zugleich, durch Ungehorsam seine Liebe zu verlieren. Nur daß hier eine Willenlose ihre Tat im tiefsten nicht will, daß eine seelisch Wehrlose sich wehrt gegen die aufgenötigte Zwangshandlung, nur dies allein läßt diese Tat, wenn auch im Sinne der Gerechtigkeit nicht vergeben, so doch im Sinne des Menschlichen verstehen.

In diesem milderen Sinn verständlich wird das grauenhafte Geschehen einzig durch jenen berühmten Brief, den sie vom Bett des kranken Darnley an Bothwell richtet und den törichterweise ihre Verteidiger immer ableugnen wollen: nur er gibt dem Widrigen der Tat noch einen versöhnlichen Schimmer von Menschlichkeit. Dank dieses Briefes sieht man wie durch eine aufgerissene Wand in die furchtbaren Stunden von Glasgow hinein. Mitternacht ist längst vorüber, Maria Stuart sitzt in einem fremden Zimmer an ihrem Tische im Nachtgewand. Ein Feuer flackert im Kamin, die Schatten zucken wild an den hohen, kalten Wänden. Aber dies Feuer wärmt nicht den einsamen Raum und nicht die frierende Seele. Immer wieder läuft ein Schauer der nur flüchtig bekleideten Frau über die Schultern: es ist kalt, und sie ist müde, sie möchte schlafen und kann doch nicht schlafen vor Aufgewühltheit und Erregung. Zu viel und zu Erschütterndes hat sie erlebt in diesen letzten Wochen, diesen letzten Stunden, noch beben und brennen die Nerven davon bis in die schmerzhaftesten Spitzen. Voll Grauen vor der Tat, aber willenlos gehorsam dem Herrn ihres Willens, hat die Seelensklavin Bothwells die schlimme Fahrt unternommen, um den eigenen Gatten aus der Sicherheit in den noch sichereren Tod zu locken, und man hat ihr den Betrug nicht leicht gemacht. Schon vor dem Tore hält sie ein Bote von Darnleys Vater Lennox auf. Dem alten Manne scheint es verdächtig, daß die Frau, die seinen Sohn seit Monaten haßvoll gemieden, mit einem Male so zärtlich an sein Krankenbett eilt. Alte Männer haben Ahnung für Unheil; und vielleicht erinnert sich Lennox auch, daß jedesmal, wenn Maria Stuart seinem Sohne scheinbar zu Willen war, sie immer nur einen Vorteil für sich persönlich zu erheucheln suchte. Mit Mühe war es ihr gelungen, alle Fragen des Boten abzuwehren, sie ist glücklich bis an das Bett des Kranken vorgedrungen, welcher sie gleichfalls – zu oft hat sie vor ihm falsches Spiel gespielt – mit mißtrauischer Seele empfängt. Wozu sie den Leiterwagen mitgebracht habe, will er sofort wissen; noch flackert Verdacht unruhig in seinen Blicken. Und ehern mußte sie das Herz in die Faust fassen, um bei solchen Fragen nicht durch ein stockendes Wort, durch ein Erblassen oder Erröten sich zu verraten. Aber die Furcht vor Bothwell hat sie Verstellung gelehrt. Mit streichelnden Händen, mit schmeichelnden Worten hat sie allmählich Darnleys Mißtrauen eingeschläfert, Zug um Zug ihm den Willen aus dem Leibe gewunden und dafür den ihren, den stärkeren, eingetan. Bereits am ersten Nachmittag ist das halbe Werk vollbracht.

Und jetzt sitzt sie nachts allein in ihrem dunklen Zimmer, es ist kalt und leer, gespenstig flackern die Kerzen, und solche Stummheit steht in dem Raum, daß ihre geheimsten Gedanken vernehmlich werden und die Seufzer ihres getretenen Gewissens. Sie kann nicht schlafen, sie kann nicht ruhen, unermeßlich ist in ihr das Bedürfnis, irgendeinem das Schwere anzuvertrauen, das ihr auf der Seele lastet, irgend jemanden anzusprechen in dieser letzten und einsamsten Not. Und da er nicht nahe ist, er, der Einzige auf Erden, zu dem sie sprechen kann über all diese Dinge, die niemand wissen darf als er und er allein, über diese furchtbaren, verbrecherischen Dinge, die sie selber Angst hat, sich einzugestehen, so nimmt sie ein paar Blätter und beginnt zu schreiben. Es wird ein endloser Brief. Nicht in dieser Nacht wird sie ihn beenden und nicht am nächsten Tage, erst in der nächsten Nacht; hier ringt ein Mensch mitten im Verbrechen mit seinem eigenen Gewissen. In tiefster Müdigkeit, in äußerster Verwirrung ist dieser Brief geschrieben, trunken und erschöpft taumelt alles durcheinander, Torheit und tiefster Sinn, Schrei und leeres Geschwätz und verzweifelte Klage, wie Fledermäuse flattern im Zickzack die schwarzen Gedanken durcheinander. Bald berichtet sie bloß von läppischen Einzelheiten, bald bäumt sich die Not ihres Gewissens schreiend empor, Haß blitzt auf, Mitleid zwingt ihn nieder, und immer dazwischen strömt groß und glühend das überquellende Liebesgefühl zu diesem Einen, dessen Wille sie beherrscht und dessen Hand sie vorwärts in diesen Abgrund gestoßen. Dann merkt sie wieder mit einem Male, daß ihr das Papier ausgegangen ist. So schreibt sie weiter, nur weiter, denn sie fühlt, das Grauen würde sie erwürgen, die Stille sie ersticken, wenn sie sich nicht wenigstens mit Worten an ihn klammerte, an den sie gekettet ist, Verbrecherin an den Verbrecher, Blut an Blut. Aber während die Feder in der zitternden Hand wie abgelöst über die Blätter läuft, merkt sie, daß alles, was sie hinschreibt, nicht so gesagt ist, wie sie es sagen möchte, daß sie nicht Kraft hat, die Gedanken zu zügeln, zu ordnen. Das weiß sie gleichzeitig in einer anderen Sphäre des Bewußtseins und beschwört Bothwell deshalb, er möge den Brief zweimal lesen. Aber gerade, daß dieser Brief von dreitausend Worten nicht wach und klar gedacht und geschrieben ist, daß konfus und stammelnd, wie mit verschlossenen Augen, die Gedanken durcheinandertaumeln, gerade dies macht ihn zu einem so einzigartigen Dokument der Seelengeschichte. Denn hier spricht nicht der bewußte Mensch, sondern hier spricht das innere Ich aus einer Trance der Müdigkeit und des Fiebers, hier spricht das sonst nie zu belauschende Unterbewußtsein, das nackte, von keiner Scham mehr umhüllte Gefühl. Obere Stimmen und untere Stimmen, klare Gedanken und solche, die sie in voller Wahrheit gar nicht würde wagen auszusprechen, wechseln ab in diesem unkonzentrierten Zustande. Sie wiederholt sich, sie widerspricht sich im Schreiben, chaotisch wogt alles durcheinander in diesem Dampf und Schwall der Leidenschaft. Nie oder nur ganz selten ist uns ein Bekenntnis überliefert worden, in dem der geistige, der seelische Überreizungszustand inmitten eines Verbrechens so vollkommen enthüllt ist – nein, kein Buchanan und kein Maitland, keiner dieser bloß klugen Köpfe hätte mit seiner Bildung und Gescheitheit so magisch genau den halluzinierten Monolog eines verstörten Herzens ersinnen können, die schaurige Situation der Frau, die mitten in ihrer Tat keine andere Rettung vor ihrem Gewissen weiß, als daß sie an ihren Geliebten schreibt und schreibt, um sich zu verlieren, zu vergessen, zu entschuldigen und zu erklären, die in dies Schreiben flüchtet, um nicht in der Stille ihr Herz so rasend in der Brust hämmern zu hören. Abermals muß man unwillkürlich an Lady Macbeth denken, wie sie gleichfalls im losen Nachtgewande schaudernd im Dunkel des Schlosses umherirrt, belagert und bedrängt von grauenhaften Gedanken, und in erschütterndem Monolog ihre Tat somnambulisch verrät. Nur ein Shakespeare, nur ein Dostojewskij kann so dichten und ihr erhabenster Meister: die Wirklichkeit.

Welch großartiger Ton, das Herz treffend bis in seine letzte Tiefe, schon in diesem ersten Auftakt. »Ich bin müde und bin schläfrig, und doch kann ich mich nicht zurückhalten, solange das Papier noch reicht ... Verzeihe, wenn ich so schlecht schreibe, Du mußt dann die andere Hälfte ahnen ... Und doch bin ich froh, Dir schreiben zu können, während die anderen schlafen, weil ich fühle, ich könnte es nicht infolge meines Verlangens, das in Deine Arme drängt, mein teures Leben.« Mit unwiderstehlicher Eindringlichkeit schildert sie, wie der arme Darnley über ihr unvermutetes Kommen beglückt war; man glaubt ihn zu sehen, den braven Jungen, das Gesicht heiß vom Fieber und noch vom Ausschlag gerötet. Allein ist er gelegen, Nächte und Tage, und hat sich das Herz zerrissen, weil sie, der er mit Leib und Seele verfallen ist, ihn zurückgestoßen und verlassen hat. Und jetzt ist sie plötzlich da, die geliebte, die junge, die schöne Frau, zärtlich sitzt sie mit einmal wieder an seinem Bette. In seinem Glück glaubt der arme Tor »zu träumen« und bekennt, »so glücklich zu sein, sie zu sehen, daß er meine, er müsse vor Freude sterben«. Manchmal freilich brennen noch die alten Wunden des Mißtrauens in ihm schmerzhaft auf. Zu unvermutet erscheint ihm dies gekommen, zu unwahrscheinlich, und doch, sein Herz ist zu kümmerlich, einen so ungeheuren Betrug sich auszudenken, sooft sie ihn auch schon betrogen hat. Denn es ist so süß für einen schwachen Menschen, zu glauben, zu vertrauen, es ist so leicht, einem eitlen Menschen einzureden, er sei geliebt. Es dauert nicht lange, und Darnley wird schwach, wird gerührt; vollkommen wieder hörig, wie damals in jener andern Nacht nach Rizzios Ermordung, bittet der gute Junge sie um Vergebung für alles, was er ihr angetan. »So viele Deiner Untertanen haben Fehler begangen und Du hast sie ihnen vergeben, und ich bin so jung. Du wirst sagen, daß Du mir schon oftmals vergeben hast und daß ich immer wieder in meine Fehler zurückgefallen bin. Aber ist es nicht natürlich, daß man in meinem Alter, schlecht beraten, zwei- oder dreimal wieder in seine Fehler zurückfällt und seine Versprechungen nicht einhält und erst schließlich sich selbst durch seine Erfahrungen im Zaume hält? Wenn ich diesmal Deine Verzeihung erlange, schwöre ich, daß ich nie wieder einen Fehler begehen werde. Und ich verlange nichts anderes, als daß wir in Bett und Heim als Mann und Frau zusammen leben mögen, und wenn Du nicht willst, so werde ich von diesem Bett nie aufstehen ... Gott weiß, wie sehr ich bestraft bin, einen Gott aus Dir gemacht zu haben und an nichts anderes als an Dich zu denken.«

Wieder blickt man durch diesen Brief in den fernen umschatteten Raum hinein. Maria Stuart sitzt an dem

Bette des Kranken und hört diesen Ausbruch seiner Liebe, diesen Aufschwall seiner Demut. Jetzt sollte sie frohlokken, denn ihr Plan ist gelungen, sie hat dem einfältigen Jungen das Herz wieder weich gemacht. Aber sie schämt sich ihres Betruges zu sehr, um sich zu freuen, mitten in der beabsichtigten Tat würgt der Ekel sie vor dem Erbärmlichen ihres Tuns. Düster, mit abweisenden Augen, mit verstörten Sinnen sitzt sie bei dem Kranken, und sogar Darnley fällt es nun auf, daß irgend etwas Dunkles und Unverständliches diese geliebte Frau bedrängt. Der arme, verratene Betrogene sucht noch – geniale Situation! – die Verräterin, die Betrügerin zu trösten, er will ihr helfen, er will sie heiter, will sie fröhlich, will sie glücklich machen. Er fleht sie an, die Nacht bei ihm im Zimmer zu bleiben, er träumt, der unselige Narr, schon wieder von Liebe und Zärtlichkeit. Erschütternd ist es, durch diesen Brief hindurch zu fühlen, wie dieser Schwache sich schon wieder gläubig an sie anklammert, wie er sich ihrer ganz sicher fühlt. Nein, er kann nicht aufhören, sie anzuschauen, unermeßlich genießt er die Lust dieser erneuten und so lange entbehrten Vertraulichkeit. Er bittet sie, ihm das Fleisch vorzuschneiden, er spricht und spricht und plaudert in seiner Torheit alle Geheimnisse aus; er nennt die Namen aller seiner Zubringer und Späher, er bekennt ihr, ohne zu ahnen, daß sie Bothwell mit Leib und Seele verfallen ist, seinen tödlichen Haß gegen Maitland und Bothwell. Und – man versteht es – je vertrauensvoller, je liebender er sich verrät, um so schwerer macht er es damit dieser Frau, den Ahnungslosen, den Hilflosen zu verraten. Wider ihren Willen wird sie gerührt von der Widerstandslosigkeit, von der Leichtgläubigkeit ihres Opfers. Und mit Gewalt muß sie sich zwingen, diese verächtliche Komödie weiter und weiter zu spielen. »Niemals hättest Du ihn besser und demütiger sprechen hören können, und hätte ich nicht gewußt, daß sein Herz so weich ist wie

Wachs, und wäre meines nicht wie ein Diamant, kein Gebot als das von Deiner Hand hätte es vermocht, daß ich nicht Mitleid mit ihm gehabt hätte.« Man sieht: sie selbst fühlt gegen diesen Armen, der aus seinem fiebrig entzündeten Gesicht sie mit zärtlichen, hungrigen Augen anblickt, längst keinen Haß mehr, sie hat alles vergessen, was dieser kleine dumme Lügner vordem ihr angetan, im innersten Gefühl möchte sie ihn gern retten. In heftiger Ablehnung wirft sie darum die Tat auf Bothwell zurück: »Um meiner eigenen Rache willen würde ich es nicht tun.« Nur um ihrer Liebe willen und für keinen andern Preis wird sie das Gräßliche vollbringen, das kindliche Vertrauen dieses Menschen auszubeuten, und herrlich bricht sie aus in den anklagenden Schrei: »Du zwingst mich zu einer solchen Verstellung, daß ich selbst voll Schrecken und Grauen bin, und läßt mich die Rolle des Verräters spielen. Aber erinnere Dich, wäre es nicht, um Dir zu gehorchen, so wollte ich lieber tot sein. Mein Herz blutet dabei.«

Jedoch ein Höriger kann sich nicht wehren. Er darf nur aufstöhnen, wenn die Peitsche ihn grimmig vorwärts treibt. Und mit demütiger Klage senkt sie gleich wieder vor dem Herrn ihres Willens das Haupt. »Wehe mir! Ich habe niemals jemanden betrogen, aber ich tue alles in Deinem Willen. Sende mir nur ein Wort, was ich tun soll, und was immer mir geschehen möge, ich will Dir gehorchen. Denke auch daran, ob Du nicht ein geheimeres Verfahren finden kannst durch Arznei, denn er soll Arznei und Bäder in Craigmillar nehmen.« Man sieht, wenigstens einen milderen Tod möchte sie für den Unseligen erfinden und die grobe, gemeine Gewalttat vermeiden; wäre sie nicht so völlig außer sich geraten und so völlig Bothwell anheimgegeben, wäre noch Kraft in ihr, nur ein einziger Funke moralischer Selbständigkeit, sie würde jetzt, man fühlt es, Darnley retten. Aber sie wagt keinen

Ungehorsam, weil sie fürchtet, damit Bothwell, dem sie sich verschworen hat, zu verlieren, und zugleich fürchtet sie auch – geniale Psychologie, von keinem Dichter zu ersinnen –, daß Bothwell sie am Ende gerade darum verachten könnte, weil sie sich zu so erbärmlichem Geschäfte hergegeben. Flehend erhebt sie die Hände, er möge sie »nicht minder darum achten, da er ja doch die Ursache sei«, und ihre Seele wirft sich in die Knie zum letzten verzweifelten Anruf, er möge doch alle Qual, die sie jetzt um seinetwillen erdulde, durch Liebe belohnen. »Alles opfere ich auf, Ehre, Gewissen, Glück und Größe, erinnere Dich daran und laß Dich nicht bereden von Deinem falschen Schwager gegen die treueste Geliebte, die Du je hattest oder haben wirst. Und achte auch nicht auf sie (Bothwells Frau) mit ihren falschen Tränen, sondern auf mich und die hingebungsvolle Tat, die ich erdulde, um ihren Platz zu verdienen, und um derentwillen ich gegen meine eigene Natur alle betrüge. Gott vergebe mir und schenke Dir, mein teurer Freund, alles Glück und alle Gnade, die Deine untertänigste und getreueste Geliebte Dir wünscht, sie, die bald hofft, Dir noch mehr zu sein als Entgelt für ihre Qual.« Wer unbefangen aus diesen Worten das gequälte, gepeinigte Herz dieser unglückseligen Frau sprechen hört, wird sie nicht Mörderin nennen, obwohl alles, was diese Frau in diesen Nächten und Tagen tut, einem Morde dient. Denn man spürt, tausendmal stärker als ihr eigener Wille ist ihr Gegenwille, ihr Widerwille; vielleicht ist in manchen dieser Stunden diese Frau dem Selbstmord näher gewesen als dem Mord. Aber Verhängnis der Unterjochung: wer seinen Willen von sich gegeben, der kann nicht mehr seinen Weg wählen. Nur dienen kann er und gehorchen. Und so taumelt sie vorwärts, Magd ihrer Leidenschaft, unbewußte und doch grausam bewußte Somnambule ihres Gefühls, in den Abgrund ihrer Tat.

Am zweiten Tag hat Maria Stuart alles restlos vollbracht, was ihr zu tun auferlegt war; der feinere, der gefährlichere Teil der Aufgabe ist glücklich bewältigt. Sie hat den Verdacht in Darnleys Seele beschwichtigt, der arme, kranke, dumme Junge, nun ist er mit einmal heiter, sicher, ruhig, froh und sogar glücklich. Schon versucht er, obzwar noch schwach und erschöpft und entstellt durch die Pockennarben, kleine Zärtlichkeiten mit seiner Gattin. Er möchte sie küssen, umarmen, und sie hat alle Mühe, ihren Widerwillen zu verbergen und seine Ungeduld zurückzuhalten. Gehorsam Maria Stuarts Wünschen, genau so gehorsam wie sie selbst den Befehlen Bothwells, erklärt er sich, der Hörige einer selbst Hörigen, bereit, mit ihr nach Edinburgh zurückzukehren. Vertrauensvoll läßt er sich aus seinem sichern Schlosse in den Leiterwagen bringen, das Gesicht mit einem feinen Tuch bedeckt, damit niemand seine Entstellung gewahre: nun ist das Opfer endlich auf dem Wege zum Hause des Schlächters. Die gröbere Arbeit, die blutige, kann nun Bothwell besorgen, und sie wird dem harten und zynischen Manne tausendmal leichter fallen als Maria Stuart der Verrat an ihrem Gewissen.

Langsam rollt der Leiterwagen, von Berittenen begleitet, den winterlich kalten Weg; scheinbar restlos versöhnt nach Monaten ruhelosen Zwistes, kehrt das königliche Paar wieder nach Edinburgh zurück. Nach Edinburgh – doch wohin? Selbstverständlich nach Holyrood Castle, möchte man meinen, in die königliche Residenz, in das behagliche und fürstliche Schloß! Aber nein, Bothwell, der Allmächtige, hat es anders angeordnet. Der König soll nicht in seinem eigenen Heim, in Holyrood wohnen, angeblich, weil die Ansteckungsgefahr noch nicht vorüber sei. Dann wohl in Stirling oder in Edinburgh Castle, der stolzen uneinnehmbaren Festung, oder allenfalls als Gast in einem anderen fürstlichen Haus, etwa dem bischöflichen Palast? Abermals nein! Höchst verdächtigerweise wird ein ganz unscheinbares, abgelegenes Haus gewählt, an das bisher niemand gedacht hat, ein gar nicht fürstliches Haus, ein Haus in anrüchiger Gegend, außerhalb der Stadtwälle, mitten in Gärten und Wiesen, halb verfallen und seit Jahren unbewohnt, ein Haus, das schlecht zu bewachen und zu beschützen ist – sonderbare und sehr bedeutsame Wahl. Unwillkürlich fragt man, wer für den König gerade dieses verdächtig abgelegene Haus in Kirk o'Field gewählt haben könne, zu dem nur die Thieves Row, ein nächtlicher Diebsweg, hinausführt. Und sieh, es war Bothwell, der jetzt »all in all« ist. Immer und immer wieder findet man denselben roten Faden im Labyrinth. Immer und immer wieder in allen Briefen, Dokumenten und Aussagen geht die blutige Spur ausschließlich auf diesen Einen und Einzigen zurück.

Dieses kleine, eines Königs unwürdige Haus inmitten von unbebauten Feldern, benachbart nur dem eines Mannes aus Bothwells vertrautester Gefolgschaft, enthält im ganzen nur einen Vorraum und vier Zimmer. Unten wird ein Schlafraum für die Königin improvisiert, da sie plötzlich das dringende Bedürfnis äußert, den bisher ängstlich gemiedenen Gatten auf das zärtlichste zu pflegen, ein zweiter für ihr Gesinde; das Zimmer im ersten Stock wird als Schlafraum für den König eingerichtet und das anliegende für seine drei Bedienten. Allerdings, sie werden reich ausgestattet, diese niederen Räume in dem anrüchigen Haus, von Holyrood schafft man Teppiche und Tapisserien herüber, eigens wird eines der prachtvollen Betten, die Marie von Guise aus Frankreich mitbrachte, für den König aufgestellt und ein zweites im untern Stockwerk für die Königin. Und nun kann Maria Stuart sich mit einmal gar nicht genug tun, ihre Sorge und Zärtlichkeit für Darnley möglichst sichtbarlich zu bezeigen. Täglich kommt sie mehrmals mit ihrem ganzen

Troß herüber, um dem Kranken Gesellschaft zu leisten, sie, die – man muß immer wieder daran erinnern – seit Monaten vor seiner Nähe geflüchtet. Sie schläft sogar die drei Nächte vom 4. bis zum 7. Februar statt in ihrem bequemen Palast in diesem abgelegenen Haus. Jeder in Edinburgh soll also sehen, daß König und Königin wieder liebende Gatten geworden sind, demonstrativ und sogar verdächtig aufdringlich wird das neue Einvernehmen zwischen dem feindlichen Paar vor der ganzen Stadt plakatiert: man denke, wie sonderbar dieser Neigungsumschwung vor allem die Lords angemutet haben muß, die noch knapp vordem mit Maria Stuart alle Mittel erwogen hatten, sich Darnleys zu entledigen. Und nun auf einmal diese stürmische, diese allzu betonte Liebe zwischen Mann und Frau! Der Klügste unter ihnen, Moray, macht sich heimlich seinen Reim, wie sein Verhalten bald dartun wird; er zweifelt nicht einen Augenblick, daß in diesem auffällig abgelegenen Hause schlimmes Spiel im Gange sei, und trifft seinerseits still und diplomatisch seine Vorbereitungen.

Es gibt vielleicht nur einen einzigen in Stadt und Land, der an den Stimmungsumschwung Maria Stuarts ehrlich glaubt: Darnley, der unglückselige Gatte. Seiner Eitelkeit schmeichelt die Sorge, mit der sie ihn umgibt, er sieht stolz, daß mit einmal die Lords, die bisher ihm verächtlich ausgewichen, wieder mit gebeugten Rücken und teilnehmenden Gesichtern seinem Krankenbette nahen. Dankbar rühmt er am 7. Februar in einem Brief an seinen Vater, wie sehr seine Gesundheit sich gebessert habe durch die teilnehmende Sorge der Königin, die sich wie eine wirkliche und liebende Gattin zu ihm verhalte. Schon haben ihm die Ärzte die frohe Zusicherung der Genesung gemacht, schon beginnen die letzten Spuren der entstellenden Krankheit zu schwinden, schon wird ihm die Übersiedlung in sein Schloß gestattet, für Montag morgen sind bereits die Pferde bestellt. Ein Tag noch, und er wird wieder in Holyrood thronen, um dort wieder »bed and board« mit Maria Stuart zu teilen und endlich wieder Herr seines Landes, Herr ihres Herzens zu sein.

Aber vor diesem Montag, dem 10. Februar, kommt noch ein Sonntag, der 9. Februar, für den abends ein heiteres Fest in Holyrood angesagt ist. Zwei der getreuesten Diener Maria Stuarts sollen Hochzeit feiern; für diesen Anlaß sind ein großes Bankett und ein Ball gerüstet, bei welchem zu erscheinen die Königin ihrem Gesinde versprochen hat. Aber nicht dies Offenkundige ist das eigentliche Ereignis des Tages, sondern ein anderes, dessen Bedeutung erst später ersichtlich sein wird; an diesem Morgen nimmt nämlich der Earl of Moray plötzlich für einige Tage Abschied von seiner Schwester, angeblich, um seine erkrankte Frau auf einem seiner Schlösser zu besuchen. Und das ist ein schlimmes Zeichen. Denn immer, wenn Moray vom politischen Schauplatz plötzlich abtritt, hat er seine guten Gründe. Immer geschieht dann ein Umsturz oder ein Unglück, immer kann er dann rückkehrend glorreich nachweisen, nicht die Hand im Spiele gehabt zu haben. Wer Witterung für kommenden Sturm hat, müßte unruhig werden, wenn er jetzt abermals diesen berechnenden und weitblickenden Mann sich sacht empfehlen sieht, ehe das Wetter losbricht. Noch ist es nicht ein Jahr, da war er morgens nach der Ermordung Rizzios in Edinburgh scheinbar ebenso ahnungslos eingeritten, wie er jetzt mit gespielter Ahnungslosigkeit am Morgen eines Tages abreist, an dem eine noch fürchterlichere Tat geschehen soll, andern die Gefahr überlassend, sich die Ehre wahrend und den Gewinn.

Auch ein zweites Zeichen könnte zu denken geben. Angeblich hatte Maria Stuart schon Befehl erteilt, ihr kostbares Bett mit den Pelzdecken aus ihrem Schlafraum von Kirk o'Field wiederum nach Holyrood zu schaffen. An sich scheint die Maßnahme ganz naheliegend, denn während dieser Nacht des angesagten Festes wird die Königin nicht in Kirk o'Field, sondern in Holyrood schlafen, und am nächsten Tage ist die Trennung doch ohnehin zu Ende. Aber diese Vorsicht, das kostbare Bett so eilig hinüberzuschaffen, sie wird durch die Ereignisse eine gefährliche Deutung oder Mißdeutung finden. Zur Zeit zwar, nachmittags und abends, ist von düstern Geschehnissen oder wirklicher Gefahr nicht das mindeste wahrzunehmen und das Verhalten Maria Stuarts so unauffällig wie nur möglich. Bei Tag besucht sie mit ihren Freunden den fast schon genesenen Gemahl, abends sitzt sie mit Bothwell, Huntly und Argyll höchst leutselig zwischen dem Gesinde im Kreise der Hochzeitsleute. Aber wie rührend: noch einmal – wie auffallend rührend – noch einmal wandert sie, obwohl Darnley doch schon am nächsten Morgen nach Holyrood zurückkehren wird, in der kalten Winternacht hinüber in das verlassene Haus von Kirk o'Field! Eigens unterbricht sie die muntre Festfreude, um nur noch ein wenig an Darnleys Lager zu sitzen und mit ihm zu plaudern. Bis elf Uhr nachts – man muß die Stunde genau anmerken – verweilt Maria Stuart in Kirk o'Field, dann erst kehrt sie nach Holyrood zurück: weithin sichtbar durch die dunkle Nacht funkelt und lärmt der berittene Zug mit vorausgeschwungenen Fakkeln und Lichtern und Lachen. Die Tore werden aufgeschlossen, ganz Edinburgh muß gesehen haben, daß die Königin von dem sorglichen Besuche bei ihrem Gatten nach Holyrood heimgekehrt ist, wo bei Bratschen und Dudelsackpfeifen der Tanz des Gesindes schwingt. Noch einmal mischt sich freundlich und gesprächig die Königin unter die Hochzeitsgäste. Dann erst, es ist schon nach Mitternacht, zieht sie sich zum Schlaf in ihre Gemächer zurück.

Um zwei Uhr nachts donnert die Erde. Eine furchtbare Explosion, »als hätte man fünfundzwanzig Kanonen gleichzeitig abgefeuert«, erschüttert die Luft. Und sofort sieht man in wilder Eile verdächtige Gestalten aus der Richtung von Kirk o'Field laufen: etwas Gewalttätiges muß im Hause des Königs geschehen sein. Schrecken und Erregung bemächtigen sich der aus dem Schlaf geweckten Stadt. Die Stadttore werden aufgerissen. Boten stürmen nach Holyrood, um das Entsetzliche zu melden, das einsame Haus in Kirk o'Field sei mit dem König und allen seinen Dienern in die Luft gesprengt worden. Bothwell, der bei den Hochzeitsfeierlichkeiten anwesend war – offenkundigerweise, um ein Alibi zu haben, während seine Leute die Tat vorbereiteten –, wird aus dem Schlaf geweckt oder vielmehr aus dem Bette geholt, in dem er scheinbar schlafend liegt. Hastig zieht er sich an und eilt mit Bewaffneten an den Ort des Verbrechens. Man findet die Leichen Darnleys und des Dieners, der in seinem Zimmer geschlafen hat, nur mit einem Hemd bekleidet, im Garten, das Haus selbst durch eine Pulverexplosion vollkommen zerstört. Mit dieser ihn scheinbar sehr überraschenden und erregenden Feststellung begnügt sich Bothwell. Da er den wahren Sachverhalt besser als jeder andere kennt, macht er keine weiteren Anstrengungen, die volle Wahrheit zu entschleiern. Er befiehlt, die Leichen aufzubahren, und kehrt nach einer knappen halben Stunde ins Schloß zurück. Und dort weiß er der gleichfalls aus ahnungslosem Schlaf bös erweckten Königin nichts als die nackte Tatsache zu melden, daß ihr Gatte, der König Heinrich von Schottland, auf unbegreifliche Art von unbekannten Tätern ermordet worden sei.

Dreizehntes Kapitel

Quos deus perdere vult ...

Februar bis April 1567

Leidenschaft vermag viel. Sie kann unsagbare, sie kann übermenschliche Energien in einem Menschen erwecken. Sie kann mit ihrem unwiderstehlichen Druck titanische Gewalten auch aus der ruhigsten Seele pressen und sie über alle Normen und Formen der Sitte hinaustreiben bis ins Verbrechen. Aber es gehört zum Wesen der Leidenschaft, daß ihr jähes Aufbäumen nach solchen wilden Ausbrüchen erschöpft in sich zurückfällt. Und dadurch unterscheidet sich grundlegend der Verbrecher aus Leidenschaft von dem wirklichen, von dem geborenen, dem Gewohnheitsverbrecher. Der bloß einmalige Täter, der Verbrecher aus Leidenschaft, ist meist nur der Tat gewachsen, selten ihren Folgen. Bloß unter heißem Impulse handelnd, starr hinblickend auf die vorgesetzte Tat, stellt er seine ganze Spannkraft auf dieses eine und einzige Ziel; sobald es erreicht, sobald die Tat getan ist, reißt seine Energie ab, seine Entschlossenheit bricht nieder, seine Klugheit versagt, indes gerade dann der kalte, der nüchterne, der berechnende Verbrecher geschmeidig den Kampf mit Anklägern und Richtern aufnimmt. Nicht für die Tat, wie der Leidenschaftsverbrecher, sondern für die Verteidigung nach der Tat spart er die höchste Spannkraft seiner Nerven.

Maria Stuart – und dies mindert nicht, sondern erhebt ihre Gestalt – ist der verbrecherischen Situation, in die sie durch ihre Hörigkeit zu Bothwell geraten ist, nicht gewachsen, denn wenn Verbrecherin, so war sie es einzig in der Unzurechnungsfähigkeit ihrer Leidenschaft, nicht aus eigenem, sondern aus fremdem Willen. Sie hat nur nicht die Kraft besessen, rechtzeitig das Unheil zu verhindern, und nun nach der Tat versagt ihr vollkommen der Wille. Zweierlei könnte sie jetzt tun: entweder entschlossen und mit Abscheu sich von Bothwell lösen, der mehr getan, als sie innerlich gewollt; sich distanzieren von der Tat, oder sie müßte sie verschleiern helfen, dann aber müßte sie heucheln und Schmerz vortäuschen, um den Verdacht von ihm und von sich abzulenken. Statt dessen tut Maria Stuart das Unsinnigste, das Törichteste in einer so verdächtigen Situation, nämlich nichts. Sie bleibt starr und stumm und verrät sich eben durch ihre Betroffenheit. Wie eines jener mechanischen Spielzeuge, die, aufgezogen, eine gewisse Anzahl vorgeschriebener Bewegungen automatisch durchführen, hat sie in der Trance ihrer Hörigkeit alles willenlos getan, was Bothwell von ihr forderte; sie ist nach Glasgow gereist, sie hat Darnley beschwichtigt, sie hat ihn zurückgeschmeichelt. Nun aber ist die Feder abgeschnurrt, die Kraft steht still. Gerade jetzt, da sie Schauspielerin ihres Gefühls sein müßte, um die Welt zu überzeugen, läßt sie müde die Maske fallen; eine Art Versteinerung, eine grausame Seelenstarre, eine unbegreifliche Gleichgültigkeit ist über sie gekommen; willenlos läßt sie den Verdacht auf sich niedersausen wie ein gezücktes Schwert.

Dieses merkwürdige Phänomen der Seelenstarre, daß eben im Augenblicke, da Verstellung, da Verteidigung und geistige Bereitschaft am notwendigsten wäre, das ganze Wesen des bedrohten Menschen einfriert zu absoluter Passivität und Gleichgültigkeit, ist an sich kein ungewöhnliches. Diese Starre der Seele ist ein notwendiger Rückschlag auf ihre übermäßige Anspannung, eine tückische Rache der Natur gegen alle, welche ihr Maß überschreiten. Napoleon schwinden so alle seine dämonischen Willenskräfte am Abend von Waterloo, stumm und stier sitzt er da und gibt keine Dispositionen, obwohl sie doch gerade im Augenblick der Katastrophe am nötigsten wären. Mit einmal ist alle Kraft von ihm ausgeronnen wie Wein aus einem durchlöcherten Faß. Ebenso friert Oscar Wilde in sich ein knapp vor der Verhaftung; Freunde haben ihn gewarnt, er hat noch Zeit, er hat das Geld, er könnte die Bahn nehmen und über den Kanal. Aber auch ihn hat die Starre überfallen, er sitzt in seinem Hotelzimmer und wartet und wartet, man weiß nicht worauf, ob auf das Wunder oder auf die Vernichtung. Nur aus solchen Analogien – und sie sind tausendfach in der Geschichte – kann man sich das Verhalten Maria Stuarts, das absurde, das törichte, das provokatorisch passive Verhalten in jenen Wochen erklären, das sie eigentlich erst verdächtig macht. Denn bis zum erfolgten Morde vermochte noch niemand ein Einverständnis mit Bothwell zu ahnen, der Besuch bei Darnley konnte ja tatsächlich einem Wunsche nach Versöhnung gelten. Aber sofort nach dem Mord steht die Witwe des Ermordeten im scharfen Lichtkegel der Aufmerksamkeit, jetzt müßte entweder Unschuld sich selbstverständlich offenbaren oder Verstellung bis zur Genialität gesteigert werden. Jedoch ein furchtbarer Ekel vor diesem Lügen und Heucheln muß in dieser unseligen Frau übermächtig geworden sein. Denn statt sich gegen den immerhin berechtigten Verdacht zu wehren, macht sie sich durch ihre völlige Gleichgültigkeit vor den Augen der Welt noch schuldiger, als sie vielleicht in Wirklichkeit war. Wie eine Selbstmörderin, die sich in die Tiefe stürzt, schließt sie die Augen, um nichts mehr zu sehen, nichts mehr zu fühlen, nur mehr das Ende wollend, in dem es keine Qual mehr gibt des Denkens und Überlegens, nur das Nichts, nur den Untergang. Kaum irgendwo hat die Kriminologie eine pathologisch vollendeteres Bild eines Verbrechers aus Leidenschaft aufzuweisen, der in der Tat alle Kraft erschöpft und mit ihr zusammenbricht. Quos deus perdere vult... Wen die Götter verderben wollen, dem verwirren sie die Sinne.

Denn wie würde eine unschuldige, eine ehrliche, eine liebende Frau, wie eine Königin handeln, brächte ihr nachts ein Bote die schaurige Nachricht, ihr Mann sei soeben von unbekannten Tätern ermordet worden? Sie müßte sich aufbäumen wie unter einem Feuerbrand. Sie müßte toben, schreien, müßte verlangen, daß man sofort die Schuldigen fasse. Sie müßte jeden in den Kerker werfen lassen, den nur der leiseste Schimmer eines Verdachtes belastet. Sie müßte das Volk aufrufen zur Anteilnahme, die auswärtigen Fürsten ersuchen, jeden Flüchtigen aus ihrem Reiche an der Grenze anzuhalten. Wie bei dem Hingang Franz' II. müßte sie sich in ihr Gemach Tag und Nacht verschließen, keinen Gedanken an Freude, Spiel und gesellige Lust durch Wochen und Monate aufkommen lassen und vor allem nicht ruhen und rasten, ehe der letzte Missetäter und Mitwisser gefaßt und verurteilt ist.

So ungefähr müßte die seelische Haltung einer ehrlich überraschten, einer wirklich ahnungslosen und liebenden Gattin sein. Und paradoxer-, aber doch logischerweise müßte anderseits eine mitschuldige Frau aus Berechnung dieses Gefühl zumindest vortäuschen, denn was sichert einen Verbrecher mehr vor Verdacht, als wenn er nach der Tat den völlig Unschuldigen und Ahnungslosen spielt? Statt dessen zeigt Maria Stuart nach dem Morde eine so grauenhafte Gleichgültigkeit, daß sie auch dem Gutgläubigsten auffällig erscheinen muß. Nichts von der Erregung, der finsteren Wut, die sie bei Rizzios Ermordung beseelte, nichts von der melancholischen Haltung nach dem Tode Franz' II. ist wahrzunehmen. Nicht schreibt sie zu Darnleys Gedächtnis wie für ihren ersten Gemahl eine rührende Elegie, sondern völlig gefaßt unterzeichnet sie wenige Stunden, nachdem man ihr die

Nachricht überbracht, bereits gewundene Schreiben an alle Höfe, in denen eine Erklärung des Mordes in die Welt gesetzt wird, freilich eine, die nur bemüht ist, von ihr allen Verdacht abzulenken. In dieser merkwürdigen Darstellung werden die Tatsachen bewußt so verfälscht, als sei die Mordtat gar nicht gegen den König, sondern in erster Linie gegen sie selbst gerichtet gewesen. Nach dieser offiziellen Version hätten die Verschwörer gemeint, beide Ehegatten nächtigten in Kirk o'Field, und nur der Zufall, daß sie vordem das Haus verlassen habe, um den Hochzeitsfeierlichkeiten beizuwohnen, hätte die Königin davor bewahrt, mit dem König in die Luft gesprengt zu werden. Ohne daß ihr die Hand bei der Lüge bebte, unterschreibt Maria Stuart gehorsam: »Die Königin weiß nicht, wer die Urheber dieses Verbrechens sind, aber sie verläßt sich auf die Mühe und den Eifer ihres Rates, diese auszuforschen, und beabsichtigt, ihnen dann eine Bestrafung zu erteilen, die als Beispiel für alle Zeiten dienen wird.«

Diese Verdrehung der Tatsachen ist natürlich zu plump, um die öffentliche Meinung irrezuführen. Denn in Wirklichkeit – ganz Edinburgh war Zeuge – hat bereits um elf Uhr abends die Königin in großem Zuge, mit weithin brennenden Fackeln, das einsame Haus in Kirk o'Field verlassen. Es war offenkundig für die ganze Stadt, daß sie nicht mehr bei Darnley weilte, und die Mörder, die im Dunkel lauerten, konnten es deshalb keineswegs auf ihr Leben angesehen haben, als sie drei Stunden später das Haus in die Luft sprengten. Außerdem war diese Pulversprengung des Hauses selbst nur ein Scheinmanöver und bloß dazu bestimmt, den wirklichen Tatbestand zu verschleiern, nämlich daß Darnley wahrscheinlich schon vorher von den eingedrungenen Mördern erwürgt worden war – die augenscheinliche Ungeschicklichkeit der offiziellen Darstellung verstärkt also nur den Eindruck einer Mitschuld.

Sonderbar aber: Schottland bleibt stumm, und nicht nur Maria Stuarts Gleichgültigkeit in diesen Tagen wird für die Welt zur Befremdung, sondern die des ganzen Landes. Man denke es sich aus: Etwas Ungeheuerliches, etwas in den Annalen selbst dieser mit Blut geschriebenen Geschichte Unerhörtes hat sich ereignet. In seiner eigenen Hauptstadt ist der König von Schottland ermordet und mit seinem Hause in die Luft gesprengt worden. Und was geschieht? Bebt die Stadt vor Erregung und Empörung? Kommen aus ihren Schlössern die Edelleute und Barone, die angeblich gleichfalls bedrohte Königin zu verteidigen? Erheben die Priester Anklage von ihren Kanzeln, trifft das Gericht seine Verfügungen zur Entlarvung der Täter? Werden die Stadttore geschlossen, werden zu Hunderten Verdächtige verhaftet und auf die Folter gelegt? Werden die Grenzen gesperrt, wird in trauerndem Zuge, gefolgt von den Adeligen des Reichs, die Leiche des Ermordeten durch die Straßen geführt? Wird ein Katafalk errichtet auf öffentlicher Stätte, von Lichtern und Kerzen umleuchtet? Wird das Parlament berufen, die Geschichte dieser grauenhaften Tat öffentlich zu hören und zu richten? Versammeln sich die Lords, die Verteidiger des Throns, zu feierlichem Eid, die Mörder zu verfolgen? – Nichts von alledem, nichts geschieht. Ein unverständliches Schweigen folgt dem Donnerschlag. Die Königin versteckt sich in ihren Gemächern, statt öffentlich ein Wort zu sagen. Die Lords schweigen still. Nicht Moray rührt sich und nicht Maitland, nicht ein einziger von allen, die vor ihrem König das Knie gebeugt. Sie tadeln nicht die Tat und sie rühmen sie nicht, still und gefährlich warten sie im Dunkel die weitere Entwicklung der Geschehnisse ab; man spürt, allen ist eine laute Erörterung des Königsmordes vorläufig unbehaglich, denn mehr oder minder haben sie alle davon im voraus gewußt. Die Bürger wiederum verschließen sich vorsichtig in die Häuser und murmeln nur von Mund zu Mund ihre Vermutungen. Sie wissen, es ist allezeit für kleine Leute wenig ratsam, sich in die Sachen der großen Herren einzumengen, man zahlt bei solchen Vorwitzigkeiten leicht eine fremde Zeche. So geschieht im ersten Augenblick genau das, was die Mörder gehofft: alles nimmt diese Ermordung hin wie einen kleinen ärgerlichen Vorfall. Vielleicht nie in der europäischen Geschichte hat ein Hof, eine Adelsschaft, eine Stadt versucht, so still und feig an einem Königsmord vorbeizuschleichen; in auffälligster Weise werden sogar die primitivsten Maßnahmen zur Aufhellung des Verbrechens mit Absicht unterlassen. Keine amtliche, keine gerichtliche Untersuchung an der Mordstelle findet statt, kein Protokoll wird aufgenommen, kein klarer Bericht ausgegeben, keine Proklamation erlassen, aus der die näheren Umstände der Ermordung ersichtlich wären; geflissentlich wird Dunkel über die Tat gehäuft. Der Leichnam wird nicht ärztlich, nicht amtlich begutachtet, so daß es bis zum heutigen Tage nicht bekanntgeworden ist, ob Darnley erwürgt, erdolcht oder (man fand den nackten Leichnam mit schwarzem Gesichte im Garten liegen) vergiftet worden ist, ehe die Mörder nachträglich mit riesigem Aufwand an Pulver das Haus in die Luft sprengten. Und nur damit sich kein Gerede verbreite und nicht zu viele die Leiche betrachten könnten, wird die Bestattung in unziemlich hastiger Weise von Bothwell beschleunigt. Nur rasch unter die Erde mit Henry Darnley! Nur schleunigst die ganze dunkle Angelegenheit verscharren, ehe sie zum Himmel stinkt.

So geschieht das Auffälligste, das aller Welt bestätigt, wie hohe Hände an diesem Mord heimlich mitgewirkt haben müssen: man unterläßt es, Henry Darnley, dem König von Schottland, ein geziemendes Leichenbegängnis zu bereiten. Nicht nach feierlicher Aufbahrung wird in prunkvollem Zuge, gefolgt von der trauernden Witwe, von den Lords und Baronen, der Sarg durch die Stadt getragen. Nicht donnern die Kanonen und läuten die Glocken, sondern heimlich und bei Nacht schafft man den Sarg in die Kapelle. Ohne Pracht und Ehren, mit so scheuer Hast wird dann Henry Darnley, König von Schottland, in die Gruft gesenkt, als ob er selbst ein Mörder wäre und nicht der Ermordete fremden Hasses und unbändiger Gier. Dann noch eine Messe, und genug! Nun soll diese gequälte Seele nicht mehr Schottlands Frieden verstören! Quos deus perdere vult...

Maria Stuart, Bothwell und die Lords wollen, daß mit dem Sargdeckel die dunkle Affäre geschlossen sei. Aber um zu verhindern, daß die Neugierigen zuviel fragen, daß etwa Elisabeth sich beschwere, man habe nichts zur Aufdeckung des Verbrechens getan, beschließt man, so zu tun, als ob man etwas täte. Um eine wirkliche Untersuchung zu vermeiden, ordnet Bothwell eine Scheinuntersuchung an; gerade diese kleine Geste soll dartun, daß man ernstlich nach den »unbekannten Mördern« eifrig fahnde. Zwar weiß die ganze Stadt ihre Namen; zu viele Spießgesellen waren beteiligt, das Haus zu umscharen, in großen Massen Pulver aufzukaufen und mit Säcken in das Haus zu schleppen, als daß man sich einzelne nicht gemerkt hätte; auch erinnern sich die Torwachen unangenehm genau, wem sie in jener Nacht nach der Explosion die Pforte nach Edinburgh aufgetan. Aber da der Kronrat der Königin jetzt eigentlich nur mehr aus Bothwell und Maitland besteht, dem Mittäter und dem Mitwisser, die beide nur in den Spiegel zu blicken brauchten, um die Anstifter zu erkennen, beharrt man krampfhaft auf der Annahme der »unbekannten Täter« und verspricht durch eine Proklamation zweitausend schottische Pfund demjenigen, der die Schuldigen namhaft machen könne. Zweitausend schottische Pfund sind zwar eine stattliche Summe für einen armen Bürger Edinburghs, aber jeder weiß, statt der zweitausend Pfund in der Tasche würde ihm, wenn er zu plaudern begänne, augenblicklich ein Messer in die Rippen fahren. Denn Bothwell hat sofort eine Art Militärdiktatur errichtet, und seine Gefolgsleute, die Borderers, sprengen drohend durch die Straßen. Ihre sichtbar getragenen Waffen bilden eine allzu deutliche Einschüchterung für jeden, der es wagt, offen zu reden.

Aber immer, wenn man die Wahrheit mit Gewalt niederschlagen will, wehrt sie sich durch List. Läßt man sie bei Tage nicht zu Wort kommen, so spricht sie aus der stilleren Nacht. Am Morgen nach der Verkündigung der Proklamation findet man Plakate mit den Namen der Mörder auf dem Marktplatz und sogar am Tor des königlichen Palastes von Holyrood angeschlagen. Offen werden auf diesen fliegenden Blättern Bothwell und James Balfour, sein Spießgeselle, sowie die Diener der Königin, Bastien und Josef Rizzio, als die Mörder bezeichnet, andere Listen nennen noch einzelne andere Täter. Zwei Namen aber kehren auf allen Plakaten immer und immer wieder: Bothwell und Balfour, Balfour und Bothwell.

Hätte sich nicht ein Dämon völlig ihrer Sinne bemächtigt, wäre nicht alle Vernunft und Überlegung durch jene rasende Leidenschaft weggeschwemmt, wäre ihr Wille nicht ganz in Hörigkeit geraten, eines müßte Maria Stuart nun tun, da die Volksstimme so deutlich spricht: sie müßte sich von Bothwell absondern. Sie müßte, wäre nur ein Schimmer Einsicht in ihrer verdunkelten Seele, sich jetzt zu ihm fremd stellen. Sie müßte jeden Verkehr mit ihm meiden, bis durch ein geschicktes Manöver seine Unschuld »amtlich« bescheinigt ist, und ihn unter irgendeinem Vorwand vom Hofe wegschicken. Nur eines dürfte sie jetzt nicht: diesen Mann, der auf offener Straße laut und leise der Mörder des Königs und ihres Gatten genannt wird, weiterhin im Hause des Königs von Schottland regieren lassen, und vor allem, sie dürfte nicht gerade ihn, den die öffentliche Meinung einhellig als den Mordanführer bezeichnet, mit der Führung der Untersuchung gegen die »unbekannten Mörder« betrauen. Aber noch mehr und noch törichter: auf den Proklamationen waren neben Bothwell und Balfour ihre beiden Diener Bastien und Josef Rizzio (der Bruder David Rizzios) als Mithelfer genannt. Was wäre jetzt Maria Stuarts erste Pflicht? Selbstverständlich diese Angeschuldigten dem Gericht zu übergeben. Statt dessen – hier grenzt die Torheit schon an Raserei und Selbstanklage – entläßt sie die beiden heimlich aus ihrem Dienst, Pässe werden ihnen zugesteckt, und man schmuggelt sie eilig über die Grenze. Sie hat also genau das Gegenteil dessen, was sie um ihrer Ehre willen tun müßte, getan, sie entzieht die Verdächtigen dem Gericht, statt sie ihm zu überliefern, und mit diesem Hehlerdienst hat Maria Stuart sich selbst auf die Anklagebank gesetzt. Aber noch mehr und noch mehr an rufmörderischem Wahnsinn! Denn nicht eine einzige Träne sieht irgend jemand Maria Stuart in jenen Tagen vergießen, nicht bleibt sie wie damals vierzig Tage im »deuil blanc« in ihrem Zimmer verschlossen – obwohl sie diesmal siebenfach Trauer heucheln müßte –, sondern nach einer knappen Woche verläßt sie Holyrood und begibt sich auf das Schloß des Lords Seton. Nicht einmal zur bloß gesellschaftlichen Geste der Hoftrauer kann die Witwe sich aufraffen, und als letzte Provokation – es ist wie ein geschleuderter Fehdehandschuh in das Antlitz der Welt – läßt sie sich in Seton besuchen, von wem? Von James Bothwell, von dem Manne, dessen Bildnis jetzt in den Straßen von Edinburgh mit der Inschrift verteilt wird: »Dies ist der Mörder des Königs.«

Aber Schottland ist nicht die Welt, und wenn die schuldbewußten Lords und die eingeschüchterte Bürgerschaft auch ängstlich schweigen und so tun, als ob mit der Leiche des Königs auch jedes Interesse an seiner Ermordung aus der Welt geschafft wäre, an den Höfen von London, Paris und Madrid nimmt man die furchtbare Tat keineswegs mit solchem Gleichmut auf. Für Schottland war Darnley nichts als ein unbequemer Fremder gewesen, den man, sobald er lästig wurde, auf dem üblichen Wege um die Ecke brachte; für die Höfe Europas jedoch ist er als gekrönter und gesalbter König Mitglied ihrer erlauchten Familie, ihres unantastbaren Ranges, seine Sache darum die eigene Sache. Selbstverständlich hat niemand der verlogenen offiziellen Darstellung den geringsten Glauben geschenkt, und für ganz Europa ist es von der ersten Stunde an ausgemacht, daß Bothwell der Mordanstifter und Maria Stuart seine Vertraute gewesen sein müsse: sogar der Papst und sein Legat äußern sich in erregten Worten über die verblendete Frau. Aber was die auswärtigen Fürsten am meisten beschäftigt und ärgerlich stimmt, ist nicht so sehr der Mord selbst. Denn jenes Jahrhundert ist keineswegs moralisch gesinnt und sonderlich heikel wegen eines einzelnen Menschenlebens. Politischer Mord gilt seit Machiavelli in allen Staaten für entschuldbar, fast jede europäische Königsfamilie hat in ihren eigenen Annalen ähnliche Praktiken zu verzeichnen. Heinrich VIII. war nicht zimperlich, wenn es galt, seine Frauen zu beseitigen. Philipp II. würde ungern befragt werden über den Mord an seinem eigenen Sohn Don Carlos, die päpstlichen Borgias danken ihren Giften einen Teil ihres düstern Ruhms. Doch dies der Unterschied – überall hüten sich diese Fürsten vor dem leisesten Verdacht einer Schuld oder bloß nur Mitschuld; man läßt die Verbrechen von andern besorgen und hält selbst auf saubere Hände. Was man von Maria Stuart erwartet, ist also nur ein sichtbarer Versuch der Selbstrechtfertigung, und was an ihr erbittert, einzig ihre törichte Gleichgültigkeit. Mit erst befremdetem, dann aber verärgertem Blick schauen die ausländischen Fürsten auf ihre unkluge, verblendete Schwester, welche nicht das geringste unternimmt, um den Verdacht von sich abzuwälzen, die, statt, wie man es in einem solchen Falle macht, ein paar kleine Leute hängen und vierteilen zu lassen, ruhig Ball spielt und sich den Hauptschuldigen zum Gefährten ihrer Vergnügungen wählt. Mit ehrlicher Erregung berichtet Maria Stuarts getreuer Botschafter ihr aus Paris über den schlimmen Eindruck solchen passiven Verhaltens. »Sie selbst werden hier verleumdet, die Hauptursache dieses Verbrechens zu sein und es selbst anbefohlen zu haben.« Und mit einer Offenheit, die diesem Mann der Kirche für alle Zeiten Ehre macht, sagt dieser Wackere seiner Königin, wenn sie jetzt nicht endlich diesen Mord in der energischesten und rücksichtslosesten Weise sühne, »wäre es besser für Sie, das Leben und alles verloren zu haben«.

Das sind klare Worte eines Freundes. Und wäre noch ein Korn Vernunft in dieser in sich selbst verlorenen Frau, noch ein Funke eigenen Willens in ihrer Seele, sie müßte sich aufraffen. Noch eindringlicher aber spricht der Kondolenzbrief Elisabeths. Denn merkwürdiges Zusammentreffen: keine Frau und kein Mensch dieser Erde war so befähigt, Maria Stuart in dieser grauenhaften Krise und grausamsten Tat ihres Lebens zu verstehen, wie gerade jene, die zeitlebens sonst ihre härteste Gegnerin gewesen. Elisabeth muß in diese Tat wie in einen Spiegel blicken; genau in die gleiche Situation, in den gleichen und vielleicht gleich berechtigten Verdacht war sie selbst in jener Epoche glühendster Leidenschaft mit ihrem Dudley-Leicester geraten. Wie hier ein Gemahl, war dort eine unbequeme Gemahlin zur Stelle gewesen, die beseitigt werden mußte, um den Weg frei zu machen zur Heirat;

mit oder ohne ihr Wissen – nie wird dies entschleiert werden – war die gleiche gräßliche Tat vollbracht worden, daß man eines Morgens diese Frau Robert Dudleys, daß man Amy Robsart von ebenso »unbekannten Tätern« wie bei Darnley ermordet fand. Sofort hatten sich wie jetzt auf Maria Stuart damals alle Blicke anklagend auf Elisabeth gerichtet: ja sie selbst, Maria Stuart, damals noch Königin von Frankreich, hatte leichtfertig über ihre Base gespottet, sie wolle »ihren Stallmeister (Master of the Horses) heiraten, der seine eigene Frau umgebracht habe«. Ebenso selbstverständlich wie nun in Bothwell hatte die Welt in Leicester den Mörder gesehen und die Königin als Mithelferin. Die Erinnerung an die einst durchlittene Not muß Elisabeth also zur besten, zur ehrlichsten Beraterin ihrer Schicksalsschwester machen. Denn mit Klugheit und seelischer Kraft hatte damals Elisabeth ihre Ehre gerettet, indem sie sofort eine – natürlich erfolglose – Untersuchung anordnete, aber immerhin eine Untersuchung. Und endgültig hatte sie alles Gerede zum Schweigen gebracht, indem sie sich ihren innersten Wunsch versagte, den so auffälligerweise verwickelten Leicester zu heiraten. Damit hatte der Mord vor der Welt jede Beziehung zu ihr verloren; das gleiche Verhalten hofft und wünscht Elisabeth jetzt von Maria Stuart.

Dieser Brief Elisabeths vom 24. Februar 1567 ist aber auch darum bemerkenswert, weil er wirklich ein Brief Elisabeths ist, ein Brief der Frau, ein Brief des Menschen. »Madame«, schreibt sie in diesem ehrlich erregten Kondolenzbrief, »ich bin so betäubt und entsetzt und so erschrocken von der schrecklichen Nachricht des abscheulichen Mordes an Ihrem verstorbenen Gatten, meinem getöteten Vetter, daß ich noch jetzt kaum imstande bin, darüber zu schreiben; und so sehr mein Gefühl mich treibt, den Tod eines so nahen Blutsverwandten zu betrauern, so kann ich doch, wenn ich aufrichtig meine Meinung aussprechen soll, Ihnen nicht verheimlichen, daß ich für Sie trauriger bin als für ihn. O Madame! Ich würde nicht als Ihre getreue Base und als wahre Freundin handeln, wenn ich mir mehr Mühe gäbe, Ihnen Angenehmes zu sagen, anstatt bemüht zu sein, Ihre Ehre zu bewahren; und deshalb kann ich Ihnen nicht verschweigen, was die meisten Leute darüber reden: nämlich, daß Sie bei der Sühnung dieser Tat durch die Finger sehen wollen und sich hüten werden, diejenigen zu fassen, die Ihnen diesen Dienst erwiesen haben, so daß es den Anschein hat, als ob die Mörder die Tat mit Ihrer Zustimmung begangen hätten. Ich flehe Sie an, mir zu glauben, daß ich nicht für alles Gold der Welt einen solchen Gedanken in meinem Herzen hegen wollte. Ich würde niemals einen so schlechten Gast in meinem Herzen wohnen lassen, als daß ich eine so schlechte Meinung von irgendeinem Fürsten hätte, und noch viel weniger von derjenigen, der ich so viel Gutes wünsche, wie mein Herz nur ausdenken kann oder wie Sie selbst sich nur wünschen könnten. Deshalb ermahne ich Sie, rate ich Ihnen und flehe Sie an, sich diese Angelegenheit so zu Herzen zu nehmen, daß Sie nicht fürchten, selbst den zu treffen, der Ihnen am nächsten steht, wenn er schuldig ist, und daß keine Überredung Sie davon zurückhalten möge, der Welt einen Beweis zu geben, daß Sie eine ebenso edle Fürstin wie eine rechtschaffene Frau sind.«

Einen aufrichtigeren und humaneren Brief hat diese sonst Zweideutige vielleicht niemals geschrieben; wie ein Pistolenschuß müßte er die Betäubte aufschrecken lassen und endlich in die Wirklichkeit erwecken. Wieder ist mit dem Finger auf Bothwell hingewiesen, wieder ihr unwiderleglich bewiesen, daß jede Rücksicht für ihn sie zu seiner Mitschuldigen stempelt. Aber der Zustand Maria Stuarts in jenen Wochen – man muß es immer wiederholen – ist der einer völligen Unfreiheit. Sie ist Bothwell schon so »shamefully enamoured«, so schmachvoll verfallen, daß, wie einer der Späher Elisabeths nach London schreibt, »man sie sagen hörte, sie würde alles im Stiche lassen und mit ihm im bloßen Hemde bis ans Ende der Welt gehen«. Jeder Zuspruch findet taube Ohren, Vernunft hat keine Gewalt mehr über das Brausen ihres Blutes. Und weil sie sich selbst vergißt, meint sie, auch die Welt werde sie und ihre Tat vergessen.

Einige Zeit, den ganzen Monat März, scheint Maria Stuart mit ihrer Passivität recht zu behalten. Denn ganz Schottland schweigt, die Gerichtsherren sind blind und taub geworden und Bothwell kann – sonderbarer Zufall – mit bestem Willen die »unbekannten Täter« nicht ausfindig machen, obwohl sich in allen Straßen, in allen Häusern die Bürger leise die Namen zusprechen. Jeder kennt sie, jeder nennt sie, aber keiner will sein Leben wagen, um den ausgesetzten Preis zu verdienen. Endlich erhebt sich eine Stimme. Dem Vater des Ermordeten, dem Earl of Lennox, einem der angesehensten Adeligen des Landes, kann man schließlich eine Antwort nicht verweigern, wenn er die berechtigte Beschwerde erhebt, weshalb nach Wochen noch nichts Ernstliches gegen die Mörder seines Sohnes unternommen sei. Maria Stuart, die mit dem Mörder das Bett teilt und der Maitland, der Mitwisser, die Hand führt, gibt natürlich ausweichenden Bescheid; sie werde gewiß das Beste tun und das Parlament mit der Angelegenheit befassen. Aber Lennox weiß genau, was dieser Aufschub bedeutet, und erneuert seine Forderung. Man solle, so verlangt er, zunächst alle diejenigen verhaften, deren Namen auf den in Edinburgh verbreiteten Anschlagzetteln gestanden hätten. Auf eine so präzise Forderung wird die Antwort schon schwieriger. Noch einmal zwar biegt Maria Stuart aus, gerne würde sie dies tun, aber es seien so viele und so verschiedene Namen genannt, die gar nichts miteinander zu tun hätten, er möge darum selbst jene bezeichnen, die er als die Schuldigen betrachte. Zweifellos hofft sie, der Terror, den der allmächtige Militärdiktator ausübt, werde Lennox abschrecken, den lebensgefährlichen Namen eines Bothwell auszusprechen. Aber Lennox hat inzwischen seinerseits Sicherung gesucht und sich die Hand gestrafft. Er hat sich mit Elisabeth in Verbindung gesetzt und damit gleichsam unter deren Schutz gestellt. Höchst peinlicherweise schreibt er klar und deutlich die Namen all derjenigen hin, gegen die er eine Untersuchung fordert. Der erste Name ist Bothwell, dann kommen Balfour, David Charmers und einige kleine Leute aus der Dienerschaft Maria Stuarts und Bothwells, die ihre Herren längst über die Grenze geschafft haben, damit sie nicht auf der Folter gesprächig werden könnten. Nun beginnt, sehr zu ihrer Verstörung, Maria Stuart einzusehen, daß diese Komödie des »Durch-die-Finger-Sehens« nicht länger aufrechtzuerhalten ist. Hinter Lennox' Hartnäckigkeit erkennt sie Elisabeth mit all ihrer Energie und Autorität. Aber auch Katharina von Medici hat inzwischen mit schneidender Deutlichkeit sie wissen lassen, daß sie Maria Stuart als »dishonoured« betrachte und Schottland keine Freundschaft von Frankreich zu erwarten hätte, solange dieser Mord nicht durch ein ordentliches und ehrliches Gerichtsverfahren gesühnt sei. Nun heißt es schleunigst umschalten und statt der Komödie jener »vergeblichen« Nachforschungen eine andere Komödie, die eines öffentlichen Gerichtsverfahrens, einleiten. Maria Stuart muß sich jetzt einverstanden erklären, daß Bothwell – mit den kleinen Leuten wird man sich später befassen – vor einem Adelsgericht sich verteidige. Am 28. März erhält der Earl of Lennox die Aufforderung, nach Edinburgh zu kommen und dort am 12. April seine Anklage gegen Bothwell vorzubringen.

Nun ist Bothwell keineswegs der Mann, im Sünderkleide, scheu und demütig, vor Richtern zu erscheinen. Und wenn er sich überhaupt bereit erklärt, der Ladung Folge zu leisten, so tut er es nur, weil er entschlossen ist, mit allen Mitteln statt eines Richterspruchs einen Freispruch, einen »cleansing«, zu erzwingen. Energisch trifft er seine Vorbereitungen. Zunächst läßt er sich von der Königin das Kommando über alle Festungen übertragen: damit hat er alle verfügbaren Waffen und alle Munition des Landes in der Hand. Er weiß, wer die Macht hat, der hat auch das Recht, außerdem bestellt er sich noch die ganze Rotte seiner Borderers nach Edinburgh und rüstet sie aus wie zu einer Schlacht. Ohne Scheu und Scham, mit der ihm eigenen Verwegenheit in der Unmoral, richtet er eine regelrechte Terrorherrschaft in Edinburgh ein. Er läßt laut wissen, daß, »wenn er erfahren könne, wer die Leute wären, die jene anschuldigenden Plakate angeschlagen hätten, er seine Hände in ihrem Blut waschen würde« – dies eine kräftige Warnung an Lennox. Offen trägt er, offen tragen seine Leute die Hand am Dolch und sparen nicht mit deutlichen Reden, daß sie nicht gesonnen seien, ihren Clansherrn wie einen Verbrecher vernehmen zu lassen. Nun möge Lennox kommen und wagen, ihn anzuklagen! Nun sollen die Richter versuchen, ihn, den Diktator Schottlands, zu verurteilen!

Derartige Vorbereitungen sind zu offenkundig, als daß Lennox sich einem Zweifel hingeben könnte, was ihn erwartet. Er weiß, daß er zwar nach Edinburgh kommen kann, um Bothwell anzuklagen, aber auch, daß ihm Bothwell nicht erlauben würde, die Stadt lebend wieder zu verlassen. Abermals wendet er sich an seine Gönnerin Elisabeth, und ohne zu zögern sendet diese einen dringenden Brief an Maria Stuart, um sie noch in letzter Stunde zu warnen, sich durch einen so offenkundigen Rechtsbruch in den Verdacht der Mitschuld zu setzen.

»Madame, ich wäre nicht so rücksichtslos gewesen«, schreibt sie in höchster Erregung, »Sie mit diesem Briefe zu belästigen, wenn nicht das Gebot der Nächstenliebe gegen die Armen und die Bitte der Unglücklichen mich dazu zwingen würde. Ich habe erfahren, daß Sie eine Proklamation erlassen haben, Madame, der zufolge das gerichtliche Verfahren gegen die der Teilnahme an der Ermordung Ihres Gatten und meines verstorbenen Vetters Verdächtigen am 12. dieses Monats stattfinden soll. Es ist außerordentlich wichtig, daß diese Angelegenheit nicht durch Geheimnistuerei oder List verdunkelt werde, was sonst leicht geschehen könnte. Der Vater und die Freunde des Toten haben mich demütig ersucht, Sie zu bitten, den Termin aufzuschieben, weil sie bemerkt haben, daß diese schändlichen Personen sich bemühen, mit Gewalt zu erzwingen, was sie rechtlicherweise nicht erreichen könnten. Deshalb kann ich nicht anders handeln aus Liebe zu Ihnen, die es am meisten angeht, und zur Beruhigung derjenigen, die an einem so unerhörten Verbrechen unschuldig sind. Denn selbst wenn Sie nicht schuldlos wären, so wäre dies Grund genug, Sie Ihrer Würde als Fürstin zu berauben und der Verachtung des Pöbels anheimzugeben. Ehe so etwas Ihnen zustoßen sollte, würde ich lieber Ihnen ein ehrenvolles Grab wünschen als ein ehrloses Leben.«

Ein solcher neuerlicher Schuß mitten ins Gewissen müßte auch ein betäubtes und abgestorbenes Gefühl erwecken. Aber es ist gar nicht gewiß, daß dieses Mahnschreiben in zwölfter Stunde Maria Stuart überhaupt noch rechtzeitig übermittelt worden ist. Denn Bothwell ist auf seiner Hut, dieser bis zur Tollheit kühne, dieser unbeugsame Bursche fürchtet weder Tod noch Teufel und am wenigsten die englische Königin. Der englische Sondergesandte, der diesen Brief Maria Stuart zu überbringen hat, wird am

Tore des Palastes von seinen Kreaturen festgehalten und nicht vorgelassen. Man erklärt ihm, die Königin schlafe noch und könne ihn nicht empfangen. Verzweifelt irrt der Abgesandte, der den Brief einer Königin an eine Königin zu überbringen hat, in den Straßen umher. Schließlich gelangt er an Bothwell, der das an Maria Stuart gerichtete Schreiben frech erbricht, liest und gleichgültig in die Tasche steckt. Ob er es dann später Maria Stuart übergeben hat, ist nicht bekannt und auch gleichgültig. Denn diese geknechtete Frau wagt längst nichts mehr gegen seinen Willen, und es wird sogar berichtet, daß sie die Torheit begeht, vom Fenster herab ihm zuzuwinken, wie er sich jetzt, begleitet von seinen berittenen Banditen, zum Tolbooth begibt, als wollte sie dem offenkundigen Mörder noch Erfolg bei der Justizkomödie wünschen.

Aber auch wenn Maria Stuart diese letzte Mahnung Elisabeths nicht empfangen haben sollte, keinesfalls ist sie ungewarnt gewesen. Drei Tage vorher ist ihr Stiefbruder Moray erschienen, um von ihr Abschied zu nehmen. Ein plötzliches Verlangen hat ihn überkommen, eine Lustreise nach Frankreich und Italien zu unternehmen, »to see Venice und Milan«. Nun könnte Maria Stuart aus mehrmaliger Erfahrung wissen, daß ein solches hastiges Verschwinden Morays vom politischen Schauplatz immer ein Wetterzeichen bedeutet und er mit seinem demonstrativen Fernbleiben diese niederträchtige Gerichtskomödie von vorneweg mißbilligen will. Übrigens macht Moray gar kein Hehl über die wahren Gründe seiner Abreise. Er sagt jedem, der es hören will, daß er versucht habe, James Balfour als einen der Hauptbeteiligten am Morde festzunehmen, und daß ihm dabei Bothwell, der seine Spießgesellen decken wollte, in den Arm gefallen sei. Freimütig wird er acht Tage später in London dem spanischen Gesandten de Silva erklären, »es sei ihm ehrenhafterweise nicht möglich gewesen, weiterhin im Königreich zu bleiben, solange ein so sonderbares und furchtbares Verbrechen dort ungesühnt bleiben dürfe«. Wer öffentlich so spricht, der dürfte auch zu seiner Schwester klar gesprochen haben. In der Tat fällt es auf, daß Maria Stuart Tränen in den Augen stehen, als sie ihn entläßt. Aber sie hat keine Kraft, ihn zu halten. Zu nichts hat sie mehr Kraft, seit sie Bothwell hörig geworden. Sie kann nur geschehen lassen, was dieser stärkere Wille fordert, die Königin in ihr ist wehrlos untertan geworden der glühenden und gebeugten Frau.

Herausfordernd beginnt am 12. April die Justizkomödie, herausfordernd geht sie zu Ende. Bothwell reitet zum Tolbooth, dem Gerichtshaus, als gälte es, eine Festung zu erstürmen, das Schwert an der Seite, den Dolch im Gürtel, umringt von seinen Gefolgsleuten, deren Zahl – wahrscheinlich übertrieben – mit viertausend angegeben wird. Lennox dagegen hat man unter Berufung auf ein altes Edikt erlaubt, höchstens sechs Gefolgsleute mitzunehmen, wenn er die Stadt betrete; offen ist damit die Parteilichkeit der Königin kundgetan. Auf eine solche Gerichtsverhandlung unter gezückten Dolchen sich einzulassen, ist Lennox nicht gesinnt; er weiß, daß der Brief Elisabeths mit der Forderung, die Gerichtsverhandlung zu vertagen, an Maria Stuart abgegangen ist und eine moralische Macht hinter ihm steht. So schickt er bloß einen seiner Lehensleute in den Tolbooth, damit er seinen Protest verlese. In diesem persönlichen Fernbleiben des Anklägers entdecken nun die Richter, die einerseits eingeschüchtert, andererseits mit kräftigen Belohnungen an Land und Geld und Ehren bestochen sind, glücklich den willkommenen Vorwand, des unbequemen Richtspruchs sich auf bequeme Weise zu entledigen, und eine schwere Last fällt ihnen damit vom Herzen. Nach scheinbar umständlicher Beratung – in Wirklichkeit ist alles längst abgekartet – sprechen sie Bothwell einstimmig frei von »any art and part of the said slauchter of the king«, mit der schmählichen Begründung, »weil keine Anklage vorliege«. Aber diesen ziemlich windigen Spruch, der einem ehrenhaften Menschen durchaus nicht genügen könnte, verwandelt Bothwell sofort in einen pathetischen Triumph. Klirrend in Waffen reitet er durch die Stadt, zieht sein Schwert, schwingt es in den Lüften und fordert laut und öffentlich jeden zum Zweikampf heraus, der nun noch weiterhin wagen wollte, ihn der Schuld oder Mitschuld am Morde des Königs zu bezichtigen.

Nun rennt in rasendem Lauf das Rad dem Abgrund zu. Betroffen murmeln und murren die Bürger über die beispiellose Verhöhnung des Rechts, verstört blicken die Freunde Maria Stuarts und haben »sore hearts«, düstere Herzen. Schmerzlich wird es für sie, die Wahnwitzige nicht warnen zu können. »Es war«, schreibt Melville, ihr getreuester Freund, »eine arge Sache, zusehen zu müssen, wie diese gute Fürstin ihrem Untergang entgegenraste, ohne daß jemand sie auf die Gefahr aufmerksam machte«. Aber Maria Stuart will nicht hören, will sich nicht warnen lassen, eine finstere Lust, das Widersinnigste zu wagen, treibt sie weiter und weiter, sie will sich nicht umblicken, nicht fragen und nicht lauschen, nur vorwärts und vorwärts rennt sie in ihr Verderben, eine Mänade ihres Gefühls. Einen Tag, nachdem Bothwell die Stadt herausgefordert hat, beleidigt sie das ganze Land, indem sie diesem notorischen Verbrecher die höchste Ehre erweist, die Schottland zu vergeben hat: feierlich läßt sie sich bei der Parlamentseröffnung von Bothwell die Heiligtümer der Nation, die Krone und das Reichszepter, vorantragen. Wer kann jetzt noch zweifeln, daß Bothwell diese Krone, die er heute bereits in Händen tragen darf, sich morgen selber auf das Haupt setzen wird? Und in der Tat,

Bothwell – dies fasziniert immer wieder bei dem Unbändigen – ist kein Mann der Heimlichkeiten. Frech, energisch und offen geht er jetzt darauf aus, seinen Preis zu fordern. Er zeigt keine Scham, sich vom Parlament »für seine ausgezeichneten Dienste«, »for his great and manifold gud service«, das stärkste Schloß des Landes, Dunbar, schenken zu lassen, und da er die Lords schon beisammen hat und seinem Willen gefügig, setzt er ihnen die Faust hart auf den Nacken, um ihnen das Letzte abzuzwingen: die Zustimmung zur Heirat mit Maria Stuart. Am Abend, da das Parlament schließt, lädt er als großer Herr und Militärdiktator die ganze Bande zu einem Abendessen in Ainslies Taverne ein. Dort wird tapfer gezecht, und als die meisten schon trunken sind – man denkt an die berühmte Szene aus Wallenstein – legt er den Lords einen Bond vor, der sie nicht nur verpflichtet, ihn gegen jeden Verleumder zu verteidigen, sondern auch, ihn, den »noble puissant Lord«, als würdigen Gatten für die Königin zu empfehlen. Nachdem Bothwell von den Peers für unschuldig erklärt worden und »andererseits Ihre Majestät zur Zeit ohne Gatten sei«, heißt es in diesem famosen Schriftstück, und es »das gemeinsame Wohl fordere, möge es ihr gefallen, sich herabzulassen, einen ihrer Untertanen zu heiraten, und zwar den obbesagten Lord«. Sie aber würden sich verpflichten, »so wahr sie sich vor Gott zu verantworten hätten«, den besagten Earl zu unterstützen und zu verteidigen gegen jeden, der diese Heirat stören oder aufhalten wolle, und dafür Gut und Blut einzusetzen.

Ein einziger Lord benützt die Verwirrung, die nach der Verlesung dieses Bonds entsteht, um still aus der Taverne hinauszuschleichen; die andern unterzeichnen gehorsem das Blatt, sei es, weil die bewaffnete Horde Bothwells das Haus umlagert, sei es, weil sie im Herzen entschlossen sind, den aufgezwungenen Eid im gegebenen Augenblick zu brechen. Sie wissen, was mit Tinte geschrieben ist, kann mit Blut ausgelöscht werden. Keiner trägt darum sonderliches Bedenken – was gilt ein rascher Federstrich für diese Gesellen? – es wird unterschrieben und weiter gelärmt, gezecht und geplaudert, und der Fröhlichste darf Bothwell sein, denn nun ist der Preis gezahlt, nun ist er am Ziel. Ein paar Wochen noch – und was bei Shakespeares Hamlet unglaubwürdige und dichterische Übertreibung scheint, wird hier Wirklichkeit werden: daß eine Königin, »noch ehe die Schuhe abgetragen sind, in denen sie hinter der Leiche ihres Gatten gegangen«, mit dem Mörder ihres Gemahls zum Traualtar schreitet. Quos deus perdere vult ...

Vierzehntes Kapitel

Der Weg ohne Ausweg

April bis Juni 1567

Unwillkürlich, es ist wie ein innerer Zwang, muß man, nun die Bothwell-Tragödie ihrem Höhepunkt entgegenschreitet, immer und immer wieder an Shakespeare denken. Schon die äußere Ähnlichkeit der Situation mit jener der Hamlet-Tragödie ist unverkennbar. Da wie dort ein König, der heimtückisch von dem Liebhaber seiner Frau aus dem Wege geräumt wird, da wie dort die unziemliche Eile, in der die Witwe mit dem Mörder ihres Mannes zum Altar hastet, da wie dort die fortwirkende Kraft eines Mordes, den zu verbergen und zu verleugnen mehr Anstrengung erfordert, als vordem nötig war, ihn zu vollbringen. Schon diese Ähnlichkeit ist eine überraschende. Aber noch stärker, noch bezwingender für das Gefühl wird dann die erstaunliche Analogie mancher Szenen von Shakespeares schottischer Tragödie mit der historischen. Shakespeares Macbeth ist aus der Atmosphäre des Maria-Stuart-Dramas bewußt oder unbewußt geschaffen; was in Schloß Dunsinan dichterisch geschieht, war vordem in Schloß Holyrood in Wahrheit geschehen. Hier wie dort nach vollbrachtem Mord dieselbe Einsamkeit, die gleiche lastende Seelenfinsternis, dieselben grauenvollen Feste, bei denen niemand sich zu freuen wagt und wo einer nach dem andern sich wegschleicht, weil die schwarzen Raben des Unheils schon kreischend das Haus umflügeln. Manchmal kann man es kaum unterscheiden: ist es Maria Stuart, die dort nachts herumirrt in den Gemächern, schlaflos, verstört, todessüchtig gepeinigt von ihrem Gewissen, oder ist es Lady

Macbeth, die das unsichtbare Blut abwaschen will von ihren Händen? Ist es Bothwell oder ist es Macbeth, der immer entschlossener, immer härter wird an der vollbrachten Tat, der immer kühner, immer verwegener die Feindschaft des ganzen Landes herausfordert und doch weiß, daß aller Mut vergeblich ist und immer die Gespenster stärker sind als der lebendige Mann. Hier und dort die Leidenschaft einer Frau als die treibende Kraft und der Mann als der Täter, und furchtbar ähnlich vor allem die Atmosphäre, der wuchtende Druck über den verwirrten, gequälten Seelen, Mann und Weib aneinandergekettet durch das gleiche Verbrechen, einer den andern hinabreißend in dieselbe schaurige Tiefe. Nie in der Weltgeschichte und nie in der Weltliteratur ist die Psychologie eines Verbrechens und die geheimnisvoll wirkende Gewalt des Ermordeten über einen Mörder so großartig dargetan worden wie in diesen beiden schottischen Tragödien, von denen die eine erdichtet ist und die andere erlebt.

Diese Ähnlichkeit, diese merkwürdige Analogie, ist sie wirklich nur ein Zufall? Oder ist nicht vielmehr anzunehmen, daß sich in Shakespeares Werk die Lebenstragödie Maria Stuarts gewissermaßen verdichtet und sublimiert hat? Immer haben Kindheitseindrücke eine unauslöschliche Macht über die dichterische Seele, und geheimnisvoll verwandelt der Genius frühe Anregung in später zeitüberdauernde Wirklichkeiten; unbedingt aber muß Shakespeare Kenntnis gehabt haben von allen Geschehnissen auf dem Schlosse von Holyrood. Seine ganze Kindheit am Lande muß erfüllt gewesen sein von den Erzählungen und Legenden jener romantischen Königin, die Reich und Krone durch eine unsinnige Leidenschaft verloren und die zur Strafe von einem englischen Schlosse zum andern geführt wird. Er war wahrscheinlich gerade in London, ein junger Mensch, schon halb ein Mann und ganz ein Dichter, als die Glocken jubelnd über die Gassen der Stadt schwangen, daß endlich das Haupt der großen Gegnerin Elisabeths gefallen und Darnley seine ungetreue Frau zu sich ins Grab gerissen. Wie er dann später in Holinsheds Chronik die Geschichte des finsteren Königs von Schottland fand, hat da nicht unbewußt die Erinnerung an Maria Stuarts tragischen Untergang geheimnisvoll, in dichterischer Chemie, Stoff zu Stoff gebunden? Niemand kann es mit Sicherheit behaupten, niemand auch leugnen, daß Shakespeares Tragödie von jener Lebenstragödie Maria Stuarts bestimmt gewesen. Aber nur, wer Macbeth gelesen und durchfühlt hat, wird ganz Maria Stuart in jenen Tagen von Holyrood begreifen können, die abgründige Qual einer starken Seele, die ihrer stärksten Tat nicht gewachsen war.

Erschütternd innerhalb dieser beiden Tragödien, der gedichteten und der gelebten, ist vor allem die Ähnlichkeit in der Verwandlung Maria Stuarts und Lady Macbeths nach der vollbrachten Tat. Lady Macbeth ist vorher eine liebende, eine heiße, energische Frau, voll von Willen und Ehrgeiz. Nur ihres geliebten Mannes Größe will sie sehen, und von ihrer Hand könnten die Zeilen aus Maria Stuarts Sonetten geschrieben sein: »Pour luy je veux rechercher la grandeur ...«

Von ihrem Ehrgeiz geht alle Triebkraft aus zur Tat, listig handelt Lady Macbeth und entschlossen, solange die Tat nur Wille ist, Vorsatz und Plan, solange das heiße rote Blut noch nicht über ihre Hände, nicht über ihre Seele geströmt ist. Mit gleich schmeichlerischen Worten wie Maria Stuart Darnley nach Kirk o'Field lockt sie Duncan in das Schlafzimmer, wo der Dolch seiner wartet. Aber sofort nach der Tat ist sie eine andere, die Kraft gebrochen, der Mut zerstört. Wie ein Feuer brennt das Gewissen im lebendigen Leibe, mit starren Blicken, eine Wahnsinnige, irrt sie durch die Gemächer, ein Schauer für ihre

Freunde, ein Grauen für sich selbst. Eine einzige irre Gier vergiftet ihr gequältes Gehirn: die Gier des Vergessens, eine krankhafte Sehnsucht nach dem Nicht-mehr-Wissen, nach dem Nicht-mehr-daran-denken-Müssen, nach dem Untergang. Und genau so Maria Stuart nach Darnleys Ermordung. Mit einmal ist sie verwandelt, verändert, und selbst ihre Züge zeigen eine solche Fremdheit im Vergleich zu ihrem früheren Wesen, daß Drury, der Spion Elisabeths, nach London schreibt: »Nie hat man eine Frau äußerlich in so kurzer Zeit ohne eine schwere Krankheit so verwandelt gesehen wie die Königin.« In nichts erinnert sie mehr an die heitere, besonnene, gesprächige, selbstsichere Frau, die sie noch vor einigen Wochen gewesen. Sie schließt sich ein, sie verbirgt sich, sie versteckt sich. Vielleicht hofft sie wie Macbeth und Lady Macbeth noch immer, die Welt werde schweigen, wenn sie selber schweige, und die schwarze Welle gnädig über ihr Haupt hinweggehen. Aber wie dann die Stimmen zu fragen, zu drängen beginnen, wie sie nachts von den Straßen Edinburghs die Namen der Mörder zu ihren Fenstern hinaufrufen hört, wie Lennox, der Vater des Ermordeten, und Elisabeth, ihre Feindin, und Beaton, ihr Freund, wie die ganze Welt von ihr Rede und Antwort und Richtspruch fordert, wird sie allmählich wirr. Sie weiß, sie müßte etwas tun, um die Tat zu decken, zu entschuldigen. Aber ihr fehlt die Kraft zur überzeugenden Antwort, das kluge, täuschende Wort. Gleichsam durch einen hypnotischen Schlaf hört sie die Stimmen aus London, aus Paris, aus Madrid, aus Rom reden und mahnen und warnen und kann sich nicht aufraffen aus ihrer Seelenstarre, sie vernimmt all die Rufe nur wie ein lebendig Begrabener die Schritte über der Erde, wehrlos, machtlos und verzweifelt. Sie weiß: jetzt müßte sie die trauernde Witwe spielen, die verzweifelte Gattin, laut schluchzen und klagen, damit man an ihre Unschuld glaube. Aber die Kehle ist ihr trocken, sie kann nicht mehr sprechen, sie vermag nicht noch länger sich zu verstellen. Das geht so Wochen und Wochen, und schließlich erträgt sie es nicht mehr. Wie ein Wild, von allen Seiten umstellt, sich mit dem Mut der äußersten Angst gegen die Verfolger wendet, so wie Macbeth, um sich zu sichern, neuen Mord häuft auf den Rache fordernden Mord, so rafft sich Maria Stuart jetzt endlich auf aus dieser nicht mehr zu ertragenden Starre. Vollkommen gleichgültig ist ihr geworden, was die Welt von ihr denkt, ob es klug ist oder unsinnig, was sie unternimmt. Nur dieses Stillehalten nicht mehr, nur etwas tun, nur weiter jetzt und weiter und immer rascher und immer rascher, um den Stimmen zu entfliehen, den warnenden und den drohenden. Nur vorwärts, nur vorwärts, nur nicht innehalten und nicht nachdenken, denn sonst müßte sie erkennen, daß keine Klugheit sie mehr retten kann. Immer ist es eines der Seelengeheimnisse, daß Geschwindigkeit für kurze Frist die Angst übertäubt, und wie ein Fuhrmann, wenn er die Brücke unter seinem Wagen knistern und splittern fühlt, den Pferden die Peitsche gibt, denn er weiß, nur das Vorwärtsrasen kann ihn retten, so jagt Maria Stuart das schwarze Roß ihres Schicksals verzweifelt vorwärts, um jedes Bedenken zu überrennen, jeden Einspruch zu zerstampfen. Nur nichts mehr denken, nichts mehr wissen, nichts mehr hören, nichts mehr sehen, nur weiter und weiter in den Wahnsinn hinein! Lieber ein Ende mit Schrecken als ein Schrecken ohne Ende! Ewiges Gesetz: ein Stein fällt immer schneller, je mehr er sich dem Abgrund nähert, und so handelt auch eine Seele immer hastiger und unsinniger, wenn sie keinen Ausweg mehr weiß.

Alles, was Maria Stuart in diesen Wochen nach dem Mord unternimmt, ist mit klarer Vernunft nicht zu erklären, sondern einzig aus der Verstörung einer maßlosen Angst. Denn selbst mitten in ihrer Raserei müßte sie sich sagen, daß sie ihre Ehre für immer vernichtet und vertan hat, daß ganz Schottland, ganz Europa eine Heirat wenige Wochen nach der Ermordung und gerade mit dem Mörder ihres Gatten als beispiellose Provokation des Rechts und der Sitte empfinden müssen. Nach einem Jahr, nach zwei Jahren heimlichen Sichverhaltens hätte die Welt vielleicht jene Zusammenhänge vergessen; mit kluger diplomatischer Vorbereitung könnte man dann allerlei Gründe finden, daß sie ihn, gerade Bothwell, zu ihrem Gatten wählt. Nur eines kann und muß Maria Stuart ins Verderben stürzen, wenn sie, ohne die Trauerzeit einzuhalten, mit so provokatorischer Hast dem Mörder die Krone des Ermordeten auf das Haupt setzt. Gerade dies aber, gerade dies Wahnwitzigste sucht Maria Stuart jetzt mit der auffälligsten Eile zu erzwingen.

Für dieses unerklärliche Verhalten einer sonst klugen und leidlich besonnenen Frau gibt es nur eine einzige Erklärung: Maria Stuart steht unter einem Zwang. Offenbar kann sie nicht warten, weil etwas sie nicht warten läßt, weil Warten und Zögern ein Geheimnis unaufhaltsam verraten muß, das zur Stunde noch niemand weiß. Und man kann gar keine andere Erklärung für ihr wildes Hineinrennen in die Heirat mit Bothwell finden – und die Ereignisse werden diese Vermutung bestätigen –, als daß diese unglückliche Frau sich damals bereits schwanger wußte. Aber es ist kein Postumus, kein nachgeborener Sohn des Königs Heinrich Darnley, den sie im Schoße fühlt, sondern die Frucht verbotener, verbrecherischer Leidenschaft. Eine Königin von Schottland aber darf kein uneheliches Kind zur Welt bringen, und am wenigsten unter Umständen, die den Verdacht ihrer Schuld oder Mitschuld mit Feuerfarben an alle Wände schrieben. Denn unwiderleglich käme dann zu Tag, wie lustvoll sie mit ihrem Geliebten die Trauerzeit verbracht, und auch der schlechteste Rechner könnte an den Monaten nachzählen, ob Maria Stuart – schmählich das eine und schmählich das andere! – entweder schon vor der Ermordung Darnleys oder kurz nachher mit Bothwell bereits Umgang gehabt. Einzig rasche Legitimierung durch Ehe kann die Ehre des Kindes und halbwegs die eigene retten. Denn ist sie zu jener Zeit, da das Kind zur Welt kommt, schon Bothwells Gattin, so kann man die Vorzeitigkeit noch eher entschuldigen, und immerhin ist einer zur Stelle, diesem Kinde seinen Namen zu geben und sein Recht zu verteidigen. Jeder Monat, jede Woche, welche die Heirat mit Bothwell verzögert, ist darum unrettbar verlorene Frist. Und vielleicht erscheint ihr – furchtbare Wahl – das Ungeheuerliche, den Mörder ihres eigenen Gatten zum Gemahl zu nehmen, weniger schmachvoll, als mit einem vaterlosen Kinde ihr Vergehen der Welt einzugestehen. Nur wenn man diesen elementaren Zwang der Natur als wahrscheinlich annimmt, wird das Unnatürliche von Maria Stuarts Verhalten in diesen Wochen verständlich; alle andern Auslegungen sind künstlich und verdunkeln das seelische Bild. Nur wenn man diese Angst – eine Angst, die Millionen Frauen zu allen Zeiten erlebten und welche auch die Reinsten und Kühnsten zu irrwitzigen und verbrecherischen Taten getrieben hat – nur wenn man diese quälende Furcht vor der Aufdeckung ihrer Beziehungen durch eine unwillkommene Schwangerschaft begreift, kann man die Hast ihrer zerrütteten Seele verstehen. Nur dies, und dies allein, erschließt einen gewissen Sinn im Wahnsinn ihrer Überstürzung und gewährt zugleich einen tragischen Blick in die ganze Tiefe ihrer innern Not.

Entsetzliche, erschütternde Situation, kein Teufel könnte eine grausamere ersinnen. Einerseits drängt, weil die Königin sich schwanger fühlt, die Zeit zu äußerster

Eile, und zugleich macht diese Eile sie mitschuldig. Als Königin von Schottland, als Witwe, als Frau von Anstand und Ehre, beobachtet von Stadt und Land und der ganzen europäischen Welt, darf Maria Stuart einen so berüchtigten und verdächtigen Mann wie Bothwell nicht zum Gemahl erheben. Und als hilflose Frau hat sie in ihrer ausweglosen Lage keinen anderen Retter als ihn. Sie darf ihn nicht heiraten und muß ihn doch heiraten. Um die Welt aber diesen innern Zwang zur Heirat nicht ahnen zu lassen, muß irgendein anderer äußerer erfunden werden, der ihre irrwitzige Eile etwas erklärlicher macht. Irgendein Vorwand muß ausgeklügelt werden, der dem gesetzlich und moralisch Widersinnigen einen Sinn gibt und Maria Stuart zu dieser Heirat zwingt.

Wie aber kann eine Königin gezwungen werden, einen Mann geringeren Standes zu heiraten? Nur eine Möglichkeit kennt der Ehrenkodex jener Zeit: wenn einer Frau die Ehre gewaltsam geraubt wird, dann hat der Räuber die Pflicht, die Ehre dieser Frau durch Heirat wiederherzustellen. Nur wenn sie als Frau zuvor vergewaltigt wurde, hätte Maria Stuart einen Schimmer von Entschuldigung, Bothwell zu heiraten. Denn nur dann wäre vor dem Volk die Illusion geschaffen, sie hätte nicht aus freiem Willen, sondern unter Zwang dem Unvermeidlichen nachgegeben.

Einzig aus letzter auswegloser Verzweiflung konnte ein solcher phantastischer Plan entstehen. Nur Irrwitz konnte solchen Irrwitz gebären. Selbst Maria Stuart, sonst mutig und entschlossen in entscheidenden Augenblicken, schauert zurück, als Bothwell ihr dieses tragische Possenspiel vorschlägt. »Ich wollte, ich wäre tot, denn ich sehe, alles geht schlimm aus«, schreibt die Gepeinigte. Aber wie die Moralisten auch über Bothwell denken mögen, er bleibt immer derselbe in seiner prachtvollen Desperadoverwegenheit. Ihn schreckt gar nicht, daß er vor ganz Europa den schamlosen Schurken zu spielen hat, den Vergewaltiger einer Königin, den Straßenräuber, welcher sich über Recht und Sitte zynisch hinwegsetzt. Und sollte die Hölle vor ihm offenstehen: er ist nicht der Mann, auf halbem Wege innezuhalten, wenn es eine Krone gilt. Keine Gefahr gibt es, vor der er zurückbebte, und an Mozarts Don Juan muß man denken, an seine freche und verwegene Geste, mit der er den steinernen Komtur zur tödlichen Mahlzeit herausfordert. Neben ihm schaudert sein Leporello, sein Schwager Huntly, der eben für ein paar Pfründen in die Scheidung seiner Schwester von Bothwell gewilligt hat. Diesem minder Wagemutigen graut vor dieser tollen Komödie, er eilt zur Königin und versucht, sie abzureden. Aber Bothwell ist es gleichgültig, ob noch einer mehr gegen ihn steht nach so frecher Herausforderung der ganzen Welt, ihn schreckt es auch nicht, daß der Plan des Überfalls wahrscheinlich schon verraten ist – der Spion Elisabeths meldet ihn bereits einen Tag vor der Ausführung nach London–, ihn kümmert es ganz und gar nicht, ob man diese Entführung für echt oder gespielt hält, wenn sie ihn nur seinem Ziele näher bringt, König zu werden. Was er will, das tut er – und sei es gegen Tod und Teufel – und hat dabei noch die Kraft, die Unwillige mit sich zu reißen.

Denn abermals gewahrt man aus den Kassettenbriefen, wie verzweifelt der innere Instinkt Maria Stuarts sich gegen den harten Willen ihres Herrn wehrt. Deutlich sagt ihr eine Ahnung, daß auch mit diesem neuerlichen Betrug sie nicht die Welt, sondern nur sich selber betrügen wird. Aber wie immer gehorcht die Hörige dem Manne, dem sie ihren Willen hingegeben. Gehorsam, wie sie half, Darnley aus Glasgow zu entführen, ist sie schweren Herzens bereit, sich selber »entführen« zu lassen, und Szene um Szene wird gemäß dem entworfenen Plan die Komödie dieser einverständlichen Vergewaltigung durchgeführt.

Am 21. April, nur wenige Tage nach dem erzwungenen Freispruch vor dem Adelsgericht und der »Belohnung« Bothwells im Parlament, am 21. April, knapp zwei Tage, nachdem Bothwell in Ainslies Taverne die Zustimmung der meisten Lords zu seiner Heirat abgepreßt, und genau neun Jahre, seit sie als halbes Kind dem Dauphin von Frankreich vermählt worden, empfindet Maria Stuart, bisher eine wenig besorgte Mutter, das dringende Bedürfnis, ihren kleinen Sohn in Stirling zu besuchen. Mißtrauisch empfängt sie der Graf Mar, dem der Kronprinz zur Hut anvertraut ist, denn wahrscheinlich sind schon allerhand Gerüchte durchgesickert. Nur in Begleitung anderer Frauen darf Maria Stuart ihren Sohn sehen, denn die Lords befürchten, sie könnte sich des Kindes bemächtigen und es Bothwell ausliefern; allen ist schon offenbar, daß diese Frau jedem und auch dem verbrecherischsten Befehl ihres Seelentyrannen hörig gehorcht. Nur von wenigen Reitern begleitet, darunter Huntly und Maitland, die zweifellos in den Plan verstrickt sind, reitet die Königin dann wiederum zurück. Da nähert sich, sechs Meilen vor der Stadt, plötzlich ein starker Trupp von Berittenen, Bothwell an der Spitze, und »überfällt« den Zug der Königin. Selbstverständlich kommt es zu keinem Kampf, denn Maria Stuart verbietet, »um Blutvergießen zu vermeiden«, ihren Getreuen, Widerstand zu leisten. Es genügt, daß Bothwell den Zügel ihres Pferdes faßt, und schon gibt sie sich willig »gefangen« und läßt sich zu süßer und sinnlicher Haft auf das Schloß Dunbar führen. Einem allzu eifrigen Kapitän, der Verstärkungen heranführen und die »Gefangene« befreien will, wird schleunigst abgewinkt, und auch die Mitüberfallenen, Huntly und Maitland, werden auf das liebenswürdigste entlassen. Niemandem soll die geringste Unbill geschehen, nur sie selber muß in der »Haft« des geliebten Gewalttäters zurückbleiben. Mehr als eine Woche teilt die »Vergewaltigte« das Bett des Schänders ihrer Ehre, während gleichzeitig in Edinburgh mit fliegender Hast und kräftigen Bestechungen die Scheidung Bothwells von seiner rechtmäßigen Gattin bei den geistlichen Gerichten betrieben wird, und zwar bei den protestantischen unter dem schäbigen Vorwand, er habe sich ehebrecherisch mit einer Dienstmagd vergangen, bei den katholischen wiederum mit der verspäteten Entdeckung, er sei mit seiner Frau Jane Gordon im vierten Grade verwandt. Endlich ist auch dieser dunkle Handel abgeschlossen. Nun kann der Welt gemeldet werden, Bothwell habe als frecher Wegelagerer die ahnungslose Königin überfallen und mit seiner wilden Begierde befleckt: einzig die Heirat mit dem Manne, der sie wider ihren Willen besessen, könne die Ehre der Königin von Schottland wiederherstellen.

Zu plump ist diese »Entführung« vorgetäuscht, als daß irgend jemand ernstlich glaubte, die Königin von Schottland habe sich wirklich »Gewalt antun lassen«; selbst der spanische Gesandte, der wohlgesinnteste von allen, meldet nach Madrid, die ganze Sache sei abgekartet gewesen. Aber sonderbarerweise sind es gerade diejenigen, die den Betrug am besten durchschauen, welche jetzt tun, als ob sie an eine wirkliche »Gewalttat« glaubten: die Lords, die bereits wieder einen »Bond« zur Beseitigung Bothwells geschlossen haben, begehen die beinahe geistvolle Bosheit, die Komödie der Entführung feierlich ernst zu nehmen. Auf einmal rührend treu, verkünden sie furchtbar entrüstet, »die Königin des Landes werde gegen ihren Willen festgehalten, und damit sei die Ehre Schottlands gefährdet«. Nun sind sie plötzlich wieder einig, um als biedere Untertanen das hilflose Lamm aus den Fängen des bösen Wolfes Bothwell zu befreien. Denn jetzt ist ihnen endlich der lang gesuchte Vorwand geschenkt, unter patriotischer Maske dem Militärdiktator in den Rücken zu fallen. Hastig rotten sie sich zusammen, um Maria Stuart von Bothwell zu »befreien« und damit die Heirat zu verhindern, die sie vor knapp einer Woche selber gefördert.

Nun kann Maria Stuart nichts Peinlicheres geschehen als diese plötzliche und zudringliche Beflissenheit ihrer Lords, sie vor dem »Entführer« zu beschützen. Denn damit sind ihr die Karten aus der Hand geschlagen, die sie so betrügerisch gemischt. Da sie in Wahrheit doch nicht »befreit« sein will von Bothwell, sondern im Gegenteil ihm ewig verbunden, muß sie der Lüge, Bothwell habe sie vergewaltigt, schleunig wieder kurze Beine machen. Hatte sie ihn gestern anschwärzen wollen, so muß sie ihn heute wieder weißwaschen; der ganze Effekt der Farce ist damit vertan. Nur damit man ihren Bothwell nicht verfolge, nicht anklage, macht sie sich eilig zum beredtesten Anwalt ihres Verführers. Sie ist zwar »sonderbar behandelt worden, seitdem aber so gut, daß sie gar keinen Grund zur Klage hätte«. Da niemand ihr Beistand geleistet hätte, »wäre sie gezwungen, ihren anfänglichen Unwillen zu sänftigen und nachzudenken über seinen Vorschlag«. Immer unwürdiger wird die Situation der im Dornbusch ihrer Leidenschaft verstrickten Frau. Die letzte Hülle über ihrer Scham bleibt in diesem Gestrüpp verfangen, und wie sie sich losreißt, steht sie nackt vor dem Hohn der Welt.

Eine tiefe Bestürzung erfaßt Maria Stuarts Freunde, als sie anfangs Mai die bisher von ihnen so verehrte Königin von Edinburgh zurückkehren sehen: Bothwell hält die Zügel ihres Rosses, und um anzudeuten, daß sie ihm freiwillig folge, werfen seine Soldaten ihre Lanzen zu Boden. Vergebens suchen die wenigen, die es wirklich ehrlich mit Maria Stuart und Schottland meinen, die Verblendete zu warnen. Du Croc, der französische Gesandte, erklärt ihr, wenn sie Bothwell heirate, sei die Freundschaft mit Frankreich zu Ende, einer ihrer Getreuen, Lord Herries, wirft sich ihr zu Füßen, und der immer bewährte Melville hat Mühe, sich vor der Rache Bothwells zu retten, weil er noch im letzten Augenblick die unselige Ehe verhindern will. Allen wird das Herz schwer, diese tapfere, freie Frau wehrlos dem Willen eines wilden Abenteurers hingegeben zu wissen, voll Sorge sehen sie voraus, daß Maria Stuart durch die unsinnige Hast, den Mörder ihres Mannes zu heiraten, Krone und Ehre verlieren wird. Gute Zeit hingegen ist für ihre Gegner gekommen. Jetzt sind alle die finstren Prophezeiungen John Knoxens furchtbar wahr geworden. Sein Nachfolger John Craig weigert sich zunächst überhaupt, das sündhafte Aufgebot in der Kirche anschlagen zu lassen, er nennt, ohne sich ein Blatt vor den Mund zu nehmen, diese Ehe »odious and slanderous before the world«, und erst als Bothwell ihm mit dem Galgen droht, läßt er sich zu Verhandlungen herbei. Aber tiefer und tiefer muß Maria Stuart sich dafür unter das Joch beugen. Denn jetzt, da sie alle wissen, mit welcher Ungeduld sie die Heirat beschleunigt haben will, fordert jeder als schamloser Erpresser von ihr das Äußerste für seine Einwilligung und Hilfe. Huntly bekommt alle Güter, die an die Krone gefallen waren, dafür zurück, daß er die Scheidung seiner Schwester von Bothwell durchdrückt, der katholische Bischof läßt sich wacker mit Ämtern und Würden bezahlen; den grimmigsten Preis aber verlangt die protestantische Geistlichkeit. Als harter Richter, nicht als Untertan stellt sich der Pastor der Königin und Bothwell gegenüber und fordert öffentliche Demütigung: sie muß sich bereit erklären, sie, die katholische Fürstin, die Nichte der Guisen, die Trauung auch nach reformiertem, also ketzerischem Ritus vornehmen zu lassen. Mit diesem schmählichen Kompromiß hat Maria

Stuart den letzten Halt, die letzte Karte aus der Hand gegeben, die sie noch besaß, die Förderung durch das katholische Europa, sie hat die Gunst des Papstes, die Sympathien Spaniens und Frankreichs verloren. Jetzt steht sie ganz allein gegen alle. Furchtbar wahr sind die Worte geworden aus den Sonetten:

»Pour luy depuis j'ay mesprise l'honneur,
Ce qui nous peust seul pourvoir de bonheur.
Pour luy j'ay hazardé grandeur & conscience,
Pour luy tous mes parens J'ay quitte & amis.«

Aber kein Mittel kann den erretten, der sich selber aufgegeben; sinnlose Opfer erhören die Götter nicht.

Kaum je in ihren hunderten Jahren hat die Geschichte eine tragischere Hochzeitsszene überliefert als jene des 15. Mai 1567: die ganze Erniedrigung Maria Stuarts spiegelt sich in diesem düsteren Bild. Die erste Ehe mit dem Dauphin von Frankreich war am hellen Tage geschlossen worden: Tage des Glanzes und der Ehre. Zehntausende hatten der jungen Königin zugejubelt, aus Stadt und Land waren die Edelsten Frankreichs, die Gesandten aller Länder gekommen, um zusehen zu dürfen, wie, umschart von der königlichen Familie und der Auslese der Ritterschaft, die Dauphine sich nach Notre-Dame begab. An brausenden Tribünen, an winkenden Fenstern war sie vorübergeschritten, ein ganzes Volk hatte in Verehrung und Freude zu ihr aufgeblickt. Die zweite Hochzeit war schon stiller gewesen. Nicht mehr am lichten Tage, sondern im Frühdämmer, um sechs Uhr morgens, hatte sie der Priester dem Urenkel Heinrichs VII. verbunden. Aber immerhin, der Adel war zur Stelle gewesen und die auswärtigen Gesandten, tagelang rauschten damals die Feste, lärmte die Freude in Edinburgh. Diese aber, die dritte Heirat mit Bothwell – den sie noch in letzter Stunde hastig zum

Herzog von Orkney ernennt – geschieht heimlich wie ein Verbrechen. Um vier Uhr morgens, noch schläft die Stadt, noch liegt die Nacht über den Dächern, schleichen scheu ein paar Gestalten in die Schloßkapelle, in der man – noch sind nicht drei Monate vergangen, noch trägt Maria Stuart das Trauergewand – die Leiche ihres ermordeten Gatten eingesegnet. Leer bleibt diesmal der Raum. Viele Gäste hat man geladen, aber beleidigend wenige sind gekommen, niemand will Zeuge sein, wie die Königin von Schottland den Ring an den Finger der Hand steckt, die Darnley gemeuchelt. Fast alle Lords ihres Königreiches sind ohne Entschuldigung weggeblieben, Moray und Lennox haben das Land verlassen, Maitland und Huntly, selbst sie, die Halbgetreuen, halten sich fern, und der einzige Mann, dem bisher die gläubige Katholikin ihre geheimsten Gedanken anvertrauen konnte, auch ihr Beichtvater hat für immer Abschied genommen; traurig bekennt der geistliche Hüter ihres Herzens, daß er sie jetzt als verloren betrachtet. Kein Mann, der auf Ehre hält, will zusehen, wie Darnleys Mörder Darnleys Frau ehelicht und dieser Frevelsbund vom Priester Gottes geheiligt wird. Vergebens hat Maria Stuart den französischen Gesandten beschworen, er möge zur Stelle sein, um einen Schein von Repräsentation zu retten. Aber der sonst so gütige Freund weigert sich entschlossen. Seine Gegenwart würde die Zustimmung Frankreichs bedeuten, »man könnte dann glauben«, sagt er, »mein König hätte seine Hand in diesen Vorgängen gehabt«; außerdem will er Bothwell nicht als den Gemahl der Königin anerkennen. Keine Messe wird gelesen, keine Orgel braust, rasch wird die Zeremonie abgetan. Nicht werden für abends Räume zum Tanz mit Kerzen erhellt, kein Bankett ist gerüstet. Nicht wie bei Darnleys Hochzeit wird mit dem Rufe »Largesse, largesse!« Geld hinabgeworfen unter das jubelnde Volk, die Kapelle gleicht, kalt, leer und dunkel, einem Sarg, und ernst wie Leidtragende stehen die Zeugen bei diesem sonderbaren Fest. Nicht in stolzer Auffahrt durchschreitet dann der Zug die Stadt, helle Gassen des Jubels entlang: angefröstelt von dem Grauen dieser leeren Kapelle ziehen sich die Vermählten hastig in ihre Gemächer zurück hinter verriegelte Türen.

Denn gerade jetzt, da sie am Ziele ist, auf das sie so verblendet mit losen Zügeln zugejagt, bricht Maria Stuart seelisch zusammen. Ihr wildester Wunsch ist erreicht, Bothwell zu haben, zu halten; mit brennenden Augen hat sie hingefiebert auf diese Stunde der Vermählung in dem Wahn: seine Nähe, seine Liebe würde alle Angst besiegen. Aber jetzt, da sie kein Ziel mehr hat, um fiebernd darauf hinzustarren, werden ihre Augen wach, sie sieht um sich und sieht mit einmal das Leere, das Nichts. Auch zwischen ihm, dem unsinnig Geliebten, und ihr scheinen gleich nach der Vermählung Unstimmigkeiten begonnen zu haben – immer, wenn zwei Menschen einander in das Verderben gestoßen haben, gibt einer dem andern die Schuld. Schon am Nachmittag dieses tragischen Hochzeitstages findet der französische Gesandte eine völlig verstörte und verzweifelte Frau; noch ist der Abend nicht gesunken, und schon steht zwischen den beiden Gatten plötzlich ein kalter Schatten. »Schon hat die Reue begonnen«, berichtet Du Croc nach Paris, »als Donnerstag Ihre Majestät nach mir sandte, fiel mir ein sonderbares Benehmen zwischen ihr und ihrem Gatten auf. Sie wollte es entschuldigen, indem sie sagte: wenn ich sie traurig sähe, so wäre es, weil sie nie mehr Freude haben wollte und nur eines wünschte, den Tod. Gestern, wie sie in einem Zimmer mit Graf Bothwell eingeschlossen war, hörte man sie laut schreien, man solle ihr ein Messer geben, um sich zu töten. Die Leute vernahmen es im Nebenzimmer und fürchten, daß, wenn ihr Gott nicht zu Hilfe kommt, sie sich in ihrer Verzweiflung etwas antun wird«. Bald melden neuerliche Berichte schwere Unstimmigkeiten zwischen den Ehegatten, angeblich betrachtet Bothwell die Scheidung von seiner jungen hübschen Gemahlin praktisch für ungültig und verbringt die Nächte mit ihr statt mit Maria Stuart. »Vom Tage der Hochzeit an«, meldet abermals der Botschafter nach Paris, »waren der Tränen und Klagen Maria Stuarts kein Ende«. Nun, da die Verblendete alles gewonnen hat, was sie dem Schicksal so glühend abverlangt, weiß sie, daß alles verloren ist und selbst der Tod noch Erlösung wäre aus dieser selbstgeschaffenen Qual.

Drei Wochen dauert im ganzen dieser bittre Honigmond Maria Stuarts und Bothwells; er ist eine einzige Angst und Agonie. Alles, was die beiden tun, um sich zu halten, sich zu retten, bleibt vergeblich. Bothwell behandelt in der Öffentlichkeit die Königin mit demonstrativer Ehrfurcht und Zärtlichkeit, er heuchelt Liebe und Demut, aber Worte und Gebärden zählen nicht mehr nach so fürchterlicher Tat; stumm und finster sieht die Stadt auf das verbrecherische Paar. Vergeblich wirbt der Diktator um das Volk, da die Adeligen sich fernhalten, er spielt den Liberalen, den Gütigen, den Frommen; er besucht die reformierten Predigten, jedoch die protestantische Geistlichkeit bleibt ebenso feindselig wie die katholische. Er schreibt demütige Briefe an Elisabeth: sie antwortet nicht. Er schreibt nach Paris: man blickt über ihn hinweg. Maria Stuart beruft die Lords: sie bleiben in Stirling. Sie fordert ihr Kind zurück: man liefert es nicht aus. Alles schweigt, alles bleibt grauenhaft stumm zu den beiden. Um eine gewisse Sicherheit und Heiterkeit vorzutäuschen, veranstaltet Bothwell noch hastig ein Maskenspiel und eine Wasserschlacht; selber reitet er zum Turnier, auf der Tribüne lehnt blaß die Königin und lächelt ihm zu; das Volk, immer neugierig, sammelt sich in Scharen, aber es jubelt nicht. Eine Lähmung der Angst, eine grausame Starre, die bei der ersten Bewegung in Zorn und Bitterkeit umschlagen muß, liegt über dem Lande.

Bothwell ist nun kein Mann, der sich sentimentalen Täuschungen hingibt. Als erfahrener Seemann spürt er in dieser lastenden Stille schon den kommenden Sturm. Entschlossen wie immer trifft er seine Vorbereitungen. Er weiß, man will ihm an das Leben, und das letzte Wort werden bald die Waffen sprechen; hastig rafft er darum von überall Reiter und Fußvolk zusammen, um gegen den Angriff gewappnet zu sein. Bereitwillig opfert Maria Stuart alles, was sie noch zu opfern hat, für seine Söldner, sie verkauft Juwelen, sie nimmt auf Borg, schließlich läßt sie sogar – eine Schmach für die schottische, eine Beleidigung für die englische Königin – das eben erst erhaltene Patengeschenk Elisabeths, das goldene Taufbecken, einschmelzen, einzig um daraus ein paar Goldmünzen zu gewinnen und die Agonie ihrer Herrschaft zu verlängern. Aber in immer drohenderer Stummheit scharen sich die Lords zusammen, wie ein Gewölk zieht es heran gegen das Königsschloß, jeden Augenblick kann der Blitz niederfahren. Bothwell nun kennt die Hinterlist seiner Kameraden zu gut, um dieser Ruhe zu trauen, er weiß, daß die Heimtückischen einen Handstreich aus dem Dunkel gegen ihn planen; er will ihren Angriff nicht in dem unbefestigten Holyrood erwarten und flüchtet am 7. Juni, knappe drei Wochen nach dem Hochzeitstag, in das starke Kastell von Borthwick, wo er seine eigenen Leute näher weiß. Dorthin beruft auch für den 12. Juni Maria Stuart als eine Art letzten Aufgebots ihre »subjects, noblemen, knights, esquires, gentlemen and yeomen« ein, in vollen Waffen und für sechs Tage mit Proviant versorgt; offenbar plant Bothwell, mit einem blitzschnellen Angriff die ganze Bande seiner Feinde niederzuschmettern, bevor sie sich gesammelt haben.

Aber gerade diese Flucht aus Holyrood macht den Lords Mut. Rasch rücken sie auf Edinburgh los und nehmen die Stadt ohne Widerstand. Der Mordhelfer James Balfour verrät schleunigst seinen Spießgesellen, er übergibt Bothwells Feinden das uneinnehmbare Schloß, und nun können unbesorgt tausend oder zweitausend Reiter nach Borthwick jagen, um sich Bothwells zu bemächtigen, ehe er seine Truppen kampfbereit hat. Doch Bothwell läßt sich nicht wie ein Hase fangen, rasch springt er aus dem Fenster und galoppiert davon, nur die Königin ist noch im Schlosse zurückgeblieben. Gegen ihre Monarchin wollen die Lords zunächst nicht die Waffen erheben, sie versuchen bloß, sie zu bereden, von ihrem Verderber, von Bothwell, abzulassen. Noch aber ist die unselige Frau ihrem Vergewaltiger mit Leib und Seele verfallen; in der Nacht zieht sie hastig Männerkleider an, schwingt sich kühn in den Sattel und reitet ohne Begleitung, alles hinter sich zurücklassend, nach Dunbar, um mit Bothwell zu leben oder zu sterben.

Ein bedeutsamer Wink sollte die Königin belehren, daß ihre Sache rettungslos verloren ist. Am Tage der Flucht nach Borthwick Castle verschwindet plötzlich »without leave-taking« ihr letzter Berater, Maitland von Lethington, der einzige, der selbst in diesen Wochen der Verblendung ihr durch eine gewisse Wohlmeinung verbunden gewesen. Ein bedenklich langes Stück ihres schlimmen Weges war Maitland mit seiner Herrin gegangen, keiner hat vielleicht so eifrig an dem Mordnetz für Darnley mitgewoben. Aber jetzt spürt er den scharfen Wind gegen die Königin. Und als echter Diplomat, der immer zu den Machthabern und nie zu den Machtlosen sein Segel dreht, will er nicht länger auf seiten einer verlorenen Sache bleiben. Mitten im Getümmel der Übersiedlung nach

Borthwick lenkt er leise sein Pferd aus dem Troß und reitet hinüber zu den Lords. Die letzte Ratte hat das sinkende Schiff verlassen.

Aber nichts kann Maria Stuart, die Unbelehrbare, jetzt noch einschüchtern oder warnen. Gefahr steigert in dieser außerordentlichen Frau immer nur jenen wilden Mut, der ihren tollsten Torheiten eine romantische Schönheit schenkt. In Dunbar findet sie, in Männerkleidern einreitend, kein königliches Gewand, keinen Harnisch, keine Rüstung. Aber gleichgültig! Vorbei ist das Hofhalten und Repräsentieren, jetzt gilt es Krieg. So borgt sich Maria Stuart von irgendeinem armen Weib die schlichte landesübliche Tracht, einen kurzen Kilt, einen roten Kittel, einen Samthut; mag sie auch unziemlich, unköniglich darin erscheinen, wenn sie nur mit ihm, nur neben dem Manne reiten kann, der jetzt für sie alles auf Erden ist, seit sie alles verloren. Bothwell schart seine improvisierte Rotte hastig zusammen. Keiner ist gekommen von den einberufenen Rittern und Edelleuten und Lords, längst hört das Land nicht mehr auf seine Königin – nur die zweihundert gemieteten Harkebusiere marschieren als Kerntruppe gegen Edinburgh, und mit ihnen trabt ein schlecht bewaffnetes Pack von Bauern und Borderers, zusammen kaum mehr als zwölfhundert Mann. Einzig Bothwells männlicher Wille treibt sie vorwärts, um den Lords zuvorzukommen. Er weiß, nur unsinnige Kühnheit kann manchmal noch retten, wo die Vernunft keinen Ausweg mehr findet.

Bei Carberry Hill, sechs Meilen von Edinburgh, begegnen einander beide Rotten (Armeen kann man sie kaum nennen). Zahlenmäßig sind die Getreuen Maria Stuarts überlegen. Aber keiner der Lords, keiner der trefflich berittenen Edelleute des Landes stellt sich unter das herausfordernd ausgebreitete Banner des königlichen Löwen; außer den gemieteten Harkebusieren leisten nur die eigenen Clansleute, schlecht gerüstet und wenig kampffroh, Bothwell Gefolgschaft. Ihnen gegenüber aber, nicht weiter als eine halbe Meile entfernt, so nahe, daß Maria Stuart jeden einzelnen ihrer Gegner erkennen kann, reihen sich jetzt auf prachtvollen Pferden die Lords zu schimmernder Schar, kriegsgewohnt und kriegsfreudig. Seltsam ist ihr Banner, das sie trotzig gegenüber der königlichen Standarte aufpflanzen. Auf der weißen Fläche ist ein Mann gemalt, der ermordet unter einem Baume liegt. Neben ihm kniet ein Kind, das weinend die Hände zum Himmel erhebt mit den Worten: »Richte und räche meine Sache, o Gott!« Damit wollen die Lords, dieselben, die Darnleys Tod mit angestiftet haben, sich mit einmal als Darnleys Rächer ankündigen und dartun, daß sie einzig gegen seinen Mörder in Waffen stehen und nicht in Rebellion gegen die Königin.

Hell und farbig flattern die beiden Standarten im Wind. Aber es ist kein rechter Mut, der die Kriegsleute hüben und drüben beseelt. Keine der beiden Rotten rückt zum Angriff über den kleinen Bach, beide bleiben sie abwartend und beobachten einander. Die hastig zusammengeholten Grenzbauern Bothwells zeigen wenig Neigung, sich für eine Sache erschlagen zu lassen, von der sie nichts wissen und nichts verstehen. Die Lords wiederum empfinden noch immer ein gewisses Unbehagen, offen und klar mit Speer und Schwert gegen die rechtmäßige Königin anzureiten. Einen König durch eine gute Verschwörung um die Ecke zu bringen – man läßt dann ein paar arme Teufel hängen und erklärt feierlich seine Unschuld –, eine solche Praktik im Dunkel hat nie das Gewissen dieser Lords sonderlich belastet. Aber am lichten Tage mit offenem Visier gegen die Monarchin ansprengen, das widerspricht doch zu peinlich der Idee der Feudalität, die noch mit ungebrochener Macht das Jahrhundert beherrscht.

Dem französischen Gesandten Du Croc, der als neutraler Beobachter auf dem Schlachtfeld erschienen ist, entgeht nicht die unkriegerische Verfassung der beiden Parteien; eilig bietet er sich als Vermittler an. Eine Parlamentärflagge wird entfaltet, und den schönen Sommertag nutzend, lagern die beiden Heerhaufen friedlich jeder auf seiner Seite. Die Reiter steigen von den Pferden, das Fußvolk legt die schweren Waffen ab und hält Mahlzeit, indes Du Croc, von einer kleinen Eskorte begleitet, den Bach überquert und zu dem Hügel der Königin reitet.

Es wird eine sonderbare Audienz. Die Königin, die sonst den Gesandten Frankreichs immer in kostbarer Robe unter dem Baldachin empfangen, sitzt auf einem Stein, mit einem bunten Bauernrock bekleidet, der kurze Kilt deckt nicht einmal die Knie. Aber die Würde und der wilde Stolz in ihr ist nicht geringer als im höfischen Gewande. Erregt, blaß und übernächtigt, kann sie ihren Zorn nicht bemeistern. Als ob sie noch Herrin der Lage wäre, Herrin des Landes, verlangt sie, daß die Lords sofort ihr Gehorsam leisten sollten. Erst hätten sie Bothwell feierlich freigesprochen, jetzt klagten sie ihn des Mordes an. Erst hätten sie ihn ihr selbst zur Heirat vorgeschlagen, nun erklären sie diese Ehe als Verbrechen. Mit ihrer Entrüstung ist Maria Stuart zweifellos im Recht; aber die Stunde des Rechts ist immer vorüber, sobald einmal die Waffen erhoben sind. Während Maria Stuart mit Du Croc verhandelt, reitet Bothwell heran. Der Gesandte grüßt ihn, aber reicht ihm nicht die Hand. Nun nimmt Bothwell das Wort. Er spricht klar und ohne Rückhalt, kein Schatten von Angst trübt seinen freien und verwegenen Blick; Du Croc muß wider seinen Willen die straffe Haltung dieses Desperados anerkennen. »Ich muß gestehen«, sagt er in seinem Bericht, »daß ich in ihm einen großen Krieger sah, der mit Selbstbewußtsein sprach und der seine Leute verwegen, kühn und geschickt zu führen wußte. Ich konnte nicht umhin, ihn zu bewundern, denn er sah, daß seine Gegner entschlossen waren und er selbst kaum auf die Hälfte seiner Leute zählen konnte. Dennoch blieb er völlig unerschüttert.« Bothwell bietet an, die ganze Angelegenheit durch einen Zweikampf mit jedem Lord gleichen Ranges zu erledigen. Seine Sache sei so gerecht, daß Gott gewiß mit ihm sein werde. Mitten in der verzweifelten Situation bleibt er sogar heiter genug, Du Croc vorzuschlagen, er möchte doch selbst von einem Hügel dem Kampf zuschauen, er werde daran seinen Spaß haben. Aber die Königin will nichts von einem Zweikampf hören. Noch immer hofft sie auf Unterwerfung, wie immer fehlt der rettungslosen Romantikerin der Sinn für die Wirklichkeit. Bald weiß Du Croc, daß sein Gang vergeblich war; der vornehme alte Mann möchte gern der Königin helfen, der die Tränen in den Augen stehen, aber solange sie von Bothwell nicht läßt, gibt es für sie keine Rettung, und von ihm will sie nicht lassen. Also ade! Höflich verbeugt er sich, langsam reitet er zu den Lords zurück.

Die Worte sind vorüber, nun sollte die Schlacht beginnen. Aber die Soldaten sind klüger als ihre Führer. Sie sehen, daß die großen Herren freundlich miteinander verhandeln. Wozu sollen dann sie, arme Schlucker, einander hinschlachten an einem so schönen und heißen Tag? Auffällig trödeln sie herum, und vergebens gebietet Maria Stuart, die ihre letzte Hoffnung sinken sieht, den Angriff. Jedoch die Leute gehorchen nicht mehr. Langsam bröckelt die zusammengetriebene Rotte, die jetzt schon sechs oder sieben Stunden lang müßig herumlungert, auseinander, und kaum bemerken dies die Lords, so lassen sie zweihundert Reiter vorrücken, um Bothwell und der Königin den Rückzug abzuschneiden. Jetzt erst begreift die Herrscherin, was ihnen droht. Und als wahrhaft Liebende denkt sie statt an sich selbst nur an den Geliebten, an Bothwell. Sie weiß, an sie selbst Hand anzulegen, wird keiner ihrer Untertanen wagen; ihn aber werden sie nicht schonen, schon damit er nicht manches ausplaudert, was den verspäteten Rächern Darnleys nicht willkommen sein könnte. So bändigt sie – zum erstenmal in all den Jahren – ihren Stolz. Sie sendet einen Boten mit einer Parlamentärflagge zu den Lords hinüber und ersucht den Führer der Reitertruppe, Kirkcaldy of Grange, allein zu ihr zu kommen.

Noch ist die Ehrfurcht vor dem geheiligten Befehl einer Königin Macht und Magie. Kirkcaldy of Grange läßt sofort seine Reiter anhalten. Er begibt sich allein zu Maria Stuart, und ehe er das Wort nimmt, beugt er untertänig das Knie. Er stellt eine letzte Bedingung: die Königin möge von Bothwell lassen und mit ihnen nach Edinburgh zurückkehren. Dann ließe man Bothwell reiten, wohin er wolle, ohne ihn zu verfolgen.

Bothwell – prachtvolle Szene, prachtvoller Mann! – steht stumm dabei. Er spricht kein Wort zu Kirkcaldy, kein Wort zur Königin, um nicht ihren Entschluß zu beeinflussen. Er wäre, man fühlt es, bereit, auch als einzelner gegen diese zweihundert anzureiten, die am Fuße des Hügels, die Hände am Zügel, nur auf das erhobene Schwert Kirkcaldys warten, um die feindliche Linie zu überrennen. Erst, da er hört, daß die Königin Kirkcaldys Vorschlag zugestimmt, tritt Bothwell auf sie zu und umarmt sie – zum letztenmal, doch sie wissen es beide nicht. Dann springt er auf sein Pferd und stiebt in scharfem Galopp, nur begleitet von ein paar Dienern, davon. Der dumpfe Traum ist zu Ende. Nun kommt das völlige, das grausame Erwachen.

Das Erwachen kommt, fürchterlich und unerbittlich. Die Lords haben Maria Stuart versprochen, sie in Ehren nach Edinburgh zurückzuführen, und wahrscheinlich war dies auch ihre redliche Absicht. Aber kaum nähert sich die gedemütigte Frau in ihrem armen bestaubten Kleid dem Troß der Söldner, so zischt schlangenzüngig der Hohn empor. Solange die eiserne Faust Bothwells die Königin schirmte, hatte der Haß des Volkes sich geduckt. Jetzt, da niemand sie mehr schützt, schlägt er frech und respektlos empor. Eine Königin, die kapituliert hat, ist für die aufständischen Soldaten keine Herrscherin mehr. Immer dichter drängen sich ihre Rotten, erst neugierig, dann herausfordernd, heran und »Verbrennt die Hure! Verbrennt die Gattenmörderin!« gellt es von allen Seiten. Vergeblich schlägt Kirkcaldy mit dem flachen Schwert drein, es hilft nichts, immer neu sammeln sich die Erbitterten, und im Triumph wird der Königin die Fahne mit dem Bildnis des ermordeten Gatten und des um Rache flehenden Kindes vorangetragen. Von sechs Uhr nachmittags bis zehn Uhr nachts, von Langside bis Edinburgh dauert dieser Spießrutengang. Aus allen Häusern, aus allen Dörfern strömt das Volk herbei, um das einzigartige Schauspiel einer eingefangenen Königin zu sehen, und manchmal wird der Zudrang der neugierigen Masse so stark, daß die Reihen der Soldaten durchbrochen werden und nur einer hinter dem andern fortmarschieren kann; niemals hat Maria Stuart tiefere Erniedrigung erfahren als an diesem Tag.

Aber man kann diese stolze Frau nur erniedrigen, man kann sie nicht beugen. Wie eine Wunde erst zu brennen beginnt, wenn sie verunreinigt wird, so spürt Maria Stuart ihre Niederlage erst, seit man sie mit Hohn vergiftet. Ihr hitziges Blut, das Blut der Stuarts, das Blut der Guisen, schäumt auf, und statt sich klug zu verstellen, macht Maria Stuart die Lords für die Schimpfreden des Volkes verantwortlich. Wie eine gereizte Löwin fährt sie auf sie los, sie werde sie hängen und ans Kreuz schlagen lassen, und plötzlich packt sie Lord Lindsays Hand, der neben ihr reitet, und droht ihm: »Ich schwöre bei dieser Hand, daß ich deinen Kopf haben werde.« Wie in allen gefährlichen Augenblicken wächst ihr überreizter Mut ins Unsinnige. Offen speit sie den Lords, obwohl sie ihr Schicksal in Händen halten, ihren Haß, ihre Verachtung entgegen, statt klug zu schweigen oder sie feige zu umschmeicheln.

Vielleicht macht diese Härte die Lords noch härter, als sie ursprünglich beabsichtigten. Denn nun, da sie merken, daß sie nie von ihr Vergebung zu erwarten haben, setzen sie alles daran, die Ungebärdige ihre Wehrlosigkeit bitter fühlen zu lassen. Statt die Königin nach Holyrood in ihr Schloß zu geleiten, das außerhalb der Stadtmauern liegt, zwingt man sie – der Weg führt an der Mordstätte von Kirk o'Field vorbei –, durch die mit Gaffern überfüllte Hauptstraße in die Stadt einzureiten. Dort, in High Street, wird sie in das Haus des Provosten wie zum Pranger geführt. Streng bleibt der Zugang verschlossen, keine einzige ihrer Edelfrauen und Dienerinnen wird eingelassen. Eine Nacht der Verzweiflung beginnt. Seit Tagen ist sie nicht aus ihren Kleidern gekommen, seit morgens hat sie keinen Bissen gegessen, Unermeßliches hat diese Frau erlebt vom Aufgang bis zum Niedergang der Sonne; ein Reich verloren und ihren Geliebten. Draußen sammelt sich unterhalb ihres Fensters wie vor einem Käfig eine unflätige Menge, die Wehrlose zu verhöhnen, gell prasseln die Schimpfworte des aufgereizten Pöbels zu ihr empor, und jetzt erst, da die Lords sie gedemütigt glauben, versuchen sie, zu verhandeln. Sie verlangen eigentlich nicht viel. Sie fordern nur, Maria Stuart möge sich von Bothwell endgültig lösen. Aber für eine verlorene Sache kämpft diese trotzige Frau mit noch mehr Kühnheit als für eine aussichtsreiche. Verächtlich weist sie den Vorschlag zurück, und selbst einer ihrer Gegner muß später gestehen: »Niemals habe ich eine tapferere und kühnere Frau gesehen als die Königin während dieser Szenen.«

Nachdem die Lords mit Drohungen Maria Stuart nicht zur Preisgabe Bothwells zwingen konnten, versucht es der klügste unter ihnen mit List. Maitland, ihr alter und sonst sogar treuer Berater, wendet feinere Mittel an. Er versucht, ihren Stolz, ihre Eifersucht aufzureizen, er berichtet ihr – vielleicht ist es Lüge, vielleicht ist es wahr, was weiß man bei einem Diplomaten? –, Bothwell habe ihre Liebe betrogen und sogar während der Woche seiner Vermählung den zärtlichen Umgang mit seiner jungen geschiedenen Frau noch weiter aufrechterhalten, ja ihr sogar zugeschworen, er betrachte einzig sie als seine rechtmäßige Frau und die Königin bloß als Konkubine. Aber Maria Stuart hat verlernt, irgendeinem dieser Betrüger zu glauben. Die Mitteilung steigert nur ihre Erbitterung, und so sieht Edinburgh das grauenhafte Schauspiel, daß die Königin von Schottland hinter dem vergitterten Fenster in zerrissenem Kleid, mit bloßer Brust und hängendem Haar wie eine Wahnsinnige plötzlich vorbricht und das inmitten seines Hasses doch erschütterte Volk hysterisch schluchzend anruft, man möge sie befreien, sie werde von ihren eigenen Untertanen im Gefängnis gehalten.

Allmählich wird die Situation unhaltbar. Die Lords möchten gern einlenken. Aber sie fühlen, daß sie schon zu weit gegangen sind, um noch zurückzukönnen. Nach Holyrood Maria Stuart als Königin wieder heimzuführen ist jetzt nicht mehr möglich. Im Hause des Provosten inmitten der aufgereizten Menge kann man sie gleichfalls nicht lassen, ohne ungeheure Verantwortung zu übernehmen und den Zorn Elisabeths und aller auswärtigen Souveräne herauszufordern. Der einzige, der den Mut, der die Autorität hätte, eine Entscheidung zu fällen,

Moray, ist nicht im Lande; ohne ihn wagen die Lords keinen Entschluß. So beschließen sie, die Königin zunächst an eine sichere Stelle zu bringen, und als die sicherste wird das Schloß Lochleven gewählt. Denn dieses Schloß liegt inmitten eines Sees, abgeschlossen von jeder Verbindung mit dem Festlande, und seine Herrin ist Marguerite Douglas, die Mutter Morays, von der zu erwarten ist, daß sie der Tochter Maries von Guise, die ihr James V. abtrünnig gemacht, nicht allzu wohlgesinnt sein werde. Vorsichtig wird das gefährliche Wort »Gefangenschaft« in der Proklamation der Lords vermieden; die Abschließung soll nach der Verlautbarung nur dazu dienen, »die Person Ihrer Majestät von jeder Verbindung mit dem genannten Grafen Bothwell abzuhalten und sich nicht mit Leuten zu verständigen, die ihn vor der gerechten Bestrafung seines Verbrechens schützen wollten«. Es ist eine halbe, eine provisorische Maßregel, aus Angst gezeugt und mit schlechtem Gewissen geboren: noch wagt sich der Aufstand nicht Rebellion zu nennen, noch schiebt man alle Schuld auf den flüchtigen Bothwell und verbirgt feige die geheime Absicht, Maria Stuart für immer vom Throne hinabzustoßen, unter Floskeln und Phrasen. Um das Volk zu täuschen, das schon Gericht und Hinrichtung der »whore« erwartet, wird Maria Stuart am Abend des 17. Juni mit einer Garde von dreihundert Mann nach Holyrood gebracht. Kaum aber sind die Bürger zu Bett, so formt sich ein kleiner Zug, um die Königin von dort nach Lochleven zu führen, und bis zum Morgengrauen dauert dieser einsame, dieser traurige Ritt. In der frühen Morgendämmerung sieht Maria Stuart vor sich den kleinen schimmernden See und inmitten das starkbefestigte, einsame, unzugängliche Schloß, das sie – wer weiß wie lange? – in Gewahrsam halten soll. In einem Boot rudert man sie hinüber, dann schließen sich hart die eisenbeschlagenen Pforten. Die leidenschaftliche und finstere Ballade von Darnley und Bothwell ist zu Ende; nun beginnt der düster melancholische Abgesang, die Chronik einer ewigen Gefangenschaft.

Fünfzehntes Kapitel

Die Absetzung

Sommer 1567

Von diesem Tage der Schicksalswende, diesem 17. Juni, da die Lords ihre Königin in Lochleven hinter Schloß und Riegel setzten, wird Maria Stuart nie mehr aufhören, ein Gegenstand europäischer Unruhe zu bleiben. Denn in ihrer Person ist ein neuartiges, geradezu revolutionäres Problem von unübersehbaren Weiterungen vor die Zeit gestellt: Was hat mit einem Monarchen zu geschehen, der sich in schroffen Gegensatz zu seinem Volke stellt und der Krone als unwürdig erwiesen hat? Die Schuld liegt hier unbestreitbar auf seiten der Herrscherin: Maria Stuart hat durch ihren leidenschaftlichen Leichtsinn einen unmöglichen, einen untragbaren Zustand geschaffen. Gegen den Willen des Adels, des Volkes, der Geistlichkeit hat sie einen Mann, und überdies einen schon verheirateten Mann zum Gatten gewählt, den die öffentliche Meinung einhellig als den Mörder des Königs von Schottland bezeichnet. Sie hat Gesetz und Sitte mißachtet, und auch jetzt weigert sie sich noch, diese unsinnige Ehe für ungültig zu erklären. Selbst die wohlmeinendsten Freunde sind sich darüber einig, daß sie mit diesem Mörder an ihrer Seite nicht weiterhin Herrscherin von Schottland bleiben kann.

Aber welche Möglichkeiten bestehen, die Königin zu zwingen, entweder Bothwell zu verlassen oder zugunsten ihres Sohnes auf die Krone zu verzichten? Die Antwort ist niederschmetternd: Keine. Denn die staatsrechtlichen Handhaben gegen einen Monarchen sind zu jener Zeit gleich Null, noch ist dem Volkswillen kein Einspruch oder Tadel gegen seinen Herrscher verstattet, alle Jurisdiktion endet vor den Stufen des Throns. Noch steht der König nicht im Raum des bürgerlichen Rechts, sondern außerhalb und oberhalb dieses Rechts. Gottgeweiht wie der Priester, darf er sein Amt weder weitergeben noch verschenken. Niemand vermag einen Gesalbten seiner Würde zu entkleiden, und eher kann man im Sinn der absolutistischen Weltanschauung einem Herrscher das Leben nehmen als die Krone. Man kann ihn ermorden, aber nicht absetzen, denn Zwang gegen ihn zu üben hieße das hierarchische Gefüge des Kosmos zerbrechen. Vor diese neuartige Entscheidung hat Maria Stuart mit ihrer verbrecherischen Ehe die Welt gestellt. In ihrem Schicksal entscheidet sich nicht nur ein einzelner Konflikt, sondern ein geistiges, ein weltanschauliches Prinzip.

Darum suchen auch die Lords, obwohl charaktermäßig alles eher denn umgänglich, so fieberhaft nach einer gütlichen Lösung. Aus der Ferne der Jahrhunderte fühlt man noch deutlich ihr Unbehagen vor der eigenen revolutionären Tat, ihre Herrscherin hinter Schloß und Riegel gesetzt zu haben, und anfangs wird tatsächlich Maria Stuart eine Rückkehr noch leicht gemacht. Es genügte, wenn sie die Heirat mit Bothwell als illegal erklärte und damit ihren Irrtum eingestände. Dann könnte sie, zwar stark geschwächt in ihrer Beliebtheit und Autorität, noch leidlich in Ehren zurückkehren, sie könnte wieder in Holyrood wohnen und einen neuen, einen würdigeren Gemahl wählen. Aber noch ist Maria Stuart der Star nicht gestochen. Noch begreift sie nicht in ihrem Unfehlbarkeitsdünkel, daß sie mit den rasch aufeinanderfolgenden Skandalen Chastelard, Rizzio, Darnley, Bothwell sich sträflichen Leichtsinns schuldig gemacht hat. Nicht zur geringsten Konzession läßt sie sich herbei. Gegen ihr eigenes Land, gegen die ganze Welt verteidigt sie den Mörder Bothwell und behauptet, nicht von ihm lassen zu können, weil sonst ihr Kind, das sie von ihm erwarte, als Bastard zur Welt kommen würde. Noch immer lebt sie in einer Wolke, noch will die Romantikerin nicht die Wirklichkeit begreifen. Aber dieser Trotz, den man ganz nach Neigung töricht nennen kann oder großartig, fordert alle Gewalttätigkeiten, die gegen sie begangen werden, gewaltsam heraus und damit eine Entscheidung, die noch über Jahrhunderte reicht: nicht nur sie, sondern auch der Enkel ihres Blutes, Karl I., wird diesen Anspruch auf unbeschränkte Fürstenwillkür mit seinem Blute bezahlen.

Allerdings: zunächst kann sie noch auf eine gewisse Hilfe rechnen. Denn ein solcher weithin sichtbarer Konflikt zwischen einer Fürstin und ihrem Volk kann die Mitbeteiligten, die Standesbrüder, die anderen Monarchen Europas keineswegs gleichgültig lassen; vor allem stellt sich Elisabeth entschlossen auf die Seite ihrer bisherigen Gegnerin. Oft und oft ist es als Zeichen der Wetterwendischkeit und Unaufrichtigkeit Elisabeths betrachtet worden, daß sie nun auf einmal so unbedingt für ihre Rivalin eintritt. Aber in Wirklichkeit ist das Verhalten Elisabeths völlig eindeutig, völlig logisch und klar. Denn wenn sie jetzt energisch zu Maria Stuart steht, so nimmt sie damit keineswegs – dieser Unterschied muß mit aller Schärfe betont werden – Partei für Maria Stuart, Partei für die Frau, Partei für ihr dunkles und mehr als verdächtiges Verhalten. Sondern sie nimmt als Königin Partei für die Königin, für die unsichtbare Idee der Unantastbarkeit des fürstlichen Rechts und damit für die eigene Sache. Elisabeth ist der Treue ihres eigenen Adels viel zuwenig gewiß, als daß sie dulden könnte, daß im Nachbarlande ungestraft das Beispiel gegeben werde, wie aufrührerische Untertanen gegen eine Königin die Waffen ergreifen und sie gefangensetzen; in schroffem Gegensatz zu ihrem Cecil, der viel lieber den protestantischen Lords Schützendienste geleistet hätte, ist sie entschlossen, die Aufrührer gegen die Königsmajestät schleunigst wieder zum Gehorsam zu zwingen, denn sie verteidigt in Maria Stuarts Geschick ihre eigene Position, und ausnahmsweise darf man ihr diesmal wirklich glauben, wenn sie sagt, sie fühle sich durch Anteilnahme bis ins Tiefste bewegt. Sofort kündigt sie der gestürzten Königin ihre schwesterliche Unterstützung an, nicht aber, ohne zugleich der Frau mit eindringlicher Schärfe ihre Schuld vorzuhalten. Deutlich scheidet sie ihre private Ansicht von ihrer staatsmännischen Haltung: »Madame«, schreibt sie ihr, »man hat es immer als einen besonderen Grundsatz der Freundschaft betrachtet, daß Glück Freunde schaffe, Unglück dagegen Freunde erprobe; und da wir jetzt eine Gelegenheit sehen, unsere Freundschaft durch die Tat zu beweisen, haben wir es sowohl wegen unserer Stellung als auch Ihretwegen für richtig erachtet, Ihnen in diesen wenigen Worten unsere Freundschaft zu bezeugen... Madame, ich sage Ihnen ganz offen, unser Kummer ist nicht gering gewesen, daß Sie in Ihrer Heirat so wenig Zurückhaltung walten ließen und wir feststellen mußten, daß Sie keinen einzigen guten Freund in der Welt haben, der Ihr Verhalten billigt; und wir würden lügen, wenn wir Ihnen etwas anderes sagen oder schreiben würden. Denn wie hätten Sie Ihre Ehre schlimmer beflecken können, als indem Sie in solcher Hast einen Menschen heirateten, der, abgesehen von andern allgemein berüchtigten Eigenschaften, von der öffentlichen Meinung des Mordes an Ihrem verstorbenen Gatten beschuldigt wird und Sie dadurch überdies der Mitschuld verdächtigt, obwohl wir zuversichtlich hoffen, daß dies nicht wahr sei. Und unter was für Gefahren haben Sie diesen Mann geheiratet, dessen Gattin noch am Leben ist, so daß Sie weder nach göttlichem noch nach irdischem Gesetz seine rechtmäßige Frau werden können und auch Ihre Kinder nicht legitim sein werden! Sie sehen also klar, was wir von dieser Heirat denken, und wir bedauern aufrichtig, daß wir keine bessere Meinung fassen können, so stichhaltige Gründe auch Ihr Bote anführte, um uns dazu zu überreden. Wir hätten gewünscht, daß nach dem Tode Ihres Gatten Ihre erste Sorge gewesen wäre, die Mörder zu ergreifen und zu bestrafen. Wenn das tatsächlich geschehen wäre – und es wäre leicht gewesen bei einer so offenkundigen Sache –, so wären vielleicht viele Dinge in Ihrer Heirat tragbarer erschienen. So können wir aus Freundschaft zu Ihnen und wegen der natürlichen Bande des Bluts zwischen uns und Ihrem verstorbenen Gatten nur sagen, daß wir alles tun wollen, was in unserer Macht steht, den Mord gebührend zu sühnen, wer immer von Ihren Untertanen ihn begangen hat und wenn er Ihnen noch so nahe steht.«

Das sind klare Worte, scharf und schneidend wie ein Messer, Worte, an denen nichts zu deuten und zu deuteln ist. Sie zeigen, daß Elisabeth, die zweifelsohne die Ereignisse von Kirk o'Field durch ihre Späher und durch Morays private Mitteilungen verläßlicher kannte als Jahrhunderte später die leidenschaftlichen Weißwäscher Maria Stuarts, von der Mitschuld Maria Stuarts völlig überzeugt war. Mit ausgestrecktem Finger weist sie auf Bothwell als den Mörder hin, und es ist bedeutungsvoll, daß sie in diesem diplomatischen Briefe nur das höfliche Wort anwendet, »sie hoffe« – nicht etwa: sie sei überzeugt –, daß Maria Stuart an dem Morde nicht mitschuldig sei. »Ich hoffe« ist ein höchst laues Wort bei einem derart verbrecherischen Akt, und mit feinerem Ohr hört man aus dem Tonfall, daß Elisabeth keineswegs für die Makellosigkeit Maria Stuarts einstehen will, sondern bloß aus Solidarität wünscht, sie möge schleunig dem Skandal ein Ende bereiten. So heftig aber Elisabeth persönlich von Maria Stuarts Verhalten abrückt, um so hartnäckiger schützt sie deren Würde – sua res agitur – als Herrscherin. »Um Sie aber«, fährt sie in diesem bedeutsamen Briefe fort, »in Ihrem Unglück zu trösten, von dem wir vernommen haben, versichern wir Ihnen, daß wir alles tun wollen, was in unserer Macht steht und was wir für geeignet halten, Ihre Ehre und Sicherheit zu beschützen.«

Und Elisabeth hält tatsächlich Wort. Sie gibt ihrem Botschafter Auftrag, allen Maßnahmen der Aufrührer gegen Maria Stuart mit schroffem Protest entgegenzutreten; klar läßt sie die Lords wissen, daß sie im Falle einer Gewalttat sogar zum Kriege bereit sei. In einem schneidend harten Briefe verweist sie ihnen die Anmaßung, Gericht über eine gesalbte Königin abhalten zu wollen. »Wo findet sich in der Heiligen Schrift eine Stelle, die den Untertanen erlaubt, ihren Fürsten abzusetzen? In welcher christlichen Monarchie gibt es ein geschriebenes Gesetz, dem zufolge Untertanen die Person ihres Fürsten antasten, in Gefangenschaft setzen oder vor Gericht stellen können?... Wir verurteilen ebensosehr wie die Lords die Ermordung unseres Vetters, des Königs, und die Heirat unserer Schwester mit Bothwell hat uns mehr unwillig gemacht als irgendeinen von ihnen. Aber wir können die spätere Handlungsweise der Lords gegen die Königin von Schottland nicht erlauben und dulden. Da nach dem Gebot Gottes sie die Untertanen sind und jene die Gebieterin, durften sie sie nicht zwingen, auf ihre Anklage zu antworten, denn es entspricht nicht der Natur, daß der Kopf den Füßen untertan sei.«

Aber zum erstenmal stößt Elisabeth bei den Lords, obzwar die meisten seit Jahren heimlich in ihrem Solde stehen, auf offenen Widerstand. Seit dem Rizziomord wissen sie zu genau, was sie erwartet, wenn Maria Stuart wieder zur Herrschaft gelangte, denn keine Drohung und keine Verlockung hat sie bisher bewegen können, von Bothwell abzulassen, und die schrillen Flüche auf dem

Ritt nach Edinburgh, mit denen die Gedemütigte Rache auf ihr Haupt geschworen, gellen ihnen noch unheilverkündend im Ohr. Nicht dazu haben sie erst Rizzio, dann Darnley, dann Bothwell aus dem Wege geräumt, um wieder willige und machtlose Untertanen dieser unberechenbaren Frau zu werden: für sie wäre es unermeßlich bequemer, Maria Stuarts Sohn, ein einjähriges Kind, zum König zu krönen, denn ein Kind kann nicht befehlen, und sie wären die zwei Jahrzehnte seiner Unmündigkeit wieder die unbestrittenen Herren des Landes.

Aber trotz allem würden die Lords den Mut nicht aufbringen zu offenem Widerstand gegen ihre Geldgeberin Elisabeth, spielte ihnen nicht der Zufall eine unerwartete, eine wahrhaft mörderische Waffe gegen Maria Stuart in die Hände. Sechs Tage nach der Schlacht von Carberry Hill kommt ihnen dank eines gemeinen Verrats eine höchst willkommene Nachricht zu. James Balfour, der Spießgeselle Bothwells bei Darnleys Ermordung, der jetzt, da der Wind umgeschlagen, sich unbehaglich fühlt, sieht nur eine Möglichkeit, sich zu retten: durch eine neue Schurkerei. Um sich die Freundschaft der Machthaber zu sichern, verrät er seinen geächteten Freund. Heimlich steckt er den Lords die wichtige Nachricht zu, der flüchtige Bothwell habe einen seiner Diener nach Edinburgh mit dem Auftrag entsendet, unauffällig eine zurückgelassene Kassette mit wichtigen Dokumenten aus dem Schlosse herauszuschmuggeln. Sofort wird dieser Diener, namens Dalgleish, gefaßt, scharf mit der Folter gepeinigt, und in seiner Todesangst gibt der Gequälte das Versteck an. Nach seinen Weisungen wird, unter einem Bett verborgen, eine kostbare silberne Kassette entdeckt und hervorgeholt, die seinerzeit Franz II. seiner Gattin Maria Stuart geschenkt hatte und die sie ihrerseits wie alles, was sie besaß, an den unermeßlich Geliebten, an Bothwell, gegeben. In diesem festen, nur mit kunstreichen Schlüsseln zu öffnenden Schrein pflegte Bothwell seitdem seine privaten Dokumente aufzubewahren, vermutlich auch das Heiratsversprechen, die Briefe der Königin, aber auch allerlei Dokumente, welche die Lords kompromittieren. Wahrscheinlich – nichts ist verständlicher – war es ihm zu gefährlich gewesen, Schriftstücke von solcher Wichtigkeit auf der Flucht nach Borthwick und in die Schlacht mitzunehmen. So hatte er sie lieber an sicherer Stelle im Schlosse versteckt, um sie im gegebenen Augenblick von einem verläßlichen Diener nachbringen zu lassen. Denn sowohl der »bond« mit den Lords als auch das Heiratsversprechen der Königin und ihre vertraulichen Briefe können ihm in schwierigen Augenblicken prächtig zu Erpressung oder Rechtfertigung dienen: mit solchen schriftlichen Bekenntnissen hatte er einerseits die Königin in der Hand, falls die Wetterwendische Neigung zeigen sollte, von ihm abzufallen, und andererseits die Lords, falls sie ihn des Mordes anklagen wollten. Kaum halbwegs in Sicherheit, mußte darum für den Geächteten das Wichtigste sein, sich wieder in den Besitz dieser handgreiflichen Belastungsbeweise zu setzen. Ein Glücksfall ohnegleichen ist darum gerade in diesem Augenblick für die Lords ein so unvermuteter Fang: denn jetzt können sie einerseits alles Schriftliche unkontrolliert aus der Welt schaffen, das sie selbst der Mitschuld überführt, und andererseits alles, was die Königin belastet, rücksichtslos gegen sie verwerten.

Eine Nacht behält das Haupt der Bande, der Earl of Morton, die verschlossene Kassette in seiner Hut, am nächsten Tag werden die andern Lords, darunter auch – die Tatsache ist wichtig – Katholiken und Freunde Maria Stuarts, zusammenberufen und in ihrer Gegenwart dann die verschlossene Truhe mit Gewalt aufgebrochen. Sie enthält die berühmten Kassettenbriefe sowie die Sonette von ihrer Hand. Und ohne nochmals die Frage zu erörtern, ob die gedruckten Texte mit jenen Originalen völlig übereinstimmen – eines zeigt sich sogleich, nämlich, daß der Inhalt dieser Briefe ein für Maria Stuart schwer belastender gewesen sein muß. Denn von dieser Stunde an wird das Auftreten der Lords ein anderes: kühner, sicherer, nackensteifer. Im ersten Jubel werfen sie die Nachricht rasch in die Winde, am selben Tage noch, ehe sie Zeit haben konnten, jene Dokumente abzuschreiben – geschweige denn zu fälschen –, senden sie einen Boten zu Moray nach Frankreich, um ihm mündlich den ungefähren Inhalt des hauptsächlich belastenden Briefes mitzuteilen. Sie verständigen den französischen Botschafter, sie verhören hochnotpeinlich die gefangenen Diener Bothwells und nehmen mit ihnen Protokolle auf: eine solche siegesgewisse, zielstrebige Haltung wäre undenkbar, wenn die Papiere nicht die gefährliche Verstrickung Maria Stuarts mit Bothwell prozessual überzeugend dargetan hätten. Mit einem Schlag hat sich die Situation für die Königin bedenklich verdüstert.

Denn die Entdeckung dieser Briefe in diesem kritischen Augenblick bedeutet eine ungeheure Stärkung der Position der Rebellen. Sie gibt ihnen endlich die lang ersehnte moralische Motivierung für ihre Unbotmäßigkeit. Bisher hatten sie bloß Bothwell als den Schuldigen am Königsmord bezeichnet, sich aber gleichzeitig wohl gehütet, dem Flüchtigen ernstlich nachzusetzen, aus Furcht, er könnte ihre eigene Mitschuld anprangern. Gegen die Königin dagegen hatten sie nichts anderes bisher vorbringen können, als daß sie diesen Mörder geheiratet hätte. Jetzt aber, dank dieser Briefe, »entdecken« sie mit einmal, die Unschuldigen und Ahnungslosen, daß die Königin mitschuldig gewesen, und durch ihre unvorsichtigschriftlichen Geständnisse steht diesen geübten und zynischen Erpressern ein mächtiges Mittel zur Verfügung, um auf den Willen der Königin zu drücken. Jetzt haben sie endlich den Hebel in der Hand, sie zu zwingen, »freiwillig« die Krone auf ihren Sohn zu übertragen, oder, wenn sie sich weigert, sie öffentlich des Ehebruchs und der Mordbeihilfe anklagen zu lassen.

Anklagen zu lassen und nicht anzuklagen. Denn die Lords wissen wohl, daß Elisabeth ihnen selbst eine Jurisdiktion über ihre Königin niemals zubilligen würde. So bleiben sie vorsichtig im Hintergrund und lassen die Forderung eines öffentlichen Prozesses lieber durch Dritte instrumentieren. Dieses Geschäft, die öffentliche Meinung gegen Maria Stuart aufzureizen, übernimmt nun gerne für sie mit seiner ehrlichen harten Haßfreude John Knox. Nach der Ermordung Rizzios war der fanatische Agitator vorsichtig außer Landes gegangen. Jetzt aber, da sich all seine düsteren Prophezeiungen über die »blutige Jezabel« und das Unheil, das sie durch ihre Leichtfertigkeit anstiften werde, in verblüffender Weise erfüllt und übertroffen haben, kehrt er im Mantel des Propheten nach Edinburgh zurück. Von der Kanzel her wird nun laut und deutlich die Forderung nach einem Prozeß gegen die sündige Papistin gestellt, der biblische Priester verlangt das Gericht über die ehebrecherische Königin. Von Sonntag zu Sonntag schlagen die reformierten Prediger immer schärfere Töne an. Es dürfe ebensowenig, rufen sie von den Kanzeln herab in die begeisterte Menge, einer Königin wie der geringsten Frau im Lande Ehebruch und Mord nachgesehen werden. Klar und deutlich begehren sie die Hinrichtung Maria Stuarts, und diese ständige Aufreizung verfehlt ihre Wirkung nicht. Bald ergießt sich der Haß von der Kirche auf die Straße. Erregt von der Aussicht, eine Frau, zu der sie so lange ängstlich emporgeblickt, im Armesünderkleid zum Schafott geführt zu sehen, verlangt der Pöbel, dem bisher in Schottland noch niemals Stimme und Wort gegeben war, öffentlichen Prozeß, und mit besonderem Eifer toben die Frauen gegen die Königin. »The women were most furious and impudent against her, yet the men were bad enough.« Denn jede arme Frau in Schottland weiß, daß Pranger und Scheiterhaufen ihr Los gewesen wäre, wenn sie ehebrecherischer Lust ebenso kühn nachgegeben hätte – soll gerade diese eine Frau, weil eine Königin, ungestraft buhlen und morden dürfen und dem Feuerbrand entgehen? Immer wilder braust der Ruf: »Verbrennt die Hure!« – »Burn the whore!« – durch das Land. Und voll redlicher Angst berichtet der englische Botschafter nach London: »Es ist zu fürchten, daß diese Tragödie in der Person der Königin so enden werde, wie sie mit David, dem Italiener, und dem Gatten der Königin begonnen hat.«

Mehr haben die Lords nicht gewollt. Nun steht das schwere Geschütz aufgefahren, um jeden weiteren Widerstand Maria Stuarts gegen eine »freiwillige« Abdankung zu zerschmettern. Schon sind die Akten vorbereitet, um die Forderung John Knoxens nach Anklage der Königin zu erfüllen, und zwar soll Maria Stuart angeklagt werden wegen »Verletzung der Gesetze« und – man wählt ein vorsichtiges Wort – »wegen ungebührlichen Verhaltens mit Bothwell und anderen« (incontinence with Bothwell and others). Weigert sich jetzt die Königin noch immer, abzudanken, so können die in der Kassette gefundenen Briefe im offenen Gerichtssaal verlesen und ihre Schmach enthüllt werden. Damit wäre die Rebellion vor der Welt genugsam gerechtfertigt. Für eine durch ihre eigene Handschrift überführte Mordhelferin und Buhlerin würden dann auch Elisabeth und die andern Monarchen nicht mehr als Verteidiger eintreten können.

Bewaffnet mit dieser Androhung öffentlichen Tribunals, reisen Melville und Lindsay am 25. Juli nach Lochleven. Sie tragen drei ausgefertigte Pergamente mit, die Maria Stuart unterzeichnen muß, wenn sie sich vor der

Schmach öffentlicher Anklage retten will. In dem ersten hat Maria Stuart zu erklären, sie sei müde des Herrschens und »zufrieden«, die Last der Krone abzulegen, die sie weder Kraft noch Neigung habe, länger zu tragen. Der zweite Akt enthält die Zustimmung zur Krönung ihres Sohnes, der dritte die Einwilligung zur Übertragung der Regentschaft auf ihren Stiefbruder Moray oder einen Ersatzregenten.

Das Wort führt Melville, von all den Lords derjenige, der ihr menschlich am nächsten steht. Zweimal war er schon vordem gekommen, um den Konflikt gütlich zu schlichten und sie zur Abkehr von Bothwell zu bereden; beide Male hatte sie abgelehnt, weil sonst das Kind, das sie von Bothwell im Schoße trage, als Bastard zur Welt käme. Jetzt aber, nach der Auffindung der Briefe, geht es hart auf hart. Zuerst leistet die Königin auf leidenschaftlichste Weise Widerstand. Sie bricht in Tränen aus, sie schwört, sie wolle lieber auf das Leben verzichten als auf die Krone, und diesen Eid hat sie durch ihr Schicksal wahr gemacht. Aber rückhaltslos und in den krassesten Farben malt ihr Melville aus, was sie erwartet: die öffentliche Verlesung der Briefe, die Vernehmung der gefangenen Diener Bothwells, das Tribunal mit Verhör und Verurteilung. Mit Schauern wird Maria Stuart ihrer Unvorsichtigkeit gewahr, und in welchen Schmutz, in welche Schande sie sich verstrickt hat. Allmählich bricht die Angst vor öffentlicher Erniedrigung ihre Kraft. Nach langem Zögern, nach wilden Ausbrüchen der Empörung, der Entrüstung, der Verzweiflung, gibt sie endlich nach und unterzeichnet die drei Dokumente.

Die Vereinbarung ist geschlossen. Aber wie immer bei schottischen »Bonds«, denkt keine der beiden Parteien ernstlich daran, sich an Eid und Wort gebunden zu halten. Die Lords werden nichtsdestoweniger die Briefe Maria Stuarts vor dem Parlament verlesen und ihre Mitschuld in die Welt posaunen, um ihr die Rückkehr unmöglich zu machen. Andererseits betrachtet sich Maria Stuart ebensowenig als entthront, weil sie einen Federstrich Tinte auf ein totes Pergament gesetzt hat. Alles, was dieser Welt Wirklichkeit und Wesen gibt, Ehre, Eid, Schwur, war allezeit für sie nichtig gegenüber der innern Wahrheit ihres Königrechts, das sie so unlösbar von ihrem Leben fühlt wie das warme, strömende Blut in ihren Adern.

Wenige Tage später wird der kleine König gekrönt: das Volk muß sich mit einem mindern Schauspiel begnügen, als es ein munteres Autodafé auf offenem Platze gewesen wäre. Die Zeremonie findet in Stirling statt, Lord Atholl trägt die Krone, Morton das Zepter, Glencairn das Schwert und Mar in seinen Armen den Knaben, der von dieser Stunde an James VI. von Schottland genannt wird. Und daß John Knox die Segnung vornimmt, soll vor der Welt bezeugen, daß dies Kind, dieser neugekrönte König, für alle Zeiten den Fallstricken des römischen Irrglaubens entrissen ist. Vor den Toren jubelt das Volk, festlich läuten die Glocken, Bonfires werden im ganzen Lande entzündet. Für den Augenblick – immer nur für einen Augenblick – herrscht wieder Freude und Friede in Schottland.

Nun, da alle grobe und peinliche Arbeit von den anderen besorgt ist, kann Moray, der Mann des feinen Spiels, als Triumphator heimkehren. Wieder einmal hat sich seine perfide Politik bewährt, bei gefährlichen Entscheidungen lieber im Hintergrund zu bleiben. Er war abwesend gewesen bei der Ermordung Rizzios, bei der Ermordung Darnleys, er hat nicht teilgehabt an dem Aufstand gegen seine Schwester: kein Makel befleckt seine Loyalität, kein Blut seine Hände. Alles hat für den klug Abwesenden die Zeit getan. Weil er berechnend zu warten gewußt, fällt ihm auf die ehrenhafteste Weise und ohne Mühe alles zu, was er tückisch für sich angestrebt. Einhellig bieten ihm als dem Klügsten die Lords die Regentschaft an.

Aber Moray, zum Herrscher geboren, weil er sich selbst zu beherrschen weiß, greift keineswegs gierig zu. Er ist zu klug, sich von Männern, über die er späterhin gebieten will, eine solche Würde wie eine Gnade verleihen zu lassen. Außerdem will er den Anschein vermeiden, als käme er, der liebende und unterwürfige Bruder, ein Recht zu beanspruchen, das seiner Schwester gewaltsam entrissen wurde. Sie selbst soll ihm – psychologischer Meisterstreich – diese Regentschaft aufdrängen: von beiden Parteien will er bestallt und gebeten sein, von den rebellischen Lords und der entthronten Königin.

Die Szene seines Besuches in Lochleven ist eines großen Dramatikers würdig. Impulsiv wirft sich, kaum daß sie ihn erblickt, die unglückliche Frau schluchzend in ihres Stiefbruders Arme. Jetzt hofft sie, endlich alles zu finden, Trost, Unterstützung und Freundschaft und vor allem den so lange entbehrten aufrichtigen Rat. Aber Moray blickt mit gespieltem Frost auf ihre Erregung. Er führt sie in ihr Zimmer, hält ihr mit harter Rede vor, was sie begangen, mit keinem Wort verheißt er ihr Hoffnung auf Nachsicht. Vollkommen verstört durch seine schneidende Kälte bricht die Königin in Tränen aus und versucht, sich zu entschuldigen, sich zu erklären. Aber Moray, der Ankläger, schweigt, schweigt und schweigt mit verdüsterter Stirn; er will in der verzweifelten Frau die Angst wach halten, als ob sein Schweigen eine noch bösere Botschaft verberge.

Die ganze Nacht läßt Moray seine Schwester im Fegefeuer dieser Angst; das furchtbare Gift der Unsicherheit, das er ihr eingeträufelt, soll bis tief nach innen brennen. Die schwangere Frau, unkund der Vorgänge in der äußern Welt – man hat den ausländischen Botschaftern jeden Besuch verweigert –, weiß nicht, was ihr bevorsteht, Anklage oder Gericht, Schmach oder Tod. Schlaflos verbringt sie die Nacht, und am nächsten Morgen ist ihre Widerstandskraft völlig gebrochen. Nun setzt Moray allmählich mit Milde ein. Er deutet vorsichtig an, für den Fall, daß sie keinen Versuch unternehme, zu fliehen oder sich mit auswärtigen Mächten zu verständigen, und vor allem, wenn sie nicht länger an Bothwell festhalte, könnte man vielleicht – vielleicht – er sagt es mit ungewissem Ton – noch versuchen, ihre Ehre vor der Welt zu retten. Schon dieser schüchterne Schimmer einer Hoffnung belebt die leidenschaftliche, verzweifelte Frau. Sie wirft sich in ihres Bruders Arme, sie bittet, sie fleht ihn an, er möge die Regentschaft übernehmen. Nur dann sei ihr Sohn gesichert, das Königreich wohl verwaltet und sie selber außer Gefahr. Sie bittet und bittet, und Moray läßt sich lange und vor Zeugen bitten, ehe er endlich großmütig annimmt, was aus ihrer Hand zu erhalten er einzig gekommen war. Nun kann er zufrieden weggehen, getröstet bleibt Maria Stuart zurück, denn nun, da sie die Macht in ihres Bruders Hand weiß, kann sie hoffen, daß jene Briefe Geheimnis bleiben werden und damit ihre Ehre vor der Welt gewahrt.

Aber für Machtlose gibt es kein Mitleid. Sobald Moray die Herrschaft in seinen harten Händen hat, wird es sein erstes sein, eine Rückkehr seiner Schwester für immer zu verhindern: als Regent muß er die unbequeme Prätendentin moralisch erledigen. Von einer Freilassung aus der Gefangenschaft ist keine Rede mehr, im Gegenteil, alles wird getan, Maria Stuart dauernd festzuhalten. Obgleich er sowohl Elisabeth als auch seiner Schwester versprochen hatte, deren Ehre zu schützen, duldet er doch, daß im schottischen Parlament am 15. Dezember die kompromittierenden Briefe und Sonette Marias an Bothwell aus der silbernen Kassette geholt, vorgelesen, verglichen und einhellig für eigenhändig erkannt werden. Vier Bischöfe, vierzehn Äbte, zwölf Earls, fünfzehn Lords und mehr als dreißig Angehörige des Kleinadels, darunter mehrere nahe Freunde der Königin, bekräftigen mit Ehre und Eid die Echtheit dieser Briefe und Sonette, keine einzige Stimme, selbst die ihrer Freunde nicht – wichtiges Faktum –, erhebt den mindesten Zweifel, und damit wird die Szene zum Tribunal; unsichtbar steht die Königin vor ihren Untertanen vor Gericht. Alles, was Widerrechtliches in den letzten Monaten geschehen war, der Aufstand, die Gefangenennahme, wird nach der Verlesung der Briefe nun als rechtlich gutgeheißen, ausdrücklich wird erklärt, daß die Königin ihr Schicksal verdient habe, da sie »art and part«, wissend und tätig an der Ermordung ihres rechtmäßigen Gemahls teilgenommen habe, und zwar, »sei dies erwiesen durch die Briefe, die sie mit eigener Hand vor und nach der Ausführung der Tat an Bothwell, den Haupttäter dieses Mordes, geschrieben habe, sowie durch jene unwürdige Heirat sofort nach dem Morde«. Damit außerdem noch die ganze Welt Maria Stuarts Schuld erfahre und allen kund sei, daß die biederen, ehrlichen Lords nur aus reiner moralischer Entrüstung zu Rebellen geworden seien, werden Abschriften jener Briefe an alle auswärtigen Höfe geschickt; damit ist Maria Stuart öffentlich das Brandmal der Verfemten aufgedrückt. Und mit diesem roten Zeichen auf der Stirn wird sie, so hoffen Moray und die Lords, nie mehr die Krone für ihr schuldiges Haupt zu fordern wagen.

Aber Maria Stuart ist zu sehr vermauert in ihre königliche Selbstgewißheit, als daß Schimpf oder Schande sie demütigen könnten. Kein Brandmal, so fühlt sie, kann eine Stirn entstellen, die den Kronreif getragen und die gesalbt ist mit dem heiligen Öl der Berufung. Keinem Spruch und keinem Befehl wird sie das Haupt beugen; je gewaltsamer man sie niederzwingen will in ein kleines und rechtloses Schicksal, um so entschlossener bäumt sie sich auf. Ein solcher Wille läßt sich nicht dauernd verschließen; er sprengt alle Mauern, er überflutet alle Dämme. Und legt man ihn in Ketten, so wird er ungestüm daran rütteln, daß die Wände und Herzen erbeben.

Sechzehntes Kapitel

Abschied von der Freiheit

Sommer 1567 bis Sommer 1568

Die dunkeltragischen Szenen der Bothwell-Tragödie hätte nur ein Shakespeare vollendet als Dichtung gestalten können; die mildere, romantisch-rührselige des Nachspiels auf dem Schlosse Lochleven hat ein anderer, ein Geringerer gedichtet, Walter Scott. Und doch, wer sie als Kind, als Knabe gelesen, dem ist sie innerlich wahrer geblieben als die historische Wahrheit, denn in manchen seltenen, begnadeten Fällen siegt die schöne Legende über die Wirklichkeit. Wie haben wir alle als junge und leidenschaftliche Menschen diese Szenen geliebt, wie haben sie sich bildhaft eingeprägt in unser Gemüt, wie unsere Seele mit Mitleid umfangen! Denn alle Elemente des romantischen Rührenden waren hier im Stoff gleichsam schon vorbereitet; da waren die grimmen Wächter, welche die unschuldige Prinzessin bewachen, die Verleumder, die ihre Ehre geschmäht, da war sie selbst, jung, gütig und schön, die Strenge der Feinde magisch in Milde verwandelnd, die Herzen der Männer zu ritterlicher Hilfe berauschend. Und romantisch wie das Motiv auch die Szenerie: eine finstere Burg inmitten eines lieblichen Sees. Vom Söller kann die Prinzessin verschleierten Blicks hinaussehen in ihr schönes schottisches Land mit seinen Wäldern und Bergen, seiner Anmut und seiner Lieblichkeit, und irgendwo wogt ferne das nordische Meer. Alles, was an poetischer Kraft im Herzen des schottischen Volkes verborgen war, konnte sich kristallinisch sammeln um diesen romantischen Schicksalsaugenblick seiner geliebten Königin, und wenn eine solche Legende einmal vollendet geschaffen ist, dann dringt sie tief und unlösbar in das Blut einer Nation. Mit jedem Geschlecht erzählt und beglaubigt sie sich neu, wie ein unverwelklicher Baum treibt sie von Jahr zu Jahr neue Blüte, arm und achtlos liegen neben dieser höheren Wahrheit die papierenen Dokumente der Tatsachen, denn was einmal schön erschaffen wurde, bewahrt durch die Schönheit sein Recht. Und wenn man späterhin, reifer und mißtrauischer geworden, versucht, die Wahrheit hinter dieser rührenden Legende zu finden, so wirkt sie dann frevlerisch nüchtern, als schriebe man den Inhalt eines Gedichtes in kalter, trockener Prosa auf.

Aber es ist die Gefahr jeder Legende, daß sie das wahrhaft Tragische verschweigt zugunsten des bloß Rührseligen. So unterdrückt auch die romantische Ballade von Maria Stuarts Gefangenschaft auf Lochleven ihre wahre, ihre innerste, ihre menschlichste Not. Dies eine hat Walter Scott beharrlich zu erzählen vergessen, daß diese romantische Prinzessin damals von dem Mörder ihres Mannes schwanger war, und gerade dies war in Wahrheit ihre furchtbarste Seelennot in jenen furchtbaren Monaten der Erniedrigung. Denn, wenn das Kind, das sie im Schoße trägt, vorzeitig, wie es zu erwarten ist, zur Welt kommt, dann kann auch mitleidslos nachgezählt werden in dem untrüglichen Kalender der Natur, wann sie sich Bothwell körperlich hingegeben. Den Tag und die Stunde, man kennt sie nicht, aber jedenfalls war es zu einer nach Fug und Sitte unerlaubten Zeit, da Liebe entweder Ehebruch oder Unbeherrschtheit war, vielleicht in der Trauerzeit um den verstorbenen Gatten, in Seton und auf den sonderbaren Fahrten von Schloß zu Schloß, vielleicht und wahrscheinlich schon vordem und noch zu Lebzeiten ihres Gatten – schmählich das eine und schmählich das andere. Und nur dann begreift man die ganze Not dieser verzweifelten Frau, wenn man sich erinnert, daß die Geburt des Bothwell-Kindes der ganzen Welt kalendarisch klar den Anbeginn ihrer verbrecherischen Leidenschaft aufgedeckt hätte.

Aber von diesem Geheimnis ist der Schleier nie gelüftet worden. Wir wissen nicht, wie weit Maria Stuarts Schwangerschaft vorgeschritten war, als man sie nach Lochleven brachte, nicht, wann sie von ihrer Gewissensangst erleichtert wurde, nicht, ob das Kind lebend geboren wurde oder tot, wir wissen nichts eindeutig Aufklärendes, nicht, wie viele Wochen oder wie viele Monate diese Frucht der ehebrecherischen Liebe gezählt, als man sie beiseite schaffte. Alles ist hier Dunkel und Vermutung, denn ein Zeugnis spricht gegen das andere, und nur das eine ist gewiß, daß Maria Stuart guten Grund haben mußte, die Daten jener Mutterschaft zu verdunkeln. In keinem Brief, mit keinem Wort hat sie – verdächtig schon dies – je dieses Bothwell-Kindes mehr Erwähnung getan. Nach dem von Maria Stuarts Sekretär Nau ausgearbeiteten Bericht, dessen Abfassung sie persönlich überwachte, hätte sie vorzeitig lebensunfähige Zwillinge zur Welt gebracht – vorzeitig, und man könnte die Mutmaßung beifügen, nicht ganz zufälligerweise vorzeitig, denn gerade ihren Apotheker nahm sie mit in die Gefangenschaft. Nach einer anderen, ebenfalls nicht verbürgten Version wäre das Kind, ein Mädchen, lebend zur Welt gekommen, heimlich nach Frankreich geschafft worden und dort in einem Nonnenkloster, seiner königlichen Herkunft unkundig, gestorben. Aber kein Raten hilft vor diesem Unerforschlichen und kein Raunen, hier bleiben die Tatsachen für ewige Zeiten verschattet. Versenkt ist der Schlüssel dieses ihres letzten Geheimnisses in den Tiefen des Teichs von Lochleven.

Schon diese eine Tatsache aber, daß ihre Hüter das für Maria Stuarts Ehre so gefährliche Geheimnis der Geburt oder Frühgeburt jenes Bastards im Schlosse Lochleven verdunkeln halfen, beweist, daß sie nicht die böswilligen Kerkermeister waren, wie die romantische Legende sie schwarz in schwarz gezeichnet hat. Lady Douglas of Lochleven, der Maria Stuart anvertraut wurde, war vor mehr als dreißig Jahren die Geliebte ihres Vaters gewesen, sechs Kinder hatte sie James V. geboren, darunter als ältestes den Earl of Moray, ehe sie sich dem Grafen Douglas of Lochleven vermählte, dem sie abermals sieben Kinder schenkte. Eine Frau, die schon dreizehnmal die Qualen der Geburt erlebt, die selbst die Seelennot erlitten, ihre ersten Kinder nicht ehelich anerkannt zu wissen, war befähigt, besser als jede andere Maria Stuarts Sorge zu verstehen. Alle Härte, die man ihr nachsagt, dürfte Fabel und Erfindung sein, und man kann vermuten, daß sie die Gefangene ausschließlich wie einen ehrenvollen Gast behandelte. Maria Stuart bewohnt eine ganze Flucht von Räumen, sie hat ihren Koch mit, ihren Apotheker, vier oder fünf Frauen zu ihrer Bedienung, in keiner Weise war sie in ihrer Freiheit innerhalb des Schlosses gehemmt, und es scheint ihr sogar erlaubt gewesen zu sein, zu jagen. Macht man sich von all der romantischen Rührseligkeit frei und versucht, gerecht zu sehen, so muß man ihre Behandlung eine durchaus nachsichtige nennen. Denn schließlich – die Romantik läßt es vergessen – hat sich diese Frau zumindest grober Fahrlässigkeit schuldig gemacht, indem sie drei Monate nach der Ermordung ihres Gatten den Mörder heiratete, und auch ein neuzeitliches Gericht würde sie bestenfalls, dank des mildernden Umstandes der Geistesverwirrung oder der Hörigkeit, von der Mitschuld freisprechen können. Wenn man also diese Frau, die durch ihr skandalöses Verhalten ihr Land in Unruhe getrieben und ganz Europa entrüstet hat, für einige Zeit gewaltsam zur Ruhe setzte, so war damit nicht nur dem Lande, sondern ihr selbst ein Gefallen getan. Denn in diesen Wochen der Abgeschlossenheit ist der erregten Frau endlich Gelegenheit gegeben, ihre überreizten Nerven zu beruhigen, die innere Festigkeit, den von Bothwell verstörten Willen wiederzugewinnen; eigentlich hat ja diese Haft von Lochleven die allzu Verwegene für ein paar Monate vor dem Gefährlichsten, vor ihrer eigenen Unrast und Ungeduld, geschützt.

Milde Strafe für so viele Torheiten muß man diese romantische Haft vor allem nennen, vergleicht man sie mit der ihres Mitschuldigen und Geliebten. Denn wie anders faßt das Schicksal Bothwell an! Über Land und Meer wird der Geächtete trotz dem gegebenen Versprechen von der Meute gejagt, tausend schottische Kronen werden auf seinen Kopf gesetzt, und Bothwell weiß, auch sein bester Freund in Schottland würde ihn dafür verraten und verkaufen. Aber leicht ist dieser Verwegene nicht zu fassen: erst versucht er, seine Borderers zusammenzuraffen zu einem letzten Widerstand, dann flüchtet er auf die Orkney-Inseln hinüber, um von dort aus Krieg gegen die Lords zu entfesseln. Aber Moray setzt ihm mit vier Schiffen auf die Inseln nach, und nur mit Mühe entkommt der Gejagte auf einer erbärmlichen Nußschale von Schiff in den offenen Ozean. Dort faßt ihn der Sturm. Mit zerfetzten Segeln treibt die nur für Küstenfahrt bestimmte Barke gegen Norwegen zu, wo sie schließlich von einem dänischen Kriegsschiff angehalten wird. Bothwell sucht unerkannt zu bleiben, um seiner Auslieferung zu entgehen. Er borgt sich von der Schiffsmannschaft gewöhnliches Gewand, lieber will er als Pirat gelten denn als der gesuchte König von Schottland. Aber schließlich wird er erkannt, von einem Ort zum andern geschleppt, eine Zeitlang in Dänemark in Freiheit gesetzt, und schon scheint er glücklich gerettet. Aber da erreicht den hitzigen Frauenräuber unvermutete Nemesis; seine Lage verschlimmert sich dadurch, daß eine dänische Frau, die er seinerzeit unter der Zusage der Ehe verführt, gegen ihn Klage einbringt. Inzwischen hat man auch in Kopenhagen Genaueres erfahren, welchen Verbrechens er beschuldigt wird, und von nun an schwebt das Beil ständig über seinem Haupte. Diplomatische Kuriere sausen hin und her, Moray fordert seine Auslieferung und noch stürmischer Elisabeth, um einen Kronzeugen gegen Maria Stuart zu haben. Heimlich aber sorgen die französischen Verwandten Maria Stuarts dafür, daß der König von Dänemark diesen gefährlichen Zeugen nicht ausliefere. Immer schärfer wird jetzt die Haft, und doch ist der Kerker noch sein einziger Schutz vor der Rache. Jeden Tag muß der Mann, der hundert Feinden in der Schlacht kühn und verwegen gegenübergestanden wäre, befürchten, in Ketten heimgeschickt und unter den erdenklichsten Martern als Königsmörder hingerichtet zu werden. Unablässig wechselt er Gefängnis gegen Gefängnis, immer enger wird er eingeschlossen, immer strenger hinter Gittern und Mauern gehalten wie ein gefährliches Tier, bald weiß er, nur der Tod wird ihn erlösen. In furchtbarer Einsamkeit und Tatlosigkeit verbringt der starke, vollsaftige Mann, der Schrecken seiner Feinde, der Liebling der Frauen, Wochen und Wochen, Monate und Monate, Jahre und Jahre, und bei lebendigem Leibe verfault und vergeht dieses riesige Stück Leben. Ärger als Folter, ärger als Tod ist für diesen Unbändigen, der nur im Übermaß der Kraft, nur in grenzenloser Freiheit sich voll empfunden, der über die Felder gestürmt zur Jagd, der zum Kampf geritten mit seinen Getreuen, der Frauen genommen in allen Ländern und an geistigen Dingen seine Lust gehabt, diese gräßliche, tatenlose Einsamkeit zwischen kalten, stummen und dunklen Wänden, diese Leere der Zeit, die seine Lebensfülle zerdrückt. Berichte melden – und man kann sie glaubhaft nennen –, daß er wie ein Rasender getobt habe gegen die eisernen Gitter und im Wahnsinn erbärmlich zugrunde gegangen sei. Von allen den vielen, die für Maria Stuart Tod und Marter erlitten, hat dieser, den sie am meisten liebte, am längsten und fürchterlichsten gebüßt.

Aber denkt Maria Stuart noch an Bothwell? Wirkt der Bann der Hörigkeit noch aus der Ferne, oder löst sich leise und langsam der glühende Ring? Man weiß es nicht. Auch dies ist ein Geheimnis geblieben wie vieles andere in ihrem Leben. Nur eines sieht man überrascht: kaum vom Kindbett genesen, kaum von ihrer mütterlichen Last befreit, übt sie als Frau wieder den alten Zauber, abermals geht Unruhe von ihr aus. Abermals, zum dritten Male, zieht sie einen jungen Menschen in ihren Schicksalskreis.

Man muß es immer wiederholen und beklagen: die überlieferten Bilder Maria Stuarts, meist bloß von mittleren Malern geschaffen, geben uns keinen Blick in ihr wahres Wesen. Immer halten sie kühl und flach nur ein anmutiges, ruhiges, freundlich gewinnendes und weiches Gesicht uns entgegen, nichts aber lassen sie von dem sinnlichen Reiz ahnen, der dieser merkwürdigen Frau zu eigen gewesen sein muß. Irgendeine besondere frauliche Macht muß von ihr werbend ausgestrahlt sein, denn überall gewinnt sie sich Freunde, selbst inmitten ihrer Feinde. In Brautzeit und Witwenzeit, auf jedem Thron und in jedem Gefängnis weiß sie um sich eine Aura von Sympathie zu schaffen und die Luft um sich weich und freundlich zu machen. Kaum ist sie in Lochleven, so hat sie schon den jungen Lord Ruthven, einen ihrer Wächter, derart gefügig gemacht, daß sich die Lords genötigt sehen, ihn zu entfernen. Und kaum verläßt er das Schloß, so bezaubert sie schon einen andern, den jungen Lord Georges Douglas of Lochleven. Nach wenigen Wochen ist der Sohn ihrer Wächterin schon bereit, alles für sie zu tun, und tatsächlich wird er für die Flucht ihr getreuester, hingebungsvollster Helfer.

War er bloß Helfer? War der junge Douglas ihr nicht mehr in diesen Monaten der Haft? Ist diese Neigung wirklich ganz chevaleresk und platonisch geblieben? Ignorabimus. Aber jedenfalls nützt Maria Stuart die Leidenschaft des jungen Menschen auf das praktischeste aus und spart nicht mit Täuschung und List. Außer ihrem persönlichen Reiz hat eine Königin immer noch eine andere Lockung: die Verführung, mit ihrer Hand auch die Herrschaft zu gewinnen, wirkt magnetisch auf jeden, der ihr begegnet. Es scheint, daß Maria Stuart – hier kann man nur Vermutungen wagen und keine Behauptungen – der geschmeichelten Mutter des jungen Douglas die Möglichkeit einer Ehe vorgetäuscht hat, um sie nachsichtiger zu stimmen, denn nach und nach wird die Überwachung lässiger, und Maria Stuart kann endlich an das Werk gehen, dem alle ihre Gedanken gehören: an ihre Befreiung.

Der erste Versuch (am 25. März) mißlingt, obwohl er geschickt geplant war. Jede Woche wird eine Wäscherin mit andern Mägden in einem Boot über den See hinüber- und zurückgerudert. Douglas weiß sie zu überreden, und sie erklärt sich bereit, mit der Königin die Kleider zu tauschen. Im groben Kleide der Magd und durch einen dichten Schleier vor dem Erkanntwerden geschützt, gelangt Maria Stuart glücklich durch das streng bewachte Schloßtor. Schon wird sie über den See gerudert, an dessen anderem Ufer sie Georges Douglas mit Pferden erwarten soll. Da fällt es einem der Bootsleute ein, mit dem schlanken, verschleierten Wäschermädchen zu scharmutzieren. Er versucht, um zu sehen, ob sie hübsch sei, ihr den Schleier zu lüften. Maria Stuart hält ihn aber erregt fest mit ihren schmalen, zarten, weißen, feinen Händen. Jedoch gerade die Zartheit, die Feinheit, die einer Wäscherin unangemessene Gepflegtheit der Finger verrät sie. Sofort schlagen die Schiffsleute Alarm, und obwohl die Königin ihnen zornig befiehlt, sie an das andere Ufer zu rudern, bringt man sie wieder in ihr Gefängnis zurück.

Der Vorfall wird sofort gemeldet und daraufhin die Überwachung verschärft. Georges Douglas darf das Schloß nicht mehr betreten. Das hindert ihn aber nicht, in der Nähe und in Verbindung mit der Königin zu bleiben; als getreuer Bote übermittelt er Nachrichten an ihre Anhänger. Denn siehe, obzwar verfemt und als Mörderin überwiesen, hat nach einem Jahr der Moray-Regierung die Königin wieder Anhänger. Einige der Lords, die Huntlys und Setons vor allem, waren der Königin – nicht zum mindesten aus Haß gegen Moray – unbedingt ergeben geblieben. Aber merkwürdigerweise findet Maria Stuart ihre beste Gefolgschaft gerade bei den Hamiltons, die bisher ihre grimmigsten Gegner gewesen. An sich steht zwar zwischen den Hamiltons und den Stuarts uralter Feud. Immer haben die Hamiltons als das nächstmächtigste Geschlecht den Stuarts die schottische Krone mißgönnt und für ihren Clan angestrebt; nun winkt plötzlich die Möglichkeit, durch eine Heirat mit Maria Stuart einen der Ihren zum Herrn über Schottland zu machen. Und sofort treten sie – Politik hat nichts mit Moral zu schaffen – auf die Seite der Frau, deren Hinrichtung als Mörderin sie erst vor wenigen Monaten gefordert. Es ist kaum anzunehmen, daß es Maria Stuart Ernst war mit dem Gedanken (ist Bothwell schon vergessen?), einen Hamilton zu heiraten. Wahrscheinlich hat sie ihre Zustimmung nur aus Berechnung gegeben, um frei zu werden. Georges Douglas, dem sie sich zur andern Hand versprochen hat – verwegenes Doppelspiel einer Verzweifelten –, dient als Bote in dieser Sache und leitet die entscheidende Aktion. Am 2. Mai ist alles reif; und immer, wo Mut gilt statt der Klugheit, hat Maria Stuart niemals versagt.

Diese Flucht geschieht so romantisch, wie es einer romantischen Königin geziemt: Maria Stuart oder Georges Douglas haben unter den Insassen des Schlosses einen kleinen Jungen, William Douglas, der dort als Page dient, zur Hilfe gewonnen, und der flinke aufgeweckte Bursche macht seine Aufgabe geschickt. Die strenge Hausordnung verlangt, daß bei dem gemeinsamen Abendessen im Schlosse Lochleven alle Schlüssel der Ausgangspforten zur Sicherheit auf den Tisch zur Seite des Schloßverwalters gelegt werden, der sie dann nachts mitnimmt, um sie unter seinem Kopfkissen zu bewahren. Aber selbst bei den Mahlzeiten will er sie sichtbar zur Hand haben: so liegen sie auch diesmal schwer und metallen vor ihm auf dem Tisch. Während des Servierens wirft nun der kleine gewitzte Junge dem Schloßverwalter rasch eine Serviette über die Schlüssel, und indes die Tafelgesellschaft, reichlich mit Wein bewirtet, sorglos weiterplaudert, nimmt er beim Abräumen unbeachtet mit der Serviette auch die Schlüssel mit sich. Dann geschieht alles mit vorbereiteter Eile; Maria Stuart verkleidet sich in die Tracht einer ihrer Dienerinnen, der Knabe läuft nun voran, schließt die Türen von innen auf und versperrt sie sorgfältig von außen, so daß niemand rasch nachfolgen kann; die Schlüssel selbst wirft er in den See. Vordem hat er schon alle vorhandenen Boote zusammengekoppelt und führt sie mit dem seinen in den See hinaus; damit ist ein Nachsetzen unmöglich gemacht. Jetzt braucht er nur mit raschen Ruderschlägen den Kahn in der warmen mailichten Nacht an das andere Ufer des Sees zu treiben, und dort warten schon Georges Douglas und Lord Seton mit fünfzig Reitern. Die Königin, ohne zu zögern, schwingt sich aufs Pferd und galoppiert die ganze Nacht durch bis zum Schlosse der Hamiltons. Mit der Freiheit ist auch die alte Kühnheit wieder in ihr erwacht.

Das ist die berühmte Ballade von der Flucht Maria

Stuarts aus dem flutumwogten Schloß, dank der Hingebung eines glühenden jungen Menschen und der Aufopferung eines Knaben; man lese sie in ihrer Romantik bei Walter Scott gelegentlich nach. Etwas kühler denken darüber die Chronisten. Sie meinen, die strenge Hüterin Lady Douglas sei nicht so ganz ahnungslos gewesen, wie sie sich stellte und dargestellt wird, und habe überhaupt diese schöne Geschichte nur nachträglich ersonnen, um die Lauheit und gewünschte Blindheit der Wächter zu entschuldigen. Aber man soll Legenden, wenn sie schön sind, nicht zerstören. Warum dies letzte romantische Abendlicht im Leben Maria Stuarts verdunkeln? Denn schon steigen am Horizont die Schatten. Zu Ende sind die Abenteuer, und zum letztenmal hat diese junge, kühne Frau Liebe erregt und Liebe erfahren.

Nach einer Woche hat Maria Stuart eine Armee von sechstausend Mann beisammen. Noch einmal scheint sich das Gewölk zerstreuen zu wollen, einen Augenblick lang sieht sie wieder günstige Sterne über ihrem Haupt. Nicht nur die Huntlys, die Setons, die alten Gefährten sind gekommen, nicht nur der Clan der Hamiltons hat sich in ihre Dienste gestellt, sondern erstaunlicherweise auch der Großteil des schottischen Adels, acht Grafen, neun Bischöfe, achtzehn Lords und über hundert Barone. Erstaunlicherweise und doch nicht erstaunlicherweise, denn in Schottland darf nie einer wirklich Herr sein, ohne daß der Adel sich gegen ihn auflehnte. Morays Härte hat die Lords aufsässig gemacht: lieber wollen sie, ob auch hundertfach schuldig, eine demütige Königin als diesen strengen Regenten. Auch das Ausland bekräftigt sofort die befreite Königin in ihrer Stellung. Der französische Gesandte sucht Maria Stuart auf, um ihr, der rechtmäßigen Herrscherin, zu huldigen. Elisabeth sendet auf die »freudige Nachricht ihres Entkommens« hin einen eigenen Botschafter. Ungleich gefestigter und aussichtsreicher ist ihre Stellung in dem Jahr der Gefangenschaft geworden, wunderbar hat sich das Blatt gewendet. Aber als ob eine düstere Ahnung sie bewegte, sucht Maria Stuart, sonst so mutig und kampffroh, eine Entscheidung durch Waffen zu vermeiden, lieber wäre ihr eine stille Aussöhnung mit dem Bruder; einen kleinen dünnen Glanz von Königtum, wenn er ihn ihr jetzt gönnte, und die schwer Geprüfte würde ihm die Macht belassen. Etwas von der Kraft – die nächsten Tage werden es zeigen –, die in ihr lebte, solange der eherne Wille Bothwells sie stählte, scheint gebrochen, und nach all den Sorgen und Nöten und Qualen, nach all den wilden Feindseligkeiten ersehnt sie nur eines noch: Freiheit, Frieden und Rast. Aber Moray denkt nicht mehr daran, Macht zu teilen. Sein Ehrgeiz und der Ehrgeiz Maria Stuarts sind Kinder desselben Vaters, und gute Helfer schmieden mit an seiner Entschlossenheit. Während Elisabeth ihre Glückwünsche an Maria Stuart sendet, drängt seinerseits Cecil, der englische Staatskanzler, auf ihn energisch ein, doch endgültig mit Maria Stuart und der katholischen Partei in Schottland ein Ende zu machen. Und Moray zögert nicht lange: er weiß, solange diese Unnachgiebige in Freiheit ist, wird nicht Ruhe in Schottland sein. Ihn lüstet es, für immer mit den schottischen aufständischen Lords abzurechnen und ein Exempel zu statuieren. Mit seiner gewohnten Energie rafft er über Nacht eine Armee zusammen, schwächer an Zahl als die Maria Stuarts, aber besser geführt und diszipliniert. Ohne weitere Verstärkungen abzuwarten, marschiert er von Glasgow ab. Und am 13. Mai kommt es bei Langside zur endgültigen Abrechnung zwischen der Königin und dem Regenten, zwischen Bruder und Schwester, zwischen Stuart und Stuart.

Die Schlacht bei Langside ist kurz, aber entscheidend. Sie beginnt nicht wie jene von Carberry Hill mit langem Zögern und Parlieren; in einer Attacke werfen sich die Reiterscharen Maria Stuarts gegen den Feind. Aber Moray hat seine Position gut gewählt, die feindliche Kavallerie wird, ehe sie den Hügel erstürmen kann, durch scharfes Feuer zersprengt und in einem Gegenangriff die ganze Linie geworfen. Nach dreiviertel Stunden ist alles zu Ende. In wilder Flucht stiebt, ihre Kanonen und dreihundert Tote zurücklassend, die letzte Armee der Königin auseinander.

Maria Stuart hat dem Kampf von einer Anhöhe aus zugesehen; sobald sie merkt, daß alles verloren ist, eilt sie den Hügel hinab, schwingt sich auf ein Pferd und jagt, von wenigen Reitern begleitet, in scharfem Galopp davon. An Widerstand denkt sie nicht mehr, eine grauenhafte Panik hat sie überkommen. Ohne zu rasten, es ist ein toller Ritt über Weidland und Moore, durch Wälder und Felder, jagt sie den ersten Tag vorwärts, von dem einzigen Gedanken befeuert: nur sich retten! »Ich habe«, schreibt sie später an den Kardinal von Lothringen, »Beschimpfungen, Verleumdungen, Gefangenschaft, Hunger, Kälte, Hitze erlitten, ich bin geflohen, ohne zu wissen, wohin, zweiundneunzig Meilen durch das Land, ohne Mahlzeit und Rast. Ich mußte auf der nackten Erde schlafen, saure Milch trinken und Hafergrütze ohne Brot essen. Drei Nächte habe ich wie eine Eule, ohne eine Frau zu meiner Hilfe, in diesem Lande gelebt.« Und so, im Bilde dieser letzten Tage, als kühne Amazone, als heroisch-romantische Gestalt, ist sie im Gedächtnis ihres Volkes geblieben. Vergessen sind heute in Schottland ihre Schwächen und Torheiten, vergeben und entschuldigt die Vergehen ihrer Leidenschaft. Nur dies eine Bild ist geblieben, das der sanften Gefangenen auf dem einsamen Schloß, und dann das andere der kühnen Reiterin, die, um ihre Freiheit zu retten, auf schäumendem Pferd durch die Nacht stürmt und tausendmal lieber den Tod wagt, als sich ängstlich und feige ihren Feinden zu ergeben. Dreimal schon ist sie so nächtlich geflohen, das erstemal mit Darnley aus Holyrood, das zweitemal in Männertracht aus dem Schloß Borthwick Castle zu Bothwell, das drittemal mit Douglas aus dem Schlosse von Lochleven. Dreimal hat sie mit solchem scharfen, verwegenen Ritt sich die Freiheit und Krone gerettet. Nun rettet sie nichts mehr als das nackte Leben.

Am dritten Tage nach der Schlacht bei Langside erreicht Maria Stuart die Abtei Dundrennan in der Nähe des Meeres. Hier endet ihr Reich. Bis an die äußerste Grenze ihres Gebietes hat man sie gehetzt wie ein flüchtiges Wild. Für die Königin von gestern gibt es jetzt keine sichere Stelle mehr in ganz Schottland, es gibt kein Zurück; in Edinburgh wartet unnachsichtig John Knox und noch einmal der Hohn des Pöbels, noch einmal der Haß der Geistlichkeit und vielleicht Pranger und Feuerbrand. Ihre letzte Armee ist geschlagen, ihre letzte Hoffnung zerstoben. Nun kommt eine schwere Stunde der Wahl. Hinter ihr liegt das verlorene Land, in das kein Weg mehr zurückführt, vor ihr das unendliche Meer, das zu allen Ländern führt. Sie kann hinüber nach Frankreich, sie kann hinüber nach England, sie kann hinüber nach Spanien. In Frankreich ist sie aufgezogen, dort hat sie Freunde und Verwandte, dort wohnen noch viele, die sie lieben, die Dichter, die sie besungen haben, die Edelleute, die sie begleitet; schon einmal hat dieses Land sie gastlich aufgenommen und mit Prunk und Pracht gekrönt. Aber gerade, weil sie dort Königin gewesen, geschmückt mit allem Glanz dieser Erde, erhoben als Höchste über die höchsten des Reichs, will sie dorthin nicht zurückkehren als Bettlerin, als Bittstellerin mit zerrissenen Kleidern und beschmutzter Ehre. Sie will nicht das höhnische Lächeln der haßvollen Italienerin Katharina von Medici sehen, nicht irgendein Almosen annehmen oder sich in ein Kloster einsperren lassen. Auch zu dem frostigen Philipp nach Spanien wäre eine Flucht Erniedrigung: nie wird der bigotte Hof verzeihen, daß sie Bothwell vor einem protestantischen Priester die Hand zum Bunde gereicht, daß sie den Segen eines Ketzers empfangen. So bleibt eigentlich nur eine Wahl, die keine Wahl mehr ist, sondern ein Zwang: hinüber nach England. Hat denn nicht gerade in den aussichtslosesten Tagen der Gefangenschaft Elisabeth ihr ermutigend sagen lassen, »sie könne jederzeit auf die Königin von England als eine sichere Freundin zählen«? Hat sie nicht feierlich versprochen, sie als Königin wieder einzusetzen? Hat Elisabeth ihr nicht einen Ring gesandt als Zeichen, dessen sie sich jederzeit zur Anrufung ihres schwesterlichen Gefühls bedienen solle?

Wessen Hand aber einmal vom Unglück berührt ist, der greift immer nach dem falschen Würfel. Vorschnell wie bei jeder wichtigen Entscheidung entschließt sich Maria Stuart auch bei dieser wichtigsten; ohne sich vorher Sicherungen geben zu lassen, noch aus dem Kloster von Dundrennan schreibt sie an Elisabeth: »Du wirst, teuerste Schwester, wohl in Kenntnis eines großen Teils meiner unglücklichen Umstände sein. Aber die, die mich heute veranlassen, Dir zu schreiben, haben sich zu kürzlich ereignet, als daß sie Dein Ohr schon hätten erreichen können. Ich muß Dich daher so knapp, als ich kann, verständigen, daß einige meiner Untertanen, denen ich am meisten vertraute und die ich zu den höchsten Ehrenstellen erhoben habe, die Waffen gegen mich ergriffen und mich in der unwürdigsten Weise behandelt haben. Auf unerwartete Weise hat der allmächtige Walter aller Dinge mich aus der grausamen Gefangenschaft befreit, der ich unterworfen war. Aber ich habe seitdem eine

Schlacht verloren, in der die meisten von denen, die mir Treue bewahrten, vor meinen Augen gefallen sind. Ich bin nun aus meinem Königreich getrieben und in solche Bedrängnis gebracht, daß ich außer auf Gott keine Hoffnung habe als auf Deine Güte. Ich bitte Dich darum, teuerste Schwester, daß ich vor Dich geführt werde, damit ich Dir alle meine Angelegenheiten anvertrauen kann.

Gleichzeitig bitte ich Gott, Dir allen himmlischen Segen und mir Geduld und Trost zu schenken, den ich vor allem durch Dich zu erlangen hoffe und flehe. Um Dich zu erinnern an den Anlaß, den ich habe, auf England zu vertrauen, sende ich an dessen Königin dieses Juwel, dieses Zeichen ihrer verheißenen Freundschaft und Hilfe. Deine liebende Schwester M. R.«

Mit rascher Hand, wie um sich selbst zu bereden, schreibt Maria Stuart diese Zeilen, die für immer ihre Zukunft entscheiden. Dann siegelt sie den Ring in den Brief und übergibt beides einem reitenden Boten. Aber in diesem Brief ist nicht nur der Ring, sondern ihr Schicksal verschlossen.

Nun sind die Würfel gefallen. Am 16. Mai besteigt Maria Stuart ein kleines Fischerboot, überquert den Golf von Solway und landet auf englischer Erde in der Nähe der kleinen Hafenstadt Carlisle. An diesem schicksalsentscheidenden Tage ist sie noch nicht fünfundzwanzig Jahre und doch schon ihr wirkliches Leben zu Ende. Alles, was die Welt an Überschwang zu geben vermochte, hat sie erlebt und erlitten, alle Höhen des Irdischen hat sie erstiegen, alle Tiefen durchmessen. In winzigstem Zeitraum, in ungeheuerlichster Seelenspannung hat sie alle Gegensätze durchfühlt, zwei Männer hat sie begraben, zwei Königreiche vertan, durch ein Gefängnis ist sie geschritten, und den schwarzen Weg des Verbrechens, und immer wieder neu die Stufen des Thrones, des Altars mit neuem Stolze empor. In Flammen hat sie gelebt diese Wochen, diese Jahre, in so hoher und fanatischer Flamme, daß der Widerschein noch durch Jahrhunderte leuchtet. Aber jetzt stürzt und löscht dieser Brand, und ihr Bestes ist darin aufgezehrt: was übrigbleibt, ist Schlacke und Asche, ein armer Rest dieser großartigen Glut. Ein Schatten ihrer selbst geht Maria Stuart in die Dämmerung ihres Schicksals.

Siebzehntes Kapitel

Ein Netz wird gewoben

16. Mai bis 28. Juni 1568

Daß Elisabeth die Nachricht vom Eintreffen Maria Stuarts in England mit ehrlicher Bestürzung empfing, ist nicht zu bezweifeln. Denn dieser unerbetene Besuch bringt sie in bittere Verlegenheit. Gewiß, sie hatte während des letzten Jahres aus monarchischer Solidarität Maria Stuart gegen ihre rebellischen Untertanen zu beschirmen gesucht. Sie hatte pathetisch – Papier ist billig und geschriebene Höflichkeit fließt leicht aus diplomatischer Feder – sie ihrer Anteilnahme, ihrer Freundschaft, ihrer Liebe versichert. Überschwenglich, ach, allzu überschwenglich, hatte sie ihr versprochen, daß sie unter allen Umständen auf sie als getreue Schwester zählen könne. Aber niemals hatte Elisabeth Maria Stuart aufgefordert, nach England zu kommen, im Gegenteil, seit Jahren und Jahren hatte sie die Möglichkeit einer persönlichen Begegnung immer wieder durchkreuzt. Und nun ist die Lästige plötzlich in England gelandet, in ebendemselben England, dessen wahrhaftige Königin zu sein sie noch vor kurzem sich hochmütig gerühmt hatte. Sie ist gekommen ohne vorherige Anfrage, Einladung oder Bitte, ihr erstes Wort ist schon ein Pochen auf jenes frühere, bloß metaphorisch gemeinte Freundschaftsversprechen. Maria Stuart stellt in ihrem zweiten Brief gar nicht zur Erörterung, ob Elisabeth sie zu empfangen wünsche oder nicht, sondern sie fordert es als ihr selbstverständliches Recht: »Ich bitte Sie, mich so rasch als möglich holen zu lassen. Denn ich bin in einem Zustande, der nicht nur für eine Königin, sondern auch für eine bloße Edelfrau jämmerlich wäre. Ich habe nichts als mein Leben, das ich mir nur retten konnte, indem ich am ersten Tage sechzig Meilen über die Felder ritt. Sie werden das selbst sehen, wenn, wie ich hoffe, Sie Mitleid mit meinem unermeßlichen Mißgeschick haben werden.«

Mitleid, das ist in der Tat das erste Gefühl Elisabeths. Es muß für ihren Stolz eine großartige Genugtuung gewesen sein, daß diese Frau, die sie vom Throne stürzen wollte, sich selbst gestürzt hat, ohne daß sie ihrerseits eine Hand rühren mußte. Welch ein Schauspiel für die Welt, daß sie nun die einstmals so Stolze von den Knien aufheben und von oben herab als Protektorin in ihre Arme schließen darf! Darum ist auch ihr erster, ihr richtiger Instinkt, die Gestürzte großmütig zu sich einzuladen. »Ich habe erfahren«, schreibt der französische Botschafter, »daß die Königin im Kronrat mit aller Macht die Partei der Königin von Schottland nahm und jedem zu verstehen gab, daß sie beabsichtige, sie derart zu empfangen und zu ehren, wie es ihrer früheren Würde und Größe und nicht ihrem jetzigen Zustande entspräche.« Mit ihrem starken Empfinden für weltgeschichtliche Verantwortung will Elisabeth zu ihrem Wort stehen. Und hätte sie ihrem spontanen Impuls gefolgt, sie hätte Maria Stuart das Leben und sich die Ehre gerettet.

Aber Elisabeth ist nicht allein. Neben ihr steht Cecil, der Mann mit dem stahlblauen kalten Augen, der völlig leidenschaftslos Zug um Zug auf dem politischen Schachbrett tut. Vorsorglich hat sich die temperamentvolle, von jedem Druck der Luft beeinflußbare Frau diesen nüchternen, zähen Rechner an die Seite gestellt, der, völlig amusisch, völlig unromantisch, aus dem innern Puritanismus seiner Natur das Leidenschaftliche, das Zügellose in Maria Stuart haßt, der als strenger Protestant die Katholikin verabscheut und überdies – seine privaten Notizen beweisen es – von ihrer Mitschuld und Mithelferschaft am

Darnley-Morde restlos überzeugt ist. Er fällt sofort Elisabeth in den hilfreich dargebotenen Arm. Denn als Politiker übersieht er klar die weitgehenden Verpflichtungen, die sich für die englische Regierung aus der Bindung mit dieser anspruchsvollen Querulantin ergeben würden, die seit Jahren und Jahren überall, wo sie erscheint, Verwirrung stiftet. Maria Stuart mit königlichen Ehren in London zu empfangen, bedeutete implicite eine Anerkennung ihres Anspruchs auf Schottland und legte England die Pflicht auf, mit Waffen und Geld gegen Moray und die Lords aufzutreten. Dazu hat Cecil nicht die geringste Neigung, denn er selbst hat ja die Lords zu der Revolte aufgestachelt. Für ihn ist und bleibt Maria Stuart die Erbfeindin des Protestantismus, die Erzgefahr für England, und es gelingt ihm, Elisabeth von ihrer Gefährlichkeit zu überzeugen; ungern vernimmt die englische Königin, mit welchen Ehren ihre eigenen Adeligen die schottische auf ihrem Boden empfangen haben. Der mächtigste der katholischen Lords, Northumberland, hat sie auf sein Schloß geladen, der einflußreichste ihrer protestantischen Lords, Norfolk, stattet ihr einen Besuch ab. Alle scheinen von der Gefangenen bezaubert, und da Elisabeth von Natur aus mißtrauisch und als Frau eitel ist bis zur Narrheit, läßt sie bald den generösen Gedanken fallen, eine Fürstin an ihren Hof zu ziehen, die sie in Schatten stellen und den Unzufriedenen ihres Reiches als willkommene Prätendentin dienen könnte.

Es hat also nur ein paar Tage gedauert, und Elisabeth ist bereits von ihren humanen Gefühlen abgekommen und fest entschlossen, Maria Stuart weder bei Hofe vorzulassen noch anderseits aus dem Lande zu entlassen. Aber Elisabeth wäre nicht Elisabeth, wenn sie sich in irgendeinem Falle klar äußern und deutlich handeln würde. Immer ist Zweideutigkeit im Menschlichen wie im Politischen die unglücklichste Form, denn sie verwirrt die

Seelen, sie beunruhigt die Welt. Und hier beginnt die große, die unleugbare Schuld Elisabeths gegenüber Maria Stuart. Auf der flachen Hand hat ihr das Schicksal den Sieg entgegengebracht, den sie seit Jahren erträumte: ihre Rivalin, die als Ehrenspiegel aller ritterlichen Tugenden gegolten, ist ohne ihr Zutun in Schmach und Schande gestürzt, die Königin, die nach ihrer Krone gegriffen, hat die eigene verloren, die Frau, die im Gefühl ihrer Legitimität ihr hochmütig entgegengetreten war, nun steht sie als Hilfesuchende vor ihr. Zweierlei dürfte Elisabeth nun tun. Sie könnte das Asyl, das England immer großherzig jedem Flüchtling gewährte, ihr als einer Bittstellerin anbieten und sie damit moralisch in die Knie drücken. Oder sie könnte ihr den Aufenthalt in ihrem Lande aus politischen Gründen verweigern. Das eine Verhalten wie das andere trüge die heilige Krone des Rechts. Man kann einen Hilfesuchenden empfangen, man kann ihn zurückweisen. Aber eines geht wider alles Recht des Himmels und der Erde: einen Hilfesuchenden heranzulocken und ihn dann gegen seinen eigenen Willen gewaltsam festzuhalten. Kein Vorwand und keine Entschuldigung läßt sich für die unentschuldbare Tücke geltend machen, daß Elisabeth Maria Stuart trotz ihrem klaren Verlangen nicht mehr gestattete, England wieder zu verlassen, sondern sie mit List und Lüge, mit perfiden Versprechungen und geheimer Gewalttätigkeit festhielt und durch dieses hinterhältige Gefangensetzen eine schon gedemütigte und besiegte Frau weiter trieb, als sie eigentlich wollte, in den finsteren Weg der Verzweiflung und Schuld.

Diese offenbare Verletzung des Rechts, und zwar in der häßlichsten, weil hinterhältigsten Weise, bleibt für immer ein dunkler Punkt in Elisabeths Charaktergeschichte und noch weniger entschuldbar als später das Todesurteil und das Schafott. Denn zur gewaltsamen Gefangenhaltung fehlt auch nur der leiseste Vorwand einer Berechtigung.

Wenn Napoleon – man hat manchmal das Gegenbeispiel gewählt – auf den Bellerophon flüchtet und dort das englische Gastrecht beansprucht, durfte England dieses Verlangen als pathetische Farce ablehnen. Denn beide Nationen, Frankreich und England, standen damals im erklärten Krieg, Napoleon war der Kommandant der feindlichen Armeen und hatte durch ein Vierteljahrhundert unablässig Großbritannien nach der Schlagader gezielt. Zwischen Schottland und England dagegen besteht kein Krieg, sondern voller Friede, Elisabeth und Maria Stuart nennen einander seit Jahren Freundin und Schwester, und wenn Maria Stuart zu Elisabeth flüchtet, so kann sie den Ring ihr entgegenhalten, das »token«, das Wahrzeichen ihrer Freundschaft, sie kann sich berufen auf ihre Worte, »kein Mensch auf Erden werde ihr so herzlich Gehör schenken«. Sie kann auch darauf pochen, daß Elisabeth bisher allen ihren Untertanen, die nach England flüchteten, daß sie Moray und Morton, den Mördern Rizzios, den Mördern Darnleys, trotz ihren Verbrechen Asyl gegeben. Und schließlich: Maria Stuart kommt nicht mit dem Anspruch auf Englands Thron, sondern mit der bescheidenen Bitte, ruhig im Lande verbleiben oder, falls dies Elisabeth nicht genehm sei, nach Frankreich weiterreisen zu dürfen. Selbstverständlich weiß Elisabeth, daß sie keine Handhabe besitzt, Maria Stuart gefangenzuhalten, und sogar Cecil weiß es, wie ein Notizblatt aus seiner Hand (»Pro Regina Scotorum«) beweist. »Man muß ihr helfen«, schreibt er, »weil sie freiwillig und im Vertrauen auf die Königin in das Land kam.« Beiden ist es also in der Tiefe ihres Gewissens wohl bewußt, daß kein Faden Recht gefunden werden kann, um daraus einen so dicken Strick Unrecht zu drehen. Aber was wäre die Aufgabe des Politikers, wenn nicht die, in heiklen Situationen Vorwände und Ausflüchte zu konstruieren, aus einem Etwas ein Nichts und aus einem

Nichts ein Etwas zu machen? Da kein wirklicher Anlaß zur Festhaltung der Flüchtigen vorliegt, muß einer erfunden werden; da Maria Stuart keinerlei Schuld gegen Elisabeth hat, muß sie zur Schuldigen gemacht werden. Das kann nur vorsichtig geschehen, denn außen wacht und beobachtet die Welt. Ganz leise und hinterhältig muß man das Netz über die Wehrlose ziehen, enger und enger, ehe sie die Absicht merkt. Und wenn sie dann – zu spät – versucht, sich zu befreien, wird sie sich selbst mit jeder leidenschaftlichen Bewegung noch enger verstricken.

Dieses Umgarnen und Verstricken beginnt mit Höfischkeiten und Höflichkeiten. Zwei der vornehmsten Adeligen Elisabeths, Lord Scrope und Lord Knollys, werden schleunigst – welche zarte Aufmerksamkeit! – als Ehrenkavaliere zu Maria Stuart nach Carlisle geschickt. Aber ihre wirkliche Mission ist ebenso dunkel wie vielseitig. Sie haben im Namen Elisabeths den vornehmen Gast zu begrüßen, sie haben der gestürzten Königin das Bedauern über ihr Mißgeschick auszusprechen, zugleich sollen sie die aufgeregte Frau hinhalten und kalmieren, daß sie nicht zu früh kopfscheu werde und die auswärtigen Höfe zur Hilfe anrufe. Aber der wichtigste und eigentliche Auftrag ist den beiden geheim gegeben, er befiehlt ihnen, die eigentlich schon Gefangene sorgfältig zu bewachen, alle Besuche abzustellen, die Briefsendungen zu beschlagnahmen, und nicht zufällig werden an demselben Tage fünfzig Hellebardiere nach Carlisle beordert. Außerdem haben Scrope und Knollys alles, was Maria Stuart sagt, sofort nach London zu übermitteln. Denn auf nichts wartet man dort so sehr und so ungeduldig, als daß Maria Stuart sich endlich eine Blöße gebe und man dann nachträglich einen Vorwand für die schon faktische Gefangenschaft konstruieren könne.

Die Mission des Auskundschaftens besorgt Lord Knollys auf das beste – seiner geschickten Feder danken wir eine der anschaulichsten und plastischsten Charakterzeichnungen Maria Stuarts. Immer wieder wird man gewahr, daß diese Frau in den seltenen Augenblicken, da sie ihre große Energie zusammenfaßt, auch die klügsten Männer zu Respekt und Bewunderung zwingt. Sir Francis Knollys schreibt an Cecil: »Zweifellos ist sie eine hervorragende Frau, denn keine Schmeichelei kann sie tatsächlich täuschen, und ebenso scheint keine offene Aussprache sie zu kränken, wenn sie denjenigen, der sie sagt, für einen anständigen Menschen hält.« Er findet, daß sie in ihren Antworten eine beredte Zunge und einen klugen Kopf erweise, er rühmt den »aufrechten Mut« und ihr »liberal heart«, ihre umgängliche Art. Aber er merkt auch, welcher rasende Stolz diese Seele verzehrt, daß »die Sache, nach der sie am meisten dürstet, der Sieg ist und im Vergleich damit Reichtum und alle anderen Dinge der Erde ihr verächtlich und gering scheinen« – man kann sich ausdenken, mit welchen Gefühlen die mißtrauische Elisabeth diese Charakterisierung ihrer Rivalin liest und wie rasch sich ihr Herz und Hand verhärten.

Aber auch Maria Stuart hat ein feines Ohr. Sie merkt bald, daß die freundlichen Kondolenzreden und Ehrfurchtsbezeugungen dieser Gesandten nach Wind und Wasser schmecken und daß die beiden nur deshalb so eifrig und freundlich mit ihr konversieren, um etwas zu verschweigen. Erst allmählich, wie eine bittere Medizin, Tropfen um Tropfen und stark mit Komplimenten durchsüßt, teilt man ihr mit, daß Elisabeth nicht gewillt sei, sie zu empfangen, bevor sie sich nicht von allen Anschuldigungen gereinigt habe. Diese öde Ausflucht hat man glücklich inzwischen in London herausspekuliert, um der nackten, eiskalten Absicht, Maria Stuart abseits und in Gefangenschaft zu halten, ein moralisches Mäntelchen umzuhängen. Aber entweder sieht Maria Stuart wirklich nicht die Falle oder sie stellt sich so, als ob sie das

Perfide dieses Aufschubs nicht verstünde. Mit einer hitzigen Begeisterung erklärt sie sich zur Rechtfertigung bereit, »aber selbstverständlich nur vor einem einzigen Menschen, den ich als ebenbürtig anerkenne, vor der Königin von England.« Je eher, je lieber, nein, sofort wolle sie kommen und »vertrauensvoll sich in ihre Arme werfen.« Dringlich bittet sie, »in aller Eile und ohne weitere Umstände in London vorgelassen zu werden, um ihre Klagen vorzubringen und die Verleumdung zu entkräften, die man gegen ihre Ehre gewagt habe.« Denn mit Freuden akzeptiere sie Elisabeth, freilich nur sie allein, als Richterin.

Mehr hat Elisabeth nicht hören wollen. Mit der prinzipiellen Zustimmung zu einer Rechtfertigung hat sie nun den ersten Haken in der Hand, diese Frau, die als Gast in ihr Land gekommen war, langsam in einen Prozeß hineinzuzerren. Selbstverständlich darf das nicht mit einem auffälligen Ruck geschehen, sondern nur ganz behutsam, damit die schon Beunruhigte nicht zu früh die Welt alarmiere; vor der entscheidenden Operation, die Maria Stuart endgültig die Ehre abtrennt, muß sie erst durch Versprechungen chloroformiert werden, damit sie sich still und ohne Widerstand unter das Messer lege. So schreibt Elisabeth einen Brief, dessen Ton ergreifend wirkte, wüßte man nicht, daß gleichzeitg der Ministerrat die Festhaltung längst beschlossen hat. In Watte wird die Ablehnung eingewickelt, Maria Stuart persönlich zu empfangen. »Madame«, schreibt die Verschlagene, »ich habe von meinem Lord Herries Ihren Wunsch vernommen, sich in meiner Gegenwart zu verteidigen gegen alle Anwürfe, die auf Ihnen lasten. Oh, Madame, es gibt keinen Menschen auf Erden, der mehr Ihre Rechtfertigung zu hören verlangte als ich selbst. Niemand würde williger sein Ohr jeder Antwort leihen, die Ihre Ehre wiederherstellen soll. Aber ich kann nicht mein eigenes

Ansehen für Ihre Sache aufs Spiel setzen. Um Ihnen offen die Wahrheit zu sagen, glaubt man schon von mir, ich sei eher bereit, Ihre Sache zu verteidigen, als meine Augen zu öffnen für jene Dinge, deren Ihre Untertanen Sie anklagen.« Auf diese geschickte Ablehnung folgt aber noch raffinierter die Anlockung. Feierlich verspricht Elisabeth – man muß diese Zeile unterstreichen – »auf mein prinzliches Wort, daß weder Ihre Untertanen noch irgendein Rat, den ich von meinen Ratgebern erhalten sollte, mich veranlassen wird, irgend etwas von Ihnen zu verlangen, was Sie schädigen könnte oder Ihre Ehre berühren.« Immer dringlicher, immer beredter wird der Brief. »Scheint es Ihnen seltsam, daß ich Ihnen nicht erlaube, mich zu sehen? Ich bitte Sie, versetzen Sie sich selbst in meine Lage. Wenn Sie von diesem Verdacht freigesprochen sein werden, will ich Sie mit allen Ehren empfangen, bis dahin kann ich es nicht. Aber später, das schwöre ich bei Gott, soll es nie einen Menschen mit besserem Willen geben, und von allen irdischen Freuden soll dies die erste für mich sein.«

Das sind tröstende, warme, weiche, seelenlösende Worte. Aber sie decken eine dürre, harte Sache zu. Denn der Gesandte, der diese Botschaft bringt, hat auch den Auftrag, Maria Stuart endlich eindeutig klarzumachen, daß keineswegs eine persönliche Rechtfertigung vor Elisabeth in Aussicht genommen sei, sondern eine regelrechte Untersuchung der Vorgänge in Schottland, freilich vorläufig noch feierlich hinter dem ehrenvolleren Namen einer »Konferenz« versteckt.

Bei den Worten Prozeß, Untersuchung, Schiedsspruch zuckt der Stolz Maria Stuarts empor wie von feurigem Eisen berührt. »Ich habe keinen andern Richter als Gott«, schluchzt sie auf in zornigen Tränen, »niemand kann es unternehmen, mich zu richten. Ich weiß, wer ich bin, und kenne die Rechte meines Ranges. Es ist richtig, daß ich aus eigenem Willen und aus dem vollen Vertrauen, das ich in die Königin, meine Schwester, setze, vorgeschlagen habe, sie zur Richterin in meiner Sache zu machen. Aber wie kann dies geschehen, wenn sie nicht erlauben will, daß ich zu ihr gehe?« Drohend verkündet sie (wie wahr ist dies Wort geworden!), Elisabeth würde keinen Gewinn haben, wenn sie sie in ihrem Lande zurückhalte. Und dann nimmt sie die Feder: »Hélas, Madame«, antwortet sie erregt, »wo haben Sie je gehört, daß jemals ein Prinz getadelt werden könnte, wenn er persönlich die Klagen derer angehört hat, die Beschwerde führen, ungerechterweise angeklagt worden zu sein ... Lassen Sie, Madame, den Gedanken fallen, ich sei hierhergekommen, um mein Leben zu retten. – Weder die Welt noch ganz Schottland haben mich verleugnet – sondern ich kam, um meine Ehre wiederzugewinnen und Unterstützung zu finden, meine falschen Ankläger zu züchtigen, aber nicht, um ihnen wie als Gleichgestellten zu antworten. Ich habe Sie unter allen Fürsten als meine nächste Verwandte und »perfaicte Amye« gewählt, um jene vor Ihnen anklagen zu können, weil ich glaubte, Sie würden es als Ehre empfinden, zur Wiederherstellung der Ehre einer Königin angerufen zu werden.« Nicht dazu sei sie einem Gefängnis entronnen, um hier »quasi en un autre« zurückgehalten zu werden. Schließlich verlangt sie ungestüm gerade das, was alle Menschen von Elisabeth immer vergeblich fordern werden, nämlich Eindeutigkeit des Verhaltens, entweder Hilfe oder Freiheit. Gegen Elisabeth wolle sie sich »de bonne voglia« gerne rechtfertigen, aber nicht in der Form eines Prozesses gegen ihre Untertanen, außer wenn diese mit gebundenen Händen vorgeführt würden. In vollem Bewußtsein ihres Gottesgnadentums verweigert sie, sich mit ihren Untertanen auf eine Stufe stellen zu lassen: lieber sei sie bereit, zu sterben.

Dieser Standpunkt Maria Stuarts ist rechtlich unanfechtbar. Die Königin von England besitzt keinerlei Oberhoheit über die Königin von Schottland, sie hat keine Untersuchungen anzustellen über einen Mordfall, welcher in fremdem Lande geschehen ist, sie hat sich nicht einzumengen in einen Konflikt einer ausländischen Fürstin mit ihren Untertanen. Das weiß Elisabeth im tiefsten völlig genau, und darum verdoppelt sie ihre schmeichlerischen Bemühungen, um Maria Stuart aus ihrer festen und uneinnehmbaren Position herauszulocken und auf den glitschigen Grund eines Prozesses zu führen. Nein, nicht als Richterin, sondern als Freundin und Schwester wünsche sie diese Klarstellung, ach, sie sei doch nötig für ihren Herzenswunsch, endlich ihre geliebte Base von Angesicht zu sehen und sie wieder als Königin einzusetzen. Um Maria Stuart von ihrer sicheren Stellung abzudrängen, gibt Elisabeth eine wichtige Zusage nach der andern, sie tut so, als ob sie nie nur eine Minute an der Unschuld der Verleumdeten gezweifelt hätte, als ob der Prozeß gar nichts mit Maria Stuart zu tun hätte, sondern einzig gegen Moray und die andern Rebellen eingeleitet werden solle. Eine Lüge folgt der andern. Sie verpflichtet sich bindend, daß nichts bei dieser Untersuchung erörtert werden dürfe, was gegen Maria Stuarts Ehre, »against her honour« sei – man wird später sehen, wie dieses Versprechen eingehalten wurde. Und ausdrücklich täuscht Elisabeth den Unterhändlern vor, wie immer die Untersuchung ausgehe, die königliche Stellung bleibe Maria Stuart gesichert. Aber während sich Elisabeth so mit Eid und Ehre Maria Stuart verpflichtet, fährt gleichzeitig der Kanzler Cecil munter auf dem andern Geleise. Er seinerseits beruhigt unter der Hand wieder Moray, um ihn zur Untersuchung gefügig zu machen, keinesfalls sei eine Wiedereinsetzung seiner Schwester in Aussicht genommen – man sieht: die Taschenspielertechnik des doppelten

Bodens ist nicht erst eine politische Erfindung unseres Jahrhunderts.

Maria Stuart merkt bald dies heimliche Zerren und Ziehen; sowenig sich Elisabeth von ihr täuschen läßt, sowenig ist sie über die Absichten ihrer lieben Base im unklaren. Sie wehrt sich und leistet Widerstand, sie schreibt bald süße, bald bittere Briefe, aber von London aus lockert man nicht mehr die Schlinge, ganz im Gegenteil, man zieht sie langsam schärfer und schneidender an. Allmählich werden, um den seelischen Druck zu verstärken, allerhand Vorkehrungen getroffen, um ihr zu zeigen, daß man entschlossen sei, im Notfall, im Streitfall, im Weigerungsfall auch Gewalt zu üben. Ihre Bequemlichkeiten werden eingeschränkt, sie darf keine Besuche aus Schottland mehr empfangen, bei jedem Ausritt begleiten sie nicht weniger als hundert Reiter, und eines Tages überrascht sie der Befehl, von Carlisle, vom offenen Meer – wo der Blick wenigstens frei in die Ferne schweifen kann und vielleicht ein hilfreiches Boot sie entführen – nach dem festen Schlosse Bolton nach Yorkshire zu übersiedeln in ein »very strong, very fair and very stately house.« Selbstverständlich ist auch dieser harte Auftrag mit Honig kandiert, noch verbirgt sich die scharfe Kralle feige hinter Samtpfoten: man versichert Maria Stuart, nur aus zärtlicher Sorge, sie näher zu wissen, und um den Austausch der Briefe zu beschleunigen, habe Elisabeth diese Übersiedlung angeordnet. Hier in Bolton würde sie »mehr Freude und Freiheit haben und gänzlich vor jeder Gefährdung von seiten ihrer Feinde geborgen sein.« Maria Stuart ist nicht so naiv, an so viel Liebe zu glauben, sie wehrt und weigert sich noch immer, obzwar sie weiß, daß sie verspielt hat. Aber was bleibt ihr übrig? Nach Schottland kann sie nicht mehr zurück, nach Frankreich darf sie nicht hinüber, und ihre äußere Lage wird immer unwürdiger: sie lebt von fremdem Brot, und die Kleider, die sie trägt, sind geborgt von Elisabeth. Völlig allein, von allen wirklichen Freunden abgeschlossen, nur von Untertanen ihrer Gegnerin umgeben, wird Maria Stuart allmählich unsicher in ihrem Widerstand.

Endlich, und darauf hat Cecil gerechnet, begeht sie den großen Fehler, auf den Elisabeth so ungeduldig wartet; in einem Augenblick der Lässigkeit erklärt sich Maria Stuart mit einer Untersuchung einverstanden. Es ist der größte, der unverzeihlichste Fehler, den sie je begangen hat, sich von ihrem unantastbaren Standpunkt abdrängen zu lassen, daß Elisabeth sie nicht richten und nicht ihrer Freiheit berauben dürfe, daß sie als Königin und als Gast keinem fremden Schiedsspruch sich zu unterwerfen habe. Aber Maria Stuart hat immer nur kurzatmige feurige Ausbrüche von Mut und nie die einer Fürstin so nötige Kraft des zähen Durchhaltens. Vergebens sucht sie, im Gefühl, daß sie den Boden unter den Füßen verloren hat, nachträglich noch Bedingungen zu stellen und, nachdem sie die Zusage sich entlocken ließ, sich wenigstens an den Arm anzuklammern, der sie in die Tiefe stößt. »Es gibt nichts«, schreibt sie am 28. Juni, »was ich nicht auf Ihr Wort hin unternehmen würde, denn ich habe niemals an Ihrer Ehre und königlichen Treue gezweifelt.«

Aber wer sich einmal auf Gnade und Ungnade ergeben, dem hilft nachträglich kein Wort, keine Bitte mehr. Der Sieg will sein Recht, und immer wandelt es sich zu Unrecht für den Besiegten. Vae victis!

Achtzehntes Kapitel

Das Netz zieht sich zusammen

Juli 1568 bis Januar 1569

Kaum hat Maria Stuart sich leichtfertigerweise die Zustimmung zu dem »unparteiischen Schiedsgericht« abringen lassen, so setzt die englische Regierung schon alle Machtmittel ein, um das Verfahren zu einem parteiischen zu machen. Während die Lords in Person erscheinen dürfen, mit allen Beweisen bewaffnet, wird es Maria Stuart nur erlaubt, sich durch zwei Vertrauensleute vertreten zu lassen; bloß aus der Ferne und durch Mittelspersonen kann sie ihre Anschuldigungen gegen die rebellischen Lords erheben, die ihrerseits laut und frei sprechen und heimlich paktieren dürfen – durch diese Perfidie ist sie von Anfang an aus der Angriffsstellung in die Verteidigungsstellung gedrängt. Lautlos fallen alle schönen Versprechungen eine nach der andern unter den Verhandlungstisch. Dieselbe Elisabeth, die es eben noch nicht vereinbar mit ihrer Ehre erklärt hatte, vor Beendigung des Verfahrens Maria Stuart in ihrer Gegenwart zuzulassen, empfängt unbedenklich den Rebellen Moray. Und von der Rücksicht auf ihre »Ehre« ist plötzlich keine Rede mehr. Zwar wird die Absicht, Maria Stuart auf die Anklagebank zu drücken, noch in tückischer Weise bemäntelt – man hat Rücksicht nötig vor dem Ausland –, und die Formel lautet, die Lords hätten sich wegen ihrer Rebellion zu »rechtfertigen«. Aber dies Rechtfertigen, das Elisabeth scheinheilig von den Lords verlangt, bedeutet natürlich, sie sollten die Gründe darlegen, weshalb sie sich in Waffen gegen ihre Königin erhoben. Implicite sind sie damit aufgefordert, die ganze

Angelegenheit des Königsmordes aufzurollen, und von selbst dreht sich damit die Spitze gegen Maria Stuart. Bringen die Lords nur genug Anschuldigungen gegen sie vor, so kann in London der Grund juristisch unterkellert werden, Maria Stuart weiterhin festzuhalten, und das Unentschuldbare ihrer Gefangensetzung ist glücklich vor der Welt entschuldigt.

Aber als Trugspiel gedacht, artet diese Konferenz – die man nicht Rechtsverfahren nennen darf, ohne die Justiz zu beleidigen – unerwartet zur Kömodie in ganz anderem Sinne aus, als sie Cecil und Elisabeth gewünscht. Denn kaum daß man die Parteien vor den runden Tisch gebracht, damit sie einander anklagen sollten, zeigen beide wenig Lust, mit ihren Akten und Fakten herauszurücken, und beide wissen genau, warum. Denn – einmaliges Kuriosum dieses Prozesses – Ankläger und Angeklagte sind hier im Grunde Komplicen desselben Verbrechens, beide möchten lieber an der heiklen Angelegenheit des Darnley-Mordes vorbeischweigen, an dem sie beide »art and part« gewesen sind. Würden Morton, Maitland und Moray jene Briefkassette öffnen und behaupten, Maria Stuart sei Mithelferin oder wenigstens Mitwisserin gewesen, so wären damit die ehrenwerten Lords vollkommen im Recht. Aber ebenso wäre Maria Stuart im Recht, wenn sie die Lords beschuldigte, genau so die Tat vorausgewußt und zumindest durch ihr Schweigen gebilligt zu haben. Legen die Lords jene peinlichen Briefe auf den Tisch, so kann Maria Stuart, die durch Bothwell die Unterzeichner des Mörderbonds kennt und das Blatt vielleicht sogar in Händen hat, diesen nachträglichen Königspatrioten die Maske vom Antlitz reißen. Nichts natürlicher darum als die beiderseitige Unlust, gegeneinander scharf vorzugehen, nichts begreiflicher als ihr gemeinsames Interesse, die peinliche Angelegenheit à l'amiable zu behandeln und den armen Henry Darnley still im

Grabe ruhen zu lassen. »Requiescat in pace!« ist beider Teile frommes Gebet.

So ergibt sich das Sonderbare und für Elisabeth höchst Unerwartete: bei der Eröffnung des Verfahrens klagt Moray nur Bothwell an – er weiß, der gefährliche Mann ist tausend Meilen weit und wird seine Spießgesellen nicht nennen –, mit merkwürdiger Diskretion aber vermeidet er, seine Schwester irgendwie zu beschuldigen. Völlig vergessen scheint, daß man sie vor einem Jahre im offenen Parlament der Mordhilfe schuldig gesprochen. Keineswegs so stürmisch, wie Cecil erhofft hatte, reiten diese sonderbaren Ritter in die Schranken, sie schleudern nicht die anklägerischen Briefe auf den Tisch, und – zweite Merkwürdigkeit und nicht die letzte dieser erfindungsreichen Komödie – auch die englischen Kommissare bleiben rücksichtsvoll stumm und fragen nicht viel. Lord Northumberland steht als Katholik Maria Stuart vielleicht näher als Elisabeth, seiner Königin, Lord Norfolk wieder arbeitet aus privaten Gründen, die sich erst allmählich enthüllen werden, an einem stillen Ausgleich mit; schon sind die Grundlinien der Verständigung gezogen: Maria Stuart soll der Titel und die Freiheit wiedergegeben werden, Moray dafür behalten, was ihm einzig wichtig ist: die faktische Herrschaft. Wo Elisabeth Blitz und Donner gewünscht, der ihre Gegnerin moralisch zermalmen sollte, säuselt ein sanftes Lüftchen. Man plaudert herzlich hinter verschlossenen Türen, statt die Akten und Fakten laut zu erörtern, die Stimmung wird immer wärmer und freundschaftlicher. Und nach einigen Tagen arbeiten schon – merkwürdiger Prozeß! –, statt strengen Gerichtstag zu halten, Ankläger und Angeklagte, Kommissare und Richter einig zusammen, um der Konferenz, die Elisabeth als politische Haupt- und Staatsaktion gegen Maria Stuart aufgezogen wissen wollte, ein ehrenvolles Begräbnis erster Klasse zu bereiten.

Der gegebene Mittelsmann, der berufene Zwischenträger für dies Hin und Herr zwischen beiden Parteien ist der schottische Staatssekretär Maitland of Lethington. Denn er hat in dieser dunklen Angelegenheit des Darnley-Mords die allerdunkelste Rolle gespielt und als geborener Diplomat selbstverständlich eine Doppelrolle. Als in Craigmillar die Lords zu Maria Stuart kamen und ihr vorschlugen, sich durch Scheidung oder auf sonst eine Weise Darnleys zu entledigen, war Maitland der Wortführer gewesen und hatte das dunkle Versprechen abgegeben, Moray werde »durch die Finger sehen«. Andererseits hatte er die Heirat mit Bothwell gefördert, war »zufällig« bei der Entführung Zeuge gewesen und erst vierundzwanzig Stunden vor dem Ende wieder zu den Lords übergegangen. Bei einem scharfen Kugelwechsel zwischen der Königin und den Lords winkt ihm die trübe Aussicht, mitten ins Schußfeld zu kommen; darum wendet er eiligst alle erlaubten und unerlaubten Mittel an, um einen Ausgleich zu erzielen.

Zunächst schüchtert er Maria Stuart ein, die Lords seien entschlossen, im Falle ihrer Unnachgiebigkeit skrupellos alles, was ihnen zur Verteidigung diene, anzuwenden, auch wenn es ihr Schande brächte. Und um ihr zu zeigen, welche rufmörderischen Waffen die Lords bereit hielten, läßt er heimlich das Hauptbelastungsstück der Anklage, die Liebesbriefe und Sonette aus der Schatulle, von seiner Frau, Mary Fleming, abschreiben und die Kopien Maria Stuart zukommen.

Diese heimliche Auslieferung des ihr noch unbekannten Belastungsmaterials an Maria Stuart ist selbstverständlich ein Schachzug Maitlands gegen seine Kameraden und außerdem eine grobe Verletzung jeder normalen Prozeßordnung. Aber sie wird schleunigst aufgewogen durch die gleiche Ungehörigkeit von seiten der Lords, die ihrerseits gleichfalls die »Kassettenbriefe« Norfolk und den anderen englischen Kommissaren gewissermaßen unter dem Verhandlungstisch zustecken. Damit ist ein schwerer Schlag gegen Maria Stuarts Sache geführt, denn im vorhinein sind die Richter, die eben noch vermitteln wollten, persönlich gegen sie beeinflußt. Besonders Norfolk ist ganz bestürzt über den üblen Dunst, der aus dieser geöffneten Pandorabüchse aufsteigt. Sofort meldet er – was er gleichfalls nicht dürfte, aber in diesem sonderbaren Prozeß gilt alles, nur nicht das Recht – nach London, die »zügellose und schmutzige Liebe zwischen Bothwell und der Königin, ihr Abscheu vor dem ermordeten Mann und die Verschwörung gegen sein Leben seien derart offenbar, daß jeder gute und wohlgesinnte Mann erschauern und zurückschrecken müsse.«

Schlimme Botschaft für Maria Stuart, hochwillkommene für Elisabeth. Denn nun, da sie weiß, welch ehrenrühriges Belastungsmaterial auf den Tisch gelegt werden kann, wird sie nicht eher ruhen und rasten, bis es bekanntgegeben ist. Je mehr jetzt Maria Stuart auf stillen Ausgleich drängt, um so mehr wird sie auf der öffentlichen Anprangerung bestehen. Durch die feindselige Einstellung Norfolks, durch seine ehrliche Erbitterung, seit er die Briefe aus der berüchtigten Kassette gesehen, scheint das Spiel für Maria Stuart verloren.

Aber am Spieltisch und in der Politik soll man eine Partie nie verloren geben, solange man noch eine Karte in Händen hält. Gerade in diesem Augenblick schlägt Maitland eine verblüffende Volte. Er besucht Norfolk, er hat mit ihm ein längeres, vertrauliches Gespräch. Und siehe, man staunt, man glaubt erst den Berichten nicht, über Nacht ist ein Wunder geschehen, aus Saulus ein Paulus geworden, aus dem entrüsteten, empörten, scharf gegen sie voreingenommenen Richter Norfolk nun Maria Stuarts eifrigster Helfer und Partisan. Statt in den Intentionen seiner eigenen Königin, die öffentliche Verhandlung will, müht er sich mit einmal mehr im Interesse der schottischen; er redet Maria Stuart plötzlich zu, ja nicht auf die schottische Krone und den englischen Thronanspruch zu verzichten, er steift ihr den Nacken, er stählt ihr die Hand. Dringend mahnt er gleichzeitig Moray ab, die Briefe vorzulegen, und siehe, auch Moray schaltet scharf um, nachdem er mit Norfolk eine geheime Unterredung gehabt. Er wird mild und versöhnlich, er stimmt völlig Norfolk bei, nur Bothwell solle für die Tat verantwortlich gemacht werden und nicht auch Maria Stuart; ein süßer Tauwind scheint nachts über die Dächer gefahren zu sein, das Eis ist gebrochen; ein paar Tage noch, und Frühling und Freundschaft strahlen über diesem sonderbaren Haus.

Was kann, muß man sich fragen, Norfolk bewogen haben, über Nacht um hundertachtzig Grad umzuschwenken, aus dem Richter Elisabeths ein Verräter an ihrem Willen, aus einem Gegner Maria Stuarts ihr eifrigster Freund zu werden? Erster Gedanke: Maitland muß Norfolk bestochen haben. Dies scheint unwahrscheinlich auf den zweiten Blick. Denn Norfolk ist der reichste Edelmann Englands, seine Familie steht nur knapp hinter den Tudors zurück; soviel Geld kann ein Maitland, kann das ganze arme Schottland nicht herbeischaffen. Aber doch, wie meist, war das erste Gefühl das richtige – Maitland ist es tatsächlich gelungen, Norfolk zu bestechen. Er hat dem jungen Witwer das einzige geboten, was auch einen so Mächtigen verlocken kann, nämlich noch mehr Macht. Er hat dem Herzog die Hand der Königin und damit zugleich das Erbrecht auf die englische Königskrone angeboten. Und noch immer geht von einer Königskrone Magie aus, die selbst die Feigsten mutig, die Gleichgültigsten ehrgeizig und die Besonnensten töricht macht. Und nun versteht man, warum Norfolk, der gestern noch Maria Stuart so dringend nahegelegt, auf ihre Königsrechte freiwillig zu verzichten, mit einmal ihr so auffällig zuredet, sie zu verteidigen. Denn er will Maria Stuart doch nur heiraten um dieses Anspruchs willen, der ihn mit einem Ruck an die Stelle der Tudors erhebt, derselben, die seinen Vater und Großvater als Verräter hinrichten ließen. Und man kann es dem Sohn, dem Enkel nicht verdenken, wenn er an einer Königsfamilie Verrat begeht, die seine eigene mit dem Henkerbeil vernichtete.

Gewiß, unser Gefühl von heute zögert im ersten Augenblick, die Ungeheuerlichkeit zu begreifen, daß ebenderselbe Mann, der sich noch gestern über die Mörderin, über die Ehebrecherin, über Maria Stuart entsetzte, der sich über ihre »schmutzigen« Liebesaffären entrüstete, sich so rasch entschließt, diese Frau zur Gattin zu nehmen. Und selbstverständlich haben die Verteidiger Maria Stuarts hier die Hypothese eingeschoben, Maitland müsse in jenem geheimen Gespräch Norfolk von der Unschuld Maria Stuarts überzeugt haben und ihm nachgewiesen, jene »Kassettenbriefe« seien Fälschungen gewesen. Darüber enthalten die überlieferten Dokumente aber kein Wort, und in Wirklichkeit hat Norfolk noch Wochen später Maria Stuart vor Elisabeth weiterhin als Mörderin bezeichnet. Aber nichts wäre verfehlter, als moralische Anschauungen um vier Jahrhunderte zurücktransformieren zu wollen, denn der Wert eines Menschenlebens ist innerhalb verschiedener Zeiten und Zonen durchaus kein absoluter, jede Zeit bemißt es anders, Moral bleibt immer nur relativ. Unser Heute ist gegen politischen Mord viel nachsichtiger, als es das neunzehnte Jahrhundert gewesen, und ebenso war das sechzehnte keines der großen Bedenken. Gewissensskrupel waren einer Zeit vollkommen fremd, die ihre Moral nicht aus der Heiligen Schrift, sondern aus Macchiavelli bezog: wer damals einen Thron besteigen wollte, pflegte sich nicht viel mit sentimentalen Erwägungen zu belasten und dringlich darauf zu sehen, ob die Stufen nicht noch naß seien von vergossenem Blut. Schließlich stammt die Szene in Richard III., wo die Königin dem Manne die Hand reicht, den sie als Mörder kennt, von einem Zeitgenossen, und sie ist den Zuschauern keineswegs unglaubhaft erschienen. Um König zu werden, ermordete, vergiftete man seinen Vater, seinen Bruder, man warf Tausende unschuldiger Menschen in den Krieg, man räumte fort, man beseitigte, ohne nach Recht zu fragen, und kaum ein einziges Herrscherhaus kann man im damaligen Europa entdecken, in dem nicht solche Verbrechen offen begangen worden wären. Wenn es eine Krone galt, heirateten vierzehnjährige Knaben fünfzigjährige Matronen und unreife Mädchen großväterliche Greise, man fragte nicht viel nach Tugend und Schönheit und Würde und Moral, man heiratete Schwachsinnige, Krumme und Lahme, Syphilitiker, Krüppel und Verbrecher; warum gerade von diesem eitlen Ehrgeizling Norfolk besondere Bedenklichkeit erwarten, wenn diese junge, schöne, heißblütige Fürstin sich bereit erklärt, ihn zu ihrem Gemahl zu erheben? Norfolk blickt, von seinem Ehrgeiz verblendet, nicht lange darauf zurück, was Maria Stuart getan hat, sondern einzig auf das, was sie für ihn tun kann; in seinen Gedanken sieht sich dieser schwächliche und nicht sehr kluge Mann schon in Westminster an Elisabeths Statt. Über Nacht hat sich das Blatt gewendet. Maitlands geschickte Hand hat das Netz, das für Maria Stuart gewoben war, gelockert, und wo sie einen strengen Richter erwarten mußte, hatte sie plötzlich einen Freier und einen Helfer gefunden.

Aber Elisabeth hat gute Zubringer und einen wachen, höchst mißtrauischen Verstand. »Les princes ont des oreilles grandes qui oyent loin et près«, sagt sie einmal triumphierend zu dem französischen Gesandten. An hundert kleinen Zeichen wittert sie, daß in York allerhand dunkle Tränke gebraut werden, die ihr nicht wohl bekommen dürften. Zunächst läßt sie sich Norfolk rufen und sagt ihm spöttisch auf den Kopf zu, sie habe gehört, daß er auf Freiersfüßen ginge. Nun ist Norfolk kein Charakterheld. Laut und vernehmlich kräht Petri Hahn; sofort verleugnet er Maria Stuart, um die er gestern noch geworben hat, in der erbärmlichsten Weise. Lüge sei all das und Verleumdung, niemals würde er eine solche Ehebrecherin und Mörderin heiraten, und mit einer großartigen Verlogenheit erklärt er: »Mein Kopfkissen muß, wenn ich einschlafen soll, sicher sein.«

Aber Elisabeth weiß, was sie weiß, und stolz kann sie später sagen: »Ils m'ont cru si sotte, que je n'en sentirais rien.« Wenn diese Frau in ihrer unbändigen Kraft einen der Leisetreter bei Hofe grimmig anfaßt, fallen ihm sofort alle seine Geheimnisse aus dem Ärmel. Sofort packt sie energisch zu. Auf ihren Befehl werden am 25. November die Verhandlungen von York nach Westminster in die Camera Depicta verlegt. Hier, ein paar Schritte von ihrer Tür und unmittelbar unter ihren mißtrauischen Augen, hat Maitland nicht mehr so leichtes Spiel wie in Yorkshire, zwei Tagesreisen weit und abseits von Wächtern und Spionen. Außerdem gesellt Elisabeth ihren Kommissaren, seit sie deren Unverläßlichkeit erkannt hat, noch einige dazu, auf die sie unbedingt zählen kann, vor allem ihren Liebling Leicester. Und jetzt, da ihre harte Hand den Zügel gefaßt hat, läuft der Prozeß in scharfem Tempo den befohlenen Gang. Moray, ihr alter Kostgänger, bekommt klipp und klar den Befehl, »sich zu verteidigen«, und dazu die gefährliche Ermunterung, auch die »extremity of odious accusations« nicht zu scheuen, also die Beweise des Ehebruchs mit Bothwell, die Kassettenbriefe, vorzulegen. Das feierliche Versprechen an Maria Stuart, daß nichts »against her honour« vorgebracht werden sollte, ist völlig in der Versenkung verschwunden. Aber noch immer fühlen sich die Lords nicht recht behaglich. Noch immer zögern und zögern sie, mit den Briefen herauszurücken, und beschränken sich auf allgemeine Verdächtigungen. Und da Elisabeth ihnen nicht offen befehlen kann, die Briefe vorzulegen, weil sonst ihre Parteilichkeit zu sehr erwiesen wäre, ersinnt sie eine noch größere Heuchelei. Sie tut so, als ob sie selbst von Maria Stuarts Unschuld überzeugt wäre und nur einen Weg wüßte, um ihre Ehre zu retten, indem sie mit einer schwesterlichen Ungeduld auf volle Klarstellung und auf das Beweismaterial für alle die »Verleumdungen« dringt. Sie will die Briefe, sie will die Liebessonette an Bothwell auf dem Verhandlungstisch. Maria Stuart muß endgültig erledigt werden.

Unter diesem Druck geben die Lords schließlich nach. Eine kleine Komödie von Widerstand wird noch in letzter Minute gespielt, indem Moray die Briefe nicht selbst auf den Tisch legt, sondern sie nur vorzeigt und sich dann von einem Sekretär »gewaltsam« entreißen läßt. Aber jetzt, Triumph für Elisabeth, liegen sie auf dem Tisch, jetzt werden sie vorgelesen, einmal und am nächsten Tag vor einer verstärkten Kommission zum zweitenmal. Die Lords haben zwar längst ihre Echtheit beschworen mit einem »eik«, aber noch nicht genug und noch nicht genug. Als hätte sie um Jahrhunderte alle Einwände der Ehrenretter Maria Stuarts vorausgeahnt, welche diese Briefe als gefälscht erklären werden, befiehlt Elisabeth, genaue Vergleichung der Handschrift dieser Briefe mit der Handschrift jener, die sie selbst von Maria Stuart empfangen, im Angesicht der ganzen Kommission vorzunehmen. Während dieser Untersuchung verlassen (abermals ein gewichtiges Argument für die Echtheit der

Briefe) die Vertreter Maria Stuarts die Verhandlung und erklären – sehr mit Recht –, Elisabeth habe ihr Wort nicht gehalten, daß nichts »against the honour« Maria Stuarts vorgebracht werden dürfe.

Aber wo gilt noch Recht in diesem rechtswidrigsten aller Prozesse, in dem die Hauptangeklagte nicht erscheinen darf, während ihre Feinde, wie Lennox, frei ihre Anschuldigung äußern können? Kaum haben sich die Vertreter Maria Stuarts entfernt, so fassen die versammelten Kommissare schon einstimmig den »vorläufigen Beschluß«, Elisabeth könne Maria Stuart nicht empfangen, ehe sie sich von all diesen Anklagen gereinigt habe. Elisabeth ist am Ziel. Endlich hat man den Vorwand fabriziert, den sie so notwendig brauchte, die Geflüchtete von sich wegzustoßen; nun wird es nicht schwer sein, auch die Ausflucht zu finden, sie weiterhin »in honourable custody« – eine schöne Umschreibung für »Gefangenschaft« – festzuhalten. Und triumphierend kann einer ihrer Getreuen, der Erzbischof Parker, ausrufen: »Jetzt hält unsere gute Königin den Wolf bei den Ohren!«

Mit dieser »vorläufigen Feststellung« ist in dem öffentlichen Rufmord Maria Stuarts Haupt gebeugt, ihr Nacken entblößt. Jetzt kann wie eine Axt das Urteil niederfahren. Sie kann zur Mörderin erklärt und nach Schottland ausgeliefert werden, und dort kennt John Knox keine Gnade. Aber in diesem Augenblick hebt Elisabeth die Hand, und der mörderische Schlag saust nicht nieder. Immer wenn es eine letzte Entschlossenheit im Guten wie im Bösen gilt, findet diese rätselhafte Frau nicht den rechten Mut. Ist es großmütige Regung der Menschlichkeit, wie sie oft warm in ihr aufflutet, ist es Scham über das gebrochene Königswort, Maria Stuarts Ehre zu wahren? Ist es diplomatische Berechnung oder – wie meist bei dieser unergründlichen Natur – ein Durcheinander widerstreitender Gefühle: jedenfalls, Elisabeth scheut wiederum vor der Gelegenheit zurück, ihre Gegnerin völlig zu erledigen. Statt schnell ein hartes Urteil aussprechen zu lassen, vertagt sie den endgültigen Spruch, um mit Maria Stuart zu verhandeln. Im Grunde möchte Elisabeth nur Ruhe von dieser trotzigen, unnachgiebigen und nicht einzuschüchternden Frau haben, sie will sie nur still bekommen und klein; so legt sie ihr nahe, ehe der letzte Spruch gefaßt wird, Einspruch zu erheben gegen die Dokumente, und unterderhand wird Maria Stuart mitgeteilt, wenn sie gutwillig resigniere, werde man sie freisprechen, und sie könne frei und mit einer Pension in England bleiben. Gleichzeitig schreckt man sie – Zuckerbrot und Peitsche – mit der Nachricht einer öffentlichen Verurteilung, und Knollys, der Vertrauensmann des englischen Hofes, berichtet, er habe sie so sehr mit Drohungen verschreckt, wie es in seinen Kräften stand. Mit ihren beiden Lieblingsmitteln arbeitet Elisabeth wieder zugleich: mit Einschüchterung und mit Verlockung.

Aber Maria Stuart läßt sich nicht einschüchtern und läßt sich nicht mehr locken. Immer muß ihr Gefahr wirklich auf die Haut brennen, damit sie sich zusammenrafft, dann aber wächst mit ihrem Mut ihre Haltung. Sie weigert sich, die Dokumente zu überprüfen. Zu spät erkennt sie die Falle, in die sie geraten, und zieht sich auf ihren alten Standpunkt zurück, daß sie sich nicht gleich zu gleich ihren Untertanen gegenüberstellen lasse. Ihr bloßes Königswort, daß alle diese Anschuldigungen und Dokumente falsch seien, müsse mehr gelten als alle Beweise und Behauptungen. Schroff weist sie den angebotenen Schacher zurück, sich einen Freispruch von einem Gericht, das sie nicht anerkennt, mit ihrer Abdankung zu erkaufen. Und entschlossen wirft sie den Unterhändlern die Worte entgegen, die sie durch ihr Leben und Sterben wahr gemacht: »Kein Wort mehr über die Möglichkeit eines Verzichts auf meine Krone! Ehe ich dem zustimme, bin ich lieber bereit, zu sterben, und die letzten Worte meines Lebens sollen die einer Königin von Schottland sein.«

Die Einschüchterung ist mißglückt, dem halben Mut Elisabeths hat Maria Stuart ihren geschlossenen entgegengesetzt. Wieder beginnt Elisabeth zu zaudern, und trotz Maria Stuarts Unbeugsamkeit wagt man keine offene Verurteilung. Vor den letzten Konsequenzen ihres eigenen Willens schreckt Elisabeth (man wird es immer und immer sehen) jedesmal zurück. Nicht so vernichtend, wie sie es geplant, aber perfid wie der ganze Prozeß fällt das Urteil aus. Am 10. Januar wird feierlich der krumme und lahme Richtspruch verkündet, gegen Moray und seine Anhänger sei nichts vorgebracht worden, was gegen Ehre und Pflicht verstoße. Damit ist die Rebellion der Lords eindeutig gebilligt. Unermeßlich zweideutiger lautet die Ehrenerklärung für Maria Stuart: die Lords hätten ihrerseits die Beschuldigungen gegen die Königin nicht hinreichend belegen können, um der Königin von England irgendeine schlechte Meinung von ihrer Schwester beizubringen. Oberflächlich gelesen, könnte man dies für eine Ehrenrettung halten und den Beweis als nicht geliefert, als nicht gelungen erklärt. Aber der vergiftete Widerhaken steckt in den Worten »been sufficiently«. Damit ist unterlegt, es sei wohl allerhand vorgebracht worden, was höchst verdächtig und belastend sei, nur nichts so »vollständig« Hinreichendes, um eine so gute Königin wie Elisabeth zu überzeugen. Und mehr braucht Cecil nicht für seine Zwecke: jetzt schwebt die Verdächtigung weiter über Maria Stuart, und ein zureichender Grund ist gefunden, die wehrlose Frau weiterhin gefangenzuhalten. Für den Augenblick hat Elisabeth gesiegt.

Aber dieser Sieg ist ein Pyrrhussieg. Denn solange sie Maria Stuart gefangenhält, leben zwei Königinnen innerhalb von England, und solange die eine lebt und die andere, wird das Land keine Ruhe finden. Immer wächst aus Unrecht Unruhe, immer ist, was listig ersonnen war, schlecht getan. Mit dem Tage, da sie Maria Stuart ihrer Freiheit beraubt, nimmt sich Elisabeth ihre eigene Freiheit. Indem sie Maria Stuart wie eine Feindin behandelt, gibt sie ihr das Recht zu jeder Feindseligkeit, ihr Wortbruch berechtigt sie zu jedem Wortbruch, ihre Lüge zu jeder Lüge. Jahre und Jahre wird Elisabeth den Irrtum büßen müssen, nicht ihrem ersten und natürlichsten Instinkt nachgegeben zu haben. Zu spät wird sie erkennen, daß Großmut in diesem Falle auch Klugheit gewesen wäre. Denn wie armselig klein wäre das Leben Maria Stuarts versandet, hätte Elisabeth nach der billigen Zeremonie eines kühlen Empfangs die Bittstellerin aus ihrem Lande entlassen! Denn wohin hätte die verächtlich Entlassene sich noch wenden können? Kein Richter und kein Dichter hätte sich ihrer je mehr angenommen; verfemt durch jene Skandale, gedemütigt durch die Großmut Elisabeths, wäre sie ziellos herumgeirrt von Hof zu Hof; in Schottland hätte ihr Moray den Weg gesperrt, weder Frankreich noch Spanien hätten mit besonderem Respekt die unangenehme Querulantin empfangen. Vielleicht hätte sie sich ihrem Temperament gemäß in neue Liebesaffären verstrickt, vielleicht wäre sie ihrem Bothwell hinüber nach Dänemark gefolgt. Aber ihr Name wäre entweder verschollen geblieben in der Geschichte oder bestenfalls wenig ehrenvoll genannt als der einer Königin, die den Mörder ihres Mannes geheiratet. Von all diesem dunklen und niederen Los hat einzig die Ungerechtigkeit Elisabeths welthistorisch Maria Stuart erlöst. Nur sie hat ihrer Feindin das Schicksal wieder groß gestaltet und, indem sie Maria Stuart zu erniedrigen suchte, in Wahrheit sie erhöht und der schon Gestürzten das Haupt mit dem Nimbus des Märtyrertums umgeben. Keine ihrer eigenen Taten hat Maria Stuart zu solcher legendarischen Figur erhoben wie das unnötig erlittene Unrecht, und keine so sehr Elisabeths moralisches Maß gemindert, als daß sie verabsäumte, in großem Augenblicke wahrhaft großmütig zu sein.

Neunzehntes Kapitel

Die Jahre im Schatten

1569–1584

Nichts ist aussichtsloser zu schildern als Leere, nichts schwerer zu veranschaulichen als Monotonie. Die Gefangenschaft Maria Stuarts ist ein solches Nichtgeschehen, eine solche öde, sternenlose Nacht. Mit dem Urteilsspruch ist der große, der heiße Rhythmus in ihrem Leben endgültig gebrochen. Jahre und Jahre gehen dahin wie im Meere Welle an Welle, bald erregter, bald wieder lässiger und stiller; nie jedoch wird mehr die innerste Tiefe aufgewühlt, kein ganzes Glück fällt der Vereinsamten zu und keine Qual. Ereignislos und darum doppelt unbefriedigend dämmert ihr einst so leidenschaftliches Schicksal dahin, in totem, trägem Trott geht und vergehen das achtundzwanzigste, das neunundzwanzigste, das dreißigste Jahr dieser lebensgierigen jungen Frau. Dann hebt ein neues Jahrzehnt an, gleich leer und lau: das einunddreißigste, das zweiunddreißigste, das dreiunddreißigste, das vierunddreißigste, das fünfunddreißigste, das sechsunddreißigste, das siebenunddreißigste, das achtunddreißigste, das neununddreißigste Jahr – schon die Zahlen nebeneinanderzuschreiben ermüdet. Aber man muß sie nennen, Zahl an Zahl, um die Dauer, die zermürbende und auslaugende Dauer dieser Seelenagonie ahnen zu lassen, denn jedes dieser Jahre hat hunderte Tage und jeder Tag zu viele Stunden, und keine einzige davon ist wirklich beseelt und froh. Dann kommt das vierzigste Jahr, und es ist schon keine junge Frau mehr, welche diese Wende erlebt, sondern eine matte und kranke; lansam schleichen das einundvierzigste, zweiundvierzigste und dreiundvierzigste heran, dann endlich hat der Tod Mitleid statt der Menschen und führt die müde Seele aus der Gefangenschaft. Manches ändert sich in diesen Jahren, aber immer nur Kleinliches und Gleichgültiges. Manchmal ist Maria Stuart gesund, manchmal krank, einmal kommen Hoffnungen und hundertmal Enttäuschungen, bald behandelt man sie etwas härter, bald etwas höflicher, einmal schreibt sie Elisabeth zornige Briefe, dann wieder zärtliche, aber im Grunde bleibt es doch immer nur ein aufreizend korrektes Einerlei, derselbe abgegriffene Rosenkranz von farblosen Stunden, der ihr leer durch die Finger gleitet. Äußerlich wechseln die Kerker, bald hält man die Königin im Schloß von Bolton, bald in jenem von Chatsworth und Sheffield und Tutbury und Wingfield und Fotheringhay gefangen, jedoch nur die Namen sind andere und die Steine und die Wände, eigentlich aber sind alle diese Schlösser ein und dasselbe, denn sie alle verschließen die Freiheit. Boshaft beharrlich kreisen um diesen engen Zirkel in weiten, wandernden Zügen Sterne und Sonne und Mond, es wird Nacht und Tag und Monat und Jahr; Reiche vergehen und erneuern sich, Könige kommen und sinken, Frauen reifen und gebären und welken, hinter der Küste und den Bergen ändert sich unaufhörlich die Welt. Nur dieses eine Leben liegt endlos im Schatten; abgeschnitten von Wurzel und Stamm, trägt es nicht Blüte mehr noch Frucht. Langsam und vom Gift ohnmächtiger Sehnsucht verfressen, verwelkt Maria Stuart die Jugend, vergeht ihr das Leben.

Das Grausamste dieser endlosen Gefangenschaft war paradoxerweise, daß sie äußerlich niemals eine grausame gewesen. Denn gegen grobe Gewalttat kann ein stolzer Sinn sich wehren, an Erniedrigung Erbitterung entzünden, immer wächst eine Seele an wilderem Widerstand. Nur der Leere erliegt sie machtlos und wird matt an ihr;

immer ist die Gummizelle, gegen deren Wände man nicht mit den Fäusten schlagen kann, noch schwerer erträglich als das härteste Verlies. Keine Peitsche, keine Beschimpfung brennt so tief in ein hohes Herz wie Vergewaltigung der Freiheit unter Bücklingen und mit devoten Hoheitsbekräftigungen, kein Hohn höhnt fürchterlicher als jener der formellen Höflichkeit. Gerade aber diese falsche Rücksicht, die nicht dem leidenden Menschen gilt, sondern seinem Rang, wird Maria Stuart beharrlich angetan, immer nur dies respektvolle Umhütetsein, dies verdeckte Umlauertsein, die Ehrengarde der »honourable custody«, die, den Hut in der Hand und mit servil gesenktem Blick, sich ihm an die Fersen heftet. In all diesen Jahren wird nie eine Minute vergessen, daß Maria Stuart Königin ist, man billigt ihr alle und alle wertlosen Bequemlichkeiten, alle kleinen Freiheiten zu, nur nicht die eine, die heiligste, die wichtigste Sache des Lebens: die Freiheit. Elisabeth, ängstlich um ihr Prestige als humane Herrscherin besorgt, ist klug genug, ihre Gegnerin nicht rachsüchtig zu behandeln. Oh, sie sorgt für ihre gute Schwester! Wenn Maria Stuart krank ist, kommen sofort aus London ängstliche Erkundigungen, Elisabeth bietet ihren eigenen Arzt an, ausdrücklich wünscht sie, daß die Mahlzeiten von dem eigenen Gesinde Maria Stuarts bereitet werden. Nein, man soll nicht niederträchtig munkeln dürfen, sie versuche, ihre unbequeme Rivalin durch Gift beiseite zu schaffen, man soll nicht klagen können, sie sperre eine gesalbte Königin in ein Gefängnis: nur dringlich, mit unwiderstehlicher Dringlichkeit hat sie ihre schottische Schwester gebeten, schöne englische Landsitze dauernd zu bewohnen! Gewiß, es wäre bequemer und sicherer für Elisabeth, diese Unnachgiebige im Tower zu verschließen, statt sie so kostspielig auf Schlössern hofhalten zu lassen. Aber welterfahrener als ihre Minister, die immer wieder auf diese grobe Sicherungsmaßnahme drängen, vermeidet

Elisabeth das Odium der Gehässigkeit. Sie besteht darauf: wie eine Königin soll Maria Stuart gehalten werden, aber an einer Schleppe von Ehrfurcht festgehalten und angebunden mit goldenen Ketten. Schweren Herzens bezwingt die fanatisch Sparsame in diesem einen Falle sogar ihren haushälterischen Geiz, sie läßt sich unter Flüchen und Stöhnen ihre unerbetene Gastfreundlichkeit zweiundfünfzig Pfund in der Woche all diese zwanzig Jahre kosten. Und da Maria Stuart außerdem noch die stattliche Pension von zwölfhundert Pfund alljährlich von Frankreich bezieht, braucht sie wahrhaftig nicht zu darben. Wie eine Fürstin kann sie auf diesen Schlössern residieren. Es wird ihr nicht verweigert, den Kronbaldachin in ihrem Empfangsraum aufzustellen, jedem Besucher kann sie sichtbar zeigen: Hier wohnt, wenn auch gefangen, eine Königin. Sie speist ausschließlich auf silbernem Geschirr, die Zimmer werden mit teuren Wachskerzen in silbernen Kandelabern erhellt, türkische Teppiche, damals eine außerordentliche Kostbarkeit, bedeckten die Dielen: so üppig ist der Hausrat, daß jedesmal Dutzende vierspänniger Wagen vonnöten sind, wenn ihr Haushalt aus einem Schloß in das andere übersiedelt wird. Zu ihrer eigenen Bedienung hat Maria Stuart eine ganze Schar von Ehrendamen, Zofen und Kammerfrauen um sich; in der besten Zeit sind es nicht weniger als fünzig Personen, die sie begleiten, ein ganzer Miniaturhofstaat mit Haushofmeistern, Priestern, Ärzten, Sekretären, Zahlmeistern, Kammerdienern, Garderobevorständen, Schneidern, Tapezierern, Küchenmeistern, den die knickerige Landesherrin verzweifelt zu verringern sucht und den Maria Stuart mit erbitterter Zähigkeit verteidigt.

Daß kein grausam-romantisches Kerkergelaß für die gestürzte Herrscherin vorgesehen war, beweist schon von Anfang an die Wahl des Mannes, dem sie zur ständigen Bewachung anvertraut wird. George Talbot, Earl of

Shrewsbury, ist ein wahrhafter Edelmann und Gentleman. Und bis zu diesem Juni 1569, da ihn Elisabeth erwählt, konnte man ihn außerdem einen glücklichen Mann nennen. Große Besitzungen in den nördlichen und mittleren Provinzen, neun Schlösser sind sein eigen, wie ein kleiner Fürst lebt er still auf seinen Gütern im Schatten der Geschichte, abseits von Amt und Würden. Ehrgeiz politischer Art hat diesen reichen Mann nie bedrängt, ernst und zufrieden hat er sein Leben gelebt. Schon ist sein Bart leicht ergraut, schon meint er, ruhen zu dürfen, da lastet ihm plötzlich Elisabeth das widrige Amt auf, ihre ehrgeizige und durch Unrecht verbitterte Rivalin zu überwachen. Sein Vorgänger Knollys atmet hell und frei auf, kaum daß Shrewsbury bestallt und ihm selbst dies gefährliche Geschäft abgenommen wird: »So wahr Gott im Himmel ist, möchte ich lieber jede Strafe erleiden, als diese Beschäftigung weiterführen.« Denn es ist ein undankbares Amt, diese »honourable custody«, deren Rechte und Grenzen höchst ungenau umschrieben sind, und das Zwiefarbene solcher Bestallung erfordert unermeßlichen Takt. Einerseits ist Maria Stuart Königin und dann wieder nicht Königin, sie ist dem Worte nach Gast und dem Wesen nach doch Gefangene. So muß Shrewsbury ihr als Gentleman alle Hausherrnhöflichkeiten erweisen und als Vertrauensmann Elisabeths gleichzeitig behutsam wieder jede Freiheit einschränken. Er ist ihr Vorgesetzter und darf doch nur gebeugten Knies vor die Königin treten, er muß streng sein, aber unter der Maske der Unterwürfigkeit, er soll seinen Gast bewirten und doch ständig bewachen. Diese an sich schon wirre Lage verschärft überdies noch seine Frau, die bereits drei Männer begraben hat und nun den vierten durch ihre unablässigen Zuträgereien zur Verzweiflung bringt, weil sie bald für, bald gegen Elisabeth, bald für, bald gegen Maria Stuart intrigiert. Kein leichtes Leben hat der biedere Mann zwischen den drei aufgeregten Frauen, einer untertan, der zweiten verbunden, an die dritte mit zwingenden unsichtbaren Strängen gekettet: eigentlich ist der arme Shrewsbury all diese fünfzehn Jahre nicht der Hüter, sondern der Mitgefangene Maria Stuarts gewesen, und auch an ihm erfüllt sich der heimliche Fluch, daß diese Frau jedem Unglück bereitet, dem sie auf ihrem tragischen Wege begegnet.

Wie verbringt Maria Stuart all diese leeren, sinnlosen Jahre? Anscheinend ganz still und gemächlich. Von außen gesehen, unterscheidet sich ihr Tagwerk in nichts von dem anderer vornehmer Edelfrauen, die jahraus, jahrein auf ihrem feudalen Landsitz leben. Wenn sie sich gesund fühlt, reitet sie aus zur geliebten Jagd, freilich umgeben von jenem ominösen »Ehrengeleite«, oder sie sucht mit Ballspiel und anderem Sport dem schon etwas ermüdeten Körper die Frische zu bewahren. An Geselligkeit fehlt es nicht, oft kommen Gäste von den nachbarlichen Schlössern, der interessanten Gefangenen ihre Reverenz zu erweisen, denn – nie darf man diese Tatsache außer acht lassen – diese Frau ist, wenn auch machtlos zur Zeit, doch immerhin nach Fug und Recht die nächste Thronanwärterin, und wenn Elisabeth etwas Menschliches zustößt, kann sie morgen Herrscherin an ihrer Stelle sein. Darum halten die Klugen und Weitdenkenden, vor allem der ständige Hüter Shrewsbury, sehr darauf, mit ihr in bestem Einvernehmen zu bleiben. Selbst die Günstlinge, die intimsten Freunde Elisabeths, Hatton und Leicester, senden, nur um einen Stein im Brett zu behalten, hinter dem Rücken ihrer Gönnerin Briefe und Grüße an deren erbittertste Gegnerin und Rivalin: wer weiß, ob man nicht schon morgen vor ihr das Knie zu beugen und Pfründen zu erbetteln hat. So erfährt, obwohl in ihrem ländlichen Kreis eingeschlossen, Maria Stuart in allen Einzelheiten immer alles, was bei Hofe und in der großen Welt geschieht. Lady Shrewsbury erzählt ihr sogar mancherlei Intimes von Elisabeth, was sie klüger täte zu verschweigen, und auf vielen unterirdischen Wegen kommt der Gefangenen ständig Ermutigung zu. Nicht als enge, dunkle Kerkerzelle darf man sich also Maria Stuarts Exil vorstellen, nicht als völlige Verlassenheit. An winterlichen Abenden wird Musik gemacht: freilich nicht mehr wie zu Zeiten Chastelards dichten junge Poeten zärtliche Madrigale, und endgültig vorbei sind die galanten Maskenspiele von Holyrood, für Liebe und Leidenschaft hat dies ungeduldige Herz keinen Raum mehr – die Zeit der Abenteuer ebbt mit der Jugend still dahin. Von den schwärmerischen Freunden ist nur der kleine Page William Douglas, der Retter von Lochleven, noch geblieben, und von allen Männern ihres Hofstaates – ach, es sind nicht Bothwells und Rizzios mehr – beschäftigt sie am meisten den Arzt. Denn Maria Stuart ist oft krank, sie leidet an Rheumatismus und an einem merkwürdigen Schmerz in der Seite. Oft sind ihre Beine so geschwollen, daß sie sich kaum bewegen kann, sie muß in heißen Quellen Linderung suchen, und durch den Mangel an erfrischender Bewegung wird ihr einst so zarter, schlanker Körper allmählich schlaff und korpulent. Nur ganz selten noch spannt sich der Wille zum alten kraftvollen Schwung, vorüber sind für immer die zwölfstündigen heißen Galoppaden durch das schottische Land, vorbei die heiteren Lustfahrten von Schloß zu Schloß. Je länger die Abschließung dauert, desto mehr sucht die Gefangene Freude an häuslichen Beschäftigungen. Stundenlang sitzt sie, in Schwarz wie eine Nonne gekleidet, am Stickrahmen und fertigt mit ihrer feinen, noch immer schönen weißen Hand jene wunderbaren golddurchwirkten Gewebe an, von denen man Proben noch heute bewundern kann, oder sie liest still in ihren geliebten Büchern. Kein einziges Abenteuer wird aus den fast zwanzig Jahren berichtet; seit die starke Zärtlichkeit ihres Wesens sich nicht mehr an einen Bothwell, an einen geliebten Mann verschwenden kann, geht sie milder und gedämpfter nun jenen Wesen entgegen, die niemals enttäuschen, den Tieren. Maria Stuart läßt sich aus Frankreich die sanftesten und klügsten aller Hunde, Spaniels und Wachtelhunde, schicken, ständig hält sie sich Singvögel und einen Taubenschlag, sie betreut selber die Blumen im Garten und sorgt für die Frauen ihres Gesindes. Wer sie nur flüchtig beobachtete, nur zu Gast käme und nicht in die Tiefe blickte, könnte meinen, jener wilde Ehrgeiz, der einst die Welt erschütterte, sei völlig in ihr erstorben, alles irdische Begehren erschlafft. Denn oft und öfter geht im wallenden Witwenschleier die langsam hinalternde Frau zur Messe, oft kniet sie vor dem Gebetstuhl in ihrer Kapelle, und nur manchmal, sehr selten, schreibt sie noch Verse in ihr Gebetbuch oder auf ein leeres Blatt. Aber nun sind es nicht mehr heiße Sonette, sondern Verse frommer Ergebenheit oder melancholischer Resignation, wie etwa:

»Que suisie helas et quoy sert ma vie
Ien suis fors qun corps priue de cueur
Un ombre vayn un obiect de malheur
Qui na plus rien que de mourir en uie . . .«

Immer mehr hat es den Anschein, als habe die Vielgeprüfte alle Gedanken an irdische Macht überwunden, als warte sie, fromm und ausgeglichen, nur mehr auf den Friedensbringer, den Tod.

Aber man täusche sich nicht: all dies ist nur Schein und Maskenspiel. In Wirklichkeit lebt diese stolze Frau, diese feurige Fürstin, nur von einem und für einen Gedanken, ihre Freiheit, ihre Herrschaft wiederzuerlangen. Maria Stuart denkt nicht eine Sekunde lang ernstlich daran, sich feige mit ihrem Lose abzufinden. All dies Am-Stickrahmen-Sitzen und Lesen und Plaudern und lässige Träumen verdeckt nur ihre wahre, ihre tägliche Tätigkeit: das Konspirieren. Unablässig vom ersten bis zum letzten Tage ihrer Gefangenschaft komplottiert und diplomatisiert Maria Stuart, überall verwandelt sich ihr Zimmer in eine politische Geheimkanzlei. Fieberhaft wird dort Tag und Nacht gearbeitet. Hinter verschlossenen Türen entwirft Maria Stuart mit ihren beiden Sekretären eigenhändig geheime Weisungen an die französischen, spanischen und päpstlichen Gesandten, an ihre schottischen Anhänger und nach den Niederlanden, zur Vorsicht freilich sendet sie gleichzeitig beschwörende oder beruhigende, demütige oder aufbegehrende Schreiben an Elisabeth, die jene längst nicht mehr beantwortet. Unablässig gehen die Boten in hundert Verkleidungen herüber und hinüber nach Paris und Madrid, Erkennungsworte werden vereinbart, ganze Chiffrensysteme ausgearbeitet und allmonatlich gewechselt, ein regelrechter überseeischer Postverkehr mit allen Feinden Elisabeths ist Tag für Tag im Gange. Der ganze Hausstand – und dies weiß Cecil und sucht daher ständig die Zahl ihrer Getreuen zu verringern – arbeitet wie ein Generalstab an dem ewigen Befreiungsmanöver, ununterbrochen empfängt oder macht die fünfzigköpfige Dienerschaft Besuche in den nächsten Dörfern, um Nachrichten zu holen oder weiterzubringen, die ganze Bevölkerung empfängt unter dem Vorwand von Almosen regelmäßige Bestechungen, und dank dieser raffinierten Organisation reicht der diplomatische Stafettendienst bis Madrid und Rom. Die Briefe werden bald in die Wäsche geschmuggelt, bald in Büchern, in ausgehöhlten Stöcken oder unter dem Deckel von Schmuckkassetten verborgen, manchmal auch hinter dem Quecksilber von Spiegeln. Immer andere Listen werden ersonnen, Shrewsbury zu hintergehen, bald Sohlen von Schuhen auseinandergeschnitten, um darin mit unsichtbarer Tinte geschriebene Botschaften einzupressen, dann wieder besondere Perücken angefertigt, in die man Papierröllchen eindreht. In den Büchern, die sich Maria Stuart aus Paris oder London schicken läßt, sind nach einem bestimmten Code einzelne Buchstaben unterstrichen, die zusammengesetzt einen Sinn ergeben, die allerwichtigsten Dokumente aber näht sich ihr Beichtvater in seine Stola ein. Maria Stuart, die schon in ihrer Jugend gelernt hat, Chiffren zu schreiben und zu entziffern, leitet selbst alle Haupt- und Staatsaktionen, und dieses aufreizende Spiel, Elisabeths Befehle zuschanden zu machen, spannt ihre geistigen Kräfte herrlich an, es ersetzt ihr Sport und jede andere Erregung. Mit ihrer ganzen Feurigkeit und Unbesonnenheit wirft sie sich in dies Diplomatisieren und Konspirieren, und in manchen Stunden, da von Paris, von Rom, von Madrid Botschaften und Versprechungen auf immer neuen Wegen in ihr verschlossenes Zimmer kommen, kann sich die Erniedrigte wieder als wirkliche Macht, sogar als Mittelpunkt des europäischen Interesses empfinden. Und gerade daß Elisabeth von ihrer Gefährlichkeit weiß und sie doch nicht beugen kann, daß sie trotz aller Hüter und Wächter von ihrem Zimmer aus Feldzüge leitet und am Schicksal der Welt mitformt, ist vielleicht die einzige Lust gewesen, die in jenen langen, leeren Jahren Maria Stuarts Seele so großartig aufrecht erhalten hat.

Wunderbar ist diese unerschütterliche Energie, diese Kraft in den Ketten, aber tragisch doch zugleich durch ihre Vergeblichkeit. Denn was immer Maria Stuart sinnt und unternimmt, ist glücklos getan. Alle die vielen Verschwörungen und Komplotte, die sie ohne Unterlaß anstiftet, sind von vornherein zum Scheitern bestimmt. Die Partie ist zu ungleich. Immer bleibt gegen eine geschlossene Organisation der einzelne der Schwächere;

Maria Stuart arbeitet allein, hinter Elisabeth aber ein ganzer Staat mit Kanzlern, Ratgebern, Polizeimeistern, Soldaten und Spionen, und aus einer Staatskanzlei kann man besser kämpfen als aus einem Gefängnis. Unbeschränkt stehen Cecil Geld und Abwehrmittel zur Verfügung, er kann mit freien und vollen Händen seine Maßnahmen treffen und mit tausend Späheraugen diese einzelne, unerfahrene Frau überwachen. Beinahe über jeden der drei Millionen, die damals England bewohnten, weiß die Polizei jede Einzelheit, und jeder Fremde, der an der englischen Küste landet, wird untersucht und beobachtet: in die Gasthäuser, in die Gefängnisse, auf die Schiffe werden Auskundschafter geschickt, Spione jedem Verdächtigen an die Fersen geheftet, und wo diese Mittel niederen Ranges versagen, setzt sofort das schärfste ein: die Folter. Bald offenbart sich die Überlegenheit der kollektiven Gewalt. Einer nach dem andern von Maria Stuarts aufopferungsvollen Freunden wird im Laufe der Jahre in die finsteren Kerkerzellen des Tower geschleppt, und mit dem Streckseil werden ihm das Geständnis und die Namen der übrigen Teilnehmer abgezwungen, ein Komplott nach dem andern wird mit der Marterzange grob zermalmt. Selbst wenn es ab und zu Maria Stuart gelingt, über die Gesandtschaften ihre Briefe und Vorschläge ins Ausland zu schmuggeln, wie viele Wochen dauert es dann immer, ehe ein solcher Brief bis nach Rom gelangt oder nach Madrid, wie viele Wochen, bis man sich dort in den Staatskanzleien entschließt, ihn zu beantworten, und wie viele Wochen wieder, bis diese Antwort zurückgelangt! Und wie lässig ist dann die Hilfe, wie unerträglich lau für das heiße, ungeduldige Herz, das schon Armeen und Armadas zu seiner Befreiung erwartet! Immer ist der Gefangene, immer der Einsame, der sich Tag und Nacht mit dem eigenen Schicksal beschäftigt, geneigt zu meinen, auch die andern in der freien und tätigen Welt beschäftigen sich ausschließlich nur mit ihm. Vergebens darum, daß Maria Stuart immer wieder ihre Befreiung als die notwendigste Tat der Gegenreformation, als die erste und wichtigste Rettungsaktion der katholischen Kirche hinstellt: die andern rechnen und knausern und werden untereinander nicht einig. Die Armada wird nicht gerüstet, ihr Hauptheifer, Philipp II. von Spanien, betet viel, aber wagt wenig. Er denkt nicht daran, einen ungewissen Krieg für die Gefangene zu erklären, ab und zu senden er oder der Papst etwas Geld herüber, um ein paar Abenteurer zu kaufen, die Aufstände und Attentate inszenieren sollen. Aber was für klägliche Komplotte werden das immer, wie schlecht gewoben und wie bald an die wachsamen Spione Walsinghams verraten! Und nur ein paar verstümmelte, gemarterte Körper auf der Richtstatt von Tower Hill erinnern von Zeit zu Zeit immer wieder das Volk, daß irgendwo auf einem Schlosse noch eine gefangene Frau lebt, die hartnäckig den Anspruch erhebt, die eigentlich rechtmäßige Königin von England zu sein, und für deren Recht immer wieder Narren und Helden ihr Leben wagen.

Daß all dieses unablässige Komplottieren und Konspirieren Maria Stuart schließlich ins Verderben reißen müsse, daß sie, die ewig Verwegene, verlorenes Spiel beginnt, wenn sie allein aus einem Kerker der mächtigsten Königin der Erde Kampf ansagt, war längst jedem ihrer Zeitgenossen klar. Schon 1572, nach der Ridolfi-Verschwörung, äußert ihr Schwager Karl IX. ärgerlich: »Die arme Närrin wird nicht früher Ruhe geben, bis sie ihren Kopf verliert. Sie werden sie wirklich hinrichten. Aber ich sehe, es ist ihre eigene Schuld und Narrheit, ich weiß kein Hilfsmittel dagegen.« Das ist ein hartes Wort eines Mannes, der selber nur vom sicheren Fenster in der Bartholomäusnacht auf wehrlos Flüchtende loszuknallen wagte und von wirklich heldischer Gesinnung sehr wenig wußte.

Aber zweifellos hat im Sinne rechnerischer Vernunft Maria Stuart töricht gehandelt, wenn sie nicht den bequemeren, aber feigeren Weg des Kapitulierens wählte, sondern lieber das Aussichtslose entschlossen wagte. Vielleicht hätte wirklich ein rechtzeitiger Verzicht auf ihre Kronrechte sie aus ihrer Gefangenschaft befreit, und wahrscheinlich hatte sie alle diese Jahre den Riegel ihres Kerkers selbst in der Hand. Sie brauchte sich nur zu demütigen, nur feierlich und freiwillig all ihren Ansprüchen auf den schottischen, auf den englischen Thron zu entsagen, und England hätte sie erleichtert freigegeben. Mehrmals versucht Elisabeth – keineswegs aus Großmut, sondern aus Angst, weil die anklagende Gegenwart dieser gefährlichen Gefangenen wie ein Alp auf ihrem Gewissen lastet – ihr goldene Brücken zu bauen, immer und immer wieder verhandelt man und bietet ihr billige Vergleiche. Aber Maria Stuart bleibt lieber eine gekrönte Gefangene als Königin ohne Krone, und Knollys hat ihr bis in die Seele gesehen, als er gleich in den ersten Tagen ihrer Gefangenschaft von ihr sagte, sie habe Mut genug, um auszuharren, solange ihr noch ein Fußbreit Hoffnung gelassen würde. Denn das eine hat ihr hoher Sinn begriffen, welch kleine und erbärmliche Freiheit als abgedankte Herrscherin sie in irgendeinem schmählichen Winkel erwartete, und daß ihr einzig die Erniedrigung eine neue Größe in der Geschichte schaffen kann. Tausendmal stärker als an ihren Kerker fühlte sie sich an ihr eigenes Wort gebunden, sie würde nie abdanken, und noch ihre letzten Worte würden die einer Königin von Schottland sein.

Hart ist hier die Grenze, die Tollheit von Tollkühnheit scheidet, denn immer ist das Heldische das Törichte zugleich. Sancho Pansa ist immer im Sachlichen klüger als Don Quixote, ein Thersites im Sinne der Ratio besonnener als Achill; aber Hamlets Wort, auch für einen Strohhalm zu kämpfen, wenn es die Ehre gilt, ist allezeit die Goldprobe einer heldischen Natur. Gewiß war Maria Stuarts Widerstand ein beinahe aussichtsloser gegen eine so ungeheure Überlegenheit, und doch täte man unrecht, ihn einen sinnlosen zu nennen, weil er ein erfolgloser blieb. Denn in all diesen Jahren, und sogar stärker von Jahr zu Jahr, verkörpert diese scheinbar machtlose, einsame Frau eben durch ihren Trotz eine ungeheure Gewalt, und gerade weil sie an ihren Ketten rüttelte, hat in manchen Stunden ganz England gebebt und Elisabeths Herz gezittert. Immer sieht man historische Geschehnisse aus falschem Winkel, sobald man sie vom bequemen Standpunkt der Nachwelt beurteilt, die zugleich die Ergebnisse mit übersieht; späterhin ist es allzu leicht, einen Besiegten töricht zu nennen, weil er gefährlichen Kampf gewagt. In Wahrheit stand aber durch fast zwanzig Jahre die Entscheidung zwischen diesen beiden Frauen ständig auf der Schneide. Manche der Verschwörungen, die angestiftet wurden, um Maria Stuart zur Krone zu bringen, hätten mit etwas mehr Glück und Geschick für Elisabeth tatsächlich zur Lebensgefahr werden können, zwei- oder dreimal ist der Stoß wirklich nur um Haaresbreite an ihr vorübergegangen. Erst schlägt Northumberland mit den katholischen Adeligen los, der ganze Norden steht in Aufruhr, und nur mit Mühe wird Elisabeth Herrin der Lage. Dann beginnt, noch bedeutend gefährlicher, die Intrige Norfolks. Die besten Edelleute Englands, darunter sogar Elisabeths nächste Freunde, wie Leicester, unterstützen seinen Plan, die schottische Königin zu heiraten, die ihm bereits, um ihn anzuspornen – was täte sie nicht für ihren Triumph? – die zärtlichsten Liebesbriefe schreibt. Schon sind durch Vermittlung des Florentiners Ridofi spanische und französische Truppen zur Landung bereit, und wäre dieser Norfolk – er hatte es schon vordem durch sein feiges Ableugnen bewiesen – nicht ein Schwächling, spielte nicht auch sonst feindselig Zufall, Wind, Wetter, Meer und Verrat dem Vorhaben entgegen, das Blatt hätte sich gewendet, die Rollen wären getauscht und Maria Stuart residierte in Westminster und Elisabeth läge im Tower oder in ihrem Sarg. Aber auch das Blut Norfolks, das Schicksal Northumberlands und all der anderen, die in diesen Jahren ihr Haupt für Maria Stuart auf den Block legten, schrecken einen letzten Freier nicht ab. Noch einmal ersteht ein Werber um ihre Hand, Don Juan d'Austria, der uneheliche Sohn Karls V., der Stiefbruder Philipps II., der Sieger von Lepanto, das Vorbild freien Rittertums, der erste Krieger der Christenheit: Von der spanischen Krone ausgeschlossen durch seine uneheliche Geburt, sucht er zuerst ein eigenes Königreich in Tunis zu gründen, da winkt ihm die andere Krone von Schottland herüber mit der dargebotenen Hand der Gefangenen. Schon rüstet er in den Niederlanden eine Armee, schon sind alle Pläne bereit, sie zu befreien, sie zu retten, da – ewiges Mißgeschick Maria Stuarts mit all ihren Helfern – wirft ihn eine tückische Krankheit nieder, und er stirbt einen frühen Tod. Keinem, der um Maria Stuart warb oder ihr diente, hat Glück über dem Wege geleuchtet.

Denn dies war im letzten, wenn wir klar und wahr sehen wollen, die wirkliche Entscheidung zwischen Elisabeth und Maria Stuart: Elisabeth blieb in all diesen Jahren das Glück treu und Maria Stuart das Unglük. Kraft an Kraft gemessen, Gestalt an Gestalt, sind die beiden einander beinahe gleich. Aber anders stehen für sie die Sterne. Was Maria Stuart als Gestürzte, als einmal von ihrem Glück Verlassene, aus ihrem Gefängnis unternimmt, mißlingt. Die Flotten, die gegen England gesandt werden, zerschellen im Sturm, ihre Boten verlieren den Weg, ihre Freier sterben dahin, ihre Freunde zeigen in entscheidender Minute keine Seelenkraft, und wer ihr helfen will, arbeitet eigentlich mit dem Untergang.

Erschütternd wahr ist darum Norfolks Wort auf dem Schafott: »Nichts, was von ihr oder für sie begonnen wird, geht jemals günstig aus.« Denn ein finsterer Mond blickt seit dem Tage, da sie Bothwell begegnet, auf jeden ihrer Schritte. Wer sie liebt, der geht zugrunde, wen sie liebt, der erntet Bitternis. Wer ihr wohlwill, der bringt ihr Schaden, wer ihr dient, dient seinem eigenen Tod. Wie der schwarze Magnetberg des Märchens die Schiffe an sich zieht, so zwingt sie verderblich Schicksale in ihr Schicksal; allmählich umhüllt ihren Namen schon die finstere Legende der Todesmagie. Aber je aussichtsloser ihre Sache, um so leidenschaftlicher ihre Kraft. Statt sie zu beugen, strafft die lange und trübe Gefangenschaft ihre Seele nur zu stärkerem Trotz. Und aus eigenem Willen, und obwohl des Vergeblichen bewußt, fordert sie die letzte, die endgültige Entscheidung selber heraus.

Zwanzigstes Kapitel

Die letzte Runde

1584–1585

Die Jahre fließen und fließen, Wochen, Monate, Jahre gehen wie Wolken über dies einsame Leben hinweg, scheinbar ohne es zu berühren. Aber unmerklich verwandelt die Zeit den Menschen und um ihn die Welt. Das vierzigste Jahr ist gekommen, Jahr der Wende im Leben einer Frau, und immer noch ist Maria Stuart gefangen, noch immer nicht frei. Leise schon streift sie das Alter an, der Scheitel wird grau, der Körper voller, korpulenter, die Züge ruhiger und matronenhafter, eine gewisse Schwermut beginnt sich ihrem Wesen aufzuprägen, die sich am liebsten ins Religiöse löst. Bald wird, die Frau muß es tiefinnen fühlen, die Zeit der Liebe, die Zeit des Lebens unwiederbringlich vorbei sein: was sich jetzt nicht erfüllt, wird sich nie erfüllen, der Abend ist gekommen, bereits dunkelt die nahe Nacht. Schon lange hat sich kein Werber genaht, vielleicht kommt nie mehr einer: noch kurze Zeit, und das Leben ist endgültig versäumt. Hat es da wirklich noch Sinn, zu warten und zu warten auf das Wunder der Befreiung, auf die Hilfe der nachlässig zögernden Welt? Stärker und stärker hat man in diesen späteren Jahren das Gefühl, als sei die Vielgeprüfte innerlich schon des Kampfes satt und langsam bereit zu Vergleich und Verzicht. Häufiger und häufiger kommen Stunden, da sie sich fragt, ob es nicht töricht sei, so nutzlos, so ungeliebt hinzusiechen wie eine Blume im Schatten, ob sie nicht lieber die Freiheit erkaufen solle, indem sie die Krone freiwillig ablegte von dem langsam ergrauenden Haar. Im vierzigsten Jahr beginnt Maria Stuart dieses schweren, dieses leeren Lebens immer müder zu werden, allmählich lokkert sich der wilde Machtwille in eine milde, mystische Todessehnsucht; in solcher Stunde wohl schreibt sie, halb Klage, halb Gebet, die erschütternden lateinischen Zeilen auf ein Blatt:

»O Domine Deus! speravi in Te
O care mi Jesu! nunc libera me.
In dura catena, in misera poena, desidero Te;
Languendo, gemendo et genu flectendo
Adoro, imploro, ut liberes me.«

Da die Befreier zagen und zögern, wendet sie den Blick dem Erlöser zu. Lieber sterben, nur nicht weiter diese Leere, diese Ungewißheit, dies Warten und Warten und Hoffen und Sehnen und Immer-wieder-enttäuscht-Sein. Nur endlich ein Ende im Guten oder im Bösen, durch Triumph oder durch Verzicht! Unaufhaltsam nähert sich der Kampf seinem Ende, weil Maria Stuart mit aller Kraft ihrer Seele dieses Ende will.

Je länger dieses furchtbare, dieses tückische und grauenhafte, dieses großartige und zähe Ringen dauert, um so schroffer stehen sich nun die beiden alten Gegnerinnen gegenüber, Maria Stuart und Elisabeth. Elisabeth hat Erfolg über Erfolg in ihrer Politik. Mit Frankreich ist sie versöhnt, Spanien wagt noch immer nicht den Krieg, gegen alle Unzufriedenen hat sie die Oberhand behalten. Nur ein Feind, ein tödlich gefährlicher, lebt noch aufrecht in diesem Lande, diese eine besiegte und doch unbesiegbare Frau. Erst wenn sie diese eine, diese letzte beseitigt hat, ist sie wahrhaft Siegerin. Aber auch Maria Stuart ist niemand anderer verblieben für ihren Haß als Elisabeth. Noch einmal, in einer wilden Stunde der Verzweiflung, hat sie sich an ihre Verwandte, an ihre Schicksalsschwester gewandt und mit hinreißender Leidenschaft ihre

Menschlichkeit angerufen. »Ich kann es nicht länger ertragen, Madame«, hatte sie aufgeschrien in diesem großartigen Schreiben, »und sterbend muß ich die Schuldigen an meinem Hinsiechen namhaft machen. Den niedrigsten Verbrechern in Ihren Gefängnissen ist es verstattet, zu ihrer Rechtfertigung gehört zu werden, und man nennt ihnen ihre Anschuldiger und Ankläger. Warum wird dieses Recht gerade mir verweigert, einer Königin, Ihrer nächsten Verwandten und rechtmäßigen Erbin? Ich glaube, ebendieser letzte Anspruch ist bisher die wahre Ursache von seiten meiner Feinde gewesen ... Aber sie haben, ach, wenig Grund und gar keine Nötigung mehr, mich weiterhin aus diesem Grunde zu quälen. Denn ich schwöre bei meiner Ehre, daß ich kein anderes Königreich mehr erhoffe als das Königreich Gottes, für das ich innerlich bereit bin, weil es das beste Ende all meiner Nöte und Qualen ist.« Zum letztenmal, in aller Inbrunst der innersten Wahrhaftigkeit, hatte sie Elisabeth beschworen, sie doch aus ihrer Haft zu entlassen: »Bei der Ehre und dem schmerzlichen Leiden unseres Heilands und Erlösers rufe ich Sie noch einmal an, mir zu erlauben, aus diesem Königreich mich an irgendeine ruhige Stätte zurückzuziehen, ein wenig Rast für meinen abgemüdeten Leib zu suchen, der ganz erschöpft ist von dem unaufhörlichen Kummer, und mir zu ermöglichen, meine Seele für Gott bereitzumachen, der mich schon täglich zu sich ruft ... Gewähren Sie mir diese Gunst, bevor ich sterbe, damit meine Seele, sobald aller Zwist zwischen uns beschwichtigt ist, nicht, gelöst vom Leibe, gezwungen sei, ihre Klagen vor Gott zu tragen und Sie anzuschuldigen für das Böse, das ich hier auf Erden durch Sie erlitten habe.« Aber auf diesen erschütternden Anruf war Elisabeth stumm geblieben, sie hat sich nicht zu einem einzigen ermutigenden Wort bereit gefunden. Nun krampft auch Maria Stuart die Lippen zusammen und die Fäuste. Nur ein Gefühl kennt sie jetzt mehr, Haß, kalten und heißen, zähen und brennenden Haß gegen diese eine Frau, und dieser Haß zielt um so schärfer und tödlicher von nun ab dieser einen und einzigen entgegen, weil alle ihre anderen Feinde und Gegner dahingegangen sind; alle haben sie einander selber gefällt. Als ob die geheimnisvolle Todesdämonie, die von Maria Stuart ausgeht, jeden erreichend, der sie haßt oder der sie liebt, sich sichtbar dartun wollte, sind alle, die ihr anhingen oder die sie befeindeten, die für sie kämpften oder gegen sie kämpften, ihr vorangegangen. Alle, die sie angeklagt in York, Moray und Maitland, sind gewaltsamen Todes gestorben, alle, die sie richten sollten in York, Northumberland und Norfolk, haben ihr Haupt auf den Block gelegt, alle, die erst gegen Darnley sich verschworen und dann gegen Bothwell, haben sich gegenseitig aus dem Weg geräumt, alle die Verräter von Kirk o'Field und Carberry und Langside haben sich selbst verraten. Alle diese trotzigen Lords und Earls von Schottland, die ganze wilde, gefährliche, machtgierige Rotte, haben einer den andern erschlagen. Die Walstatt ist leer. Niemand ist mehr auf Erden, den sie noch zu hassen hat, als diese eine, Elisabeth. Das riesige Völkerringen von zwei Jahrzehnten ist zum Zweikampf geworden. Und in diesem Kampf von Frau gegen Frau gibt es kein Verhandeln mehr, nun geht es um Leben oder Tod.

Für diesen letzten Kampf, den Kampf bis aufs Messer, braucht Maria Stuart noch eine letzte Energie. Noch eine, die letzte Hoffnung muß ihr entrissen werden. Noch einmal und im tiefsten muß sie gekränkt werden, um sich zusammenzufassen zu äußerster Kraft. Denn immer findet Maria Stuart ihren großartigen Mut, ihre unbändige Entschlossenheit erst, wenn alles verloren ist oder verloren scheint. Immer wird sie erst heldisch mit dem Aussichtslosen.

Diese letzte Hoffnung, die Maria Stuart noch aus der

Seele gerissen werden muß, ist die Hoffnung auf eine Verständigung mit ihrem Sohne. Denn in all den leeren, den gräßlich ereignislosen Jahren, da sie nur wartet und die Stunden dumpf um sich rieseln fühlt wie Sand von bröckelndem Gemäuer, in dieser endlosen Zeit, von der sie müde wird und alt, wächst ein Kind heran, das Kind ihres Bluts. Als einen Säugling hat sie James VI. verlassen, da sie von Stirling wegritt, da Bothwell vor den Toren Edinburghs sie mit seinen Reitern umringte und mitführte in ihr Verhängnis; in diesen zehn, in diesen fünfzehn, in diesen siebzehn Jahren ist seitdem das dumpfe Wesen ein Kind geworden, ein Knabe, ein Jüngling und beinahe ein Mann. In seinem Blut trägt James VI. manche Eigenschaften seiner Eltern, aber sehr vermengt und verschattet, ein Kind von sonderbarem Wesen, mit plumper, stammelnder Zunge, einem schweren, wuchtigen Leib und einer scheuen, ängstlichen Seele. Auf den ersten Eindruck scheint der Knabe abnorm. Er zieht sich zurück von jeder Geselligkeit, er erschrickt vor jedem offenen Messer, er fürchtet sich vor Hunden, seine Manieren sind linkisch und roh. Nichts von der Feinheit, der natürlichen Anmut seiner Mutter ist vorerst an ihm wahrzunehmen, er hat keinerlei musische Anlagen, er liebt nicht Musik, nicht Tanz, er hat auch nicht Eignung zu gefälliger und leichter Konversation. Aber er lernt ausgezeichnet Sprachen, hat ein gutes Gedächtnis und sogar eine gewisse Klugheit und Zähigkeit, sobald es seinen persönlichen Vorteil gilt. Verhängnisvoller dagegen belastet seinen Charakter die unedle Natur seines Vaters. Von Darnley erbt er die Seelenschwächlichkeit, die Unehrlichkeit und Unverläßlichkeit. »Was soll man von einem solchen doppelzüngigen Burschen erwarten«, tobt einmal Elisabeth; wie Darnley unterliegt er vollkommen jedem überlegenen Willen. Jede Generosität des Herzens ist diesem unfrohen Egoisten völlig fremd, ein kalter äußerlicher Ehrgeiz bestimmt allein seine Entschlüsse, und seine frostige Stellung zu seiner Mutter kann man nur begreifen, wenn man sie völlig jenseits aller Sentimentalität und Pietät betrachtet. Aufgezogen von den erbittertsten Feinden Maria Stuarts, in Latein unterrichtet von George Buchanan, dem Manne, der die »Detectio«, das berüchtigte Mordpamphlet, gegen seine Mutter verfaßte, hat er von dieser im Nachbarland gefangenen Frau wohl kaum etwas anderes gehört, als daß sie geholfen, seinen Vater beiseite zu schaffen, und daß sie ihm, dem gekrönten König, sein Kronrecht bestreitet. Von Anfang an war ihm eingehämmert worden, seine Mutter als eine Fremde anzusehen, als ein Hemmnis, das seiner Machtlust ärgerlich im Wege stehe. Und selbst wenn ein kindliches Gefühl sich in James VI. gesehnt hätte, endlich einmal die Frau zu sehen, die ihm das Leben geschenkt, die Wachsamkeit der englischen und schottischen Wächter hätte jede Annäherung zwischen den beiden Gefangenen verhindert – Maria Stuart, die Gefangene Elisabeths, James VI., der Gefangene der Lords und des jeweiligen Regenten. Hie und da, aber sehr selten in den vielen Jahren, geht ein Brief herüber und hinüber. Maria Stuart sendet Geschenke, Spielzeug und einmal einen kleinen Affen, aber die meisten ihrer Briefschaften und Botschaften werden nicht angenommen, weil sie in ihrem Trotz sich nicht entschließen kann, ihrem eigenen Sohn den Titel des Königs zu geben, und die Lords alle Briefe, die James VI. bloß als Prinzen ansprechen, als beleidigend zurückweisen. Über eine laue, über eine formale Beziehung kommen Mutter und Kind nicht hinaus, solange bei ihm und bei ihr die Machtlust gebieterischer spricht als die Stimme des Blutes, solange sie darauf besteht, als die alleinige Königin von Schottland zu gelten, und er wiederum, als der alleinige König.

Eine Annäherung vermag erst zu beginnen, sobald

Maria Stuart nicht mehr darauf besteht, die Krönung ihres Sohnes durch die Lords als eine ungültige zu betrachten, und bereit ist, ihm ein gewisses Recht auf die Krone einzuräumen. Selbstverständlich wird sie auch jetzt noch nicht daran denken, ihren Titel als Königin preiszugeben und völlig zu verzichten. Die Krone auf dem gesalbten Haupte, will sie leben und sterben; aber um den Preis der Freiheit wäre sie jetzt bereit, den Titel mit ihrem Sohne wenigstens zu teilen. Zum erstenmal denkt sie an einen Kompromiß. Möge er herrschen und sich König nennen, wenn man ihr nur erlaubt, weiter Königin zu heißen, wenn man ihr nur eine Form findet, um mit einem leisen Glanz von Ehre ihren Verzicht zu vergolden! Allmählich kommen geheime Verhandlungen in Gang. Aber James VI., den die Barone fortwährend in seiner Freiheit bedrohen, führt sie als kalter Rechner. Vollkommen skrupellos verhandelt er gleichzeitig nach allen Seiten, er spielt Maria Stuart gegen Elisabeth, Elisabeth gegen Maria Stuart aus und eine Religion gegen die andere, er verschachert seine Gunst gleichmütig an den Meistbietenden, denn ihm ist es nicht um Ehre zu tun, sondern einzig darum, König von Schottland zu bleiben und sich gleichzeitig die Thronanwartschaft Englands zu sichern; er will nicht bloß eine dieser beiden Frauen beerben, sondern alle beide. Er ist bereit, Protestant zu bleiben, wenn es ihm Vorteil bringt, aber anderseits auch geneigt, katholisch zu werden, sofern ihm dafür ein besserer Preis gezahlt wird, ja, der Siebzehnjährige schrickt sogar, nur um rascher König von England zu werden, vor dem widerwärtigen Plan nicht zurück, Elisabeth zu heiraten, diese abgetakelte Frau, die um neun Jahre älter ist als seine Mutter und ihre erbittertste Feindin und Gegnerin. Für James VI., den Darnley-Sohn, sind alle diese Verhandlungen kalte Rechenexempel, während Maria Stuart, ewig eine Illusionistin, abgeschlossen von der wirklichen Welt, bereits glüht und aufflammt in dieser letzten Hoffnung, durch Verständigung mit ihrem Sohn frei zu werden und doch Königin zu bleiben.

Aber Elisabeth sieht eine Gefahr für sich darin, wenn Mutter und Sohn sich einigen. Das darf nicht geschehen. Rasch greift sie in das noch dünne Gespinst der Verhandlungen. Mit ihrem scharfen und zynischen Menschenblick weiß sie bald, wo sie diesen unbeständigen Burschen fassen kann: bei seinen menschlichen Schwächen. Sie schickt dem jungen König, der in die Jagd vernarrt ist, die schönsten Pferde und Hunde. Sie besticht seine Ratgeber und bietet ihm schließlich, was bei der ewigen Geldnot des schottischen Hofes ein entscheidendes Argument ist, eine jährliche Pension von fünftausend Pfund an, außerdem hält sie den bewährten Köder der englischen Thronfolge hin. Wie meistens bringt das Geld die Entscheidung. Während Maria Stuart ahnungslos weiter ins Leere diplomatisiert und mit dem Papst und den Spaniern schon Pläne für ein katholisches Schottland entwirft, unterzeichnet James VI. in aller Stille mit Elisabeth einen Bündnisvertrag, der ausführlich festlegt, was ihm dieser trübe Handel an Geld und Vorteil einbringt, keineswegs aber die zu erwartende Klausel der Freigabe seiner Mutter enthält. Nicht mit einer Zeile wird der Gefangenen gedacht, die ihm völlig gleichgültig wird, seit sie ihm nichts mehr zu bieten hat: über sie hinweg, als ob sie nicht auf der Welt wäre, verständigt sich der Sohn mit der erbittertsten Feindin seiner Mutter. Möge die Frau, die ihm das Leben geschenkt hat, jetzt, da sie ihm nichts mehr zu geben hat, weit wegbleiben von seinem Leben! Im Augenblick, da der Vertrag unterschrieben ist und der wackere Sohn sein Geld und seine Hunde im Hause hat, werden mit einem Ruck die Verhandlungen mit Maria Stuart abgebrochen. Wozu jetzt noch Höflichkeiten gegen eine Machtlose? In königlichem Auftrag wird ein harter Absagebrief verfaßt, der in grobem Kanzleiton Maria Stuart ein für allemal sowohl den Titel als auch die Rechte einer Königin von Schottland abspricht. Nun hat nach dem Reich, nach der Krone, nach der Macht, nach der Freiheit die Kinderlose ihrer Gegnerin noch das letzte entrissen: den eigenen Sohn. Nun ist sie endlich und endgültig gerächt.

Dieser Triumph Elisabeths ist der Genickfang für die letzten Träume Maria Stuarts. Nach ihrem Gatten, nach ihrem Bruder, nach ihren Untertanen ist nun der letzte, ist das eigene Kind ihres Blutes von ihr abgefallen, jetzt steht sie völlig allein. Grenzenlos wie ihre Enttäuschung ist ihre Empörung. Nun keine Rücksicht mehr! Gegen niemanden mehr Rücksicht! Da ihr Kind sie verleugnet, verleugnet sie nun ihr Kind. Da er ihr Recht auf die Krone verkauft hat, verkauft sie nun das seine. Sie nennt James VI. entartet, undankbar, ungehorsam und schlecht erzogen, sie verflucht ihn und kündigt an, daß sie ihm in ihrem Testament nicht nur die schottische Krone, sondern auch das Anrecht auf die englische Thronfolge absprechen werde. Lieber als an diesen ketzerischen, an diesen verräterischen Sohn möge die Stuartskrone an einen fremden Fürsten fallen. Entschlossen bietet sie Philipp II. das Erbrecht auf Schottland und England an, wenn er sich bereit erklären wolle, für ihre Freiheit zu kämpfen und Elisabeth, diese Mörderin all ihrer Hoffnungen, endgültig zu demütigen. Was gilt ihr noch ihr Land, was ihr Sohn! Nur mehr leben, nur mehr frei sein und siegen! Nun scheut sie nichts mehr, auch das Verwegenste ist ihr nicht mehr verwegen genug. Wer alles verloren hat, hat nichts mehr zu verlieren.

Jahre und Jahre lang hat sich Zorn und Erbitterung in dieser gequälten und erniedrigten Frau gehäuft, Jahre und Jahre lang hat sie gehofft und verhandelt und paktiert und konspiriert und Wege der Vermittlung gesucht. Jetzt ist das Maß voll. Wie eine Flamme fährt endlich der niedergedrückte Haß gegen die Peinigerin, gegen die Usurpatorin, die Kerkermeisterin. Nicht nur mehr Königin gegen Königin, sondern Frau gegen Frau wirft sich Maria Stuart jetzt in letzter Wut gleichsam mit gekrallten Fingernägeln Elisabeth entgegen. Ein kleinlicher Zwischenfall gibt den Anlaß: Shrewsburys Gattin, eine ränkevolle, bösartige Zwischenträgerin, hat in einem Anfall von Hysterie Maria Stuart beschuldigt, mit ihrem Gatten in zärtlichem Einvernehmen zu stehen. Das war selbstverständlich nur erbärmlicher Hinterstubenklatsch, nicht einmal von Shrewsburys Gattin ernst gemeint, aber Elisabeth, immer bemüht, das moralische Ansehen ihrer Rivalin vor der Welt herabzusetzen, hatte eilig dafür gesorgt, daß diese neue Skandalgeschichte reichlich an den fremden Höfen verbreitet werde, genau wie sie schon vordem die Schmähschrift Buchanans mit den »Kassettenbriefen« an alle Fürsten sandte. Nun schäumt Maria Stuart auf. Nicht genug also, daß man ihr die Macht, die Freiheit, die letzte Hoffnung auf ihr Kind genommen, auch noch die Ehre will man ihr heimtückisch beflecken; man versucht, sie, die ohne Lust und ohne Liebe wie eine Nonne abgeschlossen lebt, vor der Welt als Ehebrecherin anzuprangern! Rasend bäumt sich ihr verwundeter Stolz auf. Sie fordert ihr Recht, und tatsächlich muß Gräfin Shrewsbury auf den Knien die infame Lüge widerrufen. Aber Maria Stuart weiß genau, wer diese Lüge benutzt hat, um sie zu verleumden, sie hat die hämische Hand ihrer Feindin gefühlt, und gegen den Schlag, der aus dem Dunkel gegen ihre Ehre geführt wurde, schlägt sie jetzt offen zurück. Zu lange schon brennt ihr die Seele voll böser Ungeduld, dieser angeblich jungfräulichen Königin, die sich als Tugendspiegel feiern läßt, einmal Frau zu Frau ein Wort der Wahrheit zu sagen. So schreibt sie Elisabeth einen

Brief, scheinbar um ihr »freundschaftlich« mitzuteilen, welche Verleumdungen die Gräfin Shrewsbury über das Privatleben Elisabeths ausstreue, in Wirklichkeit aber, um ihrer »lieben Schwester« ins Gesicht zu schreien, wie wenig gerade sie berechtigt wäre, die Sittliche und Sittenrichterin zu spielen. Hieb um Hieb hagelt nieder in diesem Brief verzweifelten Hasses. Alles, was eine Frau an grausamer Aufrichtigkeit gegen die andere sagen kann, wird hier gesagt, alle schlechten Eigenschaften Elisabeths werden ihr ins Gesicht gehöhnt, ihre letzten weiblichen Geheimnisse mitleidslos enthüllt. Maria Stuart schreibt an Elisabeth – angeblich aus liebender Freundschaft, in Wahrheit, um sie tödlich zu verletzen –, die Gräfin Shrewsbury habe von ihr gesagt, sie sei so eitel und habe von ihrer Schönheit eine so hohe Meinung, als ob sie eine Königin des Himmels wäre. Sie werde nicht satt von Schmeicheleien und zwinge ihr Hofgesinde unablässig zu den übertriebensten Bewunderungen, dabei mißhandle sie in ihren Zornanfällen ihre Hofdamen und Mägde. Einer habe sie den Finger gebrochen, einer andern, als sie schlecht bei Tisch bediente, mit dem Messer über die Hand geschlagen. Aber all dies sind noch bescheidene Anwürfe gegen die fürchterlichen Aufdeckungen aus dem intimsten, dem körperlichen Leben Elisabeths. Die Gräfin Shrewsbury, schreibt Maria Stuart, behaupte, Elisabeth habe ein eiterndes Geschwür an ihrem Bein – eine Anspielung auf das syphilitische Erbe ihres Vaters –, mit ihrer Jugend sei es vorbei, sie verliere ihre Wochen, aber dennoch lasse sie nicht nach in ihrer Lust mit Männern. Nicht nur, daß sie mit einem (Graf von Leicester) »infinies foys« geschlafen habe, sie suche auch sonst lüsterne Befriedigung an allen Ecken und Enden und wolle »jamais perdre la liberté de vous fayre l'amour et avoir vostre plésir tousjour aveques nouveaulx amoureulx«. Sie schleiche nachts zu Männern in die Kammer, nur im Hemd und Überwurf, und lasse sich diese Vergnügungen viel kosten. Maria Stuart nennt Namen um Namen und Einzelheit um Einzelheit. Aber auch den furchtbarsten Schlag in ihr geheimstes Geheimnis erspart sie der Verhaßten nicht: höhnisch hält sie ihr vor (was auch Ben Jonson am Wirtstisch offen erzählte), daß »undubitablement vous n'estiez pas comme les autres femmes, et pour ce respect c'estoit follie à tous ceulx qu'affectoient vostre mariage avec le duc d'Anjou, d'aultant qu'il ne se pourroit accomplir«. Ja, Elisabeth soll es wissen, daß ihr ängstlich gehütetes Geheimnis, daß ihre weibliche Unvollkommenheit bekannt ist, die ihr nur Lüsternheit gestattet und keine richtige Lust, nur unzulängliches Spiel und kein volles Gewähren und sie ausschließt für alle Zeiten von fürstlicher Heirat und Mutterschaft. Nie hat eine Frau auf Erden dieser mächtigsten Frau auf Erden so fürchterlich die letzte Wahrheit gesagt wie die Gefangene aus ihrem Kerker: zwanzig Jahre gefrornen Hasses, erstickten Zornes und gefesselter Kraft bäumen sich plötzlich auf zu einem fürchterlichen Prankenschlag gegen das Herz ihrer Peinigerin.

Nach diesem Brief rasender Wut gibt es keine Versöhnung mehr. Die Frau, die diesen Brief geschrieben, die Frau, die diesen Brief empfangen, können nicht mehr eine Luft atmen und in einem Lande weiterleben. Hasta al cuchillo, wie die Spanier sagen, Kampf bis aufs Messer, Kampf auf Leben und Tod bleibt jetzt die einzige, die letzte Möglichkeit. Nach einem Vierteljahrhundert zähen, hartnäckigen Belauerns und Befeindens ist nun endlich der welthistorische Kampf zwischen Maria Stuart und Elisabeth auf die Spitze getrieben, und wahrhaftig, man kann sagen: auf die Spitze eines Dolches. Die Gegenreformation hat alle diplomatischen Mittel erschöpft und die militärischen sind noch nicht gerüstet. Noch baut man in Spanien mühsam und langsam an der Armada, aber es fehlt trotz den indischen Schätzen an dem unseligen Hofe ewig an Geld, ewig an Entschlossenheit. Warum, denkt Philipp der Fromme, der, wie John Knox, im Wegschaffen eines ungläubigen Gegners nur eine dem Himmel wohlgefällige Tat erblickt, nicht den billigeren Weg wählen und lieber ein paar Mörder kaufen, die Elisabeth, die Schirmherrin der Ketzerei, rasch aus dem Wege räumen? Das Zeitalter Macchiavellis und seiner Schüler ist durch moralische Bedenklichkeiten, wenn es Macht gilt, wenig belastet, und hier steht eine unübersehbare Entscheidung auf dem Spiele, Glaube gegen Glauben, Süden gegen Norden, und ein einziger Dolchstoß in Elisabeths Herz kann die Welt von der Ketzerei befreien.

Hat Politik einmal den höchsten Hitzegrad der Leidenschaft erreicht, dann verdampfen alle moralischen und rechtlichen Bedenken, dann schwindet die letzte Rücksicht auf Anstand und Ehre, dann gilt selbst der Meuchelmord als herrliche Opfertat. Durch die Exkommunikation sind 1570 Elisabeth und 1580 der Prinz von Oranien, die beiden Hauptfeinde des Katholizismus, zum Freiwild erklärt, und seit der Papst die Hinschlachtung von sechstausend Menschen, die Bartholomäusnacht, als eine löbliche Sache gefeiert, weiß jeder Katholik, daß er nur eine Gott wohlgefällige Tat vollbringt, wenn er einen dieser Erbfeinde des Glaubens meuchlerisch aus dem Wege räumt. Ein mutiger und fester Stoß, ein rascher Pistolenschuß, und aus ihrer Gefangenschaft tritt Maria Stuart die Stufen des Throns empor, England und Schottland sind im rechten Glauben geeint. Bei solchem hohen Einsatz gibt es kein Zögern und Zagen: mit voller Schamlosigkeit erhebt die spanische Regierung die heimtückische Ermordung Elisabeths zu ihrer politischen Haupt- und Staatsaktion. Mendoza, der spanische Gesandte, nennt wiederholt in seinen vielen Depeschen das »killing the Queen« ein wünschenswertes Unternehmen, der Oberkommandant der Niederlande, der Herzog von Alba, erklärt ebenfalls ausdrücklich sein Einverständnis und Philipp II., Herr beider Welten, schreibt mit eigener Hand über den Mordplan, »er hoffe, daß Gott ihn begünstigen werde«. Nicht mehr mit den Künsten der Diplomatie, nicht in freiem, offenem Krieg wird jetzt die Entscheidung gesucht, sondern mit dem nackten Messer, mit dem Mörderdolch. Hüben und drüben ist man über die Methode einig: in Madrid wird die Ermordung Elisabeths im Geheimkabinett beschlossen und vom König gebilligt, in London sind Cecil, Walsingham und Leicester einig, daß man gewaltsam Schluß machen müsse mit Maria Stuart. Nun gibt es keine Umwege mehr und keine Auswege: nur mit Blut läßt sich der Strich unter die längst fällige Rechnung ziehen. Nur noch um eines handelt es sich jetzt: wer rascher handelt, die Reformation oder Gegenreformation, London oder Madrid. Ob Maria Stuart vor Elisabeth beseitigt wird oder Elisabeth vor Maria Stuart.

Einundzwanzigstes Kapitel

Es wird Schluß gemacht

September 1585 bis August 1586

»Es muß einmal Schluß gemacht werden« – »The matter must come to an end« –, in diese stahlharte Formel faßt ein Minister Elisabeths das Gefühl des ganzes Landes ungeduldig zusammen. Nichts erträgt ein Volk, ein Mensch schwerer als dauernde Unsicherheit. Die Ermordung des andern Vorkämpfers der Reformation, des Prinzen von Oranien (Juni 1584), durch einen katholischen Fanatiker hat England deutlich gezeigt, wem der nächste Dolchstoß zugedacht ist, und immer schneller folgt jetzt eine Verschwörung der andern – also endlich heran an die Gefangene, von der all diese gefährliche Unruhe ausgeht! Endlich »das Übel an der Wurzel fassen«! Beinahe vollzählig treten im September 1584 die protestantischen Lords und Beamten zu einer »association« zusammen und verpflichten sich nicht nur »in der Gegenwart des ewigen Gottes mit Ehre und Eid, jede Person dem Tode zuzuführen«, die sich an einer Verschwörung gegen Elisabeth beteiligte, sondern auch »jeden Prätendenten, zu dessen Gunsten diese Leute konspirierten«, persönlich dafür haftbar zu machen. Das Parlament faßt dann in einem »act for the security of the Queen's Royal Person« diese Beschlüsse in gesetzliche Form. Jeder, der an einem Attentat gegen die Königin teilgenommen oder – dieser Passus ist wichtig – ihm bloß im Prinzip zugestimmt hat, steht von nun ab unter dem Beil. Außerdem wird festgesetzt, daß »jedwede Person, die einer Verschwörung gegen die Königin beschuldigt sei, durch ein aus vierundzwanzig von der Krone ernannten Beisitzern bestehendes Gericht verurteilt werden solle«.

Damit ist Maria Stuart zweierlei deutlich kundgetan. Erstens, daß in Hinkunft ihr königlicher Rang sie nicht länger vor einer öffentlichen Anklage schützt, zweitens, daß ein gelungenes Attentat auf Elisabeth ihr keineswegs Vorteil, sondern sie nur unbarmherzig auf das Schafott bringt. Es ist wie der letzte Fanfarenstoß, der eine widerspenstige Festung zur Ergebung auffordert. Ein weiteres Zögern noch, und der Pardon ist versäumt. Das Zwielicht und die Zweideutigkeiten zwischen Elisabeth und Maria Stuart sind vorüber, jetzt weht scharfe, schneidende Luft. Jetzt herrscht endlich Klarheit.

Daß die Zeit der höfischen Briefe und des höfischen Heuchelns vorbei ist und in dem jahrzehntelangen Kampf die letzte Runde gekommen, die keine Schonung mehr duldet – hasta al cuchillo –, kann Maria Stuart bald auch an anderen Maßnahmen erkennen. Denn der englische Hof hat beschlossen, nach all den Attentaten Maria Stuart schärfer anzufassen und ihr jedwede Möglichkeit weiteren Konspirierens und Intrigierens endgültig zu nehmen. Shrewsbury, der als Gentleman und Grandseigneur ein zu nachsichtiger Kerkermeister gewesen, wird von seinem Amt »released« – das Wort »befreit« trifft hier den wahren Sinn –, und tatsächlich dankt er auf den Knien Elisabeth, daß sie ihn endlich nach fünzehn Jahren Ärgernis wieder zum freien Menschen macht. Statt seiner wird ein fanatischer Protestant Amyas Poulet bestellt. Und jetzt kann zum erstenmal mit Recht Maria Stuart von einer »servitude«, von einer Knechtschaft sprechen, in die sie gefallen ist, denn statt eines freundlichen Hüters ist ihr nun ein unerbittlicher Kerkermeister ins Haus gesetzt.

Amyas Poulet, ein Puritaner aus härtestem Holz, einer jener Gerechten und Übergerechten, wie sie die Bibel fordert, Gott aber nicht liebt, macht kein Hehl aus seiner Absicht, Maria Stuart das Leben schwer und unerfreulich zu gestalten. Mit vollem Bewußtsein, ja sogar freudig stolz, nimmt er die Pflicht auf sich, sie rücksichtslos jeder Vergünstigung zu berauben. »Ich werde niemals um Nachsicht bitten«, schreibt er an Elisabeth, »wenn sie durch irgendeine verräterische oder schlaue Maßnahme meinen Händen entkommen sollte, denn dies könnte nur dank einer groben Nachlässigkeit meinerseits gelingen.« Mit der kalten und klaren Systematik eines Pflichtmenschen übernimmt er die Bewachung und Unschädlichmachung Maria Stuarts als seine ihm von Gott zugewiesene Lebensaufgabe. Kein anderer Ehrgeiz, als seine Kerkermeisterpflicht musterhaft zu erfüllen, lebt von nun ab mehr in diesem strengen Manne, keine Verführung kann diesen Cato zu Fall bringen, aber auch keine Regung der Güte, keine Welle von Wärme je seine starre kalte Haltung einen Augenblick auflockern. Für ihn ist diese kranke müde Frau nicht eine Fürstin, deren Unglück Ehrfurcht fordert, sondern einzig eine Feindin seiner Königin, die unschädlich gemacht werden muß als der Antichrist des wahren Glaubens. Daß sie hinfällig ist und infolge ihrer rheumatischen Beine sich nur schwer bewegen kann, bezeichnet er zynisch als einen »Vorteil für ihren Wärter, der keine besondere Sorge haben muß, sie könnte ihm davonlaufen.« Punkt um Punkt, mit einer hämischen Freude an seiner eigenen Tüchtigkeit, erledigt er seine Kerkermeisterpflicht, wie ein Beamter trägt er sauber jeden Abend in ein Buch alle seine Beobachtungen ein. Und wenn die Weltgeschichte auch grausamere, gewalttätigere, bösartigere, ungerechtere Gefängniswärter gekannt hat als diesen Erzgerechten, so kaum je einen, der so sehr seine Pflicht in beamtische Lust zu verwandeln wußte. Zunächst werden die unterirdischen Kanäle, die Maria Stuart bisher noch immer ab und zu mit der Außenwelt verbunden hatten, unbarmherzig abgegraben. Fünfzig Soldaten bewachen jetzt Tag und Nacht alle Zugänge zum Schloß; der Dienerschaft, die bisher ungehemmt in den Nachbardörfern spazierengehen und mündliche und schriftliche Botschaften weitergeben konnte, wird gleichfalls jede Bewegungsfreiheit entzogen. Nur nach eingeholter Erlaubnis, begleitet von Soldaten, darf eine Person ihrer Hofhaltung das Schloß verlassen, die Almosenverteilung an die Armen der Umgebung, die Maria Stuart regelmäßig persönlich vornahm, wird eingestellt; mit Recht hat der scharfsichtige Poulet darin ein Mittel erkannt, die armen Leute durch diese frommen Spenden dem Schmuggel willfährig zu machen. Und nun folgt eine scharfe Maßnahme der andern. Die Wäsche, die Bücher, jede Art von Sendungen werden wie auf einem Zollamt von heute durchwühlt, durch immer genauere Kontrolle wird jedwede Korrespondenz abgedrosselt. Untätig sitzen jetzt Nau und Curle, die beiden Sekretäre Maria Stuarts, in ihren Zimmern. Sie haben keine Briefe mehr zu dechiffrieren und keine zu schreiben; nicht aus London, nicht aus Schottland, nicht aus Rom und Madrid sickert mehr irgendeine Nachricht, irgendein Tropfen Hoffnung in Maria Stuarts Verlassenheit. Und bald nimmt Poulet ihr auch die letzte persönliche Freude: ihre sechzehn Pferde müssen in Sheffield bleiben, es ist vorbei mit der geliebten Jagd und den Spazierritten. Ganz eng ist der Lebensraum geworden in diesem einen letzten Jahr, immer ähnlicher wird unter Amyas Poulet – dunkles Vorgefühl – die Gefangenschaft Maria Stuarts einem Kerker, einem Sarg.

Um ihrer Ehre willen hätte man Elisabeth einen milderen Kerkermeister für ihre Schwesterkönigin gewünscht.

Aber für ihre Sicherheit konnte sie, man muß es ärgerlich anerkennen, keinen verläßlicheren finden als diesen kalten Calviner. Musterhaft erledigt Poulet die ihm auferlegte Pflicht, Maria Stuart von der Welt zu isolieren. Nach einigen Monaten ist sie hermetisch wie unter einer Glasglocke von der Welt abgesperrt, kein Brief, kein Wort dringt mehr in ihr Kerkergelaß. Elisabeth hat allen Grund, beruhigt und mit ihrem Untergebenen zufrieden zu sein, und tatsächlich, in begeisterten Worten wird sie Amyas Poulet für seine trefflichen Dienste danken. »Wenn Sie wüßten, mein lieber Amyas, wie dankbar ich Ihre tadellosen Bemühungen und fehlerlosen Handlungen begrüße und anerkenne, Ihre klugen Befehle und sicheren Maßnahmen bei einer so gefährlichen und schwierigen Aufgabe, es würde Ihre Sorgen erleichtern und Ihr Herz erfreuen.«

Aber merkwürdigerweise wissen Elisabeths Minister Cecil und Walsingham dem »precise fellow«, dem allzu peinlichen Amyas Poulet, zunächst für seine große Mühe wenig Dank. Denn diese völlige Abschließung der Gefangenen widerspricht paradoxerweise doch ihren heimlichsten Wünschen. Ihnen ist gar nicht daran gelegen, daß Maria Stuart jede Gelegenheit zum Konspirieren genommen werde, daß sie Poulet durch seine strenge Klausur von ihrer eigenen Unvorsichtigkeit bewahre, im Gegenteil, Cecil und Walsingham wollen gar keine unschuldige Maria Stuart, sondern eine schuldige. Sie wollen im Gegenteil, daß sie, in der sie die ewige Ursache aller Unruhen und Verschwörungen in England erblicken, weiterkonspiriere und sich endlich in das tödliche Netz verstricke. Sie wollen, daß »the matter to an end« kommt, sie wollen Maria Stuarts Prozeß, ihre Verurteilung, ihre Hinrichtung. Eine bloße Einkerkerung genügt ihnen nicht mehr. Für sie gibt es keine andere Sicherung als die endgültige Erledigung der Schottenkönigin, und um diese zu erzwingen, müssen sie ihrerseits ebensoviel tun, um sie künstlich in ein Komplott hineinzulocken, wie Amyas Poulet durch seine scharfen Maßnahmen getan hat, um sie von jeder Teilnahme abzuschließen. Was sie für diesen Zweck benötigen, ist eine Verschwörung gegen Elisabeth und die klare, bewiesene Mitwirkung Maria Stuarts an diesem Komplott.

Diese Verschwörung gegen das Leben Elisabeths ist nun an und für sich schon vorhanden. Denn sie arbeitet, möchte man sagen, in Permanenz. Philipp II. hat auf dem Festland eine regelrechte antienglische Verschwörerzentrale eingerichtet, in Paris sitzt Morgan, der Vertrauensmann und Geheimagent Maria Stuarts, und organisiert, mit spanischem Gelde bezahlt, ununterbrochen gefährliche Zettelungen gegen England und Elisabeth. Ständig werden dort junge Menschen geworben, über den spanischen und französischen Gesandten knüpfen sich geheime Verständigungen zwischen den unzufriedenen katholischen Edelleuten in England und den Staatskanzleien der Gegenreformation. Nur eines weiß Morgan nicht, nämlich daß Walsingham, einer der fähigsten und skrupellosesten Polizeiminister aller Zeiten, ihm unter der Maske leidenschaftlicher Katholiken einige seiner Spione in die Kanzlei geschickt hat und daß er gerade jene Botengänger, die Morgan für seine verläßlichsten hält, in Wahrheit von Walsingham gekauft und besoldet sind. Was für Maria Stuart geschieht, ist immer schon an England verraten, noch ehe der Plan zur Ausführung gelangt, und auch zu Ende des Jahres 1585 weiß das englische Staatskabinett – noch ist das Blut der letzten Verschwörer auf dem Schafott nicht getrocknet –, daß schon wieder eine neue Aktion gegen das Leben Elisabeths im Gange ist. Walsingham kennt Namen um Namen, alle die katholischen Edelleute in England, die von Morgan für eine Throneinsetzung Maria Stuarts geworben und gewonnen sind. Er brauchte nur zuzufassen, und mit dem Streckseil, mit dem Folterband könnte er die Verschwörung rechtzeitig aufdecken.

Doch die Technik dieses raffinierten Polizeiministers ist bedeutend weitblickender und perfider. Gewiß, er könnte jetzt schon mit einem Griff die Verschwörer abwürgen. Aber ein paar Edelleute oder Abenteurer vierteilen zu lassen, hat für ihn politisch keinen Wert. Wozu der Hydra dieser ewigen Verschwörungen fünf oder sechs Köpfe abschlagen, wenn über Nacht ihr immer neue wachsen? Carthaginem esse delendam, ist Cecils und Walsinghams Devise, es muß mit Maria Stuart selbst Schluß gemacht werden, und dazu brauchen sie als Vorwand nicht eine harmlose, sondern eine weitverzweigte, eine nachweisbar verbrecherische Aktion zugunsten der Gefangenen. Statt also die sogenannte Babington-Verschwörung voreilig im Keime zu ersticken, tut Walsingham alles, sie künstlich sich ausbreiten zu lassen: er düngt sie mit Wohlwollen, er füttert sie mit Geld, er fördert sie durch scheinbare Nachlässigkeit. Einzig dank seiner provokatorischen Kunst wird allmählich aus einer dilettantischen Verschwörung einiger Provinzedelleute gegen Elisabeth das berühmte Walsingham-Komplott zur Erledigung Maria Stuarts.

Drei Etappen sind für diese legale Ermordung Maria Stuarts mittels des Parlamentsparagraphen notwenig. Zuerst müssen die Verschwörer dazu gebracht werden, nachweisbar ein Attentat gegen Elisabeth zu planen. Zweitens müssen sie bewogen werden, Maria Stuart ausdrücklich von ihrer Absicht zu verständigen. Drittens aber – dies das Schwierigste – muß Maria Stuart dazu verlockt werden, ausdrücklich und schriftlich den Mordplan zu billigen. Wozu eine Unschuldige ohne klaren Anlaß töten? Das wäre um der Ehre Elisabeths willen vor der Welt zu peinlich. Lieber sie künstlich schuldig machen, lieber ihr hinterlistig den Dolch in die Hand drücken, mit dem sie sich selber ermordet.

Dieses Komplott der englischen Staatspolizei gegen Maria Stuart beginnt mit der Infamie, daß man mit einmal der Gefangenen Erleichterungen gewährt. Es hat Walsingham anscheinend nicht viel Mühe gekostet, den frommen Puritaner Amyas Poulet zu überzeugen, daß es besser sei, Maria Stuart in eine Verschwörung hineinzulocken, statt sie von allen Versuchungen abzuschließen. Denn Poulet ändert plötzlich seine Taktik im Sinne des Generalstabsplanes der englischen Staatspolizei: eines Tages erscheint der bisher Unerbittliche bei Maria Stuart und verständigt sie liebenswürdigst, man habe eine Übersiedlung aus Tutbury nach Chartley für sie in Aussicht genommen. Maria Stuart, völlig unfähig, die Machenschaften ihrer Gegner zu durchschauen, kann ihre redliche Freude nicht verhehlen. Tutbury ist eine finstere Burg, einem Gefängnisse ähnlicher als einem Schloß, Chartley dagegen liegt nicht nur schöner und freier, sondern in der Nähe – heller schlägt Maria Stuart bei dem Gedanken das Herz – wohnen katholische Familien, die ihr befreundet sind und von denen sie Hilfe erhoffen kann. Dort kann sie endlich wieder reiten und jagen, dort vielleicht sogar Nachricht empfangen von ihren Verwandten und Freunden jenseits des Meeres und durch Mut und List das eine erobern, das ihr nun alles gilt: die Freiheit.

Und siehe: eines Morgens staunt Maria Stuart auf. Sie wagt ihren Augen kaum zu trauen. Wie durch Magie ist der schreckliche Bann Amyas Poulets gebrochen. Ein Brief, ein geheimer chiffrierter Brief ist an sie gelangt, seit Wochen, seit Monaten der Absperrung wieder der erste. Oh, wie geschickt von den Freunden, den Umsichtigen und Klugen, daß sie endlich wieder einen Weg gefunden haben, um den unerbittlichen Wächter Amyas Poulet zu betrügen. Welche unverhoffte Gnade: sie ist nicht mehr abgeschlossen von der Welt, sie kann Freundschaft fühlen, Interesse, Teilnahme, sie darf wieder von all den Plänen und Vorbereitungen erfahren, die zu ihrer Befreiung im Gange sind! Ein geheimnisvoller Instinkt allerdings läßt Maria Stuart noch vorsichtig sein, sie beantwortet den Brief ihres Agenten Morgan mit der dringlichen Warnung: »Hüten Sie sich wohl, sich in Sachen einzumengen, die Sie belasten könnten und den Verdacht vermehren, den man hier gegen Sie schöpft.« Aber bald zerstreut sich ihr Mißtrauen, sobald sie erfährt, welches geniale Auskunftsmittel ihre Freunde – in Wahrheit ihre Mörder – gefunden haben, um Briefe ungehindert zu übermitteln. Jede Woche wird von der nahe gelegenen Brauerei ein Faß Bier für die Diener der Königin geliefert, und anscheinend ist es ihren Freunden gelungen, den Fuhrmann zu bewegen, daß er immer in dem vollen Fasse eine verkorkte Holzflasche mitschwimmen läßt; in diesem ausgehöhlten Holz sind die geheimen Briefschaften für die Königin verborgen. Regelmäßig wie ein regulärer Postdienst wickelt sich nun der Verkehr klaglos ab. Jede Woche schafft dieser wackere Mann – »the honest man« heißt er in den Berichten – sein Bier mit dem kostbaren Inhalt hinüber in das Schloß, der Kellermeister Maria Stuarts fischt im Keller den Behälter heraus und gibt ihn, mit neuer Post gefüllt, wieder ins leere Faß. Der brave Fuhrwerker hat nicht zu klagen, denn ihm bringt der Schmuggel doppelten Verdienst. Einerseits wird er von den ausländischen Freunden Maria Stuarts hoch bezahlt, anderseits rechnet er dem Haushälter das Bier zum doppelten Preise.

Aber eines ahnt Maria Stuart nicht, nämlich daß jener biedere Fuhrwerker noch ein drittes Mal an seinem dunklen Geschäft verdient. Denn er ist außerdem noch von der englischen Staatspolizei bezahlt, und selbstverständlich weiß Amyas Poulet von dem ganzen Handel. Nicht die Freunde Maria Stuarts haben diese Bierpost ausgeklügelt, sondern Gifford, ein Spion Walsinghams, der vor Morgan und dem französischen Gesandten sich als Vertrauensmann der Gefangenen ausgegeben hat; dadurch steht – ein unermeßlicher Vorteil für den Polizeiminister – die ständige Geheimkorrespondenz Maria Stuarts unter der Kontrolle ihrer politischen Feinde. Jeder Brief an Maria Stuart und von Maria Stuart wird durch den Spion Gifford, den Morgan für seinen verläßlichsten Mann hält, ehe er in das Bierfaß und aus dem Bierfaß kommt, abgefangen, von Thomas Phelippes, dem Sekretär Walsinghams, sofort dechiffriert, kopiert, und diese Kopien wandern noch tintenfeucht nach London. Dann erst werden sie tadellos prompt Maria Stuart oder der französischen Gesandtschaft zugestellt, daß die Betrogenen nicht einen Augenblick Verdacht schöpfen können und sorglos die Korrespondenz fortsetzen.

Gespenstische Situation. Beide Parteien freuen sich, einander zu betrügen. Maria Stuart atmet auf. Endlich ist dieser kalte unzugängliche Puritaner Poulet überspielt, der jedes Wäschestück untersucht, jede Schuhsohle aufschneidet, der sie bevormundet und wie eine Verbrecherin gefangenhält. Wenn er ahnen könnte, lächelt sie still vor sich hin, daß sie trotz allen Soldaten und Absperrungen und Klügeleien allwöchentlich von Paris und Madrid und Rom wichtige Botschaft empfängt, daß ihre Agenten wacker arbeiten und schon Heere und Flotten und Dolche für sie gerüstet sind! Manchmal spricht die Freude vielleicht zu unvorsichtig, zu hell aus ihren Blicken, denn höhnisch verzeichnet Amyas Poulet ihr steigendes Wohlbehagen und Wohlbefinden, seit sie die Seele mit diesem Gift der Hoffnung nährt. Aber um wieviel berechtigter ist das scharfe Lächeln um seine kalten Lippen, wenn er allwöchentlich die frische Provision Bier mit dem wakkern Fuhrwerker anrollen sieht, wenn er boshaft beobachtet, wie eilig jedesmal der geschäftige Haushälter Maria Stuarts das Fäßchen in den dunklen Keller hinabrollt, um dort unbeachtet den kostbaren Briefinhalt herauszufischen. Denn was Maria Stuart jetzt lesen wird, ist längst vorausgelesen von der englischen Polizei, in London sitzen Walsingham und Cecil in ihren Staatsfauteuils und haben die Geheimkorrespondenz Maria Stuarts wortgetreu vor sich liegen. Sie ersehen daraus, daß Maria Stuart die Krone Schottlands und ihr Kronrecht auf England Philipp II. von Spanien anbietet, falls er ihr zur Freiheit helfen wolle – ein solcher Brief, schmunzeln sie, kann einmal nützlich werden, um James VI. zu kalmieren, wenn man seine Mutter zu hart anfaßt. Sie lesen, daß Maria Stuart in ihren eigenhändigen, ungeduldigen Schreiben nach Paris unablässig eine Invasion spanischer Truppen zu ihren Gunsten fordert. Auch das kann allenfalls einem Prozeß dienlich sein. Aber das Wichtigste, das Wesentliche, das sie erhoffen und für eine Anklage benötigen, ist bislang leider in diesen Briefen noch nicht zu entdecken, nämlich, daß Maria Stuart irgendeinen Mordplan gegen Elisabeth gebilligt habe. Noch hat sie sich im Sinne des Gesetzes nicht schuldig gemacht, noch immer fehlt, um die Mordmaschine eines Prozesses in Bewegung setzen zu können, eine einzige winzige Schraube, der »consent«, die ausdrückliche Zustimmung Maria Stuarts zur Ermordung Elisabeths. Diese letzte notwendige Schraube einzufügen, geht nun Walsingham, dieser gefährliche Meister seines Handwerks, entschlossen an die Arbeit. Und damit beginnt eine der unglaubwürdigsten und doch dokumentarisch bezeugten Perfidien der Weltgeschichte: der Lockspitzeltrick Walsinghams, um Maria Stuart zur Mitwisserin an einem von ihm selbst fabrizierten Verbrechen zu machen, die sogenannte Babington-Verschwörung, die in Wahrheit eine Walsingham-Verschwörung gewesen ist.

Der Plan Walsinghams muß – denn der Erfolg hat ihn bezeugt – ein meisterlicher genannt werden. Aber was ihn so widerwärtig macht, daß noch heute nach Hunderten Jahren Abscheu die Seele überschauert, ist, daß Walsingham sich für seine Schurkerei gerade der reinsten Kraft der Menschheit bedient: der Gläubigkeit junger romantischer Naturen. Antony Babington, den man in London zum Werkzeug ausersehen hat, um Maria Stuart zu Fall zu bringen, hat Anspruch, mit Mitleid und Bewunderung betrachtet zu werden, denn aus edelstem Drange opfert er sein Leben und seine Ehre. Ein Kleinedelmann aus guter Familie, vermögend und verheiratet, wohnt dieser junge schwärmerische Mann glücklich mit seiner Frau und einem Kinde auf seinem Gut von Litchfield ganz nahe bei Chartley – und nun begreift man plötzlich auch, warum Walsingham gerade Chartley zum Aufenthaltsort Maria Stuarts ausersehen hat. Seit langem haben Spione ihm gemeldet, daß Babington ein überzeugter Katholik, ein opferbereiter Anhänger Maria Stuarts ist und ihr schon mehrmals bei der heimlichen Übermittlung ihrer Briefe behilflich war: immer bleibt es ja das Vorrecht der edlen Jugend, vom tragischen Schicksal rein erschüttert zu sein. Ein solcher argloser Idealist mit seiner reinen Torheit kann einem Walsingham tausendmal besser dienlich sein als irgendein gemieteter Spion, denn ihm wird sich die Königin leichter anvertrauen. Sie weiß: keine Gewinnsucht lockt diesen ehrlichen, vielleicht etwas verworrenen Edelmann zu seinem ritterlichen Dienst und noch weniger eine persönliche Neigung. Daß er schon früher als Page im Hause Shrewsburys Maria Stuart persönlich kennen und lieben gelernt habe, dürfte eine romantisch aufgezäumte Erfindung sein; wahrscheinlich ist er ihr niemals begegnet und dient nur aus Lust am Dienen, aus Gläubigkeit an die katholische Kirche, aus einer schwärmerischen Freude an gefährlichem Abenteuer der Frau, in der er die rechtmäßige Königin Englands erblickt. Unbefangen, unvorsichtig und gesprächig wie alle jungen leidenschaftlichen Menschen, wirbt er unter seinen Freunden für die Gefangene, ein paar junge katholische Edelleute schließen sich ihm an. Sonderbare Figuren vereinen sich in seinem Kreise zu eifrigen Gesprächen, ein fanatischer Priester namens Ballard, ein gewisser Savage, ein tollkühner Desperado, und dann wieder ganz arglose und törichte junge Edelleute, die zuviel im Plutarch gelesen haben und von Heldentaten verworren träumen. Bald aber tauchen in dem Bunde der Ehrlichen einige Männer auf, die viel entschlossener sind oder sich gebärden als Babington und seine Freunde, vor allem jener Gifford, den Elisabeth später mit einer Jahrespension von hundert Pfund für seine Dienste belohnen wird. Ihnen scheint es nicht genug, die eingeschlossene Königin zu retten. Mit einem merkwürdigen Ungestüm drängen sie auf eine ungleich gefährlichere Tat, auf die Ermordung Elisabeths, auf die Beseitigung der »Usurpatorin«.

Diese mutigen und überentschlossenen Freunde sind selbstverständlich nichts anderes als gemietete Polizeispione Walsinghams, die der skrupellose Minister in den Geheimbund der jungen idealistischen Menschen hineingeschoben hat, nicht nur, um in alle ihre Pläne rechtzeitig eingeweiht zu werden, sondern vor allem, um den Phantasten Babington weiter zu treiben, als er eigentlich will. Denn dieser Babington (die Dokumente lassen daran keinen Zweifel) hat ursprünglich nichts anderes mit seinen Freunden geplant, als von Litchfield aus mit einem entschlossenen Handstreich bei einer Jagd oder sonstigen Gelegenheit Maria Stuart aus der Gefangenschaft zu befreien; ein so unmoralischer Akt wie ein Mord lag keinesfalls im Sinne dieser politisch exaltierten, aber durchaus humanen Natur.

Jedoch eine bloße Entführung Maria Stuarts ist nicht das, was Walsingham für seine Zwecke braucht, denn sie bietet ihm ja noch nicht die erwünschte Handhabe für eine Anklage im Sinne des Gesetzes. Er braucht mehr, er braucht für seine dunklen Ziele ein regelrechtes Mordkomplott. Er läßt seine schuftigen agents provocateurs drängen und drängen, bis endlich Babington und seine Freunde wirklich auch das von Walsingham benötigte Attentat gegen Elisabeth ins Auge fassen. Am 12. Mai meldet der spanische Gesandte, der in ständiger Verbindung mit den Verschworenen steht, König Philipp II. die erfreuliche Tatsache, daß vier katholische Edelleute von Rang, die Zutritt zum Palast Elisabeths haben, vor dem Altar einen Eid geleistet hätten, sie mit Gilft oder Dolch aus dem Wege zu räumen. Man sieht: die agents provocateurs haben gut gearbeitet. Endlich ist das von Walsingham inszenierte Mordkomplott in Gang.

Damit ist aber bloß der erste Teil der Aufgabe, die sich Walsingham gestellt hat, erledigt. Nur an einem Ende ist der Fallstrick befestigt, nun gilt es, auch das andere Ende zu verankern. Das Komplott zur Ermordung Elisabeths ist glücklich konstruiert, nun beginnt die schwierigere Arbeit, Maria Stuart darin einzubauen und der ahnungslosen Gefangenen den »consent« abzunötigen. Abermals also pfeift Walsingham seine Lockspitzel heran. Er schickt seine Leute in die Zentrale der katholischen Konspiration, nach Paris zu Morgan, dem Generalagenten Philipps II. und Maria Stuarts, damit sie dort Klage führten, Babington und die Seinen faßten die Sache zu lau an. Sie wollten nicht recht heran an den Mord, sie seien Zögerer und Zauderer. Es täte dringend not, diese Lauen und Flauen im Interesse der heiligen Sache zu ermutigen; dies aber könne wirksam nur durch ein anspornendes Wort Maria Stuarts geschehen. Würde Babington einmal gewiß sein, daß seine verehrte Königin die Ermordung billige, so werde er zweifellos sofort zur Tat schreiten. Es sei also unumgänglich für das Gelingen des großen Werkes, reden die Spitzel auf Morgan ein, daß er Maria Stuart veranlasse, an Babington einige anfeuernde Worte zu schreiben.

Morgan zögert. Es ist, als ob er in einem lichten Augenblicke das Spiel Walsinghams durchschaut hätte. Jedoch die Lockspitzel drängen und drängen, es handle sich doch nur um einige formelle Zeilen. Schließlich gibt Morgan nach; aber um sie vor irgendeiner Unvorsichtigkeit zu bewahren, schreibt er Maria Stuart den Textentwurf jenes Briefes an Babington vor. Und die Königin, die ihrem Agenten unbedingt vertraut, kopiert wortgetreu dieses Schreiben an Babington.

Jetzt ist glücklich die von Walsingham erstrebte Verbindung zwischen Maria Stuart und der Verschwörung hergestellt. Zunächst bewährt sich noch Morgans Vorsicht, denn jener erste Brief Maria Stuarts an ihren Helfer ist trotz aller Wärme unverbindlich und unverfänglich gehalten. Walsingham aber braucht Unvorsichtigkeiten, klare Geständnisse und den unverhohlenen »consent« zu dem geplanten Attentat. In seinem Auftrag schwenken jetzt seine Agenten wieder auf den andern Flügel um. Gifford drängt den unseligen Babington, jetzt, da die Königin ihm so großherzig ihr Vertrauen offenbart habe, sei es eine unbedingte Pflicht, sie ebenso vertrauensvoll in seine Absichten einzuweihen. Ein derart gefährliches Unterfangen wie ein Attentat auf Elisabeth dürfe nicht unternommen werden ohne das Einverständnis Maria Stuarts; wozu habe man durch den braven Fuhrwerker einen sicheren Weg, wenn nicht, um mit ihr ungehindert alle Einzelheiten zu vereinbaren und ihre Weisungen entgegenzunehmen? Babington, ein reiner Tor, mehr verwegen als besonnen, geht plump in die Falle. Er sendet ein langes Schreiben an seine très chère souveraine, in dem er ihr bis in jede Einzelheit die vorbereiteten Pläne enthüllt. Warum soll die Unglückselige sich nicht freuen? Warum soll sie nicht schon im voraus wissen, daß die Stunde ihrer Befreiung nahe ist. So arglos, als ob Engelsboten auf unsichtbaren Wegen Maria Stuart seine Worte zutragen würden, und völlig ahnungslos, daß Spione und Agenten auf jedes seiner Worte möderisch lauern, erläutert der arme Narr in einem langen Brief den Kriegsplan der Verschwörung. Er berichtet, daß er selbst mit zehn Edelleuten und hundert Helfern sie durch einen kühnen Überfall aus Chartley herausholen wolle, während gleichzeitig sechs Edelleute in London, alle seine guten und verläßlichen Freunde und ergeben der katholischen Sache, die »Usurpatorin« beiseite schaffen würden. Eine feurige Entschlossenheit, ein volles Bewußtsein der eigenen Gefahr lodert aus diesem unsinnig freimütigen Briefe, den man wirklich nur mit Ergriffenheit lesen kann. Und es würde ein kaltes Herz, eine arme nüchterne Seele erfordern, ein solches Bekenntnis ritterlicher Bereitschaft aus feiger Vorsicht ohne Antwort und Ermutigung zu lassen.

Auf diese Feurigkeit des Herzens, auf diese oft erprobte Unvorsichtigkeit Maria Stuarts rechnet Walsingham. Wenn sie diese Mordankündigung Babingtons zustimmend zur Kenntnis nimmt, dann ist er am Ziele. Dann hat Maria Stuart die Mühe überflüssig gemacht, sie heimlich ermorden zu lassen. Dann hat sie sich selbst die Schlinge um den Hals gelegt.

Der verhängnisvolle Brief ist abgegangen. Gifford, der Spion, hat ihn sofort der Staatskanzlei übergeben, dort hat man ihn sorgfältig dechiffriert und kopiert. Äußerlich unversehrt wird er an die Ahnungslose auf dem Wege über das Bierfaß gesandt. Am 10. Juli hält ihn Maria Stuart in Händen, und ebenso erregt warten zwei Menschen in London, ob und wie sie ihn beantworten wird, Cecil und Walsingham, die Erfinder, die Leiter dieses meuchelmörderischen Komplotts. Der Augenblick der höchsten Spannung ist gekommen, die zitternde Sekunde, da der Fisch schon an dem Köder knabbert: Wird er ihn fassen? Wird er ihn lassen? Es ist ein grauenhafter Moment, aber trotz allem: man kann Cecils und Walsinghams politische Methode je nach Belieben bewundern oder verwerfen. Denn so widrig die Mittel sind, die er zur Vernichtung Maria Stuarts anwenden läßt, Cecil, der Staatsmann, dient immerhin einer Idee; für ihn ist die Beiseiteschaffung der Erbfeindin des Protestantismus eine unaufschiebbare staatspolitische Notwendigkeit. Und von Walsingham, von einem Polizeiminister, kann man schwer verlangen, er solle auf Spionage verzichten und sich ausschließlich moralischer Methoden bedienen.

Aber Elisabeth? Weiß sie, die sonst bei jeder Handlung ihres Lebens ängstlich auf die Nachwelt blickt, daß hier hinter den Kulissen eine Mordmaschine aufgebaut wird, die heimtückischer ist und gefährlicher als jedes Schafott? Geschehen diese widrigen Praktiken ihrer Staatsräte mit ihrem Wissen und Willen? Welche Rolle – die Frage muß gestellt werden – hat die Königin von England bei diesem erbärmlichen Komplott gegen ihre Rivalin gespielt?

Die Antwort fällt nicht schwer: eine Doppelrolle. Zwar haben wir klares Zeugnis, daß Elisabeth von den ganzen Machenschaften Walsinghams gewußt, daß sie vom Anfang bis zum Ende Zug um Zug und Einzelheit um Einzelheit die Lockspitzelpraktiken Cecils und Walsinghams geduldet, gebilligt und vielleicht sogar freudig gefördert hat; nie wird sie die Geschichte von der Schuld freisprechen können, daß sie zugesehen oder sogar mitgeholfen hat, wie die ihr anvertraute Gefangene tückisch in das Verderben gelockt wurde. Aber doch – man muß es immer wiederholen –, Elisabeth wäre nicht Elisabeth, wenn sie eindeutig handelte. Fähig jeder Lüge, jeder Verstellung, jedes Betruges, war diese merkwürdigste aller Frauen keineswegs gewissenlos und niemals eindeutig unmoralisch und ungroßmütig. Immer gewinnt in entscheidenden Augenblicken eine gewisse Generosität des Herzens über sie Gewalt. Auch diesmal spürt man ein Unbehagen, von so niedriger Praktik Vorteil zu ziehen. Denn plötzlich macht sie, während ihre eigenen Diener das Opfer umgarnen, eine überraschende Wendung zugunsten der Gefährdeten. Sie läßt den französischen Gesandten rufen, der die ganze Korrespondenz Maria Stuarts von und nach Chartley vermittelt, ohne zu ahnen, daß er sich dabei Walsinghams gekaufter Kreaturen als Boten bedient. »Herr Gesandter«, sagt sie ihm klipp und klar, »Sie verständigen sich sehr häufig mit der Königin von Schottland. Aber glauben Sie mir, ich weiß alles, was in meinem Königreiche vorgeht. Ich war selbst eine Gefangene zur Zeit, da meine Schwester als Königin regierte, und ich weiß genau, welche künstlichen Wege Gefangene finden, um Diener zu gewinnen und geheime Verständigungen zu erlangen.« Mit diesen Worten hat Elisabeth ihr Gewissen beschwichtigt. Sie hat den französischen Gesandten und damit Maria Stuart klar und deutlich gewarnt. Sie hat soviel gesagt, wie sie sagen durfte, ohne ihre eigenen Leute zu verraten. Wenn Maria Stuart nun nicht abläßt, so kann sie immerhin ihre Hände in Unschuld waschen und stolz sagen: Ich habe sie noch im letzten Augenblicke gewarnt.

Aber auch Maria Stuart wäre nicht Maria Stuart, wenn sie sich warnen und abmahnen ließe, wenn sie jemals vorsichtig handelte und besonnen. Zwar bestätigt sie Babingtons Brief zunächst nur mit einer Zeile, die, wie Cecils

Abgesandter schwer enttäuscht meldet, noch nicht »her very heart«, ihre innere Einstellung zu dem Mordplan ausspricht. Sie zögert, sie schwankt, ob sie sich anvertrauen solle, und auch ihr Sekretär Nau rät ihr dringend ab, in so kompromittierender Sache ein Wort schriftlich zu geben. Aber der Plan ist zu verlockend, der Ruf zu verheißungsvoll, als daß Maria Stuart ihrer verhängnisvollen Lust am Diplomatisieren und Intrigieren widerstehen könnte. »Elle s'est laissée aller à l'accepter«, vermerkt Nau mit sichtlichem Unbehagen. Drei Tage schließt sie sich mit ihren Geheimsekretären Nau und Curle in ihrem Zimmer ein und beantwortet ausführlich und Punkt für Punkt die einzelnen Vorschläge. Am 17. Juli, wenige Tage nachdem sie Babingtons Brief erhalten, wird ihre Antwort auf dem gewohnten Wege über das Bierfaß abgesandt.

Aber diesmal muß der Unglücksbrief nicht weit reisen. Er wandert gar nicht bis London, wo sonst immer die Geheimkorrespondenz Maria Stuarts in der Staatskanzlei entziffert wird. Denn in ihrer Ungeduld, die Entscheidung schon früher zu erfahren, haben Cecil und Walsingham den mit der Dechiffrierung beauftragten Sekretär Phelippes gleich nach Chartley gesandt, damit er die Antwort gewissermaßen noch vom feuchten Briefblatt übertrage. Ein merkwürdiger Zufall will, daß bei einer Wagenausfahrt Maria Stuart dieses Todesboten ansichtig wird. Der fremde Besucher fällt ihr auf. Aber da der pockennarbige, häßliche Bursche (sie beschreibt sein Gesicht in einem Brief) sie mit einem leisen Lächeln begrüßt – er kann seine Schadenfreude nicht verhalten –, glaubt Maria Stuart, von Hoffnung umnebelt, er sei ein Abgesandter ihrer Freunde, der sich hergeschlichen habe, um das Terrain auszukundschaften für die beabsichtigte Befreiung. Doch dieser Phelippes hat viel Gefährlicheres auszukundschaften. Kaum ist ihr Brief aus dem Bierfaß geholt, so macht er sich gierig an die Arbeit des Dechiffrierens. Die Beute ist gefaßt, nun gilt es, sie schleunigst auszuweiden. Satz um Satz ist rasch entziffert. Erst kommen nur allgemeine Worte. Maria Stuart dankt Babington und macht drei verschiedene Vorschläge für den Handstreich, der sie aus Chartley gewaltsam herausholen soll. Das ist interessant für den Spion, aber noch nicht das Wichtigste, das Entscheidende. Dann aber stockt Phelippes Herz vor böser Freude: endlich ist er auf die Stelle gestoßen, die schwarz auf weiß den seit Monaten von Walsingham gewünschten und herausgelockten »consent« Maria Stuarts zur Ermordung Elisabeths enthält. Denn kühl und sachlich beantwortet Maria Stuart Babingtons Mitteilung, daß die sechs Edelleute Elisabeth in ihrem Palaste niederstoßen würden, mit der Anweisung: »Dann muß man also die sechs Edelleute ans Werk schicken und Auftrag geben, daß nach Erledigung ihres Unternehmens ich sofort von hier weggeschafft werde ... ehe mein Wächter davon verständigt ist.« Mehr war nicht vonnöten. Damit hat Maria Stuart »her very heart« verraten, sie hat den Mordplan gebilligt, jetzt ist endlich die Polizeiverschwörung Walsinghams gelungen. Beglückwünschend schütteln sich Auftraggeber und Helfershelfer, Herren und Diener, die schmutzigen und bald mit Blut befleckten Hände. »Jetzt besitzen Sie genug von ihren Papieren«, schreibt triumphierend Phelippes, die Kreatur Walsinghams, an seinen Herrn. Auch Amyas Poulet, der ahnt, daß er bald durch die Hinrichtung des Opfers seines Kerkermeisteramtes ledig sein wird, gerät in geradezu fromme Erregung. »Gott hat meine Anstrengungen gesegnet«, schreibt er, »und ich freue mich, daß er meine treuen Dienste so belohnt.«

Jetzt, da der Paradiesvogel ins Netz gegangen ist, brauchte eigentlich Walsingham nicht länger zu zögern. Sein Plan ist gelungen, sein schäbiges Geschäft verrichtet;

aber so sicher ist er jetzt seiner Sache, daß er sich die finstere Lust leisten kann, noch einige Tage mit seinen Opfern zu spielen. Er läßt noch Babington ungehindert den (längst kopierten) Brief Maria Stuarts zustellen; es kann nicht schaden, denkt Walsingham, wenn er ihn abermals beantwortet und damit den Anklagedossier um ein Stück vermehrt. Doch an irgendeinem Zeichen muß inzwischen Babington erkannt haben, daß ein böses Auge in sein Geheimnis blicke. Eine sinnlose Angst überfällt plötzlich den verwegenen Menschen, denn auch der Tapferste fühlt die Nerven beben, wenn er von einer unsichtbaren, einer unfaßbaren Gewalt gepackt wird. Wie eine gehetzte Ratte jagt er hin und her. Er nimmt ein Pferd und reitet ins Land hinein, um zu flüchten. Dann kehrt er plötzlich nach London zurück und erscheint – ein Dostojewskij-Augenblick – gerade bei dem Menschen, der mit seinem Schicksal spielt, bei Walsingham, unbegreifliche und doch begreifliche Flucht eines Verstörten zu seinem gefährlichsten Feind. Offenbar will er aus Walsingham herausbekommen, ob man schon irgendeinen Verdacht gegen ihn hege. Der Polizeimeister aber, kühl und gelassen, verrät sich nicht, er läßt ihn ruhig gehen: besser, dieser Narr schafft durch Unvorsichtigkeit noch neuen Beweis. Jedoch Babington spürt schon die Hand im Dunkeln. Hastig schreibt er ein Billett an einen Freund, in dem er, um sich selber Mut zu machen, wirklich heroische, wirklich römische Worte findet. »Der feurige Ofen ist vorbereitet, in dem unser Glaube seine Probe ablegen muß.« Gleichzeitig beruhigt er mit einem letzten Wort Maria Stuart, sie möge vertrauen. Aber Walsingham hat jetzt genug an Beweismaterial, mit einem Hiebe schlägt er zu. Einer der Verschwörer wird festgesetzt, und kaum erhält Babington davon Nachricht, so weiß er, daß alles verloren ist. Noch eine letzte verzweifelte Tat schlägt er seinem Kameraden Savage vor, geradeaus in den Palast zu eilen und Elisabeth niederzustoßen. Aber schon ist es zu spät, schon sind die Schergen Walsinghams hinter ihnen her, und nur durch eine verwegene Entschlossenheit gelingt es beiden, im Augenblick, da man sie festnehmen will, zu flüchten. Aber wohin? Alle Straßen sind gesperrt, alle Häfen gewarnt, und sie haben nicht Zehrung noch Geld. Zehn Tage verstecken sie sich in St. John's Wood, das damals nahe bei London und heute mitten im Herzen Londons liegt, zehn Tage des Grauens, der ausweglosen Angst. Jedoch der Hunger würgt sie unbarmherzig; schließlich treibt sie die Not in ein Freundeshaus, wo sie Brot und letzte Kommunion empfangen; dort werden sie verhaftet und in Ketten durch die Stadt geführt. In einem Gefängnis des Tower haben diese kühnen, jungen, gläubigen Menschen Folter und Richtspruch zu erwarten, über ihren Häuptern aber donnern die Glocken von London Triumph. Mit Freudenfeuern und festlichen Umzügen feiert die Bevölkerung die Rettung Elisabeths, die Vernichtung der Verschwörung und Maria Stuarts Untergang.

Inzwischen erlebt die ahnungslose Gefangene in ihrem Schloß von Chartley seit Jahren und Jahren wieder Stunden freudiger Erregung. Alle ihre Nerven sind gespannt. Jede Stunde muß ja der Reiter heransprengen mit der Mitteilung, daß jenes »desseing effectué« sei, heute, morgen, übermorgen kann sie, die Gefangene, eingeholt werden nach London in das Herrscherschloß, schon träumt sie, wie Adel und Bürgerschaft festlich geschmückt sie an den Stadttoren erwarten, wie jubelnd die Glocken dröhnen. (Sie weiß ja nicht, die Unselige, daß in Wahrheit schon die Glocken schwingen und von den Türmen klingen, um Elisabeths Errettung zu feiern.) Ein Tag noch, zwei Tage, und alles ist vollendet, England und Schottland werden vereint sein unter ihrer Königskrone, der katholische Glaube der ganzen Welt wiedergegeben.

Kein Arzt kennt ein so heilkräftiges Mittel für einen ermüdeten Leib, für eine ermattete Seele wie Hoffnung. Seit Maria Stuart, immer wieder leichtgläubig und vertrauensvoll, sich ihrem Triumphe so nahe wähnt, geht eine völlige Wandlung in ihr vor. Eine neue Frische, eine andere Art Jugend hat sie plötzlich überkommen, und die in den letzten Jahren ständig unter Erschöpfungen litt, die kaum eine halbe Stunde gehen konnte, ohne über Schmerzen in der Seite, über Müdigkeit und Rheumatismus zu klagen, jetzt schwingt sie sich wieder auf das Pferd. Selbst erstaunt über die überraschende Erneuerung, schreibt sie (während schon die Sense über die Verschwörung geschwungen ist), an ihren »good Morgan«: »Ich danke Gott, daß er mich noch nicht so tief heruntergebracht hat und daß ich noch meine Armbrust handhaben kann, um einen Hirsch zu töten und zu Roß hinter den Hunden herzujagen.«

Deshalb nimmt sie auch als willkommene Überraschung die Einladung des sonst so unfreundlichen Amyas Poulet an – ach, der dumme Puritaner ahnt nicht, denkt sie, wie bald seine Kerkermeisterei zu Ende sein wird –, am 8. August eine Jagdpartie in das benachbarte Schloß von Tixall zu unternehmen. Eine stattliche Kavalkade wird gerüstet, der Hofmarschall, ihre beiden Sekretäre, ihr Arzt schwingen sich aufs Pferd, sogar Amyas Poulet, an diesem Tage besonders zugänglich und freundlich, begleitet mit einigen seiner Offiziere den munteren Zug. Herrlich ist der Morgen, strahlend und warm, die Felder saftig und grün. Scharf gibt Maria Stuart ihrem Pferde die Sporen, um das Gefühl des Lebens, des Freiseins in diesem Schwunge und Sausen stärker, beglückter zu spüren. Seit Wochen, seit Monaten war sie nicht so jung, nie in all diesen düsteren Jahren so heiter und frisch wie an diesem prachtvollen

Morgen. Alles scheint ihr schön, alles leicht; wem Hoffnung das Herz beschwingt, der fühlt sich gesegnet.

Vor den Toren von Tixall Park lockert sich der scharfe Ritt, die Pferde gehen über in sanften Trab. Plötzlich schlägt Maria Stuart das Herz. Vor der Pforte des Schlosses wartet eine ganze Anzahl berittener Männer. Sind das – o glückseliger Morgen! – nicht schon am Ende die Freunde, Babington und seine Gefährten? Wird so vorzeitig die heimliche Verheißung des Briefes erfüllt? Aber sonderbar: nur einer von den wartenden Reitern löst sich von der Gruppe, langsam und merkwürdig feierlich trabt er heran, dann lüftet er den Hut und verbeugt sich, Sir Thomas George. Und im nächsten Augenblick fühlt Maria Stuart den Herzschlag aussetzen, der soeben noch so heiterheftig pochte. Denn Sir Thomas George teilt ihr in knappen Worten mit, daß Babingtons Komplott aufgedeckt sei und er Auftrag habe, ihre beiden Sekretäre festzunehmen.

Maria Stuart versagt das Wort. Jedes Ja, jedes Nein, jede Frage, jede Klage könnte sie verraten. Noch ahnt sie vielleicht nicht den ganzen Umfang der Gefahr, aber bald muß grausamer Verdacht sie überkommen, da sie bemerkt, daß Amyas Poulet keinerlei Anstalten trifft, mit ihr nach Chartley zurückzureiten. Nun erst erfaßt sie den Sinn dieser Jagdeinladung: man wollte sie vom Hause weglocken, um ungehindert ihre Gemächer zu durchsuchen. Gewiß werden jetzt alle ihre Papiere durchwühlt und geprüft, die ganze diplomatische Kanzlei ausgehoben, die sie mit ihrem souveränen Sicherheitsgefühl so offen geführt, als wäre sie noch Herrscherin und nicht Gefangene in fremdem Land. Aber es wird ihr reichlich und überreichlich Zeit gegeben, über alle diese Fehler und Versäumnisse nachzudenken, denn siebzehn Tage hält man sie in Tixall zurück, ohne ihr die Möglichkeit zu lassen, eine Zeile zu schreiben oder eine Zeile zu empfangen. Alle ihre Geheimnisse, sie weiß es, sind jetzt verraten, jede Hoffnung zernichtet. Wieder ist sie eine Stufe tiefer gesunken, sie ist nicht Gefangene mehr, sondern schon Angeklagte.

Maria Stuart ist eine andere, wie sie, siebzehn Tage später, nach Chartley zurückkehrt. Nicht mehr in frohem Galopp, den Wurfspieß in der Hand, umschart von ihren verläßlichen Freunden, reitet sie durch den Torweg, sondern langsam, wortlos, zwischen strengen Wächtern und Feinden, eine müde, enttäuschte, gealterte Frau, die weiß, daß sie nichts mehr zu erhoffen hat. Ist sie wirklich erstaunt, alle Koffer und Schränke aufgebrochen, alle Schriftstücke und Briefe, die sie zurückgelassen, weggeräumt zu finden? Ist sie verwundert, daß mit Tränen und verzweifelten Blicken die wenigen Getreuen ihrer Hofhaltung sie begrüßen? Nein, sie weiß, jetzt ist alles vorüber, alles zu Ende. Aber ein unvermutetes kleines Begebnis hilft ihr über die erste dumpfe Verzweiflung. Unten in der Gesindestube stöhnt eine Frau in den Wehen, die Gattin Curles, ihres getreuen Sekretärs, den man nach London geschleppt, damit er Zeugnis gegen sie leiste und sie verderben helfe. Allein liegt die Frau, kein hilfreicher Arzt ist zu finden und kein Priester. So geht die Königin in der ewigen Schwesternschaft der Frauen und des Unglücks hinab, um der Kreißenden zu helfen, und da kein Priester zur Stelle ist, gibt sie selber dem Kinde mit der Taufe den christlichen Willkomm in diese Welt.

Noch ein paar Tage bleibt Maria Stuart in diesem verhaßten Schlosse, dann kommt Befehl, sie in ein anderes zu überführen, wo sie noch sicherer, noch abgeschlossener von der Welt sein soll. Fotheringhay hat man für sie gewählt, von den vielen Schlössern, durch die Maria Stuart als Gast und als Gefangene, als Königin und als Gedemütigte gegangen, das letzte. Die Wanderung ist zu Ende, bald wird der Unruhigen Ruhe gegönnt sein.

Aber all dies, was schon letzte Tragik scheint, ist doch nur lindes Leiden, verglichen mit den grauenhaften Qualen, welche man in diesen Tagen den unseligen jungen Menschen bereitet, die opfervoll für Maria Stuart ihr Leben gewagt. Immer wird die Weltgeschichte ungerecht und unsozial geschrieben, denn fast immer schildert sie nur die Not der Mächtigen, Triumph und Tragik der Fürsten dieser Erde. Gleichgültig aber schweigt sie vorbei an den andern, den Kleinen im Dunkel, als ob nicht Qual und Marter in dem einen irdischen Leibe die gleiche wäre wie in dem andern. Babington und neun seiner Gefährten – wer kennt, wer nennt noch heute ihre Namen, indes das Schicksal der Königin an unzähligen Bühnen, in Büchern und Bildern sich verewigt! – erleiden in drei Stunden entsetzlicher Tortur mehr körperliche Qual als Maria Stuart in all den zwanzig Jahren ihres Unglücks. Dem Gesetz nach wäre ihnen zwar nur Tod durch den Galgen zubestimmt, aber das scheint den Anstiftern des Komplotts zuwenig für diejenigen, die sich von ihnen anstiften ließen. Gemeinsam mit Cecil und Walsingham bestimmt Elisabeth selbst – neuerdings ein dunkler Fleck auf ihrer Ehre –, daß die Hinrichtung Babingtons und seiner Gefährten durch besonders raffinierte Torturen zu tausendmaligem Tod verlängert werden solle. Sechs dieser jungen gläubigen Menschen, darunter zwei halbe Knaben, die nichts anderes begingen, als ihrem Freunde Babington, als er auf der Flucht vor ihrem Haus bettelte, ein paar Stücke Brot zu gewähren, werden, um dem Gesetz Genüge zu tun, zuerst für einen Augenblick gehenkt, dann aber noch lebend abgeschnitten, damit die ganze Teuflischkeit eines barbarischen Jahrhunderts sich an ihren fühlenden, an ihren unsagbar leidenden Körpern austoben könne. Mit gräßlicher Beharrlichkeit setzt die scheußliche Metzgerarbeit des Henkers ein. So langsam und so schmerzhaft werden die Opfer bei lebendigem

Leibe zerstückelt, daß selbst der Abhub des Londoner Pöbels von Grauen erfaßt wird und man genötigt ist, den andern am nächsten Tage die Martern zu verkürzen. Noch einmal ist eine Richtstatt mit Blut und Grauen überschwemmt worden für diese Frau, der magische Schicksalsmacht gegeben war, immer wieder eine neue Jugend in ihren Untergang zu ziehen. Noch einmal, aber zum letzten Male! Denn nun ist der große Totentanz zu Ende, der mit Chastelard begonnen. Nun wird niemand mehr kommen, sich für ihren Traum von Macht und Größe aufzuopfern. Nun wird sie selber das Opfer sein.

Zweiundzwanzigstes Kapitel

Elisabeth gegen Elisabeth

August 1586 bis Februar 1587

Endlich ist das Ziel erreicht. Maria Stuart ist in die Falle gegangen, sie hat den »consent« gegeben, sie hat sich schuldig gemacht. Jetzt brauchte Elisabeth eigentlich sich um nichts mehr zu bekümmern, für sie entscheidet und handelt die Justiz. Der Kampf eines Vierteljahrhunderts ist zu Ende, Elisabeth hat gesiegt, sie dürfte frohlocken wie das Volk, das lärmend und begeistert in den Straßen Londons die Errettung seiner Herrscherin aus Mordgefahr und den Triumph der protestantischen Sache feiert. Aber aller Erfüllung ist immer Bitternis geheimnisvoll beigemengt. Gerade jetzt, da Elisabeth zuschlagen könnte, bebt ihr die Hand. Tausendmal leichter war es gewesen, die Unvorsichtige in die Falle zu locken, als nun die wehrlos Verstrickte zu töten. Hätte Elisabeth gewaltsam die unbequeme Gefangene aus dem Wege schaffen wollen, so waren ihr längst hundert unauffällige Möglichkeiten geboten. Schon vor fünfzehn Jahren hatte das Parlament verlangt, man solle Maria Stuart mit der Axt die letzte Warnung geben, und von seinem Totenbette hatte John Knox noch Elisabeth beschworen: »Wenn sie nicht die Wurzel treffen, werden die Zweige wieder Knospen treiben, und das schneller, als man sich vorstellen kann.« Aber immer hatte sie geantwortet, »sie könne den Vogel nicht töten, der vor dem Habicht hilfesuchend zu ihr geflohen sei«. Jedoch jetzt gibt es keine Wahl mehr als Gnade oder Tod, jetzt steht sie drängend vor ihr, die immer weggeschobene und doch unaufschiebbare Entscheidung. Elisabeth erschauert vor ihr, sie weiß, welche ungeheuren und kaum übersehbaren Weiterungen ihr Richtspruch enthält. Wir von heute vermögen das Gewichtige, Revolutionäre jener Entscheidung kaum mehr nachzuempfinden, die damals noch die ganze gültige Hierarchie der Welt erschütterte. Denn eine gesalbte Königin unter das Beil zu drücken bedeutet nicht weniger, als den bislang hörigen Völkern Europas darzutun, daß auch der Monarch eine richtbare, eine hinrichtbare Person darstelle und keine unantastbare – darum steht bei Elisabeths Entschließung nicht ein sterblicher Mensch in Frage, sondern eine Idee. Auf Hunderte Jahre muß das Präjudiz sich als Warnung für alle Könige dieser Erde auswirken, daß schon einmal ein gekröntes Haupt auf dem Schafott gefallen ist; keine Hinrichtung Karls I., des Stuartenkels, ohne die Berufung auf dieses Beispiel; kein Ludwig XVI. und keine Marie Antoinette wiederum ohne Karls I. Geschick. Mit ihrem weiten Blick, mit ihrem starken menschlichen Verantwortungsgefühl ahnt Elisabeth etwas von der Unwiderruflichkeit ihres Entschlusses, sie zögert, sie zagt, sie schwankt, sie verschiebt und vertagt. Noch einmal, und noch leidenschaftlicher als jemals zuvor, beginnt in ihr der Widerstreit der Vernunft gegen das Gefühl, der Kampf Elisabeths gegen Elisabeth. Und immer ist es ein erschütterndes Schauspiel, einen Menschen im Kampf mit seinem Gewissen zu sehen.

Bedrängt von diesem Zwiespalt ihres Wollens und Nichtwollens, will Elisabeth zum letztenmal dem Unvermeidlichen ausweichen. Immer hat sie die Entscheidung von sich weggestoßen, immer wieder war sie in ihre Hand zurückgefallen. So versucht sie noch einmal in letzter Stunde, sich zu entlasten und die Verantwortung Maria Stuart zuzuschieben. Sie schreibt an sie einen (nicht erhaltenen) Brief, in dem sie ihr nahelegt, sie möge ihr in einem privaten Schreiben ein klares Geständnis über ihre

Teilnahme an der Verschwörung übermitteln, Königin zu Königin, und damit sich lieber ihrem persönlichen Urteil anheimgeben als dem eines öffentlichen Gerichts.

Dieser Vorschlag Elisabeths stellte in der Tat die einzig mögliche Lösung dar, die jetzt noch zu finden wäre. Nur sie könnte Maria Stuart die Erniedrigung des öffentlichen Verhörs ersparen, die Verurteilung und die Hinrichtung. Für Elisabeth wiederum bedeutete es unermeßliche Sicherung, durch ein eigenhändig geschriebenes kompromittierendes Geständnis die unbequeme Prätendentin gleichsam in moralischem Gewahrsam zu halten. Maria Stuart könnte wahrscheinlich dann ruhig irgendwo im Dunkel weiterleben, wehrlos durch ihr Bekenntnis, und Elisabeth ruhig im Licht und auf der Höhe ihrer Herrschaft. Dauernd wären die Rollen verteilt, nicht mehr nebeneinander und gegeneinander würden sie in der Geschichte stehen, Elisabeth und Maria Stuart, sondern die Schuldige läge auf den Knien vor der Verzeihenden, die Begnadigte vor der Retterin ihres Lebens.

Aber Maria Stuart will gar nicht mehr gerettet sein. Immer war ihre stärkste Kraft der Stolz, und eher wird sie das Knie beugen vor dem Schafott als vor einer Protektorin, lieber unsinnig leugnen als klar bekennen, lieber zugrunde gehen als sich demütigen. So schweigt Maria Stuart stolz zu diesem Angebot, das sie zugleich erretten und erniedrigen soll. Sie weiß, als Herrscherin hat sie verspielt; nur eine Macht ist ihr noch auf Erden geblieben: Elisabeth, ihre Gegnerin, ins Unrecht zu setzen. Und da sie als Lebende ihre Feindin nicht mehr zu schädigen vermag, faßt sie entschlossen diese letzte Waffe: Elisabeth als Mitleidslose vor der Welt schuldig zu machen und sie zu beschämen durch einen glorreichen Tod.

Maria Stuart hat die dargereichte Hand zurückgestoßen; nun muß Elisabeth, gedrängt von Cecil und Walsingham, den Weg gehen, der ihr eigentlich verhaßt ist. Um dem beabsichtigten Prozeßverfahren eine rechtliche Grundlage zu verleihen, werden zunächst die Kronjuristen berufen, und Kronjuristen fällen fast immer gehorsam jene Entscheidung, welche der jeweilige Kronträger verlangt. Eifrig durchstöbern sie die Geschichte nach Präzedenzfällen, ob schon vordem Könige einem ordentlichen Gericht unterworfen worden seien, damit die Anklage keinen zu sichtbaren Bruch mit der Tradition, kein Novum darstelle. Aber die Beispiele, die sie herauskratzen, sind recht kümmerlich: Cajetanus, ein kleiner Tetrarch zur Zeit Cäsars, der ebenso unbekannte Licinius, ein Schwager Konstantins, schließlich Konradin von Hohenstaufen und Johanna von Neapel – das sind die einzigen Fürsten, die nachweisbar durch einen Rechtsspruch vom Leben zum Tode gebracht wurden. In ihrer servilen Willensbeflissenheit gehen die Juristen aber sogar so weit, das von Elisabeth vorgeschlagene Adelsgericht für überflüssig zu erklären; nach ihrem Gutachten genügte es, Maria Stuart, da ihr »Verbrechen« in Staffordshire begangen worden sei, vor die gewöhnliche Bürgerjury dieses Distriktes zu stellen. Aber ein so demokratisches Rechtsverfahren paßt Elisabeth ganz und gar nicht. Sie hält auf Formen, sie will, daß eine Tudorsenkelin und Stuartstochter wirklich königlich, daß sie in Würden und Ehren, mit Pomp und Pracht, mit allem Respekt und aller Reverenz, die einer Fürstin gebühren, beiseite geschafft werde und nicht durch das Verdikt von ein paar Bauern und Krämern. Zornig fährt sie auf die Übereifrigen los: »Das wäre fürwahr ein schönes Verfahren gegen eine Prinzessin. Ich halte es für richtig, um solche Absurditäten (wie die Verurteilung durch zwölf Bürger) zu vermeiden, die Überprüfung einer so gewichtigen Sache einer reichlichen Zahl der edelsten Personen und Richter dieses Landes zu übertragen. Denn wir Fürstinnen sind auf die

Bühne der Welt in volle Sicht der Welt gestellt.« Einen königlichen Prozeß, eine königliche Hinrichtung, ein königliches Begräbnis will sie für Maria Stuart und beruft darum einen Adelsgerichtshof, ausgewählt aus den besten und vornehmsten Männern der Nation.

Jedoch Maria Stuart zeigt keine Neigung, auch von den blaublütigsten Untertanen ihrer Schwesterkönigin sich verhören oder aburteilen zu lassen. »Wie«, fährt sie die Abgesandten an, die sie in ihrem Zimmer empfängt, ohne ihnen einen Schritt entgegenzugehen, »weiß Ihre Herrin nicht, daß ich als Königin geboren bin? Glaubst sie, daß ich meine Stellung, meinen Staat, das Geschlecht, von dem ich stamme, den Sohn, der mir nachfolgen wird, die Könige und fremden Prinzen, deren Rechte in meiner Person erniedrigt werden, herabwürdigen werde, indem ich einer solchen Ladung Folge leiste? Nein! Niemals! So gebeugt ich auch scheinen mag, mein Herz ist aufrecht und wird sich keiner Erniedrigung unterwerfen.«

Aber ewiges Gesetz: weder Glück noch Unglück können einen Charakter vollkommen verändern. Immer bleiben die Vorzüge, immer die Fehler Maria Stuarts dieselben. Immer wird sie in gefährlichen Augenblicken große Haltung zeigen, aber immer dann zu lässig sein, ihre anfängliche Festigkeit gegen längeren Druck durchzuhalten. Wie in dem Prozeß von York läßt sie sich abermals von ihrem Standpunkt der unantastbaren Souveränität schließlich abdrängen und gibt damit die einzige Waffe aus der Hand, die Elisabeth fürchtet. Nach langem schwerem Kampf erklärt sie sich bereit, den Abgesandten Elisabeths Rede zu stehen.

Am 14. August bietet die Halle des Schlosses von Fotheringhay ein feierliches Bild. An der Endwand des Saales ist ein Thronhimmel aufgerichtet über einem Prunkfauteuil, der alle diese tragischen Stunden leer bleiben wird; nur als Symbol soll durch dieses Armsessels stumme Gegenwart dargetan sein, daß unsichtbar die Königin von England, Elisabeth, diesem Gericht vorsitzt und in ihrem Sinn und Namen der endgültige Spruch gefällt wird. Rechts und links neben der Estrade sind in der Ordnung ihres Ranges die verschiedenen Mitglieder des Gerichts aufgestellt, in der Mitte des Raumes steht ein Tisch für die Generalankläger, Untersuchungsrichter, die Rechtspersonen und Protokollschreiber.

In diesen Raum wird Maria Stuart, wie immer in diesen Jahren in strenges Schwarz gekleidet, am Arme ihres Haushofmeisters geführt. Beim Eintreten wirft sie einen Blick auf die Versammlung und sagt verächtlich: »Wie viele Rechtskundige hier sind, und doch kein einziger für mich.« Dann schreitet sie zu einem Fauteuil, den man ihr wenige Schritte vor dem Thronhimmel, aber einige Stufen unterhalb des leeren Thronsessels angewiesen hat. Die »overlordship«, dies immer wieder umkämpfte Oberrecht Englands über Schottland, nun wird es sinnlich sichtbar durch diese kleine taktische Anordnung, daß Elisabeths Sessel oberhalb des ihren steht. Aber auch eine Spanne vor ihrem Tod wird Maria Stuart diese Überordnung nicht anerkennen. »Ich bin Königin«, sagt sie laut genug, um gehört und verstanden zu werden, »ich war mit einem König von Frankreich vermählt, und mein Platz sollte dort oben sein.«

Nun beginnt die Verhandlung. Ebenso wie in York und Westminster wird der Prozeß unter Mißachtung auch der primitivsten Rechtsbegriffe inszeniert. Abermals hat man die Hauptzeugen – damals die Diener Bothwells, diesmal Babington und seine Gefährten – schon vor dem Prozeß mit verdächtiger Eile hingerichtet: nur ihre schriftlichen, in Todesnot abgepreßten Aussagen liegen auf dem Verhandlungstisch. Und weiterer Rechtsbruch: selbst die Belastungsdokumente, auf die hin Maria Stuart abgeurteilt werden soll, ihre Briefe an Babington und jene Babingtons an sie, werden unerklärlicherweise nicht aus den Originalen vorgelesen, sondern aus Abschriften. Mit Recht kann Maria Stuart Walsingham anfahren: »Wie kann ich sicher sein, daß man nicht meine Chiffrenzeichen gefälscht hat, um mich zum Tode verurteilen zu lassen?« Juridisch könnte eine Verteidigung hier kraftvoll einsetzen, und hätte man Maria Stuart einen Anwalt bewilligt, ihm würde es ein leichtes sein, auf solche offenkundige Rechtswidrigkeiten hinzuweisen. Aber Maria Stuart steht allein vor den Richtern, unkund der englischen Gesetze, ohne Kenntnis des Belastungsmaterials, und verhängnisvollerweise begeht sie den gleichen Fehler wie seinerzeit in York und Westminster. Sie beschränkt sich nicht darauf, einzelne wirklich verdächtige Tatsachen zu bestreiten, sondern sie leugnet alles en bloc, sie bestreitet auch das Unbestreitbare. Sie leugnet zunächst überhaupt, Babington jemals gekannt zu haben, und muß doch am zweiten Tage unter der Last der Beweise zugeben, was sie vorher abgestritten hatte. Damit verschlechtert sie ihre moralische Position, und es ist schon zu spät, wenn sie in letzter Minute wieder auf den alten Standpunkt zurückflüchtet, sie verlange »als Königin das Recht, daß man mir auf mein Königswort hin Glauben schenke«. Nichts hilft es mehr, daß sie ausruft: »Ich bin in dieses Land gekommen im Vertrauen auf die Freundschaft und die Versprechungen der Königin von England, und hier, Mylords« – bei diesen Worten zieht sie einen Ring vom Finger und zeigt ihn den Richtern –, »ist das Zeichen der Neigung und des Schutzes, das ich von Ihrer Königin empfangen habe.« Denn diese Richter wollen gar nicht das Recht verteidigen, das ewige und unbestreitbare, sondern einzig ihre eigene Königin, sie wollen ihrem Lande Ruhe schaffen. Das Urteil ist längst abgekartet, und als sich am 28. Oktober in der Starchamber von Westminster die Richter versammeln, bringt nur ein einziger, Lord Zouche, den Mut auf, zu erklären, er sei nicht völlig überzeugt, daß Maria Stuart der Königin von England nach dem Leben getrachtet habe. Damit beraubt er zwar den Schuldspruch seines schönsten Schmuckes, der Einstimmigkeit, aber die anderen erkennen gehorsam Maria Stuart schuldig. Und so setzt sich ein Schreiber hin und malt mit schönen Lettern den Spruch auf ein Pergament, daß »die genannte Maria Stuart, welche den Anspruch auf die Krone dieses Königreiches von England erhebe, verschiedene Pläne gebilligt und ausgedacht habe zu dem Zwecke, die königliche Person unserer Herrscherin, die Königin von England, zu verletzen, zu vernichten oder zu töten.« Und die Buße für ein solches Vergehen ist, das Parlament hat es im voraus beschlossen, der Tod.

Recht zu sprechen und das Urteil zu fällen war die Pflicht des versammelten Adelsgerichtes. Es hat auf Schuld und Tod erkannt. Aber Elisabeth, der Königin, ihr steht noch ein anderes Recht zu über dem irdischen, das hohe und heilige, das menschliche und großmütige, Gnade zu gewähren für erkannte Schuld. Einzig in ihrem Willen liegt es, den gesprochenen Tod wieder in lebendiges Leben zu verwandeln, abermals ist die verhaßte Entscheidung auf sie, und sie allein, zurückgefallen. Wie sich ihrer erwehren? Abermals steht Elisabeth gegen Elisabeth. Und wie in der antiken Tragödie die Chöre in Strophe und Gegenstrophe sich zur Rechten und Linken des von seinem Gewissen bedrängten Menschen, so erheben sich nun Stimmen von außen und innen, die einen zur Härte mahnend, die andern zur Nachsicht. Über ihnen allen aber steht im Unsichtbaren der Richter unseres irdischen Tuns, die Geschichte, die immer den Lebenden gegenüber schweigt und erst, wenn sie ihr Dasein vollendet, vor der Nachwelt ihre Taten wägt.

Die Stimmen zur Rechten sagen immer wieder unerbittlich und vernehmlich: Tod, Tod, Tod. Der Staatskanzler, der Kronrat, die nächsten Freunde, die Lords und die Bürger, das Volk, alle sehen sie nur die einzige Möglichkeit, Frieden für das Land und Ruhe für ihre Königin zu erlangen: wenn das Haupt Maria Stuarts fällt. Feierlich petitioniert das Parlament: »Wir bitten auf das untertänigste im Hinblick auf die Fortdauer der von uns bekannten Religion und im Hinblick auf die Sicherheit der königlichen Person und das Gemeinwohl des Reichs, daß Ihre Majestät schleunigen Befehl erteile, das Urteil gegen die schottische Königin öffentlich kundzugeben, und verlangen, da wir kein anderes Mittel kennen, die Sicherheit Ihrer Majestät zu gewährleisten, die gerechte und schleunige Hinrichtung der genannten Königin.«

Elisabeth ist dieses Drängen willkommen. Sie wünscht ja nichts sehnlicher, als der Welt zu erweisen, nicht sie verfolge Maria Stuart, sondern das englische Volk bestehe auf der Vollstreckung des richterlichen Spruchs. Und je lauter, je weiterhin hörbar, je sichtbarer dieses Lärmen wird, um so besser. Denn damit wird ihr Gelegenheit zu einer großen Arie der Güte und Menschlichkeit auf der »Bühne der Welt« gegeben, und als gelernte gute Schauspielerin nützt sie den gebotenen Anlaß bis zum Rande aus. Mit Ergriffenheit lauscht sie der beredten Mahnung des Parlaments, demütig dankt sie Gott, daß sein Wille sie aus dieser Lebensgefahr gerettet habe; dann aber erhebt sie die Stimme und spricht gleichsam über den Raum hinweg zur ganzen Welt und zur Geschichte, um sich freizusprechen von jeder Schuld an Maria Stuarts Geschick. »Obwohl mein Leben gefährlich bedroht wurde, bekenne ich hier, daß nichts mich mehr geschmerzt hat, als daß jemand meines Geschlechts, von gleichem Rang und Ursprung und mir so nahe blutsverwandt, eine so große Schuld auf sich geladen hat. So weit bin ich von jeder

Böswilligkeit entfernt gewesen, daß ich sofort nach der Entdeckung der gegen mich gerichteten verbrecherischen Handlungen ihr geheim schrieb, daß, wenn sie mir in einem vertraulichen Briefe ein Geständnis mache, alles im stillen erledigt werden sollte. Ich schrieb ihr das keineswegs, um sie in eine Falle zu locken, denn ich wußte damals schon alles, was sie mir überhaupt eingestehen konnte. Aber auch jetzt, da die Sache schon so weit gekommen ist, würde ich, wenn sie offene Reue bezeugen wollte und niemand mehr in ihrem Namen Ansprüche gegen mich geltend machte, ihr noch willig verzeihen, wenn nur mein Leben davon abhängen würde und nicht auch die Sicherheit und das Wohlergehen meines Staates. Denn nur für Euch und mein Volk wünsche ich noch zu leben.« Offen gesteht sie ein, wie sehr ihr Zögern beeinflußt sei von der Furcht vor dem Urteil der Geschichte. »Denn wir Prinzen stehen wie auf einer Bühne vor dem Blick und der Neugierde der ganzen Welt. Der kleinste Schmutzfleck auf unserem Gewande wird beobachtet, jede Schwäche in unseren Taten rasch bemerkt, und wir müssen daher besonders vorsichtig sein, daß unsere Handlungsweise immer gerecht und ehrenvoll sei.« Aus diesem Grunde ersuche sie auch das Parlament, zu entschuldigen, wenn sie sich nicht sofort entscheide, denn »es ist meine Art, auch in Angelegenheiten weit geringeren Ranges, lange das zu überlegen, was schließlich beschlossen werden soll«.

Ist diese Rede aufrichtig, ist sie es nicht? Beides zugleich, denn in Elisabeth lebt ein doppelter Wille: sie möchte befreit sein von ihrer Gegnerin und doch vor der Welt als die Großmütige und Verzeihende erscheinen. Nach zwölf Tagen richtet sie an den Lordkanzler neuerdings die Anfrage, ob nicht doch eine Möglichkeit bestünde, einerseits das Leben Maria Stuarts zu sparen und zugleich das eigene zu sichern. Aber nochmals erneuert der Kronrat, erneuert das Parlament sein Drängen, es gäbe keinen anderen Ausweg. Und abermals nimmt Elisabeth das Wort. Ein starker und fast überzeugter Ton von Wahrhaftigkeit – nie hat sie schöner gesprochen – schwingt diesmal in ihren Worten mit. Ihr innerstes Empfinden spricht sich aus, wenn sie sagt: »Ich bin heute in einem größeren Zwiespalt mit mir selbst als jemals in meinem Leben, ob ich sprechen soll oder schweigen. Würde ich sprechen und klagen, so würde ich heucheln, wäre ich wiederum still, so wäre alle Eure Mühe vergebens. Es mag Euch sonderbar dünken, daß ich Klage führe, aber ich gestehe ein, daß es mein innerster Wunsch war irgendein anderer Ausweg möge gefunden werden, um Eure Sicherheit und meine Wohlfahrt zu schützen, als der vorgeschlagene ... Aber da nun festgestellt ist, daß meine Sicherheit nicht gewährleistet bleiben kann, außer durch ihren Tod, so habe ich ein tiefinnerliches Gefühl von Trauer, daß gerade ich, die ich so viele Aufständische begnadigte und an so vielen Verrätereien mit Schweigen vorübergegangen bin, Grausamkeit gegen eine so hohe Fürstin zeigen soll ...« Schon läßt sie durchfühlen, daß sie geneigt sei, falls man nur gründlich weiterdränge, sich überreden zu lassen. Aber klug und zweideutig wie immer, bindet sie sich an kein klares Ja oder Nein, sondern schließt ihre Rede mit den Worten: »Ich bitte Euch, begnügt Euch für den Augenblick mit einer Antwort ohne Antwort. Ich stehe nicht gegen Eure Meinung, ich begreife Eure Gründe, aber ich bitte Euch, nehmt meine Dankbarkeit entgegen, entschuldigt meine inneren Zweifel und nehmt es freundlich auf, daß ich Euch ohne Antwort antworte.«

Die Stimmen zur Rechten haben gesprochen. Laut und vernehmlich haben sie Tod, Tod, Tod gesagt. Aber auch die Stimmen zur Linken, die Stimmen auf der Seite des Herzens, werden immer beredter. Eine eigene Gesandtschaft sendet der französische König über das Meer und mahnt an das gemeinsame Interesse aller Könige. Er erinnert Elisabeth, daß sie in der Unverletzlichkeit Maria Stuarts auch die eigene verteidige, er mahnt, der oberste Grundsatz, gut und glücklich zu regieren, sei, kein Blut zu vergießen. Er erinnert an das bei allen Völkern geheiligte Gastrecht, Elisabeth möge sich also nicht gegen Gott vergehen, indem sie an das Haupt einer gesalbten Königin rühre. Und da Elisabeth ihrer hinterhältigen Art gemäß nur halbe Zusicherungen macht und sich in undurchsichtigen Redensarten ergeht, wird der Ton der ausländischen Gesandten immer schärfer. Was zuerst eine Bitte war, steigert sich zur gebieterischen Warnung, zur offenen Drohung. Aber Elisabeth, weltkundig und seit einem Vierteljahrhundert mit allen Winkelzügen der Politik vertraut, hat ein feines Ohr. Sie horcht bei allen diesen pathetischen Reden nur auf eines: ob die Gesandten in den Falten ihrer Toga auch den Auftrag haben, die diplomatischen Beziehungen abzubrechen und den Krieg zu erklären. Und bald hört sie heraus, daß hinter den lauten, polternden Worten kein Eisen klirrt, daß weder Heinrich III. noch Philipp II. ernstlich entschlossen sind, das Schwert zu ziehen, sofern das Henkerbeil in den Nacken Maria Stuarts fährt.

So antwortet sie schließlich nur mehr mit gleichgültigem Achselzucken auf den diplomatischen Theaterdonner Frankreichs und Spaniens. Geschickter freilich muß ein anderer Einspruch zur Seite geschoben werden, derjenige Schottlands. Denn wenn irgend jemand auf Erden, so hätte James VI. die heilige Pflicht, die Hinrichtung einer Königin von Schottland in fremdem Lande zu verhindern, denn das Blut, das vergossen würde, ist sein eigenes Blut, die Frau, der das Leben genommen werden soll, dieselbe, die ihm das seine gegeben: seine Mutter. Kindliche Sohnesliebe allerdings hat bei James VI. nicht viel Raum. Seit er Pensionär und Verbündeter Elisabeths geworden ist, steht ihm seine Mutter, die ihm den Königtitel verweigert, die ihm feierlich abgeschworen und versucht hat, sein Erbrecht fremden Königen zu übertragen, eigentlich nur im Wege. Kaum hört er von der Aufdeckung der Babington-Verschwörung, so beeilt er sich, Elisabeth seine Glückwünsche zu übermitteln, und sagt zum französischen Gesandten, der ihn bei seiner Lieblingsbeschäftigung, der Jagd, mit dem Verlangen stört, er solle seinen Einfluß zugunsten seiner Mutter geltend machen, recht ärgerlich, »sie solle die Suppe nur auslöffeln, die sie sich eingebrockt habe« (qu'il fallait qu'elle but la boisson qu'elle avait brassé). Ausdrücklich erklärt er, es sei ihm gleichgültig, »wie eng sie gehalten werde und wenn man alle ihre niederträchtigen Diener aufhänge«. Aber das beste wäre, »sie möge sich überhaupt mit nichts anderem mehr befassen, als zu Gott zu beten«. Nein, die ganze Sache gehe ihn nichts an, und anfänglich weigert sich dieser wenig sentimentale Sohn überhaupt, eine Gesandtschaft nach London zu schicken. Erst als schon die Verurteilung Maria Stuarts erfolgt ist und in ganz Schottland nationale Erbitterung sich erhebt, daß eine fremde Königin sich an dem Leben der gesalbten Königin von Schottland vergreifen wolle, muß er schließlich doch merken, welch traurige Figur er spielen würde, wenn er weiterhin stumm bliebe und nicht wenigstens pro forma etwas täte. Zwar geht er nicht so weit, wie das schottische Parlament es verlangt, das im Falle einer Hinrichtung sofortige Aufkündigung des Bündnisses und sogar Krieg fordert. Aber er setzt sich immerhin an das Pult und schreibt energische, erregte und drohende Briefe an Walsingham und sendet eine Gesandtschaft nach London.

Elisabeth hat mit diesem Protest selbstverständlich gerechnet. Aber auch hier horcht sie einzig auf den Unterton. Die Abgeordneten James' VI. teilen sich in zwei Gruppen. Die eine, die offizielle, fordert laut und vernehmlich, das Todesurteil dürfe keinesfalls vollstreckt werden. Sie droht mit der Lösung der Allianz, sie klirrt mit dem Schwert, und die schottischen Adeligen, welche die harten Reden übermitteln, haben das Pathos ehrlicher Überzeugung. Aber sie ahnen gar nicht, daß, während sie im Empfangssaal donnern und drohen, sich unterdes durch die Hintertür ein anderer Agent, ein persönlicher Vertreter James' VI., in die Privatgemächer Elisabeths geschlichen hat und dort leise über eine andere Forderung verhandelt, die dem schottischen König weitaus wichtiger ist als das Leben seiner Mutter, nämlich über seine Anerkennung als Erbe des englischen Thrones. Dieser heimliche Unterhändler James' VI. hat den Auftrag – so berichtet der gutinformierte französische Botschafter –, sie zu verständigen, daß, wenn James ihr so laut und heftig drohte, dies nur um seiner Ehre und des äußern Anscheins willen geschehe (»for his honour and reputation«) und er sie bitte, diese Heftigkeit nicht »in ill parte« zu nehmen, nicht als Unfreundlichkeit zu betrachten. So bekommt Elisabeth gültig bestätigt, was sie wahrscheinlich längst wußte, nämlich, daß James VI. bereit sei, die Hinrichtung seiner Mutter schweigend hinunterzuschlucken (»to digest it«), sofern ihm nur der Köder einer halben oder ganzen Zusicherung für die Thronfolge hingehalten wird. Und bald beginnt hinter den Kulissen ein Schacher niederträchtigster Natur. Die Feindin und der Sohn Maria Stuarts rücken näher zusammen, von gleicher dunkler Absicht zum erstenmal verbunden, denn beide wollen sie im geheimen dasselbe und beide wollen es nicht vor der Welt offenbar haben. Beiden steht Maria Stuart im Wege, beide müssen sie aber so tun, als ob es ihre heiligste, ihre wichtigste, ihre eigenste Sache wäre, sie zu beschirmen und zu beschützen. Doch in Wahrheit kämpft nicht Elisabeth um das Leben ihrer Schicksalsschwester und nicht James VI. um das Leben seiner Mutter, sondern beide nur um eine schöne Geste »auf der Bühne der Welt«. De facto hat James VI. längst durchblicken lassen, daß er auch im äußersten Falle Elisabeth keine Schwierigkeiten machen werde, und damit eigentlich ihr schon den Freibrief zur Hinrichtung seiner Mutter gegeben. Noch ehe die Fremde, die Feindin sie in den Tod schickt, hat der eigene Sohn sie geopfert.

Frankreich und Spanien und Schottland, niemand wird, das weiß Elisabeth nun, ihr wirklich in den Arm fallen, wenn sie ein Ende machen will. Und nur ein Mensch könnte jetzt vielleicht noch Maria Stuart retten: Maria Stuart selbst. Sie brauchte nur um Gnade zu bitten, und wahrscheinlich wäre Elisabeth mit diesem innerlichen Triumph zufrieden. Im tiefsten wartet sie sogar heimlich nur auf diesen Ruf, der sie von ihren Gewissensqualen erlöste. Alles wird in diesen Wochen getan, um den Stolz Maria Stuarts zu brechen. Elisabeth sendet ihr, sobald das Todesurteil ausgesprochen ist, das Dokument der Verurteilung zu, und Amyas Poulet, dieser trockene, nüchterne und in seiner penetranten Anständigkeit nur noch widerlichere Beamte, nützt sofort den Anlaß, um die Verurteilte, die für ihn nur mehr »une femme morte sans nulle dignité« ist, zu beleidigen. Zum erstenmal behält er in ihrer Gegenwart den Hut auf dem Kopf – kleine dumme Frechheit einer subalternen Seele, welche fremdes Unglück hochmütig statt demütig macht –, er befiehlt ihren Dienstleuten, den Thronbaldachin mit dem Wappen Schottlands sofort zu entfernen. Aber die Dienerschaft weigert sich, dem Kerkermeister zu gehorchen, und wie dann Poulet durch seine eigenen Untergebenen den Baldachin abreißen läßt, hängt Maria Stuart an die Stelle, wo bisher das Wappen Schottlands befestigt war, ein Kruzifix, um darzutun, daß eine höhere Macht hinter ihr stünde als Schottland; bei jeder kleinen und vexatorischen Beleidigung seitens ihrer Gegner fließt ihr jetzt eine starke Geste in die Hand. »Man bedroht mich, wenn ich nicht Gnade verlange«, schreibt sie an ihre Freunde, »aber ich sage, wenn sie mich schon bestimmt hat zu sterben, so möge sie in ihrer Ungerechtigkeit diesen Weg gehen.« Möge Elisabeth sie ermorden, um so schlimmer für Elisabeth! Besser ein Tod, der ihre Gegnerin vor der Geschichte demütigt, als eine erheuchelte Milde, die ihre Feindin mit der Aura der Großmut krönt! Statt gegen das überreichte Todesurteil zu protestieren oder um Gnade zu bitten, dankt sie demütig als Christin Gott für die Entscheidung, Elisabeth aber antwortet sie hochmütig als Königin: »Madame, ich danke Gott von ganzem Herzen, daß es ihm gefallen hat, durch Ihre Maßnahmen der langwierigen Pilgerschaft meines Lebens ein Ende zu machen. Ich bitte nicht darum, daß sie verlängert werde, ich habe zu viel Zeit gehabt, um die Bitterkeit des Lebens zu erfahren. Ich erbitte nur, da ich von den Ministern, welche die ersten Stellungen in England bekleiden, keine Gunst zu erwarten habe, von Ihnen (und niemandem andern) die folgenden Vergünstigungen:

Erstens ersuche ich, daß mein Körper, sobald meine Gegner sich an meinem unschuldigen Blute gesättigt haben, von meiner Dienerschaft nach irgendeiner geweihten Erde gebracht werde, um dort begraben zu werden, am besten nach Frankreich, wo die Gebeine der Königin, meiner verehrten Mutter, ruhen, damit dieser arme Leib, der niemals Ruhe kannte, solange er mit seiner Seele verbunden war, diese Ruhe finde, sobald er sich von seiner Seele gelöst hat. Zum zweiten bitte ich Eure Majestät um der Besorgnis willen, die ich vor der Tyrannei derjenigen hege, deren Gewalt Sie mich preisgegeben haben, daß ich nicht an irgendeinem verborgenen Ort hingerichtet werde, sondern angesichts meiner Dienerschaft und anderer Personen, die dann Zeugenschaft leisten können für meine Glaubenstreue gegen die wahre Kirche und die das Ende meines Lebens und meine letzten Seufzer gegen alle falschen Gerüchte zu verteidigen vermögen, welche meine Gegner ausstreuen könnten. Zum dritten ersuche ich, daß meine Diener, die mir inmitten so vieler Widerwärigkeiten mit so viel Treue gedient haben, sich ungehindert dorthin begeben dürfen, wohin sie wollen, und sich des kleinen Besitzes erfreuen, den meine Armut ihnen in meinem Testament hinterlassen hat.

Ich beschwöre Sie, Madame, bei dem Gedächtnis Heinrichs VII., unseres gemeinsamen Ahnen, und bei dem Titel einer Königin, den ich noch bis zu meinem Tode tragen werde, mir nicht derart gerechte Wünsche unerfüllt zu lassen und mir dies durch ein Wort Ihrer Hand zuzusichern. Dann werde ich sterben, wie ich gelebt habe. Ihre wohlgeneigte Schwester und Gefangene, Maria, Königin.«

Man sieht: wunderbar und wider alles Erwarten sind in den letzten Tagen dieses jahrzehntelangen Kampfes die Rollen getauscht: seit Maria das Todesurteil empfangen, fühlt sie sich sicher und selbstbewußt. Ihr Herz zittert weniger, da sie das tödliche Dokument entgegennimmt, als Elisabeths Hand, da sie es unterzeichnen soll. Maria Stuart hat weniger Angst, zu sterben, als Elisabeth, sie zu töten.

Vielleicht glaubt sie in tiefster Seele nicht daran, daß Elisabeth die Kühnheit haben werde, einen Henker gegen sie, die gesalbte Königin, die Hand erheben zu lassen, vielleicht trägt sie die äußere Sicherheit bloß trügerisch zur Schau; aber jedenfalls, auch ein so argwöhnischer

Beobachter wie Amyas Poulet vermag nicht das geringste Anzeichen von Unruhe an ihr wahrzunehmen. Sie fragt nicht, sie klagt nicht, keinen ihrer Wächter bittet sie um eine Vergünstigung. Sie versucht keine heimliche Verständigung mehr mit ihren auswärtigen Freunden, all ihr Widerstreben und Sichweigern und Sichwehren ist zu Ende, bewußt gibt sie ihren Willen an das Schicksal, an Gott zurück: er möge entscheiden.

In ernster Vorbereitung verbringt sie ihre Stunden. Sie macht ihr Testament, sie verteilt ihre irdische Habe im voraus an ihr Gesinde, sie schreibt an die Fürsten und Könige der Welt Briefe, aber nun nicht mehr, um sie anzueifern, Armeen zu senden und Krieg zu rüsten, sondern um ihnen zu versichern, daß sie bereit sei, mit aufrechter Seele im katholischen Glauben und für den katholischen Glauben zu sterben. Eine große Ruhe ist endlich über dieses unruhige Herz gekommen, Furcht und Hoffnung, »die schlimmsten Menschenfeinde«, wie Goethe sie nennt, vermögen nichts mehr über ihre gefestigte Seele. Genau wie ihre Schicksalsschwester Marie Antoinette begreift sie erst im Angesicht des Todes ihre eigentliche Aufgabe. Der Sinn historischer Verantwortung überhöht großartig ihre bisherige Lässigkeit, nicht auf Gnade bereitet sie sich mehr vor, sondern auf ein wirksames, ein demonstratives Sterben, auf einen Triumph durch den letzten Augenblick. Sie weiß, daß nur ein heldenhaft dramatischer Tod den tragischen Irrtum ihres Lebens vor der Welt entsühnen kann und nur ein Sieg mehr in diesem Dasein ihr gegönnt ist: ein würdiger Untergang.

Und großartiges Widerspiel gegen diese gefaßte, hoheitsvolle Ruhe der Verurteilten in Fotheringhay: die Unsicherheit, die rasende Nervosität, die wilde und zornige Ratlosigkeit Elisabeths in London. Maria Stuart ist entschlossen und Elisabeth ringt erst um ihren Entschluß.

Nie hat sie so sehr unter ihrer Gegnerin gelitten wie jetzt, da sie völlig sie in ihren Händen hält. Elisabeth verliert in diesen Wochen den Schlaf, tagelang verharrt sie in düsterem Schweigen; unablässig spürt man sie mit diesem einzigen und unerträglichen Gedanken beschäftigt, ob sie das Todesurteil unterzeichnen, ob sie es vollstrecken lassen solle. Sie wälzt den Gedanken wie Sisyphus den Stein, aber immer wieder rollt er mit voller Wucht auf ihre Brust zurück und bedrückt ihr die Seele. Vergebens sprechen die Minister auf sie ein, noch immer spricht stärker ihr Gewissen. Jeden Vorschlag weist sie zurück und fordert immer neue. Cecil findet sie »veränderlich wie das Wetter«, einmal will sie Tod, einmal Gnade, immer wieder fragt sie und drängt sie ihre Freunde, ob es nicht »einen anderen Weg« gäbe, während sie im tiefsten doch weiß, daß es keinen andern gibt. Aber könnte es doch nur geschehen, würde es doch getan werden ohne ihr Wissen, ohne ihren ausdrücklichen Befehl, *für* sie getan, statt *von* ihr getan! Immer wilder schüttelt und rüttelt sie die Angst vor der Verantwortung, unablässig mißt sie die Vorteile und Nachteile einer solchen auffälligen Tat gegeneinander ab, und zur Verzweiflung ihrer Minister schiebt sie die Entscheidung mit zweideutigen, verärgerten, nervösen und unklaren Reden von Tag zu Tag von sich weg ins Unbestimmte. »With weariness to talk, her Majesty left off all till a time I know not when«, klagt Cecil, der als kalter und kluger Rechner die Not dieser erschütterten Seele nicht begreift. Denn wenn sie auch einen harten Kerkermeister über Maria Stuart gesetzt hat, ein noch viel härterer, der grausamste, den es auf Erden gibt, hält jetzt Elisabeth selbst Tag und Nacht gefangen: ihr Gewissen.

Drei Monate, vier Monate, fünf Monate, beinahe ein halbes Jahr dauert schon dieser innere Kampf Elisabeths gegen Elisabeth, ob sie der Stimme der Vernunft gehorchen solle oder jener der Menschlichkeit. Und bei einer solch unerträglichen Überspannung der Nerven ist es eigentlich nur natürlich, wenn der Entschluß eines Tages plötzlich wie eine Explosion erfolgt.

Am Mittwoch, dem 1. Februar 1587, wird der Staatsschreiber Davison – Walsingham hat das Glück oder die Klugheit, in diesen Tagen krank zu sein – im Garten von Greenwich plötzlich von Admiral Howard aufgefordert, er möge sofort zur Königin kommen und ihr das Todesurteil Maria Stuarts zur Unterzeichnung bringen. Davison holt das von Cecils eigener Hand ausgefertigte Dokument und überreicht es zugleich mit einer Reihe anderer Papiere der Königin. Aber sonderbar, Elisabeth, die große Schauspielerin, scheint es plötzlich gar nicht eilig zu haben mit der Unterschrift. Sie stellt sich gleichgültig, sie plaudert mit Davison über ganz abliegende Dinge, sie blickt zum Fenster hinaus, um die Helligkeit des winterlichen Morgens zu bewundern. Dann erst fragt sie Davison ganz gelegentlich – hat sie wirklich vergessen, daß sie ihn ausdrücklich mit dem Todesurteil herbefohlen? –, was er eigentlich bringe. Davison antwortet: Dokumente zur Unterschrift, darunter auch jenes, das Lord Howard ihm besonders befohlen hätte, ihr zu unterbreiten. Elisabeth nimmt die Blätter, hütet sich aber, sie zu überlesen. Rasch unterschreibt sie eines nach dem andern, darunter selbstverständlich auch das Todesurteil Maria Stuarts; anscheinend hatte sie ursprünglich beabsichtigt, so zu tun, als ob sie durch Nachlässigkeit ganz ahnungslos mitten unter anderen Papieren auch das tödliche Dokument unterzeichnet hätte. Aber bei dieser wetterwendischen Frau schlägt der Wind immer unerwartet rasch um. Der nächste Augenblick verrät schon, wie sehr sie ihrer Handlung bewußt gewesen, denn ausdrücklich erklärt sie Davison, sie hätte nur darum so lange gezögert, damit es allen offenbar sei, wie ungern sie ihre Zustimmung gegeben habe. Jetzt aber möge er das unterzeichnete Todesurteil dem Kanzler überbringen, es mit dem großen Staatssiegel siegeln lassen, ohne daß jemand anderer davon erfahre, und dann den »warrant« den zu seiner Ausführung bestimmten Personen übermitteln. Dieser Auftrag ist klar, er läßt Davison keine Möglichkeit, an Elisabeths entschlossenem Willen zu zweifeln. Und bis zu welchem Grade sie sich längst mit dem Gedanken vertraut gemacht hatte, bezeugt noch zwingender der Umstand, daß sie jetzt ganz kühl und klar mit Davison alle Einzelheiten bespricht. Die Hinrichtung solle in der großen Halle des Schlosses erfolgen, der offene Hof oder der Innenhof scheine ihr nicht recht geeignet dafür. Außerdem ermahnt sie ihn dringend, die Tatsache der Unterzeichnung des Todesurteils vor allen geheimzuhalten. Nach langer Qual eine Entscheidung gefunden zu haben entlastet immer das Herz. Auch ihr scheint die endlich gewonnene Sicherheit gute Laune zu verleihen; Elisabeth wird geradezu vergnügt, denn sie sagt zu Davison im Spaße, der Schmerz über diese Nachricht werde Walsingham gewiß töten.

Davison glaubt nun – und man kann es verstehen – die Angelegenheit erledigt. Er verbeugt sich und geht zur Tür. Aber in Wirklichkeit ist Elisabeth nie zu etwas eindeutig entschlossen, und niemals ist eine Angelegenheit bei ihr wahrhaft beendet. An der Tür ruft sie Davison noch einmal zurück, die heitere Laune, die echte oder gespielte Entschlossenheit der Wankelmütigen ist schon wieder völlig verschwunden. Unruhig geht Elisabeth auf und ab. Ob es nicht doch noch einen andern Weg gäbe? Schließlich hätten die »Members of the Association« doch geschworen, jede Person, die sich an einem Attentat gegen sie beteiligt hätte, zu töten. Und da Amyas Poulet und sein Gefährte in Fotheringhay beide Mitglieder dieser »Association« seien – wäre es da nicht deren verdammte Pflicht, diese Tat durchzuführen und ihr, der Königin, das Odium einer öffentlichen Hinrichtung abzunehmen? Walsingham möge jedenfalls, so ersucht sie Davison, an die beiden in diesem Sinne schreiben.

Dem guten Davison wird es allmählich unbehaglich. Er spürt genau, daß die Königin die Tat getan und doch nichts damit zu tun haben will; wahrscheinlich bedauert er schon, für dieses wichtige Gespräch keinen Zeugen zu besitzen. Aber was bleibt ihm übrig? Sein Auftrag ist deutlich. So geht er vorerst in die Staatskanzlei und läßt das Siegel auf dem Todesurteil anbringen, dann begibt er sich zu Walsingham, der im Sinne Elisabeths sofort den gewünschten Brief an Amyas Poulet verfaßt. Die Königin habe, so schriebt er, mit Bedauern einen gewissen Mangel an Eifer bei ihm bemerkt, daß er im Hinblick auf die Gefahr, die Maria Stuart für Ihre Majestät bedeute, nicht »von selbst und ohne jeden weiteren Auftrag« ein Mittel gefunden habe, Maria Stuart zu beseitigen. Er könne diese Beiseiteschaffung guten Gewissens übernehmen, da er ja den Eid der Association geschworen habe, und er würde damit die Königin entlasten, deren Abneigung, Blut zu vergießen, doch allbekannt sei.

Noch kann dieser Brief Amyas Poulet kaum erreicht haben und keinesfalls die Antwort aus Fotheringhay zurück sein, und schon ist der Wind in Greenwich wieder umgesprungen. Am nächsten Morgen, Donnerstag, klopft ein Bote an Davisons Tür mit einem Zettel der Königin; wenn er das Todesurteil dem Kanzler noch nicht zur Siegelung übergeben habe, solle er es insolange unterlassen, bis sie wieder mit ihm gesprochen habe. Hastig eilt Davison zur Königin und erklärt ihr, er habe sofort ihren Befehl ausgeführt, das Todesurteil sei bereits gesiegelt. Elisabeth scheint damit unzufrieden. Sie schweigt, aber sie tadelt Davison nicht. Und vor allem gibt die Zweideutige mit keinem Wort den Gegenauftrag, das gesiegelte Dokument ihr wieder zurückzubringen. Sie klagt nur von neuem, immer wieder werde jene Bürde auf ihre Schultern geworfen. Unruhig wandert sie im Zimmer auf und ab. Davison wartet, wartet auf eine Entscheidung, auf einen Auftrag, auf eine klare und deutliche Äußerung. Aber plötzlich verläßt Elisabeth den Raum, ohne ihm etwas befohlen zu haben.

Wieder ist es eine Szene shakespearischen Formats, die Elisabeth vor den Augen dieses einen Zuschauers spielt, wieder denkt man an Richard III., wie er Buckingham klagt, sein Gegner lebe, und doch nicht deutlich den Befehl gibt, ihn zu ermorden. Derselbe beleidigte Blick Richards III., da sein Vasall ihn versteht und doch nicht verstehen will, hat dem unglücklichen Davison entgegengeblitzt. Der arme Schreiber spürt, daß er auf glitschigen Grund geraten ist, und macht verzweifelte Anstrengungen, sich an anderen festzuhalten: nur nicht allein eine so ungeheure welthistorische Verantwortung übernehmen! Er sucht zunächst Hatton, den Freund der Königin, auf und schildert ihm seine entsetzliche Lage: Elisabeth habe ihm Auftrag gegeben, das Todesurteil der Vollstreckung zuzuführen, aber aus ihrem ganzen Benehmen werde er jetzt schon gewahr, daß sie hinterher den zweideutig formulierten Befehl ableugnen werde. Hatton kennt zu genau Elisabeth, um ihr Doppelspiel nicht zu durchschauen, aber er hat gleichfalls keine Lust, Davison ein klares Ja oder Nein zu sagen. Und nun wirft, wie beim Schlagball, einer die Verantwortung dem andern zu. Elisabeth hat sie Davison zugeworfen, Davison sucht sie Hatton weiterzugeben. Hatton seinerseits wieder verständigt schleunigst den Staatskanzler Cecil. Auch der will die Sache nicht zu der seinen machen, aber er beruft für den kommenden Tag eine Art geheimen Staatsrat. Nur die nächsten Freunde und Vertrauten Elisabeths sind geladen, Leicester, Hatton und sieben andere Adelige, die über Elisabeths Unverläßlichkeit aus vertrautem Umgang reichlich Bescheid wissen. Hier wird zum erstenmal deutlich gesprochen; Elisabeth, stellen sie gemeinsam fest, suche wegen ihres moralischen Prestiges den Schein zu vermeiden, als ob die Hinrichtung Maria Stuarts durch sie veranlaßt worden wäre. Sie wolle, um sich ein Alibi zu verschaffen, vor den Augen der Welt von der vollzogenen Tatsache »überrascht« werden. Es sei also die Pflicht ihrer Getreuen, bei dieser Komödie mitzuspielen und scheinbar gegen den Willen der Königin durchzuführen, was sie in Wahrheit verlange. Selbstverständlich sei die Verantwortung für diesen scheinbaren, aber gewollten Übergriff groß, und deshalb dürfe die Wucht ihres echten oder gespielten Zornes nicht auf einen einzelnen fallen. Cecil schlägt also vor, daß sie alle gemeinsam die Hinrichtung anordnen, aber auch gemeinsam dafür die Verantwortung übernehmen sollen. Lord Kent und Lord Shrewsbury werden ausersehen, die Vollstreckung des Todesurteils zu überwachen, und der Sekretär Beale wird mit den entsprechenden Instruktionen nach Fotheringhay vorausgesandt. Gemeinsam lastet die angebliche Schuld jetzt auf den zehn Teilnehmern des Staatsrats, die mit ihrer – von Elisabeth heimlich geforderten – Kompetenzüberschreitung endlich die »Bürde« von den Schultern der Königin genommen haben.

Eine der wesentlichsten Eigenschaften Elisabeths ist ansonsten ihre Neugierde. Immer will sie alles wissen und sofort wissen, was im Umkreis ihres Schlosses und im ganzen Reiche geschieht. Aber wie sonderbar: diesmal erkundigt sie sich weder bei Davison noch bei Cecile, noch sonst bei jemandem, was eigentlich mit dem von ihr unterzeichneten Todesurteil Maria Stuarts unterdessen geschehen sei. Völlig scheint sie in diesen drei Tagen dies eine und einzige vergessen zu haben, das sie sonst stündlich seit Monaten beschäftigt. Als hätte sie Lethe getrunken, so spurlos scheint diese wichtige Angelegenheit ihren Gedanken entschwunden. Und auch als am nächsten Morgen, Sonntag, die Antwort Amyas Poulets auf jenen Vorschlag ihr übermittelt wird, schweigt sie völlig an dem Verbleib des unterschriebenen Todesurteils vorbei.

Die Antwort Amyas Poulets macht der Königin wenig Freude. Er hat auf den ersten Blick verstanden, welche undankbare Rolle ihm da zugeschoben werden soll. Und er begreift sofort, welch übler Lohn ihn erwarte, wenn er tatsächlich Maria Stuart beiseite schaffte: öffentlich wird ihn die Königin dann als Mörder beschimpfen und dem Gericht überstellen. Nein, Amyas Poulet hofft auf keinen Dank vom Hause Tudor, er hat keine Neigung, sich zum Sündenbock auswählen zu lassen. Um aber nicht ungehorsam gegen seine Königin zu scheinen, versteckt sich der kluge Puritaner hinter eine höhere Instanz, hinter seinen Gott. Er hängt seiner Weigerung schleunigst den Mantel der Moralität um. »Mit Bitterkeit erfüllt es mein Herz«, antwortet er pathetisch, »daß ich so unglücklich bin, den Tag gesehen zu haben, an dem ich auf den Wunsch meiner gütigen Herrscherin aufgefordert werde, eine Tat zu tun, die Gott und das Recht verbieten. Mein Hab und Gut, meine Stellung und mein Leben sind zur Verfügung Ihrer Majestät, und ich bin bereit, sie schon morgen hinzugeben, wenn sie es wünscht, da ich sie nur einzig Ihrer gütigen Gunst danke. Aber Gott bewahre mich, einen so kläglichen Schiffbruch meines Gewissens zu erleiden und einen so großen Schandfleck meiner Nachkommenschaft zu hinterlassen, daß ich Blut ohne die Zustimmung des Gesetzes und ohne einen öffentlichen Befehl vergossen hätte. Ich hoffe, daß Ihre Majestät mit Ihrer gewohnten Güte meine ergebene Antwort freundlich aufnehmen wird.«

Aber Elisabeth denkt nicht daran, diesen Brief ihres Poulet, den sie noch vor kurzem wegen seiner »spotless actions, wise orders and safe regards« begeistert gelobt hatte, mit Güte aufzunehmen; zornig geht sie im Zimmer auf und ab und schmäht die »feinfühligen und übergenauen Burschen« (»dainty and precise fellows«), die alles versprechen und nichts durchführen. Poulet sei, tobt sie, ein Eidbrüchiger, er habe jenen »Act of Association« unterschrieben, auch unter Gefahr seines Lebens seiner Königin zu dienen. Es wären genug andere dagewesen, die gerne um ihretwillen die Tat unternommen hätten, ein gewisser Wingfield zum Beispiel. Mit echtem oder gespieltem Zorn fällt sie über den unglücklichen Davison her – Walsingham, der Kluge, hat das bessere Teil gewählt und sich krank gemeldet –, der ihr, bedauernswert naiv, vorschlägt, doch den offenen Weg des Rechtes zu beschreiten. Klügere Leute als er, fährt sie ihn an, seien anderer Meinung. Es sei höchste Zeit, daß die Angelegenheit endlich einmal erledigt werde, und eine Schande für sie alle, daß sie noch nicht ausgeführt sei.

Davison schweigt. Er könnte sich rühmen, die Ausführung sei schon im besten Gange. Aber er fühlt, daß er der Königin nichts Unliebsameres antun könnte, als wenn er sie ehrlich etwas wissen ließe, was sie unehrlicherweise wahrscheinlich längst schon weiß: nämlich, daß der Bote mit dem gesiegelten Todesurteil bereits unterwegs nach Fotheringhay ist und mit ihm ein vierschrötiger, kräftiger Mann, der Wort in Blut, Befehl in Vollstreckung verwandeln soll: der Scharfrichter von London.

Dreiundzwanzigstes Kapitel

»In meinem Ende ist mein Anbeginn«

8. Februar 1587

En ma fin est mon commencement, diesen damals noch nicht ganz verständlichen Spruch hatte Maria Stuart vor Jahren in eine brokatene Arbeit eingestickt. Nun wird ihre Ahnung wahr. Erst ihr tragischer Tod ist der wahre Anbeginn ihres Ruhms, nur er wird vor den Augen der Nachwelt ihre jugendliche Schuld tilgen, ihre Fehler verklären. Mit Umsicht und Entschlossenheit bereitet sich die Verurteilte seit Wochen auf diese äußerste Prüfung vor. Zweimal hatte sie selbst als junge Königin zusehen müssen, wie ein Edelmann unter dem Beil stirbt, also früh schon erfahren, daß das Grauen eines solchen unrettbaren unmenschlichen Aktes nur überwunden werden kann durch heroische Haltung. Die ganze Welt und die Nachwelt, Maria Stuart weiß es, werden ihre Haltung prüfen, wenn sie als die erste gesalbte Königin den Nacken über den Block beugt, jedes Zucken, jedes Zaudern, jedes feige Erblassen in dieser entscheidenden Minute wäre Verrat an ihrem königlichen Ruhm. So sammelt sie still in diesen Wochen des Wartens all ihre innere Kraft. Auf nichts im Leben hat sich die sonst impulsive Frau so ruhig und zielbewußt vorbereitet wie auf diese ihre letzte Stunde.

Kein Zeichen des Erschreckens oder nur des Erstaunens ist darum bei ihr wahrzunehmen, als Dienstag, den 7. Februar, ihre Diener melden, die Lords Shrewsbury und Kent seien mit einigen Magistratspersonen eingetroffen. Vorsorglich befiehlt sie ihre Frauen und die meisten ihres Gesindes heran. Erst dann empfängt sie die Abgesandten. Denn für jeden einzelnen Augenblick wünscht sie von nun ab die Gegenwart ihrer Getreuen, damit sie dereinst bezeugen können, daß die Tochter James' V., die Tochter Marias von Lothringen, daß sie, in deren Adern das Blut der Tudors und der Stuarts fließt, auch das Schwerste aufrecht und glorreich zu bestehen vermochte. Shrewsbury, der Mann, in dessen Hause sie nahezu zwanzig Jahre gewohnt, beugt das Knie und das graue Haupt. Ein wenig schwankt ihm die Stimme, da er ankündigt, Elisabeth habe nicht umhin können, den dringlichen Bitten ihrer Untertanen nachzugeben und den Vollzug des Urteils anzuordnen. Maria Stuart scheint nicht erstaunt über die schlimme Nachricht; ohne das geringste Zeichen von Bewegung – sie weiß, jede Geste zeichnet sich in das Buch des Geschichte ein – läßt sie sich das Todesurteil vorlesen, dann bekreuzigt sie sich gelassen und sagt: »Gelobt sei Gott für die Nachricht, die Sie mir überbringen. Ich könnte keine bessere empfangen, da sie mir das Ende meiner Leiden ankündigt und die Gnade, die Gott mir erweist, für die Ehre seines Namens und seiner Kirche, der römisch-katholischen, zu sterben.« Mit keinem Wort bestreitet sie mehr das Urteil. Nicht mehr als Königin will sie sich gegen das von einer andern Königin verhängte Unrecht wehren, sondern als Christin das Leiden auf sich nehmen, und vielleicht liebt sie ihr Märtyrertum schon als den letzten Triumph, der ihr in diesem Leben noch geblieben ist. Nur zwei Bitten hat sie: daß ihr Beichtiger mit geistlichem Troste ihr beistehen dürfe und daß die Urteilsvollstreckung nicht schon am nächsten Morgen stattfinde, damit ihr Gelegenheit bleibe, ihre letzten Verfügungen mit Sorgfalt zu treffen. Beide Bitten werden abgeschlagen. Sie brauche keinen Priester der Irrlehre, antwortet der Graf von Kent, ein fanatischer Protestant, aber gerne wolle er einen reformierten Geistlichen senden, damit er sie in der wahren Religion unterweise. Selbstverständlich lehnt Maria Stuart ab, in der Stunde, da sie durch ihren Tod vor der ganzen katholischen Welt für ihr Bekenntnis zeugen will, sich noch Lektionen über den wahren Glauben von einem Ketzerpriester erteilen zu lassen. Weniger grausam als diese törichte Zumutung an eine Todgeweihte ist die Ablehnung der Bitte um Aufschub der Hinrichtung. Denn da nur eine Nacht zur Vorbereitung ihr gewährt wird, sind die wenigen ihr noch verstatteten Stunden dermaßen überfüllt, daß für Angst oder Unruhe kein Raum bleibt. Immer, und das ist ein Geschenk Gottes an den Menschen, wird einem Sterbenden die Zeit zu eng.

Mit einer Besonnenheit und Umsicht, wie sie ihr früher verhängnisvollerweise fremd waren, teilt Maria Stuart ihre letzten Stunden ein. Als große Fürstin will sie einen großartigen Tod,und mit dem makellosen Stilgefühl, das sie immer auszeichnete, mit dem ererbten künstlerischen Sinn und der eingeborenen hohen Haltung in gefährlichen Augenblicken, bereitet Maria Stuart ihren Hingang wie ein Fest, wie einen Triumph, wie eine große Zeremonie vor. Nichts soll improvisiert, nichts dem Zufall, der Stimmung überlassen bleiben, alles in seiner Wirkung errechnet, alles königlich prächtig und imposant gestaltet sein. Jede Einzelheit ist genau und sinnvoll eingesetzt als eine rührende oder mächtig erschütternde Strophe in das Heldengedicht eines vorbildlichen Märtyrertodes. Etwas früher als sonst hat Maria Stuart, damit ihr Zeit bliebe, die notwendigen Briefe in Ruhe zu schreiben und ihre Gedanken zu sammeln, die Mahlzeit bestellt, und symbolisch gibt sie ihr die feierliche Form eines letzten Abendmahls. Nachdem sie selbst gegessen hat, versammelt sie das Hausgesinde um sich im Kreise und läßt sich einen Becher Wein reichen. Ernst und doch klaren Antlitzes hebt sie den gefüllten Kelch über ihre Getreuen, die alle in die Knie gesunken sind. Sie trinkt auf ihr Wohlergehen und hält dann eine Ansprache, in der sie alle dringlich ermahnt, der katholischen Religion treu zu bleiben und untereinander in Frieden zu leben. Sie bittet – es ist wie eine Szene aus der vita sanctorum – jeden einzelnen von ihnen um Vergebung für alles und jedes Unrecht, das sie ihm jemals bewußt oder unbewußt zugefügt haben sollte. Dann erst übergibt sie jedem ein besonders ausgewähltes Geschenk, Ringe und Steine und Ketten und Spitzen, alle die kleinen Köstlichkeiten, die ihr vergehendes Leben erheitert und geschmückt haben. Auf den Knien, schweigend und schluchzend, nehmen die Beschenkten die Gaben entgegen, und wider ihren Willen wird die Königin selbst erschüttert von der schmerzlichen Liebe ihrer Getreuen.

Endlich erhebt sie sich und geht hinüber in ihr Zimmer, wo bereits die Wachskerzen vor dem Schreibtisch brennen. Es ist noch viel zu tun zwischen Nacht und Morgen: das Testament zu überlesen, die Anordnungen für den schweren Gang zu treffen und die letzten Briefe zu schreiben. Der erste, der dringlichste bittet ihren Beichtiger, die Nacht über wach zu bleiben und für sie zu beten; zwar weilt er nur zwei oder drei Zimmer weit im selben Schlosse, aber Graf Kent – Fanatismus ist immer mitleidlos – hat dem Tröster verboten, seinen Wohnraum zu verlassen, damit er nicht Maria Stuart die »papistische« Letzte Ölung erteilen könne. Dann schreibt die Königin an ihre Verwandten, an Heinrich III. und den Herzog von Guise; eine besondere Sorge, aber eine, die ihr auch besondere Ehre macht, bedrückt sie in dieser letzten Stunde: daß nach dem Erlöschen ihrer französischen Witwenpension ihr Hausgesinde unversorgt zurückbleiben sollte. So bittet sie den König von Frankreich, die Pflicht zu übernehmen, ihre Vermächtnisse einzulösen und Seelenmessen lesen zu lassen »für eine allerchristliche Königin, die als Katholikin und aller Habe entblößt« in den Tod geht. An Philipp II., an den Papst hat sie schon vordem Briefe gesandt. Nur an eine Herrin dieser Welt wäre noch zu schreiben, an Elisabeth. Aber an sie richtet Maria Stuart kein Wort mehr. Sie will um nichts mehr bitten und für nichts mehr danken; nur durch stolzes Schweigen kann sie die alte Gegnerin noch beschämen und durch einen großartigen Tod.

Es ist sehr lange nach Mitternacht, da sich Maria Stuart auf das Bett legt. Alles, was im Leben zu tun war, hat sie getan. Nur ein paar Stunden noch hat die Seele jetzt Gastrecht in dem abgemüdeten Leib. In der Ecke des Zimmers knien die Mägde und beten mit stummer Lippe; sie wollen die Schlafende nicht stören. Maria Stuart aber schläft nicht. Offenen Auges blickt sie in die große Nacht; nur die Glieder läßt sie ein wenig ruhen, damit sie morgen aufrechter und starker Seele hinzutreten vermöge vor den noch stärkeren Tod.

Zu vielen Festen hat sich Maria Stuart gekleidet, zu Krönung und Taufe, zu Hochzeit und ritterlichem Spiel, zu Fahrten und Krieg und Jagd, zu Empfängen und Bällen und Turnieren, immer in Prunk gehüllt und wissend um die Macht, die das Schöne auf Erden verbreitet. Aber zu keinem Anlaß hat sie sich sorgfältiger angetan als für die größte Stunde ihres Schicksals, für ihren Tod. Tage und Wochen vorher muß sie das würdigste Ritual des Sterbens sich ausgedacht und jede Einzelheit absichtsvoll gewählt haben. Stück für Stück muß sie ihre Garderobe durchgemustert haben nach einer würdigsten Etikette für diesen noch nie gebotenen Anlaß: es ist, als wollte sie auch als Frau in einer letzten Eitelkeit für alle Zeiten das Vorbild geben, wie vollendet eine Königin auch dem Schafott entgegenzuschreiten hat. Zwei Stunden, von sechs bis acht Uhr morgens, kleiden sie ihre Dienerinnen. Nicht wie eine arme Sünderin, schlotternd in schlechtem Gewande, will sie vor den Block treten; ein Festkleid, ein

Feiertagskleid wählt sie für ihren letzten Gang, ihr ernstestes und bestes aus dunkelbraunem Samt mit Zibelinmarder verbrämt, hochaufgestellt der weiße Kragen und niederwallend die Ärmel. Ein schwarzseidener Mantel umschließt diese würdevolle Pracht, und so lang schleift ihre schwere Schleppe nach, daß Melville, der Haushofmeister, sie ehrfürchtig nachtragen muß. Ein Witwenschleier weht weiß vom Scheitel bis zur Erde, erlesene Skapuliere und juwelengefaßte Rosenkränze ersetzen allen irdischen Schmuck, Schuhe aus weißem Maroquin sollen den Schritt lautlos machen in der zu erwartenden Stille, wenn sie dem Schafott entgegenschreitet. Eigenhändig hat aus ihrem Schreine die Königin das Taschentuch ausgesucht, mit dem ihr die Augen verbunden werden sollen, ein spinndünnes Gewebe aus feinstem Batist mit goldenen Fransen, wahrscheinlich von ihr selbst gestickt. Jede Spange an ihrem Kleid ist sinnreich gewählt, jede Kleinigkeit geradezu musikalisch auf den Anlaß abgestimmt und vorsorglich sogar daran gedacht, daß sie angesichts fremder Männer diese dunkle Pracht vor dem Block wird abstreifen müssen. Für diese letzte blutige Minute hat Maria Stuart sich blutrote Unterkleidung anlegen und ärmellange brandrote Handschuhe vorbereiten lassen, damit, wenn das Beil ihr in den Nacken fährt, nicht zu kraß die Farbe des vorspringenden Blutes von dem Gewande ableuchte. Nie hat eine verurteilte Frau künstlerischer und hoheitsvoller sich dem Tode bereit gemacht.

Um acht Uhr morgens klopft es an die Tür. Maria Stuart antwortet nicht, noch kniet sie vor ihrem Betstuhl und liest laut die Gebete für Sterbende. Erst nach vollendeter Andacht erhebt sie sich, und dem zweiten Pochen wird aufgetan. Der Sheriff tritt ein, den weißen Stab in der Hand – bald wird er zerbrochen sein –, und sagt respektvoll mit einer tiefen Verbeugung: »Madame, die Lords erwarten Sie und haben mich zu Ihnen gesandt.« »Gehen wir«, antwortet Maria Stuart. Sie macht sich bereit.

Nun beginnt der letzte Weg. Gestützt zur Rechten und zur Linken von einem ihrer Diener, schreitet sie langsam mit ihren rheumatisch gelähmten Gliedern aus. Dreifach hat sie sich bewehrt mit den Waffen des Glaubens, daß kein Ansturm der Angst sie zu erschüttern vermöge; um den Hals trägt sie ein goldenes Kruzifix, vom Gürtel hängt juwelenbesetzt eine Paternosterschnur herab, in der Hand trägt sie das fromme Schwert eines elfenbeinernen Kreuzes: die Welt soll sehen, wie eine Königin im katholischen Glauben und für den katholischen Glauben stirbt. Vergessen soll sein, welche Schuld und Torheit auf ihrer Jugend lastete und daß sie als Mitwisserin eines beabsichtigten Mordes vor den Henker geführt wird: für alle Zeiten will sie dartun, daß sie als Märtyrerin der katholischen Sache fällt, ein Schlachtopfer ihrer ketzerischen Feinde.

Nur bis zur Tür, so ist es berechnet und vereinbart, begleiten sie und stützen sie ihre eigenen Diener. Denn es soll nicht den Anschein haben, als ob sie teilhätten an der verhaßten Tat und ihre Herrin selbst hinführten zum Schafott. Nur im eigenen Raum wollen sie ihr helfen und dienen, nicht aber Helfershelfer werden bei ihrem grausamen Tod. Von der Tür bis zum Fuß der Treppe müssen es zwei Untergebene Amyas Poulets übernehmen, sie zu stützen: ausschließlich Feinde, Gegner dürfen es sein, welche teilnehmen an dem Verbrechen, eine gesalbte Königin zum Richtblock zu führen. Unten, an der letzten Stufe der Treppe, vor dem Eingang in die große Halle, wo die Hinrichtung stattfinden soll, kniet Andrew Melville, ihr Haushofmeister; ihm als schottischen Adeligen fällt die Aufgabe zu, ihrem Sohn von der vollzogenen Hinrichtung Nachricht zu geben. Die Königin hebt ihn von den Knien empor und umarmt ihn. Willkommen ist ihr der treue Zeuge, denn seine Gegenwart kann sie nur bestärken in der festen Haltung, die sie sich zugeschworen. Und wie Melville sagt: »Es wird für mich die schwerste Aufgabe meines Lebens sein, mitzuteilen, daß meine verehrte Königin und Herrin tot ist«, antwortet sie ihm: »Du sollst dich vielmehr freuen, daß ich am Ende meiner Mühsal angelangt bin. Bringe nur die Nachricht, daß ich getreu meiner Religion gestorben bin, eine wahre Katholikin, eine wahre Schottin, eine wahre Prinzessin. Gott möge jenen verzeihen, die mein Ende verlangt haben. Und sage meinem Sohn, daß ich niemals etwas getan habe, was ihm hätte Schaden bringen können, und nie unser Hoheitsrecht preisgegeben habe.«

Nach diesen Worten wendet sie sich an die Grafen Shrewsbury und Kent und stellt das Ersuchen, daß auch die Frauen ihres Gefolges bei ihrer Hinrichtung anwesend sein dürften. Der Graf von Kent macht Einwendungen: die Frauen würden mit Weinen und Schreien Unruhe verursachen und vielleicht auch Ärgernis, indem sie Taschentücher in das Blut der Königin tauchten. Aber Maria Stuart läßt sich ihren letzten Willen nicht entwinden. »Ich nehme es auf mein Wort«, erwiderte sie, »sie werden nichts dergleichen tun, und ich bin sicher, daß Ihre Herrin nicht einer andern Königin verweigern würde, ihre Frauen im letzten Augenblick zur Beihilfe mit sich zu haben. Es ist ausgeschlossen, daß sie so harten Befehl erteilt hat. Selbst wenn ich von geringerem Rang wäre, würde sie mir dies bewilligen, und ich bin ihre nächste Verwandte, bin vom Blute Heinrichs VII., Königinwitwe von Frankreich und gesalbte Königin von Schottland.«

Die beiden Grafen beraten; schließlich wird ihr zugebilligt, sie dürfe sich von vieren ihrer Diener und zweien ihrer Frauen begleiten lassen. Das genügt Maria Stuart. Von dieser erlesensten und getreuesten Schar und Andrew Melville gefolgt, der ihre Schleppe trägt, betritt sie hinter dem Sheriff und Shrewsbury und Kent die große Halle von Fotheringhay.

Die ganze Nacht ist in dieser Halle gehämmert worden. Man hat die Tische und Stühle weggeräunt, am Ende des Saales ist eine Plattform errichtet, zwei Fuß hoch und mit schwarzer Leinwand überdeckt wie ein Katafalk. Vor dem schwarz ausgeschlagenen Block in der Mitte steht bereits vorsorglich ein schwarzer Schemel mit schwarzem Kissen, hier hat die Königin niederzuknien, um den tödlichen Schlag zu empfangen. Zur Rechten und zur Linken wartet je ein Sessel für die Grafen von Shrewsbury und Kent als Amtswalter Elisabeths, an der Wand aber stehen starr wie Erz, in schwarzen Samt gekleidet und mit schwarzen Masken verlarvt, zwei Gestalten ohne Gesichter: der Henker und sein Gehilfe. Diese grauenhaft großartige Bühne dürfen nur das Opfer und die Henker betreten: in der Tiefe des Saales jedoch drängt sich die Zuschauerschaft. Von Poulet und seinen Soldaten bewacht, ist dort eine Barriere gespannt, hinter der zweihundert Edelleute stehen, in aller Eile aus der Nachbarschaft gekommen, um das einmalige und bisher unerhörte Schauspiel zu sehen, wie eine gesalbte Königin hingerichtet wird. Vor den verschlossenen Türen des Schlosses drängen außerdem Hunderte und aber Hunderte des niederen Volkes, angelockt durch die Nachricht: aber ihnen ist der Zutritt verwehrt. Nur adeliges Blut darf zusehen, wie königliches vergossen wird.

Gelassen betritt Maria Stuart die Halle. Königin seit ihrem ersten Lebensjahr, hat sie von allem Anbeginn gelernt, sich königlich zu halten, und diese hohe Kunst verläßt sie auch nicht in diesem schwersten Augenblick. Erhobenen Hauptes steigt sie die zwei Stufen zum Schafott empor. So ist sie fünfzehnjährig emporgeschritten zu dem Thronsessel Frankreichs, so die Stufen des Altars von Reims. So wäre sie emporgeschritten zum Thronsessel Englands, wenn andere Gestirne über ihrem Geschick gestanden hätten. So demütig und stolz zugleich war sie niedergekniet an der Seite eines Königs von Frankreich, an der Seite eines Königs von Schottland, um den Segen des Priesters zu empfangen, wie sie jetzt ihr Haupt beugt, um des Todes Segnung hinzunehmen. Gleichgültig hört sie zu, wie der Sekretär noch einmal das Todesurteil verliest. Und ihre Züge zeigen dabei einen so freundlichen und fast freudigen Ausdruck, daß selbst Wingfield, ein grimmiger Gegner, in seinem Bericht an Cecil erwähnen muß, sie hätte der Verkündigung ihres Todesurteils zugehört wie einer Gnadenbotschaft.

Aber eine harte Probe steht ihr noch bevor. Maria Stuart will diese letzte Stunde rein und groß gestalten; als ein Fanal des Glaubens, als eine große Flamme katholischen Märtyrertums soll sie über die Welt leuchten. Doch den protestantischen Lords liegt daran, zu verhindern, daß die letzte Geste ihres Lebens sich zu einem eindrucksvollen Bekenntnis einer frommen Katholikin erhebe; so versuchen sie noch im letzten Augenblick, die Hoheitshaltung Maria Stuarts durch kleine Gehässigkeiten zu verkleinern. Mehrmals hatte die Königin auf dem knappen Weg aus ihrem Zimmer in die Hinrichtungshalle sich umgesehen, ob nicht doch ihr Beichtiger unter den Anwesenden sei, damit sie wenigstens durch ein stummes Zeichen Absolution und Segen empfangen könne. Jedoch vergebens. Ihr Beichtiger durfte sein Zimmer nicht verlassen. Nun aber, da sie sich schon vorbereitet, ohne religiösen Zuspruch die Hinrichtung zu erleiden, erscheint plötzlich auf dem Schafott der reformierte Pfarrer von Peterborough, Dr. Fletcher; bis in die letzte Sekunde des Lebens drängt sich der grauenhaft-grausame Kampf der beiden Religionen, der ihre Jugend verstört und ihr Schicksal zerstört hat. Zwar wissen die Lords aus ihrer dreimalig wiederholten Weigerung zur Genüge, daß die gläubige Katholikin Maria Stuart lieber ohne geistlichen Beistand sterben wolle als mit dem eines ketzerischen Priesters. Aber so wie vor dem Schafott Maria Stuart ihre Religion, wollen auch die Protestanten die eigene zu Ehren bringen, auch sie fordern ihres Gottes Gegenwart. Unter dem Vorwand zärtlicher Sorge für ihr Seelenheil beginnt der reformierte Pfarrer einen höchst mittelmäßigen Sermon, den Maria Stuart, ungeduldig, nur rasch zu sterben, vergebens zu unterbrechen sucht. Drei- bis viermal bittet sie Dr. Fletcher, er möge sich nicht bemühen, sie beharre im römisch-katholischen Glauben, für dessen Verteidigung sie jetzt durch Gottes Gnade ihr Blut vergießen dürfe. Aber das kleine Pfarrerchen hat wenig Ehrfurcht vor dem Willen einer Sterbenden und sehr viel Eitelkeit. Er hat seinen Sermon sauber vorbereitet und fühlt sich hochgeehrt, ihn vor so vornehmer Zuhörerschaft an den Mann zu bringen. Er schwätzt und leiert weiter, schließlich weiß Maria Stuart kein anderes Mittel gegen das widrige Gepredige, als daß sie wie eine Waffe in eine Hand ihr Kruzifix nimmt, in die andere ihr Gebetbuch, sich auf die Knie wirft und laut und lateinisch betet, um mit den heiligen Worten des Gesalbader zu übertönen. Statt gemeinsam für die Seele eines geopferten Menschen zum gemeinsamen Gott die Stimme zu erheben, kämpfen zwei Schritte vom Schafott die beiden Religionen gegeneinander; wie immer ist die Gehässigkeit stärker als die Ehrfurcht vor fremder Not. Shrewsbury und Kent und mit ihnen die meisten der Versammlung beten englisch. Maria Stuart und ihr Hausgesinde aber lateinisch. Erst da der Pfarrer endlich schweigt und es wieder still wird, nimmt Maria Stuart gleichfalls in englischer Sprache das

Wort und spricht eine laute Fürbitte für die getroffene Kirche Christi. Sie sagt Dank für das Ende ihrer Leiden, laut bekennt sie, das Kruzifix an die Brust pressend, daß sie hoffe, durch das Blut Jesu Christi gerettet zu werden, dessen Kreuz sie in Händen halte und für den sie ihr Blut zu vergießen bereit sei. Noch einmal versucht der fanatische Earl of Kent ihre reine Andacht zu stören, er ermahnt sie, diese »popish trumperies«, diese papistischen Betrügereien, beiseite zu lassen. Aber zu weit ist diese Sterbende schon von allem irdischen Streit. Keinen Laut, keinen Blick gibt sie zur Antwort, sondern vernehmlich hebt sie die Stimme über den Saal, sie vergebe von ganzem Herzen allen ihren Feinden, die so lange nach ihrem Blut getrachtet, und bitte Gott, sie zur Wahrheit zu führen.

Stille tritt ein. Maria Stuart weiß, was jetzt kommen wird. Noch einmal küßt sie das Kruzifix, schlägt das Kreuz und sagt: »So wie Deine Arme, Jesus Christ, hier auf diesem Kreuz ausgebreitet sind, so empfange auch mich in diese Deine mitleidigen Arme und vergib mir alle Sünden. Amen.«

Das Mittelalter ist grausam und gewalttätig, aber es ist darum nicht seelenlos. Und in manchen seiner Gebräuche hat es ein tieferes Bewußtsein seiner Unmenschlichkeit bewahrt als unsere Zeit. Jede Hinrichtung, so barbarisch sie sein mag, hat damals einen kurzen Augenblick menschlicher Größe inmitten des Grauens; ehe der Henker Hand anlegt, um zu töten oder zu foltern, muß er sein Opfer um Vergebung bitten für das Vergehen an seinem lebendigen Leibe. So knien jetzt der Henker und sein Gehilfe in ihren verlarvten Masken nieder vor Maria Stuart und bitten um Verzeihung für den Tod, den sie ihr zu bereiten gezwungen sind. Und Maria Stuart antwortet: »Ich vergebe Euch von ganzem Herzen, denn ich hoffe, dieser Tod soll all meinen Leiden ein Ende bereiten.« Dann erst stehen der Henker und sein Gehilfe auf und bereiten sich vor für ihr Werk.

Gleichzeitig haben die beiden Frauen begonnen, Maria Stuart zu entkleiden; sie hilft selbst mit, die Kette mit dem Agnus Dei vom Nacken zu nehmen. Sie tut es mit fester Hand und – wie der Bote ihres Feindes Cecil sagt – »mit solcher Eile, als ob sie ungeduldig sei, diese Welt zu verlassen«. Wie der schwarze Mantel, wie das dunkle Kleid von ihren Schultern fällt, leuchtet die rotseidene Unterkleidung auf, und als ihr die Dienerinnen die roten Handschuhe über die Ärmel streifen, steht sie plötzlich da wie eine blutige Flamme, großartige, unvergeßliche Gestalt. Und nun kommt der Abschied. Die Königin umarmt ihre Dienerinnen und mahnt sie, nicht laut zu schluchzen und zu klagen. Dann erst kniet sie nieder auf das Kissen und spricht mit lauter Stimme den lateinischen Psalm: »In te Domine, confido, ne confundar in aeternum.«

Nun ist nicht mehr viel zu tun. Nur den Kopf hat sie noch niederzubeugen auf den Block, den sie mit beiden Armen, eine Liebende ihres Todes, umfaßt. Bis zum letzten Augenblick hat Maria Stuart die königliche Größe bewahrt. Mit keiner Regung, mit keinem Wort hat sie Furcht verraten. Würdig hat sich die Tochter der Stuarts, der Tudors, der Guisen bereitet zum Sterben. Aber was hilft alle menschliche Würde, alle erlernte und ererbte Haltung gegen das Grauen, das jedem Morde anhaftet! Niemals kann – und hier lügen alle Bücher und Berichte – die Hinrichtung eines lebenden Menschen romantisch und rein ergreifend sein. Immer wird der Tod durch das Henkersbeil zum gräßlichen Schrecknis und zur niedrigen Schlächterei. Der erste Hieb des Scharfrichters hat schlecht getroffen, nicht durch den Nacken ist er gefahren, sondern stumpf auf das Hinterhaupt. Ein Röcheln, ein Stöhnen bricht erstickt aus dem Munde der Gemarterten, aber nicht laut. Der zweite Schlag fährt tief in den Nacken und läßt das Blut grell aufspritzen. Aber erst der dritte löst das Haupt vom Rumpf. Und abermalige Gräßlichkeit: als der Henker das Haupt an den Haaren aufheben und zeigen will, faßt er nur die Perücke, und das Haupt löst sich los. Wie eine Kegelkugel rollt und poltert es blutüberströmt auf den Bretterboden, und da der Henker es jetzt abermals faßt und aufhebt, erblickt man – gespenstiger Anblick – das einer alten Frau mit eisgrau geschorenem Haar. Einen Augenblick lähmt das Entsetzen vor der Schlächterei die Zuschauer, niemand atmet oder spricht. Dann holt endlich der Pfarrer von Peterborough den Ruf mühsam aus sich heraus: »Es lebe die Königin.«

Blaß sieht das fremde, kalkweiße Haupt mit den gebrochenen Augen auf die Edelleute, die, wenn die Würfel anders gefallen, ihre getreuesten Diener und eifrigsten Untertanen gewesen wären. Noch eine Viertelstunde lang zucken konvulsivisch die Lippen, die zu übermenschlich gewaltsam die Angst der Kreatur in sich verpreßt, und die Zähne schlagen gegeneinander. Um das Grauen des Anblicks zu lindern, wirft man rasch ein schwarzes Tuch über den Rumpf und über das medusische Haupt. Und schon wollen inmitten des gelähmten Schweigens die Knechte die dunkle Last wegtragen, da löst ein kleiner Zwischenfall das fahle Entsetzen. Denn im Augenblick, da die Henker den blutüberströmten Rumpf aufheben, um ihn ins Nachbarzimmer zu schaffen, wo er einbalsamiert werden soll, rührt sich etwas unter den Kleidern. Unbemerkt von allen war ihr kleiner Lieblingshund der Königin nachgeschlichen und hatte sich gleichsam in Angst um ihr Schicksal an ihren Körper gedrückt. Jetzt springt er vor, überströmt und naß von dem vergossenen Blut. Er bellt und beißt und keift und kläfft, er will von der Leiche nicht weichen. Mit Gewalt suchen ihn die Henker wegzureißen. Aber er läßt sich nicht fassen und nicht locken, wild springt er die fremden, großen schwarzen Bestien an, die ihn mit dem Blut seiner geliebten Herrin so brennend verwunden. Leidenschaftlicher als alle und besser als ihr Sohn und die Tausende, die ihr Treue geschworen, hat dies kleine Tier für seine Herrin gekämpft.

Nachspiel

1587–1603

Im griechischen Drama folgt der düsteren, langhinrollenden Tragödie immer ein knappes und freches Satyrspiel: ein Epilog solcher Art fehlt auch nicht im Drama Maria Stuarts. Am Morgen des 8. Februar ist ihr Haupt gefallen, bereits am nächsten Morgen hat ganz London die Vollstreckung erfahren. Grenzenloser Jubel begrüßt die Nachricht in Stadt und Land. Und wäre das sonst hellhörige Ohr der Herrscherin nicht plötzlich dumpf und taub geworden, so müßte Elisabeth sich jetzt eigentlich erkundigen, welches Fest außerhalb des Kalenders ihre Untertanen derart stürmisch feiern. Aber sie hütet sich weislich, zu fragen; dicht und immer dichter hüllt sie sich in den Zaubermantel ihrer Ahnungslosigkeit. Offiziell will sie von der Hinrichtung ihrer Rivalin verständigt oder vielmehr davon »überrascht« werden.

Das trübe Geschäft, die angeblich Unwissende von der Hinrichtung ihrer »dear sister« zu benachrichtigen, fällt Cecil zu. Heiter ist ihm dabei nicht zumute. Seit zwanzig Jahren sind über den bewährten Ratgeber bei ähnlichen Anlässen mancherlei Gewitter niedergegangen, zornmäßig echte und staatspolitisch gespielte; auch diesmal wappnet sich der ruhige, ernste Mann innerlich mit besonderer Gelassenheit, ehe er den Empfangssaal seiner Herrscherin betritt, um sie endlich von der vollzogenen Hinrichtung offiziell zu verständigen. Aber die Szene, die jetzt losbricht, ist ohne Beispiel. Wie? Man habe gewagt, ohne ihr Wissen, ohne ihren ausdrücklichen Befehl Maria Stuart hinzurichten? Unmöglich! Unfaßbar! Niemals habe sie eine so grausame Maßregel in Aussicht genommen, solange nicht ein auswärtiger Feind den Boden Englands betreten hätte. Ihre Ratgeber hätten sie betrogen, verraten, wie Schurken an ihr gehandelt. Ihr Ansehen, ihre Ehre sei unrettbar vor der ganzen Welt durch diese perfide und hinterhältige Tat beschmutzt. Ach, ihre arme, unglückliche Schwester, einem erbärmlichen Irrtum, einer niederträchtigen Schurkerei sei sie zum Opfer gefallen! Elisabeth schluchzt und schreit und stampft wie eine Rasende. In rüdester Weise beschimpft sie den grauhaarigen Mann, daß er und die andern Mitglieder des Rats gewagt hätten, ohne ihre ausdrückliche Erlaubnis das von ihr unterschriebene Todesurteil vollstrecken zu lassen.

Nun hatten Cecil und seine Freunde keinen Augenblick daran gezweifelt, daß Elisabeth die von ihr eingefädelte »illegale« Staatsaktion als einen »Mißgriff untergeordneter Behörden« von sich abwälzen werde. Im Bewußtsein ihres erwünschten Ungehorsams hatten sie sich zusammengetan, um gemeinsam die »Bürde« der Verantwortung der Königin abzunehmen. Aber sie hatten gemeint, Elisabeth werde sich dieser Ausflucht nur vor der Welt bedienen und sub rosa, im privaten Audienzzimmer für die prompte Wegräumung der Rivalin ihnen sogar Dank sagen. Doch Elisabeth hat ihren gespielten Zorn innerlich so vorbereitet, daß er wider ihren Willen oder zumindest jenseits ihres Willens echt wird. Und was über Cecils gesenktes Haupt jetzt niedergeht, ist nicht ein Theatergewitter, sondern eine schmetternde Entladung wirklicher Wut, ein Orkan von Beschimpfungen, ein Wolkenbruch von Schmähungen. Beinahe tätlich fällt Elisabeth ihren getreuesten Berater an, sie beleidigt ihn mit so unerhörten Worten, daß der alte Mann seine Demission anbietet, und tatsächlich darf er zur Strafe für seinen angeblichen Vorwitz für einige Zeit nicht mehr bei Hofe erscheinen. Nun erst wird klar, wie geschickt, wie vorausschauend Walsingham, der eigentliche Anstifter, gehandelt hat, daß er vorzog, während der entscheidenden Tage krank zu sein oder sich krank zu stellen. Denn auf seinen Stellvertreter, auf den unglückseligen Davison, ergießt sich brennend die ganze Schale des königlichen Zornes. Er wird zum Sündenbock, zum Demonstrationsobjekt für Elisabeths Unschuld bestimmt. Nie habe er das Recht gehabt, beschwört jetzt Elisabeth, das Todesurteil Cecil zu übergeben und das Staatssiegel darauf anbringen zu lassen. Gegen ihren Wunsch und Willen habe er eigenmächtig gehandelt und ihr durch seine freche Vordringlichkeit unermeßlichen Schaden zugefügt. Auf ihren Befehl erhebt man in der Starchamber öffentliche Anklage gegen den ungetreuen, in Wahrheit allzu getreuen Beamten; durch einen Gerichtsbeschluß soll feierlich vor Europa festgestellt werden, daß die Hinrichtung Maria Stuarts einzig diesem Schurken zur Last falle und Elisabeth völlig ahnungslos gewesen. Selbstverständlich lassen ebendieselben Staatsräte, die geschworen haben, die Verantwortung brüderlich miteinander zu teilen, ihren Kameraden schmählich im Stich; sie eilen nur, ihre eigenen Ministerposten und Pfründen aus diesem königlichen Gewitter zu retten. Davison, der für den Auftrag Elisabeths keinen Zeugen hat als die stummen Wände, wird zu zehntausend Pfund verurteilt, eine Summe, die er niemals bezahlen kann, und ins Gefängnis geworfen; heimlich schiebt man ihm zwar später eine Pension zu, aber nie darf er mehr zu Elisabeths Lebzeiten bei Hofe erscheinen, seine Karriere ist zerbrochen, sein Leben endgültig erledigt. Es ist immer gefährlich für Höflinge, die heimlichen Wünsche ihres Herrschers nicht zu verstehen. Aber noch verhängnisvoller wird es manchmal, sie allzu gut verstanden zu haben.

Das holde Märchen von der Unschuld und Ahnungslosigkeit Elisabeths ist allzu verwegen aufgezäumt, um der

Mitwelt als wahr zu gelten. Und es gibt vielleicht nur einen einzigen Menschen, der dieser phantasievollen Darstellung nachträglich Glauben schenkt, und dies ist erstaunlicherweise Elisabeth. Denn eine der merkwürdigsten Eigenschaften der hysterischen oder hysterisch angefärbten Naturen ist nicht nur ihre Fähigkeit, verblüffend gut zu lügen, sondern auch sich selber zu belügen. Was sie wahrhaben wollen, wird für sie wahr, und ihre Zeugenschaft kann manchmal die ehrlichste aller Lügen sein und darum die gefährlichste. Wahrscheinlich empfindet sich Elisabeth selbst als völlig aufrichtig, wenn sie nach allen Seiten hin erklärt und beschwört, die Hinrichtung Maria Stuarts nie befohlen oder auch nur gewollt zu haben. Denn ein halber Wille war ja wirklich in ihr, der diese Tat nicht wollte, und nun verdrängt die Erinnerung an dieses Nichtwollen allmählich die Teilhaberschaft an der hinterhältig gewollten Tat. Ihr Wutausbruch beim Empfang der Nachricht, die sie zwar wahrhaben, aber nicht wissen wollte, war nicht nur ein theatralisch vorgeprobter, sondern zugleich – in ihrer Natur ist alles zwiespältig – ein echter, ein ehrlicher Zorn, ein Nicht-sich-verzeihen-Können, daß sie ihre reineren Instinkte vergewaltigen ließ, ein echter Zorn auch gegen Cecil, daß er sie in diese Tat hineingerissen und doch nicht verstanden hatte, ihr die Verantwortung zu ersparen. So leidenschaftlich hat sich Elisabeth in ihre Selbstsuggestion, die Hinrichtung sei gegen ihren Willen geschehen, hineingeredet und hineingelogen, daß von nun ab ein beinahe überzeugender Akzent in ihren Worten mitschwingt. Es scheint wirklich nicht mehr Betrug, wenn sie im Trauergewand den französischen Gesandten empfängt und beschwört, »nicht der Tod ihres Vaters, nicht der Tod ihrer Schwester habe so sehr ihr Herz berührt«, aber sie sei »eine arme, schwache Frau, umringt von Feinden«. Wären jene Mitglieder ihres Staatsrats, die ihr diesen erbärmlichen

Streich gespielt, nicht so lange in ihrem Dienst gewesen, so hätte sie ihre Köpfe auf den Block gelegt. Sie selbst habe das Todesurteil nur unterschrieben, um ihr Volk zu beruhigen, aber nur dann, wenn eine fremde Armee in England eingedrungen wäre, hätte sie es tatsächlich vollstrecken lassen.

Diese halbe Wahrheit und halbe Lüge, daß sie nie die Hinrichtung Maria Stuarts wirklich gewollt habe, hält Elisabeth auch in dem Briefe aufrecht, den sie mit eigener Hand an James VI. von Schottland richtet. Abermals beteuert sie ihren äußersten Schmerz über den »niederträchtigen Irrtum«, der ganz gegen ihren Willen und ohne ihre Zustimmung (»without her knowledge and consent«) vorgefallen sei. Sie ruft Gott zum Zeugen an, daß sie »in dieser Sache unschuldig sei« und sie niemals daran gedacht habe, Maria Stuart hinrichten zu lassen (»she never had thought to put the Queene, your mother, to death«), obwohl ihr täglich ihre Ratgeber die Ohren vollbliesen. Und den natürlichen Einwand vorausnehmend, daß sie Davison als Schuldigen bloß vorschiebe, sagt sie stolz, keine Macht der Erde könnte sie veranlassen, etwas, was sie selbst befohlen habe, auf die Schultern eines andern zu laden.

Aber James VI. ist gar nicht sonderlich lüstern, die Wahrheit zu erfahren, er will seinerseits nur eines jetzt: den Verdacht abwehren, als ob er das Leben seiner Mutter nicht nachdrücklich genug verteidigt hätte. Selbstverständlich kann er nicht sofort ja und amen sagen, sondern muß wie Elisabeth den Schein der Überraschung und Entrüstung wahren. Er holt also eine große Geste hervor; feierlich erklärt er, ein solcher Akt dürfe nicht ungerächt bleiben. Dem Abgesandten Elisabeths wird verboten, Schottlands Boden zu betreten, und ihr Brief von der Grenzstadt Berwick durch einen eigenen Boten abgeholt: die Welt soll sehen, daß James VI. den Mördern seiner

Mutter grimmig die Zähne zeigt. Aber das Londoner Kabinett hat längst das richtige Verdauungspulver gemischt, um den zürnenden Sohn zu bestimmen, die Nachricht von der Hinrichtung seiner Mutter stillschweigend »hinunterzuschlucken«. Gleichzeitig mit dem »für die Bühne der Welt« bestimmten Briefe Elisabeths geht ein privater, diplomatischer nach Edinburgh, in dem Walsingham dem schottischen Kanzler mitteilt, daß James VI. die Thronfolge in England zugesichert und damit das dunkle Geschäft perfekt sei. Dieser süße Trank wirkt zauberisch auf den angeblich so schmerzlich Erregten. James VI. spricht kein Wort mehr von einer Kündigung der Allianz. Er kümmert sich nicht darum, daß der Leichnam seiner Mutter weiterhin unbestattet in einem Kirchenwinkel liegenbleibt. Er protestiert auch nicht dagegen, daß ihr letzter Wille, in französischer Erde Ruhe zu finden, gröblich mißachtet wird. Auf magische Weise ist er plötzlich von der Unschuld Elisabeths überzeugt, und bereitwillig geht er auf die lügnerische Version des »Irrtums« ein. »Sie reinigen sich dadurch von der Mitschuld an jenem unglücklichen Geschehnis« (»Ye purge youre self of one unhappy fact«) schreibt er an Elisabeth und wünscht als braver Kostgänger der englischen Königin, daß ihr »ehrenhaftes Verhalten für ewig in der Welt bekannt werde«. Ein goldener Wind der Verheißung hat die stürmische Welle seines Unmuts rasch beschwichtigt. Und eitel Friede und Eintracht herrscht von nun ab zwischen dem Sohn und der Frau, die das Todesurteil seiner Mutter gefällt.

Moral und Politik gehen besondere Wege. Immer beurteilt man darum ein Ereignis von völlig verschiedenen Ebenen, je nachdem, ob man es vom Standpunkt der Humanität oder dem des politischen Vorteils wertet. Moralisch bleibt die Hinrichtung Maria Stuarts ein völlig unentschuldbarer Akt: wider alles Völkerrecht hatte man mitten im Frieden die Nachbarkönigin festgehalten, heimlich eine Schlinge gedreht und ihr auf perfideste Weise in die Hände gespielt. Aber ebensowenig läßt sich leugnen, daß vom staatspolitischen Standpunkt gesehen, die Beseitigung Maria Stuarts für England eine richtige Maßnahme war. Denn in der Politik entscheidet – leider! – nicht das Recht einer Maßnahme, sondern der Erfolg. Und bei der Hinrichtung Maria Stuarts billigt der Erfolg im politischen Sinne nachträglich den Mord, denn er schafft England und seiner Königin nicht Unruhe, sondern Ruhe. Cecil und Walsingham haben die positiven Kräfteverhältnisse richtig abgeschätzt. Sie wußten, daß fremde Staaten vor einer wirklich starken Regierung allezeit schwächlich werden und ihre Gewalttätigkeiten und sogar Verbrechen feige nachsehen. Sie rechneten richtig, daß die Welt sich wegen dieser Hinrichtung nicht in Erregung versetzen lassen werde, und in der Tat: die Rachefanfaren aus Frankreich und Schottland frieren plötzlich ein. Heinrich III. bricht keineswegs, wie er angedroht hatte, die diplomatischen Beziehungen zu England ab, und noch weniger als damals, da es galt, die lebende Maria Stuart zu retten, schickt er, um die tote zu rächen, einen einzigen Soldaten über den Kanal. Allerdings, er läßt in Notre-Dame eine schöne Trauermesse lesen, und die Dichter schreiben einige elegische Strophen: aber damit ist Maria Stuart für Frankreich erledigt und vergessen. Im schottischen Parlament wird ein wenig gelärmt, James VI. legt Trauerkleider an; bald aber reitet er wieder auf den von Elisabeth geschenkten Pferden, begleitet von den von Elisabeth geschenkten Bluthunden, vergnüglich auf die Jagd und bleibt weiterhin der bequemste Nachbar, den England jemals gekannt. Nur Philipp der Langsame von Spanien rafft sich auf und rüstet die Armada. Aber er steht allein und gegen ihn

Elisabeths Glück, das zu ihrer Größe gehört und wie bei allen ruhmreichen Herrschern. Noch ehe es zur Schlacht kommt, zerschellt die Armada im Sturm, und damit bricht der lang geplante Angriff der Gegenreformation in sich zusammen. Elisabeth hat endgültig gesiegt und England mit dem Tode Maria Stuarts seine äußerste Gefahr bestanden. Die Zeiten der Abwehr sind vorüber, mächtig wird nun seine Flotte ausgreifen können über die Ozeane nach allen Erdteilen und sie großartig zum Weltreich verbinden. Der Reichtum wächst, eine neue Kunst blüht auf in Elisabeths letzten Lebensjahren. Nie war die Königin mehr bewundert, nie mehr geliebt und verehrt als nach ihrer schlimmsten Tat. Immer sind aus den Quadern der Härte und des Unrechts die großen Staatsgebäude gebaut, immer ihre Fundamente mit Blut vermörtelt; unrecht haben in der Politik nur die Besiegten, und mit ehernem Schritt geht die Geschichte über sie hinweg.

Eine arge Geduldprüfung ist Maria Stuarts Sohn freilich noch aufgespart: nicht mit einem Sprung, wie er geträumt, gelangt er auf den englischen Thron, nicht so schleunig, wie er gehofft, wird der Kaufpreis für seine feile Nachsichtigkeit gezahlt. Er muß, härteste Qual für einen Ehrgeizigen, warten, warten, warten. Fünfzehn Jahre, fast ebenso lange, wie seine Mutter von Elisabeth in Gefangenschaft verschlossen war, muß er untätig in Edinburgh hindösen und warten, warten, warten, bis endlich der alten Frau das Zepter aus der erkalteten Hand fällt. Verdrossen sitzt er auf seinen Schlössern in Schottland, er reitet oft auf die Jagd, er schreibt Traktate über religiöse und politische Fragen, aber seine Hauptbeschäftigung bleibt dies lange und leere und ärgerliche Warten auf eine gewisse Nachricht aus London. Lange bleibt sie aus. Denn es ist, als hätte das vergossene Blut ihrer Gegnerin Elisabeths Adern belebt. Immer stärker wird sie, immer sicherer, immer gesünder seit Maria Stuarts

Tod. Nun sind ihre schlaflosen Nächte vorbei, die fiebrige Unruhe des Gewissens, die sie in den Monaten und Jahren des Sich-nicht-entscheiden-Könnens erlitten, wird ausgeglichen durch die Ruhe, die nun ihrem Lande, ihrem Leben geschenkt ist. Kein Irdischer wagt ihr mehr den Thron zu bestreiten, und selbst dem Tod setzt diese Eifersüchtige noch eine leidenschaftliche Energie entgegen, auch ihm gönnt sie nicht ihre Krone. Die Siebzigjährige, zäh und unnachgiebig, will nicht sterben, tagelang irrt sie umher, aus einem Raum in den andern, es hält sie nicht im Bett, es hält sie nicht im Zimmer. Grauenhaft und großartig wehrt sie sich, irgendeinem auf Erden den Platz zu lassen, um den sie so zäh und rücksichtslos gekämpft hat.

Aber endlich kommt doch ihre Stunde, endlich wirft im harten Ringkampf der Tod die Unnachgiebige nieder; aber noch röchelt die Lunge, noch immer schlägt, matter zwar und matter, das alte ungebärdige Herz. Unter dem Fenster wartet, das Pferd gesattelt, ein Abgesandter des ungeduldigen Erben aus Schottland auf ein gewisses vereinbartes Zeichen. Denn eine Hofdame Elisabeths hat versprochen, in derselben Minute, da Elisabeth den letzten Atemzug getan, einen Ring hinunterzulassen. Es dauert lange. Vergeblich blickt der Bote empor; die alte jungfräuliche Königin, die so viele Werber zurückgestoßen, läßt den Tod noch immer nicht an ihren Leib. Endlich, am 24. März, klirrt das Fenster, eine Frauenhand schiebt sich hastig heraus, der Ring fällt herunter. Sofort setzt sich der Kurier auf das Pferd, galoppiert in einem Zuge in zweieinhalb Tagen nach Edinburgh, ein Ritt, der berühmt wird in den Zeiten. Genau so hitzig war vor siebenunddreißig Jahren Lord Melville von Edinburgh nach London gesprengt, um Elisabeth zu melden, daß Maria Stuart einem Sohne das Leben geschenkt habe, wie nun dieser andere Bote nach Edinburgh zu diesem Sohn zurückstürmt, um ihm zu künden, daß Elisabeths Tod ihm eine zweite Krone beschert. Denn James VI. von Schottland ist in dieser Stunde endlich zugleich König von England, endlich James I. geworden. Im Sohne Maria Stuarts sind die beiden Kronen für immer vereint, der unselige Kampf vieler Geschlechter ist zu Ende. Dunkle und krumme Wege geht oft die Geschichte, aber immer erfüllt sich endlich der historische Sinn, immer erzwingen die Notwendigkeiten schließlich ihr Recht.

James I. richtet sich wohlgefällig ein in dem Palast von Whitehall, den seine Mutter als den ihren erträumt. Endlich ist er die Geldsorgen los und der Ehrgeiz gekühlt; sein Sinn geht nur auf Behagen und nicht auf Unsterblichkeit. Er reitet oft auf die Jagd, er besucht gern das Theater, um dort, das einzig Gute, das man ihm nachrühmen kann, einen gewissen Shakespeare und andere ehrenwerte Dichter zu protegieren. Schwächlich, faul und unbegabt, ohne jede geistige Gnade, die Elisabeth zuteil war, ohne den Mut und die Leidenschaft seiner romantischen Mutter, verwaltet er bieder das gemeinsame Erbe der beiden feindlichen Frauen: was beide unter glühendster Anspannung der Seele und der Sinne für sich begehrten, ist ihm, dem geduldig Wartenden, kampflos in den Schoß gefallen. Aber nun, da England und Schottland vereint sind, darf auch vergessen sein, daß eine Königin von Schottland und eine Königin von England einander ihr Leben mit Haß und Feindschaft verstörten. Nicht mehr ist die eine im Unrecht und die andere im Recht, ihnen beiden hat der Tod den gleichen Rang zurückgegeben. So dürfen sie endlich, die so lange gegeneinander gestanden, nebeneinander ruhen. James I. läßt den Leichnam seiner Mutter vom Kirchhof in Peterborough, wo sie einsam wie eine Verstoßene liegt, bei feierlichem Fackelschein in die Grüfte der Könige von England, in die Westminsterabtei, überführen. In Stein gemeißelt wird Maria Stuarts Bildnis aufgestellt, in Stein gemeißelt das Bildnis Elisabeths nahe dem ihren. Nun ist der alte Zwist für ewig beschwichtigt, nicht mehr bestreitet die eine der andern das Recht und den Raum. Und die sich im Leben feindlich gemieden und nie einander ins Auge gesehen, nun ruhen sie endlich schwesterlich nebeneinander im gleichen heiligen Schlaf der Unsterblichkeit.

Bildnachweis

Marie Antoinette

Die Originale der Abbildungen 2, 3, 6, 7 und 8 stammen aus dem Bildarchiv der österreichischen Nationalbibliothek, die Originale der Abbildungen 1 und 4 befinden sich im Besitz der Gemäldegalerie des Kunsthistorischen Museums in Wien.

Maria Stuart

Die Abbildungen sind Reproduktionen nach Stichen aus dem Besitz der Porträtsammlung der Österreichischen Nationalbibliothek, Wien, und der National Portrait Gallery, London.

Inhalt

Marie Antoinette

Inhalt

Maria Stuart

Stefan Zweig

Maria Stuart
Band 1714

Marie Antoinette
Bildnis eines mittleren Charakters
Band 2220

Menschen und Schicksale
Aufsätze und Vorträge aus den Jahren 1902-1940
Band 12435

Montaigne
Band 12726

Phantastische Nacht
Erzählungen
Band 5703

Praterfrühling
Erzählungen
Band 9242

Rausch der Verwandlung
Roman aus dem Nachlaß. Band 5874

Schachnovelle
Band 1522

Die schlaflose Welt
Aufsätze und Vorträge aus den Jahren 1909-1941
Band 9243

Sternstunden der Menschheit
Band 595

Tagebücher
Band 9238

Triumph und Tragik des Erasmus von Rotterdam
Band 2279

Über Sigmund Freud
Porträt/ Briefwechsel/ Gedenkworte
Band 9240

Ungeduld des Herzens
Roman
Band 1679

Verwirrung der Gefühle
Erzählungen
Band 5790

Die Welt von Gestern
Erinnerungen eines Europäers
Band 1152

Wondrak/ Der Zwang
Zwei Erzählungen gegen den Krieg
Band 12012

Stefan Zweig Paul Zech Briefe 1910-1942
Band 5911

Fischer Taschenbuch Verlag

fi 191 / 12 b

Leonard Woolf

Mein Leben mit Virginia

Erinnerungen

Herausgegeben von Friederike Groth

Aus dem Englischen von Ilse Strasmann

Band 5686

Leonard und Virginia Woolf heirateten im August 1912; ihre Ehe dauerte beinahe dreißig Jahre, und in diesem Zeitraum erschienen ihre großen Romane, die Erzählungen, Kritiken und Essays. Ein authentisches Zeugnis vom Leben und Schreiben Virginia Woolfs vermittelt die Autobiographie ihres Mannes, auf der dieser Band basiert. Er beginnt mit dem Jahr 1911, als Leonard Woolf aus dem Kolonialdienst aus Ceylon zurückkehrt, und endet 1941, dem Jahr von Virginias Freitod. Leonard Woolf berichtet von ihrer Familie, ihren Freunden und der berühmten Bloomsbury Group sowie von der Gründung ihres eigenen Verlages, der Hoghart Press. Seine Erinnerungen fügen dem Bild der Schriftstellerin wichtige biographische Einzelheiten hinzu und sind das Zeugnis eines liebenswerten, klugen und mutigen Mannes, der ihr immer wieder Kraft gab, ihre Depressionen zu überwinden und ihre schriftstellerische Arbeit wieder aufnehmen zu können. Ihm gehörte ihr ganzes Vertrauen, und so schreibt sie denn auch in ihrem Abschiedsbrief: »Du weißt, daß ich alles Glück in meinem Leben nur Dir verdanke.«

Fischer Taschenbuch Verlag

fi 1537 / 5

Hayden Herrera

Frida Kahlo

Malerin der Schmerzen –
Rebellin gegen das Unabänderliche

Aus dem Amerikanischen
von Dieter Mulch

Band 5636

Bestimmend für Leben und Werk der mexikanischen Malerin Frida Kahlo (1907-54) war ein schwerer Unfall, von dessen Folgen sie sich zeitlebens nicht mehr richtig erholen sollte. Über Monate zum Stilliegen verurteilt, beginnt sie zu malen, und die Malerei gibt ihr die Möglichkeit, sich von ihrer Angst und ihrem Leid zu befreien. Mit 19 Jahren heiratet sie den durch seine Wandmalereien berühmt gewordenen mexikanischen Maler Diego Rivera; André Breton führt sie in das Pariser Kunstleben ein; Picasso rühmt ihre einzigartigen Porträts. Sie lernt Trotzki kennen und wird zur romantisch verklärten Kommunistin. Ausgestattet mit einer ungeheuren Energie führt sie ein Leben voller Intensität und Leidenschaft. Nur in ihren Bildern, die nicht umsonst überwiegend Selbstdarstellungen sind, gibt sie ihre ungeheuren Leiden und Ängste preis, versucht sie mit Hilfe der Phantasie und einer ihr ganz eigenen Symbolsprache mit der Realität fertigzuwerden. Hayden Herreras Biographie zeichnet den Lebensweg dieser bewundernswerten Frau nach und liefert gleichzeitig eine kenntnisreiche und ausführliche Analyse ihres Werkes.

Fischer Taschenbuch Verlag

fi 1500 / 4

Irmela von der Lühe

Erika Mann

Eine Biographie

Band 12598

Die erste Biographie von Katia und Thomas Manns ältester Tochter (1905 - 1969), eindringliche Schilderung eines an Widerständen und Widersprüchen, an Spielen und Überwindungen, auch an Tragik reichen Lebenslaufs, gültiges Porträt einer in Leidenschaften und Leiden starken Persönlichkeit, die bei aller Extravaganz beredte Zeugin und markante Repräsentantin ihrer Epoche war. Elternhaus, frühe schauspielerische Erfolge, gemeinsamer Weltenbummel mit dem Bruder Klaus, um den sie sich sorgte, bis zu seinem selbstbestimmten Ende. Auf den Wogen der zwanziger Jahre Bohème, Journalistisches, Reiseberichte der Autorennfahrerin. Politisches aber erst angesichts des heraufziehenden Naziunheils: das Kabarett *Die Pfeffermühle*. Exil: Schweiz, USA, Korrespondentin im Heißen, Streiterin und Verfolgte im Kalten Krieg. In seinem Alter Thomas Manns unentbehrliche Ratgeberin: Erfüllung, hinter der Eigenes (reizende Jugendbücher) zurücktrat. Noch die letzten dreizehn Jahre im Dienst des Vaters, seines Erbes und Ruhms.

Fischer Taschenbuch Verlag

fi 1061 / 3

Edmonde Charles-Roux

Coco Chanel

Ein Leben

Aus dem Französischen
von Erika Tophoven-Schöningh

Band 5692

Sie hat die Grundlinie der Mode im 20. Jahrhundert geprägt. Sie kürzte den Rock, schuf das Badekostüm der Frau, den Modeschmuck und »das kleine Schwarze«, das ein Grundbestandteil der modernen Damengarderobe ist. Sie brachte das erste Parfum auf den Markt, das nicht nach einer Blume roch. Durch sie wurde Paris das Modezentrum der Welt: Coco Chanel. Ihre Biographie ist das Spiegelbild einer ganzen Epoche, vor allem aber die Geschichte einer Frau, die sich trotz zahlreicher Liebhaber und berühmter Freunde – Diaghilev, Cocteau, Strawinsky, Picasso, Misia Sert und Colette – bis zuletzt auf sich alleingestellt sah. Edmonde Charles-Roux zeichnet ein fesselndes Porträt dieser ungewöhnlichen Frau, die 1883 als Tochter eines Hausierers in den Cevennen geboren wurde, 1913 mit Hilfe eines reichen Liebhabers ihr erstes Geschäft eröffnete, jahrzehntelang die Mode beherrschte und 1971 vereinsamt starb.

Fischer Taschenbuch Verlag

fi 1901 / 3

Dominique Bona

GALA

Ein Leben

Aus dem Französischen
von Katrin Seebacher und Una Pfau

468 Seiten. Geb.

Ihren Namen hat sich Gala, Muse und Ehefrau von Éluard und Dalí, selbst gegeben. Etwas Theatralisches, ja Pompöses haftet ihm an – und als Maske, Meduse und Madonna begegnet uns Gala in den Bildern, die ihre Männer von ihr entwerfen. Paul Èluard, den sie im Sanatorium kennenlernt, besingt in immer neuen Gedichten ihren verführerischen Zauber; Max Ernst, ihr zeitweiliger Geliebter, räumt ihr als einziger Frau einen Platz ein auf seinem berühmten Gemälde »Au rendez-vous des amis«, wo sich die surrealistischen Freunde ein Stelldichein geben; Salvador Dalí schließlich, für den sie Mann und Kind verließ, erhebt sie, sein bevorzugtes Modell, vollends in den Rang einer Göttin. Gala selbst war bemerkenswert schweigsam, was ihre eigene Person betraf. Zeit, das Rätsel des sibyllinischen Wesens zu lösen, fand Dominique Bona, und Zeit, der Persönlichkeit dieser Frau, die in Èluard, Ernst oder Dalí gewidmeten Biographien meist als hartherzig, grausam, geizig, fordernd, kalt, berechnend abgestempelt wird, Gerechtigkeit angedeihen zu lassen. Wer hätte der achtzehnjährigen, nicht einmal besonders schönen Russin, die mutterseelenallein in die Schweiz gekommen war, um dort ihre Tuberkulose auszukurieren, schon prophezeit, daß sie ihre Tage als Gattin eines exzentrischen Genies in einem katalonischen Palast beschließen würde?

S. Fischer

fi 1057 / 3